PRÉCIS

DE

LÉGISLATION & D'ÉCONOMIE COLONIALES

OUVRAGES DU MÊME AUTEUR

Traité du régime de communauté, 1894, 2 vol., Larose éditeur, Paris, en collaboration avec M. L. Mérignhac, ancien président de la Chambre des avoués de Toulouse, ancien magistrat .... **12 fr.**

Traité théorique et pratique de l'Arbitrage international, 1895. Ouvrage couronné par l'Institut de France en 1895, 1 vol. Larose, éditeur, Paris .... **10 fr.**

Traité des hypothèques, 1900, 1 vol. Larose, éditeur, Paris.. épuisé

La Conférence internationale de la Paix. Étude historique, exégétique et critique des travaux et résolutions de la Conférence de La Haye de 1889, avec une préface de M. Léon Bourgeois, premier délégué de la France à la Conférence de la Paix, 1900, 1 vol. Rousseau, éditeur, Paris.................... épuisé

Traité de la Prescription en matière civile et criminelle, 1902, 1 vol. Larose, éditeur, Paris .... épuisé

Traité des Privilèges, 1903, 1 vol. Larose éditeur, Paris .. épuisé

Le traité d'arbitrage permanent au xxe siècle, 1904, Paris .... **3 fr.**

Traité théorique et pratique des contrats relatifs à l'hypothèque légale de la femme mariée, 1 vol. 3e édition, Soubiron, éditeur, Toulouse.. **8 fr.**

Les lois et coutumes de la guerre sur terre, 1905, 1 vol. Chevalier, Maresq et Cie éditeurs, Paris...................... épuisé

Les réquisitions et contributions de guerre, 1904, brochure Lavauzelle, éditeur, Paris................................ épuisé

Traité théorique et pratique des ordonnances sur requête et des référés, 1906, 2 vol. Soubiron, éditeur, Toulouse, en collaboration avec M. L. Mérignhac .... **18 fr.**

Traité de droit public international, tome Ier, *Prolégomènes et théories générales*, 1905, 1 vol. Librairie générale du droit et de jurisprudence, Paris .... **10 fr.**

Tome II, *Le Droit de la Paix*, 1907......................... **10 fr.**

Tome III, *Le Droit de la guerre*, en préparation .... **10 fr.**

Précis élémentaire de la législation et des usages toulousains entre patrons et salariés, propriétaires et locataires, Soubiron éditeur, Toulouse, en collaboration avec M. L. Mérignhac............ **6 fr.**

La deuxième conférence internationale de la Paix, 1909, brochure Lavauzelle, éditeur, Paris .... épuisé

PRÉCIS

DE

LÉGISLATION ET D'ÉCONOMIE

COLONIALES

PAR

A. MÉRIGNHAC

PROFESSEUR DE DROIT INTERNATIONAL PUBLIC
CHARGÉ DU COURS
DE LÉGISLATION ET D'ÉCONOMIE COLONIALES
A LA FACULTÉ DE DROIT DE L'UNIVERSITÉ DE TOULOUSE
ASSOCIÉ DE L'INSTITUT DE DROIT INTERNATIONAL

LIBRAIRIE
DE LA SOCIÉTÉ DU
RECUEIL SIREY
22, Rue Soufflot, PARIS-5e
L. LAROSE & TENIN, Directeurs

1912

INTRODUCTION

Dans l'œuvre de la colonisation, comme dans toutes les choses humaines, il est deux points de vue dont il faut tenir également compte : la tradition, d'une part, et, de l'autre, le mouvement, le progrès et la nécessité d'adapter les procédés anciens modernisés aux situations nouvelles, en ayant soin de ménager les transitions indispensables. Il n'est pas possible de négliger l'effort considérable fait par les peuples européens depuis la découverte du nouveau monde et les leçons qui s'en dégagent, pas plus qu'il n'est permis de méconnaître les perfectionnements apportés à l'art de la colonisation par les ouvriers de la dernière heure. Entre ces deux aspects de l'expansion coloniale : tradition et progrès, coutumes et réformes, il convient de tenir une balance égale qui seule permet d'espérer la réussite finale. C'est de leur conciliation que se dégage la méthode à suivre; et c'est à l'ignorance ou au dédain de cette méthode que sont dus en grande partie les mécomptes coloniaux de la plupart des nations européennes. Il ne semble pas, en effet, que cet art de la colonisation consistant à savoir regarder à la fois en avant et en arrière, soit aussi familier qu'il conviendrait à ceux qui portent le souci et la responsabilité des affaires coloniales. Ou bien les partisans à outrance de la tradition trouvent commode de se confiner dans une coutume immuable et des usages surannés, ce qui les dispense de toute étude des besoins nouveaux; et ils s'étonnent à tort de se voir brusquement tirés de cette molle inertie par des réactions re-

tentissantes qui, pareilles à toutes les réactions, dépassent généralement le but. Ils cèdent alors la place à des novateurs beaucoup trop hardis qui, soucieux de faire nouveau et grand, dédaignent les leçons des expériences passées, dans lesquelles pourtant ils eussent trouvé, le cas échéant, des exemples, des enseignements et des méthodes de nature à être pris en sérieuse considération. Et ces novateurs sont surpris, à leur tour, de voir leur œuvre compromise par leur légèreté et leur précipitation, et d'être obligés de revenir en arrière, ce qui n'aurait point eu lieu s'ils s'étaient contentés d'une marche en avant sage et mesurée. En somme : précipitation ou routine, voilà ce qui caractérise mainte entreprise coloniale; et l'on s'étonne ensuite de voir sombrer des projets qui paraissaient réunir toutes les conditions du succès !

Les observations qui précèdent, amènent à conclure que deux ordres d'idées doivent être également présents à l'esprit, si l'on veut réussir dans l'œuvre de la colonisation. Il faut, d'abord, tenir compte du passé, de la tradition et des leçons qu'elle comporte; pour cela, il est nécessaire d'étudier à fond l'histoire coloniale des siècles disparus, afin d'en conserver ce qui peut être encore utile à notre époque. En second lieu, il convient d'envisager nettement les situations nouvelles, de faire état des changements opérés dans les milieux métropolitains et coloniaux, de façon, tout en utilisant le passé, à instruire le présent et à préparer l'avenir.

Sur les bases qui viennent d'être exposées, nous étudierons la législation et l'économie coloniales qui font l'objet de ce Précis, *en nous plaçant naturellement, d'une façon principale, au point de vue de la France, sans cependant perdre de vue les exemples que pourront nous fournir les États étrangers, spécialement la nation anglaise. Entrée bien après la plupart des autres États colonisateurs dans la voie des entreprises coloniales, la Grande-Bretagne, par une série d'efforts continus et raisonnés, sans jamais désespérer d'elle, est arrivée en cette matière à une maîtrise incomparable. Lorsque ses colonies adultes et émancipées se détachent d'elle, comme l'a fait l'Amérique du Nord, l'Angleterre reconstitue en d'autres points un empire colonial aussi florissant. Quand elle aura perdu, par la force même des choses, l'Australie et le Canada, que ce siècle verra probablement érigés en États autonomes, il lui restera ses domaines africains et l'Inde; et plus tard les espérances asiatiques auront peut-être pris corps ! A leur tour, les Français, qui trop volontiers se dénigrent eux-mêmes et se déclarent, ce que les étrangers répètent naturellement avec complaisance, incapables de réussir dans l'œuvre coloniale, ont donné un superbe exemple de résistance et d'énergie, en reconstituant, depuis 1815, le magnifique domaine colonial fondé sous l'ancien régime.*

Ce domaine est considérable et vient immédiatement après celui de l'Angleterre; tâchons de le gérer avec autant de bon sens et d'esprit de suite que nos voisins d'outre-Manche. Du reste, nos rivalités coloniales avec eux, si vives autrefois, sont à peu près terminées aujourd'hui, car nos possessions respectives ont été suffisamment délimitées et sont assez nombreuses de part et d'autre pour qu'il n'y ait plus de conflit en perspective. Les accords franco-anglais de 1904, en cimentant l'entente cordiale, ont mis fin à la légendaire opposition des intérêts français et anglais. Mais d'autres rivaux sont à craindre, notamment l'Allemagne que les États-Unis, par la doctrine de Monroë, et le Japon ont écartée de l'Amérique du Sud et de l'Asie et qui, manquant des colonies nécessaires pour recevoir le trop plein de sa population en augmentation constante, regarde avec envie les nôtres et voudrait bien s'y tailler une part importante, principalement en Afrique ! C'est vis-à-vis de ces rivaux que les fautes coloniales doivent être soigneusement évitées, en usant surtout d'une politique prudente et avisée au regard des populations et des princes indigènes, qui pourraient être tentés, si on les poussait à bout, de se jeter dans les bras de ceux qui ne demanderaient qu'à avoir des raisons d'intervenir.

Pour tous ces motifs, il importe que l'opinion publique connaisse les problèmes coloniaux et soit en mesure de prendre parti à leur égard en pleine connaissance de cause, ce qui est loin malheureusement d'être aujourd'hui la règle dominante en France. C'est seulement le décret du 1er *août* 1905 *qui a remis la législation et l'économie coloniales dans le programme de la licence en droit, d'où elles avaient été malencontreusement écartées en* 1895; *et encore le cours, professé en troisième année, est-il à option. En sorte que beaucoup de nos licenciés quittent les facultés sans rien savoir des questions coloniales qui peuvent cependant devenir pour leur pays, à brève échéance, graves et même vitales, car elles risquent souvent d'avoir leur contre-coup en Europe. L'avenir, espérons-le, réparera cette erreur et donnera à l'enseignement colonial le caractère obligatoire qui lui convient. Rappelons également que le cours précité est à option au second examen du doctorat politique et économique.*

Des livres autorisés ont été publiés au sujet de la législation et l'économie coloniales en général, les uns abondants, documentés et volumineux, comme celui ayant pour titre : De la colonisation chez les peuples modernes, *par M. Paul Leroy-Beaulieu, de l'Institut, professeur d'économie politique au collège de France; comme aussi le* Traité de législation coloniale *de M. Dislére, président de section au Conseil d'État, et également les* Principes de colonisation et de législation coloniale *de notre collègue, M. Girault, professeur d'économie politique à la Faculté de droit de Poitiers; les autres plus restreints et ayant un caractère élémentaire, tel le* Manuel de législation coloniale *de MM. François et Rouget, fonctionnaires du ministère des Colonies. Tout en rendant aux ouvrages d'ensemble que nous venons de citer, l'hommage qu'ils méritent, il nous a paru qu'il y avait place, entre eux pour un* Précis de législation et d'économie coloniales, *limité sans doute aux principes généraux de la matière, mais accompagné toutefois des détails indispensables et d'exemples choisis. Chargé à la Faculté de droit de Toulouse, du Cours de législation et d'économie coloniales, depuis sa création dans cette faculté en* 1902, *c'est-à-dire depuis déjà dix années, nous avons pu nous rendre compte qu'il faut à nos étudiants seulement une connaissance sommaire des problèmes coloniaux et qu'à leur demander davantage — en présence surtout du développement actuel du domaine de la licence — on aboutirait à un insuccès complet. Ces problèmes, au surplus, sont déjà assez ardus et nom breuxpar eux-mêmes, pour qu'on hésite à entrer dans les détails multiples de leur application lorsque le besoin ne s'en fait pas trop sentir. Nous avons donc voulu faire, pour les étudiants de licence et du doctorat politique et économique qui choisiront comme cours à option la législation et l'économie coloniales, avant tout œuvre de vulgarisation. Ceux qui auraient intérêt à pénétrer plus à fond dans l'organisation jurididique et économique des colonies, recourront soit aux ouvrages généraux, soit aux monographies relatives à telle ou telle colonie déterminée.*

S'il s'adresse principalement aux étudiants en licence et en doctorat, le Précis *que nous publions pourra servir également à ceux qui se destinent à une carrière à l'entrée de laquelle est un examen ou un concours comprenant la législation et l'économie coloniales, et aux élèves de l'École coloniale, comme aussi aux fonctionnaires et agents des services coloniaux. A tous, il présentera les vues d'ensemble suffisantes que compléteront, le cas échéant, les œuvres plus étendues. Il pourra, enfin, être également consulté, nous l'espérons, par le grand public lui-même, soucieux de posséder, à propos des questions coloniales, les idées générales indispensables pour suivre avec quelque compétence les discussions nombreuses que ces questions soulèvent au Parlement, dans la presse et dans l'opinion.*

Pour conserver à notre Précis *le caractère essentiellement élémentaire qui lui convient, nous nous sommes volontairement abstenu des citations doctrinales et jurisprudentielles, ne donnant que celles qui étaient indispensables, et nous en tenant pour le surplus aux textes officiels déjà si nombreux. Un mot maintenant sur le plan suivi, les motifs qui nous l'ont fait adopter et la façon dont nous l'avons réalisé. Une* première partie (partie générale) *sera consacrée aux* notions d'ensemble *qui dominent toute la matière. Nous donnerons, en premier lieu, l'exposé historique du développement successif de la colonisation en général et principalement de la colonisation française. Nous exposerons ensuite le relèvement progressif et la reconstitution du domaine colonial français depuis* 1815, *époque de sa complète décadence, jusqu'à nos jours ; et nous étudierons la condition actuelle des colonies françaises reconstituées, principalement au point de vue géographique et économique. Le lecteur pourra ainsi se rendre un compte exact de la merveilleuse expansion qui a été donnée à la colonisation française par la troisième République. Il connaîtra nos frontières coloniales et les peuples qui nous avoisinent; il se documentera sur la situation exacte de nos possessions disséminées dans le monde entier, sur leurs produits, leurs débouchés, les avantages qu'elles offrent à la mère-patrie, l'intérêt plus ou moins grand que nous avons à les conserver, etc. Enfin nous exposerons, à la fin de la partie générale, les principes qui dominent soit la colonisation en général, soit la colonisation française en particulier.*

La seconde partie (partie spéciale) *aura trait à l'étude du régime colonial français actuel sous ses aspects multiples, dont les principaux sont les régimes* législatif, politique, administratif, financier, commercial et judiciaire, *les régimes des* terres, *des* mines *et de la* main-d'œuvre, *les régimes* militaire *et* pénitentiaire.

Nous avons pensé qu'il était nécessaire pour faire saisir le plan général de la colonisation française, objet principal de ce travail, de ne faire abstraction d'aucune de nos possessions coloniales, aussi bien de l'Algérie qui, tout en étant une colonie à part, n'en est pas moins une colonie, que de la Tunisie qui, bien que pays de protectorat, fait cependant partie de notre domaine colonial au même titre que l'Annam et le Cambodge. Toutes ces possessions sont régies par une politique d'ensemble et des institutions communes dans leurs grandes lignes, bien que variant dans le détail, en sorte, qu'il n'est permis d'en négliger aucune. Et, d'autre part, étant données précisément cette politique et ces institutions communes, nous n'avons pas cru devoir séparer de l'étude des autres colonies, celle de l'Algérie et de la Tunisie, en tenant compte, bien entendu, des règles spéciales qui régissent ces dernières et que nous aurons soin d'exposer au fur et à mesure qu'elles se présenteront.

Les retentissants événements qui viennent de se produire nous obligent à ajouter quelques mots aux considérations qui précèdent; ces événements, au surplus, apportent une nouvelle démonstration de l'importance de la question coloniale dans les rapports internationaux. Le Maroc et la Tripolitaine ont mis aux prises quatre grandes puissances et, entre deux, ont amené les hostilités. A la fin de septembre dernier, en effet, l'Italie a déclaré à la Turquie une guerre dont le motif était sa volonté bien arrêtée de faire, coûte que coûte, de la Tripolitaine et de la Cyrénaïque une colonie italienne. L'annexion de ces deux pays qui s'est produite en novembre 1911, *a fait entrer l'Italie dans le nombre de plus en plus grandissant des peuples colonisateurs et nous a donné, sur la frontière orientale de nos possessions du nord-africain, des voisins actifs et entreprenants qui, malgré toutes les déclarations d'entente cordiale, n'en font pas moins partie de la triplice. Entre la France et l'Allemagne, la question marocaine n'a point amené la guerre; mais elle a créé des rapports un moment assez tendus, redevenus normaux aujourd'hui, grâce à la conclusion, le 4 novembre 1911, au cours de l'impression de cet ouvrage, d'un accord acceptant le protectorat français sur le Maroc et attribuant à l'Allemagne, en compensation, des territoires du Moyen-Congo français. Nous reviendrons sur ces points dans notre conclusion, où nous apprécierons l'accord intervenu et les modifications par lui apportées dans les situations respectives soit des deux contractants au Maroc et au Congo, soit au Maroc, de la France et de l'Espagne intéressées à des points de vue divers dans l'Empire chérifien et liées, en ce qui le concerne, par des stipulations antérieures qui devront être mises en harmonie avec l'état de choses créé par le traité franco-allemand.*

Fleyres, Octobre 1911.

PARTIE GÉNÉRALE

NOTIONS D'ENSEMBLE

1° Exposé historique du développement de la colonisation en général et spécialement de la colonisation française.

2° Étude du relèvement progressif et de la reconstitution du domaine colonial français depuis 1815. Examen de la condition actuelle des colonies françaises envisagée principalement au point de vue géographique et économique.

3° Principes généraux dominant soit la colonisation dans son ensemble, soit la colonisation française en particulier.

CHAPITRE PREMIER

Exposé historique du développement de la colonisation en général et spécialement de la colonisation française.

SECTION PREMIÈRE

LA COLONISATION CHEZ LES PEUPLES ÉTRANGERS

TITRE PREMIER

Les Portugais et les Espagnols

La colonisation commence réellement avec le xve siècle, au moment de la découverte des territoires du Nouveau Monde, bien qu'on puisse citer auparavant des tentatives isolées. Les Portugais et les Espagnols ont été les grands explorateurs et les grands navigateurs ; c'est à eux que sont dues les grandes découvertes qui révélèrent à l'ancien monde l'existence d'un autre continent. Voltaire a pu dire, dans « *Le siècle de Louis XIV* » (*ch. I*), non sans une certaine amertume, que les Français « faisaient des tournois pendant que les Portugais et les Espagnols découvraient et conquéraient des mondes nouveaux à l'orient et à l'occident du monde connu ». Il est vrai qu'il aurait pu étendre cette critique aux autres peuples qui, à l'origine, ne se préoccupèrent pas plus que les Français de l'œuvre coloniale. Au début donc, les Portugais et les Espagnols sont seuls en scène et remplissent les xvie et xviie siècles du bruit de leurs rivalités. Pour les départager, le pape Alexandre VI, choisi par eux comme arbitre, trace la fameuse ligne alexandrine allant d'un pôle à l'autre et délimitant les possessions respectives des deux conquérants (décision du 14 mai 1493). Et si grande était encore la puissance de la papauté, que deux des plus grands peuples de l'Europe, à cette époque, n'hésitèrent pas à reconnaître le droit du successeur de Saint-Pierre de disposer des territoires nouvellement découverts. C'était là, du reste, une doctrine alors courante en droit international (Voir notre *Traité de droit public international*, t. II, *Le Droit et la Paix*, pp. 420 et 421).

Les Espagnols s'établirent en Amérique et aux Indes orientales;et, dans cette conquête, l'esprit de lucre, la soif des richesses l'emportent de beaucoup sur le souci de la colonisation et de l'organisation des possessions nouvelles. Les fameux conquistadores, chantés par de Heredia dans son sonnet lapidaire, se préoccupaient uniquement de :

> .... conquérir le fabuleux métal
> Que Cipango murit dans ses mines lointaines.

Pour ce motif, l'émigration espagnole fut peu considérable ; la Couronne lui opposait des mesures tracassières. D'autre part, les émigrants, essentiellement oppresseurs, cruels et avides, au lieu de se mêler aux indigènes, formaient des agglomérations séparées et se cantonnaient dans les villes, laissant la campagne aux Indiens. Les Espagnols avaient importé d'Espagne le système des majorats qui immobilisait les terres et entravait l'essor du négoce et des transactions avec la mère-patrie. Ils écartaient des affaires, au profit des fonctionnaires de la métropole, les populations conquises qu'ils laissaient croupir dans une ignorance complète et systématique.

Tandis que les Espagnols s'établissaient en Amérique et aux Indes orientales, les Portugais, au commencement du XVe siècle, inauguraient la conquête des immenses possessions qui devaient constituer, de 1415 à 1557, en Afrique et en Orient, le plus grand empire colonial du monde. Ce qu'il y a de particulier dans l'occupation portugaise, c'est que les conquérants n'aspiraient pas précisément à l'appropriation du sol; ils voulaient simplement monopoliser le commerce de l'Orient et le rendre à leur profit aussi productif que possible. Mais, au lieu de se présenter en trafiquants pacifiques et amis de tout le monde-ne voulant nullement attaquer, mais simplement se défen, dre, ils eurent le tort de chercher à établir des forces armées, des forteresses, des fonctionnaires qui devinrent bientôt oppressifs et aliénèrent les indigènes à la métropole. Le Portugal développa dans ses colonies le triste commerce de l'esclavage que Charles-Quint avait inauguré pour la culture des colonies espagnoles; le Brésil offrit surtout un débouché pour ce trafic.

Les Espagnols et les Portugais eurent un système tout différent de colonisation. Chez les premiers, les grandes concessions furent la règle; la féodalité fut transportée de toutes pièces dans le domaine colonial; l'administration était tracassière, compliquée, s'occupant des plus petits détails, gênant toutes les initiatives. Elle était surtout inquisitoriale et secrète; des rapports des vice-rois rien ne transpirait, au point que la métropole, très peu tenue au courant elle-même, apprenait quelquefois par des sources étrangères les événements des possessions de *Ultramar*. La publication de statistiques ou autres renseignements de nature à fixer sur la situation des colonies, était envisagée comme coupable. La constitution de l'Église était un auxiliaire puissant pour la royauté; la police de l'imprimerie se trouvait confiée à l'inquisition et les peines les plus sévères frappaient quiconque vendait des livres interdits. Voilà pourquoi Adam Smith a placé au nombre des causes d'infériorité de la colonisation espagnole, le régime oppressif du clergé qui était lui-même dans la main de la métropole, grâce à la collation des bénéfices et la nomination aux charges ecclésiastiques. Mais s'il était soumis aux gouvernants de Madrid au point de vue politique, le clergé était tyrannique dans la colonie où il multipliait, avec la féodalité, le système des biens de main-morte et percevait des dîmes plus étendues que partout ailleurs.

Les Portugais, au contraire, ne s'emparèrent point des pays conquis; l'appropriation des terres y était donc facile et la population, d'autre part, n'y était pas gênée par des règlements tracassiers; l'agriculture et le négoce y étaient encouragés. Le clergé avait des idées beaucoup plus larges que le clergé espagnol; ainsi, en 1576, il obtint du gouvernement de Lisbonne un décret interdisant de réduire en esclavage les Indiens autres que les prisonniers de guerre . Mais, l'autorité métropolitaine étant assez faible dans la colonie, le décret fut souvent violé. En fait, le commerce était aux mains du gouvernement dans les colonies portugaises; toutefois les sujets pouvaient l'exercer avec l'autorisation des pouvoirs publics. Le trafic se faisait par le moyen de vaisseaux énormes armés pour la guerre, appelés *caraques*, qui répandaient la terreur dans tout l'Orient. Mais, en même temps, ils excitaient les convoitises, et tous les rivaux en colonisation essayaient de s'en emparer, notamment les Anglais. D'après une règle originale de la colonisation portugaise, les produits coloniaux s'arrêtaient à Lisbonne, les Portugais ne se chargeant pas de répartir entre les peuples européens les richesses de l'Orient; leur orgueil se plaisait à voir ainsi les étrangers affluer dans leur capitale et devenir ses tributaires. Les Hollandais, au contraire, recherchaient avidement ce rôle de commissionnaires qui leur rapportait de gros bénéfices.

TITRE II

Les Hollandais

Bravant la défense de s'occuper de colonisation qui leur avait été faite par l'Espagne et le Portugal, les Hollandais, après leur émancipation du joug espagnol, se mirent en rapport avec les Indes par la route du Cap et assurèrent leur commerce avec l'Asie par la création des grandes compagnies dont il sera question ci-après. Ils fondèrent, en 1602, la célèbre Compagnie des Indes, sur laquelle se modelèrent les autres puissances européennes.

La colonisation hollandaise fut surtout empreinte d'un caractère mercantile; la propagande religieuse qui exerça une influence si puissante sur la colonisation des Portugais et des Espagnols, lui fut totalement étrangère. La Hollande, d'autre part, n'eut pas, à proprement parler, de véritables colons et ne compta guère que des commissionnaires et des matelots. Elle laissait les indigènes libres de leurs actions, n'exerçait sur eux aucune pression religieuse ou administrative et se bornait à effectuer avec eux des opérations commerciales. Mais une corruption intense ne tarda point à se développer dans les colonies aussi bien que dans la métropole ; elle amena la chute lamentable de la compagnie des Indes dont nous venons de parler, qui avait été la cheville ouvrière de la colonisation hollandaise.

TITRE III

Les Anglais

Les Anglais sont entrés les derniers dans les entreprises coloniales ; mais ils y ont vite conquis le premier rang. Le mouvement colonial anglais ne fut suscité ni par l'ambition des aventures, du trafic et des richesses, ni par la situation insulaire de la Grande Bretagne ; il fut dû à une circonstance économique singulière.

L'agriculture reçut des modifications radicales sous le règne d'Elisabeth ; au labourage on commença à substituer, dans la plus grande partie du pays, le pâturage destiné à l'élevage du gros et du petit bétail. De là une crise transitoire d'autant plus grave qu'au 16e siècle l'industrie qui commençait à se développer, n'était point, tant s'en faut, capable d'utiliser tous les bras qui devaient abandonner l'agriculture. De cet état de choses devait résulter une émigration intense de nature à pousser les Anglais vers la colonisation. Et la situation était d'autant plus troublée que la découverte de l'Amérique avait amené une grande dépréciation des métaux précieux et, par suite, une perturbation générale dans toutes les classes de la société. D'autre part, la suppression des couvents et des biens de main-morte privait subitement les classes pauvres des ressources considérables que les moines leur prodiguaient et sur lesquelles elles avaient fini par compter comme sur une sorte de prélèvement obligatoire. Enfin, sous Jacques 1er, l'avènement d'une longue paix remplaçant un état de guerre antérieurement usuel, força encore une foule de gens d'armes à se tourner vers la colonisation. Ainsi ce ne fut pas, comme nous l'avons dit, la situation insulaire qui poussa l'Angleterre vers la colonisation, mais une circonstance fortuite. Une fois l'habitude de la colonisation prise, cette situation insulaire fut, par la force même des choses, de nature à favoriser le mouvement colonial, sans cependant l'avoir créé. Et le hasard voulut qu'à la colonisation anglaise échut une contrée merveilleusement préparée pour l'exode des hommes et des capitaux. Cette contrée immense, inculte, sans maître, riche et féconde, fertile en grands fleuves bien placés et rattachés les uns aux autres, située à une assez grande proximité de l'Europe, devait devenir l'Amérique anglaise.

Les colonies anglaises se divisaient en trois classes : colonies de propriétaires, colonies à charte et colonies de la couronne. Les colonies de propriétaires étaient fondées par des particuliers appartenant aux classes aisées de la nation, auxquels la couronne avait concédé l'exercice de la souveraineté dans les pays où ils s'établissaient, concession soit gracieuse soit faite à prix d'argent. Les colonies à charte étaient l'œuvre de compagnies privilégiées de marchands. Enfin les colonies de la couronne étaient celles où les émigrants, par leur initiative individuelle, sans l'appui des seigneurs, sans charte de concession, avaient créé des établissements. Rares au début, ces colonies devinrent ensuite la règle normale, car la métropole fit tous ses efforts pour réduire en colonies de la couronne les primitives colonies, soit de propriétaires, soit à charte.

Chacun de ces genres de colonies avait ses inconvénients et ses avantages. Les colonies de propriétaires étaient assurées de l'appui des capitaux, de la direction et de la protection des grands personnages qui les avaient fondées; elles eurent donc moins de difficultés dans les débuts. Mais, par contre, l'esprit aristocratique qui avait présidé à leur constitution, fut ensuite un obstacle à leur fusion avec toutes les classes de la nation; elles furent en quelque sorte isolées au milieu de l'expansion coloniale générale. Cet échec ne pouvait être redouté par les colonies à charte ou de la couronne qui eurent une liberté d'allure beaucoup plus grande, un aspect plus démocratique et purent suppléer, par une initiative plus énergique, aux capitaux qui leur manquèrent au début. Spécialement elles jouirent, dès l'origine, de l'autonomie la plus large qui leur était octroyée par leurs chartes constitutives ou qu'elles exerçaient en fait, sans que la royauté y mît opposition; on considérait comme inexistants tous les règlements qui auraient pu lui porter atteinte.

Le système adopté par la Grande Bretagne relativement au mode d'appropriation des terres vacantes, était bien supérieur à celui pratiqué par les autres peuples colonisateurs; la métropole laissait toutes les terres vacantes à la disposition soit des propriétaires fondateurs, soit des compagnies de commerce, soit des assemblées coloniales, suivant le mode de formation de la colonie. De là, une appropriation rapide et normale du sol, au prorata des besoins de chacun, sans aucune vexation ni inquisition du pouvoir; l'occupant s'intéressait à la terre et la cultivait au mieux des intérêts particuliers et généraux. Les émigrants n'étaient pas cantonnés, comme dans les colonies espagnoles, dans des districts déterminés et séparés des Indiens; ils évitaient les déclarations vexatoires qu'exigeait l'administration française relativement au lieu à choisir pour demeure; ils ne connaissaient ni les substitutions, ni les majorats, ni les biens de main-morte; les droits des propriétaires concédants se bornaient à un prix modique une fois payé ou à une sorte de tenure ou redevance fixe peu importante. Les vastes domaines concédés aux grandes familles n'étaient pas inaliénables et les terres non cultivées dans un temps déterminé pouvaient être adjugées à d'autres. Les impôts étaient modiques; la métropole ne cherchait pas, comme en Espagne ou en Portugal, à pressurer la colonie; et jusqu'au conflit qui amena la perte des possessions américaines, elle n'imposa aucune taxe aux colons, se contentant sagement des bénéfices considérables de l'exportation des produits de la mère patrie. Les anglo-américains n'avaient donc qu'à pourvoir aux frais de leur administration intérieure; et ils le faisaient avec sagesse et économie.

Pour toutes ces raisons, l'immigration fut nombreuse; les immigrants étaient attirés par la facilité de la vie, la tolérance de l'administration si précieuse au milieu des troubles politiques et religieux par lesquels passait alors l'Angleterre. Toutefois, la colonisation anglaise fut, comme celle des autres peuples, infestée par le fléau de l'esclavage; les colons se livrèrent à une extermination systématique des Indiens, prélude de la disparition ultérieure de la race. De plus, les colonies furent soumises à une complète sujétion en matière de commerce et d'industrie à partir de la moitié du XVIIe siècle; aussi, investies du self government au point de vue politique, ne possédaient-elles aucun droit de contrôle et d'amendement relativement aux règlements commerciaux faits par l'autorité métropolitaine.

En 1651, parut le fameux *Acte de navigation*, appelé la grande charte de la marine anglaise, suivant lequel aucunes marchandises extra-européennes, spécialement celles provenant des colonies anglaises, ne devaient être transportées en Angleterre autrement que par des navires construits dans la métropole, appartenant à des sujets anglais, ayant un équipage aux trois quarts anglais et un capitaine anglais. On assurait, d'autre part, autant que possible, aux Anglais le monopole des importations de marchandises venant du continent européen. Les annexes de l'acte de navigation vinrent encore aggraver sa portée primitive. Les colonies protestèrent énergiquement; mais on crut, à Londres, devoir maintenir la pratique du système dit mercantile, suivant lequel l'Angleterre et ses colonies ne devaient former qu'un même groupement économique opposé à l'étranger. Toutefois, on apportait à l'idée moîtresse des dérogations destinées à la rendre tolérable, notamment dans les années de cherté et de disette où, comme en 1757, on admettait les vaisseaux neutres à l'importation du blé européen en Amérique. Enfin, uue des grandes iniquités du système colonial anglais consistait dans l'interdiction faite aux colonies de posséder des manufactures, principe considéré comme essentiel à partir du XVIIe siècle et qui causa aux colons un préjudice considérable. Toutes ces causes contribuèrent d'une façon plus ou moins directe à l'émancfpation des colonies américaines.

SECTION II

LA COLONISATION FRANÇAISE

TITRE PREMIER

L'Ancien régime

ARTICLE PREMIER

Le développement progressif de la Colonisation

Diverses opinions ont été émises sur le point de savoir à quel moment remonte la colonisation française. Certains la font partir du XIVe siècle, parce que, sous le règne de Charles V, des marins de Dieppe et de Rouen, devançant les Portugais sur les côtes d'Afrique, y avaient fondé des comptoirs aux noms français (Petit Dieppe, plus tard Rio Sestro ; Paris, plus tard grand Sestre ; baie de France, etc.) et créé des postes pour le troc appelés : La Mine (Elmina), Fantin, Saban, Cormentin, etc. etc.

Mais on a fait remarquer que de simples comptoirs pour le troc, abandonnés presqu'aussitôt qu'établis ; aussi bien que les noms de la mère patrie attribués aux lieux de débarquement, ne sont pas suffisants pour constituer des colonies ; que coloniser c'est s'approprier des terres exotiques, fonder une société plus ou moins bien organisée, un état de choses plus ou moins stable et permanent, avec l'intention de conquérir de nouveaux territoires pour le pays. Les expéditions des marins français étaient donc des entreprises isolées, sans esprit de suite, qui ne donnaient pas de nouvelles possessions à la France.

C'est au règne de François Ier que remonte, en réalité, la colonisation française ; à cette époque, la couronne intervient pour faire acte de maître vis-à-vis des territoires découverts par les navigateurs français. Terre-Neuve et le Canada deviennent terres françaises, grâce aux efforts du florentin Vérazzani et de Jacques Cartier de St-Malo, opérant, le premier, sur les côtes de l'Amérique du Nord, et, le second, sur le Saint-Laurent.

Plus tard, les chefs des protestants français songèrent à faire émigrer leurs coreligionnaires persécutés au delà de l'Atlantique; des expéditions organisées par le grand amiral huguenot, Coligny, partirent en 1555 et 1562 pour le Brésil et la Floride; mais les colons livrés à leurs propres forces ne purent résister aux Espagnols qui les massacrèrent dès 1565. Combien la fondation de cette France protestante au delà des mers aurait été profitable à la fois à la métropole en liquidant pacifiquement la question religieuse et à notre expansion coloniale en ouvrant un champ digne de leur indomptable activité à ces religionnaires forcés de la dépenser en luttes stériles et regrettables contre d'autres français ! Mais l'initiative de Coligny dépassait son temps; elle fut vue avec défaveur par la royauté et par ses coreligionnaires qui n'en comprirent pas la portée et se refusèrent à la seconder.

Henri IV reprit avec un certain esprit de suite les tentatives du règne de François 1er; c'était alors l'apogée de la célèbre compagnie des Indes hollandaises dont nous avons parlé et dont les résultats prodigieux tournaient toutes les têtes. Malgré l'opposition de Sully qui, dans ses *Mémoires*, a cru devoir protester absolument contre l'envoi de colons au Canada, on se tourna de ce côté et du côté de l'Acadie; le roi fournissait des vaisseaux, des vivres et des armes et nommait le sieur de La Roche lieutenant général ès pays de Canada et autres et, en 1603, le sieur de Monts. Ces pays recevaient le nom de Nouvelle France. En 1608, Champlain créa la colonie du Canada et fonda Québec.

Henri IV jeta, le premier, les bases de la colonisation par les grandes compagnies; il voulut avoir sa compagnie des Indes pour lutter contre celle de la Hollande et l'institua par lettres patentes du 1er juin 1604; mais elle n'eut point de succès. En 1598, il créa la compagnie du Canada et de l'Acadie; en 1600, celles de Sumatra, Java et des Moluques, et, en 1604, celle des Indes orientales.

Le Cardinal de Richelieu allait magnifiquement continuer l'œuvre de Henri IV; dans le but de bien faire savoir toute l'importance qu'il attachait au commerce et à la navigation et, par suite, à la colonisation par laquelle les deux s'alimentent et se développent, il se fit donner, en 1626, par

Louis XIII, le titre de Grand maître, chef et surintendant général de la navigation et du commerce de la France. Il prit en cette qualité la direction de toutes les affaires maritimes et coloniales.

Sous le grand ministre, nous assistons à une véritable floraison de ces compagnies de colonisation qui avaient commencé sous Henri IV; ces compagnies étaient créées en vertu d'une charte octroyée par le roi, charte qui conférait des privilèges et imposait des obligations correspondantes. Les compagnies de colonisation furent très fréquentes sous Richelieu. Citons les suivantes : compagnie du Morbihan (1626), de la nacelle de Saint-Pierre fleurdelysée, (1627), des cent associés (1628), des Indes orientales (1628), des Iles d'Amérique (1635), de la Guinée (1634), des Indes orientales et de Madagascar (1642).

Colbert reprit activement l'œuvre de Richelieu que Mazarin avait laissé péricliter. Si Louis XIV avait, disait-on, un goût très vif pour les expéditions coloniales, Colbert devait être porté, lui aussi, par nature, vers la colonisation. On en demeure convaincu lorsqu'on envisage les œuvres essentiellement utiles auxquelles il a attaché son nom et qui ont un rapport évident avec les entreprises coloniales : constructions maritimes, développement du commerce, inscription maritime, etc. Le Canada, sous Colbert, acquit la Louisiane et les créations de Richelieu furent activement poussées aux Antilles, dans la Guyane, au Sénégal. L'Hindoustan vit se créer des comptoirs et, à la mort de Colbert, l'expansion coloniale française avait atteint son point culminant.

Colbert eut recours, à son tour, aux compagnies de colonisation .Il créa les deux compagnies des Indes orientales et occidentales (1664), celles du Nord (1669), de l'Acadie (1683), de la Guinée (1685), de la Chine (1700), du Canada (1706).

A partir de ce moment, la puissance coloniale française entre en lutte directe avec l'Angleterre, qui cherche des alliances contre nous dans l'Europe entière, non pour nous enlever des territoires continentaux dont elle n'a que faire, mais pour s'emparer de nos colonies. Sous Louis XIV et sous Louis XV, les guerres de la ligue d'Augsbourg (1688-

1697), de la succession d'Espagne (1701-1713), de la succession d'Autriche (1740-1748), de sept ans (1756-1763) se terminèrent par des traités désastreux qui nous enlevèrent la presque totalité de notre domaine colonial. Le traité d'Utrecht de 1713 et celui de Paris de 1763 consommèrent notre ruine coloniale. Nous perdions l'Inde, la moitié des Antilles et du Sénégal, le Canada que Voltaire traitait dédaigneusement : « d'arpents de neige » et aux doléances duquel on avait répondu de Versailles : « quand la maison brûle, s'occupe-t-on des écuries » ! Il faut ajouter que les entreprises coloniales avaient été fortement discréditées par la faillite de la grande *Compagnie des Indes créée en* 1719, qui avait été l'objet de l'engouement général et qui entraîna dans la chute retentissante de Law une bonne partie de l'épargne française.

Sous Louis XVI, la situation redevient meilleure avec le relèvement de notre marine; en 1783, le traité de Versailles nous restitua une partie des conquêtes faites par les Anglais aux Antilles et au Sénégal durant la guerre de sept ans.

Entrons maintenant dans quelques détails concernant les divers points sur lesquels s'est exercé l'effort colonial des Français sous l'ancien régime.

§ I. — *Domaines coloniaux de l'Inde et de l'Océan indien*

A. — ÉTABLISSEMENT DE L'INDE

Le point de départ de cet établissement colonial est la création de la compagnie des Indes orientales par Colbert en 1664. Caron, hollandais au service de la France, fonde un comptoir à Surate en 1668 et d'autres bientôt sont établis à Mazulipatam, Chandernagor et San Thomé. A cette époque, la France était en lutte avec les Hollandais qui trafiquaient dans ces régions; et l'on a quelquefois cherché dans la rivalité coloniale les causes de l'acharnement de Louis XIV qui aurait essayé d'enlever par la force à la Hollande le commerce des Indes. Fréquemment nos établissements de l'Inde nous étaient enlevés, puis restitués à la paix. En 1701, la compagnie des Indes abandonne le comptoir de Surate et transporte son siège principal à Pondichéry.

Sous Louis XV, nous nous heurtons aux Anglais devenus prépondérants et aspirant à la conquête du pays. Le rôle de Dupleix, gouverneur de 1741 à 1754, est resté légendaire; malheureusement sa rivalité avec La Bourdonnais eut pour la France des résultats déplorables. Ayant fait disgrâcier son rival et resté seul, Dupleix fit des prodiges de bravoure et trouva un adversaire digne de lui en Clive, chef des troupes anglaises, qui, après le rappel du gouverneur français, eut à lutter contre Lally-Tollendal, lequel dut capituler le 14 janvier 1761 dans Pondichéry. Le traité de Paris de 1763 nous laissa seulement de nos domaines de l'Inde les cinq villes que nous possédons encore : Mahé, Karikal, Pondichéry, Yanaon et Chandernagor, à la condition de ne point les fortifier.

B. — MADAGASCAR ET LES MASCAREIGNES

a) Madagascar. — Ce furent les Portugais qui découvrirent au XVIe siècle, en 1506, Madagascar appelée alors île Saint-Laurent. En 1638, des Dieppois s'y fixèrent; plus tard fut bâti Fort-Dauphin. Le gouverneur de Flacourt baptisa, en 1648, l'île du nom de France orientale. Louis XIV, le premier, s'occupa activement de la colonisation de Madagascar et, par un édit de 1665, donna à l'île le nom d'île Dauphine. La compagnie des Indes orientales fondée en 1664 s'établit l'année suivante à Fort-Dauphin; alors le comte de Mondevergue fut envoyé à la tête d'une expédition importante et la colonisation commençait à prendre bonne allure quand Mondevergue, desservi auprès du roi, fut rappelé. Son successeur, de La Haye, mécontenta les indigènes par sa hauteur et sa cruauté et fut aussi rappelé; les colons abandonnés à leurs propres forces furent massacrés par les indigènes.

En dépit de ces insuccès, on continua à considérer Madagascar comme possession française; de vaines tentatives furent faites pour y rétablir effectivement notre domination; la plus importante fut dirigée, en 1771, par le polonais Béniowski, sur le compte duquel les opinions ont varié, les uns le regardant comme un héros et les autres comme un aventurier voulant se déclarer indépendant. Béniowski fut tué, en 1786, dans une rencontre avec les troupes françaises qui le traitèrent en rebelle.

b) Les Mascareignes. — Ce sont des îles voisines de Madagascar (Réunion, îles Maurice et Rogrigue) que le portugais Péreira découvrit en 1507; colonisées par les Français, elles eurent une grande prospérité sous Louis XV et Louis XVI. L'île Bourbon, appelée primitivement Mascareigne, reçut son nouveau nom de Flacourt, commandant de Fort-Dauphin en octobre 1649.

§ II. — *Domaines coloniaux africains*

Le comptoir de Saint-Louis du Sénégal fut fondé en 1626 à l'embouchure du grand fleuve. La lutte éclata là comme ailleurs contre les Anglais fixés à Sierra-Leone à l'embouchure de la Gambie. Les Hollandais occupaient Arguin et Gorée. Le traité de Nimègue de 1678 nous donna ces deux derniers points et notre colonisation reçut un grand essor sous la direction d'André Brüe (1697-1724). Après le départ de Brüe, le commerce français commença à décliner; la guerre de sept ans nous enleva Gorée et Saint Louis; nous reprîmes Gorée à la paix et Saint-Louis en 1779.

§ III. — *Domaines coloniaux américains*

A. — AMÉRIQUE DU NORD

a) Canada. — Terre-Neuve — Saint-Pierre et Miquelon. — En 1535 sous François Ier, Jacques Cartier de Saint-Malo remonta le Saint-Laurent jusqu'à l'endroit où est aujourd'hui Montréal, et, en 1541, il établit une colonie à Terre-Neuve. Mais ces deux entreprises ne furent point florissantes et l'on peut considérer que la véritable colonisation française au Canada date de Henri IV. Le fondateur effectif du Canada fut Champlain, gentilhomme de Saintonge; il créa Québec en 1608 et chercha à développer dans la colonie nouvelle le commerce, les pêcheries et l'agriculture.

Champlain fut arrêté dans le développement de son œuvre par l'esprit étroit des compagnies de colonisation fondées par Richelieu, dont il a été question ci-dessus : compagnies de la nacelle de Saint-Pierre fleurdelysée et du Morbihan (1626 et 1627), qui avaient des attributions tellement vastes qu'elles ne purent rien réaliser de leur œuvre et se bornèrent à entraver l'initiative de Champlain. Ce dernier obtint, en mai 1628, la création d'une compagnie nouvelle, dite des Cent associés, dont la charte était plus sage, plus mesurée et où se reconnaissait l'esprit pratique de son chef. Toutefois, cette nouvelle création végéta elle aussi et disparut en 1663.

Colbert continua l'œuvre de Champlain; il avait l'intention de fonder dans le golfe du Mexique un établissement reliant le Canada aux Antilles. Mais ces projets trop vastes portaient en eux un germe de mort évident; au lieu de se contenter des territoires déjà découverts, de les coloniser et de les mettre en valeur, les Français ne songeaient qu'à des expéditions nouvelles. Ainsi, alors qu'il y avait au Canada à peine 3.000 colons en 1666 et environ 10.000 en 1683, les explorateurs français se lançaient toujours plus en avant. Frontenac, un des gouverneurs sous les ordres du vice-roi de Tracy, (1663-1667) arrivait jusqu'au centre de l'Amérique septentrionale en remontant le Saint-Laurent, dans la direction des grands lacs. Cavelier de la Salle découvrait le Mississipi de 1670 à 1672, le descendait jusqu'au golfe du Mexique, et s'emparait, au nom de Louis XIV, de cette contrée qu'il appelait Louisiane en l'honneur de son souverain (1681). Les moines rivalisaient avec les laïques : le récollet Hennepin remontait le cours du Mississipi que descendait de la Salle; Marquette, jésuite, arrivait aussi au Mississipi par la rivière Wisconsin; le jésuite Albanel et Saint-Simon découvraient la baie d'Hudson (1671-1672). Comme on le pense bien, il était impossible de prendre possession effective de contrées aussi vastes en si peu de temps; aussi se contentait-on des actes les plus sommaires; La Salle, après avoir abordé en Louisiane, se bornait à établir de simples postes espacés de distance en distance, pour relier le golfe du Mexique au Saint-Laurent. Ailleurs, on faisait encore moins : un poteau, une croix, quelques retraites palissadées de soldats et trappeurs étaient considérées comme des occupations suffisantes, suivant la doctrine générale du droit public international de l'époque. (Voir notre *Traité de droit public international*, II p. 422 et s.).

Quoi qu'il en soit, cette expansion constante n'était pas, on le comprend, de nature à assurer le succès de la colonisation française; les Français étaient en minorité sensible au Canada, au début du XVIIIe siècle, vis-à-vis des Anglais; leur commerce y était peu prospère et celui de leurs rivaux florissant. On retrouvait, du reste, dans la colonie, l'oppression de la noblesse, son dédain des classes inférieures et ses immenses domaines, l'intolérance des ordres religieux et les autres vices généraux de la colonisation française signalés ci-dessus. Et c'est dans cet état d'évidente infériorité que la lutte commença entre colons anglais et français durant la guerre de la ligue d'Augsbourg et se continua pendant celle de la succession d'Espagne. Le traité d'Utrecht de 1713 nous laissa cependant le Canada, tout en nous créant à l'île de Terre-Neuve une situation toute spéciale. Cette île avait été découverte par Sébastien Cabot en 1497 ou 1498; elle fut fréquentée d'abord par les Espagnols, les Portugais et les Français, plus tard par les Anglais qui s'établirent dans la presqu'île d'Avallon en 1625, tandis que nous nous fixions à Plaisance quelques années plus tôt, en 1620. Le traité d'Utrecht abandonna à la Grande Bretagne la souveraineté complète sur l'île, en réservant aux Français un droit de pêche et de séchage exclusif du poisson sur une partie des côtes appelée pour ce motif *French Shore* (banc français). Les limites de cette côte furent remaniées par le traité de Versailles de 1783.

Les hostilités postérieures au traité d'Utrecht amenèrent une lutte héroïque au Canada entre les Anglais et la vaillante poignée de Français livrée à elle-même. Montcalm et Wolf se livrèrent des batailles épiques et trouvèrent tous deux la mort dans le dernier combat qui eut lieu à Abraham, le 13 septembre 1759. Le traité de Paris céda définitivement à la Grande Bretagne le Canada tout entier avec les îles de Saint-Jean et du Cap Breton. On ne nous rendait que les deux îlots de Saint-Pierre et Miquelon composés de trois îles : Saint-Pierre, Petite Miquelon ou Langlade et

Grande Miquelon, pour servir d'abri à nos pêcheurs, avec défense d'élever des fortifications et d'avoir une garnison supérieure à 50 hommes. Les deux îlots ainsi que quelques autres entourant Saint-Pierre (île aux Pigeons, île Massacre, île aux Chiens, île aux Vainqueurs et Grand Colombier) étaient alors inhabités; quelques canadiens voulant rester français allèrent s'y établir; les Anglais les chassèrent en 1778 et ils ne purent y revenir qu'au traité de Versailles qui nous rendait Saint-Pierre et Miquelon. Ils durent de nouveau s'enfuir en 1793 et ne purent rentrer définitivement qu'après 1815.

b) *Louisiane.* — On vient de voir qu'au Canada Cavelier de la Salle avait adjoint la Louisiane qui comprenait non seulement le pays portant aujourd'hui ce nom dans l'Union américaine, mais encore toutes les contrées que l'explorateur français avait découvertes en descendant le Mississipi. Sous la Régence, l'effort de la colonisation française, délaissant quelque peu le Canada qui ne satisfaisait pas les ambitions hâtives des spéculateurs, se tourna vers la Louisiane; Law créa, en 1717, la célèbre compagnie du Mississipi et de la Nouvelle-Orléans. Mais notre domination dans ces régions avait un vice considérable : elle était fondée sur l'agiotage et la chute retentissante du système de Law n'était pas précisément faite pour la relever. La colonisation était alimentée par des rafles opérées dans l'élément le plus mauvais de la population parisienne. Dans son histoire de *Manon Lescaut*, l'abbé Prévost raconte la navrante condition de ces filles de joie tirées de l'hôpital et embarquées de force au Havre-de-Grâce, par ordre du lieutenant de police, pour servir de compagnes aux Français qui les attendaient impatiemment à la Nouvelle-Orléans dépeinte comme une « bonne ville », alors qu'elle n'était en réalité qu'un « assemblage de quelques pauvres cabanes, au milieu de campagnes stériles, inhabitées, où l'on voyait à peine quelques roseaux et quelques arbres dépouillés par le vent ». Nous n'avions donc point en Louisiane les solides racines que nous possédions au Canada; et voilà pourquoi, sans lutte aucune, la perte de ce dernier emporta celle de la Louisiane. Au traité de Paris, la France abandonna à l'Angleterre la partie orientale et, à l'Espagne, notre alliée, pour la dédommager de la perte de la Floride qu'elle avait dû céder à l'Angleterre, la partie occidentale qui forme la Louisiane actuelle.

c) *Acadie.* — Le centre des établissements de l'Acadie qui remontaient à Henri IV, était Port-Royal, devenu Annapolis, quand le pays eut été conquis par l'Angleterre qui lui donna le nom de Nouvelle-Ecosse. Le traité d'Utrecht consentit la cession de ce pays à l'Angleterre; mais les habitants se refusèrent à accepter la domination anglaise. Après la fondation d'Halifax, les Français dont les biens avaient été confisqués, furent transportés sur les côtes de la Nouvelle-Angleterre (1755). La plupart succombèrent de faim et de misère en essayant de regagner leur pays. Cette opération barbare a inspiré à Longfellow son charmant poème *d'Evangéline.*

B. — ANTILLES

La colonisation française fut plus heureuse aux Antilles; son début eut pour auteur un petit gentilhomme normand, M. d'Enanbuc, qui, après un certain temps de résidence dans le pays, obtint de Richelieu, le 30 septembre 1628, une charte de compagnie visant Saint-Christophe et les autres îles sises entre les 11e et 18e degrés de latitude. En 1635, la compagnie se reconstitua sur des bases plus larges et mit la main sur la Guadeloupe et la Martinique. Peu à peu, Grenade, les Grenadines, Sainte-Lucie, Marie-Galante, les Saintes, la Désirade, Saint-Barthélémy, Saint-Martin, Sainte-Croix furent occupés; et, en 1648, la plus grande partie des îles du vent était française.

Vers le milieu du XVIIe siècle, des aventuriers s'établirent dans l'île de la Tortue, puis dans la partie occidentale de St-Domingue et, indépendants à l'origine, reconnurent en 1664 l'autorité de la France. La partie française de Saint-Domingue ne formait que le tiers de l'île; mais elle était beaucoup plus florissante que la partie espagnole; elle possédait près de 60.000 habitants et trois provinces : le Nord, l'Ouest et le Sud.

La colonisation des Antilles offre ceci de particulier que la couronne n'y fut que très indirectement mêlée; les aventuriers, boucaniers, flibustiers s'y trouvèrent toujours au premier rang, sans que pourtant le roi abdiquât son droit de surveillance qui était exercé par un gouverneur dont les pouvoirs étaient fort étendus.

Les prérogatives accordées à la compagnie des îles furent étendues en 1642; la possession des territoires par elle occupés lui fut notamment concédée à perpétuité. Mais, en dépit de ces avantages, elle fit de mauvaises affaires et se heurta soit aux Caraïbes, soit aux autres peuples rivaux, anglais et hollandais. Elle finit par liquider ses territoires par des ventes successives, consenties, de 1649 à 1651, à divers propriétaires qui relevèrent des gouverneurs représentants de la couronne, ou aux gouverneurs eux-mêmes. Les luttes continuèrent entre les nouveaux possesseurs et les anciens adversaires et finirent par tourner à notre désavantage. Finalement Saint-Christophe fut attribué, par l'art. 12 du traité d'Utrecht, aux Anglais qui s'emparèrent de toutes les Antilles françaises durant la guerre de sept ans et obtinrent, par le traité de Paris, Saint-Vincent, Grenade, les Grenadines, la Dominique et Tabago — cette dernière pourtant restituée par le traité de Versailles de 1783. Des traités des 15 juin 1733 et 1er juillet 1784 avaient cédé Sainte-Croix au Danemark et Saint-Barthélémy à la Suède.

C. — AMÉRIQUE DU SUD

En 1604, La Revardière aborda en Guyane; et, à la suite d'une seconde expédition, Cayenne fut fondée en 1643; un peu plus tard, en 1651, Richelieu créa une compagnie à charte qui ne réussit pas. Les expéditions françaises mal conduites échouèrent et la fièvre eut raison de la plupart des colons. A la fin de 1653, les Hollandais prirent la place des Français; mais, à son tour, en 1664, la colonie hollandaise qui commençait à devenir prospère, fut expulsée par la compagnie de la France Equinoxiale fondée par Colbert. A cette compagnie succéda la grande compagnie des Indes Occidentales qui ne put défendre la colonie contre les attaques des Anglais en 1666 et des Hollandais en 1672. Toutefois, en 1674, notre domination fut rétablie par une expédition dirigée par l'amiral d'Estrées, qui s'empara de Cayenne. Quand nous eûmes perdu le Canada, on songea un moment à le remplacer par la Guyane de laquelle on essaya de faire une colonie de peuplement. A cet effet, le ministère Choiseul fit transporter, en 1765, sur les bords du Kourou, un grand nombre d'émigrants français qui moururent tous de faim, de maladie et de misère. Cette expédition sinistre a beaucoup contribué à fonder la réputation d'insalubrité du pays malheureusement trop méritée. Sous Louis XVI, la Guyane, fort habilement administrée par Malouet, retrouva une prospérité relative, grâce aux grands travaux d'assainissement exécutés par l'ingénieur suisse François Guizan.

ARTICLE II

L'Organisation coloniale française sous l'Ancien régime

§. I. — *Procédé d'organisation et d'exploitation des colonies Les Compagnies de colonisation*

Le procédé usité consistait à créer, en vertu d'une charte octroyée par la royauté, des *Compagnies de colonisation* investies de privilèges et assujetties à des obligations. L'histoire de la colonisation ancienne est intimement liée à ce procédé qui fut suivi en France et à l'étranger. Quelle fut l'origine de cette institution? Les peuples, à la suite de la découverte du Nouveau Monde, entrèrent en lutte pour le trafic des denrées exotiques; jaloux les uns des autres, ils cherchaient à se cacher les routes et les débouchés nouveaux. Pour éviter les surprises, les attaques de toute sorte dont les vaisseaux de commerce étaient l'objet de la part des rivaux étrangers, on les groupait et on les faisait convoyer par des vaisseaux de guerre. De là, entre armateurs et marchands, des associations qui, simples sociétés de commerce au début, se transformèrent en compagnies de colonisation, sous l'empire des nécessités économiques. En effet, les navires allaient, en général, s'approvisionner dans les mêmes contrées; mais les denrées qu'on y trouvait n'étant pas inépuisables, les premiers arrivés absorbaient tout le stock disponible et les autres, ne trouvant plus rien à charger, risquaient inutilement les frais d'un voyage long, dangereux et coûteux. C'est alors qu'apparurent les compagnies de colonisation prenant possession du pays, le faisant cultiver par leurs employés ou par les indigènes, l'organisant au point de vue administratif, judiciaire, militaire, etc.

Ainsi les compagnies de colonisation répondaient aux nécessités mêmes du commerce avec les pays exotiques. D'ailleurs, on se rend facilement compte que l'utilisation des ressources coloniales par la compagnie était à peu près l'unique procédé possible sous l'ancien régime, car la colonisation par le simple particulier agissant avec ses propres forces aurait été une utopie à laquelle on n'avait même pas songé. Ceux qui allaient seuls sur les mers étaient d'audacieux corsaires, des flibustiers entreprenants qui risquaient leur vie et leur navire dans la conquête des produits d'outre-mer. Mais le commerçant paisible, redoutant déjà les dangers de toute sorte inhérents à la navigation maritime, n'aurait jamais osé isolément braver l'Océan et les pirates ou les corsaires, qui infestaient toutes les mers à cette époque. D'autant plus que, dans les parages coloniaux, les nations européennes, loin d'observer entre elles les prescriptions d'un droit des gens maritime quelconque, étaient constamment en guerre de fait, même quand la paix existait nominalement. D'un autre côté, le principe de la liberté des mers qui paraît aujourd'hui chose si naturelle, était absolument méconnu; les Portugais et les Espagnols notamment prétendaient à un droit absolu sur la route des Indes : leurs vaisseaux n'hésitaient pas à courir sus aux navires des autres nationalités.

Il fallait donc être sérieusement outillé et protégé pour se risquer à commercer avec les pays d'outre-mer dans un pareil état de choses; à cet effet, des flottes puissantes et bien armées étaient nécessaires et seules les compagnies pouvaient arriver à ce résultat par la réunion de grands capitaux. Leur forte organisation imposait le respect des droits de leurs actionnaires, obtenait de bons traitements de la part des princes locaux et contenait les peuplades indigènes encore à l'état barbare, qui auraient absolument méprisé les droits, la fortune et la vie des particuliers isolés.

La compagnie de colonisation trouvait donc un milieu merveilleusement approprié à son éclosion et à son développement; on en sentait la nécessité; la première application en fut faite par le peuple commerçant et pratique par excellence. En 1602, fut fondée la compagnie hollandaise des Indes dont la fortune fut telle qu'elle parvint à distribuer des dividendes de 30, 40 et même, en 1606, de 75 0/0. — En France, nous l'avons vu, successivement Henri IV, Richelieu et Colbert en fondèrent un grand nombre; c'est de 1664 à 1698 que se produit le maximum d'activité de ces compagnies qui se font rares à partir de 1715. En 1719, s'établit la fameuse compagnie des Indes, dont l'échec fut tellement retentissant qu'on n'en créa plus de nouvelles. Du reste, à cette époque, le privilège des compagnies était fortement battu en brèche et Morellet, dans son célèbre *Mémoire sur la situation actuelle de la compagnie des Indes* (juin 1769), démontrait qu'elles n'étaient utiles ni à l'Etat, ni aux actionnaires et que leur continuation apparaissait comme impossible.

Les compagnies de colonisation de l'ancien régime ont été étudiées en détail dans la brochure intéressante et documentée de M. Chailley, intitulée : *Les compagnies de colonisation sous l'ancien régime* (1898). Ces compagnies se constituaient de la façon suivante : Un certain nombre de particuliers se réunissaient et faisaient part au roi de leur intention de créer une compagnie de colonisation en tel lieu déterminé. La proposition était délibérée en conseil du roi, et, s'il y avait lieu, la compagnie était constituée par un contrat solennel contenant la charte. Dans cette charte, sorte d'acte d'investiture, on énumérait le but de l'entreprise, les obligations contractées, les avantages accordés, les lieux et pays d'exploitation, la durée de la concession, les causes de déchéance, etc.

Toutes les compagnies de colonisation eurent à la fois un but religieux et un but politique. Le premier consistait à implanter dans les terres nouvelles la foi et la religion catholiques; à cet égard, la lecture des chartes ne peut laisser aucune espèce de doute; notamment la charte de la compagnie des *Cent associés* donne la conversion des sauvages comme le but principal de l'entreprise. Les compagnies devaient donc transporter à leurs frais le nombre d'ecclésiastiques voulu, bâtir les églises et couvents nécessaires, fournir les ornements du culte, les livres et tous les subsides. Elles avaient ainsi à leur charge l'entretien coûteux d'un nombreux clergé, la concession de biens de main-morte aux congrégations religieuses, avec tous les inconvénients bien connus du régime. Et ces charges devinrent si excessives que Louis XIV dut limiter les possessions des religieux, que le Régent leur défendit toute acquisition de biens sans autorisation royale et que Louis XV exigea pour ces acquisitions une permission expresse délivrée en forme de lettres patentes enregistrées par les cours souveraines. Mais toutes ces restrictions restèrent sans effet et les colonies virent ainsi se constituer d'immenses domaines peu productifs pour l'État et pour leurs propriétaires, comme le sont généralement les biens de main-morte. On a fait remarquer, avec raison, que beaucoup de gens, sous l'ancien régime, s'accoutumèrent à n'envisager les établissements coloniaux qu'au point de vue religieux, comme un moyen de développer le christianisme en lui conquérant des âmes.

L'esprit religieux qui avait présidé à la création des compagnies à charte, devait nécessairement avoir son retentissement dans l'intolérance religieuse qui fut exportée de la métropole dans la colonie. Tous autres que les catholiques furent bannis des entreprises nouvelles et durent porter leur activité dans les colonies de la Nouvelle Angleterre. Toutefois, il faut ici distinguer suivant les colonies, car la politique religieuse ne fut point la même dans toutes. Aux colonies de l'Amérique du Nord, dans la Nouvelle France, le clergé et les ordres étaient tout puissants et possédaient une grande partie du sol ; le Canada constituait une colonie mi-religieuse où les Jésuites avaient la haute main ; les protestants et les israélites en furent donc totalement exclus. Au contraire, aux Antilles où la population immigrée était restée beaucoup plus indépendante, il y eut une tolérance plus grande. Les Juifs y furent admis et c'est l'un d'eux, Benjamin Dacosta, qui introduisit la culture de la canne à sucre à la Martinique. Il y avait sans doute des religieux; mais leur influence était moindre; ils se montraient d'ailleurs plus tolérants. L'un d'eux, le père Labat, écrivait qu'il lui était indifférent que le sucre fût luthérien ou catholique, pourvu qu'il fût bien blanc. Aux Mascareignes également, le clergé se trouvait en petit nombre et ses agissements étaient parfaitement tolérables. Du reste, à ce sujet, il convient de distinguer encore suivant les périodes. Sous Colbert, c'est la pleine tolérance : des instructions royales, des 25 avril 1687 et 1er septembre 1688, prescrivaient de ne point molester les gens de la religion réformée et de s'efforcer de les retenir dans les colonies. Et, en ce qui concerne les israélites, Louis XIV écrivait, le 23 mai 1671, à M. de Baas, son lieutenant général dans les îles d'Amérique, de tenir la main à ce que les juifs jouissent des mêmes privilèges que les autres habitants et de leur laisser une entière liberté de conscience. Mais, après la disgrâce et la mort de Colbert, les idées d'absolutisme et d'intransigeance prennent le dessus; juifs et réformés sont bannis des colonies. Il faut arriver au XVIIIe siècle pour que Choiseul recommande aux chefs de l'expédition qui avait été envoyée à la Guyane, de n'inquiéter en rien les non-catholiques au sujet de leurs croyances.

Le but politique poursuivi par les compagnies à côté du but religieux, consistait à augmenter le domaine de la couronne, à répandre l'influence française, à créer de *nouvelles Frances* au delà des mers. Théoriquement, du reste, la royauté ne donnait que son appui moral et c'étaient, en principe, des actionnaires, simples particuliers, qui faisaient les frais de l'entreprise. On a pu dire, à cet égard, avec juste raison, que la plupart des grandes puissances colonisatrices n'auraient pu, livrées à leurs propres ressources, se constituer l'immense empire colonial qui leur a appartenu ou leur appartient encore et qui, après avoir été la propriété des compagnies créatrices, a fait ensuite retour à l'Etat.

Les compagnies recevaient de la charte qui les instituait des avantages considérables. Le plus important consistait dans le monopole de l'occupation et de l'exploitation des territoires concédés et du commerce avec la métropole à l'aller et au retour. Elles seules pouvaient et devaient amener des colons et leur concéder des terres moyennant hommage ou redevance. Au début, les compagnies n'eurent pas de monopole et on explique ainsi leurs insuccès; mais, à partir du second tiers du XVIIe siècle, toutes sont privilégiées. Le monopole atteignait : 1° les étrangers écartés de la colonie comme colons et comme trafiquants; 2° les Français de la métropole qui ne pouvaient vendre ou acheter à la colonie qu'avec l'agrément de la compagnie; 3° les colons eux-mêmes qui, pour s'établir sur le territoire de la compagnie, y trafiquer ou y exercer un métier quelconque, devaient être autorisés par la compagnie. Au monopole commercial on ajoutait généralement l'exemption des droits de douane pour l'exportation et l'importation.

Or, c'est surtout le monopole commercial donné à la compagnie qui a été critiqué comme attentatoire à la liberté du commerce essentielle pour la prospérité d'un pays, parce que les progrès commerciaux et industriels ne se produisent que là où il y a libre concurrence. Mais, si l'on va au fond des choses, on se rend compte que le monopole commercial était au début une nécessité. En effet, c'est par lui seul que la compagnie pouvait rentrer dans les déboursés énormes dont il a été parlé ci-dessus; et, d'autre part, le commerce des isolés avec les territoires nouvellement découverts était en fait impossible pour les motifs donnés plus haut. Au surplus, quand on examine la société sous l'ancien régime, on voit que tout était privilège et monopole. Le privilège était à la base de la condition des personnes et des terres et régnait également dans le commerce et l'industrie de la nation enserrés eux-mêmes dans une série de privilèges et de réglementations spéciales qui leur ôtaient toute liberté et toute initiative .Voilà pourquoi le monopole des compagnies ne paraissait surprenant à personne. On le justifiait, du reste, par des considérations diverses : par l'idée de justice d'abord, car il aurait paru singulier de voir les étrangers et les nationaux eux-mêmes autorisés à librement commercer en des lieux où les compagnies avaient établi la sécurité et fait régner l'ordre à leurs risques et périls de toute sorte. On le justifiait aussi par la nécessité, puisque la concurrence commerciale entre Français ne pouvait profiter qu'aux indigènes ou aux étrangers. On le justifiait enfin par l'utilité, attendu que les capitaux ne pouvaient venir à des entreprises aussi aléatoires que si on leur offrait des avantages exceptionnels. Le privilège apparaît donc plutôt comme en opposition avec les tendances de liberté économique de notre époque qu'avec les idées du temps; et c'est surtout en se plaçant au point de vue des premières que les publicistes modernes l'ont sévèrement condamné, alors que les contemporains le jugeaient moins sévèrement. Il faut reconnaître toutefois que le privilège, acceptable et même utile au début, dut naturellement devenir insupportable quand les idées se furent modifiées et que les rapports avec les pays d'outre-mer furent plus fréquents et plus faciles. C'est ainsi que le privilège de la compagnie des Indes de 1719, après avoir été plusieurs fois réduit, fut suspendu par un arrêt d'août 1769.

La compagnie recevait, en outre, une délégation des droits régaliens; elle était souveraine sur ses terres et investie, moyennant la foi et l'hommage, de tous les droits attachés à la seigneurie : droit de justice à tous les degrés, d'établissement des tribunaux et des taxes; droit d'élever des forts, d'entretenir une force armée, de faire la guerre, de conclure des traités. Et cette concession de droits souverains ne soulevait pas d'obstacles, à une époque où la féodalité avait encore laissé dans le pays des traces absolument tangibles. La compagnie agissait comme les seigneurs qui avaient le droit de haute et basse justice, de levée de troupes, etc. Elle était vis-à-vis de la royauté dans les rapports d'un vassal à l'égard de son suzerain. Toutefois, le roi s'était réservé d'établir des Conseils souverains devant lesquels on appelait de la sentence des premiers juges.

La délégation faite à la compagnie était rarement perpétuelle; elle variait, en général, de 10 à 40 ans; elle était renouvelable; on la renouvelait si la compagnie faisait ses affaires. Dans le cas contraire, on s'en tenait à la concession originaire; et même, le cas échéant, on révoquait celle-ci en présence de motifs graves, avant son expiration. La seule compagnie des Indes de 1725 avait un monopole perpétuel.

A côté des avantages principaux dont nous venons de parler, la compagnie en recevait d'autres qui, bien qu'accessoires, avaient cependant leur importance. Le but principal consistait à procurer à la compagnie les sommes nécessaires à sa fondation et à son fonctionnement, en lui recrutant des actionnaires. Pour cela divers moyens furent employés, dont certains, fort ingénieux, montrent que l'on connaissait déjà les procédés plus ou moins douteux par lesquels on accapare l'épargne d'un pays. Tout d'abord, le roi lui-même fournissait des subventions et devenait ainsi le principal actionnaire. Louis XIV, suivant M. Chailley (*Op. cit.* p. 62, et s.), prêta sans intérêt à la compagnie des Indes occidentales le dixième des sommes engagées pendant les quatre premières années; et à celle des Indes orientales, de 1664 à 1668, plus de quatre millions de livres. Plus tard, la couronne aurait fourni à la grande compagnie des Indes des sommes qui, suivant les affirmations peut-être excessives de l'abbé Morellet, dans son *Mémoire sur la compagnie des Indes*, seraient montées, de 1725 à 1769, à 367 millions de livres ! La couronne venait encore en aide à la compagnie au moyen de primes de toute espèce : primes au transport des émigrants, à l'importation des marchandises des colonies, à l'exportation des produits français, à l'importation des noirs, à l'extraction des produits miniers, etc.

En ce qui concerne le placement des actions dans le public, la royauté intervenait d'une façon véritablement surprenante. Elle exerçait une pression que l'on peut qualifier d'immorale et qui atteignit son apogée sous le règne de Louis XIV. Ce monarque aurait déployé une ruse, une énergie et une tenacité extraordinaires, pour amener aux compagnies des souscripteurs récalcitrants. Dans son livre : *Madagascar sous Louis XIV* (3e et 4e partie), M. Pauliat nous montre le grand roi intervenant personnellement auprès des actionnaires par tous les moyens possibles et se gérant en fait comme le chef réel de la compagnie et le dépositaire de ses intérêts. Qu'il y ait beaucoup d'exagération dans cette manière de voir contestée par M. Deschamps dans son *Histoire de la question coloniale* (pp. 140 et s.), cela est probable ; mais ce qui est certain c'est que le placement des actions devint une sorte d'entreprise officielle pour laquelle furent employées toutes les forces et toutes les bonnes volontés au service de la couronne.

Le roi fait faire par l'académicien Charpentier, en style

sonore, une sorte de manifeste dans lequel sont célébrées les richesses et les félicités de l'Orient que la compagnie des Indes orientales (1664) devra procurer à ses actionnaires et colons. Les évêques, à la demande de Colbert, prêchent les mérites de la compagnie dans leurs mandements; les curés les signalent aux prônes. Les seigneurs, les financiers, les cours souveraines, les villes principales du royaume sont requis de s'intéresser à l'œuvre. Le roi, les ministres, les intendants, les évêques, les premiers présidents menacent leurs administrés de représailles, s'ils ne souscrivent pas. Et la pression devint si vive, que des lettres anonymes furent adressées à Colbert, blâmant les violences et les ruses dont usaient sans pudeur les fonctionnaires royaux au profit des compagnies.

On alléchait les souscripteurs par une foule d'avantages habilement accordés à toutes les classes et à toutes les professions. La noblesse et le clergé pouvaient faire partie des entreprises coloniales sans déroger, quelles que fussent les occupations : négoce, agriculture, métiers, etc.

Les compagnies avaient à leur disposition un certain nombre de brevets de noblesse en blanc, qu'elles pouvaient décerner à leurs souscripteurs ou colons les plus dévoués et les plus importants et qui étaient, sous certaines conditions, valables dans tout le royaume. Ainsi la bourgeoisie, à son tour, était intéressée à l'œuvre coloniale. Il en était de même pour les artisans à qui on garantissait des lettres de maîtrise valables dans tout le royaume, sans avoir effectué le chef-d'œuvre ordinaire, quand ils avaient habité les îles et y avaient exercé leur métier pendant dix ans (six ans au Canada). On faisait miroiter aux yeux des marchands le privilège exclusif du commerce d'exportation et d'importation pour tous ceux qui seraient en rapport d'affaires avec la compagnie. Et, pour ne rien négliger des plus petits côtés, on facilitait le mariage aux célibataires, avant leur départ, par la suppression de deux et même de trois publications (édit de 1763). Aux colonies, on avait étendu (spécialement au Canada) l'édit de 1666 relatif aux récompenses à accorder aux pères de plus de dix enfants; et, en cas de mariage avec des indigènes convertis, les enfants des colons avaient la qualité de naturels français avec toutes les prérogatives attachées à cette condition.

Les capitaines transportant des émigrants aux colonies recevaient une prime de 5 livres par homme et de 3 livres par femme. Chaque compagnie devait transporter dans sa concession un nombre déterminé de colons français d'origine. Les personnes ainsi embauchées par les compagnies s'appelaient des *engagés*; on les transportait, on les logeait, nourrissait et vêtissait gratuitement, à la condition de travailler pour le compte de la compagnie ou d'un planteur, pendant trois ans — plus tard dix-huit mois seulement. Au bout de ce temps destiné à l'apprentissage de la vie coloniale, le colon obtenait une concession d'une certaine étendue, moyennant une redevance annuelle payable en nature et qui était due seulement à dater de la seconde ou troisième année. L'engagé devait avoir de 18 à 40 ans et présenter les conditions voulues d'aptitude physique. Les planteurs étaient tenus d'avoir une certaine proportion d'engagés, ordinairement un par vingt nègres, quelquefois plus. Tout vaisseau allant aux colonies devait emporter, à peine d'amende, un certain nombre d'engagés, suivant son tonnage; l'engagé sachant un métier comptait pour deux.

En dépit des faveurs à elles accordées, les compagnies de colonisation ne réussirent point en règle générale. Quelles furent donc les causes de cet insuccès? Elles sont multiples et tiennent à un certain nombre de facteurs d'origine diverse. Tout d'abord, leur monopole était à la fois trop restreint et trop étendu. Il était trop restreint au point de vue de sa durée, car, en dix, quinze, vingt et même quarante ans, il était impossible de récupérer les frais énormes exposés dans l'entreprise. Ce qui est possible à une nation qui a l'avenir ouvert et qui n'arrive à la prospérité coloniale qu'après des siècles d'économie et de privations, ne l'est pas à un organisme à temps essentiellement limité. Cet organisme doit nécessairement, pour réaliser des bénéfices, se lancer dans des spéculations effrénées qui amènent le plus souvent, au lieu du succès, la faillite complète. C'est ce que firent toutes les compagnies, même celles dirigées par des religieux; et l'on connaît la faillite du père Lavalette, vicaire général des Jésuites et préfet apostolique de la

Martinique en 1762. Par d'autres côtés, le monopole était trop étendu; on assignait, en effet, aux compagnies une besogne tellement considérable, qu'elles ne songeaient nullement à la réaliser; et, disséminant leurs efforts, elles n'arrivaient à aucun résultat sérieux. Les compagnies de la Nacelle de Saint Pierre fleurdelysée, du Morbihan, du Sénégal, des Indes Orientales et généralement celles fondées par Richelieu avaient devant elles une mission qui aurait pu occuper l'activité de vingt organismes similaires. Au contraire, la compagnie des Cent associés était limitée, on l'a vu, à un programme plus sage, plus précis, inspiré par l'esprit pratique de Champlain et elle réussit en somme à fonder notre colonie la plus prospère. D'autre part, les compagnies étaient beaucoup trop nombreuses; et, limitées aux mêmes territoires, elles se faisaient une concurrence acharnée et ruineuse. En 1769, on ne comptait pas moins de 55 compagnies à charte ayant échoué, dont la plupart étaient françaises. Dans une liste qu'il dit seulement être « à peu près complète », M. Chailley (*op. cit.* pp. 21 et s.) en cite 72, de 1599 à la fin de l'ancien régime. Il convient de remarquer toutefois que certaines compagnies en remplaçaient seulement d'autres disparues ou étaient soit le dédoublement, soit, au contraire, la réunion et la fusion de compagnies différentes.

La concession des droits régaliens devenait une autre cause de faiblesse. Les compagnies investies du droit d'ériger des forts, d'entretenir des troupes, de conclure des traités, s'entouraient d'un appareil guer[illegible] qui tournait la tête aux bourgeois parvenus, mécontentait les indigènes, amenait une politique de découvertes et d'aventures peu compatible avec la colonisation et le négoce et nécessitait des frais considérables. La compagnie avait encore des charges bien lourdes qui ont été déjà indiquées, à raison des ordres religieux, des colons, des engagés. Et, d'autre part, si les faveurs royales lui amenaient des souscripteurs et des colons, elles lui créaient une situation difficile, en ce sens que la Couronne s'arrogeait souvent le droit de choisir les directeurs qui auraient dû, en principe, être désignés par les actionnaires. Colbert fut, en 1664, l'un des directeurs choisis d'office pour la Compagnie des Indes Orientales. On comprend que des agents ainsi désignés devaient ou manquer totalement d'indépendance ou préférer les intérêts de la royauté à ceux des actionnaires. Quant aux agents du roi, capitaines de mer chargés d'escorter les navires, lieutenants généraux et surtout gouverneurs, ils étaient en constante lutte avec les agents des compagnies et devenaient un objet de haine et de terreur soit pour ces derniers, soit pour les colons en général. Les agents des compagnies se trouvaient souvent fort incapables, surtout en présence des attributions beaucoup trop considérables, on l'a vu, qui leur étaient octroyées et qui auraient nécessité des compétences très étendues, presque universelles. Et l'on ne sut pas associer, en nombre suffisant et dans les proportions voulues, les talents multiples rendus nécessaires par la complexité de l'œuvre entreprise.

Les discours des délégués aux assemblées générales des actionnaires sont pleins de doléances relativement à l'insuffisance des agents et à la mauvaise gestion des compagnies. Ces dernières, à raison de leur monopole, auraient dû se munir de flottilles et du frêt suffisant ou s'entendre, à ce sujet, avec des entreprises particulières ; mais elles n'eurent recours ni à l'un ni à l'autre de ces moyens. Manquant des vaisseaux nécessaires, vendant des denrées souvent défectueuses à des prix exorbitants, pressurant les colons de toutes manières et refusant de céder une partie quelconque de leurs droits, elles devinrent tellement oppressives que partout on chercha à se soustraire à leur monopole. D'abord, on fit appel à l'étranger et la contrebande était à l'état normal au point qu'au XVIIIe siècle il y avait une foule de navires appelés les « *interlopes* » qui faisaient le métier de trafiquer ouvertement ou secrètement entre l'étranger et les colonies. De plus, quand la tyrannie devenait par trop forte, on se révoltait contre les agents de la compagnie. En 1645, il faut établir une prévôté à Saint-Christophe pour contenir les habitants ; des rébellions éclatent à Saint-Domingue en 1671, 1723, 1754 ; en 1716, la compagnie de Guinée, ne pouvant parvenir à faire valoir ses droits, avait dû laisser le commerce libre pour tous ceux qui voulaient trafiquer dans le pays.

La population qu'on rencontrait aux colonies n'était pas

faite pour relever le prestige moral des compagnies. Souvent, à défaut de colons honnêtes, le roi envoyait de force les condamnés, les vagabonds, les filles de joie, triste recrutement dont nous avons déjà parlé ci-dessus. Cette pratique fut toutefois interdite par l'édit du 7 juillet 1722. D'autre part, les femmes étaient aux colonies en nombre inférieur aux hommes; celles qui étaient honnêtes y trouvaient vite un établissement honorable; quant aux autres, les colons les accueillaient volontiers, mais non pour en faire des épouses et des mères de famille. La population ne s'accroissait donc pas comme il aurait fallu et les éléments en étaient peu vigoureux et peu productifs.

Enfin, le privilège devenu insupportable, comme on vient de le voir, pour les particuliers, constitua, par la suite, un danger sérieux pour la compagnie elle-même, qui n'étant pas stimulée par la concurrence, laissa l'incurie, l'indifférence et la corruption s'introduire dans sa gestion. Et cette absence de concurrence fut naturellement très nuisible au développement du commerce métropolitain, car les capitaux qui se seraient portés avec avantage du côté des entreprises coloniales, ne purent y être employés. En France, spécialement, le commerce des Indes, demeuré dans un marasme complet jusqu'à la suspension du privilège en 1769, devint florissant dès qu'il fut ouvert à tous les nationaux. Enfin le monopole aurait fini par ruiner la colonie, car, tout en faisant payer fort cher aux colons de mauvaises marchandises, la compagnie ne leur achetait leurs produits qu'à des prix infimes, puisque son droit exclusif la faisait maîtresse du marché.

En résumé, en France au moins, la plupart des compagnies de colonisation ont entraîné l'échec et la ruine de leurs actionnaires et les compagnies étrangères n'eurent pas une meilleure fortune en général, telle la grande compagnie hollandaise des Indes si heureuse au début et se clôturant par un énorme déficit. Mais il ne faut pourtant pas oublier que la colonisation a été partout leur œuvre et qu'en France la période de notre plus grande expansion coloniale date précisément de leur plein épanouissement. Au Canada et aux îles, l'œuvre des compagnies françaises à été solide et durable jusqu'au moment où ces colonies ont été enlevées à la fin de l'ancien régime. Ce dernier avait donc fondé, grâce à elles, sans obérer le trésor public, sans dépenser trop de vies humaines, un empire colonial aussi considérable que celui reconstitué de nos jours par tant de sacrifices d'hommes et d'argent. Il y aurait là, semble-t-il, matière à réflexion sérieuse pour ceux qui affirment, peut-être trop à la légère, que les compagnies sont absolument condamnées et qu'il ne faut, en aucun cas, à notre époque, songer à leur reconstitution.

§ *II. — Régime politique, législatif, administratif, judiciaire financier, monétaire, commercial des colonies. — Condition des personnes et des terres.*

A. — RÉGIME POLITIQUE

Longtemps, les intérêts coloniaux ne furent représentés par aucun organe local, ce qui était assez naturel, étant donné le régime du pouvoir absolu qui régissait la métropole; tout au plus les syndics locaux avaient-ils, en certains points, un vague droit de représentation de la masse, dont le pouvoir central ne tenait en fait aucun compte. Les premières libertés locales apparaissent vers le milieu du XVIIIe siècle; en 1795, se constituent les *Chambres d'agriculture et de commerce* des Antilles, dont un député surveillait les intérêts à Paris. Limitées uniquement aux affaires agricoles, ces chambres n'émettaient que des vœux et, au moment du départ du gouverneur ou de l'intendant, faisaient sur sa gestion un rapport dont les conclusions étaient purement platoniques.

Les autres colonies n'avaient même pas le rudiment de représentation des Antilles; quand le besoin s'en faisait sentir, elles se bornaient à envoyer à Paris des agents chargés de porter leurs doléances; c'est notamment ce qui se produisit à plusieurs reprises aux Mascareignes, durant le XVIIIe siècle.

A la fin du règne de Louis XVI seulement, on créa, en 1787, des *Assemblées coloniales* composées à la fois de représentants du pouvoir central — intendant, gouverneur, délégués du Conseil souverain — et de mandataires des habitants.

Elles avaient des attributions importantes, établissaient notamment l'assiette et la répartition des impôts. Un député les représentait à Paris; et, dans l'intervalle des sessions annuelles, une commission déléguée siégeait d'une façon permanente. Ces assemblées avaient été instituées à l'imitation des assemblées provinciales établies en France à la veille de la Révolution.

B. — RÉGIME LÉGISLATIF

Les colonies étaient d'abord régies par les actes émanés de l'autorité royale, sous forme d'ordonnances, déclarations, édits, etc.

En dehors de ces actes spéciaux, c'était la coutume de Paris qui, considérée comme le droit commun de la France, était, à ce titre, également en vigueur aux colonies. Le roi recommandait de l'appliquer, ainsi que les lois et ordonnances de royaume (édit du 28 mai 1664, art. 34 et réglement du 4 novembre 1671, art. 11.) Mais il arrivait souvent que les lois et règlements métropolitains étaient inconnus ou malaisément applicables aux colonies, toutes les lois de la métropole ne pouvant convenir au domaine colonial. On fit alors une distinction qui semble s'être généralisée, après n'avoir été suivie primitivement qu'aux Antilles. On appliquait, en principe, les lois et ordonnances en vigueur avant la création du Conseil souverain, sauf quand la diversité des milieux les rendait impossibles; quant aux actes postérieurs à la création du conseil, il fallait, pour leur application, qu'ils eussent été enregistrés par ce conseil, juge supérieur des besoins coloniaux et qui avait, comme les Parlements, le droit d'enregistrement des ordonnances.

Les rois prescrivaient aux gouverneurs et intendants de présenter à l'enregistrement du conseil souverain les édits, arrêts, règlements et ordonnances à eux adressés par le Secrétaire d'Etat de la marine. Le représentant royal faisait donc un premier choix parmi les dispositions jugées utiles et le conseil statuait en dernière analyse. Cependant le droit d'enregistrement du conseil souverain considéré comme nécessaire pour l'application des lois et ordonnances métropolitaines, était quelquefois contesté. Ainsi, au Canada, l'ordonnance de 1667 sur la procédure civile fut appliquée sans avoir été enregistrée et ne le fut ensuite qu'après des modifications à elle apportées par un édit de juin 1679 sur la demande du conseil. D'autre part, les ordonnances de 1670 sur la procédure criminelle, de 1673 sur le commerce, de 1681 sur la marine et de 1695 sur le gouvernement ecclésiastique furent appliquées, durant tout l'ancien régime, au Canada, sans enregistrement. Aux Antilles, le conseil supérieur avait enregistré, en 1881, les grandes ordonnances de 1667, 1670 et 1673.

Les gouverneurs et intendants avaient, en second lieu, un pouvoir réglementaire et de police qui empiétait souvent sur le pouvoir royal; le droit de réglementation appartenait également aux conseils souverains. Quant aux points qui n'étaient tranchés ni par des lois ou ordonnances, ni par des règlements, le juge statuait à sa guise. Toute cette législation était donc essentiellement confuse et les colonies étaient en proie à une sorte d'anarchie législative.

C. — RÉGIME ADMINISTRATIF ET JUDICIAIRE

a). — Administration centrale. — L'administration centrale des colonies date de Richelieu qui, par lettres patentes de 1626, se fit concéder la charge créée pour lui de : « grand maître, chef et surintendant du commerce et de la navigation de France », dont la compétence s'étendait aux colonies. En 1669, la charge de grand maître fut supprimée et, jusqu'à la fin de l'ancien régime, les affaires coloniales rentrèrent dans les attributions du département de la marine, par suite de cette idée simpliste qu'il fallait rattacher les pays d'outre-mer aux moyens de transport et de communication les mettant en relation avec eux.

L'administration centrale des colonies très fortement constituée, n'admettait point d'initiative en dehors d'elle; c'est de Paris que partaient les ordres qui devaient régir les colonies jusque dans les plus petits détails. On peut juger de l'imperfection de ce système, étant donné le temps extrêmement long qui, avec la navigation à voiles, séparait la date du départ de l'ordre de celle de sa réception.

b). — Administration et Justice locales. — Au début,

c'était la compagnie de colonisation qui administrait la colonie à sa guise, qui instituait des services administratifs, judiciaires, militaires, avec des agents à ce commissionnés. Mais la Royauté, après avoir laissé la compagnie quelque temps libre, avait fini par nommer des lieutenants généraux ou gouverneurs pour la surveiller et sauvegarder les droits de la couronne. Les conflits étaient assez fréquents entre les agents royaux et ceux de la compagnie qui avaient nécessairement des intérêts opposés.

Quand le roi eut substitué son pouvoir à celui des compagnies, les colonies tombèrent sous l'administration directe de la couronne : le Canada et les Antilles en 1674, la Louisiane en 1721, les Mascareignes en 1764. Les représentants royaux administrateurs de la colonie comprenaient généralement un *Intendant* investi des attributions administratives, un *Gouverneur* chargé des affaires militaires, un *Conseil souverain* avec des fonctions judiciaires et en partie législatives grâce au droit d'enregistrement dont il a été parlé ci-dessus. Du reste, les attributions respectives de ces trois pouvoirs étaient peu définies et empiétaient constamment les unes sur les autres, ce qui amenait de perpétuels conflits.

Le *Gouverneur* assurait la sécurité de la colonie; il disposait à ce titre de toutes les forces militaires comprenant des troupes métropolitaines et des milices locales. Il avait sous ses ordres des commandants en second qui dirigeaient eux-mêmes des commandants de quartiers et des capitaines de paroisse. Les gouverneurs eurent, au début, une situation absolument hors de pair comme représentants de la royauté; mais ils abusèrent de leurs pouvoirs de façon telle que leur condition avait beaucoup périclité à la fin de l'ancien régime; presque partout, dès 1772, soit pour ce motif, soit par mesure d'économie, on les avait remplacés par des commandants généraux d'une situation inférieure.

L'*Intendant*, personnage au-dessous du gouverneur, luttait cependant d'influence avec lui et concentrait peu à peu sur sa tête tous les pouvoirs; héritier des anciens directeurs ou agents généraux des compagnies, il tenait en sa main les services d'ordre financier et administratif; et, de plus, jouait un rôle judiciaire prépondérant, grâce au droit qui lui était conféré de suspendre les décisions du conseil quand elles lui paraissaient « contraires au service du roi et au bien public », formule élastique, qui, en fait, l'investissait de la suprématie.

Le *Conseil supérieur ou souverain*, œuvre de Colbert, avait des fonctions analogues à celles de nos anciens parlements : judiciaires, réglementaires en matière judiciaire et administrative. Il statuait en dernier ressort sur les décisions des juridictions royales inférieures et était chargé d'enregistrer les lois et ordonnances. Ses attributions étaient souvent paralysées, en fait, par les empiètements du gouverneur et de l'intendant qui pouvaient faire des règlements de police en cas d'urgence. Si le conseil refusait d'accepter leurs arrêtés, ils étaient exécutés par provision jusqu'à ce que le roi eût tranché le conflit. Et, comme les intendants et gouverneurs alléguaient toujours l'urgence, en fait leur volonté l'emportait sur celle du conseil.

Des conseils supérieurs furent créés à Québec par un édit d'avril 1663, à la Martinique par une déclaration du 11 octobre 1664, à Saint-Domingue par un édit d'août 1685, dans l'Inde, à la Guyane et à l'île Bourbon par des édits de janvier 1671, de juin 1701 et de novembre 1723. Les conseils de l'Inde et de Bourbon furent réorganisés par des édits de 1776 et 1771. Ces conseils comprenaient le gouverneur, l'évêque, des conseillers nommés ordinairement par le roi parmi les notables, un procureur du roi et un greffier.

La procédure devant les juridictions coloniales devait être rapide et sommaire; en 1703, dans une instruction adressée à l'intendant Deslandes, le roi défend l'introduction des avocats et procureurs, pour éviter la chicane. Mais, malgré ces défenses, avocats et procureurs se développèrent aux colonies et il fallut plus tard créer, à côté de la justice ordinaire, une justice sommaire plus expéditive et moins coûteuse.

D. — RÉGIME FINANCIER

Le budget de la colonie se confondit nécessairement avec le budget des compagnies de colonisations, tant qu'elles existèrent. Quand la Couronne eut pris en main l'administration coloniale, on appliqua, tout d'abord, naturellement, le principe métropolitain de la *ferme de l'impôt*; toutefois, sur les réclamations des colons et en présence des bénéfices scandaleux des fermiers, on lui substitua le système de la régie.

En matière d'impôts, les colonies se divisaient en deux classes : celles où la Couronne avait le droit d'établir elle-même les impôts, comme les îles du Vent, et celles où les colons fixaient l'assiette et la quotité des taxes par l'intermédiaire des conseils souverains. Dans les premières, on parlait d'*impositions ou droits du domaine* qui étaient obligatoires; et, dans les secondes, d'*octrois*, revenus volontairement octroyés par les habitants.

Les impôts exigés des colons étaient lourds et multiples : droits d'entrée et de sortie, dîme, droits de capitation, de poids et d'ancrage, droits sur les marchandises, sur le tabac, sur l'usage des nègres, droits de justice, droits curiaux, d'aubaine, de sauvetage, de confiscation, de vigie, de l'amiral, du port, du prévôt, de notariat, de mutation, de lods et ventes, taxes sur les maisons, biens vacants, droits de prise, droits des cinquante pas du roi, de congé, sur les vaisseaux, etc., etc.

E. — RÉGIME MONÉTAIRE

Dans nos anciennes colonies, la monnaie fit presque complètement défaut au début; les échanges avaient lieu en nature ou grâce à des étalons monétaires autres que le métal, par exemple, la livre de tabac et la livre de sucre; de là, des contestations constantes relativement à la qualité et à l'évaluation des produits. Pour remédier à cet inconvénient, une ordonnance du 18 novembre 1672 prescrivit l'emploi de la monnaie métallique; mais cet usage resta plus que problématique, parce que les colons ne virent pas plus d'espèces qu'auparavant. En effet, sous l'empire de l'ancien préjugé économique qui considérait les métaux précieux comme la richesse par excellence, une ordonnance du 4 mars 1699 avait défendu le transport en Amérique des espèces d'or et d'argent. Donc les pièces d'or et d'argent françaises étaient la grande exception et l'on ne voyait guère que des monnaies étrangères provenant du commerce interlope fait avec les étrangers. On connaissait seulement le vieux billon français usé par le frai et sur lequel on imprimait à l'usage de la colonie un C couronné; c'étaient les sols marqués, noirs ou *tampés*, répandus surtout aux Antilles, et dont la valeur avait été augmentée d'un quart aux colonies par l'ordonnance de 1672, afin d'éviter leur retour en France. Une déclaration de 1670 prescrivit la fabrication d'une monnaie de billon spéciale aux îles.

On essaya également de la monnaie fiduciaire; ce furent les *cartes* mises en circulation au Canada en 1688 et retirées en 1717 pour moitié de leur valeur. Bientôt l'usage s'en répandit dans les autres colonies; les cartes timbrées aux armes de France étaient converties à la fin de chaque année en traites sur le trésor; leur montant ne pouvait dépasser un million. Également l'intendant émettait des *ordonnances* illimitées qui donnèrent lieu à de fréquentes malversations. Dans l'Inde, les gouverneurs firent frapper des espèces d'or et d'argent à la monnaie de Pondichéry, qui fabriquait aussi la monnaie de cuivre des Mascareignes.

F. — RÉGIME COMMERCIAL

A l'origine, on l'a vu, les compagnies de colonisation avaient le monopole du commerce de la colonie; les colons devaient leur vendre leurs produits et leur acheter les produits importés d'Europe. Le commerce colonial était donc interdit non seulement à l'étranger, mais encore au français ne faisant point partie de la compagnie. Cependant, les compagnies concédaient souvent aux nationaux le droit de commercer avec la colonie; et, d'autre part, leur charte était quelquefois limitée à un commerce particulier, en sorte que les autres trafics étaient absolument libres.

Quand les compagnies de colonisation eurent disparu, le commerce devint accessible à tous les nationaux, mais resta fermé aux étrangers. De là le nom d'*exclusif* donné au commerce français qui, durant tout l'ancien régime, fut ainsi toujours interdit à certaines catégories de personnes. Au surplus, la France suivait en cela l'exemple donné par les autres pays, chaque métropole se réservant rigoureusement le trafic colonial.

Pour assurer ce trafic aux nationaux seuls, on prenait les précautions les plus rigoureuses. Tout d'abord, les produits français pouvaient seuls être vendus sur le marché colonial, à l'exclusion des produits étrangers, de même que les produits coloniaux étaient réservés pour le marché français; de plus, les transports entre la métropole et les colonies ne s'effectuaient que sous pavillon national. Les vaisseaux étrangers ne pouvaient aborder dans les colonies sans s'exposer à des peines sévères; ils devaient transiter à une certaine distance des côtes. Et, pour être bien sûr que la France seule profiterait du commerce colonial, on introduisit l'usage absurde de fixer par voie d'autorité les points d'arrivée et de départ des navires marchands, afin que la surveillance en fût plus facile. Par là, on imposait aux navires une gêne souvent considérable et onéreuse, et on favorisait arbitrairement certaines places au détriment d'autres. Ainsi tout le commerce de la France avec les Iles du Vent se trouvait concentré à Saint-Pierre (Martinique). Enfin, les marchandises françaises allant aux colonies étaient exonérées de tout droit de sortie, tandis que des prohibitions ou des droits différentiels fort élevés frappaient les marchandises étrangères, dans le but de protéger les produits similaires coloniaux.

Tel fut le système organisé dans tous ses détails par des ordonnances remontant à Colbert; il reçut le nom de *pacte colonial*, ce qui impliquait théoriquement qu'il émanait de la volonté à la fois des colonies et de la métropole et qu'il devait contenir, dès lors, des avantages équivalents pour les deux. Mais ce n'était là qu'une illusion; en réalité, tous les avantages étaient pour la métropole qui, seule, vendait et achetait dans le marché colonial et était ainsi absolument maîtresse de ce marché. Ce système était désastreux pour la colonie soumise à une tyrannie insupportable qui paralysait son initiative, ses progrès, et son développement. Marché réservé aux seuls produits français sans obtenir les mêmes avantages pour ses propres produits, elle produisait moins et seulement les choses pour lesquelles elle pouvait compter sur des clients. Les denrées européennes, pour la colonie, aussi bien que les produits exotiques, pour la métropole, subissaient une augmentation de prix par suite de laquelle la vie était pour tous plus difficile et plus coûteuse. L'orientation de la production coloniale devenait tout artificielle et se détournait des cultures et des industries qui auraient été prospères si elles avaient eu les débouchés voulus. Le pacte colonial ne donna donc que des mécomptes et suscita notamment une active contrebande pour le plus grand profit des nations étrangères. Il a souvent été condamné, à juste titre, par les économistes les plus autorisés.

Il faut convenir toutefois que ce n'est point en France qu'il a été appliqué dans ses conséquences les plus extrêmes. Ainsi, les colonies anglaises n'avaient pas l'autorisation de manufacturer elles-mêmes leurs propres produits. Nos colonies, au contraire, jouissaient sur ce point, au début tout au moins, d'une liberté complète, et, par exemple, pouvaient raffiner le sucre sur place. Mais, en 1684, on défendit la création de raffineries nouvelles et on surtaxa les sucres raffinés aux colonies, parce que la marine marchande prétendait que son fret de sortie était moins considérable par suite du raffinage, car le sucre raffiné était nécessairement d'un poids et d'un volume moindres que le sucre brut. Par contre, on accorda aux colons le droit de *terrer* le sucre, opération moins parfaite et plus onéreuse que le raffinage, tout en étant cependant encore avantageuse.

Ces diverses mesures qui avaient en vue de tenir, autant que possible, la balance égale entre les intérêts des colons et ceux des propriétaires de navires marchands, contenaient donc des dérogations importantes au pacte colonial. On en admit une dernière bien plus considérable que les autres, en apportant, à la fin de l'ancien régime, des exceptions à l'interdiction imposée aux colons de commercer avec l'étranger. C'est ainsi que, en vertu d'arrêts du Conseil des 17 juillet 1767 et 30 août 1784, les navires étrangers purent importer dans les Antilles françaises des denrées dont le défaut se faisait vivement sentir, notamment les bois et les bestiaux. On fixait les ports ouverts à cet effet au commerce étranger. D'autre part, les navires étrangers avaient également la faculté d'exporter des îles les sirops, les tafias, et certaines autres marchandises. Ainsi, l'on se trouvait, en somme, en présence d'un système *d'exclusivisme mitigé*, dont les concessions, en certaines colonies et notamment en Guyane, furent poussées à l'extrême, puisque des lettres patentes de mai 1768 permirent à cette dernière de commercer librement avec toutes les nations. Mais il ne faut pas oublier que c'est vers la fin de l'ancien régime que s'établirent les plus importantes des restrictions à l'exclusif que nous venons de mentionner, en sorte que le système rigoureux de Colbert a dominé durant la plus grande partie de la période monarchique, pour le plus grand dommage des colonies françaises.

Les fraudes dans les produits coloniaux destinés à l'exportation étaient sévèrement punies, et il s'en commettait beaucoup : sucre mêlé de terre, coton mouillé pour le rendre plus lourd, indigo et tabac altérés par des mixtures diverses, etc. En juin-septembre 1712, la Couronne estimait nécessaire de créer un tribunal spécial pour juger plus rapidement les contestations qui, sur ces divers points, s'élevaient constamment entre négociants, navigateurs et colons.

Il convient encore de signaler, au point de vue commercial, la singulière prérogative que s'arrogeaient les intendants, sous prétexte de police et de surveillance, de réglementer arbitrairement le prix des denrées. Rien n'était plus préjudiciable aux intérêts du commerce qui vit de libre concurrence. Les rois protestèrent contre cette prétention exorbitante. On peut signaler spécialement en ce sens des lettres royales des 7 mai 1677, 10 juin 1680 et 20 août 1726.

G. — CONDITION DES PERSONNES

On retrouvait dans les colonies toutes les inégalités sociales de la métropole : la distinction des nobles et des roturiers, les droits féodaux et la dîme avec les autres privilèges du clergé. Mais les roturiers qui se transportaient aux colonies, obtenaient facilement le privilège de la noblesse par des concessions des compagnies de colonisation, à la disposition desquelles on mettait, comme on l'a vu, des titres nobiliaires ; les usurpations de titres étaient, d'autre part, assez fréquentes. Quant à la noblesse métropolitaine, elle ne s'installait guère aux colonies et se bornait à y acheter des terres gérées par des mandataires. La main-d'œuvre était composée soit de cultivateurs et ouvriers français transplantés, les engagés dont nous avons parlé ci-dessus, soit surtout d'esclaves; et, grâce à ces derniers, la culture du sol était assurée, non seulement dans les colonies françaises, mais encore dans celles des autres pays. L'importation des esclaves fut encouragée par tous les rois; la traite qui avait débuté sous Richelieu, fut spécialement favorisée par Colbert.

Les esclaves étaient fort nombreux, surtout aux Antilles et leur situation était régie par un édit de mars 1685, en 60 articles, appelé *Code noir*, qui, appliqué primitivement aux seules îles d'Amérique, fut ensuite étendu, par des édits postérieurs, aux autres colonies. Voici les grandes lignes de cette législation qui, tout en étant fort dure, l'était en somme moins que celle usitée dans les autres pays, notamment en Angleterre. Le maître doit instruire l'esclave dans la religion catholique et lui en faciliter l'exercice; l'homme libre ne peut vivre en concubinage avec son esclave, sous peine d'amende et de confiscation. Le mariage de l'esclave est soumis aux mêmes conditions que celui de l'homme libre, mais le consentement des parents est remplacé par celui du maître. L'enfant suit la condition de la mère, d'où il résultait que le fils d'une négresse et d'un blanc (cas plus fréquent de beaucoup que le cas d'enfant d'une blanche et d'un négre) naissait esclave. On avait ainsi, conformément aux mœurs de la société coloniale de l'époque, séparé absolument le blanc de l'homme de couleur; du reste, un arrêt du Conseil du 5 avril 1778 finit par interdire le mariage entre les deux races. Déjà, d'ailleurs, existait entre elles, depuis des lettres patentes de 1724, la complète incapacité de donner et recevoir à titre gratuit.

L'esclave baptisé doit être inhumé en terre sainte; les esclaves ne peuvent porter des armes, s'attrouper, vendre soit des cannes à sucre, soit d'autres denrées, sans la permission du maître. Les obligations du maître vis-à-vis de l'esclave, quant à la nourriture et l'entretien, faisaient l'objet de réglementations minutieuses et le recours au magistrat était ouvert à l'esclave en cas de traitements inhumains. Les règles sur la capacité des esclaves étaient conformes à celles établies par le droit romain en cette matière.

La peine de mort était fréquemment infligée à l'esclave, pour des motifs assez peu graves, tels que les voies de fait ou le vol commis vis-à-vis d'un homme libre. Les pénalités infligées aux nègres *marrons* (fugitifs) étaient atroces ; on les punissait de mort à la seconde récidive, après leur avoir, à la suite de la première et de la seconde fuite, coupé les oreilles et le jarret. Le maître n'a le droit ni de tuer, ni de torturer l'esclave, mais il peut l'enchaîner et le faire battre de verges. L'esclave est chose meuble, qui passe avec le fond aux mains du nouveau propriétaire, sans que pourtant on puisse, en cas de vente, séparer le mari, la femme et les enfants impubères. Les affranchis sont regnicoles et ont les mêmes droits que les autres français ; mais ils doivent à leurs anciens maîtres un respect et des égards particuliers. Le Code noir n'apportait aucune restriction au droit d'affranchir ; plus tard l'autorisation du gouverneur et de l'intendant fut requise par une déclaration du 24 septembre 1713.

La loi, dans ses prescriptions rigides vis-à-vis des noirs et des mulâtres, suivait les mœurs et les idées de l'époque inspirées par une répulsion absolue des blancs pour les gens de couleur. Les uns et les autres étaient absolument séparés par l'opinion publique ; et l'on comptait jusqu'à treize dénominations correspondant à treize catégories établies parmi les gens de couleur, suivant que leur teint s'éloignait plus ou moins de celui des blancs. Cette séparation absolue existait partout entre les deux races, à l'Église comme dans toutes les autres manifestations de la vie sociale ; et la métropole la maintenait soigneusement dans la crainte que le blanc et le mulâtre ne s'entendissent contre elle. C'était une nouvelle application de la maxime : diviser pour régner.

Les esclaves amenés en France auraient dû logiquement devenir libres en y débarquant, puisque, suivant les principes de notre droit public, l'esclavage n'y était point admis et que tout esclave revenait à la liberté en touchant le sol français. Pour éviter ce résultat qui aurait lésé les intérêts des planteurs venant en France, un édit d'octobre 1716 maintint esclaves ceux qui étaient conduits dans le royaume pour « s'y fortifier dans la religion ou apprendre quelque métier ». De là de grands abus ; l'interdiction de vendre des esclaves en France fut absolument méconnue et Paris devint au XVIIIe siècle un vrai marché d'esclaves. Des protestations s'élevèrent de la part soit des philosophes et des publicistes, soit des colons, et une déclaration du 9 août 1777 défendit d'amener désormais en France « aucun noir, mulâtre ou autres gens de couleur de l'un et de l'autre sexe ».

H. — CONDITION DES TERRES

On avait, en ce qui concernait les biens, comme relativement aux personnes, transporté aux colonies le système féodal avec toutes ses conséquences, ce qui apportait de sérieux obstacles au développement de la colonisation, car les droits seigneuriaux entravaient le défrichement et la culture et nuisaient au bon rendement des terres; les abus féodaux exerçaient ainsi la même influence néfaste que dans la mère-patrie. Cette opinion, soutenue par des auteurs considérables, notamment par M. Paul-Leroy Beaulieu (*Op. cit.*, I, *p.* 151), a rencontré des contradictions. Après l'avoir adoptée dans la première édition de ses *Principes de colonisation et de législation coloniale*, M. Girault l'a abandonnée dans les éditions subséquentes (*Op. cit.*, 3e édition, I, p. 195, n° 61). Il fait remarquer que les auteurs franco-canadiens n'hésitent pas à attester les bienfaits des institutions féodales qui ne présentaient point au Canada les mêmes caractères qu'en France et y étaient, au contraire, essentiellement favorables au colon. Il rappelle les deux décisions royales de Marly du 6 juillet 1711, dont la première obligeait les seigneurs canadiens à concéder les terres non défrichées à toute personne qui leur en faisait la demande — et ce sans pouvoir exiger des deniers d'entrée —; et dont la seconde ordonnait aux concessionnaires de mettre leurs terres en rapport et valeur. La déclaration du 15 mars 1752 vint, du reste, affirmer à nouveau les principes contenus dans les décisions de 1711. Ainsi, si le seigneur ne faisait pas cultiver lui-même, il tombait sous le coup des *arrêts de retranchement*, en vertu desquels le roi reprenait, pour les concéder à d'autres, les terres non défrichées dans un certain délai. Et le seigneur, d'autre part, privé du droit de vendre comme un particulier ordinaire, pouvait simplement concéder le sol à titre de redevance avec un cens modique. Le colon enfin savait qu'il n'avait rien à débourser au début, ce qui facilitait son établissement.

Que la féodalité ait été au Canada moins oppressive qu'en Europe, nous le concédons volontiers; il est certain que notamment l'obligation de défricher sous peine de tomber sous le coup des arrêts de retranchement, était une mesure excellente au point de vue économique. Mais il semble excessif d'affirmer que la constitution féodale de la propriété ait pu être envisagée comme un bienfait dans les colonies; tout au plus y fut-elle, si l'on veut, un moindre mal qu'ailleurs. Il était impossible, en effet, de fonder une colonisation utile sur le système féodal, même mitigé et amélioré, au point de vue du bon rendement des terres. Le cultivateur ne pouvait s'attacher au sol, en présence du maintien de la grande propriété et des droits seigneuriaux qui décourageaient les initiatives et paralysaient les bonnes volontés, aux colonies comme en France.

Or, les droits seigneuriaux avaient été si bien maintenus, en règle générale, que c'est seulement en 1754 que la royauté consentit à les supprimer moyennant indemnité. Si, du reste, au Canada, la situation était plus tolérable à raison des atténuations ci-dessus indiquées, rien n'établit que ces atténuations aient été introduites dans les autres colonies, même aux Antilles, qui cependant avaient toujours reçu de la métropole le traitement le plus favorable au point de vue des libertés locales.

Dans les colonies de plantations, des terres étaient souvent concédées gratuitement aux colons, soit par les compagnies de colonisation au début, soit plus tard par les gouverneurs et intendants; mais la concession pouvait être révoquée faute de mise en valeur des terres dans un délai de six ans (lettres patentes du 16 juin 1680 et déclaration du 17 juillet 1743). Le système de la vente des terres qui avait été conseillé par Malouet au XVIIIe siècle, ne fut jamais usité en principe. Les compagnies de colonisation, tout en pratiquant les concessions gratuites, avaient essayé de parer à leurs inconvénients en décidant qu'elles ne dépasseraient jamais 1200 pas carrés (ordonnance de juin 1711) et plus tard mille pas carrés (ordonnance de juillet 1716); les compagnies avaient de plus exigé un prix déterminé, bien que modique (50 livres par cent pas de terre sur 600 (ordonnance de mars 1712). Enfin on doit, pour compléter la vue d'ensemble qui précède, mentionner la création dans la majorité des colonies d'un tribunal appelé à statuer sur les difficultés soulevées par l'exercice du droit de propriété : concessions de terres, voies de communication, fleuves, rizières, pêche et chasse. Ce tribunal, dit *terrier*, comprenait, en dehors du gouverneur et de l'intendant, trois membres du conseil souverain.

TITRE II

La Révolution — Le Consulat et l'Empire

ARTICLE PREMIER

La Révolution

La situation coloniale relevée quelque peu sous Louis XVI, retomba durant la période révolutionnaire. D'une part, la métropole avait assez à faire sur le continent contre l'Europe coalisée; et, d'autre part, les planteurs royalistes favorisaient autant que possible les Anglais pour augmenter les difficultés continentales. C'est ainsi que, dans les Antilles, on vit passer aux mains de ces derniers, en 1794, toutes les îles qui nous restaient encore : la Guadeloupe, Saint-Martin, La Désirade, Marie-Galante, Les Saintes, La Martinique, Sainte-Lucie et Tabago. La Guadeloupe fut reprise par les commissaires de la Convention qui y établirent un centre de résistance fort gênant pour les adversaires. A Saint-Domingue, les planteurs appelèrent les Anglais et la colonie abandonnée par nous fut partagée, en 1794, entre ces derniers qui prirent le nord et les Espagnols qui s'emparèrent du sud. C'est alors que Toussaint Louverture, noir ambitieux, sans scrupules et doué d'un incontestable génie politique, chassa les Anglais, réduisit à l'impuissance les nouveaux commissaires envoyés par le Directoire, força le général français Hédouville à se rembarquer en 1798 et s'empara de la partie orientale de l'île qui avait été cédée à la France par les Espagnols en vertu du traité de Bâle du 2 juillet 1795.

La Révolution fit de la Guyane un lieu de déportation où furent envoyés les prêtres insermentés, les derniers montagnards et les vaincus du coup d'Etat du 18 fructidor.

La Révolution admit le système de l'assimilation à outrance des colonies à la métropole; pour les hommes du régime nouveau, en effet, tous les Français étaient égaux et devaient être régis par les mêmes lois; les colonies faisant partie intégrante du territoire un et indivisible, étaient soumises au même régime. Toutefois on n'alla point jusqu'à leur appliquer la constitution décrétée pour la France, car cette constitution pouvait être en opposition avec les convenances locales et particulières. Un décret du 28 mars, 9 avril 1790 les autorisa à faire connaître leurs vœux sur la constitution, la législation et l'administration qui leur convenaient et leur permit de constituer, à cet effet, des assemblées locales. Un comité colonial de douze membres rédigea un projet de constitution que la Constituante adopta et transmit aux colonies le 15 juin 1791, en leur demandant leur avis qui ne fût jamais donné. Il fut affirmé à nouveau expressément dans la constitution des 3-14 septembre 1791 que « les colonies et possessions françaises de l'Asie, de l'Afrique et de l'Amérique, quoique faisant partie de l'Empire français, ne sont pas comprises dans la présente constitution ». Le décret du 24, 28 septembre 1791 délimita exactement les pouvoirs des assemblées coloniales vis-à-vis de la métropole qui gardait la solution des questions concernant : « le régime extérieur des colonies, le régime commercial, l'organisation de la justice, la défense de nos établissements et l'exécution des engagements envers les commerçants et les habitants ». En ces matières, les assemblées coloniales ne pouvaient émettre que des vœux; sur les autres questions, elles avaient un pouvoir de décision.

Durant la Révolution, les députés coloniaux, qui avaient commencé à siéger dans les assemblées métropolitaines depuis le 8 juillet 1789, époque où l'on accepta ceux de Saint-Domingue, furent admis sans difficulté.

La loi du 22-23 août 1792 en fixait le nombre à 34; la loi du 27 pluviôse an V donnait aux colonies 10 représentants au Conseil des Anciens et 16 à celui des Cinq-Cents. Au point de vue administratif, les colonies furent rattachées au ministère de la Marine (loi du 27 avril 1791); on y introduisit l'élection des juges et le jury.

Les mesures libérales prises par les assemblées révolutionnaires vis-à-vis des colonies ne produisirent pas l'effet attendu; les assemblées coloniales étaient imbues pour la plupart de l'esprit contre-révolutionnaire; elles appelaient l'étranger ou se géraient comme si elles avaient été absolument indépendantes; et elles étaient trop éloignées pour que la métropole, occupée d'ailleurs par d'autres soucis sur le continent, pût y faire dominer ses volontés. On a, avec raison, qualifié les colonies à cette époque de *Vendée d'outre-mer.* La Constituante sentit le besoin de réagir énergiquement; elle envoya aux colonies des représentants dont les pouvoirs furent maintenus et augmentés par la Législative. La Convention, dans la constitution du 5 fructidor an III, poussa les choses à l'extrême en décidant que les colonies « parties intégrantes de la République, soumises à la même loi constitutionnelle, seront divisées en départements » (art.6 et 7). Cette assimilation exagérée détruisait l'unité nécessaire de la colonie, en réunissant certains établissements en un seul département, ou en fractionnant certains autres en plusieurs circonscriptions départementales. Elle fut complétée par une loi du 12 nivôse an VI qui décrétait l'assimilation, au point de vue financier, des départements métropolitains et coloniaux et les soumettait tous au même système d'impôts.

La Révolution trouva pendants les redoutables problèmes de l'abolition de l'esclavage et de l'égalité des gens de couleur et des blancs. La déclaration des droits de l'homme aurait dû logiquement amener à trancher ces deux questions dans le sens favorable aux noirs et aux personnes de sang mêlé. Les planteurs blancs qui redoutaient cette solution, empêchèrent, malgré les efforts de l'abbé Grégoire et de Robespierre, la Constituante de se prononcer définitivement; il fut décidé que « la situation des personnes non libres et les droits politiques des hommes de couleur seraient rangés parmi les questions dont la solution était réservée aux assemblées coloniales » (décision du 24 septembre 1791).

La Législative plus énergique concéda, sans distinction, tous les droits politiques à tous les hommes libres, noirs ou mulâtres, par décret du 28 mars 1792; un autre décret du 11 août 1792 fit disparaître la prime accordée jusque-là à la traite des noirs. Enfin, la Convention vota par acclamation, le 16 pluviôse, an II, l'abolition de l'esclavage, attendu qu'elle « ne devait pas se déshonorer en mettant en discussion le principe même de la liberté humaine ».

L'œuvre révolutionnaire se fit aussi sentir dans le domaine économique. La Constituante abolit le monopole des anciennes compagnies de colonisation qui existaient encore ; un décret de la Convention des 26-29 germinal an II plus radical fit disparaître absolument ces compagnies dépouillées de leur privilège antérieur et prohiba la création de nouvelles sous quelque prétexte que ce fût. La Convention, le 11 septembre 1793, supprima les droits de douane sur tous les produits coloniaux et métropolitains entrant dans la métropole ou dans les colonies. Elle tirait ainsi la conséquence logique de l'idée qui avait été admise lors de la discussion du premier tarif général des douane : « le commerce des colonies est un commerce entre frères, un commerce de la nation avec une partie de la nation ». Toutefois, des mesures restrictives furent apportées à ce principe, en vertu de l'acte de navigation du 21 septembre 1793, dans un but de représailles vis-à-vis de l'Angleterre qui inspirait toutes les coalitions dirigées contre la France. Aux termes des articles 1, 2 et 3 de ce texte, on ne pouvait importer de marchandises étrangères en France que sous le pavillon français ou sous celui de la puissance qui importait. Le pavillon national avait le monopole de la navigation de port à port français. On réputait français tout navire construit en France ou dans les colonies ou pris sur l'ennemi, s'il appartenait en totalité à des Français et si les officiers et les trois quarts de l'équipage étaient de nationalité française.

ARTICLE II

Le Consulat et l'Empire

Bonaparte semblait, au début, décidé à se tourner vers les expéditions coloniales; la campagne d'Egypte contribua à développer l'influence française en Orient. De par le traité de Saint-Ildefonse, du 1er octobre 1800, l'Espagne nous rétrocéda la partie occidentale de la Louisiane, qui fut ensuite cédée aux États-Unis pour la somme de 80 millions de francs (traité du 30 avril 1803). La paix d'Amiens de 1802 nous restitua, aux Antilles et dans l'Inde, les colonies qui nous avaient été reprises durant la période révolutionnaire. Vers la même époque, une expédition française fut dirigée sur Saint-Domingue, sous les ordres du général Leclerc; l'île fut prise et Toussaint Louverture envoyé en France où il mourut. Mais les noirs se révoltèrent et eurent facilement raison de l'armée française décimée par la fièvre jaune et abandonnée par la métropole. Les Anglais, en novembre 1803, s'emparèrent des débris des troupes françaises qui s'étaient embarquées sous le commandement de Rochambeau successeur de Leclerc; ils s'emparèrent également de Gorée en 1800. Bonaparte consul témoigna aux colonies, à raison des déboires qu'elles lui avaient procurés, une aversion qui persista durant tout l'empire. La France se désintéressa complètement de la question coloniale, trop occupée du reste de la gigantesque lutte du continent pour songer aux colonies. Les Anglais, toujours à la tête des coalitions dirigées contre nous, profitèrent de cette abstention forcée pour nous enlever les derniers restes de nos possessions. En juillet 1809, une escadre anglaise força à capituler la garnison française qui restait encore dans la partie orientale de Saint-Domingue. A la même époque, les Anglais s'emparèrent de Saint-Louis, prirent la Martinique, de concert avec les Portugais, et obligèrent à se rendre le gouverneur de la Guyane qui devint portugaise jusqu'en 1814. Enfin, en 1811, une expédition anglaise dirigée contre Madagascar força la ville de Tamatave à capituler, tandis que les Mascareignes opposaient, au contraire, aux Anglais une énergique résistance. Tous ces revers ne firent que confirmer chez Napoléon la résolution d'abandonner tout projet de colonisation, qui s'était déjà manifestée chez lui après le désastre de Trafalgar d'octobre 1805.

Vis-à-vis des rares colonies conservées, fut inaugurée une politique de réaction systématique contre les mesures libérales de la Révolution dont il a été parlé ci-dessus et qui, nous allons le voir, furent complètement renversées. La loi du 30 floréal au X rétablit l'esclavage et la traite, suivant le système antérieur à 1789, en sorte que l'on remettait en esclavage des hommes affranchis en vertu de lois parfaitement régulières et qui avaient pu considérer, par suite, leur liberté comme un droit intangible. A la Guadeloupe, les noirs se révoltèrent et l'insurrection ne fut domptée qu'avec peine; à Saint-Domingue, on ne put étouffer la rébellion et l'île, on l'a vu, nous échappa définitivement.

En ce qui concernait la législation applicable aux colonies, la constitution du 22 frimaire an VIII portait, dans son art. 91, que le régime colonial serait déterminé par des lois spéciales. Et, suivant l'art. 4 de la loi du 30 floréal an X, le pouvoir exécutif fut investi du droit de confectionner cette législation, car, bien que la constitution du 16 thermidor an X eût exigé un sénatus-consulte organique pour la constitution des colonies, ce sénatus-consulte n'intervint pas.

Le Code civil fut déclaré applicable à la Guadeloupe et à la Martinique (7 et 16 brumaire an XIV), à la Guyane (1er vendémiaire an XIV), à la Réunion (13 vendémiaire an XIV), dans l'Inde (6 janvier 1819). Le code de procédure civile avait été appliqué à la Réunion (20 juillet 1808) et dans l'Inde (6 janvier 1819).

Les députés coloniaux disparurent ainsi que les assemblées coloniales; toutefois les chambres d'agriculture furent rétablies par un arrêté consulaire du 23 ventôse an XI. Composées de cinq membres désignés par les représentants de la métropole dans la colonie, elles choisissaient chacune un député; les députés réunis à Paris, au nombre de six, formaient un conseil dont les réunions avaient lieu à l'administration des colonies, toujours rattachée au ministère de la marine, mais constituant cependant un service distinct dirigé par un conseiller d'État (loi du 5 nivôse an VIII, art. 7).

L'organisation judiciaire en vigueur avant la Révolution fut restaurée sous des noms différents : tribunal et cour au lieu de sénéchaussée, amirauté ou conseil souverain. A la tête de chaque colonie furent placés un capitaine général ayant les attributions de l'ancien gouverneur, un préfet colonial avec celles de l'ancien intendant et un commissaire de justice (grand juge à la Martinique) chargé de la surveillance et du contrôle des tribunaux et des magistrats. Au point de vue commercial, on supprima l'assimilation douanière établie durant la période intermédiaire, en rétablissant les droits qui autrefois frappaient les produits coloniaux entrant en France.

CHAPITRE II

Etude du relèvement progressif et de la reconstitution du domaine colonial français depuis 1815. Examen de la condition actuelle des colonies françaises envisagée principalement au point de vue géographique et économique.

SECTION PREMIÈRE

ÉTUDE DU RELÈVEMENT PROGRESSIF ET DE LA RECONSTITUTION DU DOMAINE COLONIAL FRANÇAIS DEPUIS 1815

Au moment où disparaît presque complètement un domaine colonial qui fut longtemps le premier du monde sous l'ancien régime, et où s'ouvrent les temps nouveaux de sa reconstitution, il est nécessaire d'indiquer ce que renfermait exactement ce domaine, dont l'importance, on va le voir, était presque nulle en 1815. Suivant l'article 8 du traité du 30 mars 1814, l'Angleterre restituait « les colonies, comptoirs, pêcheries et établissements de tout genre que la France possédait au 1er janvier 1792, dans les mers et sur les continents de l'Afrique, de l'Amérique et de l'Asie, à l'exception des îles Tabago, Sainte-Lucie, de France (qui avait reçu le nom d'île Maurice) et de ses dépendances, notamment Rodrigue et les Seychelles ». La Suède nous rendait la Guadeloupe (art. 9); et le Portugal, la Guyane (art. 10). Suivant l'art. 12, il nous était interdit de fortifier nos établissements de l'Inde; mais l'article 13 confirmait notre droit de pêche et de séchage du poisson sur le banc français de Terre-Neuve. Parmi les possesions coloniales à nous ainsi restituées, il n'y avait véritablement que la Guyane, la Martinique, la Guadeloupe et Bourbon qui pussent être considérées comme des colonies dignes de ce nom. Quant à nos établissements du Sénégal et de l'Inde : Saint-Louis, Gorée, Pondichéry, Karikal, Yanaon, Mahé et Chandernagor, c'étaient seulement des comptoirs commerciaux et Saint-Pierre et Miquelon formaient un petit établissement destiné à la pêche. Mentionnons, en passant, que l'île Bourbon avait passé et devait passer encore par une série de vicissitudes dans son appellation, vicissitudes qui prouvent une fois de plus combien sont absurdes les changements de noms suivant les régimes. Un décret du 17 mars 1793 appela l'île : île de la Réunion ; un autre du 2 février 1809 : île Bonaparte ; c'est par un arrêté du gouvernement provisoire du 7 mars 1848 que lui a été restitué le nom définitif — il faut l'espérer tout au moins — de la Réunion.

TITRE PREMIER

La Restauration et le Gouvernement de Juillet

ARTICLE PREMIER

La Restauration

Le gouvernement de Louis XVIII borna son action à reprendre et à réorganiser peu à peu les établissements coloniaux que nous restituaient les Anglais. Il eut spécialement à intervenir à Madagascar où le gouverneur britannique nous suscita de nombreuses difficultés. Nous prîmes possession de Sainte-Marie en 1818, et, en 1819, de Fort-Dauphin et de la baie de Sainte-Luce. En 1829, une expédition fut décidée qui reprit Tintingue, mais échoua à Foulpointe. Madagascar fut alors abandonnée, la révolution de juillet ayant éclaté sur ces entrefaites.

La Restauration ne fit pas meilleure figure à Saint-Domingue, dont elle reconnut officiellement l'indépendance. En revanche, le gouvernement haïtien prit l'engagement de réduire de moitié les droits de douane sur les produits français et de verser à nos anciens colons une indemnité de 150 millions dont la distribution souleva de nombreux procès. L'abdication de la France fit l'objet d'une vive discussion dans les Chambres où l'attitude du Gouvernement fut fortement critiquée, bien qu'il parût à peu près impossible d'agir différemment, surtout si l'on réfléchit que précisément à cette époque l'Espagne venait de perdre ses colonies du Nouveau Monde.

C'est sur la Guyane et le Sénégal que se portèrent principalement, quoique d'une manière infructueuse, les efforts de la Restauration. A la Guyane, en 1823, on créa la ville de la Nouvelle Angoulême et on transporta un certain nombre de colons sur les bords de la Mana. Au Sénégal, en 1821, on encouragea, par des primes, les cultures du coton et de l'indigo et l'on fonda divers centres en amont de Saint-Louis. Malgré de nombreux sacrifices, le gouvernement dut bientôt abandonner ces deux essais de colonisation.

Le gouvernement de Louis XVIII, ne pouvant songer à doter les colonies de règlements dont la préparation exigeait des études longues et sérieuses, se borna à remettre en vigueur la législation d'avant 1789. Sous Charles X, parurent les grandes ordonnances qui sont encore à la base de notre organisation coloniale, en dépit de changements ultérieurs fort importants. Voici les principales : *a*) quant au gouvernement, ordonnances des 21 août 1825, 9 février 1827, 27 août 1828 relativement à Bourbon, à la Martinique, et à la Guadeloupe et à la Guyane ; *b*) quant à l'organisation judiciaire, ordonnances des 30 septembre 1827, 21 septembre et 21 décembre 1828 pour Bourbon, la Martinique et la Guadeloupe et la Guyane. On peut citer encore les ordonnances du 6 septembre 1823 établissant des comités consultatifs dans certaines colonies ; du 23 janvier 1824 créant un conseil supérieur du commerce et des colonies ; et quelques autres relatives à des points particuliers : hypothèques, successions vacantes, contentieux administratif, enregistrement, etc. Le gouvernement de la Restauration promulgua également dans plusieurs colonies le code pénal et les codes d'instruction criminelle et de procédure civile.

ARTICLE II

Le Gouvernement de Juillet

Il débuta par la conquête de l'Algérie, la prise d'Alger, le 4 juillet 1830, ayant précédé de quelques jours son avènement. Au Congrès de Vienne, en 1815, et au Congrès d'Aix-la-Chapelle, en 1818, les puissances s'étaient préoccupées des mesures à prendre pour mettre fin à la piraterie barbaresque; une démonstration faite en 1819 par une escadre anglo-française était restée vaine, quand se produisit, le 30 avril 1827, un fait des plus graves. Michel Busnach, grand-père du dramaturge actuel, banquier à Alger et ministre du Dey, fut accusé de concussion par ce dernier et se réfugia en France. Le Dey demanda son extradition qui fut refusée et, comme M. Deval, consul de France, annonçait ce refus au souverain, celui-ci furieux le frappa au visage avec son éventail de plumes. Le blocus fut mis alors devant le port d'Alger; mais les choses trainèrent en longueur jusqu'à un nouvel acte d'hostilité, le Dey ayant fait tirer en rade d'Alger sur le vaisseau parlementaire, la Provence, le 3 août 1829. Les troupes françaises débarquèrent à Sidi-Ferruch le 14 juin 1830 et le 5 juillet Alger capitulait.

Le Gouvernement de juillet fut fort embarrassé de sa conquête; l'opinion publique et le Parlement étaient, en général, opposés à l'annexion; aussi, se borna-t-on à une occupation restreinte limitée à Alger, Bône et Oran, qui ont été les centres de notre domination algérienne, d'où elle s'est peu à peu étendue à tout le pays. Profitant de la faiblesse de notre action, l'émir Abd-el-Kader tint pendant quinze ans en échec les troupes françaises; et sa situation devint tout à fait prépondérante à la suite du désastreux traité du 24 février 1834 qui le posait en chef presque indépendant vis-à-vis de la France.

C'était le moment où l'ordonnance française du 22 juillet 1834, consacrant définitivement la conquête, véritable *charle algérienne*, établissait les bases de notre organisation politique et administrative dans le nord-africain. Le comte Drouet d'Erlon était envoyé à Alger avec le titre de *gouverneur général des possessions françaises dans le nord de l'Afrique*, sous les ordres du ministre de la guerre. Mais le véritable maître était l'émir qui, en juin 1835, battit le général Trézel sur les bords de la Macta. Alors surgit un chef énergique, le maréchal Bugeaud, qui débuta cependant par un acte de faiblesse, le traité de la

Tafna du 1er juin 1834 attribuant à l'émir toute la partie occidentale de l'Algérie. La France, dont la suzeraineté était vaguement reconnue, abandonnait Tlemcen et le Titeri et se bornait à Alger et la Mitidja, Oran, Mazagran, et Mostaganem. Le 18 novembre 1839, se basant sur une prétendue violation du traité de la Tafna, Abd-el-Kader entra en lutte ouverte avec le gouvernement français, prêcha la guerre sainte et, obligé de se retirer au Maroc par les succès de Bugeaud, souleva contre nous l'Empire chérifien qui, battu, dut signer la paix par le traité de Tanger du 10 septembre 1844. Finalement l'émir se rendit à Lamoricière le 23 décembre 1847; le 11 septembre, le duc d'Aumale avait été nommé gouverneur général de l'Algérie, dont la soumission était désormais définitive. Ainsi la conquête algérienne avait occupé tout le règne de Louis Philippe. L'ordonnance du 15 avril 1845 ne modifia point les grandes lignes de celle de 1834 et continua à placer à la tête de l'Algérie un gouverneur général militaire centralisant tous les pouvoirs.

Poussée avec énergie, la conquête de l'Algérie aurait été réalisée plus rapidement et à moins de frais. Mais le gouvernement de juillet y apporta sa timidité habituelle et son indécision concernant toutes les affaires extérieures. Il fit preuve du même manque d'énergie dans les autres entreprises coloniales auxquelles il se trouva mêlé; il se laissa, en 1840, devancer par les Anglais à l'île Périm et à la Nouvelle-Zélande. Toutefois notre domaine colonial s'accrut sur la côte occidentale de l'Afrique, dans l'Océan indien et dans l'Océan Pacifique. Sur la côte occidentale d'Afrique, la France prit possession, en 1838, de l'estuaire du Gabon et des postes d'Assinie et Grand Bassam. Dans l'Océan indien, après avoir évacué Madagascar, nous avions conservé Sainte-Marie, en face de Tintingue; en 1840 et 1841, nous acquîmes des chefs indigènes l'île de Nosy-Bé et les petites îles voisines, Nosy-Comba, Nosy-Faly, etc. Un traité du 13 juin 1843, passé avec les chefs du pays, nous attribua Mayotte et les îlots avoisinants. Enfin, en Océanie, la reine Pomaré signa, le 9 septembre 1842, un traité ratifié par une ordonnance du 25 mars 1843, qui plaçait Tahiti sous le protectorat français. Nous acquérions ainsi les îles du Vent, partie orientale de l'archipel de la Société, dont Tahiti est la plus importante, plus les îles Tubuaï et Raïvavaé, ainsi que l'archipel des Tuamotu. Quant aux îles sous le Vent, elles faisaient partie aussi du royaume de Pomaré et, par suite, auraient dû également passer sous notre protectorat; mais, mal informé et joué par l'Angleterre, le gouvernement français consentit à signer avec cette dernière la convention du 19 juin 1847 qui décidait que les îles sous le Vent étaient indépendantes de Tahiti et qu'aucun des deux contractants n'en prendrait possession par annexion au protectorat. En 1842, eut lieu l'annexion de l'archipel des Marquises comprenant les îles du Vent ou Marquises de Mendoza au sud-est et les îles sous le Vent ou archipel de Washington ou de la Révolution au nord-ouest (île principale Nouka-Hiva). Le protectorat français fut encore proclamé sur les îles Gambier.

De 1840 à 1844, se produisit, dans l'opinion publique et parmi les hommes du gouvernement de juillet, un certain réveil de l'esprit colonial. Alors furent rendues des ordonnances sur l'organisation générale et l'organisation judiciaire, relativement à l'Inde (23 juillet 1840), au Sénégal et à Saint Pierre et Miquelon (7 septembre 1840 et 18 septembre 1844), dont la Restauration ne s'était pas occupée. Une loi du 24 avril 1833 décida que les grandes colonies : Martinique, Guadeloupe, Réunion et Guyane seraient désormais régies par des lois relativement aux points les plus importants, par exemple l'exercice des droits politiques; un conseil colonial exerçait dans les autres cas le pouvoir législatif transformé en pouvoir réglementaire; le 22 août 1833, les ordonnances de 1825 et de 1827 furent modifiées pour être mises en harmonie avec la loi de 1833. La création des conseils coloniaux ne donna que de mauvais résultats; la loi du 25 juin 1841 dut modifier la situation de ces conseils qui furent supprimés le 27 avril 1848 et remplacés par des commissaires généraux.

TITRE II

Le Second Empire

Le second Empire s'est beaucoup occupé de la question coloniale qui a fait, grâce à lui, de rapides et sérieux progrès. Le sénatus-consulte du 3 mai 1854, qui est encore à la base de notre législation coloniale, établit une classification nouvelle de nos colonies. Jusque là, on les avait divisées en deux catégories suivant leur importance : d'un côté, la Réunion, les Antilles et la Guyane; de l'autre, les simples établissements coloniaux. Le sénatus-consulte s'attacha à leur degré de civilisation et de développement; et ainsi les Antilles et la Réunion constituèrent seules la première catégorie, la seconde comprenant les autres possessions coloniales, spécialement la Guyane pour qui cette orientation nouvelle fut un vrai désastre. Le sénatus-consulte du 4 juillet 1866 fit un pas considérable dans la voie de l'union douanière ; le pacte colonial fut supprimé. L'organisation pénale coloniale vint changer, d'autre part, du tout au tout, la condition de la Guyane et de la Nouvelle Calédonie.

Le gouvernement de Napoléon III améliora les colonies anciennes et réalisa de nouvelles acquisitions fort importantes, qui ont constitué le noyau de notre colonisation actuelle. En *Algérie*, le maréchal Randon, gouverneur général depuis le coup d'Etat, s'empara de la Kabylie, vaste carré montagneux, dont les quatre angles sont formés par Bougie, Sétif, Aumale et Dellys et qui n'avait jamais pu être soumis. Il y construisit Fort Napoléon qui commande toutes les agglomérations kabyles de la région. Vers la fin du second Empire, éclata une grande insurrection provoquée par la tribu des Ouled-Sidi-Cheik, qui, imparfaitement réprimée, reprit, lors de la guerre de 1870-1871, une activité nouvelle et causa de sérieux embarras à la troisième République.

L'empire créa pour l'Algérie et les colonies un ministère spécial destiné au prince Jérôme Napoléon. Il n'eut qu'une durée éphémère et fut remplacé à nouveau en Algérie par un gouverneur général militaire, administrateur puissant, investi même des pouvoirs ministériels dans une certaine mesure. Jusqu'à la fin de l'empire, dit M. Mallarmé, « l'Algérie fut maintenue sous le régime autoritaire et absolu du gouvernement militaire » (Thèse sur l'*organisation gouvernementale de l'Algérie*, Paris, 1900, p. 44).

La *Nouvelle Calédonie* tomba en notre pouvoir le 24 septembre 1853 ; un peu plus tard, l'île des Pins et l'archipel Loyalty lui furent annexés. Depuis 1864, après la disparition des bagnes en France, la Nouvelle Calédonie devint le lieu d'internement des condamnés aux travaux forcés à perpétuité ; plus tard, on y envoya les relégués. Également la Guyane fut désignée pour recevoir les condamnés aux travaux forcés à perpétuité. De 1857 à 1867, on n'y transporta pas moins de 15.000 déportés. On voulait, grâce au concours de ces convicts, relever la situation économique de la colonie, les y acclimater, leur faire faire souche et, par eux, exécuter des travaux publics et d'assainissement. Mais cet espoir fut déçu et, par mesure d'humanité, on se décida à les expédier à la Nouvelle Calédonie, la transportation en Guyane étant réservée aux condamnés indigènes de l'Algérie et des colonies. Nous reviendrons sur ces points au chapitre IX de la IIe partie relatif au *régime pénal colonial*.

Enfin le traité du 11 mars 1862 nous fit acquérir le territoire d'*Obock* à l'entrée de la mer Rouge.

Il convient maintenant d'insister sur l'œuvre coloniale du second Empire relativement à la *Côte occidentale d'Afrique* et à l'*Indo-Chine*, où elle fut particulièrement active.

§ I. — *Côte occidentale d'Afrique*

Le général Faidherbe fut le héros de la colonisation impériale dans cette région. Arrivé au Sénégal en 1854, il réussit à refouler sur la rive droite les tribus mauresques venant régulièrement, à la saison sèche, razzier et terroriser les populations noires de la rive gauche. Celles-ci avaient une telle crainte de leurs oppresseurs, qu'elles n'osaient se ranger de notre côté. Puis, il soumit, de 1855 à 1859, tout le pays sur la rive gauche. En même temps, il remontait le Sénégal et, après avoir battu le chef Al-Hadji-Omar, traitait avec lui en 1860 et obtenait le cours de la rive gauche du haut fleuve.

Faidherbe établit encore la domination française sur les côtes de l'Océan jusqu'au cap Vert, assurant ainsi la liberté du transit entre Saint-Louis et Gorée. Dakar fut fondé en 1863 en face de Gorée. Ensuite notre domination s'étendit depuis le cap Vert jusqu'à l'embouchure du Saloun. Le 7 mars 1857, l'Angleterre nous transféra ses droits sur Portendick, moyennant l'abandon des nôtres sur la Gambie à Albredha; nous réoccupâmes nos anciens postes de Rufisque, de Joal et de Portudal. Ainsi l'autorité française embrassait tout le cours du Sénégal et allait, sur la côte, du cap Blanc à la Gambie anglaise.

Les droits de la France furent plus tard étendus sur la côte de Guinée; le royaume de Porto-Novo devint, en 1863, protectorat français; Kotonou nous fut cédé en 1868 et la colonie du Gabon fut portée du cap Saint-Jean au cap Sainte Catherine.

§ II. — *Indo-Chine*

Le 28 novembre 1787, le roi d'*Annam*, Gia-Long, avait signé avec la France un traité d'alliance qui resta lettre morte. Il se montra favorable aux intérêts français qui furent, au contraire, fortement battus en brèche par ses successeurs et notamment par Tu-Duc monté sur le trône en 1847. A la suite d'une expédition rendue nécessaire par les agissements de ce dernier, l'amiral Charner s'empara de la plus grande partie de la *basse Cochinchine* et le traité du 5 juin 1862 nous céda les provinces de Bien-Hoa, de Saïgon et de Mytho, ainsi que l'île de Poulo-Condore. L'amiral de la Grandière s'empara des trois provinces de Vinhlong, Chaudoc et Hatien en juin 1868. Ainsi la Cochinchine française atteignit ses limites actuelles.

Un traité du 11 août 1863 avait établi le protectorat français sur le *Cambodge*, royaume situé au nord de la Cochinchine. Le Siam, qui convoitait le Cambodge et avait longtemps disputé sa possession à l'Annam, essaya de paralyser le traité de protectorat, en concluant avec le Cambodge un accord secret, de décembre 1863, qui plaçait ce royaume à peu près complètement sous la souveraineté siamoise. Le gouvernement de Napoléon III n'accepta point cet accord qui fut annulé par suite d'un traité franco-siamois du

15 juillet 1867 reconnaissant solennellement le protectorat franco-cambodgien, mais cédant au Siam les provinces cambodgiennes de Battambang et d'Angkor. C'était une faute grave, car, depuis cette époque, ces provinces sont devenues l'objet d'une sorte de revendication nationale du Cambodge rappelant, toutes proportions gardées, celle de la France vis-à-vis de l'Alsace-Lorraine ou de l'Italie à l'égard du Trentin et de Trieste. Ces territoires, en effet, sont cambodgiens par essence; ils contiennent les ruines d'Angkor, le plus beau spécimen de l'architecture Khmer, aujourd'hui disparue. Ils sont, d'autre part, très fertiles en rizières dans le bassin du Tonlé-Sap, qui a des pêcheries extrêmement abondantes. Le port de Saïgon communique facilement avec ces provinces par la batellerie, au moment des hautes eaux et en reçoit de grandes quantités de riz.

TITRE III

La Troisième République

La troisième République a poussé au plus haut degré l'expansion coloniale française; son effort s'est porté sur tous les points du monde; mais il a été surtout fécond en Afrique et dans l'Indo-Chine.

ARTICLE PREMIER

Colonies Africaines

§ I. — *Algérie*

L'insurrection des Ouled-Sidi-Cheik, qui n'était point terminée lors de la chute du second Empire, reprit avec une intensité nouvelle à l'avènement de la troisième République, soit à raison de la disparition du régime impérial qui symbolisait la France aux yeux des indigènes, soit pour d'autres causes secondaires, telles que le décret Crémieux du 24 octobre 1870 accordant les droits de citoyen français aux indigènes israélites. Le Bach-agha Mokrani déclara la guerre sainte en avril 1871, souleva toute la Kabylie et ne fut finalement abattu qu'au début de 1872. Au printemps de 1881, un marabout fanatique, Bou-Amama, provoqua une nouvelle insurrection dans le Sud-Oranais et n'a fait sa soumission qu'en 1900. Déjà, en 1883, le chef des Ouled-Sidi-Cheik, Si-Hamza, s'était soumis lui aussi et, depuis, l'Algérie a acquis une tranquillité et une prospérité qui n'ont fait qu'aller en augmentant.

La troisième République a organisé définitivement en Algérie le régime civil succédant au puissant régime militaire du second Empire. Le gouvernement de la Défense nationale, par un décret du 24 octobre 1870, avait supprimé le gouverneur général et assimilé les trois provinces à trois départements français; mais, par une contradiction singulière, le même acte instituait en même temps un gouverneur général civil des trois départements. Ce décret ne fut jamais appliqué et l'autorité fut, en fait, exercée par un *Commissaire extraordinaire de la République.* Le poste de gouverneur général, mais civil, fut ensuite définitivement rétabli et le décret du 30 juin 1876 commença à entrer dans la voie des *rattachements* réalisés par les décrets du 26 août 1881. D'après ce système, les services civils de l'Algérie étaient placés sous l'autorité directe des ministres compétents, sous le même régime qu'en France, sauf dérogations de la législation spéciale; mais chaque ministre pouvait autoriser, par délégation, le gouverneur général à statuer sur certains objets de son département. Les vices d'un pareil système se manifestèrent promptement. Jules Ferry les signala dans son rapport fait au nom de la commission sénatoriale de l'Algérie dont il était le président; et le décret du 31 décembre 1896, dit de *dérattachement*, abrogea les décrets du 26 août 1881. Un peu plus tard, est intervenu le décret du 23 août 1898 qui donne à l'Algérie son organisation actuelle. Le gouverneur général est le représentant et le dépositaire des pouvoirs de la République (décret du 23 août 1898); il réside à Alger et dirige le gouvernement et la haute administration de l'Algérie. Nous insisterons plus tard en détail sur ses attributions multiples qui sont profondément influencées par la distinction des services rattachés et non rattachés. Les premiers qui demeurent sous l'autorité des ministres compétents, constituent l'exception; ce sont : la justice moins la justice musulmane, les cultes moins le culte musulman (1), l'instruction publique moins l'instruction publique musulmane, et la trésorerie. Tous les autres services sont non rattachés et placés sous l'autorité exclusive du gouverneur général.

La loi du 19 décembre 1900 a donné à l'Algérie la personnalité civile et l'autonomie financière qui lui permet d'effectuer de grands travaux publics et de contracter des emprunts autorisés par un décret ou une loi. Le budget général préparé par le gouverneur général est ensuite soumis à un organe particulier de création récente et qui a déjà donné les meilleurs résultats : *les Délégations financières*, sur lesquelles nous reviendrons au chapitre II de la IIe partie consacré au *Régime politique colonial.* Des Délégations le budget va à un Conseil supérieur de gouvernement, dont il sera également question au chapitre III de la IIe partie afférent au *Régime administratif colonial.*

Le gouverneur général est assisté d'un Conseil de gouvernement; il a auprès de lui un secrétaire général, un cabinet civil et un cabinet militaire. Il y a également dans chaque département, comme en France, un Conseil de préfecture et un Conseil général élu par les Français, avec représentation des musulmans. L'Algérie est divisée en territoire civil et territoire de commandement parallèlement à la côte. Le territoire civil comprend le Tell et la partie orientale des hauts plateaux où l'on rencontre des agglomérations suffisantes de population. Il forme trois départements : Alger, Oran, Constantine, subdivisés en arrondissements. Le territoire de commandement est partagé en subdivisions; son importance diminue progressivement au profit des territoires civils. En territoire civil, les communes sont dites de plein exercice; en territoire militaire, elles prennent le nom de communes indigènes; et, si elles sont situées dans les deux, on les appelle : communes mixtes. L'Algérie proprement dite comprenant les *territoires du Nord* a été séparée des *territoires du Sud* par la loi du 24 décembre 1903, qui détermine les zones respectives des deux catégories de territoire.

(1) Le régime de la séparation des Églises et de l'État fera bientôt disparaître le service des cultes. Voir le décret du 27 septembre 1907 déterminant les conditions d'application à l'Algérie des lois de séparation.

Ainsi le petit Sahara algérien ou Sahara des hauts plateaux est distinct de l'Algérie proprement dite : les territoires du sud sont partagés en quatre commandements divisés en communes mixtes et indigènes ; leur organisation a été réglée par un décret du 14 août 1905.

§ II. — *Pénétration saharienne*

La France s'est longtemps tenue à l'occupation de l'Algérie ; puis on résolut d'aller plus en avant. En effet, le mystérieux désert, le grand Sahara, tentait les savants et les explorateurs. Après des tentatives diverses restées sans résultat, les projets de pénétration saharienne ont trouvé leur expression ferme dans la proposition de la voie ferrée transsaharienne conçue par l'ingénieur Duponchel et qui provoqua, de 1879 à 1881, l'envoi de plusieurs missions lesquelles durent toutes reculer. Malgré le massacre de la mission Flatters en février 1881, on persista de plus belle dans la pensée première, à la suite du traité franco-anglais du 5 août 1890 qui plaçait le Sahara dans notre sphère d'influence. Après bien des échecs, la mission Foureau-Lamy réussit, en 1898, à pénétrer jusqu'au Tchad, opérant sa jonction avec des expéditions venues du Sénégal et du Congo. En 1900, les Français occupèrent les oasis du Gourara, du Touat et du Tidikelt. Depuis, le prolongement du chemin de fer jusqu'à Colomb à partir de 1907, l'installation de postes nombreux, les expéditions répétées des méharistes infligeant aux Touaregs de sanglantes leçons ont assuré une certaine sécurité des communications entre l'Algérie et l'Afrique occidentale française, bien que de nouvelles aventures avec les nomades soient toujours à redouter à cause surtout de l'aide éventuelle fournie par le Maroc. Il convient pourtant d'ajouter, à ce dernier point de vue, que nos postes coupent maintenant toute communication entre les possessions chérifiennes et les oasis du sud algérien passées sous notre domination incontestée. Ainsi, le Sahara est aujourd'hui entré dans la sphère d'influence de l'Algérie qui communique par lui avec l'Afrique occidentale française. Pour éviter tout conflit possible entre les fonctionnaires des deux possessions, on a, en 1905, établi sur la carte la ligne séparative des zones d'influence algérienne et africaine. La ligne passe aux environs du tropique du Cancer et se dirige sur le cap Noun vers le nord-ouest.

§ III. — *Afrique occidentale française*

On essaya, en 1880, de réaliser le projet de Faidherbe, consistant à relier les vallées du Haut Sénégal et du Haut Niger par des postes fortifiés; successivement furent édifiés les postes de Bafoulabé, Badumbé, Kita, Koundou et Bamako, en vertu de traités passés avec les chefs indigènes, de 1880 à 1883. La route des caravanes ainsi constituée et protégée relie le Niger au chemin de fer qui de Bafoulabé atteint Médine et la partie navigable du Sénégal; la voie ferrée reliant le Sénégal au Niger est aujourd'hui terminée et en pleine exploitation.

Dans cette tentative de pénétration, les Français se heurtèrent à des adversaires redoutables, tels que l'almamy Samory, contre lesquels durent être dirigées des expéditions militaires répétées, jusqu'au moment où Samory fut capturé en septembre 1898. Dès lors, une soumission générale des indigènes a assuré la sécurité des transactions dans toute la contrée du haut Niger. En décembre 1893, Tombouctou, la cité mystérieuse, tombait entre nos mains et sa prise, frappant d'étonnement les populations qui l'avaient jusque là considérée comme imprenable, donnait une nouvelle autorité à notre domination. Cette domination était encore assurée par des missions d'allure à la fois scientifique et militaire qui, succédant aux expéditions militaires proprement dites, aboutissaient à des traités passés avec les chefs indigènes et assuraient la consolidation de l'influence française. En 1898, trois missions se rencontrèrent sur les bords du lac Tchad, venant la première d'Algérie (mission Foureau-Lamy), la seconde du Congo (mission Gentil) et la troisième du Sénégal (mission Voulet, Chanoine, plus tard Joalland et Meynier).

Le *Sénégal* avait été organisé par une ordonnance du 7 septembre 1840; un décret du 27 février 1893 avait créé la colonie du Soudan français qui a disparu par suite du décret du 17 octobre 1899. Le Soudan ayant été démembré, les territoires qu'il contenait furent rattachés administrativement aux colonies du Sénégal, de la Guinée, de la Côte-d'Ivoire et du Dahomey. Dans les possessions réunies au Sénégal, on forma deux territoires militaires relevant du gouverneur général et placés sous la direction de deux commandants militaires. On en créa un troisième par décret du 20 décembre 1900 avec les régions comprises entre le Niger et le Tchad occupées à la suite des missions Joalland et Foureau-Lamy. Un décret du 1er octobre 1902 a constitué, sous le nom de la Sénégambie-Niger, une nouvelle circonscription administrative contenant les pays de protectorat du Sénégal et les régions qui, lors du démembrement du Soudan français, avaient été réunies au Sénégal, ainsi que le territoire militaire postérieurement créé entre le Niger et le Tchad.

Plus récemment enfin, le décret du 18 octobre 1904 a supprimé le territoire de la Sénégambie-Niger et organisé une nouvelle circonscription, la colonie du Haut-Sénégal et du Niger, chef-lieu Bamako. La colonie du Sénégal est actuellement formée des pays de protectorat et de ceux d'administration directe, ces derniers comprenant les villes de Saint-Louis, Dakar, Gorée, Rufisque, avec les escales du fleuve et les territoires annexés entre Dakar et Saint-Louis. Un chemin de fer établi entre Saint-Louis et Dakar traverse le Cayor et permet d'amener les marchandises du fleuve au port d'embarquement. Il n'y a plus qu'un territoire militaire comprenant les territoires qui faisaient partie du premier et du dernier de ces territoires; ceux dépendant du second ont été placés sous le régime civil.

A compter du 1er janvier 1912, le territoire militaire cessera de faire partie de la colonie du Haut-Sénégal et Niger pour former une subdivision administrative placée sous les ordres d'un officier supérieur commandant du territoire et dépendant directement du gouvernement général de l'Afrique occidentale française (art. 1er du décret du 7 septembre 1911).

Au nord, nos possessions du Sénégal ont été limitées d'avec les possessions espagnoles du Rio de Oro par une convention du 27 juin 1900, ratifiée avec approbation parlementaire le 27 mars 1901. Par cette délimitation, tout l'Adrar a été placé dans la sphère d'influence française. Les régions qui de la rive droite du Sénégal s'étendent ainsi vers le Nord, forment aujourd'hui le territoire civil de la Mauritanie, territoire administré, en vertu du décret du 18 octobre 1904, par un commissaire spécial. Les limites entre la colonie du Sénégal et le territoire de la Mauritanie ont été fixées par un décret du 26 février 1905; on a vu plus haut qu'on avait également fixé, en 1905, la ligne séparant la zone d'influence de l'Afrique occidentale française dans ces régions et celle de l'Algérie. Le décret du 17 octobre 1899 a établi la ligne administrative séparant la colonie du Haut-Sénégal et Niger de celles de la Guinée et de la Côte-d'Ivoire.

La France possède encore des établissements dans les *Rivières de la Guinée au sud du Sénégal*. Cette colonie, organisée par un décret du 17 décembre 1891, a été d'abord appelée : des Rivières du Sud, puis : Guinée française. Elle comprend les anciens territoires des Rivières du Sud, c'est-à dire les bassins des cours d'eau qui se déversent dans l'Atlantique entre les possessions anglaises et portugaises, le Fouta-Djalon soumis à notre protectorat en 1896 et un certain nombre de districts distraits du Soudan français par le décret du 17 octobre 1899. Nos droits sur ces régions ont été consacrés et déterminés par des accords conclus avec divers États limitrophes. La frontière libérienne résulte d'accords des 8 septembre 1892 et 18 septembre 1907; par celui du 24 décembre 1885, l'Allemagne avait renoncé à toute prétention sur les territoires sis entre la Mellacorée et le Rio-Nunez. Le traité du 12 mai 1886 a tracé la frontière franco-portugaise en son article 1er; l'article 2 reconnaît formellement notre protectorat sur le Fouta-Djalon. Enfin, avec l'Angleterre, les limites séparatives de la colonie de Sierra-Leone d'avec nos possessions ont été fixées par des traités des 10 août 1889, 26 juin 1891 et 21 janvier 1895. Le traité du 8 avril 1904 qu'a promulgué en France le décret du 9 décembre 1904, nous a, dans son article 6, assuré la possession de l'archipel de Los, petites îles situées en face de Konakry, chef-lieu de la Guinée française, dont elles commandent immédiatement l'entrée et dominent la rade, en lui formant un brise-lames naturel. Le même traité, en son article 5, a modifié avantageusement pour nous les limites de la Gambie anglaise, telles qu'elles résultaient de l'article 1er de l'arrangement du 10 août 1889. Suivant l'article 5, nous entrons en possession de la ville de Yarboutenda et des terrains et points d'atterrissement de cette localité, soit de 20 kilomètres du cours de la Gambie dans la partie considérée comme accessible en tout temps aux bâtiments de haute mer, de façon à permettre à nos bateaux d'atteindre le territoire français, le bief navigable nous étant ouvert, alors qu'il nous avait été fermé jusque là. Et s'il est reconnu que la Gambie n'est pas navigable jusqu'à Yarboutenda, nous aurons accès sur le fleuve à un point que puissent atteindre nos bâtiments.

A la *Côte d'Ivoire*, on a réoccupé en 1883 les postes de Grand Bassam et d'Assinie abandonnés par raison d'économie, à la suite des évènements de 1870. Après des expéditions diverses ayant amené des traités avec les chefs indigènes, nous avons pris possession de toute la côte depuis l'État libre de Libéria jusqu'à la colonie anglaise de la Côte-d'Or et du bassin des cours d'eau qui ont leur embouchure dans cette région. Ainsi a été constituée la colonie de la Côte-d'Ivoire comprenant tous les territoires situés entre le Libéria et les possessions anglaises des Achantis, de nombreux petits protectorats, le pays de Kong et les régions situées entre la côte et la boucle du Niger. Les accords précités des 8 décembre 1892 et 18 septembre 1907 ont déterminé la frontière séparative d'avec le Libéria; et la limite de la colonie anglaise de la Côte d'Or a été tracée par des accords des 10 août 1889, 26 juin 1891, 12 juillet 1893 et 14 juin 1898. La colonie de la Côte d'Ivoire a été organisée par des décrets des 17 décembre 1891 et 10 mars 1893; un autre du 17 octobre 1899 lui a incorporé un certain nombre de cercles détachés de l'ancienne colonie du Soudan français.

Par un traité du 19 avril 1878, le roi du Dahomey, Glé-Glé, nous avait fait cession pleine et entière de ses droits sur Kotonou; le roi et les chefs de Porto-Novo s'étaient déjà placés sous notre protectorat par des accords d[illegible]5 juillet 1862, 25 février 1863 et 8 février 1882. Glé-Glé se repentant de la cession par lui faite, prétendit nous forcer à évacuer Kotonou et, en 1889, envahit le territoire de Porto-

Novo. Son fils Béhanzin, encore plus hostile, attaqua Kotonou en 1890 et renouvela ses attaques en 1892. Une expédition conduite par le général Dodds mit en déroute les troupes de Béhanzin qui fut pris au commencement de 1894; le pays fut dès lors pacifié. La colonie du Dahomey a reçu une organisation autonome par un décret du 26 mars 1896; le décret du 25 juin 1894 avait substitué ce groupement nouveau aux anciens établissements du golfe du Bénin devenus la colonie du Bénin. Un décret de réorganisation du 17 octobre 1899 lui a assigné ses limites définitives, à la suite d'un certain nombre de conventions passées avec les puissances intéressées dans la région. Nos possessions ont été délimitées à l'ouest, d'avec celles du Togo allemand, par les traités des 24 décembre 1885 et 23 juillet 1897; à l'est, entre elles et la Nigéria anglaise, la limite a été tracée par des conventions des 10 avril 1889 et 14 juin 1898. Ces divers accords assurant à la colonie française le Gourma, le Djougou et les royaumes de Niki et de Say, lui ont permis de se prolonger jusqu'au Niger. Les possessions anglaises du bas Niger se trouvent ainsi transformées en enclaves. Le tracé adopté par l'accord franco-anglais du 14 juin 1898 plaçait toutes les routes praticables en dehors de notre territoire; cette situation a été heureusement modifiée par le nouveau traité du 8 avril 1904, dont l'article 8 nous attribue, sans solution de continuité, une voie du Niger à Zinder et de Zinder au Tchad, par le cours du Komandougou qui n'est presque jamais à sec, et constitue un des cours d'eau les plus importants de cette partie de l'Afrique. Le parcours nouveau, bien que démuni d'eau en beaucoup de points, est donc incontestablement préférable à l'ancien, car par lui est assurée la jonction de nos possessions du Dahomey et du Soudan séparées auparavant par des déserts infranchissables. Les rives nord et sud du Tchad tombent dans la sphère d'influence française et la libre navigation du bas Niger a été assurée par la cession à bail pour trente ans de deux territoires situés sur le cours du fleuve, pour nous servir d'entrepôts. Ces deux territoires ont été fixés à Badjibo et Forcados par les baux du 20 mai 1903 (décret du 30 juin).

Les organisations ci-dessus indiquées n'étaient qu'une étape vers la constitution d'un *gouvernement général de l'Afrique occidentale française* qui a été réalisée par un décret du 16 juin 1895. Les décrets des 17 octobre 1899, 1er octobre 1902 et 13 février et 8 octobre 1904 ont successivement développé ce gouvernement et créé l'unité de nos diverses colonies de l'Afrique occidentale qui englobe actuellement les sept colonies ci-dessus indiquées : 1° *Sénégal*, composé des territoires d'administration directe ou pays légal et des protectorats de la rive gauche du Sénégal; 2° *Guinée* ; 3° *Côte d'Ivoire*; 4° *Dahomey*; 5° *Haut-Sénégal et Niger* comprenant les anciens territoires du Haut-Sénégal et du Moyen Niger et ceux qui formaient le territoire de Zinder; 6° le territoire civil de la *Mauritanie* ; 7° le territoire militaire du *Niger* (décret précité du 7 septembre 1911).

Chacune de ces colonies a son autonomie administrative et financière, sous l'autorité d'un lieutenant gouverneur, sauf le territoire de la Mauritanie qu'administre un commissaire du gouvernement et le territoire militaire du Niger dirigé par un officier supérieur commandant du territoire. A la tête du gouvernement général est placé le gouverneur général, dépositaire des pouvoirs de la République, dont nous étudierons plus tard les attributions en détail au chapitre III de la IIe partie, consacré au *Régime administratif colonial.* Le siège du gouvernement est à Dakar. Le gouverneur général est assisté d'un Conseil de gouvernement composé des hauts fonctionnaires et de notables. Chaque colonie particulière a son budget local et au-dessus on trouve le buget général du gouvernement général créé par le décret du 18 octobre 1904, donnant à ce dernier une personnalité distincte et lui assurant l'indépendance, la direction et le contrôle général qui constituent ses attributions et sa physionomie essentielle. Un décret du 5 octobre 1908 a institué un trésorier-payeur de l'Afrique occidentale, pour effectuer ou centraliser les opérations en recette ou en dépense. Un décret du 22 mars 1907 a placé un contrôleur financier auprès du gouvernement général.

§ IV — *Afrique équatoriale française*

Le *Gabon*, dont la France avait pris possession sous le gouvernement de juillet et qu'il fut question un moment d'échanger contre la Gambie anglaise, s'est fortement agrandi et a constitué le *Congo français* d'une grandeur trois fois supérieure à celle de la France. Par le bassin du Chari, il rejoint le lac Tchad et forme ainsi bloc avec les possessions françaises de l'Afrique occidentale. En 1880, le 10 septembre, l'explorateur français de Brazza obtint du roi Makoko un traité de protectorat à la suite duquel les Chambres votèrent les crédits nécessaires pour subventionner une mission de l'ouest africain, après avoir ratifié le traité de protectorat par la loi du 30 novembre 1882. Cette mission délimita nos possessions et fonda définitivement le Congo français, dont M. de Brazza fut nommé commissaire général en 1886. En 1888, un décret du 11 décembre, modifié par un autre décret du 28 septembre 1897, a réuni le Gabon au Congo. L'acte général de la conférence de Berlin du 26 février 1885 a créé des obligations d'ordre international relativement à la libre circulation sur le Congo, ses affluents, embranchements, routes, annexes, etc, et également au point de vue de la liberté commerciale. Le Congo français est soumis à toutes ces règles formant aujourd'hui le droit commun de ces régions. Le commerce et la navigation sont ouverts à toutes les nations dans toute les parties du Congo (Voir sur ces points notre *Traité précité de droit public international*, II, pp. 626 et s. Voir également ce qui sera dit au chapitre v de la IIe partie à propos du *Régime commercial* des colonies).

La colonie du Congo avait pour voisines diverses puissances intéressées dans l'Afrique équatoriale et avec lesquelles des difficultés ont surgi ; mais elles ont été aplanies par diverses conventions internationales. Au nord, le Congo français est borné par le Cameroun allemand duquel les anglais avaient été évincés par le docteur Nachtigal ; la frontière entre les deux Etats a été déterminée par la convention du 24 décembre 1885, modifiée par protocole du 18 avril 1908. L'Espagne était installée près de nous dans le golfe de Guinée et conservait des prétentions sur la partie septentrionale du territoire que le traité franco-allemand attribuait à la France. Le différend a été réglé par la convention franco-espagnole du 27 juin 1900, qui a attribué à l'Espagne les îles Corisco et Elobey, à laquelle toute la côte appartient depuis l'embouchure du Rio-Mouni jusqu'à celle du Rio-Campo. A l'enclave espagnole au nord du Congo français correspond, au sud, le petit territoire portugais de Cabinda; le traité du 12 mai 1886 a laissé à la France le cours de la Loëma et attribué au Portugal le cours inférieur du Chiloango; une convention interprétative est intervenue le 23 janvier 1901. Divers accords des 21 novembre 1885, 29 avril 1887, 14 août 1894, 5 février 1895, 23 décembre 1908 ont tracé les frontières séparatives d'avec l'Etat indépendant du Congo aujourd'hui colonie belge.

Les explorateurs français conçurent alors le projet de relier le Congo, du côté nord-est qui restait ouvert, à nos colonies de l'Afrique occidentale par le bassin du Tchad; la mission Crampel fut la première en décembre 1890; son chef périt assassiné en avril 1891; d'autres suivirent et finalement, à la suite des missions Mizon et Maistre, un arrangement franco-allemand du 15 mars 1894 complétait la convention du 24 décembre 1885. Par cette convention, l'Allemagne renonçait à nous barrer la route vers le Tchad; mais nous avions à combattre un potentat africain redouté qui, depuis des années, désolait le centre de l'Afrique, Rabah, établi au sud de Tchad dans le Baguirmi; Rabah fut tué en avril 1900 par les troupes mises à la disposition de l'explorateur Gentil qui avaient opéré leur jonction avec les missions Joalland-Meynier et Foureau-Lamy. Depuis cette époque, plus rien n'a gêné l'expansion de la France vers le Tchad; un traité de protectorat, signé le 25 novembre 1899 avec un chef du Kanem, nous a donné la souveraineté du pays affirmée par la fondation d'un cercle dont le cheflieu est Mao.

S'ils ont réussi du côté du Tchad, les efforts français ont été moins heureux du côté du Haut Nil; nous avions espéré un moment relier le Congo français à nos établissements d'Obock et le bassin du Congo à celui du Nil, tandis que les Anglais rêvaient, de leur côté, de joindre le Caire au Cap. Les prétentions rivales devaient se rencontrer; le choc fut déterminé par la mission Marchand. Déjà M. Liotard, lieutenant de M. de Brazza, avait pénétré vers l'est dans le bassin du Nil, en 1896; à la fin de 1897, le capitaine Marchand y pénétrait à son tour et, le 20 juillet 1898, plantait le drapeau français à Fachoda. Le sirdar Kitchener, après avoir remporté sur les derviches la victoire d'Omdourman en 1898 et s'être emparé de Kartoum, arrivait lui aussi à Fachoda le 21 septembre et sommait Marchand d'avoir à évacuer le pays. C'était la guerre certaine si la France n'avait pas cédé. En présence de cette responsabilité, les hommes d'Etat français n'hésitèrent pas à rappeler la mission Marchand qui opéra son retour par l'Abyssinie ; la mission Roulet évacua ensuite le Bahr-el-Ghazal. Alors fut conclue la convention franco-anglaise du 21 mars 1899 qui détermina la limite de notre zone orientale d'influence dans l'ouest de l'Afrique. Cette convention constitue une déclaration additionnelle au traité du 14 juin 1898 ci-dessus relaté; les deux actes ont été ratifiés par décret du 27 juin 1899. Par l'acte de 1899, la France est complétement écartée de toute action dans le bassin du Nil; et, de son côté, l'Angleterre renonce à toute prétention sur les territoires voisins du Tchad : le Baguirmi, le Ouadaï et le Kanem et plus au nord sur une grande partie des régions qui vont jusqu'au sud de la Tripolitaine. Ainsi a été opérée la jonction du Congo et du Soudan, sans interruption du territoire français, par l'est et le nord du Tchad. Le traité franço-anglais de 1899 se lie tout naturellement au traité franco-belge du 14 août 1894 déterminant la limite du Congo belge et du Congo français. Cette limite est formée par l'Oubangui jusqu'au point où il reçoit le M'Bomou, puis par ce dernier jusqu'à sa source et enfin par une ligne droite rejoignant la crète de partage des eaux du bassin du Congo et du Nil.

Au moment où nous écrivons ces lignes, les négociations pendantes entre la France et l'Allemagne au sujet du conflit marocain dont il sera question dans notre *Conclusion*, font prévoir la cession aux Allemands, ainsi qu'il a été dit déjà dans l'*Introduction* de cet ouvrage, d'une importante portion du Congo français. Nous indiquerons dans cette *Conclusion* les limites actuelles de notre colonie congolaise, telles qu'elles résulteront de l'accord franco-allemand, s'il nous est connu en temps opportun.

Le Congo était primitivement régi par un commissaire général; M. de Brazza avait reçu le premier ce titre qu'un décret du 26 juin 1908 a remplacé par celui de gouverneur général, comme dans les autres grandes colonies. A la date du 15 juin 1910, est intervenu un premier décret qui a donné la dénomination de *Gouvernement général de l'Afrique équatoriale française* aux possessions congolaises. Ce gouvernement général est constitué par le groupement des colonies du *Gabon*, du *Moyen-Congo*, et de l'*Oubangui-Chari-Tchad*, y compris le territoire militaire du Tchad, circonscription constituée, après la mission de M. Gentil et la mort de Rabah, par un décret du 5 septembre 1900. L'étendue de ce territoire a été restreinte par le décret du 29 décembre 1903. Le siège du Gouvernement général est à Brazzaville. Le Gouverneur général est le dépositaire des pouvoirs de la République; nommé par décret sur la proposition du ministre des Colonies, il est investi d'attributions importantes que nous examinerons plus tard en détail au chapitre III de la IIe partie consacré au *Régime administratif colonial*. Le gouverneur général est assisté d'un secrétaire général et d'un Conseil de gouvernement organisé par un second décret du 15 janvier 1910 et composé de hauts fonctionnaires et de notables.

Les diverses colonies de l'Afrique équatoriale française ont conservé leur autonomie administrative et financière. Elles sont administrées, sous la haute autorité du gouverneur général, par des gouverneurs de colonies portant le titre de lieutenants gouverneurs. Chacune a son budget local et au-dessus se trouve le budget général du gouvernement général qui lui donne sa personnalité distincte et assure l'indépendance, la direction et le contrôle général, comme dans l'Afrique occidentale française.

§ V. — *Tunisie*

La troisième République a établi son protectorat sur Tunis où les Italiens contrebalançaient notre influence et appuyaient les révoltes contre l'autorité française en Algérie. Une expédition fut décidée et terminée en moins de trois semaines, presque sans effusion de sang, par le traité du Bardo du 12 mai 1881. Ce traité consacrait au fond des choses le protectorat français, quoique le nom n'y fût pas prononcé, ce qui était une faute, car les intrigues locales favorisées par la cessation trop rapide de l'occupation militaire recommencèrent de plus fort. Il fallut réitérer l'expédition qui, cette fois, aboutit au traité complémentaire de La Marsa du 8 juin 1883 approuvé par la loi du 9 avril 1884 (Voir les décrets complémentaires des 4 octobre 1884 et 23 juin 1885).

Suivant l'économie du protectorat français, les affaires de la Régence sont placées absolument sous la direction du gouvernement français au point de vue interne et externe. A l'extérieur, le gouvernement représente le Bey par l'intermédiaire du résident général à qui ce dernier sert de ministre des Affaires Étrangères et qui relève lui-même du ministère français de ce nom. Il est assisté de deux secrétaires généraux du gouvernement. Les intérêts des sujets tunisiens à l'étranger sont protégés par les agents diplomatiques français, le Bey ayant perdu le droit de légation actif; et les agents diplomatiques accrédités à Tunis correspondent avec le gouvernement beylical par l'intermédiaire de notre Résident général. Le Bey, pour conclure les traités, a besoin de l'assentiment de la France.

A l'intérieur, le gouvernement français prend l'initiative de toutes les réformes administratives, judiciaires, financières, jugées utiles. Il a converti, en 1889, la dette tunisienne et organisé la justice locale par la loi du 27 mars 1883, les puissances ayant renoncé au bénéfice des *Capitulations* applicables en principe à tous les pays d'Orient et d'Extrême-Orient qui n'en ont pas été libérés par l'Europe. (Voir sur le régime des Capitulations en général et sur la Tunisie en particulier notre ouvrage précité : *Traité théorique et pratique de droit int. pub.*, II, pp. 66 et 94 et s).

Dans le ministère tunisien, la fonction de ministre de la guerre est remplie par le général français commandant le corps d'occupation. Il y a encore deux autres ministres ceux-ci indigènes, celui de l'Intérieur et le ministre de la Plume chargé de la justice. La France a établi les services du contrôle, de la douane, des contributions directes. (Voir sur le protectorat tunisien notre ouvrage précité, II pp. 190 et s).

§ VI. — *Côte française des Somalis*

Sur la côte orientale d'Afrique, le second Empire avait, on l'a vu, acquis, par le traité du 11 mars 1862, le territoire d'Obock, à l'entrée de la Mer Rouge; mais c'est seulement à partir de 1884 que la colonie fut délimitée par un procès-verbal franco-turc du 12 avril. Le commandant d'Obock, M. Lagarde, passa avec les sultans indigènes des traités qui donnaient à la France comme protectorat ou annexion les deux rives du golfe de Tadjourah. La colonie s'étendit ainsi depuis le raz Doumeirah jusqu'aux puits d'Hadou. En 1887, l'Angleterre nous céda les îles Mouscha et, en 1896, le chef-lieu de la colonie fut transféré à Djibouti qui possède une rade profonde et qui est devenu aujourd'hui un centre prospère, tête de ligne des caravanes commerçant avec le Harar et le Choa.

Nos voisins immédiats dans cette région sont les Anglais, les Italiens et les Abyssins. Au sud, la frontière avec la colonie anglaise de Zeila a été déterminée par une convention du 8 février 1888 stipulant que les deux gouvernements ne chercheront ni à annexer le Harar, ni à le placer sous leur protectorat. Au nord, se trouve la colonie italienne d'Assab; un incident de frontière se produisit en octobre 1898 à Raheïta et obligea à une délimitation opérée par protocles des 24 janvier 1900 et 10 juillet 1907. A l'est, c'est l'Abyssinie qui forme la frontière. L'Italie avait prétendu sur ce pays à un protectorat qui serait résulté du traité italo-abyssin du 2 mai 1889 et contre lequel le Négus a énergiquement protesté jusqu'à ce que les Italiens aient renoncé à leurs prétentions, après de désastre d'Adoua (traité d'Addis-Abeda du 20 octobre 1896 proclamant l'indépendance absolue de Ménélick). La France débarrassée des rivalités italiennes a obtenu en 1897 le renouvellement d'un traité de commerce et de navigation datant de 1843 et la ratification d'une convention du 20 mars 1897, approuvée par décret du 24 mai, relative à la construction d'une voie ferrée allant de Djibouti à Addis-Abeda, dont il sera plus tard question. Un traité du 10 janvier 1908 entre la France et l'Ethiopie, promulgué le 30 janvier 1909 après approbation par une loi de la même date, a corroboré les stipulations des actes antérieurs et donné, comme on le verra, à la France une nouvelle preuve d'amitié du royaume d'Abyssinie, de nature à avoir une influence des plus sérieuses sur les destinées de notre établissement de la côte des Somalis.

En raison des difficultés que la rivalité des Français, des Anglais et des Italiens avait soulevées soit quant au chemin de fer, soit quant à la lutte d'influence générale, les trois puissances ont signé la convention du 13 décembre 1906 dans laquelle est affirmée la nécessité du maintien du statu quo politique et territorial, de l'intégrité du territoire et de l'abstention de toute intervention dans les affaires intérieures. (Conf. au sujet de cette convention, notre *Traité* précité, t. II, p. 45).

Un décret du 20 mars 1896 a fixé à Djibouti la résidence du gouverneur et réuni les divers territoires nous appartenant sous le nom de *Côte française des Somalis*. Le gouverneur administre la colonie avec l'aide d'un conseil d'administration (décret du 28 août 1898 remanié par un décret du 11 octobre 1899).

§ VII. — *Madagascar et dépendances*.

Le second Empire avait obtenu du roi Radama II et de la reine Ranavalo II un traité du 12 septembre 1862, confirmé en 1868, permettant aux Français de s'établir dans l'île, d'y acquérir des biens meubles et immeubles et d'y pratiquer leur religion. Mais la reine se convertit ensuite au protestantisme et prodigua toutes ses faveurs aux Anglais qui devinrent bientôt les maîtres de la situation. Les représentations diplomatiques ayant échoué, le contre-amiral Pierre bombarda Majunga et Tamatave; puis, les choses ayant traîné en longueur, fut signé le traité de protectorat du 17 décembre 1885 reconnu par les puissances étrangères et qui aurait pu servir de base à une entente ultérieure, s'il avait été plus clairement rédigé et exécuté avec bonne foi. Quoi qu'il en soit, interprétant le texte à sa façon, le premier ministre hova prétendit donner lui-même l'exéquatur aux consuls étrangers; les intrigues des ministres protestants recommencèrent avec les calomnies les plus absurdes et les attentats les plus odieux contre les personnes et les biens de nos nationaux. En 1894, une expédition nouvelle fut résolue; le général Duchesne entra à Tananarive le 30 septembre et la reine Ranavalo se rendit à discrétion, signant un traité de protectorat nouveau, celui-ci parfaitement explicite, à la date du 1er octobre 1895. Mais, comme elle conservait l'administration intérieure du pays, elle renouvela ses intrigues et la révolte commençait à se propager sérieusement, quand le général Galliéni à qui le premier résident, M. Laroche, avait remis ses pouvoirs le 28 septembre 1896, proclama l'état de siège et enleva à Ranavalo la royauté de Madagascar, ne lui laissant que celle d'Émyrne qu'elle ne devait pas garder longtemps. Le 28 février 1897, la royauté fut abolie dans toute l'île et l'ex-souveraine exilée à la Réunion. Madagascar est actuellement divisée en treize provinces ayant à leur tête des administrateurs civils; l'île en renferme onze et les deux autres sont formées par les îles de Sainte-Marie et de Nossy-Bé, cette dernière ayant pour annexes Nossy-Comba, Nossy-Mitsio, Nossy-Faly, Nossy-Sakatia. Les îles voisines de la grande terre, c'est-à-dire Mayotte, Anjouan, Mohéli et la Grande-Comore forment l'archipel des Comores placé sous notre protectorat, en vertu de traités passés avec les sultans indigènes en 1887 et renouvelés plusieurs fois depuis. Par une lettre adressée au Président de la République le 7 février 1911, Saïd-Ali, sultan de la Grande Comore, a déclaré abdiquer définitivement et accepter l'annexion de son pays par la France. En 1892, nous avons pris possession des îles Glorieuses, Saint-Paul, d'Amsterdam et Kerguelen, situées, les premières, à proximité de la grande terre et les autres, à moitié chemin du cap de Bonne-Espérance et de l'Australie; et, en 1897, des îles Juan-de-Nova Europa et Bassas de India qui se trouvent dans le canal de Mozambique.

La loi du 6 août 1896 a déclaré Madagascar et les îles qui en dépendent, colonies françaises; et un décret du 30 juillet 1897 a créé un Gouvernement général de Madagascar et dépendances. Depuis un décret du 9 avril 1908, Mayotte et les Comores dépendent de ce gouvernement général sur lequel nous reviendrons au chapitre III de la IIe partie de cet ouvrage. Elles sont administrées par un lieutenant-gouverneur qui réside à Mayotte; les autres îles sont régies par des administrateurs délégués. Mayotte et les Comores, dotées d'un Conseil d'administration (décret du 9 septembre 1899 modifié par un autre du 5 juillet 1901) conservent leur autonomie budgétaire. Nossy-Bé et Sainte-Marie ont été rattachées à Madagascar par le décret du 28 janvier 1896.

Le Gouverneur général est dépositaire des pouvoirs de la République et possède des attributions analogues à celles que nous avons déjà vu attribuées aux gouverneurs généraux de l'Afrique occidentale et équatoriale; il réside à Tananarive. Auprès de lui fonctionne un Conseil d'administration dans les conditions prévues par des décrets successifs, dont le dernier est du 12 novembre 1902. Il n'y a encore dans l'île que des budgets locaux; le budget général qui existe dans les autres gouvernements généraux et qui donne à la colonie son individualité et son unité, ne sera créé que lorsque le rapprochement entre les diverses parties de la colonie sera devenu plus effectif.

ARTICLE II

Colonies Indo-Chinoises

Le gouvernement annamite hésita longtemps avant de reconnaître notre conquête de la basse Cochinchine, commencée, on l'a vu, en 1862 et complétée en 1868. Un traité fut enfin signé le 31 août 1874 reconnaissant la souveraineté française sur les six provinces de la basse Cochinchine : Saïgon, Bien-Hoa, Mytho, Vinhlong, Chaudoc et Hatien et sur l'île de Poulo-Condore. Ainsi a été constitué le premier groupe de nos possessions indo-chinoises.

Le *Tonkin* forme, au nord de l'Annam, le pendant de la Cochinchine. En 1872, un négociant français, M. Dupuy, qui avait passé avec le gouvernement chinois un traité pour l'alimentation des armées opérant dans le Yunnan, s'établit au Tonkin et, exploitant les ressources du pays, eut maille à partir avec les mandarins annamites, en butte, à raison de leurs exactions, à l'inimitié du peuple tonkinois.

Le lieutenant de vaisseau Francis Garnier, envoyé pour régler les difficultés soulevées entre les mandarins et M. Dupuy et pour étudier aussi les moyens d'ouvrir au pays le commerce français, se heurta à son tour aux autorités locales; il s'empara d'Hanoï et de tout le Delta et trouva la mort en 1873 dans une rencontre avec les pirates. C'est alors qu'un plénipotentiaire français, M. Philastre, signa, le 15 mars 1874, avec le roi d'Annam, un traité désastreux reconnaissant la souveraineté française sur la basse Cochinchine, mais abandonnant le Tonkin et proclamant l'indépendance absolue de l'Annam vis-à-vis de toute puissance étrangère. Le gouvernement annamite s'obligeait à conformer sa politique extérieure à celle de la France et à ne rien changer à ses relations diplomatiques actuelles; un résident français devait s'établir à Hué pour veiller à l'exécution du traité. Ce traité, obscur en beaucoup de ses clauses, ne fut nullement observé par le gouvernement annamite qui se tourna du côté de la Chine son ancienne suzeraine. Cette dernière refusa de reconnaître le traité de 1874 en opposition avec ses droits historiques; et M. Bourée, chargé de négocier, conclut, en 1882, une convention qui partageait le Tonkin entre la France et la Chine.

Le gouvernement français n'accepta point cet accord et, quelque temps après, fut décidée une expédition militaire dans laquelle les Français eurent à lutter non seulement contre les Pavillons Noirs, mais encore contre l'armée chinoise. Cette campagne fut très impopulaire en France, à raison des grands sacrifices en hommes et en argent qu'elle nécessita; un de ses incidents, la retraite de Langson, amena la chute du cabinet Ferry, le 30 mars 1885. La révolte se généralisa alors à toute l'Indo-Chine; et le général de Courcy fut investi de tous les pouvoirs civils et militaires, du 31 mai 1885 au 26 janvier 1886. Il imposa à la Cour de Hué une convention du 30 juillet 1885, dont une dépêche ministérielle du 13 août suivant vint encore rendre les décisions plus dures. Suivant l'économie de ces décisions qui ne furent jamais soumises aux Chambres françaises, l'Annam pouvait, au gré du résident général français, subir le même régime que le Tonkin où la France s'immisce dans l'administration intérieure et fait surveiller les fonctionnaires annamites par des résidents français. Tout se trouvait sous l'autorité française dans l'armée, les finances et les administrations en général. Cette annexion presque complète amena la chute du monarque régnant et son remplacement, le 10 septembre 1885, par un roi plus dévoué à nos intérêts. La Chine, de son côté, avait demandé la paix; on pouvait donc considérer la période militaire comme terminée, bien que pendant près de dix ans encore des rebelles aient continué à occuper la partie montagneuse du Tonkin jusqu'à la soumission du Détham en 1897. C'est alors que des accords diplomatiques ont établi notre situation actuelle en Indo-Chine vis-à-vis des divers intéressés.

Avec la *Chine* ont été signés à Tien-Tsin deux traités de paix, le premier du 11 mai 1884 et le second du 9 juin 1885, ce dernier approuvé par une loi du 17 juillet 1885, traités qui ont reconnu nos droits en Indo-Chine; la frontière sino-annamite a été établie par deux conventions des 26 juin 1887 et 20 juin 1895. Enfin une convention commerciale, signée également à Tien-Tsin le 25 avril 1886, a ouvert au trafic franco-annamite certaines villes du Kouang-Si et du Yunnan et permis l'établissement d'un agent consulaire français à Tong-Hing pour assurer la sécurité de la frontière. Les villes ouvertes dont il a été parlé ci-dessus, ont été désignées par des conventions additionnelles des 26 juin 1887 et 20 juin 1895. La convention du 10 avril 1898 nous a cédé à bail, pour quatre-vingt-dix-neuf ans, la baie de Kouang-Tchéou-Wan, capitale Chekhom. La baie délimitée par un accord du 14 novembre 1899 est située en face l'île d'Haïnam, que la Chine s'est engagée à ne jamais aliéner à aucune puissance tierce, ainsi que les trois provinces limitrophes du Tonkin.

Avec l'*Annam*, deux traités des 21 août 1883 et 6 juin 1884, ce dernier approuvé par la loi du 15 juin 1885, distinguent suivant qu'il s'agit de l'Annam ou du Tonkin. Dans l'*Annam*, un résident supérieur établi à Hué préside aux relations extérieures du pays; un résident est établi dans chaque chef-lieu de province, avec mission de contrôler les fonctionnaires annamites chargés d'administrer les provinces, sauf en ce qui a trait aux services réclamant une direction unique ou le recours à des agents et ingénieurs français, tels que les douanes ou les travaux publics. Le roi d'Annam gouverne à l'aide d'un conseil appelé *Comat* composé des ministres des rites, de l'intérieur, des finances, de la guerre et de la justice, conseil que préside le résident supérieur. Ce dernier contrôle tous les actes du gouvernement annamite et établit le budget.

Au *Tonkin*, la situation est toute différente; bien que le pays soit encore qualifié officiellement de protectorat, il n'y a plus de souverain local et l'on a purement et simplement supprimé en 1898 le *King-luoc*, sorte de vice-roi représentant le roi d'Annam. Nous administrons donc directement le pays ; et les fonctionnaires annamites de toute catégorie sont dirigés et surveillés par des résidents français relevant directement du résident supérieur.

On se souvient que le second Empire avait établi le protectorat français sur le *Cambodge*, par traité du 11 août 1863. Ce protectorat a été renforcé par un autre du 17 juin 1864 approuvé par la loi du 17 juillet 1885. L'art. Ier décide que le roi se soumettra à toutes les réformes administratives, judiciaires, financières et commerciales que la France jugera utiles; et l'art.3 autorise les fonctionnaires cambodgiens à administrer les provinces sous le contrôle des autorités françaises, sauf en ce qui concerne l'établissement et la perception des impôts, les douanes, les contributions directes, les travaux publics et, en général, les services qui exigent une direction unique ou l'emploi d'ingénieurs ou d'agents européens. Le roi de Cambodge s'interdit de contracter aucun emprunt sans l'autorisation de la France et reçoit une liste civile de 300.000 piastres. Un protectorat semblable est, au fond, une véritable annexion; seule l'autorité nominale appartient au souverain cambodgien, et l'autorité réelle est aux mains des résidents français. Le roi est assisté d'un Conseil comprenant les ministres d'État, des finances, de la guerre, de la marine et de la justice. Un résident français préside ce conseil et est chargé de tous les rapports avec la couronne et l'étranger.

Notre colonie indo-chinoise a été complétée par le *Laos* convoité autrefois par l'Annam et le Siam. Ce dernier pays se livrait à des empiètements répétés sur la rive gauche du Mékong que la France considérait comme rentrant dans ses possessions naturelles. Le 20 juillet 1893, à la suite de divers incidents, le Siam reçut un ultimatum lui enjoignant de reconnaître nos droits sur la rive gauche, en particulier sur le royaume par nous protégé de *Louang-Prabang*. Un premier traité du 3 octobre 1893 nous donna satisfaction en apparence; mais, au fond, le Siam, sous l'influence anglaise, restait hostile. On négocia de nouveau et un second traité fut conclu le 7 octobre 1902 ; que les coloniaux refusèrent absolument d'accepter et qui ne fut même pas soumis au Parlement. Une nouvelle convention du 13 février 1904 établit une situation plus acceptable, encore améliorée par le traité dernier en date du 23 mars 1907. Ce traité a restitué au Cambodge les provinces de Battambang, Siem-Réap et Sisophon, que le second Empire avait eu, nous l'avons dit, le tort d'abandonner au Siam, attendu qu'elles étaient absolument cambodgiennes en fait et faisaient l'objet d'une sorte de question irrédentiste locale. Le Cambodge a désormais ses frontières naturelles ; le Siam a abdiqué toute prétention sur la rive gauche du Mékong et sur toute la partie de notre protectorat de Louang-Prabang sise sur la rive droite. Ainsi, sur cette rive droite, nous possédons actuellement une enclave importante qui va du confluent du Nam-Kop à celui du Nam-Huong. Dans la partie du bassin du Mékong à lui réservée, le Siam se mettra d'accord avec la France pour l'exécution des travaux publics; il ne pourra employer que des troupes et des officiers siamois.

Pour que ces accords fussent exécutés en toute sécurité, une entente avec l'Angleterre était indispensable. Elle a été réalisée par une déclaration du 15 janvier 1895 qui fait du thalweg du Mékong la limite entre les possessions françaises et la Birmanie anglaise. Le Siam lui-même est divisé par la déclaration en trois parties. Le Siam central est considéré comme fermé à l'influence prépondérante des deux contractants et son intégrité envisagée comme nécessaire à l'équilibre indo-chinois. L'Angleterre conserve liberté entière d'action dans le bassin du Salouen et la presqu'île de Malacca. Quant au bassin de la Ménam, dans la partie occidentale du bas Mékong conservée par le Siam, la France est libre d'étendre son influence par les moyens qu'elle jugera convenables et nécessaires. L'accord franco-anglais du 8 avril 1904 a confirmé la déclaration de 1895, en reconnaissant formellement à la France toute liberté d'action sur les territoires siamois situés à l'ouest du bassin de la Ménam, qui constituent sa sphère d'influence, et en écartant d'ailleurs toute idée d'annexion d'aucun territoire siamois.

Au *Laos*, suivant un décret du 26 février 1899, la direction des affaires est confiée à un résident habitant Vien-Tian, placé sous l'autorité du gouverneur général de l'Indo-Chine. Le Laos est divisé en quinze commissariats, outre le royaume de Louang-Prabang qui est administré par deux rois.

Avant 1887, nos possessions de l'Indo-Chine formaient deux groupes bien distincts : 1° le protectorat d'Annam-Tonkin administré par un résident général dépositaire des pouvoirs de la République, avec deux résidents supérieurs à Hanoï et à Hué et qui ressortissait aux affaires étrangères; 2° la colonie de la Cochinchine à laquelle ressortissait le protectorat du Cambodge et qui dépendait du ministère des colonies. Mais, dit avec raison M. Dislère (*Op. cit.* I, n° 37 *bis*) : « le vaste empire colonial que nous possédons en Asie ne pouvait continuer à former un simple ensemble de parties séparées sans direction politique et militaire commune ». Le décret du 17 octobre 1887 a constitué l'union indo-chinoise, en créant le *Gouvernement général de l'Indo-Chine* à la tête duquel est un gouverneur général dépositaire des pouvoirs de la République, résidant à Saïgon; le premier fut M. Doumer. Ces pouvoirs déjà considérables ont été encore étendus par des décrets des 21 avril 1891, 31 juillet 1898 et 18 octobre 1902, qui seront indiqués plus tard et qui font de lui un véritable vice-roi. Le Gouvernement général groupe donc la *Cochinchine, le Cambodge, l'Annam, le Tonkin* et le *Laos*, c'est-à-dire des pays de protectorat et d'annexion. Au contraire, en Tunisie où la souveraineté locale a été conservée, c'est un résident général qui, comme dans les protectorats ordinaires, est accrédité auprès du Bey. Ainsi la souveraineté de l'Annam et du Cambodge est plus nominale que réelle. Nous avons soutenu, dans notre *Traité de droit pu-*

blic international, I, pp.201 et s., que les pays protégés ne constituent pas de véritables Etats, parce qu'en fait ils ont abdiqué leur souveraineté aux mains de l'Etat protecteur, et nous avons une nouvelle preuve de la vérité de cette thèse dans la situation de l'Annam et du Cambodge, où le fait est aujourd'hui d'accord avec le droit, attendu qu'ils font partie, avec les autres pays annexés, de notre colonie indo-chinoise.

Chacune des colonies de l'Indo-Chine a conservé son organisation intérieure qui sera exposée plus tard au chapitre III de la IIe partie consacré au *Régime administratif colonial*; chacune a son budget particulier; mais toutes sont groupées dans une même union douanière; la justice française s'applique aux étrangers de toute nationalité et régit les contestations entre les étrangers et les Annamites. Il y a en Cochinchine un lieutenant-gouverneur, des résidents supérieurs en Annam, au Tonkin, au Cambodge et au Laos. Un décret du 31 juillet 1898 a créé un budget général de l'Indo-Chine superposé aux divers budgets locaux. Le gouverneur général est assisté d'un Conseil supérieur de l'Indo-Chine, d'un Conseil supérieur du protectorat de l'Annam-Tonkin et d'un Conseil de défense (décrets des 8 août 1898 et 21 septembre 1894). Un décret du 5 janvier 1900 a chargé le gouverneur général de l'Indo-Chine de l'administration du territoire de Kouang-Tcheou-Wan. Voir les détails donnés ci-après au ch. III précité de la IIe partie.

Les services généraux de l'Indo-Chine comprennent ceux de l'armée et de la marine, de la justice, des finances, de l'agriculture, des affaires civiles et des postes et télégraphes. Le corps d'occupation a à sa tête un général de division, et la division navale indo-chinoise est commandée par un contre-amiral.

ARTICLE III

Colonies Américaines

Les acquisitions territoriales en Amérique ont été presque nulles; elles se limitent à l'île Saint-Barthélemy, dans les Antilles, qui nous avait autrefois appartenu comme dépendance de la Guadeloupe et qui avait été cédée à la Suède par un traité du 1er juillet 1784. La Suède nous l'a rétrocédée par un accord du 10 août 1877, approuvé par une loi du 2 mars 1878, qui a restitué à la Guadeloupe son ancienne dépendance, après que les habitants consultés par la voie du plébiscite eurent donné la presqu'unanimité de leurs suffrages à la France. Au surplus, comme on l'a fait remarquer déjà avec raison (Girault, *Op, cit.*I, n° 101), le Nouveau Monde échappe peu à peu à la domination de l'Ancien qui l'avait totalement colonisé et asservi. L'Espagne et le Portugal y ont perdu toutes leurs possessions si importantes jadis ; et si d'autres états y ont conservé les leurs, c'est à raison, spécialement pour la France, du peu d'importance de leurs colonies américaines. Du reste, la doctrine de Monroë déclarant — déjà en 1823 — que l'Amérique ne peut plus servir de lieu de colonisation pour les peuples européens, à coupé court à toute velléité annexioniste — notamment de l'Allemagne dans l'Amérique du Sud. Et comme cette doctrine est aujourd'hui acceptée ou imposée universellement, les colonies européennes d'Amérique continueront à rester la grande exception (Voir sur la doctrine de Monroë, notre *Traité précité de droit public international*, I, pp. 401 et s.).

Nous avons perdu à l'île de *Terre-Neuve* le droit de pêche et de séchage exclusif du poisson qui, nous l'avons vu, nous avait été réservé sur la partie de ses côtes appelée *French Shore* (banc français) pas le traité d'Utrecht de 1713. Cette perte a été consentie par les accords franco-anglais du 8 avril 1904, en compensation de certains avantages à nous attribués. Le droit de pêche ainsi abandonné avait, il faut le reconnaître, perdu la plus grande partie de son importance (Voir à ce sujet notre *Traité précité de droit public international*, I, pp. 368 et s.).

Enfin deux sentences internationales ont repoussé nos prétentions relativement à la délimitation de territoires contestés en *Guyane*.

A. — La première, émanée de l'Empereur de Russie à la date du 13/25 mai 1891, a décidé que c'est la rivière Awa et non la rivière Tapanahoni qui doit être considérée comme la limite séparative entre les *Guyanes française et hollandaise.* Nous avons ainsi perdu le vaste territoire situé en amont du confluent des rivières Awa et Tapanahoni, rendu plus désirable par suite de la découverte de mines d'or fort abondantes. (Voir, sur cet arbitrage, notre *Traité théorique et pratique de l'arbitrage international*, n°s 105 et s.).

B. — La seconde contestation de limites s'est produite vis-à-vis du *Brésil.* La frontière entre la *Guyane francaise et le Brésil* avait été fixée par l'art. 8 du traité d'Utrecht de 1713; or les termes employés par cet instrument diplomatique soulevèrent des difficultés qui aboutirent à la constitution d'un arbitrage par un compromis du 10 avril 1897, ratifié par la France, après approbation parlementaire, par décret du 31 août 1898. Le président de la Fédération helvétique choisi comme arbitre a, dans une sentence du 1er décembre 1900, repoussé complètement la thèse française, en décidant que la limite des possessions respectives est la rivière de l'Oyapock et non celle de Vincente-Pinson. Ainsi l'ancien territoire contesté, à climat malsain et peu utilisable, mais très considérable et abondant en riches mines d'or découvertes dans le bassin de la Carsevenne, est devenu définitivement la propriété du Brésil. Notre frontière est aujourd'hui formée par l'Oyapock et, au sud, par la ligne de partage des monts Tumuc-Humac qui séparent les eaux des bassins de l'Amazone et des cours d'eau se déversant au nord dans l'Atlantique.

ARTICLE IV

Colonies Océaniennes

Le protectorat français sur *Tahiti et ses dépendances*, proclamé le 9 septembre 1842, a été converti en annexion par une déclaration du 29 juin 1880 que signa la reine Pomaré, dont les chefs indigènes avaient provoqué l'abdication. Une loi du 30 décembre 1880 a approuvé l'annexion promulguée dans la colonie le 24 mars 1881. Une autre loi du 19 mars 1898, rendue en exécution d'un accord franco-anglais du 16 nov. 1887, a déclaré les Iles sous le Vent de

Tahiti partie intégrante du domaine colonial français. Un décret du 30 janvier 1882 a prononcé, sur la demande des habitants des îles Gambier, leur annexion à la France, qui a également annexé, en 1881, l'île de Rapa et, en 1900, les îles Rurutu et Rimatara. Un décret du 18 novembre 1901 a rattaché administrativement au groupe Gambier les deux dernières de ces îles. A la suite de la cession de Tahiti, un décret du 28 novembre 1885 a créé un *Gouvernement des Etablissements français de l'Océanie*, groupant les possessions dont il vient d'être question. Le gouverneur réside à Papeete, assisté d'un Secrétaire général et d'un Conseil privé. Un Conseil général élu siège également à Papeete. Des administrateurs régissent, sous les ordres du gouverneur, les îles sous le Vent, les îles Marquises, les îles Tuamotu et les îles Gambier. Ces îles sont réparties en un certain nombre de districts placés sous l'autorité d'un fonctionnaire dont la mission consiste à faire exécuter les ordres du gouverneur et à assurer le fonctionnement de la justice.

Les îles *Wallis* et *Horn*, situées à l'ouest des *Nouvelles Hébrides*, entre les archipels des Samoa et des Fidji, sont, depuis le décret du 19 nov. 1846, placées sous le protectorat français. Un traité du 19 mai 1910 a renforcé le protectorat franco-uvéen et établi un résident français auprès de l'autorité locale, résident relevant du gouverneur de la Nouvelle-Calédonie commissaire général de la France dans l'Océan Pacifique, qui intervient en cas de désacord entre le roi des Wallis et le résident. Un décret du 10 juin 1900 a institué un budget spécial des îles Wallis et Futuna, que dresse le commissaire général et qui est soumis à l'approbation du ministre des colonies. Le trésorier payeur de la Nouvelle Calédonie centralise les recettes et acquitte les dépenses.

A raison de leur proximité de la Nouvelle Calédonie, les *Nouvelles Hébrides* peuvent être considérées comme une dépendance naturelle de notre colonie du Pacifique, tout en nous étant cependant disputées par les colonies anglo-australiennes; de nombreux français y sont propriétaires ou y occupent des situations importantes. Un traité franco-anglais du 16 novembre 1887 avait créé une sorte de *condominium* entre les deux Etats, qui fut confirmé par la déclaration du 8 avril 1904. Celle-ci promettait un arrangement ultérieur de nature à mettre fin aux difficultés qui pourraient se produire entre les deux Etats, à raison de l'anarchie absolue régnant dans les îles où il n'y avait aucune autorité, aucune police et aucune protection. Cet arrangement en 60 articles a été conclu à Londres le 20 octobre 1906 et promulgué en France par décret du 11 janvier 1907. Il est dit, en l'article 1er, que l'archipel des Nouvelles Hébrides, y compris les îles de Banks et de Torrès, formera un territoire d'influence commune à la France et à l'Angleterre, sur lequel les sujets et citoyens des deux puissances signataires jouiront de droits égaux de résidence, de protection personnelle et de commerce, chacune des deux puissances demeurant souveraine à l'égard de ses nationaux, et ni l'une ni l'autre n'exerçant une autorité séparée sur l'archipel. Suivant l'article 2, deux hauts Commissaires, l'un anglais, l'autre français, représenteront dans l'archipel les puissances contractantes ; le siège du gouvernement est à Port-Vila, dans l'île de Vaté ; chacun des commissaires sera assisté d'un commissaire résident, auquel il déléguera, dans la mesure qu'il jugera utile, son autorité, et qui le représentera en cas d'absence. L'article 10 prescrit l'établissement d'un tribunal mixte, dont il sera parlé à la IIe partie de cet ouvrage au chapitre VI consacré au *Régime judiciaire colonial* (Voir à cet égard notre *Traité précité de droit public international*, I, pp. 379 et s. et II, pp. 365 et s.). Par décret du 28 février 1901, le gouverneur de la Nouvelle Calédonie a été institué commissaire général de la France dans le Pacifique et assure, en cette qualité, la protection des sujets français des îles du Pacifique sur lesquelles aucune puissance n'a encore établi sa souveraineté. Un décret du 20 avril 1907 a donné à ce même gouverneur les attributions de haut Commissaire de la France aux Nouvelles Hébrides et un autre décret du 4 juillet 1907 a créé le budget spécial de l'archipel. Un nouveau décret du 11 avril 1911 a établi un emploi de préposé du trésor dans l'archipel, en résidence à Port-Vila. Nommé par le gouverneur de la Nouvelle Calédonie sur la proposition du trésorier payeur de la même colonie, cet agent est chargé, sous la surveillance et la responsabilité du trésorier payeur, de percevoir les produits du budget de l'archipel et d'effectuer le payement des dépenses. Un arrêté des hauts commissaires français et britannique du 31 décembre 1909 a organisé dans l'archipel une milice composée de deux sections d'un effectif égal et respectivement placées sous les ordres de l'un des deux commissaires résidents.

SECTION II

EXAMEN DE LA CONDITION ACTUELLE DES COLONIES FRANÇAISES ENVISAGÉE PRINCIPALEMENT AU POINT DE VUE GÉOGRAPHIQUE ET ÉCONOMIQUE.

TITRE PREMIER

Colonies Africaines

ARTICLE PREMIER

Algérie

« C'est, dit M. Vast, dans son ouvrage intitulé : *La plus grande France*, p. 9, une région d'une merveilleuse unité, où les pentes de l'Atlas se succèdent en terrains parallèles depuis la Méditerranée jusqu'au désert... ». On y rencontre d'abord la zone favorable à la culture, le Tell ; puis, vers le Sud, s'élèvent les Hauts plateaux généralement arides où se trouvent cependant des pâturages étendus et des steppes ; et, plus au sud, s'étend le désert saharien où la culture et l'existence ne sont possibles que dans les oasis. C'est le pays de la soif, du soleil aveuglant, des mirages décevants, des sables arides, des horizons infinis, que parcourent les tribus nomades. Ainsi, du nord au sud, l'Algérie se divise en trois régions nettement séparées, où manque une capitale véritable, un centre de réunion correspondant à l'ensemble du pays. L'Algérie reste en communication facile et constante avec la France, dont elle est, a-t-on dit avec raison, le prolongement ; elle est à 24 heures de Marseille, et le français qui y aborde ne se trouve nullement dépaysé. Ses centres rappellent les centres français; la langue française y est courante; et, comme l'Algérie s'inspire de plus en plus de l'esprit français, elle a été qualifiée avec raison de : *France d'outre-mer*. La colonie est bornée au nord par la Méditerranée; au sud, par l'immensité du Sahara; à l'ouest, par le Maroc où l'on avait eu le tort de laisser en dehors de notre action l'important marché d Oudja et l'oasis de Figuig; à l'est, par la Tunisie.

La superficie de l'Algérie portée antérieurement à 700 mille kilomètres carrés, peut être évaluée à plus de 1.300 mille depuis l'occupation de l'archipel touatien, d'après les indications de notre collègue d'Alger, M. Larcher (*Traité élémentaire de législation algérienne*, I, p. 23). C'est la plus forte de nos colonies, deux fois et demi plus vaste que la métropole. La région du Tell est à climat tempéré avec grandes pluies; les cultures y sont abondantes et les habitants sédentaires. Dans les Hauts-Plateaux, le climat est, au contraire, insalubre, les pluies sont rares, les terres arides, les différences de température subites et considérables. Il y a deux saisons : celle des pluies qui tombent en quantité insuffisante et la saison sèche d'avril à novembre. Dans le Sahara, la sécheresse augmente; la pluie est une exception et le vent du midi souffle furieusement : c'est le *siroco* ou *simoun* qui signifie empoisonneur. En somme, aujourd'hui l'Algérie est très assainie, si on la compare à ce qu'elle était au moment de la conquête; les statistiques prouvent que l'Européen s'habitue fort bien à son climat et y vit dans de bonnes conditions, pourvu qu'il sache prendre les précautions voulues, du reste bien connues; le chiffre de la natalité chez les Européens commence à y dépasser celui de la mortalité. L'Algérie offre des stations d'hiver qui ne le cèdent en rien à celles que la mode a mises ailleurs en vogue et qui l'emportent même sur celles-ci par certains avantages, tels que l'égalité de la température et la pureté de l'atmosphère dans les régions du Tell.

L'Algérie n'a pas encore beaucoup développé son exploitation minérale; elle posséde du fer, du zinc, de la chaux, du gypse, de l'onyx, des marbres multicolores, du sel mêlé de salpêtre et d'autres produits chimiques, de riches gisements de phosphates de chaux, principalement dans la région de Constantine. Les essences forestières y sont fort riches dans toute l'étendue du Tell : chênes lièges et chênes verts, cèdres de l'Atlas, frênes, ormes, sycomores, peupliers blancs, genévriers de Phénicie, pins de Jérusalem, etc. Il en est de même des arbres fruitiers : palmiers, orangers, grenadiers, citronniers, mûriers, figuiers, amandiers, abricotiers, cerisiers, etc. L'olivier et la vigne y donnent une production fort abondante; et la surproduction des vignobles, qui a eu en France un fâcheux retentissement sur la mévente des vins, a amené la création de distilleries florissantes. L'abondance de l'huile a fait créer des sardineries et des établissements de salaisons. Ses primeurs des cultures maraîchères sont fort recherchées par la clientèle européenne; orge, millet, froment, maïs, sorgho, fèves, pois, haricots, oignons, artichauts, citrouilles, melons, pastèques, etc., y sont cultivés avec succès, ainsi que le tabac et l'alfa ; les pâturages y prospèrent de plus en plus. Sous l'effort de la civilisation et du peuplement, les espèces sauvages disparaissent peu à peu : gazelles, autruches, antilopes, lions, chacals, lynx, hyènes, panthères, singes, etc. Au contraire, les espèces domestiques ou domestiquées s'y développent abondamment : chevaux arabes dont la renommée est universelle, ânes, mulets, bœufs, moutons, chèvres, chameaux porteurs ou dromadaires et chameaux coureurs ou méharis qui ont fourni à nos expéditions sahariennes les moyens de mettre à la raison les pillards du désert.

Pour remédier aux mécomptes de la mévente des vins due à la surproduction, le docteur Trabut, directeur du service botanique de l'Algérie, a conseillé vivement, dans une brochure parue en 1908 et intitulée : *L'oranger en Algérie*, de donner une large place à la culture de l'oranger. Il faudrait planter des orangeries en quantité, dont le débit serait assuré par la consommation des divers marchés, spécialement par le marché anglais qui s'approvisionne principalement en Espagne. M. Trabut préconise surtout la culture de l'oranger de Bahia *(Washington navel)* qui a pris une place considérable en Californie; et du *pomelo* ou pamplemousse, grosse orange également appréciée en Amérique. C'est, en effet, aux variétés nouvelles obtenues par sélection qu'il faut avoir recours et non aux qualités inférieures que l'on s'obstine à conserver par routine, au détriment de la robustesse, de la fécondité et de la bonté du produit. M. Trabut recommande également la culture du citron et aussi du *Kumquat* donnant des fruits excellents pour la confiserie. Il est, en effet, absurde de laisser à l'Espagne et à l'Italie le monopole de ce que l'Algérie peut produire, et de se cantonner dans une production vinicole excessive qui met aux prises le Midi et la colonie pour le plus grand dommage des intérêts nationaux.

Les cours d'eau du Tell se dirigent vers la Méditerranée ; ceux des hauts plateaux se perdent dans les chotts et les sebkas ; et ceux naissant au sud de l'Atlas saharien, dans le désert. Ces cours d'eau à crues rapides et dangereuses ne peuvent servir pour la navigation et ne sont utiles que pour l'irrigation. Le Chélif est le fleuve le plus considérable de l'Algérie ; il a un cours de plus de 700 kilomètres ; il se jette dans la Méditerranée à l'est de la Macta dans le golfe d'Arzeu. Citons encore la Macta, la Tafna, l'Oued-el-Kebir, la Seybouse, la Medjerda, etc.

Le département d'*Alger* a pour chef-lieu Alger ; on a bâti à côté de la vieille ville, sale et grouillante, une ville neuve européenne, siège du Gouvernement, de toutes les administrations et de l'Université, centre du chemin de fer du littoral et port des bateaux de toutes les grandes compagnies. Alger est une magnifique ville de plus de 150.000 habitants, dont le port, abrité par des jetées importantes, offre des quais d'embarquement vastes et sûrs ; escale naturelle sur la route de l'Atlantique à la mer Rouge, Alger se classe au second rang dans les ports français après Marseille. La région d'Alger est extrêmement fertile et la colonisation qui s'y est portée dès les premiers temps de la conquête, s'y est développée merveilleusement depuis.

Constantine, chef-lieu du département de ce nom, est bâtie sur un rocher et s'élève en amphithéâtre à 600 mètres du niveau de la mer, dans une presqu'île que contourne l'Oued-Rummel ; la ville arabe en occupe les parties les plus abruptes ; la ville française s'étend sur la rive droite du Rummel. La population est de 50.000 habitants. Constantine est un centre stratégique important, mais d'un rôle économique peu considérable. Le pays froid et dénudé offre à la colonisation beaucoup moins de ressources que les autres départements algériens.

Oran, chef-lieu du département du même nom, est, après Alger, le port le plus commerçant; la ville a plus de 100.000 habitants; elle a été construite sur trois terrasses étagées, raccordées par des versants abrupts. La plaine d'Oran est un des centres principaux de la colonisation agricole algérienne desservie par trois débouchés maritimes : Oran, Mostaganem et Arzeu.

Au recensement de 1906, il y avait en Algérie 5.231.350 habitants, en accroissement de 491.600 sur celui de 1901. Parmi les indigènes, les Berbères dominent; ce sont les autochtones, les paysans du pays; les vrais arabes constituent une race plus aristocratique et plus rare. Des indigènes, les uns sont sédentaires, cultivateurs du Sahel et du Tell; les autres, nomades des steppes, se déplaçant avec leurs troupeaux, vivent dans les douars ou isolément sous la tente. Il y a dans les villes des Maures, des Koulourlis et des Juifs. Les Maures sont le produit de diverses races successivement établies en Algérie et croisées avec les indigènes. Les Koulourlis descendent des Turcs et des femmes indigènes. Les Juifs, nombreux, proviennent soit des familles israélites établies originairement en Afrique, soit des expulsions d'Espagne au XIVe et au XVIe siècles; ils s'adonnent spécialement au commerce. Le décret du 10 novembre 1870, dit décret Crémieux, a naturalisé en masse tous les indigènes israélites. Il y a également en Algérie des nègres descendant des esclaves affranchis et qui exercent tous les métiers manuels; ils travaillent à la culture dans les oasis du sud-algérien. Le décret du 27 avril 1848 a affranchi tous les esclaves algériens.

Il y a aussi en Algérie un nombre considérable d'Espagnols, d'Italiens et de Maltais qui constituent des groupes assez disparates d'avec l'élément français, bien qu'issus souvent de mariages mixtes où l'un des deux conjoints est français. Nés pour la plupart dans le pays et parlant notre langue, ils finiront, dans un avenir assez prochain, par se fondre dans la nationalité française; il faut toutefois, en cette matière, agir avec une grande prudence. Le jeu des naturalisations automatiques inauguré par la loi du 26 juin 1889, modifiant l'article 8, §§ 3 et 4 du Code civil, peut donner de bons résultats en ce sens qu'il accélèrera la fusion des races et créera une population vraiment française. Mais un grave danger peut naître de la possibilité d'une opposition concertée entre ces éléments ethniques naturalisés de fraîche date et souvent contre leur volonté. Cette opposition se produisant en cas de commotions internes ou externes, pourrait mettre en danger l'unité nationale et le sort de la colonie. Et l'on a pu dire avec quelque vraisemblance : « il ne faut pas que la patrie française couve en Algérie un œuf espagnol, pas plus qu'en Tunisie, un œuf italien ». C'est qu'en effet, la proportion que donne le recensement de 1906 est assez alarmante. Sur 514.065 français, on compte 278.976 français d'origine, 170.444 européens naturalisés et 64.645 israélites naturalisés. Les sujets français indigènes sont au nombre de 4.447.149. Si donc à ces derniers on joint les 170.444 étrangers automatiquement naturalisés, on aboutit, on le voit, à un chiffre d'êtres humains dont les sympathies pour la France ne sont peut-être pas très certaines. Il faut ajouter qu'il y a, en outre, en Algérie, toujours suivant le recensement de 1906, 680.263 européens étrangers et que la population indigène reçoit tous les ans un accroissement sensible dû à l'excédent des naissances sur les décès. D'autant plus que l'algérien indigène n'émigre pas facilement. L'ex-sultan turc Abdul-Hamid voulut essayer d'attirer en Turquie les sujets musulmans des puissances européennes ; et, dans ce but, il envoya à l'étranger de véritables missions chargées d'expliquer les avantages de toute sorte qui seraient faits aux émigrants et principalement celui de vivre sous la domination des descendants du prophète. En Algérie, cette propagande réunit quelques milliers d'indigènes qui furent cantonnés principalement en Syrie et qui, paraît-il, se plaignent amèrement depuis de leur détermination, regrettant la terre natale, surtout en présence du traitement qui leur a été infligé par le nouveau régime turc.

La langue officielle de l'Algérie est le français et il n'y a que des écoles françaises, même pour les enfants des étrangers; beaucoup d'indigènes parlent le berbère; certains l'arabe; cette dernière langue est également celle des juifs et des maures. Tous les indigènes sont musulmans; un certain nombre sont de sectes dissidentes de l'islamisme officiel. L'Algérie possède l'enseignement primaire qui sera, à courte échéance, étendu à tous les indigènes; plus l'enseignement secondaire avec des lycées et collèges de garçons et de filles; et l'enseignement supérieur soit des *medersas* ou écoles musulmanes d'enseignement supérieur d'Alger, Tlemcen et Constantine, soit surtout de l'Université d'Alger qui a succédé, de par la loi du 30 décembre 1909, aux écoles d'enseignement supérieur transformées elles-mêmes en facultés. Alger a un observatoire, une bibliothéque nationale et une bibliothèque universitaire; c'est le siège du XIXe corps d'armée.

Le commerce de l'Algérie est très florissant. En 1909, il s'était élevé à 780.124.000 francs, en augmentation de 12 millions sur 1908. En 1910, le mouvement des échanges a atteint 1.001.089.000 francs. Dans ces chiffres, les exportations figurent pour 493.267.000 francs, dépassant de 164 millions celles de 1909 et les importations pour 507.822.000 francs, supérieures de 53 millions à celles de 1909. L'année 1911 sera probablement en hausse sur les chiffres précédents. Dans son discours à la séance d'ouverture des Délégations financières, le 15 mai 1911, M. Lutaud, gouverneur général, exposait que le premier trimestre de l'année présente, accuse 245.467.000 francs d'affaires contre 170.103.000 francs pour la période correspondante de 1910. Dans ce même laps de temps, les exportations ont dépassé les importations; elles se sont élevées à 225.684.000 francs, tandis que les importations n'ont atteint que 191.683.000 francs, avec une majoration de 22.153.000 francs sur la période correspondante de 1910.

La majeure partie des opérations commerciales de l'Algérie se fait avec la France; le total des échanges avec la colonie dépasse 700 millions, soit environ 86 % des importations et 72 % des exportations. Donc l'Algérie est notre meilleure cliente après l'Angleterre, la Belgique et l'Allemagne.

Depuis 1893, le rendement des productions algériennes s'est accru de l'exploitation des phosphates qui sont en quantité considérable et pourront suffire, avec ceux fournis par la Tunisie, à la consommation mondiale qui devra s'adresser exclusivement à l'Afrique du Nord, étant donné que l'autre pays producteur, l'Amérique, consomme presque complètement sa propre production.

Les moyens de communication ont largement augmenté en Algérie; les routes ont été multipliées sous toutes les formes : routes nationales, dont l'ensemble monte à 2.500 kil. et sur lesquelles se ramifient les routes départementales, chemins de grande communication et d'intérêt local. On a fortement travaillé depuis 1840 à augmenter le réseau des voies ferrées larges ou étroites, qui atteignent actuellement 3.250 kilomètres. Une ligne parallèle au littoral va de la frontière du Maroc à Tunis, en desservant Tlemcen, Oran, Alger et Constantine. Des embranchements relient cette ligne aux ports d'Arzeu, Mostaganem, Bougie, Philippeville et Bône. Citons encore les lignes secondaires de Arzeu à Colomb-Béchar, d'Alger à Laghouat, qui va actuellement jusqu'aux hauts plateaux seulement et celle de Philippeville à Biskra.

D'autres lignes sont en projet, notamment celle de l'Ouenza réclamée par tant d'intéressés et à l'établissement de laquelle la commission des travaux publics de la Chambre a donné un avis favorable, au mois de juillet 1911. Les prix des transports sont malheureusement excessifs et les lignes de pénétration ne dépassent pas le Tell; le matériel est vieux, défectueux, insuffisant; l'administration est mal organisée et des retards constants préjudicient de la façon la plus sensible aux besoins de la circulation.

Les travaux publics ont été activement poussés du côté de l'assainissement, du drainage, des dessèchements et irrigations; on a fait disparaître beaucoup de marécages pestilentiels, qui avaient contribué à donner à l'Algérie d'avant la conquête française la réputation alors méritée d'un pays de malaria et de fièvre. On a construit des barrages-réservoirs considérables, foré des puits artésiens; des ports ont été créés. L'Algérie a été reliée à l'Europe par des câbles sous-marins, et les grands ports de la colonie : Alger, Oran, Bône et Philippeville ont avec Marseille, Cette et Port-Vendres des services réguliers de transport.

Dans le discours auquel nous avons fait allusion ci-dessus, M. Lutaud a exposé que les évaluations de l'exercice prochain fixées au chiffre atteint par les recouvrements de 1910, sans tenir compte de la plus-value probable, ont donné, pour le budget ordinaire, un accroissement de recettes de 2.975.000 francs, supérieur à la moyenne observée dans les dernières années. Toutefois un supplément de recettes est nécessaire qui portera sur les cartes à jouer et sur l'alcool déjà imposé mais qui le sera plus fortement. On aura ainsi un boni probable de deux millions qui aidera au développement des travaux publics, des postes et télégraphes, de l'instruction publique, de l'agriculture et des ports. Egalement sera développé, surtout au point de vue agricole, l'enseignement technique destiné à rendre des services appréciés par tous. Quant aux ressources des communes assez affaiblies et insuffisantes, M. Lutaud voudrait un relèvement de la taxe de l'octroi de mer déjà proposé par son prédécesseur, mais en reconnaissant qu'il se heurte à cet égard à l'opposition de la métropole.

ARTICLE II

Tunisie

Prolongement naturel de l'Algérie, ayant même sol et même hydrographie, avec un climat de même nature, plus salubre même et plus favorable à l'agriculture parce que les influences maritimes y sont plus développées, la Tunisie devait nécessairement appartenir au même maître. Le protectorat tunisien a donc complété la conquête algérienne et fait cesser les difficultés résultant de l'imprécision des frontières entre les deux pays. Il a produit, d'autre part, d'excellents résultats relativement à l'amélioration du sol de la Régence; et l'œuvre de la France y a été à la fois industrielle, agricole et commerciale. Profitant des expériences algériennes, la France a pu éviter les tâtonnements et les incertitudes qui ont pesé d'un poids si lourd sur les destinées de l'Algérie; la Tunisie marche à pas de géant dans la voie du progrès et sa prospérité, il faut le reconnaître, est même supérieure pour le moment à celle de sa voisine.

La Tunisie s'étend sur une surface de 100 mille à 120 mille kilomètres carrés ; la frontière est constituée au nord par la Méditerranée; à l'ouest et au sud, elle est peu nette; les territoires tunisiens se confondent, en beaucoup de points, avec ceux de l'Algérie, et la séparation est totalement artificielle. La Tunisie n'offre point les trois régions nettement séparées du nord au sud qu'on trouve en Algérie; le Tell tunisien est de dimensions restreintes et renferme des torrents impétueux, tels que l'Oued-el-Kebir et l'Oued-Zouara. Puis viennent les hauts plateaux qui n'ont pas l'aridité des hauts plateaux algériens et sont, au contraire, très propices à la culture. Plus au nord, se trouvent en quantité des *chotts*, dans la dépression desquels on avait proposé d'amener les eaux de la Méditerranée, de façon à former une grande mer intérieure, projet qui a été abandonné à la suite d'un rapport défavorable d'une commission de spécialistes.

Le fleuve le plus important de la Tunisie est la Medjerda, qui naît en Algérie et arrose toute la région centrale tunisienne; ce fleuve ne communique avec la Méditerranée que par un grau peu profond; sans être navigable, il est très utile pour l'irrigation, car il ne tarit jamais, même aux plus basses eaux. Les autres cours d'eau se perdent dans les *sebkas* et ne parviennent pas à la mer.

L'européen s'acclimate fort bien dans la Régence, dont le climat, nous l'avons dit, est fort salubre; la race y est plus prolifique qu'en France. Toutefois, l'immigré doit se conformer, comme en Algérie, aux prescriptions d'hygiène et de tempérance qui lui seront recommandées. En outre, il ne devra arriver dans le pays que dans les mois d'hiver où l'acclimatement est plus facile.

On trouve en Tunisie, comme en Algérie, des Berbères, des Arabes, des Turcs, des Maures et des Juifs venus d'Espagne. Il s'y produit, d'autre part, une sérieuse immigration grecque, maltaise et surtout italienne qui inspire les mêmes craintes que celles déjà signalées à propos des Espagnols en Algérie; d'autant plus que tous ces éléments ne fusionnent guère avec la population indigène, à raison de la différence des religions. Il est vrai que, par contre, les mariages entre français et italiennes sont assez fréquents.

La population de la Tunisie a atteint, en 1909, le chiffre de 1.919.654 habitants, dont 49.654 israélites, 105.684 italiens, 40.850 français, alors que ces derniers étaient seulement 700 lors du traité du Bardo ! (sans compter 16.000 soldats) et 12.208 maltais. Les musulmans sont au nombre de 1.706.830. Du temps des Romains, le chiffre des habitants était double et peut-être triple. On sait que ceux-ci, après avoir détruit Carthage, l'éternelle rivale, dont la puissance avait contrebalancé un moment celle de Rome, rebâtirent sur ses ruines une ville nouvelle purement romaine, qui, sous l'empire, acquit une grande prospérité. Aussi les traces et la domination romaine sont-elles partout visibles et des fouilles intéressantes ont mis et mettent constamment au jour de magnifiques spécimens de la civilisation et de la grandeur impériales. Sans avoir des visées aussi hautes, le protectorat français à donné à la Tunisie une situation des plus enviables. Comme le constatait le Président de la République dans son discours de Tunis, du 18 avril 1911, le protectorat n'a rien négligé « pour dispenser l'instruction à tous ceux qu'il abrite sous son drapeau ; pour organiser l'assistance publique, la création de dispensaires, d'infirmeries, d'œuvres de mutualité, de prévoyance et de crédit agricole, toutes institutions qui auront pour effet d'écarter du pays les fléaux dont il a tant souffert, la disette, l'usure et les épidémies ». Ainsi le protectorat apparaît ici (point qui sera précisé à la section II du chapitre III) comme plus souple, comme tenant mieux compte que l'occupation des besoins et des intérêts locaux, comme plus autonome et plus capable, par suite, de réaliser des progrès qu'entrave trop souvent dans la colonie proprement dite l'initiative maladroite et tracassière du pouvoir métropolitain. En tout cas, la France a été largement payée de ses efforts en Tunisie ; la population loyaliste, bien administrée, reconnaissante de tout ce qui a été fait et de tout ce qui se fait tous les jours pour son bien-être, manifeste à la métropole un attachement des plus encourageants pour l'avenir et qui s'est traduit tout récemment par l'accueil enthousiaste fait, en avril 1911, au président Fallières.

L'armée d'occupation de la Régence est rattachée au XIXe corps d'armée d'Algérie, sous le commandement d'un général de division français, qui est, on l'a vu, le ministre de la guerre du bey. Le gouvernement français a fortement poussé l'instruction primaire qui est donnée dans tous les groupes de quelque importance; il a également fondé des établissements d'enseignement secondaire, soit français, soit musulmans. Il existe, en outre, une sorte d'école normale supérieure où sont enseignés le français, les éléments des sciences et du droit et la géographie de la Tunisie. On a aussi créé des cours gratuits d'arabe que fréquentent volontiers les colons et les fonctionnaires. Les Italiens ont leurs écoles que subventionne leur gouvernement.

La situation financière de la Tunisie est fort satisfaisante; en 1911, les recettes ordinaires du budget ont été, on le verra au chapitre IV de la IIe partie consacré au *Régime financier colonial*, de près de 52 millions, alors qu'elles étaient seulement de 28 millions en 1900 ! Le commerce est des plus florissants ; les échanges ont monté à 217 millions en 1908 et à 223.612.603 francs en 1909, dont 114.446.768 francs à l'importation et 109.166.035 francs à l'exportation. En 1910, le chiffre global des échanges s'est élevé à 226 millions de francs. Et près des deux tiers de ce commerce se font avec la France et l'Algérie. Le commerce tunisien est réglementé par le tarif douanier du 28 septembre 1896 qui est à peu près semblable au tarif français, sauf pour quelques produits tels que le café et le sucre. La France règle directement avec la Tunisie les articles de son tarif en dehors de toute convention internationale et sans que les autres Etats soient fondés à réclamer les mêmes avantages.

L'agriculture est extrêmement florissante en Tunisie où les exportations sont surtout agricoles ; l'étendue des terres cultivables grâce aux défrichements ininterrompus, peut être actuellement évaluée à près de trois millions d'hectares, dont le prix varie de 150 à 300 francs, alors qu'il était de 5 à 15 francs en 1881. Voici quelle est approximativement, suivant une statistique de 1911, la répartition des terres de la Régence évaluées en hectares :

Terres labourées et emblavées	1.300.000
Terres susceptibles d'être labourées	1.600.000
Cultures maraîchères et vergers	47.000
Olivettes	300.000
Palmeraies	10.000
Vignes	16.400
Cultures diverses	70.000
Pâturages, terres de parcours, etc	5.000.000
Forêts (dont 808,370 de forêts domaniales)...	900.000
Terres collectives, dunes, voies de communication, terrains urbains environ	3.000.000.

Depuis quelques années, l'industrie extractive, spécialement celle des phosphates de chaux, a pris des proportions considérables. En 1910, l'extraction phosphatière a atteint le chiffre de 1.300.00 tonnes ; la Tunisie est donc en train de devenir avec l'Algérie, comme il a été dit ci-dessus, le premier pays phosphatier du monde. Elle produit encore en abondance du minerai de zinc, de fer et de plomb ; il y a également du carbonate de zinc, des carrières de marbre qui donnent des produits recherchés. En 1910, les exportations du minerai ont atteint 1.770.000 tonnes. Les indigènes se livrent à l'industrie des cuirs ; ceux de Sfax, Sousse Gabès et surtout de Kairouan sont fort estimés. La, sparterie, la vannerie et le tissage sont très répandus principalement dans la région du centre où se récolte l'alfa.

La Régence est susceptible de produire les plantes, essences, fruits, primeurs, céréales et légumes que donne l'Algérie; on pourra donc y introduire les productions algériennes qui y manquent encore et elles y seront aussi abondantes.

L'olivier constitue une des cultures principales du pays; il fournit un rendement très rémunérateur. La vigne a été fort développée en Tunisie; trop même, car la surproduction y a causé, comme en Algérie, bien des mécomptes et a pour beaucoup contribué à la mévente des vins qui a ruiné le Midi de la France.

Les forêts avaient été laissées à l'abandon sous le gouvernement beylical et le protectorat français a dû s'occuper, d'une façon active, du reboisement. Dans la zone forestière du nord, le chêne-liège croît en abondance ; on a semé des pins d'alep sur les hautes pentes et l'on a essayé de fixer les dunes de sable qui menaçaient de submerger les palmeraies des oasis. La Tunisie élève des chevaux, des ânes, des mulets, des porcs, des bœufs, des chameaux, des moutons et des chèvres. La pêche y est fort productive et fait vivre les populations du littoral; on la pratique spécialement dans le golfe de Gabès, où elle a lieu au moyen d'énormes filets ou de lignes chargées d'un grand nombre d'hameçons. On y trouve le thon, la sardine, l'allache, l'anchois, et, en général, toutes les espèces méditerranéennes de poissons. Il y aura à développer beaucoup les industries des salaisons et des conserves. Les éponges constituent un des principaux articles d'exportation.

Tunis est la capitale de la Régence, son port principal est l'entrepôt naturel du commerce de la Medjerda. La vieille ville s'élève entre deux lagunes dont l'une, celle d'El-Bahira, à l'est, est reliée à la mer par le chenal de la goulette. Depuis 1886, existe la ville française construite entre la vieille ville et le lac, ville à l'allure magnifique, avec grandes maisons à larges baies, aux immenses magasins, aux cafés élégants, aux vastes bazars, qui fait contraste avec la cité de la Kasba, aux ruelles étroites. Tunis renferme une population d'environ 150.000 indigènes musulmans, 50.000 juifs, 40.000 italiens, 17.000 maltais et seulement 20.000 français. C'est la ville la plus peuplée de nos possessions africaines. Dans la banlieue de Tunis, se trouvent les ruines de Carthage remises au jour sous l'emplacement de l'ancienne Byrsa. Le musée tunisien des antiquités est des plus curieux, car il contient un certain nombre de pièces fort rares découvertes dans les fouilles qui ont été faites sur l'emplacement des anciennes villes carthaginoise et romaine. Une ligne ferrée littorale va de Bizerte à Tunis, Sousse et Sfax. Les relations entre la Tunisie et Marseille sont assurées par Tunis et Bizerte.

Sfax est la seconde ville de la Tunisie pour la population (50.000 habitants environ); ses pêcheries de poissons, poulpes et éponges sont fort abondantes; elle possède une merveilleuse situation maritime à l'entrée du golfe de Gabès; mais l'eau y fait défaut et la seule potable provient des citernes. Le port de Sfax construit par une compagnie concessionnaire reçoit, des phosphates de Gafsa, un surcroît de commerce fort appréciable qui semble le prédisposer à un brillant avenir. La région de Sfax est très fertile en oliveraies formant autour de la ville une immense ceinture dite forêt des oliviers, qui couvre environ 240.000 hectares plantés de près de 3 millions de pieds et qui va sans cesse en augmentant pour le plus grand profit du pays.

Signalons encore, parmi les villes importantes de la Tunisie : *Bizerle*, l'ancienne Hippone-Zaryte, sise près d'un lac qui porte son nom, lac qui a été creusé et entouré de défenses mobiles, de façon à servir de port de guerre; à côté se trouve un port de commerce muni de tout l'outillage moderne; — *Kairouan*, la ville sainte des arabes, centre religieux et capitale musulmane de la Tunisie, fermée aux Européens jusqu'en 1881 époque où les Français y entrèrent sans verser une goutte de sang; elle compte environ 20.000 musulmans, à côté de quelques centaines d'européens. On y remarque la grande mosquée connue dans tout l'Islam où de nombreux pélerinages se rendaient avant la profanation des envahisseurs. La ville possède une grande fabrique de tapis; — *Sousse* reliée à Kairouan par un chemin de fer et qui lui sert de port, port nouveau en eau profonde, principal entrepôt du commerce des huiles et de l'importation des phosphates de Sbida; — *Gabès*, tête de ligne de deux routes dont l'une se dirige vers l'ouest le long de la ligne des chotts, tandis que l'autre aboutit, à travers le désert, au lac Tchad et à Tombouctou.

Les travaux publics ont été très activement poussés en Tunisie depuis le protectorat. Il y a actuellement 4.600 kilomètres de routes et 1.800 kilomètres de chemins de fer qui seront portés dans un avenir rapproché à 2.100 environ. Voici les très intéressants détails que nous relevons à ce sujet dans le rapport fait par M. Chailley député, durant la session de 1911, au nom de la commission des Affaires extérieures des protectorats et colonies chargée d'examiner un projet de loi autorisant le gouvernement tunisien à contracter un emprunt de 90.500.000 francs pour accélérer l'achèvement du réseau de ses chemins de fer. Le réseau tunisien est constitué par six grandes lignes partant des régions plus ou moins voisines de l'Algérie et allant à la mer : Tabarka-Bizerte (113 kilomètres); Nebeur-Bizerte (174 kilomètres); Ghardimaou-Tunis (194 kilomètres); Kalaa-Djerda-Tunis

(235 kilomètres); Henchir-Souatir-Sousse (294 kilomètres); Tozeur-Sfax (298 kilomètres) et par une septième ligne côtière qui réunit les extrémités des précédentes : Bizerte-Tunis-Sousse-Sfax et, plus tard, Gabès (282 kilomètres actuellement). En outre, un certain nombre de petits embranchements, longs au total d'environ 300 kilomètres, se détachent des lignes précédentes. De ces diverses lignes, le quart environ est à voie large ; le reste à voie d'un mètre. La ligne Ghardimaou-Tunis, la plus ancienne, connue sous le nom de ligne de la Medjerda et la grande ligne côtière Bizerte-Gabès sont des lignes de trafic agricole et de voyageurs; les autres sont des lignes minières, mais qui ont en même temps un trafic accessoire agricole et de voyageurs. Les trafics miniers assurent largement les frais d'exploitation de toutes ces lignes et laissent à l'État, pour plusieurs d'entre elles, une part de bénéfices représentant l'intérêt du capital d'établissement. Au début, le bey concédait les voies ferrées; puis, après l'établissement du protectorat, il a transféré au gouvernement français (juillet 1882) le droit de concéder les lignes de la Régence. Le gouvernement du protectorat prépare les projets de concession et discute les conditions avec les compagnies; mais le Parlement doit les approuver quand il y a emprunt et garantie d'intérêt; et il y apporte une assez grande mauvaise grâce, ce qui a fait que la Régence s'est décidée à favoriser les combinaisons ne comportant ni emprunt ni intérêt pour garder sa liberté d'action. Ainsi a-t-on agi pour la concession de la compagnie de Sfax à Garsa de près de 250 kilomètres de long, qui dessert la région comprise entre Sfax et Metlaoui et se prolonge ensuite en deux embranchements, dont l'un traverse dans sa plus grande largeur le domaine de la compagnie concessionnaire des phosphates et aboutit à Redeyef, tandis que l'autre a son point terminus à Henchir-Souatir.

Le Parlement français hésitait à donner sa sanction, par la crainte que les conventions nouvelles ne fussent nuisibles à la compagnie de Bône-Guelma à qui il a accordé une garantie sur son réseau d'Alger et sur une portion de son réseau tunisien. Aussi les concessions faites à cette compagnie de Bône-Guelma de diverses lignes, telles que celles de Djedeida-Bizerte, Tunis-Cap Bon, Tunis-Sousse, etc., ne furent autorisées que le

12 août 1894, c'est-à-dire après dix ans d'attente et d'hésitations. En présence de ces atermoiements, le protectorat a entrepris de recouvrer sa liberté d'action et il y est parvenu, à la condition d'assurer toutes les charges de l'entreprise (loi du 6 avril 1902). C'est sous ce régime de la loi de 1902 qu'ont été conclus les emprunts de 1902 (40 millions) et de 1907 (75 millions, dont 58 pour les voies ferrées). Et une loi du 11 avril 1910 est venue à nouveau consacrer cette liberté à propos de la garantie d'intérêt des lignes du réseau de la Medjerda. La métropole conserve seulement le droit de contrôler l'emploi des emprunts qu'elle autorise et de construire, conseiller et, au besoin, imposer les lignes jugées utiles à la défense nationale. C'est sur ces bases que se présente le projet d'emprunt dont il a été parlé ci-dessus, approuvé à une énorme majorité par la Conférence consultative. Cet emprunt doit servir à l'amélioration du réseau existant et à la création de lignes nouvelles qui seraient : 1° celle de Metlaoui à Tozeur (55 kilomètres) à construire par la compagnie de Gafsa suivant une convention de 1904 et dont la construction est déjà commencée ; 2° celle de Graïba à Gabès (80 kilomètres) ; 3° celle de Tunis à Teboursouk (105 kilomètres) ; 4° une ligne électrique de banlieue pour desservir la station balnéaire d'Hammanlif (17 kilomètres). M. Chailley déclare encore que les prolongements suivants s'imposeront à bref délai : 1° prolongement de la ligne de Nebeur ; 2° doublement de la ligne actuelle de Kalaat-es-Senam ; 3° prolongement de l'embranchement de Kalaa-Djerda, en suivant la vallée de l'Oued Haïdra jusqu'au Dyr, où il rencontrerait un embranchement minier aboutissant à Tebessa ; 4° ligne de Sfax à Bou-Thadi ; 5° prolongement de la ligne de Sfax à Gabès qui mettrait Tripoli à 24 heures de Tunis et desservirait l'extrême sud tunisien aujourd'hui presque inaccessible.

ARTICLE III

Afrique Occidentale française

L'Afrique occidentale française comprend nos colonies de l'ouest et du centre africain ; à l'exception des possessions de l'Afrique équatoriale. Ainsi, l'Algérie étant reliée par le Sahara à l'Afrique occidentale et celle-ci à l'Afrique équatoriale, notre colonie africaine s'étend d'un seul tenant de la Méditerranée au golfe de Guinée. L'Afrique occidentale compte plus de dix millions d'habitants, suivant les indications données par M. Ponty gouverneur général, dans une circulaire sur l'enseignement adressée à ses lieutenants gouverneurs en octobre 1910. Elle a une superficie de 3.877.000 kil. carrés, c'est-à-dire sept fois et demi la grandeur de la France. Elle constitue, on l'a vu, un groupement autonome composé de plusieurs colonies autonomes elles-mêmes et qui comptent environ : le Niger, 1 million d'habitants, sur 13.000 kil. carrés, le Haut-Sénégal et Niger, 4.500.000 sur 800.000 kil. carrés, la Guinée, 1.700.000 sur 250.000 kil. carrés, la Côte d'Ivoire, 1.141.000 sur 300.000 kil. carrés, le Dahomey, 820.000 sur 100.000 kil. carrés, et la Mauritanie 225.000 sur 900.000 kil. carrés.

Les territoires de l'Afrique occidentale française se divisent en deux grands bassins, parfaitement distincts, du Sénégal et du Niger, découlant tous deux du grand plateau du Fouta-Djalon situé dans la Guinée française, très voisin de la côte de l'Atlantique. Les rivières dites du sud prennent également naissance dans le plateau du Fouta, qui, plusieurs fois traversé, n'a pas encore été exploré dans toutes ses parties.

Le Sénégal, le fleuve le plus important de la contrée, a un cours de 1.700 kil., et arrose Kayes, Médine, Bakel Matam, Podor. La navigation y est interrompue entre Bakel et Médine par un grand nombre de cataractes, en sorte qu'une voie ferrée de Kayes, lieu où cesse la navigation, s'imposerait jusqu'au Niger, de façon à continuer la voie fluviale interrompue vers l'intérieur. Le Fouta-Djalon donne, d'autre part, naissance aux rivières Saloun et Casamance et aux rivières du sud : Rio-Cogon, Rio-Nunez, Rio-Pongo, rivière Dubreka, Mellacorée, etc.

Le Niger a une longueur totale de 200 kil. Il arrose le Soudan dans son cours supérieur et inférieur et coule, dans son cours moyen, a travers des steppes désertiques semblables au Sahara, qu'il fertilise dans la zone des inondations. Il est donc à la fois la voie de communication par excellence du Soudan et un immense canal d'irrigation dont les bienfaits, à ce point de vue, rappellent ceux du Nil. Mais il est difficilement accessible depuis la côte, à raison des falaises abruptes qui l'en séparent. Dans les territoires français, le Niger arrose Bammako, Say, Niamay, Boussa où se trouvent des passes dangereuses ; il remplit les lacs voisins de Tombouctou. Ses principaux affluents sont le Mayel-Baleval et le Sokoto. Il forme donc une voie navigable importante, bien qu'il soit nécessaire de le rectifier sur certains points et d'en faire disparaître certains obstacles. Il aboutit à l'Océan par un vaste delta dont la rivière Forcados forme le bras le plus accessible.

Le Sénégal et le Niger constituent les deux grandes voies de transit et de transport dans un pays où les routes manquent d'une façon à peu près complète. Le Sénégal a été régularisé et peut être remonté assez facilement jusqu'aux chutes du Félou. Le Niger n'est guère navigable qu'en certains biefs déterminés qui font communiquer des régions très fertiles; mais, comme le Sénégal, il est très insuffisant et il faudrait suppléer à l'innavigabilité des deux grandes artères fluviales par la voie ferrée.

C'est donc du côté du développement des voies ferrées que doit se tourner l'effort économique; et le gouvernement général n'a garde de se désintéresser de cette question à laquelle est liée la prospérité de l'Afrique occidentale. Deux lois des 5 juillet 1903 et 22 janvier 1907 ont autorisé des emprunts de 65 et 100 millions pour des travaux d'utilité générale, parmi lesquels les chemins de fer de pénétration figurent pour 111 millions. Ces chemins de fer de pénétration sont au nombre de cinq : 1° la voie ferrée de Guinée partant de Konakry, passant près de Timbo, capitale du Fouta-Djalon et devant atteindre le haut Niger près de Kouroussa; 2° la voie de la Côte d'Ivoire partant du port d'Abidjan à 10 kil. de Bingerville et se dirigeant vers Baoulé et Bouaké à travers les forêts de l'intérieur; les produits de la région soudanienne pourront ainsi arriver à la côte et peut-être la voie atteindra-t-elle les marchés de Kong et Bondoukou; 3° la voie du Dahomey partant de Kotonou vers Abomey et le haut Dahomey et aboutissant au Niger en amont de Boussa; 4° la ligne de Thiès à Kayes; 5° la voie de Kayes au Niger.

Les fleuves côtiers du Dahomey et de la Côte d'Ivoire, plus longs que ceux des rivières du Sud, ne sont pas accessibles à la navigation; tous, la Sassandra, la Bandama, le Comoé, le Cavally descendent du Fouta-Djalon par des rapides ou des cataractes inaccessibles. En outre, durant la saison sèche, les biefs situés entre les rapides ne sont plus que de minces filets d'eau. Le Mono, l'Ouémé et autres fleuves du Dahomey descendant des monts de l'Atalora et des plateaux du Borgou, ne sont pas davantage navigables en dehors de leur estuaire.

Le climat de l'Afrique occidentale française n'est pas en général très favorable à l'européen. Dans les zones tropicales qui s'étendent entre le tropique du Cancer et le 13e parallèle nord, la saison des pluies offre des températures très élevées, avec différences considérables entre elles et les températures de la saison sèche. Dans le climat équatorial, la température reste constamment très élevée. L'acclimatement de l'européen n'est guère possible que durant la saison sèche et sur les hauts plateaux où la chaleur est bien moins grande que sur la côte basse, dont l'atmosphère est généralement suffocante pendant l'hivernage. Il faut pourtant reconnaître que la colonisation de l'Afrique occidentale a beaucoup progressé depuis un certain nombre d'années. Autrefois, on restait sur la côte et l'on se bornait à faire des échanges avec l'intérieur. Aujourd'hui on n'hésite pas à s'établir au cœur du pays et à fonder des exploitations agricoles en vertu de concessions du gouvernement général; on utilise le travail des nègres qui s'obtient facilement des chefs locaux, grâce à des avances qu'on récupère vite. Quant à l'européen, il ne peut travailler lui-même et doit se contenter du rôle de capitaliste, de chef et conducteur de travaux et d'ingénieur. Et encore il ne saurait stationner trop longtemps dans l'intérieur; la prudence veut qu'il coupe son séjour par des retours fréquents dans des climats plus salubres. Le séjour de plus de deux ans sur la côte offre des dangers sérieux. Aussi ne compte-t-on guère plus de 4.000 européens, et la population est presque toute fournie par les mulâtres et surtout par les races africaines qui sont très diverses. Malheureusement les nègres de culture sont essentiellement paresseux par nature et à raison de la chaleur; du reste, ils trouvent facilement autour d'eux, sans aucun effort, tout ce dont ils ont besoin pour leur nourriture : fruits et produits de la chasse et de la pêche. Il faudra donc bien du temps et des efforts pour leur inculquer, si jamais on y parvient, le goût du travail et de l'économie qui seuls pourront relever l'humanité noire.

Dans le bassin du Sénégal, on rencontre des Touaregs fréquentant les environs de Tombouctou et le sud de la boucle du Niger, des Maures et des populations de race nègre venues du centre de l'Afrique. Les Maures qui, sous ce nom impropre, sont, en réalité, de véritables berbères, habitent la rive droite du Sénégal. Ils se divisent en trois grandes tribus : les Trarzas, les Brachnas et les Douaïchs. Sur la rive gauche, se trouvent les noirs Foullé ou Fellatas, Ouolofs, Séréres, Mandingues, Toucouleurs, Bambaras, Saracolès, etc. Les races du bassin de la Casamance sont les Balantes, les Baniounkas et les Diolas. On trouve des Soussous, des Nalous et des Bagas en Guinée; des Bambaras, des Apolloniens, des Los, des Ouobès à la Côte d'Ivoire. Le bas Dahomey est habité par des Dahoméens, des Nagots, des Mahis, des Djeddis, etc, et le haut Dahomey par des Baribas, des Kafiris, des Foulbé.

Ces diverses classifications n'ont rien d'absolu, car les peuplades que nous venons de mentionner, ne sont pas nettement cantonnées dans les divers territoires ci-dessus indiqués et se pénètrent réciproquement. Tout ce qu'on peut dire de plus précis, c'est que de petits groupes de race berbère ou peuhl habitent principalement les plateaux du Soudan et la région subsaharienne. Ils sont relativement policés, de religion islamique, fanatiques guerriers et se livrent à l'élevage des troupeaux; les travaux des champs sont effectués chez eux par des nègres asservis, Leur union avec les noirs donne naissance à un type spécial de métis appelés Toucouleurs. Dans les autres parties du pays, on rencontre à l'intérieur des hommes de race peuhl ou mandé appartenant en général à la religion islamique plus ou moins mélangée de fétichisme; et, sur la côte ou dans les forêts, des peuplades de race noire habituellement fétichistes, pour la plupart fort arriérées, certaines belliqueuses et pillardes et même anthropophages comme à la Côte d'Ivoire.

Pour aider autant que possible au développement de la civilisation par l'instruction, un arrêté du gouverneur général du 24 novembre 1903 a réorganisé les écoles des colonies et territoires dans lesquelles son tdonnés : 1° un enseignement primaire élémentaire, 2° un enseignement professionnel, 3° un enseignement primaire supérieur et commercial. Le recrutement des instituteurs indigènes est assuré par une école normale commune à toute la colonie.

L'Afrique occidentale n'a guère de mines et la production minérale ne consiste à peu près que dans le fer et les salines; toutefois le Haut-Sénégal et la Côte d'Ivoire donnent de l'or. Au contraire, les richesses végétales sont fort considérables. Les noirs cultivent le mil, ordinaire nourriture indigène qui, mélangé avec le maïs, forme le couscous, auquel on ajoute de la viande ou du poisson. Le produit principal, au point de vue de l'exportation, consiste dans les *arachides*, véritable plante économique du Sénégal. C'est une légumineuse annuelle (*arachis hypogea*) qui se sème en juillet et se récolte en octobre et en novembre. Sa culture ne réclame presque aucun soin et il suffit d'enfouir la graine dans un sillon profond. Le fruit de l'arachide, dit M. Vast (*Op cit.* p.223), fournit une huile grasse employée en Europe pour la savonnerie, la confiserie, les conserves de sardines, le graissage des laines, la confection des fromages, la fabrication de la margarine. Une centaine de kilogrammes de graines rend de 40 à 45 kilogrammes d'huile; l'amande concassée nourrit le bétail; la tige fraîche sert de fourrage et, desséchée, de combustible et d'engrais.

On trouve dans les diverses régions du pays du sésame qui se développe surtout en Guinée, au Haut Sénégal et Niger et à la Côte-d'Ivoire ; du maïs, au Sénégal et à la Côte d'Ivoire; du riz, dont la production augmente partout; du coton, qui réussit fort bien dans la vallée du Niger et qui pourrait contrebalancer la production américaine. On y récolte aussi du sorgho, du manioc, des ignames, des patates, des bananes, du coprah, du café, du cacao, du ricin. Les essences forestières sont fort abondantes : liane à caoutchouc réussissant fort bien en Guinée, au Saloun et dans la Casamance; gomme arabique, l'un des plus riches produits du Sénégal. Abondent également les palmiers, cocotiers, karités ou arbres à beurre, dont l'amande donne à l'indigène une graisse comestible et de toilette; kolatiers, dont le fruit est consommé couramment, comme le thé ou le café en Europe, à titre d'excitant par excellence; bananiers, baobabs géants, dont les écorces servent à fabriquer la pâte à papier; fromagers ; bois d'ébénisterie, palissandre et acajou, dont on a essayé d'établir des entrepôts au Havre et à Bordeaux; palétuviers, etc. Avec la sécurité et la liberté du trafic que lui a données l'occupation française, l'Afrique occidentale peut devenir l'une des colonies les plus prospères non seulement de la France, mais du monde entier, et concurrencer l'Amérique au point de vue du coton et du café.

Parmi les spécimens de la faune, citons les chameaux, les autruches, les gazelles, antilopes, hippopotames, éléphants, chimpanzés, panthères, petits lions noirs. Les porcs, bœufs, volailles, moutons, chèvres et le gibier abondent; mais il n'y a ni ânes ni chevaux en certaines régions, par exemple sur les hauteurs du Foula-Djalon, ce qui explique que les portages se font en certains points à dos d'hommes, bien qu'ils soient très nocifs pour la race et que le nègre y répugne absolument. La pêche donne de fort bons résultats et est l'objet d'encouragements mérités; les pêcheries de Mauritanie spécialement semblent appelées à un avenir florissant, et Port-Etienne de création récente commence à devenir un centre important dans les parages du Cap Blanc. La convention du 27 juin 1900 nous a donné la possession d'Arguin dont les bancs paraissent aussi poissonneux que ceux de Terre Neuve.

Dakar, belle ville édifiée à l'européenne qui compte 25.000 habitants, dont 2.500 européens, est la capitale de l'Afrique occidentale française; Faidherbe, comprenant la merveilleuse situation de la ville à la pointe du cap Vert, avait dit : « Le cœur du Sénégal sera là ». Il n'existe pas, sur tout le littoral de l'Afrique occidentale, de point mieux protégé contre la houle, de rade plus sûre, plus spacieuse et plus profonde que l'anse de Dakar. C'est la presqu'île la plus avancée du continent, l'escale la mieux indiquée et le relai par excellence des grandes lignes de navigation d'Afrique et d'Amérique. Du côté militaire, le port de Dakar, protégé par des batteries, facile à défendre, présente un formidable point d'appui pour la flotte. Il y a de grands bassins, des ateliers, d'énormes stocks de charbon et de matières grasses, un matériel de rechange ct des moyens de radoub. Deux ports, l'un de commerce et l'autre de guerre, existent à Dakar où l'on a construit deux môles, une digue, des voies d'exploitation et des docks. C'est à Dakar que se constituera nécessairement le grand entrepôt des marchandises à destination du Sénégal et du Soudan, le jour où la voie ferrée ci-dessus indiquée ira directement de Thiès à Kayes, à travers le Ferlo et le Djolof. Cette voie ferrée poussée activement, et dont un décret du 17 avril 1907 a décidé l'ouverture des travaux aux deux bouts de la ligne, augmentera sensiblement la prospérité de Dakar qui n'était jusqu'ici que l'avant-port de Saint-Louis, et où seront tranportés tous les grands services encore installés dans cette dernière ville. On se préoccupe de reconstruire sur un plan plus vaste et plus régulier la vieille ville, sale et mal bâtie, peu en harmonie avec le confort moderne. Un chemin de fer relie Dakar et Saint-Louis et évite de franchir la barre du Sénégal. Il existe à Dakar une école supérieure professionnelle appelée « Pinet-Laprade », formant des maîtres ouvriers des divers métiers ; elle se divise en trois sections correspondant aux travaux du bois, du fer et de la pierre. L'enseignement, d'une durée de trois ans, comprend l'enseignement primaire et l'enseignenent technique avec apprentissage dans un atelier privé de l'État ou de la colonie. Une école primaire supérieure dite « École Faidherbe » dispense un enseignement primaire supérieur et commercial ; son siège est à Saint-Louis.

En face Dakar, s'allonge Gorée, îlot qui a été le berceau de notre puissance en Afrique occidentale et qui est bien déchu aujourd'hui de son importance primitive.

Konakry, sur l'île Tumbo, est une ville de 6.000 habitants, chef-lieu de la Guinée française ; elle est rattachée à la presqu'ille de Kaloun ; le mouillage en est excellent et le port centralise tout le commerce de la Guinée ; les autres ports ne font guère que le cabotage. La ville est devenue aujourd'hui très saine, car le paludisme et la fièvre jaune ont disparu comme à Dakar, depuis la destruction des moustiques. Konakry est actuellement la plus belle ville de l'Afrique occidentale; elle est bien bâtie, possède de larges avenues, des habitations confortables, des marchés animés. Toutes les grandes maisons de la côte ont leurs comptoirs à Konakry où font escale les bateaux de la Compagnie Fraissinet de Marseille, des Chargeurs Réunis du Havre et de Bordeaux et des grandes compagnies de Liverpool, Hambourg et Anvers. De Konakry part le chemin de fer de Guinée, dont il a été parlé ci-dessus, qui va jusqu'à Kouroussa, joint l'Océan au bief navigable du haut Niger et permettra de rendre plus rapides les relations et le trafic avec la côte de la haute Guinée et une partie du Soudan. La longueur de la voie est de 589 kilomètres et sera portée à 73 kilomètres plus loin jusqu'à *Kankan*, riche ville qui compte déjà 12.000 habitants et de nombreuses maisons de commerce.

Porto-Novo, capitale du Dahomey, est, après Dakar et Konakry, la ville la plus animée et la plus agréable de l'Afrique occidentale; c'est le centre des factoreries. La ville compte 20.000 habitants; le commerce local s'effectue par le port anglais de Lagos et par le port français de Kotonou. De cette dernière localité, part le chemin de fer indiqué ci-dessus qui se dirige vers le Haut-Dahomey et doit atteindre le Niger en amont des chutes de Boussa.

Pendant que naissent et se développent ces villes nouvelles sous l'influence de notre civilisation, les vieilles cités de l'ancienne Afrique perdent tous les jours de leur importance et de leur prestige. Ainsi *Tombouctou*, considérée autrefois comme la capitale du Sahara, la ville merveilleuse de la légende, tout en restant un centre religieux de l'Islam, est absolument déchue de sa splendeur ancienne et il est à craindre que cette déchéance ne s'accentue encore, toute l'activité du pays se portant naturellement vers les centres nouveaux de l'expansion française et européenne.

L'Afrique Occidentale française est dans un état de prospérité fort satisfaisant. En 1910, l'excédent total des recettes des divers budgets a été de 9.300.000 francs, dont 5.350.000 francs pour le budget général du gouvernement.

Les exportations augmentent tous les ans et toutes les colonies du groupe concourent à ce résultat. Le trafic commercial ne peut que s'étendre de plus en plus, grâce à la sécurité que l'administration française a donnée au pays ainsi qu'au développement progressif des exploitations agricoles et commerciales et des voies de communication.

Voici quels sont à cet égard les renseignements fournis par les *Statistiques du commerce des colonies françaises* pour l'année 1908, publiées par l'*Office colonial* du ministère des Colonies. (Les chiffres donnés pour les autres colonies quant à la même année 1908 sont extraits de la même source).

Le mouvement du commerce général de l'Afrique Occidentale française pendant l'année 1908 s'est élevé (importation et exportation réunies) à une somme totale de 193.091.414 francs. C'est une augmentation de 15.651.098 francs sur l'année précédente et de 30.743.904 francs sur la moyenne quinquennale 1903-1907.

A l'importation, les valeurs ont atteint le chiffre de 108.590.468 francs. Elles ont été ainsi supérieures de 11.580.268 francs à celles de l'année précédente et de 14.344.876 francs à la moyenne quinquennale.

Les exportations ont atteint le chiffre de 84.500.946 francs, en augmentation de 4.070.830 francs sur l'année précédente et de 16.399.028 francs sur la moyenne quinquennale.

La part de la France dans ce mouvement commercial a été de 104.737.572 francs, dont 58.013.919 francs à l'importation et 46.723.661 francs à l'exportation. C'est une augmentation de 14.749.681 francs sur l'année précédente, dont 14.025.067 francs à l'importation et 724.614 francs à l'exportation. Ces résultats représentent 54,3 % du commerce total, 53,4 % des marchandises importées, 55, 2 % des marchandises exportées, au lieu de 51,2 %, 45,3 % et 57,1 % en 1907.

Le commerce avec les autres colonies françaises se monte à 3.534.744 francs, dont 3.268.567 francs à l'importation et 266.177 francs à l'exportation. C'est, par rapport à 1907, une diminution totale de 1.076.400 francs, dont 835.389 francs à l'importation et 241.020 à l'exportation. Ce qui donne une participation de 1,8 % au commerce total, de

3,1 % à l'importation et de 0,5 % à l'exportation, au lieu de 2,6 %, 4,3 % et 0,8 % l'année précédente.

Les échanges avec les pays étrangers se sont élevés à 84.819.990 francs, dont 47.307.982 francs à l'importation et 37.511.108 francs à l'exportation. C'est, par rapport à l'année précédente, une augmentation totale de 1.977.826 francs, une diminution de 1.609.410 francs à l'importation et une augmentation de 3.587.236 francs à l'exportation. Ces chiffres correspondent à 43,9 % du commerce total, 43,5 % des importations et 44,3 % des exportations. Les parts respectives de 1907 avaient été de 46,2 %, 50,4 % et 42,1 %.

En 1909, le total des échanges était de 228.415.212 francs, en augmentation de 36.323.798 francs sur 1908, dont 118.583.192 francs à l'importation et 109.832.020 francs à l'exportation. Le commerce avec la France représente 122.340.244 francs, dont 57.559.058 en importations et 64.781.186 en exportations; il est, avec les colonies françaises, de 3.675.391 francs, dont 3.302.306 francs en importations et 373.085 francs en exportations; avec l'étranger, de 102.399.577 francs, dont 57.721.828 francs en importations et 44.677.749 francs en exportations. (Les chiffres de 1909 pour l'Afrique occidentale et les autres colonies sont empruntés au *rapport* de M. Noulens, député, sur le budget des colonies pour l'exercice 1911, pp. 46 et s., au tableau général de l'ouvrage de M. Godfernaux : *Les chemins de fer coloniaux français*, 1911, p. 8 et à l'article de M. Chemin-Dupontès, intitulé : *Le commerce des colonies françaises en* 1909, dans la *Revue des questions diplomatiques et coloniales*, 1910, pp. 609 et s.).

En 1910, le total des échanges de la colonie est monté à 277.734.639 francs, en augmentation de 49.319.427 francs sur 1909, dont 153 millions en chiffres ronds aux importations et 142.000.000 francs en chiffres ronds aux exportations.

Ainsi, durant les deux dernières années, le commerce général de la colonie s'est accru de 85.643.225 francs, soit de 30 %. Les arachides entrent dans ce total pour près de 51 millions de francs; viennent ensuite les caoutchoucs et les amandes de palme.

Nous allons compléter les indications générales qui viennent d'être données au sujet de l'Afrique occidentale, par le détail du mouvement commercial de ses diverses colonies.

A. — Sénégal, Haut-Sénégal et Niger

Le mouvement du commerce général des colonies du Sénégal et du Haut-Sénégal et Niger réunies, pendant l'année 1909, s'est élevé en importation et exportation à une somme totale de 115.334.139 francs. C'est une augmentation de 16.778.883 francs sur l'année précédente et de 27.658.251 francs sur la moyenne quinquennale 1903-1907.

A l'importation les valeurs ont atteint le chiffre de 69.376.445 francs. Elles ont été ainsi supérieures de 14.680.039 francs à celles de l'année précédente et de 16.639.128 francs à la moyenne quinquennale.

Les exportations ont atteint le chiffre de 45.957.694 francs, en augmentation de 2.098.844 francs sur l'année précédente et de 11.019.123 francs sur la moyenne quinquennale.

La part de la France dans ce mouvement commercial a été de 72.981.772 francs, dont 40.907.614 francs à l'importation et 32.074.158 francs à l'exportation. C'est une augmentation totale de 9.404.584 francs sur l'année précédente; une augmentation de 10.011.790 francs à l'importation et une diminution de 607.195 francs à l'exportation. Ces résultats représentent 64,3 % du commerce total, 58,9 % des marchandises importées, 69,7 % des marchandises exportées, au lieu de 65,5 %, 56,4 % et 74,5 % en 1907.

Le commerce avec les autres colonies françaises se monte à 3.173.407 francs, dont 3.122.499 francs à l'importation et 50.908 francs à l'exportation. C'est, par rapport à 1907, une diminution totale de 551.154 francs, dont 336.324 francs à l'importation et 214.830 francs à l'exportation. Ce qui donne une participation de 2,4 % au commerce total, de 4,6 % à l'importation et de 0,2 % à l'exportation, au lieu de 3,6 %, 6,5 % et 0,7 % l'année précédente.

Les échanges avec les pays étrangers se sont élevés à 39.178.960 francs, dont 25.346.332 francs à l'importation et 13.832.628 francs à l'exportation. C'est, par rapport à l'année précédente, une augmentation totale de 7.925.442 francs, dont 5.004.573 francs à l'importation et 2.920.869 francs à l'exportation. Ces chiffres correspondent à 33,3 % du commerce total, 36,5 % des importations et 30,1 % des exportations. Les parts respectives de 1907 avaient été de 30,9 %, 37,1 % et 24,8 %.

En 1909, les échanges ont atteint 132.579.344 francs, dont 70.254.431 francs aux importations et 62.324.913 francs aux exportations. Le commerce avec la France est monté à 85.911.436 francs et celui avec l'étranger à 43.966.520 francs.

B. — Sénégal

Le mouvement du commerce général du Sénégal pendant l'année 1908 s'est élevé (importation et exportation réunies) à une somme totale de 112.543.749 francs.

A l'importation les valeurs ont atteint le chiffre de 67.069.680 francs.

Les exportations ont atteint le chiffre de 45.474.069 francs.

La part de la France dans ce mouvement commercial a été de 71.225.629 francs, dont 39.635.096 francs à l'importation et 2.927.499 francs à l'exportation. Ces résultats représentent 64,7 % du commerce total, 59,9 % des marchandises importées, 69,4 % des marchandises exportées.

Le commerce avec les autres colonies françaises représente 2.978.407 francs, dont 2.927.499 francs à l'importation et 50.908 francs à l'exportation. Ce qui donne une participation de 1,9 % au commerce total, de 3,6 % à l'importation et de 0,2 % à l'exportation.

Les échanges avec les pays étrangers se sont élevés à 38.339.713 francs, dont 24.507.085 francs à l'importation et 13.832.628 francs à l'exportation. Ces chiffres correspondent à 33,4 % du commerce total, 36,5 % des importations et 30,4 % des exportations.

En 1909, les importations et exportations ont atteint 127.077.156 francs, dont 67.912.239 aux importations et 59.164.917 aux exportations. Dans ce chiffre, le commerce avec la France représente 80.409.248 francs, soit 37.369.840

à l'importation et 43.039.408 à l'exportation; celui avec les colonies françaises, 3.163.418 francs, dont 2.805.312 à l'importation et 358.106 à l'exportation ; et celui avec les pays étrangers, 43.504.490 francs dont 27.737.087 d'importations et 15.767.403 d'exportations.

C. — Haut-Sénégal et Niger

Le mouvement du commerce général du Haut-Sénégal et Niger s'est élevé, pendant l'année 1908, (importation et exportation réunies de marchandises de toutes sortes) à une somme totale de 2.790.390 francs.

A l'importation, les valeurs ont atteint le chiffre de 2.306.765 francs.

Les exportations ont atteint le chiffre de 483.625 francs.

La part de la France dans ce mouvement commercial a a été de 1.756.143 francs, dont 1.272.518 francs à l'importation et 483.625 francs à l'exportation, représentant 77,7 % du commerce total, 55,3 % des marchandises importées et 100 % des marchandises exportées.

Le commerce avec les autres colonies françaises représente 195.000 francs tout à l'importation. Ce qui donne une participation de 4,1 % au commerce total, de 8,3 % à l'importation et de 0 % à l'exportation.

Les échanges avec les pays étrangers se sont élevés à la somme de 839.247 francs, tout à l'importation. Ce chiffre correspond à 18,2 % du commerce total, à 36,4 % de l'importation et à 0 % de l'exportation.

En 1910, les échanges ont monté dans la colonie à 5.502.188 francs, dont 2.342.192 pour les importations et 3.159.996 pour les exportations. La France figure dans ce chiffre pour 5.502.188 francs et les pays étrangers pour 362.030 francs. Les importations françaises ont atteint 1.989.162 francs et celles de l'étranger 362.030 francs. Les exportations ont monté pour la France à 3.159.996 francs.

D. — Guinée

Le mouvement du commerce général de la Guinée française en 1908 s'est élevé (importation et exportation réunies) à une somme totale de 29.762.974 francs. C'est une diminution de 2.570. 987 francs sur l'année précédente et de 2.517.744 francs sur la moyenne quinquennale 1903-1907.

A l'importation les valeurs ont atteint le chiffre de 14.253.442 francs. Elles ont été ainsi inférieures de 2.090.773 francs à celles de l'année précédente et de 2.576.746 francs à la moyenne quinquennale.

Les exportations ont atteint le chiffre de 15.509.532 francs, en diminution de 480.214 francs sur l'année précédente et en augmentation de 59.002 francs sur la moyenne quinquennale.

La part de la France dans ce mouvement commercial a été de 13.840.153 francs dont 8.371.416 francs à l'importation et 5.468.737 francs à l'exportation. C'est une augmentation totale de 2.562.745 francs sur l'année précédente, une augmentation de 2.590.320 francs à l'importation et une diminution de 27.575 francs à l'exportation. Ces résultats représentent 47 % du commerce total, 58,7 % des marchandises importées, 35,2 % des marchandises exportées, au lieu de 35,1 %, 35,9 % et 34,3 % en 1907.

Le commerce avec les autres colonies françaises représente 253.372 francs, dont 73.327 francs à l'importation et 180.045 francs à l'exportation. C'est, par rapport à 1907, une diminution totale de 455.040 francs, une diminution de 468.167 francs à l'importation et une augmentation de 13.127 francs à l'exportation. Ce qui donne une participation de 0.9 % au commerce total, de 0,6 % à l'importation et de 1,2 % à l'exportation, au lieu de 2 %, 3,8 % et 1,1 % l'année précédente.

Les échanges avec les pays étrangers se sont élevés à 15.669.449 francs, dont 5.808.699 francs à l'importation et 9.860.750 francs à l'exportation. C'est, par rapport à l'année précédente, une diminution totale de 4.678.692 francs, dont 4.212.929 francs à l'importation et 465.766 francs à l'exportation. Ces chiffres correspondent à 52,1 % du commerce total, 40,7 % des importations et 63,6 % des exportations. Les parts respectives de 1907 avaient été de 62,9 %, 61,3 % et 64,7 %.

En 1909, le commerce total a été de 42.289.164 francs, dont 22.920.523 francs d'importations et 19.368.641 francs d'exportations. Les importations françaises ont monté à 10.876.119 francs et les exportations, à 8.531.642 francs, soit au total à une somme de 19.407.581 francs. Avec les colonies françaises, les échanges ont été de 487.566 francs, dont 487.218 francs d'importations et 348 francs d'exportations. Le commerce avec l'étranger s'est chiffré par 22.394.017 francs, soit 11.557.186 francs d'importations et 10.836.861 francs d'exportations.

En 1910, les échanges ont monté à 48.200.000 francs, en augmentation de 6 millions en 1909; les importations ont atteint 29.900.000 francs et les exportations 18.300.000 francs.

E. — Cote d'Ivoire

Le mouvement du commerce général de la Côte d'Ivoire en 1908 s'est élevé (importation et exportation réunies) à une somme totale de 25.077.393 francs. C'est une diminution de 147.411 francs sur l'année précédente et une augmentation de 2.957.521 francs sur la moyenne quinquennale 1903-1907.

A l'importation, les valeurs ont atteint le chiffre de 14.223.203 francs. Elles ont été ainsi inférieures de 91.064 francs à celles de l'année précédente et supérieures de 1.314.626 francs à la moyenne quinquennale.

Les exportations ont atteint le chiffre de 10.854.100 francs, en diminution de 56.347 francs sur l'année précédente et en augmentation de 1.642.895 francs sur la moyenne quiquennale.

La part de la France dans ce mouvement commercial a été de 11.124.593 francs, dont 6.136.048 francs à l'importation et 4.988.545 francs à l'exportation, C'est une augmentation totale de 3.097.470 francs sur l'année précédente, dont 2.023.653 francs à l'importation et 1.073.817 francs à l'exportation. Ces résultats représentent 44,5 % du commerce total, 43,1 % des marchandises importées, 56,3 % des marchandises exportées, au lieu de 32,3 %, 28,7 % et 70,3 % en 1907.

Le commerce avec les autres colonies françaises représente 78.197 francs, dont 72.047 francs à l'importation et 6.150 francs à l'exportation. C'est, par rapport à 1907, une diminution totale de 52.031 francs, dont 31.592 francs à l'importation et 20.439 francs à l'exportation. Ce qui donne une participation de 0,4 % au commerce total, de 0,6 % à l'importation et de 8,1 % à l'exportation, au lieu de 0,6 %, 0,8 % et 0,4 % l'année précédente.

Les échanges avec les pays étrangers se sont élevés à 13.874.603 francs, dont 8.015.108 francs à l'importation et 5.859.487 francs à l'exportation. C'est, par rapport à l'année précédente, une diminution totale de 3.192.850 francs, dont 2.083.125 francs à l'importation et 1.109.725 francs à l'exportation. Ces chiffres correspondent à 55,1 % du commerce total, 56,3 % des importations et 54 % des exportations. Les parts respectives de 1907 avaient été de 67,1 %, 70,3 % et 63,8 %.

En 1909, le montant des échanges s'est élevé à 22.980.094 francs, dont 10.190.333 avec la France, 12.781.425 avec l'étranger, et 8.336 avec les autres colonies. Les importations ont été de 4.974.026 francs avec la France et de 6.209.880 francs avec l'étranger. Dans le même ordre, les chiffres des exportations ont monté à 5.216.307 et 6.751.545 francs. En 1910, les échanges ont atteint 31.700.000 francs, dont 16.000.000 à l'importation et 15.700.000 à l'exportation.

F. — Dahomey

Le mouvement du commerce général du Dahomey pendant l'année 1908 s'est élevé (importation et exportation réunies) à une somme totale de 22.916.908 francs. C'est une augmentation de 1.590.613 francs sur l'année précédente et de 2.648.778 francs sur la moyenne quinquennale 1903-1907.

A l'importation, les valeurs ont atteint le chiffre de 10.737.378 francs. Elles ont été inférieures de 917.934 francs à celles de l'année précédente et de 229.230 francs à la moyenne quinquennale.

Les exportations ont atteint le chiffre de 12.179.530 francs, en augmentation de 2.508.547 francs sur l'année précédente et de 2.878.008 francs sur la moyenne quinquennale.

La part de la France dans ce mouvement commercial a été de 6.791.054 francs, dont 2.598.841 francs à l'importation et 4.192.213 francs à l'exportation. C'est une diminution totale de 315.137 francs sur l'année précédente, une diminution de 600.696 francs à l'importation et une augmentation de 285.559 francs à l'exportation. Ces résultats représentent 29,3 % du commerce total, 24,2 % des marchandises importées, 75,7 % des marchandises exportées, au lieu de 33,9 %, 27,4 % et 72,6 % en 1907.

Le commerce avec les autres colonies françaises représente 29.768 francs, dont 594 à l'importation et 29.074 à l'exportation. C'est, par rapport à 1907, une diminution totale de 18.184 francs, une augmentation de 694 francs à l'importation et une diminution de 18.878 francs à l'exportation. Ce qui donne une participation de 0,2 % au commerce total, de 0,1 % à l'importation et de 0,3 % à l'exportation, au lieu de 0,3 %, 0 % et 0,6 % l'année précédente.

Les échanges avec les pays étrangers se sont élevés à 16.096.086 francs, dont 8.137.843 francs à l'importation et 7.958.243 francs à l'exportation. C'est, par rapport à l'année précédente, une augmentation totale de 1.923.934 francs, une diminution de 317.932 francs à l'importation et une augmentation de 2.241.866 francs à l'exportation. Ces chiffres correspondent à 70,5 % du commerce total, 75,7 % des importations et 65,3 % des exportations. Les parts respectives avaient été de 65,8 % 72,6 % et 59, 1 %.

En 1909, les échanges ont monté à 30.566.610 francs, dont 14.215.996 francs à l'importation et 16.350.614 francs à l'exportation. Pour les importations les chiffres sont les suivants : France, 2.358.911 ; étranger, 11.855.645 ; colonies françaises, 1.440 francs ; pour les exportations : France, 4.834.013 ; étranger, 11.501.970 ; colonies françaises, 14.631 francs. En 1910, le commerce général a été de 35.700.000 francs, dont 17.800.000 francs en importations et de 17.900.000 francs en exportations.

ARTICLE IV

Afrique Equatoriale Française

Le nouveau gouvernement général installé à Brazzaville et groupant nos colonies du *Gabon*, du *Moyen-Congo*, de l'*Oubanghi-Chari* et du *Tchad* a une superficie de près de 1.880.000 kilomètres carrés environ et une population dernièrement évaluée, qui paraît monter à 5.000.000 d'habitants. La colonie du Gabon s'étend sur 300.000 kilomètres carrés et les autres occupent une surface d'environ 1.450 kilomètres carrés.

L'Ogooué est le plus grand fleuve de la Gabonie ; il prend naissance dans le pays des Batéké ; son cours est interrompu par des rapides fréquents ; il coule ensuite au milieu de forêts marécageuses et se jette dans l'Atlantique, divisé en deux bras principaux. Au nord de l'Ogooué, se dressent les monts de Cristal ; au midi, les monts Achango. Le littoral est constitué dans le bassin du fleuve par des hauteurs granitiques formant des terrasses naturelles entre lesquelles celui-ci coule, aboutissant à la baie de Nazareth, delta marécageux avec un chenal pourtant profond.

Le *Congo* est le plus considérable des fleuves africains ; à son embouchure, il a une largeur de 11 kilomètres ; son parcours est de 2.700 kilomètres, avec une largeur moyenne de 5 à 6 kilomètres. Parmi les fleuves de l'univers, il vient en second rang après l'Amazone ; il forme la frontière entre le Congo français et le Congo belge. Il a pour affluent l'Oubangui et pour sous-affluent le M'Bomou.

Le lac Tchad est une sorte de mer intérieure africaine d'eau douce, lac ou plutôt marécage d'une profondeur moyenne de 1 m. 50 et en quelques rares points de 3 à 6 mètres. Sa surface atteint, suivant les uns, 12.700 kilomètres, et 27.000 suivant les autres. Sa superficie, en effet, varie beaucoup avec les inondations, selon qu'on se trouve dans la saison sèche ou dans celle de l'hivernage. Le Tchad contient un grand nombre de petits archipels habités par des tribus musulmanes ; il est français dans la plus grande partie de son littoral ; dans la partie du Bornou, il appartient aux Anglais et aux Allemands.

Les autres cours d'eau du Congo sont la Nyanza, le Kouilou, le Tchiloango et le Chari ; ce dernier a des eaux abondantes en toute saison et limite, avant de se perdre dans le Tchad, les territoires allemand et français.

L'européen ne peut guère s'acclimater dans la Gabonie et au Congo ; il devra y interrompre son séjour par des voyages plus ou moins fréquents en Europe ou sur les hauts plateaux. Il ne pourra, bien entendu, se livrer lui-même aux travaux de l'industrie et de l'agriculture et devra se borner à diriger les travailleurs indigènes comme contre maître, surveillant, ingénieur, etc, ou à exercer un négoce. Voici, en effet, quelles sont les conditions climatériques : sur le littoral, dans la Gabonie et également dans le Congo, l'Oubangui et le Chari, les pluies sont abondantes; la température est suffocante et anémiante. Dans les plateaux de l'intérieur, il y a un excès nuisible d'humidité; dans le Ouadaï, le Kanem, le Borkou et le Tibesti, on se trouve en présence du climat saharien; et enfin sur les bords du Tchad, il faut se prémunir soigneusement contre le paludisme.

Le Congo est peut-être un peu plus abondant en minerai que le Soudan; il renferme du cuivre, du fer, du zinc, du plomb, de l'argent et une petite quantité d'or. Par contre, la production agricole y est absolument merveilleuse de fécondité. Il peut exporter des produits riches, tels l'ivoire et le caoutchouc. Dans les immenses forêts équatoriales, on trouve les bois d'ébène et de santal rouge, des bananiers, cocotiers, mangliers, palétuviers. La forêt de Mayombé couvre la côte de Gabonie jusqu'à 100 et 150 kilomètres de la mer.

On récolte au Congo : kola, vanille, café, cacao, girofle, tabac, coton, ananas, manioc, sorgho, maïs, riz, arachide, raphia, jute. La faune est également fort riche et l'on y rencontre abondamment : panthères, léopards, éléphants, hippopotames, antilopes, buffles et bœufs sauvages, singes de toutes espèces, porcs-épics, serpents de tous genres, crocodiles, iguanes, caméléons et une grande quantité d'oiseaux, ainsi que tous nos volatiles de basse-cour et une infinité de rapaces. Les eaux littorales renferment toutes sortes de poissons et crustacés, notamment les sardines, les raies, les soles, les langoustes, les huîtres et les crevettes. Elles abritent le requin, la torpille et l'espadon.

Les européens et spécialement les Français ne sont pas très nombreux dans l'Afrique équatoriale, étant données les mauvaises conditions climatériques dont nous avons parlé ci-dessus. Les indigènes sont clairsemés sur des territoires trop vastes pour leur petit nombre, nombre encore diminué par les épouvantables hécatombes des sultans grands exterminateurs d'hommes, tel Rabah qui, avant de périr dans une rencontre avec les Français, avait terrorisé et dépeuplé tout le pays au-dessus du Tchad. Les nombreuses tribus indigènes ont été distinguées par de Brazza en deux classes : peuplades de la forêt, méfiantes, belliqueuses, souvent anthropophages, et peuplades de la brousse plus douces et d'accueil plus facile pour les européens; toutes sont fétichistes, vivent isolément et n'ont pour ainsi dire pas d'organisation politique. Citons les M'Pongoué, les Pahouins, les Batéké qui ont été les plus actifs auxiliaires de de Brazza, les Loangos, les Boubangui, les Bougdos, les Nyam-Nyam, les Yacomas, les Bafourous, etc. Dans le bassin du Tchad et avec les indigènes du Chari, du Baguirmi et du Ouadaï, on s'élève dans l'échelle des races, qui sont de religion islamique à demi-civilisées.

La capitale du Congo français est *Libreville* sur l'estuaire du Gabon, avec un bon port, appui sûr pour la flotte, et un dépôt de charbon. Il y a 5.000 habitants environ, dont 200 européens. Tout est à créer dans ce centre nominal. Au contraire, *Brazzaville* a déjà des entrepôts considérables et d'importantes factoreries; elle s'accroît tous les jours et est destinée à devenir l'un des centres les plus importants de l'intérieur de l'Afrique. C'est là que se concentre la navigation à vapeur desservant le Congo et ses affluents du territoire français.

Les exploitations congolaises consistent principalement en bois, ivoire et caoutchouc; pour développer son commerce, le Congo n'a que ses voies fluviales et aucune voie ferrée. Le seul chemin de fer allant de Matadi à Léopoldville, d'une longueur de 400 kilomètres, appartient à la Belgique et, bien que ses tarifs soient fort élevés, il absorbe, faute de concurrence, tout le trafic du bassin du Congo. On a proposé l'établissement de diverses lignes devant desservir le Congo français, notamment de Libreville jusqu'à Makoua, point où le Likouala, affluent du Congo, devient navigable. La voie ferrée traverserait une contrée fertile et son trafic serait rémunérateur. Mais le haut prix de sa construction estimé à plus de 100 millions la relègue dans la catégorie des projets qui resteront longtemps irréalisables. On a proposé également l'établissement d'une seconde voie mettant en relation l'Oubangui et le Chari. On a proposé enfin une ligne de 500 kilomètres, partant d'un port à établir au sud de Loango, à la pointe noire et aboutissant à Brazzaville, après avoir desservi les vallées de la Loémé, de la Loudina et du Niari, ainsi que les riches gîtes miniers qui y sont contenus. S'il n'a pas de voies ferrées, le Congo, en revanche, est desservi par des paquebots en grand nombre partant soit de France, soit de l'étranger (Bordeaux, Anvers, Hambourg, Liverpool).

Les vastes territoires de l'Afrique équatoriale ne sont encore occupés et administrés par nos agents que dans un petit nombre de leurs parties. Les compagnies concessionnaires du commerce du caoutchouc se partagent l'immensité congolaise, où leur action, comme on le verra au chapitre VII de la IIe partie consacré au *Régime des terres et de la main-d'œuvre*, n'a pas donné, tant s'en faut, ce qu'on en espérait. C'est qu'en effet la main-d'œuvre y est assez difficile à obtenir et, d'autre part, toutes les parties du gouvernement général ne sont pas encore absolument soumises, témoin la révolte dans laquelle le colonel Moll a trouvé la mort dans le Ouadaï, en novembre 1910, après que nous eûmes, en 1909, occupé Abécher, la capitale du pays. L'insurrection une fois réprimée, nous avons été amenés à occuper Arada, en 1911, afin de couvrir le Ouadaï du nord contre les incursions des bandes qui opèrent dans ces régions.

Le mouvement du commerce général du Congo français et dépendances pendant l'année 1908 s'est élevé (importation et exportation réunies) à une somme totale de 26.830.151 francs. C'est une diminution de 7.925.823 francs sur l'année précédente et une augmentation de 1.483.701 francs sur la moyenne quinquennale 1903-1907.

A l'importation, les valeurs ont atteint le chiffre de 10.028.238 francs. Elles ont été ainsi inférieures de 5.133.448 francs à celles de l'année précédente et de 905.899 francs à la moyenne quinquennale.

Les exportations ont atteint le chiffre de 16.801.913 francs, en diminution de 2.792.375 francs sur l'année précédente et en augmentation de 2.389.600 francs sur la moyenne quinquennale.

La part de la France dans ce mouvement commercial a été de 11.626.813 francs, dont 4.206.705 francs à l'importation et 7.420.108 francs à l'exportation. C'est une diminution totale de 4.287.865 francs sur l'année précédente, dont 2.491.973 francs à l'importation et 1.795.892 francs à l'exportation. Ces résultats représentent 43 % du commerce total, 41,9 % des marchandises importées, 44,1 % des marchandises exportées, au lieu de 45,6 %, 44,1 % et 47 % en 1907.

Le commerce avec les autres colonies françaises représente 117.856 francs, dont 62.380 francs à l'importation et 55.476 francs à l'exportation. C'est, par rapport à 1907, une augmentation totale de 78.049 francs, dont 22.803 francs à l'importation et 55.246 francs à l'exportation. Ce qui donne une participation de 0,6 % au commerce total, de 0,7 % à l'importation et de 0,4 % à l'exportation, au lieu de 0,2 %, 0,4 % et 0,1 % l'année précédente.

Les échanges avec les pays étrangers ses sont élevés à 15.085.482 francs, dont 5.759.153 francs à l'importation et 9.326.329 francs à l'exportation. C'est, par rapport à l'année précédente, une diminution totale de 3.716.007 francs, dont 2.664.278 francs à l'importation, et 1.051.729 francs à l'exportation. Ces chiffres correspondent à 56,4 % du commerce total, 57,4 % des importations et 55,5 % des exportations. Les parts respectives de 1907 avaient été de 55,5 %, 55,5 % et 52,9 %.

En 1909, le commerce général de l'Afrique équatoriale a atteint 28.573.252 francs, dont un total de 11.119.319 francs pour les importations et de 17.453.933 francs à l'exportation. Le commerce avec la France a été de 12.847.237 francs, soit 4.473.183 à l'importation et 8.374.054 à l'exportation. Avec les pays étrangers, le total des importations (6.556.279 francs) et des exportations (9.073.065 francs) s'est chiffré par 15.629.344 francs et celui avec les colonies françaises par 96.671 francs (89.857 et 96.671 francs pour les importations et exportations). Le Gabon a atteint le chiffre global de 9.572.182 francs et les autres colonies de 19.001.070 francs. Les exportations ont été de

4.777.012 francs pour le premier et de 6.342.307 francs pour les autres ; et les exportations respectivement de 4.795.170 et 12.658.763 francs.

ARTICLE V

Côte Française des Somalis

La superficie de la colonie est de 30.000 kilomètres carrés et sa population de 180.000 habitants. Le climat y est d'une épouvantable sécheresse, surtout quand souffle le terrible *khamsin*, vent du désert, amenant des congestions suivies de mort foudroyante par arrêt de la respiration ; on n'y peut vivre qu'à la condition d'asperger constamment d'eau les lieux où l'on habite. La côte est nue, desséchée, abrupte et ravinée ; elle va du Ras Doumeira à l'Erythrée italienne au nord, et, au sud, jusqu'à la limite des protectorats anglais de Zeila et de Berbera. Au milieu, se trouve la baie de Tadjoura avec le port d'Obock, petite bourgade contenant quelques rares habitants. Le chef-lieu du pays est *Djibouti*, excellente rade, futur entrepôt du commerce extérieur du Harar et de l'Abyssinie, port d'escale et de ravitaillement pour les navires français se dirigeant vers la Nouvelle-Calédonie, Madagascar ou l'Indo-Chine. La population de Djibouti, de plus de 16.000 habitants, dont 1200 européens environ, est très mélangée ; on rencontre, à côté des français, des italiens, des syriens, des arméniens ; il y a également des arabes, des juifs, des soudanais. L'intérieur du pays contient des peuplades diverses : Danakils, Somalis, Gallas ; les unes se composent de nomades, de guerriers et de pasteurs ; les autres sont sédentaires et se livrent à l'agriculture. La côte française des Somalis produit de l'ivoire, de l'or, du café, de la cire, de la gomme et du caoutchouc. Il y a des sangliers, des antilopes, des gazelles, des autruches, des chacals, des hyènes, des panthères et des singes. On pêche sur le littoral de nombreux poissons et l'huître perlière.

L'établissement de la côte des Somalis ne sera jamais une colonie d'exploitation, mais un centre commercial qui peut devenir très florissant grâce au voisinage du pays Galla et de l'Abyssinie dont il doit former le débouché naturel pour les produits de la gomme, de l'encens, du café, du coton et de l'ivoire. Un chemin de fer relie actuellement Djibouti au Harar, avec prolongement projeté jusqu'à Addis-Abeda. Un décret du 8 décembre 1908 ayant prononcé la déchéance de la compagnie du chemin de fer éthiopien, une convention a été conclue le 8 mars 1909 entre le gouvernement français et la compagnie du chemin de fer franco-éthiopien, convention approuvée par une loi du 3 avril suivant et qui transfère à la dite compagnie la concession de l'exploitation de la voie ferrée de Djibouti à l'Ethiopie.

Le traité de commerce et d'amitié signé à Addis-Abéda le 10 janvier 1908 entre les France et l'Ethiopie, dont il a été parlé ci-dessus, décide, en son art. 1er, que l'Ethiopie doit faciliter, dans la mesure du possible, à tous les négociants de l'Empire les moyens d'avoir accès au port de Djibouti, ce qui signifie que le port en question est envisagé par le gouvernement du Négus comme le débouché naturel des produits éthiopiens vers la mer Rouge. Cette disposition que corroborent d'autres mesures prises dans le même esprit, est fort importante pour le développement du commerce de notre côte des Somalis qui doit prendre dans les marchés éthiopiens une place prépondérante.

Le mouvement du commerce général de la Côte française des Somalis en 1908 s'est élevé (importation et exportation réunies de marchandises de toutes sortes) à une somme totale de 33.299.940 francs ; c'est une diminution de 5.646.725 francs sur l'année précédente et une augmentation de 3.127.264 francs sur la moyenne de la période quinquennale 1903-1907.

A l'importation, les valeurs ont atteint le chiffre de 13.336.186 francs. Elles ont été ainsi inférieures de 2.519.461 francs à celles de l'année précédente et supérieures de 1.352.596 francs à la moyenne quinquennale.

Les exportations ont atteint le chiffre de 19.963.754 francs, en diminution de 3.127.264 francs sur l'année précédente et en augmentation de 2.545.342 francs sur la moyenne quinquennale.

La part de la France dans ce mouvement commercial a été de 3.841.923 francs, dont 2.258.949 francs à l'importation et 1.582.974 francs à l'exportation. C'est une diminution totale de 2.150.578 francs sur l'année précédente, dont 1.691.269 francs à l'importation et 459.309 francs à l'exportation. Ces résultats représentent 12,4 % du commerce total, 16,9 % des marchandises importées, 7,9 % des marchandises exportées, au lieu de 11,2 %, 15,5 %, et 6,8 % en 1907.

Le commerce avec les autres colonies françaises représente 483.537 francs, dont 13.179 francs à l'importation, et 470.358 francs à l'exportation. C'est, par rapport à 1907, une augmentation totale de 77.378 francs, dont 6.571 francs à l'importation et 70.807 francs à l'exportation. Ce qui donne une participation de 1,2 % au commerce total, de 0,1 % à l'importation et de 2,4 % à l'exportation, au lieu de 0,8 %, 0,2 % et 1,4 % l'année précédente.

Les échanges avec les pays étrangers se sont élevés à 28.974.480 francs, dont 11.064.058 francs à l'importation et 17.910.422 francs à l'exportation. C'est, par rapport à l'année précédente, une diminution totale de 3.573.525 francs, dont 834.763 francs à l'importation et 2.738.762 francs à l'exportation. Ces chiffre correspondent à 86,4 % du commerce total, 83 % des importations et 89,7 % des exportations. Les parts respectives de 1907 avaient été de 88 %, 84,3 % et 91,8 %.

En 1909, les échanges ont monté à 41.186.107 francs, dont 15.520.663 francs à l'importation et 25.665.444 francs à l'exportation. Le commerce avec la France, l'étranger, et les autres colonies accuse le chiffre de 2.664.466 francs, 12.832.812 francs et 23.385 francs à l'importation, soit au total 15.520.665 francs et, pour les exportations, 2.062.405 francs, 23.128.042 francs et 474.997 francs, soit, au total 25.665.444 francs.

ARTICLE VI

Madagascar et dépendances

§I. — *Madagascar*

Sauf pour une très petite portion de son territoire au sud, la grande île africaine est située en entier dans la zone torride. Elle offre une superficie approximative de 600.000 kilomètres carrés; baignée à l'ouest par le canal de Mozambique et à l'est par l'océan Indien, elle n'est pas encore parfaitement connue dans toutes ses parties. Elle est traversée du nord au sud par des montagnes se rapprochant parallèlement de la côte est, qui forment un dôme occupant plus de la moitié de l'île et dont le plus haut sommet, le Tsiafajovona, atteint près de 3.000 mètres. Du côté du versant oriental, trois grandes terrasses descendent à la mer par pentes brusques; le versant occidental, au contraire, s'incline vers le canal de Mozambique par des plaines étagées en pente douce. Un haut plateau occupe donc le centre de l'île et l'on trouve des basses terres très étroites sur le versant oriental, mais plus larges quoique coupées de chaînes secondaires dans le versant occidental. De là il résulte que le régime hydrographique est fort tourmenté; les cours d'eau très nombreux, aux allures torrentielles, ne sont navigables que sur une très petite partie de leur lit où les eaux abondent durant la moitié de l'année et font défaut pendant l'autre moitié. Les principaux sont la Betsiboka grossie de l'Ikopa, le Tsihibirina sur le versant occidental, le Mangoro, la Manahara sur le versant oriental. Les côtes septentrionales sont très abruptes, dentelées de façon bizarre sous l'action volcanique, comme dans la baie de Diégo-Suarez; au sud, on rencontre des lagunes et des sables; mais dans tous ses points la côte est d'un abord difficile.

La zone centrale est seule suffisamment fraîche pour que l'européen s'y acclimate facilement; sur tout le littoral le paludisme est à craindre, surtout dans la saison des pluies qui va d'octobre à la fin de mars à l'ouest et au centre, et qui dure presque toute l'année sur le versant oriental. Les forêts sont extrêmement abondantes dans l'île, dont elles couvrent près du cinquième; elles constitueront dans l'avenir une des ressources principales de l'exploitation, pourvu qu'on remédie à la déforestation systématique qui a causé d'énormes ravages. Actuellement, le service forestier exerce une surveillance fort active pour empêcher le déboisement, et on n'accorde les concessions de coupes de bois qu'avec obligation de reboiser progressivement. On trouve, parmi les essences forestières, les bois d'ébène, de palissandre, de rose, d'acajou et aussi les bois de construction, en outre les lianes à caoutchouc, la canne à sucre, les palmiers, cotonniers, caféiers, cacaoyers, vaniliers, girofliers, poivriers, théiers. On y rencontre les plantes tinctoriales : oseille et indigo. Les cultures sont très variées : riz, manioc, maïs, ignames, patates, pommes de terre, tabac, crin végétal qui se retire du chamœrops, raphia sorte de filasse extraite du palmier de ce nom, etc. Quelle que soit la fertilité du pays, toutes nos récoltes n'y réussissent pourtant pas; les tentatives de culture du blé et de la vigne n'ont donné que de médiocres résultats. Ce sont principalement les cultures riches : café, cacao, vanille, tabac, girofle, qui doivent tenter les gros capitaux, tandis que les moyens auront intérêt à se tourner vers l'élevage et l'exploitation des forêts. Les industries extractives ne se développent pas, quoique le sous-sol de l'île contienne abondamment du fer, du cuivre, de l'étain, du graphite et du plomb; l'exploitation de l'or n'a pas donné encore de résultat appréciable, bien que des échantillons d'un assez beau volume aient figuré à l'Exposition de Paris de 1900. En 1909, la production aurifère s'élevait à 3.646 kilogrammes et il y a eu augmentation les années suivantes. Actuellement elle dépasse sept millions par an et va être augmentée par la construction d'une route importante de 180 kilomètres de longueur, dite route des placers, qui réunira Diego-Suarez aux importants gisements aurifères de la côte nord-ouest. Il y a également, dans la région d'Ankavandra, d'importants gisements de pétrole pour lesquels des compagnies anglaises font de coûteux sondages de recherches. Les pierres précieuses abondent dans les vallées qui rayonnent autour de l'Ankaratra : beryls, aigues-marines, zircous, tourmalines, rubellites. Ces pierres ont un prix de revient d'environ 2 fr.50 le gramme et se vendent fort bien en France et en Allemagne. La houille a été découverte dans le sud de Madagascar. Les Malgaches travaillent fort habilement le fer pour confectionner les instruments qui leur sont nécessaires.

En ce qui concerne la faune, on ne trouve guère dans l'île que des sangliers et des singes appelés lémuriens, à longues queues, pattes puissantes, très agiles et poussant des hurlements lugubres qui rappellent la plainte humaine;

les serpents y foisonnent, mais rarement venimeux, ainsi que les gros crocodiles. Parmi les animaux domestiques, on compte le mouton sans laine et à grosse queue, le porc, la chèvre, le cheval, l'âne (ces deux derniers d'importation récente) et le bœuf à bosse ou zébu considéré comme la richesse principale du pays (4 millions de têtes). Les rivières sont très poissonneuses et les mollusques aquatiques et terrestres fort abondants, ainsi que les abeilles.

Suivant une statistique publiée au *Journal Officiel* de Madagascar du 7 mai 1910, la colonie comptait, en 1909, 2.965.508 habitants, dont 15.118 Européens, 2.944.389 indigènes sujets français, 4.154 indigènes sujets étrangers et 1.847 métis. Les effectifs militaires (guerre et marine) compris dans les chiffres ci-dessus, s'élèvent à 10.770 hommes, dont 2.846 Européens et 7.924 indigènes. La population européenne comprend : 6.671 Français nés en France, 5.166 Français nés dans les colonies, 3.281 étrangers. Les indigènes sujets français, au nombre de 2.944.389, comprennent 846.215 hommes, 953.273 femmes et 1.144.901 enfants.

Les peuplades de Madagascar sont très variées; on les range sous le nom générique de Malgaches venus très probablement d'Asie et d'Afrique. Les Hovas, d'origine malaise, au nombre de 918.600, forment près du tiers de la population totale; ils sont établis sur les hauts plateaux de l'Imérina, où les indigènes ont subi leur domination imposée par la force et la ruse. Ils ont fini par acquérir la suprématie dans presque toute l'île et c'est contre le gouvernement hova que la France eut surtout à lutter lors de la conquête; ce furent les agissements de leur reine, qui, on l'a vu, amenèrent la substitution de l'annexion au protectorat. Les autres peuplades, de civilisation bien inférieure, sont d'origine africaine et offrent la physionomie de la race cafre, sauf toutefois les Sakalaves à teint pâle, presque blanc à raison du croisement avec les Arabes. Ce sont les Betsiléos 383.000; les Betsimisakara, 369.200; les Sakalaves, 156.083; les Antakares, les Bara, 182.000; les Antsihanaka, les Tanala 182.000; les Antaifasy, les Antanosy, etc. Parmi les étrangers, les Hindous qui dominent sont 2.974 et les Chinois 540. A ces chiffres, il faut ajouter environ

12.000 Africains. Des européens, un tiers habite Tananarive; un tiers Tamatave et le reste se trouve répandu un peu partout, à Diégo-Suarez, Nosy-Bé, Majunga, etc. Les Hovas sont officiellement chrétiens, protestants à l'époque de l'influence anglaise, catholiques depuis le protectorat et surtout l'annexion française; au fond, ils sont restés soit fétichistes, soit sceptiques et sans aucune religion réelle. Ils ont gardé les vices anciens, la lâcheté, la fourberie et la cruauté primitives, bien qu'ils aient, plus que les autres peuplades, l'esprit de progrès et qu'ils s'assimilent plus facilement les mœurs, les coutumes, les modes, le costume et le langage européens. Ils s'acquittent fort bien des métiers importés dans l'île : clercs d'avocat, conducteurs d'automobiles, employés aux observatoires, ateliers de dessin, gravure, etc. Les Hovas des villes sont de mœurs fort relachées; ceux de la campagne sont plus retenus, plus policés, plus travailleurs, plus hospitaliers et plus loyaux. Depuis le régime français, les Hovas ont été dépossédés de leur suprématie antérieure ; toutes les populations de l'île sont désormais égales et administrées par leurs chefs, sous le contrôle des autorités françaises qui s'ingénient à créer des espèces de fédérations ou groupements locaux entre les peuplades similaires.

Le gouvernement général s'est préoccupé de répandre l'enseignement primaire; à cet effet, des arrêtés des 15 juin 1903 et 25 janvier 1904 prévoient l'établissement d'écoles réparties en quatre circonscriptions. L'enseignement industriel et agricole est donné dans des écoles régionales d'apprentissage et des écoles professionnelles de jeunes filles, ainsi que dans des écoles primaires rurales. Une école de médecine indigène a été créée à Tananarive par arrêté du 11 décembre 1894; un autre arrêté du 30 décembre 1897 a organisé une école professionnelle dans la même ville et prévoit la création d'une école d'agriculture et d'écoles administratives et commerciales.

La capitale de l'île est *Tananarive*, bâtie à 1.500 mètres d'altitude environ et dont le climat est favorable à l'européen. Sa population compte 94.813 habitants et tend tous les jours à s'augmenter.

Tamatave a un port amélioré par d'excellents travaux

et dont l'accès est facile; seulement, en dépit de toutes les mesures d'assainissement, le climat est anémiant et fiévreux. La ville a une population de 8.761 habitants essentiellement cosmopolite.

Majunga est également un port important à l'embouchure du Betsiboka, dont l'affluent, l'Ipoka, conduit par une route naturelle jusqu'à l'Imerina et dans la capitale même. Un grand phare d'une portée de 30 milles domine l'entrée du port qui est le plus important de la côte occidentale et sert de débouché aux marchandises venues des hauts plateaux. La ville compte 7.205 habitants de toutes provenances. Des industries importantes de décortication et des usines d'épuration du caoutchouc se sont créées dans l'immense plaine du Marovoay qui a été drainée et aménagée en rizières.

Antsirana est le chef-lieu de notre ancienne colonie de Diégo-Suarez; la baie de ce nom, large et profonde, est une station maritime de premier ordre et un point d'appui sûr pour notre flotte de l'océan Indien. Elle contient des dépôts importants de charbon et des entrepôts de ravitaillement pour la région du nord. Sur le penchant de la montagne d'Ambre, haute de 1.380 mètres, a été établi un sanatorium où les européens fatigués viennent réparer leurs forces.

Fianarantsoa a une population de 8.179 habitants. C'est la capitale du Betsileo, centre agricole et commercial prospère qui a surtout des relations d'affaires avec les régions du sud et de l'ouest.

L'effort du service des travaux publics se tourne du côté de l'amélioration des routes existantes et de la création de nouvelles, surtout pour la pénétration vers les hauts plateaux de l'intérieur. Il y a actuellement deux routes principales, l'une de Tananarive à Tamatave, carrossable jusqu'à Andevorante — on va de ce dernier point à Tamatave par bateau — l'autre de Tananarive à Majunga par route de terre et bateau. On songe à établir des chemins de fer dont le tracé a été déjà effectué, mais dont la réalisation, comme partout ailleurs, sera longtemps différée par la question pécuniaire. Depuis 1909, une voie ferrée relie Tananarive à Brickaville; par un canal parallèle à la mer dit des Pangalanes, qui a été rendu accessible à la navigation, on va jusqu'à Tamatave en bateau à vapeur. Un arrêté du gouverneur général du 11 février 1911 a déclaré d'utilité publique les travaux de prolongement du chemin de fer entre Brickaville et Tamatave; la voie ferrée évitera le transbordement des marchandises et les droits élevés que fait payer la compagnie concessionnaire de la navigation sur le canal. On a également projeté une voie ferrée dite du sud qui transportera à la capitale et de là à la mer les riches produits de la région agricole et minière d'Antsirabé.

Le commerce se développe assez heureusement dans l'île; à ce point de vue, on ne saurait trop louer la très heureuse création du général Gallieni consistant dans des *chambres consultatives* destinées à renseigner les chambres de commerce françaises sur les questions intéressant Madagascar. Il a rétabli les marchés indigènes fermés pendant la guerre et prescrit l'usage des poids, mesures et monnaies divisionnaires françaises. L'œuvre de la colonisation agricole n'a pas encore donné des résultats fort appréciables. Toutefois, sous l'impulsion du service de l'agriculture, on a transformé en rizières une grande quantité de marais. Actuellement, Madagascar suffit à sa consommation en riz et commence à en exporter à la Réunion et dans l'Afrique du sud. Sur les plateaux se rencontrent de belles plantations de mûriers et la sériciculture est en progrès sensible.

Le mouvement du commerce général de la colonie de Madagascar en 1908 s'est élevé (importation et exportation réunies de marchandises de toutes sortes) à une somme de 53.316.928 francs. C'est une augmentation de 323.898 francs sur l'année précédente et de 351.332 francs sur la moyenne quinquennale 1903-1907.

A l'importation, les valeurs ont atteint le chiffre de 29.963.270 francs. Elles ont été ainsi supérieures de 4.833.659 francs à celles de l'année précédente et inférieures de 19.350 francs à la moyenne quinquennale.

Les exportations ont atteint le chiffre de 23.353.658 francs, en diminution de 4.509.769 francs sur l'année précédente et en augmentation de 370.682 francs sur la moyenne quinquennale.

La part de la France dans ce mouvement commercial a

été de 42.191.769 francs, dont 25.171.456 francs à l'importation et 17.020.313 francs à l'exportation.

C'est une augmentation totale de 2.240.614 francs sur l'année précédente, une augmentation de 4.511.693 francs à l'importation et une diminution de 2.271.079 francs à l'exportation. Ces résultats représentent 78,4 % du commerce total, 84 % des marchandises importées, 72,8 % des marchandises exportées, au lieu de 75,9 %, 82,6 % et 69,2 % en 1907.

Le commerce avec les autres colonies françaises représente 1.804.803 francs, dont 810.661 francs à l'importation et 994.142 francs à l'exportation. C'est, par rapport à 1907, une augmentation totale de 151.469 francs, dont 31.731 francs à l'importation et 119.738 francs à l'cxportation. Ce qui donne une participation de 3.6 % au commerce total, de 2,8 % à l'importation et de 4,4 % à l'exportation, au lieu de 3 %, 2,8 % et 3,2 % l'année précédente.

Les échanges avec les pays étrangers se sont élevés à 9.320.356 francs, dont 3.981.151 francs à l'importation et 5.339.203 francs à l'exportation.

C'est, par rapport à l'année précédente, une diminution totale de 2.068.193 francs, une augmentation de 290.235 francs à l'importation et une diminution de 2.358.428 francs à l'exportation. Ces chiffres correspondent à 18 % du commerce total, 13,2 % des importations et 22,8 % des exportations. Les parts respectives de 1907 avaient été de 21,1 %, 14,6 % et 27,6 %.

En 1909, le commerce global de Madagascar est monté à 67.158.514 francs, dont 34.140.335 francs d'importations et 33.378.179 francs d'exportations. La France a fait avec la colonie des affaires pour 28.959.529 francs à l'importation et pour 22.412.316 francs à l'exportation (51.371.845 francs). Le commerce avec les autres colonies accuse 2.498.180 francs (1.561.274 francs importations et 936.906 francs exportations). Avec l'étranger, les marchandises importées ont été d'une valeur de 3.619.532 francs et celles exportées de 10.028.957 francs (total 13.648.489 francs).

§ II. — *Dépendances de Madagascar*

A. — Sainte-Marie et Nossy-Bé.

Sainte-Marie est une longue bande de terre de 50 kilomètres environ, parallèle à la côte de l'océan Indien, avec des hauteurs de 50 à 60 mètres, d'où partent de chaque côté des cours d'eau torrentiels. La population comprend des Betsimisaraka; la ville principale est Saint Pierre dans l'îlot Madame.

Nossy-Bé a une superficie approximative de 300 kilomètres carrés et une population de Sakalaves de 1.200 habitants environ. Les montagnes d'origine volcanique s'élèvent à 600 mètres à peu près et déversent des cours d'eau analogues à ceux de Sainte-Marie. La capitale, Helleville, a une rade très sûre. Les dépendances de Nossy-Bé : Nossy-Comba, Nossy-Mitsio, Nossy-Faly, Nossy-Sakatia, sont des îles de peu d'importance. Nossy-Mitsio est la fraction la plus considérable du petit archipel Minow. Un arrêté local du 25 janvier 1887 a réglementé à Nossy-Bé le service scolaire gratuit mais non obligatoire.

B. — Mayotte et les Comores.

On y trouve une population de 85.000 habitants environ répartie sur 2.000 kilomètres carrés. Cette population est formée surtout par les Antalotes, métis produits par le croisement des nègres, des arabes, des persans, des sakalaves et des français. Ils ont adopté l'islamisme et, en fait, pratiquent le fétichisme. Ils se livrent à la navigation et au commerce et parcourent les îles sur de légers navires appelés *boutres* et sur des pirogues; ils ont pratiqué la traite jusqu'à l'arrivée du régime français; leurs chefs sont arabes et s'intitulent sultans. Un arrêté du gouverneur du 12 mai 1886 concernant Mayotte réglemente l'instruction publique gratuite et obligatoire de 6 à 13 ans.

Mayotte a pour capitale Boeni; c'est la plus peuplée de ces îles; elle contient 40.000 habitants; elle cultive principalement la canne à sucre. Anjouan « perle des Comores » est plus saine que Mayotte, tout en ayant la même fertilité; elle produit la canne à sucre, le café et surtout la vanille. *Moheli* est la plus petite des Comores et la plus insalubre; la vanille y constitue l'unique culture. Enfin, la *Grande Comore* est la plus fertile et la plus salubre de l'archipel. Elle a de vastes pâturages et des plantations de vanille; le cacao, le café, le thé, le quinquina, le caoutchouc et le giroflier commencent à y être cultivés, avec l'ensemble des fruits et légumes d'Europe.

Le mouvement du commerce général de Mayotte et Comores en 1908 s'est élevé (importation et exportation réunies de marchandises de toutes sortes) à une somme de 3.729.809 francs. C'est une diminution de 615.557 francs sur l'année 1907 et de 429.879 francs sur la moyenne de la période quinquennale 1903-1907.

A l'importation, les valeurs ont atteint le chiffre de 1.417.766 francs. Elles ont été ainsi supérieures de 105.710 francs à celles de l'année 1907 et de 211.492 francs à la moyenne quinquennale.

Les exportations ont atteint le chiffre de 2.312.043 francs, en diminution de 721.267 francs sur l'année 1907 et de 641.371 francs sur la moyenne quinquennale.

La part de la France dans ce mouvement commercial a été de 2.598.081 francs, dont 570.488 francs à l'importation et 2.027.593 francs à l'exportation. C'est une diminution totale de 592.507 francs sur l'année précédente, une augmentation de 187.728 francs à l'importation et une diminution de 780.235 francs à l'exportation. Ces résultats représentent 64 % du commerce total, 40,4 % des marchandises importées, 87,7 % des marchandises exportées, au lieu de 60,9 %, 29,2 % et 92,6 % en 1907.

Le commerce avec les autres colonies françaises représente 787.124 francs, dont 585.619 francs pour l'importation et 201.505 francs pour l'exportation. C'est, par rapport à 1907, une augmentation totale de 2.099 francs, une diminution de 70.417 francs à l'importation et une augmentation de 72.516 francs à l'exportation. Ce qui donne une participation de 25 % au commerce total, de 41,1 % à l'importation et de 8,8 % à l'exportation, au lieu de 27,1 %, 50 % et 4,2 % l'année précédente.

Les échanges avec les pays étrangers se sont élevés à 344.604 francs, dont 261.659 francs à l'importation et 81.945 francs à l'exportation. C'est, par rapport à l'année précédente, une diminution totale de 25.149 francs, dont 11.601 francs à l'importation et 13.548 francs à l'exportation. Ces chiffres correspondent à 11 % du commerce total, 18,5 % des importations et 3,5 % des exportations. Les parts respectives de 1907 avaient été de 12 %, 20,8 % et 3,2 %.

Voici les chiffres du commerce de 1909 : importations, 1.133.429 francs, exportations, 2.700.652 francs, (total 3.834.081 francs). Le commerce avec la France est monté à 2.638.179 francs (importations 386.316 francs, exportations, 2.251.863 francs). Avec les autres colonies les échanges ont atteint 745.867 francs, dont 474.454 francs à l'importation et 271.413 francs à l'exportation. Avec les pays étrangers, les échanges ont monté à 450.035 francs, dont 276.659 francs, pour les importations et 177.376 francs, pour les exportations.

ARTICLE VII

La Réunion

La Réunion, d'environ 2.500 kilomètres carrés, située dans l'Océan Indien à l'est de Madagascar, fait partie du groupe des Mascareignes; les îles Maurice et Rodrigue appartenant au même groupe sont, on l'a vu, passées aux Anglais en vertu du traité de 1814. La Réunion est une île de formation volcanique, présentant l'aspect d'un cône d'une altitude considérable sur lequel se dessinent plusieurs sommets, dont le Gros Morne est le point culminant. L'activité volcanique est encore intense dans la partie sud-est de l'île; trois cirques séparés par des blocs de lave se sont formés autour du Gros Morne et ont donné naissance à des sources thermales dont celle de Salazie est la plus réputée. Les eaux sont contenues dans des torrents et ravines n'ayant que des crues temporaires et souvent à sec. Le climat de l'île est chaud dans les terres basses et tempéré dans les hauteurs, vers lesquelles se transportent les habitants pour échapper au paludisme.

La Réunion se divise en deux zones dites : l'une l'arrondissement du Vent sur le versant oriental, à climat humide, et l'autre l'arrondissement sous le Vent, sur le versant occidental, à température sèche. Le climat était jadis très salubre; il l'est moins aujourd'hui, car l'on a laissé, à la suite du déboisement, se créer des mares croupissantes engendrant les fièvres paludéennes. L'instruction est très développée dans l'île; l'enseignement primaire y compte 119 écoles et il existe un lycée à Saint-Denis. Les créoles sont autorisés à faire leur licence et même leur doctorat, en venant simplement passer en France leur examen en une seule session.

La Réunion possède une population de 200.000 habitants, groupée sur les côtes et composée de blancs, de créoles, de mulâtres et de nègres. *Saint-Denis* est le chef-lieu de l'île; c'est une belle ville de 30.000 habitants environ, centre officiel où le commerce et l'industrie sont plutôt rares. On peut encore citer, comme villes principales, *Saint-Pierre*, de population à peu près égale, *Saint-Paul*, *Saint-Gilles*, *Saint-Leu* et *Saint-Benoît*. Des collèges communaux existent à Saint-Pierre, Saint-André et Saint-Paul.

Colonie essentiellement agricole, la Réunion produit notamment la canne à sucre qui est surtout prospère dans l'arrondissement sous le Vent. On y cultive aussi, mais avec moins de succès, le café, la vanille, les essences de fleurs odoriférantes, le thé, le cacao, le caoutchouc. La Réunion a, comme d'autres colonies, connu le fléau du déboisement; la lutte en faveur du reboisement a commencé depuis 1874, grâce aux mesures énergiques prises à cette époque pour interdire le défrichement des parties boisées et prescrire le reboisement méthodique. Les bois d'acajou, santal, teck, les eucalyptus, araucarias, camphriers sont l'objet de soins assidus destinés soit à protéger ceux qui restent encore, soit à rétablir les manquants.

Il ne faut pas se le dissimuler, la Réunion, comme toutes les vieilles colonies françaises, comme les Antilles par exemple, traverse une passe difficile et est bien déchue de sa splendeur ancienne; le commerce a fortement diminué, bien qu'en 1907 on ait constaté une légère reprise des affaires : 28.468.000 francs au lieu de 24.422.000 francs en 1906.

Le mouvement du commerce général de la Réunion pendant l'année 1908 s'est élevé (importation et exportation réunies de marchandises de toutes sortes) à une somme totale de 26.991.701 francs. C'est une diminution de 1.476.178 francs sur l'année précédente et de 3.643.489 francs sur la moyenne quinquennale 1903-1907.

A l'importation, les valeurs ont atteint le chiffre de 11.812.627 francs. Elles ont été ainsi inférieures de 2.678.361 francs à celles de l'année précédente et de 5.022.140 francs à la moyenne quinquennale.

Les exportations ont atteint le chiffre de 15.179.074 francs, en augmentation de 1.202.183 francs sur l'année précédente et de 1.378.651 francs sur la moyenne quinquennale.

La part de la France dans ce mouvement commercial a été de 21.095.566 francs, dont 6.972.908 francs à l'importation et 14.122.658 francs à l'exportation. C'est une augmentation totale de 44.327 francs sur l'année précédente, une diminution de 773.076 francs à l'importation et une augmentation de 817.403 francs à l'exportation. Ces résultats représentent 76 % du commerce total, 59 % des marchandises importées, 93 % des marchandises exportées, au lieu de 74,3 %, 53,4 % et 95, 2 % en 1907.

Le commerce avec les autres colonies françaises représente 3,641.062 francs, dont 3.306.766 francs à l'importation et 334.270 francs à l'exportation. C'est, par rapport à 1907, une diminution totale de 1.404.982 francs, une diminution de 1.509.260 francs à l'importation et une augmentation de 104.278 francs à l'exportation. Ce qui donne une participation de 15,1 % au commerce total, de 28 % à l'importation et de 2,2 % à l'exportation, au lieu de 17,4 %, 33,2 % et 1,6 % l'année précédente.

Les échanges avec les pays étrangers se sont élevés à 2.255.099 francs, dont 1.532.953 francs à l'importation et 742.146 francs à l'exportation. C'est, par rapport à l'année précédente, une diminution totale de 115.523 francs, une diminution de 396.025 francs à l'importation et une augmentation de 280.502 francs à l'exportation. Ces chiffres correspondent à 8,9 % du commerce total, 13 % des importations et 4,8 % des exportations, Les parts respectives de 1907 avaient été de 8,3 %, 3,4 % et 3,2 %.

En 1909, le commerce s'est élevé à 29.585.336 francs, dont 13.233.483 francs à l'importation et 16.351.853 francs à l'exportation. Avec la France, les chiffres ont été de 8.740.253 francs d'importations et 15.621.098 francs d'exportations (24.361.351.) Avec l'étranger, les échanges ont monté à 2.207.906 francs, soit 1.762.345 d'importations et 445.561 d'exportations et, avec nos autres colonies, de 3.016.079 francs, dont 2.730.885 à l'importation et 285.194 à l'exportation.

La cause principale du marasme qui pèse sur la colonie, provient de la difficulté de trouver la main-d'œuvre comme aux Antilles et pour les mêmes motifs. Jadis l'esclavage supprimait tout embarras, et son abolition par le décret du 27 avril 1848 a tout changé ; il a fallu recourir aux engagés qu'on a appelés un peu de partout, principalement de l'immigration indienne, mais sans résultat bien satisfaisant. Aussi plus de la moitié de la superficie de l'île n'est-elle point exploitée faute de bras. En somme, tandis que l'avenir paraît s'ouvrir favorable et prospère pour les nouvelles colonies africaines que nous venons ci-dessus d'examiner, il apparaît, au contraire, plutôt sombre pour la Réunion. La colonie possède un chemin de fer alimentant le port de la Réunion, dit de la pointe des galets et desservant les parties les plus cultivées de l'île. Depuis la déchéance de la compagnie concessionnaire, l'Etat exploite en régie le chemin de fer et le port devenus sa propriété et qui font l'objet d'un budget annexe rattaché au budget général métropolitain. L'Etat donne tous les ans une subvention pour assurer le service des obligations garanties.

TITRE II

Colonies asiatiques

ARTICLE PREMIER

Indo-Chine française

L'Indo-Chine française est une magnifique colonie formée originairement de morceaux disparates, de protectorats et de pays annexés, constituant aujourd'hui un tout homogène avec un gouvernement général autonome et qui n'a pas moins de 15 à 20 millions d'habitants, suivant des appréciations divergentes, dont 30.000 français. Sa superficie est d'environ 685.000 kilomètres carrés. Par ses richesses naturelles qui en font une colonie d'exploitation hors de pair, par l'importance de sa population, le voisinage de ce grand marché qui s'appelle l'Empire chinois, l'Indo-Chine française ne le cède à aucune de nos colonies les plus prospères, pas même à l'Algérie et à la Tunisie. La colonie indo-chinoise comprend les protectorats du *Cambodge*, capitale Pnom-Penh, de l'*Annam*, capitale Hué, du *Tonkin*, capitale Hanoï, le *Laos*, la colonie de la *Cochinchine*, capitale Saïgon, et la baie de *Kouang-Tchéou-Wan* cédée à bail à la France par la Chine, suivant le traité du 10 avril 1898. De plus, on l'a vu, la partie occidentale du cours du bas Mékong est dans notre zone d'influence jusqu'à la ligne de faîte du bassin de la Ménam.

L'Indo-Chine française a un relief très accidenté; elle est sillonnée par une chaîne de montagnes qui sépare les eaux du Tonkin du bassin du Mékong et, serrant de près le littoral en Annam, suit parallèlement la côte de la mer de Chine. Cette chaîne, très abrupte du côté oriental, descend au contraire en terrasses successives du côté occidental. Les montagnes et les plateaux contiennent de magnifiques forêts; la hauteur ne dépasse pas 2.000 mètres.

Les deux fleuves principaux de l'Indo-Chine sont le Mékong (mère fleuve) ou Cambodge et le Son-Koï. Le Mékong, fleuve géant, l'un des plus grands de l'Asie et du monde entier (4.600 kilomètres de cours environ), qui prend sa source dans les hauts plateaux du Thibet, arrose la Chine et coule ensuite vers le sud jusqu'à Pnom-Penh, au lieu dit des quatre bras, où commence son delta. Il se divise alors en trois branches, dont deux se dirigent vers le sud et arrosent Chaudoc, Long-Xuyen, Vinh-Long et Mytho. La troisième branche déverse, à l'époque des crues, ses eaux dans le Tonlé-Sap ou grand lac qui les lui rend lors des sécheresses. Le Tonlé-Sap est un réservoir immense fournissant aux besoins du delta du Mékong jusqu'à 35 milliards de mètres cubes d'eau; il abonde en poissons et la pêche nourrit plus de 30.000 pêcheurs. A portée du

Tonlé-Sap se trouvent les curieuses ruines de l'architecture Khmer d'Angkor, la Thèbes cambodgienne aux temples géants, qui révèlent les traces d'une nation mystérieuse et puissante aujourd'hui disparue. Le Trocadéro contient un musée spécial de l'art Khmer; ce sont des palais, des temples énormes, des citadelles immenses dans un rayon de 200 à 400 kilomètres autour d'Angkor. Les plus célèbres proviennent d'Angkor-Vat, de Préa-Khan la forteresse de la divine épée, et laissent, bien qu'à demi détruits, un souvenir indélébile de tristesse et de majesté.

Le second fleuve de l'Indo-Chine, le Song-Koï ou fleuve rouge, sort de Chine et arrose le Tonkin où il baigne Laokay, Hung-Hoa, Sontay et Hanoï; il reçoit la rivière Noire et la rivière Claire; les deux branches de son delta passent l'une à Ninh-Binh et l'autre à Nam-Dinh. Les deltas des deux grands fleuves indo-chinois sont composés de terres d'alluvion extrêmement fertiles et où se trouvent de magnifiques cultures. Moins puissant et moins abondant que le Mékong, le fleuve Rouge est plus calme que la mère fleuve dont le cours est sans cesse interrompu par des rapides. Il constitue la voie de pénétration la plus rapide et la plus sûre vers les provinces méridionales chinoises.

Le climat de l'Indo-Chine française est chaud, humide et anémiant; la saison humide va d'avril à octobre et durant le reste de l'année la température est un peu plus sèche. D'ailleurs, le climat est loin d'être uniforme et des différences de température considérables se produisent dans les diverses parties de la colonie. Depuis 1889, on publie un bulletin météorologique fort précieux pour les intéressés. L'Indo-Chine ne peut donc pas être envisagée comme un pays salubre pour l'européen. La Cochinchine est la région la moins saine; mais, en observant strictement les principes d'hygiène, en menant une vie sobre, en évitant les excès, le Français peut fort bien supporter le climat local et encore mieux celui des autres parties de la colonie qui est bien meilleur. En tout cas, ici, comme dans l'Afrique occidentale ou équatoriale, l'européen ne doit point se livrer aux travaux de culture ou d'industries pénibles. Il agira comme directeur des travaux, surveillant des indigènes, ingénieur, commerçant, commis, préposé, etc. En un mot, la colonie indo-chinoise, si elle peut devenir une entreprise très florissante comme colonie d'exploitation, ne saurait être envisagée comme colonie de peuplement.

L'avenir certain de l'Indo-Chine comme colonie d'exploitation est facilement démontré par la richesse et la variété des produits de toute espèce qui s'y rencontrent. On y trouve en abondance le riz qui vient principalement dans les deltas du Mékong et du fleuve Rouge, le manioc, les pois, les haricots, les ignames, les patates, le sésame, le coton, le jute, la ramie, l'indigo, le caoutchouc, le poivre, le benjoin, la badiane, le tabac, le thé, le café, le cacao, la cannelle, l'ananas, la vanille, le ricin, les arachides, les bois durs d'ébénisterie (bois de santal, ébène, teck, bois de rose), l'arbre à vernis et à laque, le mûrier, le bambou, le citronnier, l'aréquier, le palétuvier, l'arbre à cachou, les bambous, le figuier, le bananier, le manguier, le mangoustan, la goyave, les pamplemousses, le letchi, etc., etc. C'est le riz qui est le principal produit de l'Indo-Chine; en 1907, son exportation a dépassé 140 millions de francs, dont la Cochinchine a fourni les trois quarts; en 1906, ce chiffre avait été de 83 millions.

La faune est fort riche : ours noirs, éléphants, tigres, panthères, gros et petit giber de toute sorte, poil et plume. Le buffle y est domestiqué ; on y rencontre le bœuf, le porc, nos oiseaux de basse-cour, des vers-à-soie, des abeilles; et les poissons, qui foisonnent dans les eaux douces et salées, constituent une bonne partie de l'alimentation indigène. Par contre, les serpents venimeux, les caïmans, les moustiques, les fourmis, les scorpions présentent des dangers constants contre lesquels le colon ne saurait prendre trop de précautions.

Bien que l'Indo-Chine soit avant tout une colonie agricole, néanmoins les industries extractives peuvent s'y exercer, car on y trouve du plomb, du zinc, de l'étain, du fer, de l'antimoine, de la houille, du cuivre, de l'argile à brique, de l'argent, de l'or et du nickel. L'exploitation des mines qui était restée jusqu'ici à l'état rudimentaire, a pris soudain un essor considérable et occupe 10.000 indigènes guidés par 150 européens. Le commerce de la colonie suit à son tour une progression rapide des plus encourageantes. En

1907, le total des importations et exportations a été de 548.334.000 francs.

Le mouvement du commerce général de la colonie pendant l'année 1908 s'est élevé (importation et exportation réunies de marchandises de toutes sortes) à une somme totale de 527.357.229 francs. C'est une diminution de 17.997.643 francs sur l'année précédente et une augmentation de 120.891.807 francs sur la moyenne de la période quinquennale 1903-1907.

A l'importation, les valeurs ont atteint le chiffre de 280.441.614 francs. Elles ont été ainsi inférieures de 11.495.934 francs à celles de l'année précédente et supérieures de 49.154.982 francs à la moyenne quinquennale.

Les exportations ont atteint le chiffre de 246.915.615 francs, en diminution de 6.501.709 francs sur l'année précédente et supérieures de 71.736.825 francs sur la moyenne quinquennale.

La part de la France dans ce mouvement commercial a été de 136.321.235 francs, dont 92.282.230 francs à l'importation et 44.039.005 francs à l'exportation.

C'est une diminution totale de 5.036.327 francs sur l'année précédente, une diminution de 9.359.558 francs à l'importation et une augmentation de 4.323.231 francs à l'exportation. Ces résultats représentent 25,4 % du commerce total, 32.9 % des marchandises importées et 17,8 % des marchandises exportées, au lieu de 24,8 %, 34.4 % et 15,2 % en 1907.

Le commerce avec les autres colonies françaises représente 8.720.938 francs, dont 5.888.952 francs à l'importation et 2.831.986 francs à l'exportation. C'est, par rapport à 1907, une augmentation totale de 465.448 francs, une augmentation de 664.018 francs à l'importation et une diminution de 198.570 francs à l'exportation. Ce qui donne une participation de 1,7 % au commerce total, de 2,2 % à l'importation et de 1,2 % à l'exportation, au lieu de 1,8 %, 1,9 % et 1,7 % l'année précédente.

Les échanges avec les pays étrangers se sont élevés à 382.315.056 francs, dont 182.270.432 francs à l'importation et 200.044.624 francs à l'exportation.

C'est, par rapport à l'année précédente, une diminution

totale de 13.426.764 francs, dont 2.800.394 francs à l'importation, et 10.626.370 francs à l'exportation. Ces chiffres correspondent à 72,9 % du commerce total, 64,9 % des importations et 81,% des exportations. Les parts respectives de 1907 avaient été de 73,4 %, 63,7 % et 83,1 %.

En 1909, le commerce global a atteint 522.788.295 francs, dont 249.753.677 francs pour les importations et 273.034.618 francs pour les exportations. Avec la France, les échanges ont monté à 157.822.805 francs (93.403.235 francs d'importations et 64.419.570 francs d'exportations). Avec les autres colonies, les échanges ont été de 7.722.212 francs (importations 5.637.910 francs, exportations 2.084.302 francs). Avec les pays étrangers, la proportion est la suivante : importations, 150.712.532 francs, exportations, 206.530.746 francs, soit, au total, 357.243.278 francs.

La situation financière de l'Indo-Chine n'est pas moins satisfaisante pour l'année 1910, car les statistiques accusent une plus-value à l'exportation de 8 millions de francs sur les chiffres de 1909. Des causes diverses ont contribué à ce résultat : la colonisation européenne se développe et les cultures indigènes augmentent, spécialement celles du maïs qui, limitée longtemps aux besoins de la colonie, a donné lieu, en 1910, à une exportation de plus de 80.000 tonnes.

Au point de vue budgétaire, on enregistre avec satisfaction que le budget de 1910 a laissé un excédent de 816.000 piastres; pour celui de 1911, l'excédent des recettes était de 685.000 piastres par rapport aux prévisions budgétaires. Les excédents des budgets locaux se sont élevés, pour 1910, à un total de 465.000 piastres.

L'enseignement fonctionne dans la colonie, aux trois degrés. Un décret du 12 août 1905 a organisé une école de l'Indo-Chine, avec mission de former des médecins et des sages-femmes indigènes. La Cochinchine possède des collèges coloniaux qui constituent des établissements plutôt d'enseignement primaire que secondaire. La colonie est également dotée d'un système très complet d'enseignement primaire, avec des écoles de premier, de second et de troisième degré; les bourses sont au nombre des deux tiers environ de la population scolaire. Un décret du 26 février 1901 a organisé une école française d'Extrême-Orient placée sous le contrôle scientifique de l'Académie des Inscriptions et Belles-Lettres et chargée de l'exploration archéologique et philologique de l'Indo-Chine, ainsi que de l'étude des religions et civilisations voisines : Inde, Chine, Japon, etc.

Les populations de l'Indo-Chine comptent parmi les plus policées et les plus prospères de nos possessions coloniales; elles sont d'humeur douce et se plient assez volontiers à notre domination, quoique le pays, il ne faut pas se le dissimuler — et c'est ce qu'ont attesté avec beaucoup d'autres les deux rapporteurs du budget des colonies à la Chambre pour 1909, 1910 et 1911, MM. Messimy et Viollette — passe en ce moment par une sorte de crise due à la défectuosité de notre administration fiscale. Nous avons en Indo-Chine les monopoles des produits de grande consommation : opium, alcool et sel. Ces monopoles déjà vexatoires par eux-mêmes, le sont devenus encore davantage par la façon dont leur exploitation a été comprise; la taxe primitive du sel, denrée de première nécessité, a été augmentée dans des proportions considérables; quant à l'alcool fabriqué par la régie suivant les procédés européens, trop fort et insipide, il déplait considérablement à l'indigène qui ne retrouve pas en lui la saveur empyreumatique qu'il rencontre, au contraire, dans le *choum-choum* local, sorte d'alcool de riz dont la fabrication quasi-familiale ne nécessite que le matériel le plus élémentaire. Aussi la régie voyant diminuer la consommation de l'alcool, pressée par des besoins constants d'argent, a poussé par tous les moyens possibles, à partir de 1902, les fonctionnaires français et indigènes à accroître la consommation du produit et à forcer les provinces à absorber des quantités déterminées par avance de l'alcool officiel. Des procédés vexatoires ont été employés pour constater la fraude, notamment la visite corporelle des individus suspects; et les communes ont dû subir une responsabilité collective vis-à-vis du fisc. Ces procédés blâmables sont surtout pratiqués par les compagnies concessionnaires de la ferme des objets compris dans les monopoles; agissant dans un but de lucre, ces dernières ont souvent perdu de vue les intérêts généraux de la colonisation et indisposé fortement les indigènes. Aussi ces derniers, après nous avoir, au début de la conquête, témoigné assez d'affection, se sont quelque peu détachés de nous et ont prêté une aide latente aux pirates, notamment au fameux chef de partisans, le Dé-Tham, qui a longtemps tenu en échec les troupes françaises. Il faut ajouter, du reste, que l'administration a pris depuis quelques années les mesures les plus louables pour faire disparaître les causes du mécontentement indigène. Elle a assaini le régime des prestations; supprimé au Tonkin et en Annam les taxes de péage des bacs et des droits de place sur les marchés; surveillé étroitement l'établissement des rôles et la perception de l'impôt direct où les mandarins se livraient aux plus grandes exactions; facilité par des avances, la reconstitution de beaucoup de salines, sur les réclamations de l'industrie saunière et saumurière.

Dans une proclamation du 12 octobre 1908, le gouverneur général de l'Indo-Chine a promis la suppression de la responsabilité collective des villages en matière de fraude, qui effectivement a disparu, et le non renouvellement des contrats relatifs au monopole, ainsi que la reprise de la régie directe. Nous verrons plus loin, au chapitre IV consacré au *Régime financier* des colonies, quel est le système qui régit actuellement les monopoles en Indo-Chine. En dehors de la suppression de la ferme des impôts et des procédés vexatoires qui en accompagnent le recouvrement, il conviendrait, d'autre part, de s'occuper activement des œuvres qui sont intimement mêlées à la vie de l'indigène, notamment du développement de l'irrigation et des rizières.

Le principal groupe ethnique de l'Indo-Chine est constitué par les Annamites répandus au Tonkin, en Annam et en Cochinchine; ils forment le gros de la population et s'adonnent principalement à l'agriculture. La race annamite est douce, policée, obéissante, mais d'une propreté douteuse; elle ressemble à la race chinoise à qui elle a emprunté sa langue. Elle pratique le bouddhisme et les mandarins sont investis à la fois de l'autorité civile et du ministère religieux; toutefois les missions catholiques ont exercé une influence considérable et n'ont pas fait moins de 500.000 adeptes parmi les annamites de l'Annam et du Tonkin.

Le costume des deux sexes est à peu près pareil; l'homme et la femme, au teint glabre, se distinguent assez difficilement, car tous deux portent la chevelure longue redressée en chignon. L'annamite s'adonne au jeu avec passion, principalement au jeu national des *trente-six bêtes.*

Le second groupe comprend les Cambodgiens ressemblant aux Siamois; cette race a jeté autrefois un certain éclat et a eu une civilisation importante; elle a été déprimée et atrophiée par des siècles de servitude. Les Cambodgiens sont habiles dans les industries extractives; ils pratiquent un bouddhisme spécial mitigé de pratiques brahmaniques; ils ont leur langue propre.

Viennent ensuite, sur les rives du Mékong, depuis la Chine jusqu'à la Cochinchine, les races inférieures : Chans, Muongs, Moïs, Sedangs, etc., population principale du Laos, Malais habitant les forêts du haut Laos. Ces tribus ont été de tout temps opprimées par leurs voisins, les Annamites et les Chinois, qu'elles redoutent et devant lesquels elles prennent la fuite. Grâce à la domination française, les indigènes, désormais mieux traités, protégés contre l'oppression ancienne reprendront confiance et s'accroîtront, n'ayant plus à redouter les razzias qui leur ravissaient leurs enfants et faisaient d'eux-mêmes des esclaves. Il faut ajouter à ces diverses populations indo-chinoises un certain nombre d'étrangers : hindous, malais, malabars, tagals, japonais et chinois. Les unions de ces derniers avec les femmes annamites ont créé d'assez nombreux métis appelés *minhuongs.*

La *Cochinchine*, à climat tropical, chaud et humide, est la plus ancienne et la plus florissante de nos colonies indo-chinoises; elle occupe une superficie de 55 à 60.000 kilomètres carrés. En 1909, elle comptait près de 3 millions d'habitants, dont 2.500 français environ, 88.000 chinois et le surplus composé d'annamites et d'autochtones. *Saïgon* en est la capitale, ville bien bâtie, spacieuse, riche, peuplée de 50.000 habitants environ. Son port est excellent pour le commerce et l'arsenal y est pourvu de toutes les nécessités de la défense; l'accès à la mer est assuré par une des branches du Cangio. A cinq kilomètres, reliée par un tramway à vapeur, est située la ville chinoise de *Cholon* qui ne compte pas moins de 150.000 annamites et chinois, chef-lieu commercial, centre des affaires, où se fait surtout l'exportation du riz, principale ressource de la colonie. Citons encore *Mytho*, 30.000 habitants ; *Bien-Hoa*, 20.000

habitants; *Vinhlong*, *Chaudoc*, *Ha-Tien*, *Sadec*, etc., etc.

Le *Cambodge*, sur une superficie de 150.000 kilomètres carrés, a une population clairsemée qui varie, suivant les auteurs, de 1.200.000 à deux millions d'habitants, dont la plus grande partie est cambodgienne, les annamites et chinois n'étant guère plus de 200.000. Cette population vit surtout du riz et de la pêche très fructueuse dans le grand réservoir de Tonlé Sap, qui arrose abondamment les rizières. Autrefois, peuple fort et conquérant, les Khmer avaient fondé une domination considérable dont les ruines d'Angkor donnent une faible idée. Puis s'établit la suzeraineté de l'Annam et du Siam qui fut désastreuse pour le pays, dont elle ruina la vitalité. Enfin, est intervenu le protectorat français sous lequel la race pourra peut-être se relever, sans toutefois atteindre à son niveau primitif. Dans tous les cas, grâce à lui, elle a reconquis la sécurité, le bien-être et la tranquillité intérieure par lesquels se feront le repeuplement et la reprise des affaires.

La capitale du pays est *Pnom-Penh* situé au lieu dit des Quatre bras, où se divisent les diverses branches du delta du Mékong. Cette ville, d'une population de plus de 50.000 habitants, est un centre commercial fort important; là se concentrent les produits du pays, principalement le poivre, le riz et le poisson; là aussi convergent les marchandises à destination du Laos et du Siam; une voie ferrée reliera bientôt Pnom-Penh à la Cochinchine. On peut citer encore, comme ville importante, *Kratié* sur le Mékong, en aval des chutes de Préapatang.

Le Cambodge produit du riz et du poisson salé en grande quantité, une graine servant de condiment la cardamome, la cannelle, la gomme-gutte. Les régions montagneuses contiennent des marbres et du fer; des tentatives d'exploitation aurifère n'ont pas réussi.

L'*Annam* consiste en une étroite bande de terre qui, sur une longueur de près de 1.200 kilomètres, court entre la mer de Chine, d'une part et, de l'autre, la chaîne de montagnes séparative d'avec le Laos; sa superficie est de 120.000 kilomètres carrés; la population clairsemée compte de cinq à six millions d'habitants, dont 1.800 français. L'Annam divisé en douze provinces a pour capitale *Hué*, sur un cours d'eau abondant et tranquille; la ville qui compte 50.000 habitants, présente un aspect des plus gracieux; ses grands palais, ses pagodes, ses édifices luxueux lui donnent grand air et l'œil suit avec intérêt et plaisir les mouvements des *sampans* agiles qui remontent et descendent la rivière. La vieille ville renferme les édifices officiels et militaires, la citadelle et les casernes, les palais royaux et ministériels. La ville neuve est habitée par les négociants annamites et chinois; on y élève un beau quartier européen. Comme importance commerciale, il convient de citer, après Hué, à laquelle elle est reliée par une voie ferrée, *Tourane*, 5.000 habitants, avant port de *Faïfo*, centre commercial appelé à jouer un rôle important. Tourane est l'un des meilleurs ports de l'Annam et de la Chine; il fait près des trois quarts des exportations de l'Annam entier.

L'Annam a des minerais divers, des carrières de marbre et de pierre, des salines, des pêcheries, des forêts fertiles en essences variées, des rizières; il produit du thé, du caoutchouc, de la cannelle, du café, du tabac, du coton. Ces diverses productions ne demandent pour réussir que des capitaux et des moyens de transport. Les européens ont déjà apporté des capitaux et l'on se préoccupe tous les jours d'augmenter les chemins et les voies ferrées; bientôt le chemin de fer ira d'Hanoï à Saïgon et d'autres voies sont en projet qu'il serait utile de voir rapidement aboutir.

Le *Tonkin* se divise en haut et bas pays; le haut-Tonkin est montagneux et couvert de forêts; son climat est peu sain, sa population rare et presque sauvage. Le bas-Tonkin est celui du delta du fleuve Rouge, pays très fertile, aux larges rizières, aux cultures riches de nos contrées jointes à celles des tropiques, abondant en gibier, poisson et bétail de labour. La plaine immense est coupée par une infinité de canaux; elle contient les routes de terre dont les principales sont constituées par les cours d'eau. Les deux parties du Tonkin s'étendent sur une superficie d'environ 100.000 kilomètres carrés; la population est de près de 10 millions d'habitants, parmi lesquels les français sont environ une dizaine de mille, dont beaucoup de fonctionnaires. La région montagneuse contient les *Muongs* descendant des tribus autochtones; dans le delta sont groupés les Annamites de race jaune.

Le Tonkin est divisé en 14 provinces administrées chacune par un mandarin annamite (*tong doc*) et un résident français.

Hanoï est la ville principale du Tonkin ; située à la tête du delta du fleuve rouge, elle renferme 160.000 habitants et est placée au point de départ de toutes le voies fluviales. La ville européenne est spacieuse, propre, bien percée ; les hôpitaux, les casernes, les monuments publics lui donnent grand air ; elle possède des marchés bien approvisionnés, un théâtre, un collège, de beaux hôtels. Au contraire, la ville indigène n'est qu'un ramassis de cases sombres et humides, dont certaines même sont constituées par des jonques. *Haïphong*, qui sert d'entrepôt maritime au Tonkin, est le point terminus de la ligne des messageries nationales qui va jusqu'à Saïgon, et le point de départ des diverses branches de la *Compagnie des correspondances fluviales* desservant tout le delta. Les Chinois y sont en grande majorité sur une population de 16.000 habitants. La ville est en plein progrès et s'accroit tous les jours, grâce à l'augmentation constante du commerce d'exportation dont elle est la cheville ouvrière. *Nam-Dinh*, 30.000 habitants, et *Ninh-Binh* sont de très anciennes villes. La première fait le commerce le plus considérable du Tonkin, après Hanoï; c'est à Nam-Dinh qu'ont lieu les examens que subissent les lettrés annamites.

Le *Laos*, situé dans la moyenne région du Mékong, a une superficie d'environ 260.000 kilomètres carrés et une population dont le chiffre approximatif est de 580.000 habitants. Dans cette contrée, jusqu'ici assez peu explorée, on rencontre, sur les hauts plateaux, des tribus montagnardes presque sauvages, aux besoins rudimentaires, se nourrissant de fruits et de racines, de riz et de maïs. Dans la plaine, vivent des Laotiens venus du Thibet et présentant une grande ressemblance avec les Cambodgiens. *Louang-Prabang* est la capitale d'un royaume qui compte deux rois; il y a 10.000 habitants; le marché est important. Viennent ensuite *Nong-kay*, *Savannaket*, *Bassac*, *Siem-Réap* et *Battambang*, centres commerciaux importants.

Les fleuves servent de voie de transit et de négoce en Indo-Chine, comme dans les autres possessions coloniales; mais le Mékong est innavigable dans la région des rapides;

d'autre part, il a un débit très irrégulier à raison de l'alternance des grandes crues et des basses-eaux. Quant au Song-Koï, sa navigation est plus régulière, mais entravée encore par les basses-eaux. Dès lors, les messageries fluviales établies dans les biefs navigables auraient été insuffisantes pour le commerce, et on a dû construire un réseau de voies ferrées. Le programme d'ensemble établi par la loi du 25 décembre 1898, qui a autorisé pour le réaliser un emprunt de 200 millions, comprend une grande voie allant de Hanoï à Saïgon, mettant en communication les ports de la côte et les vallées de l'Annam, reliant à la mer par des transversales les grands biefs navigables du Mékong. Actuellement elle est construite de Hanoï à Vinh, de Hué à Tourane et de Binh-Thuan à Saïgon; les tronçons intercalaires seront probablement établis dans un avenir prochain. Une petite voie relie Hanoï et Haïphong et deux autres lignes se dirigent vers la Chine, l'une aboutissant à Laokay et, par le prolongement chinois, jusqu'à Yun-nan-sen, et l'autre à Duong-Lang, à la frontière de la Chine. Une petite ligne, la première qui ait été construite, relie Saïgon et Mytho; elle doit être prolongée jusqu'à Cantho. La loi de 1898 n'a pas introduit dans l'emprunt nécessité par la construction des voies ferrées la garantie et le monopole; c'est donc la colonie qui emprunte avec son crédit propre, et le public lui a témoigné une confiance justifiée. Et c'est, d'autre part, la colonie qui construit elle-même la voie ferrée, sans avoir recours à une compagnie concessionnaire. Toutefois, pour la ligne qui pénètre en Chine, on est revenu aux errements anciens et une compagnie privée a été déclarée concessionnaire avec garantie d'intérêt du gouvernement indochinois. Mais, pour mener à bien le programme envisagé par la loi de 1898 et procéder à l'établissement d'autres travaux nécessaires à la colonie, un nouvel emprunt est probable. (Voir le détail des propositions faites à ce sujet dans le *rapport* précité de M. Viollette sur l'exercice 1911, *Colonies*, Ire partie, pp. 36 et s. et le rapport de M. Noulens sur le *ministère des colonies* pour le même exercice, p. 114). Suivant les derniers renseignements, cet emprunt serait limité à 90 millions, pour ne pas trop aggraver les charges des contribuables.

Des décrets du 20 octobre 1911 (qui n'avaient pas paru quand ont été imprimées les pages 88 et 89 ci-dessus où ne sont prévus que les décrets antérieurs des 17 octobre 1887, 21 avril 1891, 31 juillet 1898 et 18 octobre 1902) ont réorganisé sur de nouvelles bases le gouvernement général. Ils ont eu en vue, tout en conservant au gouverneur général, la direction de la colonie prise dans son ensemble, d'amener, comme en Afrique occidentale, une décentralisation suffisamment large pour donner l'autonomie nécessaire aux diverses parties du groupe indo-chinois. Voici comment s'exprime à ce sujet le rapport du ministre des colonies au président de la République, qui accompagne les décrets du 20 octobre 1911.

J'ai cru nécessaire de confirmer, dans un premier projet de décret, l'institution du gouvernement général, en définissant à nouveau, de la manière la plus formelle en même temps que la plus large, les hautes attributions dévolues au mandataire de la République.

Un second projet de décret maintient sous le nom de conseil de gouvernement l'assemblée consultative destinée à assister ce haut fonctionnaire dans l'exercice de ses pouvoirs. Tout au plus suffira-t-il de signaler que, dans la composition de ce conseil, sont mentionnés le secrétaire général du gouvernement général — emploi créé — et les inspecteurs généraux des travaux publics et du service de santé, dénominations nouvelles remplaçant celles de directeurs généraux de ces mêmes services. Sans toucher à l'initiative du gouverneur général, compétent pour organiser les services placés sous ses ordres, la concentration que j'ai indiquée plus haut se trouve affirmée; le gouverneur général apparaît dans son rôle de haute direction et de contrôle, étant assisté par des fonctionnaires tirant de lui toute leur compétence et chargés seulement de surveiller la marche générale des services qui, dans chaque colonie ou pays de protectorat, demeurent sous les ordres du chef local de l'administration. J'ajoute qu'il a paru légitime d'assurer au Laos, en raison de son degré de développement actuel, une représentation semblable à celle des autres pays de l'union, par l'adjonction d'un délégué indigène choisi comme ceux des autres régions. Peut-être eût-il été possible d'aller plus loin dans cette voie et de doter l'Indo-Chine tout entière, dans chacune de ses parties et dans son ensemble, d'une véritable représentation des populations locales, par l'institution d'assemblées délibératives analogues aux « délégations financières » de l'Algérie. Si désireux que je sois de donner à nos sujets ou protégés indo-chinois une preuve nouvelle de la sollicitude du Gouvernement et de la confiance qu'il a placée en leur loyalisme, j'ai pensé qu'une réforme aussi profonde ne pouvait être décidée que sur la proposition du gouverneur général, si l'expérience directe du pays l'amenait à la formuler.

Le troisième projet de décret tend à poser très nettement les principes de décentralisation intérieure qui, dans mon esprit, sont le complément nécessaire de l'institution du gouvernement général et qui, jusqu'ici, n'ont pas été suffisamment affirmés en Indo-Chine. Il indique, en effet, tout d'abord, que les divers pays composant l'union possèdent leur autonomie administrative, et il définit celle-ci en précisant le rôle du haut fonctionnaire, gouverneur ou résident supérieur, qui, dans chacune, y reçoit la délégation de l'autorité du gouverneur général, et est seul qualifié pour la recevoir; il détermine enfin la composition et la compétence du conseil qui lui est adjoint. Ces mesures ne sauraient avoir pour objet de créer, en face du gouverneur général, des organes locaux pourvus de pouvoirs propres et susceptibles de s'affranchir de toute direction supérieure; le gouverneur de la Cochinchine, les résidents supérieurs des divers pays de protectorats ne sont que des émanations de l'autorité unique préposée au commandement général du groupement tout entier; ils n'exercent leurs pouvoirs qu'en vertu d'une délégation de cette autorité, mais cette délégation est nécessaire, et elle est générale. Ainsi se trouve réalisée la constitution de ces centres secondaires d'initiative et de responsabilité sans lesquels le gouverneur général, directement absorbé par les détails de l'administration, perdrait l'indépendance d'esprit, la liberté de jugement, la hauteur de vues, qui sont les conditions et la raison d'être de ses éminentes fonctions.

Le quatrième projet de décret traduit, dans l'ordre financier, cette organisation. Administrer, c'est essentiellement gérer un budget. A chacun des degrés d'autorité institués au point de vue politique doit correspondre un instrument financier propre. Dans cet ordre d'idées, j'ai cru bon de conserver le système déjà en vigueur en Indo-Chine, mais en lui donnant une économie plus simple, plus précise et plus rationnelle. Le budget général, alimenté exclusivement par les produits des régies, des droits d'entrée et de sortie, de l'enregistrement, du domaine et du timbre, et enfin des postes et télégraphes, continue à supporter les charges de l'administration générale, des services de perception des impôts dont il bénéficie, des travaux d'intérêt général et, enfin, des engagements contractés par l'Indo-Chine. L'exploitation des chemins de fer fait l'objet d'un budget annexe, dans lequel se traduisent clairement les résultats financiers d'une œuvre intéressant la vie économique de notre possession tout entière. Le territoire de Quang-Tchéou-Wan, dont les ressources propres sont trop faibles pour lui permettre de se suffire à lui-même, est doté d'un budget également annexé au budget général.

Chacun des pays de l'union possède un budget propre, dont l'ordonnateur est le gouverneur ou le résident supérieur intéressé, et où se concentrent les recettes et les dépenses qui ne sont rattachées ni au budget général ni aux budgets municipaux. Ainsi, ces budgets locaux incarnent, pour ainsi dire, l'existence administrative et la vie politique des diverses régions de l'Indo-Chine; ils constituent le corps principal de son armature financière. Le budget général leur est superposé, de même que le gouverneur général est superposé aux autorités locales et que l'intérêt commun de l'Indo-Chine se dégage de l'harmonie des intérêts particuliers. Les budgets municipaux, par contre, ne doivent exister qu'autant qu'ils répondent aux besoins et aux ressources de collectivités secondaires bien caractérisées. »

Les divers décrets d'octobre 1911 seront commentés ci-après dans les chapitres III et IV de la 2e partie consacrés aux *Régimes administratif et financier des colonies.*

ARTICLE II

Etablissements Français de l'Inde

Ces établissements qui s'étendent sur 500 kilomètres carrés et comptent 280.000 habitants au recensement de 1911, n'ont pas une grande importance commerciale ou agricole. *Pondichéry*, 184.840 habitants, *Karikal*, 56.677 habitants et *Yanaon*, 5.033 habitants, produisent du riz, des arachides, du bétail. *Mahé*, 10.729 habitants a des forêts; *Chandernagor*, 25.293 habitants, n'a qu'un territoire urbain. *Pondichéry* possède quelques industries assez prospères : huileries, filatures.

Le territoire de *Pondichéry*, sur la côte de Coromandel, est enclavé dans la province anglaise de Madras; les positions anglaises engagées dans les nôtres s'avancent jusqu'aux portes de la ville; le port est relié aux voies ferrées anglaises; la ville est bien tenue, aérée; elle possède un collège achalandé, et des cours de droit y ont été institués par des arrêtés locaux, dont le dernier est du 24 février 1879. L'enseignement primaire y est organisé, comme dans l'ensemble des établisements de l'Inde, par un décret du 24 mai 1898.

Karikal est comprise dans la province anglaise de Tandjour et reliée, comme Pondichéry, au réseau anglais; l'agriculture y est prospère et la rade offre une certaine activité commerciale. *Yanaon*, a l'embouchure du Godovery sur la côte d'Orissa, se trouve dans la province anglaise de Golconde; la mer y est mauvaise, les cyclones fréquents et le climat insalubre, à la différence des autres villes où il est généralement bon. *Chandernagor*, reliée aussi au réseau anglais, est une ville morte, sans industrie, ni commerce, sur l'Hougly dans le Bengale; son territoire est des plus restreints. Les traités ont interdit la navigation directe de Chandernagor à la mer. *Mahé*, sur la côte du Malabar, est également une ville sans trafic ni activité, mais propre, coquette et attrayante, comme les précédentes.

Si les Anglais, comme on vient de le voir, ont des droits au milieu de nos possessions, par contre, nous possédons nous-mêmes, en plein territoire anglais, dans les villes anglaises, des comptoirs commerciaux, loges ou factoreries, sur lesquels flotte le drapeau français. Ce sont ceux de *Surate*, *Calicut*, *Patna*, *Dacca*, *Balassore*, *Mazulipatam*, *Cossimbassar et Jougdia*. La population monte à 300.000 habitants; les indigènes en constituent la presque totalité; ils sont divisés en castes comme tous les Hindous et appartiennent à la religion brahmane, avec une assez forte proportion de chrétiens; ils sont de mœurs douces et loyalistes. Depuis 1848, ils ont été déclarés français et ont envoyé un député à la Chambre à partir de 1871.

Les ports de Pondichéry et Karikal sont reliés à la ligne anglaise du *South indian railway* par des chemins de fer d'embranchement établis, partie en territoire anglais, et partie, en territoire français. La première ligne est celle de Pondichéry à Villapuram ou à la rivière Gingy, sur une longueur de 38 kilomètres, dont 12 sont situés en territoire français et ont été concédés à une compagnie française; le reste est exploité par une compagnie anglaise. La seconde ligne qui va de Karikal à Péralam, a été construite par une compagnie anglaise et a une longueur de 23 kilomètres

Une troisième ligne est en projet depuis longtemps, devant unir Pondichéry à Cuddalore, port qui se trouve à 30 kilomètres au sud de Pondichéry. La dépense devait être prélevée sur le produit d'un emprunt de 4.300.000 francs autorisé par une loi du 1er avril 1906. Le projet paraît aujourd'hui abandonné, car une autre loi du 11 avril 1910 a permis d'employer les trois millions réservés au chemin de fer à des travaux d'assainissement, irrigation, viabilité et adduction d'eau.

Le mouvement du commerce général des Etablissements français de l'Inde en 1908 s'est élevé (importation et exportation réunies de marchandises de toutes sortes) à une somme totale de 35.984.179 francs. C'est une augmentation de 2.830.763 francs sur l'année précédente et de 1.238.909 francs sur la moyenne de la période quinquennale 1903-1907.

A l'importation, les valeurs ont atteint le chiffre de 8.936.547 francs. Elles ont été ainsi supérieures de 2.051.276 francs à celles de l'année précédente et de 1.955.829 francs à celles de la moyenne quinquennale.

Les exportations ont atteint le chiffre de 27.047.632 francs, en augmentation de 779.487 francs sur l'année précédente et en diminution de 716.920 francs sur la moyenne quinquennale.

La part de la France dans ce mouvement commercial a été de 16.711.031 francs, dont 2.033.116 francs à l'importation et 14.677.915 francs à l'exportation. C'est une augmentation totale de 1.271.075 francs sur l'année précédente, dont 657.120 francs à l'importation et 613.955 francs à l'exportation. Ces résultats représentent 38,5 % du commerce total, 22,7 % des marchandises importées, 54,2 % des marchandises exportées, au lieu de 36,7 %, 19,9 % et 53,5 % en 1907.

Le commerce avec les autres colonies françaises représente 3.014.699 francs, dont 56.144 francs à l'importation et 2.958.955 francs à l'exportation. C'est, par rapport à 1907, une augmentation totale de 459.292 francs, dont 14.477 francs à l'importation et 444.815 francs à l'exportation. Ce qui donne une participation de 5,8 % au commerce total, de 0,7 % à l'importation et de 11 % à l'exportation, au lieu de 1,3 % 0,6 % et 2 % l'année précédente.

Les échanges avec les pays étrangers se sont élevés à 16.258.449 francs, dont 6.847.287 francs à l'importation et 9.411.162 francs, à l'exportation. C'est, par rapport à l'année précédente, une augmentation totale de 1.100.396 francs, une augmentation de 1.379.679 francs à l'importation et une diminution de 279.283 francs à l'exportation. Ces chiffres correspondant à 55,7 % du commerce total, 76,6 % des importations et 34,8 % des exportations. Les parts respectives de 1907 avaient été de 62 %, 79,5 % et 44,5 %.

Le commerce de 1909 a donné les résultats suivants : 39,874.352 francs (importations, 9.543.064 et exportations, 30.331.288). Avec la France, les échanges ont atteint 39.945.998 francs, soit 1.079.788 à l'importation et 18.866.210 à l'exportation. Avec les colonies françaises, le mouvement a été de 3.718.305 francs (importations, 1.415

et exportations 3.716.890). Quant au commerce avec les pays étrangers, il a été de 16.210.049 francs, avec 8.461.861 francs d'importations et 7.748.188 francs, d'exportations.

TITRE III

Colonies américaines

ARTICLE PREMIER

Antilles françaises

La *Guadeloupe* et la *Martinique* constituent les deux îles les plus importantes des Antilles françaises, qui occupent un territoire d'environ 2.700 kilomètres carrés.

La *Guadeloupe* est formée de deux îles séparées : la Basse-Terre, montagneuse et volcanique et la Grande Terre, plate, marécageuse et d'une superficie moindre; elle sont séparées l'une de l'autre par un bras de mer appelé rivière salée. La Guadeloupe a comme dépendances de petites îles situées dans son voisinage : la Désirade renommée par la salubrité de son climat, Marie-Galante, l'archipel des Saintes composé de cinq îlots : terre d'en haut, terre d'en bas, île à Cabrit, grand Ilet, la Coche avec un mouillage sûr et facile à défendre. La Guadeloupe compte une population de 180.000 habitants où les blancs sont en minorité et où la plus grande partie est constituée par des nègres ou métis. Cette population est surtout agricole et les villes situées sur le littoral sont de moyenne grandeur.

La *Martinique* est moins étendue que sa sœur jumelle, mais aussi peuplée, car elle comptait 184.000 habitants au recensement de novembre 1910; l'île est d'origine volcanique comme la Guadeloupe; son littoral a des dentelures beaucoup plus accentuées dont la plus spacieuse forme la baie de Fort-de-France. Il faut faire les mêmes remarques que pour la Martinique au sujet des éléments ethniques de la population et de ses lieux de résidence.

Le climat des Antilles est très salubre sur les hauts plateaux; sur la côte, au contraire, l'européen s'acclimate plus difficilement à raison des fièvres paludéennes; il lui faut donc prendre des précautions hygiéniques rigoureuses que n'ont pas à observer les créoles naturellement acclimatés. Il est malheureusement d'autres périls dont l'européen ne peut se garer, pas plus que le créole, du reste; nous voulons parler des terribles cyclones, éruptions volcaniques et tremblements de terre qui ravagent ces contrées si riantes d'habitude et les transforment en pays de désolation et de mort. Après les catastrophes de 1839, 1891, 1897, 1899, la Martinique a subi, les 8 mai et 30 août 1902, l'épouvantable éruption du mont Pelé qui a enseveli la ville de Saint Pierre sous le feu et la cendre et ruiné toute la partie nord-ouest de l'île.

La production des Antilles est aussi abondante que variée; leurs forêts très denses renferment les essences les plus diverses : bois de campêche, d'ébénisterie et de construction; espèces alimentaires, telles que : cocotiers, bananiers, manguiers, orangers, figuiers, ananas; plantes tinctoriales, tannantes, fébrifuges. Mais les Antilles sont avant tout des colonies agricoles; on y cultive le manioc, l'igname, la patate et, parmi les cultures riches, le cacao, le café, surtout la canne à sucre, dont la culture s'est prodigieusement développée au point de supplanter presque complètement les autres. Or, cette culture est extrêmement aléatoire, à raison des soins assidus et presque excessifs qu'elle nécessite et à raison aussi de la concurrence du sucre de betterave, des maladies qui atteignent la plante, des crises de toute espèce par lesquelles passe l'industrie sucrière. La canne à sucre est exploitée soit comme produisant le sucre, soit pour la fabrication du rhum qui n'est que l'extrait de la canne à sucre. Le rhum de la Martinique a une réputation universelle bien méritée; son exportation tend à augmenter et s'est élevée, en 1906, à plus de onze millions de litres, tandis que celle du sucre a baissé en présence des crises économiques, notamment de celle de 1884. Cet accroissement de la production du rhum pourra être de nature à améliorer la situation des Antilles si gravement compromise par la crise sucrière.

Malheureusement, dans la culture de la canne à sucre, les Antilles se heurtent à une difficulté considérable résultant de l'absence de main-d'œuvre, difficulté qui est la même qu'à la Réunion. Depuis l'abolition de l'esclavage en 1848, le nègre de culture ne travaille plus que pour la satisfaction de ses besoins immédiats et ne fournit plus une collaboration assidue et effective. Aussi le planteur a-t-il dû chercher des travailleurs un peu partout; spécialement en Asie, il a dû faire appel aux coolies hindous et en Afrique aux nègres engagés. On avait eu aussi recours aux chinois et aux japonais. Tous ces moyens ont eu incontestablement de bons résultats et momentanément ils ont sauvé les Antilles de la ruine.

Mais les nègres se sont plaints de la concurrence; ne voulant pas travailler, ils trouvaient mauvais que d'autres pussent travailler à leur place; le socialisme s'est là aussi, comme en beaucoup d'autres points, emparé de leurs réclamations et, sous son action, l'immigration a disparu à peu près complètement. Supprimée en 1884 à la Martinique, elle n'est plus que très peu pratiquée à la Guadeloupe où elle finira par disparaître sous l'effet des mêmes causes. Et pourtant le décret du 30 juin 1890 sur l'immigration à la Guadeloupe prenait les mesures les plus sages, qui, si elles avaient été suivies, auraient sauvegardé tous les intérêts. Mais déjà, en 1881, l'Angleterre s'était préoccupée de la protection de ses sujets hindous venus aux Antilles sur la foi d'engagements qui étaient audacieusement violés; et elle avait, dépassant le but, prescrit des conditions inacceptables pour la surveillance de leurs intérêts; finalement ils ont tous été rapatriés et cette source féconde d'exploitation des plantations a été tarie. Il en a été de même des autres, de sorte qu'à partir de 1885 on peut dire que l'immigration a cessé; les noirs sont restés seuls, paresseux, inconstants, rendus plus exigeants encore par leur victoire. C'est une mauvaise situation, il ne faut pas se le dissimuler, pour les Antilles qui périclitent sensiblement, alors que nos jeunes colonies africaines et asiatiques prennent au contraire, tous les jours, un développement plus considérable, une vie plus intense et plus féconde. D'autant plus que, grâce au suffrage universel, les noirs se sont emparés de la totalité des mandats électifs; les blancs, qui constituent un élément infime de la population totale, sont perdus dans la masse. Comme le dit fort exactement M. Vast (*Op. cit*, p. 468) : « les noirs exploitent tous les mandats sans scrupule au profit de leurs comités; dénués de toute instruction, ils mettent au pillage les finances publiques. Aussi l'industrie politique, la seule pour laquelle aucune éducation n'est indispensable, fleurit sur les ruines de toutes les autres ».

Il faut ajouter à ces considérations que la lutte des classes se continue avec sauvagerie; les noirs rendent avec usure aux blancs tout ce que ces derniers leur ont fait souffrir au cours des siècles précédents. Les Caraïbes, habitants primitifs des Antilles, ont disparu remplacés par des blancs, des gens de couleur et des nègres. La petite propriété est presque exclusivement aux mains des gens de couleur qui portent des noms variés suivant la teinte de leur peau : mulâtres, cafres, griffes, quarterons, etc. Aucune fusion n'est possible entre ces diverses races; les blancs débordés par les deux autres éléments, réduits à l'impuissance complète, ont gardé les anciens préjugés augmentés encore aujourd'hui par l'égalité du suffrage. A raison de toutes ces circonstances, on ne s'étonnera point que le commerce des Antilles, jadis si prospère, soit en pleine décroissance. Sous l'influence des crises sucrières et de l'application du tarif douanier de 1892 frappant les produits américains à leur entrée aux Antilles des mêmes droits qu'à leur entrée en France (sauf détaxe du demi-droit aux produits coloniaux), le fléchissement des affaires s'est fortement accentué et a atteint son point culminant en 1895; en 1898 et 1899, il y avait eu un relèvement marqué qui n'a point continué les années suivantes. En 1907, le total des importations et exportations était, pour la Guadeloupe, d'un peu moins de 30 millions et de 35 millions environ pour la Martinique. Voici le bilan des années subséquentes :

A. — Guadeloupe

Le mouvement du commerce général de la Guadeloupe pendant l'année 1908 s'est élevé (importation et exportation réunies) à une somme totale de 32.436.950 francs. C'est une augmentation de 2.742.349 francs sur l'année précédente et de 2.949.476 francs sur la moyenne quinquennale 1903-1907.

A l'importation les valeurs ont atteint le chiffre de 15.076.507 francs. Elles ont été ainsi supérieures de 1.650.852 francs à celles de l'année précédente et de 1.206.390 francs à la moyenne quinquennale.

Les exportations ont atteint le chiffre de 17.360.443 francs, en augmentation de 1.091.497 francs sur l'année précédente et de 1.743.086 francs sur la moyenne quinquennale.

La part de la France dans ce mouvement commercial a été de 26.182.625 francs, dont 9.660.664 francs à l'importation et 16.521.961 francs à l'exportation. C'est une augmentation totale de 2.344.028 francs sur l'année précédente, dont 1.497.219 francs à l'importation et 846.809 francs à l'exportation. Ces résultats représentent 79,6 % du commerce total, 64,1 % des marchandises importées, 95,1 % des marchandises exportées, au lieu de 78,6 %, 60,8 % et 96,4 % en 1907.

Le commerce avec les autres colonies françaises se monte à 1.030.811 francs, dont 462.206 francs à l'importation et 568.605 à l'exportation. C'est, par rapport à 1907, une augmentation totale de 415.688 francs, dont 272.843 francs à l'importation et 142.845 francs à l'exportation. Ce qui donne une participation de 3,2 % au commerce total, de 3,1 % à l'importation et de et 3,2% à l'exportation, au lieu de 2 %, 1,4 % et 2,5 % l'année précédente.

Les échanges avec les pays étrangers se sont élevés à 5.223.514 francs, dont 4.953.637 francs à l'importation et 269.877 francs à l'exportation. C'est, par rapport à l'année précédente, une diminution totale de 17.367 francs, une diminution de 119.210 francs à l'importation, une augmentation de 142.845 francs à l'exportation. Ces chiffres correspondent à 17,2 % du commerce total, 32,8 % des importations et 1,7 % des exportations. Les parts respectives de 1907 avaient été de 19,4 %, 37,8 % et 1,1 %.

En 1909, le commerce de la Guadeloupe s'est élevé à 25.796.431 francs, avec 14.201.271 francs d'importations et 11.595.060 francs d'exportations. Avec la France, le mouvement a été de 19.553.092 francs (importations et exportations, 8.620.795 francs et 10.932.297 francs). Avec l'étranger, la Guadeloupe a échangé pour 5.025.946 francs, dont 4.850.119 à l'importation et 175.827 à l'exportation. Avec les autres colonies, le trafic s'est élevé à 1.217.293 francs, dont 730.357 francs d'importations et 488.936 francs d'exportations.

B. — Martinique

Le mouvement du commerce général de la Martinique pendant l'année 1908 s'est élevé (importations et exportations réunies) à une somme totale de 36.148.376 francs. C'est une augmentation de 1.211.116 francs sur l'année précédente et de 3.245.813 francs sur la moyenne quinquennale 1903-1907.

A l'importation, les valeurs ont atteint le chiffre de 15.363.285 francs. Elles ont été ainsi inférieures de 576.754 francs à celles de l'année précédente et de 813.605 francs à la moyenne quinquennale.

Les exportations ont atteint le chiffre de 20.785.091 francs, en augmentation de 1.787.870 francs sur l'année précédente et de 4.059.418 francs sur la moyenne quinquennale.

La part de la France dans ce mouvement commercial a été de 26.600.105 francs, dont 7.565.529 francs à l'importation et 19.034.576 francs à l'exportation.

C'est une augmentation totale de 1.062.923 francs sur l'année précédente, une diminution de 717.267 francs à l'importation et une augmentation de 1.780.190 à l'exportation. Ces résultats représentent 70,8 % du commerce total, 49,9 % des marchandises importées, 96,6 % des marchandises exportées, au lieu de 72,6 %, 54,3 % et 41,8 % en 1907.

Le commerce avec les autres colonies françaises se monte à 1.448.298 francs, dont 556.857 francs à l'importation et 891.441 francs à l'exportation. C'est, par rapport à 1907, une augmentation totale de 156.958 francs, une diminution de 1.148 francs à l'importation et une augmentation de 158.106 francs à l'exportation. Ce qui donne une participation de 3,6 % au commerce total, de 3 % à l'importation et de 4,3 % à l'exportation, au lieu de 3,9 %, 3,9 % et 3,9 % l'année précédente.

Les échanges avec les pays étrangers se sont élevés à 8.099.973 francs, dont 7.240.899 francs à l'importation et

859.074 francs à l'exportation. C'est, par rapport à l'année précédente, une diminution totale de 8.765 francs, une augmentation de 141.661 francs à l'importation, une diminution de 150.426 francs à l'exportation. Ces chiffres correspondent à 25,6 % du commerce total, 47,1 % des importations et 4,1 % des exportations Les parts respectives de 1907 avaient été de 23,5 % 41,8 % et 5,3 %.

En 1909, le mouvement commercial a donné les chiffres suivants : commerce général, 38.272.617 francs (importations, 16.160.898 francs et exportations, 22.111.719 francs). Avec la France, le chiffre global atteignait 29.544.537 francs, dont 8.930.276 à l'importation et 20.614.261 à l'exportation; et, avec l'étranger, 7.387.333 francs, dont 6.670.576 francs à l'importation et 716.757 francs à l'exportation ; enfin, avec les colonies françaises, 1.340.747 francs, dont 560.046 à l'importation et 780.701 à l'exportation.

La Guadeloupe avec ses dépendances et la Martinique forment deux gouvernements séparés; un Gouverneur réside à chacun des deux chefs-lieux; il relève directement du ministère des Colonies et est assisté d'un Secrétaire général et d'un Conseil privé. Il y a dans chaque colonie un Conseil général exerçant les mêmes attributions qu'en France. Chaque colonie a son lycée de garçons et sa cour d'appel et envoie au parlement un sénateur et deux députés. Il y a un lycée de filles a la Pointe-à-Pitre. L'enseignement primaire fonctionne aux Antilles sur les mêmes bases qu'en France.

La *Guadeloupe* est divisée en trois arrondissements. Elle a pour chef-lieu *Basse-Terre*, qui ne fait presque pas de commerce et se trouve au dernier rang avec une population de 8.000 habitants, dont beaucoup de fonctionnaires. Au dessus vient *La Moule* dont le port est peu sûr, mais qui bénéficie de la richesse des contrées environnantes. Enfin, la première ville par son commerce et sa population est la *Pointe-à-Pitre* avec de 19.000 à 20.000 habitants. C'est le lieu de la résidence des consuls étrangers.

La *Martinique* compte deux arrondissements; son chef-lieu *Fort-de-France* constitue un mouillage excellent pour tous les navires et un point d'appui sûr pour la flotte. Un décret du 20 janvier 1883 y a établi une école de droit délivrant des certificats de capacité pouvant être convertis en diplômes en France. La ville a 22.000 habitants, de beaux édifices, de belles promenades. *Saint Pierre* était le centre commercial le plus considérable avant la catastrophe de 1902, qui, on l'a vu, l'a ruiné d'une façon à peu près complète. Il y a encore quelques autres centres moins importants sur la côte occidentale, à l'abri des vents alizés du sud-ouest qui apportent fréquemment des maladies épidémiques.

Les routes sont assez bien entretenues dans les Antilles et les travaux publics y sont l'objet de soins assidus. Il y a d'assez nombreuses voies ferrées mais appartenant à des industriels et pour le commerce seulement; la seule ouverte au public existe entre Sainte-Marie et Capestre; d'autres sont en projet ou déjà concédées dans les deux colonies; des services réguliers ont lieu entre les Antilles et Saint-Nazaire.

ARTICLE II

Saint Pierre et Miquelon

Cette petite colonie, dernier vestige du domaine canadien de l'ancien régime, a longtemps prospéré grâce à la pêche, mais est maintenant en pleine décroissance. Cet établissement se compose de trois îles : Saint-Pierre, Petite-Miquelon ou Langlade et Grande-Miquelon. La Petite et la Grande Miquelon sont reliées par une dune de sable de 10 kilomètres environ. Saint Pierre a quelques îlots pour dépendances : le Petit et le Grand-Colombier, l'île Verte, l'île aux Pigeons, l'île aux Chiens, etc. La colonie occupe 240 kilomètres carrés et a une population de 3.400 habitants suivant le recensement de 1911, en diminution par suite sur celui de 1907 qui en accusait 3.753. Saint-Pierre a un sol escarpé au nord, bas et marécageux au sud; il n'y a ni rivières ni arbres et la terre végétale est rare. La Grande-Miquelon est peu fertile, envahie par les eaux croupissantes et les tourbières; la Petite-Miquelon, plus favorisée, a deux petits cours d'eau. L'autorité est exercée dans la colonie par un

Gouverneur assisté du chef des services administratifs et de celui de la justice.

Le climat des îles est extrêmement rigoureux; l'hiver y est glacial et prolongé ; la pêche peut seule attirer les européens dans ces parages désolés; or, elle y est extrêmement fructueuse. Sur les hauts fonds qui constituent les bancs de Terre-Neuve, voisins de Saint Pierre et Miquelon, se rencontrent en abondance les morues, les harengs, les homards, attirés par des quantités prodigieuses d'infusoires dont ils font leur nourriture. La pêche est donc le trafic unique de la colonie; les pêcheurs se recrutaient autrefois parmi les gens du pays basque; aujourd'hui, ils sont pris en Bretagne et en Normandie, au nombre de 2.000 environ.

Les « bancquiers » (pêcheurs du banc) arrivent vers le 20 avril en rade de Saint-Pierre, capitale de la colonie, importante station de pêche qui compte normalement 2.000 habitants et 20.000 en été. Après s'être approvisionnés de l'appât nécessaire pour la pêche appelé *boëtte*, les bateaux se postent sur les bancs, jettent l'ancre et débarquent les chaloupes. Chaque jour, vers quatre heures du soir, on tend les lignes et au matin on les relève.

La vie du marin est pénible et les risques en sont nombreux : coups de vent, brume épaisse, courants violents. Le pêcheur, pour lutter contre ces obstacles, pour supporter le froid, l'humidité et l'absence de sommeil, demande à l'eau-de-vie un excitant factice et passager; plongé le plus souvent dans une demi-ivresse, il s'expose à périr dans une manœuvre mal exécutée. L'ignoble alcool que le patron lui donne, est une sorte de tord-boyaux appelé « casse poitrine », provenant de la distillation de grains qui se fait en Allemagne et qui revient à 80 c. le litre environ. Heureusement, par mesure d'économie plutôt que par hygiène, on le mouille de moitié d'eau. Tous les vingt-cinq jours, on apporte à Saint-Pierre la morue pêchée et conservée dans le sel, pour lui faire subir les préparations nécessaires à son transport en Europe. Un navire de 200 ou 300 tonneaux peut, avec de la chance, capturer de 1.200 à 1500 morues par jour; le cinquième des bénéfices est attribué à l'équipage, ce qui porte la part de chaque marin à 1.000 francs au plus par saison !

La pêche, source primitive de la fortune de la colonie, est aujourd'hui en décroissance marquée. Les importations et exportations qui étaient de 22.140.000 francs durant la période quinquennale de 1899-1903, n'ont plus été en 1907 que de 12.288.000 francs Les exportations ne consistent guère qu'en morues.

Voici les chiffres des dernières années :

Le mouvement du commerce général de Saint Pierre et Miquelon pendant l'année 1908 s'est élevé (importation et exportation réunies) à une somme totale de 11.935.871 francs. C'est une diminution de 451.895 francs sur l'année précédente et de 1.941.078 francs sur la moyenne quinquennale 1903-1907.

A l'importation, les valeurs ont atteint le chiffre de 5.242.319 francs. Elles ont été ainsi supérieures de 210.383 francs à celles de l'année précédente et inférieures de 799.821 francs à la moyenne quinquennale.

Les exportations ont atteint le chiffre de 6.593.652 francs, en diminution de 662.278 francs sur l'année précédente et de 1.141.257 francs sur la moyenne quinquennale.

La part de la France dans ce mouvement commercial a été de 7.990.014 francs, dont 2.382.751 francs à l'importation et 5.607.263 francs à l'exportation. C'est une diminution totale de 845.231 francs sur l'année précédente, dont 74.581 francs à l'importation et 770.650 francs à l'exportation. Ces résultats représentent 65,2 % du commerce total, 45,4 % des marchandises importées, 85 % des marchandises exportées, au lieu de 68,4 %, 48,8 % et 87,9 % en 1907.

Le commerce avec les autres colonies françaises se monte à 308.885 francs, dont 27.355 francs à l'importation et 281.530 francs à l'exportation. C'est, par rapport à 1907, une augmentation totale de 90.539 francs, dont 20.997 francs à l'importation et 69.542 francs à l'exportation. Ce qui donne une participation de 2,5 % au commerce total, de 0,6 % à l'importation et de 4,4 % à l'exportation, au lieu de 1,6 %, 0,2 % et 3 % l'année précédente.

Les échanges avec les pays étrangers se sont élevés à 3.537.072 francs, dont 2.832.213 francs à l'importation et 704.859 francs à l'exportation. C'est, par rapport à l'année précédente, une augmentation totale de 302.797 francs, dont

263.967 francs à l'importation et 38.830 francs à l'exportation. Ces chiffres correspondent à 32,3 % du commerce total, 54 % des importations et 10,6 % des exportations. Les parts respectives de 1907 avaient été de 30 %, 51 % et 9,1 %.

Voici maintenant les chiffres de 1909 : commerce global 13.911.610 francs, dont 5.166.706 à l'importation et 8.744.904 à l'exportation. Avec la France, l'étranger et les colonies, le chiffre des échanges a monté à 9.439.268 francs, 3.979.625 francs et 492.717 francs. Dans ces chiffres, les importations ont été, dans le même ordre, de 2.299.215 francs, 2.849.020 francs et 18.471 francs et les exportations, de 7.140.053 francs, 1.130.605 francs et 474.246 francs

ARTICLE III

Guyane française

La Guyane, comme nos autres vieilles colonies, n'est pas précisément dans une situation très prospère. Inconnue encore en beaucoup de ses parties, elle a une surface assez difficile à évaluer et qu'on peut porter approximativement à 80.000 kilomètres carrés. Le territoire est constitué par une suite de terrasses allant de la côte vers l'intérieur et qui se divisent en trois zones : terres basses, terres moyennes, terres hautes, ces dernières limitées par les monts Tumuc Humac d'une hauteur de 800 mètres environ.

Des fleuves nombreux se dirigent vers l'Océan, après avoir pris leur source soit dans les monts Tumuc Humac, tels le Maroni et l'Oyapok, soit dans les hauteurs plus rapprochées : Mana, Iracoubo, Approuage, Kourou, rivière de Cayenne. Beaucoup de ces cours d'eau ont un estuaire fort large; mais à peine remonte-t-on leurs cours qu'on les voit diminuer au point de n'être plus accessibles qu'à des pirogues.

La Guyane a un renom d'insalubrité bien mérité; on l'a appelée le «tombeau des Européens»; le climat y est chaud, anémiant et d'une humidité extraordinaire; c'est la région du monde où il pleut le plus. Le pays est infesté de germes morbides produits soit par les mares stagnantes et vaseuses, soit par les savanes où croupit l'eau fétide et le malsain voisinage de la forêt vierge. Pour assainir, il faudrait des travaux considérables et coûteux, que les Anglais ont tenté avec succès dans la Guyane britannique, mais dont probablement chez nous on ne verra de longtemps la réalisation.

A quelque distance de la côte vaseuse et inondée aux fortes marées, se trouvent certains îlots : îles du Salut, du Diable, de la Mère, du grand et du petit Connétable. La capitale de la colonie est Cayenne (13.000 habitants), ville coquette, dont la rade est commerçante, sûre mais trop peu profonde; son climat est salubre, grâce aux travaux d'assainissement de la colonie pénitentiaire et du voisinage de la mer; elle possède un collège, une bibliothèque, un jardin botanique. Après avoir été détruite par l'incendie, elle a été reconstruite sur un plan rationnel qui en rend le séjour agréable et hygiénique. Citons encore : *Mana*, *Sinnamary* et *Saint-Laurent-du-Maroni*, villes trés peu peuplées.

Le sol de la Guyane est d'une fertilité exubérante et l'on y trouve toutes les productions et essences des tropiques, les bois d'ébénisterie et de teinture, les plantes médicinales. Le sous-sol est fertile en minerais et l'exploitation de l'or est la ressource principale de la colonie; pour elle on a abandonné la canne à sucre, le café, le cacao, l'élevage, en se bornant aux cultures vivrières indispensables à l'alimentation. Les gisements aurifères sont situés dans la forêt vierge qui couvre plus de la moitié de la Guyane, où l'air manque, où les miasmes empoisonnés ont raison des santés les plus robustes, où pullulent les insectes de la pourriture, les vampires, lès serpents, les fauves, les mouches et moustiques venimeux, les fourmis, les tigres, les araignées. En dépit de tous ces dangers, les chercheurs d'or n'hésitent pas à exploiter les cours d'eau fertiles en pépites et les veines de quartz qui sont particulièrement riches et d'un rendement plus considérable que partout ailleurs, notamment qu'au Transvaal. Et ce rendement serait probablement décuplé par la création de voies de communication avec les mines et d'un outillage à la moderne qui exigent des capitaux considérables. En dehors de l'or, la Guyane produit encore de l'argent, du plomb, du fer, du cuivre, du manganèse et du platine. Les industries extractives semblent donc devoir y prospérer le jour où existeront les voies de communication qui s'imposent, routes et voies ferrées, lorsque l'on aura exécuté les travaux d'assainissement, créé les marchés, assuré avec la métropole la facilité, la commodité et la rapidité du transit jusqu'ici à l'état rudimentaire.

Les indigènes de la Guyane sont des êtres primitifs, peu nombreux; les plus connus sont les Galibis de la côte, du genre des indigènes peaux rouges, évalués à 7 ou 8.000. Suivant le recensement de 1901, il n'y aurait en Guyane que 33.000 habitants, chiffre probablement erroné si l'on tient compte du nombre considérable des chercheurs d'or qu'il est assez difficile d'évaluer exactement et que l'on a fait monter jusqu'à 70.000. La population pénale comprend environ 6.000 personnes; les mulâtres et les noirs sont au nombre de 20.000. Investis des droits politiques, ces derniers ont débordé les blancs et exercent la même influence néfaste au point de vue politique qu'aux Antilles. La question de la main-d'œuvre se pose à la Guyane exactement comme à la Martinique et à la Guadeloupe; et les noirs y seront aussi insuffisants que dans ces deux dernières îles, le jour où l'on se décidera à ne plus s'occuper exclusivement de l'industrie aurifère et à mettre en valeur les ressources naturelles du pays.

Un autre fléau de la Guyane c'est que, depuis la Révolution, elle est considérée comme devant être avant tout une colonie pénale. La troisième République a persisté à ce sujet dans les errements du second Empire, et le décret du 15 août 1887 ordonne d'envoyer en Guyane la plus grande partie des relégués et les condamnés de droit commun français devant subir plus de huit ans de travaux forcés. Depuis 1897, on y a envoyé à nouveau toutes les catégories de condamnés qui, autrefois, étaient expédiés en Nouvelle-Calédonie. La Guyane reçoit ainsi, tous les ans, de 800 à 900 forçats, et elle constitue une colonie pénitentiaire d'environ 6.000 individus employés aux travaux publics et d'assainissement. Ceux qui ont obtenu la libération conditionnelle, avec obligation de résider définitivement dans la colonie, reçoivent des concessions de terre. (Voir ce qui sera dit ci-après au chapitre IX de la 2e partie consacré au *Régime pénitentiaire colonial*.)

La Guyane est placée sous l'autorité d'un Gouverneur qui réside à Cayenne; il est assisté d'un Secrétaire général et d'un Conseil privé; il y a un Conseil général élu comme aux Antilles. La Guyane a, comme voies ferrées, un petit chemin de fer à voie étroite construit par la main-d'œuvre pénale qui relie Saint-Jean et Saint-Laurent du Maroni. Elle a également une autre petite voie, mais appartenant à l'industrie privée pour les placers du chantier Saint-Élie et qui est exploitée à l'aide de la traction animale. Une mission chargée d'étudier le tracé d'un chemin de fer de pénétration reliant à la côte les placers de l'intérieur, fut envoyée dans la colonie en 1906. Elle s'est prononcée pour l'établissement d'une voie ferrée dont la tête serait placée à Cacao sur le Comté, à 60 kilomètres de Cayenne, point accessible par la voie fluviale. La voie suivrait la ligne droite du Comté et de la rivière Brodel et se dirigerait vers le sud-ouest sur le massif central, avec aboutissement à la crique Nouvelle-France.

Il existe un service régulier de paquebots entre Cayenne et Saint-Nazaire.

Le mouvement du commerce général en 1908 s'est élevé (importation et exportation réunies de marchandises de toutes sortes) à une somme totale de 25.020.964 francs. C'est une diminution de 1.323.816 francs sur l'année précédente et une augmentation de 1.438.039 francs sur la moyenne quinquennale 1903-1907.

A l'importation, les valeurs ont atteint le chiffre de 12.169.445 francs. Elles ont été ainsi inférieures de 1.843.633 francs à celles de l'année précédente et de 262.763 francs à la moyenne quinquennale.

Les exportations ont atteint le chiffre de 12.851.519 francs, en augmentation de 519.817 francs sur l'année précédente et de 1.700.802 francs sur la moyenne quinquennale.

La part de la France dans ce mouvement commercial a été de 16.801.408 francs, dont 7.734.657 francs à l'importation et 9.066.751 francs à l'exportation.

C'est une diminution totale de 2.942.690 francs sur l'année précédente, dont 2.310.031 francs à l'importation et 632.659 francs à l'exportation. Ces résultats représentent

67,1 % du commerce total, 63,6 % des marchandises importées, 70,5 % des marchandises exportées, au lieu de 75,1 %, 71,6 % et 78,5 % en 1907.

Le commerce avec les autres colonies françaises se monte à 507.519 francs, dont 492.249 francs à l'importation et 15.270 francs à l'exportation. C'est, par rapport à 1907, une augmentation totale de 191.904 francs, dont 185.738 francs à l'importation et 6.166 francs à l'exportation. Ce qui donne une participation de 2,1 % au commerce total, de 4 % à l'importation et de 0,2 % à l'exportation, au lieu de 3 %, 2,4 % et 0,2 % l'année précédente.

Les échanges avec les pays étrangers se sont élevés à 7.712.037 francs, dont 3.942.539 francs à l'importation et 3.769.498 francs à l'exportation.

C'est, par rapport à l'année précédente, une augmentation totale de 1.426.970 francs, dont 280.660 francs à l'importation et 1.146.310 francs à l'exportation. Ces chiffres correspondent à 30,8 % du commerce total, 32,4 % des importations et 29,3 % des exportations. Les parts respectives de 1907 avaient été de 23,6 %, 26 % et 21,3 %.

Les chiffres du commerce de 1909 sont les suivants : commerce général, 23.847.184 francs, dont 12.223.624 francs à l'importation et 11.623.560 francs à l'exportation. Dans ces chiffres, la France figure pour 15.071.760 francs, avec 7.942.728 francs d'importations et 7.129.032 francs d'exportations ; l'étranger, pour 8.444.615 francs, dont 3.963.299 francs à l'importation et 4.481.316 francs à l'exportation ; et les colonies, pour 330.809 francs, dont 317.597 francs à l'importation et 13.212 francs à l'exportation.

En 1910, les chiffres des importations et exportations ont été de 23.800.568 francs (12.213.420 francs pour les importations et 11.567.168 francs pour les exportations), chiffres à peu près égaux à ceux de 1909, car il n'y a eu qu'une différence de 42.616 francs sur l'année précédente.

TITRE IV

Colonies océaniennes

ARTICLE PREMIER

Nouvelle-Calédonie

La Nouvelle-Calédonie fait partie des îles de la Mélanésie, qui forment la ceinture de l'Australie au nord et au nord-est; elle est comprise dans l'archipel calédonien, avec l'île des Pins, les îles Loyalty, les îles Huon et Chesterfield. La Nouvelle Calédonie est traversée par une chaîne de hauteurs, dont la plus élevée est le mont Panié qui a 1.650 mètres. Le sol en est riche et fertile; il y a de belles forêts où l'on rencontre le cocotier, le sagoutier, les ébéniers, les araucarias; sur les plateaux se trouvent d'excellents paturages qui nourrissent cent mille bêtes à cornes et, dans les vallées, des cultures de maïs, de riz, de café, de manioc, de cannes à sucre. Le climat est fort salubre grâce aux services rendus par le niaouli, arbre singulier qui a la propriété d'absorber les miasmes délétères; la colonie est donc très accessible à l'européen qui peut s'y livrer à la culture de la terre; c'est un centre de peuplement tout indiqué. Elle est également abondante en minerais divers : cuivre, plomb nickel, cobalt, charbon, fer. Actuellement, le cobalt et le nickel sont surtout exploités et les hauts fournaux de Nouméa expédient de la fonte de nickel depuis 1910; jusqu'ici l'or n'a point donné les résultats attendus; toutefois les exploitants ne se découragent pas et l'on peut prévoir que leurs efforts seront largement récompensés, surtout relativement aux filons qui seront proches de la mer. Les cours d'eau de la colonie sont nombreux, mais d'un parcours assez restreint, car ils se précipitent des deux côtés de l'arrête centrale; le Diahot, par exemple, qui sort du Panié, n'a guère plus de 100 kilomètres. Néanmoins ces cours d'eau sont fort utiles à l'agriculture; ils sont, en effet, alimentés par de nombreux affluents et permettent ainsi l'irrigation durant les sécheresses qui sont souvent assez prolongées.

Les côtes de la Nouvelle-Calédonie sont d'un abord difficile, car l'île est entourée de récifs qui lui forment une barrière infranchissable. *Nouméa* a été choisie comme chef-lieu, bien qu'elle soit privée d'eau, parce qu'elle se trouve placée sur la baie d'accès le plus facile ; c'est un assez bon port où le commerce est actif, quoique mal outillé ; malheureusement la France n'y participe que pour une faible part. Nouméa, dont la population est de 8.961 habitants, possède un collège et des écoles. C'est la résidence du Gouverneur qui est assisté d'un Secrétaire général et d'un Conseil privé ; il y a également un Conseil général comme aux Antilles et à la Guyane. Le territoire du gouvernement est divisé en cinq arrondissements : Nouméa, Canala, Houaïlou, Touho, Ouégoa. A la tête de chacun, ainsi qu'aux Loyalty, est placé un administrateur.

La Nouvelle-Calédonie a une superficie de 20.000 kilomètres carrés ; les habitants indigènes de l'île se nomment Canaques, race belliqueuse, cruelle, barbare, féroce, méfiante et voleuse, autrefois anthropophage, quelque peu policée en apparence par l'occupation française, mais ayant gardé au fond les instincts primitifs. Cette race peu résistante est rongée par des maladies épidémiques qui ont fait diminuer la population de près de sept mille habitants depuis le recensement de 1906, dans une période de dix ans. Si l'on ne prend des précautions pour sa conservation, elle est destinée à disparaître à brève échéance. Les canaques cultivent surtout les ignames, dont ils célèbrent la fête d'une façon solennelle par des danses et des repas plantureux. Les terres de la tribu restent indivises, bien que chaque parcelle ait ses cultures particulières. On a cantonné les indigènes dans des réserves qui malheureusement ne sont pas assez respectées.

La population libre, en y comprenant les fonctionnaires et la garnison, monte, suivant le recensement du 5 mars 1911, à 50.608 habitants, dont 19.319 de race blanche, 3.214 de race immigrée ou de couleur et 20.875 indigènes. Il y a, par suite, une diminution sur le chiffre du recensement de 1906 qui accusait 53.346 habitants. Le nombre des condamnés ou libérés y a beaucoup varié depuis 1864 ; après l'abolition des bagnes de France, la Nouvelle-Calédonie était devenue, concurremment avec la Guyane, le séjour des condamnés aux travaux forcés ; plus tard on y a envoyé les relégués. Il y avait, en 1889, plus de sept mille forçats à la Nouvelle-Calédonie. Mais les colons protestèrent contre le système pénitentiaire qu'on leur infligeait et qui tendait à faire de la colonie un repaire de malfaiteurs et de fainéants, car l'espoir qu'on avait eu de voir les convicts moralisés venir en aide à la prospérité de la colonie par leur participation aux travaux publics et d'assainissement, avait été absolument trompé. Le gouvernement australien avait, de son côté, fait entendre des doléances au sujet de ce dangereux voisinage. Bref, depuis le commencement de 1897, les envois de transportés à la Nouvelle-Calédonie ont complètement cessé et, dans la même année, 43.000 hectares de réserves pénitentiaires ont été restitués à la colonisation libre. L'élément pénal est de 5.671 individus, contre 7.914 en 1906. (Voir ce qui sera dit ci-après, au chapitre IX de la 2e partie, consacré au *Régime pénitentiaire colonial.*)

Il est à espérer que le gouvernement comprenant les intérêts bien entendus de la colonie, renoncera à l'idée de faire de la Nouvelle-Calédonie une colonie pénitentiaire et la rendra complètement à la colonisation normale, réservant uniquement pour la Guyane ceux dont la mère patrie croit devoir se débarrasser définitivement. D'autant plus que l'agriculture vient de prendre un essor inattendu ces dernières années, sous l'impulsion d'une chambre d'agriculture récemment instituée. Et cet essor sera encore encouragé par la réfection des chemins reliant les centres producteurs entre eux et avec la mer, travaux auxquels on emploie sagement une partie des excédents des recettes. Malheureusement la main-d'œuvre fait défaut et l'immigration japonaise, si elle peut remédier à son absence pour les exploitations importantes, ne saurait être utilisée pour les très petites industries agricoles, lesquelles peuvent avoir recours seulement aux indigènes des tribus ; aussi le gouvernement doit s'appliquer à développer autant que possible cette collaboration utile aux deux parties.

La Nouvelle-Calédonie n'est pas dans un état très prospère et le mouvement commercial n'a pas cessé de fléchir depuis 1903. Il y avait eu, en 1908, un léger relèvement qui n'a pas continué en 1909.

Le mouvement du commerce général de la colonie pendans l'année 1908 s'est élevé (importation et exportation réunies) à une somme totale de 19.418.276 francs. C'est une augmentation de 1.503.627 francs sur l'année précédente et une diminution de 1.685.641 francs sur la moyenne quinquennale 1903-1907.

A l'importation, les valeurs ont atteint le chiffre de 9.307.429 francs. Elles ont été ainsi inférieures de 103.056 francs à celles de l'année précédente et de 2.038.575 francs à la moyenne quinquennale.

Les exportations ont atteint le chiffre de 10.110.847 francs, en augmentation de 1.606.683 francs sur l'année précédente et de 352.934 francs sur la moyenne quinquennale.

La part de la France dans ce mouvement commercial a été de 8.242.834 francs, dont 5.137.187 francs à l'importation et 3.105.647 francs à l'exportation. C'est une augmentation totale de 670.614 francs sur l'année précédente, dont 190.358 francs à l'importation et 480.256 francs à l'exportation. Ces résultats représentent 43,1 % du commerce total, 55,4 % des marchandises importées, 30,7 % des marchandises exportées, au lieu de 41,4 %, 52 % et 44,1 % en 1907.

Le commerce avec les autres colonies françaises se monte à 308.462 francs, dont 301.677 francs à l'importation et 6.785 francs à l'exportation. C'est, par rapport à 1907, une diminution totale de 6.480 francs, dont 5.041 francs à l'importation et 1.439 francs à l'exportation. Ce qui donne une participation de 1,6 % au commerce total, de 3,1 %, à l'importation et de 0,1 % à l'exportation, au lieu de 2,1 %, 3,9 % et 0,2 % l'année précédente.

Les échanges avec les pays étrangers se sont élevés à 10.866.980 francs, dont 3.868.565 francs à l'importation et 6.998.415 francs à l'exportation. C'est, par rapport à l'année précédente, une augmentation totale de 839.493 francs, une diminution de 288.373 francs à l'importation et une augmentation de 1.127.866 francs à l'exportation. Ces chiffres correspondent à 55,3 % du commerce total, 41,5 % des importations et 69,2 % des exportations. Les parts respectives de 1907 avaient été de 56,5 %, 44,1 % et 69 %.

En 1909, le commerce général a monté à 17.133.603

francs, dont 9.418.645 francs pour les importations et 7.714.958 francs pour les exportations. Le mouvement vis-à-vis de la France a été de 8.230.549 francs, dont 5.387.384 francs pour les importations et 2.843.165 francs pour les exportations. Avec les colonies françaises, les chiffres sont de 2.963 francs pour les importations et de 2.016 francs pour les exportations (4.976 francs) ; et, avec l'étranger, de 4.008.298 francs d'importations et de 4.869.777 francs d'exportations (8.898.075 francs).

Au budget de 1910, les recettes (3.467.000 francs) ont légérement dépassé les dépenses (3.288.000 francs).

La Nouvelle-Calédonie n'a pas plus de chemins de fer que la Guyane; on devait établir une ligne de Nouméa à Bourail; mais on s'est arrêté au premier tronçon de 16 kilomètres aboutissant à la Dumbéa, après avoir épuisé le crédit prévu par un décret du 16 février 1901 qui autorisait un emprunt de cinq millions à la caisse nationale des retraites pour la vieillesse dans des buts divers et notamment pour la construction du chemin de fer.

ARTICLE II

Nouvelles-Hébrides et îles Wallis et Horn

Les *Nouvelles Hébrides*, dont le climat est moins sain que celui de la Nouvelle-Calédonie, comprennent une quarantaine d'îles et îlots répartis en deux groupes, celui des Torrès et Banks au nord, et les Nouvelles Hébrides proprement dites au sud. Leur superficie est de 1.500.000 hectares et leur population d'à peu près 50.000 canaques féroces et anthropophages, de 546 citoyens français et de 300 anglais environ. Arrosées par de nombreux cours d'eau, ces îles sont d'une grande fertilité. Les forêts sont riches en essences variées et les plantations de café, vanille, bananes, etc, sont très prospères. Le centre le plus important et le chef-lieu du groupe est *Port-Vila*, dans l'île Vaté la plus peuplée par les français au nombre de 350, dont 173 au chef-lieu. Les îles sont desservies par les bateaux des Messageries maritimes allant de Sidney à Nouméa et par l'Union commerciale de navigation calédonienne. La population est surtout agricole; mais la main-d'œuvre constitue la question capitale et difficile, car les Anglais nous enlèvent souvent les travailleurs nécessaires.

Les îles *Wallis et Horn* sont des îles volcaniques, entourées de récifs qui en rendent l'accès assez difficile; la mer y est dangereuse et souvent démontée par les cyclones. L'île Ouvéa est la principale des Wallis; la meilleure rade est celle de Mata-Utui où habitent le roi et le résident français. La population, de race polynésienne, compte 6.000 indigènes parlant le français, convertis au catholicisme par les pères maristes, se livrant à la pêche qui est très productive. Les terres y sont également très bien irriguées, très fertiles; le climat est chaud, mais salubre. Les deux archipels ne sont qu'en communication assez peu fréquente avec la France et ont plutôt des rapports avec les Fidji et les Samoa entre lesquelles ils sont placés.

ARTICLE III

Etablissements français de l'Océanie

L'*Archipel de la Société* groupe les *îles sous le Vent* et les *îles du Vent*; Tahiti et Moorea sont les deux principales de ces dernières. Tahiti, appelée par Bougainville la « Nouvelle Cythère », a été comparée à un nouveau paradis terrestre à raison de la douceur et de la beauté de son climat, de la pureté de son ciel, de la facilité des mœurs de ses habitants naturellement enclins à une oisiveté voluptueuse dont ils sortent difficilement. Tahiti qui contient 30.000 habitants sur une superficie de 4.000 kilomètres carrés, est divisée en 18 districts; la capitale en est *Papeete*, ville de 4.000 habitants, port profond, bien abrité, centre du commerce et siège du gouvernement des Etablissements de l'Océanie. Moorea divisée en 4 districts a pour ville principale Papetoaï.

Les îles sous le Vent comprennent quatre îles principales et une quantité de petits îlots. L'archipel Toubouaï a deux îles principales : Toubouaï et Raïvavaé; les autres sont celles de Rurutu, Rimatara et Rapa qui jouissent d'un climat très tempéré. Les îles Tuamotu en nombre très considérable ne sont guère élevées que de deux ou trois mètres au-dessus des fortes marées. Sur le sol aride, les indigènes ont planté le cocotier qui, avec les produits de la pêche, satisfait à tous leurs besoins. L'île de Fakarava, la plus importante, a pour principal centre Rotoava, capitale de l'archipel, munie d'une rade excellente. Les îles Gambier au sud-est des Tuamotu comprennent dix îlots, dont quatre seulement sont habités et ne comptent que 600 habitants qui vivent de la pêche de la nacre; ils sont de religion catholique et de caractère fort paisible. L'archipel des Marquises situé au nord-est de la Polynésie contient diverses îles dont les principales sont : Nouka-Hiva, Ouapou, Houahouka, Fatou-Hiva, Tahouata, Hivahoa. Elles sont montueuses, volcaniques et de climat plus chaud et plus humide que celui de Tahiti. Découvertes par Mendana en 1595, placées sous le protectorat français en 1842, les Marquises ont été annexées en 1858. L'île Clipperton, rocher aride, a été occupée au nom de la France le 17 novembre 1858; elle contient de riches dépôts de guano. Mais sa possession nous a été disputée par le Mexique et un arrangement du 2 mars 1909 a déféré les prétentions opposées des deux pays à l'arbitrage du roi d'Italie.

La population des Établissements de l'Océanie disséminée sur un territoire d'environ 4.000 kil. carrés, est formée par les Polynésiens, intelligents et robustes, mais indolents, fourbes et ivrognes; la race, décimée par les excès, l'alcoolisme et les maladies contagieuses, semble destinée à disparaître. En 1907, le recensement a donné 30.500 habitants environ, dont 26.000 indigènes et 2.100 français.

Les Établissements de l'Océanie sont d'une fertilité considérable; on y trouve l'arbre à pain, le cotonnier, le cocotier qui fournit l'amande ou coprah d'où l'huile est extraite, l'oranger dont Tahiti envoie les fruits à San-Francisco, l'igname, la patate, le maïs, la vanille, la canne à sucre; la pêche de la nacre et des perles est pratiquée par les indigènes. Il y a peu de bétail, les pâturages étant rares; seuls les porcs et les volailles réussissent.

La Polynésie française est, comme la Nouvelle-Calédonie, en proie à une crise grave tenant soit au cyclone de 1905 qui a ruiné la population, soit à la baisse de la vanille et à la mauvaise situation des fonds perliers. Dans le commerce général de la colonie, la France ne fait guère que 12 % des transactions locales. Toutefois il convient de reconnaître que l'avenir de Tahiti se présente, on va le voir, sous des couleurs meilleures que son récent passé.

Le mouvement du commerce général des Etablissements français de l'Océanie pendant l'année 1908 s'est élevé (importation et exportation réunies) à une somme totale de 7.013.191 francs. C'est une augmentation de 41.427 francs sur l'année précédente et de 34.381 francs sur la moyenne quinquennale 1903-1907.

A l'importation, les valeurs ont atteint le chiffre de 3.867.863 francs. Elles ont été ainsi supérieures de 536.053 francs à celles de l'année précédente et de 621.171 francs à la moyenne quinquennale.

Les exportations ont atteint le chiffre de 3.145.328 francs, en diminution de 494.626 francs sur l'année précédente et de 586.790 francs sur la moyenne quinquennale.

La part de la France dans ce mouvement commercial a été de 756.674 francs, dont 614.768 francs à l'importation et 141.906 francs à l'exportation. C'est une diminution totale de 96.242 francs sur l'année précédente; une augmentation de 210.528 francs à l'importation et une diminution de 306.770 francs à l'exportation. Ces résultats représentent 10,1 % du commerce total, 15,8 % des marchandises importées, 4,4 % des marchandises exportées, au lieu de 12,2 %, 12,1 % et 12,4 % en 1907.

Le commerce avec les autres colonies françaises est nul. C'est, par rapport à 1907, une diminution de 8.740 francs toute à l'exportation. Ce qui donne une participation de 0 % au commerce total au lieu de 0,1 % l'année précédente.

Les échanges avec les pays étrangers se sont élevés à 6.256.517 francs, dont 3.253.095 francs à l'importation et 3.003.422 francs à l'exportation. C'est, par rapport à l'année précédente, une augmentation totale de 146.409 francs, une augmentation de 325.525 francs à l'importation, une diminution de 179.116 francs à l'exportation. Ces chiffres correspondent à 89,9 % du commerce total, 84,2 % des importations et 95,6 % des exportations. Les parts respectives de 1907 avaient été de 87,7 %, 87,9 % et 87,5 %.

Voici maintenant les chiffres pour 1909 : commerce général, 9.664.372 francs, dont 4.612.930 à l'importation et

5.051.442 à l'exportation. Avec la France, le mouvement a été de 911.952 francs (importations 796.581 et exportations 115.371). Avec l'étranger, les échanges ont monté à 8.752.420 francs, soit 3.816.349 à l'importation et 4.936.071 à l'exportation. Vis-à-vis des autres colonies, le mouvement commercial a été nul. En 1910, les totaux des échanges ont atteint 11.691.000 francs, avec une plus-value de plus de 2.000.000 francs sur l'année précédente. Ainsi, on le voit, le commerce de Tahiti est en progrès depuis 1905. Et le mouvement commercial ascendant a eu comme corollaire une hausse des recettes douanières. Ce mouvement, au surplus, ne pourra qu'augmenter avec l'ouverture du canal de Panama.

CHAPITRE III

Principes généraux dominant soit la colonisation dans son ensemble, soit la colonisation française en particulier.

SECTION PREMIÈRE

DE L'UTILITÉ ET DES INCONVÉNIENTS DE LA COLONISATION

Si le problème présente de l'intérêt pour les nations qui n'ont pas encore ou à peu près de colonies, comme l'Italie ou l'Allemagne, il semble qu'il n'en ait point pour les nations de l'Europe, notamment pour l'Angleterre et pour la France, qui possèdent un empire colonial considérable. Ayant des colonies, elles ne peuvent les abandonner, ce que doivent, semble-t-il, admettre les adversaires les plus résolus de la colonisation. Et pourtant l'intérêt du problème existe pour ceux qui ont des colonies aussi bien que pour ceux qui n'en ont pas. Pour les premiers, au point de vue rétrospectif, il est intéressant de savoir quels étaient ceux qui eurent tort ou raison, dans le passé, parmi les partisans ou les adversaires de l'idée colonisatrice. Et, quant à la conduite à tenir vis-à-vis des entreprises coloniales, il est bien évident que la foi, l'entrain pour la colonisation et le développement des colonies existantes ou l'acquisition de nouvelles ne seront pas les mêmes chez le colonial convaincu et chez le colonial résigné. Pour les pays qui n'ont pas encore de colonies, ce problème a plus d'utilité, car du parti pris relativement à la question posée dépendra la résolution soit de s'abstenir, soit de suivre les peuples rivaux dans les entreprises coloniales.

On constate, d'abord, que, de tout temps, la colonisation a rencontré des adversaires et des partisans résolus; en France spécialement, sous l'ancien régime, à côté d'Henri IV, de Richelieu et de Colbert, nettement favorables, Sully manifestait une opposition absolue. Quant à l'opinion publique, elle était ou indifférente ou hostile; pour s'en rendre compte, on n'a qu'à voir avec quelle facilité elle fit abandon, au XVIIIe siècle, de nos colonies de l'Inde et du Canada. La phrase si souvent répétée : « s'occupe-t-on des écuries quand la maison brûle? », ne fit l'objet d'aucune protestation sérieuse, pas plus que le dédain de Voltaire pour « les arpents de neige du Canada ». Il ne paraît pas que l'opinion des hommes de la Révolution ait été sensiblement différente; on connaît le mot attribué à Robespierre : « Périssent les colonies plutôt que les principes ». Cependant la Révolution s'occupa assez attentivement des colonies où elle chercha à établir coûte que coûte sa périlleuse politique de l'assimilation; et c'est Napoléon Ier qui mérite de porter la responsabilité presque absolue du mépris complet dans lequel la politique coloniale était tombée avant 1815. Après cette époque, l'hostilité s'est continuée et s'est fortement manifestée dans les écrits de juriconsultes et publicistes autorisés : J. B. Say, Cobden, de Molinari, de Laveleye, Passy, Guyot, etc. En France, l'indifférence du public pour la colonisation a continué jusqu'à la troisième République, en dépit des tentatives faites et des succès obtenus, en Afrique notamment, par le second Empire. Un fait entre tous est significatif à cet égard. La conquête de l'Algérie, nous l'avons vu, fut en quelque sorte l'œuvre du hasard et les vainqueurs se montrèrent au début extrêmement embarrassés de leur victoire. Or, parmi les arguments invoqués pour démontrer au Parlement la nécessité de demeurer en Algérie, on faisait valoir seulement l'honneur du drapeau, le besoin de tirer vengeance d'une insulte faite au pays, et jamais la préoccupation colonisatrice, l'idée de l'expansion coloniale. La conquête du Tonkin souleva dans le parti hostile bien des débats tumultueux et passionnés; on vit renaître au Parlement les joutes oratoires dont l'Algérie avait été l'objet. Seulement on sentait qu'il y avait quelque chose de changé. La colonisation avait ses partisans; ils étaient peu nombreux, mais c'étaient des *coloniaux conscients*; le problème était désormais posé et rien ne pouvait en empêcher la discussion. Leur chef était Jules Ferry qui défendit aux Chambres, par des arguments pressants et convaincants, le principe de la colonisation; depuis lors, reprenant les idées d'Adam Smith, de Stuart Mill, l'école résolument colonisatrice compte dans ses rangs les Leroy-Beaulieu, les de Voguë, les Etienne, les Lannessan, les Gide, les Chailley, les Girault et tant d'autres qui, dans le Parlement, à l'école, dans la presse et dans des publications de toutes sortes, habituent peu à peu les masses à apprécier les avantages de la colonisation tels que les a si bien dépeints notre collègue M. Gide dans son opuscule bien connu : « *A quoi servent les colonies* » (*Revue de géographie*, 1886, t. XVII, pp. 36 et s., 141 et s.).

Quels sont donc les inconvénients de la colonisation? Que peut-on lui reprocher au point de rejeter en bloc toute entreprise coloniale ? Ses adversaires affirment que toute annexion coloniale est illégitime, car les peuples naissent libres et c'est leur droit de le rester ; l'un d'eux, sous prétexte de civilisation ou de commerce, n'a pas le droit d'assujettir les autres à sa domination; la conquête, l'asservissement par violence doivent être condamnés comme contraires au droit des nations, aussi bien en Europe que dans le domaine colonial. C'est la thèse des *Nationalités* transportée au delà des mers; partout les nations sont maîtresses de leurs destinées et c'est manquer à la loi naturelle que de forcer leur libre arbitre. (Comp. sur la thèse des nationalités notre *Traité de droit public international précité*, I, pp. 330 et s.).

La colonisation, ajoute-t-on, produit des conséquences déplorables vis-à-vis des peuples colonisés. Et l'on rappelle les atrocités, rapines, violences de toute sorte commises par les peuples colonisateurs, dont certains comme les Anglais ont mérité le nom significatif de « *race extirpatrice* ». Ceux qui ne font pas disparaître la race l'abrutissent et la préparent à la mort prochaine, en lui inculquant tous les vices de l'Europe, notamment le fléau de l'alcoolisme qui semble être devenu un article courant d'importation coloniale.

Sans doute, il y a beaucoup de vrai dans ces doléances, et

l'on ne saurait trop déplorer les excès de toutes sortes dont la colonisation a été autrefois et est encore aujourd'hui le prétexte. Mais ceux qui s'hypnotisent devant ces faits regrettables, perdent alors de vue l'un des côtés du problème ; ils ne l'envisagent que par rapport aux habitants du pays à coloniser et ce n'est pas suffisant. La terre est un patrimoine commun à tous les hommes, et il n'est pas permis à une race quelconque de se faire un monopole de certaines contrées déterminées. On ne peut laisser des terres produisant ce qu'on ne trouve nulle part ailleurs, éternellement livrées sans partage à des habitants qui les méconnaissent, les exploitent ou les cultivent mal ou insuffisamment, alors que des races plus actives, plus prolifiques, plus civilisées en feraient meilleur usage, non seulement dans leur propre intérêt, mais encore dans l'intérêt de tous. La plupart des pays exotiques étaient ou sont encore habités par des peuplades ignorantes, impuissantes, souvent sauvages, se bornant, en général, à récolter ce que le sol produit naturellement. Elles sont clairsemées sur des territoires trop vastes, ignorant les lois fondamentales de l'hygiène, décimées par des fléaux qu'elles ne savent pas combattre, véritable enfance de l'espèce humaine ! Elles occupent des pays où la nature a dispensé ses plus merveilleux trésors, ses essences les plus précieuses, ses cultures les plus riches, les plus beaux produits de l'alimentation terrestre, fluviale et maritime, son ciel le plus beau, son climat le plus sain. Et, aux vieux pays occidentaux, bien moins favorisés, les civilisés s'entassent, s'étouffent dans des milieux insuffisants, alors qu'ils auraient besoin de se donner de l'air et de transporter dans le nouveau monde le trop plein de leur race. Si l'on maintient cet état de choses, on commet une action blâmable, on lèse les droits de l'humanité qui, en dépit des noms, des couleurs, des religions, des mœurs et des costumes, est au fond partout la même et a droit partout à un égal traitement. Les colonies et les métropoles nous offrent donc le mécanisme des vases communiquants : l'échange se fait naturellement des unes aux autres ; la métropole trouve dans la colonie un déversoir pour l'excès de sa population, un débouché pour ses produits nationaux et des facilités pour acquérir ceux qui lui font défaut. Voilà pourquoi Adam Smith a vu avec raison dans la colonisation un progrès de l'espèce humaine, car la colonisation bien conduite, si elle est avantageuse, comme on vient de le voir, pour le colonisateur, l'est également pour le colonisé. *Coloniser*, c'est, en somme, *civiliser*, c'est-à-dire étendre à des portions de plus en plus grandes de la terre la vie et les progrès économiques, intellectuels et moraux des peuples les plus avancés. Sans doute, on peut soutenir que les colons et négociants, imbus d'idées absolument mercantiles, ne songent pas à tout cela et ne se préoccupent que de s'enrichir en pressurant les populations locales; mais leurs efforts même intéressés amènent inconsciemment à ce résultat; ils sont le véhicule aveugle de la civilisation qui finit par triompher en dehors d'eux et contre eux. Avec cette civilisation ils apportent malheureusement aussi les vices des vieilles populations européennes; mais c'est le sort des choses humaines d'avoir leur bon et leur mauvais côté, en sorte que si l'on ne voulait partout accepter que le premier, il faudrait repousser l'humanité entière. Les populations exotiques, du reste, ont, elles aussi, leurs défauts et leurs dangers, dont les européens ont eu maintes fois à pâtir cruellement.

Considérer, d'ailleurs, dans la colonisation, uniquement les excès dont elle est la cause, c'est ne l'envisager que d'un côté et à un point de vue exclusif. Il faut voir l'opération en bloc et non en détail, non au début, mais une fois l'œuvre terminée. Ainsi la colonisation des États-Unis de l'Amérique du Nord et de l'Australie eut d'abord ses vices et elle les eut au plus haut degré. Et pourtant qui pourrait nier ses bienfaits, en voyant les grands États, les peuples vaillants, instruits, policés, qui constituent son œuvre. Et l'histoire n'est-elle pas faite en totalité d'émigrations et de colonisations civilisatrices? Les Phéniciens, les Phocéens, les Romains ont colonisé la Gaule; les barbares assis sur les ruines du monde romain ont fondé, au milieu de tous les excès, de toutes les violences, les grandes nations du continent européen! Toute l'histoire de l'humanité se résume en un grand mouvement de colonisation; son expansion sur la terre entière constitue un *droit* pour les peuples civilisés; nous pouvons même dire qu'elle est un *devoir*, car les peuples plus avancés ont une sorte d'obligation morale de faire profiter leurs frères inférieurs des forces et des avantages plus grands dont ils ont été mis eux-mêmes en possession. La civilisation est une sorte de dépôt qu'un peuple ne peut réserver pour lui seul et dont il doit faire bénéficier tous les autres, dans la mesure de ses moyens. Ces réflexions contiennent la morale de toute colonisation: ce n'est pas le but purement mercantile, la soif des richesses qui constituent l'unique mobile, mais aussi le souci de l'éducation du primitif, de son intérêt moral et matériel. Un peuple n'existe pas seulement pour lui-même, mais pour tous les autres, en vertu du principe de *solidarité humaine* qui est la loi à la fois des individus et des sociétés ; la règle de la division du travail, vraie entre les individus, l'est aussi entre les nations. Si l'habitant des pays froids a droit au soleil et aux produits des tropiques, celui des tropiques a droit aux bienfaits de l'industrie, du commerce, des arts, des sciences, de la civilisation, en un mot, des pays froids ! Si, en Amérique, en Australie, la race autochtone a disparu par suite de cette loi inéluctable de la sélection naturelle qui élimine les races faibles au profit des plus fortes, par contre, en Afrique, en Asie, en Océanie, la civilisation européenne a fait cesser des abus abominables, tels que l'esclavage, la traite, les massacres, les sacrifices humains; elle a mis fin aux superstitions locales, au fétichisme, au cannibalisme. L'Algérie, l'Afrique occidentale et équatoriale, Madagascar, l'Indo-Chine sous la domination française, les Indes sous celle de l'Angleterre, Java sous celle des Hollandais ont une situation bien meilleure qu'au temps des despotes primitifs qui en étaient la terreur et le fléau. Une génération a peut-être eu à se plaindre de la venue des Européens; mais les suivantes en ont largement profité et la balance définitivement penche plutôt dans le sens des gains que dans celui des pertes.

Mais, objectent les adversaires de la colonisation, est-il nécessaire de *coloniser* dans le sens pratique du mot, c'est-à-dire de soumettre les populations des pays neufs au joug d'une métropole, sous forme d'annexion ou de protectorat, pour avoir les avantages de la colonisation et porter la civilisation chez autrui ? Non, répondent-ils ; il suffit, pour aboutir au résultat voulu, d'entrer en rapports commerciaux ou industriels ; c'est ainsi qu'ont opéré notamment, sous l'ancien régime, les Hollandais dont la colonisation a été fort prospère et qui, laissant les indigènes maîtres de leur pays, se bornaient à effectuer avec eux des opérations commerciales. Or, ajoutent-ils, les colonies coûtent très cher au pays colonisateur; que de sommes énormes, que de vies humaines ont été inutilement dépensées dans l'œuvre coloniale, qui auraient été bien mieux utilisées ailleurs ! Les rapports commerciaux suffisent donc et évitent tous ces inconvénients; les peuples avec lesquels on entretient ces rapports se montrent d'ailleurs beaucoup mieux disposés, puisqu'on n'attente point à leur indépendance; et la civilisation se répand quand même, sans qu'il y ait l'odieux de la conquête. En ce qui concerne enfin les produits exotiques, il n'est pas nécessaire d'avoir des colonies pour se les procurer. Si nous voulons acheter du riz, du café, du cacao, du sucre, du rhum, de la vanille, des arachides, etc., nous n'avons pas besoin de posséder les Antilles, l'Afrique occidentale ou équatoriale ou l'Indo-Chine. Tous ces pays nous en vendraient sans qu'on les eût asservis; et, à leur défaut, les nations américaines et asiatiques ne demanderaient pas mieux que de satisfaire nos besoins, en nous économisant les frais de la conquête.

Pour répondre à l'argumentation qui précède et en établir l'inanité, il convient d'envisager les phénomènes économiques produits par la colonisation et de voir s'ils constituent un mal ou un bien. Or ces phénomènes sont au nombre de trois : un départ d'hommes, un départ de capitaux, et un échange de produits entre la colonie et la métropole. Examinons-les successivement.

Suivant J. B. Say, le départ de cent mille émigrants emportant leur fortune équivaut à la perte d'une armée de cent mille hommes qui serait engloutie, armes et bagages, en passant la frontière. En partant de ce point de vue, on faisait autrefois des règlements pour interdire l'émigration, règlements en opposition absolue avec le principe de la liberté de la personne humaine qui implique le droit d'aller et de venir à sa guise, de se fixer dans les lieux qui plaisent le mieux. Cette liberté est aujourd'hui tenue pour incontestable; les barrières anciennes sont tombées et la plupart des peuples admettent l'émigration, sauf au cas où, se produisant en grandes masses, elle deviendrait un danger public, contre lequel on serait autorisé à prendre les mesures nécessaires. Il est donc préférable de voir l'émigration se diriger vers les colonies qui sont une suite de la patrie, un prolongement du territoire national, plutôt que vers des pays étrangers. Pour nous, il vaut mieux envoyer les éléments français dans l'Afrique du Nord, dans l'Indo-Chine, où l'élément étranger nous déborde, qu'au Canada, quelque sympathie que nous puissions avoir pour notre ancienne colonie. De nos jours, du reste, l'avenir est aux grands Etats; il a pu en être autrement autrefois en présence de la différence des milieux et des civilisations; ainsi le rôle joué par la France dans le monde, au point de vue politique, social, intellectuel, a été certainement en disproportion avec le nombre de ses habitants. Mais, à mesure que les civilisations tendent à s'égaliser par le développement des moyens de communication de toute espèce, le facteur *nombre* prend tous les jours une importance plus grande. Or, au point de vue économique, les liens de la langue et du sang font les liens commerciaux; on a dit avec raison : « le commerce suit le drapeau ». De là résulte pour un pays la nécessité des colonies constituant des groupes rattachés à la métropole, bien préférables à des centres perdus dans les pays étrangers, aux *colonies libres* par exemple de la France dans certaines contrées de l'Amérique du Nord et du Sud. Peu à peu nos concitoyens émigrés abdiquent leur caractère national, se fondent dans le milieu ambiant et sont perdus pour nous. La colonie, au contraire, continue à nous les rattacher et nous laisse cette force du nombre si indispensable surtout pour nous chez qui la natalité diminue constamment. C'est par ses nombreuses colonies que la Grande-Bretagne a acquis et conserve un rôle qui semble grandir toujours. Comme on l'a dit et répété à plusieurs reprises : si la France ne devient pas une grande puissance coloniale, elle ne comptera pas plus dans le monde que la Belgique ou la Suisse.

Il faut remarquer que l'émigration humaine, quand elle se dirige vers la colonie, n'a pas toujours, ce qui peut paraître singulier mais qui est pourtant exact, pour résultat de diminuer la population d'un pays. En ce qui concerne le

Royaume-Uni, on a constaté, de 1851 à 1861, un mouvement colossal vers l'Australie, à raison de la découverte d'importantes mines d'or; et pourtant, durant cette période, l'accroissement de la population a continué sa marche ascendante normale, et, en somme, fut assez vite réparée la saignée qui avait été subie. Le même phénomène se produit vis-à-vis des pays où l'on émigre le plus actuellement ; ainsi, en Allemagne, le mouvement émigrateur toujours plus considérable ne suffit pas, tant s'en faut, à absorber l'excédent des naissances sur les décès. Et cela s'explique fort bien quand on va au fond des choses.

Par l'émigration, le marché du travail se trouve débarrassé; il y a diminution de concurrence et partant augmenstation de salaire; les situations dès lors s'améliorent; les mariages sont plus fréquents et les naissances plus nombreuses; les fortunes s'accroissent, car un certain nombre d'émigrants reviennent dans la métropole après fortune faite; le commerce augmentant, il y a plus de débouchés et, par suite, plus d'emplois nouveaux et plus de bien-être. Bref, l'émigration tend plutôt à augmenter la population et, dans tous les cas, la laisse stationnaire. Enfin, il ne faudrait pas croire que les pays étrangers seront toujours disposés à accepter nos émigrants, les yeux fermés. Les Etats-Unis et les grandes colonies anglaises commencent à se montrer assez hostiles à l'émigration en général et à certains émigrants en particulier.

Quant aux capitaux, la comparaison de J. B. Say n'est pas plus juste que pour les personnes; mais la question ne se présente pas de la même façon. Tandis, en effet, que les émigrants sont perdus pour la mère patrie quand ils vont à l'étranger, les capitaux, même placés à l'étranger, restent la propriété des capitalistes nationaux. Mais, dit-on, pourquoi placer les capitaux dans des entreprises coloniales qui nécessitent des frais considérables et sont souvent aléatoires? Si les opérations dans lesquelles on les place sont avantageuses, qu'importe qu'elles aient lieu en sol colonial ou en sol étranger? La spéculation sur les cafés, vanilles, arachides, cannes à sucre, caoutchouc, etc., sur les travaux publics, les voies ferrées, offrira les mêmes chances de gain et de perte dans les deux cas; seulement l'Etat n'assumera aucun risque et le contribuable ne verra pas grossir la note des impôts. Ce raisonnement n'est pas exact et il vaut mieux, si c'est possible, que les capitaux nationaux aillent aux colonies. D'abord, ils y courront moins de dangers; les fonds français auraient été certainement beaucoup plus assurés dans une de nos colonies, qu'en Turquie sous le règne du sultan déchu, ou au Vénézuéla sous le régime du président Castro. Les gouvernements étrangers soumettent les biens et les personnes des ressortissants étrangers à une foule de tracasseries, de vexations, de dénis de justice, qui découragent l'épargne et la font se tourner vers les entreprises nationales. On a évalué à deux milliards les pertes subies par les capitalistes français dans la période décennale 1881-1891, par suite des agissements des pouvoirs publics étrangers. Si l'on compare la Chine et le Tonkin, on voit la différence de traitement qui sera faite aux capitaux dans les deux pays à l'égard d'un français. Et si la France n'avait pas étendu son empire sur le Sénégal, la Guinée et le Congo, quelles garanties auraient ceux qui voudraient aller y faire le commerce des arachides et du caoutchouc ? Les richesses de ces pays resteraient non exploitées, sans profit pour personne. Egalement dans les mêmes pays, s'ils n'étaient pas colonisés, les travaux publics, routes, canaux, ponts, voies ferrées ne se réaliseraient jamais, car on n'oserait y risquer des capitaux en l'absence d'un gouvernement fort et protecteur. Et ce sont ces travaux indispensables qui permettent de mettre en valeur les pays neufs, de les civiliser et les faire participer aux bienfaits de la communauté universelle.

Enfin, le troisième phénomène produit par la colonisation consiste dans un échange de produits entre la colonie et la métropole. Ici, aucune discussion n'est possible et l'avantage retiré par la métropole est tellement évident qu'il ne saurait être nié ! Il constitue même, pour beaucoup d'adeptes de la colonisation, l'argument capital et presque unique. Les colonies donnent des débouchés précieux à l'industrie nationale, ce qui est bien à considérer à une époque où le nombre des pays industriels va tous les jours en augmentant, et dont, en dernier lieu, les Etats-Unis et l'Allemagne sont venus encore augmenter la liste. Il faut ajouter qu'en présence des tendances protectionnistes vers lesquelles semblent s'orienter les pays grands consommateurs et que les Etats-Unis ont fait entrer d'une façon excessive dans l'ère des réalisations pratiques, les rapports sont bien plus sûrs avec les colonies. Dès lors, les nationaux des peuples colonisateurs seront naturellement portés à s'adresser de préférence aux entreprises coloniales, pour y placer leurs capitaux, car, pourvu qu'elles soient sûres — et elles le seront naturellement au moins autant qu'à l'étranger — ces entreprises augmenteront la prospérité nationale, feront travailler le commerce et l'industrie de la patrie. Et les coloniaux, de leur côté, s'adresseront tout naturellement aussi à leurs compatriotes pour les choses dont ils auront besoin; ils viendront ainsi en aide à l'industrie et au commerce nationaux; et à leur tour ils seront aidés, protégés et défendus jusqu'au jour où ils pourront se suffire. Au début, la colonie ne demande pas beaucoup à la métropole, car ses besoins ne sont pas fort étendus; puis, peu à peu, si elle doit réussir, elle se développe et finit par devenir la cliente principale de la métropole. Et, plus tard, quand elle s'est émancipée suivant la loi naturelle, elle lui reste généralement fidèle, si celle-ci se conduit à son égard comme il convient. « Le sang est plus épais que l'eau », disent les anglo-américains, et la persistance de leurs rapports commerciaux le prouve. L'Amérique latine reprend tous les jours plus activement ses rapports économiques avec l'Espagne; le Cap commerce avec la Hollande. Voilà pourquoi il ne faut pas reculer devant les frais souvent considérables du premier établissement de la colonie. Ce serait se placer à un point de vue absolument erroné que d'envisager au début le doit et l'avoir de l'entreprise, comme dans une opération de bourse. Les sacrifices primitifs sont compensés à la longue par le développement du commerce, de l'industrie, l'augmentation générale de la richesse publique, le développement de la langue, du crédit, de l'influence générale. C'est la vaste colonisation de la Grande-Bretagne qui, même après l'émancipation de l'Amérique du Nord, lui a donné l'influence prépondérante qu'elle a exercée et qu'elle exerce encore dans les affaires mondiales, influence qu'elle gardera probablement, malgré la séparation ultérieure possible de l'Australie, de l'Afrique du Sud, du Canada, et qu'elle n'aurait jamais eue si elle était restée confinée dans son île. La colonisation est un placement de bon père de famille, non pour la génération du présent, mais pour celle de l'avenir, et le bon père de famille ne doit pas songer à lui seul.

A côté des avantages économiques, les avantages d'ordre politique et social de la colonisation méritent de compter. Les entreprises coloniales occupent l'attention publique et détournent des guerres européennes toujours plus coûteuses et plus meurtrières; elles sont un débouché précieux pour les énergies métropolitaines qui, à l'étroit dans le vieux monde, où les aventures ne sont guère possibles, y trouvent un champ d'activité tout indiqué pour leur libre éclosion. Ce n'est pas à dire qu'il faille, comme on l'a quelquefois proposé et fait, envoyer à la colonie nos déclassés et faire d'elle un déversoir des inutilités et des dangers métropolitains. Ce système égoïste et maladroit a fait son temps et l'on se préoccupe à juste titre d'assurer au recrutement des agents coloniaux toutes les garanties voulues. Mais enfin on ne saurait se dissimuler que la colonisation demande plus d'activité, d'endurance et même d'audace que les situations paisibles de la métropole; et c'est en cela que seront précieux les concours que nous venons de signaler et qui ne réussiraient pas ou même risqueraient de mal tourner dans la mère patrie. Les colonies sont une école d'héroïsme, où les caractères se trempent, où l'esprit d'initative se surexcite; on n'a, pour s'en convaincre, qu'à consulter la liste longue et glorieuse des explorateurs civils et militaires de tous les pays du monde et de la France en particulier. C'est dans les colonies que les futurs chefs militaires peuvent apprendre encore l'art de la guerre, puisqu'elle semble, en Europe, vouloir se raréfier de plus en plus. Et pourtant, comme il faut constamment la redouter, il importe que ceux qui en auront la responsabilité, le cas échéant, se familiarisent avec elle dans la mesure du possible. Un mot de M. de Voguë, qu'on ne saurait trop répéter, résume parfaitement ce qui précède : « Les colonies sont une pépinière d'hommes ».

Nous venons d'envisager le problème de la colonisation

au point de vue général; voyons maintenant ce qu'il en faut penser au point de vue français. On a dit que la colonisation, bonne pour certains peuples, est mauvaise pour nous à raison de notre faible natalité. Que l'Allemagne, que la Grande-Bretagne, où les naissances dépassent de beaucoup les décés, s'y aventurent, on le conçoit, car elles y déverseront seulement leur trop plein. Nous, au contraire, c'est l'immigration que nous devrions favoriser et non l'émigration qui risque de nuire à nos intérêts européens, intérêts que nous devons toujours avoir en vue. En réalité, nous préparons des colonies pour des peuples plus prolifiques; les Anglais nous ont pris celles que nous avions péniblement acquises sous l'ancien régime; les Italiens ou les Allemands nous prendront les nouvelles. Du reste, ajoute-t-on, le Français n'est pas fait pour l'œuvre coloniale; tout l'en écarte : habitudes, mœurs, excès d'affections familiales, manque d'esprit de suite, défaut d'énergie, etc. Et l'on rappelle le mot de Bismarck : « Il y a des peuples qui ont des colonies et des colons (Angleterre); il y a des peuples qui ont des colons et pas de colonies (Allemagne); enfin, la France a des colonies et n'a pas de colons.

Essayons de répondre à ces divers arguments. Celui tiré de notre faible natalité ne porte pas; en effet, nous n'avons guère de colonies de peuplement; en dehors de la Nouvelle-Calédonie qui possède ce caractère, de l'Algérie, de la Tunisie et de Madagascar, qui sont des colonies *mixtes*, c'est-à-dire où l'européen peut en certains points seulement s'acclimater et travailler de ses propres mains, nos autres colonies : Afrique occidentale, Afrique équatoriale et Indo-Chine, c'est-à-dire nos possessions les plus importantes, constituent des colonies d'exploitation. Or là un petit nombre d'européens suffit, puisqu'ils ne travaillent pas en personne et sont simplement chefs de services, directeurs de travaux, ingénieurs, commerçants ou employés. C'est par le travail indigène que marche la colonie; quelques milliers d'émigrants suffisent; et, loin d'appauvrir la race par leur absence, ils sont plutôt un stimulant pour l'activité et l'énergie de leurs compatriotes. Au surplus, comme nous l'avons dit, il n'est pas possible d'empêcher l'émigration; mieux vaut donc que ceux qui sont résolus à émigrer aillent dans nos colonies que dans les pays étrangers, vers lesquels ils semblent se diriger de préférence, notamment vers le Canada, le Mexique, la République Argentine.

Notre impuissance colonisatrice ne constitue pas un argument plus sérieux. D'ailleurs, tandis que beaucoup d'étrangers nous rendent justice à ce point de vue, nous, suivant une vieille habitude française, nous nous moquons de tout et de nous-mêmes. La boutade bien connue de Bernardin-de-Saint-Pierre doit ici être rappelée, car c'est sur elle — c'est-à-dire sur le témoignage d'un Français — que l'on se fonde d'habitude pour nous dénier toute capacité colonisatrice : « L'île de France fait venir sa vaisselle de Chine, son linge et ses effets de l'Inde, ses esclaves et ses bestiaux de Madagascar, une partie de ses vivres du Cap de Bonne-Espérance, son argent de Cadix et.......... son administration de France ...... ». Mais, si l'on envisage le passé sérieusement, les faits, loin de démontrer notre incapacité colonisatrice, nous proclament, au contraire, les premiers colonisateurs de tous les peuples, En effet, nous avons constitué, sous l'ancien régime, le domaine colonial le plus grand qui ait jamais existé. Et, après l'avoir perdu par suite de circonstances indépendantes de notre volonté ou par les fautes de nos gouvernants, nous en avons reconstitué un autre plus important. L'Angleterre vient en première ligne parmi les puissancs coloniales et la France la suit immédiatement avec un territoire colonial de près de 10 millions de kilomètres carrés et 50 millions d'habitants ! C'est une véritable aberration que de dénier la vocation et la capacité colonisatrices à un peuple qui a pu arriver à de pareils résultats, non pas à une mais à deux reprises ! Objectera-t-on maintenant qu'après avoir acquis nos colonies, nous ne savons pas en tirer profit? A cet égard, on fait remarquer que le commerce de la France avec ses colonies ne représente guère que le huitième de son commerce extérieur ; que nous envoyons à peu près autant en Belgique et beaucoup plus en Angleterre qui constitue, par suite, notre meilleure colonie, puisqu'elle absorbe par an pour plus de 1.200 millions du marché français. Mais, en somme, l'ensemble de nos colonies se place en second rang pour le commerce, à peu près sur la même ligne que la Belgique, ce qui n'est point à dédaigner. Et, d'autre part, la situation faite à la France se retrouve avec plus ou moins d'analogie chez les autres nations, spécialement en Angleterre, car le commerce de cette dernière avec ses immenses colonies ne représente que le cinquième de ses importations et le tiers de ses exportations. D'ailleurs, par la force même des choses, les colonies, pays neufs, dépensent moins que les pays vieux qui connaissent tous les raffinements du luxe, du bien-être et les mille nécessités d'une civilisation compliquée. Mais, avec le temps, les besoins de ces pays neufs grandiront comme ces pays eux-mêmes. Et alors le commerce avec eux sera aussi abondant et aussi rémunérateur qu'avec les pays vieux qui sont déjà nos clients. Là encore il convient de répéter que la colonisation n'est point l'œuvre d'un jour et d'une génération, mais une entreprise de patience et de longue haleine.

SECTION II

LE BUT ET LE CARACTÈRE DE LA COLONIE
DISTINCTION ENTRE LA COLONIE ET LE PROTECTORAT.
LES DIVERSES ESPÈCES DE COLONIES

TITRE PREMIER

Le but et le caractère de la colonie. — Distinction entre la colonie et le protectorat.

§ I. — *Le but de la colonie*

Qu'est-ce que la colonisation? Comment faut-il concevoir la colonie? Sur ce point se sont élevées des controverses nombreuses qui ont abouti à des définitions variées du but de l'une et de l'autre. Nous considérons comme superflu l'examen de ces discussions plutôt théoriques, car il nous semble qu'il convient en semblable matière, si l'on ne veut point se bercer de chimères, de s'inspirer principalement des faits et d'en tirer les conséquences. Or il est certain qu'un peuple qui colonise, poursuit deux buts principaux et n'en peut poursuivre d'autres : 1° acquérir des territoires et des débouchés nouveaux qui augmenteront sa population, son influence, son crédit et ses richesses de toute nature; 2° faire profiter les races indigènes des bienfaits de la civilisation qu'il leur apporte en échange. De cette double idée pourront résulter les définitions suivantes qui préciseront nettement le but de la colonisation et des colonies. Coloniser, c'est se mettre en rapport avec des pays neufs, pour profiter des ressources de toute nature de ces pays, les mettre en valeur dans l'intérêt national et, en même temps, apporter aux peuplades primitives qui en sont privées, les avantages de la culture intellectuelle, sociale, scientifique, morale, artistique, littéraire, commerciale et industrielle, apanage des races supérieures. La colonie est donc un établissement fondé dans un pays neuf par une race à civilisation avancée, pour réaliser le double but que nous venons d'indiquer.

Ainsi se passent les choses au début; puis la colonie peut arriver à un degré de supériorité morale, sociale et économique égal à celui de la métropole, comme cela a lieu actuellement pour les grandes colonies britanniques autonomes. Elle peut, dès lors, marcher de pair avec la mère patrie et cependant lui être politiquement soumise, si les colons estiment que leur intérêt est de continuer à rester unis à une métropole puissante qui les fait respecter contre toute attaque, tout en respectant elle-même leur liberté. On est alors en présence de deux organismes égaux et que leur volonté seule tient liés. Mais, le plus souvent, après un temps plus ou moins long, la colonie, par la force même des choses, se détache de la métropole, comme un fruit mûr tombe de l'arbre et continue cependant, comme il a été dit ci-dessus, à entretenir avec elle des rapports profitables pour les deux. La question que nous venons de résoudre permet également de trancher la suivante qui en est le corollaire : une colonie, pour mériter ce nom, doit-elle être subordonnée politiquement à la métropole, ou peut-elle avoir une liberté absolue en restant colonie? Les auteurs anglo-saxons estiment, en général, que la sujétion politique est la caractéristique même de la colonie. Et ils ont raison, en principe, car, pour coloniser utilement, il faut bien que la race supérieure puisse imposer ses conceptions à la colonie, quitte à agir avec toute la douceur possible et en ménageant les transitions. Mais, au fur et à mesure que le temps s'écoule, que la colonie se développe et monte au niveau intellectuel, social et économique de la mère patrie, l'assujettissement du début diminue nécessairement; la colonie se gère comme un mineur de plus en plus émancipé; et cette situation, la métropole doit sagement l'accepter par crainte de la rupture violente. Finalement, elles ne sont plus unies que par le lien d'un loyalisme plus ou moins étroit jusqu'au jour de la séparation définitive. Tels sont les rapports qui existent actuellement entre la Grande-Bretagne et ses colonies autonomes du Canada et de l'Australie.

§ II. — *Le caractère de la colonie*

Les colonies ne sont pas des États, car elles ne jouissent pas de la souveraineté. La question ne peut se poser pour les colonies françaises, dont aucune n'a une autonomie suffisante pour pouvoir prétendre à la qualité d'État. Au contraire, on pourrait se demander si les grandes colonies autonomes anglaises à gouvernement responsable, munies d'une législature propre, rattachées à la Couronne par le seul lien du loyalisme, ne pourraient pas prétendre jouer un rôle pareil à celui de l'État. Mais semblable théorie ne paraît guère soutenable, car, si autonomes que soient les groupements coloniaux anglais, ils n'ont point la libre direction de leur politique interne et externe, direction qui constitue le critérium de la souveraineté. (Voir sur la question de la souveraineté en général et spécialement sur la condition des colonies autonomes anglaises, notre *Traité* précité *de droit public international*, t. I, pp. 203 et s.).

Néanmoins ces colonies autonomes jouent incontestablement un rôle international, sous le contrôle de la métropole. Ainsi le Canada a signé avec la France, le 19 septembre 1907, un traité de commerce complété par une convention du 23 janvier 1909; il a adhéré à l'union postale universelle. Ces colonies sont donc des *personnalités du droit international*, c'est-à-dire des organismes exerçant une action limitée dans la communauté internationale, sous l'autorité et la direction de l'État dont ils relèvent (Voir à ce sujet le *Traité* précité, I, pp. 219 et s. et II, pp. 154 et s.).

Au dedans, les colonies, autonomes ou non, constituent des personnalités morales. En France, la personnalité ne leur avait été concédée par aucun texte formel; mais, par une méthode familière au législateur français, les textes supposaient cette personnalité existante, à raison des conséquences qu'ils en tiraient. De ces textes, les uns étaient des lois, les autres, en plus grand nombre, des ordonnances et des décrets émanant du pouvoir exécutif, en vertu de la conception législative qui l'investit du droit de légiférer aux colonies. Parmi ces textes, certains avaient une portée spéciale limitée à une colonie déterminée, d'autres une portée générale. On peut citer ceux datant de la Restauration que nous avons indiqués ci-dessus et qui, reconnaissant aux colonies le droit de posséder un domaine, d'avoir un budget, le droit d'impôt et la personnalité politique, paraissent bien, par là même, leur conférer la personnalité civile. Le sénatus-consulte du 4 juillet 1866 vint confirmer ces dispositions. Plus tard, la personnalité des colonies a été affirmée, sous la troisième République, par le décret du 20 novembre 1882 sur le service financier colonial, par la loi de finances, qui, à partir de 1893, fixe la participation des colonies aux dépenses générales, spécialement enfin par la loi de finances du 13 avril 1900, dont l'article 33 décide qu'en principe les colonies devront suffire à leurs dépenses civiles et de gendarmerie et ne pourront compter sur l'aide financière de l'État qu'en cas de nécessité démontrée. D'autre part, le droit de contracter des emprunts a été reconnu formellement aux colonies par l'article 78 de la loi du 13 avril 1898 qui détermine les différentes combinaisons financières auxquelles elles pourront avoir recours. En dernier lieu, sont intervenus les textes qui, d'une manière précise et directe, accordent aux colonies la personnalité civile et qui, dès lors, coupent court à toute incertitude. Ainsi le décide la loi du 19 décembre 1900 attribuant à l'Algérie la personnalité civile et l'autonomie financière ; lui permettant de posséder des biens, de créer des établissements d'intérêt colonial, de concéder des chemins de fer ou autres grands travaux publics et de procéder à des emprunts. Le décret du 18 octobre 1904 a créé le budget général de l'Afrique occidentale française et a ainsi conféré à celle-ci une personnalité distincte analogue à celle de l'Algérie. Les décrets des 15 janvier 1910 et 20 octobre 1911 ont agi de même au regard de l'Afrique équatoriale et de l'Indo-Chine.

En résumé, la colonie doit être aujourd'hui considérée à l'intérieur comme une personnalité morale ayant sa vie propre et distincte et soumise, comme toutes les personnalités du droit administratif, à la nécessité de l'autorisation du pouvoir exécutif et même du pouvoir législatif relativement aux actes touchant aux intérêts de l'État. Ainsi, comme on le verra plus tard, les libéralités faites aux colonies doivent, en certains cas, être autorisées par décret, de même que divers autres actes sur lesquels les Conseils généraux des colonies sont appelés à délibérer. Et les emprunts coloniaux nécessitent un décret ou même une loi, quand la garantie de l'État est en jeu. Nous reviendrons sur tous ces points plus en détail dans les développements ultérieurs; bornons-nous à constater pour le moment que la colonie se gère comme une personnalité du droit administratif, soumise à ce titre à la tutelle de l'exécutif et même du parlement relativement aux actes d'une certaine gravité.

§ III. — *Distinction entre la colonie et le protectorat*

La colonisation peut se réaliser soit sous la forme de *l'annexion*, soit sous celle du *protectorat*. Dans le premier cas, l'Etat colonisateur organise la colonie sans contrôle, comme il l'entend, et selon ses idées personnelles. Il en devient le maître absolu, et le sol colonial fait partie du territoire national. Dans le second, il reste en présence des pouvoirs établis du pays auquel il juxtapose une organisation qui doit fonctionner concurremment avec ces pouvoirs. Les deux formes ont leurs avantages et leurs inconvénients. L'annexion donne un pouvoir absolu à l'État colonisateur, qui n'a rien à craindre des intrigues, des complots et de la résistance plus ou moins ouverte des anciens pouvoirs locaux désormais disparus. Le protectorat maintient les institutions locales, en sauvegardant auprès des populations le prestige du gouvernement conservé, que la puissance métropolitaine fera mouvoir à son gré, dans la coulisse. Le protectorat est donc préférable là où l'entente loyale est possible avec le gouvernement local ; dans l'hypothèse inverse, l'annexion est meilleure. Et c'est ainsi que la France, on l'a vu, après avoir proclamé son protectorat sur Madagascar, a été obligée de le transformer en annexion, à la suite des intrigues et de l'opposition latente du gouvernement hova, tandis qu'au contraire le protectorat tunisien a donné d'excellents résultats.

Quand l'état exotique est soumis au système du protectorat, il conserve une personnalité interne et externe. Au point de vue externe, on admet en général qu'il garde sa situation d'Etat avec les privilèges attachés à ce titre. Nous avons, au contraire, essayé de démontrer, dans notre *Traité* précité *de Droit public international*, t. I, pp. 201 et s., que le pays protégé perd la qualité d'Etat, car il manque complètement de la souveraineté voulue pour avoir droit à ce titre, étant donné qu'il est absolument soumis au protecteur pour la conduite de sa politique externe.

Mais, s'il n'est plus un État, le pays protégé continue néanmoins à jouer un certain rôle international. Il constitue donc une personnalité internationale, comme les colonies autonomes dont nous avons parlé ci-dessus (Voir le *Traité* précité, II, pp. 156 et s.). Le pays protégé conclut avec l'État protecteur un traité par lequel ce dernier lui promet sa protection, au prix de certains avantages. Le protectorat constitue donc une combinaison conventionnelle; c'est le traité qui détermine les droits des deux parties et la situation de fait substituée à l'état de choses ancien. Et naturellement les divers traités de protectorat établissent à ce sujet des règles qui varient avec les espèces. Par son extrême souplesse, le système protecteur se plie beaucoup mieux que l'annexion aux diverses hypothèses qui sont loin de se ressembler. Respectant le gouvernement indigène, il est mieux toléré par la population locale, et, d'autre part, il est beaucoup plus économique, car, gardant les pouvoirs déjà constitués, il évite les frais souvent considérables d'organisation et d'exploitation. Le protectorat, du reste, déguise le plus souvent une annexion véritable; il constitue une mesure destinée, en apparence, à venir en aide à un État faible et qui, au fond, est prise dans l'intérêt unique de l'État protecteur. Celui-ci, en effet, n'ose procéder à une annexion immédiate pour des motifs particuliers; et il craint cependant d'être supplanté par une autre puissance dans l'exercice d'une influence qui lui paraît indispensable. Ainsi la proclamation de notre protectorat sur la Tunisie fut précipitée dans la crainte de voir l'Italie nous devancer.

Le protectorat est une institution très à la mode aujourd'hui, dont il est assez difficile de tracer les règles dirigeantes. En réalité, comme il vient d'être dit, chaque traité de protectorat fait la loi de l'espèce. Il est toutefois des règles générales que, par la force même des choses, on rencontre dans tout protectorat, parce qu'en leur absence le système protecteur ne se concevrait même pas. Au point de vue interne, la souveraineté du pays protégé est gravement compromise par l'abandon au protecteur de certains droits essentiels, tels que celui d'administrer la justice, de percevoir les impôts, de commander ou de contrôler les forces militaires, de diriger les travaux publics et l'instruction publique, tous points fixés par le traité d'une façon plus ou moins compréhensive.

Au point de vue externe, le critérium immuable du protectorat consiste en ce que le protégé n'a plus de politique personnelle et doit absolument conformer sa ligne de conduite à celle du protecteur. C'est à ce dernier que les agents diplomatiques et consulaires accrédités auprès du pays protégé doivent demander l'exequatur. Les traités conclus par le protégé doivent avoir l'adhésion du protecteur, qui devra également intervenir pour l'exercice du droit de paix et de guerre. Quelquefois même, le protecteur fait les traités au nom du protégé; ainsi la France a signé directement avec la Belgique, l'Angleterre et la Suisse, les conventions des 20 juin 1888, 31 décembre 1889 et 12 avril 1893 étendant à la Tunisie les traités d'extradition antérieurement conclus par elle et les États précités. Enfin, c'est l'agent diplomatique du pays protecteur qui sert de ministre des Affaires Étrangères à l'État protégé (Voir sur tous ces points notre *Traité* précité *de droit public international*, t. II, pp. 180 et s.).

Les grandes puissances ont proclamé leur protectorat sur un certain nombre de pays ; voici les principaux. L'Angleterre a sous son protectorat l'Égypte et Zanzibar ; le second résulte d'une proclamation du 1er juillet 1890 acceptée par l'Allemagne et la France (1er juillet, 5 août) ; et le premier, des accords franco-anglais du 8 avril 1904, bien que le nom de protectorat n'y soit pas prononcé. Le protectorat allemand sur Kiao-Tchéou a été établi par le traité de Pékin du 6 mars 1898; celui de l'Italie sur Saint-Marin, par les conventions des 22 mars 1862 et 27 mars 1872; ceux des États-Unis sur Cuba et les Philippines, par le traité de Paris du 10 décembre 1898 uni à des actes postérieurs.

Les protectorats français les plus importants sont ceux de la Tunisie, de l'Annam et du Cambodge, dont nous avons parlé dans nos explications historiques, auxquelles nous renvoyons. Rappelons que ces protectorats sont tellement étroits qu'au fond ils équivalent à des annexions. Spécialement ceux de l'Indo-Chine ont été réunis sous l'autorité du Gouverneur général avec la Cochinchine, le Tonkin et le Laos pays annexés. Le traité franco-allemand du 4 novembre 1911 établit un protectorat français de fait sur le Maroc. Nous y reviendrons dans la conclusion.

TITRE II

Les diverses espèces de colonies

Il faut d'abord mettre de côté certaines hypothèses où l'on a mal à propos parlé de colonisation et où l'on se trouve, en réalité, en présence d'entreprises qui n'ont avec la colonisation qu'une lointaine ressemblance. Ainsi les colonies dites *militaires* et *stratégiques* n'ont de colonie que le nom. Les premières ne sont que des espèces de camps fixes qu'un État établit pour arrêter les invasions ou assurer son pouvoir dans des pays nouvellement conquis, encore hostiles, et où les troupes forment comme des îlots de résistance contre des soulèvements possibles. Les Romains ont surtout appliqué ce système contre les barbares ; et l'Autriche y a eu recours, vis-à-vis des Turcs, en instituant ses *confins militaires.* Or il n'y a là que des situations en général transitoires, car, une fois le danger passé, ou bien l'institution est supprimée, ou bien le soldat se fond dans la population ambiante. On n'est donc point en présence d'un état de choses permanent et définitif comme l'est l'annexion coloniale. Du reste, le pays qui institue la colonie dite militaire, n'a aucune velléité annexionniste; et, le plus souvent même, il installe l'élément militaire en pays déjà conquis ou sur des territoires lui appartenant depuis longtemps et qu'il veut surveiller ou garantir.

Certaines *positions stratégiques* destinées à exercer une action militaire, à offrir un lieu de refuge pour réparer les avaries, faire du charbon, se ravitailler, comme *Gibraltar* et *Aden*, ne méritent pas davantage le titre de colonies. L'État qui les possède n'a, en effet, en vue aucune emprise sur le pays, aucune intention d'occuper le sol ou d'asservir les habitants. Il n'y a donc là aucune entreprise de colonisation.

La colonie *pénale* n'a également de colonie que le nom. Il n'existe pas, en effet, de colonie qui soit strictement et uniquement réservée aux criminels seuls, qui demeure leur œuvre et leur domaine particuliers. On transporte des colons criminels, comme le faisaient les Anglais en Australie, comme nous le faisons à la Guyane; on leur réserve certains lieux déterminés pour leur habitation; on peut même les mêler jusqu'à un certain point à la population ambiante, grâce au système des concessions de terres; mais on n'a jamais songé à coloniser certains points des pays exotiques par leurs seules ressources. Du reste, si l'on a pu espérer, à certaines époques, sous l'empire d'idées plus ou moins philanthropiques, moraliser les transportés, les régénérer dans une vie nouvelle au delà des mers, l'expérience a démontré que cet espoir avait été trompé le plus souvent et que, sauf quelques résultats isolés, la masse était restée réfractaire à ces tentatives. Aussi y a-t-on renoncé aujourd'hui; la Nouvelle-Calédonie s'est débarrassée peu à peu de ce voisinage compromettant et la Guyane s'en plaint amèrement. (Voir sur ce point le chapitre IX de la IIe partie, consacré au *Régime pénitentiaire colonial*).

Puisque coloniser est synonyme de civiliser, on ne saurait sérieusement songer à civiliser les races indigènes par le contact de personnages dont leur pays se débarrasse comme d'un fléau. On peut, sans doute, si l'on veut, parler de transportation coloniale; mais il faut éviter de voir de près ou de loin, dans cette transportation, une œuvre qui puisse être envisagée comme une entreprise de colonisation véritable et en mériter le nom.

Enfin, c'est également à tort qu'il a été parlé de *colonie* et de *colonisation* à propos de certains établissements commerciaux. Il s'agit, en effet, dans l'espèce, de simples *comptoirs* pour l'expédition des affaires, de *factoreries* servant de siège et de centre à des compagnies commerciales ou industrielles à l'étranger; on les établit d'habitude dans une contrée où le commerce n'est pas très développé et où on espère réussir soi-même. Ce sont les peuples avancés, commerçants, possédant des ressources, munis de forces maritimes importantes, qui peuvent fonder avec succès ces comptoirs qu'il faut surveiller et défendre constamment. Nos loges ou comptoirs de l'Inde, dont nous avons parlé ci-dessus, rentrent dans les colonies de commerce; on peut en dire autant des établissements anglais de Hong-Kong et de Singapour. A vrai dire, les colonies de commerce ne sont pas de véritables colonies; elles ne permettent, en effet, d'exercer aucune influence sur le pays, aucune action politique; il s'agit simplement d'un trafic utile aux nationaux, assuré par la puissance de l'Etat, mais qui n'éveille aucune idée de colonisation.

Ayant ainsi écarté les diverses hypothèses qui précèdent ne constituant pas, on vient de le voir, de véritables entreprises coloniales, nous constatons que les colonies répondent uniquement aux deux idées suivantes : *peuplement* et *exploitation*. Alors, il s'agit bien véritablement d'entreprises coloniales, puisque l'Etat qui y procède est dans l'intention d'annexer le pays ou de lui imposer un protectorat, avec toutes les conséquences pouvant découler de l'une ou de l'autre de ces situations. Et cette entreprise coloniale sera différemment conçue et exécutée, suivant qu'on aura en vue le peuplement ou l'exploitation.

La colonie de *peuplement* est celle dans laquelle l'élément colonisateur refoule la population indigène ou l'extermine et se substitue à elle. Il est donc nécessaire que le climat colonial soit tempéré et à peu près pareil à celui de la nation colonisatrice; que les conditions de la vie et les produits agricoles y soient similaires. Il faut, d'autre part, que le pays qui colonise soit prolifique et bien peuplé, de façon à pouvoir fournir une émigration abondante, sans dommage pour lui-même. La colonie de peuplement devient promptement adulte, puisqu'elle est formée des mêmes éléments ethniques que la métropole; elle aspire donc assez rapidement à l'indépendance et la conquiert par la force, si on n'use pas avec elle de procédés prudents et bienveillants. Ainsi les colonies de l'Amérique du Nord se révoltèrent devant les prétentions excessives de l'Angleterre et proclamèrent leur indépendance.

La colonie d'*exploitation* est celle dans laquelle l'européen ne peut se transporter en masse pour constituer la main-d'œuvre industrielle ou agricole; il ne lui est pas possible de *peupler*, à raison de la différence existant entre le climat et les productions locales et le climat et les productions de la mère patrie; il ne saurait y vivre comme l'indigène et surtout le remplacer pour les travaux manuels. Dès lors, les européens, en terre d'exploitation, constituent la grande minorité et sont noyés dans l'élément indigène. Ils apportent leurs capitaux, leur activité, leur intelligence; ils sont chefs et conducteurs de travaux, contremaîtres, petits négociants ou industriels, ingénieurs, etc. L'Inde anglaise, nos possessions de l'Afrique occidentale et équatoriale, ainsi que celles de l'Indo-Chine, la colonie de Java sont des colonies d'exploitation. On appelle quelquefois ces colonies, colonies de *plantation*, parce que la culture des denrées coloniales y prévaut, par exemple, la canne à sucre aux Antilles. Les propriétaires européens y prennent le nom de planteurs et ont recours soit à la main-d'œuvre indigène, soit au système de l'immigration avec engagements, tous points dont nous avons parlé ci-dessus dans nos explications historiques.

L'importance de la distinction des colonies de peuplement et d'exploitation est considérable, car les problèmes généraux de la politique coloniale se posent tout différemment suivant qu'on a affaire aux unes ou aux autres. Dans la colonie de peuplement, il faut accorder aux colons les droits qu'ils auraient dans la métropole; ils ne peuvent, en effet, les voir diminués par le fait qu'ils se trouvent aux colonies où ils accomplissent une œuvre utile à la mére patrie. Dans les colonies d'exploitation, il existe bien un noyau de population semblable à celle de la métropole; mais ce groupe est peu considérable et le gros des habitants sera constitué par les indigènes. Dans ces conditions, la part de la colonie dans la conduite de ses affaires et l'exercice de ses droits politiques sera infiniment moins grande que dans la colonie de peuplement; la métropole devra garder la haute main, accorder le plus possible de droits à ses colons, et limiter ceux des indigènes à une proportion raisonnable qui leur donne la satisfaction voulue, sans laisser péricliter l'intérêt métropolitain.

Au point de vue économique, il existe encore une différence marquée entre les deux genres de colonies. La colonie de peuplement s'ouvre à toutes les catégories de colons de la métropole, aux riches comme aux pauvres, aux capitalistes comme aux ouvriers et employés de toute espèce; la colonie se présente comme une tranche de la mère patrie où toutes les conditions sociales seront représentées; il n'est pas nécessaire de limiter l'immigration. Il est vrai qu'au début de l'entreprise coloniale il n'est pas prudent, comme l'expérience le démontre, d'ouvrir la colonie aux personnes tout à fait dénuées de ressources, qui peuvent devenir un grand embarras et pour elles-mêmes et pour cette colonie. En effet, même dans un pays où les européens ont la possibilité de bien vivre en travaillant, il faut quelques avances, si minimes soient-elles, pour défricher les terres, semer, construire un abri, attendre les récoltes ou pour faire les premiers frais d'une petite exploitation industrielle ou commerciale. C'est seulement quand le sort de l'entreprise coloniale est définitivement assuré, qu'on peut en ouvrir les portes toutes grandes aux classes inférieures. Leur venue, sous forme d'ouvriers, employés, commis de toute espèce, est alors un bienfait et répond aux exigences multiples de la vie courante.

Dans la colonie d'exploitation, ne peuvent pas trouver

place les gens peu fortunés de la métropole; dans tous les cas, on ne les recevra que d'une façon exceptionnelle, à titre de serviteurs, secrétaires, directeurs et surveillants de travaux et de cultures, agents et commis des maisons de commerce et des entreprises industrielles. En dehors d'eux, il n'y aura guère place que pour les européens qui auront mis des capitaux dans les entreprises, pour le personnel de direction et les particuliers qui, munis de ressources suffisantes, auront un intérêt à se transporter dans la colonie, les fonctionnaires, etc., en un mot que pour tous ceux qui auront l'existence assurée par eux-mêmes ou par l'intermédiaire d'autrui. C'est donc d'après ces idées que devront être prises par le gouvernement métropolitain les mesures concernant l'émigration. Il sera nécessaire, pour la colonie d'exploitation, de créer des stations de coloniaux où se formeront les agents et directeurs futurs des exploitations. Enfin, les grandes concessions correspondant aux grandes entreprises seront la règle dans les colonies d'exploitation, tandis que, dans les colonies de peuplement, on pourra faire place aux petites concessions, puisque ces colonies sont ouvertes à tous. Egalement, dans celles-ci, certaines concessions pourront être gratuites, attendu qu'appel y est fait à toutes les bonnes volontés; il faut même y avoir recours pour encourager le peuplement. Au contraire, rien de pareil n'existe pour la colonie d'exploitation, où toutes les concessions, en principe, pourront être payantes.

La France n'a guère que des colonies d'exploitation; la Nouvelle-Calédonie seule pourrait être presque tout entière colonie de peuplement. Toutefois nous avons fait remarquer ci-dessus que certaines de nos colonies présentent un caractère mixte. L'Algérie, la Tunisie, Madagascar peuvent, en certains points particuliers, se prêter parfaitement à l'acclimatement des européens; ces pays seraient donc, en ces points, des colonies de peuplement et, dans les autres, des colonies d'exploitation. Seulement, en Algérie et en Tunisie, où l'élément indigène est très important, il semble bien difficile que le peuplement par l'élément français soit possible; d'autant plus que les Français ne sont pas, comme les Anglais, une race extirpatrice. La Grande Bretagne, à la différence de la France, a surtout un domaine colonial de peuplement, car il est situé, pour les trois quarts de son étendue, dans la zone tempérée. Le Dominion du Canada, l'Afrique du Sud et l'Australie sont des colonies de peuplement, où la race blanche a définitivement éliminé l'élément indigène. L'Inde est, au contraire, une colonie d'exploitation.

SECTION III

LES DIVERS PROCÉDÉS DE COLONISATION ET LEURS CONSÉQUENCES

Les trois procédés possibles en matière de colonisation qui ont été appliqués en fait au courant des siècles, sont : *l'assujettissement*, *l'autonomie* et *l'assimilation*. Inspirés par des principes contraires, ils produisent des résultats totalement dissemblables et orientent dans des sens tout à fait opposés les politiques coloniales. Il faut donc les examiner attentivement.

La politique *d'assujettissement* consiste à négliger absolument les intérêts de la colonie au profit de ceux de la métropole. Les colonies, a-t-on pu dire, sont, dans ce système, faites par la métropole et pour la métropole. Égoïste et ne tenant compte d'aucune considération autre que la sienne, la métropole tire de la colonie tout ce qu'elle peut et par tous les moyens; elle l'exploite à outrance, et, le plus souvent, sacrifie l'avenir aux bénéfices du moment. Le procédé d'assujettissement a été employé couramment par toutes les nations, avant la Révolution française; il a abouti à une véritable spoliation de la colonie, à une exploitation sans merci. Spécialement, on l'a vu, les compagnies anciennes de colonisation ne se préoccupaient que des dividendes à distribuer, ce qui a été pour beaucoup dans leur insuccès.

C'est en France pourtant que cette politique coloniale fut pratiquée avec le moins de brutalité; et c'est en France également qu'elle a commencé à être battue en brèche par les philosophes du XVIIIe siècle. Le principe de l'égalité de l'être humain de tout climat et de toute race les amenait à proclamer que tous les hommes devaient avoir mêmes droits et mêmes libertés et à condamner, par suite, l'oppression cupide, injuste et systématique de la métropole. La Révolution qui avait décrété que tous les hommes étaient égaux et jouissaient des mêmes droits, devait naturellement s'engager à son tour dans cette voie; repoussant, en conséquence, le principe d'assujettissement, elle admit, au contraire, comme on va le voir, la politique d'assimilation à outrance. Et, sous son influence, la politique d'assujettissement fut successivement abandonnée par les peuples qui la pratiquaient, sauf par la Hollande, où elle a été maintenue, mais avec de grands adoucissements.

La politique *d'autonomie* part d'un principe absolument opposé à celui de l'assujettissement. La métropole se préoccupe des intérêts de sa colonie plus que des siens propres; elle envisage ses devoirs plutôt que ses droits. Elle guide les coloniaux comme des mineurs qui peu à peu s'émancipent et qui, arrivés à l'état adulte, prennent eux-mêmes la direction de leurs affaires. Insensiblement le lien colonial et métropolitain se dénoue sans secousse; et la colonie, du consentement de la métropole, prend rang dans les nouveaux États reconnus par la communauté internationale.

L'Angleterre est le pays par excellence de l'autonomie coloniale qui a été pratiquée par ses hommes d'État et soutenue par ses publicistes. L'érection en colonies autonomes, au lendemain de la guerre du Transvaal, de ce dernier pays et de l'Orange est une preuve que la Grande-Bretagne sait pratiquer l'autonomie dans les circonstances les plus difficiles. Aujourd'hui, le Canada, l'Australie et l'Union de l'Afrique du Sud groupant le Cap, le Natal, le Transvaal et l'Orange, forment des colonies ou fédérations autonomes, dans lesquelles la métropole n'a maintenu que ses droits indispensables de souveraineté réduits à leur plus simple expression. En France, deux tentatives d'autonomie ont été faites et ont abouti à certaines réformes principalement d'ordre financier; mais notre pays n'a jamais pratiqué dans son ensemble la politique autonomiste, qui, il le faut reconnaître, aurait été pour lui fort difficile à suivre. La Grande-Bretagne, en effet, se trouve en présence de colonies de peuplement, situées dans la zone tempérée, où les blancs dominent; la France, au contraire, n'a guère, on l'a vu, que des colonies d'exploitation, où l'élément blanc est en minorité et où les masses sont loin, tant s'en faut, d'avoir la maturité voulue pour diriger leurs affaires.

Enfin, dans la politique *d'assimilation*, la métropole n'a l'intention ni d'asservir sa colonie comme avec l'assujettissement, ni de l'émanciper comme avec l'autonomie; elle veut régir les deux territoires dans une étroite union. Les colonies sont ici envisagées comme la patrie elle-même, comme son prolongement. Ce sont, suivant l'expression espagnole, les provinces *de ultramar*. En ce sens, Boissy d'Anglas disait à la Constituante : « Il ne peut y avoir qu'une bonne manière d'administrer et, si nous l'avons trouvée pour les contrées européennes, pourquoi celles de l'Amérique en seraient-elles déshéritées? » La politique d'assimilation se présente donc comme essentiellement associée aux idées démocratiques; aussi est-il remarquable que, tandis qu'elle triomphe sous les régimes républicains, elle s'éclipse sous la monarchie et sous l'empire. Aujourd'hui, la troisième République est acquise à la politique d'assimilation, qui peu à peu conquiert l'opinion publique et qu'il serait bien difficile d'enrayer; les colonies ont bénéficié des lois libérales récentes concernant l'organisation municipale, les conseils généraux, la liberté de la presse, etc. Il en a été de même pour les régimes militaire et douanier. La politique d'assimilation est, du reste, celle des races latines; elle est pratiquée par la France, l'Espagne et le Portugal.

Examinons maintenant les conséquences pratiques des trois procédés de colonisation. Au point de vue *législatif*, dans la politique *d'assujettissement*, la métropole impose à la colonie une législation à la confection de laquelle cette dernière ne participe en rien. La colonie n'a aucun représentant dans les conseils métropolitains; elle ne compte pour rien et subit, sans pouvoir en rien les contrôler, des décisions émanées soit des assemblées législatives, soit du pouvoir exécutif, soit du gouverneur colonial représentant ce dernier pouvoir. Telle est la pratique qui a été suivie sous l'ancien régime et qui domine encore en Espagne, en Portugal et en Hollande. En France, les colonies n'ont participé à la confection de la loi coloniale que sous les régimes républicains. Ainsi, dans le procédé d'assujettissement, les libertés locales sont complètement anéanties; il n'y a ni conseil communal, ni conseil colonial; et, en France, il faut attendre jusqu'en 1787 pour voir apparaître les assemblées coloniales. Aujourd'hui encore, dans les colonies portugaises et dans les Indes néerlandaises, il n'existe pas de représentation locale; le Portugal connaît seulement les conseils provinciaux, où une part à côté des fonctionnaires est faite à quelques notables.

Relativement à l'*administration* et au *gouvernement*, la méthode d'*assujettissement* amène à régir la colonie d'une façon tyrannique. Toutes choses sont réglées soit directement par le pouvoir métropolitain, soit par son représentant local, personnage considérable, ayant le nom et les attributions d'un vice-roi. La colonie est traitée comme un pays conquis et suspect, sur lequel il faut exercer une surveillance constante.

Avec la politique d'*autonomie* les propositions qui précèdent sont renversées. En ce qui concerne le *système législatif*, un parlement local légifère pour la colonie, en sorte qu'il n'est pas nécessaire d'envoyer des députés au parlement métropolitain. Il en est ainsi dans les colonies autonomes anglaises, où la couronne est investie théoriquement d'un droit de veto qui pratiquement n'est jamais exercé. Loin de restreindre les libertés locales et les droits des colons, la mère patrie les laisse se développer librement; les colons connaissent leurs prérogatives qui sont pareilles à celles de leurs concitoyens de la métropole, et la pensée d'y toucher ne vient à personne. Les assemblées représentatives de toute espèce fonctionnent dans les colonies autonomes anglaises, comme dans le Royaume-Uni.

Relativement à l'*administration* et au *gouvernement*, la colonie jouit de la même liberté; elle s'administre à sa guise et le gouvernement est responsable devant le Parlement. Un gouverneur, personnage à rôle le plus souvent honorifique, représente l'autorité centrale, exerçant le droit de veto dont nous venons de parler. Ainsi se gèrent les colonies anglaises autonomes.

Le procédé de l'*assimilation* amène aux résultats suivants : le régime *législatif* est le même pour la colonie que pour la métropole; toutes les lois métropolitaines s'appliquent ainsi à la colonie qui députe des représentants au parlement métropolitain, comme les autres parties du territoire. En France, les colonies réputées suffisamment avancées envoient des représentants au parlement; toutes les colonies portugaises, sauf la Guinée, ont également leurs représentants. Et cette question de la représentation parlementaire des colonies est, comme on le verra, spécialement quant à la France, pour les pays qui l'admettent, un des problèmes qui passionnent le plus l'opinion publique et qui ont soulevé le plus de controverses.

L'*administration* présente dans la colonie les mêmes caractères que dans la métropole; on y retrouve les mêmes divisions administratives, les mêmes fonctionnaires. Les *libertés locales* sont exactement les mêmes que dans la mère patrie, restreintes sous un gouvernement despotique, étendues sous les gouvernements libéraux. S'il y a des inégalités, des privilèges dans la condition métropolitaine des biens et des personnes, on les retrouve dans les biens et les personnes des colons. Quant aux indigènes, on les assimile aux colons, si l'on croit pouvoir les fondre dans la nationalité annexante, en faire un tout homogène avec l'élément colonisateur; spécialement on leur accorde le droit de suffrage. Dans le cas contraire, on les extermine ou on les refoule, comme cela s'est fait vis-à-vis des races primitives de l'Amérique, ou on les place dans une situation inférieure qui ne leur permet pas de mettre obstacle au succès de la colonisation.

Les idées que se font les pouvoirs métropolitains au sujet du droit de *disposer de la colonie*, varient également avec les systèmes. S'il y a *assujettissement*, la métropole aliénera la colonie au cas où elle y trouvera un avantage; elle en fera l'objet d'un marché avantageux, d'un échange, d'une compensation à suite de guerre. En cas d'*assimilation*, une colonie ne pourra être cédée, vendue ou échangée qu'avec toutes les garanties requises pour agir de même vis-à-vis du territoire national, puisqu'elle fait partie de ce territoire comme les terres métropolitaines. Enfin, avec l'*autonomie*, la métropole n'a aucun droit de disposition, car la colonie est seule maîtresse de ses destinées. Il est bien évident pourtant que cette colonie ne pourrait s'unir à un autre Etat sans l'assentiment de la mère patrie, ni se séparer de cette dernière sans sa volonté. En cas de désaccord persistant, il est probable que la guerre éclaterait et pourrait seule résoudre la difficulté, les deux litigants étant également maîtres de leurs droits. La colonie, en ce cas, ne devrait pas oublier les égards qu'elle doit à la métropole qui lui a donné la vie, a pourvu à ses besoins naissants et l'a élevée au degré de civilisation où elle se trouve. Mais il est bien à craindre que cette conception théorique ne soit abandonnée, en présence du choc inévitable d'intérêts qui surgira du conflit des volontés opposées de l'élément colonial et de l'élément métropolitain.

Les mêmes oppositions entre les trois procédés surgissent au point de vue *militaire*, *judiciaire*, *financier* et *commercial*. En ce qui concerne l'*organisation militaire*, l'*assujettissement* veut que la colonie soit défendue par les forces métropolitaines de terre et de mer, avec le concours des colons, mais à titre particulier, et sans création d'armée ou de marine coloniale, de peur que les colons ne les utilisent comme instrument de rébellion. L'*autonomie* amène, au contraire, à la formation de forces de terre et de mer coloniales; la colonie pourvoit alors à sa sécurité interne et externe, bien entendu avec l'assentissement et sous le contrôle métropolitain qui ne s'exerce que dans les grandes lignes. Dans l'*assimililation*, l'armée est une pour la colonie et pour la métropole, et le colon y remplit ses devoirs militaires comme dans la mère patrie. Dès lors, une armée ou une marine coloniale ne se concevrait pas; toutefois cela n'exclut pas l'idée de troupes coloniales destinées à renforcer les armées nationales. C'est ainsi que la France possède des régiments indigènes pouvant servir à combler le déficit qui se produira malheureusement dans nos effectifs par la décroissance de notre natalité, déficit que le colonel Mangin, dans son livre si intéressant intitulé : « *La Force noire* », estime devoir monter sous peu à 86.000 hommes. Nous avons commencé à faire appel, dans une très large mesure, à nos troupes indigènes d'Algérie et du Sénégal, pour créer dans ces pays une *armée noire* qui pourrait nous donner des combattants éprouvés, dont le concours ne serait pas négligeable. Une première ébauche d'armée noire est déjà en voie de réalisation. Nous reviendrons sur ce point, en nous occupant ci-après, au chapitre VIII de la IIe partie, du *Régime militaire des colonies*.

L'organisation *judiciaire*, dans *l'assujettissement*, ne présente aucune garantie pour le colon qui est obligé de l'accepter, sans contrôle, des mains de la mère patrie, quelquefois même démunie des institutions protectrices métropolitaines. C'est ainsi que l'inamovibilité de la magistrature assise n'existe point dans les colonies françaises où l'institution du jury n'a point été, d'autre part, généralisée. Toutefois, on s'est efforcé sagement de maintenir les magistrats indigènes partout où on l'a pu, car ils ont naturellement beaucoup plus que les autres la confiance des indigènes. Les justiciables des pays d'*autonomie* ont, au contraire, toutes les garanties voulues; ils décident des conditions à exiger de leurs magistrats, conditions qu'ils calquent sur celles de la métropole; et leur gouvernement est investi du droit de nomination. En pays *assimilé*, les magistrats sont naturellement, à tous les points de vue, les mêmes que dans la métropole et présentent les mêmes garanties. On peut cependant concevoir, dans un but de célérité et d'économie, une certaine simplification dans les formes de la procédure et une diminution dans le nombre des magistrats, par exemple par la généralisation du juge unique.

L'*assujettissement* a une *organisation financière* qui sacrifie la colonie, car le budget de celle-ci, établi en dehors de sa participation, réduit le plus possible les dépenses de la métropole et augmente les bénéfices de cette dernière dans des proportions telles que les colons sont spoliés et ruinés. La conduite de l'Espagne vis-à-vis de ses colonies de l'Amérique latine, qui lui rapportaient des sommes considérables, a été l'une des principales causes de leur émancipation. Les budgets des colonies sont établis sans contrôle soit par le gouvernement métropolitain, soit par ses représentants coloniaux.

Au point de vue *commercial*, on aboutit à la notion du *pacte colonial* que nous avons analysé dans nos explications historiques et dont le trait caractéristique consistait, on l'a vu, à réserver absolument à la métropole le trafic colonial, tant pour les importations que pour les exportations.

La situation change naturellement avec l'*autonomie.* C'est le parlement colonial qui est maître des finances, qui vote le budget absolument distinct du budget métropolitain. Le trésor colonial encaisse toutes les recettes, tous les impôts, dont l'assiette et la qualité sont fixées par les pouvoirs publics locaux; et, par suite, assume toutes les dépenses. La métropole ne consent aucun sacrifice — si ce n'est peut-être au début de l'entreprise, à un moment où la colonie est impuissante à se suffire, sauf à rentrer plus tard dans ses déboursés —; et, dès lors, elle n'a droit à aucun bénéfice. Le principe d'indépendance budgétaire a été poussé jusqu'à ses extrêmes limites dans les colonies britanniques.

En matière *commerciale*, la métropole et la colonie se gèrent comme pays étrangers indépendants; spécialement la colonie règle ses tarifs à sa guise et elle est libre de suivre une politique douanière totalement dissemblable de celle de la mère patrie, aux produits de laquelle elle n'est nullement tenue d'accorder un traitement de faveur. En Angleterre, l'acte du 28 août 1846 a donné aux colonies la détermination de leurs tarifs et les autorise à traiter comme produits étrangers les importations anglaises; depuis 1860, aucune faveur douanière n'est concédée aux importations coloniales.

Dans le régime de l'*assimilation*, le système *financier* devrait être logiquement le même que dans la métropole; une partie des impôts devrait aller au budget de l'État chargé de tous les services d'intérêt général, et l'autre, à la colonie supportant les dépenses d'intérêt colonial ou communal. Toutefois les conséquences absolues du principe d'assimilation n'ont point été généralement admises; en France, où la loi du 25 juin 1841 les avait acceptées, elles ont été profondément modifiées en 1855. On admet généralement aujourd'hui qu'il vaut mieux laisser aux colonies toutes les dépenses et toutes les recettes, sauf à leur accorder des subsides dans les mauvaises années, quitte à les faire reverser pendant les bonnes. Cependant, en Algérie, que l'on considère comme un composé de départements français, l'assimilation a continué de subsister jusqu'à la création du budget spécial. Pour les autres colonies, la loi de finances du 13 avril 1900 a décidé qu'en principe elles devaient suffire à leurs dépenses civiles et de gendarmerie et ne pouvaient compter sur l'aide financière de l'État qu'en cas de nécessité démontrée.

Le système *commercial* est enfin des plus simples, puisqu'il ne doit pas plus y avoir de barrières douanières entre la colonie et la métropole qu'entre deux départements français. Donc les produits coloniaux ne sont assujettis à aucun droit d'entrée dans la métropole; et réciproquement les produits métropolitains n'ont rien à payer en entrant dans la colonie. Mais, ici encore, les conséquences du principe n'ont pas été appliquées par tous les États. En ce qui concerne la France spécialement, on verra au chapitre V de la IIe partie consacré au *Régime commercial*, que, dans nos colonies dites *assimilées* au point de vue douanier, les produits français entrent en franchise, comme entrent au même titre en France les produits coloniaux. Mais ces derniers produits sont soumis à tant d'exceptions indiquées dans un tableau E annexé à la loi du 11 janvier 1892, qu'il ne reste presque rien du principe d'assimilation. Et, quant aux colonies *non assimilées*, leurs produits, en entrant en France, sont passibles du tarif minimum, c'est-à-dire du tarif qui frappe les produits étrangers les plus favorisés.

Aux trois régimes qui précèdent, certains publicistes en ajoutent un quatrième qui serait le régime *d'association* et qui consisterait à faire coopérer le plus possible l'élément indigène à l'action politique, administrative, judiciaire, financière de la métropole. La politique d'association a été pratiquée par la France qui a multiplié la participation des indigènes dans les divers conseils coloniaux; les exemples les plus intéressants sont ceux des *Délégations algériennes* et de la *Conférence consultative tunisienne*. Cette politique d'association mérite, en effet, d'être signalée et développée, car elle est destinée à produire les meilleurs résultats, pourvu que les indigènes répondent aux avances de la métropole. Mais le régime dit d'association ne donne pas la solution des divers problèmes législatif, administratif, militaire, judiciaire, financier et commercial que nous venons de passer en revue. Pour les résoudre, il faut faire nécessairement appel à l'un des trois procédés ci-dessus étudiés d'assujettissement, d'autonomie ou d'assimilation, qui seuls permettent d'embrasser et de régir toute la situation coloniale.

Il faut maintenant considérer quels sont, au point de vue pratique, les avantages et les inconvénients des trois systèmes et indiquer, comme conclusion, quel est celui qui convient le mieux à la colonisation en général et spécialement à la colonisation française. Constatons, tout d'abord, que le procédé d'assujettissement a fait son temps; condamné par les théoriciens, abandonné en pratique, il ne se conçoit plus que vis-à-vis des colonies d'exploitation nouvelles, où il n'existe que quelques européens perdus dans des masses indigènes hostiles, suspectes à l'égard desquelles on doit, pour éviter des désastres, maintenir énergiquement le principe d'autorité. La politique d'*assujettissement* devra y être appliquée aussi longtemps que la nécessité s'en fera sentir, car il ne faut pas, sous couleur d'un vague humanitarisme, compromettre la vie, les biens et les franchises des colons. Dès qu'on le pourra, on lui apportera des tempéraments progressifs, pour ménager la transition à une politique nouvelle. Et l'on appliquera, en tout cas, le principe d'autorité avec toute la douceur et la mansuétude voulues qui ramèneront peut-être les indigènes.

Ces situations exceptionnelles mises de côté, on a le choix entre l'*autonomie* et l'*assimilation*. La première est incontestablement excellente pour la colonie, mais peu avantageuse pour la métropole. La Grande-Bretagne, dit-on, a, en somme, tous les inconvénients d'un grand empire colonial avec ses colonies autonomes, qu'elle est obligée de protéger par des contingents militaires considérables, qu'elle défendrait péniblement, du reste, en cas de guerre, et qui pourraient lui créer peut-être des difficultés internationales sérieuses, comme l'ont prouvé notamment ses démêlés coloniaux avec la France. Et ces colonies qui ne lui rapportent aucun profit, qui ne participent pas aux charges financières de la mère patrie, se détacheront totalement d'elle dans un espace de temps plus ou moins long, comme les

Etats-Unis de l'Amérique du Nord l'ont fait dans le passé En définitive, de la possession de ses grandes colonies autonomes la Grande-Bretagne ne retire d'autre avantage que le prestige et l'influence que lui donnent son immense empire colonial, la diffusion de sa langue et de ses idées, l'extension de son commerce et la satisfaction d'avoir porté les progrès de la civilisation aux quatre coins de l'univers. A ces considérations pessimistes il est permis d'objecter que cet avantage est déjà fort considérable et rendrait enviable, à lui seul, le rôle colonial de l'Angleterre. Quoi qu'il en soit, la politique de l'autonomie est la politique traditionnelle des Anglais; ils y sont, on l'a vu, fort attachés, et il faut avouer, du reste, qu'ils ne peuvent guère en avoir d'autre. Les procédés d'assujettissement et d'assimilation sont, en effet, impraticables vis-à-vis des colonies de peuplement, de race blanche, adultes, ayant la pratique des libertés politiques, capables de se conduire par elles-mêmes, habituées à avoir leur législation propre, leur gouvernement, leurs institutions et leur autonomie financière et commerciale. Si la Grande-Bretagne voulait restreindre les privilèges de l'autonomie, la séparation serait rapidement faite; cette autonomie est donc un régime obligatoire et auquel les colonies et la métropole sont tellement habituées qu'elles n'en conçoivent point d'autre.

Si l'*autonomie* est, par essence, le régime colonial anglo-saxon, on peut affirmer que l'*assimilation* constitue le régime normal des races latines. Elles se sont tournées vers lui, soit parce qu'il a été celui de Rome qui le leur a transmis, soit parce que celui de l'autonomie ne convenait nullement à leurs colonies respectives. En effet, les colonies des races latines sont des colonies d'exploitation, auxquelles il est impossible de confier exclusivement la direction de leurs affaires. L'élément blanc y serait vite débordé et opprimé par l'élément indigène qui introduirait l'anarchie et userait vis-à-vis de lui des pires procédés, si tant est qu'il ne le fît pas bientôt disparaître complètement par les massacres ou l'expulsion en masse, à moins qu'il ne se décidât spontanément à quitter la place par crainte du sort qui lui serait réservé. Il faut donc que le principe d'autorité de la métropole reste intact, dans l'intérêt même de la sauvegarde et de l'existence de la colonie. Ainsi, dans l'impossibilité où elles sont placées de s'inspirer, même si elles le voulaient, de l'autonomie, les métropoles des olonies d'exploitation ne peuvent avoir recours, au cas où celles-ci sont suffisamment avancées, qu'à l'assimilation qui met les colons sur le pied des institutions de la mère patrie. Ces institutions sont-elles despotiques comme celles de la France avant 1789, la colonie est pliée sous leurs exigences. Sont-elles libérales, décentralisées, imbues du principe de tolérance et de liberté comme nos institutions actuelles, l'assimilation conduit alors à des conséquences qui se rapprochent en certains points du régime autonomiste, sans cependant jamais amener le *self government* anglo-saxon.

Maintenant il est bien évident que des réserves s'imposent dans l'application du procédé d'assimilation, qui, s'il était suivi d'une manière absolue, conduirait à des conséquences inacceptables pour deux raisons. D'abord, les colonies ne se ressemblent point et il serait absurde de soumettre, par une symétrie incomprise, aux mêmes règles, des pays qui diffèrent par le climat, les mœurs, la race, la langue, les productions du sol, la facilité ou la difficulté d'accès, etc. Ensuite, pour si avancés qu'on suppose les établissements coloniaux, il ne paraît pas possible, étant donné l'esprit plus ou moins arriéré de la population indigène, de faire à celle-ci une condition pareille à celle des habitants des métropoles européennes, centres de la civilisation et des progrès sociaux et économiques. L'assimilation bien comprise ne saurait donc être absolument complète; on peut avoir recours, comme dans les pays fédéraux, à une législation semblable à celle de la métropole en certains centres et dissemblable en d'autres. C'est ce qu'on a fort bien compris en France à toutes les époques et ce qu'on n'a garde d'oublier aujourd'hui. Toutes les lois de la métropole ne sont pas, tant s'en faut, on le verra, applicables aux colonies. Il faudrait même aller plus loin et, comme il sera expliqué au chapitre I de la IIe partie, relatif au *Régime législatif colonial*, faire, pour les divers groupes coloniaux, une constitution spéciale réglant le principe et les détails de la confection de leurs lois et décrets, ces derniers émanant d'un Conseil législatif propre à chaque colonie. La nécessité de cette constitution spéciale a été comprise même par les régimes qui ont poussé jusqu'à l'extrême le principe d'assimilation, notamment par la Constituante, qui, à la date des 8-10 mars 1790, décrétait que les colonies, bien que faisant partie intégrante du sol français, ne pouvaient être comprises dans la constitution générale du royaume et « assujetties à des lois qui pourraient être incompatibles avec leurs convenances locales et particulières ».

Quant à la participation de la colonie à la confection des lois métropolitaines par l'envoi de représentants, comme cela a lieu actuellement en France, la question est des plus délicates et mérite d'être discutée à fond; nous la retrouverons plus tard au chapitre II de la IIe partie.

En ce qui concerne l'administration, on pourra bien employer, en principe, les mêmes fonctionnaires que ceux de la métropole pour les divers services; mais il sera nécessaire de les subordonner à un autre d'un grade plus élevé, le gouverneur colonial, dépositaire des pouvoirs de la métropole. Celui-ci aura pour mandat de parer aux dangers possibles, internes ou externes, que la mère patrie ne pourrait conjurer, vu l'éloignement, s'ils se produisaient d'une façon trop rapide. La magistrature devra être établie, en règle générale, avec les mêmes garanties qu'en Europe et les affaires seront expédiées de même façon, sauf, comme il a été dit, à simplifier la procédure et à introduire des rouages judiciaires moins coûteux et plus rapides, par exemple, le juge unique en première instance. L'inamovibilité de la magistrature assise s'impose pour les mêmes raisons qu'en Europe; et il faut en dire autant de l'institution du jury criminel, au moins pour l'élément européen, quitte à y faire participer l'élément indigène parvenu au degré de civilisation indispensable. Les libertés locales seront, en principe, les mêmes, sauf toutefois à prendre les précautions voulues pour que, grâce au suffrage universel, l'élément blanc ne soit pas débordé par la population indigène, surtout par l'élément noir ou de sang mêlé. Sous cette réserve, les assemblées locales élues seront appelées à trancher les divers problèmes coloniaux, ou tout au moins consultées; et on leur adjoindra, autant que possible, mais dans la mesure du possible seulement, des représentants de l'élément indigène dont la coopération sera fort utile aux colons. Au point de vue financier, il conviendra d'entrer résolument dans la voie de l'autonomie pour les colonies qui seront arrivées au degré de maturité voulue et de persévérer, par suite, dans les dispositions prises par la loi de finances du 13 avril 1900. Enfin, au point de vue commercial, nous verrons, au chapitre V de la IIe partie, que l'assimilation douanière, admise en France par la loi du 11 janvier 1892, prête le flanc à beaucoup de critiques et que de bons esprits conseillent le retour à l'autonomie financière d'avant cette loi, en prenant bien entendu les précautions nécessaires pour sauvegarder les droits de la métropole contre les décisions qui pourraient lui nuire et qui seraient inspirées par un souci exagéré et aveugle des intérêts coloniaux.

SECTION IV

LES SUJETS ACTIFS ET PASSIFS DE LA COLONISATION

TITRE PREMIER

Les sujets actifs de la colonisation. Les compagnies de colonisation modernes et les concessions territoriales

Les colonies appartiennent à un État; c'est donc, en principe, l'État seul qui a la capacité voulue pour devenir le sujet actif de la colonisation. Nous avons toutefois parlé, dans nos explications historiques, des *Compagnies de colonisation* qui ont été la clé de voûte de la colonisation ancienne. Elles ont aujourd'hui disparu en France; mais elles sont utilisées en un certain nombre d'autres États colonisateurs, et plusieurs publicistes sont d'avis qu'elles pourraient, dans la période actuelle, rendre à notre pays de signalés services, car on ne saurait nier qu'elles n'aient exercé une influence sensiblement utile sur le développement de l'industrie et du commerce dans le monde. Or, à la condition de les modifier, de les moderniser, de n'en garder que les côtés avantageux, ne pourrait-on utiliser, au mieux des intérêts de la colonisation française, cette force vive abandonnée sur le seul souvenir des fautes passées et le complet oubli des avantages procurés. La question est d'importance et mérite d'être sérieusement étudiée, car sa solution peut être d'un grand poids dans les destinées de notre colonisation. Pour la résoudre, il faut remonter aux principes que pose le droit public international en matière d'occupation de territoires et les appliquer à la matière. C'est ce que nous allons faire succintement, renvoyant pour les détails aux explications contenues dans notre *Traité* précité *de droit public international*, t.II, pp. 470 et s.

Pour pouvoir occuper des territoires, il faut se les approprier et avoir l'intention de les posséder comme propriétaire s'il s'agit d'un particulier, comme souverain s'il s'agit d'un État; c'est ce qu'on appelle *l'animus rem sibi habendi, l'animus domini.* En principe, donc, c'est l'État seul, pouvant posséder la souveraineté, son apanage exclusif, qui aura la capacité voulue pour acquérir des territoires coloniaux, pour coloniser. Mais, de tout temps, les États ont concédé à des compagnies particulières, ou laissé exercer par elles des droits de souveraineté en certains territoires. Nous avons indiqué les principales compagnies de colonisation anciennes, et nous renvoyons à ce que nous avons dit ci-dessus, dans nos explications historiques, au sujet de leur rôle, de leurs attributions, de leurs privilèges et de leurs résultats.

A notre époque, les compagnies de colonisation sont assez nombreuses dans les pays étrangers. Voici les principales : *Angleterre*, Compagnies du Nord de Bornéo, de l'Est africain, du Niger avec charte du 10 juillet 1886, du Sud de l'Afrique, cette dernière avec une charte du 29 octobre 1889 qui résume assez bien les règles générales suivie, par la métropole vis-à-vis des compagnies; — *Allemagnes*, Compagnie du Sud-ouest de l'Afrique (règlement du 5 avril 1885), de la Nouvelle-Guinée (lettre de protection du 17 mai 1885), de l'Afrique orientale (27 février 1885); — *Italie*, Société Rubattino (1869, 1880); — *Espagne*, *Association de africanistas y colonizadores*; Société des pêcheries canario-africaines; — *Portugal*, Compagnie de Mozambique; — *Belgique*, Association africaine d'où est sorti l'État indépendant du Congo, actuellement colonie du royaume. — A ces divers organismes on délègue les droits de souveraineté nécessaires pour l'exécution de la mission qui leur incombe et c'est précisément ce point qui a soulevé les difficultés que nous allons examiner.

Généralement, les choses se passent de la manière suivante : des explorateurs, des négociants, des particuliers ou des sociétés acquièrent des territoires des chefs indigènes ou passent avec eux des traités de protectorat, et puis cèdent leurs droits à des compagnies de colonisation agissant soit de leur propre mouvement, sauf ratification ultérieure, soit en vertu de chartes concédées par l'État. Ces compagnies peuvent-elles être investies de la souveraineté? les opinions sont divisées sur ce point. Ni l'Institut de droit international, à la session de Lausanne où il a élaboré, le 7 septembre 1888, un projet de déclaration internationale relative aux occupations de territoires, ni la Conférence africaine de Berlin de 1885, dans son acte général du 26 février (ch. VI), n'ont essayé de résoudre la question. La Conférence africaine s'est tirée d'affaire en faisant un État indépendant de l'association africaine du Congo, à propos de laquelle la difficulté avait surgi. Il faut donc aborder cette question et examiner les diverses opinions qui ont été émises à ce sujet.

Suivant une première, les particuliers et les associations peuvent parfaitement acquérir la souveraineté des territoires occupés; elle invoque à son appui les précédents historiques et fait remarquer que, sous l'ancien régime, les compagnies de colonisation reçurent de leurs chartes la concession des droits souverains. Le même point de vue a été admis, ajoute-t-elle, à propos de la compagnie anglaise du nord de Bornéo, qui s'est gérée d'une façon absolument indépendante et a exercé tous les attributs souverains, en vertu d'un traité passé avec les sultans de Bornéo : notamment les droits de propriété sur les terres acquises, le droit de battre monnaie, de créer une armée et une marine, de lever des impôts, des péages, d'établir des douanes, de légiférer, de disposer du travail et de la vie des indigènes. Or, dans une déclaration faite aux Chambres anglaises, le 17 mars 1882, M. Gladstone, premier ministre, et l'attorney général ont, conformément à la charte de la compagnie dont s'agit, reconnu aux particuliers le droit d'acquérir la souveraineté, en opposition avec les prétentions de l'Espagne et de la Hollande intéressées dans ces parages. La thèse qui admet l'attribution de souveraineté a donc été, dit la première opinion, officiellement consacrée par le gouvernement anglais.

Cette même opinion invoque, à côté de cet argument positif, des considérations politiques et humanitaires. Les États, dit-elle, en prenant possession des territoires nouveaux, apportent les haines et les divisions qui les séparent en Europe. D'autre part, les occupations par l'État coûtent cher aux gouvernements, ce qui fait que l'on se préoccupe des économies fiscales bien plus que des nécessités réelles, en raison desquelles on devrait pourtant agir largement au début, afin de ménager la réussite finale. Enfin, les explorateurs envoyés avec une mission officielle voient fréquemment l'honneur national dans des circonstances où il n'est nullement en cause et agissent en conséquence; d'où des discordes, des conflits qui créent ensuite des embarras diplomatiques et même des causes de guerre qu'on aurait pu éviter avec plus de tact et de prudence. Au contraire, les compagnies, agissant dans un but exclusivement commercial, sauront faire les concessions nécessaires et ne seront pas animées d'un esprit systématique d'hostilité; elles épargneront les finances de l'Etat, qui, lorsqu'elles auront réalisé les bénéfices voulus, se substituera à elles et acquerra ainsi gratuitement une colonie en pleine prospérité, comme l'a fait, en 1854, l'Angleterre vis-à-vis de la Compagnie des Indes. La première opinion fait encore observer que les sociétés privées permettent à un Etat de s'agrandir sans éclat et sans bruit et lui évitent des interpellations à l'intérieur, et des complications extérieures. Elles servent d'écran à l'action du pays, qui n'intervient ensuite que pour réaliser le bénéfice définitif de l'opération, quand elle est fructueuse. Si elle est mauvaise, il ne se montre pas; la nation n'est engagée en rien et c'est la compagnie qui sombre seule. La plupart des grandes colonies françaises ont, dit-on, ainsi commencé grâce à l'initiative privée; nous n'aurions ni le

Tonkin, ni l'Annam, ni le Cambodge, si l'on avait été certain que l'État remplacerait ensuite les particuliers; il a encouragé les explorateurs, les a aidés, mais sans se manifester et, l'opération ayant réussi, s'est substitué à eux.

Une seconde opinion dénie en tout cas aux compagnies de colonisation la possibilité d'exercer la souveraineté; suivant elle, c'est l'État seul qui est souverain sur tous les territoires nationaux, ainsi que le déclare formellement Bluntschli, au § 278 de son *Droit international codifié*. Donc des chartes pareilles à celle de la compagnie du nord de Bornéo sont des exceptions qui ne sauraient renverser la règle générale; si l'on a eu tort de laisser la compagnie précitée exercer les attributions souveraines, cette erreur ne saurait constituer un précédent dont on s'autoriserait pour agir de même à l'avenir. Et, lorsque le gouvernement anglais, pour justifier la charte de la compagnie, répondait aux réclamations des puissances que cette charte était l'expression du droit, il est permis de croire qu'il n'émettait pas une opinion bien ferme et qu'il cherchait surtout à se tirer ainsi d'un mauvais pas politique. Quant aux gouvernements étrangers, il est probable, quoi qu'on ait pu dire à ce sujet, qu'ils n'acceptaient pas la théorie anglaise, car, s'ils l'avaient admise, ils l'auraient consacrée formellement dans la Conférence africaine de Berlin de 1885, au lieu de passer la question sous silence. Au contraire, les articles 34 et 35 de l'Acte général semblent viser exclusivement les États, lorsqu'ils établissent les règles relatives à l'occupation des territoires, puisqu'ils ne mentionnent que ces États.

En ce qui concerne les considérations politiques et humanitaires invoquées par le premier système, le second n'y attache pas grande importance. D'abord, le prétendu écran ou rideau ne trompe personne et, quand c'est l'État qui agit sous le couvert d'une compagnie, on le sait généralement. Il y a donc là une supercherie indigne d'un grand peuple et qui entraîne un résultat contraire au droit et à l'équité. En effet, tandis que les compagnies des grandes puissances sont respectées autant que ces puissances elles-mêmes, celles des petits États sont l'objet de vexations injustes, de mauvais procédés de toute sorte, comme la compagnie portugaise de l'Afrique orientale en fit l'expérience de la part de la Grande-Bretagne. Le second système ajoute que la supériorité de l'initiative privée sur l'initiative officielle est plus que problématique et certains auteurs préfèrent même celle-ci, car les compagnies, guidées uniquement par l'espoir du lucre, se préoccuperont non de l'idée de justice, de progrès et de civilisation, mais uniquement des dividendes à distribuer; et, sous l'empire de cette préoccupation, se livreront à tous les actes blâmables reprochés aux compagnies anciennes. L'État, au contraire, investi d'une responsabilité interne et externe qu'il ne saurait éluder, n'ayant pas besoin de spéculer, se montrera; nécessairement plus juste, plus courtois, plus conciliant ; et, si des conflits se produisent, au lieu d'amener à des violences regrettables comme entre les agents des compagnies, ils seront dénoués par les voies pacifiques et juridiques, telles que la médiation et l'arbitrage, moyens que la compagnie n'accepterait pas parce qu'ils pourraient gêner ses opérations commerciales. Enfin il est à craindre que, poussée par des convoitises irréfléchies, la compagnie ne cherche à s'étendre indéfiniment, au mépris du droit et de la justice, et ne compromette les intérêts qui lui sont confiés. Les États, céderont moins facilement à ces entraînements et le sentiment de leur responsabilité interne et externe les maintiendra dans des limites prudentes.

Tels sont les deux systèmes. D'après le premier, la concession de la souveraineté aux compagnies de colonisation modernes est parfaitement licite et offre de grands avantages, à condition, bien entendu, de corriger les vices de l'ancien régime et de n'accorder, parmi les privilèges d'autrefois, que ceux qui sont compatibles avec les exigences de la société moderne. Le second croit, au contraire, impossible la concession de la souveraineté aux compagnies, et estime qu'au point de vue social et économique leur reconstitution serait une faute et un danger, l'action de l'État étant bien préférable.

Examinons, d'abord, la question au point de vue social et économique. Sans doute, les compagnies de colonisation s'aventureront quelquefois à la légère; l'esprit de lucre pourra les amener à des actes excessifs et contraires à la justice, à des entreprises trop considérables pour leurs ressources; d'où des possibilités de conflit et d'insuccès. Mais, par contre, combien fécond est leur esprit d'initiative et avec quelle souplesse elles savent procéder ! Quelle ténacité et quelle énergie chez ces entrepreneurs de colonisation qui vont soutenir la lutte pour la vie dans les milieux où elle est peut-être la plus âpre et la plus rude ; qui ne reculent pas devant les climats meurtriers, les races sauvages, les épidémies ; et cela en présence d'une concurrence effrénée de tous les peuples se ruant vers les débouchés nouveaux, comme jadis lors de la découverte du nouveau monde ! L'Angleterre et l'Allemagne l'ont bien compris, ne se laissant pas effrayer par des mots et ne considérant que le résultat final. Avec l'initiative privée, on n'a pas à redouter les interpellations devant un Parlement soupçonneux, ignorant souvent le bien ou le mal fondé de l'entreprise; pas de crédit à demander aux Chambres. Si l'entreprise réussit, l'État hérite d'elle; dans le cas contraire, les intérêts privés seuls sont compromis. En France, nous sommes trop enclins à tout reporter à l'État; nous critiquons le socialisme d'État à l'intérieur et nous en faisons facilement un article d'exportation; comme le disait le prince de Bismark, nous fondons des *colonies de fonctionnaires*; aussi que de dépenses inutiles qui grèvent le budget colonial ! Nous engageons immédiatement le crédit et l'honneur de l'État, ce que les Anglais, plus pratiques, évitent avant tout, sacrifiant, quand il le faut, la compagnie devenue gênante ou dangereuse. En somme, au point de vue social et économique, les compagnies de colonisation apparaissent comme un merveilleux instrument de pénétration, de prise de possession et de mise en valeur des pays inorganisés. M. Paul Leroy-Beaulieu est d'avis qu'elles peuvent rendre de très grands services, en apportant des capitaux et des capacités techniques aux colonies, surtout aux colonies naissantes ou adolescentes; que, si elles ne sont pas toute la colonisation, elles lui fournissent un élément fort utile (*Op. cit.*, II, 5e édition, p. 684). Certains auteurs et hommes d'État considérables ont donné, comme lui, en France, leur adhésion à ces compagnies trop délaissées; parmi eux, on peut citer MM. Étienne, Chailley, Pauliat, Lavertujon et d'autres encore qui se déclarent sans hésiter partisans de la reprise des compagnies de colonisation débarrassées de leurs vices anciens et constituées suivant les exigences de la vie moderne.

Arrivons maintenant à la thèse jridique. Il f aut d'abord ici bien préciser le point en litige. On a quelquefois prétendu que la concession de la souveraineté est faite à la compagnie dans son intérêt propre et exclusif, sans contrôle aucun ; et on est ainsi arrivé à cette conclusion que celle-ci pourrait commettre les actes les plus blâmables, les excès les plus graves, sans qu'aucun pouvoir pondérateur intervînt pour les empêcher ou les restreindre. Mais pareil abandon de souveraineté n'aurait pas été supporté probablement autrefois et le serait encore moins aujourd'hui, car il livrerait les pays colonisés à la tyrannie la plus monstrueuse. L'État seul peut exercer la souveraineté sans contrôle, parce qu'il est forcément la puissance suprême ; et encore est-il toujours moralement responsable devant l'opinion publique, et cette responsabilité, qui n'a jamais été un vain mot, même sous l'ancien régime, est de nature à maintenir l'exercice du pouvoir dans des limites justes et raisonnables. La souveraineté qu'exerçaient les compagnies anciennes de colonisation, qu'exercent les compagnies modernes des pays qui les admettent, est une souveraineté limitée résultant d'une concession formelle de l'État, placée sous la surveillance constante des pouvoirs publics. L'Angleterre spécialement conserve la direction et la mainmise sur ses compagnies à charte ; en cas de dissentiment, celles-ci doivent s'incliner devant les vues du gouvernement et se conformer à sa décision. Les déclarations faites aux gouvernements étrangers et aux chambres indiquent qu'il s'agit d'entreprises *nationales*. Sur ce point, le présent est conforme aux règles du passé. En ce sens, un acte législatif du règne de Georges III portait que les droits souverains qu'exerçait la compagnie des Indes, étaient tenus à titre de délégation de la couronne anglaise. Pour le présent, on peut citer les articles 8 et 9 de la charte de la *South Africa* et les articles 9 et 13 de celle de la *Royal Niger* ; d'autre part, les opinions des hommes d'État sont absolument concordantes, comme le prouvent, par exemple, une dépêche du 25 mai 1885 de lord Granville au gouvernement allemand, au sujet de la compagnie de l'Est africain, et une déclaration de sir John Fergusson aux communes, du 31 mai 1888, à propos de la même compagnie.

En France, les chartes anciennes sont conçues dans le même sens, aussi bien, du reste, que chez les autres peuples colonisateurs. C'est comme délégation, sous la surveillance de la couronne, que la souveraineté est attribuée. La charte entre dans tous les détails de l'exploitation de la colonie par la compagnie privilégiée; et partout apparaît la surveillance du pouvoir royal, aux ordres duquel doivent, en cas de difficulté, déférer les agents coloniaux. Dès lors, tombent, on le voit, tous les arguments dirigés contre les excès possibles résultant de la concession de la souveraineté. On délègue à la compagnie ce qui lui est absolument indispensable pour effectuer sa mission — et nous verrons que c'est bien peu de chose — absolument comme on délègue les attributs de la souveraineté qui leur sont nécessaires aux titulaires des grands gouvernements coloniaux, qui, véritables vice-rois, sont autrement puissants et souverains que les compagnies. Aux uns et aux autres on se réserve de retirer la souveraineté concédée, s'ils en font mauvais usage, parce qu'ils ne la possèdent qu'à titre de concession essentiellement révocable. Si, sous l'ancien régime, la délégation de souveraineté a été effectuée sans difficulté, pourquoi ne pourrait-elle pas l'être aujourd'hui, puisqu'elle se produit dans les mêmes conditions et encore avec moins d'intensité? En Angleterre, le droit d'octroyer les chartes est resté un apanage de la couronne; c'est le ministre des Affaires Étrangères qui les concède seul, en dehors de l'intervention du Parlement et c'est devant lui que les compagnies sont responsables. Il est vrai que cette faculté reconnue aux États à régime monarchique (Angleterre, Allemagne, Belgique), où la prérogative royale est restée la même qu'autrefois, a été contestée par quelques auteurs aux États modernes à régime démocratique, par exemple, aux Républiques française et portugaise. (Conf., Cauwès dans la *revue d'économie politique*, 1892, pp.1 et s.). La souveraineté, en effet, suivant ces auteurs, serait pour ces États plutôt un dépôt indisponible qu'un droit aliénable, car ils sont dans l'obligation de la transmettre intacte aux générations futures qui, à leur tour, la transmettront aux suivantes. Ce raisonnement ne nous paraît pas exact; d'abord, la délégation de souveraineté est possible et nécessaire vis-à-vis des grands fonctionnaires coloniaux qui pourront en mésuser avant qu'on ait eu le temps de la leur retirer. La délégation donnée à la compagnie pourrait lui être enlevée comme à ces fonctionnaires, si elle en faisait un usage contraire aux intérêts du pays; il suffit, pour cela, d'indiquer nettement dans la charte les causes de déchéance et de faire, le cas échéant, juger la question par les tribunaux. Le rapport sur les compagnies de colonisation présenté par M. Leroy-Beaulieu au *Comité de l'Afrique française*, porte qu'on appliquerait en l'espèce les déchéances usitées relativement aux concessions publiques, en cas d'abus manifeste et persistant (*Bulletin du Comité*, 1892, 2e année, no du 3 mars 1892, pp. 14 et s.). Il serait encore bon de fixer un délai pour les concessions, délai nécessairement variable avec les diverses compagnies et la nature de leurs affaires. Le rapport précité fixe ce délai à 25 ans, avec tacite reconduction de dix ans en dix ans; il est de 25 ans pour la *South Africa* et pour la compagnie portugaise *de Sofala*; de 50 ans, pour la compagnie de Zanzibar. Avec toutes ces réserves, il ne semble pas que l'État ait bien à redouter le mauvais usage de la délégation de la souveraineté, que la compagnie, du reste, sera intéressée à utiliser avec prudence et sagesse, pour se concilier l'opinion publique et la sympathie des indigènes, pour faire de bonnes affaires et surtout éviter les causes de déchéance. Il faut, d'ailleurs, voir maintenant en quoi consistent ces fameux droits de souveraineté qui ont soulevé tant de polémiques et quels seraient, en général, les avantages concédés à la compagnie moderne de colonisation.

Le rapport précité de M. Paul Leroy-Beaulieu propose de leur attribuer, à l'imitation des compagnies anglaises, « certains droits spéciaux d'administration, de police et de fiscalité, qu'elles exerceront sous le contrôle des pouvoirs publics »; en aucun cas, elles ne seront investies d'un monopole commercial. Et le rapporteur fait observer avec raison que : « les grands mots de droits régaliens et de souveraineté sont bien disproportionnés avec les quelques attributions de police, de juridiction et d'administration qu'il est impossible de ne pas reconnaître à des groupes de commerçants, dans les pays sauvages où il n'y a ni force publique, ni tribunaux, ni organisation quelconque ». Au Conseil supérieur des colonies, dans la discussion qui eut lieu à propos du projet de loi dont nous allons parler ci-après, M. Rousseau fit remarquer que les fermiers de l'opium en Cochinchine et au Tonkin avaient le droit d'armer des agents et des chaloupes pour prévenir la fraude. La légalité de ces dispositions, ajoutait-il, n'a été contestée par personne. et l'on n'en demande pas davantage pour les compagnies de colonisation (séance du 20 mai 1891, *Bulletin* précité, 1re année, 1891, nº de juin, VI, pp. 6 et s.). Les compagnies à charte seraient privées du droit de faire la paix et la guerre concédé pourtant aux compagnies d'autrefois; elles pourraient seulement, sous réserve d'approbation par l'État, ouvrir des négociations avec les chefs indigènes ou avec les compagnies étrangères. De même, si elles voulaient conclure des engagements avec les puissances étrangères, l'autorisation gouvernementale leur serait nécessaire (art. 8 de la charte de la *South Africa*, et art. 5 de celle de la *Royal Niger*).

Quels seraient finalement les avantages à elles accordés? Il ne faut plus évidemment songer à leur monopole commercial d'autrefois, si vivement attaqué même sous l'ancien régime et qui a fait son temps. On se bornerait donc à leur octroyer certains privilèges commerciaux qui naturellement varieraient avec les pays, notamment le monopole de l'exploitation des industries extractives ou de certaines seulement, comme celle de l'or et autres minerais; le monopole du commerce soit de tous les bois, soit de certaines essences; celui des plantations en général dans telle ou telle contrée ou de certaines plantations spéciales : café, vanille, canne à sucre, etc.; le monopole du commerce des phosphates, des arachides, du caoutchouc, etc., des pêcheries en général ou de pêcheries spéciales : corail, nacre, perles, éponges, etc. C'est surtout en matière de travaux publics que l'aide des compagnies serait désirable. Nous avons vu, dans nos explications antérieures, que beaucoup de nos colonies manquent de routes, de voies ferrées, de voies fluviales même, certains cours d'eau étant rendus inutilisables par des rapides qu'on devrait supprimer ou éviter au moyen de canaux. Pour obvier à ce fâcheux état de choses, il serait nécessaire d'entreprendre des travaux considérables nécessitant d'énormes capitaux que l'État ou les entrepreneurs isolés ne peuvent fournir, et qu'une compagnie forte, active et sûre du lendemain est seule en mesure d'avancer. Vers toutes ces entreprises et d'autres encore qui seraient si utiles aux colonies, notamment celles d'irrigation et d'assainissement, il serait expédient, à la fois dans l'intérêt national et dans leur intérêt propre, d'attirer les capitaux français qui trop souvent vont alimenter à l'étranger des opérations financières peu sûres et quelquefois même dirigées contre la métropole, tels ces emprunts destinés à renforcer des armées et des marines qui, plus tard, en cas de guerre, se tourneront contre nous. Ce qui a fait son temps, c'est la compagnie ancienne investie de son monopole commercial général, incompatible avec la liberté actuelle du commerce ; mais rien ne s'oppose, dans les idées modernes, aux compagnies restreintes à des points déterminés qui peuvent réaliser des bénéfices considérables, tout en servant à la prospérité du pays en général et des colonies en particulier.

Le groupe colonial français avait si bien senti la portée des arguments que nous venons de développer, qu'il amena le gouvernement à saisir le Sénat d'un projet de loi déposé à la séance du 19 juillet 1891, sur lequel nous reviendrons comme il convient au chapitre VII de la 2e partie, consacré au *Régime des terres* aux colonies. Ce projet a malheureusement échoué et la France semble avoir définitivement délaissé cet instrument de colonisation qui a pu donner des mécomptes, mais qui, en somme, a fondé le domaine colonial ancien et qui est usité par les autres peuples colonisateurs. Forcé de renoncer aux compagnies de colonisation, le gouvernement a cru pouvoir, tout au moins, procéder à de grandes concessions dans la partie de notre domaine colonial où elles semblaient tout indiquées, c'est-à-dire dans les vastes espaces du Congo. L'opinion publique s'est encore montrée hostile à ce système qui paraissait ramener les compagnies anciennes, sous une forme déguisée. Et pas plus que ces dernières, les grandes sociétés concessionnaires ne semblent avoir réussi, comme nous le verrons également au chapitre VII précité. C'est donc, plutôt du côté des concessions petites ou moyennes que s'oriente pour le moment la colonisation française. Utiles et suffisantes dans la plupart de nos colonies, il ne semble pas qu'elles permettent d'exploiter comme il convient les immenses domaines de l'Afrique, où la grande compagnie ou société paraît seule capable d'effectuer les vastes opérations de défrichement, de plantation, de construction, d'industrie et de commerce; et également de mener à bonne fin les grandes entreprises d'assainissement, d'irrigation et de travaux publics de tout genre que nécessite la mise en valeur des pays neufs.

TITRE II

Les sujets passifs de la colonisation et les conditions de l'occupation coloniale

L'occupation coloniale ne peut s'exercer que sur des territoires inhabités ou définitivement abandonnés par leurs anciens occupants; ainsi l'île de la Réunion était inhabitée quand elle fut occupée en 1642 par la compagnie des Indes; l'île Maurice, abandonnée par la Hollande en 1712, fut occupée par nous, en 1721, sous le nom d'île de France. Ces exemples qu'on pourrait multiplier, montrent que le territoire colonisé doit être soit *nullius* soit *derelictum*. En général, les peuples européens se sont conformés à cette règle dans leurs rapports respectifs; mais fort délicate est la question pour le cas où le territoire est occupé par des tribus barbares. On sait comment elle fut tranchée par les conquérants anciens qui, considérant les indigènes comme dépourvus de toute propriété et de toute souveraineté, se livrèrent contre eux à des actes de cruauté abominables flétris par l'histoire et les publicistes de tous les temps. Après les Espagnols et les Portugais, les Anglais et les Américains ont parachevé l'œuvre, en faisant disparaître complètement les Peaux-Rouges du Nouveau-Monde. Il faut ajouter, du reste, que la conduite des autres peuples colonisateurs ne fut guère meilleure. De nos jours encore, des critiques pareilles à celles adressées aux conquérants anciens, ont pu être dirigées contre les agents colonisateurs des grandes puissances, spécialement contre ceux des compagnies anglaises, allemandes et belges, en Afrique.

Au point de vue juridique, certains auteurs estiment que les indigènes ne sont investis d'aucun droit de propriété ou de souveraineté vis-à-vis des nations européennes; mais, d'autres affirment, au contraire, que ce droit de propriété et de souveraineté reste intact au profit des particuliers ou des chefs locaux. Un troisième système admet les droits des indigènes, tout en les réduisant par les nécessités de la civilisation et de la colonisation; et cette réduction est plus ou moins accentuée d'après la tendance d'esprit de l'occupant, suivant que celui-ci est pour la manière douce ou pour la manière forte.

Quant à nous, nous croyons, avec le troisième système, qu'il convient, en principe, de respecter à la fois et la souveraineté et la propriété indigènes, car, sous prétexte de colonisation, il n'est pas permis de dépouiller les autochtones. Mais, d'autre part, nous avons justifié plus haut le droit qu'à la race supérieure de profiter des avantages que présentent l'établissement et le commerce dans les pays neufs; et nous renvoyons à cet égard aux arguments donnés à ce sujet. Il convient alors de se demander de quelle façon vont pouvoir se concilier les intérêts en apparence opposés des indigènes voulant garder le sol et la souveraineté et ceux de la puissance colonisatrice résolue à s'approprier l'un et l'autre par la colonisation. L'opposition n'est point aussi absolue qu'elle le paraît au premier abord et l'on peut assez facilement, d'après nous, arriver à sauvegarder les deux intérêts contradictoires.

Voici comment on pourrait procéder pour concilier les droits de toutes les parties en cause. Les colonisateurs seraient autorisés à établir leur propre souveraineté dans les pays où aucune souveraineté n'existe, telle du moins que l'entendent les peuples civilisés; et également dans ceux où cette souveraineté ne constitue qu'une simple apparence, à raison de l'absence à peu près complète d'institutions politiques. L'établissement de la souveraineté européenne, dans ces deux hypothèses, n'aurait aucun inconvénient, puisqu'elle ne se heurterait à aucune souveraineté existante ou réellement organisée. Les européens, en prenant en main l'organisation et la direction des affaires locales, rendraient aux populations l'immense service de substituer l'ordre à l'anarchie, et de créer un milieu social moralement et matériellement préférable aux anciens pouvoirs indigènes, tyranniques, grossiers, superstitieux, incapables de réaliser et même de concevoir la mission sociale et économique de l'État. Au contraire, les institutions politiques du pays sont-elles bien assises, susceptibles de remplir un rôle utile, quoique défectueuses en certains points, dans ce cas l'occupant devra les conserver en les soumettant à son protectorat. Seulement il faut que le protectorat résulte d'un accord formel entre le peuple européen et la collectivité indigène, car il constitue un acte essentiellement conventionnel. C'est par l'accord des parties qu'ont été établis, on l'a vu, les grands protectorats français de Tunisie et d'Indo-Chine. Et l'intérêt de la puissance protectrice est ici d'accord avec le droit. C'est en agissant par la persuasion et d'accord avec les souverainetés indigènes, que l'Europe arrivera à imposer son influence civilisatrice aux populations primitives, à améliorer peu à peu leur condition morale, politique et économique, tout en créant des débouchés avantageux au commerce de ses nationaux. Si elle agit par la violence, elle n'obtiendra qu'une domination subie avec haine et terreur, contre laquelle les habitants du pays entretiendront une lutte sourde, qui se changera en rébellion ouverte dès que les circonstances paraitront favorables. Dans ces conditions, l'œuvre coloniale sera un danger constant et, en tout cas, une complète inutilité.

En ce qui concerne la propriété indigène, le meilleur système en théorie est incontestablement celui de l'achat de gré à gré au propriétaire. On pourra quelquefois le réaliser en se mettant d'accord avec les pouvoirs publics territoriaux, surtout si l'on est en présence de peuples relativement civilisés, chez lesquels la notion de la propriété individuelle sera nettement assise. Mais, si un accord n'est pas possible parce que l'indigène refuse de traiter soit par entêtement ou ignorance des avantages qu'on lui propose, soit par méfiance et haine de l'européen, il y aura lieu, de concert avec le gouvernement local, de procéder à l'expropriation des parties de territoire jugées indispensables pour la colonisation, tout en laissant aux habitants les portions qui leur seront également nécessaires. Cette expropriation s'opèrera, en général, moyennant une indemnité équitable fixée par le gouvernement colonisateur et le gouvernement local, celui-ci étant chargé de la répartition de cette indemnité entre les intéressés. Après la division entre l'élément indigène et l'élément européen, on adoptera de préférence le système de l'*immatriculation* des terres, qui consiste dans la constitution et l'enregistrement, sur un registre foncier, de la propriété, opérés par un fonctionnaire appelé conservateur de la propriété foncière. L'immatriculation a été appliquée à Madagascar par un décret du 16 juillet 1897, modifié par celui du 4 février 1911. Le Congrès international de la propriété foncière d'octobre 1902 a proposé de la généraliser à tout le système colonial. Nous insisterons sur ces points au chapitre VII de la IIe partie consacré au *Régime des terres*.

Quand on se trouvera en présence de peuplades sauvages ou primitives, n'ayant pas la notion de la propriété foncière et habituées à parcourir le pays pour la chasse et la garde du bétail, on recourra, au contraire, au procédé des *réserves territoriales* qui consiste à cantonner l'élément indigène sur des territoires suffisants. Ces réserves auxquelles les Anglais et les Américains ont eu recours, sont strictement surveillées par le gouvernement, et aucune parcelle n'en peut être aliénée sans son autorisation. Sur les bases que nous venons d'indiquer, peut se produire, quant à la souveraineté et à la propriété, une conciliation satisfaisante des intérêts de l'occupant et de l'indigène. Sans sacrifier les droits de ce dernier, en les respectant au contraire le plus possible, on tient compte en même temps de ceux de la colonisation qu'on ne peut négliger, car ils sont intimement liés au développement et à la prospérité de la communauté internationale.

A la colonisation par le procédé soit de l'annexion, soit du protectorat, les puissances européennes ont joint, dans la période actuelle, un troisième moyen dont les applications sont fort nombreuses et que l'on a qualifié de système du *Hinterland* (pays en arrière) ou des *zones d'influence*. Voici en quoi il consiste : dans une zone déterminée, un État ayant déjà occupé des territoires se réserve pour le présent et pour l'avenir, la faculté d'y établir seul, quand il jugera le moment convenable, des occupations ou des protectorats nouveaux considérés comme le prolongement des occupations et des protectorats antérieurs. C'est ainsi que la plus grande partie de l'Afrique a été divisée en zones d'influence des divers Etats européens, comme nous l'avons ci-dessus indiqué dans nos explications historiques. L'Etat qui place des territoires dans sa zone d'influence contracte, certaines obligations, notamment celle d'y entrenir l'ordre ; par suite, il peut, en fait, être rendu responsable des désordres qui s'y produiraient et des dommages causés par ces désordres aux biens et aux personnes; toutefois la responsabilité est ici moins effective que dans les pays soumis à l'occupation proprement dite. L'établissement de la zone d'influence doit résulter de conventions expresses; et une simple situation de fait acquise par un État ne saurait à cet égard lui constituer un titre opposable aux tiers. En dehors d'une convention expresse, on n'est tenu de s'incliner que devant l'occupation effective, seule base rationnelle de l'acquisition des territoires.

Tels sont les principes généraux qui régissent l'occupation territoriale au regard du pays que l'on se propose de coloniser. Toute cette matière, on vient de s'en rendre compte, touche par beaucoup de points au droit public international. La Conférence africaine de Berlin, dans son acte général du 26 février 1885, a formulé, au titre IV, une « *déclaration relative aux conditions essentielles à remplir pour que les occupations nouvelles sur les côtes du continent africain soient considérées comme effectives* ». Et l'Institut de droit international, complétant heureusement les décisions de la Conférence africaine, a adopté, le 7 septembre 1888, à la session de Lausanne, un projet de déclaration internationale concernant les *occupations de territoire*. Il ne nous est pas possible d'entrer ici dans l'examen détaillé de ces textes et de la doctrine internationale qu'ils ont condensée dans leurs dispositions; le sujet, en effet, rentre plutôt, nous venons de le dire, dans la matière du droit public international et nous avons dû, par suite, nous en tenir aux grandes lignes. Nous renvoyons, pour le détail, sur tous les points qui précèdent, aux explications fournies aux pages 419, et s., du t. II de notre *Traité de droit international public* précité, concernant la matière de l'*occupation*.

PARTIE SPÉCIALE

ÉTUDE DÉTAILLÉE DU RÉGIME COLONIAL FRANÇAIS

Régimes législatif, politique, administratif, financier, commercial, judiciaire. Régimes des terres, des mines et de la main-d'œuvre. Régimes militaire et pénitentiaire.

CHAPITRE PREMIER

Le régime législatif

SECTION PREMIÈRE

LE LÉGISLATEUR COLONIAL

TITRE PREMIER

La charte du 14 juin 1814

Elle constitue le premier texte législatif sur la matière. Il était dit en l'article 73 que les colonies devaient être régies par des textes spéciaux consistant en lois et règlements particuliers. Mais la charte ne précisait pas dans quels cas il fallait une loi ou une simple ordonnance royale. Aussi le gouvernement crut-il pouvoir tout régler lui-même par des ordonnances. Et ainsi sont intervenues les grandes ordonnances de la Restauration qui subsistent encore aujourd'hui dans leurs grandes lignes. Ce sont les suivantes : ordonnances du 21 août 1825 relative au gouvernement de la Réunion et du 30 septembre 1827 sur l'organisation judiciaire; ordonnances du 9 février 1827 sur le gouvernement des Antilles et du 21 septembre 1828 sur l'organisation judiciaire; ordonnances du 27 août 1828 sur le gouvernement de la Guyane et du 21 décembre 1828 sur l'organisation judiciaire.

Voici quels étaient les traits principaux du système des ordonnances. Dans chaque colonie, le gouverneur avait sous ses ordres trois chefs de service : le commissaire ordonnateur (comptabilité des services civils, de la marine, des troupes de terre), le directeur de l'intérieur analogue au préfet et le procureur général chef de la justice. A côté du gouverneur, se trouvait le Conseil privé composé du gouverneur, des trois chefs de service et de trois notables choisis par le roi; le conseil était purement consultatif. Les habitants de la colonie étaient représentés par un Conseil général ayant 24 membres choisis par le roi, sur une liste présentée par des conseils municipaux nommés eux-mêmes par le roi.

TITRE II

La charte de 1830

Le fait de trancher toutes les questions coloniales par des ordonnances avait soulevé de vives réclamations, d'autant plus que ce procédé était très probablement en opposition avec l'esprit de la charte de 1814, dont le but avait été de décider que, dans les cas où une loi serait nécessaire en France, elle le serait aussi dans les colonies. Le gouvernement de juillet, admettant cette interpértation, enleva le mot *règlement* de l'art. 64 de la charte du 14 août 1830 qui fut ainsi libellé : « les colonies seront régies par des lois particulières ». Le 24 avril 1833, intervint la loi qui a été appelée la *charte coloniale* et qui était afférente au *régime législatif des colonies.* Par elle, dans les quatre colonies des Antilles, de la Guyane et de Bourbon, étaient créés des Conseils coloniaux remplaçant les Conseils généraux de la Restauration, conseils coloniaux dont la compétence était assez étendue et qui n'étaient plus désignés par le roi, mais par des collèges censitaires. Une loi devenait nécessaire dans cinq cas indiqués par l'article 2 de la loi de 1833 : 1° exercice des droits politiques, 2° lois civiles et criminelles relatives aux personnes libres et lois pénales portant la peine de mort contre personnes non libres; 3° pouvoirs du gouverneur dans les matières de haute police et de sûreté générale; 4° organisation judiciaire; 5° commerce, régime douanier, répression de la traite et relations entre la métropole et les colonies. Les articles 3 et 11 indiquaient ensuite les matières qui étaient de la compétence des trois autres sources de la législation coloniale : ordonnances royales, décrets coloniaux rendus sur la proposition du gouverneur par le conseil colonial et soumis à l'approbation royale, enfin arrêtés des gouverneurs. C'étaient les décrets coloniaux qui formaient la principale source de cette législation conférant aux colonies une certaine autonomie législative. Quant aux colonies autres que les quatre précitées : Établissements français dans les Indes Orientales et en Afrique et Saint-Pierre et Miquelon, ils continuaient, vu leur peu d'importance, a être régis par des ordonnances royales.

Le régime de 1833 était extrêmement libéral; il se rapprochait sensiblement du système de la Constituante qui, par un décret du 28 mars-9 avril 1790, avait permis aux colonies d'élire des assemblées locales dont les pouvoirs étaient fort étendus; ce sont à peu près les deux époques où nos colonies ont joui de l'autonomie. Or, les colonies, on le sait, répondirent fort mal aux avances de la Révolution et vécurent dans une indépendance presque complète vis-à-vis du pouvoir central ou dans l'anarchie. Les efforts de la monarchie de juillet ne furent pas mieux récompensés; les conseils coloniaux se livrèrent à une foule d'empiètements et, dans les cinq ans qui suivirent la loi, on fut obligé d'annuler quarante décrets coloniaux; au point de vue financier, les résultats ne furent pas meilleurs et les caisses de réserve furent mises à sec ou très atteintes. Les colonies organisèrent une sorte de dictature; pour faire partir les fonctionnaires qui leur déplaisaient, les conseils coloniaux réduisaient les traitements ; ils s'immisçaient dans l'exécution des services. Il fallut donc réagir et la loi du 15 juin 1841 s'efforça d'améliorer la situation au point de vue financier, en établissant la séparation entre les recettes et les dépenses, avec part de l'Etat et part de la colonie. A l'Etat incombaient les dépenses de souveraineté concernant le traitement des gouverneurs, l'administration de la justice, l'armée, les cultes, l'instruction publique; à cet effet, une part des recettes lui était attribuée: enregistrement, droits de douane, de greffe, etc. Les autres dépenses étaient supportées par la colonie qui prenait également sa part des recettes.

TITRE III

La seconde République

L'article 109 de la constitution du 4 novembre 1848 déclara que les colonies seraient régies par des lois particulières jusqu'à ce qu'une loi spéciale les eût placées sous le régime de la constitution nouvelle. Cette loi ne fût jamais faite; les Conseils coloniaux furent supprimés par un décret du 27 avril 1848, et les arrêtés des Commissaires généraux de la République qui s'étaient substitués aux anciens gouverneurs, devinrent provisoirement la principale source de la législation coloniale.

TITRE IV

Le second Empire

L'article 27 de la constitution du 14 janvier 1852 décida, par retour à la tradition du premier Empire, que les colonies et l'Algérie seraient régies par des sénatus-consulte. En conséquence, furent portés les deux sénatus-consulte des 3 mai 1854 et 4 juillet 1866, aujourd'hui encore partiellement en vigueur. Le premier réglait la constitution des Antilles et de la Réunion et le second apportait des modifications à l'institution des Conseils généraux établis par l'article 12 du sénatus-consulte de 1854, conseils qui étaient nommés moitié par le gouverneur, moitié par les membres des conseils municipaux, nommés eux-mêmes par le gouverneur et n'ayant aucun pouvoir législatif, à la différence des conseils coloniaux de 1833. Ils avaient simplement le droit de voter leurs tarifs de douane et d'octroi de mer, prérogative qui, on le verra, leur fut plus tard enlevée.

Le sénatus-consulte du 3 mai 1854 divisait les colonies en deux catégories : d'un côté les Antilles et la Réunion et de l'autre le reste du domaine colonial. Quant aux *Antilles et à la Réunion*, l'article 3 exigeait un sénatus-consulte pour statuer sur : 1° l'exercice des droits politiques; 2° l'état civil des personnes; 3° la distinction des biens et les différentes modifications de la propriété ; 4° les contrats et les obligations conventionnelles en général; 5° les manières dont s'acquiert la propriété, par succession, donation entre vifs, testament, contrat de mariage, vente, échange et prescription; 6° l'institution du jury; 7° la législation en matière criminelle; 8° l'application aux colonies du principe du recrutement des armées de terre et de mer. Suivant l'article 4, une loi était nécessaire pour régler le régime commercial ; mais, en cas d'urgence, l'article 5 autorisait le gouvernement à statuer sur les matières commerciales par décrets rendus en la forme des règlements d'administration publique, sauf à présenter ces décrets au corps législatif, pour être convertis en lois, dans le premier mois de la session ultérieure.

D'après l'article 6, il était statué par décrets de l'Empereur rendus dans la forme des règlements d'administration publique : 1° sur la législation en matière civile, correctionnelle et de simple police, sauf les cas réservés par l'article 3 ci-dessus transcrit; 2° sur l'organisation judiciaire; 3° sur l'exercice des cultes; 4° sur l'instruction publique; 5° sur le mode de recrutement des armées de terre et de mer; 6° sur la presse; 7° sur les pouvoirs extraordinaires des gouverneurs en ce qui concerne les mesures de haute police et de sûreté générale; 8° sur l'administration municipale dans les points non réglés par le présent sénatus-consulte; 9° sur les matières domaniales; 10° sur le régime monétaire, le taux de l'intérêt et les institutions de crédit; 11° sur l'organisation et les attributions des pouvoirs administratifs; 12e sur le notariat, les officiers ministériels et les tarifs judiciaires; 13° sur l'administration des successions vacantes. Dans tous les cas énumérés par l'article 6, un décret simple était suffisant, quand il s'agissait de promulguer simplement dans la colonie, sans y rien changer, les lois en vigueur dans la métropole (article 8). Enfin, suivant l'article 7, des décrets simples réglaient : 1° l'organisation des gardes nationales et des milices locales; 2° la police municipale; 3° la grande et la petite voirie; 4° la police des poids et mesures; et, en général, toutes les matières non mentionnées dans les articles précédents ou qui ne se trouvaient pas placées dans les attributions des gouverneurs. Suivant l'article 9, le gouverneur représentant de l'Empereur et dépositaire de son autorité rendait des arrêtés et des décisions pour régler les matières d'administration et de police, pour l'exécution des lois, règlements et décrets promulgués dans la colonie. Ainsi le principe général c'était le décret simple et ce n'était qu'exceptionnellement qu'intervenaient le sénat, le corps législatif et le conseil d'Etat.

Suivant l'article 18, les *colonies autres que les Antilles et la Réunion* étaient régies par des décrets simples jusqu'à ce qu'il eût été statué à leur égard par un sénatus-consulte. Ces colonies sont, en fait, restées régies par décret simple, car le sénatus-consulte annoncé n'est jamais intervenu. Egalement le gouverneur y prenait des arrêtés dans le sens indiqué par l'article 9.

TITRE V

La troisième République

Il est arrivé, sous le régime actuel, que ce qui constituait l'exception dans le domaine colonial durant le second Empire, est devenu la règle. Donc, aujourd'hui, à part les Antilles et la Réunion, à qui quelques garanties étaient, on l'a vu, accordées par la législation impériale, les autres colonies, c'est-à-dire la presque totalité de notre grand domaine colonial, seraient absolument placées sous le régime du décret simple, si la législation de 1854 était encore en vigueur. Il faut par suite examiner s'il en est ainsi. On a beaucoup discuté sur ce point; et voici quelle est, à cet égard, l'opinion dominante. Le sénatus-consulte de 1854 est encore en vigueur aujourd'hui, autant qu'il peut être appliqué sous la constitution républicaine de 1875; il constitue, au profit de l'exécutif, une délégation qui a conservé toute sa force obligatoire; c'est un acte organique faisant partie d'une sorte de constitution coloniale qui n'a pas été abrogée; et, en effet, comme rien ne l'a remplacé, s'il devait être considéré comme caduc par suite de la chute du régime impérial, les colonies, ce qui est inadmissible, manqueraient absolument de statut organique. Mais, si le sénatus-consulte a survécu comme délégation de pouvoir à l'exécutif, il a néanmoins perdu son caractère constitutionnel, car un acte émané du sénat impérial ne peut obliger une assemblée républicaine. Il subsiste donc seulement comme une loi ordinaire qui aurait été votée avant l'avènement du régime républicain. Aussi, tandis qu'il aurait fallu, sous le second Empire, un sénatus-consulte nouveau pour déroger à celui de 1854, ce que fit celui du 4 juillet 1866, de nos jours une simple loi suffit à cet égard. Les Chambres actuelles sont donc autorisées à légiférer sur les points que le sénatus-consulte avait soustraits aux attributions du pouvoir législatif. Une loi suffit, disons-nous; mais elle est nécessaire dans les cas où autrefois intervenait le sénatus-consulte. Appliquons l'idée maîtresse que nous venons de dégager aux deux classes de colonies précitées. Nous indiquerons ensuite le régime législatif de l'Algérie, de la Tunisie et des Nouvelles-Hébrides.

§ I. — *Antilles et Réunion*

La source de la législation y est quadruple : lois, décrets en la forme des règlements d'administration publique, décrets simples, arrêtés locaux.

A. — Lois

Une loi est nécessaire pour statuer sur les cas prévus par l'article 7 du sénatus-consulte de 1854, c'est-à-dire sur la plupart des matières réglementées par le code civil que nous avons énumérées ci-dessus, en rapportant le texte. Le sénatus-consulte de 1854 ne prévoyait pas l'administration municipale et l'organisation de la justice civile, parmi les matières relevant autrefois des sénatus-consulte et présentement des lois. Néanmoins la loi du 5 avril 1884 sur l'organisation municipale a été déclarée applicable aux trois vieilles colonies par son article 165; et c'est la loi du 15 avril 1900 qui y règle l'organisation de la justice civile, car les Chambres sont absolument maîtresses, si elles le jugent convenable, de porter des lois à propos des matières qui, suivant le système de 1854, étaient du domaine du décret. Également, suivant l'article 4 du sénatus-consulte de 1854, une loi devait statuer sur le *régime commercial des colonies*, ce qui, d'après un avis du Conseil d'État du 1er juillet 1873, concernait les dispositions législatives afférentes aux conditions économiques et fiscales des échanges entre les colonies et les autres pays. Cette disposition, abrogée par l'article 2 du sénatus-consulte de 1866, a été rétablie par la loi du 11 janvier 1892, qui a rendu de nouveau une loi nécessaire pour les tarifs, le mode d'assiette et les règles de perception.

Par loi, on entend ici, non pas une loi spéciale à la colonie, mais un précepte législatif formel. C'est ainsi que certaines lois métropolitaines contiennent, on le verra, un article final où il est dit : « la présente loi est applicable à la Guadeloupe, à la Martinique et à la Réunion ». Citons, parmi les lois anciennes, celle déjà indiquée du 5 avril 1884 sur l'administration municipale, article 165, et, parmi les lois récentes, celle du 27 mai 1907 sur les Conseils de prud'hommes, article 64.

B. — Décrets d'administration publique

Ils embrassent les cas prévus par l'article 6 du sénatus-consulte de 1854; toutefois l'organisation municipale et l'organisation judiciaire, que le sénatus-consulte rangeait dans les matières régies par le décret d'administration publique, sont aujourd'hui, ainsi qu'il a été précisé ci-dessus, dans le domaine des lois. Ajoutons que les banques des colonies des Antilles, de la Guyane, de la Réunion et du Sénégal ont été organisées par une loi du 30 avril 1849 (voir également lois des 11 et 13 décembre 1901), tandis qu'on s'est contenté d'un décret pour celles de l'Indo-Chine et de l'Afrique occidentale (décrets des 21 janvier 1875, 29 juin et 21 décembre 1901). Un décret portant réglement d'administration publique du 6 février 1911 a fixé les conditions d'application de la loi sur la séparation des Églises et de l'État et l'exercice public des cultes, en ce qui concerne la Guadeloupe, la Martinique et la Réunion.

C. — Décrets simples

Ces décrets suffisent pour toutes les matières indiquées en l'article 7 du sénatus-consulte de 1854 ci-dessus énumérées, c'est-à-dire, comme nous l'avons déjà fait remarquer, pour la plupart des matières coloniales, puisque cet article se contente du décret simple pour toutes celles non mentionnées dans les articles précédents ou qui ne se trouvent pas placées dans les attributions des gouverneurs. Le décret simple est également suffisant pour ordonner la promulgation dans les colonies des lois métropolitaines concernant les points que nous avons énumérés, c'est-à-dire celles qui, si elles étaient rendues directement pour la colonie, nécessiteraient un décret d'administration publique. Mais il faut promulguer la loi telle quelle, sans aucune modification; il ne serait pas permis, par exemple, d'en promulguer seulement quelques articles (avis du Conseil d'État du 30 octobre 1889).

D. — Arrêtés locaux

Ce sont ceux pris par les gouverneurs suivant les pouvoirs à eux attribués et par lesquels ils règlent les matières d'administration et de police, l'exécution des lois, règlements et décrets promulgués dans la colonie (article 9 du sénatus-consulte de 1854).

§ II. — *Colonies autres que les Antilles et la Réunion*

On a vu que, suivant l'article 18 du sénatus-consulte de 1854, ces colonies sont régies par des décrets simples, car le sénatus-consulte organique qu'annonçait cet article 18 n'a jamais été porté. Les colonies qui constituaient autrefois la plus petite partie de notre domaine colonial, en sont devenues aujourd'hui, au contraire, le morceau principal, en sorte que les quelques garanties octroyées pour les Antilles et la Réunion par le sénatus-consulte de 1854, font défaut absolument pour la masse de nos établissements coloniaux soumis au système du décret simple. Toutefois cette règle du décret simple comporte un certain nombre d'exceptions dans lesquelles une loi ou un décret d'administration publique devient nécessaire. Examinons successivement ces divers cas.

A. — Les chambres ont le droit de statuer par une loi sur des points intéressant les colonies soumises au régime du décret.

Les lois déclarées applicables à toutes les colonies d'une manière générale en vertu d'un article spécial, deviennent de plus en plus considérables. Citons les suivantes : loi du 29 juillet 1881 sur la liberté de la presse, article 69; du 28 mars 1882 sur l'élection des maires, article 3; du 27 mai 1885 sur les récidivistes, article 20; du 1er août 1905 sur la répression des fraudes dans les ventes de marchandises et des falsifications des produits agricoles et des denrées alimentaires. etc.

Certaines lois sont déclarées applicables à certaines colonies seulement. L'article 25 de la loi du 21 juin 1907 modifiant quelques dispositions relatives au mariage, a été déclaré applicable à l'Algérie, la Guadeloupe, la Martinique et la Réunion. La loi du 29 décembre 1905, sur la caisse de prévoyance des marins français, a été étendue à l'Algérie, la Martinique, la Guadeloupe, la Réunion, la Guyane, les îles Saint-Pierre et Miquelon et à toutes les autres colonies où serait légalement exercée l'inscription maritime. La loi du 19 décembre 1907, sur la surveillance et le contrôle des sociétés de capitalisation, a été déclarée applicable à l'Algérie, à la Réunion, aux Antilles, à la Guyane, à l'Indo-Chine et à la Nouvelle-Calédonie. Un décret du 25 octobre 1911 a rendu applicables en Indo-Chine : la loi du 6 avril 1910 complétant l'article 389 du Code civil relatif à l'administration légale du père; la loi du 12 avril 1906 modifiant les articles 66 et 67 du Code pénal, 340 du Code d'instruction criminelle et fixant la majorité pénale à l'âge de 18 ans, à l'exception toutefois de l'article 3; la loi du 31 décembre 1910 modifiant l'article 2125 du Code civil; la loi du 3 avril 1903, en ce qu'elle modifie les articles 384 et 385 du Code pénal et les articles 5 et 7 du Code d'instruction criminelle; la loi du 26 février 1910 modifiant l'article 5 du même code. La loi du 27 mars 1907 concernant les conseils de prud'hommes est applicable aux Antilles et à la Réunion. D'autres lois s'appliquent sous certaines restrictions : loi du 15 juillet 1889 sur le recrutement de l'armée, article 81; loi du 11 janvier 1892, sur le régime douanier.

Quelquefois, la loi est déclarée applicable par un décret; celui du 31 août 1904 a appliqué à Saint-Pierre et Miquelon la loi du 1er mars 1898 sur le nantissement des fonds de commerce; la loi du 20 juillet 1886, article 10, relative au fonctionnement de la caisse nationale des retraites pour la vieillesse, a été déclarée applicable, par décret du même jour, aux colonies soumises au régime monétaire métropolitain. Citons, parmi les actes récents, un décret du 14 mai 1910 qui a rendu applicable en Algérie la loi du 17 juillet 1908 relative aux accidents de véhicules; et un décret du 20 mai 1910 rendant applicable aux Établissements d'Océanie la loi du 15 février 1902 relative à la protection de la santé publique. Des décrets du 20 mars 1910 sont fort intéressants à citer en ce sens que, pour la première fois et par mesure d'ensemble, l'exécutif rend applicable aux colonies toute une série de dispositions législatives métropolitaines qui avaient apporté des modifications importantes aux dispositions de nos codes ou à la réglementation administrative jusque là en vigueur. Ces décrets font bénéficier les colonies de dispositions nouvelles d'ordre général, indépendantes de toutes circonstances de milieu et rapprochent leur législation de celle de la métropole, dans une mesure compatible avec leurs nécessités locales et particulières. Voici ces dispositions : 1er décret, application aux Établissements de l'Inde des lois des 17 juin 1893 et 18 décembre 1894 portant, la première, application de l'article 2151 du Code civil aux créances privilégiées, et, la seconde, abrogeant les articles 226 et 227 du Code pénal — 2e décret, application à toutes les colonies des lois des 2 juillet 1909 complétant l'article 907 du Code de procédure civile au sujet de l'apposition des scellés, et 13 juillet 1909 modifiant l'article 206 du Code d'instruction criminelle — 3e décret, application à la Nouvelle-Calédonie et dépendances de la loi du 7 avril 1908 modifiant la loi du 2 août 1882 sur la répression des outrages aux bonnes mœurs — 4e décret, application dans les colonies des îles Saint-Pierre et Miquelon, de la Guyane, de l'Indo-Chine, de l'Inde et de l'Océanie, des lois des 16 mars 1898 et 7 avril 1908 portant modification à la loi du 2 août 1882 sur la répression des outrages aux bonnes mœurs — 5e décret, application aux Antilles, à la Guyane, à l'Afrique occidentale et équatoriale française, à la Côte des Somalis, à Madagascar et dépendances, à la Réunion, à l'Indo-Chine, à la Nouvelle-Calédonie et aux Établissements de l'Inde et de l'Océanie, des dispositions de l'article 3 de la loi de finances du 30 janvier 1907 concernant les formalités d'émission, exposition et mise en vente d'obligations ou titres des sociétés françaises et étrangères — 6e décret, application aux Antilles, à la Réunion, à l'Indo-Chine, à Madagascar, à la Nouvelle-Calédonie et dépendances, des lois du 9 juillet 1902 complétant l'article 34 du Code de commerce, du 24 juillet 1867 (article 3) concernant les actions de priorité et les actions d'apport et du 16 novembre 1903 modifiant la précédente — 7e décret, application aux colonies de Saint-Pierre et Miquelon, aux Établissements de l'Océanie, à la Guyane, à l'Afrique occidentale et équatoriale française, et à la Côte des Somalis : 1° de la loi du 1er août 1893 modifiant celle du 24 juillet 1867 sur les sociétés par actions, 2° de la loi du 9 juillet 1902 tendant à compléter l'article 34 du Code de commerce et l'article 3 de la loi du 24 juillet 1867 concernant les actions de priorité et les actions d'apport, selon les modifications de la loi du 16 novembre 1903, 3° de l'article 2 de la loi du 16 novembre 1903 — 8e décret, application aux Antilles, à la Réunion, à la Guyane, à l'Afrique occidentale et équatoriale, à Madagascar et dépendances, à la Côte des Somalis, à la Nouvelle-Calédonie, à Saint-Pierre et Miquelon, aux Établissements de l'Inde et de l'Océanie, de la loi du 17 juillet 1908 établissant, en cas d'accident, la responsabilité des conducteurs de véhicules de tout ordre — 9e décret, application aux colonies des Antilles, de la Guyane, de Saint-Pierre et Miquelon, de l'Afrique équatoriale, de la Côte des Somalis, de la Réunion, de Madagascar et dépendances, de l'Indo-Chine, de la Nouvelle-Calédonie, aux Établissements de l'Inde et de l'Océanie, de la loi du 17 juillet 1907 sur la limitation des effets de la saisie-arrêt — 10e décret, application aux Antilles, à la Guyane, à la Réunion, à l'Indo-

Chine, à la Nouvelle-Calédonie et dans les Établissements de l'Inde et de l'Océanie, de la loi du 22 décembre 1906 modifiant l'article 176 du Code de commerce — 11e décret, application aux colonies de la loi du 28 mars 1906 modifiant l'article 509 du Code de commerce — 12e décret, application en Indo-Chine de la loi du 17 juin 1907 modifiant l'article 2148 du Code civil relatif aux formalités d'inscription des privilèges et hypothèques — 13e décret, application aux colonies autres que la Martinique, la Guadeloupe, et la Réunion, des lois des 8 décembre 1904 interdisant en France l'assurance en cas de décès des enfants de moins de douze ans, 21 février 1906 modifiant l'article 386 du Code civil, 6 juin 1908 modifiant l'article 310 du Code civil, 7 novembre 1907 modifiant l'article 331 du Code civil en ce qui concerne les enfants adultérins, 7 novembre 1907 relative au libre salaire de la femme mariée et à la contribution des époux aux charges du ménage, 13 juillet 1907 modifiant le point de départ du délai de 10 mois imposé à la femme divorcée avant de se remarier — 14e décret, application dans les colonies françaises autres que les Antilles et la Réunion : 1o de la loi du 13 février 1909 modifiant les articles 347 et 359 du Code civil, 2o de la loi du 14 juillet 1909 rendant l'article 247 du Code civil applicable à la procédure de séparation de corps.

Dans les cas où le président de la République étend la loi à la colonie par décret, il conserve naturellement le droit d'annuler par un second décret ce qu'il a fait par un premier ; il peut donc, par décret, abroger l'application de la loi antérieurement décrétée. Ainsi un décret du 30 août 1908 a abrogé le décret du 17 septembre 1893 portant application aux colonies de la loi du 3 juillet 1877 sur les réquisitions militaires et décidé que ces réquisitions seraient réglementées par arrêtés du gouverneur général dans les colonies de l'Indo-Chine, de l'Afrique occidentale française, de Madagascar et du Congo.

Parfois le décret appliquant la loi métropolitaine est rendu en vertu d'une disposition formelle de la loi elle-même : loi du 29 juin 1907, article 10, sur le mouillage et le sucrage des vins; loi du 7 décembre 1905 sur la séparation de l'Église et de l'État, art. 43, § 2; loi du 17 mars 1909 relative à la vente et au nantissement des fonds de commerce, article 38.

Enfin, quelquefois, le Parlement délègue le droit de statuer sur une matière déterminée aux assemblées locales; ainsi le Conseil général de la Réunion a reçu, de par une loi du 14 février 1872, le droit de porter un règlement forestier sanctionné par des pénalités ne dépassant pas le maximum fixé par le code forestier métropolitain.

Quand une loi a été déclarée applicable aux colonies, les modifications ultérieures ne sont pas applicables de plein droit; faute d'indication contraire, le texte primitif abrogé ou modifié dans la métropole reste en vigueur dans les colonies. Ainsi on n'a pas appliqué à celles-ci les modifications que les lois du 12 décembre 1893 et 28 juillet 1894 ont apportées à la loi sur la presse du 29 juillet 1881.

B. — Les questions intéressant la souveraineté nationale et les rapports internationaux échappent au régime du décret.

La souveraineté nationale, gardienne de l'intégrité du territoire, interdit la cession d'une partie du territoire colonial en dehors d'une loi (article 8 de la loi constitutionnelle du 16 juillet 1875). Voir en ce sens l'article unique de la loi du 29 août 1905 relative aux îles, îlots, forts, châteaux forts, batteries du littoral déclassées.

Les traités internationaux qui, par leur nature même, s'étendent à la France continentale et aux colonies, échappent nécessairement aux attributions de l'exécutif. Conf. convention franco-allemande relative à la *cautio judicatum solvi* du 20 février 1880 et convention du 11 décembre 1866 entre la France et l'Autriche, sur les successions, les tutelles et les droits des consuls.

C. — Le décret ne s'applique pas lorsque la mesure concernant les colonies est susceptible d'intéresser les finances de l'État.

Ainsi les emprunts garantis par la métropole (Madagascar, Indo-Chine, Afrique occidentale française) ont été autorisés par des lois des 14 avril 1900, 19 mars 1905, 25 décembre 1898, 5 juillet 1903, 22 janvier 1907. Quand on a construit le chemin de fer de Dakar à Saint Louis avec garantie d'intérêt de l'État, est intervenue une loi du 29 juin 1882, tandis qu'un simple décret du 24 avril 1881 avait autorisé le chemin de fer de Saïgon à Mytho, parce que la colonie seule fournissait la garantie d'intérêt. (Voir loi de finances du 14 juillet 1911, art. 127. A. § 4).

D. — Les pays de protectorat ne sont pas soumis au régime du décret.

En effet, la souveraineté locale restant nominalement entière, continue à exercer comme auparavant le pouvoir législatif. Toutefois il en est différemment quand le traité de protectorat est en sens opposé. Mais, si telle est la théorie, en pratique on a pris l'habitude d'appliquer le décret comme en pays annexé. En Indo-Chine notamment, les nombreux décrets intervenus visent l'article 18 du sénatus-consulte de 1854. Cette manière de voir est basée sur le texte des lois par lesquelles le président de la République est autorisé à ratifier et à *faire exécuter* les divers traités de protectorat. Ces mots : *faire exécuter* entraînent, dit-on, au profit de l'exécutif, une délégation de pouvoir suffisante pour justifier le système du décret. Au surplus, ajoute-t-on, il semble assez indifférent au pays protégé que la souveraineté par lui abandonnée en fait soit exercée par l'exécutif ou le législatif du pays protecteur.

E. — En matière financière, le droit de l'exécutif est en quelques points limité par la nécessité d'une loi ou de l'intervention du Conseil d'État.

Dans les colonies soumises au régime des décrets et pourvues de conseils généraux (Océanie et continents d'Asie et d'Afrique), l'article 33, § 2, de la loi de finances du 13 avril 1900 a limité les droits de l'exécutif en établissant la nomenclature des dépenses obligatoires, en sorte qu'une loi nouvelle est nécessaire pour ajouter à la liste dressée. Et les délibérations des conseils généraux sur le mode d'assiette, les tarifs et les règles de perception des taxes autres que les droits de douane qui restent soumis aux dispositions de la loi du 11 janvier 1892, doivent être approuvées par décrets en Conseil d'État (article 33, § 3). Suivant le même § 2 précité, dans les colonies d'Amérique et de la Réunion, la nomenclature et le maximum des dépenses obligatoires sont fixés pour chaque colonie par décret en Conseil d'État, alors qu'un décret simple eût suffi suivant le sénatus-consulte de 1854. (Voir sur tous ces points le chapitre IV de la 2e partie relatif au *régime financier colonial*).

F. — L'exécutif limite quelquefois lui-même ses pouvoirs, en exigeant l'intervention du Conseil d'État.

Un décret du 20 novembre 1882, article 53, sur le service financier des colonies, décidait que les délibérations des conseils généraux coloniaux en matière d'emprunts doivent être approuvées par un décret dans la forme des règlements d'administration publique. Mais il n'en résultait nullement qu'à dater de ce moment, pour les matières visées, le régime du règlement d'administration publique fût définitivement substitué à celui du décret simple. L'exécutif avait, en effet, pour le moment, renoncé à ses prérogatives, mais sans être lié pour l'avenir qui demeurait réservé. Aujourd'hui, depuis la loi de finances du 13 juillet 1911, article 127. A, § 4, les emprunts doivent en tout cas être approuvés par décrets en Conseil d'État ou par une loi si la garantie de l'État est demandée.

§ III. — *Algérie et Tunisie*

A. — Algérie

La législation en vigueur en Algérie est issue de sept sources différentes. Elle comprend : 1° les arrêtés du général en chef dans la période d'occupation, c'est-à-dire avant le 22 juillet 1834; 2° les arrêtés de l'intendant civil de 1832, jusqu'en 1838, époque où ce fonctionnaire fait place à un autre appelé directeur de l'intérieur; 3o les ordonnances royales et décrets, source la plus abondante de la législation depuis 1834 et encore aujourd'hui en vigueur; 4o les arrêtés des gouverneurs généraux qui ont cessé à partir de 1858, lors de la création du ministère de l'Algérie; 5o les arrêtés du ministre de la guerre qui ont joué un certain rôle dans les matières spéciales, sous la monarchie de juillet et même sous la seconde République; 6o les sénatus-consulte qui ont perdu, comme on l'a vu, le caractère constitutionnel depuis la chute du second Empire, mais ont gardé la force d'une loi ordinaire pouvant être modifiée par une loi; 7o enfin les lois spéciales à l'Algérie qui deviennent de plus en plus nombreuses, car la tendance actuelle est de soumettre au parlement métropolitain les points les plus importants intéressant la colonie. Relativement aux points faisant l'objet d'une loi, le régime du décret cesse, car l'exécutif ne peut trancher, par une décision à lui spéciale, ce dont le parlement s'est saisi. Il a seulement le droit de prendre des décrets réglementaires pour assurer l'exécution des lois en question. Certaines lois édictent elles-mêmes les conditions grâce auxquelles une loi sera applicable à l'Algérie. Ainsi l'article 65 de la loi du 27 mars 1907, concernant les conseils de prud'hommes, indique de quelle façon la loi s'étendra à l'Algérie. Voici les dispositions principales : seront seuls éligibles les électeurs de trente ans, domiciliés depuis deux ans et sachant lire et écrire le français. Des assesseurs musulmans sont prévus pour les circonscriptions où l'importance de la population musulmane le comporte; ils sont élus dans la même forme que les autres prud'hommes et soumis, en principe, aux mêmes conditions d'éligibilité. Les patrons assesseurs musulmans et les ouvriers ou employés assesseurs musulmans sont en nombre égal dans chaque catégorie.

De nos jours, des sept sources anciennes le décret et la loi sont seuls encore en vigueur; mais leur sphère d'application est incertaine et il est bon nombre de matières réglées par l'exécutif qui sont assez importantes pour faire l'objet d'une loi. On a souvent proposé de régler par décision législative le domaine de l'exécutif et celui du législatif; mais diverses propositions faites à ce sujet, notamment en 1883 et 1888, n'ont pas abouti.

Que faut-il admettre maintenant au sujet de l'application à l'Algérie des lois en vigueur en France. Voici quelles sont à cet égard les décisions de la jurisprudence. Les lois d'intérêt ou d'ordre général antérieures à l'ordonnance organique du 22 juillet 1834, qui a consacré pour la première fois l'annexion définitive de l'Algérie par une organisation régulière de l'administration locale, sont de plein droit applicables à l'Algérie. C'est l'application du principe que, de plein droit, par le fait de l'annexion, les lois métropolitaines s'étendent à la colonie annexée, sans nécessité d'une promulgation spéciale, pourvu qu'elles soient compatibles avec les mœurs et la situation du pays, et dans la mesure où les circonstances locales le permettent. Ainsi l'a décidé la Cour de Cassation à propos de l'application à l'Algérie du régime forestier, mais en posant un principe général pour toutes autres hypothèses (Cass. 17 nov. 1865 et 25 janvier 1883; *Dalloz Périodique*, 66.1.95 et 83.1.365). La jurisprudence se restreint donc, on le voit, aux lois d'ordre ou d'intérêt général qui peuvent se concilier avec la situation de l'Algérie; et, d'autre part, elle décide que le chef de l'État n'est pas lié par les lois antérieures à 1834, qu'il peut modifier par décret. La dernière solution ne semble pas très logique, car, du moment qu'une loi a régi une situation, il faut une autre loi pour y déroger et on ne voit pas pourquoi on refuserait d'appliquer en l'espèce cette idée générale.

En ce qui concerne les lois postérieures au 22 juillet 1834, plusieurs situations se présentent. La loi peut contenir un article final qui la déclare applicable à l'Algérie, telle la loi du 29 juillet 1881 sur la liberté de la presse; par ce procédé, la loi métropolitaine devient une source féconde de la législation algérienne. Citons parmi les lois les plus récentes : la loi du 1er août 1905 sur la répression des fraudes dans la vente des marchandises et dans la fabrication des denrées alimentaires, ainsi que des produits agricoles, article 16; la loi du 29 juin 1907 sur le mouillage et le sucrage des vins, article 10; la loi du 19 décembre 1907 sur la surveillance et le contrôle des sociétés de capitalisation. Quelquefois une loi déclare applicable une autre loi; exemple : loi du 15 juillet 1910 rendant exécutoire en Algérie la loi du 8 avril 1910 relative aux produits assimilés à la saccharine.

Il peut, en second lieu, se faire que la loi soit déclarée expressément inapplicable à l'Algérie, cas assez rare, car, si l'Algérie n'est pas mentionnée, la loi ne lui est pas applicable. On prend toutefois cette précaution pour éviter que l'exécutif ne puisse appliquer la loi par décret. Mentionnons l'article 5 du projet de loi supprimant la publicité des exécutions capitales.

Il peut arriver, en troisième lieu, que la loi soit déclarée applicable à l'Algérie, mais avec des modifications. Voir la loi du 27 mars 1907 sur les conseils de prud'hommes dont il a été question ci-dessus.

Si la loi est muette, elle ne s'applique pas à l'Algérie; mais, ainsi qu'il vient d'être dit, le président de la République peut en prescrire l'application par décret, soit en totalité, soit en partie, soit dans certaines conditions. Le décret du 12 août 1898 a rendu exécutoire en Algérie la loi relative à l'exercice de la pharmacie; celui du 5 août 1904 lui a rendu applicable la loi du 29 décembre 1900 relative aux conditions du travail des femmes; et celui du 28 août 1904 a statué de même au sujet de la loi du 4 juillet 1900 concernant les sociétés d'assurances mutuelles agricoles.

Le décret du 8 février 1900 a déclaré partiellement applicable à l'Algérie la loi du 21 novembre 1872 sur le jury. Un décret du 11 octobre 1907 a statué sur les conditions de l'application à la colonie de la loi du 1er août 1905 sur les fraudes dans les ventes de denrées alimentaires, marchandises et produits agricoles. Voir également les décrets du 26 février 1909 qui ont rendu applicables en la même matière le décret du 11 mars 1908 et les décrets du 28 juillet 1908.

Un décret peut étendre à l'Algérie toute une série de lois; exemple, l'ordonnance du 22 juillet 1834, dont l'article 6 *in fine* étend à l'Algérie les lois et ordonnances régissant l'administration de l'armée et celle de la marine.

Quand la loi est muette au regard de l'Algérie et qu'aucun acte du pouvoir exécutif ne l'a déclarée applicable à la colonie, elle est certainement sans effet pour celle-ci.

Toutefois la jurisprudence, à la différence de ce qui a lieu généralement en matière coloniale, admet que les lois modificatives ou abrogatives d'un texte antérieur déjà en vigueur en Algérie y sont applicables de plein droit et sans promulgation; il en a été notamment ainsi pour les lois de 1893 et 1894 modificatives du régime de la liberté de la presse. En ce sens on fait remarquer que, s'il en était différemment, les lois algériennes ne feraient aucun progrès et que nos colons ne bénéficieraient pas des changements motivés par l'expérience et apportés à des lois dont le principe même continue à les régir; les modifications réputées bonnes pour la métropole ne sauraient être envisagées comme mauvaises pour les colonies et spécialement pour l'Algérie. Au contraire, les lois qui ajoutent à une autre loi sans la modifier, comme la loi du 30 décembre 1906 sur les ventes au déballage, complétant la loi du 25 juin 1841, ne s'appliquent pas de plein droit. Conf. Alger, 18 janvier 1906; D. P. 1906, 2,281 et trib. commerce Alger, 14 novembre 1907, D. P. 1908, 2,337.

La solution que nous venons d'indiquer, se heurte à des objections graves. Tout d'abord, il est fort difficile de distinguer nettement une loi modificative ou abrogative de celle qui contient une véritable innovation, et l'on aboutit, à ce sujet, à l'arbitraire complet de la jurisprudence. Ainsi la loi du 8 décembre 1883, sur l'élection des juges consulaires, a été déclarée inapplicable à l'Algérie par un arrêt de cassation du 5 décembre 1884, sous prétexte qu'elle contenait des innovations profondes sur la législation antérieure. Or ce point de vue a été critiqué, peut-être non sans raison.

D'autre part, la législation coloniale est *spéciale* et le sénatus-consulte de 1854 a posé en règle absolue la nécessité de la disposition formelle pour tout acte législatif. Et il est bien facile, quand la nécessité de cette disposition se fait sentir, de statuer par un article particulier. Mieux vaut agir ainsi que de se fier à la diversité des décisions judiciaires qui jette nécessairement du désarroi et de la confusion dans la législation coloniale. Nous avons décidé autrement ci-dessus à propos des lois antérieures à 1834, en vertu des principes généraux de l'annexion; mais, pour les lois postérieures, il convient, semble-t-il, de s'en référer d'une manière absolue à la règle de la spécialité. En tout cas, nous apercevons ici, pour la première fois, le vice fondamental de la législation coloniale que nous aurons maintes fois l'occasion de signaler dans la suite de cet ouvrage. Ce vice consiste dans l'incohérence absolue de cette législation, manquant de principes conducteurs, abandonnée à l'arbitraire du système des décrets, subissant toutes les fluctuations jurisprudentielles. Pour l'Algérie comme pour les autres colonies, se fait impérieusement sentir la nécessité d'une législation spéciale, assise sur des règles aussi certaines que la législation métropolitaine; nous reviendrons plus à fond sur ce point, à propos des critiques et des projets de réforme concernant le système législatif colonial actuel.

B. — Tunisie

Le Bey continue, comme avant la proclamation du protectorat, à exercer le pouvoir législatif; et les diverses réformes administratives, financières et judiciaires, prévues par le traité du 8 juin 1883, ont été introduites dans la Régence par des décrets beylicaux. Au fond, toutes les mesures sont inspirées par le gouvernement protecteur, bien qu'en apparence le Bey légifère seul. Mais il faut cependant que les décrets beylicaux soient visés par le résident général, auquel ce pouvoir a été délégué par un décret du président de la République, du 10 novembre 1884. Du reste, les décrets beylicaux sont de véritables lois et il serait inexact de prétendre que la Tunisie est soumise au régime des colonies. Par le maintien nominal de la souveraineté locale, à la différence de ce qui a lieu dans la colonie, le souverain tunisien continue à garder sa prérogative législative, sans laquelle il n'aurait pas de raison d'être et serait ramené à la condition d'un simple administrateur.

Le résident général prend des arrêtés relativement aux questions qui intéressent la colonie française; le premier ministre du bey et les directeurs des services des finances, des travaux publics, de l'agriculture, des monopoles prennent également des arrêtés dans la mesure de leurs attributions respectives. Enfin, il est des lois françaises et des décrets du président de la République applicables à la Tunisie. Citons la loi du 27 mars 1883 qui a établi les tribunaux français dans la Régence, loi promulguée par décret beylical du 18 avril 1883. Parmi les décrets présidentiels, mentionnons la série relative à l'organisation et aux attributions de la résidence générale, des monopoles et de la justice française. Bien entendu, la législation métropolitaine ne s'applique pas à la Tunisie; et la disposition finale de certaines lois portant qu'elles sont applicables à l'Algérie et aux colonies, ne vise point la Régence.

§ IV. — *Nouvelles Hébrides*

Aux termes de l'article 7 de la convention franco-anglaise du 20 octobre 1906, les hauts commissaires français et britannique ont le pouvoir d'édicter conjointement, pour le maintien de l'ordre et de la bonne administration, ainsi que pour les mesures d'exécution nécessitées par la convention, des règlements locaux applicables à tous les habitants de l'archipel, et de sanctionner ces règlements par des pénalités n'excédant pas un mois de privation de liberté et 500 francs d'amende.

SECTION II

LA PROMULGATION DES LOIS ET DÉCRETS AUX COLONIES

Les lois et décrets intéressant les colonies sont promulgués une première fois par le président de la République et publiés au *Journal Officiel* de la métropole ou au *Bulletin des Lois*. Cette publication est indispensable, mais elle ne suffit pas. Il faut, en outre, une seconde promulgation et publication par le gouverneur dans la colonie, pour que la loi et le décret y soient applicables. Le gouverneur, au surplus, n'a, en aucune façon, le droit de modifier et doit promulguer tel quel la loi ou le décret. Chaque colonie a son journal officiel spécial qui est absolument distinct du journal officiel métropolitain; à cet égard, la jurisprudence décide qu'il n'est pas nécessaire d'insérer le texte de la loi ou du décret promulgué dans l'officiel colonial (cassat., 3 mars 1893 et 4 septembre 1902). Cette solution est très contestable, car une promulgation doit logiquement contenir le texte promulgué que le public a plus d'intérêt à connaître, puisqu'il doit s'y conformer, que la date ou la formule de la promulgation.

Suivant l'article 3 du décret du 15 janvier 1853, les lois, décrets et arrêtés promulgués dans la colonie sont exécutoires : 1° au chef-lieu, le jour de leur publication dans le Journal Officiel; 2° pour les autres localités, dans les délais qui seront déterminés proportionnellement aux distances par des arrêtés du gouverneur. Il paraît excessif de déclarer la loi exécutoire au chef-lieu le jour même de la publication à l'officiel; aussi des décrets du 12 décembre 1874, article 72, et du 28 décembre 1885, article 59, ont-ils décidé que le texte promulgué n'est exécutoire aux chefs-lieux de la Nouvelle-Calédonie et des Établissements de l'Océanie que le lendemain de son insertion au journal officiel local. Cette disposition devrait être généralisée.

Le décret du 1er février 1902 relatif à la promulgation des actes officiels en *Indo-Chine* dispose, dans son article 1er, que les lois et décrets promulgués en Indo-Chine et les arrêtés des autorités locales sont exécutoires : 1° dans les villes constituées en municipalités, un jour franc après la réception à la mairie du journal officiel de la colonie; 2° dans les provinces, deux jours francs après la réception du journal officiel au chef-lieu de la province.

Les gouverneurs avaient, avant le décret de 1853, le droit de rendre une loi ou un décret exécutoire immédiatement en cas d'urgence, à la condition de déclarer cette urgence par un arrêté particulier et de procéder à des mesures de publicité exceptionnelles. La Cour de cassation, à deux reprises, la dernière fois le 30 novembre 1864 (D.P. 65, 1, 188), a décidé que cette faculté leur avait été conservée aprés le décret. Spécialement quant à l'Indo-Chine, le décret précité de 1902, article 3, autorise le gouverneur général a abréger les délais, s'il y à urgence, et à les prolonger, si cela est nécessaire.

En *Algérie*, la promulgation des lois a lieu exactement comme en France; on n'y connait donc point la seconde promulgation applicable aux autres colonies. Également la publication y est faite, comme pour la métropole, suivant le décret du 5 novembre 1870, d'après lequel les lois et décrets sont obligatoires un jour franc après l'arrivée du journal officiel au chef-lieu de l'arrondissement (circulaire du 28 novembre 1870). L'insertion des actes législatifs au *bulletin officiel des actes du gouvernement*, créé par un arrêté du gouverneur général en date du 20 octobre 1834, n'est donc pas obligatoire et donne seulement un supplément de publicité. Cette insertion au bulletin officiel n'est exigée que relativement à la publication des arrêtés du gouverneur général.

En *Tunisie*, un décret du 27 janvier 1883 dispose que les actes émanés du Bey ou des chefs de service doivent être publiés au *journal officiel tunisien* en arabe et en français, le texte arabe servant aux tribunaux indigènes et la version française aux juridictions européennes. Les délais de promulgation sont calculés depuis la date du journal officiel et sont de trois, quatre ou six jours francs, suivant que le contrôle civil est plus ou moins éloigné. Le secrétaire général de la résidence est chargé d'effectuer la promulgation (décrets des 12 décembre 1896 et 4 juin 1883). Il met au bas des décrets beylicaux : « vu pour promulgation et mise à exécution ». Outre la signature du bey, le décret doit porter le visa du résident général.

SECTION III

LA LÉGISLATION APPLICABLE AUX COLONIES

TITRE PREMIER

Les dispositions législatives applicables de plein droit

Il est tout d'abord une série de dispositions législatives qui suivent, en quelque sorte, l'intéressé aux colonies, comme partout ailleurs, parce qu'elles font pour ainsi dire partie de son statut personnel; il en est ainsi des dispositions concernant les militaires des armées de terre et de mer, les membres de la légion d'honneur et des différents ordres français.

On doit encore considérer comme applicables de plein droit aux colonies les lois métropolitaines rendues sous l'empire de la constitution du 5 fructidor an III jusqu'à la constitution du 22 frimaire an VIII, c'est-à-dire du 22 août 1794 au 13 décembre 1799, attendu que, dans cette période, en vertu du principe d'assimilation, toute loi métropolitaine s'appliquait de plein droit aux colonies. Seulement, ceci ne concernait que les possessions restées françaises lors de la promulgation de ces lois, c'est-à-dire la Guadeloupe, la Guyane, le Sénégal et la Réunion La jurisprudence admet aussi que les lois qui ont été appliquées en fait depuis 1814, date de la rentrée des colonies sous la souveraineté française, peuvent être envisagées comme produisant leur effet, par exemple les dispositions concernant les conseils de guerre maritimes, avant la promulgation du code de justice militaire pour l'armée de mer.

Ne pourrait-on pas décider d'une manière générale que toutes les lois métropolitaines fondamentales sont de plein droit applicables à la colonie, puisque celle-ci doit être envisagée comme partie intégrante du territoire? Nous avons vu que, d'après la jurisprudence, on devait appliquer à l'Algérie, à raison de l'annexion, celles des lois antérieures au 1er juillet 1834 qui intéressent l'ordre ou l'intérêt général, dans la mesure où elles peuvent se concilier avce les mœurs et la situation de la colonie. La Cour d'appel de Tananarive a donné la même solution en ce qui concerne Madagascar. Elle a décidé, par un arrêt du 8 mai 1897 (D. P. 98, 2. 297), qu'en vertu de la loi du 9 août 1896 ayant déclaré Madagascar colonie française, toutes les lois de la métropole compatibles avec les nécessités et les circonstances locales sont devenues de plein droit et sans besoin de promulgation applicables à l'île. Il s'agissait, dans l'espèce, des lois douanières françaises. Conf. dans le même sens, cassat. req. 29 décembre 1909 (Dislère, *Législation coloniale*, 4e suppl. 1910, p. 12 note 2). La solution inverse avait été admise dans l'exposé du projet de loi relatif à l'annexion de Madagascar, où il avait été dit que les lois françaises ne s'appliqueraient qu'au fur et à mesure de leur promulgation spéciale (*Documents parlementaires*, Chambre, 1906, p. 370. Voir, dans le même sens, conseil d'État, 3 décembre 1909, dans Dislère, *loc. cit.* p. 11). Cette pratique proposée dans le projet de loi a été couramment appliquée à propos des rattachements coloniaux antérieurs. La jurisprudence paraissait avoir admis, à cet égard, la distinction suivante. S'agit-il de déplacements de frontière ou même de l'adjonction de territoires nouveaux à une colonie, en ce cas toute la législation en vigueur dans le pays annexant devient applicable. Est-on, au contraire, en présence de la fondation d'un nouvel établissement ou de l'adjonction d'un territoire très étendu, alors il serait indispensable de promulguer spécialement les lois qu'on voudrait appliquer. C'est ainsi, par exemple, que la loi du 2 mars 1878 a étendu à Saint-Barthélemy toute la législation en vigueur à la Guadeloupe.

Cette distinction ne nous paraît pas exacte; en vertu de l'annexion au territoire français, toutes les lois d'intérêt général existant en France deviennent, de plein droit, applicables dans la mesure où la situation de fait le permet raisonnablement (Dalloz, *Répertoire*, v° *Organisation de l'Algérie*, n° 809). Telle est la solution qui est universellement acceptée en droit public international, au point de vue de l'acquisition des nouveaux territoires; et l'on ne voit pas pourquoi il en serait différemment en matière d'annexion coloniale. (Voir notre *Traité de droit public international*, II p. 490). Les principes y restent nécessairement les mêmes, pourvu, bien entendu, que les lois métropolitaines soient des lois d'intérêt général, se concilient avec les besoins locaux et ne se trouvent pas en opposition avec l'ordre des choses. établi dans la colonie. L'annexion réalisée rend donc toutes les lois en masse applicables; et, quand, à l'expérience, certaines ne conviennent pas à la colonie, on les abroge ou on les modifie au mieux des intérêts coloniaux. Cette solution rationnelle dispense de toute la série des promulgations inutiles, fastidieuses et quelquefois incomplètes, qui augmentent encore la paperasserie administrative déjà si encombrante dans notre pays. On ne peut pas objecter que le sénatus-consulte de 1854 s'opposerait à ce système, en ce sens qu'il ferait de la promulgation des lois une condition essentielle de leur applicabilité. En effet, le sénatus-consulte doit être combiné avec le droit commun international et les principes généraux; et ce qui le prouve c'est, comme on l'a vu, qu'il y peut être aujourd'hui dérogé par une simple loi. Or la loi internationale concernant les annexions de territoires ne saurait être écartée en vertu d'un texte interne; elle s'impose comme loi supérieure à toutes les législations nationales. Et, par exemple, pourquoi décider différemment au sujet de l'île Saint Barthélemy que nous céda la Suède en 1878, ou de la Savoie et de Nice que l'Italie nous avait cédées en 1860? Il s'agit bien, dans les deux cas, d'annexions territoriales, qui doivent être traitées de la même façon et qui sont toutes régies par l'article 8 de la loi constitutionnelle du 16-18 juillet 1875. Au surplus, le sénatus-consulte de 1854, s'occupe de l'application normale des lois nouvelles et nullement du cas d'annexion de territoire. Pour les motifs qui viennent d'être indiqués, les conventions internationales devenues définitives pour la métropole s'appliquent également aux colonies, sans promulgation, à titre de lois fondamentales de l'État; et les sujets français ne sont nullement autorisés à exciper contre l'État du défaut de promulgation. On est ici en dehors du sénatus-consulte de 1854, s'agissant d'une matière de droit public et d'intérêt général. Le point a été ainsi décidé en fait, à propos de l'application au Congo français de l'acte général de la Conférence de Berlin du 26 février 1885 approuvé par une loi du 17 décembre 1885 ratifiée par un décret du 30 avril 1886 non promulgué dans la colonie, Toutefois le législateur agit quelquefois en sens opposé; ainsi un décret du 12 février 1910 a appliqué aux colonies de la Côte des Somalis, de la Réunion, de Madagascar et dépendances, de l'Afrique occidentale française, des Établissements de l'Océanie et de la Nouvelle-Calédonie les dispositions de la convention internationale sur l'interdiction du phosphore blanc dans l'industrie des allumettes signée à Berne le 26 septembre 1906. Également un décret du 11 janvier 1910 a rendu applicables les dispositions adoptées par la conférence télégraphique de Lisbonne aux colonies de l'Indo-Chine, de Madagascar, de la Nouvelle-Calédonie et du Sénégal.

TITRE II

Les dispositions législatives applicables aux colonies en vertu de la promulgation spéciale

ARTICLE PREMIER

Législation civile

I. — Le *Code civil* a été déclaré applicable et promulgué dans certaines de nos colonies, soit d'une façon directe comme dans les anciennes, soit avec d'autres dispositions ou l'ensemble de la législation française comme dans les nouvelles. Voici l'indication des textes de promulgations : Martinique, Guadeloupe, Guyane et Réunion, arrêtés locaux des 6 et 18 brumaire, 1er et 25 vendémiaire an XIV ; Inde, arrêté local du 6 janvier 1819; Sénégal, arrêté local du 5 novembre 1830; Saint Pierre et Miquelon, ordonnance du 26 juillet 1833, article 4; Mayotte et Nosy Bé, ordonnance du 26 août 1847; Cochinchine, décret du 25 juillet 1864, article 18; Nouvelle-Calédonie, décret du 28 nov. 1866, article 22; Océanie, arrêté local du 27 mars 1874 rendu en application du décret du 18 août 1868, article 3; Tahiti, décret du 27 mars 1874; Gabon, décret du 1er juin 1878; Obock, décret du 2 septembre 1887, article 13; Tonkin, décret du 30 décembre 1888; Guinée, décret du 4 mai 1892, article 23; Madagascar, article 19 du décret du 9 juin 1896; Congo, décret du 17 mars 1903, dont l'article 17 prescrit que les tribunaux appliqueront la législation civile du Sénégal où le Code civil est en vigueur depuis 1830. En Algérie, le Code civil a été considéré comme applicable de plein droit et sans promulgation, dès la conquête, à titre de loi ayant un caractère général. En Tunisie, les Français sont placés sous l'empire de la loi française pour tout ce qui concerne le statut personnel et mobilier. Les étrangers bénéficient de l'application de leur statut personnel, suivant le principe général posé par le droit international privé, quant à leur état et à leur capacité.

De plus, ils jouissent du même statut en ce qui concerne les successions mobilières et immobilières ouvertes dans la Régence.

Les lois diverses qui ont modifié le Code civil, ont été presque toutes déclarées applicables aux colonies, soit en vertu d'un texte formel de la loi, soit par un décret postérieur, en sorte que l'on n'a point besoin de les mentionner.

Nous retrouverons certaines des dispositions du Code civil, à propos de points importants qui feront l'objet de développements ultérieurs; nous allons, pour le moment, insister sur les dispositions concernant l'état des personnes, les successions, les testaments et la propriété immobilière.

§ I. — *Dispositions concernant l'état des personnes*

A. — Naturalisation

Pour peupler nos colonies, les anciennes ordonnances naturalisaient français tous les étrangers qui s'y transportaient avec l'intention de s'y fixer. Des lois et des décrets vinrent plus tard rendre plus facile encore aux étrangers l'acquisition de la nationalité française dans certaines de nos colonies, notamment dans la Cochinchine, la Nouvelle-Calédonie, l'Annam et le Tonkin. Telle était la situation, quand parut la loi du 26 juin 1889 sur la nationalité. L'article 2 de cette loi l'a déclarée applicable à la Martinique, à la Guadeloupe et à la Réunion. Est également applicable la loi modificative du 22 juillet 1893. Toutes nos autres colonies sont régies, au point de vue de la naturalisation, non par la loi précitée de 1889, mais par un décret en date du 7 février 1897, décret qui établit pour elles, en cette matière, une législation spéciale. Toujours dans le but de rendre la naturalisation plus facile aux étrangers, le décret simplifie pour eux, tant en la forme qu'au fond, les conditions imposées par la loi de 1889. Ainsi, alors que celle-ci exige que l'étranger qui veut se faire naturaliser français, justifie d'un domicile autorisé en France, le décret lui demande de prouver seulement une simple résidence ininterrompue de trois ans, réduite même à un an, s'il a épousé une française ou rendu à la France des services signalés.

D'autre part, d'après le décret, il suffit de remettre la demande de naturalisation au maire ou à l'administrateur, lequel la transmet au gouverneur et ce dernier au ministre des colonies. Il est perçu un droit de sceau de 100 francs au profit de la colonie; mais remise totale ou partielle de ce droit peut être facilement accordée par un décret. Nous devons faire remarquer pourtant que le décret de 1897 exige plus sur un point que la loi de 1889, en ce sens que, dans nos colonies, contrairement à ce qui a lieu en France, l'étranger doit toujours demander sa naturalisation; on a voulu s'assurer, avant de lui accorder la qualité de français, qu'il en est digne. Ainsi disparaissent les dispositions des n°s 3 et 4 de l'article 8 du Code civil introduites par les lois du 26 juin 1889 et du 22 juillet 1893, conférant de plein droit la nationalité française à l'enfant né en France d'un étranger qui lui même y est né, ou à l'enfant né en France et y domicilié à l'époque de sa majorité, sauf la possibilité de réclamer à de certaines conditions la nationalité étrangère. Ainsi disparaissent également les dispositions des nouveaux articles 9 et 10 du même code modifiés par les lois de 1889 et de 1893 précitées, qui permettent en certains cas de réclamer, par voie de déclaration, la nationalité française. En toute hypothèse, il faut aux colonies une demande de naturalisation.

Le décret du 7 février 1897 ne s'applique pas, d'après son article 17, aux indigènes de nos colonies qui restent ainsi soumis, pour leur naturalisation, à la législation antérieure. Aux termes du décret du 25 mai 1881, en *Cochinchine*, l'annamite, pour demander sa naturalisation, doit avoir 21 ans; il peut l'obtenir pourvu qu'il connaisse notre langue ou ait reçu une décoration française; quant aux indigènes des pays de protectorat, ils doivent établir qu'ils sont domiciliés en Cochinchine depuis plus d'un an ou qu'ils ont rendu quelque service à la France.

D'après le décret du 29 juillet 1887, au *Tonkin* et en *Annam*, l'indigène a le droit de demander sa naturalisation, lorsqu'il a fait un service de trois ans dans nos armées de terre ou de mer ou occupé un emploi rétribué par le trésor français; il peut même l'obtenir après un an, sans aucune condition, s'il a rendu des services exceptionnels à la France.

Les formes imposées aux étrangers pour la naturalisation s'appliquent aux indigènes, qui n'ont aucun droit de sceau à payer dans les pays de protectorat et en Cochinchine.

En *Algérie*, l'acquisition de la nationalité est soumise à la loi du 26 juin 1889 qui, suivant son article 2, est applicable à la colonie; est également applicable la loi modificative du 22 juillet 1893. Toutefois, le même article 2 de la loi de 1889 réserve l'application du sénatus-consulte du 14 juillet 1865 et des autres disposisitions spéciales à la naturalisation en Algérie. De là, il résulte que la loi de 1889 s'applique seulement dans les points non tranchés par le sénatus-consulte; en précisant pourtant qu'elle doit être appliquée aux points tranchés par lui, quand elle est plus favorable à la naturalisation. La naturalisation a été ainsi facilitée, en sorte que l'étranger peut l'obtenir après trois ans de résidence en Algérie, sans admission à domicile préalable suivant le sénatus-consulte, ou bien après un an de résidence dans les cas exceptionnels prévus par la loi de 1889, que ne visait pas le sénatus-consulte. Les formes de la naturalisation sont tracées par le décret du 21 avril 1866, et ses effets exclusivement régis par la loi du 26 juin 1889.

Les *indigènes musulmans* restent soumis au sénatus-consulte de 1865 qui n'a pas été modifié par la loi de 1889. L'indigène musulman est français; mais il continue à être régi par la loi musulmane, à moins qu'il ne demande à jouir des droits de citoyen français, auquel cas la concession qui lui en est faite le place sous le régime des lois civiles et politiques françaises. Pour devenir citoyen, l'indigène musulman doit avoir vingt et un ans et faire devant le maire ou le chef du bureau arabe de la résidence une déclaration portant que son intention est d'être régi à l'avenir par les lois civiles et politiques françaises. Cette déclaration donne lieu à une enquête; et, si elle est favorable, la naturalisation est conférée par décret (décret du 21 avril 1866). La femme musulmane ou indigène de l'Algérie, qui épouse un français, devient française, par application de l'article 12 du Code civil.

Lors de la conquête de l'Algérie, la capitulation du 5 juillet 1830 mit sur la même ligne les indigènes *israé-*

lites et *musulmans*, les uns et les autres sujets français, soumis à leurs lois personnelles. Le sénatus-consulte du 14 juillet 1865 disposait, dans son article 2, que l'indigène israélite est Français, mais qu'il continue à être régi par son statut personnel. Il lui donnait, comme aux musulmans, de grandes facilités pour acquérir la qualité de citoyen français. A la fin de l'Empire, sur un pétitionnement organisé en Algérie, on mit à l'étude la question de l'assimilation des indigènes israélites; l'enquête n'ayant pas été favorable, la motion fut ajournée. Sans enquête nouvelle, le gouvernement de la défense nationale, sur l'initiative de M. Crémieux, l'un de ses membres, signa, le 24 octobre 1870, un décret assimilant les indigènes israélites aux citoyens français. Ils ont été déclarés citoyens et leur statut personnel est désormais régi par la loi française. Ce décret fut fortement critiqué; mais il a été maintenu, malgré d'assez nombreuses demandes d'abrogation. Le décret de 1870 doit donc être considéré comme constituant aujourd'hui la loi fondamentale des israélites algériens en matière de naturalisation, à la condition de le combiner avec la loi du 26 juin 1889 qui forme le droit commun.

En *Tunisie*, un décret présidentiel du 29 juillet 1887 avait organisé la naturalisation sur des bases analogues à celles établies pour l'Algérie par le sénatus-consulte du 14 juillet 1865. Puis est intervenu un nouveau décret du 28 février 1899 abrogeant le précédent et ayant en vue de mettre la législation tunisienne en harmonie avec la loi du 26 juin 1889. La législation sur ce point est aujourd'hui contenue dans un décret du 3 octobre 1910. Ce décret a eu pour but de faciliter l'acquisition de la nationalité française aux sujets tunisiens qui, sachant écrire et parler le français, auront manifesté leur attachement à la France, en contractant dans l'armée française des engagements volontaires, dans les conditions prévues par la loi du 13 avril 1910, ou qui, reconnus impropres au service militaire, se seront du moins distingués par des services importants rendus aux intérêts de la France, ou, enfin, se seront assimilé, par leurs études ou leur talent, la culture française. Suivant l'article 1er dudit décret, peuvent être naturalisés, après l'âge de vingt et un ans accomplis, les étrangers qui justifient de trois années de résidence soit en Tunisie, soit en France ou en Algérie, et, en dernier lieu, en Tunisie. Ce délai est réduit à une année en faveur de ceux qui ont rendu à la France les services exceptionnels dont il a été parlé ci-dessus. Le décret s'occupe encore de la femme et des enfants mineurs des naturalisés et des demandes en réintégration de nationalité. Les demandes de naturalisation ou de réintégration sont présentées au contrôle civil qui fait une enquête et en transmet les résultats au résident, lequel les transmet à son tour, avec son avis motivé, au ministère des affaires étrangères; il est statué par décret du président de la République. Un droit de 50 francs est perçu pour chaque naturalisation ou réintégration au profit du trésor tunisien; mais un décret peut accorder remise totale ou partielle du droit de sceau.

B. — Mariage

Sous tous les régimes, on a senti le besoin de faciliter les mariages aux colonies et, dans ce but, de simplifier les questions de forme les concernant. Ainsi, le droit d'accorder des dispenses pour défaut d'âge, pour parenté ou alliance (articles 145 et 164 du C. civ.), est attribué au gouverneur. Des facilités avaient été également accordées au point de vue des actes respectueux, quand les ascendants étaient domiciliés en Europe (article 1 du décret du 28 mars 1877 relatif à la Nouvelle-Calédonie). En ce cas, le consentement des ascendants, du conseil de famille ou du tuteur *ad hoc* peut être remplacé par celui du conseil privé (article 2). Un décret du 18 octobre 1891 a accordé des facilités nouvelles au sujet des Établissements français de l'Océanie. Des décrets du 27 janvier 1888, du 29 janvier 1890 et du 10 juin 1905 ont étendu les facilités résultant des décrets de 1877 et de 1891 à la Cochinchine, à l'Annam, au Tonkin, au Cambodge et au territoire de Kouang-Tchéou-Wan. Les pouvoirs relatifs aux autorisations et aux dispenses sont attribués en Cochinchine au conseil privé et au conseil de protectorat dans l'Annam-Tonkin et au Cambodge.

En France, des lois du 20 juin 1896 et du 21 juin 1907 ont sensiblement modifié la législation métropolitaine au point de vue des formes du consentement des ascendants, des actes respectueux, du mariage des indigents, des publications, du domicile, des actes de mariage, des oppositions à mariage, du mariage de la femme divorcée, des effets de la reconnaissance des enfants naturels relativement à la puissance paternelle, etc. La loi de 1896, déclarée applicable à certaines colonies par son article 8, a été généralisée à toutes par le décret du 9 avril 1897. Quant à la loi du 21 juin 1907, elle n'avait été appliquée par son article 23 qu'à l'Algérie, aux Antilles et à la Réunion; mais un décret du 28 juillet 1908 l'a généralisée à toutes les autres colonies, comme celle de 1896. La loi du 30 juin 1910 a rendu applicable aux colonies de la Martinique, de la Guadeloupe et de la Réunion la loi du 15 décembre 1904 qui a abrogé l'article 298 du Code civil; les lois du 27 juillet 1884 sur le divorce et du 18 avril 1885 sont également applicables à nos vieilles colonies.

C. — Minorité et tutelle

Suivant l'article 417 du Code civil, quand le mineur domicilié en France possède des biens dans les colonies ou réciproquement, l'administration spéciale de ces biens sera donnée à un protuteur. En ce cas, le tuteur et le protuteur seront indépendants et non responsables l'un envers l'autre pour leur gestion respective.

D. — Successions et testaments

a) *Successions*. — En France, d'après les articles 811 et s. du Code civil, lorsque, après l'expiration des délais accordés pour faire inventaire et délibérer, personne ne se présente pour réclamer une succession, qu'il n'y a pas d'héritier connu ou que les héritiers connus y ont renoncé, cette succession est réputée vacante; en conséquence, sur la demande de toute partie intéressée, le tribunal de première instance du lieu de l'ouverture en prononce la vacance et nomme un curateur pour l'administrer et la liquider. Dans nos colonies, une autre législation existe à cet égard et elle s'applique à toutes en vertu des décrets des 27 janvier 1855 et 14 mars 1890, qui se sont inspirés de l'ancien édit du 24 novembre 1781. D'après cette législation, une curatelle se trouve instituée d'office et est confiée au receveur de l'enregistrement placé sous la dépendance d'un conseil de curatelle formé par deux magistrats et un fonctionnaire. Dès qu'il est informé du décès d'une personne dans la colonie, s'il ne se présente, pour réclamer sa succession, ni héritier, ni légataire universel, ni exécuteur testamentaire, le curateur d'office doit sans retard faire apposer les scellés et ensuite procéder à l'inventaire. Il fait les diligences nécessaires pour découvrir les ayants droit et, en attendant, il administre la succession ; notamment il recouvre les créances, fait procéder à la vente des meubles sujets à dépérir et même des immeubles avec l'autorisation de justice, comme en France, d'ailleurs ; il défend aux actions intentées, mais il ne peut actionner lui-même qu'avec l'autorisation du conseil de curatelle. Si la succession est réclamée dans les cinq ans de son administration, il en remet l'actif aux réclamants ; après ce délai, le domaine colonial est mis en possession provisoire. Le curateur dont nous parlons doit fournir un cautionnement; il est libre de le donner en argent ou en immeubles.

En ce qui concerne les successions des fonctionnaires et agents civils, des règles spéciales ont été tracées par des décrets du 20 février 1908. Avant ces décrets, le service de l'intendance militaire coloniale qui avait succédé à celui du commissariat, ayant dans ses attributions l'administration et la liquidation des successions des militaires décédés aux colonies, avait continué à gérer celles des fonctionnaires et agents civils, en vertu des décrets des 27 janvier 1855, et 2 septembre 1904. Pour enlever à l'intendance des troupes coloniales des attributions peu en rapport avec son caractère militaire, les décrets de 1908 ont édicté les règles suivantes, le premier pour les Antilles et la Réunion et le second pour le reste de nos possessions coloniales. Si le défunt est un fonctionnaire ou un agent civil ou militaire de la marine, l'officier d'administration de la marine chargé des revues appose les scellés et administre la succession suivant les règlements de la marine. Si le défunt est un militaire ou fonctionnaire militaire ne dépendant pas de la marine, ou un agent civil du commissairat ou du corps de comptabilité des matières des colonies, la succession est administrée par le directeur de l'intendance des troupes coloniales ou son délégué. Si enfin le défunt est un fonctionnaire ou agent civil, c'est un fonctionnaire désigné par le chef de la colonie qui intervient. Conf. circulaire du ministre des colonies du 10 avril 1908.

Suivant les décrets des 4 septembre 1879 et 11 juillet 1887, un curateur pris parmi les fonctionnaires de l'administration pénitentiaire administre les successions des transportés, déportés ou relégués,

b) *Testaments*. — Suivant l'article 1007 du code civil modifié par la loi du 25 mars 1899, dans les colonies françaises et pays de protectorat, le testament olographe des personnes ayant leur domicile en France ou dans une autre colonie sera présenté au président du tribunal de première instance du lieu du décès ou au président du tribunal le plus voisin qui procédera à l'ouverture du testament et en constatera l'état dans un procès-verbal. Le greffier dressera une copie figurée du testament et la déposera aux minutes du greffe. Le testament et une expédition du procès-verbal d'ouverture seront ensuite transmis, sous pli scellé, au président du tribunal du domicile du défunt qui se conformera pour l'ouverture et le dépôt aux prescriptions contenues dans le paragraphe premier de l'article 1007. Les mêmes règles s'appliqueront au cas de décès en France de personnes ayant leur domicile dans les colonies.

E. — Propriété immobilière.

Le régime suivi dans nos vieilles colonies et étendu à un certain nombre de nouvelles est celui du Code civil. La loi sur la transcription du 23 mars 1855 a été appliquée aux Antilles et à la Réunion par un sénatus-consulte du 7 juillet 1856, au Sénégal, à l'Inde, à Saint Pierre et Miquelon par un décret du 28 août 1862. Pour les autres colonies françaises, on a essayé de concilier notre législation civile avec le système nouveau, dit système *Torrens* du nom de son inventeur, introduit successivement avec des variantes et sur lequel nous reviendrons en nous occupant au chapitre VII du *Régime des terres*. L'idée maîtresse est la suivante : la transmission de la propriété immobilière européenne ou assimilée est soumise à la formalité de l'*immatriculation*, tantôt obligatoire et tantôt facultative, consistant dans l'enregistrement du titre de propriété par un fonctionnaire appelé conservateur de la propriété foncière. Cette formalité donne à l'immeuble une condition précise et à l'acquéreur toute sécurité. En effet, l'immeuble immatriculé est affranchi de toute hypothèque ou autre droit antérieur qui ne se trouve pas inscrit. Tous droits postérieurement nés ne peuvent être opposables aux tiers qu'en vertu d'une inscription. Le régime nouveau modifie profondément, ainsi qu'on le verra, l'économie générale du système hypothécaire .

En *Algérie*, la première loi sur la propriété foncière et même la première loi spécialement algérienne est celle du 16 juin 1851; elle consacre les trois idées principales suivantes : inviolabilité de la propriété, liberté des conventions et application de la législation française aux transactions entre européens ou entre européens et indigènes. Vint ensuite le sénatus-consulte du 22 avril 1863, mise en œuvre des idées personnelles de Napoléon III, qui a eu un double but : transformer les droits de jouissance des indigènes en un droit de propriété collective au profit des douars et ordonner la délimitation du territoire des tribus et sa division en douars. Enfin, après les lois des 26 juillet 1873 et 28 avril 1887, dont l'insuccès fut complet, est intervenue la loi du 16 février 1897 qui régit actuellement la colonie et que nous expliquerons en détail ci-après au chapitre VII consacré au *Régime des terres*.

II. — Le *Code de procédure civile* a été promulgué avec diverses modifications dans l'ensemble des colonies : Guyane, arrêté local du 18 août 1821; Indes, arrêté local du 6 janvier 1819; Sénégal, ordonnance des 24 avril et 22 juin 1823; Antilles, ordonnance du 19 octobre 1828; Saint Pierre et Miquelon, ordonnances du 26 juillet 1833; Mayotte et Nosy-Bé, ordonnance du 26 août 1847; Nouvelle-Calédonie, arrêté local du 17 octobre 1862; Cochinchine, décret du 25 juillet 1864; Océanie, arrêté local du

27 mars 1847; Gabon, décret du 1er juin 1878; Obock, décret du 2 septembre 1887; Diego-Suarez, décret du 22 août 1887; Guinée française, décret du 4 mai 1892. Dans toutes les colonies, sauf aux Antilles, à la Réunion et en Guyane où l'on suit à peu près les mêmes règles que dans la métropole, la procédure civile française a été plus ou moins profondément remaniée suivant les besoins locaux, ainsi qu'on le verra plus tard au chapitre VI, par l'étude séparée de l'organisation judiciaire dans les divers établissements coloniaux. Indiquons pour le moment les modifications principales et d'ensemble au système métropolitain. La principale consiste dans le *recours en annulation* qui équivaut, pour les affaires peu importantes, au recours en cassation et est porté devant la cour d'appel, afin d'éviter aux justiciables des colonies les retards et les frais considérables du recours devant la juridiction suprême métropolitaine. Une modification moins importante mais fort utile consiste en ce que, aux termes de l'article 69, § 9, du Code de procédure civile, en France, les personnes habitant les colonies sont assignées au parquet, lequel envoie la copie au chef du service judiciaire de la colonie qui la transmet directement; et il en est ainsi eu égard à toutes les significations d'actes judiciaires (décret du 8 janvier 1903). L'article 73 (loi du 3 mai 1862) indique les délais des assignations et notifications pour les personnes demeurant hors de la France continentale. Depuis fort longtemps, on admet aux colonies la validité des significations faites à des mandataires, même quand la loi requiert une signification à personne ou à domicile.

On a promulgué aux colonies une série de dispositions intéressant la procédure civile, notamment les articles 36 et 45 du décret du 14 juin 1813 sur les huissiers; l'article 17 de la loi du 25 mai 1838 sur les justices de paix; la loi du 2 juin 1841 sur les ventes judiciaires d'immeubles (décret du 22 janvier 1852, la loi du 21 mai 1858 sur les saisies immobilières (décret du 7 mars 1863); la loi du 23 octobre 1884 facilitant les ventes judiciaires d'immeubles (décret du 7 mai 1890) etc.

Un décret du 16 janvier 1854 a organisé l'*Assistance judiciaire* aux Antilles et à la Réunion et c'est sur ce décret que se sont modelés, avec des variantes, les arrêtés locaux qui ont réglementé l'institution dans les autres colonies.

En *Algérie*, l'application du Code de procédure civile s'est trouvée retardée par l'insuffisance des institutions judiciaires après la conquête ; c'est seulement par l'ordonnance du 16 avril 1843 qu'elle a été édictée, sous certaines modifications. Un décret du 25 novembre 1904 a étendu l'assistance judiciaire à la colonie.

En *Tunisie*, suivant l'article 7 de la loi du 27 mars 1883, on applique les règles de procédure déterminées par les lois, décrets et règlements en vigueur en Algérie. Le Code de procédure est donc applicable dans la Régence avec les modifications apportées par l'ordonnance de 1843. Le bénéfice de l'assistance judiciaire a été appliqué aux indigènes justiciables des tribunaux français, en matière civile et criminelle, par un décret du 18 juin 1884 modifié par des décrets ultérieurs des 3 mai 1888 et 2 mai 1904.

ARTICLE II

Législation commerciale

Suivant la loi du 7 décembre 1850, le Code de commerce a été promulgué et mis en vigueur à la Martinique, la Guadeloupe, la Réunion, la Guyane, Saint-Pierre et Miquelon et au Sénégal ; et il a été ensuite étendu aux autres colonies par des décrets successifs en date des 17 octobre 1862, 25 juillet, 7 décembre 1864 et 27 mars 1874. Des lois ultérieures ont apporté au Code de commerce certaines modifications qui ont été au fur et à mesure déclarées applicables aux différentes colonies, par des décrets spéciaux. Citons le décret du 9 juillet 1890 qui a étendu aux colonies la loi du 11 avril 1888, loi ayant modifié les articles 105 et 108 relatifs, le premier, à l'extinction de l'action contre le voiturier pour la réception des objets transportés et le paiement du prix ; le second, à la prescription de cette même action. Citons, en second lieu, le décret du 9 juillet 1890 qui a déclaré applicable à toutes les colonies la loi du 4 mars 1889 sur les faillites ; et un autre décret du même jour qui leur a étendu la loi du 4 avril 1890 sur la liquidation judiciaire. Ces deux lois portaient, d'ailleurs, qu'elles seraient exécutées aux Antilles et à la Réunion. Citons encore le décret du 6 septembre 1892 par lequel ont été étendues à toutes les colonies la loi du 12 février 1872 et celle du 24 mars 1891. La loi de 1872 a modifié les articles 450 et 550 du Code de commerce réglant les droits des syndics et des propriétaires en ce qui concerne les immeubles que le failli occupait comme locataire. Celle de 1891 a modifié les articles 435 et 436 du même code concernant l'action contre le capitaine du navire et les assureurs pour dommage arrivé à la marchandise. L'article 38 de la loi du 17 mars 1909, relative à la vente et au nantissement des fonds de commerce, décide qu'un règlement d'administration publique déterminera les conditions d'application de la loi à l'Algérie et aux colonies. A côté de ces dispositions intéressant l'ensemble de nos colonies, on en trouve d'autres prises spécialement pour certaines. Ainsi, des décrets du 21 mai 1896 et du 23 octobre 1902 ont étendu à l'Indo-Chine et à la Nouvelle-Calédonie la loi du 1er août 1893 sur les sociétés. En Cochinchine, un décret du 10 novembre 1900 a rendu applicable la loi du 5 mars 1895 qui a exigé la *cautio judicatum solvi* de l'article 166 du Code de procédure civile en matière commerciale; et un décret du 13 mai 1902 a fait la même application à la Guyane. Le même décret étend à cette dernière colonie la loi du 12 janvier 1886 sur le taux de l'intérêt en matière commerciale. Plusieurs décrets sont intervenus spécialement pour Madagascar; celui du 15 octobre 1902 règle la tenue des livres de commerce; celui du 28 octobre de la même année y met en vigueur les lois des 5 juillet 1844, 31 mai 1856, 23 mai 1858 et 7 avril 1902 sur les brevets d'invention; celui du 19 février 1903 y rend exécutoires les lois et décrets sur les marques de fabrique et de commerce. Dans nos possessions de l'Afrique occidentale, un décret du 22 février 1905 déclare applicable la loi du 28 mars 1904 qui a modifié l'article 134 du Code de commerce sur l'échéance des lettres de change ayant lieu un jour férié légal.

En *Algérie*, le Code de commerce n'a pas été expressément déclaré applicable; mais il a été envisagé unanimement comme tel, en vertu de la théorie générale suivant laquelle les lois d'intérêt général sont de plein droit applicables à l'Algérie. Il en a été de même pour les lois modificatives de ce code, notamment les lois du 28 mai 1838 concernant les faillites, du 23 mai 1863 sur le gage commercial et du 18 juillet 1866 sur les usages commerciaux. Citons, parmi les lois les plus récentes, celle du 27 janvier 1910 relative à la prorogation des délais des protêts et des actes destinés à conserver le recours en matière de valeurs négociables, que l'article 2 déclare applicable à l'Algérie, et la loi exclusivement algérienne du 22 juillet 1909. Cette dernière loi autorise le gouvernement à suspendre temporairement par décrets, en cas de circonstances exceptionnelles, l'application de la loi du 2 avril 1889 (réservant au pavillon français la navigation entre la France et l'Algérie) et à déroger, dans les mêmes circonstances, à l'article 1er de la loi du 17 juillet 1867 concernant le régime commercial et maritime entre l'Algérie et la métropole et instituant un conseil permanent d'arbitrage.

ARTICLE III

Législation criminelle

§ I. — *Instruction criminelle*

De même que le Code de procédure civile ne pouvait, nous l'avons vu, s'appliquer dans toutes nos colonies, à cause de leur organisation judiciaire différente, de même aussi le Code d'instruction criminelle ne pouvait, pour le même motif, leur imposer toutes ses règles et ses formes.

Dans aucune de nos possessions coloniales, le Code d'instruction criminelle n'est complètement suivi, et dans toutes on n'en applique que certains fragments. Nous insisterons en détail sur les dispositions qui régissent les diverses colonies, au chapitre VI consacré au *Régime judiciaire colonial.*

En *Algérie*, le Code d'instruction criminelle n'a été appliqué qu'au fur et à mesure du développement des institutions de la justice répressive; le décret du 15 décembre 1858 y mit en vigueur les parties de ce code et des lois annexées relatives au fonctionnement des cours d'appel en matière criminelle. Et l'institution du jury criminel, consacrée par le décret du 24 octobre 1870, y rendit applicables les dispositions du même code concernant les cours d'assises, sauf l'article 257, § 2. Toutefois l'organisation définitive des cours d'assises algériennes et du jury criminel a été seulement effectuée par la loi du 30 décembre 1902, modifiée par la loi du 24 juillet 1910. Des ordonnances de 1834, 1841, 1842, 1844 avaient déjà appliqué les dispositions principales concernant les juridictions et les peines correctionnelles et de simple police.

§ II. — *Lois pénales*

D'abord promulgué dans nos possessions de l'*Inde*, dès l'année 1819, le Code pénal a été ensuite appliqué aux *Antilles* et à la *Réunion* par la loi du 8 janvier 1877 et enfin à toutes nos autres colonies par les décrets du 6 mars de la même année; cette application n'a pourtant eu lieu que sous les modifications reconnues nécessaires.

Nous trouvons une première modification en ce qui concerne l'application de l'article 121. Ce texte déclare coupables de forfaiture tous officiers de police judiciaire et tous magistrats qui, sans les autorisations exigées, ont poursuivi ou mis en accusation des ministres, membres du parlement ou du conseil d'État, ou qui auront donné ou signé le mandat de les saisir ou arrêter sans les mêmes autorisations, hors le cas de flagrant délit. Parmi les personnes ainsi protégées, les gouverneurs des colonies figurent depuis les dispositions prises en 1877. D'autre part, d'après la même loi, le gouverneur a le droit de sanctionner, par 15 jours de prison et 100 francs d'amende, les arrêtés qu'il peut prendre en matière d'administration ou pour assurer l'exécution des lois et décrets intéressant la colonie; or cette disposition modifie l'article 137 de notre Code d'instruction criminelle, d'après lequel les contraventions de simple police peuvent seulement donner lieu soit à 15 francs d'amende ou au-dessous, soit à 5 jours d'emprisonnement ou au-dessous.

En certaines colonies, le Code pénal métropolitain a été déclaré applicable sous certaines conditions; il en a été ainsi en *Cochinchine*, aux termes d'un décret du 16 mars 1880. modifié par ceux des 28 février 1887 et 10 mai 1889. Suivant l'article 11 du décret du 25 juillet 1864, les indigènes étaient soumis à la loi annamite dont les pénalités étaient souvent rigoureuses, cruelles et peu en harmonie avec nos mœurs. Le décret de 1880 applique le Code pénal français; mais modifie certains textes et supprime certains autres, en tenant compte des mœurs, des habitudes et des préjugés locaux qui font, par exemple, que le vol de minime importance est tenu pour un acte peu grave, quelles que soient les circonstances qui l'ont entouré. Quant aux faits punissables prévus par les lois annamites et au sujet desquels notre Code pénal ne contient aucune disposition, les tribunaux saisis continuent à appliquer les lois et coutumes annamites.

Puisque le Code pénal a été promulgué dans nos colonies, il était rationnel d'étendre à celles-ci l'effet des lois nouvelles qui, depuis, sont venues modifier ce code. La loi du 26 octobre 1888 a ajouté à son article 463, relatif aux circonstances atténuantes, le dernier paragraphe suivant : dans les cas où l'amende est substituée à l'emprisonnement, si la peine de l'emprisonnement est seule prononcée par l'article dont il est fait application, le maximum de cette amende sera de 3.000 francs. Cette disposition nouvelle que la loi précitée a appliquée elle-même aux *Antilles* et à la *Réunion*, a été étendue aux *autres colonies* par décret du 10 mai 1889. De même, un décret du 18 mai 1897 a déclaré applicables à nos Établissements de l'*Indo-Chine*, d'une part, la loi du 4 juillet 1889 qui a ajouté à l'article 177 une disposition punissant certaines personnes ayant accepté des offres ou promesses, reçu des dons ou présents pour tenter de faire obtenir des décorations ou places ou faveurs; et, d'autre part, la loi du 28 décembre 1894 portant abrogation des articles 226 et 227 relatifs aux réparations pour offense.

Le Code pénal a été considéré comme applicable à l'*Algérie*, sans promulgation, comme le Code civil et le Code de commerce, à titre de loi française d'ordre et d'intérêt généraux; et il en a été ainsi également des lois complémentaires, notamment de celle du 13 mai 1863 portant modification de plusieurs dispositions du Code pénal.

La loi du 27 mars 1883 a organisé la juridiction française criminelle en *Tunisie*, et le décret beylical du 2 septembre 1885 y a étendu la compétence des tribunaux français en matière pénale; ces juridictions qui ont remplacé les anciennes juridictions consulaires, appliquent les lois pénales françaises, en sorte que les français et assimilés sont régis par les dispositions du Code pénal français (cass. 12 janvier 1894; *Journal de droit int. privé*, 1894, 833). La loi française du 8 décembre 1897 sur l'instruction criminelle est applicable en Tunisie.

ARTICLE IV

Législation forestière. — Législation de la chasse et de la pêche

§ I. — *Législation forestière*

Dans les colonies françaises, la législation forestière et l'organisation de l'administration des eaux et forêts sont, dit M. Guyot, en voie de formation (*Cours de droit forestier*, I, pp. 149 et s.). Il y a actuellement et il y aura toujours une diversité très grande, au point de vue forestier, entre toutes ces colonies, dont les unes sont assez insignifiantes quant à l'étendue et à la valeur des massifs boisés, tandis que les autres offrent des richesses exploitables très considérables. Dans les premières, le rôle des agents forestiers doit surtout consister à empêcher la dégradation du sol qui serait la conséquence d'un déboisement exagéré; dans les autres, la réalisation des produits, l'aménagement et la culture des forêts laissent un champ très vaste à leur activité. Parallèlement, les attributions de l'administration seront plus ou moins considérables, selon que la propriété domaniale aura plus ou moins d'importance; et, à cet égard aussi, la constitution du domaine forestier varie extrêmement suivant les colonies que l'on considère.

Le décret du 30 juillet 1905 règle la situation des fonctionnaires forestiers métropolitains délégués aux colonies.

En *Indo-Chine*, où la législation forestière métropolitaine n'est pas applicable, la législation existante est constituée par des décrets du président de la République et des arrêtés du gouverneur général qui s'écartent sensiblement du système métropolitain. Citons principalement les arrêtés du gouverneur général des 23 juin 1894, 22 décembre 1899 et 7 avril 1910, ainsi que des décrets des 9 janvier 1895, 7 avril 1901 et 11 juillet 1907. Des arrêtés locaux rendus dans les diverses parties de l'Indo-Chine ont créé une législation spéciale qui abroge les dispositions antérieures contraires. Ce sont : Cochinchine, arrêtés des 7 avril 1904 réglementant le régime forestier et 5 septembre 1905 relatif aux coupes en domaine forestier réservé ; Tonkin, arrêtés réglementaires des 20 août 1902, 3 juin 1903, 15 mai 1904 ; Cambodge, arrêté du 17 octobre 1905; Annam, arrêté du 19 avril 1906.

A *Madagascar*, la législation forestière résulte d'un décret du 10 février 1900, calqué sur le projet alors en préparation de la loi algérienne de 1903, décret qui, dans ses 106 articles, traite du service forestier, des exploitations, des reboisements, des délits forestiers et de leur répression. Il constitue donc un code complet auquel il faut joindre les arrêtés du gouverneur général. A *Mayotte*, à *Anjouan*, *Mahé* et aux *Comores*, le décret du 21 avril 1905 s'est beaucoup inspiré du décret de 1900. Dans l'île de la *Réunion*, existe un règlement forestier du 25 février 1874, porté en exécution de la loi du 14 février 1872; à la *Martinique*, fonctionne un régime analogue. Le même règlement forestier s'applique à la *Guinée française*, décret du 24 mars 1901, au *Congo*, décret du 28 mars 1899, à la *Côte d'Ivoire* et au *Dahomey*, décrets des 20 juillet et 5 août 1900.

Dans les autres colonies françaises, on n'a pas encore établi de règlement forestier, bien que, dans certaines d'entre elles, notamment en Guyane et en Nouvelle-Calédonie, les richesses forestières soient considérables et méritent d'être soumises à une réglementation protectrice. Il convient toutefois de signaler, pour la Nouvelle Calédonie, le décret du 18 mars 1910 qui a eu pour but de réprimer les nombreuses déprédations dont les forêts de la colonie et spécialement les arbres à caoutchouc étaient l'objet.

En *Algérie*, comme pour les autres codes, il avait été admis que le Code forestier de 1827 était applicable sans promulgation spéciale; puis intervinrent des lois particulières; toute cette législation a été refondue et remplacée par la loi forestière algérienne du 27 février 1903 complétée par des arrêtés du gouverneur général du 20 août 1904. La loi nouvelle, bien que différant du code métropolitain, conserve cependant la distinction fondamentale entre les règles applicables aux bois des particuliers et celles concernant les forêts des personnes morales : État, communes et établissements publics. Pour ces dernières, la loi de 1903 organise un régime forestier analogue au régime métropolitain; quant aux particuliers, on leur impose des restrictions bien plus grandes qu'aux propriétaires de France. Il est vrai que les forêts particulières sont l'exception en Algérie, où l'État possède la plus grande partie du domaine forestier. L'organisation du personnel des Eaux et Forêts est la même qu'en France; il est placé sous l'autorité du gouverneur général, conformément au régime du décret du 23 août 1898 qui a supprimé le système des rattachements.

En *Tunisie*, le Code forestier de 1827 est, en principe, applicable, sauf modifications résultant des textes législatifs particuliers à la Régence. Citons les décrets beylicaux des 28 juin 1883, 11 novembre 1886, 15 janvier 1895, 10 décembre 1896, 15 juillet 1899, 22 et 26 juillet 1903. Un arrêté du résident général du 1er juillet 1897 a institué une commission chargée de l'élaboration d'une loi forestière remplaçant le code de 1827, comme cela a eu lieu pour l'Algérie.

§ II. — *Législation de la Chasse et de la Pêche*

A. — Chasse.

Dans les régions africaines, l'indigène n'ayant guère d'autres moyens de nourriture que la pêche et la chasse et d'autres vêtements ou parures que les fourrures des animaux et le plumage des oiseaux, tue sans mesure le gibier de terre ou d'eau, souvent au delà de ses besoins et sans songer à la conservation de l'espèce qui ne le préoccupe point. Dans les pays civilisés, on a remédié par des lois souvent insuffisantes à la protection du gibier et du poisson; la pêche et la chasse sont fermées à des époques déterminées et ne peuvent avoir lieu avec des engins spécialement prohibés. Aux pays exotiques, on n'a pu encore établir ces réglementations, et dans la plupart de nos colonies, spécialement dans la majorité de celles du continent africain, la chasse est absolument libre; en sorte que l'on court, comme dans la métropole, le risque d'y voir disparaître les réserves de gibier. Dans certaines possessions anglaises et allemandes, on a essayé de parer, comme on va le voir, à ce danger par des mesures diverses. En France, un arrêté ministériel du 14 avril 1911 a confié la mission d'étudier les questions se rapportant à la protection des animaux utiles et à la réglementation de la chasse dans les colonies et pays de protectorat, à une commission composée de membres du parlement, de fonctionnaires du ministère des colonies, de naturalistes et de spécialistes cynégétiques s'intéressant plus particulièrement à la préservation de la faune coloniale. La commission s'est partagée en deux sections : la première devra dresser la liste des espèces zoologiques qui méritent notre protection, voir comment on peut créer des réserves de chasse, préparer le texte des permis et fixer le chiffre des amendes à infliger aux délinquants; la seconde étudiera les encouragements à donner pour favoriser l'élevage et la domestication des animaux utiles, tels que les éléphants, les autruches, les aigrettes, etc.

La France est liée, au point de vue cynégétique, par la convention internationale de Londres du 19 mai 1900, qui prend des précautions spéciales pour la conservation de diverses espèces d'animaux sauvages, dans un périmètre fixé par l'article 1er et qui se confond presque complètement avec celui déterminé par l'acte de Bruxelles du 2 juillet 1890 relativement à l'introduction en territoire africain des spiritueux et armes à feu, dont il sera question ci-après au chapitre V relatif au *Régime commercial*. La France, dans cette partie de l'Afrique comprenant presque toutes ses colonies, moins l'Algérie et la Tunisie, est obligée par les stipulations de l'acte de 1900 qui, outre les précautions dont il a été parlé ci-dessus, établit des droits d'exportation sur les cuirs et peaux de certains animaux protégés et sur les cornes et dents de certains autres, omettant, par un oubli singulier, d'y comprendre les défenses des éléphants.

Il serait temps que notre pays fût doté, pour ses possessions coloniales en général et spécialement pour ses possessions africaines, d'une législation réglementant la chasse. Sur ce point, on peut s'inspirer sans réserve de la législation anglaise qui est basée sur les principes suivants : 1° constitution de réserves où personne n'a le droit de chasser; 2° établissement de différents permis suivant le genre de chasse qu'on veut faire et la situation du chasseur qui veut les utiliser; 3° limitation du nombre de têtes de gibier à tuer pour chaque permis; 4° interdiction de tirer les femelles pour les espèces rares; 5° prohibition absolue de faire chasser les indigènes; 6° réglementation sévère du commerce de l'ivoire, des fourrures, des plumes d'oiseaux utiles à la mode.

Voici les renseignements fort intéressants que donne, au point de vue qui nous occupe, M. Grandidier dans le *Journal des Débats*, du 16 juillet 1911 : « Peu après le congrès de Londres, l'Allemagne, suivant l'exemple donné par l'Angleterre, a édicté des lois rigoureuses pour la protection de son gibier colonial; et, il y a quelques années, le Portugal a adopté une réglementation cynégétique à peu près identique à la loi anglaise, avec cette seule différence qu'il a ajouté aux règles énumérées ci-dessus une fermeture fixe pour tout gibier pendant une partie de l'année. Les résultats d'une semblable méthode sont facilement appréciables, car les sportsmen désireux de trouver un terrain propice aux émotions de la chasse au grand gibier, sont accourus en foule dans ces régions, où une réglementation fixe leur permettrait de savoir ce qui leur était permis, ce qui leur était défendu et ce à quoi ils pouvaient prétendre pour une somme déterminée. En 1910, sept cent cinquante parties de chasse ont apporté au seul gouvernement de l'Afrique orientale anglaise une somme de près d'un million, rien que pour les permis de chasse; cette somme se trouve considérablement augmentée par les droits de douane sur les armes, les munitions, les vivres, etc. M. Vasse, qui donne ces chiffres dans le *Bulletin des Amis de l'éléphant*, estime que chaque partie de chasse a laissé, en argent, dans le pays pour ses frais de voyage, sa nourriture, la solde des noirs qu'elle a engagés, etc., une somme de 10,000 francs par expédition. La chasse a donc apporté au bas mot dans cette seule colonie une fluctuation d'argent de près de 8 millions pour 750 expéditions cynégétiques ».

M. Messimy qui a désigné, en sa qualité de ministre des colonies, la commission dont il a été question ci-dessus, avait prononcé, comme rapporteur du budget des colonies, dans la séance de la Chambre du 23 février 1910, les paroles suivantes qui précisent toute l'importance de la question : « Je crois qu'il est important pour nos grandes colonies d'Afrique de ne pas négliger les ressources qu'elles peuvent trouver de cette façon; mais surtout il ne faudrait pas qu'il se produise, dans ces pays où la faune est encore très abondante et où se rencontrent de nombreux spécimens qu'on ne trouve presque plus dans les autres points du globe, un dépeuplement qui serait contraire à l'intérêt de la colonie, quand il s'agit des éléphants et des antilopes, et de nature à nuire au caractère même de ces colonies équatoriales, où ne peuvent manquer d'affluer les chasseurs et même les touristes le jour où se développera dans nos possessions, comme il s'est développé dans les possessions anglaises, le tourisme colonial ».

En certaines de nos colonies, la chasse est réglementée; un arrêté du 14 mai 1890 du gouverneur de la *Cochinchine* interdit aux indigènes la chasse au moyen d'armes à feu sur le territoire du *Tonkin*, et un autre du 7 décembre 1889 réglemente la chasse à l'aigrette en *Annam* et au *Tonkin*. Voir les arrêtés du gouverneur général des 30 décembre 1902 et 15 novembre 1909 réglementant, au Tonkin, la chasse du lièvre et du gibier à plumes sédentaire. A la *Guadeloupe*, la chasse est régie par un arrêté du gouverneur du 19 novembre 1859, qui établit une période de fermeture et exige un permis. A la *Réunion*, un décret du 22 octobre 1889 édicte pour la chasse à peu près les mêmes règles que dans la métropole.

En *Algérie*, le décret du 22 novembre 1850 a rendu exécutoire, sous de légères modifications, la loi du 3 mai 1844 sur la police de la chasse et l'ordonnance du 5 mars 1845 portée en exécution de cette loi. La loi du 22 janvier 1874 modificative de celle de 1844, bien que n'ayant pas été promulguée spécialement en Algérie, est néanmoins considérée comme applicable.

Des décrets beylicaux des 12 mars 1884 et 15 janvier 1910 ont réglementé en *Tunisie* la police de la chasse et la protection des oiseaux utiles.

B. — Pêche.

La police de la pêche est régie dans les colonies par des décrets ou par des arrêtés locaux. Citons les décrets des 27 février et 4 décembre 1904 au sujet de la réglementation de la pêche dans le fleuve Sénégal. En *Algérie*, la loi métropolitaine du 15 avril 1829 sur la pêche fluviale et les règlements généraux qui l'accompagnent, sont applicables en vertu de la disposition de l'ordonnance du 22 juillet 1834 donnant à la colonie la législation métropolitaine alors existante. Mais, en fait, la loi de 1829 n'est pas appliquée, car il n'y a que très peu de poisson, et, la généralité des oueds (cours d'eau) ne coulant que temporairement, la surveillance n'en est pas organisée.

La *pêche maritime* est régie dans les colonies par des dispositions particulières, les unes renvoyant à la législation métropolitaine, les autres spéciales

La loi du 9 janvier 1852 sur la pêche maritime côtière a été rendue applicable à l'*Algérie* par le décret du 22 novembre 1852. La législation actuellement applicable dans ses détails est contenue dans un décret du 2 juillet 1894, dont les huit titres suivent la législation des côtes de France, avec des différences relatives à l'emploi des filets trainants ou spéciaux et au dépeuplement des fonds. La pêche du corail est régie dans son dernier état par le décret du 1er mai 1897.

Dans les autres colonies, la pêche maritime est régie par des décrets ou des arrêtés pris par le gouverneur, sur la proposition du chef du service administratif qui a dans ses attributions la police de cette pêche. Citons le décret du 6 février 1852 modifié par celui du 26 juillet 1886 sur la pêche de la morue et celui du 9 février 1889 sur la pêche du capélan à *Saint-Pierre-et-Miquelon*; le décret du 1er septembre 1899 réglant la pêche côtière sur les côtes de la *Réunion*; les décrets des 31 mai 1890, 18 février 1898, 5 septembre 1899 relatifs à la pêche des huîtres perlières et à nacre à la *Nouvelle-Calédonie*, en *Océanie* et sur la *Côte des Somalis*; les arrêtés du gouverneur de la *Nouvelle-Calédonie* du 23 novembre 1880 sur la police de la navigation approuvé par décret du 2 avril 1881, et du 10 novembre 1892 au sujet de la pêche des huîtres converti en décret du 30 mars 1893.

En *Tunisie*, un traité avec l'Italie du 28 septembre 1896 dispose, en son article 7, que les Italiens seront traités comme les nationaux et les Français. Ils peuvent donc exercer librement le droit de pêche dans les eaux tunisiennes et il en est de même des nationaux des États qui ont obtenu, vis-à-vis de la Régence, le traitement de la nation la plus favorisée. Les traités avec les puissances étrangères se référant à cet article 7 admettent, en général, le droit de pêche dans la mer territoriale pour les pêcheurs étrangers. Mais, en vertu de son droit de souveraineté, l'État tunisien a réglementé dans ses eaux la police de la pêche maritime, dont la surveillance est confiée aux agents de la Direction générale des travaux publics. Un décret beylical du 15 avril 1906, modifié, quant aux procès-verbaux et aux poursuites, par un autre du 2 février 1909, régit la pêche côtière en général et celle des espèces migratrices. La pêche des éponges qui constitue une des richesses importantes du Sud-Tunisien, est réglementée par le décret du 16 juillet 1906. La pêche est libre, en principe, sur toute l'étendue du littoral tunisien, à la condition de se conformer aux prescriptions réglementaires, d'acquitter certains droits déterminés et de se munir d'un permis de pêche dont le taux varie suivant les instruments employés et le produit de la pêche.

TITRE III

Les lois et coutumes indigènes

La nation qui colonise doit, afin de gagner le plus possible l'affection et la confiance des indigènes, maintenir leurs lois et coutumes qui seront appliquées soit par les juridictions existant avant l'occupation, soit par celles instituées depuis. Toutefois, il n'est pas possible de poser à ce sujet une règle absolue. Tout d'abord, on ne pourra pas maintenir celles des lois et coutumes indigènes qui seraient en opposition avec les principes de la justice, de la morale et de la civilisation, ou contraires à la sécurité et à la tranquillité de l'occupant. Ce dernier sera alors obligé de les remplacer soit par une législation nouvelle, soit par sa propre législation modifiée, s'il y a lieu, pour pouvoir être appropriée au milieu indigène. Et, d'autre part, dans l'intérêt même de ce dernier, il s'efforcera d'introduire le plus possible les institutions européennes qui pourront cadrer avec les mœurs et les habitudes des populations et préparer leur relèvement et leurs progrès dans la voie de la civilisation. Par exemple, tout en conservant leur statut personnel tel qu'elles le conçoivent, il assurera la conservation de leur état civil en l'organisant suivant les formes européennes, comme l'a fait un arrêté du gouverneur de la Nouvelle-Calédonie du 30 décembre 1908, et comme cela s'est également pratiqué dans nombre de nos possessions, ainsi qu'on le verra ci-après. Il pourra, enfin, corriger, par des innovations heureuses, les inconvénients des coutumes locales et arriver par ce moyen à créer une nouvelle source de la législation indigène. Ainsi, au Sénégal, la preuve testimoniale était acceptée sans limite et l'on peut comprendre par là combien la mauvaise foi se donnait libre carrière; dans la métropole, on le sait, l'article 1341 du Code civil interdit sagement l'admission de cette preuve au-dessus d'une somme ou valeur de cent cinquante francs; en 1897 on avait supprimé complètement cette preuve dans la colonie précitée, ce qui était excessif en sens opposé. Aussi un décret du 2 mai 1906 dispose-t-il que, dans les colonies et territoires relevant du gouvernement général de l'Afrique occidentale, les conventions entre indigènes conclues suivant les règles et formes coutumières non contraires aux principes de la civilisation française, pourront être constatées en vue de la preuve par un écrit en langue française, rédigé par toute personne et contenant tous les éléments voulus pour établir l'identité des parties et l'objet de l'obligation, en un seul original ou en autant d'originaux que de parties ayant un intérêt distinct. Puis cet écrit est présenté au commandant de cercle ou chef de poste de la circonscription par les contractants accompagnés, s'il y a lieu, de témoins certificateurs. Et le fonctionnaire, après avoir fait donner lecture aux parties de l'acte traduit en leur idiome par un interprète assermenté et s'être assuré qu'elles en ont bien saisi la teneur, inscrit, sur les originaux, une formule d'affirmation en vertu de laquelle l'acte vaut comme sous-seing privé et acquiert date certaine du jour de l'inscription de la formule.

Nous allons, dans les explications qui vont suivre, passer en revue les règles juridiques applicables aux indigènes, soit que la métropole ait substitué leurs lois et coutumes telles quelles ou modifiées, modernisées et codifiées, soit qu'elle leur ait substitué la législation française intégralement ou avec des modifications rendues nécessaires par les nécessités du milieu colonial. Bien entendu, nous n'envisagerons que les groupes les plus importants des populations indigènes et, dans ces groupes, les institutions principales.

ARTICLE PREMIER

Possessions africaines

§ I. — *Algérie et Tunisie*

En principe, l'état et la capacité des musulmans algériens sont régis par le droit musulman, sous la réserve des lois sur la nationalité dont il a été parlé ci-dessus. La législation musulmane ne connaît pas l'institution des registres de l'état civil; toutefois, dans l'intérêt des indigènes et des européens, il a paru bon d'assurer la conservation de l'état civil qui a été organisé par une loi du 23 mars 1882. Ayant gardé leur loi propre, les indigènes musulmans sont sujets français, mais non citoyens (article 1 du sénatus-consulte du 14 juillet 1865). Cependant l'indigène peut, sur sa demande, être admis à jouir des droits de citoyen français, auquel cas il est régi par les lois civiles et politiques de la France. La portée d'application du droit musulman aux indigènes musulmans consacrée par le sénatus-consulte de 1865, varie sensiblement suivant les régions. Dans le territoire civil, moins la Kabylie qui renferme la majorité des indigènes algériens, la loi musulmane s'applique au statut personnel d'état et de capacité, aux successions, aux donations, aux immeubles non francisés appartenant à des indigènes. Il en est ainsi en vertu des articles 1 et 2 du décret du 17 avril 1889; sur les autres points s'applique la loi française. En Kabylie, l'application du droit musulman est plus étendue et concerne « les conventions civiles ou commerciales entre indigènes arabes ou kabyles ou musulmans étrangers, ainsi que les questions religieuses et d'état » (art. 2 du décret du 29 août 1874 expressément maintenu par le décret du 17 avril 1889). Enfin, dans les territoires de commandement, les indigènes demeurent exclusivement régis par le droit musulman ; c'est ce qui résulte de la combinaison des nombreux décrets rendus en la matière. Dans tous ces cas, les indigènes peuvent renoncer par une déclaration expresse à l'application de leurs lois et coutumes, pour se soumettre à la législation française. Mais la loi musulmane est très variable suivant les rites islamiques auxquels appartiennent les arabes. Le décret du 17 avril 1889, articles 4 et 5, a donc porté cette règle : pour le statut personnel et les successions, les musulmans sont régis par les coutumes de leur pays d'origine ou par les coutumes du rite spécial auquel ils appartiennent. En matière réelle, entre arabes, kabyles, ibadites ou musulmans étrangers, la loi ou coutume applicable est celle de la situation des biens. En Kabylie, la règle est la même, avec cette adjonction qu'en matière personnelle et mobilière la loi applicable est celle du lieu où s'est formé le contrat, ou, à défaut de convention, la loi du lieu où s'est produit le fait juridique générateur de l'obligation. Si les parties ont indiqué la loi du contrat, on applique cette loi. Les mêmes dispositions sont applicables aux territoires de commandement.

Le mariage est l'acte dans lequel éclate le plus la différence de la civilisation chrétienne et des coutumes de l'Islam. Dans ces dernières, il apparaît avec le caractère d'une vente, idée d'où découle une polygamie limitée, car les mahométans ne peuvent prendre que quatre femmes légitimes. Et encore ce nombre est-il rarement atteint, attendu qu'il faut avoir les ressources suffisantes pour entretenir les quatre épouses. La femme musulmane ne peut, au contraire, avoir plusieurs maris. Le droit musulman ne fixe pas d'âge légal pour le mariage ; il admet le divorce, même par consentement mutuel et la répudiation.

La propriété indigène non francisée reste soumise en Algérie à la loi du pays qui comprend plusieurs catégories de terres : terres *melk* ou terres de propriété ordinaire absolue et privative; terres *arch*, dont la jouissance appartient aux membres de la tribu dans la proportion où ils les mettent en valeur; terres du *beylic* ou domaniales. Nous nous bornons ici à ces énonciations sommaires, car nous reviendrons en détail sur ce point au chapitre VII ci-après consacré au *Régime des terres*.

Les indigènes *tunisiens* restent soumis à leur statut personnel; mais, sous l'influence du protectorat, ils acceptent de plus en plus les institutions françaises. Ainsi un décret beylical du 29 juin 1886, généralisé à tous les sujets tunisiens par un autre du 28 décembre 1908, a organisé l'*état civil* dans la Régence, à l'imitation de ce qui se passe en France. Les actes de naissance, de mariage et de décès sont conformes aux dispositions du Code civil, et les règles sur la tenue des registres sont les mêmes. Les fonctions d'officiers de l'état civil sont tenues par les présidents des municipalités françaises et, faute de présidents français, par les adjoints de cette nationalité. Dans les villes où il n'y a pas de municipalité, les dites fonctions sont remplies par les contrôleurs civils et leurs adjoints, ou, à défaut, par l'autorité militaire française, suivant les modifications apportées au Code civil par la loi du 8 juin 1893 (art. 93 et s.). Les actes sont inscrits en français. Également les actes sont reçus par les cheiks ou leurs représentants assistés d'un notaire, dans les caïdats où fonctionne l'état civil.

Les *successions* sont régies par la loi nationale du défunt, même en ce qui concerne les immeubles.

La loi foncière du 12 juillet 1885 régit la propriété immobilière *immatriculée*, c'est-à-dire pourvue de titres contenant le nom du propriétaire, la description de la contenance, l'indication et le plan du terrain, les charges qui le grèvent. L'immatriculation est facultative; elle est accordée à la suite d'une procédure spéciale protectrice des intérêts des tiers; elle place le bien sous la juridiction des tribunaux français. Le titre est rapporté sur un livre foncier tenu par le conservateur de la propriété foncière. Les immeubles non immatriculés sont régis par la loi du pays. Nous reviendrons en détail sur tous ces points, au chapitre VII relatif au *Régime des terres*.

En ce qui concerne les *obligations et les contrats*, un code fort important en 1632 articles a été promulgué par décret beylical du 15 décembre 1906, pour entrer en vigueur à partir du 1er juin 1907. Il est tout à fait conforme aux données générales admises par les grands codes modernes, spécialement par le Code civil français, et légifère sur les contrats les plus usuels : vente, location, transport, emphytéose et divers contrats locaux: *enzel* (emphytéose proprement dite), *kirdar* (emphytéose à rente variable), *koulou* et *naçba* (location perpétuelle), dépôt et séquestre, prêt, mandat, association, société à champart (*ouça kale*), société à complant (*moughâraca*), bail à cheptel, cautionnement, nantissement, antichrèse. (Voir le code des obligations et contrats dans la *Revue algérienne et tunisienne*, 1907, 3e partie, pp. 201 et s.). Un code de procédure civile en 222 articles a été promulgué par décret beylical du 24 décembre 1910 (même *Revue*, 1911, 3.33 et s.).

Le travail de codification de la législation tunisienne continue tous les jours, grâce aux travaux d'une commission spéciale de la réforme de la législation indigène que préside le secrétaire général du gouvernement tunisien pour la justice. Elle a fait porter principalement son effort sur la législation de l'immatriculation foncière dont il a été question ci-dessus. Deux arrêtés du résident général du

19 juin 1909 ont institué des commissions chargées d'élaborer des avant projets de code pénal et d'instruction criminelle.

§ II. — *Madagascar*

Les Hovas sont divisés en castes qui sont nobles ou roturières; mais cette division a aujourd'hui perdu son importance, les castes nobles ayant à peu près cessé de jouir des privilèges qui leur étaient antérieurement conférés. Bien que les Hovas aient beaucoup d'analogie avec les Annamites, cependant, en mariage, la femme Hova est bien mieux traitée que la femme annamite et surtout que la femme hindoue : elle est l'égale du mari; elle est consultée pour les affaires de la famille et son avis est toujours pris en considération. Elle conserve et administre son patrimoine, comme le mari conserve et administre le sien. Un code des lois malgaches du 29 mars 1881 a établi le divorce et supprimé la répudiation, ainsi que la polygamie. Depuis, un règlement de 1878 a établi l'état civil indigène ; les mariages doivent être inscrits sur les registres tenus par des fonctionnaires indigènes, principaux personnages des villages. Mais ces mesures n'ont pu faire disparaître la licence des mœurs qui est fort grande chez les Malgaches, à un tel point que la femme a fréquemment des enfants avant son mariage et que les enfants légitimes et illégitimes ont une condition à peu près égale.

Les enfants issus du mariage étaient primitivement sous la dépendance absolue du père; ils ne pouvaient rien acquérir ou posséder pour leur compte personnel, et le père avait le droit de les chasser de la famille. Depuis l'établissement du code de 1881, les idées françaises ont pénétré dans le pays et la condition des enfants s'est fort adoucie. Les réformes postérieures opérées par les autorités françaises ont encore aidé à cette transformation.

Chez les Hovas, l'adoption est fort usitée; mais elle n'y est pas uniquement basée, comme chez les autres peuples, sur l'idée d'avoir un fils nécessaire pour maintenir la mémoire et le culte des ancêtres; et des causes diverses peuvent la motiver. Ainsi, au moyen de l'adoption, un père fait rentrer dans sa famille l'enfant qui en était sorti; un fils lui-même peut adopter son père pour lui assurer sa succession; le malgache adopte également un ou plusieurs hommes puissants, pour avoir en eux des protecteurs; l'adoption sert encore à témoigner la reconnaissance à celui de qui on a reçu des bienfaits ou des marques d'affection.

Les terr s appartiennent aux divers membres de la tribu, en vertu d'un ancien partage fait par le souverain; mais il en est qui ne sont détenues qu'à titre de jouissance par leurs possesseurs. Le propriétaire n'a pas le droit de vendre ou louer sa terre à celui qui ne fait pas partie de la tribu. Les Hovas ne pratiquent pas l'hypothèque; mais ils vendent la terre à réméré pour se procurer du crédit, avec l'espoir de la racheter.

En principe, les Hovas peuvent donner tous leurs biens par testament; ils sont absolument libres à cet égard; à défaut de testament, leur succession passe à leurs enfants et petits-enfants; s'ils ne laissent ni enfants ni petits-enfants, c'est l'État qui hérite. Telle est la règle dans la plupart des castes roturières et dans quelques castes nobles. Dans la plus grande partie de ces dernières, le nombre des héritiers s'élargit et, à défaut de descendants, viennent d'abord le père et la mère, ensuite les frères et les sœurs; en troisième lieu, les neveux ou autres parents, enfin le village. La femme n'a aucun droit; mais si elle est adoptée, elle hérite comme enfant. Les testateurs réservent, en général, une part de leur patrimoine pour entretenir le culte des ancêtres et secourir les parents pauvres; cette part qui reste la propriété indivise de toute la famille, est confiée au fils aîné chargé de l'administrer et d'en employer les revenus suivant leur destination. L'esclavage a été supprimé à Madagascar par un arrêté du 27 septembre 1896.

Lors du vote de la loi du 6 août 1896 qui a annexé Madagascar à la France, le gouvernement déclara d'une manière formelle aux Chambres qu'il n'entendait nullement porter atteinte au statut personnel des habitants de l'île, aux lois, aux usages et aux institutions locales; et cette déclaration a été envisagée comme règle dirigeante dans tous les actes intervenus ultérieurement. Toutefois la métropole ne peut avoir les mains liées quand il s'agit de réaliser des réformes impérieusement demandées par le développement de la civilisation, dans l'intérêt même des indigènes, surtout quand ces derniers eux-mêmes les réclament. A ce point de vue, il convient de mentionner un curieux décret du 5 novembre 1909, dont le but est expliqué comme suit dans le rapport du ministre des colonies qui le précède. Il consiste à changer ou plutôt à préciser deux questions de régime successoral et de régime matrimonial. En matière de successions, le décret supprime, pour les indigènes de l'Imerina, la dévolution basée sur les castes et dispose que les héritiers, dans les successions indigènes, quelle que soit l'origine du défunt, seront appelés désormais dans l'ordre suivant : 1re classe, enfants légitimes, naturels ou adoptifs; 2e classe, petits-enfants légitimes, naturels ou adoptifs; 3e classe, père et mère; 4e classe, frères et sœurs; 5e classe, enfants des frères et sœurs; 6e classe, oncles et tantes; 7e classe, conjoint survivant; 8e classe, la colonie. Cette dévolution appelée *tsy hani maty momba*, usitée pour la dévolution de la succession des classes nobles et privilégiées, sous réserve de la substitution du conjoint aux parents éloignés et de la colonie à la commune indigène, se rapproche des règles suivies dans les codes européens. En ce qui concerne le régime matrimonial, le décret applique, au contraire, le droit commun de toutes les classes de la population, le *kitay telo audalana* et en fait le régime de droit commun de l'association conjugale indigène. Par ce régime, les droits de la femme dans le partage des acquêts de la communauté conjugale sont fixés d'une façon assez équitable. La femme a droit, quelle que soit l'origine des époux, à un tiers des biens acquis pendant le mariage par l'industrie ou le travail commun (*fahate lontanana*), y compris les immeubles immatriculés d'après les dispositions des décrets concernant la matière. Mention des droits de la femme devra être portée sur le titre de propriété.

ARTICLE II

Colonies de l'Inde

Le droit hindou est basé sur les coutumes qui varient suivant les divers pays composant nos possessions de l'Inde. Un règlement du 27 janvier 1778 prescrivait d'établir un recueil de ces coutumes; mais il ne fut point suivi d'exécution, malgré des mesures ordonnées par un arrêté du 28 novembre 1835. Le droit hindou change, d'autre part, suivant la religion et les castes. La caste, reconnue et réglementée par un décret du 18 septembre 1877, dans l'intérêt soit des Hindous, soit de la paix publique, joue un rôle considérable dans l'Inde. Liée aux croyances religieuses entretenues soigneusement par les brahmes, elle crée des barrières infranchissables, surtout au point de vue du mariage; l'hindou qui s'unirait à une femme de caste inférieure, serait l'objet de la réprobation générale. Le mariage est entouré de formalités symboliques; la remise du collier, dit nuptial, est indispensable. Tantôt le père du futur compte une somme au père de la future, qui est ainsi achetée; et tantôt la femme est donnée gratuitement. Le mari peut contracter un autre mariage, si la femme y consent ou si de sa première union il n'est né aucun fils. Il peut également répudier sa femme pour motifs graves ; il devient propriétaire de tous les biens de cette dernière.

Un décret du 24 avril 1880 a réglé pour les natifs de l'Inde les formes de la constatation des actes de l'état civil. Les actes de naissance et de décès, sauf quelques modifications, sont soumis aux dispositions du Code civil, comme en France : ils sont dressés par l'officier de l'état civil et inscrits sur le registre à ce destiné. Il en est de même pour les actes de mariage, dans les unions entre indigènes chrétiens. Mais, lorsque les futurs sont gentils ou musulmans, leur mariage devant être célébré d'après leurs coutumes religieuses, le décret précité établit les prescriptions suivantes : d'après l'article 4, dans les 24 heures de la célébration du mariage, l'officier de l'état civil doit en être informé et, suivant les articles 5 et 6, dans les 15 jours, l'époux doit venir lui faire sa déclaration avec l'assistance de parents ou de témoins. Toutefois ces derniers mariages peuvent être célébrés suivant la loi française, c'est-à-dire devant l'officier de l'état civil, si les intéressés le demandent. Primitivement, les Hindous avaient un droit absolu sur les enfants nés du mariage; tout ce qu'ils possédaient appartenait au père, qui pouvait aliéner leur patrimoine aussi bien que le sien. Aujourd'hui, la situation n'est plus la même : le père n'a plus un pouvoir aussi fort; il peut, sans doute, aliéner les biens des ancêtres à titre onéreux; mais, s'il les aliène à titre gratuit, il doit réserver une part suffisante pour subvenir aux besoins de sa femme et de ses enfants. D'autre part, les fils demeurent propriétaires des biens qu'ils peuvent acquérir. Les coutumes hindoues font une obligation aux enfants de maintenir la mémoire du nom des ancêtres et d'assurer l'accomplissement des cérémonies religieuses nécessaires pour leur bonheur après leur mort. A tous ces points de vue, un fils est indispensable, car lui seul peut assurer l'honneur du nom et la continuation des sacrifices. C'est pour ce motif que les Hindous ont fréquemment recours à l'adoption pour remplacer le fils que le mariage ne leur a point donné. L'adopté doit êtr e issu d'une femme avec laquelle l'adoptant aurait pu contracter mariage et appartenir à la caste de celle-ci. Si le mari est décédé sans fils et sans en avoir adopté un, la veuve peut, dans les mêmes conditions, adopter au nom du défunt. L'adopté sort de sa famille pour entrer dans celle de l'adoptant; il devient l'héritier de ce dernier, mais il n'a plus droit à la succession de ses auteurs. Outre les cérémonies imposées par la coutume et la religion, l'adoption exige un acte authentique que le juge de paix doit homologuer; telle est la prescription d'un arrêté du 29 décembre 1855.

La propriété immobilière reposait au début sur la tête du souverain, qui accordait des concessions à titre perpétuel à ceux qui cultivaient le sol; en un mot, le souverain était le maître, et le cultivateur un fermier payant une redevance. Mais cette situation consacrée d'abord par un décret du 7 juin 1828, a été complètement changée par le décret du 16 janvier 1854 qui reconnait : propriétaires incommutables des terres qu'ils cultivent, les détenteurs du sol à quelque titre que ce soit qui acquitteront l'impôt réglementaire.

La loi qui régit les successions hindoues varie suivant nos diverses possessions. En principe, les femmes sont exclues, à l'exception de la veuve, de la fille, de la mère et des aïeules paternelles. La parenté par les femmes est écartée par la parenté par les mâles. Les parents paternels peuvent hériter jusqu'au 14e degré. S'il n'existe aucun parent, la succession est dévolue au précepteur du défunt, ou à son camarade d'études, ou à son élève, ou enfin à l'État. Les renonciations sont permises; c'est ce que décident du moins les tribunaux français.

Des arrêts de règlement des 27 novembre 1769 et 2 septembre 1775 ont introduit l'usage des testaments.

D'après la coutume hindoue, en général, les enfants et leur mère continuent de vivre en commun, malgré la mort du père; il se forme entre eux une communauté de fait dans laquelle entrent tous les revenus et tous les produits du travail employés à l'entretien commun. Le fils aîné est chargé de l'administration de cette communauté; il peut contracter des engagements pour elle; mais il ne peut aliéner les biens qui la composent, sans le consentement général. La communauté entre les enfants est présumée, mais cesse devant la preuve contraire dont l'administration donne lieu à des litiges fréquents.

Les associations et réunions où il est traité des matières de religion et de caste étant nombreuses dans l'Inde et présentant des dangers sérieux à raison du fanatisme qui y règne, le décret du 18 septembre 1877, dans son article 4, décide que, lorsqu'elles sont composées de plus de six natifs, non compris les gens domiciliés dans la maison, elles doivent être autorisées par le gouverneur aux conditions qu'il lui plaira d'imposer. En cas de contravention à cette disposition, la réunion ou association sera dissoute et des amendes pourront être prononcées contre les chefs, directeurs, administrateurs, auteurs et instigateurs, amendes allant de 16 à 200 francs. La peine peut même s'élever jusqu'à 300 francs d'amende et deux ans de prison, si dans la réunion ou association ont eu lieu des provocations à des crimes, délits ou actes injurieux envers les dépositaires de l'autorité. Toutefois, il faut ici tenir compte de la loi du 30 juin 1881 sur la liberté de réunion, applicable à l'Inde comme aux autres colonies représentées au parlement, qui abroge les pouvoirs du gouverneur relativement aux réunions, en tant qu'ils sont incompatibles avec ses dispositions.

Les contrats sont régis, comme les autres matières du droit civil, par les coutumes locales ; toutefois l'arrêté du

6 janvier 1819, portant promulgation dans l'Inde des codes métropolitains, réserve l'application de quelques dispositions émanant de règlements particuliers dont l'utilité à été consacrée par l'expérience. Un décret du 12 février 1898 a rétabli, au regard des indigènes, la contrainte par corps qui avait été supprimée pour toutes les colonies par un décret du 12 août 1891.

ARTICLE III

Colonies de l'Indo-Chine

Nous allons indiquer ici les traits principaux de la législation et des usages locaux des *Annamites* et *Cambodgiens* qui forment, on le sait, les deux races principales de nos colonies indo-chinoises.

§ I. — *Annamites*

Pour contracter mariage, les Annamites doivent avoir, le garçon, au moins seize ans, et, les filles, quatorze; au consentement des futurs doit être joint, quel que soit leur âge, celui des parents. Aucun empêchement ne doit exister; l'empêchement peut provenir de causes diverses jadis fort nombreuses, telles que la différence de condition sociale ou de nationalité des futurs. Il n'est resté aujourd'hui que celles normalement admises, par exemple, la parenté au degré prohibé. Tant qu'un premier mariage dure, un second ne saurait avoir lieu; toutefois, l'homme qui n'a aucun enfant mâle de ce premier mariage, peut, dans le but d'en avoir, épouser une femme du second rang et même plusieurs successivement. Mais les épouses du second rang se trouvent dans une situation inférieure à celle qu'ont les épouses du premier rang, par qui elles doivent être agréées. La femme du premier rang est unique, habite avec son mari et est son égale; les femmes du second rang ont une résidence séparée fixée par le mari qui est leur maître. La femme est sous la dépendance de son mari et tous ses biens présents et à venir entrent dans le patrimoine de celui-ci. La veuve reprend son indépendance et a droit à la jouissance des biens laissés par le défunt; ce droit de jouissance n'appartient qu'à la femme du premier rang et les femmes du second ne sauraient y prétendre; elle perd ce droit si elle se remarie. Le mariage est célébré suivant les formes religieuses; mais, pour en constater l'existence, on exige en Cochinchine que déclaration en soit faite à l'officier de l'état civil, conformément au décret du 3 octobre 1883. La loi annamite admet la répudiation et le divorce qui peut avoir lieu par consentement mutuel.

La puissance paternelle était très fortement constituée avant la conquête française; le père pouvait punir ses enfants par des châtiments corporels et même leur enlever la vie. Tout ce qu'ils gagnaient appartenait au père, car ils ne pouvaient rien posséder en propre. Aujourd'hui, cette situation a changé; les fils sont protégés par les pouvoirs publics contre les abus de puissance du père; l'aîné doit rester avec lui; les autres peuvent le quitter pour s'établir ailleurs; tous sont tenus de ses dettes. Les filles, en se mariant, échappent à la puissance paternelle pour entrer dans la famille du mari. La mort ne détruit pas les rapports de la famille; le membre le plus ancien devient le chef des diverses branches; c'est lui qui est l'arbitre des différends pouvant s'élever entre elles; il surveille les partages et protège les mineurs, attendu que la tutelle n'existe pas chez les Annamites. L'Annamite sans enfant mâle adopte souvent le fils d'un parent, pour ne pas laisser éteindre son nom et sa postérité. L'adopté entre dans la famille de l'adoptant et devient étranger à sa famille d'origine; aussi doit-il être toujours un fils cadet, car nous avons vu que le fils aîné reste avec le père. Parfois, l'adoption porte sur un enfant abandonné n'ayant pas encore trois ans; elle confère alors à l'adopté un simple droit sur la succession de l'adoptant, en le laissant étranger à sa postérité.

Les enfants n'ont droit à aucune réserve sur les biens de leur père qui peut, par testament, leur enlever toute sa succession. Sur ce qu'il leur laisse, tous les enfants sans distinction ont droit à une part égale. Cependant l'aîné des fils reçoit, en sus de sa part, une fraction du patrimoine, pour l'indemniser des frais que nécessitent l'entretien des tombeaux et la célébration du culte des ancêtres, dont il se trouve chargé. Cette fraction lui est attribuée par le père dans son testament, et, à défaut, par la famille après son décès, car sa destination a un caractère sacré. Elle porte le nom de *huong-hoa* et peut consister en meubles ou immeubles; elle est inaliénable aux mains de l'enfant qui la reçoit, mais elle peut être aliénée avec le consentement de tous les ayants droit. Elle ne doit jamais être attribuée aux femmes, car elles sont légalement incapables de continuer le culte familial.

Pour être propriétaire incommutable d'un immeuble, l'Annamite doit faire inscrire son titre sur un registre, dont l'établissement remonte à 1836, qui contient toutes les mutations et qui est tenu par les notables. Une instruction du 20 mai 1871 a conservé l'usage du registre, en substituant, dans l'inscription, des caractères français aux caractères chinois. Cette inscription constitue une présomption légale de propriété en faveur de celui au nom de qui elle a été faite; aussi, pour l'opérer, les notables exigent-ils un titre régulier; et, en cas de difficultés, ce sont les tribunaux qui doivent statuer.

L'hypothèque n'est pas connue des Annamites qui, pour obtenir du crédit, ont recours, comme les Hovas, à la vente à réméré, espérant toujours pouvoir reprendre le bien vendu. Pour le recouvrement de leurs créances, les prêteurs peuvent user de la contrainte par corps, car les décrets, du 12 août 1891 et du 23 juillet 1893 qui l'ont supprimée aux colonies, ne s'appliquent pas aux indigènes.

La loi annamite admet la preuve testimoniale, ainsi que le serment décisoire. Elle connaît l'acte sous-seing privé portant la signature des parties et l'acte authentique rédigé par le maire avec l'assistance de deux notables qui le signent avec lui et sur lequel est apposé le cachet de la commune. En Cochinchine, l'acte authentique peut être passé devant le notaire de Saïgon ou le greffier notaire. La transmission de la propriété immobilière ne peut être effectuée que par acte authentique.

Les magistrats français, chargés d'appliquer la législation locale aux Annamites, éprouvent souvent des difficultés sérieuses au sujet de la constatation de cette législation essentiellement imprécise. Aussi, des efforts ont-ils été tentés pour faire entrer la législation française dans les mœurs, partout où la chose a paru possible, dans l'intérêt de l'indigène et de l'occupation française. Un décret du 3 octobre 1883 a rendu applicables en Cochinchine les titres préliminaires et I et III du livre I du Code civil, avec quelques modifications; les actes de l'état civil ont été organisés par un autre décret du 3 octobre 1883. L'article 3 du premier décret du 3 octobre 1883 décidait qu'il serait rédigé un *Précis de législation annamite* fixant, d'après les lois et usages locaux, les principes du droit civil sur les matières traitées dans les autres titres du livre I du Code civil. Ce précis, aujourd'hui préparé, codifie, avec les titres IV, V, VI, VII, VIII, IX, X et XI du Code civil, les dispositions de la législation annamite sur l'absence, le mariage, le divorce, la paternité et la filiation, l'adoption, la puissance paternelle, la minorité et la majorité.

Mais les dérogations à la loi annamite les plus importantes ont été apportées en matière commerciale par un décret du 27 février 1892, afin de protéger les négociants contre les fraudes des négociants asiatiques étrangers et sujets français. Tous ces négociants exerçant un commerce ou une industrie en Indo-Chine,sont soumis aux dispositions du Code de commerce et des lois complémentaires dont la nomenclature suit : Livre Ier du Code de commerce, titre Ier, article 1er ; titre II, articles 15 et 16 ; titre III, section 1re, articles 18 à 50 modifiés par la loi du 24 juillet 1867 sur les sociétés; section II, article 64; titre IV, section I, II, III, IV, articles 91 à 108 inclusivement ; titre VII, article 109 ; titre VIII, section 1re, §§ I à XIII inclusivement; section II, articles 187 et 188; section III, article 189 ; — Livre III, titre 1er, chap. Ier à XI inclusivement, articles 463 à 583 ; titre II, chap. Ier, article 584 ainsi modifié : les cas de banqueroute simple seront punis des peines portées au code pénal métropolitain rendu applicable aux asiatiques par décret du 16 mars 1880 et jugés par les tribunaux de police correctionnelle sur la poursuite des syndics, de tout créancier ou du ministère public ; articles 585, 586, §§ 1, 2, 3, 4, 5 et 6; 587, 588, 589, 590 ; titre II, chap. II, articles 591, 592, chap. III, articles 593, 594, 595, 596, 597, 598, 599, 600; chap.

IV, articles 601, 602, 603 ; titre III, articles 604 à 614 inclus; — Lois des 24 juillet 1867 sur les sociétés, 4 mars 1889 et 4 avril 1889 sur la liquidation judiciaire.

Dans ses articles 3 et 4, le décret précité oblige l'asiatique qui veut exercer le commerce, à une déclaration faite huit jours à l'avance et le commerçant asiatique, d'après l'article 2, est assimilé aux commerçants français en ce qui concerne les tribunaux à saisir et la procédure à suivre.

§ II. — *Cambodgiens*

La loi cambodgienne autorise la polygamie et établit une certaine hiérarchie entre les diverses épouses, d'après les cérémonies qui ont présidé au mariage; elle admet le divorce qui peut être demandé par les deux conjoints. La femme n'a aucune capacité, aucune indépendance, soit avant soit après son mariage. Cependant il existe entre les époux une sotre de communauté d'acquêts, sur les biens de laquelle la femme prend un tiers à la dissolution du mariage. A la différence de ce qui a lieu chez les Annamites, l'autorité du père sur les enfants n'a rien de rigoureux; le fils n'y est plus soumis dès qu'il se marie ou occupe une situation.

Au Cambodge, la plus grande partie des terres est inculte, à l'état vacant; chacun y peut mener paître ses bestiaux et y couper du bois; tout particulier a le droit, moyennant une légère somme, de se faire attribuer une certaine contenance, dont il devient alors propriétaire, que nul ne peut plus lui enlever et dont il peut disposer. Tout individu propriétaire qui laisse sa terre inculte pendant trois ans, perd son droit sur elle et un autre peut s'en emparer sans avoir rien à payer. Une partie des terres appartient au roi, aux gouverneurs et aux bonzes; ils en perçoivent les revenus soit en les exploitant eux-mêmes, soit en les affermant.

SECTION IV

APPRÉCIATION CRITIQUE DU RÉGIME LÉGISLATIF COLONIAL ET PROJETS DE RÉFORME

Notre régime législatif colonial est, on vient de le voir, difficile à bien préciser dans ses lignes principales et dans ses détails, compliqué et en certains points inexact. Il a été rendu, depuis 1870, un certain nombre de décrets dont la légalité est contestable; ainsi la loi du 3 juillet 1877 sur les réquisitions militaires avait été déclarée applicable aux colonies par un décret du 17 septembre 1893. Des doutes s'élevèrent au sujet de la légitimité de ce décret qui a été abrogé par un autre du 30 août 1908, aux termes duquel, dans les colonies de l'Indo-Chine, de l'Afrique occidentale française, de Madagascar et du Congo, les réquisitions militaires sont réglementées par des arrêtés des gouverneurs généraux rendus en Conseil supérieur de gouvernement ou d'administration, après avis du conseil de défense et sous réserve de l'approbation du ministre des colonies.

En outre, la législation des décrets est arbitraire; elle peut, sans doute, avoir son utilité quand il s'agit de donner à des colonies nouvelles une organisation sommaire et provisoire; mais elle ne se conçoit plus dès que la colonie est quelque peu assise et qu'il n'est plus nécessaire d'agir aussi vite. Pour une colonie arrivée à un certain degré de maturité, le régime des décrets constitue un système déraisonnable qui, suivant l'observation fort exacte de M. Paul Leroy-Beaulieu (*Op. cit*, 5e édit. II, p. 691), a pour résultat de soustraire à l'examen attentif des représentants de la nation des affaires intéressant pourtant le pays tout entier dans le présent et l'avenir; de faire le vide autour des questions coloniales qui sont ainsi tranchées avec peu d'informations et de discussions. Le régime du décret s'analyse donc en un empiètement illégal de l'exécutif sur le législatif, empiètement qui excite à juste titre la méfiance et le mécontentement des colons.

La méthode de publication des lois et décrets aux colonies est, d'autre part, absolument défectueuse; elle constitue une complication inutile et une source de difficultés; en certains cas, on ne retrouve aucune trace d'une promulgation que l'on tient pourtant pour effectuée, parce qu'on a lieu de supposer qu'il en a été ainsi (cass. 25 juin 1880; *J. de droit int. privé*, 1880, p. 215). Par contre, quelquefois on promulgue deux fois; ainsi le Code civil a été promulgué deux fois au Sénégal, en 1805 et en 1830 (Bordeaux 28 mai 1889; S. 90, 2, 230). On a vu de plus que l'insertion du texte même de la loi n'est pas jugé utile, ce qui fait que le public connait l'arrêté de promulgation qu'il n'a pas intérêt à connaître, et non le texte de la disposition qui l'intéresse. Enfin le gouverneur peut retarder à son grè la mise en vigueur d'un décret ou d'une loi, et seul le ministre compétent a le droit de lui donner l'ordre de promulguer.

Pour tous ces motifs, la nécessité d'une réforme a été depuis longtemps reconnue ; plusieurs propositions à cet égard ont été faites qui n'ont pas abouti. Voici comment statuait le projet déposé par le gouvernement le 23 juin 1891, relativement aux Antilles et à la Réunion (*J. off. documents parlementaires*, Sénat, session ordinaire 1891, p. 221) : « les lois votées pour la métropole seront, à l'avenir, de plein droit et sauf dispositions contraires, applicables à la Martinique, à la Guadeloupe et à la Réunion » (art. 1er). Toutefois, l'article 2 disposait que : « le régime douanier, le régime de l'instruction publique, l'organisation judiciaire, les attributions des conseils généraux, le régime du travail et de l'émigration seront régis par des lois spéciales ». Et, déclarait l'article 8 : « La promulgation des lois et décrets applicables aux colonies résulte de leur insertion au *Journal Officiel* de la République Française. Ils seront exécutoires huit jours après que le Journal officiel qui les contient sera arrivé au siège du gouvernement ». La disposition du projet supprimant la promulgation par le gouverneur, était approuvée par tout le monde ; la réforme, on l'a vu, a déjà été faite pour l'Algérie, où elle a donné d'excellents résultats et elle devrait être généralisée a toutes les colonies sans exception ; la promulgation et la publication des lois doivent résulter d'un mode uniforme pour tout le territoire de la République.

En ce qui concerne maintenant la confection même de la législation coloniale, nous sommes d'avis qu'il faut supprimer le système du décret critiqué par la plupart des publicistes, à juste titre, pour les motifs qui ont été indiqués ci-dessus. Les décrets ne devraient tenir, dans les colonies arrivées à un certain degré de maturité, qu'une place négligeable, comme cela a lieu en Hollande et en Angleterre. Mais, une fois cette réforme faite, par quoi remplacer le décret qui est aujourd'hui la source principale de la législation coloniale? On peut, croyons-nous, s'inspirer très utilement à cet égard des vœux adoptés par le *Congrès des anciennes colonies* tenu à Paris, du 11 au 16 octobre 1909, sur le rapport de notre collègue, M. Girault. Bien que ce congrès ait limité son activité aux vieilles colonies et que le rapporteur n'ait envisagé, par suite, que la Réunion, les colonies d'Amérique, la Nouvelle-Calédonie et les Établissements français de l'Inde, on peut généraliser, à notre avis, et arriver à des propositions d'ordre absolu. (Voir les rapports dans le *Compte rendu des travaux du Congrès* publié en 1910, pp. 163, et s., et les vœux adoptés, pp. 139 et s.). Au début de son exposé, M. Girault estime à bon droit qu'il convient d'élaborer tout d'abord non pas une constitution générale pour toutes les colonies, chose impossible à raison de la diversité des éléments ethniques qui les composent, mais une série de constitutions applicables, sinon à chaque colonie ce qui serait excessif, du moins à divers groupements coloniaux. Ainsi ont procédé l'Angleterre comme la Hollande et, chez cette dernière, la loi organique de la colonie de Surinam du 31 mai 1865 est toute différente de celle du 2 septembre 1864 concernant les Indes Orientales. Complètement fausse, en effet, est la théorie suivant laquelle nos colonies seraient toutes de la même espèce, devraient toutes suivre les mêmes règles et les mêmes destinées. Rien de plus dangereux que cette assimilation qu'il faut repousser surtout en matière législative, car la mauvaise confection des lois est l'une des principales causes des mécomptes coloniaux. Quels seraient, dès lors, les divers groupements coloniaux à envisager au point de vue législatif?

Suivant nous, ils pourraient être au nombre de six comportant tous une loi constitutionnelle semblable dans son principe, quitte à varier dans les détails, ainsi qu'il sera dit ci-après. Le premier groupe comprendrait nos anciennes colonies où la population blanche est en nombre important, dont certaines sont représentées au parlement, qui ont ou ont eu des conseils généraux, dont la vie municipale présente des analogies marquées avec celles de la métropole. Il serait composé des Antilles, de la Réunion, de Saint-Pierre et Miquelon, de la Guyane, de l'Inde et de la Nouvelle-Calédonie. Dans le second, entreraient l'Algérie et la Tunisie, dont les affinités sont évidentes, en dépit de la diversité de leur régime politique. L'Indo-Chine formerait le troisième; et le quatrième grouperait l'Afrique occidentale et équatoriale. Madagascar et la Somalie figureraient dans un cinquième; et l'on rangerait dans le dernier les Établissements de l'Océanie, qui, à raison de leur physionomie spéciale, ne paraissent guère pouvoir être rattachés à l'un des groupes précédents. Il est bien entendu que nous donnons cette division à titre d'indication générale, sauf à tenir compte des modifications dont l'expérience pourrait, le cas échéant, démontrer le bien fondé.

Voici maintenant quelles devraient être les lignes principales des six grandes chartes coloniales, en conformité des vœux émis au congrès de 1900. Les lois votées par le parlement métropolitain ne sont pas applicables aux colonies. Des dispositions spéciales détermineront à quelles conditions ces lois seront applicables (art. 2 du projet de 1909). Les sources de la législation coloniale sont, suivant l'art. 3 du projet : 1° les lois votées par les Chambres et promulguées par le président de la République, 2° les décrets métropolitains (décrets du président de la République contresignés par le ministre des colonies), 3° les décrets coloniaux (décrets votés par le conseil législatif de la colonie sur la proposition du gouverneur et promulgués par lui). La loi peut régler n'importe quelle matière coloniale; mais une loi est nécessaire pour statuer, d'après l'article 5, sur les points qui font l'objet de la loi organique des colonies ou qui auront été traités dans une loi antérieure non abrogée. Une loi est également nécessaire pour statuer sur la législation civile et commerciale, sur la législation en matière criminelle et correctionnelle, sur l'organisation judiciaire et la compétence des tribunaux, sur le recrutement des armées de terre et de mer aux colonies, sur les rapports de la colonie avec la métropole. Cette énumération comprend les matières que le sénatus-consulte de 1854 plaçait déjà dans le domaine du sénatus-consulte (aujourd'hui domaine de la loi), ou seulement dans celui du décret en forme de règlement d'administration publique. Tel est le domaine de la loi; il est vaste, et le décret métropolitain qui est la règle suivant la législation actuelle, devient l'exception comme cela avait lieu sous la loi de 1833. Ainsi disparaît le régime des décrets, car un décret du chef de l'État ne sera plus désormais usité que pour les questions dans le détail desquelles on ne saurait obliger les Chambres à entrer et que pourtant il y aurait inconvénient à laisser voter par un conseil législatif local. Ces questions sont, aux termes de l'article 6 du projet : 1° la garde et la défense des colonies y compris la gendarmerie coloniale et les forces de police, 2° l'instruction publique, 3° la police des associations et des cultes, 4° le système des monnaies, des poids et mesures, 5° le régime des peines. Les décrets relatifs à ces points devront être pris en la forme des règlements d'administration publique.

A défaut d'une loi, il ne peut être statué que par décret colonial sur toutes les matières non comprises aux articles 5 et 6 du projet. Un décret colonial peut abroger ou modifier un décret métropolitain antérieur à la promulgation de la loi organique (article 7 du projet).

Reste à déterminer par qui seront faits les décrets coloniaux. Sous la monarchie de juillet, on l'a vu, ces décrets étaient votés par le Conseil colonial; également, à Surinam, ce sont les États coloniaux qui examinent et approuvent les ordonnances coloniales présentées par le gouverneur.

Le projet voté par le congrès de 1909 propose, dans son article 8, un *Conseil législatif* composé d'un petit nombre de personnages compétents, mais de façon que, lorsqu'il s'agit de voter, les représentants de la population forment la majorité.

En ce sens, l'article 8 du projet porte que le Conseil législatif colonial est composé : 1° du gouverneur président, 2° du fonctionnaire de l'ordre administratif le plus élevé en grade après le gouverneur, 3° du chef du service judiciaire, 4° du président du conseil colonial, 5° de trois membres élus chaque année par le conseil colonial, 6° d'un délégué élu par les chambres de commerce et d'un délégué élu par les chambres d'agriculture.

Pour chaque projet de décret, le gouverneur et le chef du service judiciaire désignent chacun un membre choisi à raison de ses connaissances techniques ou de son savoir juridique qui prend part à la délibération, mais avec voix consultative seulement.

Le gouverneur, suivant l'article 9 du projet, a seul l'initiative des décrets coloniaux; le Conseil législatif se réunit, sur sa convocation, chaque fois qu'il le juge nécessaire; ses séances ne sont pas publiques. Le Conseil législatif discute, adopte ou rejette les projets de décrets qui lui sont présentés par le gouverneur. Il peut les amender, mais le gouverneur a le droit de retirer le projet jusqu'au moment où l'ensemble des articles est mis aux voix. Le texte du décret colonial adopté par le Conseil législatif est promulgué dans les trente jours par le gouverneur. La formule de promulgation est la suivante : « Le Conseil législatif de la colonie a adopté ...... Le gouverneur promulgue le décret colonial dont la teneur suit ...... A ...... le ...... » (article 10).

Suivant l'article 11, chaque colonie aura un recueil périodique intitulé *Journal officiel de la colonie*, paraissant une fois par semaine au moins.

On publiera dans ce recueil les textes des lois et des décrets métropolitains applicables à la colonie, celui des décrets coloniaux, le compte rendu *in extenso* des séances du Conseil législatif et du Conseil colonial, le budget et les comptes administratifs de la colonie et de ses communes, le tirage d'amortissement des emprunts contractés par elle, le mouvement du personnel administratif, les résultats des recensements et le mouvement de la population (mariages, naissances, divorces, décès), la situation mensuelle de la banque, les statistiques mensuelles et annuelles du commerce et de la navigation, ainsi que tous les actes administratifs et tous les renseignements économiques ou autres que le gouverneur jugera utile de porter à la connaissance des habitants.

Aux termes de l'article 12, les lois et décrets métropolitains concernant les colonies seront promulgués par le gouverneur et publiés par lui au *Journal Officiel* de la colonie. Les délais dans lesquels ils seront exécutoires, seront fixés, suivant les distances, par décret colonial. Les décrets coloniaux promulgués par le gouverneur seront exécutoires, suivant l'article 13, dans un délai qui sera fixé, suivant les distances, par décret colonial.

L'insertion au *Journal Officiel* devra avoir lieu dans le même délai que la promulgation (dans les trente jours qui suivront l'adoption du décret colonial par le Conseil législatif).

Les réformes que nous venons d'indiquer, suivant les vœux émis par le congrès des anciennes colonies, sont pour la plupart très judicieuses, bien que nécessitant quelques réserves relativement à certaines colonies. L'idée primordiale qui veut que chaque colonie ait sa loi organique, est excellente pour toutes et peut, par suite, être appliquée partout. Nous en dirons autant des dispositions des articles 5, 6 et 7 du projet, qui répartissent les matières coloniales entre le législatif et l'exécutif, soit métropolitain soit colonial. La création d'un Conseil législatif colonial nous paraît également de nature à rendre des services réels dans toutes les colonies, même en Tunisie où il serait facile de sauvegarder, par des mesures spéciales de forme, la souveraineté apparente du Bey. Seulement, tandis que pour les vieilles colonies la participation de l'élément politique composé des trois membres élus par le conseil colonial ne saurait présenter aucun danger, étant donné le degré de civilisation coloniale et la présence des trois fonctionnaires et des délégués des chambres de commerce et d'agriculture, il pourrait y avoir, au contraire, des inconvénients assez sérieux, pour les colonies nouvelles, à donner une aussi grande place à cet élément, bien qu'en minorité. Il faudrait donc le restreindre en certains pays neufs, et même le supprimer en d'autres où la domination française n'est pas encore tout à fait acceptée, en suivant l'exemple de prudence que nous donnent les Anglais qui agissent de même là où ils risqueraient d'être battus en brèche. M. Girault, dans son projet précité, proposait cette solution très défendable de constituer le conseil colonial dans les vieilles colonies par la simple réunion des maires de la colonie (*rapport* précité p. 183). Le Congrès n'est pas allé jusque là; mais il a décidé que les Conseils coloniaux seraient constitués suivant les règles de composition actuelle des Conseils généraux, et qu'ils exerceraient les mêmes attributions que ces assemblées. Or, nous verrons ci-après, au chapitre suivant, que les Conseils généraux ont été supprimés dans certaines colonies et qu'on n'est pas disposé, loin de là, à en instituer là où ils n'existent point. Dès lors, la création du Conseil colonial, bonne en soi dans une colonie suffisamment mûre pour l'exercice des libertés publiques, ne sera pas de longtemps possible pour certaines colonies jeunes où l'élément européen est fortement combattu par l'indigène et constitue une infime minorité. Par suite, si l'on voulait, en ces colonies, faire appel à la représentation indigène au Conseil législatif, il faudrait procéder, suivant la nature et le développement de chacune, soit par la nomination par le gouverneur parmi les notables, soit par l'élection par un collège restreint et offrant les garanties voulues pour la sécurité de la métropole. Enfin, nous ne verrions aucun inconvénient à donner l'initiative des décrets coloniaux à l'élément non fonctionnaire du Conseil législatif. Il n'y aurait aucun danger à redouter pour la métropole ou la colonie, puisqu'en définitive la majorité du Conseil aurait le dernier mot ; et on ne pourrait plus accuser le gouverneur d'arrêter, par son aveugle obstination, une réforme jugée, par la majorité, utile ou nécessaire.

Sur ces bases, la réforme législative coloniale dont nous venons d'étudier les grandes lignes, paraît devoir donner de bons résultats ; en tous cas, elle répond aux griefs qui ont été formulés contre le régime actuel ; et il est intéressant de rapprocher le projet du congrès de 1909 de la constitution coloniale la plus récente, celle du Congo belge votée par les chambres belges, après de longues discussions. La loi sur le gouvernement du Congo belge du 15 octobre 1908, dite charte coloniale, prévoit dans son article 1er que la colonie nouvelle est régie par des lois particulières, en sorte que les lois belges ne lui sont pas de plein droit applicables et qu'elle est soumise au système de la loi spéciale que le roi et le gouverneur général sont chargés d'appliquer. Le roi exerce le pouvoir législatif par voie de décrets, sauf quant aux objets qui sont du domaine de la loi. La colonie ne peut emprunter, garantir le capital d'un emprunt, exécuter des travaux sur ressources extraordinaires qu'en vertu d'une loi. Suivant l'article 24, il est institué un Conseil colonial composé du ministre des colonies président et de quatorze conseillers, huit nommés par le roi, trois choisis par la Chambre des représentants et trois par le Sénat. Le conseil peut être consulté sur toutes questions et doit l'être pour les décrets, sauf en cas d'urgence. Il demande au gouvernement tous les renseignements qu'il juge utiles pour ses travaux et émet des vœux.

CHAPITRE II

Le régime politique

Le régime politique colonial a nécessairement varié avec les diverses constitutions de la France ; les libertés locales, les corps politiques locaux et la représentation au parlement métropolitain forment tout autant de problèmes qui sont résolus dans un sens plus ou moins libéral, suivant la condition politique plus ou moins libérale de la métropole. Il semble qu'aujourd'hui la troisième République ait concédé aux colonies un ensemble de libertés suffisant pour assurer la participation raisonnable du colon et de l'indigène à la direction des affaires coloniales, sans cependant trop amoindrir le droit de contrôle métropolitain. Nous allons nous occuper tout d'abord des *droits individuels*, du *régime politique de la personne* du colon et de l'indigène ; nous étudierons ensuite le rôle et l'organisation des divers *corps locaux représentatifs* par lesquels colons et indigènes participent à *la gestion des intérêts coloniaux* ; nous examinerons enfin comment ces intérêts coloniaux sont *représentés dans la métropole.*

SECTION PREMIÈRE

LE RÉGIME POLITIQUE INDIVIDUEL

Les Français qui vont aux colonies jouissent des mêmes droits que dans la métropole, sous la réserve des précautions que peut prendre cette dernière à divers points de vue, par exemple à propos de la liberté de la presse, des droits de réunion et d'association, etc. Spécialement, quant au suffrage politique, une tradition constante veut que le Français qui traverse les mers pour aider, par la colonisation, à l'agrandissement et à la prospérité de son pays, ne soit point frappé d'une sorte de *capitis deminutio* qui serait à la fois maladroite et injuste. En vertu du même principe, les térangers sont exclus des droits politiques, comme ils le seraient dans la métropole elle-même. En sont encore exclus les Français qui, dans la métropole aussi, n'auraient pu les exercer : transportés, relégués, libérés des établissements coloniaux pénitentiaires, militaires et assimilés des armées de terre et de mer, des troupes métropolitaines coloniales.

Beaucoup plus délicate est la détermination de la condition à attribuer aux *noirs et gens de couleur*; nous avons vu que l'Assemblée législative avait, par un décret du 28 mars 1792, concédé tous les droits politiques sans distinction à tous les noirs et mulâtres. Cette égalité disparue avec la Révolution fut rétablie par une loi du 24 avril 1833, dont l'article 1er décidait que toute personne née libre ou ayant acquis légalement la liberté jouit dans les colonies françaises des droits civils et des droits politiques. En dépit de cette égalité, les blancs avaient encore la majorité, soit parce qu'ils étaient supérieurs en nombre, soit parce que les noirs et gens de couleur n'étaient le plus souvent ni électeurs, ni éligibles, comme ne réunissant pas les conditions censitaires prévues par le système électoral de l'époque. Mais les choses ont changé complètement de face, par suite de l'abolition de l'esclavage et de l'introduction du suffrage universel réalisées par la révolution de 1848; aujourd'hui les gens de couleur forment, dans certaines colonies, spécialement aux Antilles, la grosse majorité des électeurs. Cette situation a soulevé dans certains milieux des craintes sérieuses dont M. Paul Leroy-Beaulieu s'est fait l'interprète autorisé, se demandant si, l'élément noir éliminant l'élément blanc, les Antilles n'allaient pas retomber dans la barbarie, à l'image de Saint-Domingue (*op. cit.*, I, p. 249). Il a été répondu que ces craintes étaient exagérées; que les noirs et les blancs s'abstenaient généralement dans les élections aux Antilles, les premiers par insouciance ou ignorance, les seconds par fierté ou par impuissance, en sorte que, seuls, les mulâtres s'intéresseraient aux affaires publiques, occuperaient les fonctions électives et les diverses situations administratives. Or, a-t-on ajouté, ces mulâtres, actifs, intelligents, aptes aux affaires, dévoués à la France et aux institutions républicaines, constituent un élément dirigeant duquel on peut tout espérer (Girault, *op. cit.*, II, p. 154). Il y a certes une bonne part de vérité dans l'affirmation de notre collègue. Pourtant, on ne saurait se défendre d'un sentiment d'appréhension bien légitime, quand on considère la façon singulière dont certains Conseils généraux envisagent les intérêts de leur colonie, en supprimant, par exemple, à peu près complètement, l'immigration de la main-d'œuvre étrangère indispensable aux plantations; quand on se remémore certains actes de vandalisme, tels que les incendies de 1899 à la Guadeloupe et les grèves sanglantes de la Martinique de 1900; quand on se rappelle la corruption, les rixes et les excès de toute sorte dont sont trop souvent entachées les élections législatives ! Et ce sentiment d'appréhension augmente, si l'on rapproche de cette situation politique, plutôt mauvaise, la regrettable condition économique qui malheureusement ne tend nullement à s'améliorer aux Antilles, ainsi que nous l'avons démontré ci-dessus, en étudiant, dans la section II du chapitre II de la 1re partie, la *Condition actuelle des colonies françaises*.

Les indigènes de nos colonies sont devenus, par l'annexion, nous l'avons indiqué ci-dessus, *sujets français et non citoyens*. Donc, en principe, ils sont privés du droit de suffrage. En agissant ainsi, on a évité dans les autres colonies le danger que nous venons de signaler relativement aux noirs et gens de couleur des Antilles. On n'est plus exposé à voir l'élément blanc débordé et noyé dans une masse indigène ignorante, superstitieuse, que des meneurs adroits feraient voter à leur guise et sans même qu'elle se doutât du sens des votes par elle émis d'une manière absolument inconsciente. Toutefois cette appréciation générale, très exacte pour les populations primitives de certaines de nos colonies africaines, eût été inexacte pour certaines autres, soit d'Afrique, soit d'Asie, et l'on a été amené à leur égard à adopter le régime de l'assimilation politique.

En *Algérie*, on l'a vu, les israélites indigènes sont, en vertu du décret du 24 octobre 1870, devenus citoyens français et jouissent à ce titre des droits politiques; ils ont spécialement le droit de suffrage, pourvu qu'ils réunissent les conditions d'âge, de capacité et de résidence imposées. Quant aux indigènes musulmans, ils sont seulement sujets français et non citoyens; leur condition est réglée par le sénatus-consulte du 14 juillet 1865 dont l'article 1er dispose: « l'indigène musulman est français; néanmoins il continuera d'être régi par la loi musulmane ; il peut être admis à servir dans les armées de terre et de mer. Il peut être appelé à des fonctions et emplois civils en Algérie. Il peut, sur sa demande, être admis à jouir des droits de citoyen français; dans ce cas, il est régi par les lois civiles et politiques de la France». Ainsi l'indigène musulman est investi de certains droits politiques : servir dans les armées, exercer des fonctions publiques; il est, sous certaines conditions, électeur, sinon aux élections législatives, du moins aux élections municipales et coloniales; il fait partie des assemblées algériennes. Son incapacité est donc strictement limitée aux élections des députés et sénateurs algériens. Elle cesse quand l'indigène obtient la qualité de français, grâce à une procédure extrêmement simple et rapide. A vingt et un ans accomplis, il fait simplement une demande d'admission à la jouissance des droits du citoyen français, en déclarant qu'il entend être régi par les lois civiles et politiques françaises. Après enquête favorable, la qualité de citoyen est conférée, s'il y a lieu, par un décret présidentiel contresigné par le ministre de la justice. Désormais l'indigène est électeur et éligible au parlement, aux conseils généraux et municipaux, aux délégations financières, au titre français. D'autre part, il cesse d'être soumis au régime de *l'indigénat* que nous étudierons au chapitre VI consacré au *Régime judiciaire*; il échappe à toutes les prohibitions et mesures de police qui sont dirigées contre les indigènes. Dès lors, son statut personnel est absolument régi par la loi française quant à son état et à sa capacité, pour les successions, la condition des immeubles, etc.

L'acquisition de la qualité de citoyen français avec toutes ses conséquences, par la voie de la renonciation au statut personnel, est admise pour des colonies autres que l'Algérie. Un décret du 25 mai 1881 statue, en son article 1er, que l'indigène *annamite* né et domicilié en *Cochinchine* peut, sur sa demande, à partir de 21 ans, être appelé à jouir des droits de citoyen français, auquel cas il est régi, avec sa femme et ses enfants mineurs, par les lois civiles et politiques françaises. L'impétrant doit justifier de la connaissance de la langue française. Les articles 2 et suivants indiquent les formalités de la demande, les autorités chargées de statuer, etc.

Les indigènes de *l'Inde et du Sénégal* peuvent également renoncer à leur statut personnel. Un décret du 21 septembre 1881 a réglé la forme et les effets de la renonciation. Suivant l'article 1 *in fine* de ce décret, par le fait de cette renonciation définitive et irrévocable, ils sont régis, ainsi que leurs femmes et leurs enfants mineurs, par les lois civiles et politiques françaises. Cette situation avait créé un danger pareil à celui déjà signalé à propos des gens de couleur aux Antilles; les renonçants débordaient complètement les européens. En conséquence, un décret du 26 février 1884 avait prévu trois listes électorales que le décret du 10 septembre 1899 a réduites à deux : la première englobe les européens et leurs descendants avec les assimilés, et, la seconde, les natifs dans lesquels on comprend les indiens renonçants, à l'exception de ceux indiqués dans l'article 4 du décret prévoyant certaines situations spéciales. Si, dans une commune ou un établissement, le nombre des natifs ayant renoncé au statut personnel devient égal ou supérieur à la moitié des natifs n'ayant pas renoncé, il est formé une liste spéciale sur laquelle ils seront inscrits. Dans les élections pour les divers conseils locaux, la première et la deuxième liste élisent chacune, en principe, la moitié des conseils en question. Les indigènes sont électeurs sans condition; mais, pour pouvoir être éligibles aux fonctions de conseiller général et de conseiller local, il faut qu'ils sachent parler, lire et écrire le français, suivant le décret du 24 février 1885, article 1er. Un décret du 8 avril 1898 a statué sur le mode d'établissement et de distribution des cartes électorales.

Indépendamment de l'acquisition des droits politiques par suite de la renonciation au statut personnel, la loi admet encore, pour certains indigènes, l'assimilation politique qui date de 1848. La Cour de Cassation a décidé que, de par l'annexion, les *indigènes du Sénégal et de l'Inde française* étaient devenus français de plein droit et jouissaient des droits politiques; et, depuis cette période, le droit de suffrage a été reconnu à ces indigènes (cass. 6 mars 1883, D.P. 83, I, 308). Mais, au Sénégal, votaient seulement les citoyens inscrits dans les communes de plein exercice, parce que l'élection des députés nécessite des rouages qui n'existaient que dans ces communes. Il y avait là une injustice doublée d'une anomalie. Aussi un décret du 5 janvier 1910 a-t-il étendu le droit de vote aux citoyens français n'habitant pas les communes de plein exercice et a-t-il constitué les organes qui tiendront lieu des autorités et des commissions diverses que l'électorat législatif fait intervenir dans les communes de plein exercice. Les indigènes dont nous venons de parler, conservant leur statut personnel, la législation française ne leur est pas applicable et, par suite, ils ne peuventpas être inscrits sur les listes électorales en dehors de leur colonie d'origine (cass. 28 juillet 1908). Le droit de vote a été étendu aux indigènes de *Tahiti et dépendances* par l'article 3 de la loi du 30 décembre 1880 approuvant l'annexion.

Les indigènes privés du droit de vote aux assemblées métropolitaines ou coloniales, ont été cependant appelés par des textes divers à une certaine participation à l'organisation politique, administrative, financière, économique et judiciaire de nos colonies. Nous retrouverons ces divers textes au fur et à mesure de nos explications ultérieures; il paraît donc inutile d'y insister pour le moment.

La *liberté de la presse* a été accordée à l'Algérie et aux autres *colonies* par l'article 69 de la loi du 29 juillet 1881. Et les lois restrictives qui sont venues dans la métropole modifier la législation de la presse, n'ont pas été, en général, étendues aux colonies. Toufefois, dans certaines, les gouverneurs généraux ont cru devoir, en présence de menées hostiles, susciter des mesures de précaution. Suivant le décret du 30 décembre 1898, relatif au régime de la presse en *Indo-Chine*, un arrêté du gouverneur général peut interdire la circulation des journaux et écrits périodiques publiés à l'étranger en toutes langues. D'après l'article 2 de ce décret, la publication en Indo-Chine de tout journal ou écrit périodique rédigé en langue annamite, chinoise ou toute autre langue étrangère, ne pourra avoir lieu sans autorisation préalable du gouverneur général. Ces dispositions sont appliquées à *Madagascar* par un décret du 16 février 1901 et elles devraient être généralisées à toutes les colonies de date récente.

Le régime de la presse est donc le même dans l'Algérie et les colonies que dans la métropole, sous les réserves qui précèdent. Mais, par la force même des choses, une exception doit être faite pour les colonies où ne fonctionne pas l'institution du jury. Le décret du 14 mars 1882 a décidé que dans les colonies *de la Guyane, du Sénégal, de Saint Pierre et Miquelon, de la Nouvelle-Calédonie, en Cochinchine, dans les Établissement de l'Inde et de l'Océanie*, le tribunal correctionnel connaîtrait des crimes et délits prévus par la loi du 29 juillet 1881 . Le tribunal est composé conformément à la législation locale; mais si le prévenu fait défaut, il est jugé par le tribunal criminel, sans assistance ni intervention des assesseurs.

En *Tunisie*, la loi de 1881 n'est pas applicable; les délits de presse sont jugés par les tribunaux correctionnels (de l'*ouzara* pour les indigènes), suivant un décret beylical du 14 octobre 1884 qui statue qu'une autorisation préalable est nécessaire pour exercer la profession de crieur, vendeur et distributeur sur la voie publique et dans les rues ou réunions publiques, d'écrits, dessins, emblèmes. En cas de condamnation, les journaux sont astreints à consigner, dans le délai de trois jours, une somme égale au montant des frais, amendes, réparations civiles s'il en a été prononcé, et qui, lorsqu'il y a emprisonnement, ne pourra être inférieure à 500 francs. A défaut de consignation, la publication est suspendue.

Les libertés publiques autres que celle de la presse n'ont pas été aussi libéralement attribuées aux colonies. Seules les *colonies représentées au Parlement* jouissent de la liberté de réunion, suivant l'article 13 de la loi du 30 juin 1881. La loi du 21 mars 1884 sur les syndicats professionnels a été appliquée aux *Antilles* et à la *Réunion* par son article 10, et étendue à la *Nouvelle-Calédonie*, aux *Établissements de l'Océanie*, à la *Guyane*, à *Saint-Pierre* et *Miquelon*, par des décrets des 16 mai 1901, 8 janvier, 7 juin et 3 octobre 1905, mais avec cette réserve que les immigrants ne peuvent faire partie des dits syndicats. En *Tunisie*, le droit d'association est placé, par le décret beylical du 15 septembre 1888, sous le régime de l'autorisation préalable ; quant au droit de *réunion*, il est réglementé d'une façon assez restrictive par le décret du 13 mars 1905.

SECTION II

LES CORPS LOCAUX REPRÉSENTATIFS DES INTÉRÊTS COLONIAUX

TITRE PREMIER

Les Municipalités

ARTICLE PREMIER

Algérie

Il y a, en Algérie, trois catégories de communes : *communes de plein exercice*, *communes indigènes* et *communes mixtes*. Les premières se rencontrent en territoire civil ; les secondes en territoire militaire. Quant aux communes mixtes, on les trouve indistinctement dans les deux territoires ; toutefois, au fur et à mesure qu'augmente le territoire civil, les communes mixtes tendent de plus en plus à disparaître du territoire militaire. Occupons-nous successivement des trois catégories, qui réunies donnent un total de 330 communes, d'une superficie de 20.125.192 hectares et d'une population de 4. 720. 974 habitants.

§ I. — *Communes de plein exercice*

L'organisation de ces communes remonte à l'ordonnance royale du 28 septembre 1847 dont l'article 1er statue que : « les centres de population de l'Algérie pourront être érigés en communes par ordonnances, lorsqu'ils auront acquis le développement nécessaire ». L'administration des communes algériennes de plein exercice est, en principe, la même que celle des communes françaises ; et la loi municipale du 5 avril 1884 a été déclarée applicable à l'Algérie par l'article 164. Il en a été de même de certaines lois postérieures, notamment de celle du 8 janvier 1905 supprimant l'autorisation nécessaire aux communes et aux établissements publics pour ester en justice (article 4). On relève toutefois certaines différences entre la commune algérienne et la commune française. En Algérie, suivant l'article 164 précité de la loi de 1884, il peut être attribué des indemnités aux maires, sauf approbation du gouverneur général; on sait qu'en France où les fonctions municipales sont gratuites, les maires des grandes villes se font allouer abusivement des indemnités de fonction. En Algérie, suivant le même texte, quand il s'agit de modifier la circonscription territoriale d'une commune, de façon à changer les limites de l'arrondissement ou d'ériger une commune nouvelle, il est statué par décret pris après avis du Conseil général. Au contraire, en France, il faut, en pareil cas, une loi et l'avis du conseil d'État.

Mais la différence principale que l'on rencontre entre la commune française et la commune algérienne de plein exercice, tient à la dualité des administrés. Aussi, le conseil municipal comprend-il des conseillers français et des conseillers indigènes. Les premiers sont élus par les citoyens français et, suivant l'article 10 de la loi de 1884, leur nombre ainsi que celui des adjoints français sont basés sur le nombre des habitants. Suivant le décret du 7 avril 1884, dès que la population musulmane atteint le chiffre de cent invidus, elle a droit à un conseiller municipal indigène et à deux lorsqu'elle s'élève de cent à mille ; au-dessus de ce chiffre, elle nomme en plus un conseiller municipal par chaque excédent de mille habitants musulmans, sans que le nombre de ces conseillers puisse jamais dépasser soit le quart de l'effectif total du conseil, soit le nombre de six.

Le décret du 7 avril 1884 règle, dans ses articles 2 et 3, les conditions concernant les électeurs et les éligibles. D'après l'article 2, l'électorat comporte les conditions suivantes : âge de vingt-cinq ans, résidence de deux années consécutives dans la commune; être propriétaire foncier ou fermier rural, ou employé de l'État, du département ou de la commune, ou membre de la légion d'honneur ou décoré de la médaille d'honneur, ou d'une médaille commémorative donnée ou autorisée par le gouvernement français, ou jouir d'une pension de retraite. Les indigènes qui remplissent les conditions voulues, doivent, pour être inscrits sur la liste des électeurs, en faire la demande et indiquer le lieu et la date de leur naissance. L'article 3 déclare éligibles au titre musulman : 1° les citoyens français ou naturalisés qui remplissent les conditions fixées par l'article 11 de la loi municipale; 2° les indigènes musulmans âgés de vingt-cinq ans et domiciliés dans la commune depuis trois ans au moins, inscrits sur la liste des électeurs musulmans de cette commune. Aux termes de l'article 4, les conseillers élus par les indigènes musulmans siègent au conseil municipal au même titre que les conseillers français; mais ils ne prennent part à la désignation des délégués pour les élections sénatoriales, et à la nomination du maire et des adjoints, que s'il sont citoyens français.

Les maires et adjoints des communes algériennes doivent être citoyens français. Toutefois, l'article 5 du décret de 1884 prévoit la nomination d'adjoints indigènes dans les communes de plein exercice où la population musulmane est assez nombreuse pour qu'il y ait lieu d'exercer à son égard une surveillance spéciale. Le préfet détermine par des arrêtés les communes où doivent être établis des adjoints indigènes, ainsi que leur nombre, leur résidence et leur traitement. Ils peuvent être pris en dehors du conseil municipal et de la commune; mais, en ce cas, ils ne siègent pas au conseil municipal. Suivant l'article 6, l'autorité des adjoints indigènes ne s'exerce que sur leurs coreligionnaires. Indépendamment des attributions qui peuvent leur être déléguées par le maire, ces adjoints sont particulièrement chargés de fournir à l'autorité municipale tous les renseignements intéressant la tranquillité et la police du pays; d'assister les agents du trésor et de la commune dans les opérations de recensement en matière de taxes et d'impôts; de prêter, à toute réquisition, leur concours aux agents de recouvrement des deniers publics; de veiller spécialement à ce que les déclarations de naissance et de décès, de mariage et de divorce soient faites exactement par leurs coreligionnaires à l'officier de l'état civil. Ils ne sont chargés de la tenue des registres de l'état civil musulman qu'en vertu d'une délégation spéciale du maire. Il y a en Algérie 268 communes de plein exercice.

§ II. — *Communes mixtes*

Après diverses variations, l'article 7 du décret du 7 avril 1884 décide que des arrêtés du gouverneur général délibérés en conseil de gouvernement pourvoient à la création et à l'organisation des communes mixtes. Il ajoute : dans les centres européens compris dans le périmètre des communes mixtes, les adjoints et les membres français des commissions municipales, dont le nombre continuera d'être fixé par les arrêtés de création, sont élus par les citoyens français inscrits sur les listes électorales. La commune mixte est une création arbitraire du pouvoir administratif englobant des territoires contenant des douars et des tribus. Il y a là des centres de population renfermant à la fois des européens et des indigènes, possédant des ressources propres, mais n'ayant pas encore une population européenne suffisante pour être constitués en communes de plein exercice. La commune mixte est une circonscription politique et administrative bien plus vaste que les communes françaises, ayant souvent les dimensions d'un arrondissement et jusqu'à 60, 80 et même 100.000 habitants, comme celle de Soumam dans la Kabylie. Les communes mixtes ont les principaux caractères de l'organisation municipale : personnalité civile, budget distinct, biens communaux, actes de l'état civil ; mais il leur manque les droits d'élection, les franchises municipales ; elles sont tenues sous une tutelle assez étroite par l'administration.

La gestion de la commune mixte varie suivant qu'elle se trouve en territoire civil ou en territoire militaire. En territoire civil, l'autorité est aux mains d'un fonctionnaire appelé *administrateur*. Des arrêtés des gouverneurs généraux de l'Algérie, des 25 novembre 1897, 29 juin 1906 et 20 juin 1907, ont réglementé l'organisation, les diverses classes, le traitement, le recrutement et l'avancement des corps des administrateurs des communes mixtes. Ils se recrutent, sauf exception, par la voie du concours et, une fois reçus, font un stage d'un an à suite duquel ils sont nommés adjoints de 3e classe ou congédiés. L'administrateur de la commune mixte est à la fois agent du gouvernement et, comme maire, dépositaire des intérêts communaux. Il est officier de l'état civil et de police judiciaire.

A côté de l'administrateur se trouve une commission municipale déterminée par l'arrêté du gouverneur général qui crée la commune. Elle est présidée par l'administrateur et comprend des adjoints français et indigènes nommés, les premiers, à l'élection, et les seconds, par le gouverneur général, ainsi que des membres français élus. Dans la commune mixte, les centres européens forment chacun une section ayant son adjoint chargé de l'état civil et des membres de la commission municipale en nombre variable suivant l'importance de la section. Également les douars forment des sections administrées par un adjoint indigène et une *djemmaa* composée de notables appelés *kébir* en pays arabe et *amin* en pays kabyle. Les diverses sections indigènes et françaises ont leur patrimoine propre et leur personnalité civile. Le douar est représenté en justice par l'administrateur. Les communes mixtes du territoire civil sont au nombre de 75.

En *territoire militaire*, la commune mixte est administrée par une commission municipale composée du commandant du cercle ou chef de l'annexe, président, jouant le rôle de maire, du commandant de place, du juge de paix, des adjoints du chef-lieu et des sections de la commune et de cinq habitants. Rappelons que, suivant l'article 7 du décret précité de 1884, les adjoints et les membres français de la commission sont élus par les citoyens français portés sur les listes électorales dans les sections de commune où se trouvent des centres de population européenne. Les fonctions d'officier de l'état civil incombent au commandant de place ou à un adjoint civil délégué. Les communes mixtes du territoire militaire sont au nombre de trois.

§ III. — *Communes indigènes*

Le décret du 20 mai 1868 avait organisé ces communes sous le nom de communes subdivisionnaires ; un arrêté du gouverneur général du 13 novembre 1874, les réorganisasous le nom de communes indigènes qui leur a été conservé. Voir article 7 du décret du 7 avril 1884 qui statue que la création et l'organisation de ces communes sont établies par des arrêtés du gouverneur général délibérés en conseil de gouvernement. La commune indigène, personnalité morale ayant son budget propre, est administrée par le commandant supérieur du cercle ou le chef de l'annexe investi des fonctions de maire et assisté d'une commission municipale où se rencontrent des notables indigènes représentant les douars, à côté du chef du bureau arabe, du commandant du génie et du sous-intendant militaire. Les communes indigènes peuvent avoir un adjoint civil nommé par le gouverneur général et rétribué partie sur les fonds d'État et partie sur les fonds communaux. Il y a quatre communes indigènes en territoire militaire.

Les *Douars*, sections des communes indigènes, ont leur personnalité et leur patrimoine propres. Ils constituent les véritables unités indigènes et sont administrés par un *caïd* assisté d'une *djemmaa* composée de notables qui délibèrent sur les points intéressant la section; leurs délibérations ne sont exécutoires qu'après approbation expresse.

ARTICLE II

Tunisie

En 1858, le bey Sadok dota Tunis d'une sorte de corps municipal dont le fonctionnement ne donna aucun résultat satisfaisant. Les premiers essais d'organisation municipale sérieuse dans la Régence datent du protectorat français; la municipalité de Tunis fut reconstituée sur des bases sérieuses en 1883; puis furent créées celles de la Goulette, de Kef, de Bizerte, de Sousse et de Sfax. Vint enfin le décret du 1er avril 1885 qui a posé les règles constitutives de l'organisation communale dans le pays; ce décret s'inspire de la loi municipale française du 6 avril 1884 qui y est textuellement reproduite en un certain nombre de ses parties. Seulement le pouvoir central a gardé la haute main sur l'administration communale, car il ne lui a point paru possible d'admettre l'autonomie et la décentralisation de la commune française, dans un pays où notre domination n'est peut-être pas encore assise sur des bases inébranlables. Le pouvoir central nomme tout le corps municipal, dont les délibérations pour être exécutoires ont besoin de l'approbation du premier ministre. Du reste, il faut faire observer que les communes tunisiennes n'absorbent point, tant s'en faut, tout le territoire tunisien; elles n'en représentent, au contraire, qu'une portion infime.

La commune tunisienne constitue, comme la commune française, une unité administrative et une personne morale. Elle est créée par décret du bey qui détermine son périmètre et lui constitue un domaine. Suivant son importance plus ou moins considérable, la commune est administrée par une municipalité, une commission municipale ou une commission de voirie; les conseillers qui les composent sont en général présidés par le *caïd*, agent du pouvoir central. Un vice-président français se trouve également dans les municipalités et les commissions municipales, sauf à Tunis où il y a deux vice-présidents, qui, ainsi que le président, sont nommés par décret rendu en conseil des ministres. C'est le vice-président français qui est, en fait, chargé de l'administration municipale, par délégation du président; dans les commissions de voirie, la même délégation est faite à un conseiller français. Le président — remplacé en fait comme il vient d'être dit — est à la fois le délégué de l'administration et le chef de la commission et demeure également chargé de la police municipale.

Les divers groupements dont nous venons de parler, n'ont entre eux que des différences peu importantes; ils peuvent tous être propriétaires, débiteurs et créanciers; on constate toutefois que les commissions de voirie ne s'occupent guère, en fait, que des services du balayage et de l'éclairage. On a constitué aux groupements en question des ressources spéciales dont il sera question ci-après à propos du budget des communes, au chapitre IV consacré au *Régime financier*.

ARTICLE III

Antilles et Réunion

Sauf quelques légères modifications, l'organisation municipale de la *Martinique*, de la *Guadeloupe* et de la *Réunion* est celle de la France. Le principe de la division des trois îles en communes, posé par l'article 2 du sénatus-consulte de 1854, a trouvé son expression définitive dans l'article 165 de la loi du 5 avril 1854 qui la leur déclare applicable; et la loi du 22 mars 1890 sur les syndicats des communes a été ensuite également déclarée applicable aux mêmes colonies. Les communes y sont, comme en France, des personnes morales administrées par leurs mairies, ayant leur conseil municipal, leur vie propre et leur budget particulier. Toutefois, à raison des dissemblances de certains organes administratifs et des difficultés de communication, la loi de 1884 comporte, quant aux colonies précitées, une série de dérogations aux règles métropolitaines; elles sont contenues dans les articles 33, 34, 43, 44, 86, 133, 136, 165, 166. C'est ainsi, par exemple, que les incompatibilités comprennent les gouverneurs, les secrétaires-généraux et les membres du conseil privé, qui doivent opter entre leur mandat électif et leurs fonctions (art. 33 et 34); c'est ainsi encore que les gouverneurs peuvent dissoudre les conseils municipaux et nommer les commissions spéciales qui les remplacent (art. 43 et 44); suspendre les maires pendant trois mois (art. 86). Suivant l'article 165 (modification de la loi du 12 mai 1899), un arrêté du gouverneur en conseil privé tiendra lieu du décret du président de la République dans les cas prévus aux articles 110 (autorisation de vente des biens mobiliers et immobiliers des communes), 145, 148 et 149 (approbation ou modification du budget des villes dont le revenu dépasse trois millions), 153, § 15 (ressources dont la perception est autorisée par des décrets). Le même article 165 opère, dans les attributions des administrateurs et des conseils, des modifications indispensables. Le ministre des colonies est substitué à ses collègues de l'intérieur et des finances pour les attributions confiées par la loi; le gouverneur est investi de la plupart des attributions des préfets, le secrétaire général de celles des sous-préfets; le conseil du contentieux joue le rôle du conseil de préfecture en matière électorale. Le conseil de préfecture est remplacé par le conseil privé quand il agit comme conseil du préfet, comme tuteur des communes ou juge des comptes. Suivant l'article 126, § II, de la loi de finances du 14 juillet 1911, les comptables des budgets régionaux, provinciaux et municipaux, ainsi que des hospices et établissements de bienfaisance des colonies sont soumis au contrôle de la cour des comptes, dans des conditions qui seront déterminées par un décret, quand le montant des recettes constatées dans les trois dernières années dépasse 30.000 francs par an. Enfin l'article 166 de la loi de 1884 déclare que les dispositions de la loi relatives aux octrois municipaux ne sont pas applicables à *l'octroi de mer*, qui reste soumis aux règlements en vigueur dans les colonies dont il sera traité à propos du *régime financier*, au chapitre IV.

ARTICLE IV

Saint-Pierre et Miquelon. — Guyane. — Sénégal. — Nouvelle-Calédonie. — Etablissements de l'Océanie et de l'Inde

Les colonies de *Saint-Pierre*, *Miquelon* et de la *Guyane* sont complètement régies par le système municipal (décrets des 13 mai 1872, 15 octobre 1879, 17 décembre 1892). Au contraire, au *Sénégal*, on a constitué quatre communes de plein exercice seulement et une en *Nouvelle-Calédonie*. Les communes du *Sénégal* sont Saint-Louis, Rufisque, Gorée, et Dakar (décrets des 10 mars 1873, 30 décembre 1884 10 septembre 1881, 17 juin 1887). Le décret du 8 mars 1879 a créé la commune de Nouméa. Les territoires du Sénégal, en dehors des communes de plein exercice, sont soumis au régime administratif; un décret du 13 décembre 1891 y a établi, à l'exemple de l'Algérie, des communes mixtes et des communes indigènes qui sont personnes civiles et qu'administrent des commissions spéciales présidées par l'administrateur colonial. Ces commissions qui ont un caractère consultatif dans les communes indigènes, remplissent, dans les communes mixtes, le rôle de conseils municipaux. En *Nouvelle-Cadélonie*, fonctionnent également des commissions municipales instituées par des arrêtés locaux des 2 juillet 1879 et 12 août 1881. Elles sont composées de trois membres élus pour deux ans par les citoyens français et les étrangers ; elles élisent les maires et les adjoints. Dans les autres localités, on a constitué douze circonscriptions au point de vue de l'état civil seulement; le gouverneur nomme l'officier de l'état civil.

Un décret du 20 mai 1890 a créé une commune à *Papeete* en lui rendant applicable le décret du 8 mars 1879, concernant *Nouméa*. L'île de *Tahiti* est, en outre, divisée en 18 districts, dont chacun est administré par un chef et un conseil de quatre membres; le district n'a pas de budget distinct; mais, sauf sur ce point, il se gère à peu près comme un conseil municipal.

Les conseils municipaux des communes qui viennent d'être ci-dessus indiquées, ont une composition variable suivant le plus ou moins grand développement de l'organisme municipal. Le nombre des conseillers, fixé par le décret pour Saint-Pierre et Miquelon, le Sénégal et Nouméa, est déterminé en Guyan par le gouverneur. Le décret du 26 juin 1884 renvoie à la législation des Antilles et de la Réunion pour l'éligibilité et l'élection, la suspension et la dissolution des conseils. La législation métropolitaine s'applique également pour les inéligibilités des maires et adjoints, pour leur nomination et leur suspension (avec cette différence que le délai de la suspension porté à trois mois aux Antilles et à la Réunion, a été élevé à six mois pour Saint-Pierre et Miquelon, Nouméa et la Guyane).

Les municipalités dont nous nous occupons, se gèrent à peu près comme celles de la métropole ; deux décrets des 24 juin 1884 et 29 avril 1889 leur ont appliqué les articles 1 à 9, 10 à 45, 54, 74 à 87 de la loi municipale concernant les circonscriptions communales, la formation des conseils, l'élection et le remplacement des maires et adjoints. Les différences ne sont donc pas fort importantes entre la législation coloniale et la législation métropolitaine. Par exemple, les sessions des conseils sont moins longues (six jours seulement); elles ne sont pas publiques; ce n'est point le conseil d'État qui statue au contentieux sur l'appel des déclarations de nullité, mais un décret en forme de règlement d'administration publique. A la Guyane et à Nouméa, les employés de l'administration pénitentiaire sont inéligibles au conseil municipal (décret du 23 novembre 1887). Les attributions des maires sont semblables à celles des maires métropolitains, avec cette réserve que la police municipale qui, en France, se trouve aux mains de ces derniers, est, à la Guyane et à Nouméa, dévolue en grande partie à l'administration, à raison des dangers que peut faire courir à la colonie la présence des transportés et des libérés. A Papeete, la police locale est placée directement sous l'autorité du gouverneur, d'après un décret du 29 mars 1900.

L'organisation municipale de nos Établissements de l'*Inde* résulte des décrets des 12 mars 1880 et 25 décembre 1907; le territoire y est divisé en dix-sept communes, dont huit sur le territoire de Pondichéry, six sur celui de Karikal et une pour les autres. Il faut appliquer à l'Inde les décrets déjà indiqués ci-dessus des 26 février 1884, 10 septembre 1899 et 24 février 1885 relatifs au régime électoral et au mode d'établissement et de distribution des cartes électorales. Donc, dans les élections municipales, une liste est attribuée aux européens et assimilés et l'autre aux natifs; et chaque liste élit la moitié des membres du conseil. Toutefois, si la première liste comprend moins de vingt électeurs inscrits, les membres du conseil à élire sont nommés par l'ensemble des électeurs, sans distinction de liste (décret de 1899, articles 1 à 3) . Le gouverneur a le droit de diviser les communes en sections électorales et de leur attribuer un chiffre de conseillers proportionnel au nombre des électeurs. Les conseils municipaux sont élus pour six ans, avec renouvellement tous les trois ans. Sont inéligibles les électeurs qui ne savent ni lire ni écrire le français ou la langue native de l'Établissement . Les maires et adjoints sont élus par les conseils municipaux, suivant la loi loi du 28 mars 1882; le gouverneur a le droit de les suspendre et de les révoquer; il peut suspendre les conseils municipaux pendant six mois et les dissoudre. Les attributions des maires et conseils municipaux sont, en principe, les mêmes que dans les autres colonies du même groupe. Au cours de sa session de 1908, le Conseil général de l'Inde a décidé de céder aux communes les étangs servant aux usages domestiques, et les canaux secondaires d'embranchement ou de dérivation, et aussi la jouissance des terrains ruraux appartenant à la colonie, à la charge de les entretenir, conserver et mettre en valeur, avec interdiction d'aliéner et réserve de reprise pour l'administration si des besoins d'utilité publique nécessitent cette reprise; enfin les recettes et les dépenses correspondantes des caisses communes des *aldées* instituées en 1859, qui ont pour objet, au moyen d'une cotisation annuelle consentie par les habitants et de certains autres produits de l'*aldée*, de pouvoir à l'entretien et au curage des petits canaux d'irrigation, et d'assurer l'exécution des travaux d'entretien n'ayant pas un caractère d'utilité générale.

ARTICLE V

Indo-Chine

Un décret du 8 janvier 1877 a érigé en commune la ville de *Saïgon* et un arrêté du gouverneur général du 31 décembre 1891 a créé des municipalités à *Hanoï* et *Haïphong*. Ces trois communes présentaient dans leur organisation des différences considérables qui ont été supprimées par un décret du 11 juillet 1908, lequel s'est rapproché autant que possible de l'organisation des communes métropolitaines, tout en fortifiant la tutelle administrative, surtout au point de vue financier.

Le conseil municipal des trois communes comprend douze membres français ou naturalisés et quatre membres annamites. Les conseillers français et annamites sont élus au suffrage universel et direct, sur une liste électorale dont la formation est fixée par le décret. L'élection a lieu au scrutin de liste pour toute la ville et par catégorie d'électeurs; le mandat est de quatre ans, avec renouvellement intégral le premier dimanche de mai. Les conseils ont quatre sessions annuelles de quinze jours; celle d'octobre où le budget est voté, est de trente jours. Les séances du conseil sont publiques.

Le conseil donne toujours son avis sur un certain nombre de matières indiquées en l'article 59 du décret, notamment sur le mode d'assiette, la taxe et la perception de l'octroi de mer. Les aliénations et échanges des propriétés communales et d'autres matières, parmi lesquelles le budget, sont votés par le conseil. Ses délibérations ne deviennent exécutoires qu'après approbation par le gouverneur général, quand elles ont pour objet de créer, supprimer, modifier les taxes et redevances, d'établir des contributions indirectes et de décider des emprunts et des prêts, etc.

A Saïgon, le maire est élu, ainsi que ses adjoints, parmi les membres du conseil municipal; à Hanoï et à Haïphong, les fonctions de maire sont remplies par un inspecteur ou administrateur des services civils de l'Indo-Chine; les adjoints sont élus dans le conseil municipal. Le maire est chargé de l'administration, avec la faculté de délégation de certains services aux adjoints; il nomme à tous les emplois communaux. Le budget est ordinaire et extraordinaire; il contient des dépenses obligatoires qu'énumère l'article 98 du décret. Le maire présente le budget que vote le conseil municipal et que règle le chef de l'administration locale, le conseil privé ou de protectorat entendu.

La ville de *Cholon* a été dotée d'une organisation municipale par divers arrêtés des gouverneurs; celui du 20 octobre 1879 a organisé le conseil municipal composé d'un président nommé par le gouverneur, de trois membres européens, de trois membres annamites et de trois membres chinois élus suivant les conditions prévues par l'arrêté d'organisation.

A *Tourane*, un arrêté du gouverneur général du 24 mai 1889 a établi une municipalité comprenant l'administrateur maire et une commission municipale.

Un arrêté du gouverneur général du 6 avril 1903 a institué à *Pnom-Penh* une municipalité où figurent l'administrateur jouant le rôle de maire et une commission municipale.

En *Annam*, les villages forment chacun une petite commune où les notables sont chargés de l'expédition des affaires. Ces communes qui possèdent un patrimoine, sont imposées en bloc pour le paiement des contributions directes et chacun des habitants verse sa quote part dans l'imposition commune.

Le décret du 20 octobre 1911 statue comme suit, d'une manière générale, dans son article 16 : « Le gouverneur général de l'Indo-Chine française a la faculté d'ériger en communes, par arrêtés pris en conseil du gouvernement, les principaux centres des possessions formant l'ensemble de la colonie.

Les arrêtés de constitution détermineront la composition et les attributions des commissions municipales, la nomenclature des ressources dont la perception est autorisée au profit des budgets communaux, et, d'une manière générale, le régime administratif et financier des communes ».

ARTICLE VI

Madagascar

Des arrêtés locaux des 13 février, 15 octobre 1897 et 23 octobre 1908 ont érigé en communes les localités de *Diego-Suarez*, *Nosy-Bé*, *Sainte-Marie de Madagascar*, *Tamatave*, *Majunga*, *Tananarive* et *Fianarantsoa*. Les premières expériences ayant été satisfaisantes, un décret du 2 février 1899 a autorisé le gouverneur général à ériger en communes les principaux centres de la colonie. Les arrêtés du gouverneur général pris en conseil d'administration et approuvés par le ministre des colonies déterminent la composition et les attributions des commissions municipales consultatives des communes. Les administrateurs des chefs-lieux des communes exercent les fonctions de maires; ils sont ordonnateurs de toutes les dépenses civiles; dans chaque commune, le budget local est établi par eux et arrêté par le gouverneur en conseil d'administration. Un arrêté du gouverneur général du 23 octobre 1908 a édicté des dispositions générales applicables aux fonctionnaires de toutes les communes de la colonie.

Un décret du 15 janvier 1899 a autorisé le gouverneur général à ériger certaines localités en centres d'état civil, en désignant les fonctionnaires qui rempliront les fonctions d'officier de l'état civil. Enfin, un décret du 9 mars 1902 a organisé l'administration indigène des provinces de l'*Emyrne*. Cette organisation comprend des gouvernements principaux, des gouvernements, des gouvernements *madinika* ou *fari-tany* et des quartiers ou *fokon-tany*. Le quartier ou *fokon-tany* est l'unité de circonscription administrative indigène. Chaque village constitue, en principe, un *fokon-tany* et le *fokon'olona* comprend l'ensemble de la population qui l'habite. Le quartier est administré par un chef nommé par l'administrateur chef de province, sur une liste de trois membres, présentée par la majorité de la population, chef qui s'appelle *mpiadidy* et qui est rémunéré au moyen d'une remise sur le produit des impôts indigènes dont le taux est fixé par arrêté du gouverneur général. Il peut se faire assister par des auxiliaires appelés *mpikarakaras* désignés et nommés comme lui (articles 1 à 8 du décret). Les articles 9 et suivants précisent les pouvoirs qui appartiennent au *fokon'olona* en matière de police, de justice, de salubrité, d'assistance publique, etc.; pouvoirs dans l'exercice desquels l'assemblée populaire agit à la diligence et sous la direction des chefs et sous-chefs indigènes. Les articles 17 et suivants indiquent les droits et prérogatives des *fokon'olona*, les conventions que les habitants peuvent établir entre eux pour des motifs multiples et les cas de responsabilité collective.

ARTICLE VII

Afrique équatoriale

Un décret du 12 août 1909 a prévu la création de communes mixtes dans les principaux centres des possessions du *Congo*, aux conditions suivantes. Elles sont érigées par le gouverneur général, en vertu d'un arrêté pris en conseil de gouvernement. Elles ont la personnalité civile et sont administrées par des commissions municipales composées de l'administrateur de la circonscription, président, et de cinq à neuf notables ayant voix aux délibérations, nommés pour trois ans par le gouverneur général et susceptibles d'être renommés. Les ressources du budget communal sont déterminées par le gouverneur général. Les comptes sont arrêtés chaque année, en conseil de gouvernement. L'article 5 indique les matières qui sont réglées par délibération de la commission : mode d'administration des biens communaux, acquisition d'immeubles, acceptation de dons et legs, tarifs des droits de place, etc., à condition que certains chifres ne soient pas dépassés. La commission délibère, suivant le même texte, sur le budget communal, les recettes et dépenses, le mode d'assiette, les tarifs et règles de perception de tous revenus communaux, sauf l'octroi de mer, etc. Les délibérations sont exécutoires sur l'approbation du gouverneur. La commission donne enfin son avis, toujours suivant l'article 5, sur divers points, tels que les autorisations d'emprunter, acquérir, échanger, aliéner, plaider, transiger pour les établissements de charité et de bienfaisance, et l'acceptation des dons et legs les concernant; les projets d'alignement de grande voirie dans les communes, etc...

Depuis le décret constitutif, il est apparu qu'à raison de la diversité des centres susceptibles d'être érigés en communes, eu égard notamment au chiffre de leur population, à leur importance et à leur situation géographique, il serait préférable de laisser au gouverneur général de l'Afrique équatoriale la latitude de régler par des arrêtés pris en conseil de gouvernement les détails de l'organisation des communes, en tenant compte des nécessités locales. En conséquence, un décret du 14 mars 1911 a donné toute faculté au gouverneur à ce sujet; et les arrêtés de constitution détermineront la composition et les attributions des commissions municipales, ainsi que la nomenclature des ressources dont la perception est autorisée au profit des budgets communaux et, d'une manière plus générale, le régime administratif et financier des communes. Ces arrêtés devront être approuvés par le ministre des colonies; toutefois le gouverneur général peut les rendre provisoirement exécutoires avant l'approbation ministérielle.

L'administrateur de la commune exerce les fonctions dévolues aux maires, spécialement quant à la proposition du budget et l'ordonnancement des dépenses, l'exécution des mesures de sûreté générale, etc. (article 6 du décret de 1909). Suivant l'article 7, un adjoint indigène choisi par le gouverneur général parmi les membres de l'administration municipale est chargé, sous l'autorité de l'administrateur, de tout ce qui concerne les indigènes et principalement de leur état civil, de la surveillance de la rentrée de l'impôt et de l'application des règlements de police.

Depuis le décret de 1909, on a réfléchi qu'à raison de la diversité des centres susceptibles d'être érigés en communes, il convenait de laisser au gouverneur général de l'Afrique équatoriale la latitude de désigner par arrêtés pris en conseil de gouvernement les localités devant être érigées en communes et de fixer également les détails de l'organisation de ces communes, en tenant compte des nécessités locales. Cette réforme a été réalisée par un décret du 14 mars 1911.

ARTICLE VIII

Nouvelles-Hébrides

Un arrêté des hauts commissaires français et britannique du 1er septembre 1909 a organisé les conseils municipaux aux Nouvelles-Hébrides. Les municipalités y sont administrées par un conseil municipal composé de quatre membres au moins et huit au plus. L'élection des membres du conseil a lieu au scrutin de liste pour toute la circonscription communale, sur les listes dressées par les deux commissaires résidents, en conformité de l'article 64 de la convention du 20 octobre 1906; le droit de vote s'acquiert par le domicile ou une résidence de six mois. Sont éligibles les électeurs des deux sexes âgés de 25 ans révolus, inscrits sur la liste de la commune au premier jour de l'année de l'élection. Les officiers, fonctionnaires et agents de tous ordres salariés ne sont pas éligibles. Les conseillers municipaux sont nommés pour quatre ans et renouvelés intégralement le premier mai. Il y a quatre sessions ordinaires en février, mai, août et novembre, indépendamment des sessions extraordinaires convoquées soit par le maire, soit par les commissaires résidents. La municipalité délibère sur tous les objets d'intérêt communal : administration des biens, baux, budget, tarif et règlements de perception des revenus communaux, acquisitions, aliénations, budgets, plans, devis, etc. et tous autres points indiqués en l'article 45 de l'arrêté. Il y a, dans chaque circonscription communale, un maire et un adjoint élus par les membres du conseil; toutes fonctions municipales sont gratuites. Le maire est seul chargé de l'administration de la commune. Il a diverses fonctions énumérées en l'article 67 de l'arrêté; et, suivant l'article 68, il est officier de police auxiliaire du ministère public près le tribunal mixte et les autorités judiciaires prévues en l'article 20 de la convention de 1906. Les recettes ordinaires du budget sont les revenus des biens communaux, l'octroi de mer, les droits de place perçus dans les halles, foires, marchés, les concessions d'eau, des cimetières, etc., prévues en l'article 73 de l'arrêté. Les recettes extraordinaires sont le produit des biens aliénés, les dons, legs, produits d'emprunts, etc. L'article 75 de l'arrêté énumère les dépenses obligatoires; le maire propose le budget qui est voté par le conseil et approuvé par les hauts commissaires. Les articles 80 et suivants précisent les règles qui régissent la comptabilité des communes; l'exercice commence le 1er janvier et finit le 31 décembre, sauf délai de complément pour les opérations municipales fixé au 31 mars de l'année suivante.

TITRE II

Les assemblées locales représentatives des intérêts coloniaux

ARTICLE PREMIER

Algérie

§ I. — *Conseils généraux*

Un décret du 23 septembre 1875 a organisé les Conseils généraux de l'Algérie sur la base d'un Conseil par département; ce décret reproduit en règle générale les dispositions de la loi du 10 août 1871, avec cette réserve qu'il y a dans chaque conseil des membres français et des assesseurs musulmans. Les membres français sont au nombre de trente pour les départements d'Alger et de Constantine et de vingt-sept pour celui d'Oran (décret du 18 août 1890), élus au suffrage universel dans chaque commune, sur les listes des électeurs français dressées pour les élections municipales. Pour les opérations électorales, au lieu du canton de France, on emploie la circonscription dont le chef-lieu et la composition sont déterminés par un arrêté du gouverneur général en conseil de gouvernement, en tenant compte du chiffre de la population et de la superficie du territoire. Les assesseurs musulmans, au nombre de six, sont choisis par le gouverneur général parmi les notables indigènes domiciliés dans le département et y possédant des propriétés; ils siègent au même titre que les membres élus et ont les mêmes droits, sauf qu'ils ne votent pas pour l'élection des sénateurs. La loi de 1875 doit être appliquée en ce qui concerne les cas d'inéligibilité et d'incompatibilité (voir décret du 3 août 1880 appliquant les articles 8, 9 et 10 de la loi de 1871); il faut toutefois tenir compte des incompatibilités spéciales à l'Algérie résultant du décret du 23 mars 1883. Le Conseil a deux sessions annuelles ordinaires s'ouvrant, l'une, le troisième lundi d'octobre et l'autre, le second lundi après Pâques (article 23 du décret de 1875 et décret du 7 juillet 1906). Suivant l'article 27 du décret de 1875, le préfet et le général commandant la division ont entrée au Conseil général; le général peut se faire représenter par le directeur des fortifications. Le décret de 1875 consacre ses titres IV et V aux attributions des Conseils généraux et au budget et aux comptes départementaux. Le titre VI s'occupe de la commission départementale qui est composée de cinq membres français et d'un membre musulman désigné par le gouverneur général. Sur tous ces points, le décret de 1875 reproduit fidèlement, sauf quelques différences légères, les dispositions de la loi de 1871 à laquelle il convient de renvoyer.

§ *II. — Délégations financières*

Cet organe a été créé par le décret du 23 août 1898. L'article 1er en expose comme suit le but et la raison d'être : « Les délégations financières algériennes représentent auprès du gouvernement général les différentes catégories de contribuables français ou sujets français, savoir : — 1° les colons — Est réputé colon tout concessionnaire ou propriétaire de biens ruraux ainsi que tout chef d'exploitation ou fermiers desdits biens; — 2° les contribuables autres que les colons; — 3° les indigènes musulmans ». Les articles 2 à 5 indiquent la composition des trois délégations. La première est formée de 24 membres élus directement par les colons au scrutin individuel, à raison de huit par département. Sont électeurs tous les colons inscrits sur les listes électorales municipales, âgés de 25 ans, français depuis douze ans au moins, et résidant en Algérie depuis trois ans au moins. Sont éligibles tous les électeurs qui ne sont pas dans un des cas d'incapacité ou d'incompatibilité prévus par les articles 7 à 10 du décret du 23 septembre 1875 sur les conseils généraux. Le mandat de délégué ne peut être cumulé avec celui de sénateur ou de député. La seconde délégation comprend 24 membres élus directement au scrutin individuel, à raison de huit par département, par les contribuables autres que les colons, inscrits au rôle d'une des contributions directes ou taxes assimilées. Les dispositions précédentes sur l'électorat et l'éligibilité sont applicables à cette seconde délégation. La troisième délégation se compose de 21 indigènes musulmans, savoir; 1° neuf délégués des indigènes des territoires civils, élus au scrutin individuel, à raison de trois par département, par les conseillers municipaux au titre indigène des communes de plein exercice et par les membres indigènes des commissions municipales des communes mixtes; — 2° six délégués des indigènes des territoires de commandement, à raison de deux par département, désignés par le gouverneur général sur une triple liste de présentation dressée par le général de division commandant le territoire; — 3° six délégués kabyles élus au scrutin individuel par les chefs des groupes dits *karouba*. Ces derniers délégués forment une section spéciale de la troisième délégation. Le mandat de délégué est gratuit, sauf remboursement des frais de voyage et de séjour (article 7).

Suivant l'article 8, chaque délégation est consultée tous les ans par le gouverneur général sur les questions relatives aux impôts ou taxes perçus ou à percevoir, qui intéressent la catégorie de contribuables qu'elle représente, notamment sur l'assiette, le taux et le mode de perception de ces impôts ou taxes et sur les réformes dont ils pourraient être susceptibles. Les délégations peuvent être également consultées sur toutes questions d'ordre financier ou économique. Chaque délégation et la section kabyle délibèrent séparément. Toutefois, le gouverneur général peut autoriser, par un arrêté spécial, la réunion de délégations ou sections en vue de délibérer sur des questions d'intérêt commun spécifiées par le même arrêté (article 9). Les délégations sont convoquées, leurs sessions sont ouvertes et closes par arrêté du gouverneur général (article 10). Chaque délégation élit son bureau composé d'un président, d'un assesseur faisant fonction de vice-président et d'un secrétaire. La section kabyle n'élit qu'un président. En cas de réunion de plusieurs délégations, la présidence et les autres fonctions du bureau sont exercées par les doyens des bureaux des deux premières délégations. Est nulle de plein droit toute délibération relative à des objets qui ne sont pas légalement compris dans les attributions des délégations. La nullité est prononcée par arrêté du gouverneur général en conseil de gouvernement.

Le système des délégations financières a produit d'excellents effets en Algérie, car il y a organisé la représentation des intérêts divers que prennent en main les trois délégations personnifiant les diverses classes de la population algérienne; et aussi le mode de suffrage restreint d'après lequel sont choisis des électeurs suffisamment expérimentés, connaissant parfaitement les besoins de l'Algérie et y possédant des intérêts certains. Aussi ont-elles parfaitement réussi; les élections n'y ont jamais un caractère politique et s'y font avec un calme et une tranquillité parfaits. L'opinion publique toutefois réclame des modifications de détail dont l'utilité est incontestable et, par exemple, la publicité des séances nécessaire pour une assemblée dans laquelle se débattent les grands intérêts de la colonie. On demande également la suppression de la distinction arbitraire des colons et des non colons, qui fait qu'un grand propriétaire foncier sera inscrit comme non colon, parce qu'il est petit commerçant à la ville, tandis que tel notaire ou boutiquier est porté comme colon, grâce à la possession d'un petit lopin de terre. Il faut ajouter que la délibération séparée est singulière, car les délégués s'entendraient bien mieux en séance plénière, après le travail préparatoire des sections isolées.

§ III. — *Chambres d'agriculture*

Créées par le décret du 11 mars 1902 modifié par celui du

9 novembre 1903, elles ont été réorganisées par le décret portant règlement d'administration publique du 18 novembre 1904. Elles sont composées, en premier lieu, de seize membres français, âgés de trente ans au moins et résidant dans la circonscription, élus au scrutin de liste par un collège électoral comprenant des citoyens français, agriculteurs, propriétaires et usufruitiers ruraux, ouvriers agricoles, directeurs, professeurs et répétiteurs des établissements d'enseignement agricole, horticole, forestier, vétérinaire, ainsi que des directeurs des stations agronomiques et œnologiques et des professeurs départementaux et spéciaux d'agriculture résidant dans le département. Pour l'élection des membres français, le département est réparti en quatre circonscriptions qui nomment chacune quatre membres. Il y a, en second lieu, six membres indigènes dont quatre pour le territoire civil et deux pour le territoire de commandement divisionnaire, nommés par le gouverneur général sur présentation du préfet pour le territoire civil et du général de division pour le territoire de commandement. Le mandat des membres des chambres d'agriculture est gratuit, dure six ans et est renouvelable par moitié tous les trois ans, avec possibilité de réélection; les chambres ont deux sessions ordinaires de huit jours au plus, au mois de novembre; des sessions extraordinaires ont lieu sur la demande de la moitié des membres adressée au préfet ou sur demande du gouverneur général. Les chambres présentent au gouverneur général, par l'intermédiaire du préfet ou du général, suivant qu'il s'agit de territoire civil ou militaire, leurs vues sur toutes les questions intéressant l'agriculture. Elles sont consultées sur la création dans le département des établissements d'enseignement agricole et vétérinaire, des stations agronomiques et œnologiques, ainsi que des foires et marchés. Elles renseignent le gouverneur général sur l'état de l'agriculture et sur la situation agricole du département. Elles peuvent être consultées par le gouverneur général, le préfet du département et le général commandant la division, sur toutes les questions concernant l'agriculture qu'ils jugent à propos de leur soumettre. Elles peuvent émettre des vœux en matière agricole.

Les chambres d'agriculture sont reconnues comme établissements d'utilité publique et peuvent, en cette qualité, acquérir, recevoir, posséder et aliéner, après y avoir été dûment autorisées. Elles dressent leur budget qui est visé par le préfet et communiqué au conseil général du département qui pourvoit à certaines des dépenses ordinaires.

ARTICLE II

Tunisie

§ I. — *Chambres de commerce et d'agriculture*

Cette création est l'œuvre d'arrêtés résidentiels successifs. Une chambre de commerce, créée en 1885, a été dédoublée en 1892; à la même époque fut établie une chambre d'agriculture. Des arrêtés des 19 et 20 novembre 1895, 21 novembre 1902, 30 mai 1906 ont organisé des chambres de commerce et d'agriculture à Tunis, à Sousse, à Sfax et à Bizerte. Ces chambres, composées de 12 membres sauf quelques dérogations (arrêtés du 22 décembre 1902 et 18 avril 1905), sont nommées par les Français propriétaires, agriculteurs, industriels, commerçants, âgés de vingt-cinq ans, fixés en principe depuis six mois au moins en Tunisie. Les conditions sont les mêmes pour l'éligibilité; mais l'âge est porté à trente ans.

§ II. — *Conférence consultative*

Cet organe, comme le précédent, a été créé par des arrêtés résidentiels des 22 et 23 février 1896. Un nouvel arrêté du 2 janvier 1905 a prescrit que désormais ses membres seraient élus, non plus, comme auparavant, par le suffrage à deux degrés, mais par le suffrage universel et direct des électeurs français de la Régence divisée à cet effet en huit circonscriptions électorales groupant un ou plusieurs contrôles civils, qui nomment chacune trois représentants par mille électeurs ou fraction de mille électeurs. Dans ces circonscriptions, les électeurs forment trois collèges qui nomment chacun, au scrutin de liste, un nombre pareil de délégués. Les propriétaires ou usufruitiers de fonds ruraux et le personnel des exploitations rurales forment le premier collège; les commerçants, industriels de toutes catégories et leur personnel figurent dans le second; et, dans le troisième, sont englobés tous les électeurs non inscrits dans les deux premiers. Le mandat originairement d'une durée de quatre ans a été porté à six par un arrêté résidentiel du 30 janvier 1911. Les membres sont renouvelables tous les deux ans, par série; ils ne reçoivent aucun émolument, sauf remboursement des frais de déplacement pour ceux qui n'habitent pas Tunis.

Les électeurs comprennent tous les Français majeurs de 21 ans, domiciliés depuis deux ans en Tunisie. Dans chaque circonscription, les listes électorales sont dressées par les contrôleurs civils assistés de deux électeurs désignés dans chaque collège par le résident général. Les éligibles sont tous les électeurs du collège âgés de 25 ans; les candidats doivent faire une déclaration et ne peuvent se présenter que dans un seul collège; le vote par correspondance est admis. Sous les réserves qui précèdent, on applique dans les grandes lignes le système métropolitain. Les réclamations contre les élections sont soumises à une commission siégeant à Tunis, composée de trois magistrats à la désignation du président du tribunal et de deux contrôleurs civils désignés par le résident général, avec faculté d'appel devant la première chambre du tribunal civil de Tunis (décret du 10 juin 1907).

Un décret beylical du 2 février 1907 a réalisé une réforme considérable, en autorisant, à l'imitation des délégations algériennes, l'examen du budget par la Conférence consultative. A raison de cette attribution nouvelle, on a cru, comme en Algérie, devoir faire participer l'élément indigène à la composition de la conférence. Aussi l'article Ier du décret précité décide-t-il que le budget de l'État, préparé dans les formes prévues par les décrets sur la comptabilité publique, est soumis à la Conférence consultative accrue à cet effet de seize membres indigènes (dont un israélite) désignés par le résident général et choisis parmi les notables des diverses régions de la Régence. Suivant l'article 13 du décret, la représentation indigène sera encore convoquée à toutes les sessions de la Conférence consultative autres que celle consacrée exclusivement à la discussion du budget. De même, l'article 14 exige que la Conférence, accrue de l'élément indigène, soit consultée à propos des emprunts à contracter par l'État ou les communes; elle donnera son avis en séance plénière et indiquera les ressources à créer pour le service des intérêts et l'amortissement du futur emprunt. Cet avis, du reste, ne lie jamais le résident général et peut être sollicité par lui toutes les fois qu'il le juge utile. L'article 5 du même décret de 1907 prévoit spécialement que la Conférence pourra émettre son avis relativement à la réforme du système fiscal, par voie de création ou de suppression d'impôts et de modification dans le taux et l'assiette des impôts existants. Il ajoute qu'aucun impôt nouveau ne peut être établi et qu'on ne peut transformer ou modifier le taux et l'assiette d'un impôt de façon à en élever le rendement, sans que la Conférence accrue de l'élément indigène ait donné son avis. Le texte décide encore que tout avis de la Conférence tendant soit à un abandon ou dégrèvement d'une taxe ou portion de taxe, soit à une réforme du taux, de l'assiette ou du mode de perception d'un impôt susceptible de se traduire par une moins-value dans le rendement de cet impôt, doit être accompagné de l'indication d'une taxe de remplacement d'un produit équivalent. Or il arrivait souvent que la Conférence proposait des dépenses nouvelles sans indiquer en même temps les taxes de remplacement. Pour rendre sa tâche plus facile, le décret beylical du 27 avril 1910 dispose, en son article 3, que les avis prévus par l'article 5 du décret de 1907 peuvent porter non seulement sur la création d'impôts nouveaux, mais encore sur l'établissement de centimes additionnels aux impôts existants ou à de nouveaux impôts frappant les matières non encore imposées et dont le principal resterait fictif. Et l'article 3 ajoute que chacune des sections de la Conférence peut, sauf approbation du gouvernement et après avis d'un conseil supérieur, dont il est question en l'article 4 et dont il sera parlé ci-après au chapitre III consacré au *Régime administratif colonial*, proposer, dans les limites prévues au décret de 1907, des dépenses nouvelles couvertes par des centimes additionnels aux impôts directs et taxes assimilées, la *medjba* exceptée, portant, ceux votés par la section française, sur les cotes des Européens et ceux votés par la section indigène, sur les cotes des indigènes.

La Conférence est présidée par le résident français ou par son délégué. Assistent aux séances les six chefs de service français du gouvernement et les fonctionnaires appelés à titre consultatif. Il y a deux sessions ordinaires annuelles, l'une au second trimestre et l'autre au quatrième; les séances ne sont pas publiques. D'après l'article 1er du décret de 1910 précité, la section française et la section indigène de la Conférence délibèrent séparément. La section indigène est présidée par un haut fonctionnaire du gouvernement tunisien désigné par le résident général.

Suivant un arrêté résidentiel du 2 novembre 1907, la Conférence consultative se divise en trois commissions : celle des finances composée de dix-huit membres dont douze français et six indigènes; celle relative à l'administration formée de dix-huit membres dont treize français et six indigènes; celle des travaux publics comprenant dix-neuf membres dont quatorze français et cinq indigènes. Conf. arrêté du résident général du 2 novembre 1907. Chaque commission est présidée par le membre le plus âgé, et le secrétaire est le membre français le plus jeune assisté d'un secrétaire adjoint indigène. Un autre arrêté résidentiel du 5 novembre 1910 décide, en son article 2, que les dix membres de la section indigène qui n'auront pas été élus membres de la commission du budget, composeront une commission d'administration et des travaux publics.

ARTICLE III

Afrique Occidentale française

Les chambres de commerce du Sénégal ayant leur siège à Saint-Louis, Dakar et Rufisque, ont été réorganisées par des arrêtés du gouverneur général du 31 décembre 1906. Les mêmes arrêtés en ont créé de nouvelles à Kayes, Bamako, Konakry et Porto-Novo. Il n'y a que des Français dans celles de Saint-Louis, Dakar et Rufisque; on trouve cinq membres français et cinq indigènes dans celles de Kayes et Bamako; les autres sont composées de membres français et indigènes, suivant une proportion établie par la décision qui les crée.

ARTICLE IV

Indo-Chine

§ I. — *Cochinchine*

La Cochinchine possède un *Conseil colonial* qui y joue à peu près le même rôle que le Conseil général dans les colonies où il existe. Il a été créé par un décret du 8 février 1880 qui, remanié par plusieurs textes postérieurs et en dernier lieu par un décret du 2 avril 1910, reste encore la base de la législation. Il comprend 16 membres, dont 6 citoyens français ou naturalisés élus au suffrage universel et direct, 6 asiatiques sujets français élus par des délégués des municipalités, 2 membres non fonctionnaires du conseil privé nommés par décret, 2 membres français délégués par la Chambre de commerce de Saïgon et élus dans son sein, 2 membres français délégués de la Chambre d'agriculture de la Cochinchine et également élus dans son sein. Tous les conseillers sont nommés pour quatre ans, renouvelables par moitié tous les deux ans dans chaque catégorie et indéfiniment rééligibles. Le décret de 1910 prévoit la nomination de suppléants. Le Conseil, comme les Conseils généraux, statue, délibère, émet des avis, vote le budget (décrets des 6 octobre 1887 et 28 septembre 1888). Un décret du 3 novembre 1910 a créé une commission permanente analogue aux commissions coloniales des Conseils généraux. Elle est élue à la fin de la session ordinaire annuelle du Conseil et se compose de trois membres au moins et de cinq au plus, dont un indigène. La commission s'occupe des affaires qui lui sont renvoyées par le Conseil colonial et donne son avis au lieutenant gouverneur, au sujet de toutes les questions qu'on croit devoir lui soumettre.

Il existe également en Cochinchine des *Conseils d'arrondissement* (décret du 5 mars 1889); il y en a un par chaque arrondissement. Ils sont présidés par l'administrateur; leurs membres sont pris parmi les notables à raison de un par canton; tous les indigènes inscrits, habitant le canton, âgés de 30 ans révolus, comptant parmi les notables depuis deux ans et n'ayant point été condamnés à des peines criminelles, sont éligibles. Les Conseils d'arrondissement délibèrent sur les mesures concernant les intérêts propres de l'arrondissement, notamment sur le budget. A la différence de ceux de la métropole, ces Conseils sont investis de la personnalité morale.

§ II. — *Cambodge*

Un *Conseil de résidence*, composé du résident président, des gouverneurs provinciaux cambodgiens et de conseillers élus dans la proportion de un par dix villages de chaque province, a été institué dans chaque résidence par un arrêté du gouverneur général du 27 août 1903. Ces Conseils nommés pour quatre ans se renouvellent tous les deux ans par moitié; depuis le 1er janvier 1904, chaque circonscription de résidence possède un budget propre.

§ III. — *Tonkin*

Un arrêté du gouverneur général du 1er mai 1907 a réorganisé les *Commissions consultatives de notables indigènes* créées par l'arrêté du 31 mars 1898, commissions composées de notables élus par les chefs et sous-chefs actuels et anciens des cantons, pour trois ans et rééligibles. Elles tiennent chaque année deux sessions et donnent leur avis sur la confection du budget provincial; elles peuvent faire des propositions pour l'exécution des travaux publics. Chaque commission nomme son président; les séances ne sont pas publiques; le résident supérieur peut réunir des commissions interprovinciales; les membres des commissions sont rétribués.

Un second arrêté du 4 mai 1907 a créé une *Chambre consultative du Tonkin* où se trouvent trois sections dont la première englobe les contribuables annamites qui ne figurent pas au rôle des patentés indigènes, la seconde les patentés annamites, à l'exception de ceux d'Hanoï et de Haïphong, et la troisième les contribuables indigènes autres que les annamites. Suivant l'article 2 de l'arrêté, la Chambre consultative est élue, en ce qui concerne les deux premières sections, au scrutin individuel et secret, par un corps électoral formé : 1° pour la première section, par les annamites occupant des fonctions électives ou ayant occupé des situations administratives, ou titulaires de distinctions honorifiques, ou lettrés, gradués et pourvus du diplôme ou brevet de l'enseignement français ou franco-annamite; 2° pour la seconde section, par les annamites patentés indiqués ci-dessus. Les membres de la troisième section sont choisis par le gouverneur général sur une double liste de présentation émanée du résident supérieur. Le mandat est de trois ans, renouvelable et gratuit sous réserve des indemnités de route et de séjour. La Chambre consultative tient une réunion par an; chaque section délibère séparément sur les intérêts de la catégorie de contribuables dont elle tient son mandat ou qu'elle représente; elle nomme son bureau. Les trois sections peuvent être réunies par le résident supérieur, quand il faut délibérer sur des points d'ordre général et commun.

ARTICLE V

Antilles et Réunion

Les Conseils généraux y furent rétablis par le sénatus-consulte du 3 mai 1854 (article 12 et s.). Le sénatus-consulte du 4 juillet 1866 élargit sensiblement leurs attributions; et, à dater de 1870, des décrets nombreux les ont de plus en plus assimilés aux Conseils de la métropole. Désormais, les dissemblances que l'on relève avec la législation métropolitaine, sont peu importantes et s'expliquent soit par la différence de l'organisation administrative, soit par les nécessités d'une plus large décentralisation. Suivant un décret du 3 décembre 1870, les conseillers généraux sont nommés par le suffrage universel et des décrets postérieurs ont étendu aux Antilles et à la Réunion la plupart des dispositions de la loi organique métropolitaine du 10 août 1871. Le nombre des conseillers généraux est de trente-six par chaque colonie et les cantons nomment chacun plusieurs conseillers généraux au scrutin de liste. Le gouverneur, par arrêté pris en conseil privé, établit les circonscriptions électorales et, pour la répartition des conseillers à élire, on tient compte du chiffre de la population, déduction faite des étrangers (décret du 7 novembre 1879). Les inéligibilités et les incompatibilités sont fixées par un décret du 20 août 1866, avec quelques modifications des dispositions de la loi de 1871. Le conseil privé, agissant comme conseil du contentieux, statue sur les protestations contre les élections, sauf recours au conseil d'État ; et le conseiller dont l'élection est annulée, a le droit de siéger jusqu'à l'arrêt définitif (décret du 20 décembre 1887). La session du Conseil général est d'un mois ; il n'y en a qu'une par an et le gouverneur peut la prolonger en cas de nécessité; il peut également provoquer une session extraordinaire dont il fixe la durée. Les sessions sont ouvertes par le gouverneur et il est remplacé ensuite par le secrétaire général. Les autres chefs d'administration peuvent être autorisés à entrer au conseil pour y fournir les explications nécessaires dans leurs diverses spécialités. Les membres du conseil général sont élus pour six ans et indéfiniment rééligibles; le renouvellement a lieu tous les trois ans par partie. Le gouverneur peut convoquer le Conseil là où il le juge convenable; en effet, il n'y a pas de chef-lieu légal où la réunion soit obligatoire. Les délibérations du Conseil prises en dehors du temps des sessions, du lieu des séances et hors des attributions sont nulles; la nullité est prononcée, le cas échéant, par arrêté du gouverneur en conseil privé. A défaut d'initiative du gouverneur, le pouvoir central peut prononcer la nullité par décret en conseil d'État. Également, par arrêté en conseil privé, le gouverneur proroge ou dissout le Conseil; en cas de dissolution, de nouvelles élections doivent avoir lieu dans les trois mois.

Les attributions du Conseil général sont réglées par le sénatus-consulte du 4 juillet 1866. L'article 1er énumère les hypothèses dans lesquelles il statue définitivement, si, dans le délai d'un mois à partir de la date de la clôture de la session, l'annulation n'a pas été demandée par le gouverneur. Les cas d'annulation sont l'excès de pouvoir et la violation de la loi ou d'un décret réglementaire; l'annulation doit être prononcée par décret rendu en la forme des règlements d'administration publique et sans délai imparti. Les hypothèses visées par l'article 1er sont à peu près pareilles à celles prévues par la législation métropolitaine. Elles comprennent principalement les acquisitions, aliénations et échanges de propriétés mobilières ou immobilières de la colonie non affectées à un service public; le mode de gestion des propriétés de la colonie, les baux, les actions à intenter et à soutenir au nom de la colonie, les transactions; les acceptations ou refus des dons et legs sans charges ni affectations immobilières, si les dons et legs ne donnent pas lieu à réclamation; le classement, la direction et le déclassement des routes; les concessions à des associations à des compagnies ou à des particuliers de travaux d'intérêt colonial; les projets, plans, et devis des travaux exécutés sur les fonds de la colonie; les caisses de retraite du personnel non métropolitain, etc.

Le Conseil général délibère sur les matières indiquées en l'article 3 du sénatus-consulte de 1866 : emprunts (conf. art. 127 A. § 2 de la loi de finances du 14 juillet 1911); acceptation des dons et legs dans les cas autres que ceux indiqués ci-dessus; mode de recrutement et de protection des immigrants; établissement, changement ou suppression des foires et marchés, etc. Un règlement d'administration publique, dit la fin du texte, détermine le mode d'approbation des délibérations prises par le Conseil général dans les cas sus-visés.

Suivant l'article 4 du sénatus-consulte, le Conseil général donne son avis sur toutes les questions d'intérêt colonial dont la connaissance lui est réservée par les règlements ou sur lesquelles il est consulté par le gouverneur. Il a encore le droit de faire parvenir directement au ministre les réclamations ou vœux qu'il peut être appelé à formuler dans l'intérêt de la colonie, et son opinion sur l'état et les besoins des différents services publics coloniaux. Mais il ne possède pas la prérogative que l'article 51 de la loi du 10 août 1871 donne aux Conseils métropolitains, d'émettre des vœux sur les questions économiques et l'administration générale. Son rôle est, en effet, absolument circonscrit aux questions intéressant la colonie qu'il représente.

Le rôle du Conseil général en ce qui concerne les taxes et contributions, leur assiette et leurs règles de perception, les tarifs de douane et d'octroi de mer dont il est question dans les articles 1, 2 et 3 du sénatus-consulte de 1866, a été profondément modifié par des textes postérieurs dont l'examen doit être reporté à l'étude du *Régime financier colonial* (chap. IV).

Un décret du 12 juin 1879 a créé dans les Conseils généraux des Antilles et de la Réunion une commission coloniale analogue aux commissions départementales métropolitaines, dont elle possède, avec certaines réserves, à peu près les attributions. Le même décret a permis aux trois conseils de s'entendre sur leurs intérêts communs; seulement, tandis que les articles 89 à 91 de la loi de 1871 n'indiquent pas de restrictions, l'article 18 vise limitativement : « les relations postales, télégraphiques, les contrats financiers ayant en vue le recrutement des travailleurs, les créations d'établissements d'enseignement public, hospitaliers et pénitentiaires ». Ces questions sont traitées par correspondance entre les présidents des Conseils généraux dûment accrédités et exceptionnellement par des commissions spéciales nommées dans ce but.

Depuis le décret de 1879, les Conseils généraux des Antilles et de la Réunion jouissent à peu près des mêmes prérogatives que ceux de la métropole; l'assimilation presque complète n'est guère rompue qu'en des points d'une importance secondaire.

ARTICLE VI

Guyane. — Inde. — Sénégal. — Nouvelle-Calédonie

Longtemps les Antilles et la Réunion eurent seules des Conseils généraux; c'est seulement à partir de 1878 que la *Guyane* eut le sien créé par décret du 23 décembre; puis furent institués celui de l'*Inde* (décret du 25 janvier 1879), celui du *Sénégal*, (décret du 12 août 1885). D'autres plus tard ont été établis à *Saint Pierre* et *Miquelon*, à la *Nouvelle-Calédonie* et dans les *Établissements de l'Océanie*, par décrets des 2 avril et 28 décembre 1885. Mais, vue avec faveur durant un certain temps, l'institution des Conseils généraux coloniaux fut bientôt l'objet de griefs multiples. On reprochait surtout aux conseillers de ne tenir compte que des besoins de la colonie envisagés à un point de vue étroit et égoïste, sans se préoccuper des intérêts de la métropole et de la colonisation en général, et d'entraver ainsi l'action du gouverneur; de gaspiller les ressources locales sous l'empire du caprice et de la pression électorale. Ces critiques ont amené la suppression du Conseil général de *Saint Pierre* et *Miquelon* par un décret du 25 juin 1897 et des *Établissements* de *l'Océanie* par un autre du 19 mai 1903. Les attributions des deux Conseils supprimés ont été transportées à des Conseils d'administration dont il sera plus tard question au chapitre III, à propos du *Régime administratif colonial.* Une chambre d'*agriculture* a été créée et organisée à *Papeete* par des arrêtés du gouverneur des 25 janvier 1894, 18 mai 1897, 8 octobre 1903 et 21 septembre 1910.

Les Conseils généraux conservés de la *Guyane*, du *Sénégal*, de l'*Inde* et de la *Nouvelle-Calédonie* ont à peu près la même organisation et les mêmes attributions que ceux des Antilles et de la Réunion. Le Conseil général de la Guyane comprend 16 conseillers; celui de l'Inde, 34; celui du Sénégal, 20 et celui de la Nouvelle-Calédonie, 19. Les décrets des 28 avril 1882, 12 août 1885 et 20 mars 1910 ont créé en *Guyane*, au *Sénégal*, et dans l'*Inde* des *Commissions coloniales* du conseil général, dont la mission est de régler les affaires qui leur sont renvoyées par le conseil général et toutes celles qui sont indiquées comme étant de leur compétence dans les décrets constitutifs. Elles donnent également au gouverneur leur avis sur toutes les questions qu'il leur soumet ou sur lesquelles il croit devoir attirer leur attention dans l'intérêt de la colonie. Dans l'*Inde*, existent cinq *Conseils locaux* nommés comme le Conseil général et siégeant à Pondichéry, Karikal, Chandernagor, Mahé et Yanaon. Ils font double emploi avec les conseils municipaux et n'ont aucune raison d'être. En Nouvelle-Calédonie, le personnel de l'administration pénitentiaire est inéligible au Conseil général.

SECTION III

LA REPRÉSENTATION DES INTÉRÊTS COLONIAUX DANS LA MÉTROPOLE

Les intérêts coloniaux sont représentés dans la métropole par un *Conseil supérieur des Colonies* et par des *Représentants* siégeant au parlement métropolitain. Le Conseil supérieur ne peut pas être considéré comme un corps absolument politique, puisqu'on y rencontre, nous allons le voir, des fonctionnaires et délégués techniques en assez grand nombre. Toutefois, la présence dans son sein des sénateurs et députés coloniaux et de délégués coloniaux élus permet de l'envisager comme représentant dans une certaine mesure les aspirations politiques et les libertés des colonies, surtout de celles qui, ne possédant pas de représentants au parlement, n'ont pour faire entrendre leurs réclamations et leurs revendications que leurs délégués au Conseil supérieur.

TITRE PREMIER

Le Conseil supérieur des Colonies

Ce Conseil a été organisé et modifié par divers décrets des 19 octobre 1883, 29 mai 1890, 19 septembre et 17 octobre 1896. Voici sa composition : 1° le ministre des colonies président, 2° les députés et sénateurs coloniaux, 3° 18 membres de droit pris soit dans le conseil d'État, soit dans les hauts fonctionnaires des ministères, 4° 12 délégués élus pour quatre ans au suffrage universel dans les colonies qui n'ont pas de représentation au parlement et les pays de protectorat, 5° des membres d'une compétence spéciale en nombre illimité désignés par le ministre, 6° les présidents des chambres de commerce de Paris, Lyon, Marseille, Bordeaux, Rouen, Le Havre, Nantes, Lille, 7° un délégué de la société de géographie de Paris, de la société de géographie commerciale de Paris, de la société des études coloniales et maritimes, de la société de colonisation et de la société académique indo-chinoise, 8° le directeur général de la caisse des dépôts et consignations, 9° le directeur général du crédit foncier, 10° le directeur du comptoir d'escompte, 11° le directeur de la banque d'Indo-Chine.

Le Conseil se divise en quatre sections groupant : la première, les colonies d'Amérique et la Réunion; la seconde, le continent africain; la troisième, l'Indo-Chine; la quatrième, les autres colonies. Il donne son avis sur les projets de lois et de décrets et, d'une façon générale, sur les questions, que le ministre des colonies juge opportun de lui soumettre. Il est consulté soit en entier, soit seulement dans la section compétente. Le Conseil a donc un rôle purement consultatif et assez effacé,ce qui est regrettable, car, ainsi qu'il a été dit ci-dessus, il constitue la seule représentation métropolitaine pour les colonies qui n'envoient pas de représentants au parlement. Le vice principal de cet organisme qui pourrait rendre de réels services s'il était mieux compris, provient de ce que les membres en sont trop nombreux, ce qui rend difficile et souvent impossible la réunion simultanée de toutes les personnalités qui le composent. D'autre part, une section seule n'a pas l'autorité voulue pour trancher les questions d'ordre général pouvant être contenues dans des points d'allure spéciale. Aussi, en fait, ne réunit-on le Conseil que fort rarement et s'adresse-t-on en pratique à une commission permanente instituée par un décret du 19 octobre 1886, commission composée de deux députés et de deux sénateurs désignés par le ministre,et de délégués élus depuis un décret du 1er juin 1899; elle est présidée par le ministre ou par un vice-président désigné par lui. Un arrêté ministériel du 12 octobre 1908 a décidé la réorganisation de ce Conseil supérieur qui est en ce moment à l'étude.

TITRE II

La représentation des colonies au Parlement métropolitain

Nous avons indiqué, dans nos explications historiques, comment la représentation coloniale avait été admise par la

Révolution et supprimée par la constitution de l'an VIII. Rétablie provisoirement le 17 avril 1848, elle disparut en vertu du décret-loi du 2 février 1852. Elle a reparu depuis le décret du 30 septembre 1870, qui interpréta le décret du gouvernement de la défense nationale du 8 septembre 1870 dans le sens du rétablissement implicite des huit députés accordés aux colonies par la loi du 15 mars 1849. La loi constitutionnelle du 24 février 1875 admet également la représentation coloniale, en accordant un député et un sénateur à chacune des colonies suivantes : *Martinique, Guadeloupe, Réunion, Inde.* Pour les trois premières de ces colonies, le nombre des députés a été porté à deux par la loi du 28 juillet 1882; cette loi en a octroyé un à la *Cochinchine*, et celle du 8 avril 1879 en a donné un aussi à la *Guyane*, et au *Sénégal*. Aujourd'hui, dès lors, les *Antilles* (*Guadeloupe et Martinique*), la *Réunion* et l'*Inde* sont représentées à la fois à la Chambre et au Sénat, tandis que la *Guyane* le *Sénégal* et la *Cochinchine* ne le sont qu'à la Chambre; les autres colonies n'ont ni sénateur ni député. Les colonies comptent actuellement au parlement métropolitain dix députés et quatre sénateurs.

L'élection des sénateurs a lieu, comme en France, aux Antilles et à la Réunion; le collège électoral y comprend les députés, les conseillers généraux et les délégués des conseils municipaux. Il n'y a point de Conseils d'arrondissement dans ces colonies. Le collège électoral de l'Inde se compose du député, des conseillers généraux, des conseillers locaux, de cinq délégués du conseil municipal de Pondichéry et de trois de celui de Karikal, plus de deux délégués des autres communes (loi du 9 décembre 1884, art. 6 *in fine*). Les élections sont régies, comme en France, par les lois du 2 août 1875 et 9 décembre 1884. C'est le conseil privé qui connaît, sauf recours au conseil d'État, des protestations relatives aux élections des délégués. Dans l'Inde, le vote est effectué au chef-lieu de chaque Établissement, à raison des distances. Le renouvellement a lieu avec celui de la série A, pour les sénateurs de la Guadeloupe et de la Réunion; avec celui de la série B, pour la Martinique et avec celui de la série C, pour l'Inde.

Les députés sont élus, comme en France, conformément

à la loi du 30 novembre 1875 et autres dispositions législatives relatives à la matière. Les élections se font au suffrage universel, sur une liste unique dressée conformément à la loi sur l'organisation municipale du 5 avril 1884. On y inscrit : 1° les Français et leurs descendants qui n'ont pas perdu leurs droits civiques par suite de condamnations pénales ou de l'exercice d'une profession incompatibleavec le droit de suffrage; 2° les indigènes qui ont la jouissance des droits politiques suivant les indications qui ont été données ci-dessus, à la section I du présent chapitre.

La *représentation algérienne* a suivi le sort de la représentation coloniale en général; elle a été introduite par la République de 1848, supprimée en 1852 et rétablie en 1870. La loi du 30 novembre 1875 donnaitun député à chaque département algérien; celle du 28 juillet 1881 a doublé ce chiffre. Un sénateur a été attribué à chaque département aussi par la loi du 24 février 1875; au point de vue de leur renouvellement, Alger fait partie de la série A; Constantine, de la série B et Oran de la série C. L'Algérie est actuellement représentée par six députés et trois sénateurs. La composition du collège sénatorial est la suivante : 1° les députés; 2° les membres citoyens français du Conseil général; 3° les délégués élus par les membres citoyens fançais de chaque conseil municipal, parmi les électeurs citoyens français de la commune (art. 11 de la loi du 2 mars 1875). En Algérie, les Conseils d'arrondissement n'existant pas, cette catégorie d'électeurs de la métropole fait défaut.

Les députés sont élus au suffrage universel par les citoyens français, chaque département formant deux circonscriptions. Il faut, relativement à la liste, consulter les explications ci-dessus données à la section I du présent chapitre. Rappelons que les indigènes israélites ont le droit de suffrage depuis le décret du 24 octobre 1870, tandis que les indigènes musulmans ne l'obtiennent que si la qualité de citoyen leur a été expressément conférée par décret. En présence de cette inégalité de traitement entre les israélites et les musulmans, on a proposé quelquefois d'étendre à ces derniers le droit de suffrage politique; nous croyons que cette extension serait extrêmement dangereuse, car l'hostilité sourde des arabes sous la domination française est loin d'avoir pris fin. Mais il ne faut pas se dissimuler cependant que la différence de traitement entre les deux catégories d'indigènes n'est pas précisément faite pour nous concilier les sympathies des musulmans.

Après avoir examiné le mécanisme de la représentation coloniale, il convient d'indiquer les controverses auxquelles a donné lieu le principe même de cette représentation. Suivant une première opinion, les députés coloniaux seraient complètement inutiles, puisque les colonies se trouvent, en principe, soumises au régime du décret ; leur intervention est déplacée dans le vote d'une loi qui ne concerne pas leurs électeurs ; et, d'autre part, on ne voit pas à quel titre ils légiféreraient pour la France continentale. Ils voteraient des lois et des impôts n'intéressant que la métropole et pourraient ainsi faire triompher des solutions contraires aux intérêts du pays ; en sorte que, par leur immixtion, le régime législatif serait faussé dans son essence. D'ailleurs, ajoute-t-on contre la représentation coloniale : ou bien les députés d'outre-mer seront en trop petit nombre pour faire triompher les revendications coloniales et, dans ce cas, ne réussiront qu'à dénaturer les scrutins portant sur les grands intérêts métropolitains ; ou bien ils seront si nombreux qu'ils déborderont leurs collègues continentaux, ce qui créerait les dangers les plus graves. On fait remarquer encore que les électeurs aux colonies ne représentant actuellement qu'une partie infime des habitants, seront annihilés si on accorde le suffrage universel. Et, si on le restreint, on aboutit à des collèges composés presque exclusivement de fonctionnaires et de représentants d'intérêts particuliers ordinairement en opposition avec les intérêts généraux. On invoque, en outre, les scandales et les fraudes multiples dont les élections sont le plus souvent la cause aux colonies. Enfin les députés et sénateurs coloniaux arrivent, dit-on, à se constituer en une sorte de syndicat tout puissant, maître du personnel colonial et des bureaux du ministère des colonies qu'il fait mouvoir à sa guise. Les nominations, avancements, faveurs ou disgrâces sont entre les mains des représentants et ils n'agissent naturellement que dans l'intérêt de leurs électeurs. Leur pouvoir est d'autant plus grand que, grâce à l'éloignement, ils paraissent des personnages indispensables, battant en brèche l'autorité des gouverneurs et entravant, à leur profit, la marche régulière de l'administration.

Il y a certes beaucoup de vrai dans ce tableau poussé très au noir, il faut le reconnaître; et les inconvénients signalés expliquent les propositions de suppression totale ou partielle de la représentation coloniale qui se sont produites à diverses reprises, notamment celle déposée à la chambre, le 16 janvier 1897, par M. d'Estournelles de Constant demandant la disparition de la représentation de l'Inde au Sénat et de la Cochinchine, de la Guyane et du Sénégal à la Chambre, demande qui n'a pas été prise en considération. Nous estimons, en ce qui nous concerne, que, malgré ses inconvénients très nombreux et très réels, le maintien de la représentation coloniale actuellement existante peut être défendu par des raisons assez graves. Si les députés coloniaux ne votent pas les lois applicables à leurs électeurs, c'est à raison du régime des décrets dont nous avons ci-dessus parlé et qui doit disparaître, on l'a vu, dans une refonte rationnelle du système législatif colonial. Dans cette refonte, les représentants coloniaux trouveront leur rôle naturel et utile, comme l'est celui des députés métropolitains pour la métropole. Il arrive, au surplus, que des députés votent des lois non applicables à leurs électeurs; ainsi les députés de Paris ont voté la loi sur l'organisation municipale de 1884 non applicable à la capitale; et l'ensemble de la Chambre adopte quotidiennement des lois d'ordre absolument local. Si les représentants coloniaux n'existaient pas, les intérêts des colonies ne seraient point représentés au Parlement, ce qui serait d'une injustice profonde. Il n'est pas nécessaire que ces représentants soient fort nombreux — ce n'est, du reste, pas possible—; il suffit qu'ils puissent parvenir à faire étudier plus sérieusement les projets coloniaux; à éveiller l'attention sur des points qui passeraient inaperçus; à se constituer, en un mot, les avocats de leurs colonies respectives, qui ne risqueront pas ainsi d'être sacrifiées sans avoir même pu faire entendre leur voix. Du reste, les grandes questions qui intéressent le pays tout entier : question de paix, de guerre, d'alliance, de traités internationaux, etc., doivent être traitées par tous les représentants de la nation; et il ne faut pas oublier à ce sujet que les colonies font partie intégrante du territoire français.

En ce qui concerne les fraudes, les corruptions électorales et l'influence parlementaire excessive, elles ne constituent point des griefs particuliers aux colonies; la métropole n'en pâtit, elle aussi, que trop souvent et c'est là le procès du suffrage universel tout entier. Les abus qui existent à cet égard aux colonies, il faut les corriger autant que possible, sans refuser pour cela à celles-ci le droit de suffrage qui est la base même des institutions républicaines. Il n'estpas, au surplus, absolument indispensable que les représentants coloniaux soient élus par les mêmes modes que ceux de la métropole; et, si le besoin d'un suffrage plus restreint et mieux surveillé est reconnu nécessaire, on doit procéder à la réforme qui assainira les mœurs électorales coloniales, sans pour cela supprimer l'institution électorale elle-même. Concevrait-on qu'un français représenté dans la France continentale cessât de l'être, parce qu'il a transporté aux colonies son énergie et son activité, souvent pour le plus grand bien de la mère patrie ! Si on enlève à nos colons les libertés nécessaires, on les poussera aux idées séparatistes qu'il faut avant tout éviter de provoquer. La représentation nationale, a dit avec raison M. Girault : « est le signe visible du lien puissant qui réunit toutes les parties du territoire de la République. Mieux que toutes les protestations et les phrases, elle prouve aux colons qu'ils ne sont pas abandonnés et que, malgré l'éloignement matériel, ils comptent toujours dans la grande unité morale de la patrie ! » (*op. cit.*, II, nº 247). Enfin les représentants coloniaux apportent aux Chambres, relativement aux questions coloniales, une compétence précieuse manquant à la plupart de leurs collègues métropolitains et qu'il serait puéril de nier.

Pour tous ces motifs, nous estimons que le principe de la représentation coloniale est juste, rationnel et qu'il convient de le maintenir dans les colonies déjà représentées au Parlement. Mais on a proposé de l'étendre à l'Indo-Chine, à Saint-Pierre et Miquelon, à la Nouvelle-Calédonie, à l'Océanie et même d'en faire bénéficier toutes les colonies sans exception. Ici, nous croyons qu'il faut procéder avec une extrême prudence; sans doute, au fur et à mesure que les colonies arrivent à une maturité suffisante, les raisons qui nous ont fait adopter le principe de la représentation parlementaire, amènent à la leur accorder. Mais, dans les colonies neuves où l'élément blanc est en minorité et composé surtout de fonctionnaires, où la race indigène peu policée, hostile, souvent grossière et fétichiste ne peut de longtemps recevoir le droit de suffrage, la représentation parlementaire qui constituerait un danger, en tout cas une inutilité, sera très avantageusement remplacée par l'initiative du gouverneur, des corps locaux et enfin par celle des délégués au Conseil supérieur des colonies dûment réorganisé ainsi qu'il a été dit ci-dessus.

CHAPITRE III

Le régime administratif

SECTION PREMIÈRE

ADMINISTRATION CENTRALE DES COLONIES

Le 24 juin 1858, fut institué le ministère de l'Algérie et des colonies qui disparut le 24 novembre 1860. Depuis cette dernière époque, les colonies furent rattachées à la marine jusqu'à l'institution du Sous-secrétariat d'État créé par Gambetta au ministère du commerce (14 novembre 1881). Quand disparut, le 30 janvier 1882, le grand ministère, les colonies revinrent à la marine, mais avec le maintien du Sous-Secrétariat d'État. Ce dernier fut transformé en ministère des colonies par la loi du 20 mars 1894. Il faut remarquer que les colonies constituent le seul ministère créé par une loi, en sorte que, pour le faire disparaître, une nouvelle loi serait nécessaire. Le gouvernement a eu, en réclamant une loi, la volonté d'associer étroitement les chambres à la politique coloniale. Du reste, nombreuses étaient les raisons qui devaient amener le pouvoir législatif à prendre la mesure qu'on réclamait de lui. Tout d'abord, l'importance sans cesse grandissante des intérêts coloniaux ne permettait pas de les confier à un ministère déjà surchargé de besogne, qui n'ayant d'ailleurs qu'une responsabilité nominale se bornait à présenter les décrets coloniaux à la signature du président de la République et à les contresigner. Il était, d'autre part, nécessaire d'avoir à la tête des colonies un spécialiste revêtu de l'autorité de fait aussi bien que du titre et directement responsable devant le Parlement. Enfin, on faisait remarquer que les pays colonisateurs avaient depuis longtemps et ont encore leur ministère spécial des colonies, telles l'Angleterre et la

Hollande. La Belgique en a institué un après la transformation, en 1909, de l'État indépendant du Congo en colonie; et l'Espagne n'a supprimé le sien que postérieurement à la perte de Cuba et des Philippines. Seules les puissances démunies ou à peu près jusqu'ici de colonies : Allemagne, Etats-Unis de l'Amérique du Nord, Italie, Russie, etc, n'ont pas de ministère colonial. Ainsi la création du ministère des colonies était en France amplement justifiée ; et la décision de 1894 n'a soulevé aucune critique soit quand elle a été prise, soit postérieurement.

L'organisation centrale du ministère des colonies avait été fixée par des réglements d'administration publique, en conformité de la loi de finances du 30 décembre 1882. Le décret fondamental du 23 mai 1896 avait adopté le système de la division géographique abandonné par un autre en date du 10 octobre 1907, qui était revenu à la division par ordre de matières antérieurement pratiquée. Il y avait une direction du personnel, une direction de la comptabilité et une direction des services militaires créée par la loi de finances du 26 décembre 1908 (art. 60). Un décret et un arrêté ministériel des 28 décembre et 16 janvier 1909 avaient établi une quatrième direction dite des affaires politiques, subdivisée en quatre bureaux. Il y avait enfin une direction de contrôle ou de l'inspection des colonies.

Un pareil système était absolument incohérent. Dans un rapport adressé le 20 mai 1911 au président de la République, M. Messimy, ministre des colonies, faisait remarquer avec raison que le ministère des colonies est un organisme qui ne ressemble en rien aux autres départements ministériels, en sorte que l'esprit de centralisation prédominant dans ces derniers doit en être complètement banni. Il ajoutait qu'aucune conception directrice n'avait présidé à l'organisation de l'administration centrale des colonies, dans lesquelles, au contraire, les idées les plus contradictoires avaient prévalu.

En effet, tandis que les services du personnel et de la comptabilité intervenaient jusque dans les moindres détails d'exécution des affaires de leur ressort, les bureaux dits géographiques répondant aux grands groupes de colonies se bornaient à servir d'intermédiaire entre les administrations locales et les administrations métropolitaines. Après avoir critiqué l'état de choses antérieur et constaté que, les colonies ne pouvant s'administrer à Paris, le ministère doit être l'organe de liaison entre les autorités locales et le gouvernement métropolitain, en même temps qu'un organe de régulation susceptible de concevoir les intérêts généraux et communs des diverses colonies, le ministre s'est arrêté à l'organisation suivante. Le ministère est divisé en dix services indépendants, dont quatre examineront toutes les questions intéressant un groupe naturel de colonies. L'un s'occupera de l'Indo-Chine et les trois autres grouperont respectivement : 1° Madagascar et ses satellites géographiques de l'océan Indien, 2° l'Afrique occidentale et l'Afrique équatoriale, que des relations de voisinage et des similitudes d'organisation rapprochent, 3° l'Amérique et l'Océanie, qui présentent des analogies dans leurs institutions et auxquelles le percement de l'Isthme de Panama créera, dans un délai prochain, des intérêts communs. Un service central étudiera les grandes questions politiques, économiques, financières et juridiques. Enfin, il y aura un service du personnel, un service de la comptabilité et un service pénitentiaire. Quant à la direction du service militaire dont l'organisation récente a donné pleine satisfaction, elle ne subit aucun changement. Il est, en outre, créé, sous la présidence du ministre, un conseil d'administration du ministère, composé des directeurs et du chef de cabinet du ministre, qui donne son avis sur les questions d'intérêt général à lui soumises par le ministre, sur la proposition des services.

Sur ces bases, est intervenu le décret du 20 mai 1911, qui a été complété par deux arrêtés ministériels du 26 mai 1911 entrant dans le détail de l'organisation technique des divers services.

Cette organisation nouvelle est incontestablement supérieure au régime ancien; les affaires seront traitées avec plus de rapidité et de compétence, et à bien moins de frais, par un service spécial du ministère correspondant directement avec un groupement colonial, dont il arrivera peu à peu à connaître les nécessités et l'orientation particulière. Et ce groupement lui-même ne se heurtera plus à des bureaux ignorant souvent sa situation spéciale et lui opposant, par suite de cette ignorance même, une indifférence et des lenteurs de nature à décourager toutes les initiatives et à paralyser toute espèce de progrès. D'autre part, l'étude des grandes questions d'intérêt général, politiques, économiques, financières, juridiques, intéressant l'ensemble du domaine colonial est assurée par la constitution du service central. Enfin une large autonomie administrative, nécessitée par l'éloignement des diverses colonies, leur immensité, leur extrême diversité et le peu d'abondance de notre documentation coloniale, est laissée aux divers groupements coloniaux, le ministère devant être simplement l'organe de liaison entre les autorités locales et le gouvernement métropolitain. L'administration centrale ne doit pas avoir des attributions d'exécution qui ne conviennent qu'aux gouverneurs généraux; elle doit, au contraire, mettre à la disposition de ces derniers, pour les besoins des colonies et de l'État, un ensemble de services qui leur permettront de demander à la métropole les informations et l'aide voulues, sans que l'immixtion de celle-ci devienne gênante et tyrannique.

Une réforme telle que celle dont nous venons d'esquisser les grandes lignes et que paraît réaliser l'organisation nouvelle résultant du décret du 20 mai 1911, doit avoir pour corollaire, si l'on veut qu'elle produise les résultats voulus, une stabilité beaucoup plus grande que celle qui existe actuellement dans les milieux coloniaux. Il faut d'abord stabiliser les fonctionnaires du ministère eux-mêmes, et surtout les chefs de service, dans leurs domaine respectif. C'est là ce qu'ont bien compris les Anglais, en préposant aux intérêts des diverses parties de leur domaine colonial des fonctionnaires éprouvés, ne changeant jamais ou à peu près et finissant par avoir une connaissance complète de la partie des possessions qui leur a été assignée. Il faudrait, d'autre part, également comme en Angleterre, avoir, pour chaque colonie, un cadre spécial d'administrateurs et de magistrats qui sauraient, en y entrant, qu'ils n'en sortiront pas en principe, sauf circonstances exceptionnelles. En se familiarisant avec les mœurs, les traditions, la langue, la religion de la colonie, ils s'intéresseraient à son développement et à sa prospérité et assureraient ainsi, par une politique utile d'association avec les indigènes, le développement pacifique de la civilisation et de l'influence nationales.

Auprès de l'administration centrale des colonies fonctionnent des conseils, commissions et comités consultatifs, parmi lesquels on doit mentionner plus spécialement : 1° le conseil supérieur des colonies déjà étudié ci-dessus à la section III du chapitre précédent, 2° le conseil supérieur de santé, 3° le comité consultatif supérieur de l'instruction publique, 4° les comités consultatifs de travaux publics, du contentieux, de l'agriculture, du commerce et de l'industrie ainsi que de la défense, 5° les commissions des archives et de la bibliothèque, du régime pénitentiaire, des concessions coloniales, des marchés et recettes, etc. Des décrets des 17 août 1894, 11 février et 11 octobre 1910 ont créé une inspection générale du service de santé des colonies et précisé ses attributions. Egalement a été organisée à l'administration centrale un service de santé chargé de centraliser toutes les affaires relatives à l'administration du personnel, du matériel et des crédits afférents aux services de santé coloniaux dans la métropole et aux colonies et d'étudier toutes les affaires intéressant la police sanitaire, les épidémies, l'hygiène et la protection de la santé publique. Il y a également une inspection générale des travaux publics, organe technique consultatif relativement aux questions touchant aux travaux publics et au régime des mines des colonies, et de surveillance, de construction et de réception des ouvrages qui pourront être exécutés dans la métropole pour les colonies.

Il convient enfin d'indiquer la création fort heureuse et pouvant donner d'excellents résultats pratiques de deux annexes à l'administration centrale. La première consiste dans un *Jardin d'essai colonial* institué à Vincennes d'abord, plus tard à Nogent-sur-Seine, en vertu de décrets des 28 janvier 1899, 5 et 7 mai 1900. Un décret du 29 mars 1902, complété par un autre du 20 mai de la même année, lui a adjoint une *École nationale supérieure d'agriculture coloniale* qui peut rendre de réels services en familiarisant, autant que la chose se peut faire à distance, les colons avec les procédés de culture à employer suivant les diverses colonies, en les renseignant sur les produits que ces colonies donnent, sur les avantages et inconvénients qu'ils présentent, etc. Un décret du 27 octobre 1911 a, dans le même ordre d'idées, créé une *Mission permanente d'études des cultures et jardins d'essai coloniaux*, dont l'organisation et les attributions seront déterminées par des arrêtés du ministre des colonies. La seconde annexe est l'*Office colonial*, sorte de bureau de renseignements de toute espèce concernant le commerce, l'agriculture et l'industrie aux colonies, qui prépare les statistiques. Le directeur de l'office est assisté d'un conseil d'administration et d'un conseil de perfectionnement (décret du 15 mars 1899). L'office colonial créé et organisé par des décrets des 14 et 15 mars 1899, a été reconstitué et réorganisé sur des bases plus larges par un décret du 16 mars 1910 rendu en exécution de la loi du 18 février 1904 qui a attribué la personnalité civile à l'office colonial.

Un décret du 13 juin 1883 a institué des services administratifs coloniaux dans les quatre ports du Havre, de Nantes, de Bordeaux et de Marseille. Dès 1905, le ministère a remplacé les officiers du commissariat colonial placés à la tête de ces services par des fonctionnaires détachés de l'administration centrale. Ils sont chargés : 1° du service des fonds (solde du personnel du port, fournitures de vivres et de matériel, frais des transports par mer dûs par les colonies) ; 2° du service du personnel (embarquements, débarquements, régularisation de la situation financière des officiers et fonctionnaires allant aux colonies ou en revenant, etc.); 3° des approvisionnements de matériel (vérification des emballages, visite, recolement du matériel acheté, acquisition de vivres, denrées fourragères qu'on n'a pas intérêt à faire venir d'ailleurs ou à se procurer, vu leur modicité, par voie d'adjudication, etc); 4° des transports du personnel et du matériel.

L'administration centrale des colonies a dans son domaine tous les établissements coloniaux français, même les protectorats asiatiques, à l'exception de l'Algérie et de la Tunisie qui dépendent, l'une du ministère de l'intérieur, et, l'autre, de celui des affaires étrangères. Des modifications diverses ont été proposées, tendant soit à distraire de l'administration coloniale certaines colonies, telles que les Antilles et la Réunion, soit à lui rattacher, au contraire, la Tunisie. Nous ne voyons pas bien quels arguments on pourrait invoquer pour séparer certaines colonies du ministère de ce nom, auquel elles sont rattachées comme toutes les autres. A ce compte, on pourrait aussi lui enlever d'autres domaines coloniaux et finalement le supprimer, en revenant à la tradition révolutionnaire qui faisait des colonies des départements français, solution dont nous avons démontré, ci-dessus, les fâcheuses conséquences. Nous estimons, au contraire, que, loin de lui enlever certaines colonies, il conviendrait de lui rattacher la Tunisie, à l'exemple des grands protectorats asiatiques. On ne voit pas, en effet, pourquoi ces derniers ressortissent à un ministère et la Tunisie à un autre. On pratique vis-à-vis de tous une politique coloniale dont les principes dirigeants sont les mêmes; et si l'unité de direction a paru imposer le rattachement de l'Annam, par exemple, aux colonies, ce qui a eu lieu par le décret du 17 octobre 1887, alors qu'il était auparavant du ressort des affaires étrangères, la Tunisie doit subir le même sort. Quant à l'Algérie, son rattachement aux colonies serait, semble-t-il, inutile et dangereux. Il serait inutile, car elle est aux portes de la France et les communications sont extrêmement faciles avec elle, ce qu'on ne peut pas dire pour les Antilles et la Réunion. Il serait dangereux, parce que, à raison de la division de l'Algérie en départements et de l'application de cette idée de plus en plus courante que le gouverneur général y exerce les mêmes attributions que le ministre dans la métropole, à raison enfin des idées d'assimilation complète qui ont de plus en plus cours, l'opinion publique s'inquiéterait d'un changement qu'elle interpréterait probablement comme un recul dans la politique libérale de plus en plus usitée vis-à-vis de la grande colonie africaine. L'Algérie devient très autonome grâce à son gouvernement général, à sa représentation au parlement tout à fait analogue à la représentation métropolitaine et à la compétence toute spéciale dont fait preuve tous les jours, au ministère de l'Intérieur, le *Bureau des affaires algériennes*. Elle est donc dans une situation fort satisfaisante, que son rattachement aux colonies n'améliorerait point et compromettrait peut-être. Dans son *Rapport sur le budget spécial de l'Algérie pour l'exercice* 1911, p. 5, M. Saumande, député, dit qu'il y aurait lieu de donner encore plus d'extension au service des affaires algériennes, que nous avons indiqué ci-dessus, et dont l'organisation, malgré quelques améliorations, est insuffisante. Il conviendrait de donner à ce service une organisation nouvelle répondant au nombre croissant des affaires, au développement économique et social pris par la colonie dans les dernières années. Quant à la Tunisie, rien de pareil n'existe ; tout ce qu'on a invoqué en faveur de son maintien aux affaires étrangères, c'est qu'elle appartient par sa situation géographique et son histoire au monde méditerranéen et que la mer la met en communication facile et constante avec l'Europe. Si indiscutables que soient ces constatations, on ne voit pas en quoi elles justifient le rattachement de la Tunisie à tel ministère plutôt qu'à tel autre. Or, si la Tunisie est rattachée aux affaires étrangères, c'est en vertu de cette idée surannée que tous les protectorats constituant des souverainetés doivent être à ce titre régis par le ministère qui préside aux relations internationales. Ainsi l'Annam-Tonkin et Madagascar ont été longtemps, pour ce motif, rattachés aux affaires étrangères ; le rattachement de Madagascar aux colonies, réalisé par le décret du 11 décembre 1895, a été rendu irrévocable par l'annexion ; et le protectorat de l'Annam-Tonkin a été également incorporé aux colonies, en suite du décret du 17 octobre 1887 créant le gouvernement général de la colonie indo-chinoise unifiée. Ces solutions sont tout à fait rationnelles. En effet, nous avons essayé de démontrer, dans notre *Traité de droit public international* (t. I, pp. 211 et s.), que les protectorats ne sont points des États véritables, car ils manquent essentiellement de la souveraineté qui est l'apanage nécessaire de l'État, souveraineté par eux conservée nominalement, mais passée en fait aux mains de l'État protecteur. Si l'on admet cette manière de voir qui semble conforme à la réalité des choses, la seule raison qui pourrait maintenir la Tunisie aux affaires étrangères disparaît absolument. On a compris, pour l'Indo-Chine, qu'il fallait unité dans la direction soit locale (gouvernement général), soit métropolitaine (ministère des colonies); or, cette idée doit imposer la même solution pour la Tunisie. Et si le ministère des colonies est trop chargé, il faut lui adjoindre les fonctionnaires qui, aux affaires étrangères, s'occupent de la Régence et surtout, comme nous l'avons dit plus haut, le décharger, en décentralisant, d'attributions inutiles. A notre avis, la Tunisie est appelée à suivre les destinées de l'Algérie; peu à peu les deux possessions africaines se pénètreront, se mélangeront, auront des intérêts généraux communs de plus en plus nombreux, en sorte que, même si elles restent séparées quant à l'administration, elles seront néanmoins soumises à une politique et à une orientation communes. Et probablement alors, protégée ou annexée, la Tunisie sera placée sous le même régime que l'Algérie, si tant est qu'elle ne se confonde point avec elle dans une union de l'Afrique du Nord. En attendant, la Tunisie doit être traitée comme une colonie ordinaire, comme le sont, par exemple, les protectorats asiatiques, et rien ne justifie le maintien de son rattachement aux affaires étrangères qui doit cesser comme il a cessé vis-à-vis de l'Indo-Chine et de Madagascar. Dans son rapport de la session de 1903 sur les protectorats, M. Puech, député, a conclu au rattachement du protectorat tunisien au ministère des colonies (*annexe* au procès-verbal de la séance de la Chambre du 4 juillet 1903, n° 1197). A la suite d'un rapport de M. Chautemps, la commission du budget s'est prononcée dans le même sens, en octobre 1904. Les mêmes conclusions ont été développées à propos de la discussion du budget de 1905 par M. Cochery, rapporteur. Voir sur cette question les détails donnés au *Répertoire de droit administratif de Bequet*, V° Tunisie, n°s 77 et s. et le rapport de M. Messimy, sur le budget des colonies pour l'exercice 1910 p. 18. Le rattachement de l'Algérie aux colonies et la création d'un ministère général de l'Algérie et des colonies sont, en outre, préconisés dans ce rapport, p. 19.

SECTION II

LES ADMINISTRATIONS LOCALES

TITRE PREMIER

Etude séparée des diverses administrations coloniales

Ces administrations se divisent, suivant l'importance des colonies, en gouvernements simples et gouvernements généraux; ces derniers créés, sauf pour l'Algérie, par la troisième République, correspondent aux grands groupements imposés par la nécessité d'une direction et d'une politique générales vis-à-vis soit des organismes indigènes, soit des puissances étrangères, en Afrique et en Asie. Les gouvernements coloniaux simples les plus importants ont été organisés par des ordonnances de la Restauration, dont certaines restent encore à la base du régime actuel, bien que remaniées en beaucoup de points. Elles ont inspiré en un certain nombre de dispositions les décrets récents créant les gouvernements généraux d'Afrique et d'Asie.

ARTICLE PREMIER

Les Gouvernements coloniaux ordinaires

§ I. — *Réunion et Antilles*

La première organisation coloniale, après 1815, fut celle de *Bourbon* et des *Antilles*. A l'une, la Restauration consacra l'ordonnance du 21 août 1825, et aux autres celle du 2 février 1827. Ces ordonnances concernant le gouvernement de l'île de la Réunion, de la Martinique, de l'île de la Guadeloupe et de ses dépendances, sont à peu près identiques; et les textes postérieurs, notamment l'ordonnance du 22 août 1833 et le sénatus-consulte du 3 mai 1854, portent également des dispositions presque semblables pour les trois possessions. Il faut donc étudier cumulativement les règles qui régissent les gouvernements de la Réunion et des Antilles.

Le plan suivi par les ordonnances de 1825 et de 1827 indique d'une façon précise comment les gouvernants de l'époque avaient conçu l'organisation administrative des trois colonies. Suivant le titre 1er consacré à la forme du gouvernement, il y avait : 1° un gouverneur investi du gouvernement général et de la haute administration; 2° un commandant militaire chargé, aux Antilles seulement, sous les ordres du gouverneur, du commandement des troupes et des autres parties du service militaire que le gouverneur lui déléguait; 3° trois chefs d'administration, soit un ordonnateur, un directeur général de l'intérieur et un procureur général dirigeant, sous l'autorité du gouverneur, les différentes parties du service; 4° un inspecteur colonial veillant à la régularité du service administratif. Il y avait, en outre, un conseil privé et un conseil général. Le commandant militaire a été supprimé par le décret du 29 août 1855 qui a décidé que ses fonctions appartiendraient désormais au gouverneur. On a supprimé également le contrôle colonial primitif permanent, tel que le concevaient les ordonnances (décret du 15 avril 1873). L'ordonnateur a disparu depuis le décret du 15 septembre 1882; l'officier du commissariat de la marine le plus élevé en grade, appelé chef de service administratif de la marine, a hérité de ses fonctions relatives à l'administration et à la comptabilité des services maritimes. D'autre part, depuis le décret du 14 mars 1889 séparant de la marine l'administration des colonies et le décret du 5 octobre 1889 créant le corps du commissariat colonial, l'officier le plus élevé en grade de ce corps prenait, dans chaque colonie, le titre de chef des services administratifs militaires ou plus simplement de chef des services administratifs. Enfin, en ce qui concernait l'administration et la comptabilité des dépenses des services civils faisant partie du budget de l'Etat, le directeur de l'intérieur était compétent (décret du 15 septembre 1882, article 3). Les attributions de l'ordonnateur, quant au service de santé et à celui de la trésorerie, avaient disparu par suite de ce fait que les chefs de ces services étaient devenus indépendants et relevaient directement du gouverneur. Le décret du 11 juin 1901 a remplacé le chef du service administratif par un directeur du commissariat devenu directeur de l'intendance de par le décret du 21 juin 1906. Le directeur de l'intérieur a disparu à son tour; ses attributions fort étendues le mettaient souvent en opposition avec le gouverneur; et, pour éviter cette situation fâcheuse, le décret du 21 mai 1898 a transporté ces attributions soit au gouverneur, soit à un nouveau fonctionnaire, le secrétaire général. Celui-ci assiste le gouverneur et est membre des conseils privés, d'administration et du contentieux, qu'il préside à défaut du gouverneur. Il occupe le premier rang après ce dernier, qu'il remplace de plein droit en cas de mort, d'absence ou d'empêchement; il le représente également dans le Conseil général et la commission coloniale. L'article 4 du décret de 1898, modifié par le décret du 20 janvier 1906, établit les classes, les traitements et les conditions d'aptitude des secrétaires généraux. Seul, des fonctionnaires des ordonnances, le procureur général est resté; il a des attributions judiciaires que nous examinerons à propos de *l'Organisation judiciaire coloniale*, au chapitre V.

Ainsi les colonies de la Réunion et des Antilles sont aujourd'hui gérées par des Gouverneurs assistés de Secrétaires généraux et d'un Conseil privé se transformant, à de certaines conditions, en Conseil du contentieux. Examinons successivement ces divers rouages, en suivant le plan même des ordonnances de la Restauration qui sont encore à la base de la matière.

Le *Gouverneur* est le dépositaire des pouvoirs de la métropole dans la colonie; il est chargé de la défense intérieure et extérieure; il a le commandement supérieur et l'inspection générale des troupes de toutes armes, l'inspection générale du matériel de guerre et des ouvrages de défense. Il fait déclarer la colonie en état de siège en cas de danger imminent d'attaque ou d'insurrection à main armée, et fait cesser cette mesure dès que les circonstances qui l'ont motivée, ont disparu. Il agit ainsi après avoir pris l'avis d'un conseil de défense, mais sans être tenu de s'y arrêter. Ce pouvoir extraordinaire a été attribué au gouverneur, parce que, loin de la métropole, il doit avoir le droit d'agir seul et sous sa responsabilité, si les circonstances l'exigent. Il n'a pas, en effet, le temps de consulter les pouvoirs publics métropolitains ; mais, en France, où les circonstances ne sont plus les mêmes, une loi est exigée au cas dont nous parlons (loi du 3 avril 1878).

Des observations qui précèdent il résulte que l'unité du commandement, indispensable à la colonie dans l'intérêt de la sûreté générale, est assurée par la centralisation de tous pouvoirs aux mains du gouverneur; mais, en pratique, il n'est pas possible que ce dernier, aujourd'hui appartenant à l'élément *civil* en règle générale, commande effectivement les troupes. Aussi un décret du 9 novembre 1901 met-il aux mains du commandant supérieur de ces troupes toute la conduite des opérations reconnues nécessaires, les affectations des officiers et des effectifs, en sorte que, si le gouverneur est responsable de la sûreté intérieure et extérieure, le commandant supérieur des troupes assume le commandement des forces militaires, la direction des contingents et des opérations. Nous reviendrons sur ces divers points au chapitre VIII consacré au *Régime militaire*.

Au point de vue *administratif*, le gouverneur a la direction supérieure des diverses branches de l'administration intérieure et donne les ordres généraux qui seront ensuite exécutés en détail par les divers services. Il a dans ses attributions les mesures de haute police et de police sanitaire; il exerce également la police de la navigation; il surveille l'instruction publique. Il pourvoit à la sûreté et à la tranquillité de la colonie et maintient ses habitants dans la fidélité et l'obéissance envers la métropole. Il mande devant lui les habitants quand le bon ordre l'exige, les interroge ou les fait interroger, incarcérer ou élargir. Il écoute et reçoit les plaintes et griefs ; on porte immédiatement à sa connaissance tous les faits et événements de nature à troubler l'ordre et la tranquillité publics. Il accorde les dispenses de mariage dans les cas prévus par l'article 145 (défaut d'âge) et l'article 164 (mariage au degré de parenté prohibé) du Code civil. Il se tient au courant du mouvement et des besoins de l'agriculture et du commerce et prend les mesures utiles pour les encourager, les accroître et les améliorer. Il donne les ordres généraux concernant les approvisionnements nécessaires pour les besoins du service, l'exécution des travaux publics maritimes, militaires et civils. Il inspecte tous les bâtiments publics. Il arrête le budget de la colonie et le fait exécuter.

En matière *judiciaire*, le gouverneur veille à la libre et prompte administration (distribution disent les ordonnances) de la justice et se fait rendre, à cet égard, des comptes périodiques par le procureur général. Il lui est interdit de s'immiscer dans les affaires qui sont de la compétence des tribunaux, ou de citer devant lui aucun des habitants de la colonie à l'occasion de leurs contestations en matière civile ou criminelle. Une circulaire du 15 octobre 1853 a décidé, par application de l'idée qui précède, que le gouverneur ne peut ni obliger le ministère public à poursuivre, ni l'en empêcher, sauf en ce qui concerne les affaires intéressant le gouvernement. En matière civile, il ne peut empêcher ou retarder l'exécution des jugements et arrêts; et, en matière criminelle, il ordonne, en conseil privé, l'exécution des condamnations ou prononce le sursis en cas de recours en grâce. Le sursis est de droit si deux membres du conseil privé le réclament (décision du 28 octobre 1868). Le gouverneur légalise les actes à transmettre hors de la colonie et ceux venant de l'étranger.

Tous les fonctionnaires et agents du gouvernement dans la colonie sont soumis à l'autorité du gouverneur; il exerce une haute surveillance sur les membres de l'ordre judiciaire; les chefs d'administration sont placés sous ses ordres; il les maintient dans leurs attributions, sans pouvoir cependant lui-même entreprendre sur ces attributions ou les modifier. Il pourvoit à tous les emplois qui ne sont pas à la nomination de la métropole et destitue les agents nommés par lui. Suivant le décret du 7 novembre 1879, le gouverneur peut suspendre le fonctionnaire dont la conduite serait trop répréhensible pour qu'il pût être maintenu. En ce cas, il lui offre de passer en France pour aller s'expliquer devant le ministre; et la suspension ne peut être prononcée que s'il refuse de profiter de cette faculté.

Au point de vue de la *législation*, nous avons indiqué quelles étaient les attributions du gouverneur; il promulgue les lois, décrets et règlements de l'autorité métropolitaine et prend des arrêtés qu'il est autorisé à sanctionner par la prison (15 jours au maximum) et l'amende (100 francs au maximum). L'arrêté portant plus de 5 jours de prison et de 15 francs d'amende doit être converti en décret du chef de l'Etat dans les quatre mois, à peine de caducité.

En matière *internationale*, les gouverneurs communiquent, pour les intérêts de la colonie qu'ils administrent : celui des Antilles avec les gouvernements du continent et des îles d'Amérique, c'est-à-dire des trois Amériques et des Antilles ; et celui de la Réunion, avec les gouvernements des pays au delà des caps, c'est-à-dire des mers des Indes, de Chine et du Pacifique. Ils négocient, sauf ratification de la métropole, des conventions commerciales et autres dans la limite de leurs instructions. Celui des Antilles a spécialement conclu des traités d'extradition avec diverses puissances.

Le gouverneur avait encore, d'après les ordonnances, d'autres pouvoirs extraordinaires qui ont été supprimés par un décret du 7 novembre 1879. Il encourt, dans l'exercice de ses fonctions, une responsabilité d'autant plus grande que ses attributions sont plus élevées et que, grâce à elles, il peut relever ou compromettre, dans la colonie, le prestige du pays. Il peut être poursuivi pour trahison, concussion, abus d'autorité, désobéissance aux ordres de la métropole, dépenses indûment ordonnées. Il lui est interdit, pendant la durée de ses fonctions, d'acquérir des propriétés foncières, ni de contracter mariage dans la colonie, sans autorisation du chef de l'Etat. Pour éviter tout conflit, le gouverneur remplacé perd tous ses pouvoirs aussitôt après le débarquement de son successeur; et il fait reconnaître immédiatement celui-ci en présence des autorités du chef-lieu de la colonie ou à la tête des troupes.

Organisé par les ordonnances de la Restauration, le *Conseil privé* est actuellement composé du gouverneur président, du secrétaire général qui le supplée, le cas échéant, du procureur général et de deux notables. Les chefs de service y sont appelés avec voix consultative pour les matières de leur compétence. Le Conseil s'assemble le premier de chaque mois et, en outre, toutes les fois que le gouverneur juge convenable de le convoquer. Il ne peut délibérer que si tous ses membres sont présents ou légalement remplacés, ce qui ne doit avoir lieu qu'en cas d'empêchement absolu. Les ordonnances attribuaient au conseil privé des pouvoirs importants relativement à certaines affaires, pouvoirs disparus depuis le sénatus-consulte du 3 mai 1854, qui, dans son article 9, fait dudit conseil un comité purement consultatif, devant être consulté dans certains cas, pouvant l'être dans d'autres, sans que son avis soit obligatoire pour le gouverneur. C'est seulement à propos de la vérification et du jugement des comptes des comptables autres que le trésorier, que le conseil a conservé les pouvoirs qu'il tenait des articles 158 et 174 des ordonnances de 1825 et 1827, suivant l'article 143 du décret du 20 novembre 1882 sur le service financier des colonies. D'après ce texte, la Cour des Comptes juge les comptes des recettes et dépenses annuelles des trésoriers-payeurs, et le conseil privé ceux des autres comptables. Aux termes de l'article 144, la Cour des Comptes statue sur les pourvois qui lui sont présentés contre les décisions des conseils privés par les comptables justiciables de ce conseil. Il faudra tenir compte ici des dispositions de l'art. 126 de la loi de finances du 13 juillet 1911 qui dispose que : seront soumis au contrôle de la cour des comptes, dans les conditions qui seront déterminées par un décret, les comptes : 1° des comptables chargés de recouvrer aux colonies les recettes perçues au profit des budgets généraux ou locaux; 2° des comptables des budgets régionaux, provinciaux ou municipaux, ainsi que des hospices et établissements de bienfaisance des colonies, lorsque le montant des recettes ordinaires constatées dans les trois dernières années dépasse 30.000 francs par an.

Les articles 160, 176 et suivants des ordonnances prévoyaient que le conseil privé se transformait en *conseil du contentieux administratif* par l'adjonction de deux membres de l'ordre judiciaire nommés depuis le sénatus-consulte de 1854 par le gouverneur. Un décret du 5 août 1881 a réglementé l'organisation et la compétence des conseils du contentieux administratif, ainsi que la procédure à suivre devant eux. Suivant l'article 1er, le conseil se compose des membres du conseil privé, auxquels sont adjoints deux magistrats nommés au commencement de chaque année par le gouverneur qui préside et a voix prépondérante en cas de partage; le conseil ne délibère valablement que si tous ses membres, à l'exception du gouverneur, sont présents ou régulièrement remplacés. Sa compétence embrasse toutes les matières comprises dans le contentieux administratif; c'est là un point qui est aujourd'hui de doctrine et de jurisprudence constantes et qui, au surplus, s'appuie sur le § XIII des articles 160 et 176 des ordonnances de 1825 et de 1827, lequel, après une énumération assez longue des points rentrant dans la compétence du conseil, ajoute finalement : « en général, du contentieux administratif ». Toutefois, l'article 3 du décret précité de 1881, en confirmant le conseil dans ses attributions de juge général du contentieux, fait une exception pour les matières mentionnées aux §§ I et II des articles 160 et 176 des ordonnances. Le premier de ces deux paragraphes déférait au conseil du contentieux les conflits positifs ou négatifs élevés par les chefs d'administration. Mais le décret, ramenant ici à l'application du droit commun, a décidé que les conflits d'attribution entre l'autorité administrative et l'autorité judiciaire seraient jugés directement par le tribunal des conflits comme en France, conformément à l'article 25 de la loi du 24 mai 1872. Le droit d'élever le conflit appartient au gouverneur dans les cas et suivant les formes prévus par l'ordonnance du 1er juin 1824. Également, par retour au droit commun, suivant l'article 5 du décret de 1881, le conseil du contentieux cesse de prononcer comme commission d'appel; et les affaires qui lui étaient déférées en cette qualité, seront portées devant la Cour d'appel. En dehors du contentieux administratif, suivant le § 6 des articles 160 et 176 des ordonnances, le conseil du contentieux connaît des demandes concernant les concessions de prises d'eau pour l'irrigation des terres, l'établissement des usines et tous autres usages. Les fonctions de commissaire du gouvernement sont remplies par un officier du commissariat ou par un fonctionnaire délégué par le gouverneur (art. 2 du décret du 3 février 1891). L'office de greffier est tenu par le secrétaire archiviste.

Le titre II du décret du 5 août 1881 détermine la procédure à suivre devant les conseils du contentieux administratif et les recours contre leurs décisions; cette procédure et ces recours suivent à peu près les mêmes règles que celles usitées en France relativement aux conseils de préfecture (loi du 22 juillet 1889).

Le décret du 5 août 1881 a été étendu à toutes les colonies françaises par un autre décret du 7 septembre de la même année ; il faut donc, en principe, appliquer à toutes les règles qui viennent d'être indiquées ci-dessus.

§ II. — *Établissements de l'Inde, de la Guyane et de Saint Pierre et Miquelon*

Des ordonnances des 27 août 1828 et 22 août 1833 pour la *Guyane*, du 23 juillet 1840 pour les *Établissements français de l'Inde* et du 18 septembre 1844 pour *Saint-Pierre et Miquelon*, avaient réglé d'une manière à peu près semblable le gouvernement de ces colonies, en se modelant sur l'organisation déjà existante à la Réunion et aux Antilles. Toutefois, pour l'Inde et Saint-Pierre et Miquelon, vu leur importance moindre, on avait de beaucoup simplifié les rouages administratifs. Mais l'assimilation fut rétablie par des décrets postérieurs des 24 juin et 13 août 1879 pour l'Inde et des 20 novembre 1882, 2 avril 1885, 23 décembre 1887 pour Saint-Pierre et Miquelon. Examinons la situation actuelle.

A. — ÉTABLISSEMENTS DE L'INDE.

La situation est restée en principe la même que sous le système des ordonnances. Un *Gouverneur* est placé à la tête de la colonie ; il est assisté d'un *Secrétaire général* substitué au directeur de l'intérieur, suivant ledécr et général du 21 mai 1898. Un *Conseil privé* y fonctionne dans les mêmes conditions qu'aux Antilles et à la Tunisie, avec cette particularité que les chefs de service, pour les matières rentrant dans leur compétence, y sont appelés et ont voix délibérative comme les hauts fonctionnaires. Le conseil a conservé les attributions que lui donnait l'ordonnance du 23 juillet 1840. Suivant le décret du 21 janvier 1888, un commandant militaire relevant hiérarchiquement du gouverneur exerce le commandement militaire. L'Inde française est divisée en quatre territoires : Chandernagor, Karikal, Mahé, Yanaon, à la tête desquels sont placés des administrateurs coloniaux. Le Conseil privé se transforme en *Conseil du contentieux*, comme il est dit ci-dessus pour les Antilles et la Réunion (décrets des 5 août et 7 septembre 1881).

B. — Guyane.

La colonie est administrée par un *Gouverneur* assisté d'un *Secrétaire général* et d'un *Conseil privé* comprenant, sous la présidence du gouverneur, les principaux chefs de service qui sont : le procureur général chef du service judiciaire, le directeur de l'administration pénitentaire, le commandant des troupes et deux notables (décret des 21 janvier 1888, 31 octobre 1897 et décret du 21 mai 1898 remplaçant par le *secrétaire général* le directeur de l'intérieur). Lorsqu'il est traité des questions concernant les attributions du trésorier payeur, du chef du service de santé, du chef du service de l'instruction publique (principal du collège de Cayenne suivant le décret du 30 octobre 1905), ces fonctionnaires sont appelés au conseil avec voix délibérative. Le Conseil privé a conservé les attributions que lui avaient conférées les ordonnances ; et, le sénatus-consulte du 3 mai 1854, qui a fait du conseil privé à la Réunion et aux Antilles un organe purement consultatif, ne lui étant pas applicable, il a gardé un pouvoir propre de décision dans certains des cas précisés par l'article 163 de l'ordonnance du 27 août 1828. Il faut appliquer au Conseil transformé en *Conseil du contentieux* les règles ci-dessus indiquées des décrets des 5 août et 7 septembre 1881 et 3 février 1891.

C. — Saint Pierre et Miquelon

Un décret du 4 février 1906 régit actuellement la colonie, dont l'administration a été sensiblement modifiée par la disparition du gouverneur et du conseil privé, comme elle l'avait été déjà par celle du conseil général dont nous avons parlé au chapitre précédent. Le commandement général et la haute administration aux îles sont confiés à un *Administrateur* assisté d'un *Conseil d'administration* à rôle purement consultatif, qui réunit les attributions cumulées des anciens conseils privé et général. L'administrateur dépositaire des pouvoirs de la République exerce les fonctions antérieurement attribuées au gouverneur; il a seul le droit de correspondre avec le gouvernement et est en relations directes avec les agents diplomatiques et consulaires de France dans l'Amérique du Nord. Il organise tous les services de la colonie et règle leurs attributions; il nomme à tous emplois, sauf à ceux dont la nomination est réservé à la métropole; il suspend les fonctionnaires en cas d'urgence et rend compte immédiatement au ministre des colonies. Il arrête chaque année le budget des recettes et dépenses et le fait exécuter après approbation du ministre. Il fixe, après avis du Conseil d'administration et sous réserve de l'approbation ministérielle, l'assiette, le tarif, les règles de perception et le mode de poursuite des contributions et taxes, sauf quant aux douanes et octroi de mer qui continuent à être régis par la loi du 11 janvier 1892.

Suivant le décret du 15 avril 1906, le *Conseil d'administration* est composé, sous la présidence de l'administrateur, des chefs de service auxquels on a adjoint les maires des villes principales et le président de la chambre de commerce de Saint Pierre. Le conseil est obligatoirement consulté sur l'établissement du budget, des comptes et des taxes, les projets d'emprunts ou de contrats. Il vérifie et arrête les comptes des comptables, à l'exception de ceux du trésorier-payeur. Il faudra ici tenir compte des dispositions déjà visées ci-dessus de l'article 126 de la loi de finances du 13 juillet 1911. Le Conseil se transforme en *Conseil du contentieux administratif*, comme il a été dit ci-dessus à propos des Antilles et de la Réunion (décrets des 5 août et 7 septembre 1881 et 3 février 1891). Toutefois, l'article 2, § II, de ce dernier décret décide qu'on adjoint aux membres du conseil privé le président du conseil d'appel ou, à son défaut, le président du tribunal de première instance.

§ III. — *Nouvelle-Calédonie*
Nouvelles-Hébrides et îles Wallis

Un décret du 12 décembre 1874 porte organisation du gouvernement de la *Nouvelle-Calédonie*; il a une grande analogie avec le décret du 27 août 1828 concernant la Guyane et généralement avec les ordonnances coloniales de la Restauration indiquées ci-dessus. Un *Gouverneur* est chargé de l'administration et de la police générales. Il pourvoit à la sûreté et à la tranquillité de la colonie, maintient les habitants dans la fidélité et l'obéissance à la métropole; ses pouvoirs sont analogues à ceux du gouverneur de la Guyane. Le décret de 1874 lui confère des attributions importantes en ce qui concerne les travaux et marchés, les installations, la discipline, le classement des transportés et déportés, les concessions de terrain et établissements. Il statue sur l'assiette, le tarif, les règles de perception et le mode de poursuite des taxes et contributions publiques, sauf les douanes. Il communique, pour ce qui concerne les intérêts de la colonie, avec les gouverneurs des pays et colonies de l'Australie, de la mer des Indes, de la Malaisie, des mers de Chine, du Japon et de l'Océanie. Il négocie, dans la limite de ses instructions, toutes conventions commerciales et autres, sous réserve de la ratification du chef de l'État.

Le Gouverneur est assisté d'un *Secrétaire général* dont les attributions sont fixées par lui dans des arrêtés (14 octobre 1899 et 23 mai 1903). Il a sous ses ordres un commandant militaire relevant hiérarchiquement de lui (décret du 21 janvier 1888) et divers chefs d'administration, comme dans les autres gouvernements coloniaux, spécialement la Guyane. Un *Conseil privé*, comme dans ces gouvernements, est placé auprès du gouverneur avec les attributions déjà indiquées. Il est composé du gouverneur président, des hauts fonctionnaires coloniaux, et, de même que dans l'Inde, les chefs de service y ont voix délibérative à propos des matières de leur compétence; aux fonctionnaires sont adjoints deux notables nommés par le chef de l'État depuis un décret du 2 avril 1885. Il se transforme en *Conseil du Contentieux administratif*, suivant les décrets des 5 août et 7 septembre 1881 et 3 février 1891.

Des administrateurs coloniaux sont placés dans les cinq arrondissements de la Nouvelle-Calédonie (Canala, Houaïlou, Nouméa, Ouegoa et Touho), ainsi qu'aux îles Loyalti et Wallis.

Le Gouverneur de la Nouvelle-Calédonie a été institué, par décret du 28 février 1901, *Commissaire général de la France dans l'océan Pacifique.* En exécution de cette disposition, il intervient soit aux *Nouvelles-Hébrides*, soit aux îles *Wallis* et *Horn.* Aux *Nouvelles-Hébrides*, suivant le traité franco-anglais du 16 novembre 1887 confirmé par la déclaration du 8 avril 1904, à suite de l'arrangement du 20 octobre 1906 promulgué par le décret du 11 janvier 1907, se trouvent deux hauts Commissaires, l'un anglais, l'autre français, assistés, chacun, d'un commissaire résident auquel ils délèguent leur autorité dans la mesure jugée utile et qui les représente dans l'île. Aux îles Wallis, un traité du 19 mai 1910 a renforcé le protectorat franco-uvéen et établi un Résident français relevant du gouverneur de la Nouvelle-Calédonie qui, en cas de désaccord, intervient entre l'autorité locale et le résident. Ce dernier dirige les affaires intérieures et protège à l'étranger les français et les wallisiens. Les îles Wallis sont divisées en trois districts administrés par des chefs locaux appelés *Pules*.

§ IV. — *Établissements français de l'Océanie*

Le gouvernement des Établissements français de l'Océanie a été créé par un décret du 28 décembre 1885; le *Gouverneur* est le représentant de l'autorité du président de la République dans la colonie; ses pouvoirs sont à peu près les mêmes que ceux indiqués à propos des gouverneurs des autres colonies et spécialement à propos du gouverneur de la Nouvelle-Calédonie (décret du 12 décembre 174). Il est assisté d'un chef de service de l'intérieur (décret du 20 janvier 1906). Il ne peut exercer le commandement effectif des troupes de terre ou de mer qui est confié au commandant militaire, suivant le décret du 21 janvier 1888. Il a sous ses ordres divers chefs d'administration et de service qui ont voix délibérative au *Conseil privé.* Il préside ce conseil qui comprend, en outre, les fonctionnaires sus-indiqués et deux conseillers privés, citoyens français, nommés par décret sur sa présentation. Le Conseil délibère sur les affaires à lui soumises par le gouverneur; et certaines doivent lui être obligatoirement déférées; il statue également comme *Conseil du contentieux administratif*, suivant les règles tracées par les décrets du 5 août 1881 et du 3 février 1891.

L'article 132 du décret de 1885 décide que, dans les îles et archipels autres que Tahiti et Moorea, désignés sous le nom d'*Etablissements secondaires de l'Océanie*, l'autorité supérieure est confiée à des fonctionnaires qui prennent le nom d'administrateurs. Ces fonctionnaires sont les représentants du gouverneur dans leurs localités respectives et y exercent, par délégation, d'après ses ordres, le commandement militaire et l'autorité civile.

Un décret du 19 mai 1903 a supprimé le Conseil général de Tahiti et de Moorea et l'a remplacé par un *Conseil d'administration des Établissements français de l'Océanie.* Il est composé, sous la présidence du gouverneur, des principaux fonctionnaires de la colonie, du maire de Papeete et des présidents des chambres de commerce et d'agriculture. Le budget de la colonie est arrêté et rendu exécutoire chaque année par le gouverneur en conseil d'administration; les comptes sont arrêtés en la même forme. C'est également en conseil d'administration que le gouverneur fixe l'assiette, le tarif, les règles de perception et le mode de poursuite des contributions et taxes, sauf en ce qui concerne les droits de douanes, et établit les emprunts (article 127. A. § III de la loi de finances du 14 juillet 1911). Il est créé une commission permanente du conseil d'administration, présidée par le gouverneur et convoquée par lui. Elle peut être appelée à donner son avis sur toutes les questions susceptibles d'être soumises au conseil; cet avis peut, en cas d'urgence, remplacer celui du conseil, sauf toutefois quant au budget. Les séances du conseil d'administration ne sont pas publiques.

§ V. — *Côte française des Somalis*

Un *Gouverneur* siège à Djibouti, chef-lieu de la colonie,

depuis le décret du 20 mai 1896; un décret du 28 août 1898 a donné à la colonie un *Adjoint* au gouverneur, un *Secrétaire général* et un *Conseil d'administration* remanié dans sa composition par un autre décret du 11 octobre 1899. Ce conseil comprend, sous la présidence du gouverneur, trois fonctionnaires et trois notables, tous désignés par celui-ci, les derniers pour deux ans. Le budget local et les emprunts sont arrêtés par le gouverneur en conseil d'administration et soumis à l'approbation du ministre; le Conseil n'a que des attributions consultatives. Il est consulté sur les projets de décrets, arrêtés et règlements intéressant l'organisation et le fonctionnement des divers services. Il est également consulté sur le mode d'assiette, les règles de perception et les tarifs des contributions et taxes du budget local, sur les travaux publics, les concessions, les emprunts (art. 127, A, § III de la loi de finances du 13 juillet 1911) et, en général, sur toutes les questions à lui soumises par le gouverneur. Le Conseil d'administration se constitue en *Conseil du contentieux administratif* sous la présidence du gouverneur ou de son adjoint. En ce cas, deux membres lui sont adjoints, choisis chaque année par le gouverneur parmi les agents du protectorat. Le Conseil fonctionne alors suivant les décrets des 5 août et 7 septembre 1881 et 3 février 1891.

ARTICLE II

Les Gouvernements généraux et la Résidence générale de la Tunisie

§ I. — *Algérie*

L'ordonnance du 22 juillet 1834 institua, en Algérie, un Gouverneur général qui avait, suivant l'article 1er, le commandement général et la haute administration du nord de l'Afrique et dont l'article 5 déterminait ainsi les attributions. Le Gouverneur général prépare en conseil les projets d'ordonnance que réclame la situation du pays et les transmet au ministre de la guerre. Dans les cas extraordinaires et urgents, il peut provisoirement, par voie d'arrêté, rendre exécutoires les dispositions contenues dans ces projets. Le conseil prévu par le texte était composé de divers fonctionnaires civils et militaires, dont l'autorité contrebalançait fâcheusement celle du gouverneur général placé, en principe, sous les ordres et la direction du ministre de la guerre. Les pouvoirs du gouverneur devaient, suivant l'article 6, être déterminés par des ordonnances spéciales qui fixeraient également les attributions du conseil et l'organisation des divers services. L'ordonnance de 1834 fut appliquée durant toute la monarchie de Juillet, avec des modifications d'ordre secondaire dont la principale fut la création, par l'ordonnance du 15 avril 1845, d'un directeur général des affaires civiles placé à côté du gouverneur général et sous ses ordres, ayant à son tour sous sa direction les quatre directeurs des services, administrateurs civils (procureur général, directeurs de l'intérieur et des travaux publics, des finances et du commerce, des affaires arabes). L'expression d'Algérie fut usitée, pour la première fois, par cette dernière ordonnance qui fit entrer dans le domaine de la légalité la division de fait en trois provinces existant déjà et établit la distinction des territoires civil, mixte et arabe administrés suivant des procédés particuliers à chacun d'eux.

En 1848, par application du principe d'assimilation qui commence à l'emporter dans l'opinion, on invente le *système des rattachements* aux ministères compétents de la métropole et on procède ain i à l'égard des cultes, de l'instruction publique, de la justice, des douanes, de l'enregistrement et des domaines, des contributions. Le territoire civil se divisait, dans chaque province, en départements, arrondissements et communes. Un préfet était placé à la tête de chaque département remplaçant le directeur des affaires civiles; il était en correspondance directe avec le ministre de la guerre et les autres ministres, pour les services rattachés qui ont été indiqués ci-dessus. Il n'y avait plus que deux catégories de territoires : les territoires militaires, que le gouverneur général administrait par l'intermédiaire des généraux de division, et les territoires civils dans lesquels son autorité était nulle.

Après l'éphémère expérience du ministère de l'Algérie et des colonies que le décret du 24 juin 1858 avait créé et qui fut supprimé par celui du 24 novembre 1860, le gouverneur général fut rétabli, avec une autorité très considérable résultant soit de la suppression presque complète des rattachements, soit de ce fait qu'il correspondait directement avec l'Empereur et ne relevait d'aucun ministre, exerçant lui-même les attributions ministérielles. Les seuls services rattachés étaient ceux de l'instruction publique, des cultes, de la magistrature française et des offices ministériels. C'est l'époque de la prédominance militaire qui voit apparaître et se préciser la notion du *royaume arabe*, dans lequel les préfets sont placés dans chaque province sous les ordres des généraux.

A la chute de l'Empire, la troisième République supprima la prépondérance militaire; le décret du 29 mars 1871 rétablit le gouverneur civil, dont l'autorité fut bientôt annihilée par une série de mesures qui aboutirent au système du rattachement instauré à nouveau et aggravé par le décret du 26 août 1881. Ce décret plaça les divers services algériens sous l'autorité des ministres métropolitains compétents, sauf possibilité au gouverneur général de statuer, par délégation de ces derniers, sur des points fixés par décrets rendus sur leur proposition. Saisie de cette situation, la commission sénatoriale de l'Algérie entendit et approuva le rapport de Jules Ferry dans lequel le gouverneur général de l'Algérie était traité de « roi fainéant dans un décor aussi coûteux qu'inutile ». Et après des ordres du jour conformes adoptés au Sénat et à la Chambre, le décret du 31 décembre 1896, dit de *dérattachement*, abrogea le système contraire du décret de 1881. Intervint enfin le décret du 23 août 1898 relatif aux attributions du gouverneur général, qui constitue encore aujourd'hui la base de l'organisation du gouvernement de la colonie. L'article 1er dispose que le gouverneur général est nommé, sans qu'aucune condition d'âge ou de capacité soit requise, par décret du président de la République rendu en conseil des ministres, sur la proposition du ministre de l'intérieur. Il est chargé de la haute administration de l'Algérie, dont les divers services sont centralisés à Alger sous son autorité. Et, d'après l'article 2, représentant du gouvernement de la République sur tout le territoire algérien, il a droit de préséance sur toutes les autorités civiles et militaires et est consulté sur la nomination de tous les hauts fonctionnaires. Il établit le projet du budget général de l'Algérie créé par la loi du 19 décembre 1900, suivant ce qui sera dit ci-après au chapitre IV relatif au *Régime financier colonial.*

En ce qui concerne les *rapports du gouverneur général avec les autorités militaires*, l'article 4 du décret de 1898 a été remplacé par le décret du 27 juin 1901 suivant lequel, pour tout ce qui touche à la sûreté intérieure de l'Algérie, à la police des frontières, rivages ou confins, à l'occupation et l'organisation des territoires de commandement, le gouverneur général a sous sa haute autorité le général commandant le 19e corps d'armée et le commandant de la marine en Algérie. Mais, néanmoins, le pouvoir central intervient en ce sens que le gouverneur général prend ou soumet seul aux ministres compétents les décisions que les chefs militaires et maritimes exécuteront ensuite. La correspondance de ces derniers en ces matières et pour tout ce qui regarde la défense de la colonie, a lieu avec les ministres de la guerre et des colonies, par l'intermédiaire du gouverneur général. Pour toutes les autres questions, les autorités militaires et maritimes continuent de relever, au même titre que les autres commandants de corps d'armée et de la marine, des ministres de la guerre et de la marine. Les généraux de division sont placés, quant aux points intéressant la sûreté générale, sous les ordres directs du général commandant le 19e corps; eu égard à l'administration des territoires de commandement, ils restent sous la direction immédiate du gouverneur général. En cas de guerre étrangère, le gouvernement métropolitain a seul la disposition des forces de terre et de mer de l'Algérie. Suivant l'article 4 de la loi du 3 avril 1878, le gouverneur général a le droit de déclarer l'Algérie en état de siège, mais seulement en cas d'interruption des communications avec la métropole.

L'article 5 du décret de 1898 vise les *services civils* et fait la distinction entre les services *rattachés* et *non rattachés.* Il dispose que tous les services civils sont en principe placés sous la direction du gouverneur, ce qui fait que le non-rattachement est la règle. Quant aux services rattachés qui constituent l'exception et qui demeurent sous l'autorité des ministres métropolitains compétents, ce sont la trésorerie, la justice et l'instruction publique, moins la justice et l'instruction publique musulmanes. Depuis la loi sur la séparation des Églises et de l'État, est intervenu le décret du 27 septembre 1907 déterminant les conditions d'application de cette loi à l'Algérie, en exécution duquel est appelé à disparaître le service des cultes autres que le culte musulman. Dans son *Rapport sur le budget spécial de l'Algérie* pour l'exercice 1911, M. Saumande, député, dit que la justice et l'instruction publique ne devraient pas constituer des services non rattachés, car tous demandent une profonde appropriation au milieu (*rapport*, pp. 4 et 5). Toutefois, les services non rattachés, bien que gérés par les ministres compétents, ne sont point tout à fait soustraits à l'autorité du gouverneur, car le § 2 de l'article 5 précité décide que les rapports, instructions, décisions relatifs à ces services lui sont adressés en même temps qu'aux ministres et aux fonctionnaires intéressés. Et, suivant l'alinéa final du texte, il lui est rendu compte par tous les services des incidents pouvant intéresser la police et la sécurité générale. En outre de ces prescriptions d'ordre général, diverses décisions particulières sont intervenues à propos des services non rattachés envisagés isolément. Suivant le même article 5, § 3, le gouverneur est consulté sur la nomination des juges de paix; et, depuis le décret du 27 juin 1901, le personnel des officiers publics et ministériels est placé sous sa haute autorité. Il nomme et révoque les greffiers, notaires, avoués, huissiers, commissaires-priseurs, etc. Il exerce les attributions conférées au ministre de la justice par les lois et règlements relatifs à l'exercice des professions des officiers ministériels indiqués ci-dessus. En ce qui concerne la trésorerie, le décret du 16 janvier 1902 sur l'organisation du personnel de ce service lui confère des attributions étendues pour la nomination aux emplois, le tableau d'avancement, les mesures disciplinaires, etc. Ainsi, on le voit, le gouverneur général réunit à l'heure actuelle, en Algérie, les pouvoirs les plus étendus que fortifient constamment des textes nouveaux. Il est investi dans la colonie, toutes proportions gardées, suivant l'expression que l'on retrouve dans un certain nombre de textes, des mêmes attributions que le ministre dans la métropole. Il est en correspondance directe avec les divers ministères pour les affaires de leur département, tout en relevant directement du ministère de l'intérieur où se trouve, à la direction des affaires départementales et communales, le *Bureau* déjà indiqué dont la mission est de centraliser les affaires algériennes. Il adresse au ministère de l'intérieur des rapports mensuels et un rapport général annuel détaillé qui est communiqué aux Chambres (article 8 du décret de 1898). D'après l'article 7, les diverses directions générales des contributions directes et indirectes, de l'enregistrement des domaines et du timbre, des postes et télégraphes exercent en Algérie les même attributions que dans la métropole, quant à l'assiette et à la perception des impôts, taxes et droits dont elles assurent le recouvrement, ainsi que pour les amendes et contraventions y relatives. Et, d'après l'article 6, les fonctionnaires et agents des services algériens sont placés directement sous l'autorité du gouverneur général. Les fonctionnaires et agents détachés des administrations métropolitaines sont mis à sa disposition ; il est consulté sur leur résidence, donne son avis sur les propositions d'avancement et les mesures disciplinaires ; en cas d'urgence, il prononce leur suspension.

Suivant l'article 3 du décret de 1898, le gouverneur général correspond directement avec le ministre de France au Maroc, avec le résident général de France à Tunis et avec le consul général à Tripoli. Ainsi est-il maître d'exercer une politique personnelle et de centraliser dans ce but, par ses relations avec les autres représentants français dans les pays musulmans d'Afrique, tous les renseignements utiles. Toutefois, comme il faut bien que sa conduite ait un contrôle et ne dépasse pas les bornes raisonnables, doit-il s'entendre avec le gouvernement et obtenir son adhésion avant d'engager toute action politique ou diplomatique. A vrai dire, même la pensée d'agir différemment ne lui viendra point ; par la force même des choses, il se cantonnera dans la sphère des conseils et des avertissements, quitte à donner sa démission pour le cas où il considérerait que, par son désaccord avec le gouvernement, sa responsabilité pourrait être engagée. Et, à plus forte raison, le gouverneur n'a-t-il point le droit de donner des ordres aux personnages dont il a été question ci-dessus, qui lui doivent simplement des renseignements et des avis, en restant toujours soumis à l'autorité de leur département. Le gouverneur général exerce, suivant le dernier paragraphe de l'article 3, à l'égard des étrangers et des musulmans indigènes, les pouvoirs de haute police prévus par la loi du 3 décembre 1849 ou par la législation spéciale de l'Algérie.

Le gouverneur général est assisté d'un *Secrétaire général* qui le supplée en cas d'absence. Les bureaux du gouvernement général sont placés sous ses ordres. A côté du gouverneur, on rencontre encore un cabinet civil, un cabinet militaire et un service central des affaires indigènes et du personnel militaire. Un arrêté du gouverneur général du 30 mars 1909 à réorganisé l'administration centrale du gouvernement général.

Le décret du 14 août 1905 a fixé les nouvelles attributions du gouverneur général relativement aux *territoires du Sud*. Dans toute leur étendue, il représente le gouvernement de la République et correspond seul avec les ministres pour les affaires de leur département. Il nomme à tous les emplois civils, à l'exception de ceux pour lesquels le droit de nomination est réservé à l'autorité métropolitaine. Pour ces derniers emplois, la nomination a lieu sur une liste de présentation dressée par le gouverneur général. Ce dernier exerce, dans les territoires du Sud, les attributions administratives et financières qui, en Algérie, sont dévolues aux préfets et aux généraux commandant les territoires militaires. Mais l'article 9 l'autorise à déléguer, par décision spéciale, ces attributions aux commandants de territoires et c'est ce qu'il fait habituellement. Le gouverneur général a sous ses ordres un personnel des affaires indigènes des territoires du Sud; et, pour l'administration de ces territoires, il est assisté du conseil de gouvernement de l'Algérie dont il va être parlé ci-après. Un conseiller rapporteur est spécialement désigné pour les questions intéressant les territoires du Sud; il peut, en outre, être chargé de l'inspection permanente de tous les services administratifs. Le Conseil de gouvernement est nécessairement appelé à donner son avis sur le budget et le compte administratif. Il juge la gestion des comptables communaux et est investi, à cet effet, de toutes les attributions dévolues au conseil de préfecture (art. 2 et 3). Suivant l'article 8, le gouverneur général est chargé d'assurer la défense des territoires du Sud et d'y maintenir l'ordre. Il dispose, pour ce mandat, des compagnies sahariennes et de détachements d'autres troupes du 19e corps d'armée. Un arrêté du gouverneur général du 7 mai 1909 a créé une direction spéciale des territoires du Sud au gouvernement général, direction centralisant, sous les ordres du conseiller de gouvernement dont il a été question ci-dessus, le contrôle des services administratifs et financiers des territoires. Un décret du 13 février 1909 a organisé le service de la justice militaire dans les territoires du Sud.

Jusqu'en 1860, le gouverneur général de l'Algérie a été assisté d'un conseil unique; le décret du 10 décembre 1860 a dédoublé ce conseil en deux organes, dont l'un est appelé *Conseil supérieur de gouvernement* et l'autre *Conseil de gouvernement.*

Le *Conseil supérieur du gouvernement* est un organe mixte, dans lequel, à côté des hauts fonctionnaires de la colonie, siègent des représentants de la population. Le décret du 23 août 1898 établit cinq catégories de membres : 1° seize membres appartenant aux délégations françaises et élus par elles à raison de six pour chacune des deux premières délégations et de quatre pour la délégation indigène, un de ces derniers étant choisi par la section kabyle dans cette délégation; — 2° quinze membres appartenant aux conseils généraux et élus par eux à raison de cinq par conseil général; — 3° vingt-deux membres de droit pris parmi les hauts fonctionnaires de la colonie; — 4° trois notables indigènes désignés par le gouverneur général; — 5° quatre membres désignés aussi par le gouverneur général parmi les fonctionnaires algériens à raison de leurs lumières et de leurs services. Les membres du Conseil supérieur autres que les membres de droit sont élus ou nommés pour trois ans; leur mandat est renouvelable. Le Conseil supérieur se réunit chaque année en session ordinaire après la session des délégations financières et à la date fixée par le gouverneur général qui peut en outre le convoquer en session extraordinaire. Le gouverneur général préside le Conseil qui élit son vice-président. Ce Conseil délibère sur toutes les questions relatives à l'administration de l'Algérie qui lui sont soumises par le gouvernement général; il émet des vœux sur les divers objets qui intéressent cette administration. La loi du 19 décembre 1900 a donné au Conseil supérieur un rôle considérable en matière financière et budgétaire qui sera examiné au chapitre suivant. Pour l'accomplissement de ses travaux, le Conseil se divise en quatre commissions dont la seconde, celle des finances, a les attributions les plus importantes depuis que l'Algérie a été dotée d'un budget propre. C'est la discussion de ce budget qui constitue le travail le plus important du Conseil supérieur.

A la différence du conseil supérieur, le *Conseil de gouvernement* n'est composé que des hauts fonctionnaires de l'Algérie, sous la présidence du gouverneur général, et, en cas d'absence, du secrétaire général. Il y a, en outre, quatre conseillers rapporteurs et trois conseillers rapporteurs adjoints (décret du 11 août 1875, titre Ier). Les préfets et généraux de division peuvent y être appelés avec voix délibérative. Ce conseil, qui siège une fois par semaine, est un organe purement consultatif, devant être consulté sur un certain nombre de points concernant l'Algérie, indiqués dans divers décrets. De plus, il peut être consulté, aux termes du décret du 30 avril 1861, sur les projets de lois, de décrets et règlements généraux intéressant l'administration, le commerce, les finances, la colonisation. Son avis ne lie jamais le gouverneur général, bien qu'en certains cas les arrêtés de ce dernier doivent être pris en conseil de gouvernement. Ce conseil, à la différence des conseils analogues des autres colonies, ne se transforme jamais en juridiction administrative. Nous renvoyons aux détails donnés ci-dessus à propos du rôle joué par le conseil relativement aux territoires du Sud et à la façon dont il collabore à leur administration avec le gouverneur général.

L'Algérie a été dotée de la personnalité civile par la loi du 19 décembre 1900 portant création d'un budget spécial pour la colonie. D'après l'article 1er, elle peut posséder des biens, créer des établissements d'intérêt colonial, concéder des chemins de fer ou autres grands travaux publics, contracter des emprunts. Le gouverneur général représente l'Algérie dans les actes de la vie civile ; il ne peut contracter des emprunts, ni concéder des chemins de fer ou autres grands travaux publics, qu'en vertu de délibérations conformes des délégations financières et du conseil supérieur approuvées par une loi. Un décret rendu en la forme des règlements d'administration publique pourra approuver ces délibérations et autoriser les travaux publics, lorsqu'il s'agira de l'exécution de canaux et chemins de fer d'embranchement de moins de vingt kilomètres, des lacunes et rectifications des routes nationales, des ponts et de tous autres travaux de moindre importance. A partir de l'exercice 1901, le budget de l'Algérie a cessé d'être compris dans le budget de l'État. Il est établi par le gouverneur général sous le contrôle du ministre de l'intérieur et voté dans les conditions qui seront ci-après indiquées au chapitre IV relatif au *Régime financier*.

L'Algérie est divisée en trois *départements* : Alger, Oran et Constantine, dans le sens de la longitude, et en *territoire civil et de commandement*, dans le sens de la latitude. Depuis la loi du 24 décembre 1902, elle a été, en outre, séparée des *territoires du Sud*. Le département algérien ne correspond nullement à la nature même des choses ; bien au contraire, il sépare sans raison des régions qui devraient être géographiquement réunies. Il est la suite de la division ancienne en trois provinces, résultant elle-même de ce fait que les Français avaient débarqué en Algérie par les trois centres d'Alger, d'Oran et de Constantine D'autre part, il est beaucoup trop vaste et équivaut à plusieurs départements français. Celui d'Alger a plus de 1.500.000 habitants ; celui de Constantine, plus de 1.900.000 ; et celui d'Oran, plus d'un million. Et, dans ces chiffres, on ne tient compte que du seul territoire civil. De l'avis de tout le monde, il faudrait plus que doubler les départements algériens, dont l'administration, à raison de leur étendue exagérée, est difficile ; les préfets y deviennent souvent trop puissants, et font obstacle à l'autorité du gouverneur général, d'accord avec l'élément parlementaire. En effet, le pouvoir des préfets algériens qui sont à la tête des départements, a été fortement augmenté, depuis leur création en 1848; le décret du 27 octobre 1858 établit, dans ses articles 10 et suivants, une division tripartite de leurs attributions, conformément à trois tableaux qui lui sont annexés. Le préfet nomme directement aux emplois énumérés au tableau A. Il statue, soit seul, soit en conseil de préfecture, sur les matières administratives dont la nomenclature est fixée au tableau B. Quant aux matières indiquées au tableau C, intéressant deux provinces (deux départements), ou les deux territoires, ou l'administration départementale ou communale, affectant directement l'intérêt général de l'État, elles sont expressément réservées à la décision du pouvoir central. Les tableaux annexés au décret de 1858 subsistent encore en principe, bien que modifiés par des textes ultérieurs, notamment par le décret du 23 septembre 1875 relatif à l'organisation des conseils généraux en Algérie et la loi sur l'organisation municipale du 5 avril 1884. Divers arrêtés des gouverneurs généraux sont encore venus augmenter le nombre des attributions des préfets, en leur concédant délégation du droit de décision à propos de questions nombreuses, et en leur transférant des pouvoirs particuliers jusque là dévolus aux sous-préfets.

Suivant l'article 7 du décret du 27 octobre 1858, il devait y avoir auprès de chaque préfecture un *secrétaire général* pris en dehors du conseil de préfecture et n'en faisant point partie. Un *second secrétaire général* a été adjoint par un décret du 11 janvier 1901; le premier est dit : *secrétaire général pour l'administration* et sa fonction est la même que celle de ses collègues des départements français; l'autre prend le titre de : *secrétaire général pour les affaires indigènes et la police générale*; c'est, en effet, de ces deux points qu'il doit s'occuper particulièrement.

Les *Conseils de préfecture* ont été institués en Algérie par l'arrêté du 16 décembre 1848; leur compétence s'étend aujourd'hui à la fois sur les territoires civils et sur les territoires de commandement, ainsi que sur les territoires du Sud (décrets des 7 juillet 1864 et 3 juillet 1906). Les conseillers de préfecture sont au nombre de trois par conseil; le rôle de commissaire du gouvernement est tenu auprès d'eux par le secrétaire général pour l'administration. Il faut, pour devenir conseiller de préfecture, être âgé de 25 ans accomplis et posséder le diplôme de licencié en droit ou avoir rempli, pendant dix ans au moins, des fonctions rétribuées dans l'ordre administratif ou judiciaire (voir les décrets des 16 avril 1863, 22 juillet 1905, 3 juillet 1906). La compétence des Conseils de préfecture et la procédure usitée devant eux sont, en principe, les mêmes qu'en France (conf. décrets du 31 août 1889). Il faut noter toutefois que le contentieux des domaines nationaux est porté en Algérie devant les juridictions civiles, aux termes de l'article 13 de la loi sur la constitution de la propriété algérienne des 9-25 avril, 16 juin 1851, dérogeant à ce que décide pour la métropole l'article 4, dernier alinéa, de la loi du 28 pluviôse an VIII.

Les départements de l'Algérie sont, comme en France, divisés en *arrondissements* : Alger en a 5, Constantine, 7, Oran, 5. Ces arrondissements équivalent à peu près comme grandeur aux départements rançais; le canton n'existe pas en Algérie et l'arrondissement est directement divisé en communes. Comme en France, il y a un *sous-préfet* par arrondissement, suivant le décret du 21 décembre 1861; ces fonctionnaires ont les mêmes attributions que leurs collègues français et, en outre, quelques autres spécialement désignées. Mais la conception primitive leur donnant une situation pareille à celle des sous-préfets métropolitains, a été modifiée largement par des circulaires du gouverneur général (25 octobre et 27 décembre 1900), qui en ont surtout fait des agents actifs, inspecteurs permanents de leur arrondissement. Ils ont été dès lors déchargés de la majeure partie de leurs attributions bureaucratiques dévolues soit aux préfets, soit aux maires et administrateurs. Ainsi ont disparu les bureaux des sous-préfectures, le sous-préfet ayant pour seul auxiliaire un administrateur adjoint ou un commis indigène.

Suivant le décret du 22 février 1898 portant réorganisation de l'administration préfectorale en Algérie, les traitements des préfets sont : pour Alger, 25.000 francs ; pour Constantine et Oran, 20.000 francs ; ils ont, en outre, 12.500 francs de frais de bureau, chauffage et éclairage et 5.000 francs de frais de tournée. Les sous-préfets et secrétaires généraux sont divisés en trois classes rétribuées comme suit : 1re classe, 8.000 francs; 2e classe, 7.000 francs; 3e classe, 6.000 francs. Les classes sont personnelles; les élévations de classe ne peuvent être obtenues qu'après trois ans au moins d'exercice dans le même poste ou après cinq ans dans des postes différents. Suivant le décret du 11 janvier 1901, article 2, le secrétaire général pour les affaires indigènes et la police générale jouira, en sus de son traitement, d'une indemnité de 2.000 francs par an pour frais de déplacement. Le décret du 22 juillet 1905 a modifié ainsi les traitements des conseillers de préfecture algériens : première classe, 6.000 francs; 2e classe, 5.000 francs; 3e classe, 4.500 francs. Les promotions de la 3e à la 2e classe et de celle-ci à la 1re ne peuvent être obtenues que respectivement après trois ans d'exercice dans la 3e classe et 5 dans la 2e classe. Les classes sont personnelles.

Parallèlement à la côte algérienne, on trouve la division en *territoires civil et de commandement*; le territoire civil est, comme on l'a vu, divisé en arrondissements; celui de commandement est fractionné en subdivisions. En territoire de commandement, le *général de division* joue le rôle que joue le préfet en territoire civil, à ce détail près qu'il ne préside point le conseil de préfecture. Enfin, les *territoires du Sud* organisés par la loi du 24 décembre 1902 sont divisés en quatre circonscriptions, subdivisées elles-mêmes en communes : Aïn-Sefra, des Oasis, Ghardaïa et Touggourt (décret du 14 août 1905). Ces territoires, suivant l'article 2 de la loi de 1902, sont dotés de la personnalité civile. Ils peuvent posséder des biens, concéder des chemins de fer, entreprendre de grands travaux publics, contracter des emprunts. Le gouverneur général de l'Algérie représente les territoires du Sud dans les actes de la vie civile. Il ne peut ni contracter un emprunt, ni concéder des chemins de fer ou autres grands travaux publics, sans y être autorisé par une loi. D'après l'article 6 du décret de 1905, le régime administratif des territoires du Sud est celui des territoires de commandement, sous réserve des dispositions suivantes portées en l'article 7. A la tête de chacun des territoires est placé un *commandant militaire* nommé par décret rendu sur la proposition des ministres de l'intérieur et de la guerre, après présentation du gouverneur général. Le commandant dirige les services militaires et d'administration, sous l'autorité du gouverneur général. Il correspond avec lui, par l'intermédiaire du général commandant le 19e corps d'armée, pour les questions militaires et pour tout ce qui concerne la sûreté de l'Algérie et la police des frontières. Il reçoit, par la même entremise, les ordres du gouverneur général. Nous avons indiqué plus haut quelles étaient les attributions de ce dernier relativement aux territoires du Sud et comment il délègue habituellement aux commandants de ces territoires ses attributions administratives et financières. Nous renvoyons donc à ce qui a été dit ci-dessus à ce sujet relativement aux dispositions du décret du 14 août 1905.

Depuis la création des territoires du Sud, l'Algérie du Nord ne comprend presque plus de territoires de commandement, qui sont destinés à disparaître en se fondant successivement dans les territoires civils. Dans un avenir plus ou moins rapproché, on ne comptera donc plus en Algérie que la région du Nord ne contenant que des territoires civils et la région du Sud soumise au régime militaire qui vient d'être indiqué.

Il convient, pour compléter les explications nécessaires sur le gouvernement général de l'Algérie, de dire un mot de l'institution des *Bureaux arabes* dont l'action a été si longtemps prépondérante dans l'Afrique du Nord. Après plusieurs tentatives antérieures dûes notamment au maréchal Bugeaud, un arrêté ministériel du 1er février 1844 donna une existence officielle à ces bureaux, dont les attributions furent précisées dans une circulaire du gouverneur général, maréchal de Mac-Mahon, du 21 mars 1867. Voir également décrets du 15 mars 1860 et du 1er février 1874. Les fonctions des bureaux arabes étaient multiples et concernaient la police du territoire, la police judiciaire pour les infractions commises par les indigènes et les européens, la surveillance de la justice et de l'instruction musulmanes, ainsi que des corporations religieuses. Agents actifs du commandement militaire, les bureaux arabes réunissaient les éléments des décisions à prendre par celui-ci, transmettaient aux chefs indigènes les décisions prises et en assuraient l'exécution. C'est par leur intermédiaire que parvenaient les citations et autres actes de justice concernant les indigènes du territoire militaire. Ils organisaient et conduisaient les convois, constataient l'état civil indigène, étaient préposés au service des renseignements et de l'espionnage, dressaient des statistiques, faisaient opérer le versement des impôts, etc. Bref, leurs services multiples embrassaient à peu près toutes les branches de l'administration. Ces bureaux se composaient d'officiers hors cadres et d'officiers détachés des corps de troupe et recrutés sur toute l'armée, sans cadre spécial. A la tête était placée une direction centrale des affaires arabes, bureau politique, ayant son siège à Alger, devenue aujourd'hui service central des affaires indigènes. D'autre part, auprès des officiers généraux et supérieurs et sous leur autorité immédiate, furent organisés des directions divisionnaires et des bureaux arabes de première et de deuxième classe chargés spécialement des traductions et rédactions arabes, de la préparation, transmission et surveillance des ordres à donner aux tribus, de la surveillance des marchés, des renseignements à fournir au gouverneur général sur l'état du pays.

Les bureaux arabes ont rendu des services signalés soit à l'occupation française, en la renseignant très exactement sur les faits et agissements des tribus, soit à la population, en empêchant les injustices, en conciliant les conflits et en servant d'intermédiaires entre les indigènes et les troupes d'occupation. Malheureusement des excès se produisirent; des violences furent commises, et les bureaux arabes devinrent les boucs émissaires de l'esprit d'opposition qui, après 1870, amena une réaction complète contre le régime militaire de la colonisation ; finalement le décret du 24 décembre 1870 supprima les bureaux arabes qu'il qualifiait d'*institution antinationale*. Néanmoins ces bureaux ont survécu à l'ostracisme de la défense nationale; mais leur nombre et leur importance vont sans cesse diminuant avec l'extension de plus en plus grande des territoires civils d'où ils sont exclus. Ils sont aujourd'hui régis par l'article 31 de la loi du 13 mars 1875 relative à la constitution des cadres et effectifs de l'armée. D'après ce texte, les affaires indigènes en Algérie comprennent les bureaux arabes et les commandants de cercles. Le personnel des bureaux arabes se compose d'officiers hors cadres et d'officiers détachés des corps de troupes (suit l'indication du nombre et des grades des officiers). Les commandements de cercle sont exercés par des officiers employés en Algérie et désignés à cet effet. En temps de guerre et toutes les fois que l'intérêt du service l'exige, le ministre de la guerre peut mettre hors cadre les officiers pourvus de commandements de cercle et les remplacer dans leurs corps.

§ II. — *Tunisie*

Suivant le traité de protectorat du 12 mai 1881, un *ministre résident* avait été placé auprès du bey de Tunis, pour veiller à l'exécution du traité et servir d'intermédiare entre le gouvernement français et les autorités locales dans les affaires communes. D'après le décret beylical du 9 juin 1881, ce résident devenait le ministre des affaires étrangères du gouvernement tunisien. Le décret du 23 juin 1885 a précisé les pouvoirs du représentant de la France à Tunis, à qui il a donné le titre de *Résident général*. Ce fonctionnaire est dépositaire des pouvoirs de la République dans la Régence; il a sous ses ordres les commandants des troupes de terre et de mer et tous les services administratifs concernant les européens et les indigènes. Il a seul le droit de correspondre avec le gouvernement français; toutefois les affaires d'ordre purement technique et intérieur sont traitées directement entre les divers chefs de service tunisiens et les ministères compétents. Il préside le conseil des ministres et des chefs de service et prépare le projet de budget tunisien présenté à la sanction du souverain. Le résident général prend, en outre, les arrêtés réglementaires eu égard aux points intéressant la colonie française dont il est le chef; c'est ainsi qu'à été créée la chambre de commerce française de Tunis. Il préside la Conférence consultative. En un mot, sous la haute direction du gouvernement métropolitain, il est le chef du gouvernement tunisien investi des pouvoirs les plus étendus et faisant signer au bey les actes administratifs nécessaires, qu'il contresigne.

Le résident général est assisté de deux *Secrétaires généraux* préposés, le premier à l'administration, et le second à la justice, celui-ci chargé de présider les diverses commissions nommées pour la préparation des codes tunisiens et de diriger cette préparation; de lui relève le directeur des services judiciaires indigènes. Ainsi, comme à la préfecture d'Alger, le secrétariat général unique, créé par le décret beylical du 4 février 1883, a été dédoublé par un autre décret beylical du 28 avril 1910. Ce dédoublement a coïncidé avec la réforme de la Conférence consultative opérée par le décret beylical du 27 avril 1910, dont nous avons parlé ci-dessus. Les codes tunisiens sont en préparation et trois commissions ont déposé des projets de code de procédure civile, de code pénal et de législation sur l'immatriculation foncière. Ce travail considérable de codification qui doit coïncider avec la réforme de la justice indigène, nécessitait l'organisation d'un second secrétariat général, dont la création devait, d'autre part, affirmer la volonté de réformer l'administration de la justice. Le secrétaire général pour l'administration est le contrôleur permanent de tous les actes du gouvernement tunisien et de la résidence. Il n'a pas d'attributions définies, car il se trouve en collaboration constante avec le résident général, dont il est à la fois le conseil et le suppléant. Il contrôle et guide le premier ministre, surveille et dirige le personnel de l'administration supérieure et des divers fonctionnaires indigènes. Il est chargé de la remise au premier ministre de la correspondance préparée par les services publics et de son envoi aux destinataires, ainsi que de la présentation et promulgation des lois, décrets et règlements. Le service de la police est sous sa direction immédiate; et il possède encore un certain nombre d'attributions résultant de textes spéciaux, telles que l'ordonnancement des dépenses de l'administration générale. Le décret du 27 avril 1910 a institué un *Conseil supérieur de gouvernement*, à l'image de celui fonctionnant en Algérie. Il est composé du conseil des ministres et des chefs de services auxquels sont adjoints trois délégués de chacune des deux sections de la conférence consultative. Chaque collège de la section française élit un délégué; les délégués de la section indigène sont élus au scrutin de liste. Le conseil, organe de conciliation entre le gouvernement et la conférence, a pour mission de les départager. Suivant l'article 4 du décret de 1910, avant la transmission au ministre des affaires étrangères des avis émis par les deux sections de la conférence, ces avis sont soumis au conseil supérieur de gouvernement.

Tout en conservant les rouages indigènes, le protectorat a institué des services techniques, à la tête desquels des fonctionnaires métropolitains ont été placés avec le titre de directeurs. Ces services sont les directions générales des travaux publics, des finances, de l'enseignement public, de l'office postal et télégraphique, de l'agriculture, du commerce et de la colonisation (décrets des 3 septembre et 4 novembre 1882, 6 mars 1883, 11 juin 1888 et 3 novembre 1890). Les chefs des directions sont de véritables ministres disposant des crédits ouverts sur le budget de l'État et prenant des arrêtés exécutoires dans toute la région. Ils font partie du conseil des ministres présidé par le résident général et comprenant, en dehors d'eux, les ministres indigènes, le secrétaire général et le général commandant la division d'occupation. Le conseil des ministres a surtout des attributions budgétaires; il prépare le budget, dont il surveille l'exécution et assure le règlement en fin d'exercice (décret organique du 12 mai 1906). Il a encore certaines attributions particulières et locales prévues par des décrets beylicaux.

Les services indigènes sont gérés par une administration générale placée sous l'autorité du premier ministre et le contrôle du secrétaire général. Le protectorat français a sensiblement modifié cette administration qui comprend aujourd'hui : une section d'État chargée de l'administration générale et des cultes, une direction des services judiciaires tunisiens sous l'autorité d'un magistrat français, des directions de la sûreté publique, de la santé et de l'hygiène, des antiquités et des arts, un bureau de l'assistance publique et des établissements pénitentiaires, un bureau des communes et un bureau des Nicham Iftikhar.

Il convient encore de signaler une administration spéciale à la Tunisie, qu'on appelle la *Djemaïa* ou commission des *habous*, qui sont, ainsi que nous le préciserons au chapitre VII consacré au *Régime des terres*, des biens de mainmorte affectés à des œuvres pies musulmanes. La *Djemaïa* gère directement les *habous* dépendant du domaine public et surveille l'administration des *habous* particuliers. Cette administration a été créée par le décret du 19 mars 1874; et le décret du 17 juillet 1908 a institué un conseil supérieur des *habous* investi de leur contrôle, surveillance et administration. Le conseil d'administration des *habous* a son siège à Tunis et dirige de nombreux agents locaux ayant mandat de le représenter et de le renseigner.

Avant l'établissement du protectorat français, le bey était assisté d'un conseil de ministres indigènes, dont deux seulement sont restés depuis ce protectorat : le premier ministre et le ministre de la plume. Le ministère de la guerre a été confié au général commandant la division d'occupation, et c'est un officier supérieur français qui est placé à la tête de l'armée tunisienne. Le résident général a été investi des fonctions de ministre des affaires étrangères, on l'a vu ; et, d'autre part, un décret du 4 novembre 1882 a donné la direction des affaires financières à un fonctionnaire français. Le premier ministre est le dépositaire des pouvoirs du bey, à qui il sert d'intermédiaire dans ses rapports avec l'administration générale. Ses attributions s'étendent à toutes les affaires ; mais, en fait, il s'occupe plus spécialement des affaires indigènes à l'intérieur. Les fonctionnaires correspondent avec le souverain par son intermédiaire; les décrets sont pris sur sa proposition. Le ministre de la plume est son suppléant légal; il assure, par sa collaboration constante, l'exécution des décisions concernant les services publics placés sous l'autorité de ce dernier. Sans attributions bien définies, il assiste au conseil des ministres et donne lecture des décisions soumises à la signature du souverain.

Avant le protectorat, la population de la Régence se divisait en tribus et fractions de tribus. Le pouvoir central était représenté par le *caïd* placé à la tête de chaque tribu et nommé par le bey; et le pouvoir local par le *cheik*, chef de la fraction de tribu et choisi par les indigènes. Ces tribus et fractions de tribus, essentiellement nomades et vagabondes, se déplaçaient suivant les nécessités de la vie pastorale et certaines se répandaient dans la régence entière. Les Français, dès leur établissement dans le pays,ont cherché, tout en respectant les usages anciens, afin de se concilier les populations, à fixer, autant que possible, les tribus sur des territoires déterminés. Peu à peu ont été supprimés les caïdats extraterritoriaux; et des commissions composées des contrôleurs civils et des caïds ont établi les fixations des différents caïdats qui ne peuvent plus être modifiées que par décret; la même réforme a été réalisée relativement aux cheikats. — Voir le tableau des diverses circonscriptions caïdales à la fin de 1908, dans le *Répertoire de droit administratif* de *Béquet*, v° Tunisie, n° 194.

Les *caïds* sont nommés par décret rendu sur la proposition du premier ministre; leur nomination est définitive, si le résident général, qui doit en être avisé, n'a pas opposé son *veto*. Ils relèvent du premier ministre qui a dans ses attributions l'administration indigène; ils n'ont pas de traitement fixe, mais reçoivent une remise de 5% qui s'ajoute aux impôts directs qu'ils sont chargés de percevoir. Ils ont des attributions financières, administratives, judiciaires et de police (circulaire du premier ministre du 27 décembre 1897). Ils servent d'intermédiaires entre le gouvernement et la population, faisant connaître les décisions du premier et transmettant les réclamations des habitants; ils prennent des arrêtés exécutoires après approbation du premier ministre : ils s'occupent, comme officiers de police judiciaire, de toutes les mesures nécessaires pour rechercher les délits et les crimes, réunissant les éléments d'information et veillant à toutes dispositions nécessaires et urgentes dans ce but.

Dans l'exercice de sa mission, le *caïd* est assisté de *khalifas* et de *cheiks*. Les premiers, dont l'existence a été légalement reconnue par le décret du 28 novembre 1889, sont les suppléants des caïds et ont une mission de police et de surveillance générale sur le territoire du caïdat; ils assurent la rentrée des impôts. Les *cheiks* sont placés à la tête de leur fraction et ils ont, sur l'étendue de leur cheikat, des attributions de police et de surveillance générale. Ils sont nommés par décret, sur la présentation des caïds, et rétribués par une remise de 5% sur le produit des impôts. Il y a incompatibilité entre les fonctions de *cheik* et de *khalifa*. Le cheik n'a pas d'attributions judiciaires et il est principalement chargé de la rentrée des impôts dans sa section. Le caïd peut user, pour l'exercice de sa mission, de l'aide de l'*oudjaq*, sorte de gendarmerie indigène composée de cavaliers ou *spahis*, commandés par un *bach-chaouch*, et de *chaouchs* résidant au siège de chaque contrôle civil. Ce corps dépend dudit contrôle qui le met à la disposition des caïds, comme il a été dit. L'*oudjaq*, dans l'étendue de la circonscription du contrôle, exécute les mesures de police et fait rentrer les impôts. Le personnel de l'*oudjaq* touche une solde fixe annuelle qui varie suivant les postes. On peut l'envoyer en garnison chez les délinquants ou débiteurs récalcitrants qui sont obligés de nourrir les hommes et les montures. Voir, sur l'institution des *oudjaqs*, les décrets des 2 novembre 1884, 26 mai 1885, 24 avril, 6 mai, 13 août 1887, 6 août et 23 novembre 1895. Jusqu'en 1911, l'oudjaq était une gendarmerie purement indigène; un décret beylical du 29 mars 1911 lui a adjoint un cadre d'agents français.

L'administration des caïds est constamment contrôlée par des agents français relevant depuis le 1er janvier 1906 du résident général. Le corps des *contrôleurs civils*, créé par décret présidentiel du 4 octobre 1884, a été définitivement organisé par des arrêtés résidentiels des 4 novembre 1903 et 18 octobre 1907. Les agents du contrôle sont répartis en trois classes personnelles; il y a treize contrôleurs civils titulaires et dix-huit suppléants. La 1re classe des contrôleurs titulaires comprend 4 contrôleurs civils à 9.000 francs; la seconde, 4 à 8.000 francs; la troisième, 5 à 7.000 francs. Les cinq contrôleurs suppléants de 1re classe reçoivent 5.500 francs; les six de seconde classe, 5.000 francs, et les sept de troisième, 4.500 francs. L'arrêté du 18 octobre 1907 a établi un cadre de contrôleurs civils stagiaires, dont le nombre doit être porté progressivement à 12, et qui ont un traitement de 4.000 francs. Les contrôleurs stagiaires doivent être licenciés en droit et sont recrutés au concours. Surveillants des caïdats, les contrôleurs civils en groupent un certain nombre dans leur circonscription; ainsi celui de Tunis réunit les caïdats de Tunis-banlieue, Zaghouan et Tebourba. Les contrôles civils sont établis à Beja, Bizerte, Gabès, Gafsa, Grombalia, Kairouan, Le Kef, Maktar, Sfax, Souk-el-Arba, Sousse, Thala, Tunis.

Les contrôleurs civils sont, dans leur circonscription territoriale, les délégués du résident général; un contrôleur suppléant les assiste et, au besoin, les remplace. Ils sont nommés par décret présidentiel sur la proposition du ministre des affaires étrangères; c'est le résident général qui nomme les contrôleurs suppléants. Il n'est pas possible d'entrer ici dans l'examen détaillé des diverses attributions des contrôleurs civils; elles sont énumérées dans le *Répertoire général* de *Béquet*, v° *Tunisie*, n°s 130 et suivants; nous allons donc simplement dégager les idées générales. Les contrôleurs, comme leur nom l'indique, sont des surveillants des chefs indigènes. Donc l'administration ne leur appartient à aucun titre; ils ne prennent pas d'arrêtés, n'ont aucun droit de nomination. Ils renseignent l'administration centrale française sur les divers faits intéressant l'administration indigène, les mutations qui s'y produisent et l'instruisent de toutes questions se rapportant au fonctionnement et au développement des institutions du protectorat. Ils font, dans leur contrôle, des tournées fréquentes et inopinées, dont les résultats sont consignés dans des rapports adressés au résident général, avec lequel seul ils correspondent et dont les ordres les couvrent. Ils ont la haute police de leur circonscription; dans ce but, on l'a vu, l'*oudjaq* est placé sous leurs ordres. Ils prennent connaissance de la correspondance des chefs indigènes; ils protègent les colons et exercent vis-à-vis d'eux les fonctions de vice-consuls. Ils tâchent d'éviter et d'apaiser les conflits qui pourraient s'élever entre lesdits colons et les indigènes.

§ III. — *Afrique occidentale française*

Le Gouvernement général de l'Afrique occidentale française a été créé par un décret du 16 juin 1895 et organisé par un autre du 18 octobre 1904. D'après l'article 2 de ce dernier décret, le *Gouverneur général* est le dépositaire des pouvoirs de la République dans les colonies formant le gouvernement général et qui sont, suivant l'article 1er : 1° la colonie du Sénégal, 2° la colonie de la Guinée, 3° la colonie de la Côte-d'Ivoire, 4° la colonie du Dahomey, 5° la colonie du Haut-Sénégal et du Niger, 6° le territoire civil de la Mauritanie. Le gouverneur général a seul le droit de correspondre avec les ministres. Aux termes de l'article 3, il est assisté d'un *Conseil de gouvernement*; il avait auprès de lui un secrétaire général supprimé par un décret du 22 juillet 1909. Le gouverneur général organise les services, à l'exception de ceux qui sont régis par les actes de l'autorité métropolitaine; il règle leurs attributions. Il nomme à toutes les fonctions civiles, sauf aux emplois de lieutenants-gouverneurs, de secrétaires généraux, de magistrats, de directeurs du contrôle et des services généraux, d'administrateurs et à ceux dont la nomination est réservée à l'autorité métropolitaine par des actes organiques. Pour ces derniers emplois les nominations se font sur sa présentation. Le gouverneur général peut, suivant l'article 4, déléguer aux lieutenants-gouverneurs, par décision spéciale et limitative, sous sa responsabilité, son droit de nomination. L'article 5 dispose que le siège du gouvernement est à Dakar et que le gouverneur général détermine, en conseil de gouvernement et sur la proposition des lieutenants gouverneurs intéressés, les circonscriptions administratives dans chacune des colonies de l'Afrique occidentale. Le Conseil de gouvernement a été organisé par un second décret du 18 octobre 1904. Il comprend les hauts fonctionnaires de la colonie, le président du conseil général du Sénégal et des notables désignés par le gouverneur général sur la proposition des lieutenants gouverneurs. Le conseil, sous la présidence du gouverneur général, tient au moins une session par an et se réunit sur la convocation de son président, qui fixe le lieu de la réunion. Le gouverneur arrête en conseil de gouvernement le budget des colonies et territoires dont il sera parlé ci-après au chapitre IV consacré au *Régime financier* ; il dresse la nomenclature des travaux publics d'intérêt général à inscrire au budget; il statue sur les emprunts (art. 127. A. § 3 de la loi de finances du 13 juillet 1911) et fixe les contributions et subventions afférentes aux diverses colonies. Il établit le mode d'assiette, les règles de perception et la quotité des droits de toute nature perçus, à l'entrée et à la sortie, dans toute l'étendue du gouvernement général, sur les marchandises et les navires. Le gouverneur, on vient de le voir, détermine également, en conseil de gouvernement et sur le rapport des lieutenants-gouverneurs intéressés, les circonscriptions administratives dans chacune des colonies et territoires. Le Conseil de gouvernement donne son avis sur toutes les questions de colonisation, de finances, de douanes, de travaux publics, d'administration générale intéressant le gouvernement général que lui soumet le gouverneur.

L'article 7 du décret du 18 octobre 1904 a créé une *Commission permanente* du conseil de gouvernement, commission qui peut être appelée à donner son avis sur les affaires susceptibles d'être soumises à l'examen du conseil. Cet avis peut remplacer, en cas d'urgence, celui du conseil, sauf en ce qui concerne l'établissement du budget général et des budgets locaux. La commission permanente, présidée par le gouverneur général et convoquée par lui, comprend un certain nombre de hauts fonctionnaires, parmi lesquels le lieutenant gouverneur et le membre notable de la colonie où elle se réunit. Cette commission siège soit à Dakar, soit dans toute autre ville de l'Afrique occidentale désignée par le gouverneur général. La commission permanente remplit, en ce qui concerne les services dépendant du gouvernement général, les attributions dévolues aux conseils d'administration des colonies de l'Afrique occidentale française. Elle est constituée en *Conseil du contentieux* par l'adjonction de deux conseillers à la cour d'appel nommés, au commencement de chaque année et pour sa durée, par le gouverneur général. Le Conseil du contentieux de l'Afrique occidentale française ainsi constitué fonctionne conformément aux décrets des 5 août et 7 septembre 1881. Un contrôleur financier exerce sa surveillance sur le budget colonial et correspond directement avec le gouvernement métropolitain (décret du 22 mars 1907).

Un décret du 22 juillet 1909 a institué en Afrique occidentale une direction des finances et de la comptabilité directement placée sous les ordres du gouverneur général. Le fonctionnaire titulaire de la direction est chargé de l'étude de toutes les questions financières intéressant le groupe des colonies, de la préparation et de l'exécution du budget général, des budgets annexes et des budgets des fonds d'emprunt, de l'examen des projets des budgets locaux du groupe et des comptes y relatifs, de la centralisation de tous les renseignements concernant la gestion des budgets locaux. Il peut recevoir délégation du gouverneur général pour l'ordonnancement des dépenses du budget général, des budgets annexes et des budgets de fonds d'emprunt.

Les diverses colonies qui constituent le gouvernement général de l'Afrique occidentale française, sont administrées, sous l'autorité du gouverneur général, par un *Lieutenant gouverneur* assisté lui-même d'un *Secrétaire général*. Le *territoire civil de la Mauritanie* est administré par un *Commissaire du gouvernement général*; et le *territoire militaire* dépendant de la colonie du Haut-Sénégal et Niger, sous l'autorité du lieutenant gouverneur, par un *officier supérieur* portant le titre de *Commandant du territoire militaire*. Les diverses colonies de l'Afrique occidentale ont des *Conseils d'administration* composés, sous la présidence du lieutenant gouverneur, des hauts fonctionnaires de la colonie et de notables désignés par le gouverneur général, sur la proposition du lieutenant gouverneur. La colonie du Sénégal possède un *Conseil privé*, également composé de hauts fonctionnaires et de notables et présidé par le lieutenant gouverneur. Ces divers Conseils jouent le rôle de *Conseils du contentieux*, grâce à l'adjonction de deux magistrats ou, à défaut, de deux fonctionnaires, autant que possible licenciés en droit, à la désignation du gouverneur général. Voir décrets des 15 octobre 1902, 4 mars 1903 et 18 octobre 1904.

On trouve dans la *colonie du Sénégal*, suivant l'article 1er du décret du 18 octobre 1904, des *territoires d'administration directe* et des *pays de protectorat* situés sur la rive gauche du fleuve. Les pays de protectorat se divisent en dix cercles.

La colonie du *Haut-Sénégal* et *Niger* comprend un *territoire d'administration civile* divisé en cercles au nombre de 32, et un *territoire militaire du Niger* commandé par un officier supérieur résidant à Niamey. Ce territoire se divise en régions et en cercles commandés, les premières, par des commandants de région, et les autres, par des capitaines, (arrêté du gouverneur général du 26 décembre 1904).

La *Guinée française* est divisée en trois régions : *Basse-Guinée*, *Fouta-Djalon* et *Haute-Guinée*; le pays comprend 19 cercles.

La *Côte d'Ivoire* compte douze cercles; le pays de *Baoulé* est soumis à l'administration militaire.

Le *Dahomey* comprend les régions du *bas* et du *haut Dahomey*; le premier contient 9 cercles et le second, 3.

Le territoire civil de la *Mauritanie* a été organisé par un arrêté du gouverneur général du 26 décembre 1905; il est divisé en territoires et résidences.

Les divisions que nous avons indiquées ci-dessus, ne sont pas très fixes; les arrêtés du gouverneur général les modifient suivant les nécessités du service; voilà pourquoi nous n'en avons point donné les noms et les limites. La division en cercles est la plus usitée; les cercles sont administrés exceptionnellement par des officiers et normalement par des agents qui appartiennent au corps des administrateurs coloniaux. Ces agents sont secondés par un personnel des affaires indigènes régi par un arrêté du gouverneur général du 16 mai 1903 et qui comprend des commis et des adjoints principaux de classes diverses.

§ IV. — *Afrique équatoriale française*

Le Congo était primitivement régi par un commissaire général qu'un décret du 26 juin 1908 avait remplacé par un Gouverneur général, comme dans les autres grandes colonies. A la date du 15 janvier 1910, est intervenu un premier décret établissant le *gouvernement général de l'Afrique équatoriale francaise*. Ce gouvernement général, dont le siège est à Brazzaville, est constitué par le groupement des colonies du Gabon, du Moyen-Congo et de l'Oubangui-Chari-Tchad, y compris le territoire militaire du Tchad. — Ces colonies étaient, avant le décret de 1910, réunies sous le nom de Congo français et dépendances. — Les limites et chefs-lieux des diverses colonies formant le gouvernement général, ainsi que ceux du territoire militaire du Tchad, sont fixés par arrêtés du gouverneur général pris en conseil de gouvernement et soumis à l'approbation du ministre des colonies.

Dans les colonies ci-dessus énumérées, le Gouverneur général est le dépositaire des pouvoirs de la République; tous les services civils et militaires sont placés sous sa haute direction; il correspond seul avec le gouvernement. Il est nommé par décret rendu sur la proposition du ministre des colonies. Le gouverneur général a le droit de nomination directe pour les emplois qui ne donnent pas lieu à pension de l'État; pour les autres, il n'a que celui de présentation, s'il n'a pas reçu délégation du droit de nomination directe. Il répartit, suivant les besoins du service dans les colonies du groupe, tout le personnel civil, à l'exception de celui de la justice et de la trésorerie. Il peut, par décision spéciale et limitative, prise sous sa responsabilité, déléguer aux lieutenants gouverneurs son droit de nomination et de répartition. Le gouverneur général détermine en conseil de gouvernement et sur la propostion des lieutenants gouverneurs intéressés, les circonscriptions territoriales dans chacune des colonies du groupe. Il prend ou prescrit les mesures nécessaires à leur organisation et à leur développement. Il établit également, en Conseil de gouvernement, le mode d'assiette, la quotité et les règles de perception des droit perçus, à l'entrée et à la sortie de l'Afrique équatoriale, sur les marchandises et les navires. Ces mesures sont approuvées par décret rendu en conseil d'État, sous réserve des arrangements internationaux et des dispositions régissant les droits de douane. La perception de tous autres impôts, taxes et redevances est autorisée par le gouverneur général en Conseil de gouvernement, et cela quel que soit le budget destiné à en faire recette. Les arrêtés de cette nature sont immédiatement transmis au ministre des colonies. Ils deviennent exécutoires après approbation, ou de plein droit si leur annulation n'a pas été prescrite dans un délai de quatre mois après la date de transmission. Aucune perception ne peut être effectuée sans que l'approbation des autorités métropolitaines ne soit intervenue ou avant que le délai de quatre mois précité ne soit expiré.

Le gouverneur général, suivant l'article 6 du décret de 1910, est assisté d'un *Secrétaire général* ayant rang de gouverneur qui le remplace par intérim. Il est également assisté d'un *Conseil de gouvernement* dont la composition et les attributions ont été déterminées par un second décret du 15 janvier 1910. Ce Conseil est composé du gouverneur général président, du secrétaire général qui préside à sa place en cas d'absence ou d'empêchement , des lieutenants gouverneurs des colonies, du commandant supérieur des troupes, du chef du service judiciaire, du délégué de l'Afrique équatoriale française au Conseil supérieur des colonies et de notables des diverses colonies désignés par le gouverneur général sur la proposition des lieutenants gouverneurs. Le Conseil de gouvernement tient au moins une session par an et se réunit sur la convocation du gouverneur général.

C'est en Conseil de gouvernement, on l'a vu, que le gouverneur général établit le mode d'assiette, la quotité et les règles de perception des droits de toute nature perçus dans l'Afrique équatoriale; et qu'il détermine les circonscriptions administratives dans chacune des colonies du groupe. C'est également en Conseil de gouvernement qu'il arrête les divers budgets et comptes de l'Afrique équatoriale. Le Conseil donne son avis sur toutes les questions intéressant la colonie et qui sont soumises à son examen par le gouverneur général. Il a été créé une *Commission permanente* du Conseil de gouvernement qui peut être appelée à donner son avis sur les affaires qu'on croit devoir soumettre à ce conseil. Cet avis peut remplacer celui du Conseil, sauf en ce qui concerne l'établissement du budget et des taxes. La commission permanente est présidée et convoquée par le gouverneur général; elle siège à Brazzaville et comprend, outre le gouverneur général, le secrétaire général, les lieutenants gouverneurs présents au chef-lieu et certains autres fonctionnaires indiqués par l'article 6 du second décret de 1910.

Suivant l'article 7 du premier décret de 1910, l'Afrique équatoriale possède un budget général arrêté en conseil de gouvernement par le gouverneur général et approuvé par décret rendu sur la proposition du ministre des colonies. Ce budget sera étudié plus tard au chapitre IV consacré au *Régime financier colonial.* Suivant l'article 127. A, § 3, de la loi de finances du 13 juillet 1911, les emprunts sont décidés par le gouverneur général, le Conseil de gouvernement entendu.

Les diverses colonies composant l'Afrique équatoriale française ont conservé leur autonomie administrative et financière. Elles sont administrées, sous la haute autorité du gouverneur général, par des gouverneurs des colonies portant le titre de lieutenants gouverneurs (article 6 du premier décret de 1910). Le *Gabon* comprend six régions, le *Moyen-Congo*, cinq. Ces divisions sont, du reste, arbitraires et souvent modifiées par des arrêtés du gouverneur général; il nous paraît donc inutile d'y insister, comme nous l'avons déjà dit à propos de l'Afrique occidentale française. Quant à l'*Oubangui-Chari-Tchad*, il est divisé en deux territoires : celui de l'*Oubangui-Chari*, embrassant la rive droite de l'Oubangui et une partie du bassin du Chari, le tout formant trois régions; et le *territoire militaire du Tchad*, administré par l'officier commandant des troupes et comprenant deux régions, l'une habitée par des peuplades fétichistes et l'autre par des populations musulmanes.

Dans les diverses colonies de l'Afrique équatoriale, l'administration est, sous la direction du lieutenant gouverneur, aux mains *d'administrateurs coloniaux* secondés par des agents du personnel des affaires indigènes organisé par un arrêté du 22 octobre 1904. Ce personnel comprend des commis et des adjoints divisés en un certain nombre de classes.

Chaque colonie de l'Afrique équatoriale possède son budget particulier qui est alimenté par les recettes perçues sur le territoire de la colonie, à l'exception de celles attribuées au budget général. Il sera également question plus tard de ces budgets au chapitre IV relatif au *Régime financier.*

Un troisième décret du 15 janvier 1910 porte organisation des *Conseils d'administration de l'Afrique équatoriale française.* Ils sont composés du lieutenant gouverneur président, de certaines autorités de la colonie et de notables désignés par le gouverneur général. Le Conseil d'administration se réunit sur la convocation du lieutenant gouverneur; il est obligatoirement consulté sur l'établissement des budgets et comptes, le mode d'assiette, les règles de perception et la quotité des droits à percevoir dans la colonie, sur la détermination des circonscriptions administratives de celle-ci, etc. Il donne, en outre, son avis sur toutes les questions intéressant la colonie qui lui sont soumises par les lieutenants gouverneurs. Suivant l'article 5 du troisième décret de 1910, les conseils d'administration se constituent en *Conseils du contentieux administratif* par l'adjonction de deux magistrats ou fonctionnaires désignés annuellement par les lieutenants gouverneurs. Et un quatrième décret du 15 janvier 1910 a déféré aux Conseils du contentieux du Gabon, du Moyen-Congo et de l'Oubangui-Chari-Tchad le règlement du contentieux administratif du gouvernement général de l'Afrique équatoriale, suivant les régles de la compétence territoriale de ces tribunaux qui fonctionnent conformément aux dispositions des décrets des 5 août et septembre 1881.

§ V. — *Madagascar et dépendances*

Après la chute de la royauté malgache et l'annexion réalisée par la loi du 6 août 1896, des décrets des 30 et 31 juillet 1897 créèrent un *Gouverneur général* substitué au résident et firent rentrer le personnel du gouvernement général dans les cadres des administrateurs coloniaux. Le gouverneur général est dépositaire des pouvoirs de la République dans l'île et ses dépendances. Il est assisté d'un *Conseil d'administration* qu'il préside, Conseil composé des principaux fonctionnaires et de deux notables par lui nommés pour deux ans par arrêté. Suivant le décret du 12 novembre 1902, le Conseil est appelé à donner son avis sur les recettes et dépenses du budget, ainsi que sur le compte général établi en fin d'exercice. Il est consulté sur les projets de décrets, arrêtés, règlements divers intéressant l'organisation et le fonctionnement des services de la colonie; sur le mode d'assiette, les règles de perception et les tarifs des contributions et taxes du budget de Madagascar et dépendances; sur les travaux publics, les concessions, les emprunts arrêtés par le gouverneur général (loi de finances du 14 juillet 1911, art. 127. A. § 3); et, en général, sur toutes les questions qui lui sont soumises. Le Conseil se transforme en *Conseil du contentieux administratif* par l'adjonction de deux magistrats désignés chaque année par arrêté du gouverneur général et qui siègent avec voix délibérative. Le Conseil est, en ce cas, régi par les dispositions des décrets des 5 août et 7 septembre 1881. Un décret du 9 novembre 1909 a supprimé le secrétariat général du gouvernement général; et un autre décret du 24 avril 1909 a institué dans la colonie de Madagascar et dépendances un directeur des finances et de la comptabilité, placé sous les ordres directs du gouverneur général. Il est chargé, sous la responsabilité de ce dernier, de l'étude et de la centralisation de toutes les questions relatives aux finances et à la comptabilité en deniers et en matières de la colonie. Il fait partie du Conseil d'administration et remplit auprès du Conseil du contentieux administratif le rôle de ministère public. Un contrôleur financier institué en 1898 correspond directement avec le gouvernement métropolitain depuis le décret du 22 mars 1907.

Un personnel européen et indigène administre l'île sous les ordres du gouverneur; le personnel européen comprend un élément civil et un élément militaire, le premier recruté parmi les inspecteurs coloniaux relativement aux emplois d'ordre supérieur. Le personnel inférieur, organisé par un arrêté du gouverneur général du 30 octobre 1904, est divisé en diverses classes. Le statut du personnel indigène des emplois supérieurs est établi par un arrêté du 15 avril 1905; au-dessous se trouve un corps d'écrivains interprètes réglementé par un arrêté du 22 décembre 1904. Madagascar est divisée en provinces civiles et en cercles ayant à leur tête, les premières, des administrateurs coloniaux, et les seconds, des commandants militaires; les provinces se subdivisent en districts et les cercles en secteurs. Les officiers qui commandent dans les cercles, ont su user habilement des chefs locaux; ceux-ci se sont habitués à la domination française et sont devenus de très utiles auxiliaires dans leurs circonscriptions respectives qui, en beaucoup de localités, affectent les formes de petits protectorats très bien vus des indigènes.

Mayotte et les *Comores*, aujourd'hui rattachées au gouvernement général de Madagascar par un décret du 9 avril 1908, conservent leur autonomie administrative et financière. La colonie de Mayotte et dépendances est administrée, sous la haute autorité du gouverneur général de Madagascar, par un fonctionnaire choisi dans les cadres généraux de l'administration coloniale. Ce fonctionnaire qui est un lieutenant gouverneur, réside à Mayotte; les autres îles sont régies par des administrateurs délégués. Le gouverneur de Mayotte et dépendances est assisté d'un *Secrétaire général* et d'un *Conseil d'administration* qu'il préside et composé du secrétaire général, du chef du service judiciaire et de deux notables désignés par le ministre (décrets des 9 septembre 1899 et 5 juillet 1901). Les budgets des îles sont établis par arrêtés du gouverneur pris en Conseil d'administration de Mayotte.

§ VI. — *Indo-Chine*

Avant la création de l'unité indo-chinoise, nos établissements d'Indo-Chine étaient divisés en deux parties, la première groupant le Cambodge et la Cochinchine ressortissant au ministère des colonies, et, la seconde, l'Annam-Tonkin relevant des affaires étrangères. Cette dualité ne pouvait que nuire à notre domination dans l'Indo-Chine. Au lieu d'une politique uniforme appliquée à toutes nos possessions, nos représentants au Cambodge et dans l'Annam suivaient naturellement une orientation séparée, comme les ministères mêmes auxquels ils étaient respectivement rattachés. Aucune direction générale ne venait affirmer l'unité de vues indispensable en face des rois et des peuples indigènes, alors pourtant que cette direction générale constitue, dans une colonie, l'un des principaux facteurs du succès. Cette direction et cette unité existent depuis le décret du 17 octobre 1887 qui a nommé un *Gouverneur général* de l'Indo-Chine, placé à la tête des quatre colonies groupées et ressortissant désormais au ministère des colonies.

Les pouvoirs du gouverneur général ont été précisés dans le décret constitutif du 17 octobre 1887 et dans des décrets postérieurs des 21 avril 1891, 31 juillet 1898 et 18 octobre 1902. Ils sont actuellement indiqués dans un premier décret du 20 octobre 1911, qui, tout en lui laissant l'autorité générale sur toute la colonie, l'a déchargé d'un certain nombre d'attributions secondaires au profit des fonctionnaires placés à la tête des diverses colonies du groupe indo-chinois.

Suivant l'article 1er, le gouvernement général de l'Indo-Chine française comprend la colonie de la Cochinchine, les protectorats de l'Annam, du Tonkin, du Cambodge, du Laos et le territoire de Ouang-Tchéou-Wan.

Voici maintenant les dispositions des articles 2 et suivants qui précisent, dans son ensemble, la mission du gouverneur général.

Le gouverneur général est le dépositaire des pouvoirs de la République dans l'Indo-Chine française. Il a seul le droit de correspondre avec le gouvernement, sauf l'exception prévue au décret du 22 mars 1907. (Ce décret vise le contrôleur financier qui correspond directement avec le gouvernement métropolitain). Il communique avec les départements ministériels sous le couvert du ministre des colonies. Il correspond directement avec les ambassadeurs, ministres plénipotentiaires, consuls généraux, consuls et vice-consuls de France en Extrême-Orient. Il ne peut engager aucune négociation diplomatique en dehors de l'autorité du gouvernement. Il a la haute direction et le contrôle de tous les services civils en Indo-Chine; il les organise et est responsable de leur fonctionnement. Il répartit entre les divers pays, et suivant les besoins, tout le personnel, à l'exception de celui de la magistrature. Il nomme à toutes les fonctions civiles, sauf à celles dont la nomination est réservée à l'autorité métropolitaine par les lois et décrets. Pour ces dernières, la nomination a lieu sur sa présentation. Le mode de nomination du directeur du contrôle financier, du directeur des finances et des comptables du trésor reste soumis aux dispositions spéciales en vigueur. Les fonctionnaires pourvus d'emplois par l'autorité métropolitaine peuvent, en cas d'urgence, être suspendus par le gouverneur général, qui en rend compte immédiatement au ministre des colonies. Cette disposition ne s'applique pas au contrôleur financier.

Le gouverneur général organise et nomme les personnels locaux et indigènes. L'organisation des personnels métropolitains ou coloniaux mis à sa disposition demeure réservée à l'autorité métropolitaine; les nominations se font sous sa présentation, dans tous les cas où il n'aurait pas reçu délégation pour y procéder lui-même. Il est responsable de la défense intérieure et extérieure de l'Indo-Chine. Il dispose, à cet effet, des forces de terre et de mer qui y sont stationnées dans les conditions précisées par les décrets du 9 novembre 1901 règlant les relations entre les gouverneurs généraux et les commandants supérieurs des troupes coloniales, et du 3 novembre 1905 relatif aux attributions des commandants de la marine aux colonies. Le gouverneur général ne peut, en aucun cas, exercer le commandement direct des troupes. La conduite des opérations appartient à l'autorité militaire, qui doit lui en rendre compte. Aucune opération, sauf le cas d'urgence où il s'agirait de repousser une agression, ne peut être entreprise sans son autorisation.

Des territoires militaires pourront être déterminés, organisés ou supprimés par le gouverneur général en conseil de gouvernement (article 7).

Le gouverneur général, d'après l'article 8, est assisté d'un Secrétaire général du gouvernement général ayant rang de résident supérieur, nommé par décret sur sa présentation et auquel il peut déléguer tout ou partie de ses pouvoirs. Sauf désignation spéciale par un décret pris sur la proposition du ministre des colonies, le secrétaire général remplace par intérim le gouverneur général. Ce secrétaire général, institué par un décret du 18 octobre 1902, avait été supprimé par un autre du 8 décembre 1906 créant à la place une direction des finances et de la comptabilité dont la mission consiste à préparer et à faire exécuter les budgets. Le gouverneur général est également assisté d'un conseil de gouvernement, dont la composition et les attributions sont déterminées par un décret spécial.

Un second décret du 20 octobre 1911 règle la composition et les attributions du *Conseil de gouvernement de l'Indo-Chine.*

Suivant l'article 1er, le Conseil comprend : le gouverneur général président, le général de division commandant supérieur des troupes du groupe de l'Indo-Chine, le secrétaire général du gouvernement général, le gouverneur de la Cochinchine et les résidents supérieurs de l'Annam, du Tonkin, du Cambodge et du Laos, le député de la Cochinchine, le procureur général chef du service judiciaire, le directeur des finances, l'inspecteur général des travaux publics, l'inspecteur général des services sanitaires, le directeur des douanes et régies, le trésorier général de l'Indo-Chine, le commandant de la marine et de la division navale de l'Indo-Chine, le président du Conseil colonial de Cochinchine, les délégués élus de l'Annam-Tonkin et du Cambodge, les présidents des chambres de commerce de Saïgon, Hanoï et Haïphong, les présidents des chambres d'agriculture de la Cochinchine et du Tonkin, les présidents des chambres mixtes de commerce et d'agriculture de l'Annam et du Cambodge, cinq notables indigènes, à raison d'un pour la colonie de la Cochinchine et d'un pour chacun des protectorats de l'Annam, du Tonkin, du Cambodge et du Laos, le chef de cabinet du gouverneur général, secrétaire, avec voix délibérative. Les membres indigènes sont désignés chaque année par le gouverneur général, sur la proposition du gouverneur de la Cochinchine et des résidents supérieurs. D'après l'article 2, le secrétaire général préside le Conseil en cas d'absence ou d'empêchement du gouverneur général. L'inspecteur général des colonies chef de mission et le directeur du contrôle financier ont le droit d'assister aux séances ; l'inspecteur général peut se faire représenter par un des inspecteurs qui l'accompagnent. Les chefs des services civils et militaires peuvent être appelés au conseil avec voix délibérative pour les affaires relevant de leur compétence. Aux termes de l'article 3, le conseil de gouvernement tient au moins une session par an. Il se réunit sur la convocation du gouverneur général qui fixe le lieu de la réunion.

L'article 6 prévoit la création d'une *Commission permanente du Conseil de gouvernement* qui peut être appelée à donner son avis sur les affaires susceptibles d'être soumises à l'examen du conseil. Cet avis peut remplacer celui du conseil, sauf en ce qui concerne l'établissement du budget général, des budgets locaux, des budgets annexes et les emprunts. La commission permanente est convoquée et présidée par le gouverneur général et se réunit dans la ville désignée par lui. Elle comprend les membres du conseil de gouvernement présents au lieu de la réunion ou leurs intérimaires. Elle est présidée par le secrétaire général du gouvernement, en cas d'absence ou d'empêchement du gouverneur.

C'est en conseil de gouvernement que, suivant l'article 4, le gouverneur général arrête le budget général de l'Indo-Chine créé par le décret du 31 juillet 1898; et également les budgets locaux ou de protectorat, dont sont pourvus les diverses colonies, et les budgets annexes, ainsi que les comptes administratifs. Il détermine le montant des contributions et subventions afférentes aux divers pays de l'union; il approuve, dans les mêmes conditions, le mode d'assiette, les règles de perception et la quotité des droits perçus au profit du budget général, des budgets locaux, des budgets annexes dans l'Indo-Chine, le tout sous la réserve des attributions propres au conseil colonial de la Cochinchine. En dehors de l'établissement du budget qui constitue sa prérogative principale, l'article 5 dispose que le conseil de gouvernement donne son avis sur toutes les questions intéressant l'Indo-Chine française et qui sont soumises à son examen par le gouverneur général. Il est obligatoirement consulté sur les emprunts à contracter. Consulter la loi de finances du 14 juillet 1911, article 127. A. § 3. Après approbation des budgets par les autorités compétentes, le gouverneur général prend toutes les mesures nécessaires pour leur exécution. Il soumet à la ratification du gouvernement tous projets de travaux, contrats, concessions et entreprises de toute nature excédant les ressources de la colonie.

Le gouverneur général a sous ses ordres les divers fonctionnaires de l'Indo-Chine (décret du 8 décembre 1906) et est assisté dans son action par un gouverneur et des résidents préposés, suivant le décret du 20 novembre 1900, à l'administration des diverses colonies. Ce sont le gouverneur de la Cochinchine et les résidents supérieurs du Cambodge de l'Annam, du Tonkin et du Laos. Ces hauts fonctionnaires ont une autorité égale et la délégation de pouvoirs qui leur est faite par le gouverneur général est identique (arrêté du gouverneur général du 13 février 1899, article 2).

Voici comment le troisième décret du 20 octobre 1911 réglemente les attributions des collaborateurs du gouverneur général dans les diverses parties de la colonie et celles des conseils dont ils sont assistés.

Art. 1er. — Les divers pays composant le gouvernement général de l'Indo-Chine française possèdent leur autonomie administrative dans les conditions déterminées ci-après :

Ils sont administrés chacun sous la haute autorité du gouverneur général, par un gouverneur en Cochinchine, par des résidents supérieurs en Annam, au Tonkin, au Cambodge et au Laos, et par un administrateur dans le territoire de Ouang-Tchéou-Wan. Ces fonctionnaires sont placés sous les ordres directs du gouverneur général, qui peut leur déléguer, par décision spéciale et sous sa responsabilité, tout ou partie de ses pouvoirs, conformément à l'article 5 du décret du 20 octobre 1911.

Art. 2. — Le gouverneur de la Cochinchine, les résidents supérieurs de l'Annam, du Tonkin, du Cambodge, du Laos et l'administrateur du territoire de Ouang-Tchéou Wan correspondent seuls et directement avec le gouverneur général, sauf les exceptions dûment autorisées par ce dernier. Ils assurent l'exécution des lois et décrets promulgués dans l'Indo-Chine française, ainsi que des arrêtés pris par le gouverneur général. Dans toute l'étende de leur commandement, ils ont l'initiative des mesures d'administration générale et de police; ils en rendent compte au gouverneur général; tout le personnel en service dans le territoire dont la haute direction leur est confiée, est, sauf stipulation formelle contraire, mis à leur disposition et réparti par eux suivant les besoins du service.

Ils sont chargés de veiller au maintien de l'ordre public et peuvent requérir la force armée. Ils signalent au gouverneur général tous les faits qui leur paraissent de nature à troubler l'ordre et rendent compte des mesures qu'ils ont cru devoir prendre.

Art. 3. — Les résidents supérieurs de l'Annam, du Tonkin, du Cambodge et du Laos exercent auprès des souverains et des autorités indigènes, et par délégation du gouverneur général, les pouvoirs conférés au représentant de la République française par les traités et conventions.

Les attributions du gouverneur de la *Cochinchine* ont été fixées par l'arrêté du gouverneur général du 13 février 1899, et celles des résidents supérieurs en *Annam* et au *Tonkin* par d'autres arrêtés des 1er avril 1892 et 13 février 1899; les résidents ont les pouvoirs que le traité de protectorat du 6 juin 1884 entre la France et l'Annam assignait au représentant de la France, suivant ce que nous avons précisé ci-dessus au chapitre II de la 1re partie. Au Tonkin, les pouvoirs du résident sont restés beaucoup plus larges, car, ainsi qu'il a été dit *ibidem*, en l'absence de souveraineté locale, il surveille et dirige personnellement les mandarins annamites. Mais, bien entendu, il faut concilier, en Annam comme au Tonkin, ces pouvoirs du résident avec l'autorité supérieure du gouverneur général qui est, au fond, le chef suprême de la politique française et sur les instructions duquel les résidents doivent, par suite, toujours se guider.

Le résident supérieur au *Cambodge* exerce les pouvoirs confiés au représentant de la République, suivant la convention franco-cambodgienne du 17 juin 1884, mais naturellement, comme en Annam, sous la direction supérieure du gouverneur général (arrêtés des 22 mars 1893 et 13 février 1899). Il est président du conseil des ministres du roi de Cambodge, conseil qui délibère en dehors de la présence du monarque (ordonnance royale du 11 juillet 1897).

Suivant l'article 4 du troisième décret de 1911, le gouverneur de la Cochinchine et les résidents supérieurs de l'Annam, du Tonkin et du Cambodge sont assistés respectivement d'un Conseil privé ou de protectorat composé du gouverneur ou résident supérieur, président, du directeur des bureaux du gouvernement ou de la résidence supérieure, du commandant des troupes stationnées dans la colonie ou le protectorat et, à défaut, d'un officier général ou supérieur ou d'un fonctionnaire militaire de même rang désigné par le général commandant supérieur des troupes du groupe, du procureur de la République du chef-lieu de la colonie ou du protectorat, ou à défaut, d'un magistrat désigné par le procureur général chef du service judiciaire, du chef du service des travaux publics, de deux membres choisis parmi les citoyens français notables jouissant de leurs droits civils et politiques, désignés pour une période de deux années par le gouverneur général sur la présentation du gouverneur ou du résident supérieur intéressé, de deux dignitaires ou notables indigènes, sujets ou protégés français, désignés dans les mêmes conditions, enfin du chef de cabinet du gouverneur ou du résident supérieur, secrétaire archiviste.

Deux citoyens français notables jouissant de leurs droits

civils et politiques et deux notables indigènes, sujets ou protégés français, seront, en outre, désignés pour une période de deux années par le gouverneur général, sur la présentation du gouverneur ou du résident intéressé, à l'effet de remplacer éventuellement comme suppléants les membres titulaires de même ordre, absents ou empêchés.

D'après l'article 5, l'inspecteur général des colonies, chef de mission, et le directeur du contrôle financier ont le droit d'assister aux séances du conseil privé ou de protectorat. Ils siègent en face du président. L'inspecteur général peut se faire représenter par un des inspecteurs qui l'accompagnent. Le gouverneur ou le résident supérieur peut appeler au conseil, avec voix délibérative, les chefs des services civils et militaires lorsqu'il y est traité des affaires de leur compétence.

Le conseil peut entendre en outre, à titre consultatif, tous les fonctionnaires, agents ou autres personnes qui, par leurs connaissances spéciales, sont propres à l'éclairer.

Les articles 6 et 7 définissent comme suit les attributions du conseil privé et du conseil de protectorat.

Art. 6. — Les conseils privé ou de protectorat se réunissent sur la convocation du gouverneur ou du résident supérieur.

Ils sont obligatoirement consultés :

1° Sur l'établissement des budgets et des comptes;

2° Sur le mode d'assiette, les règles de perception et la quotité des droits à percevoir;

3° Sur la détermination des circonscriptions administratives;

4° Sur les aliénations temporaires ou définitives du domaine privé ou public;

5° Sur les marchés quelconques et sur les adjudications pour ouvrages et fournitures au-dessus de 1.500 francs;

6° Sur les expropriations pour cause d'utilité publique et sur les acquisitions d'immeubles.

Art. 7. — Les conseils privé ou de protectorat peuvent, en outre, être appelés à donner leur avis sur toutes les questions intéressant la colonie ou le protectorat et qui sont soumises à leur examen par les gouverneurs et résidents supérieurs.

La colonie de *Cochinchine* est distribuée en quatre circonscriptions administratives à la tête desquelles sont placés des administrateurs indigènes (Saïgon, Bassac, Vinh-Long, Mytho). Ces circonscriptions sont, à leur tour, divisées en vingt arrondissements et régies par un administrateur des affaires indigènes qui est à la fois administrateur, notaire et officier de l'état civil pour les européens. Les arrondissements se subdivisent en cantons et en communes. L'*Annam* et le *Tonkin* sont divisés en provinces administrées par les mandarins annamites auxquels sont adjoints des fonctionnaires français, administrateurs et commis. En pays *muong*, un arrêté du 23 juin 1892 a substitué aux mandarins un commissaire du gouvernement installé à Cho-bu, assisté d'un conseil de douze seigneurs conformément à la tradition féodale de ce pays. Au *Laos*, également divisé en provinces, le résident est secondé par deux commissaires principaux (décret du 19 avril 1899). L'administrateur du territoire de Ouang-Tchéou-Wan a sous ses ordres des administrateurs adjoints pour les diverses circonscriptions du pays (arrêté du 27 janvier 1900).

Conformément à ce qui se passait dans les autres colonies, le Conseil privé de la Cochinchine et le Conseil du protectorat du Tonkin, constitués en Conseils du contentieux administratif par l'adjonction de deux magistrats, connaissaient du contentieux du gouvernement général de l'Indo-Chine et des divers pays de l'union indo-chinoise (décrets des 5 août et 7 septembre 1881, 17 septembre 1882, 21 septembre 1894, 3 février 1900 et 2 septembre 1905). Un nouveau décret du 16 juin 1910 a changé complètement cette situation et créé en Indo-Chine un véritable *tribunal administratif*, se rapprochant ainsi des principes usités dans la métropole. Voici ce que contient à ce sujet le rapport du ministre des Colonies précédant le décret nouveau.

« Des critiques ont été adressées aux tribunaux administratifs existants actuellement en Indo-Chine : on a fait ressortir les lenteurs de l'instruction et du jugement; on a insisté sur le nombre des arrêts du Conseil d'État réformant leurs décisions. En recherchant les causes des défectuosités signalées dans le fonctionnement de la justice administrative en Indo-Chine, il a été permis de se rendre compte qu'elles résultent essentiellement de la composition donnée aux conseils du contentieux administratif de cette colonie. Sans doute, le système en vigueur dans nos autres colonies et qui consiste à remettre aux conseils privés ou aux assemblées qui en tiennent lieu le règlement du contentieux administratif, est identique à celui actuellement suivi en Indo-Chine; mais, dans aucune de nos autres possessions, le développement économique n'a atteint le même degré qu'en Indo-Chine; la tâche à laquelle les conseils privés ou les conseils d'administration peuvent ailleurs suffire, n'est pas susceptible d'être exigée plus longtemps du conseil privé de la Cochinchine ou du conseil du protectorat du Tonkin. Il est impossible au lieutenant gouverneur de la Cochinchine, au résident supérieur du Tonkin, aux officiers généraux, aux chefs de service, aux colons notables dont se composent ces assemblées, de se réunir assez fréquemment pour donner une solution rapide aux litiges qui leur sont soumis ; absorbés par leurs occupations normales, ils ne peuvent consacrer à l'examen de ces affaires une suffisante attention; enfin, le nombre même des membres de ces assemblées accroît la difficulté de les réunir.

Pour la sauvegarde des intérêts tant publics que privés engagés en Indo-Chine dans les litiges administratifs, il semble donc opportun de retirer au conseil privé de la Cochinchine et au conseil du protectorat du Tonkin leurs attributions contentieuses et de les transporter à deux tribunaux spéciaux, qui seraient institués l'un à Saïgon, l'autre à Hanoï. Chacun de ces tribunaux se composerait de deux magistrats de la cour d'appel de l'Indo-Chine et de trois administrateurs. Ces derniers, qui devraient être choisis parmi les fonctionnaires appartenant aux deux premières classes du cadre des services civils de l'Indo-Chine, apporteraient dans l'examen des litiges portés devant les conseils du contentieux leur expérience administrative et leur connaissance des affaires; les magistrats, d'autre part, feraient bénéficier les délibérations de ces tribunaux de leurs habitudes d'ordre et de méthode et de leur science juridique. La présidence serait confiée à l'un des magistrats de la cour d'appel. Il paraît bon qu'un fonctionnaire de cet ordre ayant une compétence juridique particulière, indépendant en outre de l'administration, fasse sentir son influence sur l'instruction, la conduite de la procédure et la direction des débats. Ainsi réorganisés, les conseils du contentieux administratif de l'Indo-Chine posséderaient un président qui réglerait efficacement leur activité et des juges ayant auprès de l'opinion publique, en raison de leurs connaissances et de leur expérience, l'autorité nécessaire pour faire accepter leurs décisions. L'Indo-Chine se trouverait dotée d'une juridiction administrative correspondant à ses besoins ».

Voici le texte du décret.

Art. 1er. — Pour les territoires relevant du gouvernement général de l'Indo-Chine, les conseils du contentieux administratif siégeant à Saïgon et à Hanoï sont composés chacun de deux magistrats de la cour d'appel et de trois administrateurs des services civils.

Deux magistrats de la cour, suppléants, et trois administrateurs des services civils, suppléants, remplacent au besoin les membres titulaires.

Un des magistrats de la cour d'appel est désigné comme président du conseil du contentieux; il est suppléé dans ces fonctions, en cas d'absence ou d'empêchement, par l'autre magistrat, ou, à son défaut, par le magistrat suppléant inscrit le premier sur la liste.

Art. 2. — Les fonctions de commissaire du gouvernement près le conseil sont exercées par un fonctionnaire de l'ordre administratif, licencié en droit, comptant au moins dix ans de services administratifs.

Le commissaire du Gouvernement sera remplacé au besoin par un suppléant remplissant les mêmes conditions d'aptitude.

Art. 3. — Le président et les membres des conseils du contentieux, titulaires ou suppléants, ainsi que le commissaire du gouvernement et son suppléant sont nommés à ces fonctions pour une période de deux ans, qui peut être renouvelée par décret pris sur la proposition du gouverneur général, après avis du procureur général de l'Indo-Chine, du lieutenant gouverneur de la Cochinchine et du résident supérieur du Tonkin.

Les administrateurs des services civils sont choisis parmi ceux des 1re et 2e classe dont la résidence est distante de 50 kilomètres au plus du siège du conseil.

Art. 4. — Les magistrats et les fonctionnaires composant les conseils du contentieux reçoivent une indemnité de fonctions annuellement fixée par un arrêté du gouverneur général.

Art. 5. — Le secrétaire du conseil du contentieux est désigné parmi les fonctionnaires des services civils; il est nommé par le gouverneur général et placé sous l'autorité du président.

Art. 6. — En cas d'absence hors du ressort du conseil du contentieux dont ils font partie ou d'empêchement momentané et dûment justifié, les membres titulaires de ces conseils sont remplacés, dans l'ordre de nomination, par les membres suppléants du même ordre de fonctions. Ces derniers ont droit à l'indemnité prévue à l'article 4, aux lieu et place des membres titulaires qu'ils remplacent.

Art. 7. — Le ressort territorial du conseil du contentieux administratif siégeant à Saïgon comprend la Cochinchine, le Cambodge et le Laos. Le ressort territorial du conseil du contentieux administratif siégeant à Hanoï comprend le Tonkin, l'Annam et Ouang-Tchéou-Wan.

Le règlement du contentieux administratif du gouvernement général de l'Indo-Chine est attribué au conseil du contentieux de Saïgon ou au conseil du contentieux de Hanoï, d'après la compétence territoriale de ces tribunaux.

Art. 8. — Tout ce qui concerne la discipline ainsi que la fixation du nombre et de la durée des audiences des conseils du contentieux administratif de l'Indo-chine sera réglé par arrêtés du gouverneur général de l'Indo-Chine, pris sur la proposition du procureur général chef du service judiciaire, après avis du lieutenant-gouverneur de la Cochinchine et du résident supérieur du Tonkin.

Avant 1899, les fonctionnaires qui administraient l'Indo-Chine avaient un recrutement différent suivant les diverses colonies; ils ont tous été réunis en un personnel unique qui a pris le nom de « *Personnel des services civils de l'Indo-Chine* », par un décret du 16 septembre 1899, modifié par celui du 9 mars 1906. Ce personnel est chargé d'assurer le fonctionnement des services d'administration générale de l'Indo-Chine, soit dans les bureaux du gouvernement général, soit dans les bureaux des résidences supérieures et du secrétariat du gouvernement de la Cochinchine, soit enfin dans les provinces et arrondissements. Leur hiérarchie et leur traitement sont fixés par un tableau annexé à l'article 3 qui prévoit des inspecteurs des services civils, des administrateurs divisés en cinq classes, des stagiaires et des commis. Le décret règle dans son titre II les conditions de recrutement et d'avancement. Voir arrêté du ministre des colonies du 10 juin 1907 fixant les cadres du personnel des services civils.

TITRE II

Notions communes aux diverses colonies

ARTICLE PREMIER

Les Fonctionnaires

§ I. —*Gouverneurs. — Résidents. — Lieutenants gouverneurs. — Secrétaires généraux. — Personnel des secrétariats généraux.*

Suivant l'article 1er du décret du 6 avril 1900, les colonies et pays de protectorat autres que la Tunisie sont administrés par des gouverneurs généraux, des gouverneurs et des résidents supérieurs. Les gouverneurs prennent le titre de lieutenant gouverneur, lorsqu'ils sont placés en sous-ordre. Aux termes de l'article 3, les classes des gouverneurs sont personnelles et conférées par décret; elles sont indépendantes de la résidence. La 1re classe ne pourra comprendre plus du tiers de l'affectif; la 3e devra comprendre un tiers au moins de l'effectif. Un gouverneur ne peut obtenir de l'avancement s'il ne compte au moins deux ans de services effectifs aux colonies dans la classe où il est titulaire. L'article 1er, § 2, détermine les divers traitements comme suit : les gouverneurs généraux de l'Indo-Chine et de Madagascar reçoivent 30.000 francs de traitement d'Europe et 30.000 francs de supplément colonial; les gouverneurs généraux de l'Afrique occidentale et équatoriale, 25.000 francs de traitement d'Europe et 25.000 francs de traitement colonial. Le gouverneur général de l'Algérie touche 60.000 francs de traitement, plus 40.000 francs de frais de représentation et 10.000 francs de frais de secrétariat. Les gouverneurs sont de 3 classes et ont, en première classe, 15.000 francs, en seconde, 12.000 francs, et en troisième, 10.000 de traitement d'Europe doublé par le supplément colonial. Les résidents supérieurs reçoivent 15.000 francs doublés par le supplément colonial. Le résident général de Tunisie a un traitement de 44.000 francs, plus 30.000 francs de frais de représentation et de déplacement. Les frais de représentation, de premier établissement et les indemnités de déplacement sont déterminés par les règlements généraux sur la solde et les indemnités de route et de séjour attribuées au personnel colonial. Les diverses positions des gouverneurs généraux sont : l'activité, qui est la situation d'un gouverneur ayant un poste de son emploi, la disponibilité qui est celle du gouverneur qui n'en occupe pas, et la situation hors cadre dans laquelle le gouverneur est détaché de son corps pour être employé dans un autre corps ou service.

Un arrêté du ministre des colonies, du 10 octobre 1905, a déterminé le costume des gouverneurs généraux.

Les secrétaires généraux assistent les gouverneurs dans les divers détails du service, sans être investis de pouvoirs propres. Suivant l'article 3 du décret du 21 mai 1898 qui a supprimé les directeurs de l'intérieur et attribué leurs fonctions aux gouverneurs, le secrétaire général est membre du conseil privé ou du conseil d'administration et du conseil du contentieux qu'il préside à défaut du gouverneur. Il représente ce dernier au sein du conseil général et de la commission coloniale. Il occupe le premier rang après le gouverneur et le remplace de plein droit en cas de mort, d'absence ou d'empêchement, à moins d'une désignation spéciale faite par le ministre. Suivant décret du 20 janvier 1906, modifiant l'article 4 du décret de 1898, les secrétaires généraux des colonies sont répartis en deux classes aux traitements de 9.000 francs et de 8.000 francs portés au double par le supplément colonial. Le texte indique ensuite comment sont recrutés ces agents.

Le décret du 21 mai 1898 n'est pas applicable aux colonies de l'Indo-Chine, de Madagascar et de Saint Pierre et Miquelon. Conf. article 5 du décret de 1898 et article 2 du décret du 11 octobre 1905. On a vu, du reste, que, dans ces colonies le secrétariat général avait été supprimé de même qu'en Afrique occidentale. Les secrétaires généraux touchent en Algérie un traitement de 25.000 francs (décret du 17 décembre 1908) et, en Tunisie, de 20.000 francs.

Les secrétariats généraux des colonies occupent un personnel considérable, dont le statut est aujourd'hui fixé par les décrets des 24 mai 1898 et 6 avril 1900. Ce personnel est divisé en deux catégories : celle des cadres locaux qui comprend des commis principaux et des commis de 1re, 2e et 3e classe et celle du cadre général composée de chefs et sous-chefs de bureau de 1re et 2e classe et de sous-chefs stagiaires. L'organisation en question ne vise pas le personnel des services civils de l'Indo-Chine où il y a, nous l'avons dit, des règles spéciales. L'effectif du cadre général est fixé par arrêté ministériel; les fonctionnaires qui le composent peuvent être envoyés d'une colonie dans une autre, suivant les besoins du service. La nomination, la révocation et la rétrogradation des agents sont faites par arrêtés du ministre des colonies. Le décret de 1900 fixe ensuite les conditions d'entrée dans la carrière et d'avancement qui a lieu au choix. Quant aux cadres locaux, les règles de recrutement et d'avancement, le nombre et le traitement des employés sont fixés dans chaque colonie par arrêté du gouverneur en conseil privé ou en conseil d'administration. C'est le gouvernement qui nomme les commis, les révoque et les rétrograde.

§ II. — *Administrateurs coloniaux*

Depuis le décret du 2 septembre 1887, les fonctionnaires chargés en sous-ordre de l'administration des colonies qui recevaient des noms divers suivant les lieux où ils exerçaient leurs fonctions, ont été réunis en un corps unique appelé corps des *administrateurs coloniaux*. Actuellement le corps nouveau est régi par un décret du 6 avril 1900 modifié par des décrets ultérieurs des 19 septembre

1903 et 10 décembre 1905. Les décrets prévoient des administrateurs en chef de 1re et de 2e classe, des administrateurs divisés en trois classes, des administrateurs-adjoints également de trois classes et des élèves administrateurs. L'article 2 du décret de 1905 indique le mode de recrutement des élèves administrateurs, soit sans concours, soit après concours. Le ministre nomme les administrateurs et indique la colonie où ils serviront; ils sont ensuite répartis, suivant les besoins du service, par les gouverneurs. L'avancement de ces fonctionnaires a lieu en principe au choix, sauf pour les administrateurs-adjoints dont un quart est nommé à l'ancienneté. Le tableau d'avancement est dressé par une commission qui est aussi chargée d'apprécier les titres des candidats étrangers au corps des administrateurs et qui désirent y entrer.

§ III. — *Inspection coloniale*

Après des péripéties diverses, l'inspection coloniale a été attribuée à un corps spécial dont la situation se trouve fixée par le décret du 3 février 1891 abrogeant les dispositions de l'article 2 du décret du 25 novembre 1887. Ce dernier décret avait laissé coexister côte à côte une inspection permanente et une inspection mobile; le décret de 1891 a supprimé la première, en sorte que l'inspection mobile a seule subsisté jusqu'au moment où on a rétabli en Indo-Chine, à Madagascar et dans l'Afrique occidentale une direction du contrôle financier. Ainsi l'inspection permanente a disparu en principe, bien que des arrêtés ministériels puissent créer des missions permanentes d'inspection mobile. L'organisation de l'Inspection coloniale a été complétée par les lois de finances du 25 février 1901 (art. 54), du 31 mars 1903 (art. 80 et 81) et du 22 avril 1905 (art. 58). Sur les bases posées par ces textes, les règlements d'administration publique des 15 septembre 1904, 16 avril 1905 et 11 juin 1908 ont définitivement organisé le corps de l'inspection.

Ce corps est assimilé au corps du contrôle de l'administration de l'armée, quant à l'état d'officier, aux honneurs et préséances, à la légion d'honneur, au régime disciplinaire et généralement pour tout le statut personnel. Le recrutement a lieu par voie de concours entre les auditeurs au conseil d'État et à la Cour des Comptes, les fonctionnaires civils du département des colonies touchant un traitement d'Europe d'au moins 3.500 francs et licenciés en droit ou justifiant de quatre ans de séjour aux colonies, et les officiers des troupes coloniales ayant le grade de capitaine ou assimilés. Les cadres du corps de l'inspection sont présentement établis comme suit : Inspecteur général de 1re classe au traitement d'Europe de 16.000 francs, équivalant à contrôleur général de 1re classe; inspecteur général de 2e classe, au traitement de 14.000 francs, (contrôleur général de 2e classe); inspecteurs de 1re, 2e et 3e classe (11.000; 9.000 et 7.000 francs) équivalant à contrôleur de 1re et de 2e classe et à contrôleur-adjoint ; inspecteur-adjoint au traitement de 5.000 francs, équivalant à commissaire de 1re classe des troupes coloniales. Les inspecteurs ont, en outre droit, à des indemnités de mission aux colonies et à des indemnités de résidence fixées par le tableau annexé au décret du 16 avril 1905.

Les nominations dans le corps de l'inspection sont faites par décret au fur et à mesure des vacances; l'avancement a lieu au choix, après trois années au moins de service dans le grade inférieur. Quatre années sont nécessaires, avec des conditions spéciales, pour être nommé inspecteur général. Le service de l'inspection est placé sous les ordres immédiats du ministre des colonies. Un inspecteur général qui à le titre de directeur du contrôle et est nommé par décret, centralise les travaux; il prépare les mesures concernant le corps de l'inspection; il soumet au ministre les projets de mission et les instructions relatives au fonctionnement du contrôle, tant à l'extérieur qu'à l'administration centrale. Le contrôle sur les services de cette administration comporte l'examen des projets de décrets, de cahiers des charges, de marchés, transactions, contrats, de liquidation ou d'ordonnancement, et des autres affaires soumises à l'inspection par arrêté ministériel. Le contrôle des inspecteurs aux colonies concerne les services financiers et les divers services administratifs et militaires. Tous les locaux militaires et administratifs, tous les registres de comptabilité, la correspondance et tous les documents administratifs généralement quelconques leur sont ouverts. Ils procèdent à la constatation des effectifs et au recensement du matériel et des approvisionnements de tout genre; ils assistent à toutes opérations administratives dans le service qu'ils contrôlent, à toutes réunions des conseils d'administration des corps de troupes et établissements militaires. Ils contrôlent la gestion des comptables publics en deniers et matières, vérifient les caisses et écritures de tous comptables. Dans l'accomplissement de leur mission, ils ne peuvent diriger, empêcher ou suspendre aucune opération, sauf à fermer provisoirement les mains aux comptables dont ils constatent la situation irrégulière, en avisant immédiatement les autorités locales et le ministre. Ce cas mis à part, leur mission se réduit à un simple contrôle qui se manifeste par l'établissement d'un rapport communiqué pour réponse au fonctionnaire, officier ou agent dont la gestion est vérifiée. Après observations faites sur le point visé par les supérieurs hiérarchiques du fonctionnaire, officier ou agent contrôlé et par les autorités supérieures de la colonie, les résultats fournis sont consignés dans un rapport définitif que le contrôleur envoie directement au ministère des colonies.

Le chef de la mission chargée de l'inspection est le fonctionnaire le plus élevé en grade et, à grade égal, le plus ancien. Les chefs de mission ne relèvent que du ministre avec lequel ils correspondent directement; les inspecteurs en sous-ordre dépendent du chef de mission. Les instructions concernant les services administratifs sont transmises aux inspecteurs par le ministre des colonies et, pour ce qui touche aux services financiers, par le ministre des finances qui les adresse par l'intermédiaire des colonies; la direction du contrôle centralise tous les documents, ordres, avis et les transmet aux inspecteurs.

ARTICLE II

Le recrutement des fonctionnaires

Pendant longtemps, le recrutement des fonctionnaires coloniaux ne s'est pas opéré avec tout le soin et toute la sélection voulus. Au lieu d'envoyer aux colonies des fonctionnaires experts, instruits, entraînés à leur tâche par une préparation spéciale, on s'était habitué à en faire le réceptacle de l'élément dont on sentait la nécessité de débarrasser la métropole. Heureusement, on s'est rendu compte des inconvénients d'un pareil système qui était en opposition absolue avec celui usité par nos rivaux en colonisation, notamment par les Anglais. Des publicistes autorisés, entre autres M. Chailley, dans son ouvrage intitulé : « *La colonisation de l'Indo-Chine* », ont rapproché les pratiques suivies à l'étranger de celles admises en France et ont amené dans l'opinion publique un revirement utile. On a compris que les fonctionnaires coloniaux devaient être sélectionnés aussi bien et même mieux que ceux de la métropole, vu les circonstances plus difficiles dans lesquelles ils pouvaient se trouver placés. On s'est dit, d'autre part, qu'il fallait attirer par des avantages marqués, vers les carrières coloniales, une jeunesse active, énergique, qui, faute de débouchés, était souvent, dans le passé, inutilisée par le pays. Suivant ces idées, pour spécialiser tout à fait la carrière coloniale et donner à ceux qui seraient tentés de l'embrasser, la culture et les enseignements voulus, a été instituée à Paris l'*École coloniale*, établissement public autonome, doté de la personnalité civile par l'article 26 de la loi de finances du 17 juillet 1889, école qu'ont organisée les décrets du 23 novembre 1889. Cette école contient trois sections administratives : carrières indo-chinoises et africaines, administration pénitentiaire (décret du 22 février 1902). Les études durent deux ans dans les sections administratives. Elle compte, en outre, une section commerciale où les études sont d'une année seulement, une division préparatoire, une section indigène et, depuis un décret du 7 avril 1905 modifié par celui du 27 juillet 1907, une section préparatoire à la magistrature coloniale. (Voir arrêtés des 30 juillet 1907, 25 janvier 1910 et 29 mars 1911). Pour entrer dans les sections administratives, il faut être français, âgé de 18 ans au moins et de 23 ans au plus, avoir un diplôme de bachelier ou un diplôme ou certificat équivalent, posséder l'aptitude physique requise et subir un concours. A la section commerciale, on n'exige ni diplôme, ni concours. La section indigène est ouverte aux élèves indigènes des colonies soucieux de parfaire leur instruction en France. La division préparatoire sert à préparer les candidats au concours pour les sections administratives. Pour y avoir accès, il faut être français, âgé de 17 ans au moins et de 22 au plus. Trois décrets du 25 janvier 1910 ont modifié et perfectionné l'enseignement de l'école. L'École coloniale assure d'une façon très judicieuse le recrutement des fonctionnaires coloniaux et, dans les carrières coloniales, un certain nombre de postes sont réservés aux élèves diplômés à la suite de l'examen de sortie des sections administratives.

ARTICLE III

La solde et les retraites

§ I. — *La solde*

Cette matière qui était régie par un décret du 23 décembre 1897, modifié par un arrêté du 27 décembre 1903, a été complètement remaniée par un dernier décret fort important du 2 mars 1910, en 163 articles, portant règlement sur la solde et les allocations accessoires des fonctionnaires, employés et agents des services coloniaux ou locaux. Il y a cinq espèces de solde : activité, article 3 à 83, disponibilité, articles 84 à 86, non activité, article 87, réforme, article 88, réserve, article 89. La solde d'activité comprend la solde de présence, articles 12 à 22, la solde de permission, articles 23 à 28, la solde de congé, articles 29 à 80, la solde de détention, articles 81 à 82, et la solde de captivité article 82. Pour avoir droit à la solde d'activité, il faut être en activité de service. La solde de présence comprend la solde de présence en Europe, articles 13, 19, 22, et aux colonies articles 20 et 21. Toute absence autorisée prend le nom de permission, quand elle est égale ou inférieure à trente jours. Les permissions sont accordées, dans la limite de trente jours, par le ministre aux hauts fonctionnaires coloniaux; par les directeurs de l'administration centrale au personnel placé sous leurs ordres et par les gouverneurs aux chefs d'administration ou de service. Elles sont données dans la limite de quinze jours, par les chefs d'administration ou de service à leurs employés et agents, d'après les instructions du ministre ou des gouverneurs. Au-dessus de quinze jours, la demande est transmise aux autorités supérieures, articles 23 et 24. Les permissions ne peuvent être accordées à solde entière pour plus de trente jours. Si l'absence est plus longue, il y a lieu à congé, dont la solde est déterminée par les textes y relatifs. La solde de congé s'applique à toute absence autorisée supérieure à trente jours. On distingue sept espèces de congés : congés pour affaires personnelles (art. 32 à 34), congés administratifs (art. 35 à 39), congés pour subir en France des examens ou concours de carrière (art. 40 à 42), congés de convalescence (art. 43 à 61), congés pour faire usage des eaux thermales ou minérales (art. 62 à 65), congés hors cadres (art. 66 et 67), congés d'expectative de réintégration (art. 68). Les gouverneurs généraux et les gouverneurs jouissent de l'intégralité de leur solde d'Europe pendant toute la durée de leur congé, sauf quant aux congés pour affaires personnelles. Leurs congés ainsi que ceux des secrétaires généraux sont accordés par le ministre; il en est de même pour les fonctionnaires de l'inspection des colonies et pour les chefs du service colonial dans les ports de commerce. Les autres fonctionnaires sont mis en congé par les gouverneurs des colonies respectives. Les congés pour affaires personnelles ne peuvent excéder douze mois et donnent droit à la demi-solde d'Europe pendant six mois; il n'y a aucune solde pour le reste du temps. Les congés administratifs ont pour but de permettre au fonctionnaire colonial de revenir périodiquement dans son pays; ils donnent droit, en principe, à la solde entière d'Europe; leur durée est de six mois, après un séjour dans la colonie qui varie suivant le lieu où l'agent est en service; elle peut être augmentée, sans pouvoir dépasser un an. Les congés pour examens et concours durent six mois au maximum, avec solde de présence d'Europe. Les congés de convalescence sont au maximum de six mois avec possibilité de prolongation; la solde d'Europe peut être attribuée pendant douze mois au plus. L'article 57 indique par qui sont accordés, suivant les circonstances, les congés de convalescence et leurs prolongations.

Les congés pour faire usage des eaux thermales et minérales avec solde d'Europe, durent deux mois au plus, sauf faculté de prolongation d'un mois ou d'une quantité de temps égale à la durée de la saison thermale. Les congés d'expectative de réintégration sont donnés par le ministre pendant six mois à solde d'Europe et durant six autres mois à demi-solde. Un congé d'un an à demi-solde d'Europe peut être accordé aux agents quittant le service des colonies sur leur demande. La solde de détention est de la moitié de la solde d'Europe, sans accessoires. Il en est de même de la solde de captivité qui est allouée à tout fonctionnaire, employé ou agent fait prisonnier de guerre, du lendemain du jour où il est tombé au pouvoir de l'ennemi jusqu'au jour exclu où il est remis aux autorités françaises.

La solde de disponibilité s'applique aux agents et fonctionnaires qui sont momentanément distraits de leur service, sans prétendre à aucun congé. Il n'y a pas de traitement durant la disponibilité, et son temps ne compte ni pour l'avancement, ni pour la retraite. Elle a lieu soit sur la demande du fonctionnaire, soit d'office, par exemple quand les causes qui avaient motivé le congé ont pris fin, et que l'agent n'a pas rejoint son poste. La position de disponibilité ne peut être attribuée pour plus de deux ans et excéder cinq ans en vertu de prolongations successives annuelles. Après cinq ans, le fonctionnaire qui n'a pas rejoint, est rayé des contrôles à suite de mise en demeure et admis à la retraite, s'il y a droit. Les gouverneurs généraux, gouverneurs et résidents supérieurs non pourvus d'un poste actif, sont placés dans la position de disponibilité dans les conditions spéciales fixées par les décrets des 2 février 1890 et 6 avril 1900. Ils peuvent être, avec ou sans traitement, chargés de travaux particuliers ou de missions spéciales. Les traitements de disponibilité sont accordés dans la mesure des crédits budgétaires libres. La situation de disponibilité peut être maintenue trois ans pour les hauts fonctionnaires indiqués ci-dessus, qui ont plus de quinze ans de services rétribués, et deux ans pour ceux qui ne justifient pas de cette condition. Les inspecteurs généraux des colonies qui, tout en continuant de faire partie du cadre actif, sont momentanément sans emploi, peuvent être, par décret, placés dans la position de disponibilité. Ils reçoivent, durant les six premiers mois, l'intégralité de la solde de présence du grade dégagée d'accessoires et, passé ce délai, la moitié de ladite solde. La solde de non-activité est attribuée au fonctionnaire jouissant de l'état d'officier dans les cas déterminés par la loi du 19 mai 1834, art. 16 et 17. La solde de réforme est liquidée par le ministre dans les cas prévus par les lois du 19 mai 1834 et 17 août 1879, après revision de la section compétente du conseil d'État. La solde de réserve est allouée aux inspecteurs généraux des colonies admis dans le cadre de réserve et liquidée sur les bases fixées par les lois des 14 janvier 1890 et 31 mars 1903. Elle est allouée par le ministre des colonies, après revision de la section compétente du conseil d'État.

Le titre II du décret de 1910 a trait aux allocations accessoires qui consistent dans des suppléments pour services rendus en dehors du grade et de l'emploi : indemnité de résidence dans Paris, indemnité spéciale de résidence aux instructeurs des colonies, indemnité de résidence ou de cherté de vivres, indemnité de départ colonial, indemnité de changement de résidence au personnel de l'administration centrale appelé à servir dans les ports de France, indemnité à raison de la responsabilité pécuniaire pouvant résulter d'une gestion de deniers ou de matières, indemnité pour frais de bureau, indemnité pour perte d'effets, indemnité de représentation, de tournées, de chauffage et d'éclairage, pour frais de premier établissement des gouverneurs généraux et gouverneurs. Le décret tarife ces indemnités qui sont assez fortes et constituent, notamment celles de représentation et de tournées, un véritable supplément de traitement. Ces dernières sont de : 60.000 francs en Indo-Chine, 20.000 francs à

Madagascar, 20.000 en Afrique occidentale et équatoriale, 18.000 à la Martinique, la Guadeloupe et la Réunion, 12.000 en Nouvelle-Calédonie, 13.000 en Guyane et dans l'Inde, 15.000 à la côte des Somalis et 8.000 à Tahiti. En dehors des gouverneurs généraux et des gouverneurs, les lieutenants gouverneurs y ont également droit et elles montent à 15.000 francs pour le Sénégal, le Haut-Sénégal et Niger, la Guinée, la-Côte d'Ivoire, le Dahomey, la Cochinchine; à 10.000 francs, au Gabon, au Moyen-Congo et dans l'Oubanghi-Chari-Tchad. Les résidents supérieurs touchent 15.000 francs au Tonkin, en Annam, au Cambodge et au Laos. Les gouverneurs généraux de l'Afrique occidentale et équatoriale et de Madagascar reçoivent un abonnement de 20.000 francs pour frais de déplacement et de tournées.

Le titre III concerne les privations de solde, retenues et délégations (article 111 à 135); et le titre IV a trait aux règles concernant la constatation des droits, l'ordonnancement et le payement (art. 136 à 159).

§ II. — *Les retraites*

En vertu du rattachement des colonies à la marine qui a si longtemps prévalu, les pensions de retraite à forme militaire n'étaient primitivement attribuées qu'au personnel colonial sorti des divers corps de la marine (loi du 18 avril 1831). Puis, une orientation nouvelle commença à se faire jour à partir d'un décret du 12 juin 1851 acceptant une solution contraire à propos du personnel des directions de l'intérieur; et la loi du 26 juin 1861, dans le but de mettre un terme à des tentatives analogues à celles du décret de 1851 ou autres postérieurs, détermina, par un tableau limitatif, les ayants droits aux pensions à forme militaire. La loi du 5 août 1879, relative aux pensions de la marine et des colonies, a décidé, dans son article 14, que : les tarifs annexés à la présente loi sont appliqués aux fonctionnaires et agents du service colonial, d'après leurs assimilations avec le service métropolitain, telles qu'elles sont établies par les décrets organiques. En exécution de cette loi, sont intervenus un certain nombre de décrets, dont le plus important est celui du 21 mai 1880, établissant des assimilations nombreuses pour un certain nombre de fonctionnaires, suivant un tableau annexé; et, depuis, le tableau du décret précité a été étendu par des textes postérieurs, tels que celui du 6 avril 1900 réorganisant le corps des administrateurs coloniaux. Aujourd'hui, en vertu de ces textes, une grande quantité de fonctionnaires coloniaux rétribués par l'État : gouverneurs, secrétaires généraux, administrateurs coloniaux, agents de l'administration pénitentiaire, personnel des services des subsistances, vivres, matériel, hôpitaux, directeurs des stations agronomiques et jardins botaniques, agents de colonisation et de culture, pilotes etc., etc., ont droit à des pensions à forme militaire. Les autres fonctionnaires ne pouvant prétendre qu'à des pensions civiles suivant la loi du 9 juin 1853, spécialement les magistrats et autres fonctionnaires de l'ordre judiciaire attachés au service des colonies, la loi du 18 avril 1831 a posé, dans son article 24, le principe que leur pension est, à parité d'office, réglée sur les mêmes bases et fixée au même taux que celle des magistrats employés en France. Et l'article 10 de la loi précitée de 1853 décida, en conformité de celle de 1851, que le supplément accordé à titre de traitement colonial n'entrait pas dans le calcul du traitement moyen,

La différence établie entre les divers fonctionnaires coloniaux, ayant droit les uns à des pensions civiles et les autres à des pensions à forme militaire, est peu rationnelle et donne lieu à des injustices, car les pensions à forme militaire offrent des avantages supérieurs à ceux des pensions civiles. Les premières sont calculées d'après l'emploi du titulaire au moment de la retraite; et les autres, d'après une moyenne prise dans une certaine période; les pensions militaires ne sont pas assujetties à une retenue comme les pensions civiles; enfin les veuves des militaires ont un droit propre et indépendant de celui du mari, ce qui n'a pas lieu au civil.

Pour que la pension civile puisse être attribuée, la loi de 1853 exige formellement un traitement émané directement de l'État, ou le fait d'être compris dans le cadre permanent d'une administration publique (art. 4). Il semblait donc bien difficile d'admettre à la pension civile tous les fonctionnaires civils des colonies rétribués sur les deniers publics sans exception, spécialement ceux n'appartenant pas à des cadres constitués. Ce point avait donné lieu à des difficultés considérables et à des controverses aujourd'hui sans objet, puisqu'il a été tranché par l'article 42 de la loi de finances du 28 décembre 1895, suivant lequel : à partir de la promulgation de la présente loi, les pensions auxquelles peuvent prétendre, sous la condition d'être entrés en fonctions antérieurement au 1er janvier 1886, les fonctionnaires, employés et agents des services coloniaux *organisés par arrêtés locaux*, seront basées sur la moitié du traitement moyen dont les intéressés auront joui pendant les six dernières années de leur activité. La seconde moitié de ce traitement est considérée comme formant le supplément colonial. Ce texte qui résout un certain nombre des questions controversées signalées ci-dessus, appelle quelques explications. Tout d'abord, il fait une distinction fondamentale entre les fonctionnaires, employés et agents coloniaux entrés en fonctions avant ou après le 1er janvier 1886. Cette date s'explique parce que, avant le 1er janvier 1886, la caisse des invalides de la marine, chargée d'assurer le service des pensions coloniales, encaissait les retenues opérées sur le traitement des fonctions donnant lieu à ces pensions, tandis que, depuis cette époque, les retenues ont été effectuées au profit du trésor chargé désormais des pensions civiles coloniales, suivant la loi du 21 mars 1885, articles 9 et 10. Les fonctionnaires et agents des services coloniaux organisés par arrêtés locaux, entrés en fonction avant le 1er janvier 1886, ont droit, d'après la pratique adoptée par le ministère des colonies, à une pension calculée sur la base de la moitié du traitement moyen des six dernières années, l'autre moitié du traitement étant considérée comme constituant le supplément colonial. Quant aux agents entrés en fonctions après le 1er janvier 1886, ils n'ont point droit à la pension d'État, car le législateur, revenant au principe posé dans l'arrêté des consuls du 30 vendémiaire an XI qui n'avait été modifié par aucune loi postérieure en dehors de celle de décembre 1895, les traite comme des agents purement locaux, dont la situation doit être la même que celle de leurs collègues des communes et départements métropolitains.

Il appartient aux colonies d'assurer, comme on l'a fait dans la métropole pour des situations identiques, les pensions de retraites des fonctionnaires des cadres locaux, grâce au régime des *caisses de retraites coloniales* qui fonctionnent déjà dans un certain nombre de colonies. Conf. *Inde*, arrêté du 5 février 1857; *Réunion*, arrêté du 18 mars 1829, article 24; *Guyane*, décret du 20 juin 1893. Les deux créations les plus récentes sont celles des caisses de retraite de l'*Indo-Chine* (décrets des 5 mai 1898 et 6 décembre 1905) et de *Madagascar* (décrets des 22 novembre 1904 et 5 août 1906). Mentionnons également la caisse de prévoyance pour le personnel des services locaux du *Soudan* instituée par le décret du 27 juin 1897.

L'article 10 de la loi du 9 juin 1853 accorde certains avantages aux pensions civiles coloniales, que n'ont pas les pensions métropolitaines, avantages désignés sous le nom de *bonification coloniale*. Aux colonies, la pension de retraite peut être obtenue à cinquante-cinq ans, après quinze ans de services rendus hors d'Europe, tandis que, d'après la règle métropolitaine, il faut avoir soixante ans d'âge et trente ans de services. Et, d'autre part, on compte pour dix-huit mois de services toute année passée hors d'Europe. Mais la loi décide que, pour jouir de ces avantages, le fonctionnaire ou agent doit être *envoyé d'Europe*, expression qui a soulevé une foule de questions sur lesquelles l'entente est loin d'être faite.

En résumé, toute cette législation des retraites coloniales est incohérente, peu définie et prête à beaucoup de difficultés et de controverses. Il y aurait donc lieu de la réformer sur les bases mêmes posées par la loi de finances du 28 décembre 1895, en décidant que les employés des services coloniaux locaux, comme leurs collègues métropolitains, auront leurs pensions de retraite assurées par les caisses de retraites coloniales qui devraient être généralisées à toutes les colonies. Les pensions de l'État, seraient, dès lors, réservées aux fonctionnaires et agents rétribués directement par l'État ou appartenant au cadre permanent d'une administration publique. Et ces pensions devraient être toutes conçues sur un modèle unique, en supprimant la distinction injustifiable et injuste entre celles à forme militaire et celles à forme civile. Ce n'est pas dans une loi de finances, par accident, que l'on résout des problèmes aussi graves et aussi complexes; il faudrait une loi organique entrant dans les détails du sujet, déterminant les différences à établir entre les pensions métropolitaines et les pensions des colonies, résolvant les points douteux, notamment la question de savoir ce qu'il faut exactement entendre par *agents envoyés d'Europe*, posant, en un mot, les bases du statut des fonctionnaires coloniaux en matière de retraites.

La loi de finances du 13 juillet 1911 a, dans son article 127. C, apporté certaines restrictions au droit d'obtenir la pension de retraite coloniale. Ce texte dispose que, aucun gouverneur général ou gouverneur, aucun résident supérieur en Indo-Chine, aucun secrétaire général des colonies ne peut prétendre à la pension de son grade que s'il en a effectivement exercé les fonctions aux colonies, savoir : pendant deux ans au moins, si la retraite est prononcée sur sa demande pour ancienneté de services; pendant un an au moins, si elle est prononcée soit d'office soit pour blessures ou infirmités. Pour les autres fonctionnaires et agents coloniaux placés sous le régime de la loi du 18 avril 1831, les articles 10 et 18 de cette loi sont modifiés ainsi qu'il suit. Article 10. — La pension se règle sur le grade dont l'agent a en dernier lieu effectivement exercé les fonctions aux colonies pendant deux ans au moins, ou, en cas de retraite d'office, pendant un an au moins. — Article 18. — La pension pour blessures ou infirmités se règle sur le grade dont l'agent a, en dernier lieu, exercé effectivement les fonctions aux colonies. Les pensions de veuves ou orphelins de ces mêmes fonctionnaires sont réglées sur le grade dont le mari ou le père a, en dernier lieu, exercé effectivement les fonctions aux colonies. A partir du 1er janvier 1912, nul ne pourra plus être admis dans un cadre colonial susceptible de conduire à une pension du régime de la loi du 18 avril 1831, s'il ne réunit les conditions d'âge et de services lui permettant d'obtenir à cinquante ans d'âge une pension pour ancienneté de services.

En *Tunisie*, pour assurer une retraite aux fonctionnaires de la Régence, un décret du 20 janvier 1898 a autorisé la création d'une institution dite : *Société de prévoyance des fonctionnaires et employés tunisiens*, association autonome, indépendante de l'État et dont les ressources sont réalisées grâce à des retenues opérées sur les traitements et à des subventions de l'État tunisien. La société est administrée par un conseil de douze membres, sous la présidence du directeur des finances. Ceux des fonctionnaires qui étaient institués lors de la promulgation du décret, ont pu se faire inscrire dans la société, mais volontairement; ceux institués après en font partie de droit. Le fonctionnaire mis à la retraite peut opter entre une rente viagère ou le remboursement du capital produit par les retenues.

CHAPITRE IV

Le régime financier

SECTION PREMIÈRE

LES BUDGETS ET EMPRUNTS

On trouve, dans les dépenses que nécessitent les colonies, deux catégories bien distinctes. Les unes concernent l'État pris dans son ensemble, chargé du soin, de la protection et de l'administration générale des colonies considérées comme partie intégrante du territoire : ce sont les dépenses de gouvernement et de souveraineté. Les autres ont trait aux nécessités locales des diverses colonies envisagées séparément. Les premières doivent naturellement incomber au budget général dont l'État a la charge, et les autres au budget spécial de chaque organisme colonial. Cette division nécessaire fut à peu près complètement méconnue sous l'ancien régime, bien que les ordonnances royales eussent posé le principe que les colonies étaient tenues de contribuer aux dépenses faites pour elles et devaient donner leur avis sur l'opportunité de toute dépense nouvelle, ainsi que sur l'utilité des ouvrages proposés et les moyens d'obtenir les sommes demandées. Il était, d'autre part, formellement interdit à l'intendant de lever aucune imposition sans l'autorisation royale et sans avoir consulté les habitants (ordonnances royales des 25 septembre 1742 et 1er février 1766).

A la suite des événements de 1814, on admit ce principe, formulé notamment dans la loi du 26 janvier 1825, que les colonies doivent se suffire à elles-mêmes, en supportant toutes leurs dépenses. Par la loi du 24 avril 1833, les Conseils coloniaux furent investis du droit de régler le budget local, sous réserve de la sanction royale. Les dépenses d'administration générale et de défense militaire soustraites à leur vote figuraient au budget de l'État. Le sénatus-consulte du 3 mai 1854 vint inaugurer un régime nouveau pour la Martinique, la Guadeloupe et la Réunion. La métropole y assumait les dépenses de protection, de gouvernement et d'administration générale, aussi bien que toutes celles dans lesquelles l'État était directement intéressé : justice, instruction publique, travaux et services des ports, cultes, etc. L'État ne réservait à son profit aucune des ressources locales. Mais le trésor public pouvait demander des subsides aux colonies ayant un excédent de recettes, comme il s'engageait à accorder des subventions à celles dont le budget était en déficit.

Les sacrifices imposés à l'État étant devenus considérables, un sénatus-consulte du 4 juillet 1866 diminua sensiblement les dépenses de souveraineté à la charge de la métropole et les réduisit à celles nécessaires au traitement du gouverneur, au personnel de la justice et des cultes, au service du trésorier payeur et aux services militaires. Quant aux subventions à accorder aux colonies, on en maintenait le principe, mais en décidant que la loi annuelle de finances en fixerait préalablement la quotité. Le sénatus-consulte de 1866 s'appliquait seulement, comme celui de 1854, aux Antilles et à la Réunion; mais les règles qu'il posait furent étendues au plus grand nombre des colonies. Toutefois certaines se virent appliquer des dispositions différentes, en sorte que les dépenses de souveraineté et de protection, qui logiquement auraient dû être partout les mêmes, variaient, au contraire, suivant les milieux coloniaux.

Est enfin intervenue la loi de finances du 13 avril 1900 qui, dans son article 33, a modifié le système du sénatus-consulte de 1866, suivant la conception nouvelle depuis longtemps admise déjà dans les milieux parlementaires et affirmée à propos de la discussion du budget de 1893. D'après cette conception, les colonies doivent, dans l'intérêt même de leur développement, supporter, dès que c'est possible, toutes les dépenses auxquelles elles donnent lieu, sans distinction entre celles qui sont ou non dépenses de souveraineté. Voici comment s'exprime l'article 33 dans son paragraphe 1er : « Le régime financier des colonies est modifié à partir du 1er janvier 1901, conformément aux dispositions suivantes : § 1er. Toutes les dépenses civiles et de la gendarmerie sont supportées en principe par les budgets des colonies. — Des subventions peuvent être accordées aux colonies sur le budget de l'État. — Des contingents peuvent être imposés à chaque colonie jusqu'à concurrence du montant des dépenses militaires qui y sont effectuées ». Nous allons examiner séparément le budget métropolitain colonial et le budget local. Nous donnerons ensuite quelques indications sur les budgets communaux aux colonies.

TITRE PREMIER

Le budget métropolitain colonial

Pour l'exercice 1911, les crédits coloniaux accordés par la loi de finances du 13 juillet sont montés à 103.501.077 francs, en augmentation de 2.461.643 francs sur l'exercice précédent. Les dépenses se subdivisent en trois titres : dépenses *civiles*, *militaires* et *pénitentiaires*. Dans le titre premier, on trouve les chapitres consacrés au traitement du ministre et du personnel civil de l'administration centrale (895.803 francs); au personnel militaire de l'administration centrale (821.223 francs); au matériel de l'administration centrale (200.532 francs); aux frais d'impression, publication de documents et d'abonnements (75.000 francs); aux secours (30.000 francs); aux frais du service télégraphique (140.000 francs); au service administratif dans les ports de commerce de la métropole (244.733 francs); à l'inspection des colonies (331.050 francs); à la solde des inspecteurs généraux des colonies du cadre de réserve (25.275 francs); aux subventions à des sociétés et œuvres intéressant les colonies (283.184 francs); aux missions permanentes des cultures et jardins d'essai coloniaux (20.000 francs); aux bourses et subventions à l'école coloniale (138.600 francs); aux subventions pour câbles sous-marins (424.500 francs); aux frais d'exploitation du câble Saïgon-Pontianak (30.000 francs); aux traitements de disponibilité des gouverneurs et des secrétaires généraux (22.000 francs); au service des phares de Saint Pierre et Miquelon

(31.300 francs); aux missions scientifiques et commerciales aux colonies ou d'intérêt colonial à l'étranger (45.000 francs); aux missions de délimitation dans l'Afrique occidentale (50.000 francs); à l'inscription maritime (108.256 francs). Ces dépenses constituent les dépenses d'intérêt commun à toutes les colonies. Viennent ensuite les subventions temporaires aux budgets locaux et à divers chemins de fer coloniaux. De ces subventions, les unes sont des subventions ordinaires destinées à venir en aide à une situation financière plus ou moins obérée. Telles sont les subventions accordées aux budgets locaux de la Guadeloupe (280.000 francs); de la Réunion (100.000 francs); de Saint Pierre et Miquelon (130.000 francs); des Établissements français de l'Océanie (160.000 francs); de la Nouvelle-Calédonie (355.000 francs); du protectorat des îles Wallis (20.000 francs); des Nouvelles-Hébrides (350.000 francs); de la Côte française des Somalis (10.000 francs); au budget général de l'Afrique équatoriale (600.000 francs). Les autres subventions sont des subventions extraordinaires visant des situations spéciales : subvention au budget local de la Martinique (1.420.290 francs), motivée par une situation spéciale créée à la colonie vis-à-vis de la banque coloniale, par l'article 12 de la loi de finances du 31 décembre 1907; subvention extraordinaire au budget général de l'Afrique équatoriale pour le service de l'emprunt autorisé par la loi du 12 juillet 1909, avec intervention de l'État pour les intérêts et l'amortissement si le besoin s'en faisait sentir, (665.945 francs); subvention extraordinaire de 500.000 francs au budget local de la Côte française des Somalis pour paiement de l'annuité afférente à l'emprunt relatif au prolongement du chemin de fer éthiopien jusqu'à Diré-Daoua (convention du 6 février et loi du 6 avril 1902); subvention extraordinaire au budget local de l'Inde pour exécution des travaux publics (230.000 francs). Enfin, parmi les subventions aux chemins de fer, figurent la garantie d'intérêts à la compagnie du chemin de fer franco-éthiopien (160.000 francs), la subvention au budget annexe du chemin de fer et des ports de la Réunion (1.985.500 francs) et au chemin de fer de Dakar à Saint-Louis (273.400 francs).

Le titre II du budget colonial concerne les dépenses militaires. Voici les chiffres : solde des troupes : Antilles et Pacifique, 821.250 francs ; Afrique occidentale, 7.411.058 francs; Indo-Chine, 18.368.425 francs; Afrique orientale, 6.588.456 francs; — Personnel de l'Indo-Chine des troupes coloniales, 1.833.850 francs; — Personnel du service hospitalier, 1.982.672 francs; — Frais de route et de passage du personnel militaire, 5.959.578 francs; Remonte et harnachement, 806.695 francs; — Vivres et fourrages, Antilles et Pacifique, 423.072 francs ; Afrique occidentale, 3.918.520 francs ; Indo-Chine, 5.777.935 francs; Afrique orientale 2.243.972 francs; — Matériel des hôpitaux, 3.200.000 francs ; — Habillement, campement et couchage, 4.870.847 francs ; — Services divers, (loyers, ameublements, etc.), 356.000 francs; Artillerie et constructions militaires, Antilles et Pacifique, 251.000 francs ; Afrique occidentale, 1.620.708 francs ; Indo-Chine, 5.237.525 francs ; Afrique orientale, 1.343.246 francs; — Défense des colonies, 2.100.000 francs; — Troupes d'occupation de l'Afrique équatoriale, 9.640.948 francs.

Le titre III est relatif aux *services pénitentiaires*. Pour l'administration pénitentiaire, le personnel a coûté, en 1911, 2.412.000 francs; les hôpitaux, vivres, habillement et couchage, 3.023.000 francs; les frais de transport, 984.000 francs; et le matériel, 998.900 francs.

La plus grosse part des dépenses du budget colonial est absorbée par les frais militaires, puisque, sur un budget de plus de 100 millions, les services civils et pénitentiaires ne demandent environ que 18 millions. 800.000 francs. Indépendamment des subventions qu'il leur accorde dans la mesure précisée ci-dessus et des charges qu'il assume dans leur intérêt, l'État vient, en outre, en aide aux colonies par des moyens divers qui grossissent encore le budget colonial. Il accorde des secours à raison des cyclones, éruptions, tremblements de terre, tels que ceux de la Réunion ou de la Martinique lors de la catastrophe du *Mont-Pelé* de 1902. Il prend à sa charge les pensions de retraite des fonctionnaires et agents ayant versé dans les colonies; il subventionne les services maritimes, postaux, entre la métropole et les colonies; il paye l'indemnité parlementaire des députés et sénateurs coloniaux. D'autre part, l'État vient encore au secours de la colonie pour la construction de ports et voies ferrées; et l'on a vu que le budget de 1911 prévoit un certain nombre de cas afférents à ces hypothèses.

Aux diverses dépenses que mentionne le budget colonial et qui indiquent les charges de la métropole à ce sujet, il faut ajouter plusieurs autres dépenses contenues dans d'autres parties du budget général où leur recherche est assez difficile (affaires étrangères, travaux publics, commerce, etc.). Nous mentionnerons seulement ici, vu leur importance, les dépenses des troupes coloniales figurant au budget de l'exercice 1911 du ministre de la guerre dans la 2e section (troupes coloniales) pour un total de 40.559.245 francs.

En *Algérie*, suivant l'article 3 du second décret du 16 janvier 1902 dont nous parlerons ci-après en détail, l'État français prend à sa charge les dépenses militaires, sauf celles de la gendarmerie, comme pour les autres colonies. Les dépenses de ce chef, d'après la 1re section du budget des dépenses de la guerre pour l'exercice 1911, sont montées à environ 60.250.000 francs. Il y faut joindre d'autres dépenses moins importantes figurant au budget de divers ministères, parmi lesquelles nous signalerons l'indemnité parlementaire et les pensions des fonctionnaires et agents coloniaux liquidées avant le 1er janvier 1901; les subventions pour garantie d'intérêt aux chemins de fer (loi du 23 juillet 1904, art. 2); les subventions aux territoires du Sud, qui, au chapitre LXIV de la 1re section du budget de la guerre, ont été portées, pour l'exercice 1911, à 4.933.924 francs; les subventions aux services postaux et les dépenses des services des poudres et tabacs. Le texte de l'article 3 précité ajoute dans son paragraphe final : « généralement toutes les dépenses qui sont mises à la charge de l'État par les lois de finances ou par des lois spéciales ».

En *Tunisie*, comme en Algérie, la France prend à sa charge les dépenses militaires qui se montent, pour l'exercice 1911, à un total de 17 millions environ (1re section du ministère de la guerre). Dans la 3e section, au chapitre CIII, figurent les frais de la dépense de Bizerte pour un total de 362.000 francs. Egalement l'État français se charge des pensions de retraite des fonctionnaires métropolitains ayant servi en Tunisie; il donne des subventions aux compagnies de chemins de fer et aux services maritimes postaux, etc.

L'État prélève aux colonies certaines recettes inscrites en l'article 1er du décret du 20 novembre 1882 complété par plusieurs textes postérieurs; ces recettes figurent annuellement au budget général des recettes dans les divers états législatifs annexés à la loi portant fixation du budget général. Et la loi annuelle de finances détermine le chiffre contributoire de chaque colonie aux dépenses civiles et militaires et aux charges générales. Pour l'année 1911, nous relevons les recettes qui vont être indiquées ci-après et qui figurent aux divers paragraphes de l'état C de la loi du budget général du 13 juillet, sous les rubriques suivantes: § 2, *Produits des monopoles et exploitations industrielles*, câble du Tonkin, 65.780 francs. — § 4, *Produits divers du budget*: 1° produit de la « rente de l'Inde », 711.420 francs. — Sous cette dernière dénomination on fait figurer un versement annuel effectué au profit de la France par le gouvernement anglais, en compensation de l'abandon des droits des propriétaires des salines de nos établissements de l'Inde obligés de délaisser leurs exploitations. S'agissant d'une convention internationale, il n'y a pas là, à proprement parler, produit du budget —; 2° produit du travail des condamnés transportés à la Guyane et à la Nouvelle-Calédonie, 334.000 francs; 3° remboursement des frais de contrôle et de surveillance des chemins de fer aux colonies, 26.400 francs; 4° remboursement des frais de contrôle par la compagnie du chemin de fer franco-éthiopien, 160.000 francs; 5° produits de locations et d'aliénations du domaine pénitentiaire de l'État à la Nouvelle-Calédonie, 30.000 francs; 6° remboursement par la colonie de la Martinique d'une avance faite en 1892, 950.000 francs; 7° contribution de l'Afrique occidentale aux dépenses du chemin du port militaire de Dakar, 1.000.000 francs; 8° remboursement par la colonie du Haut-Sénégal et Moyen-Niger des avances du chemin de fer de Kayes au Niger, 917.000 francs; 9° redevance dûe par le titulaire de la concession des îles Saint-Paul et Amsterdam, 1.000 francs. — § 5, *Ressources exceptionnelles :* 1° versement par la banque de la Martinique du montant des billets de banque émis par cet établissement antérieurement à 1903 et non représentés, 1.420.290 francs; 2° part de l'État dans les bénéfices du chemin de fer de Kayes au Niger, 500.000 francs. — § 6, *Recettes d'ordre : a) recettes en atténuation de dépenses :* 1° retenues sur la solde des officiers et assimilés de l'armée de terre et de la partie de l'armée coloniale stationnée en France, 6.857.700 francs; 2° retenues sur la solde des officiers et assimilés de l'armée coloniale aux colonies et retenues sur la solde du personnel colonial soumis au régime des pensions militaires, 1.025.060 francs ; 3° contribution des colonies aux dépenses militaires qu'elles occasionnent à l'État, 14.650.000 francs (1); 4° contribution des colonies aux dépenses d'entretien de l'école coloniale, 110.000 francs (2); 5° remboursement des frais de traitement dans les hôpitaux des colonies, 964.825 francs; 6° versement au trésor de la subvention accordée par la ville de Marseille à l'école d'application du service de santé colonial, 15.000 francs. *b) recettes d'ordre proprement dites :* 1° remboursement par les colonies des frais de transport de leurs condamnés, 1.762.000 francs; 2° remboursement des sommes versées à la compagnie du chemin de fer de Dakar à Saint-Louis à titre de garantie d'intérêts, 900.000 francs.

Le budget du ministère des colonies contient pour mémoire, pour l'exercice 1911, un titre IV où sont inscrites les dépenses des exercices périmés non frappées de déchéance, les dépenses des exercices clos et les rappels de dépenses payables sur revues antérieures à 1911. Cette mention qui figure dans tous les budgets, vise : 1° les créances qui, bien que périmées par suite de l'expiration du délai de déchéance (6 ans au lieu de 5 pour les créanciers résidant hors du territoire européen), peuvent être exceptionnellement payées quand le retard est imputable à des pourvois devant le

(1) Cette somme se répartit comme suit : Indo-Chine, 13.650.000 fr.; Afrique occidentale, 700.000 fr.; Madagascar, 300.000 fr. La contribution de Madagascar sera accrue de 100.000 fr. par an, à partir de 1912 jusqu'en 1915, inclusivement.

(2) La répartition est la suivante : Indo-Chine, 89.000 fr.; Afrique occidentale, 10.000 fr.; Madagascar, 6.000 fr.; Afrique équatoriale, 5.000 fr.

conseil d'État ou à des lenteurs de l'administration ; 2° les dépenses de matériel établies au cours de l'exercice et figurant dans les états des reliquats à solder ; 3° les dépenses du personnel non soldées lors de la clôture de l'exercice, après constatation de l'existence des intéressés.

En *Algérie*, les recettes faites pour le compte du budget de l'État sont, d'après l'article 1er du second décret du 16 janvier 1902 : 1° la taxe militaire (150 francs en 1911) ; 2° les recouvrements provenant de la vente des produits des manufactures de l'État et de la vente des poudres à feu (1.026.760 francs, au même exercice) ; 3° le produit du travail des détenus dans les ateliers et pénitenciers militaires d'Algérie (175.815 francs, même exercice) ; 4° les retenues et autres produits perçus en exécution de la loi du 9 juin 1853 concernant les pensions civiles, sur les traitements des fonctionnaires de l'administration générale à la nomination du président de la République et sur ceux des fonctionnaires et employés métropolitains mis à la disposition du gouverneur général (984.315 francs, suivant le même exercice) ; 5° toutes les autres recettes dont la perception est autorisée en Algérie pour le compte de l'État. Mentionnons, pour le budget de 1911, les aliénations d'objets mobiliers provenant des ministères de la guerre et de la marine (430.730 francs). Voir, sur ces points, l'état D annexé à la loi de finances du 13 juillet 1911.

D'après l'article 2 du décret de 1902, la perception des recettes comprises dans le budget de l'État est faite, sous la direction du ministre des finances, par le trésorier général et les payeurs principaux de l'Algérie ou, pour leur compte, par les comptables de la colonie.

La *Tunisie* faisant face, en principe, à toutes ses dépenses avec ses seules ressources — exception faite pour les charges militaires qui incombent à la métropole dans l'intérêt général —, cette dernière ne réalise dans la Régence que des recettes d'ordre correspondant aux avances faites pour celle-ci, par exemple, le remboursement par le gouvernement beylical des dépenses de la gendarmerie française dans le protectorat (355.197 francs, suivant le § 6, 2° de l'état C précité adjoint à la loi budgétaire de l'exercice 1911) ; et aussi le remboursement des frais de contrôle et de surveillance des chemins de fer en Tunisie porté au même état C § 4. Signalons encore, dans l'exercice 1911, au § 5 de l'état C (ressources exceptionnelles), une somme de 750.000 francs inscrite pour reversement par la Tunisie des sommes touchées en excédent pour la constitution des fonds de garantie du réseau du chemin de fer de la Medjerda.

TITRE II

Les budgets et emprunts locaux

L'établissement du budget local des colonies se fait de façon différente, suivant que la colonie intéressée possède un Conseil général ou n'a qu'un simple Conseil d'administration .Il faut donc étudier séparément les deux hypothèses. Nous examinerons ensuite les règles spéciales qui régissent l'organisation budgétaire dans les grandes colonies dotées de gouvernements généraux, et enfin en Tunisie. Les proportions de ce travail ne nous permettront pas d'aborder, comme nous l'avons fait pour le budget métropolitain colonial, les détails des divers budgets coloniaux votés pour le dernier exercice. Nous nous bornerons à citer ceux du plus important d'entre eux, le budget algérien.

ARTICLE PREMIER

Colonies à Conseil général

Depuis le décret portant règlement d'administration publique du 21 mai 1898, dont l'article 1er supprime les directeurs de l'intérieur, la mission de préparer le budget local incombe au gouverneur. Par les divers renseignements et les études des bureaux du secrétariat général, il se rendra compte des prévisions des dépenses et évaluera les prévisions des recettes. En fait, ce sont les bureaux des finances des secrétariats généraux qui font le travail préparatoire et le soumettent à l'approbation du gouverneur.

Une fois préparé par ce dernier, le projet de budget est soumis au Conseil général. La commission coloniale fait à celui-ci un rapport sommaire concernant les propositions de l'administration et le Conseil statue en connaissance de cause. Les pouvoirs de ce Conseil étaient, suivant le sénatus-consulte de 1866, presque sans contrôle dans la législation antérieure à la loi de finances du 13 avril 1900. Mais, de même que sous le régime de la loi de 1833, ces Conseils n'usèrent pas avec les réserves nécessaires des pouvoirs à eux conférés ; ils gérèrent les finances locales sans aucune économie, se préoccupant uniquement des intérêts de leurs électeurs. Le Conseil général de la Guyane commit notamment de tels abus au sujet des concessions territoriales, qu'on dut lui retirer, par un décret du 15 novembre 1898, le droit de concéder des domaines de la colonie. — Voir cet exemple et d'autres dans François, *Le budget local des colonies*, pp. 105 et s. — La réforme a été réalisée par l'article 33 de la loi du 13 avril 1900 interprété par un avis du Conseil d'État du 7 juillet 1903 résolvant certaines difficultés que la loi nouvelle avait provoquées.

Le sénatus-consulte du 4 juillet 1866 qui a formé la législation en vigueur jusqu'au 1er janvier 1901, ne s'appliquait qu'aux Antilles et à la Réunion ; mais des textes postérieurs le rendirent obligatoire pour les autres colonies pourvues de Conseils généraux. Ses dispositions visaient les recettes et les dépenses (art. 5 et suiv.). Quant aux *dépenses*, l'article 7 les divisait, comme elles le sont, du reste, dans les budgets départementaux métropolitains, en *obligatoires et facultatives*. Seulement les dépenses obligatoires étaient plus nombreuses dans le budget colonial, parce que certaines de ces dépenses spéciales aux colonies n'existaient pas dans la métropole, telles les dépenses du service de l'émigration classées comme obligatoires au budget de la Martinique, de la Guadeloupe et de la Réunion par l'article 79 de la loi de finances du 13 avril 1898, et celles du contrôle que l'on voulait rendre plus étroit qu'en France à l'égard des conseils coloniaux. Le § 2 de l'article 33 de la loi du 13 avril 1900 divise, lui aussi, les dépenses en obligatoires et facultatives, relativement aux colonies pourvues de Conseils généraux. Et le texte ajoute : « Dans les colonies d'Océanie et des continents d'Afrique et d'Asie, les dépenses obligatoires ne peuvent se rapporter que : 1° aux dettes exigibles ; 2° au minimum du traitement du personnel des secrétariats généraux, minimum fixé par décret; aux traitements des fonctionnaires nommés par décret; 3° aux frais de la gendarmerie et de la police et à ceux de la justice et de l'instruction publique (l'instruction publique a été ajoutée à la liste par l'art. 125 de la loi de finances du 13 juillet 1911); 4° aux frais de représentation du gouverneur, au loyer, à l'ameublement et à l'entretien de son hôtel, aux frais de son secrétariat et aux autres dépenses imposées par des dispositions législatives. Mais, dans ces mêmes colonies, l'initiative des propositions de dépenses est réservée au gouverneur ». Ainsi la loi fixe elle-même dans ces colonies la nomenclature des dépenses qui ne peuvent être augmentées que par le parlement et non plus par des décrets du président de la République. Il y a donc là une garantie considérable; mais, d'autre part, les Conseils généraux se voient enlever leur initiative en matière de propositions de dépenses facultatives ou obligatoires, initiative qui appartient exclusivement au gouverneur; et leur pouvoir se borne au maintien et à la suppression ou à la réduction des dépenses facultatives (avis précité du conseil d'État du 7 juillet 1903). Conf. quant aux créations d'emplois et aux relèvements de crédits pour le personnel, l'article 127. B. § 2 de la loi de finances du 13 juilet 1911, qui décide que l'initiative en appartient au gouverneur seul.

Pour la Martinique, la Guadeloupe et la Réunion, l'article 33, § 2, de la loi du 13 avril 1900 dispose que « la nomenclature et le maximum des dépenses obligatoires sont fixés, pour chaque colonie, par décret en Conseil d'État. Dans la limite du maximum, le montant des dépenses obligatoires est fixé, s'il y a lieu, par le ministre des colonies. Il n'est apporté aucune modification aux règles actuelles en ce qui concerne les dépenses facultatives ». Ainsi, dans ces colonies, à la différence des autres, c'est un décret en Conseil d'État qui détermine les dépenses obligatoires et leur maximum. Théoriquement cette différence est absolument inexplicable et le projet de la commission parlementaire des budgets locaux faisait, d'une manière uniforme, fixer par un décret en Conseil d'État la nomenclature et le maximum des dépenses obligatoires. Mais on remarquera que le Conseil général est parfaitement libre de relever les propositions à lui soumises par l'administration qui seule est tenue de se tenir dans la limite de ce maximum. Le Conseil peut, sans difficulté, relever les crédits, car il a le droit, sur le chapitre des dépenses obligatoires, de voter des dépenses facultatives, ayant, pour ces dernières, conservé les pouvoirs à lui attribués précédemment (avis précité du Conseil d'État du 7 juillet 1903). Pour le cas où l'exagération des dépenses facultatives viendrait à menacer l'équilibre budgétaire, le gouverneur pourrait opérer, relativement aux dépenses exagérées, une réduction sur laquelle le ministre statuerait définitivement (sénatus-consulte de 1866, art. 9 et avis précité du Conseil d'État du 7 juillet 1903). Si le Conseil général ne se réunissait pas ou s'il se séparait sans avoir voté le budget, le ministre l'établirait d'office sur la proposition du gouverneur en conseil privé (art. 10 du sénatus-consulte de 1866). Aux termes de l'article 127 B § 1 de la loi de finances du 13 juillet 1911, en dehors des dépenses inscrites au budget, nulle dépense ne peut être mise à la charge de ce budget, si ce n'est en vertu d'une loi.

En ce qui a trait aux *recettes*, on les divise partout, dans les colonies qui ont un Conseil général comme dans celles qui n'en ont pas, en *ordinaires* et *extraordinaires*. Les premières consistent dans les taxes et contributions de toute nature, les droits de douane, les revenus des propriétés coloniales, les produits divers dévolus au service local et les subventions métropolitaines (décret du 20 novembre 1882 sur le service financier des colonies, art. 42). Les recettes extraordinaires sont les contributions extraordinaires, les prélèvements sur les fonds de réserve, le produit des emprunts et autres ressources extraordinaires spécialement affectées à des travaux ou entreprises d'utilité publique (art. 51 du décret précité). Avant la loi du 13 août 1900, sous l'empire du sénatus-consulte de 1866, le Conseil général votait les taxes et contributions de toute nature (art. 1, § 15) et délibérait sur le mode d'assiette et les règles de perception (art. 3, § 4). Un décret simple était suffisant, pour approuver ses délibérations. Donc le Conseil était juge unique du chiffre de l'impôt et la métropole ne se réservait que l'examen des formes et moyens de perception. Suivant l'article 33, § 3, de la loi de 1900 : « les Conseils généraux des colonies délibèrent sur le mode d'assiette, les tarifs et les règles de perception des contributions et taxes autres que les droits de douane, qui restent soumis aux dispositions de la loi du 11 janvier 1892. Ces délibérations ne seront valables qu'après avoir été approuvées par décrets en Conseil d'État. En cas de refus d'approbation des tarifs ou taxes proposés par un Conseil général colonial, celui-ci est appelé à en délibérer à nouveau. Jusqu'à approbation du conseil d'État, la perception se fait sur les bases anciennes ». Il résulte de la disposition nouvelle que toutes les délibérations du conseil général, aussi bien sur le tarif lui-même que sur le mode d'assiette et la perception, sont soumises à l'approbation métropolitaine, sans que le décret rendu en Conseil d'État puisse toutefois se substituer au vote du Conseil général, ce dernier devant délibérer de nouveau sur les points renvoyés par le Conseil d'État et le surplus étant définitivement admis. De ce texte il résulte encore que les gouverneurs n'ont plus la faculté, à eux accordée par le décret du 11 août 1866, de rendre exécutoires provisoirement les délibérations des Conseils généraux relatives aux taxes (avis précité du Conseil d'État du 7 juillet 1903). Ainsi le vote de l'impôt émane toujours, sous l'empire de la loi de 1900, comme avant, du Conseil général, avec la seule réserve des tarifs de douane qui, depuis la loi du 11 janvier 1892, sont votés par les Chambres, ainsi qu'il sera dit au chapitre suivant.

Le Conseil général délibère sur les emprunts et les garanties pécuniaires à consentir (art. 127 A de la loi de finances du 13 juillet 1911); mais ses délibérations ne sont obligatoires que lorsqu'elles ont été approuvées par des règlements d'administration publique (art. 53 du décret du 20 novembre 1882). Suivant l'article 78 de la loi de finances du 13 avril 1898, les emprunts des colonies et pays de protectorat, autres que la Tunisie, pourront être réalisés soit avec publicité et concurrence, soit de gré à gré, soit par souscription publique, avec faculté d'émettre des obligations négociables auprès de la caisse des dépôts et consignations ou de la caisse nationale des retraites pour la vieillesse. La règle posée par la loi de finances précitée s'applique à toutes les colonies, aussi bien dans celles dotées d'un Conseil général que dans celles qui n'ont qu'un Conseil d'administration.

ARTICLE II.

Colonies à Conseil d'administration

Dans ces colonies, c'est le gouverneur qui, suivant un décret du 30 janvier 1867, est chargé de déterminer, en Conseil d'administration, les emprunts (art. 127 A de la loi de finances du 13 juillet 1911), l'assiette, les tarifs, les règles de perception et les modes de poursuite des taxes et contributions, sauf toutefois pour les droits de douane et d'octroi de mer. Les arrêtés pris par le gouverneur sont provisoirement exécutoires, mais doivent être soumis à l'approbation ministérielle. Suivant l'article 127 B § 2, de la loi précitée de finances de 1911, l'initiative des inscriptions de dépenses, tant pour les créations d'emplois que pour les relèvements de crédit concernant le personnel, appartient au gouverneur seul. Et d'après le même texte, en dehors des dépenses inscrites dans un budget général ou local, nulle dépense ne peut être mise à la charge de ce budget, si ce n'est en vertu d'une loi. Le rôle des Conseils d'administration étant purement consultatif, c'est, en définitive, le gouverneur qui est maître de la situation ; et, vu la composition du conseil où les fonctionnaires ont la majorité, il n'a à redouter aucune contradiction. Avec cette législation qui écarte les représentants de la population du vote du budget, il n'était pas nécessaire de faire la distinction entre les dépenses obligatoires et facultatives ; et le décret de 1867 aussi bien que les textes postérieurs sont muets sur ce point. Ces textes ont statué relativement aux diverses colonies à conseil d'administration, sur les bases posées par le décret de 1867. Un décret du 28 août 1898, relatif à l'organisation de la *Côte francaise des Somalis*, décide en son article 5 que : le budget local est arrêté par le gouverneur ou son adjoint en conseil d'administration et soumis à l'approbation du ministre des colonies. Le gouverneur ou son adjoint peut en autoriser l'exécution provisoire. Le Conseil est consulté sur le mode d'assiette, les règles de perception et les tarifs des contributions et taxes.

Le décret du 19 mai 1903 portant suppression du Conseil général de Tahiti et Mooréa et création d'un conseil d'administration des *Établissements français de l'Océanie*, statue comme suit dans son article 6 : « Le budget des établissements français de l'Océanie est arrêté et rendu exécutoire chaque année par le gouverneur en conseil d'administration. Les comptes en seront arrêtés dans la même forme. L'assiette, le tarif, les règles de perception et le mode de poursuite des contributions et taxes perçues dans la colonie sont arrêtés par le gouverneur en conseil d'administration, sauf en ce qui concerne les droits de douane et les droits d'octroi de mer. Ces arrêtés doivent être approuvés par le ministre des colonies avant d'être mis à exécution ».

A *Saint Pierre et Miquelon*, suivant le décret du 4 février 1906, l'administrateur dresse, chaque année, le budget des recettes et des dépenses et le Conseil d'administration est obligatoirement consulté sur l'établissement de ce budget et sur les comptes du service local, ainsi que sur les projets d'emprunts et de contrats et sur l'établissement des contributions et taxes. Le budget doit être approuvé par le ministre des colonies et les projets d'emprunts par décret en la forme des règlements d'administration publique ; il en est de même pour les projets de contrats engageant les ressources de la colonie pour une durée supérieure à un exercice et comportant crédit en faveur de la colonie. L'assiette, le tarif, les règles de perception et le mode de poursuite des contributions et taxes perçues dans la colonie sont fixés par arrêté de l'administration, après avis du conseil d'administration, sauf en ce qui concerne les droits de douane et d'octroi de mer qui restent soumis aux prescriptions de la loi du 11 janvier 1892. Ces arrêtés doivent être approuvés par le ministre des colonies, avant d'être mis à exécution.

ARTICLE III

Exécution et contrôle des budgets. — Fonds de réserve

Le 20 novembre 1882, a été rendu un décret sur le *régime financier des colonies*, qui constitue un véritable code de la matière, en 282 articles où l'on trouve reproduites les lignes principales de la législation métropolitaine. Le ministre des colonies est le grand ordonnateur des dépenses coloniales; il a sous ses ordres des ordonnateurs secondaires à qui il délègue des crédits. Ces ordonnateurs secondaires sont, pour la métropole, le chef du service administratif des troupes coloniales et les chefs du service colonial dans les grands ports de commerce. Aux colonies, les ordonnateurs sont les gouverneurs pour les services civils, avec faculté de sous-délégation aux résidents, lieutenants gouverneurs, secrétaires généraux; ce sont aussi le directeur de l'intendance pour les dépenses militaires et maritimes et, pour le service pénitentiaire, le directeur de l'administration de ce nom. Les comptables des colonies sont les trésoriers payeurs et les trésoriers particuliers dont il va être question ci-après.

Suivant l'article 8 du décret de 1882, la clôture de l'exercice est fixée : 1° au 28 février de la seconde année (en France, c'est le 31 janvier) pour achever, dans la limite des crédits ouverts, les services du matériel dont l'exécution commencée n'aurait pu être terminée avant le 31 décembre pour des causes de force majeure ou d'intérêt public qui doivent être énoncées dans une déclaration de l'ordonnateur; 2° au 20 mars de la seconde année (en France c'est le 31 mars), pour compléter les opérations relatives à la liquidation et au mandatement des dépenses; 3° au 31 mars de la seconde année (au lieu du 30 avril comme en France), pour compléter les opérations relatives au recouvrement des produits et au paiement des dépenses.

La comptabilité des matières appartenant à l'État, au compte du département des colonies, est visée par un décret du 22 décembre 1904. Ce décret détermine la classification du matériel et indique les comptables gestionnaires et dépositaires. D'après l'article 24, indépendamment des vérifications incombant aux ordonnateurs en deniers, la comptabilité des matières est placée sous la surveillance et le contrôle des chefs de service, ordonnateurs en matières de l'inspection des colonies, de l'administration centrale et de la cour des comptes (pour les approvisionnements en magasin).

Le budget colonial est contrôlé tout d'abord par une commission de trois membres pris dans le Conseil privé, instituée par l'article 141 du décret du 20 novembre 1882. Cette commission est chargée d'effectuer la vérification des comptes des services compris au budget de l'État et des comptes du service local, la première en avril et la seconde en octobre. Les procès-verbaux de la commission énoncent les résultats obtenus et sont communiqués, avec les observations nécessaires, aux ministres de la marine, des colonies et des finances.

Les budgets sont contrôlés en second lieu par l'inspection des colonies; les conseils généraux interviennent, en outre, dans les colonies où il en existe (décret du 20 novembre 1882 art. 109 et s.). Aux termes de la loi de finances du 30 janvier 1907, article 40, on doit soumettre à l'approbation des Chambres les comptes des colonies dont les emprunts sont garantis par l'État.

Suivant l'article 127 A § § 4 et s. de la loi de finances du 13 juillet 1911 : « les emprunts décidés par les conseils généraux ou les gouverneurs doivent être approuvés par décret pris en Conseil d'État ou par une loi, si la garantie de l'État est demandée. Tous emprunts des colonies ayant déjà fait appel à la garantie de l'État pour des emprunts antérieurs, sont autorisés par une loi. Sont assimilés aux emprunts et, par suite, soumis à la même procédure d'approbation, les engagements d'une durée de plus de cinq ans comportant le paiement d'annuités d'un montant supérieur à 50.000 francs. Ne sont pas soumis à ces dispositions les contrats et marchés passés pour assurer le fonctionnement des services publics et administratifs. Les opérations à effectuer sur les fonds d'emprunts tant en recettes qu'en dépenses figurent à des budgets spéciaux d'emprunt annexés aux budgets qui supportent l'annuité d'amortissement. Ces budgets sont préparés, délibérés, arrêtés et exécutés dans les mêmes formes que les budgets auxquels ils se rattachent. Ils donnent lieu à l'établissement de comptes administratifs ».

Suivant l'article 143 du décret du 20 novembre 1897, se produit le contrôle de la cour des comptes ou du conseil privé. La cour exerce son contrôle sur les comptabilités en deniers et en matières (décret du 6 octobre 1898). Et, d'après l'article 126, 1° de la loi de finances du 13 juillet 1911, seront soumis au contrôle de la cour, dans des conditions qui seront déterminées par un décret, les comptes des comptables chargés de recouvrer aux colonies les recettes perçues au profit des budgets généraux ou locaux ».

Le décret du 20 novembre 1882 prévoyait, dans son article 98, la constitution d'un fonds de réserve devant faire face aux dépenses extraordinaires et aux insuffisances de recettes des exercices futurs. Cette matière est aujourd'hui régie par un décret du 31 mai 1902, dont suivent les dispositions concernant les colonies à gouvernement simple. Nous indiquerons celles du même décret et des textes postérieurs relatifs aux colonies à gouvernement général, à propos de chacune de ces colonies.

Martinique	1.500.000 fr.
Guadeloupe	1.500.000 fr.
Réunion	1.500.000 fr.
Guyane	1.000.000 fr.
Saint Pierre et Miquelon	400.000 fr.
Mayotte	500.000 fr.
Etablissements français de l'Océanie. Tahiti	6.000.000 fr.
Nouvelle-Calédonie	1.000.000 fr.
Etablissements français de l'Inde	1.000.000 fr.
Côte des Somalis	500.000 fr.
Mohéli	100.000 fr.

ARTICLE IV

Colonies à Gouvernement général

§ I. — *Algérie*

Avant 1900, le budget général de l'Algérie incorporé au budget général de l'État était englobé chaque année dans la loi de finances. La loi du 19 décembre 1900, complétée par deux importants décrets du 16 janvier 1902, a créé un budget spécial pour cette colonie et décidé, dans son article 3, qu'à partir de l'exercice 1901, le budget algérien cessera d'être compris dans le budget de l'État et sera établi, voté et réglé conformément aux dispositions de la loi nouvelle dont nous allons passer en revue les dispositions principales. Aux termes de l'article 4, le budget de l'Algérie comprend en recettes : « 1° les impôts de toute nature, redevances, fonds de concours et autres produits antérieurement perçus par le trésor à quelque titre que ce soit, sauf ceux afférents à la vente en Algérie des produits des monopoles de l'État et à la taxe militaire; 2° le produit des impôts qui seraient ultérieurement créés conformément à l'article 8 ci-après. (Conf. le second décret du 16 janvier 1902 art. 16). — Il comprend en dépenses : 1° l'ensemble des dépenses civiles; 2° les dépenses de la gendarmerie; 3° les pensions des fonctionnaires et agents coloniaux liquidées à partir du 1er janvier 1901, proportionnellement à la durée des services accomplis depuis cette date et dans des conditions qui seront réglées par un règlement d'administration publique ». (Conf. art. 19 du décret précité du 16 janvier 1902). Suivant l'article 23 du même décret, les recettes extraordinaires sont les prélèvements sur le fonds de réserve et le produit des emprunts et les autres ressources extraordinaires spécialement affectées à des travaux ou entreprises d'utilité publique. Il est pourvu par ces recettes extraordinaires à l'acquittement des dépenses extraordinaires (art. 25). Suivant l'article 5 : « les dépenses inscrites au budget de la colonie se divisent en dépenses obligatoires et en dépenses facultatives. — Sont obligatoires : 1° l'acquittement des dettes exigibles; 2° les dépenses d'administration générale et celles des services civils relevant actuellement de l'État, conformément au tableau A annexé à la présente loi; 3° les traitements des fonctionnaires et agents mis à la disposition de la colonie, conformément au tableau B annexé à la présente loi; 4° les dépenses de la gendarmerie; 5° celles des services musulmans et des affaires indigènes, conformément au tableau C annexé à la présente loi. — Sauf en ce qui concerne les dettes exigibles, le montant des dépenses obligatoires ne peut excéder, pour chaque chapitre, les sommes inscrites aux tableaux annexés à la présente loi, à moins que les délégations financières et le conseil supérieur d'Algérie n'aient alloué pour l'exercice précédent un crédit supérieur correspondant à un besoin permanent. En ce cas, le maximum par chapitre de la dépense obligatoire est celui de l'exercice précédent. Le montant de ces dépenses est déterminé chaque année par le projet de budget. Dans le cas où les assemblées algériennes n'alloueraient pas les fonds exigés par une dépense obligatoire ou n'alloueraient qu'une somme insuffisante, l'allocation nécessaire serait inscrite d'office au budget, par décret du président de la République rendu en Conseil d'État sur le rapport du ministre de l'intérieur. Il serait statué dans la même forme sur les voies et moyens destinés à assurer le paiement des dépenses obligatoires ». (Conf. art. 20 du décret précité de 1902.). Il faut ajouter, suivant l'article 18 de la loi du 29 décembre 1907, aux dépenses obligatoires de l'Algérie celles prévues par les §§ 5 et 9 du décret du 16 juillet 1907 (versement à la caisse des retraites).

Le projet de budget est, d'après l'article 7 de la loi de 1900, établi par le gouverneur général sous le contrôle du ministre de l'intérieur. Il est délibéré et voté par l'assemblée plénière des Délégations financières, sur le rapport de la commission des finances composée de onze membres élus par chaque délégation, à raison de quatre colons, quatre non colons et trois indigènes. Aucun amendement ne peut être délibéré par l'assemblée plénière, s'il n'a été préalablement adopté par la délégation à laquelle appartient son auteur et transmis par elle à la commission des finances. L'initiative des propositions de dépenses du personnel est réservée au gouverneur général. Il ne peut être présenté par les délégués aucune proposition tendant soit à des augmentations de traitement, d'indemnités ou de pensions, soit à des créations de services, d'emplois, de pensions ou à leur extension en dehors des limites prévues par les lois en vigueur. Aux termes de l'article 10 : « réserve faite pour les droits de douane qui restent soumis aux dispositions des lois en vigueur, les créations ou suppressions d'impôts, les modifications de leur assiette, de leurs tarifs ou de leur mode de perception sont délibérées par l'assemblée plénière des délégations financières, sur la proposition de l'une des délégations ou du gouverneur général et sur le rapport de la commission des finances ». Suivant l'article 24 du second décret du 16 janvier 1902, les Délégations financières et le Conseil supérieur délibèrent également sur les emprunts et les garanties pécuniaires à consentir dans l'intérêt de la colonie. Les délibérations sont approuvées par une loi.

Des Délégations financières, le projet de budget passe au Conseil supérieur de gouvernement qui, d'après l'article 8 : « délibère sur le rapport de sa commission des finances composée de neuf membres élus au scrutin de liste. Le conseil supérieur ne peut prendre l'initiative d'aucune dépense nouvelle, ni relever les crédits votés par les délégations financières ». « Il ne peut », ajoute l'article 10, « qu'adopter ou rejeter les décisions prises par les délégations financières. En cas d'adoption, la décision n'est exécutoire qu'après avoir été homologuée par un décret en Conseil d'État ». Le projet de budget est délibéré chaque année par les délégations financières et le conseil supérieur au cours de leur session ordinaire (six premiers mois de l'année), et exceptionnellement après le 30 juin dans une session extraordinaire de quinze jours au plus (loi du 9 juillet 1907). La durée de la session ne peut excéder un mois pour chaque assemblée; toutefois une prolongation de session pourra être accordée par le gouverneur (art. 9). La perception des droits, produits et revenus applicables au budget spécial de l'Algérie est autorisée annuellement par la loi de finances. Un décret du président de la République, rendu sur le rapport du ministre de l'intérieur, règle le budget algérien. Si ce budget n'est pas voté et homologué lors de l'ouverture d'un exercice, le budget de l'exercice précédent est appliqué de plein droit (art. 11 et 12). Le compte administratif de chaque exercice est successivement présenté aux délégations financières et au conseil supérieur qui statuent par voie de déclaration. Le compte de l'Algérie, provisoirement arrêté par les délégations financières et le conseil supérieur, est définitivement réglé par décret. Le trésorier payeur d'Alger est le comptable de la colonie; il est, en cette qualité, justiciable de la cour des comptes. Le compte établi par lui est remis aux délégations financières et au conseil supérieur, en même temps que le compte administratif (loi du 19 décembre 1900, art. 14).

Les emprunts intéressant l'Algérie sont contractés par le gouverneur général, en vertu de délibérations conformes des délégations financières et du conseil supérieur approuvées par une loi (loi du 19 décembre 1900, art 1er).

L'article 13 de la loi de 1900 a prévu l'établissement d'un *fonds de réserve* constitué à l'aide des excédents de recette constatés en fin d'exercice. Suivant le texte : il ne peut être opéré de prélèvement sur le fonds de réserve que pour le paiement de dettes exigibles ou le remboursement d'avances consenties par la métropole, sauf cas d'urgence résultant d'événements calamiteux, auquel cas le ministre de l'intérieur pourra autoriser des prélèvements exceptionnels à titre provisoire, sur la proposition du gouverneur général et après l'avis du ministre des finances. — Voir également les articles 73 et s. du second décret de 1902. La loi de 1900 prévoyait un minimum de cinq millions pour le fonds de réserve et, ce chiffre atteint, attribuait les excédents à l'État jusqu'à concurrence d'un tiers, pour atténuer la charge annuelle de la garantie d'intérêt des lignes de chemins de fer ouvertes à l'exploitation avant le 1er janvier 1901 qui incombait à l'État. La loi du 23 juillet 1904 a fait inscrire, à partir du 1er janvier 1905, la garantie d'intérêts du budget métropolitain au budget de la colonie (art. 1) et porté le minimum du fonds de réserve à 10 millions, en supprimant tout prélèvement de l'État (art. 4). L'article 13 de la loi de 1900 exigeait que les fonds libres de l'Algérie fussent versés au trésor en compte courant, au même titre que les fonds libres des départements. Ce texte a été modifié par l'article 19 de la loi du 14 décembre 1905 qui autorise la colonie à placer elle-même directement 1° ses fonds d'emprunt momentanément sans emploi; 2° les sommes constituant le fonds de réserve proprement dit, sous déduction toutefois des cinq premiers millions; 3° les excédents de recettes constatés lors du règlement de chaque exercice et qui peuvent être affectés à des travaux d'intérêt général conformément à la loi du 23 juillet 1904, en valeurs de l'Etat (rentes, bons du trésor, obligation du trésor à court terme) et en valeurs de l'Algérie. Toutefois, les placements en valeurs de l'Algérie ne peuvent représenter plus de la moitié des fonds placés, ni excéder la somme de cinq millions de francs. Les placements en rentes sur l'État et la réalisation des fonds ainsi placés doivent être effectués avec l'autorisation du ministre des finances.

Dans le projet de budget de 1910, les excédents du fonds de réserve sont montés à 2.835.733 francs. Suivant la nomenclature dressée par l'arrêté du 31 décembre 1909, le total de l'emploi de l'excédent du fonds de réserve a été de 5.205.739 francs affectés à diverses dépenses, notamment à la colonisation, 700.000 francs, à la création d'un Institut Pasteur d'Algérie, 300.000 francs, aux travaux publics, 350.000 francs, à des travaux hydrauliques, 1.000.000 francs, et à des travaux forestiers, 250.000 francs. L'emploi du fonds d'emprunt a été de 34.485.780 francs (reliquat sur l'emprunt de 50.000.000 francs autorisé par la loi du 27 avril 1902 et dépenses à effectuer sur l'emprunt de 175.000.000 francs autorisé par la loi du 28 février 1908).

Il a été dit plus haut que l'article 4 de la loi du 19 décembre 1900 avait mis à la charge de la colonie les pensions des fonctionnaires et agents coloniaux liquidées à partir du 1er janvier 1901, proportionnellement à la durée des services accomplis depuis cette date et dans des conditions à établir par un règlement d'administration publique. Ce règlement a été porté à la date du 7 juin 1902; à partir du 1er janvier 1901, les pensions des fonctionnaires entrés en fonctions postérieurement à cette date incombent à la colonie. Si la pension a été liquidée avant cette date, la métropole en demeure définitivement chargée; si elle est liquidée après le 1er janvier, la colonie et la métropole en prennent charge dans la mesure de la durée des services accomplis avant et après le 1er janvier, la métropole demeurant tenue de ceux antérieurs et la colonie de ceux postérieurs. Quand c'est la métropole qui prend charge, la pension est liquidée suivant la législation métropolitaine contenue dans la loi du 7 juin 1853 sur les pensions civiles. Quand la pension est fournie par la colonie, elle est payée par une *caisse locale de retraites de l'Algérie* (loi du 30 décembre 1903 et décret du 16 juillet 1907). C'est par arrêté du gouverneur général, inséré au Bulletin officiel de la colonie, que les pensions sont allouées. Le décret du 16 juillet 1907 entre dans le détail des pensions diverses qui peuvent être fournies : pensions pour ancienneté de services, pensions proportionnelles, pensions des veuves et secours annuels aux orphelins. La caisse des retraites, personne morale, est administrée par un conseil d'administration dont la composition et les attributions sont précisées par l'article 27 du décret. Elle est gérée en deniers par le trésorier général de la colonie, en qualité de représentant légal en Algérie de la caisse des dépôts et consignations.

Aux termes de l'article 8 du décret de 1902, les dispositions relatives aux pensions des fonctionnaires et agents coloniaux ne sont pas applicables : 1° aux fonctionnaires et agents des services rattachés, dont la nomination n'a pas été attribuée au gouverneur général; 2° aux fonctionnaires et agents des administrations métropolitaines mis à la disposition du gouverneur général dans les services non rattachés; 3° aux fonctionnaires ci-après de l'administration générale : gouverneur général, secrétaire général du gouvernement, conseillers de gouvernement, secrétaire du conseil de gouvernement, préfets, sous-préfets, secrétaires généraux et conseillers de préfecture. Ce sont donc seulement les fonctionnaires énumérés dans l'arrêté ministériel du 19 novembre 1902 qui bénéficient des dispositions ci-dessus indiquées.

Les Territoires du Sud organisés par la loi du 24 décembre 1902 sont dotés de la personnalité civile et ont, à ce titre, leur budget particulier et autonome distinct de celui de l'Algérie (art. 3). L'article 5 de cette loi dispose qu'il sera accordé à ces territoires, sur le budget de la métropole, une subvention dont le montant sera fixé chaque année par la loi de finances; et l'article 10 du décret du 14 août 1905 déclare que le montant de ce crédit ne pourra, en fin d'exercice, dépasser le chiffre des crédits affectés, dans le budget métropolitain, aux dépenses militaires effectuées dans les territoires du Sud. Les dépenses militaires sont imputées sur le budget métropolitain. Les répartitions et délégations de ces crédits sont faites par le ministre de la guerre, sur la proposition du gouverneur général. Les ordonnateurs délégués rendent compte trimestriellement de la marche des dépenses au ministre de la guerre, par l'intermédiaire du gouverneur général. Le conseil de gouvernement de l'Algérie est nécessairement appelé à donner son avis sur le budget et le compte administratif. Le budget des territoires du Sud est transmis au ministre de l'intérieur et réglé par décret du président de la République, sur le rapport des ministres de l'intérieur, de la guerre et des finances (art. 4 de la loi de 1902). Il est ordonnancé par le gouverneur général, dont le compte administratif est réglé par décret. Comme recettes, le budget des territoires du Sud comprend les impôts de toute nature, les redevances, fonds de concours et autres produits actuellement perçus sur ces territoires au profit soit du budget de la colonie, soit des budgets départementaux, à l'exception de ce qui est relatif au service des pensions civiles. Comme dépenses, le même budget embrasse l'ensemble des dépenses civiles effectuées pour les besoins des territoires du Sud, par imputation sur les crédits du budget de la colonie ou des départements, à l'exception de celles concernant le service des pensions civiles. Dans les territoires du Sud, un décret en conseil d'État est nécessaire pour créer, modifier ou supprimer un impôt. Le trésorier général de l'Algérie encaisse les recettes et fait face aux dépenses.

Le budget des départements algériens est préparé par le préfet de concert avec le général commandant la division, délibéré par le conseil général et réglé définitivement par décret. Le titre V du décret du 23 septembre 1875, relatif au budget et aux comptes du département, reproduit les dispositions correspondantes de la loi métropolitaine du 10 août 1871 concernant les conseils généraux. Le budget comprend les recettes et les dépenses. Parmi les recettes, figurent un prélèvement de 5/10 sur les impôts arabes et des centimes additionnels à la contribution foncière, aux patentes, une taxe sur les vignobles (lois des 28 juillet 1886 et 27 septembre 1894) et certains produits éventuels. Les dépenses sont obligatoires ou facultatives; le budget se subdivise en ordinaire et extraordinaire. Pour l'exercice 1910, les sommes allouées ont été les suivantes relativement au département d'Alger : budget ordinaire, recettes, 6.641.563 francs, dépenses, 6.641.563 francs; budget extraordinaire, recettes, 3.831.107 francs, dépenses, 3.831.107 francs, soit un total égal en recettes et dépenses de 10.472.671 francs.

La loi du 19 décembre 1900 qui a institué le budget spécial de l'Algérie, a nécessité une refonte du service du trésor dans la colonie. Il fallait augmenter les pouvoirs du gouverneur général et lui laisser l'initiative des engagements de dépenses. Ainsi les agents du trésor, autrefois placés sous l'autorité directe et exclusive du ministre des finances, sont devenus dans une certaine mesure les subordonnés du gouverneur général. Il était indispensable, d'autre part, de créer un comptable supérieur chargé de centraliser toutes les opérations du budget local et d'en assumer la responsabilité. C'est en vertu des considérations qui précèdent qu'a été rendu le premier décret du 16 janvier 1902, dont l'article 1er institue un trésorier général à Alger et trois payeurs principaux à Oran, Constantine et Bône, ainsi que des payeurs particuliers, des payeurs adjoints et des commis de trésorerie. Le trésorier général reçoit 15.000 francs et les autres agents ont des traitements indiqués par l'article 3. Le nombre et la désignation des places sont fixés par le ministre des finances, sur la proposition du gouverneur général; c'est de la même façon qu'est déterminée la répartition par grades et classes des agents de la trésorerie. Le ministre continue, comme par le passé, à procéder aux nominations et avancements; mais le gouverneur général est appelé à formuler des propositions pour les nominations aux divers emplois, à arrêter le tableau d'avancement et à donner son avis sur les mesures disciplinaires. L'entrée dans le service de la trésorerie se fait à la suite d'un concours spécial.

La loi du 19 décembre 1900 ne contient, relativement au budget spécial de l'Algérie, que des dispositions assez brèves; aussi a-t-elle nécessité, pour son application, des dispositions de détail contenues dans un second décret du 16 janvier 1902, dont il a été déjà question ci-dessus à propos des recettes et des dépenses. L'article 7 fixe comme suit la période de clôture de l'exercice financier : 1° au 31 janvier de la seconde année, afin d'achever, dans la limite des crédits ouverts, les services du matériel dont l'exécution commencée n'aurait pu être terminée avant le 31 décembre, pour des cas de force majeure ou d'intérêt public qui doivent être énoncés dans une déclaration de l'ordonnateur; 2° au 31 mars de la seconde année, pour compléter les opérations relatives à la liquidation et au mandatement des dépenses; 3° au 30 avril de la seconde année, pour compléter les opérations relatives au paiement des dépenses, à la liquidation et au recouvrement des produits. La gestion annuelle des agents financiers en Algérie comprend les opérations accomplies du 1er janvier au 31 décembre. D'après l'article 9, on considère comme appartenant à un même budget et à l'exercice correspondant seulement les services faits et les droits acquis à la colonie ou à ses créanciers, du 1er janvier au 31 décembre de l'année qui donne son nom au budget et à l'exercice. La période pendant laquelle doivent se consommer tous les faits de recettes et de dépenses de chaque exercice, se prolonge, suivant l'article 10 : 1° jusqu'au 31 janvier de la seconde année pour achever, comme il a été dit ci-dessus, les services du matériel; 2° jusqu'au 16 février de la seconde année, pour compléter les opérations relatives à la liquidation et au mandatement des dépenses; 3° jusqu'au dernier jour du mois de février de la seconde année, pour compléter les opérations relatives à la liquidation et au recouvrement des produits et au paiement des dépenses par les comptables principaux, sur la caisse desquels les ordonnances ou mandats ont été délivrés. Le délai de paiement de ces ordonnances ou mandats cessera le 20 février, pour les comptables subordonnés ou les comptables chargés du paiement pour le compte des comptables principaux. Un délai complémentaire est accordé jusqu'au 30 avril de la seconde année de l'exercice, pour constater les opérations nécessitées par les rétablissements de crédits, les erreurs d'imputation et les remboursements des avances ou des cessions que l'Algérie et la métropole se font réciproquement et, en général, pour toutes les régularisations concernant l'exercice expiré (art. 11). Les créanciers sont forclos quand ils n'ont pas réclamé leur paiement dans les cinq ans, s'ils sont domiciliés dans la colonie, et dans les six ans, s'ils résident hors du territoire algérien (art. 65).

D'après l'article 26 du décret de 1902, le gouverneur général dispose seul et sous sa responsabilité des crédits ouverts pour le budget de l'Algérie; mais il ne peut rien dépenser au delà et les virements sont interdits de chapitre à chapitre. Il répartit entre les articles du budget les crédits qui ont été votés par chapitres, répartition qui n'établit que des subdivisions administratives, la spécialité des crédits demeurant exclusivement renfermée dans la limite des chapitres (art. 27 et 31).

L'emploi des crédits est contrôlé par un agent du service du contrôle désigné par le gouverneur général et placé sous son autorité directe (art. 35). Le contrôle est également exercé par l'inspecteur général des finances en mission en Algérie, qui adresse un rapport d'ensemble sur la situation budgétaire et sur le fonctionnement des services financiers, à l'expiration de chaque trimestre, aux ministres de l'intérieur et des finances (art. 15 de la loi du 19 décembre 1900). Un contrôle administratif est encore prévu par l'article 112 du décret de 1902, au profit des délégations financières et du conseil supérieur de gouvernement, auxquels le compte du trésorier général de la colonie est remis en même temps que le compte administratif. Enfin, suivant les articles 113 et s., la Cour des Comptes juge les comptes des recettes et des dépenses qui lui sont présentés chaque année par le trésorier général et les payeurs principaux de l'Algérie, pour toutes les opérations autres que celles du budget. Elle juge également le compte des recettes et des dépenses du budget qui lui est soumis chaque année aussi par le trésorier général. Le gouverneur général, par lui-même ou par ses délégués, liquide les créances et mandate les dépenses (art. 42 et s. 46 et s.).

Le décret du 30 décembre 1909 réglant le budget spécial de l'Algérie pour l'exercice 1910 porte les chiffres suivants : dépenses, 138.890.408 francs, suivant l'état A annexé et 138.895.887 francs en recettes, suivant les évaluations de l'état B annexé. Voir *Journal officiel* 31 décembre 1909, pp. 12, 373 et s.

Pour 1911, le décret du 29 décembre 1910, réglant le

budget spécial pour l'exercice 1911, rendu en exécution de la loi du 28 décembre 1910, porte les chiffres suivants : dépenses, 144.546.551 francs et recettes, 144.549.940 francs, suivant les évaluations des états A et B annexés. L'état A indique, par chapitre, les crédits ouverts pour l'exercice 1911. Ces chapitres sont divisés en douze sections portant les rubriques suivantes : Dette — Gouvernement général et administration centrale — Intérieur — Affaires indigènes — Finances — Postes, télégraphes et téléphones — Travaux publics, mines, service maritime, avec une section VII *bis* pour les chemins de fer — Agriculture, commerce, colonisation — Dépenses éventuelles — Dépenses d'exercices clos et périmés — Dépenses extraordinaires — Dépenses accidentelles. — Les dépenses obligatoires ont atteint le chiffre de 55.967.187 francs et les dépenses facultatives celui de 88.579.364 francs, soit le total précité de 144.546.551 francs. L'état B présente le tableau des voies et moyens de l'exercice 1911. Les recettes ordinaires sont : 1° les impôts et revenus (53.943.710 francs); 2° les produits des monopoles et exploitations industrielles de l'État (8.969.435 francs); 3° les produits et revenus du domaine de l'État (7.921.755 francs); 4° les produits divers du budget (1.956.217 francs) ; 5° les ressources exceptionnelles (600.000 francs); 6° les recettes d'ordre (26.624.179 francs) — total, 100.015.296 francs. — Les recettes extraordinaires ont monté à 44.534.644 francs — total général, 144.549.940 francs. Un état C dresse la nomenclature des services pouvant donner lieu à prélèvement sur le crédit ouvert au titre des dépenses éventuelles. Ce sont l'intérieur, les affaires indigènes, les finances, les travaux publics, mines, service maritime et l'agriculture, le commerce et la colonisation.

§ II. — *Afrique occidentale française*

Suivant l'article 7 du décret du 18 octobre 1904 portant réorganisation du gouvernement général de l'Afrique occidentale, les dépenses d'intérêt commun à la colonie sont inscrites à un budget général arrêté en conseil de gouvernement par le gouverneur général et approuvé par décret rendu sur la proposition du ministre des colonies.

Le budget pourvoit aux dépenses : 1° du gouvernement général et des services généraux, 2° du service de la dette, 3° de l'inspection mobile des colonies, 4° des contributions à verser à la métropole, 5° du service de la justice française, 6° des travaux publics d'intérêt général dont la nomenclature est arrêtée chaque année par le gouverneur général en conseil de gouvernement et approuvée par le ministre des colonies, 7° et aux frais de perception des recettes attribuées au budget général. Il est alimenté : 1° par les recettes propres aux services mis à sa charge, 2° par le produit des droits de toute nature, à l'exception des droits d'octroi communaux, perçus à l'entrée et à la sortie dans toute l'étendue de l'Afrique occidentale sur les marchandises et sur les navires. Le mode d'assiette, la quotité et les règles de perception de ces droits seront, à l'avenir, établis par le gouverneur général en conseil de gouvernement et approuvés par décret en Conseil d'État. Le budget général peut, en outre, recevoir des contributions des budgets des diverses colonies de l'Afrique occidentale ou leur attribuer des subventions. Le montant de ces contributions et subventions est annuellement fixé par le gouverneur général en conseil de gouvernement et arrêté par l'acte portant approbation de ce budget.

Les budgets locaux des diverses colonies de l'Afrique occidentale ont continué à subsister après la création du budget général. Ils sont alimentés par les recettes perçues sur les territoires de ces colonies, à l'exception de celles attribuées au budget général ou aux communes; ils pourvoient à toutes les dépenses autres que celles inscrites à ce budget ou à ceux des communes. Les recettes et les dépenses des territoires d'administration directe et des pays de protectorat du Sénégal forment deux budgets distincts. Le budget des territoires d'administration directe est voté par le conseil général, et celui des pays de protectorat est arrêté par le lieutenant gouverneur du Sénégal en conseil privé transformé en conseil d'administration de ces pays de protectorat par l'adjonction de deux indigènes, lesdits pays n'ayant pas de représentants au conseil général. Les recettes et les dépenses de la Mauritanie forment un budget annexe à celui du gouvernement général. Il en est de même, depuis le 1er janvier 1912, du budget du territoire militaire du Tchad, suivant l'article 2 du décret du 7 septembre 1911.

Suivant l'article 5 du décret du 18 octobre 1904 réorganisant le conseil de gouvernement de l'Afrique occidentale, le gouverneur général arrête en conseil de gouvernement le budget général et les budgets locaux des territoires et colonies de l'Afrique occidentale, approuvés ensuite par décret rendu sur la proposition du ministre des colonies. Il établit la nomenclature des travaux publics d'intérêt général à inscrire au budget général; il statue sur les emprunts et fixe les contributions et subventions afférentes aux diverses colonies; il établit le mode d'assiette, les règles de perception et la quotité des droits de toute nature perçus à l'entrée et à la sortie du gouvernement général sur les marchandises et les navires. Aux termes de l'article 9 : le gouverneur général est ordonnateur du budget général; il peut déléguer les crédits de ce budget aux lieutenants gouverneurs. Chaque lieutenant gouverneur est, sous le contrôle du gouverneur général, ordonnateur du budget de la colonie qu'il administre. Le commandant du territoire du Niger est, sous le contrôle du lieutenant gouverneur du Haut-Sénégal, ordonnateur des crédits du budget annexe de ce territoire militaire. Le commissaire du gouvernement général en Mauritanie est, sous le contrôle du gouverneur général, ordonnateur du budget annexe de la colonie. Les comptes des budgets de l'Afrique occidentale sont arrêtés par le gouverneur général en conseil de gouvernement.

Le trésorier payeur du Sénégal est trésorier payeur de l'Afrique occidentale; il effectue ou centralise les opérations en recettes et en dépenses du budget général et des budgets annexes. Les trésoriers payeurs effectuent directement les opérations en recettes et en dépenses des budgets annexes (art. 11 du premier décret du 18 octobre 1904).

Il faut renvoyer aux dispositions ci-dessus analysées du décret du 20 novembre 1882 sur le service financier des colonies, en les combinant avec les règles spéciales à l'Afrique occidentale contenues dans les décrets du 18 octobre 1904. Ainsi tout ce qui a été dit plus haut à propos du con trôle et de l'exécution du budget, sera ici pleinement applicable, en y ajoutant les dispositions particulières qui viennent d'être précisées par application des décrets précités. Du reste, l'article 9 du premier décret du 18 octobre 1904 renvoie lui-même formellement, dans son dernier paragraphe, aux dispositions du décret de 1882. Ajoutons qu'un décret du 22 mars 1907 a introduit dans la colonie un *contrôleur financier* qui ne relève pas du gouverneur général et correspond directement avec les autorités métropolitaines. Ce fonctionnaire qui a entrée au conseil supérieur et à la commission permanente, suit, d'après l'article 2, la comptabilité des dépenses engagées tant en ce qui concerne les budgets locaux que le budget général. Tous projets d'arrêtés ou de décisions émanant des différentes autorités civiles ou militaires et intéressant directement ou indirectement les crédits du budget colonial ou des finances de la colonie doivent être communiqués préalablement au contrôleur financier et visés par lui. Le contrôleur adresse directement, chaque mois, au ministre des colonies et au ministre des finances un rapport détaillé sur la situation budgétaire. Il remet en même temps copie de ce rapport au gouverneur général. Les projets de budget de la colonie soumis à l'approbation du gouvernement métropolitain doivent être accompagnés de l'avis du contrôleur financier.

Le décret du 16 novembre 1885 modifié par celui du 10 septembre 1909 a fixé comme suit le maximum de la caisse de réserve du budget général et des budgets locaux de l'Afrique occidentale française : budget général, 5.000.000 francs; Sénégal, 1.500.000 francs; Guinée, 2.000.000 francs; Côte-d'Ivoire, 1.500.000 francs; Dahomey, 1.500.000 francs; Haut-Sénégal et Niger, 1.500.000 francs; Pays de protectorat du Sénégal, 1.000.000 francs. Un décret du 4 février 1911 a approuvé, pour l'exercice 1911, les divers budgets de l'Afrique occidentale présentés par le gouvernement en conseil supérieur sur les bases suivantes en recettes et en dépenses : budget général, 20.875.000 francs ; Sénégal (administration directe) 3.124.800 francs; Sénégal (protectorats), 4.947.000 francs; Guinée, 6.192.000 francs ; Côte-d'Ivoire, 5.474.254 francs; Dahomey, 3.582.400 francs; Haut-Sénégal et Niger, 8.325.000 francs ; budget annexe du territoire militaire du Niger, 1.510.000 francs; du territoire civil de la Mauritanie, 1.619.300 francs; — budgets de l'emprunt de 100 millions, 12.926.464 francs, 75; de l'emprunt de 65 millions, 1.115.000 francs; de l'emprunt de 14 millions, 9 millions; — budgets annexes de l'exploitation du chemin de fer de Konakry au Niger, 3.060.000 francs; du chemin de fer de Kayes au Niger, 2.420.500 francs; du chemin de fer de Thiès à Kayes, 1.460.000 francs; du chemin de fer de la côte d'Ivoire, 760.000 francs; du port de commerce de Dakar, 310.000 francs.

§ III. — *Afrique équatoriale française*

Le budget général de l'Afrique équatoriale française a été créé par l'article 7 du décret du 15 janvier 1910 constituant le gouvernement général de cette colonie. Ce texte est absolument calqué sur le texte correspondant concernant l'Afrique occidentale (art. 7 du décret de 1904). Les dépenses sont les mêmes et les recettes aussi, auxquelles pourtant le décret de 1910 ajoute les produits miniers de toute nature et les recettes domaniales autres que les redevances provenant des actes de concession octroyés par les lieutenants-gouverneurs. Le budget général peut également recevoir des subventions de la métropole fixées annuellement par la loi de finances et encore des contributions des budgets des diverses colonies de l'Afrique équatoriale. Il peut aussi être appelé à verser des contributions et subventions soit à ces budgets, soit au budget métropolitain. Le montant des allocations aux budgets locaux est déterminé annuellement par le gouverneur général en conseil de gouvernement et arrêté définitivement par l'acte portant approbation de ces budgets. Suivant l'article 5 du décret précité de 1910, le mode d'assiette, la quotité et les règles de perception des droits perçus, à l'entrée et à la sortie de l'Afrique équatoriale sur les marchandises et les navires, sont établis par le gouverneur général en conseil de gouvernement et approuvés par décret rendu en Conseil d'État, sous réserve des arrangements internationaux et des dispositions régissant les droits de douanes.

La perception de tous autres impôts, taxes et redevances est autorisée par le gouverneur général en conseil de gouvernement et cela quel que soit le budget destiné à en faire recette. Le gouverneur général transmet immédiatement au ministre des colonies les arrêtés de cette nature. Ceux-ci deviennent exécutoires après approbation, ou de plein droit, si leur annulation n'a pas été prescrite dans un délai de quatre mois après la date de la transmission. Aucune perception ne peut être effectué sans que l'approbation des autorités métropolitaines ne soit intervenue, ou avant que le délai de quatre mois précité ne soit arrivé à expiration. Le gouverneur général, suivant l'article 14 du décret du 15 janvier 1910 portant organisation du conseil de gouvernement de l'Afrique équatoriale, arrête en conseil de gouvernement les divers budgets et comptes de la colonie.

Les budgets locaux des colonies de l'Afrique équatoriale sont alimentés par les recettes perçues sur les territoires de ces colonies, à l'exception de celles attribuées au budget général. Ils sont établis par les lieutenants gouverneurs en conseil d'administration, arrêtés par le gouverneur général en conseil de gouvernement et approuvés par décrets rendus sur la proposition du ministre des colonies. Chaque lieutenant gouverneur est, sous le contrôle du gouverneur général, ordonnateur du budget de la colonie qu'il administre. Les recettes et dépenses afférentes au territoire militaire du Tchad constituent un budget spécial annexé au budget local de la colonie de l'Oubangui-Chari-Tchad. Il est établi et arrêté dans les mêmes conditions que celui-ci. Le commandant du territoire militaire du Tchad est sous-ordonnateur, sous l'autorité du lieutenant gouverneur de l'Oubangui-Chari-Tchad. Le budget local de l'Oubangui-Chari-Tchad peut recevoir des contributions de ce budget et lui attribuer des subventions (art. 11 et 12 du premier décret de 1910). Aux termes de l'article 9 du même décret, les opérations de recettes et de dépenses effectuées pour le compte de l'Afrique équatoriale sur des fonds provenant d'emprunts que le gouvernement général a été ou serait autorisé à conclure, figureront à des budgets spéciaux de fonds d'emprunt annexés au budget général. Ces budgets spéciaux seront préparés, arrêtés et administrés dans les mêmes conditions que les autres budgets du gouvernement général. L'article 10 dispose que le gouverneur général est ordonnateur du budget général et des budgets annexes. Il a la faculté de confier ce pouvoir par délégation expresse au secrétaire général du gouvernement général. Il peut déléguer les crédits du budget général et des budgets annexes aux lieutenants gouverneurs. L'article 3 du décret du 15 janvier 1910 portant organisation des conseils d'administration de l'Afrique équatoriale établit que ces conseils sont obligatoirement consultés sur l'établissement des budgets et comptes, ainsi que, sur le mode d'assiette, les règles de perception et la quotité des droits à percevoir dans la colonie.

Comme il a été dit à propos de l'Afrique occidentale, il faut renvoyer aux dispositions ci-dessus analysées du décret du 20 novembre 1882 sur le service financier des colonies, en les combinant avec celles des décrets du 15 janvier 1910.

Le décret du 31 mai 1902 a fixé le maximum de la caisse de réserve du Congo à 1.500.000 francs. Le décret du 30 avril 1911 a approuvé le budget général préparé par le gouverneur en conseil de gouvernement pour l'exercice 1911 sur le chiffre de 5.542.945 francs en recettes et dépenses. Le budget annexe des fonds d'emprunt s'est élevé à 6.046.674 francs 74; et les budgets particuliers aux sommes suivantes : Gabon, 1.884.300 francs; Moyen-Congo, 2.087.000 francs; Oubangui-Chari, 1.401.045 francs 49 et territoire militaire du Tchad, 750.600 francs.

§ IV. — *Madagascar*

Aux termes de l'article, 9, § I, du décret du 11 décembre 1895, le résident général (dont les pouvoirs sont aujourd'hui passés au gouverneur général suivant le décret du 30 juillet 1897, article 2) dresse chaque année, en conseil de résidence (aujourd'hui d'administration, décret du 3 août 1896 remplacé par celui du 12 novembre 1902), le budget de Madagascar et de ses dépendances (art. 21 du décret de 1902). D'après le même texte, le conseil est appelé à donner obligatoirement son avis sur chacun des chapitres de dépenses et de recettes, ainsi que sur le compte général établi en fin d'exercice. Suivant le décret de 1895, article 9, § 2, après approbation du budget par le ministre des colonies, le gouverneur général prend toutes les mesures nécessaires pour sa mise à exécution. Il soumet à la ratification du ministre tous projets de travaux, contrats de concessions et entreprises de toute nature qui engageraient les ressources budgétaires au delà de l'exercice courant. Mayotte et les Comores, rattachées à Madagascar par le décret du 9 avril 1908, ont leurs budgets séparés établis par le conseil d'administration de Mayotte et arrêtés par le ministre des colonies (décret du 9 septembre 1899, art. 4). L'assiette et la quotité des taxes autres que les droits de douane nécessaires à l'acquittement des dépenses de Mayotte, de la Grande-Comore, d'Anjouan et de Moheli, sont fixées par arrêtés du gouverneur pris en conseil d'administration. Ces arrêtés sont provisoirement exécutés et soumis à l'approbation du ministre des colonies (décret du 5 juillet 1901).

Il est probable que le jour où les liens qui unissent Madagascar aux diverses dépendances qui lui ont été rattachées, seront plus effectifs, la grande île sera dotée d'un budget général de gouvernement superposé aux budgets locaux, comme cela s'est fait dans les autres colonies à gouvernement général.

Un décret du 8 janvier 1897 a organisé un service de la trésorerie pour Madagascar et ses dépendances. Il est dirigé par un trésorier payeur soumis à l'autorité des ministres des finances et des colonies et justiciable de la Cour des Comptes. Le trésorier général a sous ses ordres et sa responsabilité des agents de tout grade de la trésorerie de l'Algérie et de l'Indo-Chine, dans des conditions fixées par les décrets des 15 mai 1874 et 15 mars 1889, ainsi que des agents locaux choisis conformément à l'article 4 du décret précité de 1874.

Il convient d'appliquer à Madagascar comme aux autres colonies les dispositions ci-dessus expliquées du décret du 20 novembre 1882 sur le service financier des colonies. Le contrôle financier introduit dans le gouvernement général par un décret du 7 août 1898, est aujourd'hui réglementé par les dispositions d'un décret du 22 mars 1907 analogue à celui concernant l'Afrique occidentale française dont nous avons parlé ci-dessus et auquel nous renvoyons. Il est à remarquer que le contrôle de la Cour des Comptes, qui englobe, suivant le droit commun, toutes les possessions de Madagascar, ne s'appliquait pas aux Comores, où il avait été remplacé par une commission spéciale fonctionnant au ministère des colonies. Depuis le décret du 29 décembre 1899 portant organisation du service de trésorerie dans les protectorats des Comores, le contrôle judiciaire de la Cour des Comptes a été rétabli.

Le maximum des caisses de réserve des colonies a été fixé comme suit par le décret du 31 mai 1902 : Madagascar, 10.000.000 francs; Anjouan, 500.000 francs ; grande Comore, 50.000 francs; Mohéli, 100.000 francs (décret du 6 octobre 1902).

Le budget de 1908 accuse les chiffres suivants : recettes, 32.002.990 francs; dépenses, 28.888.330 francs et, celui de 1909, recettes, 32.518.069 francs; dépenses, 28.980.381 francs.

Voici les chiffres que comporte l'établissement des diverses parties du budget pour 1911.

Budget local..	Recettes ordinaires......	23.913.900 fr.	Différence en moins sur 1910 : 148.200 fr.
	Recettes extraordinaires..	4.280.000 fr.	
	Total des recettes....	28.193.900 fr.	
	Dépenses ordinaires......	23.913.900 fr.	Différence en moins sur 1910 : 1.078.200 fr.
	Dépenses extraordinaires.	4.280.000 fr.	
	Total des dépenses...	28.193.900 fr.	
Budget annexe du chemin de fer	Recettes	1.301.180 fr.	Différence en plus sur 1910 : 31.180 fr.
	Dépenses................	1.301.180 fr.	
Budget de l'assistance médicale indigène	Recettes ordinaires......	1.436.235 fr.	Différence en moins sur 1910 : 93.770 fr.
	Recettes extraordinaires..	239.000 fr.	
	Total des recettes....	1.675.235 fr.	
	Dépenses ordinaires......	1.452.104,40	Différence en plus sur 1910 : 173.317 fr.
	Dépenses extraordinaires..	223.130,60	
	Total des dépenses....	1.675.235 fr.	

§ V. — *Indo-Chine*

Le décret du 31 juillet 1898 qui a créé le budget général de l'Indo-Chine, a été remplacé par un autre décret du 20 octobre 1911 dont suivent les dispositions.

Art. 2. — Le budget général groupe les dépenses d'intérêt commun à l'Indo-Chine française.

Ce budget pourvoit aux dépenses :

1° du gouvernement général et des services qui en dépendent directement;

2° du service de la dette;

3° des contributions à verser à la métropole;

4° de l'inspection mobile des colonies;

5° du parquet général et des cours d'appel;

6° des travaux publics d'intérêt général qui ne sont pas entrepris sur le budget spécial des fonds d'emprunt;

7° des administrations des douanes et des régies et des autres contributions indirectes :

8° des postes et télégraphes.

Le budget général est alimenté :

1° par les recettes des services mis à sa charge;

2° par le produit des régies et des contributions indirectes;

3° par le produit des droits de toute nature perçus à l'entrée et à la sortie dans toute l'Indo-Chine française sur les marchandises et les navires, à l'exception des droits consentis au profit des chambres de commerce ou des municipalités.

Art. 3. — Le budget général peut recevoir des subventions de la métropole ou être appelé à verser des contributions à celle-ci. Le montant de ces subventions et contingents est fixé annuellement par la loi de finances.

Le budget général peut également recevoir des contributions des divers budgets locaux de l'Indo-Chine ou leur attribuer des subventions. Le montant de ces contributions ou subventions est fixé annuellement par le gouverneur général en conseil de gouvernement et arrêté définitivement par l'acte portant l'approbation des budgets.

Art. 4. — Le budget général est arrêté par le gouverneur général en conseil de gouvernement et approuvé par décret. Au cas où cette approbation ne serait pas intervenue à la date de l'ouverture de l'exercice, le gouverneur général a qualité pour rendre le budget provisoirement exécutoire, par arrêté pris en commission permanente. Toutefois, aucune réforme nouvelle incorporée dans le nouveau budget ne pourra recevoir un commencement d'exécution avant l'approbation par décret.

Art. 5. — Les actes modifiant le budget, qu'il s'agisse de crédits supplémentaires, d'annulations de crédits ou d'opérations sur la caisse de réserve, ainsi que les comptes administratifs sont arrêtés et rendus exécutoires dans les mêmes conditions que le budget général lui-même.

Toutefois, en cas d'urgence et lorsque les circonstances ne permettent pas de provoquer l'intervention d'un décret en temps utile, le gouverneur général de l'Indo-Chine, peut, par arrêté pris en commission permanente et rendu provisoirement exécutoire, soit opérer des virements de crédits de chapitre à chapitre, soit ouvrir des crédits supplémentaires proprement dits, c'est-à-dire non compensés par des annulations égales sur d'autres chapitres du budget général.

Ces arrêtés provisoires, qui devront obligatoirement mentionner l'avis du directeur du contrôle financier, seront immédiatement transmis au ministre des colonies pour être soumis à l'approbation du chef de l'État.

Art. 6. — Les taxes et contributions indirectes autres que les droits de douanes sont établis par le gouverneur général en conseil de gouvernement. Le mode d'assiette et les règles de perception sont approuvés par décret.

Art. 7. — Le gouverneur général est ordonnateur du budget général. Il peut déléguer les crédits du budget général au gouverneur de la Cochinchine, aux résidents supérieurs et à l'administrateur du territoire de Ouang-Tchéou-Wan.

Art. 14. — Les recettes et les dépenses des chemins de fer en exploitation constituent un budget annexe du budget général qui est arrêté et administré dans les mêmes formes que le budget général lui-même.

Art. 15. — Les articles 4, 5, 6 et 7 du présent décret sont applicables aux recettes et aux dépenses à effectuer sur les fonds d'emprunt qui, conformément à l'article 127 de la loi du 23 juillet 1911, forment des budgets annexes du budget général de l'Indo-Chine. — Également suivant l'article 1er du décret, les budgets des fonds d'emprunt forment une annexe du budget général.

Le service de la trésorerie de l'Indo-Chine a été réorganisé par le décret du 14 juillet 1904; le trésorier-payeur centralise les opérations en recettes et en dépenses. Le décret du 20 novembre 1882 sur le régime financier des colonies et le règlement du 14 janvier 1896, sont applicables aux recettes et dépenses du budget général. Un décret du 8 décembre 1906 a créé une direction générale des finances et de la comptabilité chargée de la préparation et de l'exécution du budget général.

Les diverses régions de l'Indo-Chine ont conservé leurs budgets particuliers. Ce sont, suivant l'article 1er du décret, ceux de la Cochinchine, de l'Annam, du Tonkin, du Cambodge, du Laos, et du territoire de Ouang-Tchéou-Wan, ce dernier annexe du budget général. Voici, relativement à ces budgets locaux, les dispositions portées par les articles 8 et suivants du décret de 1911.

Art. 8. — Les divers pays composant le gouvernement général de l'Indo-Chine possèdent leur autonomie financière sous les réserves déterminées ci-après : les budgets locaux de la Cochinchine, de l'Annam, du Tonkin, du Cambodge ,du Laos et du territoire de Ouang-Tchéou-Wan sont alimentés par les recettes propres aux territoires de ces colonies ou protectorats, à l'exception de celles attribuées au budget général, ou aux communes et aux chambres de commerce. Ils pourvoient à toutes les dépenses autres que celles inscrites au budget général, ou aux budgets des municipalités ou des chambres de commerce. Le budget du territoire de Ouang-Tchéou-Wan forme un budget annexe du budget général.

Art. 9. — Les budgets locaux de l'Annam, du Tonkin et du Cambodge sont établis par le résident supérieur en conseil de protectorat. Celui du Laos par le résident supérieur et celui de Ouang-Tchéou-Wan par l'administrateur du territoire. Le budget local de la Cochinchine est délibéré par le conseil colonial et arrêté par le gouverneur en conseil privé.

Tous ces budgets sont approuvés et rendus exécutoires par le gouverneur général en conseil de gouvernement.

Art. 10. — Le gouverneur de la Cochinchine, les résidents supérieurs de l'Annam, du Tonkin, du Cambodge et du Laos et l'administrateur du territoire de Ouang-Tchéou-Wan sont, sous le contrôle du gouverneur général, ordonnateurs des budgets qu'ils administrent.

Art. 11. — Le mode d'assiette, la quotité et les règles de perception des impôts, taxes et redevances de toutes natures profitant aux budgets locaux de l'Annam, du Tonkin et du Cambodge sont, sous réserve des droits des souverains des États protégés, établis par le résident supérieur en conseil de protectorat ; ceux profitant au budget local du Laos sont, sous les mêmes réserves, établis par le résident supérieur. Les arrêtés pris par ces fonctionnaires ou les ordonnances royales qui les remplacent sont soumis à l'approbation du gouverneur général en conseil de gouvernement. Aucune perception ne peut être effectuée avant que l'approbation du gouverneur général ne soit intervenue.

Art. 12. — Le mode d'assiette, la quotité et les règles de perception des impôts, taxes et redevances de toutes natures concernant le territoire de Ouang-Tchéou-Wan sont établis par le gouverneur général en conseil de gouvernement.

Art. 13. — Les délibérations prises par le conseil colonial de Cochinchine sur le mode d'assiette et les règles de perception des contributions et taxes sont approuvées par le gouverneur général en conseil de gouvernement. L'annulation des votes du conseil colonial concernant les taxes et contributions autres que les droits de douane ou d'octroi de mer est prononcée par le gouverneur général en conseil de gouvernement.

Le contrôle financier introduit en Indo-Chine par un décret du 14 mars 1896 est actuellement réglementé par un décret du 22 mars 1907 dont les dispositions sont les mêmes que celles déjà indiquées à propos de l'Afrique occidentale et de Madagascar, auxquelles nous renvoyons. Le contrôle de la Cour des Comptes s'exerce aujourd'hui dans toute l'Indo-Chine, depuis un décret du 9 janvier 1899, sur les comptes des payeurs chefs des services de la trésorerie des pays de protectorat de l'Indo-Chine française. Ainsi a disparu la commission spéciale qu'avait instituée le décret du 25 octobre 1890 pour la vérification des comptes de l'Annam, du Tonkin et du Cambodge.

Le décret du 31 mai 1902 a fixé de la manière suivante le maximum des caisses de réserve de l'Indo-Chine : Cochinchine, 7.000.000 francs; Cambodge, 5.000.000 francs; Indo-Chine, 25.000.000 francs; Annam, 5.000.000 francs; Tonkin, 7.000.000 francs; Laos, 500.000 francs. Un décret du 11 mai 1911 a approuvé le budget général de l'Indo-Chine pour l'exercice 1911, budget arrêté en conseil supérieur par le gouverneur général à la somme de 38.362.254 piastres en recettes et en dépenses. Les chiffres des budgets locaux sont les suivants : Tonkin, 6.282.696 piastres; Annam, 2.931.910 piastres; Cambodge, 3.242.100 piastres et Laos, 930.582 piastres 25. En 1909, le montant du budget avait été de 52.783.000 piastres, et, en 1908, de 73.860.943 piastres, dont 37.037.054 en recettes et 36.823.889 en dépenses.

§ VI. — *Mesures spéciales applicables aux* §§ II *à* V.

En dehors de l'Algérie régie par des règles budgétaires spéciales, indépendamment des diverses mesures de contrôle édictées pour chacune des possessions dont nous venons de parler, le parlement a cru devoir appliquer aux colonies à gouvernement général, comme aux autres, les dispositions de l'article 127 A et B de la loi budgétaire du 13 juillet 1911 que nous avons indiquées ci-dessus à propos des gouvernements ordinaires. Les emprunts décidés par les gouverneurs en conseil de gouvernement ou conseil supérieur doivent être approuvés par décret pris en conseil d'État ou par une loi si la garantie de l'État est demandée. Et une loi est toujours nécessaire quand la colonie a fait appel à la garantie de l'État pour emprunts antérieurs. On assimile aux emprunts les engagements d'une durée de plus de cinq ans comportant le paiement d'annuités d'un montant supérieur à 50.000 francs. Mais on ne soumet pas à ces dispositions les contrats et marchés passés pour assurer le fonctionnement des services publics et administratifs. Les opérations à effectuer sur les fonds d'emprunt tant en recettes qu'en dépenses figurent à des budgets spéciaux d'emprunt annexés aux budgets qui supportent l'annuité d'amortissement. Ces budgets sont préparés, délibérés, arrêtés et exécutés dans les mêmes formes que les budgets auxquels ils se rattachent. Ils donnent lieu à l'établissement de comptes administratifs.

En dehors des dépenses inscrites dans un budget général ou local, nulle dépense ne peut être mise à la charge de ce budget si ce n'est en vertu d'une loi. L'initiative des inscriptions de dépenses, tant pour les créations d'emploi que pour les relèvements de crédit concernant le personnel, appartient au gouverneur seul.

Également est applicable à tous les gouvernements généraux la disposition de l'article 126, 1°, de la loi de finances de 1911, déjà indiquée ci-dessus à propos des gouvernements ordinaires et suivant laquelle les comptes des comptables chargés de recouvrer aux colonies les recettes perçues au profit des budgets généraux ou locaux seront soumis au contrôle de la cour des comptes dans les conditions qui seront déterminées par un décret.

ARTICLE V

Tunisie

La législation française a inspiré les règles présidant à l'établissement du budget tunisien, qui est aujourd'hui régi par les décrets beylicaux des 12 mai 1906, 2 février 1907 et 27 avril 1910. Examinons successivement les dispositions principales de ces textes et les questions accessoires qui s'y rattachent.

Suivant les articles 1 et 2 du décret du 12 mai 1906, l'exercice pour les recettes du trésor et pour les services à sa charge commence le 1er janvier et finit le 31 décembre. La période pendant laquelle doivent se consommer tous les faits de recettes et de dépenses de chaque exercice se prolonge sur l'année suivante, savoir : 1° jusqu'au 31 janvier, pour achever, dans la limite des crédits ouverts, les services du matériel dont l'exécution n'aurait pu être terminée avant le 31 décembre pour des causes de force majeure ou d'intérêt public qui doivent être énoncées dans une déclaration de l'ordonnateur; 2° jusqu'au 31 mars, pour compléter les opérations relatives à la liquidation et à l'ordonnancement ou au mandatement des dépenses; 3° jusqu'au 30 avril, pour compléter les opérations relatives à l'admission en non valeur des produits, à leur recouvrement sur les contribuables et au paiement des dépenses par le receveur général des finances; 4° jusqu'au 31 mai, pour achever l'incorporation dans les comptes des comptables français des opérations d'annuation et de recettes des comptables indigènes consommées au 30 avril et non encore rattachées à cette date aux écritures des comptables français; 5° jusqu'au 31 mai, pour consommer les opérations nécessitées par les établissements de crédit, les erreurs de classification ou d'imputation de recettes et de dépenses et, en général, pour toutes les régularisations concernant l'exercice expiré.

D'après l'article 3 du décret de 1906, le budget est préparé par les chefs des sept services publics de l'État (direction générale des finances, office des postes et télégraphes, administration générale, direction de l'agriculture et du commerce, direction de l'enseignement public, direction générale des travaux publics, armée tunisienne). Le directeur des finances centralise ces budgets et y ajoute celui des recettes pour compléter le budget de l'État. Le budget est ensuite soumis aux délibérations du conseil des ministres et chefs de service sous la présidence du résident général à Tunis et à la Conférence consultative suivant le décret du 9 février 1907. Pour examiner le budget, la Conférence est accrue de seize membres indigènes (dont un israélite) désignés par le résident général et choisis parmi les notables des diverses régions. La session de la Conférence s'ouvre le premier lundi de novembre ou le mardi si le lundi est férié; sa durée ne peut excéder vingt jours. La Conférence consultative émet son avis sur les parties du budget présentées à son examen. Les avis sont émis en séance plénière sur le rapport d'une commission des finances composée de dix-huit membres élus : douze français, par les trois fractions françaises de la Conférence, à raison de quatre par fraction, et six indigènes par la fraction indigène. Aucun avis ne peut être discuté, s'il n'a été préalablement présenté par écrit et signé par la fraction ou la majorité de fraction de la conférence à laquelle appartient son auteur et transmis par elle à la commission des finances. La Conférence n'a pas le droit d'émettre un avis tendant à modifier les bases de l'organisation financière du protectorat, les règles de la comptabilité publique du budget, la définition des ressources et des charges budgétaires, le mode d'alimentation, de gestion et d'emploi des diverses réserves du trésor. Elle n'est pas non plus admise à formuler un avis en vue du relèvement des évaluations des recettes ordinaires établies d'après le décret du 12 mai 1906.

Elle peut, dans la mesure des restrictions qui viennent d'être indiquées, émettre des avis relativement à la réforme du système fiscal par voie de création ou de suppression d'impôts ou de modifications dans le taux et l'assiette des impôts existants.

Il ne peut être établi aucun impôt nouveau, ni aucune transformation ou modification du taux et de l'assiette d'un impôt susceptible d'en élever le rendement, sans l'assentiment de la Conférence. Et tout avis de cette dernière tendant à un abandon ou dégrèvement d'une taxe ou portion de taxe, ou à une réforme du taux de l'assiette ou du mode de perception d'un impôt susceptible de se traduire par une moins value dans le rendement de cet impôt, doit être accompagnée de l'indication d'une taxe de remplacement d'un produit équivalent (art. 1 à 5 du décret du 2 février 1907). Suivant l'article 3 du décret du 27 avril 1910, les avis de la Conférence peuvent, en dehors des cas indiqués ci-dessus, porter sur l'établissement de centimes additionnels aux impôts existants, ou à de nouveaux impôts frappant les matières non encore imposées et dont le principal resterait fictif. Quand la Conférence propose ainsi, pour dépenses nouvelles, des centimes additionnels aux impôts directs et taxes assimilées, la *medjba* exceptée, les centimes portant sur les cotes européennes sont votés par la section française, et ceux portant sur les cotes indigènes par la section indigène (art. 5 du même décret de 1910). Il est, en ce cas, nécessaire de prendre l'avis du Conseil supérieur de gouvernement, et le gouvernement lui-même doit donner son approbation. D'après l'article 14 du décret de 1907, aucun emprunt ne peut être contracté soit par l'État, soit par les communes, sans que la Conférence consultative accrue de l'élément indigène ait été mise en mesure de donder son avis en séance plénière et d'indiquer les ressources à créer pour le service des intérêts et l'amortissement du futur emprunt. Aux termes de l'article 11, les avis émis par la Conférence au sujet des divers articles du budget sont transmis par le résident général au ministre des affaires étrangères, avec les modifications que le gouvernement du protectorat aura cru pouvoir introduire dans son projet définitif de budget. L'article 12 décide que le compte administratif de chaque exercice, après avoir été réglé par décret provisoire, est communiqué à la Conférence consultative à titre de document. Si la Conférence formule des observations, ces observations ne peuvent porter que sur les points à propos desquels elle est autorisée à émettre des vœux suivant ce qui a été dit ci-dessus.

Le budget de l'État, d'après les articles 4 et suivants du décret de 1906, se divise en trois parties comprenant : la première, les recettes et les dépenses ordinaires de l'État; la seconde, les ressources exceptionnelles et spéciales et les dépenses correspondantes; la troisième, les recettes affectées au paiement des dépenses ordinaires, exceptionnelles ou spéciales, appartenant aux exercices clos et périmés et le paiement de ces dépenses. Chacune des trois parties du budget des recettes est divisée en chapitres correspondant aux diverses sortes d'impôts, de revenus ou de produits, et chaque chapitre est divisé en articles. Chacune des trois parties du budget des dépenses est divisée en chapitres correspondant à un des sept services publics; chaque chapitre est également divisé en articles. Un chapitre spécial est affecté aux dépenses imprévues. Les recettes ordinaires sont les impôts, taxes, produits et revenus publics de toute nature à caractère permanent. Les dépenses ordinaires sont celles qui ont un caractère obligatoire et permanent, telles que la dette, la liste civile, les pensions, les dépenses générales des divers services, les frais d'administration, de perception et d'exploitation des impôts, monopoles, revenus publics, les remboursements, restitutions, primes, les dépenses de travaux publics. Elles sont acquittées sur les ressources ordinaires du budget. Les recettes sur ressources ordinaires ou spéciales comprennent : les prélèvements sur les réserves du trésor qui ne peuvent avoir lieu que par un décret et avec l'autorisation préalable du ministre des affaires étrangères; le produit des emprunts qui ne sont contractés qu'avec l'assentiment du gouvernement français; les fonds de concours versés par des municipalités, des établissements publics, des compagnies ou des particuliers, pour subvenir, avec ceux de l'État, à des dépenses d'intérêt public; et, en général, toutes les ressources extraordinaires ou spéciales affectées, soit par la loi ou des cahiers des charges, soit par l'intention des parties versantes, à une destination déterminée. On y ajoute les reliquats de même nature du précédent exercice qui n'ont pu recevoir l'emploi convenu. Les dépenses qui font l'objet de la deuxième partie du budget, comprennent, en principe, celles de premier établissement et, d'une manière plus générale, toutes les dépenses à l'acquittement desquelles il est pourvu au moyen de ressources exceptionnelles ou spéciales réalisées à cet effet et qui viennent d'être énumérées ci-dessus. Les recettes affectées aux exercices clos et périmés comprennent : les recettes reportées de l'exercice précédent, pour faire face au paiement des créances des restes à payer et non atteintes par la déchéance ou la prescription; les prélèvements effectués sur les réserves du trésor, pour l'acquittement de créances ordinaires dûment constatées sur un exercice clos ou un exercice périmé non atteintes par la déchéance et n'ayant pas fait partie des restes antérieurs à payer; les prélèvements effectués sur l'une des ressources exceptionnelles ou spéciales de la 2e partie du budget, pour pourvoir à l'acquittement de créances imputables sur cette ressource dûment constatée sur un exercice clos, mais non comprises dans l'état des restes à payer, arrêtées par le règlement du budget de cet exercice. Les dépenses d'exercices clos et périmés non atteintes par la déchéance ou la prescription, qui font l'objet de la 3e partie du budget, sont effectuées sur les recettes qui leur sont affectées.

Suivant l'article 6 du décret du 2 février 1907, les dépenses du budget se divisent, au regard de la Conférence consultative, en obligatoires et facultatives. D'après l'article 7, l'initiative des dépenses obligatoires et notamment de celles concernant les augmentations de traitements, d'indemnités, de secours, de pensions, les créations, extensions ou suppressions de services, d'emplois ou de pensions, est exclusivement réservée au gouvernement. L'article 8 énumère les dépenses obligatoires qui sont : les dépenses de la liste civile, de la dette tunisienne et de toutes autres dettes exigibles, de la résidence générale et des contrôles civils; les anciennes pensions civiles ou militaires et subventions à la société de prévoyance des fonctionnaires et employés tunisiens (dont il sera ci-après question); les dépenses de centralisation et d'exécution des divers services publics; les dépenses de la justice et de la gendarmerie française, des services et affaires indigènes (administration, justice, gendarmerie, maghzen etc); les dépenses de sûreté et, en général, celles classées comme obligatoires dans le tableau à ce dressé. Les dépenses facultatives sont inscrites dans un tableau spécial; et les dépenses nouvelles non classées comme obligatoires par décret spécial, sont réputées facultatives.

Le décret beylical du 31 décembre 1910 promulguant le budget de 1911 contient les chiffres suivants : ressources ordinaires : recettes, 51.958.940 francs; crédits, 51 millions 947.923 francs; ressources exceptionnelles ou spéciales : recettes, 56.873.208 francs; crédits, 56.873.208 francs, soit un total de 108.832.148 francs pour les recettes, et de 108.821.131 francs pour les crédits. Voir à ce sujet, au *Journal Officiel tunisien* du 31 décembre 1910, p. 1288, le rapport du résident général et les tableaux annexés, *ibidem*, p. 1273.

La perception des droits, produits et revenus applicables au budget est autorisée annuellement par le décret de promulgation de ce budget. Cette perception ne peut être effectuée que par des comptables régulièrement institués en vertu d'un titre légalement établi. Tout agent désigné pour la perception des revenus publics est constitué comptable par le seul fait de la réception desdits revenus (art. 13 et 14). L'assiette, la liquidation, le mode de recouvrement et de poursuite des divers impôts, revenus et produits, sont réglementés par les décrets spéciaux qui régissent chacun d'eux. Le recouvrement des droits et produits constatés pour chaque exercice est suivi, en ce qui concerne les recettes ordinaires, pendant le cours de seize mois à compter de l'ouverture de l'exercice; et en ce qui concerne les ressources exceptionnelles ou spéciales et les recettes affectées aux dépenses des exercices clos et périmés, pendant la première année de l'exercice (art. 16 et 17).

Les sept chefs de service disposant seuls et sous leur responsabilité des crédits ouverts par le budget sont autorisés à déléguer à des ordonnateurs secondaires le soin de mandater des créances déterminées de leurs services respectifs. Ces ordonnateurs sont les chefs des régies, des monopoles, des contributions directes et des douanes et le directeur des forêts (art. 20 et 21). Aucune créance ne peut être définitivement liquidée à la charge du budget que par le chef de service auquel elle incombe ou ses ordonnateurs secondaires (art. 24). Les dépenses sont ordonnancées par le chef de service compétent ou mandatées, sous son contrôle, par ses ordonnateurs secondaires, sur la caisse du receveur général des finances. Les ordonnateurs du budget font parvenir au receveur général des finances des bordereaux, par exercice, par partie et par chapitre du budget, des ordonnances ou mandats qu'ils délivrent sur sa caisse (art. 33 et 35). Faute par les créanciers de la régence de réclamer le paiement de leurs créances avant le dernier jour du mois d'avril de la seconde année, les mandats délivrés à leur profit sont annulés, sans préjudice de leurs droits et sauf réordonnancement jusqu'au terme de déchéance qui est de cinq années, à dater de l'ouverture de l'exercice pour les créanciers domiciliés en Tunisie et de six pour ceux domiciliés hors du territoire tunisien (art. 43 du décret du 12 mars 1883).

Le règlement provisoire ayant lieu dans le courant du mois de juillet qui suit la clôture de l'exercice, est préparé par le directeur des finances, examiné et délibéré en conseil des ministres et chefs de service et effectué par décret. Il est accompagné de tableaux récapitulatifs qui reproduisent les divisions budgétaires (art. 58 et s.).

Le règlement définitif intervient après le contrôle de la cour des comptes française. Il arrête définitivement les recettes et dépenses de l'exercice et opère la libération des comptables. Il est promulgué au *Journal Officiel* (art. 61).

Les excédents en recettes sont affectés à la constitution d'un fonds de réserve dont le fonctionnement, l'affectation et l'emploi sont réglés par des textes spéciaux (art. 62).

Les comptables du trésor sont, d'après l'article 66 : le receveur général des finances, le receveur principal, les receveurs particuliers et les collecteurs des contributions diverses, le receveur principal et les receveurs particuliers des douanes, le garde magasin général et les entreposeurs des monopoles, le garde magasin des papiers timbrés, le receveur principal et les receveurs particuliers de l'office des postes et télégraphes, les caïds et les cheiks. C'est le directeur des finances qui est chargé de vérifier les comptes périodiques des ordonnateurs et du receveur général des finances et de contrôler les bordereaux mensuels et les comptes de gestion et d'exercice des comptables (art. 66 et 73). Les divers comptables sus-indiqués exercent leurs attributions respectives, dans le domaine à eux imparti, suivant leur spécialité et les régles tracées par les articles 76 et suivants du décret du 12 mai 1906. Mentionnons que, par suite d'un décret du 6 janvier 1906, le service de la trésorerie française et de la trésorerie tunisienne, auparavant séparés, ont été fondus, en sorte que le trésorier général, qui est nommé par décret du président de la République, dépend à la fois du ministre des finances français pour le budget métropolitain et du directeur tunisien des finances pour la partie de ce budget concernant la Régence.

L'article 108 du décret de 1906 décide que la Cour des Comptes française juge tous les ans les comptes des recettes et dépenses; et, suivant l'article 114, tous les comptables de l'État peuvent être soumis, si le gouvernement de la République le croit utile, aux vérifications de l'inspection générale des finances françaises. Enfin la Cour des Comptes siégeant à Tunis est investie, relativement aux comptes, de la juridiction qui lui est reconnue normalement en cette matière par la législation existante et la jurisprudence.

On rattache pour ordre au budget général de l'État les

recettes et les dépenses de certains établissements publics. Les comptes détaillés des receveurs de ces établissements sont annexés, par les soins du directeur des finances après qu'il les a vérifiés, aux comptes des services d'État auxquels ils ressortissent et soumis à la cour des comptes française par l'intermédiaire du ministre des affaires étrangères (art. 115).

TITRE III

Les budgets et emprunts communaux

Les communes des diverses colonies françaises dont nous avons étudié l'organisation administrative au chapitre II consacré au *Régime politique colonial*, forment des personnes morales ayant leur budget propre préparé par le maire et voté par le conseil municipal, sous réserve de l'approbation du gouverneur. Le § XIV de l'article 133 de la loi métropolitaine du 5 avril 1884 porte que les recettes ordinaires du budget se composent, en Algérie et dans les colonies, des ressources dont la perception est autorisée par les lois et décrets. Parmi les principales ressources communales nous citerons : 1° l'octroi de mer jusqu'à l'entrée des marchandises dans les colonies, dont le revenu encaissé en totalité par l'administration centrale de la colonie, est réparti ensuite entre les diverses communes ; il sera question de l'octroi de mer ci-après au chapitre V, relatif au *Régime commercial*; 2° les centimes additionnels; 3° une portion de certains impôts abandonnée aux communes dans quelques colonies. C'est ainsi qu'à Papeete on laisse aux communes le cinquième de l'impôt des patentes; au Sénégal, le septième; à la Martinique, le huitième et à la Guadeloupe, le dixième. A la Réunion, on abandonne une part du rendement des impôts sur les allumettes, les voitures et sur les droits de consommation; aux Antilles, une part des produits des licences de cabaret. En Indo-Chine, les communes obtiennent le produit des impôts directs perçus sur leur périmètre. Il est, d'autre part, des impôts qui ont un caractère essentiellement municipal, comme la taxe sur les chiens établie à la Martinique, à Saint Pierre et Miquelon, aux établissements de l'Inde et à la Réunion.

Les recettes extraordinaires des communes comprennent les contributions extraordinaires, le prix des biens aliénés, les dons et legs, le remboursement des capitaux exigibles et des rentes rachetées, le produit des coupes extraordinaires de bois et toutes autres recettes accidentelles, parmi lesquelles les emprunts. Quant à ces derniers, il y a lieu de distinguer entre les communes qui sont ou non soumises à la législation métropolitaine : Antilles et Réunion, et les autres colonies. Pour les premières il convient, suivant le décret du 27 avril 1902, d'appliquer la loi du 7 avril 1902, dont l'article 2 modifie comme suit l'article 143 de la loi municipale du 5 avril 1884 : Toute contribution établie pour plus de trente ans et tout emprunt remboursable sur cette contribution ou sur ressources ordinaires, dont l'amortissement dépasse trente ans, sont autorisés par décret du président de la République rendu en Conseil d'État. Il est également statué par un décret si la somme à emprunter dépasse un million, ou si, réunie au chiffre d'autres emprunts non encore remboursés, elle dépasse un million, quelle que soit d'ailleurs la durée d'amortissement de l'emprunt. Quant aux colonies autres que les Antilles et la Réunion, il faut se référer à l'article 78 de la loi de finances du 13 avril 1898, texte suivant lequel : les emprunts des communes des colonies et pays de protectorat, autres que la Tunisie, non régis par la loi du 5 avril 1884, sont autorisés par décrets en forme de règlement d'administration publique, toutes les fois que la somme à emprunter dépasse 500.000 francs, ou que, réunie aux chiffres d'autres emprunts non encore remboursés, elle dépasse 500.000 francs. Les emprunts des colonies et pays de protectorat autres que la Tunisie, peuvent être réalisés soit avec publicité et concurrence, soit de gré à gré, soit par souscription publique, avec faculté d'émettre des obligations négociables directement auprès de la caisse des dépôts et consignations et de la caisse des retraites pour la vieillesse, par extension de l'article 22 de la loi du 20 juin 1886, aux conditions de ces établissements. Dans les Antilles et à la Réunion, quand il ne dépasse par un million avec les chiffres antérieurs et qu'il est remboursable en moins de trente ans, l'emprunt délibéré en conseil municipal est autorisé par arrêté du gouverneur.

Il en est de même pour les autres colonies, s'il ne dépasse pas 500.000 francs avec adjonction des emprunts antérieurs (art. 121 du décret du 20 novembre 1882). Le vote des centimes additionnels est prévu par la loi métropolitaine de 1884 (articles 141 et 142 modifiés par la loi du 7 avril 1902).

Le décret du 20 novembre 1882 précité contient un titre II relatif au service des communes et des établissements publics, dont le chapitre I vise les services des communes (art. 114 et s.). En voici les dispositions principales. L'exercice communal commence au 1er janvier et finit au 31 décembre de chaque année. Néanmoins un délai de complément des opérations budgétaires est accordé qui va jusqu'au 31 mars de la seconde année de l'exercice. Les dépenses sont obligatoires et facultatives. Les premières sont celles que prévoit l'article 136 de la loi municipale du 5 avril 1884; le § XIX de ce texte spécifie que, pour les colonies régies par la loi municipale, sont obligatoires les traitements du secrétaire et des employés de la mairie, ainsi que les contributions assises sur les biens communaux et les dépenses pour le service de la milice qui ne sont pas à la charge du trésor. Il faut, en outre, tenir compte de l'article 79 de la loi de finances précitée du 13 avril 1898, suivant lequel : les dépenses de personnel et de matériel du service de l'immigration aux Antilles et à la Réunion sont également obligatoires. Les recettes du budget sont, pour les colonies régies par la loi municipale, celles indiquées en l'article 133 de la loi de 1884, dont le § XIV dispose qu'il y a lieu de faire état, dans les colonies, des ressources dont la perception est autorisée par les lois et décrets.

Dans les colonies régies par la loi municipale, il convient d'appliquer strictement les dispositions de la loi métropolitaine de 1884. Dans les autres, les dépenses se diviseront naturellement partout, par la force même des choses, en obligatoires et facultatives (art. 116 du décret du 20 novembre 1882); et les textes de la loi de 1884 donneront un guide utile et que l'on suivra, sauf à négliger celles de ses dispositions qui seraient, à raison de la diversité des matières, inapplicables à la colonie intéressée. Le maire tient la comptabilité des recettes et dépenses, présente, par exercice, le compte administratif du service municipal et le soumet au conseil. Ce compte est définitivement arrêté par le gouverneur. Un receveur municipal est chargé des recettes et dépenses sous sa responsabilité, sauf pour les droits d'octroi. Les comptes de gestion annuels des receveurs sont soumis au conseil avant d'être adressés au conseil privé chargé de les juger (art. 123 et s. du décret de 1882). Suivant l'article 126 2° de la loi de finance du 13 juillet 1911, sont soumis à la Cour des Comptes, dans des conditions qui seront déterminées par un décret, les comptes des comptables des budgets régionaux, provinciaux et municipaux, ainsi que des hospices et établissements de bienfaisance, lorsque le montant des recettes ordinaires constatées dans les trois dernières années dépasse 30.000 francs par an.

En *Algérie*, il y a lieu d'appliquer aux recettes ordinaires des communes de plein exercice la loi municipale métropolitaine du 5 avril 1884 (art. 133). Suivant le § XIV précité, il convient de faire état des ressources dont la perception est autorisée par les lois et décrets. Le § XIII ajoute le produit de la taxe du balayage dans les communes où elle sera établie sur leur demande, conformément aux dispositions de la loi du 26 mars 1873, en vertu d'un décret rendu en la forme des règlements d'administration publique. Parmi les ressources les plus importantes du budget communal, il faut ranger, pour les communes de plein exercice, la taxe des loyers, des prestations et des chiens (décret du 15 juin 1899). En commune mixte et indigène, on remplace les taxes des loyers et des chiens par des centimes additionnels aux impôts arabes qui ne sont pas perçus dans les communes de plein exercice. Le budget des communes fait encore état de l'octroi de mer formellement maintenu en Algérie par l'article 166 de la loi du 5 avril 1884. La loi du 23 décembre 1884 qui a établi la contribution foncière sur les propriétés bâties en Algérie, décide, dans son article 10, que les conseils municipaux ont le droit de voter, dans la limite fixée par la loi et le conseil général, des centimes additionnels pour dépenses ordinaires et extraordinaires. Ces conseils peuvent, en outre, être autorisés à voter des impositions extraordinaires spéciales, dans les mêmes conditions que celles de la métropole. Également un dixième de la contribution des patentes est perçu au profit des communes (décrets des 16 novembre 1902 et 4 septembre 1906). Les recettes des communes algériennes sont insuffisantes ; et une commission composée de fonctionnaires et des maires de trois principales villes, chargée de rechercher les remèdes à cette situation, a estimé à trois millions environ la somme nécessaire pour donner une élasticité suffisante aux budgets communaux. Elle a proposé de demander cette somme à un relèvement des droits d'octroi de mer qui s'étendraient, d'autre part, à certains articles actuellement exemptés. Les délégations financières et le conseil supérieur avaient donné leur adhésion à ces propositions qui n'ont pas reçu l'agrément du ministère des finances.

En ce qui concerne les dépenses obligatoires, l'article 164 de la loi de 1884 renvoie à l'article 136 qui énumère ces dépenses pour la métropole. Il ajoute que, par dérogation à l'article 74, les conseils municipaux peuvent allouer aux maires des indemnités de fonctions, sauf approbation du Conseil général. Il est un certain nombre de dépenses obligatoires prévues par des lois spéciales, telles que celles concernant l'instruction primaire publique, dont la répartition est la même en Algérie qu'en France, car la loi du 19 juillet 1889 est applicable à l'Algérie ; où la contribution des communes dans la dépense des enfants assistés et des aliénés (décrets des 7 juin 1875 et 5 octobre 1878 rendant applicables en Algérie les lois du 5 mai 1869 sur les dépenses des enfants assistés et du 30 juin 1838 sur les aliénés).

La comptabilité des communes et son contrôle sont, en principe, soumis aux règles en vigueur dans la métropole ; il faut donc appliquer ici les dispositions des articles 151 et suivants de la loi du 5 avril 1884, avec cette réserve que les attributions dévolues au préfet en France passent au gouverneur (article 165 de la loi).

En *Tunisie*, un décret du 23 novembre 1907 règle l'établissement et l'exécution des budgets communaux, ainsi que la comptabilité des ordonnateurs et comptables. Le budget de la commune est divisé en trois parties comme celui de l'État ; et le décret de 1907 reproduit celui du 12 mai 1906 ci-dessus analysé, sous la réserve nécessaire des différences existant entre l'État et la commune. Les recettes comprennent les impôts et taxes que les communes peuvent être autorisées à percevoir, par exemple la taxe locative qui a remplacé un certain nombre d'impôts primitifs (décret du 16 septembre 1902), les revenus du domaine communal, les subventions accordées par l'État, le produit des emprunts et autres ressources extraordinaires ou spéciales. Les dépenses sont obligatoires ou facultatives. Parmi les premières, on peut citer l'entretien de la maison commune, les frais de bureau, etc., les dépenses imprévues dont le paiement nécessite une autorisation du premier ministre. Les re-recouvrements des revenus, la liquidation, l'ordonnancement et le paiement des créances budgétaires suivent, en principe, les règles fixées pour le budget de l'État. Le président du conseil municipal remplit le rôle d'ordonnateur, et le receveur municipal, celui de comptable de la commune. Un décret du 15 décembre 1902, modifié par celui du 23 mai 1907, a institué une *caisse des prêts communaux* permettant de faire aux communes les avances nécessaires aux travaux urgents d'utilité et de salubrité publique pour l'exécution desquels les ressources communales ordinaires auraient été insuffisantes.

SECTION II

LES IMPÔTS

Parmi les impôts coloniaux, certains ressemblent à ceux perçus dans la métropole; nous allons donc passer rapidement en revue les principaux, en renvoyant aux dispositions fiscales de la législation métropolitaine pour ceux qui ont été empruntés à cette législation; cela fait, nous parlerons sommairement de ceux qui sont spéciaux à l'organisation coloniale. Nous indiquerons ensuite les règles de vote et de perception de l'impôt.

TITRE PREMIER

Les impôts empruntés à la métropole

ARTICLE PREMIER

Contributions directes et taxes assimilées

§ I. — *Impôt foncier et impôt personnel*

L'impôt foncier existe dans nos vieilles colonies. C'est à la *Réunion* qu'il fut établi pour la première fois par un arrêté de 1824 et règlementé par le décret colonial du 7 avril 1838. Il a été appliqué à la *Guyane* par le décret colonial du 11 juillet 1837 suivi de celui du 1er février 1841, et est perçu en conformité des délibérations du Conseil général des 16 juin, 8 décembre 1879, 11 décembre 1885 et 25 décembre 1887, qui en fixent les bases actuelles. On le rencontre encore à la *Guadeloupe* (décret colonial du 21 janvier 1841), à *Saint Pierre et Miquelon* (arrêté local du 6 septembre 1862), à la *Martinique* (arrêté du 16 janvier 1850). Il existe aussi à *Mayotte* et dans l'*Inde* où il varie suivant les divers établissements. En certaines colonies, telle la Martinique, l'impôt foncier est institué absolument comme en France; dans plusieurs, il porte à la fois sur les terres et les maisons; dans d'autres, il ne frappe que les maisons, par exemple à la Réunion et à la Guyane, où les terrains seuls comme à la Nouvelle-Calédonie (arrêtés locaux des 2 décembre 1875 et 21 octobre 1885). A *Karikal*, l'impôt foncier est non un impôt de quotité comme partout ailleurs, mais un impôt de répartition. A la *Martinique*, l'impôt foncier des terres et bâtiments employés à la culture de la canne à sucre est remplacé par un droit de sortie perçu par la douane.

L'impôt foncier a pu également s'établir dans les colonies neuves où la population suffisamment policée est pourvue d'une organisation fixe de la propriété rurale et urbaine. C'est ainsi qu'il se rencontre en *Cochinchine* et dans l'*Annam-Tonkin* où il diffère, pour les exploitations rurales, suivant qu'il s'agit de rizières ou d'autres cultures.

Au contraire, au *Cambodge*, il est remplacé par des taxes diverses frappant les produits du sol. Mais l'impôt foncier n'a pu s'établir, du moins pour le moment, dans nos colonies neuves habitées par des populations primitives, nomades, chez lesquelles le droit de propriété privative n'existe pas ou est l'objet d'une constatation insuffisante. Il en est ainsi au *Laos* et à *Madagascar*; toutefois, les maisons paient une taxe dans l'île (arrêté du gouverneur général du 30 octobre 1904) et les terrains à *Mayotte* ; de même, les cases aux *Comores* sont imposées. L'impôt foncier n'existe pas non plus, en principe, dans l'*Afrique occidentale* et *équatoriale*, bien qu'il soit dû un droit sur les maisons au *Congo* (arrêté du 10 décembre 1877), à *Gorée*, *Dakar* et *Saint-Louis* (délibération du conseil général du 9 juin et décret du 19 décembre 1901). A la *Côte des Somalis*, on perçoit un droit sur la valeur locative des constructions européennes et sur les cases indigènes.

L'impôt foncier est, en général, assez léger, vu le peu de fixité du rendement des immeubles et du sol; c'est seulement dans l'*Inde* qu'il atteint un taux plus élevé qu'ailleurs; cela tient à ce que, dans cette colonie, le sol appartenait primitivement à l'État; et les possesseurs réels, transformés en propriétaires par l'ordonnance du 7 juin 1828 (voir chapitre VII consacré au *Régime des terres*), ont été assujettis à cet impôt en reconnaissance de l'abandon des droits de l'État.

L'impôt foncier est accepté surtout aux colonies organisées, où les choses peuvent se passer à peu près comme dans la métropole. Au contraire, l'impôt *personnel* ou de *capitation* convient aux colonies nouvelles; aussi ne le rencontre-t-on point aux *Antilles*, à la *Guyane*, dans l'*Inde*, à *Saint Pierre et Miquelon*. Au *Sénégal*, établi en 1860, il a été supprimé en 1880 pour les villes où sa perception donnait lieu à des difficultés et à des frais considérables; mais on l'a maintenu, chose singulière, dans les faubourgs et villages. Il s'étend peu à peu dans les diverses colonies de l'*Afrique occidentale* et de l'*Afrique équatoriale*. Il fonctionnait à la *Réunion* où, après avoir été supprimé en 1882, il avait été rétabli par délibération du conseil général de 1886 approuvée par décret du 15 décembre de la même année; il y a été finalement aboli par nouvelle délibération du conseil du 8 août 1898. On le rencontre à *Mayotte* et aux *Comores*, à *Anjouan* et à *Moheli*, à la *Nouvelle-Calédonie* (délibérations du conseil général des 30 novembre 1898 et 22 mai 1900 approuvées par décret du 22 novembre de la même année), dans les *Établissements français de l'Océanie* (arrêtés des 21 décembre 1904 et 14 février 1905). L'impôt personnel est également perçu dans l'*Annam* et au *Tonkin* (arrêté du gouverneur général du 7 janvier 1903 et ordonnance royale du 15 août 1898). L'impôt frappe les indigènes annamites; et également, en *Cochinchine*, seuls ces indigènes y sont soumis, car il n'atteint plus, depuis 1873, les asiatiques et les africains. Les indigènes sont aussi tenus de l'impôt de *capitation* au *Laos*. Au *Cambodge*, il est payé par les annamites, les malais et les cambodgiens.

La *contribution mobilière* ne se rencontre guère qu'aux *Antilles*; à la *Guadeloupe*, le taux varie avec le quantum du loyer; à la *Martinique*, il est de deux et demi pour cent de la valeur locative. On ne commence à payer la taxe qu'à partir des loyers de 250 francs.

L'impôt foncier a été établi en *Algérie* par une loi du 24 décembre 1884 comme impôt de quotité; mais le principal de la contribution qui, jusque-là, servait uniquement à permettre l'attribution de centimes additionnels aux départements et aux communes, est perçu seulement depuis une loi du 21 juillet 1891. En vertu du décret du 18 décembre 1895, la valeur locative a dû être évaluée, comme en France, suivant la loi du 8 août 1890. La contribution *personnelle et mobilière* n'existe pas en Algérie.

§ II. — *Patentes*

L'impôt des patentes existe dans la plus grande partie de nos colonies : *Martinique*, *Guadeloupe*, *Réunion*, *Guyane*, *Saint Pierre et Miquelon*, *Sénégal*, *Afrique occidentale et équatoriale*, *Nouvelle-Calédonie*, *Inde*, *Madagascar*, *Indo-Chine*, etc. Il consiste généralement dans un droit fixe variant avec les lieux, la profession, le commerce et l'industrie pratiqués, et déterminé par des tableaux annexés, qu'il faut consulter pour être au courant des multiples détails regardant chaque colonie. En beaucoup, au droit fixe est joint un droit proportionnel qui varie avec la valeur locative. En quelques-unes, on exempte de la patente certaines professions qu'on veut encourager; ainsi à la *Réunion*, les bouchers en sont exemptés; en *Indo-Chine*, un arrêté du 12 avril 1880 en a déchargé les asiatiques vendant du pain fabriqué à la française, au *Sénégal*, une délibération du conseil général du 12 mai 1883 en a exonéré les bouchers de Gorée. Quelquefois on joint à la patente, comme en Indo-Chine, des taxes additionnelles, par exemple au profit des chambres de commerce. L'impôt des patentes peut aussi être remplacé par une licence exigée des cafés, cabarets, débits de vins, comme au *Sénégal* et au *Soudan*. Dans ces pays, les marchands ambulants doivent obtenir une patente de colportage fixée à 30 francs par mois.

L'impôt des patentes a été organisé en *Algérie* par l'ordonnance du 31 janvier 1847 qui s'est absolument inspirée de la législation métropolitaine. Depuis, les dispositions successives de cette législation, notamment la loi du 15 juillet 1880, ont été étendues à l'Algérie. Voir décrets des 21 décembre 1881, 16 novembre 1902 et 4 septembre 1906.

En *Tunisie*, l'impôt des patentes frappe certaines industries indigènes (voir instruction du 2 janvier 1902).

§ III. — *Prestations. — Taxe spéciale sur les étrangers. — Taxe sur le revenu des valeurs mobilières. — Taxes diverses*

L'impôt des *prestations* est pratiqué, pour la confection des routes, dans les *Établissements de l'Océanie* (arrêté du 10 décembre 1874) et au *Tonkin* (arrêté du 30 juin 1889).

La taxe spéciale sur les étrangers existe à la *Réunion* et dans l'*Indo Chine* (délibération du conseil colonial de la Cochinchine approuvée par décret du 7 février 1901).

A la *Martinique* et à la *Guadeloupe*, on trouve la *taxe sur le revenu des valeurs mobilières*. Cet impôt est établi dans les mêmes conditions que celles fixées pour la métropole.

On rencontre encore aux colonies d'autres impôts, notamment celui *des voitures* à la *Martinique*, à la *Guadeloupe*, à la *Réunion* et dans l'*Inde*; celui perçu pour les *permis de port d'armes* à la *Martinique*, dans les *Établissements de l'Océanie*, au *Cambodge* ; la *taxe de vérification des poids et mesures* aux *Antilles*, en *Guyane*, dans l'*Inde*, en *Cochinchine*, au *Sénégal*, à la *Réunion*, en *Nouvelle-Calédonie* ; le *droit de passeport* obligatoire dans l'*Inde* pour les émigrants; une taxe sur les *pianos* à la *Guadeloupe*; une sur les *biens de mainmorte* à la *Réunion*; une sur les *bicyclettes* dans l'*Inde*; une *sur les chiens* à *Saint Pierre et Miquelon*, à la *Martinique*, à la *Réunion* et en *Océanie*, etc.

On trouve en *Algérie* l'impôt sur les *prestations*, les *droits de vérification des poids et mesures*, la *redevance des mines*, les *droits d'inspection des fabriques et dépôts d'eaux minérales*, la *taxe sur* les *chiens*, etc. La *taxe militaire* y est perçue au profit de l'État.

En *Tunisie*, figurent les *redevances des mines* et la *taxe de vérification des poids et mesures*.

ARTICLE II

Impôts indirects

§ I. — *Droits sur les spiritueux*

Ils existent dans toutes nos colonies et frappent les *alcools* soit importés, soit préparés sous diverses formes : rhums, tafias, liqueurs, fruits à l'eau-de-vie, boissons fermentées et distillées, essences pour parfumeries, alcools dénaturés, etc. Les *vins* sont taxés proportionnellement à leur degré d'alcool. Il faut, en ce qui concerne ces droits, tenir compte des dispositions spéciales que la France est obligée d'appliquer dans ses possessions de l'*Afrique équatoriale*, en vertu des conventions internationales. Nous examinerons ces points en étudiant ci-après, au chapitre V, le *Régime commercial* des colonies auquel nous renvoyons.

La loi de finances du 26 janvier 1892, article 33, a introduit, en *Algérie*, une *taxe de consommation sur les alcools*. La taxe était d'abord de 30 francs par hectolitre ; elle a été portée à 137 francs par un décret du 26 avril 1907, avec en plus une surtaxe de 0 fr. 10 par hectolitre (décret du 23 avril 1904). La taxe frappe les vins de liqueurs et les vermouts (décret du 29 juillet 1902). Il existe, en outre, un *droit de circulation sur les vins* (décret du 26 août 1907) et des *droits de licence* sur la fabrication et la vente des *boissons* qui sont plus forts qu'en France. Selon le décret du 28 août 1906, les propriétaires qui vendent leur propre vin doivent se munir d'une licence.

En *Tunisie*, les droits sur l'*alcool* établis par un décret du 2 mai 1898, ont été portés à 125 francs par hectolitre par un décret du 9 juillet 1904, article 4. Mais les vins échappent à la taxe. Il est perçu un droit de 6 francs par 100 kilogrammes sur les *sucres* bruts, de 10 francs sur les raffinés et de 25 francs sur les candis.

§ II. — *Tabac.* — *Sel.* — *Opium.* — *Poudres à feu.* — *Allumettes.* — *Cartes à jouer.* — *Pétroles.*

A. — *Tabac.* — Dans les colonies, il ne fait point l'objet d'un monopole comme en France, sauf en Tunisie; les colons ont une latitude complète pour la consommation et l'importation, sous réserve d'un droit de consommation dont le principe a été posé par un décret du 9 mars 1864 pour les *Antilles* et la *Réunion*. Cette taxe qui a été réglementée dans ses détails par des décrets postérieurs, est indépendante des droits de douane grevant les tabacs étrangers. Le droit de consommation existe aussi à la *Guyane*, à *Madagascar*, dans l'*Inde*, à *Saint Pierre et Miquelon*, dans l'*Afrique occidentale*, dans l'*Indo-Chine*, au *Tonkin* et en *Nouvelle-Calédonie*. Dans certaines colonies, la culture est complètement libre; en d'autres, notamment dans quelques régions de l'Inde, il faut faire une déclaration préalable; dans quelques-unes, par exemple à la *Réunion*, les débitants paient un droit de licence. Dans *l'Indo-Chine*, il est perçu : 1° un droit à l'importation sur les tabacs étrangers et 2° un droit de circulation sur les tabacs de toutes origines. La taxe de circulation s'acquitte au moyen d'un laissez-passer dont on doit se munir pour toute charge de plus d'un kilo. Ce système donne lieu à des fraudes constantes et on a proposé de remplacer la taxe de circulation soit par le monopole, soit par un impôt direct sur les surfaces cultivées en tabac. La direction des douanes d'Indo-Chine demande que la régie envoie aux mandarins des bandes vignettes représentant un prix déterminé; et le producteur ne pourrait vendre le tabac qu'après avoir acheté une vignette correspondant au poids vendu.

En *Algérie*, des droits sur les *tabacs* ont été créés par des décrets des 25 octobre et 25 novembre 1906, droits qui grèvent aussi bien les tabacs fabriqués que ceux importés dans le pays.

B. — *Sel.* — Un décret du 14 avril 1905 a établi divers droits sur les sels gemmes et marins dans l'*Afrique occidentale française*. La vente des sels s'effectue en régie dans les *Établissements français de l'Inde*, sur la base de la convention franco-anglaise du 17 mars 1815. A *Chandernagor*, la vente du sel est libre; mais les marchands doivent l'acheter en territoire anglais et, pour compenser la perte que fait l'administration française à raison de l'interdiction de fournir le sel, le gouvernement anglais s'est obligé à verser une somme annuelle qui, on l'a vu, figure au budget de l'État sous le nom de *Rente de l'Inde*. En *Tunisie*, le sel est monopole d'État.

C.— *Opium.*— Un droit de consommation sur cette denrée est perçu en *Guyane*, à *Madagascar*, en *Nouvelle-Calédonie*. Elle est exploitée en régie à *Tahiti*, suivant les décrets du 11 avril 1896 et du 1er septembre 1899.

D. — *Poudres à feu, cartes à jouer, allumettes.* — Les premières constituent des monopoles d'État en *Algérie* et en *Tunisie*. Les *cartes à jouer* et les *allumettes* sont également articles de monopole dans ce dernier pays. Les *allumettes* produisent une contribution indirecte en *Indo-Chine*, ainsi que les *pétroles*.

§ III. — *Droits de sortie sur les produits du sol*

Ces droits sont perçus sur la sortie des *sucres*, *cafés*, *rhums tafias*, *sirops*, aux *Antilles* et à la *Réunion*; sur le *caoutchouc* et l'*ivoire*, dans l'*Afrique occidentale* et l'*Afrique équatoriale*. En *Indo-Chine*, les *riz*, *bois*, *poivres*, et autres produits exportés de la colonie sont soumis à un droit de sortie, et il en est de même pour la *gomme* à la *Nouvelle-Calédonie*.

§ IV. — *Licences. — Droits de navigation*

Aux *Antilles* et à la *Réunion*, en Algérie, à *Madagascar*, en *Nouvelle-Calédonie*, au *Tonkin* et en *Cochinchine*, dans l'*Afrique occidentale*, les fabricants et les débitants de spiritueux sont astreints à un droit de licence. Il en est de même à la *Réunion* pour les fabricants de tabac; en *Guyane*, en *Nouvelle-Calédonie*, dans les *Établissements de l'Océanie*, au *Congo* et dans l'*Inde* pour les cabaretiers et cantiniers; en *Cochinchine* et au *Tonkin* pour les vendeurs d'opium; en *Guyane* pour les débitants de poudre.

Des *droits de navigation* sont exigés à divers titres aux *Antilles*, à la *Réunion*, à *Mayotte*, en *Cochinchine*, au *Tonkin*, dans l'*Inde*, en *Nouvelle-Calédonie*, en *Océanie*, à *Madagascar*, en *Tunisie*.

§ V. — *Enregistrement. — Timbre. — Droits d'hypothèques et de greffe*

A. — *Enregistrement.* — Une ordonnance du 31 décembre 1828 a organisé l'*enregistrement* à la *Martinique*, à la *Guadeloupe* et à la *Guyane*. Cette ordonnance reproduit presque absolument la loi du 22 frimaire an VII, avec les diverses modifications résultant de quelques lois postérieures et de la jurisprudence de la Cour de Cassation. C'est ainsi que le principe de la déduction des dettes dans les mutations par décès a été inséré dans l'article 16, § 9, de l'ordonnance de 1828 et de l'ordonnance du 19 juillet 1829, pour Bourbon, alors que dans la métropole il n'a été admis que par la loi de finances du 25 février 1901, en son article 3. Les droits de mutation par décès sont perçus sans qu'on y ajoute aucun décime; et les tarifs sont établis suivant le degré de parenté et les forces successorales mobilières et immobilières. En matière de donations entre vifs de meubles et immeubles, la perception se fait aussi sans décimes et en calculant le droit suivant le degré de parenté ou l'absence de parents.

D'après la règle fondamentale posée en l'article 2 de l'ordonnance, les droits sont dûs sur la forme extérieure des actes, sans qu'on ait à se préoccuper de leur validité et des causes postérieures d'annulation ou de résolution. Le paiement des droits est indivisible et dû en totalité du jour de l'accomplissement de la formalité. Les actes civils et extra-judiciaires sont enregistrés sur les minutes, brevets et originaux; pour les actes judiciaires, l'enregistrement a lieu, suivant les cas, soit sur la minute, soit sur l'expédition délivrée. Les dispositions concernant le calcul des droits, les délais et les expertises sont semblables à celles de la métropole, sauf quelques modifications quant aux délais résultant des nécessités locales. Les droits varient suivant les colonies et sont moins élevés qu'en France, car on n'a point appliqué les augmentations métropolitaines postérieures. Toutefois des aggravations ont été apportées aux tarifs primitifs en beaucoup de colonies, pour procurer à celles-ci les ressources nécessaires aux obligations nouvelles mises, comme on l'a vu, à leur charge par la loi du 13 avril 1900.

L'enregistrement a été établi dans les colonies autres que celles visées par l'ordonnance de 1828 : à la *Réunion*, dans l'*Afrique occidentale*, à *Madagascar*, dans l'*Inde*, l'*Indo-Chine*, en *Nouvelle-Calédonie*, en *Océanie*, à *Mayotte*, au *Congo*. Les règles suivies par les textes constitutifs y sont, en principe, ceux de la loi de l'an VII, et l'administration de l'enregistrement y repose sur les mêmes bases que dans la métropole.

Depuis l'ordonnance des 19 octobre, 16 novembre 1841, les textes relatifs à l'enregistrement en vigueur en France ont été déclarés applicables en *Algérie*, aussi bien que toutes les modifications métropolitaines postérieures, sauf toutefois celles concernant les droits sur les *locations verbales* supprimés par le décret du 22 avril 1879. Mais on ne perçoit que la moitié des droits fixes ou proportionnels, décimes non compris, sans que pourtant, en aucun cas, le minimum du droit perçu puisse être inférieur à 25 centimes. Le recouvrement des impôts d'enregistrement et de timbre est assuré par des fonctionnaires du cadre métropolitain mis à la disposition du gouverneur général.

En *Tunisie*, l'enregistrement est réglé par divers textes, dont les plus importants sont les décrets des 2 novembre 1893, 20 juillet 1896 et 8 février 1897. Auparavant existait un droit dit de la *Caroube* frappant les mutations immobilières à titre onéreux. Les droits d'enregistrement sont fixes et proportionnels. Sauf pour les actes produits en justice, l'enregistrement est facultatif, exception faite pour certains actes déterminés.

B. — *Timbre.* — L'impôt du timbre fut établi aux *Antilles* par le décret du 24 octobre 1860; il a été étendu à la *Guyane*, au *Sénégal*, à l'*Inde*, à *Madagascar*, au *Congo*, à la *Réunion* et à l'*Indo-Chine*. L'organisation de l'impôt est à peu près la même que dans la métropole; les tarifs seuls sont différents.

L'impôt du timbre a été créé en *Algérie* par une ordonnance des 10 janvier et 31 mars 1843 qui a déclaré exécutoires dans la colonie les lois métropolitaines sur la matière; pour le timbre il n'y a pas de réduction comme pour l'enregistrement. Mais les changements de tarifs n'ont été applicables dans la colonie qu'après la promulgation des lois métropolitaines qui les édictaient; ces lois ont donc été, au fur et à mesure de leur vote, déclarées applicables à l'Algérie.

En *Tunisie*, les droits de timbre sont réglés par un décret du 20 juillet 1896 qui établit un timbre de dimension, un timbre proportionnel et un timbre spécial à certaines lettres.

C. — *Droits d'hypothèque.* — Les conservations hypothécaires ont été organisées dans la plupart des colonies comme en France. L'ordonnance du 22 novembre 1829 reproduisant les dispositions essentielles des lois métropolitaines, s'applique aux *Antilles*, à la *Guyane*, à la *Réunion*, à *Mayotte*, et au *Sénégal*. Pour les autres colonies, on suit également les règles établies pour la métropole; le tarif seul est variable. La loi du 23 mars 1855 sur la transcription a été rendue applicable aux grandes colonies par le sénatus-consulte du 7 juillet 1856, et, par le décret du 28 août 1862, à l'*Inde*, au *Sénégal* et à *Saint Pierre* et *Miquelon*.

En *Algérie*, l'ordonnance royale du 19 octobre 1841 a déclaré applicables les règlements métropolitains sur les *conservations hypothécaires* et sur les *droits d'hypothèque*, sauf réduction à moitié. Un décret du 28 juillet 1855 a, d'autre part, appliqué à la colonie la loi du 23 mars 1855 sur la *transcription*; un autre décret du 29 août 1855 en a fait autant pour la loi du 13 avril 1855 sur les *droits d'hypo-*

thèque; et les décrets des 24 novembre 1855 et du 9 juin 1866 sur les *salaires des conservateurs* lui ont été rendus communs par décrets des 5 décembre 1855 et 31 octobre 1866. Voir également décret du 16 août 1879. L'organisation administrative des bureaux des conservations hypothécaires est la même qu'en France. Les conservations sont confiées à des fonctionnaires du cadre métropolitain mis à la disposition du gouverneur général.

D. — *Droits de greffe.* — Les droits de greffe sont perçus dans un certain nombre de nos colonies; spécialement à la *Réunion*, à *Mayotte*, à la *Guadeloupe* et en *Guyane*, ils sont régis par les lois métropolitaines. Mais ils ont disparu de la *Martinique*, du *Sénégal*, du *Congo*, de l'*Algérie* (décret du 10 septembre 1892 déclarant applicable la loi de finances du 26 janvier 1892, art. 4 et décrets du 23 juin 1892 sur les émoluments des greffiers).

TITRE II

Les impôts spéciaux aux diverses colonies

Il existe, dans les colonies, un certain nombre d'impôts nés de situations spéciales propres aux diverses possessions et qui ont été maintenus après la conquête, soit parce que les indigènes, par habitude, les payaient mieux, soit parce qu'ils correspondaient à des usages que la métropole a cru, avec raison, devoir maintenir, les préférant à des impositions nouvelles qui auraient excité la méfiance et sûrement donné lieu à des mécomptes. Par contre, comme en Indo-Chine, la métropole a quelquefois appliqué des impositions nouvelles dont elle n'a pas eu précisément à se louer, comme on le verra. Nous signalerons : en *Guyane*, le paiement d'une taxe de consommation sur les tabacs dits « *bouts des Antilles* » (décret du 11 mars 1897); au *Congo*, les droits pour permis d'embarquement ; à *Madagascar*, 1° le droit du *douarmachara* ou veilleur de nuit, perçu avec les *rentes foncières*, supprimé en 1887 et rétabli par délibération du conseil général du 8 décembre 1888, 2° la *taxe sur les bœufs* dûe par les propriétaires de toutes nationalités, sauf cas exceptionnels de dégrèvement (arrêté du gouverneur général du 30 octobre 1904) ; 3° l'impôt sur les moulins à alcool de canne (*betsabetsa*), transformé en taxe de fabrication par arrêté du gouverneur général du 22 mars 1904; en *Afrique occidentale*, la taxe sur les caravanes, dite *oussourou* perçue dans le *Haut-Sénégal* et le *Niger*; les dîmes coraniques de l'*achom* et du *rekkal* en Mauritanie; les taxes sur les *rizières* qui existent dans les divers pays producteurs de riz, notamment à *Madagascar*, dans l'*Inde*, et en *Indo-Chine*. Après avoir signalé, comme nous venons de le faire, les plus originaux de ces impôts spéciaux, nous allons insister sur les impôts particuliers à l'*Indo-Chine*, à l'*Algérie* et à la *Tunisie*.

ARTICLE PREMIER

Indo-Chine

Il existe en Indo-Chine un système tout particulier qui consiste à faire produire, par certaines matières, la plus grande partie des recettes du budget général. A cet effet, a été créée, par le décret du 6 octobre 1897, une administration dite des *douanes* et *régies* chargée de percevoir les taxes d'où proviennent les recettes dont nous venons de parler. Ces taxes portent, tout d'abord, sur les *droits de douane* pour les exportations et les importations; mais il y faut joindre des *taxes accessoires*, telles que droits de phare, d'ancrage, de navigation, de flottage, de docks et magasins, etc., qui sont aujourd'hui les mêmes dans tout le pays. Viennent ensuite les régies de l'*opium*, du *sel* et de l'*alcool*, qu'il convient d'examiner successivement.

Quant à l'*opium*, la législation qui lui est applicable pour toute l'Indo-Chine émane d'un arrêté du 7 février 1899. C'est l'administration qui achète, fabrique et vend la denrée, vente qui a lieu dans des récipients soudés et poinçonnés et est consentie aux débitants sur la base de 65 piastres le kilog. La vente de l'opium au Tonkin est faite par des adjudicataires.

Le monopole de l'opium qui rapportait à la colonie près de sept millions de piastres net, est au moment de disparaître; la conférence internationale de Shangaï de 1909, à laquelle la France a participé, a, en effet, résolu de prendre toutes les mesures nécessaires pour faire cesser l'usage de ce poison qui produit des effets désastreux aussi bien chez les asiatiques que chez les européens. Déjà, en 1907, une commission avait été réunie par M. Milliès-Lacroix; et ses décisions avaient abouti à la suppression des fumeries existantes par voie d'extinction, à la limitation de la vente de la denrée et à l'augmentation de son prix, enfin à l'interdiction de nouvelles fumeries. L'opium que fume la majorité des indigènes, est l'opium ordinaire venant du Yunnam et dont la Chine est arrivée à tarir presque complètement l'exploitation, un édit de l'Empereur, de 1906, ayant aboli l'usage de l'opium dans tout l'Empire. Donc l'Indo-Chine, privée de l'opium du Yunnam, va en voir nécessairement diminuer et presque disparaître l'usage chez elle. Un arrêté local du 26 septembre 1908 et un arrêté du gouverneur général du 21 octobre 1909 ont supprimé la vente de l'opium du Yunnam en Cochinchine, au Cambodge et dans certaines provinces de l'Annam. Il ne restera plus que l'opium de luxe venant de Bénarès, que l'Angleterre fera, à son tour, disparaître, si elle se conforme aux décisions de la conférence de Shangaï et à l'accord qu'elle a conclu sur ce point, à la fin de 1907, avec le Céleste Empire. Les recettes de ce chef vont ainsi, dit avec raison M. Viollette, se réduire à deux millions, peut-être à moins, diminution appréciable sur un budget de 35 millions (*Rapport* à la Chambre des députés pour le budget général de l'exercice 1911, budgets locaux des colonies. Voir également le *rapport* de M. Messimy pour 1910 pp. 85 et s.).

Le *monopole du sel*, institué par arrêté du 1er juin 1897, a été organisé par un arrêté du gouverneur général du 20 octobre 1899 complété par des arrêtés des 8 novembre 1904 et 19 avril 1906. En vertu d'une décision du 17 septembre 1906, la Cochinchine, le Cambodge, le Laos, l'Annam sud et centre ont été soumis à la régie directe, tandis que dans le Tonkin et le nord de l'Annam existait une compagnie générale concessionnaire, dont le contrat a pris fin en 1910. Les marais salants peuvent être exploités par tous, sous réserve d'une déclaration à la régie qui a le monopole de l'achat et de la vente. Il est ajouté au prix du sel vendu une taxe de consommation de 2 francs 25 par quintal; les exportations de sel échappent à cette taxe. Cet impôt sur le sel, objet de première nécessité, a été fort critiqué, et est très mal vu des indigènes déjà bien obérés par d'autres impôts. D'autant plus que la taxe, assez modérée au début, a presque été décuplée et que l'administration, pour diminuer la fraude, a rarefié les centres de production, fermant un grand nombre de salines dont la surveillance fort difficile nécessitait un personnel nombreux et coûteux (rapport précité de M. Messimy, p. 85).

Le système de la *ferme*, le plus inique et le plus maladroit moyen de recouvrer les impôts, qui, grâce aux exactions des fermiers généraux, fut l'une des causes de la Révolution française, existe en Indo-Chine, relativement à l'*alcool*. Il est régi par des arrêtés des 20, 22 décembre 1902 et 10 septembre 1903, et comprend deux fermes distinctes : 1° celle de la fabrication, 2° celle de la vente. La ferme de fabrication a fait l'objct dc dcux contrats passsés en 1903 et 1904 avec des compagnies concessionnaires. La fabrication des alcools indigènes est soumise à une surveillance étroite de la part de la régie; l'alcool doit avoir une saveur et une odeur particulières, recherchées des indigènes, le goût dit *empyreumatique*. Les procédés de dénaturation de l'alcool sont réglementés, et sa circulation est soumise à la délivrance de permis spéciaux.

La forme de la vente était basée sur l'arrêté du 20 décembre 1902, déterminant les conditions du trafic et autorisant l'administration des douanes et régies d'Indo-Chine à concéder le droit d'établir et d'exploiter des entrepôts et des dépôts d'aloool indigène. Voir encore l'arrêté du 29 octobre 1904 réglementant le débit des alcools indigènes dans des récipients spéciaux revêtus de l'estampille officielle.

La ferme de la vente de l'alcool n'a donné que de très mauvais résultats; elle était l'objet d'actes blâmables de toute sorte que commettaient les fermiers, à peu près certains de l'impunité. Ils obligeaient les chefs de villages à acheter sinon à consommer une certaine quantité d'alcool, que ceux-ci, à leur tour, répartissaient entre les habitants.

D'autre part, les villages étaient l'objet d'une responsabilité collective absolument injustifiée, en cas de fraude. Enfin l'alcool était souvent de mauvaise provenance et fabrication; les habitants lui préféraient, comme nous l'avons dit ci-dessus, dans la *première partie*, en étudiant la condition économique de l'Indo-Chine, l'alcool de riz fermenté, le *choum-choum* de contrebande, qu'ils fabriquent eux-mêmes avec des appareils rudimentaires, défectueux et malpropres, mais qui possède ce goût empyreumateux, manquant, suivant leur goût, à l'alcool officiel.

Devant les résistances de la population et les menées sourdes qui les accompagnaient, on a supprimé, en novembre 1908, la responsabilité des villages en cas de fraude et le gouverneur général de l'Indo-Chine a dénoncé la ferme de la vente pour le 1er janvier 1911, date à laquelle la régie en a repris le monopole.

Toutefois ce n'est pas absolument le procédé de la régie directe qui a prévalu; et la section permanente du Conseil supérieur des colonies a adopté le système de la concession, non plus à un nouveau fermier général, mais à quatorze débitants régionaux français ou annamites, déclarés adjudicataires sur soumission publique, avec un minimum de vente garanti. Dans chaque région se trouvent des magasins vendant l'alcool à des débitants munis d'une licence, moyennant un prix fixé par le gouverneur général. Ils s'engagent à vendre un minimum déterminé d'hectolitres d'alcool. Tandis qu'autrefois l'indigène était astreint à prendre une bouteille qu'il devait payer en plus du prix du contenu, aujourd'hui il est, à sa grande joie, libre de se faire livrer l'alcool dans le récipient quelconque apporté par lui (arrêté du gouverneur général du 23 mai 1910). La fraude pourra ainsi se faire plus facilement qu'avec la bouteille d'origine; mais notre influence y gagnera.

Le débitant d'alcool qui gagne à peine 12 piastres par an, a été investi du droit, autrefois refusé, de faire le commerce d'autres produits.

ARTICLE II

Algérie

Les impôts arabes spéciaux perçus en nature sur la population indigène sont aujourd'hui prélevés en espèces (ordonnance du 17 janvier 1845); ils ne peuvent être modifiés, suivant le senatus-consulte du 22 avril 1863, que par décret en la forme des réglements d'administration publique.

Ces impôts sont : le *zekkat*, la *lezma*, l'*achour* et le *hockor*. Le *zekkat* porte sur les bestiaux; autrefois on prélevait un tant pour cent sur les animaux; aujourd'hui on perçoit un prix qui est fixé, depuis 1874, à 3 francs par bœuf, 4 francs par chameau, 20 centimes par mouton et 25 centime par chèvre. Les chevaux, ânes et mulets ne sont pas imposés. L'*achour* est un prélèvement sur le produit net des récoltes, déduction faite des semences. Il est du dixième et varie suivant l'étendue du terrain cultivé et la qualité de la récolte. On prend comme base des opérations de recensement la contenance qui peut être cultivée par une charrue à deux chevaux, en un an. La surface labourée par la charrue change avec les régions; en pays de montagne, elle est de dix hectares environ et va jusqu'à vingt en plaine; l'impôt est donc très inégal. A l'origine, il ne portait que sur le blé et l'orge; un décret du 30 décembre 1894 l'a appliqué à toutes les cultures indigènes d'une étendue de plus d'un hectare. Le *hockor* est une redevance représentative du droit du souverain, seul propriétaire de la terre suivant la loi musulmane. Cet impôt n'existe que dans la province de Constantine où il est combiné avec l'*achour*. Le gouverneur général arrête chaque année les tarifs de ces deux impôts. La *lezma* est un impôt de capitation particulier à la Kabylie; il est dû par les indigènes qui ne paient pas l'*achour* et le *zekkat*. A côté de la *lezma de capitation* on rencontre la *lezma* dite des *palmiers* qui consiste dans une taxe par pied de palmier, taxe dont le quantum varie avec les régions.

En sus du principal, les impôts arabes comprennent des centimes additionnels dans les communes mixtes et indigènes, perçus dans des buts divers, notamment pour contribuer aux œuvres d'utilité générale et d'assistance intéressant les indigènes; ils sont indépendants des centimes additionnels attribués au budget communal.

ARTICLE III

Tunisie

Les impôts directs tunisiens sont la *medjba*, l'impôt foncier dit *khodor* particulier à *Djerba*, le *canoun des oliviers et des dattiers*, l'*achour des céréales*, les *mradjas*. La *medjba* est un impôt de capitation dû, en principe, par tout tunisien ou assimilé parvenu à sa majorité. On exonère de l'impôt les natifs des villes de Tunis, de Sousse, Monastir, Kairouan et Sfax, tant qu'ils restent domiciliés dans ces villes, les caïds et les khalifats commissionnés, les chérifs du Maroc, les marocains natifs de Fez, les professeurs et étudiants musulmans, les cheiks, les soldats, les prédicateurs, les algériens sujets français, les infirmes et indigents etc. Le taux de l'impôt est actuellement de 23 francs (décret beylical du 14 juin 1902). En sus du principal, il est perçu une certaine fraction par cent, pour remise aux caïds et cheiks, frais de trésorerie et droit de timbre. Tous les ans, on dresse le rôle sur lequel est perçue la *medjba*, rôle qui est le recensement complet de l'élément mâle des sujets tunisiens majeurs.

Le *canoun des oliviers et dattiers* est une taxe calculée d'après le pied des arbres; suivant les décrets des 20 octobre 1903 et 29 octobre 1904, on évalue le produit brut moyen annuel de chaque arbre de plus de 20 ans et le canoun est déterminé à 10 fr. 30 par 100 fr. du montant de cette évaluation, à laquelle on ajoute 10 % pour la remise du collecteur et le droit de timbre. Le recensement des arbres est opéré périodiquement, à suite de décret, par des commissions de recensement et de revision présidées par le caïd.

L'*achour* est la dîme des céréales frappant les cultures en blé et orge; il est assis sur la quantité de céréales ensemencées par *mechia* ou mesure variant de huit à douze hectares, généralement de dix. Cet impôt est payé en argent depuis un décret du 2 juillet 1894; il est dû par tous agriculteurs indigènes et européens. Le recensement des cultures est assuré par des commissions spéciales.

La taxe des *mradjas* est un impôt annuel grevant les jardins et cultures maraîchères des caïdats de Sfax, sur la base de la *merdja* ou longueur égale à 25 mètres. Elle varie suivant les localités et la qualité du terrain. On ajoute à cette taxe les mêmes accessoires que pour le canoun des oliviers et dattiers.

Le *khodor*, taxe d'abonnement particulier à la localité de *Djerba*, porte sur les propriétés rurales de l'île et est perçu en remplacement des autres impôts indiqués ci-dessus. Il est fixé à 10 % du revenu moyen de chaque propriété (décret du 30 mars 1900).

Il existait autrefois en Tunisie des droits spéciaux appelés *mahsoulats*, impôts indirects qui portaient sur les produits importés dans les marchés. Un décret du 8 décembre 1906 a remplacé ces droits par des taxes d'octroï perçues sur les produits à leur entrée dans les localités de 500 habitants et plus. Les objets taxés sont les produits alimentaires et en plus le bois et le charbon de bois, les briques, poteries, fourrages, etc. Le fisc perçoit encore des droits de fabrication, consommation et circulation sur la viande, les céréales, légumes secs, peaux, savons, etc. Il existe également des droits de criée, stationnement, etc.

TITRE III

Le vote et la perception de l'impôt

Nous allons ici nous contenter de rappeler succinctement des points qui ont été, par la force même des choses, incidemment abordés au cours du présent chapitre, à propos des diverses colonies.

Dans ceux de nos établissements où existent des Conseils généraux, ces derniers délibèrent sur le mode d'assiette, les tarifs et les règles de perception des contributions et taxes, autres que les droits de douane qui restent soumis aux dispositions de la loi du 11 janvier 1892. Leurs délibérations ne seront applicables qu'après avoir été approuvées par des décrets en Conseil d'État. En cas de refus d'approbation par ce dernier des tarifs et taxes proposés par un conseil général des colonies, celui-ci est appelé à en délibérer de nouveau. Jusqu'à l'approbation du Conseil d'État, la perception se fait sur les bases anciennes (art. 33, § 3).

Dans les colonies non pourvues de Conseils généraux, c'est, en principe, le gouverneur qui, suivant le décret du 30 janvier 1867, établit l'assiette, le tarif, les règles de perception et le mode de poursuite des taxes et contributions publiques, par arrêtés pris en conseil d'administration, les droits de douane exceptés, sauf à soumettre les arrêtés ainsi pris à l'approbation du ministre des colonies. Mais il faut tenir compte des dispositions spéciales qui ont été portées par des textes ultérieurs au sujet de diverses colonies. Dans l'Afrique occidentale et équatoriale, suivant les décrets des 18 octobre 1904 et 15 janvier 1910, le gouverneur général détermine en conseil de gouvernement le mode d'assiette, la quotité et les règles de perception des droits, autres que les droits d'octroi communaux perçus sur les marchandises et sur les navires et attribués au budget général. Les mesures ainsi prises sont approuvées par décret rendu en Conseil d'État. Pareille mission est dévolue au gouverneur général de l'Indo-Chine en conseil supérieur (décret du 31 juillet 1898). Il en est de même pour le gouverneur général à Madagascar, en conseil d'administration (décret du 12 novembre 1902). Citons encore, dans le même sens, les décrets des 5 juillet 1901 pour Mayotte, la Grande Comore, Anjouan et Mohéli et du 19 mai 1903 au sujet des Établissements de l'Océanie.

En ce qui concerne l'*Algérie*, l'article 10 de la loi du 19 décembre 1900 statue comme suit : « réserve faite pour les droits de douane qui restent soumis aux dispositions des lois en vigueur, les créations ou suppressions d'impôt, les modifications de leur assiette, de leurs tarifs ou de leur mode de perception sont délibérées par l'assemblée plénière des délégations financières, sur la proposition de l'une des délégations ou du gouverneur général et sur le rapport de la commission des finances. Le conseil supérieur ne peut qu'adopter ou rejeter les décisions prises par les délégations.

En cas d'adoption, la décision n'est exécutoire qu'après avoir été homologuée par un décret en Conseil d'État. La perception des droits, produits et revenus applicables au budget spécial de l'Algérie est autorisée annuellement par les lois de finances». (Conf. l'art. 17 du décret du 16 janvier 1902).

En *Tunisie*, l'article 13 du décret du 12 mai 1906 dispose que la perception des droits, produits et revenus applicables au budget est autorisée annuellement par le décret de promulgation de ce budget. Suivant l'article 5 du décret du 2 février 1907, la conférence consultative peut émettre des avis quant à la réforme du système fiscal, par voie de création ou de suppression d'impôts et de modification dans le taux et l'assiette des impôts existants. Aucun impôt nouveau ne peut être établi, aucune transformation ni modification du taux et de l'assiette d'un impôt susceptible d'en élever le rendement ne peut être opérée, sans que la conférence ait été consultée.

Les impôts ne peuvent être recouvrés que par des comptables régulièrement institués en vertu d'un titre légalement établi. C'est ce qui résulte des principes généraux et ce que précisent certains textes particuliers, tels que l'article 17 du décret du 16 janvier 1902 et l'article 13 du décret du 12 mai 1906, le premier pour l'Algérie, et le second pour la Tunisie.

Les divers services financiers coloniaux sont tous établis sur les mêmes grandes lignes; mais, quant aux détails, ils fonctionnent dans les diverses colonies de façon différente suivant les règlements locaux; aussi le décret du 20 novembre 1882 se borne-t-il à donner l'indication des grands services que l'on rencontre à peu près partout. Spécialement l'article 148 énumère les services de l'enregistrement, des domaines et du timbre, le service de la curatelle aux successions vacantes, le service des eaux et forêts, le service du recouvrement des amendes, le service des contributions indirectes, des postes et des produits indirects, le service des douanes. Les poursuites pour le recouvrement des divers impôts, le tarif, ainsi que l'organisation du cadre des agents de poursuite, sont établis par des arrêtés des gouverneurs en conseil privé, sous réserve de l'approbation du ministre des colonies qui s'entend auparavant avec son collègue des finances. Le gouverneur rend exécutoires dans sa colonie les rôles des contributions directes, et c'est en vertu de ces rôles que les contributions devenues obligatoires peuvent donner lieu à des poursuites en cas de non-paiement. On applique les règles de compétence établies en France. Les conseils privés ou d'administration remplaçant les conseils de préfecture jugent les litiges concernant l'assiette, la répartition de l'impôt et la régularité des actes de poursuite avant le commandement. Pour les actes de poursuite postérieurs, le tribunal civil devient compétent et statue sur leur régularité. Il statue aussi sur les questions de propriété, revendications mobilières, distractions des objets insaisissables, etc. (art. 176 de l'ordonnance du 9 février 1827 et art. 3 du décret du 5 août 1881). S'il s'agit de contributions indirectes, le même tribunal se prononce non seulement sur l'exécution, comme il vient d'être dit, mais, en outre, sur les difficultés concernant le fond du droit de l'assiette de l'impôt.

Suivant l'article 154 du décret du 20 novembre 1882, il y a, dans chaque colonie, un trésorier payeur chargé de la recette et de la dépense, tant des services de l'État que du service local. Ces agents, depuis un décret du 22 décembre 1902 modifié par celui du 27 mai 1911, sont nommés par décret rendu sur la proposition du ministre des finances et sur avis conforme du ministre des colonies. Dans les grandes colonies, il peut exister, en outre, un ou plusieurs trésoriers particuliers, selon l'importance et la division du territoire colonial. Ces comptables sont placés sous les ordres et la surveillance des trésoriers payeurs qui répondent de leur gestion. Ils sont nommés, sur avis du ministre des colonies, par arrêtés du ministre des finances. Des agents particuliers peuvent être également préposés au service financier des petits centres; ils sont rétribués par des remises établies par les arrêtés locaux qui les instituent Quant aux trésoriers payeurs et particuliers qui reçoivent un traitement fixe du budget de l'État, un arrêté du 24 juillet 1857 les a assimilés, pour la retraite, aux agents des finances dont le traitement est égal à celui réservé comme traitement personnel aux comptables coloniaux. Pour tout ce qui concerne le service financier, le ministre et les trésoriers payeurs sont en correspondance directe (art. 222 et 223 du décret du 20 novembre 1882).

Dans chaque colonie, le trésorier payeur perçoit tous les impôts, droits et produits réservés au service local, si d'autres comptables n'ont pas été spécialement chargés de la perception. En Cochinchine, on trouve un payeur particulier dont le traitement est à la charge du budget local et qui est appelé receveur spécial du service local. Les trésoriers payeurs et particuliers ont encore droit à des remises proportionnelles.

Les percepteurs sont, sous la surveillance et la responsabilité des trésoriers payeurs et particuliers, chargés de la perception des contributions directes et peuvent aussi l'être du recouvrement de divers autres produits locaux. Ils sont nommés par les gouverneurs sur la proposition du trésorier payeur et doivent être agréés par les trésoriers particuliers de l'arrondissement auquel ils sont rattachés. Ils reçoivent des remises proportionnelles dont la quotité est fixée par des arrêtés du gouverneur; dans les colonies où il n'existe pas de Conseil général, ces arrêtés doivent être soumis à l'approbation du ministre des colonies donnée sur avis du ministre des finances (art. 182, 183 et 184 du décret du 20 novembre 1882). Les comptes de gestion des comptables coloniaux sont régis par les règles applicables à la métropole (voir le titre III du décret du 20 novembre 1882).

La *trésorerie algérienne* constitue un service rattaché placé sous l'autorité du ministre des finances, mais avec une large part faite, comme on l'a vu, à l'intervention du gouverneur général (décret du 16 janvier 1902). Les autres services financiers ont suivi la loi de dérattachement et constituent, au gouvernement général, une direction sous les ordres d'un inspecteur général des finances (arrêté du gouverneur général du 28 décembre 1900). Ce sont notamment l'enregistrement, les domaines et le timbre, les contributions diverses, les douanes, services auxquels il convient de joindre actuellement celui des postes, télégraphes et téléphones. Dans ces services, il y a un personnel double : le personnel métropolitain continuant à dépendre du cadre métropolitain, et sur lequel le gouverneur général n'a que des pouvoirs restreints, et les agents du cadre inférieur algérien nommés par le gouverneur général et placés sous son autorité exclusive. La direction générale de l'enregistrement du ministère des finances exerce les mêmes attributions que dans la métropole, en ce qui concerne l'assiette et la perception des droits d'enregistrement, de timbre et d'hypothèque et les amendes et contraventions y afférentes. L'administration des contributions diverses est chargée de la perception des contributions directes et assimilées, ainsi que de l'assiette et du recouvrement des contributions indirectes (décret du 21 août 1898). Le service des contributions directes, créé en Algérie par un décret du 8 mai 1872, est chargé actuellement, suivant un second décret du 21 août 1898, de l'assiette des impôts directs et des taxes assimilées, ainsi que des impôts arabes. En vertu des articles 5 à 9 du décret de 1898, le gouverneur général connaît des demandes en remise ou modération d'impôts arabes, motivées par des considérations d'ordre général ou par des pertes résultant d'événements calamiteux. Il statue également, en matière de contribution foncière des propriétés bâties, de patentes et taxes assimilées, sur les recours formés par les contribuables contre les décisions des préfets touchant les demandes en remise et en modération, etc. Le service des douanes est, depuis le décret du 7 août 1901, placé sous l'autorité du gouverneur général; il a à sa tête un directeur des douanes résidant à Alger. Le service des postes, télégraphes et téléphones, réorganisé par un décret du 12 octobre 1901, est dirigé par le gouverneur général et administré, sous son autorité, par un inspecteur général des postes et télégraphes.

En *Tunisie*, le service des *régies financières* a été organisé par un arrêté réglementaire du directeur des finances du 30 décembre 1904, modifié par ceux des 30 décembre 1906 et 1er janvier 1909. Le concours existe pour le recrutement et l'avancement. Le service de la régie des monopoles du tabac et du sel, des allumettes, poudres à feu et cartes à jouer a été créé par un décret beylical du 16 décembre 1900. En 1884, a été établi le service des contributions diverses, chargé de percevoir les droits d'enregistrement et de timbre, la taxe de vérification des poids et mesures, les redevances du domaine public, les impôts directs à la charge des européens, la taxe sur les loyers, la taxe locative des communes, le montant des amendes et condamnations prononcées par les tribunaux français de Tunisie. Le service des douanes a été organisé par un arrêté du directeur des finances du 2 octobre 1884. Le recouvrement des impôts est dans les attributions des caïds et des cheiks contrôlés sur place par un corps d'inspecteurs. Ils versent les produits de leur encaissement aux comptables français et sont justiciables de la cour des comptes tunisienne (voir art. 90 et 91 du décret du 12 mai 1906). Le décret précité prévoit également les recouvrements à effectuer par le conservateur de la propriété foncière pour les frais d'immatriculation (loi du 1er juillet 1885), par le receveur des contributions directes et des douanes, les entreposeurs des monopoles et les receveurs de l'office des postes et télégraphes (art. 84 et suiv.). C'est le receveur général des finances qui reçoit les versements de tous les encaissements faits par les divers comptables (art. 76 du décret précité). Il assure tous les services de trésorerie, sauf ceux se rattachant à la conservation de la propriété foncière, aux régies et à l'office postal.

SECTION III

LE CRÉDIT ET LA MONNAIE

TITRE PREMIER

Le crédit

ARTICLE PREMIER

Les Banques

§ I. — *Banques de la Martinique, de la Guadeloupe, de la Réunion et de la Guyane*

Le gouvernement provisoire de 1848, en abolissant l'esclavage, reconnut en même temps aux colons lésés par cette mesure le droit à une indemnité; et la loi du 30 avril 1849 fixa cette indemnité qui fut répartie entre les colonies des Antilles, de la Réunion, de la Guyane, du Sénégal, de Nosy-Bé et Sainte-Marie. Mais les colons avaient besoin de crédit, car ils furent fortement éprouvés par l'émancipation des esclaves et la nécessité qu'elle entraîna d'organiser un nouveau régime de culture des terres. En conséquence, la loi précitée du 30 avril 1849 décida que, sur la rente de six millions payable, aux termes de son article 2, à titre d'indemnité, le huitième de la portion afférente aux colonies de la Guadeloupe, de la Martinique et de la Réunion serait prélevé pour servir à l'établissement d'une banque privilégiée de prêt et d'escompte dans chacune de ces colonies, en précisant que les colons dont l'indemnité n'était pas supérieure à 1.000 francs, étaient exemptés de cette obligation. En compensation, les colons soumis à la mesure imposée reçurent des actions des banques nouvelles dans la proportion de la retenue subie par leur part d'indemnité. La loi organique des banques, avec les statuts y annexés, fut votée le 11 juillet 1851 ; le capital des trois banques de La Martinique, de La Guadeloupe et de La Réunion fut fixé à trois millions, chiffre confirmé par les lois du 24 juin 1874 et du 1er juin 1902. La banque de la Guyane fut créée ensuite ; son capital, primitivement de 700.000 francs et puis réduit, a été fixé à 600.000 francs (décrets des 5 juillet 1863, 4 novembre 1875 et loi du 1er juin 1902). Vint plus tard la banque du Sénégal établie par décret du 21 décembre 1853 au capital de 230.000 francs, porté à 600.000 francs par décret du 4 juillet 1888, banque qui s'est fondue, depuis le 1er juillet 1901, dans la banque de l'Afrique occidentale. Également, une banque avait été fondée à la Nouvelle-Calédonie par décret du 14 juillet 1874, dont le privilège a été, à suite de faillite, retiré par décret du 29 juin 1878. Après des prorogations successives, le privilège des banques de la Martinique, de la Guadeloupe, de la Réunion et de la Guyane a été prorogé une dernière fois pour dix ans à partir du 1er janvier 1902, par une loi du 13 décembre 1901.

Le capital des banques peut être augmenté ou diminué par l'assemblée générale des actionnaires, dont la délibération doit être approuvée par le gouverneur en conseil privé et acceptée par décret en Conseil d'État, suivant l'article 2 de la loi de 1874 et l'article 1er de la loi de 1901. Voici maintenant comment fonctionnent les banques, d'après l'article 28 des statuts annexés aux lois d'organisation. L'assemblée générale représente l'universalité des actionnaires et est composée des cent actionnaires propriétaires du plus grand nombre des actions depuis six mois révolus, chiffre réduit à trente pour la Guyane et le Sénégal. La banque est gérée par un conseil d'administration comprenant le directeur et quatre administrateurs élus pour quatre ans par l'assemblée générale. Le directeur est choisi par le président de la République dans une liste de trois candidats, présentée par la commission de surveillance, sur le rapport des ministres des colonies et des finances; il ne peut être révoqué que par décret; mais le gouverneur, en conseil privé, a le droit de le suspendre. Il doit justifier de la propriété de vingt actions inaliénables durant sa gestion; il suffit de dix à la Guyane et au Sénégal. Les administrateurs, dont un est de droit le trésorier de la colonie, tandis que les trois autres sont élus par l'assemblée générale, doivent être porteurs de dix actions inaliénables pendant leur gestion (cinq à la Guyane et au Sénégal); les administrateurs élus sont nommés pour trois ans et renouvelables par tiers. Deux censeurs sont chargés de veiller à l'observation des statuts et règlements de la banque; l'un est nommé par le ministre des colonies et l'autre est élu par l'assemblée générale pour deux ans et est rééligible; il doit justifier du même nombre d'actions que les administrateurs, actions inaliénables durant sa fonction. Un décret du 27 avril 1905 a chargé le secrétaire général des fonctions de censeur nommé par le ministre. A la Guadeloupe, ces fonctions sont exercées par un fonctionnaire résidant à la Pointe-à-Pitre (arrêté ministériel du 27 décembre 1907). Un décret en forme de règlement d'administration publique du 19 avril 1902 a fixé à 90 francs le taux de capitalisation des rentes 3 % constituant le capital social des banques. Ces banques ont reçu, de par la loi de 1851, la faculté, maintenue par l'article 3 des lois de 1874 et de 1901, de disposer librement, sous le contrôle du ministre des colonies, des inscriptions de rente que l'État avait prélevées sur les indemnités accordées aux colons et qui constituaient le capital primitif, de façon à réaliser le capital nécessaire aux opérations de crédit. Le capital est divisé en actions de cinq cents francs chacune et, à la Guyane, de trois cent soixante-quinze francs. Elles sont nominatives, inscrites sur un registre à souche; et la transmission s'opère par une déclaration de transfert, d'après les règles posées par les articles 6 et suivants des statuts organiques. La section IV de ces statuts, articles 25 et s., prévoit la constitution d'un fonds de réserve; elle fixe également la répartition des dividendes entre les actionnaires. Les dépôts faits par les particuliers ne peuvent porter intérêt.

Suivant les statuts organiques (art. 10 et s.), les banques émettent des billets au porteur et escomptent les effets à ordre portant deux signatures. L'une de ces signatures peut être suppléée par la remise d'un récépissé de marchandises, par un dépôt de titres mobiliers, ou un dépôt de lingots (matières d'or et d'argent), par une déclaration d'acceptation anticipée du tiré, ou encore par un connaissement passé à l'ordre de la banque, et même par la cession d'une récolte pendante, suivant les articles 10 à 12. Les billets au porteur, d'après l'article 4 de la loi de 1874, sont de 500, 100, 25 et 5 francs; ils sont remboursables à vue, au siège de la banque d'émission. Les billets ont cours légal et non forcé dans la colonie où se trouve la banque d'émission; ils ont donc, dans cette colonie, le caractère de monnaie légale pour les caisses publiques, aussi bien que pour les particuliers, mais à la condition que la banque d'émission soit en mesure de les rembourser en numéraire, l'État n'étant pas responsable si cette condition ne se réalise point par suite de faillite ou tout autre motif. Le montant des billets en circulation ne peut être supérieur, en aucun cas, au triple de l'encaisse métallique de l'établissement de crédit, afin que les billets soient constamment convertibles grâce à cette encaisse qui doit être composée uniquement de monnaies françaises. Aux termes de l'article 4 de la loi de 1901, le montant cumulé des billets en circulation, des comptes courants et autres dettes de la banque ne peut excéder le triple du capital social et des fonds de réserve, à moins que la contre-valeur des comptes courants et des autres dettes ne soit représentée par du numéraire venant en augmentation de l'encaisse métallique.

Nous avons dit plus haut que l'une des deux signatures exigées peut être remplacée par la cession d'une récolte pendante; c'est là l'une des innovations les plus intéressantes sur l'organisation des banques métropolitaines, destinée à procurer au colon un crédit qu'il ne saurait obtenir par un autre moyen (loi du 11 juillet 1851). Et la loi du 24 juin 1874 a étendu le bénéfice du prêt sur récoltes pendantes aux fermiers, métayers, locataires de terrains ou entrepreneurs de plantations, pourvu qu'ils agissent avec l'adhésion du propriétaire, afin que la banque se trouve à l'abri du privilège de ce dernier, et qu'elle soit, par suite, aussi bien garantie que si elle contractait avec lui. En cas de prêt sur récoltes, les articles 6 et s. des lois de 1874 et de 1901 établissent les formalités protectrices de publicité grâce auxquelles les créanciers pourront se faire connaître et, le cas échéant, s'opposer au prêt, pour conserver leur gage. Le prêt ne peut être consenti que pour le tiers de la valeur de la récolte et seulement pendant les quatre mois qui la précèdent. L'article 408 du Code pénal est applicable à tout détournement ou dissipation de récolte commis par les emprunteurs au préjudice de la banque, d'après la disposition de l'article 13 de la loi de 1901. Le taux des prêts sur récoltes est de 5 % par an. Les banques coloniales peuvent établir des succursales et agences dans la colonie ou ses dépendances, en vertu d'un décret rendu en la forme des règlements d'administration publique, après délibération des actionnaires en assemblée générale ; il faut les mêmes formalités pour les supprimer. La Guyane peut être forcée d'établir ces succursales ou agences en des points déterminés de la colonie, si elle en est requise par le ministre des colonies (art. 14 de la loi de 1901).

Une *agence centrale*, placée sous la surveillance de l'autorité supérieure, est instituée à Paris pour représenter les banques dans les opérations qu'elles ont à faire avec la métropole; l'agent central, nommé par décret sur une liste de trois noms présentée par la commission de surveillance, est le délégué des banques auprès du ministre et de ladite commission; il s'occupe de la confection des billets, des achats de matériel (décret du 17 novembre 1852 et arrêtés ministériels des 4 décembre 1852 et 31 mars 1874). Un décret du 9 juin 1904, modifié par un autre décret du 14 juin suivant, a établi un commissaire du gouvernement auprès de l'agence centrale. Le ministre désigne la société de crédit qui fait, en France, les affaires des banques coloniales. La loi de 1851, confirmée par l'article 15 des lois de 1874 et 1901, a institué auprès du ministère des colonies une commission de surveillance composée de neuf membres, dans le but de contrôler la gestion des banques coloniales. Elle est consultée sur les actes du gouvernement les concernant; elle provoque les mesures jugées convenables, et rend chaque année au président de la République un compte des résultats de sa surveillance et de la situation des établissements. Ce compte est publié dans un journal de la colonie et à l'Officiel.

§ II. — *Banque de l'Indo-Chine*

Fondée par un décret du 21 janvier 1875, la banque de l'Indo-Chine a vu se renouveler son privilège à plusieurs reprises jusqu'au décret du 16 mai 1900 complété par un autre du 3 avril 1901, qui l'a renouvelé pour quinze ans. Le capital de la banque a été porté à 36 millions à partir de 1906. Actuellement elle étend son action sur les colonies et protectorats de l'Indo-Chine, de l'Inde et de la Nouvelle-Calédonie; et elle s'est engagée à établir, sur l'initiative du ministre des colonies, des succursales ou agences dans les autres colonies et protectorats français de l'Océan Indien et de l'Océan Pacifique, ainsi qu'en Chine, au Japon, au Siam, et dans les ports de l'Océan Indien et Pacifique ne faisant pas partie des possessions françaises. Ces succursales ou agences sont créées par des décrets rendus sur la proposition des ministres des colonies et des finances, la commission de surveillance des banques coloniales entendue. Cette commission joue ici le même rôle que vis-à-vis des colonies déjà étudiées. Très puissante, la banque indochinoise s'est établie à Saïgon, Nouméa, Papeete, Hanoï, Bangkok, Hong-Kong, Canton, Shangaï, Djibouti, Tahiti, Battambang, Pékin, Tien-Tsin, etc. La banque de l'Indo-

Chine suit, en principe, les règles que nous venons d'indiquer à propos des banques des Antilles, de la Réunion et de la Guyane. Elle émet des billets de 1.000, 500, 100, 20 et 5 francs, remboursables à vue et ayant cours de monnaie légale. Elle est administrée par un conseil d'administration nommé par l'assemblée générale composée des cent plus forts actionnaires. Ce conseil de huit à quinze membres élus pour cinq ans, désigne le président et les directeurs avec l'adhésion du ministre des colonies. Un censeur administratif est nommé par le ministre qui désigne également un commissaire du gouvernement au siège social, dans le but de contrôler l'administration et de veiller à l'exécution des règlements statutaires. La banque fait à peu près les mêmes opérations que les autres banques coloniales et est assujettie aux mêmes dispositions; ses prêts sur récoltes consentis aux indigènes à un taux annuel de 6 % ont rendu à ceux-ci de grands services et se généraliseront, pourvu qu'on renonce aux formalités compliquées qui en rendent la réalisation difficile aux cultivateurs, le plus souvent illettrés (arrêté du 27 septembre 1898). Il faut appliquer à la banque indo-chinoise les pouvoirs de surveillance attribués au ministre par les lois de 1874 et de 1901; et notamment, comme on l'a vu, doit fonctionner près d'elle la commission instituée par l'article 15. Les statuts prévoient deux fonds de réserve, et aucun dividende ne peut être distribué sans l'approbation du ministre des colonies. Le montant cumulé des billets en circulation, des comptes courants et autres dettes ne peut être supérieur au triple du capital de la société et des réserves (article 4 de la loi de 1901).

§ III. — *Banque de l'Afrique occidentale française*

Elle a été organisée par un décret rendu en Conseil d'État le 29 juin 1901; mais des décrets des 29 décembre 1901 et 4 juin 1904 ont modifié ses statuts qui, du reste, sont modelés sur ceux de la banque indo-chinoise. Le capital de formation a été de 5.986.500 francs, divisé en 11.973 actions de 500 francs. La banque qui a son siège à Paris, est administrée par un conseil d'administration de cinq à huit membres nommés par une assemblée générale composée de tous les propriétaires d'au moins dix actions. Elle s'étend aux colonies et protectorats de l'Afrique occidentale, ainsi qu'aux pays étrangers à la côte d'Afrique; elle a des succursales et agences à Dakar, Saint-Louis, Rufisque, Konakry, Grand-Bassam, etc. Les succursales sont créées en vertu de décrets rendus sur la proposition des ministres des colonies et des finances. Société anonyme et banque à la fois d'émission, de prêt et d'escompte, elle émet des billets de 1.000, 500, 100, 50, 25 et 5 francs, dont le montant ne peut dépasser le triple de l'encaisse métallique; et le chiffre cumulé des billets en circulation, des comptes courants et autres dettes ne peut être supérieur au triple du capital social et des réserves (art. 4 de la loi de 1901). Son privilège est d'une durée de vingt ans. Elle a auprès d'elle un commissaire du gouvernement nommé par le ministre des colonies investi, en ce qui la concerne, des pouvoirs de surveillance et de contrôle qu'il possède relativement aux autres banques; également sont applicables les dispositions de l'article 15 des lois de 1874 et 1901 concernant la commission de surveillance des banques coloniales.

§ IV. — *Banque d'Algérie*

La banque d'Algérie a été établie par une loi du 4 août 1851, modifiée par celles du 3 avril 1880 et du 5 juillet 1900. C'est une banque d'émission à l'image de la banque de France; son privilège, pareil à celui de cette dernière expire le 31 décembre 1920, avec possibilité pour le parlement de le faire cesser le 31 décembre 1912, en vertu d'une loi votée en 1911. Elle émet des billets ayant cours légal de 1.000, 500, 100, 50 et 20 francs. La loi du 11 avril 1907 a porté à 200 millions de francs le chiffre des émissions de la banque d'Algérie et de ses succursales limité auparavant à 150 millions. Le texte ajoute qu'il pourra être élevé à 300 millions par augmentations successives de 50 millions, à des intervalles de deux ans au minimum, sur la proposition du ministre des finances. Suivant l'article 2, le capital social fixé à 20 millions par l'article 6 des statuts approuvés par la loi du 5 juillet 1900, sera porté à 25 millions représenté par 50.000 actions de 500 francs entièrement libérées.

La banque d'Algérie possède des succursales à Alger, Oran, Constantine, Bône, Philippeville et Tlemcem. D'après les nouveaux statuts incorporés à la loi du 5 juillet 1900, la banque a maintenant son siège social à Paris et de nouvelles succursales doivent être ouvertes par elle. De plus, elle doit verser à l'État diverses redevances échelonnées jusqu'à l'extinction du privilège; avancer une somme de trois millions au trésor sans intérêts; ouvrir ses guichets à l'émission des rentes françaises et des valeurs du trésor français et en payer les coupons gratuitement; assurer aussi, dans des conditions déterminées, les services du trésor. La banque est gérée par un directeur et un sous-directeur nommés par décret, sur la proposition du ministre des finances : on y rencontre également un conseil d'administration de neuf membres et trois censeurs élus par l'assemblée générale des actionnaires pour trois ans. Chaque succursale a un directeur nommé par le ministre des finances, un conseil d'administration et un comité d'escompte, ainsi qu'un commissaire du gouvernement qui est le trésorier payeur. Désormais les dividendes pourront être distribués aux actionnaires sans autorisation ministérielle.

En novembre 1911, le ministre des finances a déposé à la Chambre deux projets de loi tendant au renouvellement du privilège des banques de France et d'Algérie. Une note communiquée par le ministre indique que, si les services rendus actuellement par les deux Instituts d'émission et la manière dont ils se sont acquittés jusqu'à présent des obligations qui leur incombaient, doivent aujourd'hui faire écarter tout projet de dénonciation de leur privilège, par contre, certaines modifications aux lois qui les régissent apparaissent comme désirables. Les banques elles-mêmes en ont, du reste, proposé spontanément certaines. C'est pour consacrer ces modifications qu'ont été déposés les projets de loi analogues pour les deux banques, mais, pour l'Algérie, avec les changements nécessaires résultant du milieu spécial. Voici les dispositions principales du projet concernant l'Algérie qui a été renvoyé à la commission du budget. Le pouvoir d'émission limité par la loi à trois cents millions (300.000.000) pourra être élevé par décrets successifs à quatre cents millions (400.000.000). Quatre nouveaux comptoirs seront ouverts avant 1915. Un règlement relatif au personnel sera présenté à l'approbation du ministre des finances. On a dû approprier ici, aux conditions particulières de nos possessions du nord de l'Afrique, la nature des facilités accordées au commerce d'exportation, autoriser la banque à créer éventuellement des agences en pays étranger, à escompter du papier à cent jours allongés des délais de route, à traiter, pour les besoins de sa clientèle, des opérations de change sur monnaies étrangères. Un concours plus complet sera fourni aux services de trésorerie de la colonie et de l'État.

Enfin, la prospérité actuelle de la banque — qui s'est largement développée depuis onze ans — commandait deux importantes réformes. D'une part, la redevance versée à l'Algérie et à la Tunisie sera rendue proportionnelle au montant de la circulation et très notablement augmentée, puisque d'un chiffre fixe de quatre cent mille francs (400.000) elle passera à un minimum de neuf cent mille francs (900.000). D'autre part, conformément au droit commun, la Banque recouvrera le droit de fixer son dividende, sans avoir à solliciter l'approbation du ministre des finances, sauf dans le cas où les réserves ne seraient plus maintenues à leur total actuel de vingt-cinq millions (25.000.000), égal à celui du capital.

Une succursale de la banque algérienne a été fondée en *Tunisie*, avec siège à Tunis, en vertu d'un décret beylical du 8 janvier 1904 et d'un décret du président de la République du 7 mai 1904; elle émet des billets au porteur payables à vue dans toute l'étendue de la Régence; des agences fonctionnent à Sousse et à Sfax. La banque algérienne, en échange de son privilège d'émission, a fait au trésor tunisien une avance de un million sans intérêt et lui verse des redevances annuelles affectées au crédit agricole tunisien et au développement de la colonisation française, ainsi que cela résulte d'un second décret du 7 mai 1904 et de l'accord annexé à ce décret.

ARTICLE II

Le Crédit foncier et agricole

Pour réaliser aux colonies le but poursuivi en France par le Crédit foncier, une société privée anonyme, dite *Société de crédit colonial*, fut approuvée par un décret du 24 octobre 1860 et s'est transformée en *Société de crédit foncier colonial*, situation ratifiée par un décret du 31 août 1863. Cette société n'était instituée que pour les Antilles, et un nouveau décret du 31 août 1863 homologua la convention passée entre elle et les îles, en vue de fixer leurs engagements réciproques. Un décret du 7 octobre 1863 a réglé la même situation vis-à-vis de la Réunion. Originairement le Comptoir d'escompte avait été chargé de réaliser les opérations de prêts faites par le Crédit foncier; mais un décret du 28 octobre 1872 a approuvé la séparation des deux institutions de crédit, le Comptoir devenant complètement autonome. La Société de crédit foncier colonial a son siège et son domicile à Paris et constitue une société anonyme au capital de 7.200.000 francs (décret du 17 novembre 1907); elle a été établie pour une durée de 60 ans à partir de 1863. Un conseil de 10 à 15 administrateurs, choisissant son président, est placé à la tête de la société. L'assemblée générale comprend tous les actionnaires ayant 20 actions au moins. Un directeur assure l'exécution des décisions du conseil d'administration et trois censeurs nommés par l'assemblée générale veillent à l'observation des statuts.

Le Crédit foncier colonial réalise une série des opérations qui sont comprises dans les attributions du Crédit foncier de France : prêts aux colonies et aux communes coloniales à long ou à court terme, ainsi qu'aux propriétaires d'immeubles et de sucreries pour la construction de ces établissements ou le renouvellement de leur outillage. Cette dernière opération constituait le côté original de l'institution, et était de nature à rendre des services signalés à l'industrie sucrière. Les statuts permettent encore l'acquisition, par voie de cession ou autrement, et le remboursement des créances privilégiées ou hypothécaires. Les colonies faisaient à la Société de crédit foncier certains avantages consistant notamment en une garantie éventuelle de 2 1/2 % des obligations émises en représentation des prêts consentis sur le territoire de chacune d'elles. Ces prêts devaient monter à 10 millions à la Guadeloupe et à la Martinique et à 20 millions à la Réunion. Bien que société privée et distincte complètement du Crédit foncier de France, la Société de crédit colonial foncier avait obtenu, de par l'article 13 du décret du 31 août 1863, l'application des règles visant les sociétés de crédit foncier en général, règles contenues dans le décret-loi du 28 février 1852 et la loi du 10 juin 1853.

Le Crédit foncier colonial organisé comme il vient d'être dit, aurait pu rendre de signalés services aux propriétaires et aux communes coloniales; malheureusement il borna son activité à l'acquisition et à l'exploitation des immeubles qu'il avait été obligé de faire saisir et vendre pour se payer des prêts consentis, surtout lors de la crise sucrière de la Réunion de 1864. Après des litiges nombreux, il finit par être mis en liquidation judiciaire, sur le rapport de l'inspection des finances, et obtint un concordat en 1892. Depuis lors, il ne consent plus de prêts hypothécaires et se borne à exploiter les immeubles considérables qui lui appartiennent dans les îles. Ce n'était point là une situation normale; et pour y mettre fin, MM. Brunet et de Mahy ont déposé, en 1895, une proposition de loi (*Officiel Documents parlementaires* chambre des Députés, session ordinaire de 1895, p. 346) concluant à l'abrogation du décret du 21 mars 1873 qui autorisait le Crédit foncier à effectuer, *en vue d'une prompte revente*, les acquisitions à l'amiable et aux enchères ou l'affermage de tous immeubles et usines, tous emprunts avec ou sans constitution d'hypothèque, tous actes de gestion des propriétés acquises, etc. Depuis ce décret, disaient les honorables rapporteurs, le Crédit foncier se livre à des opérations toutes différentes de celles pour lesquelles il a été institué; il se gère comme propriétaire agricole, industriel, commerçant et banquier, pour le plus grand détriment des colons auxquels il fait une concurrence ruineuse et illicite. Et le projet de loi demandait, par suite, la déchéance de la société de crédit et l'intervention du gouvernement pour faire procéder à sa liquidation conformément à l'article 11 du décret du 31 août 1863. Il serait bon que le Crédit foncier colonial réorganisé pût rendre aux colonies les services que le Crédit foncier rend en France. Il serait bon également que l'institution fût généralisée à toutes les colonies qui ont un égal besoin de crédit. D'autant plus que les institutions de crédit n'y abondent précisément point; on peut citer, dans cet ordre d'idées, la *Caisse agricole de Tahiti* créée par arrêté du 30 juillet 1863, qui a rendu de réels services aux agriculteurs locaux (arrêtés locaux des 21 décembre 1895, 23 décembre 1901, 22 septembre 1909). Il est à souhaiter que des organismes semblables se développent dans nos diverses colonies; le gouvernement français se préoccupe avec raison de les établir là où ils ne fonctionnent pas encore. Mentionnons, à cet égard, le décret du 29 juin 1910 qui autorise la création dans les colonies de l'Afrique occidentale de sociétés indigènes de prévoyance, secours et prêts mutuels agricoles.

Le Crédit foncier de France a été autorisé, par un décret du 11 janvier 1860, à effectuer ses opérations en *Algérie* ; à cet effet, il a constitué, en 1880, un établissement spécial qui prête aux algériens les fonds mis par lui à sa disposition et qui a été appelé : *Crédit foncier et agricole algérien.* Cette société n'ayant pas été autorisée comme société de crédit foncier, ne bénéficie pas de la législation spéciale créée par le décret de 1852 et la loi de 1853. On a beaucoup critiqué cette organisation dans les milieux compétents; on a fait remarquer que le Crédit foncier français néglige sensiblement en Algérie les prêts hypothécaires qui cependant peuvent seuls être utiles aux propriétaires, pour se cantonner dans les opérations d'escompte et les prêts départementaux ou communaux; et l'on réclame avec raison, semble-t-il, la création d'un établissement autonome qui correspondrait réellement en Algérie au but poursuivi dans la métropole par le Crédit foncier. En somme, on constate ici la même lacune que celle relevée ci-dessus par rapport au reste du domaine colonial français. Le Crédit foncier d'Algérie et des colonies est à constituer de toutes pièces, si l'on veut assurer à notre domaine colonial les moyens de crédit dont la colonisation a le besoin le plus urgent et qui lui font totalement défaut.

Il convient toutefois de mentionner ici l'institution des *caisses régionales de crédit agricole mutuel* en Algérie, par la loi du 8 juillet 1901. Ces caisses ont pour but de faciliter les opérations concernant l'industrie agricole effectuées par les membres des *sociétés locales de crédit agricole* de leurs circonscriptions et garanties par ces sociétés. Dans ce but, elles escomptent les effets souscrits par les membres des sociétés locales et endossés par ces sociétés. Elles peuvent faire à ces sociétés les avances nécessaires pour la constitution de leurs fonds de roulement (art. 2 de la loi). La répartition des avances est opérée par le gouverneur général, sur l'avis d'une commission spéciale nommée par décret et qui comprend le directeur de la banque d'Algérie, trois membres de la première délégation financière (colons) choisis par elle et six représentants des sociétés de crédit mutuel agricole, régionales ou locales, désignés par les membres de ces sociétés. Un arrêté du gouverneur général rendu sur l'avis de la commission fixe les moyens de contrôle et de surveillance à l'égard des caisses régionales dont les statuts seront déposés au gouvernement général (articles 4 et s.). L'article 1er de la loi dispose que l'avance de trois millions de francs et la redevance annuelle à verser au trésor par la banque de l'Algérie, en vertu de la convention du 30 janvier 1900 approuvée par la loi du 5 juillet 1900, seront mises à la disposition du gouvernement pour être attribuées, à titre d'avances, sans intérêt, aux caisses régionales de crédit agricole constituées d'après les dispositions de la loi du 5 novembre 1894 relative à la création de sociétés de crédit agricole, loi déclarée applicable à l'Algérie et aux colonies par l'article 7.

En *Tunisie*, les sociétés de crédit foncier peuvent être créées, suivant le décret beylical du 20 juin 1906, avec l'autorisation du gouvernement qui se réserve d'approuver les statuts et d'autoriser, en la surveillant, l'émission des obligations foncières, dans le but de faire des avances remboursables par annuités aux propriétaires d'immeubles immatriculés. La société jouit des prérogatives accordées en France par le décret-loi du 28 février 1852 et par la loi du

10 juin 1853. Un décret du 8 décembre 1906 a approuvé les statuts de *la Société de crédit foncier de Tunisie* constituée pour une durée de cinquante ans, au capital de 10 millions de francs.

Un décret du 24 août 1909 a autorisé le Crédit foncier de France à faire, dans la Régence, des prêts fonciers sur les immeubles immatriculés, conformément à la législation spéciale tunisienne et des prêts aux communes et établissements publics. Les prêts faits aux propriétaires d'immeubles ne pourront dépasser cinq pour cent de la totalité des prêts qui auront été effectués sur le territoire continental de la France. Cette proportion pourra être augmentée par un décret rendu en la forme des règlements d'administration publique, sur la demande du conseil d'administration du Crédit foncier approuvée par l'assemblée des actionnaires.

Le gouvernement tunisien a, depuis le protectorat, largement développé le crédit agricole, soit sous forme individuelle, soit sous forme collective. Un décret du 25 mars 1905 a organisé, comme en Algérie, *le crédit agricole mutuel* par la création de caisses locales et régionales alimentées par une somme de 500.000 francs à prélever sur l'avance de un million de francs et les redevances annuelles variables que la banque algérienne verse à titre de prêt au trésor tunisien. Le trésor prête gratuitement aux caisses de crédit dont le décret précité de 1905 règle la condition juridique et le fonctionnement. Un décret du 4 juillet 1907 a doté la Régence de *sociétés coopératives agricoles* ayant le caractère de sociétés commerciales et pouvant se constituer sans l'autorisation du gouvernement, soumises aux dispositions de la loi française relatives à ces sociétés non contraires à la législation locale. Ces sociétés ont la personnalité civile, peuvent ester en justice et ne doivent posséder que les immeubles nécessaires à leur fonctionnement. Elles ont pour objet de faciliter ou d'effectuer toutes les opérations concernant la production, la transformation, la conservation ou la vente des produits agricoles provenant exclusivement des exploitations des associés, ainsi que l'achat et la vente à leurs membres de tous produits et matériels relatifs à l'agriculture ou l'exécution de travaux agricoles d'intérêt collectif. Toutes autres opérations leur sont interdites; elles ne peuvent grouper que des propriétaires ruraux, fermiers, métayers, serviteurs, ouvriers, etc., et généralement tous préposés ou employés à la culture des fonds, ainsi que les industriels, fabricants, commerçants et, en général, toutes personnes vendant ou achetant du matériel ou des produits agricoles ou exerçant une profession annexe à celle de propriétaire rural ou d'agriculteur ou concourant au placement de produits agricoles.

Le crédit agricole individuel a été encouragé dans la Régence par un décret du 19 août 1900, qui a autorisé le nantissement des récoltes et réglementé les opérations de prêt et autres qui en dérivent. Suivant l'article 1er d'un autre décret du 4 juillet 1907, les récoltes détachées ou non et tous produits naturels ou industriels provenant de l'exploitation agricole, y compris les animaux et le matériel non immeubles par destination, peuvent faire l'objet d'un nantissement sans être mis en la possession du créancier ou d'un tiers. Un décret du 18 juin 1909 a rendu ces dispositions applicables au sel marin.

L'*Algérie* et la *Tunisie* ont été dotées, dans l'intérêt de l'indigène qui a moins recours que l'européen aux institutions ci-dessus décrites, de *Sociétés indigènes de prévoyance et de prêt mutuel* (loi du 14 avril 1893, pour l'Algérie, et décret du 20 mai 1907, pour la Régence). La loi de 1893 les a reconnues en Algérie comme établissements d'utilité publique. Ces sociétés se sont rapidement répandues dans la population indigène dont elles ont respecté les mœurs et les traditions, en admettant le versement en nature qui se faisait autrefois dans les *silos*, où des mains pieuses déposaient les grains destinés à venir en aide aux indigènes nécessiteux. Les associés versent donc en nature ou en argent à leur choix. La société fournit des secours temporaires aux indigènes ouvriers agricoles ou cultivateurs pauvres, gravement atteints par la maladie ou les accidents. Elle consent également des prêts en nature et en argent à 5 % pour venir en aide aux indigènes *fellahs ou khammès*, en leur permettant ainsi de maintenir, développer leurs cultures et d'augmenter et d'améliorer leur outillage ou leurs troupeaux. Les statuts sont établis par arrêtés du gouverneur général pris en conseil de gouvernement. L'article 8 de la loi indique dans quelle mesure et pour quelles opérations ces sociétés jouissent de la personnalité civile; elles ne font pas de placement et ne distribuent pas de dividendes; leurs administrateurs exercent leurs fonctions gratuitement.

ARTICLE III

La monnaie

Nous n'avons nullement l'intention d'entrer ici dans l'examen rétrospectif des diverses monnaies qui ont eu cours dans nos colonies; cet examen serait fort intéressant, sans doute, au point de vue historique; mais il ne saurait trouver sa place dans l'étude générale du système colonial qui fait dans toutes ses parties l'objet de ce livre. Nous allons donc nous borner à indiquer succintement le genre de monnaie actuellement en usage. La monnaie française a cours en *Algérie* et en *Tunisie*, où le décret du 1er juillet 1891 a fait du franc l'unité monétaire aux lieu et place de la piastre. Les monnaies sont les mêmes dans la Régence qu'en France, sous cette réserve que la pièce de cinq francs en argent n'y existant pas, elle est soumise exclusivement au régime de l'étalon d'or ; sa monnaie est frappée à la Monnaie de Paris. Au contraire, suivant un arrêté du 20 avril 1845, émané du gouverneur de nos possessions françaises d'Océanie, c'est la pièce de 5 francs qui constitue l'étalon monétaire à Tahiti; on l'assimile comme valeur à la piastre forte pour les marchés et les paiements intéressant le gouvernement. La computation monétaire française est en vigueur aux *Antilles*, en *Guyane*, au *Sénégal*, à *La Réunion*, à *Mayotte*, à *Madagascar*, à *Nosy-Bé*, en *Nouvelle-Calédonie*, dans les *Établissements de l'Océanie*, à la *Côte-d'Ivoire*. On peut donc dire que la monnaie métropolitaine tend à devenir de plus en plus la monnaie légale coloniale, tout en tenant compte pourtant des observations suivantes qui ont trait aux monnaies indigènes, aux monnaies étrangères et au papier monnaie.

En ce qui concerne les monnaies indigènes, il est bien

évident qu'il n'est pas possible de les faire absolument disparaître des marchés de l'intérieur. On n'arrivera que très difficilement, si on y arrive jamais, à faire accepter à l'indigène nos monnaies et surtout notre papier monnaie, dont il se méfie, à la place des monnaies auxquelles il est habitué, telles les *manilles* sorte d'anneaux de bronze interdites à la Côte-d'Ivoire par arrêté du 28 août 1895, et les coquillages dits *cauris* refusés aux caisses publiques du Dahomey depuis l'arrêté du 28 janvier 1907. Dans l'*Inde*, bien que notre système monétaire soit officiellement applicable, on fait usage des monnaies indiennes et spécialement de la *roupie sica*, dont le taux légal est établi, suivant le cours commercial, par des arrêtés des gouverneurs en conseil privé. C'est en roupies que, d'après un décret du 17 octobre 1895, sont établis le budget et le compte administratif des établissements de l'Inde.

En *Indo-Chine*, la piastre et ses subdivisions constituent la seule monnaie légale; c'est en piastres que le budget est établi. Pour l'exercice 1911, le projet de budget général avait adopté le taux de 2 fr. 30 pour la conversion de la piastre en vue de l'évaluation des recettes et des dépenses du budget général liquidées en francs. Mais il s'est produit, dans les derniers mois de 1910, une baisse du taux de la piastre à suite de laquelle le taux a été porté, au 26 juillet 1911, à 2 fr. 25, suivant une communication du gouverneur général au ministre des colonies (*Officiel du* 12 *août* 1911). La monnaie dont se servent principalement les indigènes est la *sapèque*, pièce de zinc ou de cuivre percée au centre d'un trou carré. Le *quan* ou ligature de cent sapèques de zinc est l'unité monétaire. Pour déterminer les relations entre la piastre et le franc, interviennent des arrêtés mensuels du gouverneur en conseil privé sur la proposition du trésorier payeur, lequel prend comme base la moyenne des cours effectifs du change durant le mois écoulé. Mais il faut remarquer que ces fixations sont faites uniquement pour les recettes du trésor et les dépenses des services publics et ne lient en aucune façon les particuliers. Ceux-ci, dans leurs transactions, restent régis par le droit commun et n'ont à se préoccuper que de la valeur commerciale de la monnaie et de la nature des espèces qui ont pu être déterminées lors de la convention. La question de savoir si les arrêtés du gouverneur général fixant la valeur de la piastre, pour la détermination de la compétence des diverses juridictions et la perception et le paiement des amendes et frais de justice étaient légaux, ayant été discutée et la cour d'appel de l'Indo-Chine l'ayant résolue dans le sens de la négative, un décret du 8 octobre 1911 a conféré, à cet égard, compétence formelle au gouverneur général pour le décompte de la piastre en matière judiciaire. Le gouvernement français, pour mettre un peu de stabilité dans la valeur de la piastre, fait frapper à la monnaie de Paris des piastres de commerce, ainsi que des pièces divisionnaires de 50, 20, 10 et 1 centimes et des sapèques en bronze. Des décrets des 8 juillet 1895 et 14 avril 1898 ont fixé les conditions de titre, de poids, de diamètre et de tolérance de la piastre française de commerce; et, d'autre part, les pièces d'argent frappées pour l'Indo-Chine portent inscrits d'une façon très visible leur titre et leur poids. Il a été décidé, par un décret du 29 décembre 1904, qu'une pièce spéciale d'un six centième de piastre serait frappée pour le *Tonkin*. Voir le décret du 29 août 1905, sur le cours légal aux colonies des monnaies divisionnaires de bronze et de zinc.

Quant aux monnaies étrangères, leur maintien dans nos colonies est l'exception ; et on les interdit le plus possible. C'est ainsi qu'un récent décret du 7 novembre 1911 a défendu, dans les Établissements français de l'Océanie, sous peine d'amende et de prison, le retour et la mise en circulation des monnaies chiliennes et péruviennes. Dans l'Inde, on fabriquait des roupies sous la Restauration, à Pondichéry ; aujourd'hui, la roupie ayant cours dans l'Inde est la roupie anglaise qui se divise en 16 *annas* subdivisés en 12 *pices*. La population compte aussi par *fanons* et *cashes*. Cette situation s'explique par l'enchevêtrement de nos possessions au milieu des possessions anglaises, qui rendrait bien difficile l'expulsion de la monnaie britannique. Au *Dahomey*, on peut solder indistinctement les droits de douane en monnaie française, anglaise ou allemande, suivant la convention franco-allemande du 26 décembre 1889. Sur la *côte orientale d'Afrique*, le *thaler* de Marie-Thérèse, que l'Autriche continue à frapper, est la monnaie la plus répandue dans le commerce avec la monnaie française. A *Saint Pierre et Miquelon*, des arrêtés locaux ont donné cours légal, pour les besoins du commerce, à des monnaies anglaises et américaines; un arrêté du 16 juin 1878 a même autorisé, pour les paiements à faire au trésor ou par le trésor, l'usage de diverses monnaies d'or et d'argent étrangères, dont cet arrêté avait fixé le cours à certaines conditions y édictées.

Le *papier monnaie* qu'il ne faut pas confondre avec les billets des banques coloniales dont il a été question ci-dessus, est très usité dans les colonies; il consiste en *bons de caisse coloniaux* jadis en papier et actuellement en nickel, que la monnaie de Paris a frappés à diverses reprises pour les *Antilles* et *La Réunion*. Ces bons de caisse donnent toute sécurité au porteur, car ils correspondent à des réserves métalliques d'égale valeur contenues dans les caisses des payeurs; aussi a-t-on, avec raison, pour rassurer le public, fait figurer au revers du bon l'inscription suivante : *contre-valeur déposée au trésor colonial*. L'utilité des bons de caisse apparaît à l'époque des crises économiques; principalement on en a usé aux Antilles lors des crises de l'industrie sucrière, et dans toutes les colonies quand on a voulu enlever le cours légal aux monnaies étrangères. On évite, grâce à ces bons, une crise monétaire et on garantit l'encaisse des banques à qui le public, en l'absence de numéraire, demanderait immédiatement le remboursement de leurs billets. Les bons de caisse ont cours forcé; ils constituent une monnaie légale que tous les habitants de la colonie sont obligés d'accepter. Les bons de caisse coloniaux ont été émis aux *Antilles* en 1855, en 1884, en 1903; à la *Guyane*, en 1844; à *La Réunion*, en 1877; en 1880, dans les *Établissements de l'Océanie*. Le montant et les conditions des émissions, ainsi que le chiffre des coupures, sont déterminés par les arrêtés des gouverneurs autorisant ou réglementant les émissions.

CHAPITRE V

Le régime commercial

SECTION PREMIÈRE

LE RÉGIME COMMERCIAL GÉNÉRAL

Nous avons vu dans les explications historiques données, à propos de l'*ancien régime*, au titre Ier de la section II du chapitre Ier de la 1re partie de cet ouvrage, ce qu'avait été le *pacte colonial*, sous lequel les colonies ont vécu jusqu'à la Révolution. En vertu de ce système, les produits français pouvaient seuls être vendus sur le marché colonial, à l'exclusion des produits étrangers, de même que les produits coloniaux étaient réservés pour le marché français; et les transports entre la métropole et les colonies ne s'effectuaient que sous pavillon national. Nous avons constaté toutefois que, vers la fin de l'ancien régime, les navires étrangers avaient été autorisés à importer aux Antilles françaises certaines denrées dans quelques ports ouverts au commerce extérieur, et que ces mêmes navires avaient reçu également la faculté d'importer des îles certaines denrées et marchandises. Nous avons indiqué les critiques fondées qui avaient été adressées au pacte colonial essentiellement égoïste, fait dans l'intérêt unique de la métropole, et dont souffrait profondément le commerce des colonies.

Après quelques atténuations apportées à cette situation par diverses mesures législatives, intervint la loi du 3 juillet 1861, qui renversa complètement l'économie du pacte colonial, en accordant pour les Antilles et la Réunion la liberté des importations et exportations, et la faculté de se servir des navires étrangers pour le trafic entre la métropole et les colonies et entre les diverses colonies. Ces mesures furent ensuite généralisées; des décrets du 24 décembre

1864 donnèrent l'accès de Cayenne et du Sénégal aux navires et marchandises étrangers. Finalement le décret du 9 juillet 1869, portant abrogation des articles 3 et 4 de l'acte de navigation du 21 septembre 1793 dans les colonies où ils étaient encore en vigueur, décida que les produits de toute nature et de toute provenance pourraient être importés par tout pavillon, dans les divers établissements français d'outre-mer où l'acte de navigation du 21 septembre 1793 était encore en vigueur. Les produits chargés dans ces mêmes établissements pouvaient être acceptés pour toute destination et par tout pavillon. C'était la fin du pacte colonial.

La loi de 1861 avait prescrit que les marchandises étrangères importées aux colonies payeraient les mêmes droits qu'à leur importation en France; le sénatus-consulte du 4 juillet 1866 changea complètement le système en décidant, dans son article 2, que le conseil général vote les tarifs d'octroi de mer de toute provenance, ainsi que les tarifs de douane sur les produits étrangers, naturels ou fabriqués, importés dans la colonie, sous la réserve de l'homologation de ces derniers tarifs par décrets en Conseil d'État. Pour bien saisir la portée de cette innovation considérable, ils faut connaître la différence qui sépare le droit de douane et le droit d'octroi de mer. Celui-ci importé d'Algérie (où on l'avait établi pour remplacer l'octroi de terre) avait été étendu aux colonies en 1848, dans le but de leur procurer des ressources nouvelles. Il diffère de l'octroi de terre tout d'abord en ce qui concerne le périmètre qui s'étend à toute la colonie, tandis que l'octroi de terre se restreint à la commune. D'autre part, les produits de l'octroi de terre vont à chaque commune bénéficiaire pour son compte personnel; mais ceux de l'octroi de mer sont perçus pour la totalité des communes et ensuite répartis entre elles par arrêté du gouverneur général en conseil privé, après remboursement d'un dixième au trésor pour frais de perception. Enfin l'octroi de mer peut embrasser tous les objets de consommation locale sans restriction, alors que les octrois de terre ont été longtemps limités par des dispositions restrictives. Voyons maintenant en quoi l'octroi de mer se sépare du tarif de douane.

Nous venons de constater que l'octroi de mer est perçu en bloc au profit des communes; or, le droit de douane profite, au contraire, au budget colonial. Et, d'autre part, il ne frappe que les produits étrangers naturels ou fabriqués importés dans la colonie, suivant l'article 2 du sénatus-consulte de 1866; mais, d'après le même texte, l'octroi de mer frappe les objets de toute provenance, métropolitaine ou étrangère. Enfin, toujours d'après le même texte, tandis que les tarifs d'octroi de mer étaient votés par le Conseil général en pleine liberté et sans aucune intervention gouvernementale, les tarifs de douane également votés par lui devaient être rendus exécutoires par un décret en Conseil d'État. Le Conseil général avait donc, sans doute, l'initiative en cette matière et tout impôt de douane devait avoir été voté par lui avant perception; mais au gouvernement appartenait finalement le droit absolu de rejeter le tarif proposé.

La distinction entre l'octroi de mer et le droit de douane était rationnelle en apparence; l'État ne pouvait abdiquer son droit de contrôle en matière douanière, pas plus dans les colonies que dans la métropole; et il faisait déjà beaucoup dans le sens de l'autonomie en laissant le vote du tarif au Conseil général, sous réserve de la ratification gouvernementale. Quant à l'octroi de mer, on avait été guidé par son identité nominale avec l'octroi de terre qui intéresse une seule commune, sans réfléchir que le premier enserre la colonie tout entière dans une enceinte généralisée, dont les postes sont constitués par les frontières, absolument comme pour les douanes. Et cette considération aurait dû mettre en garde contre la concession de pouvoirs aussi considérables que ceux octroyés aux Conseils généraux par le sénatus-consulte de 1866. L'expérience ne tarda pas à démontrer combien imprudente avait été la concession en question. Complètement maîtres de leurs tarifs d'octroi de mer, les Conseils généraux les remanièrent d'une façon absolument arbitraire. Certains, s'inspirant des mots : « *objets de toute provenance* » de l'article 2 du sénatus-consulte de 1866, n'admirent l'octroi de mer que sur les objets *importés dans la colonie* et non sur ceux de même nature venant de l'intérieur de la colonie. De là, il résultait que l'impôt frappant à la fois les produits français et étrangers à l'exclusion de ceux de la colonie, devenait à l'égard de ces derniers un véritable droit différentiel, contrairement à la nature de l'octroi dont le propre est de se baser uniquement sur le fait de la consommation locale, sans se préoccuper de la provenance des objets consommés. Quant aux droits de douane, les Conseils généraux ne se conduisirent pas d'une façon plus satisfaisante. Ils les supprimèrent en tout ou en partie, de façon que les produits étrangers et métropolitains fussent traités de même manière, en augmentant par contre les taxes d'octroi de mer atteignant à la fois les uns et les autres de ces produits. Et ainsi disparut, soit partiellement, soit en totalité, la protection que le droit de douane portant seulement sur les marchandises étrangères établissait pour les marchandises métropolitaines. Les négociants français gravement lésés, voyant se restreindre et disparaître leurs importations aux colonies au profit des articles étrangers, se plaignirent vivement, et les colonies menacées de représailles se décidèrent à rétablir les droits de douane et reçurent en compensation des avantages spéciaux à propos de l'industrie sucrière (loi du 29 juillet 1884).

Néanmoins, les doléances des industriels métropolitains continuèrent, parce que, dans certaines colonies, en dépit du rétablissement des droits de douane, les affaires étaient plus importantes avec l'étranger qu'avec la métropole. Cette dernière réclamait donc l'assimilation douanière résultant de l'application du tarif général des douanes aux établissements coloniaux, comme l'avait fait, pour l'Algérie, l'article 10 de la loi de finances du 29 décembre 1884. Et satisfaction fut donnée, pour l'Indo-Chine, par l'article 47 de la loi de finances du 26 février 1887, qui établit dans la colonie le tarif général métropolitain. Le dernier pas a été fait par la loi du 11 janvier 1892, relative à l'établissement du tarif général des douanes. Cette loi a appliqué le tarif douanier métropolitain à la majeure partie de nos colonies, en faisant exception pour celles dont les territoires sont peu importants ou trop divisés (Océanie et Inde) pour comporter l'assimilation douanière, ou qui sont régies par un système particulier résultant de conventions internationales (Afrique occidentale et Congo), ou enfin desquelles il importait de ne pas détourner une clientèle commerciale déjà établie, par une innovation inopportune (côte des Somalis). Les colonies assimilées quant au tarif métropolitain des douanes sont les Antilles, la Guyane, Saint Pierre et Miquelon, le Gabon, la Réunion, l'Indo-Chine, la Nouvelle-Calédonie, Madagascar, Mayotte, les Comores. Voir, pour ces trois dernières colonies, loi du 16 avril 1897 et décrets des 23 janvier et 23 mai 1896. Le régime des colonies assimilées est précisé par les articles 3, 4, 5 et 6 de la loi de 1892. Des articles 3 et 4 il résulte que les droits qui frapperaient les produits étrangers entrant en France, les frapperont également à leur entrée dans les colonies et pays de protectorat. Toutefois des décrets en forme de règlements d'administration publique, rendus sur le rapport des ministres des colonies, du commerce et de l'industrie et après avis des conseils généraux ou conseils d'administration des colonies, détermineront les produits qui exceptionnellement seront l'objet d'une tarification spéciale. En conséquence cette tarification spéciale a été introduite, en vertu de décrets nombreux, pour des objets variant avec les colonies et les besoins économiques de chacune d'elles. Une sauvegarde considérable contre l'arbitraire du pouvoir central résulte de ce fait que les conseils généraux ou d'administration devront toujours être entendus sur les modifications proposées. Lesdits conseils ont, d'autre part, le droit de solliciter, le cas échéant, des exemptions nouvelles par des délibérations soumises au Conseil d'État, exemptions qui seront réglées par décret comme il a été dit ci-dessus.

Les produits provenant de nos colonies importés directement en France jouissent, suivant l'article 3, d'un traitement spécial établi par le tableau E annexé à la loi de 1892, pourvu qu'ils soient munis des certificats d'origine. Logiquement ces produits, en vertu du système d'assimilation, ne devraient payer aucun droit; mais les exceptions à cette règle prévues au tableau E précité sont tellement nombreuses, qu'il ne reste rien ou à peu près du système de franchise. Ainsi le cacao, le café, le chocolat, la muscade, la cannelle, le girofle, la vanille sont assujettis à un droit égal à la moitié des droits prévus au tarif minimum, soit le quart à peu près du droit du tarif général (loi du 24 février 1900). En ce qui concerne les poivres de l'Indo-Chine, une loi du 12 juillet 1902 les a fait bénéficier d'un régime de faveur ; des décrets indiquent chaque année les quantités déterminées admises en France au bénéfice de la détaxe coloniale. Une loi générale plus récente du 29 mars 1903 a abaissé le tarif général des douanes relativement à cette denrée. Il faut mentionner, en outre, que les importations coloniales en France subissent les prohibitions et restrictions établies comme suite des monopoles ou dans un intérêt d'ordre public. Les produits étrangers qui entreraient en France après être passés par les colonies, sont soumis aux tarifs métropolitains, bien que devant payer les taxes coloniales. Quant aux produits français ou originaires d'une colonie française et importés dans une autre colonie, ils ne sont soumis à aucun droit de douane. Mais les produits étrangers importés d'une colonie dans une autre colonie sont assujettis dans cette dernière au paiement de la différence entre les droits du tarif local et ceux du tarif de la colonie d'exportation (art. 5).

Parmi les denrées venant des colonies qui sont soumises au régime du tableau E ci-dessus indiqué annexé à la loi de 1892, le *sucre* joue un rôle extrêmement important en certaines colonies, notamment aux Antilles et à la Réunion, soit par lui-même, soit par ses dérivés tels que sirops, mélasses, confitures, etc. Suivant la loi de 1892, le sucre de canne était à peu près traité comme sucre étranger. Après la concession de quelques avantages particuliers, notamment de primes à l'exportation (loi du 7 avril 1897), est intervenue la convention de Bruxelles sur le régime des sucres, du 5 mars 1902, qui a stipulé que les parties contractantes s'interdisaient à l'avenir d'accorder des avantages quelconques, directs ou indirects, par primes ou cartels, à la production sucrière et décidé que la surtaxe, c'est-à-dire l'écart entre les taxes applicables aux sucres étrangers et celles frappant les sucres nationaux, ne pourra dépasser 6 francs par 100 kilogrammes pour les sucres raffinés et 5 fr. 50 pour les autres sucres. Depuis, la France a supprimé toutes les faveurs précédemment accordées à la production et à l'exportation des sucres et ramené au taux fixé par la convention les droits du tarif général des douanes pour les colonies assimilées. On s'est borné à abaisser sur le marché intérieur l'impôt établi sur le sucre (loi du 28 janvier 1903 et décrets des 21 août et 19 octobre 1903 pour la Martinique et l'Indo-Chine). Des décrets des 6 octobre 1905 et 11 mai 1909 ont promulgué les droits compensateurs prévus par la convention, applicables, dans les protectorats, les colonies et l'Algérie, aux sucres provenant de pays non signataires de la convention, qui donnent encore des primes à l'industrie sucrière. Conf. sur la convention sucrière de Bruxelles, notre *Traité de droit public international*, II, pp. 714 et s.

Les colonies non assimilées sont celles de l'Afrique occidentale française et de l'Afrique équatoriale, sauf le Gabon, Tahiti et ses dépendances, la Côte des Somalis et les Établissements français de l'Inde. Les produits de ces pays, naturels ou confectionnés, ne jouissent d'aucune exemption à leur entrée en France et sont assujettis aux droits du tarif minimum. On les soumet donc au régime des pays étrangers les plus favorisés qui appliquent aux produits français les tarifs les plus réduits. Les territoires de ces colonies sont, dès lors, exceptés du régime du tableau E. Toutefois les *guinées* d'origine française provenant des Établissements français de l'Inde sont exemptes de droits à l'entrée des colonies françaises, suivant une proportion déterminée par une loi du 19 avril 1904. Et, d'autre part, des exemptions ou détaxes pourront être accordées à d'autres produits naturels ou fabriqués originaires des colonies non assimilées, d'après la nomenclature qui sera arrêtée pour chacun d'eux par décrets en conseil d'État (art. 3, § 2 de la loi du 11 janvier 1892). En exécution de ces dispositions, des traitements de faveur ont été accordés à divers produits de certaines colonies non assimilées (décrets des 30 juin 1892, 22 août 1896, 14 septembre 1898, 17 août 1907 visant la Côte occidentale d'Afrique, Tahiti, la Guinée, la Côte-d'Ivoire, le Dahomey).

Les produits originaires d'une colonie française, importés dans une autre colonie française, ne sont soumis à aucun droit de douane (art. 5 de la loi de 1892); il en est de même pour les produits français; tous acquittent seulement les droits de consommation établis dans la colonie. Les produits étrangers importés dans les colonies non assimilées sont passibles des droits de douane établis dans la colonie où on les importe, qui sont perçus suivant l'article 3 de la loi du 7 mai 1881. D'après cette loi, les assemblées locales ont pu demander l'établissement de tarifs de douane par décrets en conseil d'État; et l'on va voir ci-après que certaines ont usé de cette prérogative. Les produits étrangers qui ont acquitté le droit de douane en France, ne sont pas astreints au tarif local, dû, au contraire, par ceux qui ne l'ont pas acquitté. Les produits étrangers qui sont introduits dans une colonie après être passés par une autre, ne paient que la différence entre les tarifs des deux colonies. (art. 5, § 2 de la loi de 1892).

Dans les colonies non assimilées, les droits applicables aux sucres ne dépassaient le taux prévu par la convention de Bruxelles du 5 mars 1902 que dans les Établissements de l'Océanie. Le régime sucrier de cette colonie a été mis en harmonie avec les décisions de la convention sucrière par des décrets des 21 août et 19 octobre 1903.

A la Côte des Somalis et dans l'Inde, les droits de douane à l'importation sont remplacés par des droits de consommation, sans distinction de provenance des marchandises. Des droits d'exportation sont perçus à la Côte des Somalis. Des décrets des 9 mai 1892 et 17 février 1906 ont créé dans les Établissements de l'Océanie des droits de douane sur les marchandises étrangères importées. Il y a des droits de sortie sur le coprah et sur la nacre, ces derniers remboursés ensuite à l'exportateur sur le vu d'un certificat de la douane métropolitaine établissant que le produit a été déclaré dans un port français pour la consommation.

Les produits des Nouvelles-Hébrides bénéficient d'un régime de faveur, à l'entrée en France et dans les colonies françaises, en vertu des décrets des 12 novembre 1901 et 16 avril 1904 rendus en exécution de la loi du 30 juillet 1900. Des décrets annuels fixent la quantité des marchandises qui pourra profiter de ce tarif. Un autre décret du 24 juillet 1902 a exempté totalement des droits de douane certains fruits néo-hébridais à leur entrée en Nouvelle-

Calédonie. Dans tous ces cas, les faveurs ne sont accordées que si les produits sont munis d'un certificat d'origine délivré par le délégué du commissaire général dans l'archipel.

Les deux plus considérables de nos colonies non assimilées sont l'Afrique occidentale et l'Afrique équatoriale, moins le Gabon. Voici les grandes lignes de la législation qui régit leurs droits de douane. Dans l'Afrique occidentale, un décret du 14 avril 1905 a établi des droits d'importation sur les marchandises françaises et étrangères et des surtaxes sur les produits étrangers. Il est une assez grande quantité d'objets qui entrent en franchise : animaux vivants, viandes fraîches, poissons, fruits, légumes, etc. Des droits d'importation identiques pour les produits français et étrangers sont les seuls qui se rencontrent à la Côte-d'Ivoire et au Dahomey, car, dans cette zone, il faut tenir compte des dispositions de la convention franco-anglaise du 14 juin 1898 complétée par la déclaration additionnelle du 21 mars 1899. Suivant l'article 9 de la convention, il doit y avoir égalité de traitement pour les ressortissants des deux États quant aux personnes et aux biens. Pendant trente ans, l'application de toute surtaxe sur les produits étrangers est impossible vis-à-vis de l'Angleterre et des nations ayant obtenu la clause de la nation la plus favorisée. Au Sénégal et en Guinée, ont été établis des droits *ad valorem* qui varient de 5 à 10 %. Le tarif du décret de 1905 a subi un certain nombre de modifications résultant des décrets des 10 mars, 2 mai 1906 et 31 janvier 1907. Le décret de 1905 a fait disparaître les droits à la sortie, sauf ceux du caoutchouc maintenus à 7 %.

Dans l'Afrique équatoriale, le Gabon est rangé, on l'a vu, parmi les colonies assimilées, tandis que les autres régions du bassin conventionnel du Congo sont placées dans la catégorie des colonies non assimilées. Ce bassin conventionnel est fixé en l'article 1er de l'acte général du congrès de Berlin du 26 février 1885. Le commerce de toutes les nations jouit dans cette région d'une liberté commerciale complète. Tous les pavillons, sans distinction de nationalité, ont, suivant l'article 2, libre accès à tout le littoral des territoires fixés en l'article 1er, aux rivières qui se déversent dans la mer, à toutes les eaux du Congo et de ses affluents, y compris les lacs, ports, canaux; et les marchandises de toute provenance importées sous n'importe quel pavillon, par la voie maritime ou fluviale, n'auront à acquitter d'autres taxes que celles qui seraient une équitable compensation des dépenses utiles au commerce. Tout traitement différentiel est interdit à l'égard des navires et marchandises (art. 3); les marchandises importées dans ces territoires sont affranchies de tout droit d'entrée et de transit; aucun monopole ni privilège d'aucune sorte en matière commerciale ne pourront être concédés par les puissances établies dans le bassin conventionnel (art. 4 et 5). Toutefois les puissances ont senti le besoin de mettre un frein au commerce illimité de l'alcool qui présente tant de danger pour les peuplades indigènes et pour la répression duquel un vœu avait été déjà émis, le 22 décembre 1884, à l'occasion de la conférence intercoloniale de Berlin. Les résolutions adoptées à la conférence anti-esclavagiste de Bruxelles, condensées dans le chapitre VI de l'Acte général du 2 juillet 1890, visent les territoires situés entre le 20° de latitude nord et le 22° de latitude sud. Les plénipotentiaires ont établi une zone de prohibition du commerce des spiritueux fixée en l'article 91 et concernant les régions où l'alcool était proscrit par les croyances religieuses ou inconnu à raison du manque de communication avec la côte. (La France n'a pas cru devoir jusqu'à ce jour constituer de pareils centres de prohibition). Et l'on adopte des droits prohibitifs dans les lieux où l'importation serait permise, droits portés à 15 francs par hectolitre à 50 degrés, avec latitude de les élever à 25 francs au bout de trois ans (article 92). D'autre part, une déclaration par laquelle la conférence de 1890 avait clôturé ses travaux le 2 juillet, posait le principe d'un tarif commun applicable à toutes les parties du bassin conventionnel du Congo, tarif ne devant pas dépasser 10 % *ad valorem* pour les puissances intéressées dans la région. Sur ces bases, la France, le Portugal et l'État du Congo ont signé, le 8 avril 1892, le protocole de Lisbonne promulgué dans la colonie du Congo par décret du 16 mai de la même année et modifié le 10 mai 1902, après une nouvelle entente internationale. On avait taxé les produits importés de 10 à 3 % *ad valorem.*

Les tarifs imposés par le protocole de Lisbonne ne se trouvaient plus en rapport avec l'évolution économique de nos colonies; et, à la suite de pourparlers entamés sur la demande du département des Colonies, cet acte international a été dénoncé et à cessé de produire ses effets, à dater du 2 juillet 1911. En attendant l'élaboration des textes nouveaux qui détermineront, dans les limites fixées par les accords diplomatiques, les nouveaux droits d'entrée et de sortie en Afrique équatoriale française, le gouvernement a cru devoir maintenir par décret les tarifs du protocole de Lisbonne, sans leur faire subir provisoirement la moindre modification. Sur ces bases, a été signé le décret du 30 juin 1911, qui porte les dispositions suivantes. A l'importation, les produits de toute origine entrant dans le bassin conventionnel du Congo sont taxés à 10 % de leur valeur au point d'importation. Les alcools sont exceptés de cette disposition et restent soumis aux droits établis en vertu des ententes internationales y relatives. Sont exemptés des droits d'entrée : les navires, bateaux, machines à vapeur, appareils mécaniques servant à l'industrie et à l'agriculture et les outils d'un usage industriel et agricole; les locomotives, voitures et matériel de chemin de fer pendant la période de construction de lignes; les instruments de science et de précision, ainsi que les objets servant au culte, les effets d'habillement et les bagages à l'usage personnel des voyageurs et des personnes qui viendraient s'établir dans les territoires français du bassin conventionnel.

A l'exportation, les produits sortant des mêmes territoires acquittent les droits suivants : ivoire et caoutchouc, 10 % *ad valorem*, arachides, café, copal rouge et copal blanc, huile de palme, noix palmistes et sésames, 5 % *ad valorem.* La valeur servant de base à la perception desdits droits est fixée par arrêté du gouvernement général de l'Afrique équatoriale suivant la valeur marchande des produits à la côte d'Afrique. Les dispositions du présent décret n'auront d'effet que jusqu'au 1er juillet 1912.

En ce qui concerne le commerce de l'alcool, est intervenue la convention de Bruxelles du 8 juin 1899, qui décide que le droit d'entrée sur les spiritueux réglé par l'acte général sera porté, dans toute l'étendue de la zone où n'existe pas le régime de la prohibition visé à l'article 91 dudit acte général, au taux de 70 francs par hectolitre à 50 degrés, pendant une période de six ans. Il pourra n'être qu'exceptionnellement de 60 francs dans le Togo allemand et au Dahomey. Les boissons distillées, fabriquées dans les régions où existe le droit sur l'alcool et destinées à être livrées à la consommation, sont frappées d'un droit d'exercice qui ne sera pas inférieur au minimum du droit d'entrée fixé par la convention de 1899. Une nouvelle convention du 3 novembre 1906 a porté le droit sur l'alcool à 100 francs par hectolitre à 50 degrés. (Voir sur tous ces points nôtre *Traité* précité *de droit public international*, II, pp. 626 et suivantes).

Dans l'intérêt de la race indigène, l'Acte général de Bruxelles du 2 juillet 1890 a également établi, dans ses articles 8 à 14, un régime spécial relatif au commerce des armes et des munitions en Afrique. L'importation des armes à feu, spécialement de celles perfectionnées, ainsi que celle de la poudre, des balles et cartouches sont interdites, suivant l'article 8, dans les territoires compris entre le 20e degré parallèle nord et le 22e degré parallèle sud et aboutissant soit vers l'ouest à l'Océan Atlantique, soit vers l'est à l'Océan Indien et dépendances, y compris les îles adjacentes du littoral jusqu'à 100 milles marins de la côte. On a pris des mesures spéciales indiquées en l'article 9, pour contrôler le plus possible l'exécution de ces dispositions prohibitives. Un protocole du 22 juin 1908 a suspendu, pour quatre ans à partir de février 1909, l'importation et la vente des armes et des munitions dans la zone prévue en l'article 2 qui comprend la plus grande partie du Congo français. Par une convention spéciale du 13 décembre 1906, la France, l'Italie et l'Angleterre se sont engagées à exercer une surveillance étroite sur les importations d'armes et de munitions en diverses régions africaines qui, pour la France, concernent Obock et la Somalie. Un décret du 4 mai 1903 a unifié, pour l'ensemble de l'Afrique occidentale française, le régime des armes et des munitions, avec des amendes de 500 à 1.000 francs contre toute personne ayant introduit, cédé ou vendu dans les colonies du gouvernement général des armes ou munitions prohibées. Le décret du 14 mars 1911 a ajouté à ces pénalités l'emprisonnement de six jours à six mois.

Aux restrictions à la liberté commerciale résultant des stipulations que nous venons d'examiner, il convient d'ajouter celles contenues dans la déclaration franco-anglaise précitée du 21 mars 1899, laquelle a étendu aux territoires français allant du Tchad au Nil la disposition de l'article 9, en sorte que tout traitement différentiel quant aux biens et aux personnes des contractants est interdit dans les régions que vise la déclaration.

La loi du 29 mars 1910 portant revision du tarif général des douanes contient, dans son article 7, la disposition suivante: « Jusqu'au moment où seront promulgués les nouveaux actes fixant le régime douanier des colonies et pays de protectorat, la présente loi ne sera applicable aux importations de ces territoires en France, qu'en ce qui concerne les dégrèvements opérés sur les tarifs antérieurs, sous réserve des mesures de contrôle à prendre par les administrations intéressées. Les tarifs faisant l'objet de la présente loi ne seront exécutoires, en ce qui concerne les importations des pays étrangers dans les colonies, les possessions françaises et les pays de protectorat de l'Indo-Chine, qu'après que des décrets en forme de règlement d'administration publique rendus sur le rapport des ministres des colonies, du commerce et de l'industrie et des finances, après avis des conseils généraux ou conseils d'administration des colonies, auront déterminé les produits qui, par exception au paragraphe 3 de l'article 3 de la loi du 11 janvier 1892, seront l'objet d'une tarification spéciale. L'effet de cette disposition ne pourra excéder le délai d'un an. Le délai expirait donc fin mars 1911 ».

La disposition de l'article 7 que nous venons de transcrire, doit être rapprochée des circonstances dans lesquelles ce texte a été voté. Dans le remaniement, avec augmentation sensible des tarifs douaniers, opéré par les Chambres et qui a abouti à la loi du 29 mars 1910, les tarifs applicables à nos colonies n'avaient point été fixés. Devant le Sénat fut présenté un amendement ayant pour but d'empêcher l'application en bloc à nos établissements coloniaux de tous les relèvements introduits par les tarifs nouveaux; la proposition était rationnelle; mais il parut alors singulièrement difficile de discuter, avec toute l'attention voulue, le tarif colonial; et il fut décidé qu'on suspendrait pendant un an l'application du nouveau tarif aux colonies, ce délai paraissant bien suffisant pour discuter et adopter le tarif colonial nouveau. Cette prévision a été déçue et l'on est arrivé à la fin de mars 1911, sans que la commission des douanes ait été saisie d'aucune proposition par le gouvernement. Dans ces conditions, une solution s'imposait : proroger le délai; c'est ce qui a été fait jusqu'au 1er juillet 1911 par une loi du 30 mars de la même année.

A la date du 30 juin 1911, ont été rendus des décrets concernant les Antilles, la Guyane, Saint-Pierre et Miquelon, la Réunion, Madagascar, l'Indo-Chine et la Nouvelle-Calédonie. L'esprit de ces décrets est caractérisé par la réponse que fit M. Messimy, ministre des Colonies, à une interpellation, du 31 mars, de M. Thierry, à la Chambre des députés. Ce dernier émettait cette crainte que les décrets dits de dérogation, puisqu'ils modifient les tarifs applicables à la métropole, ne fussent pas conformes aux déclarations très libérales qui avaient été antérieurement faites par le ministre, et qu'ils fussent pris pour modérer les tarifs de 1910 et non ceux de 1892; or les tarifs de 1910, établis au point de vue purement métropolitain, sont beaucoup plus rigoureux que ceux de 1892. Le ministre avait nettement répondu qu'il se baserait, pour la modification, sur les tarifs de 1892, usant de la faculté à lui conférée par l'article 3 de la loi de 1892, qui permet de déroger à une tarification néfaste pour la prospérité de nos colonies. C'est effectivement dans un esprit assez large que sont conçus les décrets de 1911. Les produits qui, par exception au § 3 de l'article 3 de la loi du 11 janvier 1892, ont bénéficié d'une tarification spéciale, intéressent le commerce de nos diverses possessions et appartiennent, suivant les colonies, aux catégories suivantes : produits de la pêche, huiles et sucs végétaux, meubles, animaux vivants, métaux et ouvrages en métaux, en bois et matières diverses, produits chimiques, verre et cristaux, peaux, fruits et graines, fils, armes, poudres et munitions, etc.

Le système métropolitain s'applique aux colonies en ce qui concerne la perception douanière et les pénalités auxquelles les douanes peuvent donner lieu; toutefois, une controverse s'était élevée à ce sujet entre le conseil d'État et la cour de cassation. Suivant le conseil d'État, depuis la loi de 1892, les conseils généraux n'avaient plus qualité pour fixer les règles d'assiette et de perception des droits de douane, car l'application de cette loi comportait virtuellement la mise en vigueur aux colonies de toutes les règles d'assiette et de perception métropolitaines (avis des finances du 17 janvier 1893). La cour de cassation avait, au contraire, décidé que les pénalités douanières établies en France ne s'appliquaient aux colonies qu'en vertu de décisions spéciales (arrêt du 27 avril 1894). Pour couper court à ces difficultés, le gouvernement a pris le parti de promulguer spécialement aux colonies les principaux textes métropolitains sur la matière, par décrets des 16 février, 6 septembre 1895 et 17 janvier 1896. D'autres décrets, dont le plus récent est celui du 20 août 1905, ont mis en vigueur, dans les colonies ressortissant au tarif général, la loi du 1er mai 1905, relativement à la répression des fraudes en matière de douane et de sels. D'autres décrets encore ont réglementé le service des douanes dans diverses colonies.

Les fonctionnaires et agents des douanes aux colonies continuent à faire partie du service métropolitain, dont ils sont détachés sous l'autorité du ministre des Colonies; en Indo-Chine, le personnel, régi par des décrets des 16 octobre 1901 et 10 juin 1905, dépend et relève uniquement du ministre des Colonies et est composé à la fois d'agents européens et de préposés asiatiques.

Les colonies ont été autorisées à organiser sur leur territoire l'*entrepôt réel et fictif* et les *magasins généraux* (décrets des 29 novembre 1892 et 17 août 1897 pour l'Indo-Chine; 10 janvier 1897 pour les Établissements de l'Océanie; 28 octobre 1898 pour la Nouvelle-Calédonie; 14 mars 1911 pour Madagascar; 1er février 1901 pour Djibouti). Les dépenses du service du personnel et du matériel des douanes sont à la charge des colonies, d'après la loi du 11 janvier 1892, article 6.

Le régime de l'*admission temporaire* est réglé par la loi du 16 mai 1863, dont l'article 30 porte que : les produits étrangers admis temporairement en France pour y être fabriqués ou y recevoir un complément de main-d'œuvre, par application de l'article 5 de la loi du 5 juillet 1836, pourront être exportés dans les colonies des Antilles, à la Réunion et dans les possessions de l'Algérie et y seront admis en franchise de tout droit de douane. Ce texte a été abrogé, pour l'Algérie, par l'article 10 de la loi du 29 décembre 1884. De là il résulte, bien que le point ait été controversé, que, puisque le texte n'a point été abrogé pour les autres colonies, il reste en vigueur pour ces dernières (avis du conseil d'État du 16 juin 1892). Dans les autres colonies assimilées, la matière première du produit fabriqué en France est assujettie au droit qui lui aurait été originairement applicable si elle avait été expédiée directement de l'étranger.

En ce qui concerne l'*octroi de mer*, la loi du 11 janvier 1892 a cru devoir prendre des précautions contre les agissements des conseils généraux dont nous avons parlé ci-dessus. Elle a décidé, dans le § 2 de l'article 6, que les tarifs d'octroi de mer votés par les conseils généraux ou les conseils d'administration des colonies deviendront exécutoires par décrets rendus sur le rapport des ministres du Commerce et de l'Industrie et des Colonies. Ils pourront être provisoirement mis à exécution en vertu d'arrêtés du gouverneur. L'octroi de mer se trouve aux Antilles (décrets divers dont les derniers sont du 3 juin 1902 pour la Martinique et du 5 décembre 1903 pour la Guadeloupe); en Guyane (décret du 31 mai 1897); à Saint Pierre et Miquelon (dernier décret du 3 avril 1903); à la Réunion (décret du 17 février 1891); à la Nouvelle-Calédonie (décret du 16 janvier 1901); aux Établissements de l'Océanie (décret du 26 février 1905). Dans le Sénégal, on rencontre seulement des octrois municipaux à Saint-Louis, Gorée et Dakar.

En dehors des droits de douane et d'octroi de mer dont il vient d'être question ci-dessus, il peut être perçu aux colonies des droits de *sortie*, d'*importation* et de *consom-*

mation. Les droits de *sortie* sont établis dans un but fiscal; il en existe un certain nombre. Ils portent : en Afrique occidentale, sur les caoutchoucs; au Gabon, et dans le bassin conventionnel du Congo, sur le caoutchouc, l'ivoire, le café, les huiles, etc.; à la Martinique, à la Guadeloupe et à la Réunion, sur les produits des cultures riches; à la Guyane, sur les nacres; à la Côte des Somalis, sur les animaux vivants et les peaux; en Indo-Chine, sur le riz; en Océanie, sur la nacre et le coprah; en Nouvelle-Calédonie, sur la gomme kari, etc. A Madagascar, deux décrets du 28 décembre 1909 ont établi, jusqu'en 1915, des droits de sortie sur le caoutchouc et les bovidés exportés. Les droits de sortie peuvent encore être établis en remplacement de l'impôt foncier, dans certaines colonies où ils sont d'une perception plus facile et appropriée aux variations du revenu foncier annuel. Ils pourraient être établis aussi dans un but protecteur, afin de faire bénéficier nos colonies des matières premières destinées aux industries locales, en vertu de la loi du 11 janvier 1892 qui en autorise l'établissement par décrets en conseil d'État. Toutefois, il n'a encore été porté aucun droit, semblable, dans le domaine colonial.

Les droits d'*importation* sont perçus, on l'a vu, dans la plupart de nos colonies; pour conserver leur caractère, les taxes d'importation doivent frapper sans distinction les produits de toute provenance importés dans la colonie. Quant aux droits de *consommation*, qui sont également applicables à l'ensemble des colonies, ils ont ceci de particulier qu'ils frappent tous les produits sans exception, français aussi bien qu'étrangers, et également ceux venant du pays ou y importés. Le nom de *taxe de consommation* est réservé à celles de ces taxes qui alimentent le budget colonial, tandis que les ressources de l'octroi de mer vont au budget des communes.

Quoi qu'il en soit, la différence essentielle entre les droits d'importation et de consommation et les droits de douane, semblerait consister en ce que les droits de douane auraient un caractère essentiellement différentiel et protecteur atteignant uniquement les produits étrangers, alors que les droits d'importation et de consommation atteindraient à la fois les produits nationaux et étrangers et ceux du pays comme ceux importés. Après avoir admis cette notion dans divers arrêts dont le dernier est du 5 juillet 1898 (*D. P.*, 1899, 1, 137), la cour de cassation a semblé incliner ensuite vers un criterium plus large. Le droit de douane serait le droit affectant directement les relations de la colonie avec l'extérieur et atteignant en même temps la consommation générale du pays d'importation (arrêt du 15 mars 1898; *D. P.*, 1900, 1, 425). Dès lors, il serait naturel d'attribuer aussi le caractère douanier au droit de consommation, qui devrait par suite être établi dans les mêmes conditions que le droit de douane. Cette dernière solution serait grave de conséquences, car elle bouleverserait toute la législation fiscale des colonies. Toutefois la jurisprudence de la cour suprême est loin d'être nettement assise, car un arrêt du 27 novembre 1901 parait retenir uniquement, dans le droit de douane, le caractère d'une taxe différentielle, protectrice, et de nature à affecter les rapports de la colonie, soit avec la métropole et les autres colonies, soir avec les pays étrangers, ce qui n'est nullement le propre du droit de consommation. Dans tous les cas, on peut, dans le sens de la jurisprudence de l'arrêt du 15 mars 1898, citer le décret précité du 14 avril 1905, qui établit dans la colonie de l'Afrique occidentale un droit d'importation général fusionnant les taxes de consommation et les droits de douane, applicable à toutes les marchandises françaises et étrangères, avec toutefois une surtaxe sur les produits étrangers au Sénégal et en Guinée, où la France n'est pas liée par les conventions internationales dont il a été question ci-dessus.

Il convient de mentionner ici la loi du 29 mars 1910 relative à l'application du tarif des douanes le plus réduit, à l'entrée en France, en Algérie et dans les colonies et possessions françaises, aux produits originaires des États-Unis d'Amérique et de leurs colonies, sauf les Philippines, les îles de Guam et de Tutuila, et aux produits de Porto-Rico. Cette loi a pour objet de permettre d'obtenir, pour les marchandises françaises, le tarif douanier édicté par la loi fédérale du 6 août 1909, qui constitue le tarif minimum des États-Unis, moyennant la concession à un certain nombre de produits originaires de ce pays de notre tarif minimum ou du tarif général actuellement en vigueur. Cette concession se produit par décrets contenant des tableaux annexés où figurent les produits et marchandises bénéficiant des dispositions de la loi ; un décret a été rendu en ce sens à la date du 29 mars 1910, le même jour que la loi. De son côté, le président des États-Unis a signé une proclamation accordant le bénéfice du tarif minimum américain aux produits originaires de France et d'Algérie, concession qui a été étendue aux colonies et possessions françaises. Les concessions de la France pourraient être retirées par décret, si les droits américains étaient relevés ou si nos importations avaient à supporter aux États-Unis et à Porto-Rico un traitement douanier moins favorable que celui accordé aux autres pays et perdaient spécialement les facilités antérieurement accordées à l'Allemagne par une convention des 22 avril, 2 mai 1907, qui lui sont maintenues. Un décret du 31 mars 1910 dispose, en son article 1er, que le tarif minimum sera appliqué, dans les colonies et possessions françaises soumises au tarif métropolitain, aux produits des États-Unis et de Porto-Rico; et que les mêmes produits bénéficieront, dans les autres colonies et possessions, des taxes de douane les plus réduites applicables aux produits d'origine étrangère. D'après l'article 2, les droits de douane inscrits au tarif général antérieur à la loi du 29 mars 1910 portant revision de ce tarif, continueront à être appliqués, à titre provisoire, dans les conditions fixées par l'article 3 de la loi du 11 janvier 1892, aux produits américains et de Porto-Rico mentionnés au tableau B annexé à la loi du 29 mars 1910, à leur entrée dans les colonies et possessions françaises. L'application de ces dispositions pourra être subordonnée à la justification d'origine et aux conditions du transport réglementaires.

La théorie de l'assimilation, telle que nous venons de l'exposer ci-dessus, a été critiquée par des auteurs autorisés. Dans un rapport présenté au *Congrès des anciennes colonies* tenu à Paris du 11 au 16 octobre 1909, et portant sur la revision du régime douanier colonial, un diplomate distingué, M. Harmand, a fait le procès de l'assimilation douanière et n'a pas eu de peine à démontrer que la loi de 1892 a été pratiquement inutile et impolitique et que, sans remplir son but, elle a été nuisible à la fois aux colonies et à la métropole. On a fait preuve, dit-il, en 1892, à l'égard des colonies, d'une « défiance blessante, au lieu de s'adresser à leur patriotisme et à la compétence de leurs gouverneurs, en exposant franchement la situation du pays et les obligations auxquelles il avait à faire face. Un régime plus libéral et plus modéré aurait été plus conforme aux nécessités particulières de chaque colonie ». Dans l'Afrique occidentale française, qui a échappé à l'assimilation, à raison soit de ses conditions géographiques, soit des prohibitions résultant des conventions internationales, l'importation des produits français a constamment augmenté, tandis que le mouvement commercial des colonies soumises au tarif général a diminué de 16 %, de 1887 à 1907. « L'assimilation, continue M. Harmand, a appauvri les colonies en entravant leur productivité, en obligeant leurs gouvernements à faire flèche de tout bois pour se procurer les ressources dont la tarification les privait, et payer les tributs considérables qu'elle imposait à leurs budgets ; en les contraignant à des fiscalités artificielles, à des octrois de mer, à des droits de sortie, à des taxes de consommation qui vont directement à l'encontre des objectifs de la politique coloniale et sont contradictoires à la nature des colonies. L'assimilation a retardé l'outillage des possessions nouvelles et le perfectionnement des anciennes, en empêchant l'exécution sincère de la loi de finances de 1900, en pesant sur le cours des emprunts coloniaux. Elle a été nuisible à la métropole, en provoquant, partout où les conditions s'y prêtaient, la création d'industries nouvelles. A la faveur de l'éloignement, du change, de l'élévation du frêt, de la présence du charbon, de la possibilité de tirer parti d'une main-d'œuvre inhabile sans doute et de faible rendement, mais éducable, on a vu se construire des usines qui font concurrence aux produits français, soit pour la consommation locale, soit sur les marchés à proximité. Aussi les Malgaches retournent-ils à leur *raphia*, au lieu d'acheter les tissus de coton trop coûteux, et les populations des anciennes colonies reviennent-elles au *tafia*, au détriment des vins français » (*Compte rendu des tra-*

vaux du Congrès des anciennes colonies, 1910, p. 319).

Quel est donc le remède ? Il est indiqué soit dans le rapport de M. Harmand (*op. cit.* pp. 322 et s.), soit dans les rapports présentés au Congrès au nom des comités de Bordeaux et de Nantes (*op. cit.* pp. 325 et s. et 343 et s.) et dans les vœux adoptés par le Congrès relativement à la revision du régime douanier colonial. Ces vœux sont ainsi formulés : Le Congrès : 1° désapprouve l'application aux colonies de la loi du 11 janvier 1892, comme inutile et comme nuisible aux intérêts solidaires de la métropole et de ses possessions; 2° apprécie, au point de vue de l'admission en franchise partielle ou totale des produits coloniaux en France, que la conséquence nécessaire de la loi du 11 janvier 1892 établissant une union douanière entre la France et ses colonies, devrait être la franchise totale, c'est-à-dire l'échange sans droits de leurs produits entre les colonies et la métropole; 3° émet le vœu qu'il soit reconnu à chaque établissement et à chaque groupe d'établissements la faculté et qu'il leur soit donné les moyens de discuter leurs tarifs de douane avec la métropole; 4° émet le vœu que les tarifs douaniers spéciaux à chaque colonie, après leur ratification par le gouvernement de la République, soient établis pour une durée d'au moins douze années; 5° rappelle formellement les vœux adoptés aux Congrès de Marseille en 1906 et de Bordeaux en 1907 et en renouvelle l'expression. — Ces vœux tendaient à substituer le système de l'autonomie douanière coloniale à celui de l'assimilation. (Voir *Compte rendu des travaux du Congrès*, p. 303 et s.).

Ainsi l'autonomie coloniale apparaît comme le seul régime de nature à relever le commerce des colonies. La loi de 1892 a été élaborée sans que l'on ait consulté les colonies intéressées, car on prétendait régler leur activité commerciale sur celle de certains producteurs métropolitains pour qui la loi était uniquement faite. A ce régime, traitant les colonies comme pays français pour les importations métropolitaines et comme pays étranger pour les importations de la colonie dans la métropole, il serait temps de substituer l'autonomie douanière, suite et conséquence forcée de l'autonomie financière, et de laisser, avec toutes les précautions voulues, chaque colonie ou groupe de colonies maître de voter son tarif spécial suivant sa situation particulière et ses besoins propres. En attendant la réforme générale, les colonies essayent séparément d'échapper au régime de l'assimilation. Un projet de loi a été déposé pour Saint Pierre et Miquelon et l'on annonce des mesures analogues pour le Gabon et peut-être pour la Nouvelle-Calédonie.

SECTION II

LE RÉGIME COMMERCIAL DE L'ALGÉRIE ET DE LA TUNISIE

TITRE PREMIER

Algérie

Après des péripéties diverses, la loi du 17 juillet 1867 sur le régime commercial de l'Algérie a déclaré applicable à celle-ci le régime douanier métropolitain; en sorte que la métropole et la colonie sont aujourd'hui régies par la franchise absolue de leurs produits réciproques; et les produits étrangers qui ont payé les droits dans l'une ou l'autre, bénéficient de la même situation, sauf à supporter, dans la métropole, la différence, lorsque le tarif algérien est plus restreint que le tarif français. Le régime des marchandises exportées d'Algérie à destination de l'étranger, est le même que celui de l'exportation de la métropole. Les produits de toute nature subissent, à l'importation en Algérie, les mêmes droits qu'à l'importation en France, sauf exception pour les denrées coloniales qui payent les droits indiqués au tableau A annexé à la loi de 1867 et relevés par la loi du 19 mars 1875 et la loi de finances du 28 décembre 1895, articles 11 et 12. (Voir loi de finances du 29 décembre 1884, art. 10, et loi du 11 janvier 1892, art. 7, sur le tarif général des douanes). Actuellement, à raison de la suppression ou de la diminution des différences des tarifs spéciaux, on peut à peu près complètement renvoyer pour l'Algérie au régime douanier métropolitain.

La situation de l'Algérie, dans ses rapports commerciaux avec les autres colonies et protectorats français ou pays limitrophes, est prévue par des textes spéciaux. L'article 6 de la loi précitée de 1867 admet en franchise en Algérie, mais seulement pour l'importation par la voie de terre, les produits naturels ou fabriqués originaires de la Régence, du Maroc ou du Sud-algérien. Si les produits ont une autre origine, on applique la règle de l'importation par voie de mer. Un décret du 17 décembre 1896, rendu en exécution de l'article 15 de la loi de finances du 16 avril 1895, a admis au transit en franchise, à travers l'Algérie, certaines marchandises telles que : thés, cafés, poivres, épices, sucres, etc. Les thés et guinées de Pondichéry à destination du Sud du Maroc bénéficient du même avantage, d'après un décret du 1er février 1902, à la condition par les intéressés de se conformer à certaines formalités ayant pour but d'éviter les fraudes. Aux termes de l'article 27 de la loi de finances du 10 avril 1910, les denrées coloniales autres que le sucre et les tabacs originaires des colonies, possessions françaises et pays de protectorat, acquittent en Algérie, sous les mêmes conditions, les mêmes droits que dans la métropole, sauf application du tarif spécial algérien, lorsque celui-ci est plus favorable. Les tabacs originaires des territoires sus-visés sont passibles en Algérie des taxes inscrites au tarif local; les allumettes chimiques de la même origine acquittent le droit prévu au tarif métropolitain, à l'égard des allumettes importées pour le compte de la métropole.

L'ordonnance du 21 décembre 1844 a supprimé les octrois perçus antérieurement sur les produits pénétrant dans les villes par terre et par eau et les a remplacés par l'*octroi de mer* qui ne porte que sur un petit nombre d'objets taxés, indiqués par un décret du 26 décembre 1884 : cafés, sucres, chicorée, poivre, épices, huiles, alcool, bière, etc. Le décret indique la quotité des droits. (Conf. décrets du 27 juin 1887 et du 29 décembre 1907). Ces droits atteignent les produits algériens similaires; et, tandis que l'impôt d'octroi de mer est perçu par les douanes, c'est l'administration des contributions directes qui, aux termes du décret de 1884, perçoit le droit sur les produits algériens. Les frais de perception atteignent 6 % du produit brut et figurent au budget spécial de l'Algérie. Sur le reste, un sixième est affecté aux dépenses de l'enseignement et les cinq autres sont divisés entre les communes de plein exercice et mixtes (loi du 19 juillet 1889, art. 30 et décret du 23 décembre 1890).

En ce qui concerne la *navigation* entre la France et l'Algérie, la loi du 2 avril 1889 a décidé qu'elle ne pourrait s'effectuer que sous *pavillon français*. Les ports algériens sont ainsi absolument assimilés à ceux de la métropole au point de vue du cabotage le long du littoral. Conf. notre *Traité de droit public international*, II, p. 384. Cette décision pourrait causer, à un moment donné, des dangers graves pour l'Algérie, si, par suite d'un événement quelconque tel qu'une grève (notamment celle des inscrits et des dockers en 1904), les bâtiments français étaient mis dans l'impossibilité d'effectuer le service des transports. Pour parer à cet inconvénient, est intervenue la loi du 22 juillet 1909, qui autorise le gouvernement à suspendre, par décret rendu en conseil des ministres, pendant toute la durée de l'interruption des relations entre un ou plusieurs ports de France et les ports d'Algérie ou réciproquement, l'application de la loi du 2 avril 1889. Pourront également, dans la même forme, durant la même période, être admis exceptionnellement au bénéfice de leur origine les produits algériens, tunisiens et français pour lesquels, par suite de l'interruption des relations normales, l'importation ne serait pas possible en France, en Algérie et en Tunisie, dans les conditions réglementaires. Le bénéfice de ce régime est réservé aux seuls produits qui seront accompagnés d'un certificat d'origine dans les conditions fixées par l'administration des douanes. Le retour au régime normal sera prononcé dans la même forme aussitôt que les circonstances le permettront. Il est perçu sur les marchandises, passagers, animaux et voitures débarqués, un droit de quai (lois du 23 décembre 1897 et du 23 mars 1898).

TITRE II

Tunisie

Le régime douanier de la Régence est contenu dans trois décrets du 2 mai 1898. Le rapport du résident général au Bey précédant ces décrets constatait que, depuis le 1er janvier de cette année, la Régence n'avait plus de régime douanier défini à l'importation des marchandises, car les traités passés avec les puissances étrangères qui stipulaient en leur faveur des avantages spéciaux, avaient pris fin sans que rien de précis eût été établi pour remplacer leurs stipulations. Le résident ajoutait que la France avait droit dans le pays à un régime privilégié et que, d'autre part, il ne fallait pas léser les bons rapports existant avec l'ensemble des États, par des changements trop brusques et trop profonds. Le premier des décrets de 1898 établit le tarif des droits d'importation et d'exportation, suivant un tableau A (importations) et un tableau B (exportations) annexés au décret. Les droits à l'entrée sont pour la plupart de 8 % *ad valorem* d'après le tarif ancien basé désormais sur un titre légal. La franchise est accordée par le troisième décret de 1898 à un grand nombre de produits des industries nationales françaises : métaux, fils, tissus, machines, etc., et à certains produits algériens. Les droits à la sortie ont été réduits et frappent des objets déterminés : chiffons, éponges, pouliches, olives fraîches, poisson frais, etc. Le second décret de 1898 crée des droits de consommation sur le sucre et l'alcool, ce dernier étant tout particulièrement désigné pour fournir un appoint considérable à l'équilibre financier. Également sont taxés les produits de consommation : café et autres denrées coloniales. En dehors des objets de provenance française ou algérienne, un décret du 28 janvier 1898 permet l'entrée en franchise de certains objets sans distinction de provenance, tels que : effets des voyageurs, objets d'ameublement et linge de corps, livres, pianos, voitures, outils et instruments d'arts libéraux, outils des ouvriers, trousseaux de mariage, échantillons de marchandises, collections de musées et bibliothèques, etc.

Les conditions de l'admission temporaire sont réglées par un décret du 27 mai 1895; les produits autorisés doivent être déterminés par des décrets spéciaux.

La situation des produits tunisiens, a leur entrée en France, est réglée par la loi du 19 juillet 1890 portant modification au tarif général des douanes, en faveur de certains produits originaires de la Régence. Les plus importants de ces produits entrent en franchise : céréales en grains, huiles d'olives et de grignon, animaux d'espèce chevaline, asine, mulassière, bovine, ovine, caprine, porcine, les volailles et le gibier morts ou vivants. Les vins de raisins frais d'origine et de provenance tunisienne paient un droit de 60 centimes par hectolitre, jusqu'au titre alcoolique de 11°9, et, au-dessus, une taxe supplémentaire de 70 centimes par degré. Les autres articles sont soumis aux droits les plus favorables perçus sur les produits similaires étrangers. Les produits ci-dessus indiqués, pour bénéficier des dispositions qui précèdent, doivent venir directement et sans escale de Tunisie en France et être suivis d'un certificat d'origine délivré par le contrôleur civil de la circonscription et visé au départ par un receveur français des douanes. Ils ne peuvent être embarqués que dans dix ports limitativement indiqués, sauf à modifier la liste de ces ports par décret. Enfin, chaque année, des décrets du président de la République fixent les quantités auxquelles s'appliqueront les dispositions de faveur indiquées ci-dessus. Ces dispositions sont assez vexatoires et l'on ne comprendrait pas surtout la dernière, si l'on ne se rendait compte que les Tunisiens ont tout intérêt à envoyer en France tout leur stock de blé, sauf à s'en procurer d'autre à l'étranger pour bénéficier de la différence de sept francs représentant le montant du droit que la douane perçoit en France sur les blés étrangers. Quoi qu'il en soit, de vives réclamations s'étant élevées contre la restriction imposée à l'entrée des produits tunisiens, le législateur français a pris une autre mesure qui, sans avoir les inconvénients de la première, aboutit cependant au même résultat. La loi du 19 juillet 1904 a décidé que les céréales et leurs dérivés d'origine et de provenance tunisienne seront, sans limitation de quantités, mais sous réserve des autres formalités prévues à l'article 5 de la loi du 19 juillet 1890, admis de plein droit en franchise à l'entrée en France, dès que les similaires étrangers auront été frappés à leur entrée dans la Régence des droits du tarif minimum français. Tous les autres produits d'origine et de provenance tunisienne continueront à être régis, à leur entrée en France, par les dispositions de la loi du 19 juillet 1890. Conf., pour l'exécution de la loi de 1904, le décret du 19 juillet de la même année.

Les produits tunisiens importés dans les colonies sont soumis au même régime que les produits de provenance étrangère; et les produits coloniaux importés dans la Régence sont placés dans la même condition que les produits semblables étrangers.

CHAPITRE VI

Le régime judiciaire

Il n'est pas le même, tant s'en faut, pour toutes nos colonies; et, d'autre part, il diffère sensiblement du régime métropolitain. Nous allons donc étudier séparément l'organisation judiciaire des diverses colonies, en nous plaçant, comme nous l'avons fait ci-dessus pour la législation au chapitre 1er, successivement au point de vue des juridictions françaises et des juridictions indigènes. De même, en effet, qu'on a maintenu autant que possible les lois et coutumes locales, de même on a conservé les tribunaux institués dans le pays avant l'occupation ou le protectorat, en leur juxtaposant, pour les besoins des colons français, nos propres tribunaux, et en soumettant les indigènes à ces derniers dans la mesure jugée nécessaire pour maintenir et affermir notre domination. Nous allons envisager en premier lieu l'organisation judiciaire française, c'est-à-dire celle applicable aux Français seuls et par extension aux Européens et assimilés, c'est-à-dire gens de race blanche, par opposition aux autres étrangers qui se rapprocheront plutôt de l'élément indigène et qu'on mettra sur le même pied que lui, tels les Chinois et Siamois, établis dans l'Indo-Chine. Nous étudierons en second lieu l'organisation indigène qui vise les indigènes seuls et qui comporte soit leurs propres juridictions locales conservées, soit une justice administrée par des magistrats français connaisssant des litiges intéressant les indigènes ou des faits punissables par eux commis.

SECTION PREMIÈRE

L'ORGANISATION JUDICIAIRE FRANÇAISE

TITRE PREMIER

L'Algérie

ARTICLE PREMIER

Juridictions

§ I. — *Organisation et composition*

L'organisation des juridictions algériennes a subi des vicissitudes diverses depuis l'occupation; il y eut d'abord, suivant l'ordonnance du 10 août 1834, des tribunaux de 1re instance à Alger, Bône et Oran, composés d'un juge unique et ayant les attributions des tribunaux civils et des justices de paix de France; Alger possédait, en outre, un tribunal de commerce et une juridiction d'appel. Intervinrent ensuite les ordonnances du 31 octobre 1833, du 22 février 1841 et du 26 septembre 1842, qui remanièrent les attributions primitives, augmentèrent le nombre des magistrats, créèrent des justice de paix à compétence semblable à celle de la métropole et organisèrent la cour royale à plusieurs chambres. Le décret du 19 août 1854 institua les justices de paix à compétence étendue et les cours d'assises qui, siégeant d'abord sans l'assistance du jury, furent plus tard assimilées, quant à cette dernière institution, aux cours d'assises métropolitaines par les décrets des 24 octobre 1870 et 8 février 1900, et par la loi du 30 décembre 1902. Le décret du 15 décembre 1858 avait établi la chambre des mises en accusation.

L'organisation judiciaire actuelle de l'Algérie comprend les rouages suivants.

1° Des *Tribunaux de première instance* au nombre de seize établis : 1° à Alger, 2° à Oran, 3° à Constantine, 4° à Philippeville, 5° à Tlemcen, 6° à Bône, 7° à Blida, 8° à Tizi-Ouzou, 9° à Sidi-bel-Abbès, 10° à Mascara, 11° à Bougie, 12° à Mostaganem, 13° à Sétif, 14° à Batna, 15° à Orléansville, 16° à Guelma. Parmi ces tribunaux, les deux premiers sont de première classe, les 8 suivants, de seconde, les 6 derniers, de troisième. Ces divers tribunaux se composent des magistrats indiqués, quant à leur qualité et à leur nombre, dans le tableau B annexé à la loi du 30 avril 1883. Ils comprennent : celui d'Alger qui a 3 chambres, 1 président, 2 vice-présidents, 2 juges d'instruction, 7 juges, 3 juges suppléants, 1 procureur, 3 substituts, 1 greffier et 6 commis-greffiers; celui d'Oran, qui a 2 chambres, 1 président, 1 vice-président, 1 juge d'instruction, 4 juges, 3 juges suppléants, 1 procureur, 2 substituts, 1 greffier et 4 commis-greffier. Celui de Constantine, qui a aussi 2 chambres, a le même nombre de magistrats que celui d'Oran; quant aux autres, qui n'ont tous qu'une chambre, ils sont composés comme les tribunaux de 3e classe français; seulement ils ont tous 1 juge d'instruction, 3 juges, 1 procureur et 1 substitut.

2° Des *Tribunaux de commerce*, au nombre de quatre, à Alger, Oran, Bône et Constantine, dont les membres sont nommés par les notables commerçants.

3° La *Cour d'appel d'Alger* étendant sa juridiction sur toute l'*Algérie* et sur la *Tunisie* et constituant une cour régulatrice pour les musulmans. A raison de son importance et des affaires si nombreuses qui lui sont soumises, elle comprend quatre chambres, avec un premier président, quatre présidents de chambre, vingt-quatre conseillers, un procureur général, quatre avocats généraux et un nombre égal de substituts, un greffier en chef et six commis-greffiers; cette composition est établie au tableau A annexé à la loi du 30 mars 1883.

4° Des *Justices de paix à compétence ordinaire* au nombre de dix-sept, sur lesquelles deux siègent à Alger et les quinze autres dans chacun des quinze autres arrondissements judiciaires.

5° *Des Justices de paix à compétence étendue.* Il en existe quatre-vingt-huit ainsi réparties : dix dans l'arrondissement judiciaire d'Alger, dix dans celui de Blida, huit dans celui de Constantine, cinq dans celui de Bône, six dans celui de Bougie, quatre dans celui d'Orléansville, deux dans celui de Batna, sept dans celui d'Oran, sept dans celui de Tizi-Ouzou, quatre dans celui de Guelma, six dans celui de Mostaganem, cinq dans celui de Tlemcen, trois dans celui de Sidi-bel-Abbès, quatre dans celui de Sétif, quatre dans celui de Mascara, trois dans celui de Philippeville.

6° Des *Justices de paix militaires* au nombre de quinze, créées par le décret du 10 août 1875, pouvant être confiées à l'officier commandant le cercle ou l'annexe.

7° Des *Conseils de prud'hommes* créés par la loi du 23 février 1881 et régis, sauf modifications indiquées aux articles 66 et suivants, par la loi du 27 mars 1907 sur les conseils de prud'hommes de France, laquelle a été déclarée applicable à l'Algérie. Ces Conseils de prud'hommes algériens, au nombre de sept, siègent à Alger, Oran, Bône, Constantine, Mascara, Sidi-bel-Abbès et Philippeville.

8° Des *Cours d'assises* fonctionnant à Alger, Constantine, Bône et Oran. D'après la loi du 30 décembre 1902, la liste générale des jurés est dressée comme en France; mais la liste de chaque session ne se compose que de 24 jurés titulaires et de 10 suppléants; la liste de jugement comprend douze jurés, comme en France. Voir les modifications apportées à la loi de 1902 par le décret du 24 juillet 1910.

§ II — *Compétence*

Les *Tribunaux de commerce*, les *Conseils de prud'hommes* et les *Cours d'assises* ont une compétence semblable à celle qu'ont ces mêmes juridictions dans la métropole. Nous préciserons que les Cours d'assises qui ne connaissent que des crimes commis en territoire civil, ne sont compétentes pour ceux commis en territoire de commandement que tout autant que l'un des auteurs au moins est européen ou israélite.

Les *Tribunaux civils* de première instance ont aussi, en principe, suivant l'article 10 de l'ordonnance du 20 septembre 1842, la même compétence que les tribunaux de même nature de la métropole. Le décret du 30 décembre 1908 a unifié le taux de cette compétence dans les différents tribunaux de l'Algérie, tant en premier qu'en dernier ressort, et a abrogé le paragraphe 3 de l'article 7 du décret du 29 août 1874 qui élevait la compétence des tribunaux de Tizi-Ouzou et de Bougie jusqu'à la valeur de 2.000 francs, dans les actions personnelles et mobilières. Mais, sur certains points, la compétence des tribunaux algériens est tantôt diminuée et tantôt augmentée. En matière correctionnelle, ils voient leur compétence réduite par le décret du 19 avril 1854, dont l'article 2 dispose que les juges de paix à compétence étendue connaissent : 1° de toutes les contraventions de la compétence des tribunaux correctionnels qui sont commises ou constatées dans leur ressort ; 2° des infractions aux lois sur la chasse; 3° de tous les délits n'emportant pas une peine supérieure à six mois d'emprisonnement ou 500 francs d'amende. En matière civile, la compétence de leur président est diminuée en ce qui concerne les *référés*, dont la connaissance est attribuée aux mêmes juges de paix dans l'étendue de leur ressort. En matière d'*appel*, leur compétence est, au contraire, augmentée, car l'appel des jugements et des ordonnances de référé desdits juges de paix est porté devant eux et non devant la cour.

La compétence de la *Cour d'appel* est, en principe, celle des cours françaises; mais elle est diminuée en matière *civile* et *correctionnelle*, aussi bien qu'en matière de *référé*, en ce qui touche les décisions des juges de paix à compétence étendue, dont l'appel, dans des cas déterminés, est porté non devant elle, mais devant les tribunaux de première instance, comme nous venons de le voir.

Les *Justices de paix à compétence ordinaire* qui fonctionnent dans les villes où existe un tribunal de première instance, ont, en règle générale, d'après l'article 12 de l'ordonnance du 26 septembre 1842, une compétence semblable à celle des justices de paix françaises; mais le décret du 14 mars 1850 a augmenté cette compétence, en leur donnant à juger les délits et contraventions en *matière forestière*, lorsque l'amende réclamée par l'administration n'est pas supérieure à 150 francs. La question de savoir si la loi du 12 juillet 1905, qui a augmenté la compétence des juges de paix métropolitains, s'applique en Algérie, a donné lieu à une vive controverse. On trouvera les décisions judiciaires divergentes et les éléments de la discussion dans la *Revue algérienne tunisienne*, 1905, pp. 309 et suivantes; 1906, pp. 69, 191, 234 et suivantes; et 1907, p. 60. Nous n'avons pas l'intention d'aborder à fond cette controverse qui dépasserait les limites naturelles de ce travail. Nous nous bornerons à dire avec M. Girault (*op. cit.*, III, p. 190, note 2), que la suppression par le Sénat de l'article 31 du projet voté par la Chambre qui déclarait formellement la loi applicable à l'Algérie, et qui n'a pas été repris dans les débats ultérieurs, nous paraît prouver d'une façon certaine l'intention du législateur d'abandonner toute idée d'application de la loi nouvelle à l'Algérie. C'est ainsi, du reste, que l'administration a interprété la loi de 1905, qui demeure inapplicable, car l'application n'en a pas été faite par un décret spécial. Mais, comme le fait observer également M. Girault, puisque l'ordonnance du 26 septembre 1842 décide que la compétence des juges de paix algériens est la même que celle de ceux de France, on peut arriver assez raisonnablement à l'application de la loi de 1905, en admettant que cette ordonnance fixe la compétence dont elle parle, pour le moment où le magistrat statue sur le litige qui lui est soumis; en sorte que toutes les dispositions métropolitaines sur la compétence des juges de paix deviennent de plein droit applicables en Algérie au fur et à mesure que le législateur français les établit.

Les *Justices de paix militaires* fonctionnant en territoire militaire sont confiées à des officiers ayant même compétence que les juges de paix à compétence ordinaire qui précèdent. Cette compétence est même plus étendue en matière *commerciale*, car, en cette matière, ces officiers jugent en dernier ressort jusqu'à 100 francs et jusqu'à 500 francs en premier ressort. Au point de vue *répressif*, ils jugent, sauf appel, les délits et contraventions en *matière forestière*, lorsque la citation ne conclut pas à une amende supérieure à 150 francs.

L'institution des juges de paix à compétence étendue a été des plus heureuses et des plus utiles, car dans les centres situés à des distances considérables des villes où siègent les tribunaux de première instance, ceux-ci n'auraient pu rendre une assez prompte justice, ni prescrire à temps les mesures urgentes qui s'imposent et exigent la présence d'un magistrat sur les lieux. C'est pour cela que les juges de paix dont nous parlons, ont non seulement les attributions des juges de paix ordinaires, mais encore une partie de celles des tribunaux de première instance et de leurs présidents. Leur compétence est définie par l'article 2 du décret du 19 avril 1854; d'après ce texte, ils statuent sur toutes les demandes personnelles et mobilières, en matière civile et commerciale, en dernier ressort jusqu'à la valeur de 500 francs, et, en premier ressort, jusqu'à celle de 1.000 francs. Ils sont juges des *référés* dans les mêmes conditions que les présidents des tribunaux de première instance métropolitains et peuvent, comme eux, ordonner toutes mesures conservatoires, notamment des saisies-arrêt sans limitation du chiffre de la créance, mais sans pouvoir entrer dans l'examen de la demande en validité qui doit être portée devant le tribunal de première instance. Ils connaissent de toutes les *contraventions* ou *délits non intentionnels* commis ou constatés dans leur ressort et qui sont de la compétence des tribunaux correctionnels, ainsi que des infractions aux lois sur la *chasse* et des *délits intentionnels* n'entraînant pas une peine supérieure à six mois de prison ou 500 francs d'amende. Sur ce dernier point, la jurisprudence admet que le juge de paix est compétent, soit que le délit entraîne l'une ou l'autre de ces deux peines, soit les deux cumulativement. L'appel contre les décisions des justices de paix à compétence étendue est porté devant le tribunal de première instance, qu'ils statuent comme juges ordinaires ou comme juges des référés.

§ III. — *Procédure*

Comme on l'a vu ci-dessus au chapitre Ier, l'application du code de procédure civile aux colonies a été décidée par l'ordonnance du 16 avril 1843, sous certaines réserves. La première est indiquée à l'article 2 de l'ordonnance aux termes duquel le demandeur peut assigner devant le tribunal du domicile du défendeur en France, ou devant le tribunal de l'Algérie dans le ressort duquel le droit ou l'action aura pris naissance. En Algérie, suivant le même article, la résidence habituelle vaut domicile. Il importe peu que l'action provienne d'un contrat ou d'un délit et que l'on soit en matière civile ou commerciale. Voir toutefois, en sens opposé, cassation 24 janvier 1887. *D.P.* 87.I.214.

Suivant l'article 3 de l'ordonnance, les citations ou significations seront faites à la personne ou au domicile réel ou d'élection, ou à la résidence de la partie citée. Mais le texte permet de signifier à la personne ou au domicile du mandataire qui sera porteur d'un pouvoir spécial et formel de défendre à la demande.

Quant au délai de l'ajournement, il est, en France, d'après l'article 72 du code de procédure civile, de huitaine franche, augmenté des délais de distance. L'ordonnance du 16 avril 1843, dans ses articles 5, 6 et 7, fixait autrement ce délai; outre le délai de huitaine et celui des distances, elle accordait encore trente jours lorsque la partie assignée était obligée de prendre la mer pour se rendre au siège du tribunal devant lequel elle devait comparaître. Mais le décret du 24 juin 1900 a abrogé ces dernières dispositions et a fixé le délai comme suit dans son article premier : Le délai des ajournements à comparaître devant les tribunaux de l'Algérie est réglé pour les parties qui sont domiciliées ou qui résident habituellement en Algérie, conformément aux prescriptions des articles 72 et 1033 du code de procédure civile. Le décret de 1900 a donc sur ce point assimilé l'Algérie à la France, et le délai, désormais le même, est de huitaine franche augmenté d'un jour par cinq myriamètres de distance ou fraction supérieure à quatre myriamètres. En matière pénale, les délais ont été aussi réduits par les dispositions du décret du 19 mai 1905, qui s'applique à la Tunisie aussi bien qu'à l'Algérie.

Si la partie assignée devant un tribunal algérien demeure non en Algérie mais en France, le délai est d'un mois depuis la loi du 3 mai 1862, qui, à cet égard, a modifié l'ordonnance de 1843 déjà modifiée d'ailleurs par la loi de 1859. Le délai est également d'un mois pour une personne qui, domiciliée en Algérie, est assignée devant un tribunal français. Enfin, quand l'assignation est donnée à une personne demeurant en dehors de la France et de l'Algérie, le délai est celui fixé par l'article 2 du décret du 24 juin 1900.

reproduisant les dispositions de l'article 73 du code de procédure civile.

Outre les formalités ordinaires des citations et notifications, il en est une autre spéciale aux actes concernant les musulmans. Ces actes doivent contenir, à peine de 20 francs d'amende contre l'huissier, une analyse sommaire en langue arabe faite ou certifiée par un interprète assermenté, sans préjudice de la nullité de l'acte, si le juge croit devoir la prononcer.

En France, lorsqu'une signification ou une procédure est entachée de nullité, les juges sont tenus de prononcer cette nullité, si elle est invoquée par la partie intéressée. En Algérie, il n'en est pas de même; d'après les ordonnances des 10 août 1834, 28 février 1841, 26 septembre 1842 et 16 avril 1843, les juges sont libres d'admettre ou non la nullité; toutefois ils sont tenus de prononcer celles qui sont édictées par l'ordonnance de 1843, comme l'exige ladite ordonnance.

Notre code de procédure civile distingue les matières ordinaires et les matières sommaires; son article 404 énumère ces dernières et son article 405 déclare qu'elles sont jugées à l'audience, après les délais de la citation, sur un simple acte ou sommation d'audience, sans autres procédures ni formalités. Mais les affaires ordinaires nécessitent une instruction plus compliquée, des délais souvent très longs, et entraînent par suite des frais bien plus considérables; les articles 77 et suivants visent la procédure qui concerne ces matières. En Algérie, toutes les affaires sont sommaires et par conséquent sont jugées rapidement et avec très peu de frais; cette règle importante est posée par l'article 11 de l'ordonnance du 16 avril 1843 précitée dans les termes suivants : toutes les matières en Algérie seront réputées sommaires et jugées sur simples conclusions motivées, signées par le défenseur ou l'avoué consitué. Ces conclusions seront respectivement signifiées, dans la forme des actes d'avoué à avoué, vingt-quatre heures au moins avant l'audience où l'on devra se présenter. Si une enquête devenait nécessaire, l'article 13 de ladite ordonnance veut qu'elle soit faite dans les formes des enquêtes sommaires, conformément aux articles 407 à 413 du code de procédure civile. Enfin, suivant l'article 15 de la même ordonnance, s'il est constaté qu'il y a urgence et péril en la demeure, les tribunaux auront la faculté ... d'ordonner, avant l'échéance des délais de la citation, les mesures conservatoires ou de précaution que les circonstances rendraient indispensables.

On suit devant les *Tribunaux de commerce* algériens les mêmes formes que devant les tribunaux de commerce français. Pour ceux-ci, l'article 642 du code de commerce déclare que la forme de procéder devant eux sera celle qui est réglée par le titre xxv du livre II de la première partie du code de procédure civile, c'est-à-dire par les articles 414 à 442; on suivra donc la procédure tracée par ces textes devant les tribunaux de commerce de l'Algérie, puisque les codes de commerce et de procédure lui sont applicables. Pareille procédure sera suivie devant les tribunaux de première instance et devant les justices de paix à compétence étendue, lorsqu'ils jugeront commercialement à défaut de tribunaux consulaires.

En Algérie, la procédure métropolitaine est usitée devant les *Conseils de prud'hommes*. La loi du 23 février 1881 qui a institué ces conseils dans la colonie, leur a appliqué la législation de la France et la loi du 29 mars 1907 a agi de même.

La procédure devant les *Justices de paix* est aussi la même que devant les justices de paix de France; en effet, l'ordonnance du 14 avril 1843, qui a déclaré applicable à l'Algérie le code de procédure civile, y a en même temps rendu exécutoire la loi du 25 mai 1838 qui a réglé le mode de procéder devant les juges de paix de la métropole, dans les articles 1 et suivants du susdit code de procédure.

Devant la *Cour d'appel d'Alger*, l'instance d'appel est formée, instruite et jugée comme devant les cours d'appel de la métropole; il y a seulement quelques différences quant aux délais. Suivant l'article 443 du code de procédure civile modifié par la loi du 3 mai 1862, le délai pour interjeter appel est, en France, de deux mois, outre le délai des distances prévu par les articles 445 et 446 du même code. Il court, pour les jugements contradictoires, du jour de la signification à personne ou domicile; pour les jugements par défaut, du jour où l'opposition ne sera plus recevable. En Algérie, suivant l'article 56 de l'ordonnance du 26 septembre 1842, le délai pour relever appel des jugements contradictoires en matière civile, commerciale et de justice de paix, est d'un mois à partir de la signification soit à personne, soit au domicile réel ou d'élection. Et le texte augmente ce délai à raison des distances, quand l'appelant habite une localité différente de celle où fonctionne le tribunal qui a rendu le jugement dont est appel. L'ordonnance du 16 avril 1843 décide dans son article 16 que : ceux qui demeurent hors de l'Algérie où dans un lieu autre que celui où le jugement a été rendu, auront, outre le délai de trente jours pour interjeter appel, les délais à raison de la distance fixés ci-dessus pour les ajournements. On le voit, tandis que l'ordonnance de 1842 parle d'un mois, celle de 1843 parle de trente jours; mais la jurisprudence de la cour d'Alger décide que c'est le délai d'un mois qui doit prévaloir suivant l'ordonnance de 1842 qui n'a pas été abrogée (Alger, 21 avril 1856; *Répertoire général du droit français*, V° Algérie, n° 3184). D'autre part, ce délai d'un mois n'a pas changé, bien que la loi de 1862 ait, dans l'article 443 du code de procédure civile, élevé à deux mois le délai de l'appel pour la France, attendu que ladite ordonnance de 1843 a déclaré que cet article n'était pas applicable à l'Algérie.

Précisons, en ce qui concerne le délai des distances, que l'article 445 du code de procédure civile ne l'accorde qu'à ceux qui demeurent hors de la France continentale, en sorte que ceux qui sont domiciliés en France n'en jouissent pas, à quelque distance qu'ils se trouvent. Au contraire, l'article 16 de l'ordonnance de 1843 fait bénéficier de ce délai les personnes qui habitent l'Algérie dans un lieu autre que celui où le jugement a été rendu. Ce texte semblerait indiquer qu'il faut avoir en vue la distance existant entre ce lieu et le domicile de l'appelant; mais la cour de cassation et la cour d'appel d'Alger décident que c'est celle qui sépare l'appelant de l'intimé (cassation, 5 août 1874, *D. P.* 76. 1, 17; Alger, 10 juillet 1901, *R. A.* 1901. 2. 388). Le même article 16 de l'ordonnance de 1843 accorde les délais de distance fixés pour les ajournements; et, depuis le décret du 24 juin 1900 renvoyant à l'article 1033 du code de procédure civile, ce délai est d'un jour par cinq myriamètres. Mais si l'intimé, au lieu de demeurer en Algérie, est domicilié en France, alors que l'appelant demeure en Algérie, le délai des distances sera d'un mois conformément à l'article 73 du code de procédure civile, ce qui fera que le délai de l'appel sera en tout de deux mois. Et si, au contraire, l'appelant habite la France et l'intimé l'Algérie, le délai de l'appel étant alors de deux mois, l'appelant aura ce dernier délai, plus un mois pour la distance, c'est-à-dire en tout trois mois. Du reste, dans des matières spéciales, le délai de l'appel pourra être différent; il sera notamment de deux mois en matière de divorce, parce que la loi sur le divorce a été déclarée applicable à l'Algérie et que l'article 248 du code civil donne pour l'appel en cette matière le délai de l'article 443 du code de procédure civile, c'est-à-dire le délai de deux mois. Également, à l'égard des jugements rendus en matière de faillite, le délai d'appel est de quinze jours.

Les *Cours d'assises* de l'Algérie sont, comme celles de France, composées de magistrats et de jurés; et magistrats et jurés y sont désignés et choisis comme devant celles-ci; elles siègent pareillement tous les trois mois; mais, conformément à la loi du 30 juillet 1881, elles tiennent fréquemment des sessions extraordinaires à raison soit de l'étendue plus considérable de leur ressort, soit de la criminalité plus grande de la population qui le compose. La loi du 21 novembre 1872 sur le jury a été rendue applicable à l'Algérie par le décret du 8 février 1900; dès lors, on s'y conforme à l'article 2 de cette loi pour l'incapacité des jurés, à son article 3 pour les incompatibilités, à son article 4 pour les incapacités et les dispenses. Ensuite les débats se déroulent comme en France.

Le *pourvoi en cassation* n'avait pas été réglementé dans ses conditions par les diverses ordonnances qui s'étaient occupées de la procédure en Algérie. Pour la première fois, la loi du 11 juin 1859 vint décider que les délais, les formes et la procédure du pourvoi seraient les mêmes qu'en France; le délai du pourvoi fut donc de trois mois pour l'Algérie, car il était alors de trois mois en France. Ensuite, la loi du 2 juin 1862 vint réduire ce délai à deux mois pour la France, mais en spécifiant, dans son article 5, que les demandeurs domiciliés en Algérie auraient un mois de plus. Donc, pour ceux qui habitent l'Algérie, le pourvoi est de trois mois; mais les formes et la procédure du pourvoi sont celles déterminées pour la France. Quand la cour de cassation annule un arrêt de la chambre des mises en accusation de la cour d'Alger, le renvoi à lieu devant une autre chambre de cette cour et cette chambre siège alors avec des magistrats n'ayant pas participé à l'arrêt cassé. Néanmoins, la cour peut, suivant les circonstances, renvoyer l'affaire devant la chambre des mises en accusation d'une autre cours (loi du 9 mai 1863, art. 1).

L'*assistance judiciaire* a été introduite en Algérie par le décret du 25 novembre 1904 portant règlement d'administration publique pour l'application de la loi du 22 janvier 1851 modifiée par les lois des 10 juillet 1901 et 31 mars 1903. Ses règles sont les mêmes que dans la métropole; seulement les bureaux tant de première instance que d'appel sont présidés par un magistrat du parquet; et, lorsqu'un musulman le réclame, il est adjoint un assesseur musulman.

ARTICLE II

Les magistrats algériens et les auxiliaires de la justice

§ I. — *Les magistrats algériens*

Un arrêté du 20 août 1848 a complètement séparé la justice française de la justice musulmane, la première placée désormais sous l'autorité du ministre de la justice métropolitaine. Depuis cette époque, les magistrats français algériens se sont rapprochés de plus en plus de leurs collègues métropolitains, avec quelques légères différences nécessitées par la situation locale. Aujourd'hui la condition des uns et des autres est à peu près identique, et spécialement, suivant l'article 1er du décret du 13 février 1908 sur le recrutement et l'avancement des magistrats, nul ne peut être nommé en France, en Algérie et en Tunisie aux fonctions judiciaires, s'il ne remplit les conditions exigées par la loi du 20 avril 1810 et s'il n'a, en outre, subi avec succès les épreuves d'un examen dont le programme est fixé par arrêté ministériel, ou s'il ne se trouve soit dans le cas prévu par l'article 15, soit dans une des catégories mentionnées à l'article 16..

D'après l'article 14 du décret de 1908, nul ne peut, sous réserve des dispositions de l'article 1er, être nommé juge suppléant près les tribunaux d'Algérie s'il ne produit le certificat d'études de législation algérienne, de droit musulman et de coutumes indigènes créé par le décret du 31 décembre 1889. Et l'article 15 ajoute : sont dispensés de l'examen professionnel, pour être nommés juges suppléants près les tribunaux de première instance d'Algérie, les juges de paix en fonctions en Algérie, ainsi que leurs suppléants rétribués, après quatre années de services. L'article 16 dispense de l'examen d'entrée un certain nombre de fonctionnaires, tels que les conseillers d'État, les professeurs et agrégés des facultés de droit, les anciens magistrats, préfets, sous-préfets, avocats au conseil d'État et à la cour de cassation, les avocats et greffiers à des conditions déterminées, etc. Mentionnons dans cette liste le secrétaire de la première présidence de la cour d'Alger.

Il faut donc renvoyer, en principe, pour les magistrats algériens aux règles de la législation métropolitaine, sauf toutefois une exception grave et injustifiée relative à l'inamovibilité. En effet, la cour de cassation française a décidé, toutes chambres réunies, le 9 juin 1885, que l'article 15 de la loi du 30 août 1883, suivant lequel les magistrats du siège des cours et tribunaux français ne pourront, après l'expiration du délai de réorganisation prévu par l'article 11, être déplacés que sur l'avis du conseil supérieur de la magistrature, ne s'applique pas à l'Algérie, ce qui revient à dire que les magistrats de la cour d'appel d'Alger et des tribunaux civils de l'Algérie ne jouissent pas de l'inamovibilité accordée à leurs collègues métropolitains. La cour s'est basée sur ce fait que rien dans les travaux préparatoires ou les discussions de la loi de 1883 n'indique que le législateur ait voulu modifier la situation antérieure de l'Algérie au point de vue judiciaire. La doctrine, au contraire, s'est prononcée en sens opposé et la cour de cassation elle-même a appliqué à l'Algérie quelques-unes des dispositions de la loi de 1883. Nous n'entrerons point dans l'examen de cette controverse plutôt théorique, puisqu'en fait les magistrats algériens sont considérés comme ne jouissant pas de l'inamovibilité. Mais nous estimons que cette différence faite entre eux et ceux de la métropole n'est nullement justifiée et que l'inamovibilité, considérée en France comme une garantie essentielle de l'indépendance de la magistrature, doit être étendue à l'Algérie, où elle est légitimée par le même besoin d'indépendance. Il faudrait donc qu'une loi ou un décret vînt faire bénéficier expressément de l'inamovibilité les juridictions algériennes; une loi serait préférable pour soustraire la colonie sur ce point à l'arbitraire de l'exécutif; en ce sens, un projet avait été déposé, en 1893, par les députés de l'Algérie. A propos de la discussion du projet de loi sur le recrutement et les garanties de la magistrature coloniale dant il va être question ci-après, au titre III de la section 2 du chapitre VI, les sénateurs algériens avaient, dans la séance du Sénat, du 9 novembre 1911, proposé une disposition additionnelle aux termes de laquelle la magistrature algérienne serait régie par la loi du 30 août 1883, désormais applicable à l'Algérie dans toutes ses dispositions et donnant, par suite, aux magistrats algériens le bénéfice de l'inamovibilité. Il a été répondu, pour repousser l'amendement, qu'une loi sur la magistrature coloniale ne pouvait modifier le statut particulier de la magistrature algérienne. Nous pensons qu'il aurait été, au contraire, très simple d'éviter de nouvelles lenteurs parlementaires en appliquant purement et simplement à l'Algérie le statut de la magistrature métropolitaine. Quoi qu'il en soit, la disposition additionnelle a été retirée sur la promesse formelle du garde des sceaux de faire aboutir le plus tôt possible un projet de loi donnant les garanties voulues aux magistrats algériens, projet annoncé et devant être déposé à bref délai.

Le traitement des magistrats algériens est le même qu'en France; toutefois celui des membres des tribunaux de troisième classe est plus élevé; ainsi le président de ces tribunaux a 6.000 francs, le juge d'instruction 4.300 francs, le juge ordinaire, 3.750 francs, le procureur de la République, 6.000 francs, le substitut 3.500. Tous les juges suppléants sont rétribués.

Vu l'importance de leurs fonctions, les juges de paix ne sont nommés en Algérie que s'ils sont âgés de 25 ans et porteurs du diplôme de licencié en droit. Le traitement des juges de paix à compétence ordinaire est fixé à 4.000 francs pour celui d'Alger et à 3.000 francs pour ceux des autres chefs-lieux d'arrondissement. Quant aux juges de paix à compétence étendue, ils sont divisés en 4 classes personnelles; ceux de la première classe reçoivent 4.000 francs, ceux de la seconde 3.500 francs, ceux de la troisième 3.000 francs, ceux de la quatrième 2.700 francs. Ils ont, en outre, droit à un logement fourni par la commune.

Les suppléants des juges de paix sont, en général, rétribués et ont un traitement de 2.000 francs.

§ II. — *Les auxiliaires de la justice*

A. — Greffiers et Commis-greffiers.

Les greffiers sont régis par les dispositions des décrets des 3 septembre 1884 et 31 octobre 1889 qui fixent les conditions de leur nomination et leurs attributions. Ils ont des fonctions beaucoup plus étendues qu'en France et sont, par exemple, dans les localités autres que celles où existe un tribunal de première instance, chargés des fonctions de curateurs aux successions vacantes (article 8 du décret de 1884). Ils procèdent aussi aux ventes publiques mobilières, dans les lieux où il n'y a pas de commissaire-priseur (article 9 du décret). Ils sont, en outre, préposés aux fonctions notariales, dans les cantons où il n'y a pas de notaire (article 10). Les greffiers versent un cautionnement de 1.500 à 4.000 francs.

Les greffiers de l'Algérie sont divisés en trois classes : la première ne compte que le greffier de la cour d'appel; la seconde comprend les greffiers des tribunaux ; la troisième, les greffiers des justices de paix. D'après les tableaux annexés à la loi du 30 août 1883, il y a un greffier en chef près la cour d'appel d'Alger et un greffier près chaque tribunal de première instance et chaque justice de paix; près les justices de paix militaires, les fonctions de greffier sont remplies par un sous-officier.

D'après les décrets précités des 3 septembre 1884 et 31 octobre 1889, pour être nommé greffier en chef de la cour d'appel, il faut avoir obtenu le diplôme de licencié en droit, être porteur du certificat de législation algérienne et avoir été pendant cinq ans au moins, en France ou en Algérie, greffier d'un tribunal de première instance. D'après les mêmes décrets, pour devenir greffier d'un tribunal de première instance ou de commerce, il faut posséder le certificat précité de législation algérienne et avoir été, pendant cinq ans au moins, en Algérie, greffier de justice de paix ou commis-greffier rétribué par l'État près la cour ou un tribunal. Enfin, pour être nommé greffier de justice de paix, il faut avoir subi un examen spécial, conformément à l'arrêté du ministre de la justice du 28 janvier 1885. Il faut, en outre, avoir fait un stage de deux ans chez un greffier, un notaire, un avoué, un huissier, ou dans un bureau d'enregistrement; l'examen n'est pas exigé des candidats porteurs du certificat de législation algérienne.

Les traitements des greffiers algériens sont : pour le greffier en chef de la cour, de 4.200 francs; pour les greffiers des tribunaux de 1re instance de 1re classe, de 2.400 francs; et pour ceux des autres tribunaux, de 2.000 francs; pour les greffiers des tribunaux de commerce, de 1.200 francs; pour les greffiers des juges de paix d'Alger, de 1.200 francs; et pour les autres, de 1.000 francs.

Les *commis-greffiers* rétribués par l'État près la cour ou les tribunaux de première instance sont nommés et présentés au serment par le greffier de la juridiction près de laquelle ils sont établis, sous l'approbation de cette juridiction. Ils sont assimilés aux greffiers de la 3e classe, c'est-à-dire des justices de paix, et doivent remplir les conditions ci-dessus exigées pour ces derniers. La cour a six commis-greffiers; le tribunal d'Alger en a autant; les tribunaux de Constantine et d'Oran en ont chacun quatre; les autres tribunaux n'en ont qu'un. Le traitement des commis-greffiers de la cour est de 3.500 francs; celui des commis-greffiers des tribunaux de 1re instance de 1re classe est de 3.000 francs; celui des commis-greffiers des tribunaux de

2e classe est de 2.500 francs; et celui des commis-greffiers des tribunaux de 3e classe est de 2.000 francs. Les commis-greffiers des justices de paix reçoivent 500 francs.

B. — AVOUÉS-AVOCATS.

Il y eut primitivement en Algérie des *défenseurs* qui étaient en même temps avoués et avocats; et les parties étaient obligées de se faire représenter par eux, car l'ordonnance du 16 avril 1843 rendait leur ministère obligatoire. Aujourd'hui, comme en France, les *avoués* et les *avocats* sont séparés et l'institution des défenseurs a été supprimée; on a seulement réservé la situation de ceux qui étaient en exercice quand les avoués ont été établis. Le décret du 27 décembre 1881 qui a institué ces derniers, leur interdit la plaidoirie désormais réservée aux avocats et les autorise seulement à plaider les incidents de procédure et les affaires réputées sommaires.

Pour être nommé *avoué* en Algérie, il faut, conformément au décret de 1881 et à celui du 31 octobre 1899, avoir obtenu le diplôme de licencié en droit et être porteur d'un certificat d'études de législation algérienne, ainsi que d'un certificat de stage de deux ans, et fournir un cautionnement de deux à quatre mille francs. L'ordre des *avocats*, établi en Algérie depuis 1848, y est organisé comme en France et y jouit des mêmes prérogatives et privilèges.

C. — HUISSIERS.

Le statut des huissiers algériens est fixé par l'arrêté du ministre de la guerre du 26 novembre 1842 et le décret du 13 décembre 1879. Ils sont assimilés aux huissiers métropolitains et ont le droit d'exercer dans toute l'étendue de leur arrondissement, sans qu'il y ait à distinguer suivant qu'ils sont institués près le tribunal ou une justice de paix. D'après le décret précité de 1879, un brigadier de gendarmerie, sur l'ordre du procureur général, peut les remplacer en cas d'absence ou d'empêchement. Ils sont tenus de fournir un cautionnement qui varie de 1.200 à 2.000 francs. Suivant l'arrêté précité du 26 novembre 1842, pour être nommé huissier, il faut être Français ou domicilié dans le pays depuis plus de cinq ans, être âgé de 25 ans accomplis, jouir de ses droits civils et civiques; avoir satisfait à la loi du recrutement et avoir travaillé pendant deux ans au moins soit dans un greffe, soit dans une étude d'huissier, d'avoué ou de notaire.

D. — NOTAIRES.

Les règles relatives aux notaires de l'Algérie sont tracées par l'arrêté du ministre de la guerre du 30 décembre 1842 et par les décrets des 26 octobre 1886, 21 octobre 1899 et 20 juillet 1907. Pour être nommé notaire en Algérie, il faut être Français, âgé de 25 ans, avoir satisfait à la loi du recrutement, jouir de ses droits civils et civiques, avoir passé un examen devant une commission, être porteur du certificat de législation algérienne et justifier d'un stage de cinq ans. Au lieu d'une chambre de discipline, les notaires ont un syndic désigné par le procureur général. A défaut de la chambre de discipline chargée, en France, de vérifier la comptabilité notariale, c'est le procureur de la République qui procède à cette vérification, pour laquelle, suivant le décret précité du 20 juillet 1907, il doit être assisté d'un notaire en exercice ou honoraire que désigne le procureur général. Le procureur peut se faire remplacer par le juge de paix eu égard aux études situées en dehors du chef-lieu de l'arrondissement.

Pour la rédaction de leurs actes, les notaires de l'Algérie se conforment aux règles édictées par la loi du 25 ventôse, an XI, pour les notaires de France; toutefois, contrairement à cette loi, ils ne sont pas autorisés à remplacer par un second notaire les deux témoins dont l'assistance est nécessaire; et, d'autre part, le décret du 26 octobre 1884 précité déclare que celui qui figure comme témoin dans un acte notarié, doit être mâle, majeur, citoyen français, jouir de ses droits civils, justifier de son inscription sur une liste électorale, savoir signer et être domicilié dans l'arrondissement communal où l'acte sera passé. L'arrêté précité du ministre de la guerre du 30 décembre 1842 dispose, dans son article 16, que toutes les fois qu'une personne ne parlant pas la langue française sera partie ou témoin dans un acte, le notaire devra être, en outre, assisté d'un interprète assermenté qui expliquera l'objet de la convention, avant toute écriture, expliquera ensuite de nouveau l'acte après sa rédaction et signera comme témoin additionnel. Dans ce cas donc, l'acte est rédigé avec l'assistance de trois témoins; cette formalité était nécessaire pour sauvegarder les droits des parties si nombreuses qui en Algérie ne connaissent pas notre langue. Enfin, d'après l'article 19 de l'arrêté précité, si le nom, l'état et la demeure des parties ne sont pas connus du notaire qui reçoit leurs conventions, ils doivent lui être attestés par deux témoins connus de lui et ayant les mêmes qualités que celles qui sont requises pour être témoin instrumentaire. S'il s'agit d'un musulman, le décret du 7 juin 1889, modifiant sur ce point l'article 19 de l'arrêté, décide que l'attestation dont s'agit pourra être fournie par tout musulman résidant en Algérie, mâle, majeur, et connu du notaire. D'autre part, en matière de transactions immobilières ou de contrats hypothécaires, l'existence des immeubles qu'il s'agira d'aliéner ou d'hypothéquer devra être également connue du notaire ou lui être attestée par deux témoins; et, dans les actes translatifs de propriété immobilière, les notaires énonceront la nature, la situation, la contenance, les tenants et aboutissants des immeubles, les noms des précédents propriétaires et, autant qu'il se pourra, le caractère et la date des mutations successives. Ces dernières formalités sont prescrites par les articles 19 et 21 du même arrêté de 1842.

Aux termes de l'article 5 de la loi de ventôse, les notaires français nommés dans un chef-lieu de canton peuvent exercer dans toute l'étendue de ce canton; ceux nommés dans un chef-lieu d'arrondissement ont de même le droit d'exercer dans tout l'arrondissement; enfin les notaires ayant leur domicile dans une ville où siège une cour d'appel, exercent dans tout le ressort de cette cour. En Algérie, la compétence est la même, mais avec cette réserve que les notaires résidant à Alger, siège de la cour d'appel, ne peuvent exercer que dans l'arrondissement d'Alger (arrêté de 1842, article 10).

E. — Greffiers-Notaires.

En France, chaque canton a ses notaires qui ont leur résidence soit au chef-lieu de ce canton, soit dans une autre commune en dépendant. En Algérie, il y a beaucoup de cantons qui n'ont pas de notaire; et les habitants de ces cantons ne peuvent appeler le notaire du canton voisin qui, lui, ne peut exercer que dans celui où il réside; ils seraient donc obligés de se rendre soit dans le canton pourvu de notaire, soit, à défaut, au chef-lieu d'arrondissement situé à des distances souvent énormes. Pour remédier à cet inconvénient, on a eu l'idée de confier les fonctions de notaire au greffier de la justice de paix, dans les cantons dépourvus de ces officiers ministériels. L'innovation fut d'abord introduite dans la Kabylie, par un décret du 29 août 1874 portant établissement de la justice française et statuant, dans son article 14, qu'en attendant la création de notaires, les greffiers des justices de paix pourraient être chargés par le garde des sceaux d'en remplir les fonctions. Ensuite, la mission fut étendue à toute l'Algérie par les décrets des 18 janvier 1875 et 3 septembre 1884. Il est bien entendu que les notaires de l'arrondissement ont le droit d'exercer dans le canton dépourvu de notaire, aussi bien que le greffier-notaire désigné, comme le déclare l'article 2 du décret de 1875.

Les greffiers-notaires se divisent en deux classes; la première comprend ceux qui ont la plénitude des attributions notariales. On les appelle *greffiers-notaires au titre* Ier, parce que leur situation est déterminée par la section I au titre Ier du décret de 1875; les autres sont dits *greffiers-notaires au titre* 2e, pour un motif identique. Pour avoir la plénitude des attributions notariales, les greffiers-notaires doivent, indépendamment des conditions voulues pour être greffier, avoir obtenu un certificat de capacité et de moralité délivré par une chambre française de notaires ou par une commission algérienne composée d'un magistrat et de deux notaires, ainsi que le certificat de législation algérienne. Voir les décrets précités des 18 janvier 1875 et 3 septembre 1884 et la circulaire du procureur général du 29 mai 1886. Le greffier-notaire au titre Ier est soumis à tous les règlements en vigueur sur le notariat; ses actes ont le même effet que ceux des notaires et il a droit aux mêmes honoraires et émoluments; il est tenu de toutes les obligations notariales. Il doit fournir un cautionnement supplémentaire fixé à 1.500 francs.

Les greffiers-notaires au titre II n'ont a fournir ni le certificat de capacité, ni celui de législation algérienne; ils n'ont qu'à subir l'examen spécial auquel sont soumis les aspirants aux fonctions de greffier.

Les attributions des greffiers-notaires au titre II ne sont plus les mêmes que celles des greffiers-notaires au titre Ier. Ils peuvent seulement, d'après l'article 6 du décret précité du 18 janvier 1875, recevoir et rédiger en la forme notariée les conventions des parties établies par acte sous seing privé, pour lesquelles leur ministère est requis, à l'exception des actes réservés exclusivement aux notaires. Les actes ainsi par eux rédigés ne valent que comme écrits sous seing privé; ils sont dépourvus, par suite, de toute force exécutoire, de tout caractère d'authenticité, et ne peuvent servir de base à une exécution. Toutefois, d'après l'article 7 du même décret, ils ont le droit de recevoir et de rédiger, en la forme des actes notariés, des procurations qui ont la même authenticité que si des notaires les avaient reçues. Ils peuvent également retenir des testaments et des reconnaissances d'enfants naturels, en présence de deux témoins; mais ces actes sont nuls s'ils n'ont pas été renouvelés, dans les six mois, devant les officiers publics compétents, suivant les formes voulues, au cas de survie du testateur ou de celui qui a fait la reconnaissance. Ils peuvent dresser des inventaires, représenter les intéressés non présents à la levée des scellés ou à l'inventaire dans les cas prévus par les articles 928 et 942 du code de procédure civile, et faire les protêts faute d'acceptation ou de paiement sous les conditions de l'article 176 du code de commerce (décret du 29 juillet 1884). Tout en demeurant soumis aux lois qui régissent le notariat, ils n'ont droit, pour leurs actes, expéditions et vacations, qu'à la moitié des honoraires perçus par les notaires algériens (article 10 du décret de 1884).

F. — INTERPRÈTES.

Les indigènes algériens connaissant assez rarement la langue française, on a établi pour eux des interprètes civils ne pouvant exercer aucune autre fonction et revêtus de la qualité d'officiers publics. Ce sont les *interprètes judiciaires* attachés aux diverses juridictions. Ils prêtent le serment professionnel à leur entrée en fonctions. Ils sont divisés en trois classes et ont droit à un traitement fixe qui s'élève pour ceux de la cour à 3.000 francs, pour ceux des tribunaux civils et de commerce à 2.400 francs, et pour ceux des justices de paix à 1.500 francs (décret du 25 avril 1851). Ils sont tous nommés par arrêté du gouverneur général depuis le décret du 27 juin 1901. Il y a encore des *interprètes traducteurs assermentés* qui sont chargés, lorsqu'un acte est passé entre parties ne parlant pas la même langue, d'intervenir dans les conventions authentiques ou sous signature privée et de traduire les actes passés devant les officiers publics (ordonnance du 19 mai 1846). Ils signent à l'acte comme témoins, quand ils assistent les parties. Suivant l'article 4 du même texte, aucun acte en langue arabe ou étrangère ne peut être produit en justice ou annexé à un autre acte reçu par un officier public français, s'il n'est accompagné de la traduction faite par ledit interprète traducteur assermenté. Ces interprètes n'ont aucun traitement fixe et sont payés au moyen d'honoraires conformes au tarif du 20 novembre 1852. Ils sont nommés par arrêté du gouverneur général; ils doivent avoir 21 ans révolus, être Français, ou résider en Algérie depuis trois ans; une commission désignée par le gouverneur général examine s'ils ont les connaissances nécessaires.

G. — COMMISSAIRES-PRISEURS.

Leurs attributions sont fixées par un arrêté ministériel du 1er juin 1841; il faut, pour être nommé commissaire-priseur, être Français ou domicilié en Afrique depuis 5 ans, avoir satisfait aux lois sur le recrutement, être âgé de 25 ans et justifier de sa moralité. Les commissaires-priseurs procèdent seuls, dans la ville où ils résident et dans un rayon de 4 kilomètres autour, à la vente aux enchères publiques de tous les biens meubles et marchandises neuves ou d'occasion, à l'exception des droits mobiliers incorporels qui sont vendus par le ministère des notaires. Dans tout le reste de l'arrondissement, ils exercent le droit de vente concurremment avec les autres officiers ministériels. Ils tiennent un répertoire sur lequel ils inscrivent leurs opérations jour par jour, répertoire visé au commencement, coté et paraphé à chaque page par le juge du tribunal civil ou le juge de paix de leur résidence.

Les commissaires-priseurs ont eu souvent à défendre leurs prérogatives contre les prétentions des courtiers, dont le monopole a été aboli par décret du 25 août 1867. Voici les règles qu'a posées la jurisprudence : les commissaires-priseurs sont seuls compétents pour les ventes aux enchères des meubles ne pouvant pas être considérés comme marchandises, ou pour les ventes des marchandises ordonnées par le tribunal civil. Ils sont, concuremment avec les courtiers, compétents pour les ventes de marchandises autorisées par le tribunal de commerce après cessation de commerce.

H. — CURATEURS AUX SUCCESSIONS VACANTES.

Enfin, parmi les auxiliaires de la justice, figurent les curateurs aux successions vacantes. En France, lorsqu'une succession est réputée vacante dans les conditions indiquées par l'article 811 du code civil, le tribunal de première instance lui nomme un curateur pour l'administrer, conformément aux articles 812, 813 et 814 du même code. En Algérie, la matière des successions vacantes est réglée par l'ordonnance du 26 décembre 1842 ; ce n'est pas le tribunal qui nomme le curateur et il existe dans chaque arrondissement un ou plusieurs curateurs, véritables officiers ministériels, chargés d'administrer les successions vacantes. Ces curateurs nommés par le procureur général sur la proposition du procureur de la République, sont choisis de préférence parmi les officiers ministériels ou les anciens officiers ministériels, conformément à l'article 3 de l'ordonnance précitée.

I. — Comparaison de la situation des officiers ministériels métropolitains et algériens. — Projets de réforme.

En France, pour être nommé officier ministériel, il faut acheter une charge, et la même obligation incombe aux greffiers près les cours, tribunaux et justices de paix. Tous ayant un monopole, aucun titulaire nouveau ne peut être nommé sans être présenté par l'un d'eux comme son successeur. Le nouveau doit donc acheter la charge de celui qui se retire en sa faveur; ce dernier le présente à l'agrément du gouvernement et le chef de l'Etat le nomme par décret, pourvu qu'il réunisse les conditions voulues par les lois et règlements. Cette vénalité des charges a été établie en France par la loi du 28 avril 1816. Devant les tribunaux de commerce, au lieu d'avoués, fonctionnent des agréés qui ne sont pas des officiers ministériels, mais, comme le nom le dit, des défenseurs agréés par le tribunal de commerce et ayant, à ce titre, certains privilèges. Bien qu'ils achètent leurs charges et soient, par suite, admis à les vendre, ils ne jouissent d'aucun monopole; et toute personne peut, en principe, à des conditions déterminées, défendre devant les tribunaux où ils sont établis. Aujourd'hui, en France, les charges ont acquis des prix élevés, inabordables pour certains qui pourtant réunissent toutes les conditions de capacité et de moralité voulues. D'autre part, les projets de réforme les plus urgents, tels que ceux concernant la suppression de certains tribunaux inutiles et la diminution des frais de justice, sont arrêtés par la nécessité de rembourser le prix des charges ou d'indemniser les titulaires avant de supprimer l'office ou d'en réduire les émoluments. Il a été plusieurs fois question de racheter les charges dans la métropole; mais ce qui eût été assez facile autrefois, est devenu fort difficile à notre époque où leur prix ayant augmenté dans des proportions considérables, l'État aurait à rembourser des sommes énormes. Quand il est investi de sa charge, l'officier ministériel doit fournir un cautionnement bien supérieur à celui exigé en Algérie. Enfin, s'il encourt une destitution, le titulaire n'a plus le droit de vendre sa charge et c'est l'État qui vend à sa place, pour un prix qu'il détermine et qui est bien inférieur au prix d'achat.

En Algérie, la situation n'est plus la même; l'officier ministériel n'a pas à acheter sa charge, car il est nommé gratuitement; et, avantage considérable, il peut ensuite, gratuitement aussi, obtenir une charge plus importante que celle dont il a été primitivement pourvu. Mais, par contre, il ne peut céder sa charge, sous peine de révocation pour lui-même et pour son successeur s'il a été nommé; ses héritiers ou ayants-cause n'ont pas plus de droit. La défense et la nullité de toute cession à cet égard sont écrites : pour les greffiers dans l'ordonnance du 9 février 1845, pour les notaires dans l'arrêté du ministre de la guerre du 30 décembre 1842, pour les défenseurs, aujourd'hui les avoués, dans l'arrêté du même ministre du 26 novembre 1841, pour les huissiers dans l'arrêté du même ministre du 26 décembre 1842 précité, pour les commissaires-priseurs dans l'arrêté du même ministre du 1er juin 1841 précité. Ces divers arrêtés et ordonnance disposent en effet : il ne peut être traité, sous aucun prétexte, à prix d'argent ou moyennant tout autre prix, quelle qu'en soit la nature, soit par le titulaire soit par ses héritiers ou ayants cause, de la cession de son titre ou de sa clientèle.

Le décret du 17 juin 1901 donne au gouverneur général de l'Algérie le droit de nommer les officiers publics et les officiers ministériels de toute la colonie, nomination qui dans la métropole est réservée au chef de l'État. Voici comment est conçu l'article 2 de ce décret : le greffier en chef de la cour d'appel, les greffiers des tribunaux de première instance, de commerce et des justices de paix, les notaires, les défenseurs et avoués près la cour et les tribunaux, les huissiers, les interprètes judiciaires et traducteurs assermentés, les commissaires-priseurs de l'Algérie sont nommés et révoqués par le gouverneur général, au vu des propositions qui lui sont soumises par le premier président et le procureur général de la cour d'appel, dans les conditions indiquées aux articles ci-après. Et, d'après l'article 4 du décret : nul ne peut être nommé officier ministériel en Algérie, s'il n'est Français et s'il n'a satisfait aux lois du recrutement militaire. Sont toutefois maintenues en faveur des indigènes musulmans les dispositions exceptionnelles de l'article 10 du décret du 21 avril 1866, suivant lequel un indigène musulman peut être nommé greffier, défenseur, notaire, huissier ou commissaire-priseur; mais il ne peut pas être nommé avoué. D'après l'article 5 du décret modifié par le décret du 25 septembre 1906, le gouverneur général choisit, pour chaque poste, sur une liste de trois noms dressée par une commission spéciale de trois membres, présentée par le premier président et le procureur général. Les peines disciplinaires, d'après les articles 1 et 3, sont prononcées tantôt par le gouverneur général, tantôt par les chefs de la cour. Elles sont soumises à une commission de discipline dont la composition est indiquée à l'article 6.

On le voit, les officiers publics et ministériels sont en Algérie de véritables fonctionnaires nommés, comme ceux-ci, par le gouvernement, pouvant, comme eux, avoir de l'avancement, c'est-à-dire obtenir un poste plus avantageux à la place de celui qu'ils occupent déjà; pouvant d'autre part subir une révocation. A notre avis, le régime actuel qui régit les officiers publics et ministériels de l'Algérie, est préférable à celui qui existe en France. Les offices algériens n'étant pas, en effet, la propriété des titulaires, l'État peut les diminuer, les supprimer sans indemnité aucune, si une nouvelle organisation judiciaire devient nécessaire. Les officiers ministériels sont plus sous l'action du gouvernement, qui peut sensiblement réduire leurs honoraires dans l'intérêt des parties, attendu qu'ils ne déboursent rien pour acquérir leurs charges. Mais, si la situation faite aux officiers ministériels algériens offre des avantages sérieux au point de vue des intérêts généraux, il faut convenir, d'autre part, que la faveur qui leur a été accordée est bien considérable et qu'elle a dégénéré en véritable abus; le gouvernement fait à ces officiers une libéralité que rien ne justifie; on peut donc la supprimer ou tout au moins la restreindre. Telle avait été l'idée dont s'était inspirée la commission sénatoriale chargée d'étudier les modifications à introduire dans la législation et dans l'organisation des divers services en Algérie. M. Dupuis a déposé à ce sujet un rapport particulier à la séance du 9 juin 1893 (*J. Officiel*, Sénat, *Document parlementaire*, 1893, p. 411, annexe 212). Plusieurs solutions se présentent à l'esprit. On pourrait tout d'abord établir en Algérie la vénalité des charges, système qui serait détestable en présence des résultats qu'il a produits en France; on pourrait encore frapper les charges d'un impôt proportionnel, parti proposé par M. Dupuis dans le rapport précité. Ou bien enfin, ce qui nous semble préférable, il conviendrait de faire des officiers ministériels algériens ce qu'ils auraient dû être toujours, c'est-à-dire de véritables fonctionnaires avec appointements fixes ou remises proportionnelles sur le revenu des charges. C'est là le système proposé en 1892, au ministère de la justice, par M. Flandin alors procureur général à Alger. On consultera sur tous ces points l'article de M. Lacoste dans la *Revue algérienne-tunisienne*, année 1894, t. I, pp. 49 et s.

TITRE II

La Tunisie

ARTICLE PREMIER

Les juridictions et les magistrats

Conformément aux capitulations, la justice était d'abord, dans la Régence, rendue par les consuls à leurs nationaux; mais cette organisation prit fin après l'établissement de notre protectorat. La loi du 27 mars 1883, promulguée par un décret beylical du 18 avril 1883, créa, en effet, à Tunis, un tribunal de première instance et des justices de paix; et bientôt un second décret beylical, en date du 5 mai 1883, vint décider que les nationaux des puissances amies seraient désormais soumis aux tribunaux français, comme les Français eux-mêmes, et non plus à leurs tribunaux consulaires qui demeuraient supprimés. Puis, un troisième décret beylical, du 31 juillet 1884, déféra aux tribunaux français la connaissance des contestations intéressant les Tunisiens, dans lesquelles figureraient des européens, sauf celles ayant trait au statut personnel et aux successions tunisiens. Enfin la loi foncière du 1er juillet 1885 donna compétence exclusive aux tribunaux français pour connaître des constatations concernant les immeubles immatriculés. Pendant qu'elle établissait ainsi sa justice civile dans la Régence, la France y introduisait, d'autre part, sa justice criminelle; et un décret beylical, du 2 septembre 1883, déférait aux tribunaux français les crimes et délits commis par les Tunisiens au préjudice des Français ou de leurs protégés, aussi bien que ceux dans lesquels des Français étaient auteurs, coauteurs ou complices.

Les magistrats français sont en Tunisie placés dans la même condition que leurs collègues de l'Algérie (art. 15 de la loi du 27 mars 1883). Les mêmes règles les régissent quant à l'âge et à la capacité; et l'on a vu que le décret du 13 février 1908 sur le recrutement et l'avancement des magistrats, renvoyant à la loi du 20 avril 1018 et exigeant le succès aux épreuves de l'examen d'entrée dans la magistrature, vise à la fois la France, l'Algérie et la Tunisie. Les magistrats tunisiens ne jouissent pas, comme en Algérie, du bénéfice de l'inamovibilité, et cette situation appelle les mêmes critiques que celles déjà formulée à propos des magistrats algériens. Ils sont nommés et révoqués par décret, sur la proposition du garde des sceaux, car la justice tunisienne ressortit au ministère français de la justice. Suivant l'article 14 du décret précité, les juges suppléants près les tribunaux tunisiens doivent avoir subi avec succès un examen portant sur les difficultés pratiques de la législation tunisienne, dont les conditions sont déterminées par un arrêté du ministre de la justice. Et l'article 15 dispense de l'examen professionnel les juges de paix tunisiens et leurs suppléants rétribués ayant quatre années de services. Il faut, d'autre part, comme pour l'Algérie, tenir compte ici des dispositions de l'article 16 du décret qui permet, on l'a vu, de nommer directement aux fonctions judiciaires les personnes se trouvant dans les diverses catégories indiquées par ce texte. Il n'y a pas de cour d'appel en Tunisie, et les appels sont portés devant la cour d'appel d'Alger dont les attributions s'étendent à la Régence. On a proposé, à plusieurs reprises, la création d'une cour d'appel tunisienne qui dégagerait la cour d'Alger et permettrait aux Tunisiens d'aller porter leurs appels devant une juridiction plus accessible et mieux au courant des nécessités locales.

§ I. — *Justice civile*

A. — Tribunaux de première instance.

La loi du 27 mars 1883 n'avait institué qu'un seul tribunal civil dont le siège était à Tunis. Il était manifestement insuffisant; aussi un décret du 1er décembre 1887 en a-t-il créé un second à Sousse qui dessert le centre et le sud de la Régence. Le tribunal civil de Tunis, conformément au décret du 30 juillet 1897, a trois chambres et comprend un président, deux vice-présidents, un juge d'instruction, cinq autres juges titulaires et cinq juges suppléants; son parquet est représenté par un procureur de la République et trois substituts; près de lui sont un greffier, trois commis-greffiers, un secrétaire et un interprète. Le tribunal de Sousse moins important n'a, d'après le décret du 21 janvier 1890, qu'une seule chambre avec un président, un juge d'instruction, un autre juge titulaire et deux juges suppléants, un greffier et un interprète; son parquet comprend un procureur de la République et un substitut. Suivant l'article 22 du décret du 13 février 1908, les magistrats du tribunal de première instance de Tunis sont assimilés, à égalité de grade, aux magistrats des tribunaux de première classe de France et d'Algérie; et les magistrats du tribunal de Sousse aux magistrats de 2e classe.

Aux termes de la loi du 27 mars 1883 et du décret beylical du 5 mai de la même année, les tribunaux français sont compétents pour statuer sur les contestations existant entre Français ou protégés français et entre nationaux des puissances qui ont renoncé à leurs juridictions consulaires. Ils connaissent donc, à l'égard des européens et protégés européens et des musulmans algériens sujets français, de toutes les demandes personnelles et mobilières, civiles et même commerciales, les tribunaux de commerce n'existant pas en Tunisie. Et leur compétence persiste, alors même que l'une des parties est un Tunisien, depuis le décret beylical du 31 juillet 1884; il suffit donc qu'il y ait un européen en cause, qu'il soit demandeur ou défendeur. Toutefois l'article 2 du décret du 31 juillet 1884 réserve aux tribunaux religieux la connaissance des affaires intéressant le statut personnel ou les successions des sujets tunisiens, musulmans ou israélites. En matière immobilière, les tribunaux français connaissent entre les mêmes parties, en vertu de la loi de 1883, de toutes actions quelconques, ladite loi ne faisant aucune différence entre ces actions et les actions mobilières; mais les actions concernant les immeubles non immatriculés sont en dehors de leur compétence. On s'est demandé si leur incompétence à cet égard était absolue, d'ordre public, *ratione materiæ* avec toutes les conséquences que les lois de procédure attachent à ce caractère, ou, au contraire, simplement relative. C'est ce dernier caractère que nous lui reconnaîtrions, car la plénitude de juridiction des tribunaux français nous paraît être dans la pensée du législateur. Il a créé une exception pour les immeubles qui sont restés sous le statut de la propriété ancienne; mais il y a là, semble-t-il, une faveur accordée à l'indigène qui peut parfaitement y renoncer, s'il veut bénéficier de la juridiction française; et il est censé y avoir renoncé, s'il ne l'invoque point dans les conditions où doit être invoquée toute incompétence relative. En ce qui concerne les matières dont il vient d'être parlé, les tribunaux français connaissent, suivant la loi du 27 mars 1883, article 4, en dernier ressort, des affaires personnelles et mobilières jusqu'à la valeur de 3.000 francs et des actions immobilières jusqu'à 120 francs de revenu. En premier ressort, leur compétence est illimitée. Quant à la compétence *ratione personæ vel loci*, elle est déterminée par l'article 2 de l'ordonnance du 16 avril 1843 qui, relative à l'Algérie, a été étendue à la Tunisie par la loi du 27 mars 1883 précitée (art. 7). Le demandeur, pour tous droits et actions ayant pris naissance en Tunisie, est libre d'assigner à son choix soit devant le tribunal du domicile du défendeur en France, soit devant le tribunal tunisien dans le ressort duquel le droit ou l'action à pris naissance. Le président du tribunal civil est, en Tunisie comme en France, juge des *référés* dans son ressort.

L'article 7 précité de la loi du 27 mars 1883 a déclaré applicable à la Tunisie la procédure tracée pour l'Algérie par les ordonnances, décrets, règlements et lois concernant celle-ci, notamment par l'ordonnance précitée du 16 avril 1843. Il faut donc, devant les tribunaux français de la Tunisie, se conformer à notre code de procédure civile, en tenant compte des modifications apportées par ladite ordonnance qui ont été ci-dessus indiquées, notamment de la disposition concernant les nullités facultatives.

L'article 4 du décret beylical du 31 juillet 1884 exige que toute pièce signifiée à un Tunisien soit, à peine de nullité, traduite en langue arabe jusqu'à ce qu'il y ait constitution d'avoué. Suivant l'article 8 de la loi de 1883, le délai des ajournements et des appels est réglé conformément à l'ordonnance du 16 avril 1843, aux dispositions de laquelle nous renvoyons. Toutefois, si celui qui est assigné demeure hors de la Tunisie, le délai des ajournements sera : pour ceux qui demeurent dans les autres États soit de l'Europe, soit du littoral de la Méditerranée et celui de la mer Noire, de deux mois; pour ceux qui demeurent hors de ces limites, de cinq mois. Comme en Algérie, suivant l'ordonnance de 1843, toutes les affaires sont jugées sommairement. D'après le décret du 5 mai 1883, la *cautio judicatum solvi* ne peut être exigée des européens plaidant devant les tribunaux français tunisiens. Les insertions légales auxquelles donnent lieu les procédures doivent, à peine de nullité, être faites dans les journaux désignés à cet effet par arrêté du résident français. L'*assistance judiciaire* peut être demandée et obtenue pour plaider devant les tribunaux français et pour l'appel et le pourvoi en cassation (décrets des 18 juin 1884, 3 mai 1888 et 2 mai 1904).

Suivant le décret beylical du 27 novembre 1888, les tribunaux civils connaissent du *contentieux administratif*, quand le litige intéresse les européens. Ces tribunaux jugent, en ce cas, les instances tendant à faire déclarer l'administration débitrice et les actions intentées par les autorités administratives contre les particuliers. Du reste, il ne s'agit, suivant le décret précité tel que l'a interprété la jurisprudence, que du contentieux administratif local et nullement de celui de l'État français. Ainsi il n'existe pas en Tunisie de juridictions administratives spéciales; et la Régence ne suit point, relativement au cas qui nous occupe, les règles de la séparation entre les juridictions administrative et judiciaire qui est usitée en Algérie et dans les autres colonies, comme en France. Pour empêcher la juridiction civile de s'immiscer dans le domaine de l'administration, les articles 3 et 4 du décret lui interdisent de prescrire toutes mesures dont l'effet serait d'entraver l'action de l'administration, et de suivre les demandes qui tendraient à faire annuler un acte administratif. La procédure est sommaire; le ministère des défenseurs n'est pas obligatoire et il y a toujours lieu à appel. Le recours en cassation n'est admis que d'office, de la part du ministère public ou du garde des sceaux, à la requête du résident général et seulement en cas de violation des articles 3 et 4 précités.

B. — Justices de paix.

Il y a treize justices de paix composées d'un juge titulaire, d'un ou plusieurs suppléants, d'un greffier et d'un officier de police judiciaire remplissant les fonctions de ministère public; elles peuvent tenir des audiences foraines (loi du 27 mars 1883, art. 12). Suivant l'article 3 de cette loi, elles exercent, en matière civile et pénale, la compétence étendue accordée aux justices de paix de l'Algérie par le décret du 19 avril 1854. Elles connaissent donc des demandes personnelles mobilières, en matière civile et commerciale, en dernier ressort jusqu'à 500 francs et en premier ressort jusqu'à 1.000 francs, même dans les villes où se trouve un tribunal de première instance. Les juges de paix tunisiens sont incompétents pour connaître des actions immobilières et de celles touchant à l'état des personnes, car ils n'ont pas, comme le tribunal civil, plénitude de juridiction; toutefois, d'après la jurisprudence, ils peuvent statuer sur les actions possessoires quand un européen ou protégé européen se trouve en cause.

Les juges de paix de Tunisie sont également juges des

référés, en vertu du décret du 19 août 1854; ils ont donc, à cet égard, les mêmes pouvoirs que le président du tribunal; ils peuvent notamment prescrire toutes mesures conservatoires. Mais ils ne sont juges des référés que dans les circonscriptions où ne siège pas un tribunal de première instance; ainsi, à Tunis et à Sousse, c'est le président du tribunal qui est juge des référés. L'appel des jugements et ordonnances de référé rendus par les juges de paix est porté devant le tribunal civil.

En dehors des justices de paix dont nous venons de parler, il existe en Tunisie des *justices de paix provisoires*; dans celles-ci les fonctions de juge de paix sont remplies par le contrôleur civil ou son suppléant; ces justices de paix provisoires ont été organisées par un décret du 29 octobre 1887. Il y a également des *justices de paix foraines* où siège un juge de paix voisin dans des audiences qui ont lieu, suivant les besoins, chaque mois ou deux fois par mois.

§ II. — *Justice répressive*

Depuis la suppression des tribunaux consulaires, les tribunaux français sont restés chargés de la répression des contraventions, délits et crimes commis en Tunisie. La loi du 27 mars 1883, dans son article 2, a d'abord accordé à ces tribunaux la connaissance de toutes infractions commises par des Français et protégés français, en ajoutant que leur compétence pourrait être étendue à d'autres personnes par décret beylical rendu avec l'assentiment du gouvernement français. Un décret beylical du 5 mai 1883 étendit cette compétence aux nationaux des puissances dont les tribunaux consulaires se trouvaient supprimés. Puis, un autre décret beylical, du 2 septembre 1885, vint déférer aux mêmes tribunaux la connaissance des infractions imputables aux Tunisiens contre des Français et européens ou protégés. Des difficultés s'étant élevées au sujet de l'interprétation exacte du décret de 1885, est intervenu celui du 13 mars 1902 qui décide que les tribunaux français connaîtront désormais des infractions de toute nature, crimes, délits et contraventions, commises en Tunisie soit par les Français ou protégés français ou par les sujets et protégés des autres États et pays non musulmans, soit à leur préjudice. La répression de ces mêmes infractions pénales appartiendra exclusivement à la justice tunisienne, quand il n'y aura en cause que des Tunisiens. Toutefois les indigènes sont astreints à venir déposer à l'audience des magistrats français ; le faux témoignage est puni par nos lois ; et nos magistrats répriment les infractions commises contre eux, par exemple les délits d'audience. Les indigènes sont également justiciables de nos tribunaux pour infractions aux dispositions concernant la police des chemins de fer, des postes et télégraphes, etc. C'est la loi pénale française qui est appliquée en principe par les juridictions répressives, comme le faisaient autrefois les tribunaux consulaires, en vertu soit de la fiction d'exterritorialité, soit plutôt de la notion du statut personnel (Voir notre *Traité de droit public international* précité, t. II, pp. 76 et suivantes). Toutefois, on fait, en pratique, un choix entre ces lois et on n'applique que celles concernant les faits punissables d'ordre général et international partout réprimés, par exemple, les attentats contre la vie, la liberté ou la propriété. Les décrets beylicaux qui visent le maintien du bon ordre et de la paix publique, régissent, à titre de lois de police générale, tous ceux qui habitent le territoire, Tunisiens, Français ou protégés français, européens ou protégés européens, telles les dispositions sur la presse, la contrebande, la police de la chasse, etc.

A. — Tribunaux de simple police.

Suivant le droit commun, les tribunaux de simple police tunisiens (art. 3, § 2 de la loi du 27 mars 1883), comme les tribunaux de simple police français, connaissent de toutes les contraventions ordinaires commises, en Tunisie, dans leur ressort. Mais, en vertu de la compétence étendue que leur donne l'article 2 du décret du 19 août 1854, les juges de paix tunisiens sont, en outre, compétents pour juger : 1° toutes les contraventions de la compétence des tribunaux correctionnels qui leur sont soumises ou qui sont constatées dans leur ressort ; 2° les infractions aux lois sur la police de la chasse ; 3° tous les délits n'entraînant pas une peine supérieure à six mois de prison et à 500 francs d'amende. Nous devons préciser que cette compétence ainsi étendue en matière pénale n'appartient qu'aux juges de paix de la Tunisie qui ne siègent pas dans les villes où se trouve un tribunal de première instance; ceux dont le siège est dans une de ces villes, n'ont compétence que pour statuer sur les contraventions, comme ceux de France. D'après l'ordonnance du 26 septembre 1842, article 63, le juge de paix jugeant correctionnellement doit suivre les formes tracées en matière correctionnelle. Les jugements correctionnels des juges de paix sont susceptibles d'appel et de pourvoi en cassation, lorsque l'appel n'est plus recevable.

D'après l'article 12 de la loi du 27 mars 1883 précitée, le tribunal de simple police tunisien est constitué par le juge de paix assisté de son greffier et d'un officier de police judiciaire remplissant les fonctions de ministère public.

B. — Tribunaux correctionnels.

En Tunisie, comme en France, le tribunal correctionnel n'est autre que le tribunal de première instance jugeant en matière correctionnelle. L'article 4 de la loi du 27 mars 1883 détermine ainsi sa compétence : en matière correctionnelle, il statue, en premier ressort, sur tous les délits et contraventions dont la connaissance n'est pas attribuée aux juges de paix par l'article précédent. Donc, à l'exception des infractions aux lois et règlements sur la police de la chasse attribuées exclusivement aux juges de paix, les tribunaux correctionnels de la Tunisie statuent sur tous les délits punis d'une peine dépassant six mois de prison et 500 francs d'amende, puisque ceux punis d'une peine moindre rentrent, nous venons de le voir, dans la compétence de la simple police.

En outre, les tribunaux correctionnels jugent les appels formés contre les jugements rendus par les juges de paix en matière de délits, jugements toujours susceptibles de ce recours d'après l'article 3 du décret du 19 août 1854. Quant aux appels des jugements des tribunaux correctionnels, ils sont déférés à la cour d'Alger.

D'après l'ordonnance du 26 septembre 1842, que la loi du 27 mars 1883 a rendue applicable à la Tunisie, la procédure à suivre devant le tribunal correctionnel est celle qui est prescrite par le code d'instruction criminelle.

C. — Tribunal criminel.

Le jury n'ayant pas été établi en Tunisie, les crimes sont justiciables de tribunaux criminels fonctionnant à Tunis et à Sousse. Le tribunal est composé de trois magistrats du siège et de six assesseurs. Les magistrats sont ceux qui font partie de la chambre correctionnelle du tribunal de première instance; quant aux assesseurs, ils sont pris, suivant un décret du président de la République du 29 novembre 1893 modifié par un autre du 22 mars 1907, dans une liste dressée séparément pour Tunis et Sousse et comprenant des assesseurs français, étrangers et indigènes. Les assesseurs doivent être âgés de trente ans et jouir d'une honorabilité reconnue. Le ministère public et la défense peuvent exercer chacun deux récusations. Les six assesseurs sont Français, si l'accusé ou l'un des accusés est Français ou protégé français; si les accusés sont tous étrangers, on prend trois assesseurs français et trois assesseurs étrangers; si tous les accusés sont indigènes, les assesseurs français et indigènes sont respectivement au nombre de trois. Si les accusés sont les uns étrangers et les autres indigènes, il y a trois assesseurs français, deux étrangers et un indigène. Les magistrats et les assesseurs délibèrent ensemble, sans distinguer entre l'examen du fait et du droit.

Le tribunal criminel tient ses assises tous les trois mois, aux dates fixées d'avance par arrêté ministériel. Il est saisi par un arrêt de renvoi de la chambre des mises en accusation de la cour d'Alger, conformément aux dispositions du code d'instruction criminelle. Sa décision est rendue dans les mêmes formes que les jugements en matière correctionnelle (art. 5 et 6 de la loi de 1883). Elle est en dernier ressort, sous réserve du pourvoi en cassation qui doit être formé dans les trois jours de la condamnation. Si le jugement est cassé par la cour suprême, l'affaire est renvoyée devant un autre tribunal criminel de la Tunisie et non devant une cour d'assises de France ou d'Algérie.

Le futur code pénal et d'instruction criminelle en préparation dont il a été parlé ci-dessus, codifiera les règles concernant les pénalités à appliquer, déterminées actuellement par les usages et la législation beylicale, ainsi que les formes à suivre devant les tribunaux répressifs.

ARTICLE II

Les auxiliaires de la justice

§ I. — *Greffiers*

L'article 15 de la loi du 27 mars 1883 soumet les greffiers et commis-greffiers près les juridictions civiles de la Tunisie aux lois et règlements qui régissent ceux institués près les mêmes juridictions de l'Algérie. Les conditions d'âge et de capacité pour les greffiers et commis-greffiers tunisiens sont donc les mêmes que celles établies pour les greffiers et commis-greffiers algériens.

§ II. — *Avocats-Défenseurs*

Les avoués n'existent pas près les tribunaux de Tunisie; ils y sont remplacés par des avocats-défenseurs qui postulent et plaident à la fois. Les avocats-défenseurs ne sont plus que sept devant le tribunal de Tunis, alors que le décret du 10 juillet 1883 en avait nommé 19; et ils ne sont plus que trois devant le tribunal de Sousse, tandis que le décret du 14 avril 1889 avait fixé leur nombre à 4. La profession de défenseur en Algérie a été réglementée par un arrêté ministériel du 26 novembre 1841; et, comme la loi du 27 mars 1883, dans son article 10, a déclaré cet arrêté applicable à la Tunisie, ses dispositions doivent être suivies pour les défenseurs de la Régence. Les candidats doivent donc, pour pouvoir être nommés, avoir 25 ans, jouir de leurs droits civils et politiques, être français, ou avoir résidé cinq ans en Algérie, être porteurs du diplôme de licencié en droit, avoir fait un stage de deux ans chez un avoué ou un défenseur, avoir satisfait à la loi du recrutement, justifier de leur moralité. Les défenseurs tunisiens, aux termes de l'arrêté de 1841 précité, ne peuvent exercer leur ministère que dans l'arrondissement judiciaire pour lequel ils ont été nommés et où ils doivent résider; pour exercer en dehors de cet arrondissement, ils doivent obtenir l'autorisation du procureur de la République. En aucun cas, d'après la jurisprudence de la cour d'Alger (arrêt du 11 février 1897), ils ne sauraient être admis à plaider devant cette cour, ni devant un tribunal de l'Algérie.

§ III. — *Avocats*

Le décret du 16 mai 1901, modifié par ceux des 16 novembre 1906 et 25 mars 1908, a réorganisé la profession d'avocat pour la Tunisie. D'après l'article 1er de ce décret, nul ne peut être inscrit sur le tableau des avocats près d'un des tribunaux français de Tunisie : 1° s'il n'a obtenu en France le diplôme de licencié en droit, 2° s'il ne produit un diplôme français de bachelier de l'enseignement secondaire; 3° s'il n'a prêté le serment prescrit à l'article 38 de l'ordonnance du 20 novembre 1882. Ce serment peut être reçu par les tribunaux civils de la Tunisie. Toutefois, la deuxième de ces conditions n'est pas applicable aux étrangers domiciliés en dehors de la Tunisie qui ont obtenu le diplôme d'études secondaires exigé dans leur pays en vue de suivre des cours préparatoires à la licence en droit, ni à ceux, quelle que soit leur nationalité, qui se trouvent actuellement en cours d'études dans une faculté de droit en France ou à la faculté de droit d'Alger. Suivant l'article 3, ne peuvent être nommés membres du conseil de discipline que les avocats de nationalité française inscrits depuis deux ans au grand tableau. Mais quand il y a lieu de statuer sur les affaires disciplinaires concernant les avocats soit tunisiens, soit étrangers, on adjoint au conseil des assesseurs avocats appartenant à la nationalité de l'intéressé (art. 3). Suivant l'article 5, le bâtonnier et les autres membres du conseil sont élus par tous les avocats français, tunisiens et étrangers inscrits au tableau.

§ IV. — *Huissiers*

En Tunisie, les huissiers sont, d'après la loi du 27 mars 1883, article 10, soumis aux arrêtés et décrets régissant les huissiers de l'Algérie; ils exercent d'ailleurs les mêmes fonctions que les huissiers de France.

§ V. — *Notaires*

La loi du 27 mars 1883, dans son article 16, a organisé de la manière suivante les fonctions notariales, en attendant la création du notariat en Tunisie. Les fonctions de notaire continueront à être exercées dans la Régence par les agents consulaires français, jusqu'à ce que le notariat y ait été organisé par un règlement d'administration publique. En attendant cette organisation du notariat qui n'a pas encore eu lieu, les fonctions de notaire sont remplies actuellement par les contrôleurs civils pour les Français et par les Consuls vis-à-vis de leurs nationaux respectifs.

L'institution du notariat est d'une utilité et d'une urgence incontestables dans la Régence; un projet de création a été adopté par la conférence consultative, le 30 novembre 1903; et, dans son rapport sur le budget de la Tunisie de 1907, M. Flandin député a insisté sur l'opportunité de cette création trop longtemps différée.

§ VI. *Commissaires-priseurs*

Il existe deux commissaires-priseurs à Tunis, un à Sousse, un à Sfax et un à Bizerte. Ils sont soumis aux mêmes règlements que les commissaires-priseurs de l'Algérie. Ils ont le monopole de la vente des objets mobiliers appartenant aux européens ou protégés; quant à la vente des objets qui sont la propriété des Tunisiens, elle est réservée aux crieurs publics indigènes. La loi du 25 mars 1883, dans son article 15, déclare applicable à la Tunisie la règle d'après laquelle, en Algérie, les greffiers des justices de paix remplissent les fonctions de commissaire-priseur dans les localités où il n'en existe pas. Toutefois, pour pouvoir remplacer le commissaire-priseur, le greffier de la justice de paix doit être muni du diplôme prévu par l'article 12 du décret du 3 septembre 1885.

§ VII. — *Interprètes*

En vertu de l'article 13 de la loi du 27 mars 1883, des interprètes sont attachés aux tribunaux et aux justices de paix de la Tunisie; les conditions d'âge et de capacité requises pour leur nomination sont les mêmes que pour les interprètes de l'Algérie; ils sont, comme ces derniers, révocables par décret rendu sur la proposition du ministre de la justice. L'interprète judiciaire ne peut réclamer que les honoraires fixés par le décret du 20 novembre 1852.

§ VIII. — *Assistance judiciaire*

Elle a été organisée devant les juridictions françaises par des décrets présidentiels des 18 juin 1884, 3 mai 1888 et 2 mai 1904; on l'accorde aux étrangers comme aux Français. L'assistance est concédée, quand il y a lieu, par un bureau constitué au siège du tribunal et s'étend à toutes les juridictions.

TITRE III

La justice française dans les possessions autres que l'Algérie et la Tunisie

ARTICLE PREMIER

Afrique occidentale française

Depuis le décret du 10 novembre 1903, modifié par ceux des 22 mai et 14 juin 1905, la même organisation judiciaire régit toutes nos possessions de l'Afrique occidentale. Elle comporte, tout d'abord, une *Cour d'appel* étendant sa juridiction sur toute la colonie et ayant son siège à Dakar. Cette cour comprend un président et six conseillers, et son parquet est composé d'un procureur général, chef du service judiciaire, d'un avocat général et d'un substitut; il y a un greffier et des commis-greffiers. La cour ne peut juger qu'avec trois conseillers au moins; elle doit en avoir cinq au moins quand elle statue en audience solennelle; dans le cas où l'on manquerait de conseillers disponibles, on complète la cour par des magistrats du tribunal du lieu où elle siège. Devant la cour sont portés les appels contre les jugements rendus en premier ressort par les tribunaux de première instance et les justices de paix à compétence étendue, tant en matière civile et commerciale que correctionnelle et de police. Elle prononce aussi sur tous recours en annulation pour excès de pouvoir ou violation de la loi, formés contre les décisions de ces juridictions, soit en premier, soit en dernier ressort. Dans ces recours, elle doit siéger avec cinq membres, comme en audience solennelle.

Au-dessous de la cour on trouve des *Tribunaux de première instance* au nombre de cinq, à Dakar, à Saint-Louis, à Konakry, à Bingerville et à Kotonou. Chacun d'eux se compose d'un juge-président, d'un lieutenant de juge remplissant les fonctions de juge d'instruction, d'un juge suppléant et d'un procureur, ainsi que d'un greffier assisté de commis-greffiers. Le greffier de Dakar est le même pour le tribunal et pour la cour d'appel. Ces tribunaux sont compétents pour toutes les affaires civiles et commerciales, savoir : en dernier ressort lorsque la demande n'excède pas 1500 francs ou 100 francs de revenu, et en premier ressort seulement si l'objet du litige est supérieur à ces chiffres. Ils connaissent aussi des affaires correctionnelles et de police en dernier ressort quand la condamnation ne dépasse pas cinq jours de prison ou 100 francs d'amende, de dommages ou réparations.

Une première *Justice de paix à compétence étendue* a été créée à Kayes par le décret organique de 1883, avec un juge de paix, un juge suppléant et un greffier; les fonctions de ministère public y sont remplies par un fonctionnaire ou un officier désigné par le gouverneur général, sur la proposition du procureur général. Cette justice de paix a une compétence aussi étendue que celle des tribunaux de première instance, et, aux termes de l'article 16 du décret de 1883, le magistrat placé à sa tête remplit les fonctions de juge d'instruction dans son ressort. Il a, en outre, les fonctions attribuées aux juges-présidents des tribunaux de première instance.

D'autres *Justices de paix à compétence également étendue* ont été créées, en vertu du décret précité de 1903 ou d'actes postérieurs, en Guinée, à la Côte-d'Ivoire, dans le Haut-Sénégal et Niger, au Dahomey; un décret du 22 décembre 1909 en a créé une à Bamako. Le décret dernier en date du 21 mai 1911 en a institué une à Kaobeck (Sénégal). Ces diverses justices de paix ont une compétence égale à celle des tribunaux de première instance; et leurs décisions en premier ressort peuvent être déférées par voie d'appel à la cour de Dakar.

Une *Chambre des mises en accusation*, composée de trois membres de la cour d'appel, a été instituée par l'article 44 du décret du 10 novembre 1903. La compétence de cette chambre est fixée par l'article 8 du décret du 11 août 1899 complété par le décret du 16 novembre 1902.

Des *Cours d'assises* au nombre de quatre siègent à Dakar, Konakry, Bingerville et Kotonou. Celle de Dakar se compose de trois conseillers de la cour d'appel, du greffier de cette même cour et de quatre assesseurs; quant aux trois autres, elles comprennent, chacune, un conseiller de la cour d'appel, le juge-président du tribunal de première instance, un fonctionnaire que désigne le gouverneur général, deux assesseurs et le greffier du tribunal. Dans tous les cas, les assesseurs sont tirés au sort sur une liste de notables dressée dans chaque colonie par les soins du chef de celle-ci au commencement de décembre, liste de vingt membres au moins et de soixante au plus. Quand les membres de la cour d'appel ou de la cour d'assises sont en nombre insuffisant par suite d'empêchement légitime, on les remplace par le président du tribunal du siège de la cour ou, à son défaut, par le lieutenant de juge et au besoin par le juge suppléant (art. 3 du décret du 17 juin 1905).

En matière civile et commerciale, les tribunaux de première instance et le juge de paix de Kayes connaissent de toutes les affaires intéressant les personnes demeurant dans le ressort. La loi française sera seule appliquée. Toutefois, dans les affaires concernant les individus non musulmans qui ont conservé le statut indigène, et relatives à l'état civil, au mariage, aux successions, donations et testaments, les tribunaux ou la cour s'adjoignent un assesseur indigène ayant voix consultative, qui est désigné chaque année par le gouverneur général, sur la proposition du procureur général. Il est procédé et jugé en ce cas suivant les coutumes locales. Si l'indigène est un musulman, c'est le cadi qui est assesseur ou, à son défaut, un notable désigné par le gouverneur général, et c'est la loi coranique qui est suivie. En matière civile et commerciale, les juges de paix à compétence étendue connaissent, dans toute l'étendue de leur ressort, de toutes les affaires dans lesquelles sont intéressés les Français, européens et assimilés aux européens. La loi française sera toujours appliquée, même s'il y a des indigènes en cause. En toute matière, les indigènes peuvent réclamer le bénéfice de la juridiction française quand toutes parties sont d'accord pour saisir cette juridiction ; en ce cas, il leur est fait application des usages et coutumes du lieu, à moins qu'elles n'aient déclaré dans un acte qu'elles entendaient contracter sous l'empire de la loi française. En matière correctionnelle et de simple police, les tribunaux de première instance et le juge de paix de Kayes jugent tous les délits et contraventions commis par toute personne dans l'étendue de leur ressort. Les autres juges de paix à compétence étendue répriment les mêmes infractions, mais seulement lorsqu'elles sont commises par des Français, européens ou assimilés aux européens. En matière criminelle, les cours d'assises connaissent : 1°, dans l'étendue du ressort des tribunaux de première instance et de la justice de paix de Kayes, de tous les crimes et de toutes les infractions déférés en France aux cours d'assises, quels qu'en soient les auteurs ; 2°, en dehors de ce ressort et dans l'étendue de chaque colonie, de ces mêmes crimes et infractions, lorsque les accusés sont Français, européens ou assimilés aux européens. Les tribunaux français sont seuls compétents lorsque l'infraction a été commise par des indigènes, de complicité avec des Français, européens ou assimilés ou que la victime de cette infraction est l'une ou l'autre de ces personnes. Conf., sur ces points, les articles 29 et s. du décret de 1903 modifié par le décret de 1905. Les articles 86 et s., du décret de 1903 déterminent les incompatibilités judiciaires et les conditions voulues pour faire partie des juridictions de l'Afrique occidentale. Un décret du 16 mai 1911 a fixé le traitement, la parité d'office et le costume des magistrats de la colonie. Ces magistrats étaient placés, vis-à-vis de leurs collègues du gouvernement général de Madagascar, dans une situation d'infériorité inexplicable quant au traitement, car le Sénégal est actuellement celle de nos possessions où le coût de la vie est le plus élevé; le décret de 1911 a donc relevé le traitement des magistrats de l'Afrique occidentale, de façon à leur donner une situation meilleure en tenant compte des nécessités coloniales.

ARTICLE II

Afrique équatoriale française

Le décret du 22 mai 1910 a réorganisé le service de la justice dans cette partie de nos possessions africaines. La justice y est rendue par une *Cour d'appel*, une *Cour criminelle*, des *Justices de paix à compétence étendue* et des *Justices de paix ordinaires*. Les tribunaux français sont compétents toutes les fois que les parties en cause sont : 1° des citoyens français, 2° des étrangers appartenant à une nationalité reconnue ou à une nation en relations diplomatiques avec la France, 3° des indigènes des colonies ou possessions françaises ou étrangères jouissant du statut métropolitain dans leur pays d'origine. En matière civile et commerciale, ils connaissent, en outre, des procès entre indigènes qu'en tout état de cause ceux-ci leur soumettent d'un commun accord. Le juge applique alors les coutumes locales, sauf acceptation formelle par les parties de la loi française. La *Cour d'appel* a son siège à Brazzaville et sa juridiction s'étend sur toute la colonie; elle se compose d'un président et de deux conseillers; un procureur général est le chef du service judiciaire; il est assisté d'un substitut. La cour connaît des appels, en matière civile, commerciale et correctionnelle, des décisions des justices de paix à compétence étendue; les arrêts sont rendus par trois juges. *La Cour criminelle* siège également à Brazzaville, sauf circonstances imprévues exigeant son transport ailleurs; sa composition est réglée par l'article 6 du décret. Elle connaît de tous les crimes commis dans la colonie, vis-à-vis des personnes à l'égard desquelles sont compétents en général les tribunaux français, ainsi qu'il a été dit ci-dessus. Les fonctions de greffier de la cour d'appel sont tenues par le greffier de la justice de paix à compétence étendue du siège de la cour.

Des *Justices de paix à compétence étendue* ont été instituées à Brazzaville, Libreville, N'Djolé, Loango, Ouesso, Bangui et Madingou. Elles peuvent être augmentées ou changées de siège par le gouverneur général en conseil de gouvernement ou en commission permanente. Les justices de paix comprennent un juge de paix titulaire, un juge suppléant et un greffier. Les juges de paix peuvent tenir des audiences foraines et siéger sans assistance du greffier et du ministère public. Les justices de paix à compétence étendue connaissent de toutes les actions civiles et commerciales en premier et dernier ressort jusqu'à 2.000 francs en principal et 300 francs de revenu soit en rentes, soit en prix de bail; en premier ressort seulement et à charge d'appel devant la cour, leur compétence est illimitée. En matière répressive, les justices de paix à compétence étendue connaissent de tous les délits et contraventions; pour ces dernières, leur décision est sans appel. Elles statuent également sur les appels des décisions en premier ressort des justices de paix ordinaires en matière de contraventions. Les jugements rendus en matière de police par les justices de paix ordinaires peuvent être attaqués par la voie de l'appel dans les mêmes conditions qu'en France; en matière correctionnelle, la faculté d'appeler appartient aux parties prévenues ou responsables, à la partie civile et au procureur général. En matière civile et commerciale, le délai pour interjeter appel des décisions des juges de paix à compétence étendue ou ordinaire est de trois mois, plus les délais des distances.

Les juges de paix à compétence étendue ont les attributions départies aux présidents des tribunaux de première instance et aux juges de paix, par le code civil, le code de procédure civile, le code de commerce et le code d'instruction criminelle. Le juge de paix à compétence étendue ou le juge suppléant, suivant les nécessités, remplit les fonctions de juge d'instruction.

Les articles 16 et 17 décident que les fonctions de juge de paix peuvent être déférées, par arrêtés du gouverneur général, sur la proposition du chef du service judiciaire, aux administrateurs, officiers ou fonctionnaires commandant les circonscriptions administratives, et fixent leur compétence en matière civile et criminelle. Ils peuvent également exercer les fonctions d'officier de police auxiliaire du procureur de la République là où il n'y a pas de justice de paix à compétence étendue.

Suivant l'article 31, le *recours en cassation* est ouvert contre toutes les décisions rendues en dernier ressort par les divers tribunaux de l'Afrique équatoriale, pour les causes prévues par la législation française. Les incompatibilités sur la magistrature métropolitaine sont applicables aux magistrats de l'Afrique équatoriale. L'article 32 règle les conditions d'aptitude des magistrats et l'article 34 fixe leur costume. D'après l'article 38, la solde, la parité d'office et le traitement des magistrats et greffiers de l'Afrique équatoriale sont fixés par un tableau annexé au décret constitutif. Aux termes de l'article 35, des arrêtés du gouverneur général, pris sur la proposition du chef du service judiciaire en conseil de gouvernement ou en commission permanente, règlent toutes les questions relatives au bon fonctionnement de la justice (greffe, notariat, avocats-défenseurs, huissiers, assistance judiciaire, transports, discipline judiciaire, etc.).

ARTICLE III

Madagascar et dépendances

L'organisation actuelle repose pour *Madagascar* sur un décret du 28 décembre 1895, modifié par le décret du 9 juin 1896, modifié à son tour en quelques points de détail par ceux des 24 février 1902, 24 mars 1903, 20 décembre 1904, 24 mai 1905 et 9 mai 1909. Les rouages judiciaires sont les suivants.

1° Une *Cour d'appel* dont le siège est à Tananarive et ayant un président, trois conseillers et un conseiller auditeur, plus un greffier et un commis-greffier; le parquet comprend un procureur général chef du service judiciaire, un avocat général et trois attachés (les deux derniers, institués par décret du 17 mars 1911). A cette cour sont déférés les appels dirigés contre les jugements en premier ressort des tribunaux de première instance et des justices de paix à compétence étendue, ainsi que des administrateurs faisant fonction de juges de paix.

2° Quatre *Tribunaux de première instance*, le premier à Tananarive, le second à Tamatave, le troisième à Majunga, le quatrième à Diego-Suarez. Ces tribunaux ont chacun un juge-président et un juge suppléant, plus un greffier; mais ceux de Tananarive et de Tamatave ont, en outre, chacun un lieutenant de juge. Le parquet attaché à ces quatre tribunaux n'a qu'un procureur de la République. En vertu d'un décret du 9 septembre 1910, ces tribunaux ont été institués tribunaux mixtes de commerce; et lorsqu'ils jugent commercialement, il est adjoint au juge-président deux assesseurs élus par les commerçants français du ressort et choisis par eux.

3° Quatre *Justices de paix à compétence étendue* établies à Nosy-Bé, Tulear, Fianarantsoa et Mananjary.

Les tribunaux et les justices de paix qui précèdent ont la même compétence. Suivant les articles 5 et 6 du décret précité du 9 juin 1896, ils connaissent des matières civiles et commerciales, en premier ressort, quel que soit le taux de la demande, et à charge d'appel jusqu'à 3.000 francs ou 150 francs de revenu. Ils jugent les contraventions en dernier ressort et les délits correctionnels à charge d'appel. L'appel des jugements rendus par toutes ces juridictions est déféré à la cour de Tananarive.

4° Des *Justices de paix régies par les autorités administratives*. Ces justices de paix ont été établies dans les provinces ou les cercles n'ayant aucun magistrat de carrière; ce sont les administrateurs qui y sont investis des fonctions de juge. Les articles 7, 8 et 9 du décret précité du 9 juin 1896 déterminent leur compétence. Ils connaissent, en matière civile et pénale, des mêmes affaires que les juges de paix de la métropole. En outre, ils sont compétents, sauf appel, pour les demandes civiles ou commerciales jusqu'à 1500 francs de capital et 100 francs de revenu. Enfin, ils jugent les délits, à charge d'appel devant la cour. D'après le décret du 2 mars 1904, ils sont autorisés à tenir des audiences foraines. Suivant l'article 1er du décret du 24 mars 1905, en matière criminelle et correctionnelle, les arrêts et jugements rendus en dernier ressort par la cour d'appel et les tribunaux de Madagascar sont susceptibles de recours en cassation, lorsqu'ils intéressent les européens ou assimilés.

5° Des *Cours criminelles* remplacent à Madagascar les cours d'assises. Elles appliquent la loi française et connaissent des crimes commis par les européens ou assimilés dans tout le territoire de Madagascar et dépendances et, en outre, des crimes commis par des indigènes ou assimilés contre des européens ou assimilés, dans leur ressort. A Tananarive, la cour criminelle comprend le président de la cour d'appel, deux conseillers et deux assesseurs; les cours de Tamatave, Majunga et Diego-Suarez sont composées du juge-président du tribunal ou du juge de paix qui préside, de deux fonctionnaires désignés par arrêté local et de deux assesseurs tirés au sort sur une liste de dix notables français dressée par le gouverneur général. Ces assesseurs ont voix délibérative sur toutes les questions soumises à la cour (art. 13 du décret du 9 juin 1896). Suivant un décret du 8 juin 1905, les cours criminelles sont compétentes en matière de délits de presse. Le gouverneur général peut encore instituer des cours criminelles en dehors des lieux où elles sont établies, en vertu du décret du 9 juin 1896 et des textes postérieurs, partout où le besoin s'en fait sentir. Ces cours, composées, sous la présidence du résident, juge de paix, de deux fonctionnaires nommés par le gouverneur général, connaissent seulement des crimes commis par les indigènes ou assimilés au préjudice d'européens ou d'assimilés; elles appliquent la loi française. Suivant l'article 15 du décret de 1896, les crimes ou délits commis par des indigènes ou assimilés au préjudice d'indigènes ou assimilés sont jugés, conformément aux lois locales, par un tribunal composé, sous la présidence du résident, juge de paix, de deux assesseurs indigènes. C'est le juge-président du tribunal qui préside dans les localités où se trouve un tribunal. Les fonctions du ministère public sont remplies auprès des cours criminelles par les membres du parquet ou par un fonctionnaire désigné par le gouverneur général.

6o Une *Chambre des mises en accusation* a été créée par le décret du 9 mai 1909 à la cour d'appel de Tananarive. Elle se compose de deux conseillers, dont l'un préside, et du juge-président du tribunal de première instance de Tananarive.

Le service de la justice à *Mayotte* et aux *Comores* a été organisé par un décret du 5 novembre 1904 remanié par un autre du 22 octobre 1906. La justice est administrée dans la colonie de Mayotte et dépendances par des tribunaux de paix, un tribunal de première instance et une cour criminelle. Il est établi à Mayotte, à la Grande-Comore, à Anjouan et à Mohéli, un *tribunal de paix* dont le siège est au chef-lieu de l'île. Les fonctions de juge de paix sont remplies par l'administrateur à la Grande-Comore, à Anjouan, à Mohéli et à Mayotte par un fonctionnaire désigné par le gouverneur. Leur compétence et la procédure à suivre, en matière civile, commerciale et pénale, sont les mêmes qu'en France; l'article 5 du décret de 1906 renvoie expressément à la loi du 12 juillet 1905. Un *tribunal de première instance* établi à Mayotte étend sa juridiction sur la colonie et ses dépendances. Il se compose d'un juge-président, d'un procureur de la République, d'un juge suppléant et d'un greffier. Il connaît de toutes les affaires civiles, commerciales et pénales, comme en connaissent les tribunaux métropolitains, entre européens et assimilés. En matière criminelle, il juge les contraventions et délits commis par les européens et assimilés ou les indigènes. Le juge-président est investi des attributions des présidents des tribunaux de la métropole et remplit, en outre, les fonctions de juge d'instruction. Une *cour criminelle* siège à Mayotte composée du juge-président, de deux fonctionnaires désignés par le gouverneur et de deux assesseurs tirés au sort sur une liste de dix notables dressée par le gouverneur. La cour criminelle connaît de tous crimes commis dans les îles de la colonie par les européens ou assimilés et les indigènes ou assimilés. La colonie de Mayotte et dépendances est placée dans le ressort de la cour d'appel de Madagascar qui juge les appels des jugements du tribunal et les recours en annulation formés contre les décisions en dernier ressort des diverses juridictions.

Suivant l'article 19 du décret de 1906, en matière civile et commerciale, les tribunaux français connaissent de toutes les affaires dans lesquelles sont intéressés des Français, des européens ou assimilés. Lorsque les parties sont d'accord, les indigènes ou assimilés peuvent, en tout état de cause, saisir de leurs procès les tribunaux français. Dans ce cas, le juge appliquera les usages et coutumes locaux, à moins que les parties en cause n'aient déclaré, dans un acte ou à l'audience, qu'elles entendent contracter sous l'empire de la loi française et en accepter l'application. Les tribunaux répressifs français connaissent des infractions commises par les Français, européens ou assimilés, par les indigènes ou assimilés de complicité avec les européens ou assimilés.

ARTICLE IV

Côte française des Somalis

Un décret du 4 février 1904 règle actuellement le service de la justice dans la colonie. Ce service est assuré par :

1° Un *Conseil d'appel* siégeant à Djibouti et ayant un juge-président et deux assesseurs que le gouverneur choisit ; les fonctions du ministère public y sont remplies par un fonctionnaire que le gouverneur choisit également.

2° Une *Cour criminelle* siégeant aussi à Djibouti, composée du juge-président du conseil d'appel et de deux assesseurs désignés par le sort sur une liste de notables dressée par le gouverneur. Les arrêts de la cour criminelle peuvent être l'objet d'un recours en cassation ; l'appel n'est pas autorisé.

3° Une *Justice de paix à compétence étendue* établie encore à Djibouti et ayant compétence dans la colonie entière. Les fonctions du ministère public sont remplies devant elle, comme pour le conseil d'appel, par un fonctionnaire désigné par le gouverneur. Les décisions du juge de paix peuvent être l'objet d'un recours en annulation devant le conseil d'appel.

Les tribunaux français sont compétents pour toutes les affaires civiles ou commerciales intéressant un Français ou un européen ou assimilé et aussi pour juger tous les faits punissables dont des Français, européens ou assimilés se seraient rendus coupables.

ARTICLE V

Indo-Chine

La justice est rendue en Indo-Chine par les juridictions suivantes.

1° *Cour d'appel.* — L'*Indo-Chine* possédait autrefois deux cours d'appel : l'une à Saïgon et l'autre à Hanoï; mais le décret du 8 août 1898, complété par celui du 1er novembre 1901, a supprimé cette dernière et n'a établi qu'une seule cour pour toute l'Indo-Chine. Cette cour unique a quatre chambres; les deux premières siègent à Saïgon et les deux autres à Hanoï. Le décret de 1898 avait prévu trois chambres seulement, mais une quatrième a été ajoutée par le décret du 8 octobre 1905. Les chambres siégeant à Saïgon ont un président, un vice-président et dix conseillers; celles d'Hanoï, chacune un vice-président et deux conseillers. La cour a un parquet composé d'un procureur général, de quatre avocats généraux, de trois substituts et de deux attachés : des quatre avocats généraux, deux sont affectés à Saïgon et deux à Hanoï (décret du 31 août 1905). Enfin, la cour a près d'elle un greffier et des commis-greffiers; un décret du 21 février 1905 a déterminé leur personnel, leur traitement, leur recrutement et leurs peines disciplinaires pour toutes les juridictions de l'Indo-Chine.

Le décret du 17 mai 1895 fixe, dans son titre IV, la compétence des deux premières chambres siégeant à Saïgon : elles jugent les appels relevés contre les jugements rendus en premier ressort par les tribunaux de première instance et les justices de paix à compétence étendue, soit de la Cochinchine, soit du Cambodge; leurs arrêts doivent être rendus au moins par trois de leurs membres et par cinq quand il s'agit des pourvois formés contre les jugements de la première chambre du tribunal de Saïgon. Les deux chambres réunies en audience solennelle prononcent sur les demandes en annulation, au nombre de sept membres au moins.

Pour les deux chambres siégeant à Hanoï, la compétence est déterminée de la manière suivante. L'une statue sur les appels formés contre les jugements émanant des tribunaux d'Hanoï et d'Haïphong et des tribunaux de résidence en Annam, et contre les décisions des résidents et vice-résidents chefs de province au Tonkin; enfin sur les appels des jugements des tribunaux consulaires du Yunnam, concurremment avec le tribunal de première instance de Hanoï (loi du 15 juillet 1910). L'autre, d'après l'article 3 du décret du 21 août 1905, juge les appels des affaires indigènes, avec l'assistance de deux mandarins qui ont voix délibérative et sont nommés par arrêté du gouverneur général.

2° *Tribunaux de première instance.* — En vertu du décret du 17 mai 1895, complété par ceux des 16 octobre et 25 décembre 1896 et remanié par de nombreux textes postérieurs, il existe en *Cochinchine* neuf tribunaux de première instance établis à Saïgon, Mytho, Vinh-Long, Bentré, Cantho, Chaudoc, Soctrang, Travinh et Long-Xuyen. Les huit derniers ont chacun, d'après le décret du 16 octobre 1896, un juge-président, un lieutenant de juge, un juge suppléant, un procureur de la République, un greffier et des commis-greffiers. La composition du tribunal de Saïgon est différente, vu son importance, et est spécialement réglée par les décrets des 25 mars 1899 et 31 août 1905. Il comprend un président, un vice-président, trois juges et quatre juges suppléants, plus un greffier et des commis-greffiers. Son parquet est représenté par un procureur et deux substituts. Il est divisé en deux chambres, dont la première juge les affaires entre européens, et, la seconde, les affaires entre indigènes. La compétence de ces neuf tribunaux est la même que celle des tribunaux de première instance français.

Conformément au décret du 8 novembre 1889, le *Cambodge* considéré, au point de vue de la justice, comme une dépendance de la Cochinchine, ne possède qu'un tribunal de première instance siégeant à Pnom-Penh et comprenant un juge-président et un procureur de la République, un greffier et un commis-greffier.

Le *Tonkin* possède deux tribunaux de première instance établis l'un à Hanoï, l'autre à Haïphong. Leur composition est la même que celle des tribunaux de la Cochinchine autres que celui de Saïgon. Au *Laos*, fonctionnent des tribunaux provinciaux présidés par des commissaires du gouvernement.

3° *Tribunaux de commerce.* — Les décrets des 9 août et 21 décembre 1898 ont institué en *Indo-Chine* des tribunaux mixtes de commerce. D'après ces décrets, lorsque les tribunaux de Saïgon, Hanoï et Haïphong ont à statuer en matière commerciale, il est adjoint au juge-président deux juges consulaires élus pour deux ans par les commerçants électeurs français de la chambre de commerce de la circonscription. Trois juges suppléants sont désignés dans les mêmes formes et conditions que les juges titulaires, afin de remplacer ces derniers en cas d'absence ou d'empêchement. Sont éligibles aux fonctions de juge les électeurs de la chambre de commerce ayant vingt-cinq ans accomplis et domiciliés dans le ressort du tribunal au jour de l'élection.

4° *Justices de paix.* — La *Cochinchine* possède six justices de paix auprès desquelles il n'y a pas de ministère public, savoir : une à Saïgon et cinq à l'intérieur. Celle de Saïgon, créée par décret du 15 mars 1875 modifié par celui du 18 avril 1901, est à compétence ordinaire et soumise aux principes qui régissent les justices de paix de la métropole. Les cinq autres justices de paix sont à compétence étendue (décret du 10 novembre 1903). Elles connaissent en premier et dernier ressort de toutes actions personnelles mobilières jusqu'à 1500 francs de capital et des actions immobilières jusqu'à 100 francs de revenu, et, à charge d'appel, de toutes autres actions. Pour les demandes commerciales, la compétence est la même que celle du tribunal de commerce de Saïgon. L'administrateur de *Poulo-Condore* a les pouvoirs de juge de paix à compétence étendue.

Au *Cambodge*, nous l'avons vu, il n'existe qu'un tribunal de première instance siégeant à Pnom-Penh. En dehors de son territoire, d'après un décret du 6 mars 1898, les résidents et vice-résidents ont été institués juges de paix à compétence étendue. Auprès d'eux, les fonctions de greffier sont remplies par un commis de résidence. La cour de Saïgon connaît de l'appel de leurs sentences.

En *Annam*, un décret du 25 mars 1899 a institué, à Tourane, une justice de paix à compétence étendue; également, au *Tonkin*, une justice de paix semblable a été instituée à Nam-Dinh, par décret du 14 octobre 1904. Suivant le décret du 1er décembre 1902, ces juridictions sont compétentes, en matière civile et commerciale, quand un sujet français ou un européen est intéressé dans l'affaire. En dehors du ressort des juridictions des tribunaux de première instance et des justices de paix à compétence étendue au *Tonkin* et dans l'*Annam*, et aussi dans les territoires du *Laos*, l'article 2 du décret du 1er décembre 1902 donne les fonctions de juge de paix à compétence étendue aux administrateurs civils et militaires. La même attribution est faite à l'administrateur du territoire de *Ouang-Tchéou-Wan*, suivant un arrêté du gouverneur général du 27 janvier 1900 (art. 16 et suivants). Dans tous ces cas, la cour connaît de l'appel des sentences rendues (art. 9 du décret de 1902).

D'une manière générale, les tribunaux de première instance et les justices de paix à compétence étendue de l'Indo-Chine sont compétents en matière *civile* et *commerciale*, quand les demandes intéressent des Français ou des européens. En matière *criminelle*, les délits et contraventions sont du ressort des tribunaux et justices de paix à compétence ordinaire ou étendue. La justice répressive est administrée, au point de vue des crimes, par les *chambres des mises en accusation* connaissant des instructions concernant les crimes commis par les européens ou assimilés. Les crimes sont punis par des cours criminelles auxquelles nous arrivons.

5° *Cours criminelles*. — Les décrets du 17 mai 1895, du 16 octobre 1896 et du 6 mai 1898 ont créé cinq cours criminelles savoir : quatre pour la *Cochinchine*, à Saïgon, Mytho, Vinh-Long et Long-Xuyen, et une pour le *Cambodge*, à Pnom-Penh. Ces cours se composent : celle de Saïgon, de trois conseillers, et les quatre autres d'un conseiller et de deux juges ; chacune a, en outre, deux assesseurs indigènes, un greffier et un commis-greffier. Cette composition est observée lorsqu'il s'agit de juger les crimes commis par les indigènes. Mais les crimes imputés à un européen ou assimilé sont toujours jugés par la cour criminelle de Saïgon; et, à la place des deux assesseurs indigènes, elle s'adjoint quatre assesseurs français tirés au sort sur une liste où figurent soixante notables français. Pour la culpabilité, il faut au moins 5 voix sur 7. Ces cours criminelles siègent tous les trois mois; et près d'elles les fonctions du ministère public sont remplies, à Saïgon, soit par le procureur général, soit par un de ses avocats généraux ou de ses substituts; ailleurs, par le procureur général, ou un de ses substituts, ou un procureur de la République du ressort.

D'après l'article 13 du décret du 1er décembre 1902, une *cour criminelle* fonctionne à *Hanoï*, dont la compétence embrasse l'Annam le Tonkin et le territoire de Ouang-Tchéou-Wan; elle a pour justiciables tous les criminels, quelle que soit leur nationalité ou leur origine, dans les territoires urbains de Hanoï, Haïphong, Tourane, Nam-Dinh; en dehors de ces territoires, elle juge les crimes dont les auteurs sont des européens, des étrangers ou assimilés et des indigènes de Cochinchine. Cette cour n'est autre que la troisième chambre de la cour d'appel de l'Indo-Chine qui se complète alors par quatre assesseurs français tirés au sort sur une liste de cinquante notables dressée par une commission spéciale. Si les accusés sont des Annamites ou assimilés, la cour s'adjoint deux assesseurs annamites également tirés au sort sur une liste de trente notables, que dresse le résident supérieur. Mais, d'après un décret du 17 décembre 1905, lorsque les accusés sont Annamites asiatiques ou assimilés, la cour criminelle de Hanoï se compose de trois conseillers de la cour d'appel, dont l'un préside, et de deux assesseurs annamites désignés par la voie du sort. Depuis une loi du 15 juillet 1910, la cour criminelle d'Hanoï connaît des crimes commis par les Français dans la province chinoise du Yunnam.

La *cour criminelle de Saïgon* connaît de tous les crimes commis dans les îles de Poulo-Condore et au Laos; elle se partage la juridiction avec celle d'Hanoï, suivant les limites déterminées par arrêté du gouverneur général. Elle juge, en outre, d'après une loi du 28 avril 1869, les appels des jugements rendus par les tribunaux consulaires en *Chine* et au *Siam*, et connaît également des crimes commis par les Français dans ces pays.

Suivant l'article 23 du décret du 24 septembre 1896, quand un crime ou un délit intéressant la sécurité du protectorat ou le développement de la colonisation française aura été commis par un sujet annamite ou assimilé justiciable des tribunaux français, le gouverneur général pourra, par un arrêté, dessaisir la justice ordinaire et renvoyer l'affaire devant une *commission criminelle* composée suivant les prescriptions de l'article 24 et usant d'une procédure rapide que déterminent les articles suivants.

Un important arrêté du gouverneur général de l'Indo-Chine, du 16 mars 1910, a fixé les formes à suivre par les tribunaux français de l'Indo-Chine statuant en matière indigène. Cet arrêté qui ne contient pas moins de 260 articles, est un véritable code de procédure civile et des voies d'exécution (voir *Recueil de législation, doctrine et jurisprudence coloniales*, 1911, pp. 230 et s.). Il statue, quant à la compétence, que les tribunaux français, en matière indigène, connaissent en premier et dernier ressort, des actions personnelles et mobilières jusqu'à 1500 francs ou 600 piastres et des actions immobilières jusqu'à 100 francs ou 40 piastres de revenu annuel déterminé par le prix du bail, les titres produits, la déclaration des parties ou l'estimation. L'arrêté s'occupe successivement de la procédure devant les tribunaux (art. 5 à 61); des mesures d'instruction : enquête, visite des lieux, expertise, vérification des écritures, faux incident civil, compulsoire (art. 62 à 113); de l'appel et de l'instruction sur appel (art.114 à 133). Le délai pour interjeter appel est de 60 jours; cet appel est fait au greffe du tribunal. Le décret établit ensuite, dans ses articles 134 à 163, les formalités à remplir pour attaquer les jugements par les voies extraordinaires : tierce opposition, requête civile, pourvoi en annulation devant la cour d'appel de l'Indo-Chine et en cassation. Il est traité des voies d'exécution aux articles 164 à 244 : saisie mobilière, saisie immobilière et contrainte par corps. Les référés et ordonnances sur requête sont prévus aux articles 245 à 251.

ARTICLE VI

Etablissements de l'Inde

La justice a été organisée dans ces établissements par une ordonnance du 7 février 1842, modifiée par des textes postérieurs, dont les derniers sont les décrets des 31 mai 1873 et 17 mai 1904, la loi du 15 juillet 1910, le décret de 1904 créant un tribunal de première instance à Chandernagor, et la loi de 1910 attribuant à la cour de Pondichéry les appels des jugements des tribunaux consulaires dans les États de l'Iman de Mascate, ainsi que la connaissance des crimes commis par des Français dans ces États.

La juridiction supérieure des établissements de l'Inde est une *Cour d'appel* siégeant à Pondichéry, composée d'un président, de trois conseillers, d'un conseiller auditeur et d'un greffier. Elle a un procureur général, chef du service judiciaire, assisté d'un substitut (décret du 28 juillet 1887). La cour statue sur les appels des juridictions inférieures et sur les demandes en annulation des sentences en dernier ressort des justices de paix. On trouve au-dessous de la cour trois *Tribunaux de première instance* établis à Pondichéry, Karikal et Chandernagor et dont la compétence est celle des tribunaux de première instance français. Le tribunal de Pondichéry se compose d'un juge-président, d'un lieutenant de juge, de deux juges suppléants, d'un greffier et d'un commis-greffier; son parquet est représenté par un procureur de la République et un substitut. Le tribunal de Karikal a un juge-président, un lieutenant de juge, un greffier et un commis-greffier; son parquet n'a qu'un procureur. Enfin, le tribunal de Chandernagor qui n'avait d'abord qu'un juge-président, possède un procureur depuis le décret du 17 mai 1904; il a aussi un greffier et un commis-greffier. Viennent ensuite quatre *Justices de paix* instituées, la première à Pondichéry, avec seulement compétence ordinaire; la 2e, à Karikal, également avec compétence ordinaire; la 3e, à Mahé, avec compétence étendue et la 4e, à Yanaon, avec aussi compétence étendue. A Chandernagor, le juge-président exerce les fonctions de juge de paix. Les justices de paix à compétence étendue statuent, sans appel, sur toutes les affaires civiles et commerciales, dont connaissent en dernier ressort les tribunaux de première instance de l'Inde, et également sur les affaires attribuées aux tribunaux de paix; sur les autres affaires, ils ne prononcent qu'à charge d'appel.

Une *Chambre des mises en accusation* siége à Pondichéry et comprend un conseiller président, le juge-président du tribunal et le juge de paix de Pondichéry (décret du 12 juin 1883). Elle statue sur le renvoi pour crimes aux *cours criminelles* qui siègent, tous les trois mois, soit à Pondichéry, soit dans les autres établissements de l'Inde et qui jugent tous ceux que ladite chambre leur a renvoyés. La cour criminelle à Pondichéry comprend trois magistrats de la cour d'appel et quatre assesseurs pris dans une liste dressée par une commission spéciale suivant le décret de 1883; ailleurs, elle se compose d'un conseiller de la cour d'appel, du juge-président ou d'un juge de paix, d'un fonctionnaire choisi par le gouverneur et de quatre assesseurs. Suivant le décret de 1883, les européens sont toujours renvoyés devant la cour criminelle de Pondichéry.

ARTICLE VII

Antilles et Réunion

Dans ces colonies, l'organisation judiciaire ressemble beaucoup à celle de la France et elle a pour base, non plus des décrets, mais des lois, notamment celles des 27 juillet 1880 et 15 avril 1890, que sont venues modifier sur quelques points celles des 14 mars 1903 et 27 mars 1905. Voici aujourd'hui les institutions judiciaires des trois colonies qui sont conçues sur le même plan général. Indiquons, d'abord, que chacune de ces colonies possédait autrefois deux arrondissements judiciaires, savoir : Fort-de-France et Saint-Pierre à la Martinique; Basse-Terre et Pointe-à-Pitre à la Guadeloupe; Saint-Denis et Saint-Pierre à la Réunion; mais de nos jours la Martinique n'a plus que l'arrondissement de Fort-de-France, celui de Saint-Pierre ayant été rattaché à celui-ci par décret du 13 mai 1902, depuis la catastrophe du 8 mai de la même année. Les juridictions actuellement existantes sont les suivantes.

1° *Cours d'appel.* — La *Martinique*, la *Guadeloupe* et la *Réunion* ont chacune une cour d'appel; celle de la Martinique siège à Fort-de-France, celle de la Guadeloupe à Basse-Terre et celle de la Réunion à Saint-Denis. Aux termes de l'article 79 de la loi de finances du 31 mars 1903, chacune de ces cours se compose d'un président et de cinq conseillers, et possède un greffier ainsi que des commis-greffiers; le parquet de chacune comprend un procureur général et un substitut. Les attributions de ces trois cours sont les mêmes que celles des cours d'appel de France; et leurs arrêts, pour être valables, doivent être rendus au moins par trois de leurs membres en audience ordinaire, par cinq en audience solennelle.

2° *Tribunaux de première instance.* — La *Martinique* n'en a qu'un depuis qu'elle n'a plus qu'un arrondissement judiciaire; ce tribunal unique est situé à Fort-de-France; la *Guadeloupe* en a deux, celui de Basse-Terre et celui de Pointe-à-Pitre; la *Réunion* en a également deux, l'un à Saint-Denis et l'autre à Saint-Pierre. Tous ces tribunaux ont une composition égale, d'après les articles 3 et 4 de la loi du 15 avril 1890 précitée, et comprennent chacun un président, deux juges au moins, un ou deux juges suppléants rétribués ou non, un greffier et un commis-greffier; le parquet de chacun est constitué par un procureur de la République et par un substitut, s'il y a lieu. Le décret du 30 juillet 1903 a créé au tribunal de Fort-de-France un emploi de substitut et deux de juge suppléant. La loi du 17 mars 1905 déclare, dans son article 2, que les juges de paix titulaires sont autorisés, en cas de besoin, à remplacer, par intérim, les juges titulaires et les juges suppléants de ces tribunaux. En principe, ces divers tribunaux ont les mêmes attributions que les tribunaux de première instance de France, aussi bien en matière civile qu'en matière correctionnelle; leur compétence est même plus étendue en matière civile, car ils jugent en dernier ressort jusqu'à deux mille francs les affaires mobilières et jusqu'à 200 francs de revenu les affaires immobilières.

Ils font fonction de *tribunaux de commerce*, comme les tribunaux de première instance français, dans les arrondissements dépourvus de tribunaux consulaires.

3° *Justices de paix.* — La *Martinique* possède neuf justices de paix à compétence ordinaire établies à Fort-de-France, Lamentin, Saint-Esprit, Diamant, Marin, Saint-Pierre-Mouillage, Fort-Saint-Pierre, Basse-Pointe et Trinité. Le décret du 6 septembre 1902 a provisoirement rattaché les cantons de Fort-Saint-Pierre et de Saint-Pierre-Mouillage à la justice de paix de Fort-de-France. La *Guadeloupe* a huit justices de paix également à compétence ordinaire, instituées à Basse-Terre, Capesterre, Pointe-Noire, Pointe-à-Pitre, Lamentin, Port-Louis, Moule et Saint-François. Cette colonie possède, en outre, trois justice de paix à compétence étendue dont il va être question. La *Réunion* comptait d'abord neuf justices de paix à compétence ordinaire; mais la loi du 27 mars 1905 ayant autorisé leur réduction par décret, les justices de paix de Sainte-Suzanne, Saint-Benoist, Saint-Joseph et Saint-Leu ont été supprimées par décret du 5 mai 1906; cette dernière colonie ne possède donc que cinq justices de paix : à Saint-Denis, Saint-André, Saint-Paul, Saint-Pierre et Saint-Louis.

La compétence de toutes ces justices de paix ordinaires est celle fixée par la loi du 25 mai 1838 pour les justices de paix de France, et même, sur certains points, elle était plus étendue que celle de ces dernières en matière civile, puisque, d'après l'article 1 du décret du 16 août 1854, elles jugeaient, en cette matière, en dernier ressort jusqu'à 250 francs et en premier jusqu'à 500. D'autre part, en vertu de la loi du 8 janvier 1877, elles peuvent, en matière de simple police, prononcer des condamnations allant jusqu'à 15 jours de prison et 100 francs d'amende. Mais, par la loi du 6 juillet 1905, la compétence des justices de paix de la métropole a été largement étendue, et, comme cette loi n'a pas été déclarée applicable aux Antilles et à la Réunion, il en résulte qu'aujourd'hui leurs juges de paix ordinaires ont, en matière civile, une compétence moins étendue que celle des juges de paix de France.

4° *Justices de paix à compétence étendue.* — Il y en a trois dans les dépendances de la *Guadeloupe* : une à Marie-Galante, une seconde à Saint-Martin, une troisième à Saint-Barthélemy. Ces justices de paix ont été établies par décrets des 17 avril 1884 et 25 novembre 1890, pour remplacer les tribunaux de première instance qui existaient dans ces localités et qui ont été supprimés comme trop peu occupés. Ces trois justices de paix à compétence étendue ont, indépendamment de leurs propres attributions, celles des tribunaux de première instance et de leur président.

Les jugements en dernier ressort des justices de paix ne sont point susceptibles de recours en cassation; mais les parties peuvent se pourvoir en annulation devant la cour d'appel.

5° *Cours d'assises.* — Il n'y a qu'une cour d'assises pour la *Martinique*, à Fort-de-France; il y en a deux à la *Guadeloupe*, siégeant une à Basse-Terre et l'autre à Pointe-à-Pitre; il y en a deux aussi à la *Réunion*, sises la première à Saint-Denis et la seconde à Saint-Pierre. D'après la loi du 27 juillet 1880 modifiée par celle du 14 mars 1903, ces cours d'assises sont organisées comme celles de France et fonctionnent suivant les mêmes règles avec l'assistance du jury.

ARTICLE VIII

Saint Pierre et Miquelon

L'organisation judiciaire de la colonie résulte d'une ordonnance du 26 juillet 1833 profondément modifiée par un décret du 21 juin 1907. Elle comprend.

1° Un *Conseil d'appel* composé d'un magistrat de carrière président et de deux assesseurs nommés, chaque année en janvier, par arrêté du chef de la colonie pris en conseil d'administration. Il y a deux assesseurs suppléants désignés de la même façon, suivant un décret du 24 février 1891. Ce Conseil d'appel, en s'adjoignant quatre assesseurs désignés par la voie du sort sur une liste de 40 notables, se transforme en *Tribunal criminel* et fait usage d'une procédure indiquée par le décret de 1891.

2° Un *Tribunal de 1re instance* siégeant à Saint-Pierre et

formé seulement par un juge-président assisté d'un greffier. Il connaît, en premier et dernier ressort, de toutes les demandes en matière civile excédant la compétence des tribunaux de paix et inférieures à 1.000 francs en principal; en premier ressort seulement et sauf recours devant le conseil d'appel, des demandes en matière civile s'élevant à 1,000 francs et au-dessus, et des affaires commerciales, lorsque la valeur principale de la demande excède 50 francs. Le tribunal connaît, en outre, des affaires correctionnelles et de l'appel des jugements rendus en matière de douane par les juges de paix. Le juge-président du tribunal remplit les fonctions de juge de paix de Saint-Pierre et de juge d'instruction. En cas d'empêchement, il est remplacé par un juge suppléant désigné par le chef de la colonie. Les fonctions de procureur de la République près le tribunal de première instance, le conseil d'appel et le tribunal criminel, sont remplies par un fonctionnaire nommé par arrêté du chef de la colonie. Le président du Conseil d'appel est chef du service judiciaire. Les fonctions de juge de paix à Miquelon sont remplies par un agent du commissariat colonial.

ARTICLE IX

Guyane

L'organisation judiciaire de la Guyane, telle qu'elle avait été établie par une ordonnance du 21 décembre 1828, se rapprochait beaucoup de celle des Antilles et de la Réunion dont nous venons de parler. Depuis, cette organisation qui avait été remaniée par des décrets successifs, est régie en son état actuel par le décret du 16 décembre 1896, sauf certaines modifications résultant des décrets des 1er novembre 1900 et 12 novembre 1905. On trouve actuellement en Guyane.

1o Une *Cour d'appel*. — Cette cour qu'avait supprimée le décret du 20 février 1886, a été rétablie par le décret précité du 16 décembre 1896. Elle a son siège à Cayenne et se compose d'un président, de deux conseillers et d'un conseiller auditeur; elle a un greffier et un commis assermenté; son parquet comprend un procureur général, chef du service judiciaire, et un substitut. Ses arrêts ne peuvent être valablement rendus qu'avec l'assistance de trois de ses membres au minimum. Elle statue sur les appels dirigés contre les jugements rendus en premier ressort par les tribunaux de première instance et également sur les demandes en annulation dirigées contre les jugements en dernier ressort des justices de paix. Elle juge aussi les crimes et délits prévus par les lois sur la presse, que des dispositions particulières ne renvoient pas à une autre juridiction.

2° Deux *Tribunaux de première instance.* — L'un a son siège à Cayenne et comprend un juge-président, un lieutenant de juge, deux juges suppléants rétribués, un greffier et deux commis-greffiers; son parquet se compose d'un procureur. L'autre est installé à Saint-Laurent-du-Maroni et n'a qu'un juge-président, un greffier et un commis-greffier; son parquet est également représenté par un procureur; mais, au besoin, conformément au décret du 1er novembre 1900, un des juges suppléants de Cayenne va remplacer le juge-président ou faire fonction de ministère public ou de juge d'instruction. Ces tribunaux ont, pour les affaires civiles et commerciales, la même compétence que les tribunaux de première instance de France; ils se prononcent aussi en premier ressort sur tous les délits et infractions aux lois sur le commerce étranger, le régime des douanes et les contributions indirectes.

3° Trois *Justices de paix.* — La première établie à Cayenne exerce ses attributions sur tout l'arrondissement de Cayenne. Les deux autres instituées par le décret du 12 novembre 1905 ont leur siège à Sinnamary et à Mana. Le juge de paix est assisté d'un suppléant et d'un greffier. Les secrétaires des mairies exercent les fonctions de greffier. Dans l'arrondissement du Maroni, les fonctions de juge de paix sont remplies par le juge-président du tribunal.

4° Une *Chambre des mises en accusation* rétablie par le décret du 16 décembre 1896 et constituée par un conseiller de la cour qui préside, par le juge-président du tribunal de Cayenne et un juge suppléant rétribué de ce même tribunal.

5° Une *Cour d'assises* connaissant de toutes les affaires qui lui sont soumises par la chambre des mises en accusation, formée par le président de la cour d'appel, deux conseillers et quatre assesseurs tirés au sort sur une liste de vingt notables français dressée par une commission spéciale. Toute la cour tranche les questions de fait; mais les assesseurs restent étrangers à l'examen des questions de droit et à l'application de la peine qui sont l'œuvre des magistrats seuls.

ARTICLE X

Nouvelle-Calédonie

L'organisation judiciaire de la colonie a eu pour base un décret du 26 novembre 1866 remanié par plusieurs autres, dont les plus récents sont des 5 août et 20 septembre 1908. On trouve actuellement dans la colonie les rouages judiciaires suivants.

1° Une *Cour d'appel* siégeant a Nouméa, créée par le décret du 15 novembre 1893 et ayant remplacé le tribunal supérieur qui fonctionnait antérieurement dans le même lieu. Cette cour a un président, deux conseillers, un conseiller auditeur, un greffier et des commis-greffiers; son parquet se compose d'un procureur général et d'un substitut.

Sont déclarées applicables à la colonie les dispositions du chapitre IX du livre Ier et du chapitre Ier du titre II, livre II du code d'instruction criminelle métropolitain, à l'exception de l'article 244 du même code remplacé par les dispositions des articles 4 et 5 du décret du 5 août 1908.

2° Un *Tribunal de première instance* établi au siège de la cour d'appel, composé d'un juge-président, de deux lieutenants de juge et d'un greffier; son parquet a un procureur et un substitut. En matière civile et correctionnelle, ce tribunal a une compétence égale à celle des tribunaux français.

3° Quatre *Justices de paix* instituées à Nouméa, Bourail, Canala et dans l'île Lifou à Chepenché. Sauf celle de Nouméa, où réside le tribunal de première instance, elles sont à compétence étendue; et le décret précité du 20 septembre 1908 leur a rendu applicables les dispositions du titre Ier de la loi du 12 juillet 1905. Elles jugent donc les affaires civiles et commerciales jusqu'à 500 francs en dernier ressort et jusqu'à 1.000 francs en premier, aussi bien que les contraventions et délits dont la peine ne dépasse pas six mois de prison et 500 francs d'amende. Elles peuvent tenir des audiences foraines. L'appel est porté devant le tribunal de première instance de Nouméa. Les juges de paix sont aussi juges des référés,

4° Un *Tribunal de commerce* formé par le juge-président du tribunal de première instance de Nouméa et deux assesseurs pris dans une liste de candidats désignés par les commerçants français. Ce tribunal juge les affaires commerciales sans appel jusqu'à 1.500 francs et, au delà, à charge d'appel.

5° Une *Cour d'assises* créée par le décret du 5 août 1908 (ancienne cour criminelle), siégeant à Nouméa et composée du président de la cour d'appel assisté de deux membres de la cour et de quatre assesseurs désignés conformément à la législation locale, avec le procureur général ou son substitut représentant le ministère public et le greffier ou commis-greffier pour y tenir la plume.

6° Une *Chambre des mises en accusation* à la cour d'appel de Nouméa, créée par le même décret et composée d'un conseiller président, du président du tribunal de première instance et du juge de paix de Nouméa.

Un décret du 2 mai 1904 a déterminé le traitement et la parité d'office des magistrats de la Nouvelle-Calédonie.

ARTICLE XI

Établissements de l'Océanie

Divers décrets des 18 août 1868, 17 septembre 1897, 1er décembre 1902 et 9 mars 1904 ont organisé les institutions judiciaires de ces établissements qui comprennent aujourd'hui,

1° Un *Tribunal supérieur* siégeant à Papeete, ayant un président et deux juges et pourvu d'un parquet composé d'un procureur chef du service judiciaire et d'un substitut. A ce tribunal sont soumis les appels formés contre les jugements rendus, en premier ressort, en matière civile, commerciale, correctionnelle ou de simple police, par les tribunaux de première instance et de commerce et les justices de paix. Il statue, en outre, sur les demandes en annulation contre les décisions en dernier ressort du tribunal de Papeete.

Ce tribunal supérieur se transforme en *Tribunal criminel*, en ajoutant à ses membres quatre assesseurs tirés au sort sur une liste de vingt notables français. Il connaît de toutes les affaires soumises en France aux cours d'assises, les assesseurs ayant voix délibérative sur la question de culpabilité et les circonstances atténuantes. Le *recours en cassation* est admis contre les décisions du tribunal supérieur et du tribunal criminel.

2° Un *Tribunal de première instance* siégeant à Papeete constitué par un juge-président, un lieutenant de juge et un greffier qui est en même temps celui du tribunal supérieur. Ce tribunal étend sa juridiction non seulement au ressort de Papeete, mais encore aux districts voisins dépourvus de justice de paix. Suivant le décret du 1er juillet 1880, le tribunal connaît : 1° en premier et en dernier ressort, pour le territoire de Papeete, de toutes les affaires attribuées aux juges de paix métropolitains par les lois du 25 mai 1838 et du 2 mai 1855, jusqu'à concurrence de 250 francs; 2°, en premier ressort seulement, de toutes affaires excédant 250 francs pour le territoire de Papeete et de toute affaire excédant 1.000 francs pour le reste de la colonie. Pour les affaires de simple police, l'appel est possible contre les décisions du tribunal, quand les amendes et réparations civiles excèdent 5 francs ou lorsque la peine prononcée est l'emprisonnement; les affaires correctionnelles sont jugées en premier ressort. Dans les territoires de la colonie munis de justices de paix, le tribunal connaît seulement des affaires qui excèdent la compétence de ces dernières.

3° Un *Tribunal de commerce* dont le siège est aussi à Papeete, composé du juge-président du tribunal de première instance et de deux assesseurs choisis sur une liste de douze candidats élus par les commerçants français. Ce tribunal, qui avait été supprimé par un décret du 23 janvier 1892, a été rétabli par un décret postérieur du 31 décembre 1908. Il connaît, en dernier ressort, de toutes les demandes commerciales jusqu'à 250 francs et, en premier, de toutes celles dépassant cette somme.

4° Des *Justices de paix à compétence étendue*, à la tête desquelles peuvent être placés des fonctionnaires de l'ordre administratif, ont été établies dans les Gambier, à Tuamotu, dans les Marquises, à Moorea (transférée de Papetoaï à Afareiaitu suivant décret du 4 avril 1911) et à l'île Tubuai. Elles peuvent tenir des audiences foraines dans les diverses parties des archipels. Elles se composent d'un juge et d'un greffier, ce dernier chargé des fonctions de notaire. Au cas d'audience foraine, la présence du greffier n'est pas nécessaire. Ces tribunaux de paix connaissent, en premier ressort, notamment de toutes les affaires civiles, lorsque la valeur de la demande principale n'excède pas 1.000 francs. Ils connaissent, en premier ressort aussi, des contraventions de police et des affaires correctionnelles. La *justice de paix à compétence exceptionnelle* créée pour les Iles Sous-le-Vent par le décret du 17 septembre 1897, connaît, en premier et dernier ressort, de toutes affaires dont la valeur ne dépasse pas 1.000 francs ; au-dessus, l'appel est ouvert devant le tribunal supérieur. En matière criminelle, elle statue, quant aux délits, en premier ressort seulement ; et, quant aux contraventions, l'appel est ouvert s'il y a condamnation à l'emprisonnement à ou une amende de plus de vingt francs.

ARTICLE XII

Nouvelles-Hébrides

On a vu ci-dessus, au chapitre II, section I, titre III, article IV (1re partie), qu'un traité franco-anglais du 16 novembre 1887 avait créé une sorte de *condominium* franco-anglais aux Nouvelles-Hébrides et qu'en exécution de cette convention était intervenu un arrangement conclu à Londres le 20 octobre 1906, destiné à réglementer la possession en commun de ces îles. L'article 10 prévoit l'établissement d'un tribunal mixte dont la convention détermine la compétence, en indiquant la loi à appliquer par lui, la procédure à suivre et le mode d'exécution des jugements. (Consulter à ce sujet notre *Traité* précité *de droit public international*, t. I, p. 379 et s.).

Le *Tribunal mixte* est composé de trois juges, dont un règlement du 17 mai 1907 détermine le traitement, les congés, les passages et les frais de tournée. Deux de ces juges sont nommés par chacun des deux gouvernements et le troisième par le roi d'Espagne, ce dernier juge présidant le tribunal. Le roi d'Espagne désigne également le représentant du ministère public, lequel, ainsi que le président, ne peuvent être sujets anglais ou français. Le greffier et le personnel auxiliaire du tribunal sont nommés par le président. Quand le tribunal mixte juge en matière criminelle, il s'adjoint quatre assesseurs pris parmi les habitants notables non indigènes de l'archipel. Ils ont voix délibérative pour l'appréciation de la culpabilité et voix consultative seulement pour l'application de la peine (art. 10 et 11). Le tribunal mixte est compétent en matière civile, commerciale et immobilière, pour tous litiges entre indigènes et non-indigènes; en matière correctionnelle ou criminelle, pour tout délit ou crime commis par des indigènes à l'égard des non-indigènes et, d'une manière générale, pour les infractions spéciales prévues par la convention ou par les règlements destinés à en assurer l'exécution. La loi applicable sera, pour les matières civiles, commerciales et immobilières, celle tracée par la convention; en matière correctionnelle ou criminelle, celle relative au non-indigène victime du délit ou du crime; et, en matière de contravention, celle tracée par la convention ou les règlements en assurant l'exécution (art. 12 et 13). La procédure sera, suivant l'article 14, celle suivie en France et en Angleterre, au civil, devant les justices de paix et tribunaux de comté; et, au criminel, celle usitée soit devant les tribunaux français de simple police et les tribunaux anglais de justice sommaire pour les délits, soit devant les tribunaux correctionnels français et les tribunaux anglais de « quarter sessions » pour les crimes. Le tribunal détermine par un règlement comment, en pratique, se concilieront le système anglais et le système français. Les jugements du tribunal mixte sont définitifs, aux termes de l'article 15. La convention prévoit ensuite, dans ses articles 16 et suivants, l'institution de défenseurs, règle la question des frais et honoraires, des langues et de l'exécution des jugements. Des tribunaux nationaux anglais et français ont été institués à côté de ce tribunal mixte.

Un décret du 9 mai 1909 est venu déterminer les conditions de nomination du juge français au tribunal mixte des Nouvelles-Hébrides. Cette nomination faite par décret, sur la proposition du ministre des colonies et du ministre de la justice, ne peut porter que sur un candidat âgé au moins de trente ans, licencié en droit et ayant exercé pendant cinq ans des fonctions judiciaires en France, en Algérie ou aux colonies, ou ayant exercé pendant dix ans la profession d'avocat.

Un autre décret sous la même date a créé aux Nouvelles-Hébrides *deux tribunaux français* : 1° *une Justice de paix à compétence étendue* ; 2° un *Tribunal criminel;* le décret détermine le fonctionnement de ces juridictions, dont la compétence s'étend sur tout l'archipel et dont le siège est à Port-Vila, dans l'île de Vaté. Elles sont constituées et fonctionnent de la manière suivante.

La *Justice de paix* à compétence étendue comprend un juge de paix et un greffier; jusqu'à nouvelle organisation, c'est le juge français du tribunal mixte qui remplit les fonctions de juge de paix.

Le *Tribunal criminel* est composé du juge de paix à compétence étendue qui préside et de deux assesseurs désignés par la voie du tirage au sort, sur une liste de douze fonctionnaires ou notables de nationalité française.

Devant ces deux juridictions, les fonctions de greffier, de ministère public et d'huissier sont remplies par un agent de l'administration française désigné par le commissaire résident ou le haut commissaire de France. Les juridictions françaises connaissent de toutes les affaires intéressant un Français ou protégé français ou un ressortissant d'une puissance tierce placée sous le régime applicable aux Français, à l'exception néanmoins de celles qui doivent être déférées au tribunal mixte d'après la convention précitée du 20 octobre 1906. Le juge de paix statue en premier et dernier ressort sur toutes les demandes personnelles et mobilières, civiles et commerciales, ne dépassant pas 3.000 francs; au-dessus, il ne juge qu'en premier ressort et sauf appel devant la cour de Nouméa. En matière pénale, il connaît, en dernier ressort, de toutes les contraventions de police, et, en premier ressort seulement et sauf appel devant ladite cour, de toutes les autres contraventions et de tous les délits correctionnels. Le tribunal criminel juge en dernier ressort les crimes déférés en France aux cours d'assises et punis par les lois françaises.

D'après le décret précité du 9 mai 1909, la procédure à suivre devant les juridictions dont nous parlons, est déterminée par des arrêtés du haut commissaire de la France pris sur la proposition du procureur général de la cour de Nouméa. En matière civile et commerciale, elle suit les règles de la procédure pratiquée devant les justices de paix de France; en matière correctionnelle et de police, elle est conforme à celle usitée devant nos tribunaux de simple police; en matière criminelle, le juge de paix, après avoir instruit l'affaire, adresse le dossier au procureur général près la cour de Nouméa, qui ordonne le renvoi devant le tribunal criminel et dresse l'acte d'accusation.

La voie de l'annulation est ouverte devant la cour d'appel de Nouméa contre les jugements en dernier ressort de la justice de paix, mais seulement pour incompétence, excès de pouvoir ou violation de la loi. La même voie est permise contre les décisions du tribunal criminel pour les causes prévues par la loi de la métropole.

Un arrêté du haut commissaire français du 16 janvier 1909 a autorisé le juge de paix à tenir des audiences foraines quatre fois l'an, aux endroits et aux dates suggérées par les circonstances.

ARTICLE XIII

Les magistrats coloniaux. — Leur situation actuelle. — Projets de réforme

La situation actuelle des magistrats français aux colonies diffère sensiblement de celle de leurs collègues métropolitains. Leur nombre est beaucoup plus restreint, soit parce qu'ils ont moins de justiciables, soit parce qu'on leur fait remplir cumulativement, comme on l'a vu, diverses fonctions judiciaires, fonctions qui sont même, en certains cas, confiées à des personnes étrangères à la magistrature. D'autre part, le magistrat unique se rencontre bien plus aux colonies que dans la France continentale. Les conditions d'entrée dans la magistrature coloniale et d'avancement, le traitement, la hiérarchie ne sont pas les mêmes que dans la métropole. Suivant un décret du 1er décembre 1858, la magistrature coloniale est considérée comme détachée du ministère de la justice et les nominations sont signées à la fois par le ministre de la justice et par celui des colonies. Mais, en fait, c'est le ministre des colonies qui prépare le mouvement et c'est à lui que les demandes sont adressées. Enfin, le magistrat colonial ne jouit pas plus qu'en Algérie de la prérogative de l'inamovibilité. Sur tous ces points, des critiques, dont certaines très fondées, ont été émises dans les milieux compétents. Il faut donc examiner, tout d'abord, l'état de choses actuel et envisager ensuite les réformes possibles.

§ I. — *La situation actuelle des magistrats coloniaux*

A. — Conditions requises pour exercer les fonctions de magistrat colonial.

a) *Age.* — L'âge requis pour exercer ces fonctions diffère suivant la colonie où l'on est nommé et le poste que l'on y occupe ; il varie de 22 à 30 ans. Sauf pour les Antilles et la Réunion, l'âge compétent avait été fixé d'une manière générale par le décret du 8 août 1868 ; mais, depuis, de nombreux décrets ont apporté des modifications à cette fixation. Nous allons indiquer quelles sont aujourd'hui à cet égard les dispositions principales. Il faut avoir : pour être substitut du procureur de la République, 22 ans ; pour être procureur de la République, substitut du procureur général, avocat général, 25 ans ; pour être procureur général, 30 ans. En ce qui concerne les membres des tribunaux, il faut avoir 25 ans pour être juge titulaire ou suppléant aux Antilles ou à la Réunion et 30 ans pour y être président de tribunal ; dans les autres colonies, on peut être juge suppléant à 22 ans et lieutenant de juge à 25 ans. Pour être juge-président d'un tribunal de première instance ou juge à un tribunal supérieur, il faut avoir 27 ans et 30 ans pour être président de ce dernier tribunal. Quant aux membres des cours d'appel, aux Antilles et à la Réunion, les conseillers doivent avoir 27 ans et les présidents 30; ailleurs, l'âge prescrit est : 25 ans pour les conseillers-auditeurs, 27 ans pour les conseillers et 30 ans pour les présidents soit des cours, soit des conseils d'appel. Enfin, aux Antilles et à la Réunion, on ne peut être nommé juge de paix titulaire ou suppléant qu'à 30 ans; en Indo-Chine, dans l'Afrique occidentale et à Madagascar, on peut être suppléant à 22 ans et titulaire à 25; ailleurs, il suffit d'avoir 24 ans pour être soit suppléant, soit titulaire. Le poste de juge de paix à compétence étendue exige 27 ans dans l'Indo-Chine, dans l'Afrique occidentale et à Madagascar; ailleurs, 24 ou 25 ans. Pour être appelé à un emploi de début dans la magistrature en Afrique équatoriale, il faut avoir 25 ans. Voici quels sont les principaux décrets qui ont déterminé l'âge que doivent avoir les magistrats dans les diverses colonies; on trouve pour l'Afrique équatoriale le décret du 22 mai 1910; pour Mayotte et les Comores, celui du 5 novembre 1904 et celui du 22 octobre 1906; pour la Côte des Somalis, celui du 4 février 1905; pour l'Afrique occidentale française, celui du 10 novembre 1903; pour Madagascar, celui du 10 juin 1896; pour l'Indo-Chine, ceux des 17 mai 1889 et 17 mai 1895; pour la Guyane, celui du 16 décembre 1896; et enfin pour les Antilles et la Réunion, la loi du 15 avril 1890. La condition d'âge n'existe que pour les titulaires des emplois judiciaires; les intérimaires en sont formellement dispensés par un décret du 9 février 1883.

b) Diplôme de licencié en droit et stage. — Pour être nommé magistrat dans les colonies, il faut avoir obtenu le diplôme de licencié en droit et justifier d'un stage de deux ans au barreau. Toutefois, dans l'Inde, ce diplôme peut être remplacé par un certificat de l'école de droit de Pondichéry. Quant au stage, il n'est nécessaire que pour les magistrats des Antilles, de la Réunion et de l'Indo-Chine; et même dans cette dernière colonie, il n'est pas exigé de ceux qui sont administrateurs des affaires indigènes et des attachés depuis plus d'un an au parquet du procureur général de Saïgon ou d'Hanoï. En Afrique équatoriale, il suffit d'avoir été attaché au parquet pendant un an ou d'avoir exercé durant ce temps les fonctions de magistrat provisoire. Aucune condition d'aptitude particulière n'est requise pour la nomination des juges de paix, même à compétence étendue.

Le diplôme de licence et le stage sont les seules conditions requises des magistrats coloniaux; et leur recrutement se fait sans qu'on tienne compte du lieu où ils ont fait leurs études. Toutefois, comme nous l'avons dit ci-dessus en parlant du recrutement des fonctionaires, à l'article 11 du titre II de la section II du chapitre III consacré au *Régime administratif colonial*, un décret du 7 avril 1905 a créé à l'École coloniale une section préparatoire à la magistrature coloniale. Les deux tiers des emplois vacants dans cette magistrature sont réservés aux élèves sortant de l'école.

c) *Connaissance de la langue indigène.* — On demande depuis fort longtemps que le ministère des colonies exige des fonctionnaires coloniaux la connaissance de la langue indigéne du lieu où ils exercent leurs fonctions. Un premier pas avait été fait dans cette voie par le décret du 1er novembre 1901 relativement aux magistrats de l'Indo-Chine, qui instituait un examen unique de langue annamite passé au parquet général. D'après un nouveau décret du 13 mai 1911, les fonctionnaires de l'ordre judiciaire seront soumis, soit au début de la carrière, soit pour l'avancement postérieur, à deux degrés d'épreuves portant sur la connaissance d'une des langues annamite, cambodgienne ou laotienne, comme cela a lieu déjà dans nos possessions d'Extrême-Orient pour des fonctionnaires d'autres catégories.

B. — NOMINATION. — AVANCEMENT. — RÉVOCATION. — HIÉRARCHIE. — AMOVIBILITÉ. — TRAITEMENT. — SERMENT.

Les magistrats coloniaux sont nommés par le chef de l'État; mais on a vu qu'ils dépendaient non du ministre de la justice, mais de celui des colonies. C'est celui-ci qui provoque leur avancement, leur changement et leur révocation. C'est également lui et non la cour de cassation qui prend contre les magistrats coloniaux les mesures disciplinaires jugées nécessaires, d'accord avec son collègue de la justice. La surveillance à leur égard est dévolue au gouverneur de la colonie qui l'exerce par l'intermédiaire du chef du service judiciaire; ce chef, à défaut du premier président de la cour n'existant pas dans la magistrature coloniale, est le procureur général, et, dans les colonies où ce magistrat n'est pas institué, le procureur de la République ou le juge-président. A raison des difficultés que cette surveillance pourrait amener, une commission chargée de donner son avis sur les mesures à prendre a été instituée au ministère des colonies par une décision présidentielle du 19 avril 1898; elle se compose de deux conseillers à la cour de cassation, de deux conseillers à la cour de Paris et d'un avocat général de la même cour. S'il s'agissait, non plus d'une poursuite disciplinaire, mais de la répression d'un délit ou d'un crime commis par un magistrat colonial, ce dernier serait poursuivi dans les mêmes conditions qu'un magistrat français.

Dans les colonies, la hiérarchie judiciaire n'est pas la même qu'en France, parce que l'organisation judiciaire y diffère, comme nous l'avons constaté. Ainsi, les cours n'y ont pas de premier président, tandis qu'elles possèdent des conseillers auditeurs. On y trouve des justices de paix à compétence étendue. Les tribunaux de première instance n'y ont, en règle, qu'un juge-président; et le juge qui l'assiste, chargé de l'instruction, reçoit en certaines colonies le nom de lieutenant de juge. Toutefois, entre les magistrats coloniaux et les magistrats de France, il existe une relation résultant de la parité d'office. Entre magistrats coloniaux les questions de préséance se trouvent résolues par une circulaire du 19 février 1856, qui fut combinée entre le ministre des colonies et celui de la justice. Suivant cette circulaire, les magistrats ayant parité de titre prendront rang entre eux d'après l'ordre et la date de leur nomination; s'ils sont nommés par des décrets différents, mais du même jour, ils prendront rang d'après la date et l'ordre de leur prestation de serment.

Les magistrats des colonies ne sont pas inamovibles, ce qui les met en état d'infériorité marquée vis-à-vis des magistrats français faisant partie de la magistrature assise qui jouissent, du privilège de l'inamovibilité. Les magistrats coloniaux peuvent donc être déplacés et même révoqués, sans que le ministre ait à leur fournir des explications, ni même à leur donner un avis préalable.

Le traitement des magistrats coloniaux est fixé par le décret du 28 décembre 1897 sur la solde, et aussi par des décrets postérieurs relatifs à l'organisation judiciaire. Il varie suivant les colonies, et se compose d'un traitement de parité d'office et du supplément colonial; mais la retenue de 5 pour cent pour la retraite ne s'opère que sur le traitement de parité d'office. La solde d'Europe est fixée à la moitié du traitement colonial.

Les magistrats coloniaux prêtent serment devant la cour d'appel comme leurs collègues de France, suivant le décret du 11 décembre 1885. Toutefois, un décret du 10 février 1903 autorise les magistrats du ressort de la Guadeloupe et dépendances à prêter serment par écrit, quand ils résident hors du siège de la juridiction devant laquelle ils doivent être assermentés.

Les gouverneurs des colonies sont investis du droit de nommer des magistrats intérimaires, en cas de vacance des fonctions et d'absence ou empêchement des remplaçants légaux. Mais il faut que la vacance de l'emploi ainsi que l'empêchement ou l'absence soient réels, car, s'il en était différemment, les jugements rendus par les intérimaires seraient frappés de nullité (cass. 7 février 1903).

§ II. — *Les critiques et les projets de réforme*

Nous avons dit qu'aux colonies le système du juge unique était assez usité, ce qui fait qu'on y voit des tribunaux composés uniquement du juge-président. Ce système a été critiqué comme enlevant aux justiciables la garantie résultant de la pluralité. Il est évident qu'aux colonies on a été surtout mu, en adoptant le juge unique, par la considération de l'économie. Mais l'emploi du juge unique est admis par un certain nombre de pays étrangers et, en France, il compte des partisans. Donc la réforme qui remplacerait l'unité par la pluralité, n'est pas liée à celle de l'organisation coloniale elle-même, puisque l'unité est défendue dans la métropole et qu'elle est pratiquée à l'étranger.

Dès lors, nous n'insisterons pas sur ce point qui devrait être l'objet d'une discussion attentive dans un projet général de réforme de l'organisation judiciaire.

Il y a, au contraire, d'autres griefs spéciaux contre l'organisation actuelle de la justice coloniale qui méritent qu'on s'y arrête. L'union française coloniale avait adopté, sous forme de vœu, dans sa séance du 29 janvier 1909, un projet de réorganisation dont son directeur avait saisi le ministre. Ce projet concluait à la nomination d'une commission extra-parlementaire devant préparer cette réorganisation au ministère de la justice. Le 26 mai 1909, le ministre des colonies a constitué cette commission qui devait examiner les mesures propres à assurer les conditions de recrutement, d'avancement, de discipline, de traitement et de congés des magistrats coloniaux. Au congrès des anciennes colonies tenu du 11 au 16 octobre 1909, dont il a été plusieurs fois question déjà, M. Couturier, rapporteur de la question de la réforme de la magistrature coloniale, concluait à l'adoption d'une série de mesures visant exclusivement les vieilles colonies, mais qui pourraient se généraliser à l'ensemble du domaine colonial. Voir *Compte rendu* précité *des travaux du Congrès des anciennes colonies*, pp. 219 et s. pour le rapport de M. Couturier, et 143 et s. pour les vœux adoptés.

Les efforts tentés depuis si longtemps en faveur des magistrats coloniaux ont fini par aboutir. A la séance du 9 novembre 1911, le Sénat a adopté un projet de loi sur le recrutement de la magistrature coloniale et les garanties conférées aux magistrats, dont voici le texte :

Art. 1er. — L'administration de la justice coloniale est placée sous la direction du ministre des colonies.

Les magistrats coloniaux sont nommés par décret, rendu sur la proposition du ministre des colonies et sous le double contreseing du ministre des colonies et du ministre de la justice.

Art. 2. — Les candidats aux emplois de la magistrature coloniale sont tenus de justifier des conditions d'âge, de diplôme et d'examen professionnel exigées pour l'admission dans la magistrature métropolitaine. Ils doivent être munis, en outre, d'un certificat spécial aux fonctions judiciaires coloniales :

Sont seuls dispensés de l'examen professionnel et du certificat spécial aux fonctions judiciaires coloniales :

a) Les élèves brevetés de l'École coloniale (section de la magistrature). La moitié des emplois de début vacants leur est réservée;

b) Les anciens magistrats coloniaux;

c) Les magistrats et anciens magistrats du cadre métropolitain après cinq années d'exercice des fonctions judiciaires;

d) Les avocats, les avocats-défenseurs et les avoués en exercice aux colonies après dix ans d'exercice effectif de leur profession.

Art. 3. — Il est dressé, au commencement de chaque année judiciaire, un tableau d'avancement pour la magistrature coloniale. Ce tableau est fractionné par groupements de colonies.

Il est établi par une commission composée :

1° D'un président et de quatre conseillers à la cour de cassation, désignés chaque année par décret rendu sur la proposition collective du ministre de la justice et du ministre des colonies ;

2° De deux hauts fonctionnaires ou magistrats, en activité ou en retraite, choisis par le ministre des colonies;

3° Des directeurs du personnel au ministère des colonies et au ministère de la justice.

La commission est présidée par le président à la cour de cassation et, en cas d'empêchement, par le conseiller le plus ancien.

Elle est saisie, par les soins du ministre des colonies, des propositions des chefs du service judiciaire des différentes colonies pour leurs ressorts respectifs. Elle peut provoquer, par l'intermédiaire du ministre des colonies, des présentations supplémentaires et proposer au ministre l'inscription d'office des magistrats non présentés. Tous les dossiers des candidats réunissant les conditions réglementaires pour pouvoir prétendre à un avancement lui sont soumis.

La liste des magistrats inscrits au tableau d'avancement est arrêtée par le ministre des colonies et publiée au *Journal officiel* de la République française, au *Bulletin officiel* du ministère des colonies, ainsi qu'au *Journal officiel* de chaque colonie.

La validité du tableau est limitée à la seule année pour laquelle il a été dressé.

Art. 4. — Nul ne peut être inscrit au tableau d'avancement qu'après deux années de services effectifs dans le poste qu'il occupe au moment où le tableau est dressé ou dans un poste antérieur égal en parité d'office.

Art. 5. — En Indo-Chine, les juges d'instruction, les juges suppléants, les juges de paix à compétence étendue, les juges-présidents des tribunaux de première instance, les procureurs de la République et les substituts près ces mêmes tribunaux ne peuvent être inscrits au tableau d'avancement s'ils n'ont pas justifié de la connaissance de l'une des langues indigènes en usage dans le pays.

Pour les autres colonies à législation indigène, des décrets détermineront l'époque à partir de laquelle la connaissance des langues ou idiomes locaux sera obligatoire.

Jusque-là, elle restera facultative; mais il en sera tenu compte pour l'établissement du tableau d'avancement.

Art. 6. — Aucun magistrat ne peut être promu, soit dans les colonies, soit dans la métropole, à un poste comportant une augmentation de traitement basée sur la parité d'office de l'emploi qu'il occupe, s'il n'a été au préalable inscrit au tableau d'avancement.

L'avancement accordé ne peut constituer au profit du magistrat qui en est l'objet une augmentation de parité d'office supérieure à 2.000 francs.

Aucun magistrat du cadre métropolitain ne peut être appelé à continuer ses services aux colonies dans un emploi supérieur à celui qu'il occupe s'il n'est inscrit au tableau d'avancement dans la métropole.

Les anciens magistrats coloniaux ne peuvent être appelés à un emploi supérieur à celui qu'ils occupaient si la durée totale de leurs fonctions judiciaires est inférieure à trois années.

Les dispositions du présent article ne s'appliquent pas aux nominations des procureurs généraux.

Art. 7. — Les magistrats du siège en service aux colonies ne peuvent être destitués, rétrogradés ou mis d'office en retraite, avant d'avoir atteint la limite d'âge fixée par l'article 13 de la présente loi, que sur l'avis conforme de la cour de cassation siégeant comme conseil supérieur de la magistrature dans les conditions prévues par les articles 13 et suivants de la loi du 30 août 1883.

Ils auront toujours le droit de fournir leurs explications écrites ou orales.

Art. 8. — Lorsqu'il apparaît que l'intérêt du service le commande, les magistrats du siège peuvent être déplacés d'office à poste égal.

Cette mesure ne pourra être prise qu'après avis de la commission spéciale prévue à l'article 3.

Les magistrats du siège menacés d'un déplacement d'office auront toujours le droit de fournir leurs explications dans les conditions qui seront fixées par le règlement d'administration publique prévu à l'article 18.

En cas d'urgence, les magistrats du siège en service aux colonies et présents à leur poste pourront être rappelés d'office par le ministre ou mis à sa disposition par la cour d'appel ou le tribunal supérieur prononçant en assemblée générale sur conclusions du procureur général ou du procureur de la République, chef du service judiciaire.

Art. 9. — Les cours d'appel et les tribunaux supérieurs exercent un droit de surveillance sur leurs membres ainsi que sur les magistrats des tribunaux de première instance et de commerce.

Art. 10. — En dehors de l'avertissement, les peines disciplinaires sont :

La censure simple;

La censure avec réprimande;

La suspension provisoire.

Art. 11. — En ce qui concerne les magistrats du siège, la cour ou le tribunal supérieur prononce, en la chambre du conseil, sur conclusions écrites du procureur général ou du procureur de la République, chef du service judiciaire, les peines disciplinaires prévues à l'article précédent, après que le magistrat inculpé a été entendu dans ses explications.

Les décisions prononçant la censure simple et la censure avec réprimande sont définitives et exécutoires à la seule requête du chef du service judiciaire. Elles sont portées à la connaissance du ministre des colonies.

Art. 12. — Quand la cour ou le tribunal supérieur prononce la peine de suspension provisoire, le renvoi du magistrat à la disposition du ministre des colonies est ordonné.

Les décisions de la cour prévues au présent article et à l'article 10 peuvent, dans les cinq jours de leur signification à l'intéressé, être de sa part l'objet d'un recours en cassation, mais seulement pour violation de la loi.

Art. 13. — En ce qui concerne les officiers du parquet, le gouverneur ou le gouverneur général dans les colonies constituées en groupe, agissant par délégation du ministre des colonies, prononce après enquête, et sur les conclusions du chef du service judiciaire, le magistrat incriminé dûment entendu, les peines de la censure simple et de la censure avec réprimande.

Les décisions du gouverneur ou du gouverneur général sont susceptibles de recours devant le ministre.

Si le fait reproché à l'officier du ministère public est de nature à compromettre sa dignité et à rendre impossible son maintien dans le ressort, le gouverneur ou le gouverneur général, après enquête et sur les conclusions du chef du service judiciaire, renvoie l'officier du ministère public à la disposition du ministre pour être définitivement statué à son égard.

Art. 14. — Les magistrats des colonies peuvent être admis à faire valoir leurs droits à la retraite après vingt-quatre ans de services et cinquante-cinq ans d'âge, dans les conditions prévues par l'article 10, paragraphe 3 de la loi du 9 juin 1853.

Ils sont mis d'office à la retraite après soixante-cinq ans d'âge ou dans le cas d'infirmités les rendant impropres au service.

Art. 15. — Au cas de décès, d'absence ou d'empêchement du chef du service judiciaire, il est pourvu à son remplacement par le ministre des colonies et provisoirement, en cas d'extrême urgence, par le gouverneur général dans les colonies constituées en groupe.

Au cas d'absence ou d'empêchement des magistrats titulaires, il est pourvu à leur remplacement par des magistrats intérimaires.

Les magistrats intérimaires sont désignés par arrêté du ministre des colonies si l'intérim doit se prolonger pendant plus de trois mois. Si l'intérim doit être d'une durée moindre et, dans tous les cas, en attendant la désignation du ministre des colonies, les magistrats intérimaires sont choisis, pour les fonctions du siège, par le président de la cour ou du tribunal supérieur, sur les propositions du chef du service judiciaire; pour les fonctions du ministère public, par le chef du service judiciaire seul.

En cas de désaccord entre le chef du service judiciaire et le président de la cour ou du tribunal supérieur au sujet de la désignation des magistrats intérimaires, cette désignation est faite par la cour ou le tribunal supérieur en assemblée générale.

Si, à raison de l'impossibilité dûment constatée d'appeler à siéger des magistrats de l'ordre judiciaire, l'intérim doit être confié à des fonctionnaires, la désignation ne peut être faite qu'avec l'assentiment du gouverneur ou du gouverneur général, dans les colonies constituées en groupe.

En aucun cas, les fonctions de magistrat, même intérimaire, ne peuvent être confiées à des étrangers ou à des sujets français dont le statut personnel n'est pas régi par le code civil.

Art. 16. — Les attributions conférées aux gouverneurs et conseils privés en ce qui concerne les règlements de juges et les renvois d'un tribunal à un autre pour cause de sûreté publique ou de suspicion légitime sont et demeurent supprimées.

Les procureurs généraux et procureurs de la République, chefs du service judiciaire, sont autorisés à correspondre directement avec le ministre des colonies.

Toutefois, ils ne peuvent adresser leurs rapports au ministre qu'après les avoir communiqués aux gouverneurs ou gouverneurs généraux, dans les colonies constituées en groupe.

Art. 17. — Les conditions de nomination des magistrats coloniaux dans la magistrature métropolitaine ainsi que les parités d'office des magistrats coloniaux seront déterminées dans les six mois suivant la promulgation de la présente loi, par un décret rendu sur la proposition concertée du garde des sceaux, ministre de la justice, du ministre des finances et du ministre des colonies.

Chaque année, un décret rendu dans les mêmes conditions déterminera le nombre et la nature des emplois de la magistrature métropolitaine qui devront être réservés aux magistrats des colonies.

Art. 18. — L'exécution de la présente loi sera assurée dans les six mois qui suivront sa promulgation, par un règlement d'administration publique qui déterminera, notamment, les groupes de colonies suivant lesquels sera fractionné le tableau d'avancement, les règles qui présideront à sa formation et les conditions de l'examen pour l'obtention du certificat d'aptitude aux fonctions judiciaires coloniales.

Art. 19. — Dans les colonies qui ne sont pas actuellement soumises au régime des lois, il continuera à être statué par décret sur toutes les questions d'ordre judiciaire, en se conformant aux principes généraux consacrés par la présente loi.

Art. 20. — Toutes dispositions contraires sont et demeurent abrogées.

Le projet de loi qui précède donne aux magistrats coloniaux un statut très acceptable; les garanties de l'avancement par le mérite et de l'inamovibilité leur sont principalement assurées. Quant au déplacement d'office des magistrats du siège à poste égal, que des faits graves pourraient rendre indispensable, il est subordonné à l'avis d'une commission offrant toute sécurité aux intéressés à raison notamment de la présence de l'élément de la cour de cassation et du ministère de la justice qui sera nécessairement dégagé de toute passion coloniale. La seule disposition qui paraisse dangereuse est celle du dernier paragraphe de l'article 8 autorisant, en cas d'urgence, le rappel d'office par le ministre des magistrats du siège ou leur mise à sa disposition par la cour d'appel ou le tribunal supérieur. Et pourtant il est des cas où une mesure rapide s'impose; il faut donc espérer que celle-ci ne sera prise que dans des circonstances tout à fait exceptionnelles, et après mûr examen.

La loi telle que l'a votée le Sénat n'a point rencontré d'opposition en règle générale, et elle sera sûrement acceptée dans ses grandes lignes par la Chambre; une seule disposition a été l'objet d'une vive discussion dans la haute assemblée; c'est celle de l'article 15, §§ 3 et suivants, relatif aux magistrats intérimaires, à propos duquel des opinions divergentes se sont produites. Certains sénateurs auraient voulu que ces magistrats fussent désignés, soit par le gouverneur, seul dépositaire des pouvoirs de la République, soit par le chef du service judiciaire. On a fait observer contre ces deux solutions que le gouverneur, personnage politique, ne devait pas intervenir dans le choix des magistrats; et que le procureur général ou le procureur de la République serait à la fois juge et partie dans les affaires où il pourrait désigner les juges devant connaître de l'action intentée par lui au nom de la loi. Finalement on a préféré laisser la désignation au président de la cour ou du tribunal supérieur, sur les propositions du chef du service judiciaire, solution contre laquelle il a été objecté que le magistrat en question serait fort embarrassé pour discuter les propositions de son chef hiérarchique. Dans tous les cas, le ministre des colonies a déclaré que, le projet devant aller à la Chambre, il ne se refusait pas à étudier les modifications qui pourraient lui être apportées dans l'autre assemblée. Le débat se reproduira donc et la question n'a pas reçu sa solution définitive.

ARTICLE XIV

Les auxiliaires de la justice

§ I. — *Greffiers*

Auprès de chaque juridiction coloniale se trouvent un greffier et un ou plusieurs commis-greffiers. Pour être nommé greffier près les cours ou les tribunaux, il faut être pourvu du diplôme de licencié en droit; toutefois, les candidats ayant travaillé plusieurs années dans une étude d'avoué ou dans un greffe, peuvent être dispensés de ce diplôme. Aucune condition d'aptitude n'est exigée de ceux qui veulent devenir greffiers des justices de paix à compétence ordinaire. Pour être greffier de cour, de tribunal ou de justice de paix, il faut, aux *Antilles* et à la *Réunion*, dans l'*Indo-Chine*, l'*Afrique occidentale* et *équatoriale* et à *Madagascar*, être âgé de 25 ans; le même âge est exigé dans les autres colonies; mais dans l'*Indo-Chine*, à *Madagascar* et dans les *Etablissements de l'Inde*, le greffier de la cour doit avoir 27 ans. Voir, sur l'organisation du personnel des greffiers et commis-greffiers en *Indo-Chine*, le décret du 21 février 1905 et, pour ceux des justices de paix à *Madagascar*, celui du 20 septembre 1908.

Quant aux commis-greffiers, le greffier les choisit; mais il faut qu'il soient agréés par la juridiction où ils vont remplir leurs fonctions. En certaines colonies, notamment dans l'*Indo-Chine* et l'*Afrique occidentale* et *équatoriale*, c'est le gouverneur général qui procède à leur nomination. Ils doivent, dans toutes nos colonies, être âgés au moins de 21 ans.

§ II. — *Avoués*

Il n'y a d'avoués qu'à *la Réunion*, aux *Antilles* et en *Guyane*; leur condition est réglée par les ordonnances des 30 septembre 1827, 24 septembre et 21 décembre 1828. Il faut, pour être avoué, être âgé de 25 ans, être porteur d'un diplôme de licencié en droit et justifier d'un stage de deux années dans une étude d'avoué. Mais ceux qui ont travaillé chez un avoué, en France ou aux colonies, pendant cinq ans, dont trois comme premier clerc, sont dispensés de tout diplôme, à la charge cependant de subir avec succès un examen préalable. C'est le ministre des colonies qui nomme les avoués sur la désignation du gouverneur, ils sont tenus de déposer un cautionnement allant de 12.000 à 15.000 francs, suivant l'importance de la charge, cautionnement qui a été réduit à 8.000 francs pour les avoués de la Martinique suivant décret du 10 juin 1903. Les avoués de Fort-de-France, de la Basse-Terre, de la Pointe-à-Pitre, de la Réunion et de Cayenne ont le droit de vendre leurs offices.

Les avoués sont chargés de représenter les parties devant le tribunal et devant la cour; il ont, à cet égard, le même monopole que ceux de la métropole. L'ordonnance du 15 février 1831 a nettement séparé leurs fonctions de celles des avocats; actuellement ils ne sont autorisés à plaider que lorsque ces derniers se trouvent insuffisants.

§ III. — *Avocats — Conseils commissionnés Avocats-défenseurs.*

L'ordonnance du 15 février 1831 autorisait la profession d'avocat dans toutes les colonies françaises; mais finalement, comme les avoués, les avocats ne se sont établis qu'aux *Antilles*, à *la Réunion* et à la *Guyane*. Dans les autres colonies, où il n'existe ni avoués, ni avocats, les parties ont le droit de comparaître elles-mêmes devant les diverses juridictions et d'y présenter leur défense. Cependant elles ont le plus souvent recours à des intermédiaires autorisés et désignés sous le nom soit de conseils commissionnés ou de conseils agréés, soit de défenseurs ou d'avocats-défenseurs.

Dans l'*Inde*, les conseils commissionnés sont régis par l'ordonnance du 7 février 1842 qu'ont modifiée les décrets des 26 juin 1877, 25 août 1883 et 25 septembre 1901. Voici les conditions auxquelles aujourd'hui ils se trouvent soumis. Il faut qu'ils soient âgés de 25 ans, qu'ils aient obtenu le diplôme de licencié en droit ou un certificat de capacité des écoles de droit des colonies et qu'ils fournissent un cautionnement. Ils sont nommés par le gouverneur et prêtent serment devant la cour de Pondichéry, qui seule peut les révoquer en cas d'infraction à leurs devoirs professionnels. Un décret du 10 novembre 1903, article 85, a formellement maintenu les conseils commissionnés dans l'*Afrique occidentale française* et leur confère le pouvoir de représenter les parties devant la cour et les tribunaux.

Suivant le décret du 22 mai 1910, en *Afrique équatoriale* tout ce qui concerne les avocats-défenseurs est réglé par arrêté du gouverneur général pris sur la proposition du chef du service judiciaire en conseil de gouvernement ou en commission permanente.

En *Nouvelle-Calédonie*, un arrêté du gouverneur général en date du 13 janvier 1908 a institué un corps de défenseurs près la cour d'appel de Nouméa et les tribunaux de la colonie. Ces défenseurs sont au nombre de huit; ils sont chargés de plaider et de faire tous les actes de procédure; ils peuvent, en outre, exercer les fonctions de syndics des faillites et de liquidateurs judiciaires. Pour être nommé défenseur, il faut être âgé de 25 ans, être Français et avoir le diplôme de licencié en droit; à défaut de ce diplôme, le candidat doit justifier d'un stage de deux ans chez un avoué ou un défenseur et passer un examen public. Les défenseurs versent un cautionnement de 1.000 francs en espèces.

Un décret du 30 avril 1911, applicable à toute l'*Indo-Chine*, a réuni en un seul texte les dispositions des décrets des 15 mai 1884, 5 novembre 1888, 13 septembre 1889, 6 mars 1898, de l'arrêté du gouverneur général du 18 août 1909 pour la Cochinchine, des décrets des 13 janvier 1894 et 8 août 1898 pour le Tonkin, et de l'arrêté général du 25 octobre 1903 pour le Cambodge. Dans le rapport qui précède le décret de 1911, le ministre constate que la disposition des décrets précités limitant le nombre des avocats-défenseurs a été vivement critiquée par l'opinion publique et les assemblées politiques locales. D'autre part, sans aller jusqu'à rendre purement et simplement applicable à la colonie d'Extrême-Orient les règles qui régissent les barreaux métropolitains, le ministre estime qu'il faudrait exiger des avocats-défenseurs une connaissance exacte des coutumes et législations locales. Sur ces bases le décret a pris les dispositions suivantes.

Les avocats-défenseurs ont seuls qualité pour plaider et conclure en toute matière devant la cour d'appel et les tribunaux français. Deux tableaux distincts seront établis l'un à Saïgon pour l'inscription des avocats-défenseurs de la Cochinchine et du Cambodge, l'autre à Hanoï pour l'inscription des avocats-défenseurs du Tonkin et de l'Annam. Pour pouvoir exercer comme avocat-défenseur et être inscrit au tableau soit de Saïgon, soit de Hanoï, il faut 1° être citoyen français, 2° avoir 25 ans accomplis, 3° être pourvu du diplôme de licencié en droit, 4° avoir été inscrit pendant deux années à un barreau en France ou en Algérie ou dans les colonies ou pays de protectorat, ou avoir exercé pendant deux ans des fonctions judiciaires ou administratives, ou enfin justifier de deux années de cléricature dans les mêmes pays, 5° avoir exercé pendant trois ans au moins comme secrétaire d'avocat-défenseur ou avoir rempli pendant six ans au moins des fonctions judiciaires en Indo-Chine, 6° justifier de sa moralité, 7° verser à la caisse des dépôts et consignations un cautionnement de 2.000 francs au moins. Les avocats-défenseurs peuvent, en cas d'absence ou d'empêchement, se faire remplacer par un secrétaire réunissant les mêmes conditions et inscrit sur un tableau spécial dressé par la cour d'appel à Saïgon et à Hanoï; les secrétaires n'ont aucun cautionnement à verser. La discipline des avocats-défenseurs appartient au procureur général chef du service judiciaire. Avant d'entrer en fonctions et dans les deux mois de la notification de leur nomination, les avocats-défenseurs sont tenus, à peine de déchéance, de prêter, à l'audience de la cour d'appel à Saïgon ou à Hanoï, le serment dont la formule est indiquée dans le décret. Les honoraires des avocats-défenseurs sont prévus dans des tarifs que le gouverneur général peut modifier; ils ne peuvent rien exiger en sus. Deux chambres de discipline sont créées, l'une à Saïgon pour les avocats-défenseurs de la Cochinchine et du Cambodge, l'autre à Hanoï pour ceux du Tonkin et de l'Annam. Les attributions de ces chambres sont de maintenir la discipline entre les avocats-défenseurs, de prévenir ou concilier les différends entre eux ou entre eux et leurs parties; de former un bureau de consultations gratuites pour les indigents; de représenter les avocats-défenseurs collectivement sous le rapport de leurs droits et intérêts communs. Toutes les délibérations de la chambre de discipline sont immédiatement expédiées au procureur général. Celui qui veut être nommé avocat-défenseur présente sa requête avec pièces à l'appui au procureur général qui, après enquête et avis de la chambre de discipline et de la cour d'appel, transmet le dossier avec son avis au gouverneur général, lequel délivre, s'il y a lieu, une commission d'avocat-défenseur. Les avocats-défenseurs n'ont pas la faculté de présenter un successeur;

l'honorariat peut leur être conféré lorsqu'ils sont démissionnaires après vingt années d'exercice.

§ IV. — *Huissiers*

Ils ont été institués à la *Réunion*, aux *Antilles*, à la *Guyane*, dans l'*Inde*, au *Sénégal* et à *Madagascar*, par les ordonnances des 30 septembre 1827, 24 septembre, 21 décembre 1828, 7 février 1842, 4 décembre 1847 et le décret du 6 juin 1905; ils ont, dans ces colonies, les mêmes attributions qu'en France. C'est le gouverneur qui les nomme, en exigeant chez les candidats l'âge de 25 ans et un stage de deux ans accompli chez un avoué, un greffier, un huissier ou un notaire. Ils doivent être agréés par le président du tribunal et le procureur de la République. Ils fournissent un cautionnement. En *Indo-Chine*, des arrêtés en date des 4 janvier 1908 et 27 octobre 1909 ont réglementé les fonctions d'huissier. Ils doivent fournir un cautionnement qui dans certaines localités est de 500 piastres et dans d'autres de 300.

Dans les autres colonies, ce sont en général des agents de la force publique désignés par le gouverneur qui remplacent les huissiers y faisant défaut. Spécialement dans l'*Afrique occidentale*, un décret du 10 novembre 1903 précise que, dans les lieux dépourvus d'huissiers, les fonctions de ces officiers ministériels sont remplies par un agent de l'administration proposé par le procureur général et désigné par le chef de la colonie. A *Madagascar* et en *Guyane*, les décrets des 6 juin et 12 novembre 1905 précisent que ce rôle sera confié à un agent de la force publique .

§ V. — *Commissaires-priseurs*

On les trouve aux *Antilles*, au *Sénégal* et à la *Nouvelle-Calédonie*; ils sont régis par divers décrets des 16 septembre 1876, 11 janvier 1881 et 28 juin 1883. C'est le gouverneur qui les nomme sur la proposition du procureur général; ils fournissent un cautionnement. En *Afrique occidentale*, dans les localités où il n'y a pas de commissaires-priseurs, les fonctions de ces derniers sont, d'après le décret du 10 novembre 1903, remplies par les greffiers des tribunaux. Il en est de même dans l'*Afrique équatoriale*, suivant le décret du 22 mai 1910, article 12. Dans l'*Indo-Chine*, des arrêtés du gouverneur général en date des 14 avril 1906, 18 décembre 1907, 27 octobre 1909 et 23 novembre 1910, ont organisé un corps d'officiers publics commissaires-priseurs, devant fournir un cautionnement.

§ VI. — *Notaires*

Aux *Antilles*, ils sont assimilés aux notaires métropolitains; comme ces derniers, ils sont, aux termes du décret du 14 juin 1864 modifié par celui du 16 juillet 1878, régis par la loi du 25 ventôse an XI. Les lois de finances des 28 avril 1816, articles 91 et 92, 4 août 1844, article 7, et 19 mai 1849, article 9, leur confèrent la propriété de leur office et les autorisent à présenter un successeur. Les conditions exigées pour devenir notaire dans ces colonies sont déterminées par le décret du 14 juin 1864, section II, titre II. Les notaires fournissent un cautionnement soit en argent, soit en immeubles; c'est avec le procureur général que ce dernier cautionnement doit être discuté, d'après le décret du 5 mars 1874. En sus des obligations imposées aux notaires de France, le décret du 14 juin 1864 exige que les notaires des Antilles dressent une *copie figurée* des actes qu'ils retiennent en minute. Cette copie figurée, destinée à remplacer l'original en cas de perte de celui-ci, est envoyée au dépôt des actes publics des colonies établi à Paris. Cette copie n'est pas exigée pour les inventaires et les ventes à suite d'inventaire.

Les dépôts de fonds à la caisse des dépôts et consignations et leurs retraits opérés par les notaires des Antilles sont réglementés par un décret du 1er octobre 1908, qui reproduit les dispositions de ceux des 30 janvier et 2 février 1890 relatifs aux notaires de la métropole.

Aux Antilles, la discipline des notaires est confiée non à une chambre de discipline, mais au procureur général qui prononce dans les cas peu graves et fait des propositions au gouverneur dans les autres hypothèses.

Dans les autres colonies où le notariat a été introduit, on

s'est modelé sur les règles qui viennent d'être indiquées pour les Antilles. Il en est ainsi à *Saint Pierre* et *Miquelon*, où toutefois le droit de présentation n'existe pas (décret du 30 juillet 1879 modifié par celui du 5 septembre 1908); à la *Réunion* (décret du 26 juin 1879), où le décret du 1er octobre 1908 sur les dépôts et retraits opérés par les notaires à la caisse des dépôts et consignations est applicable; à *Saint-Louis du Sénégal*, où le décret du 15 avril 1893 qui porte séparation du greffe et du notariat, déclare que le gouverneur est autorisé à prendre cette mesure de séparation partout où il le jugera convenable (mais les charges ne sont pas vénales); dans les établissements de l'*Inde* (décrets des 24 août 1887 et 8 janvier 1889); à *Saïgon* (décret du 22 septembre 1869 et arrêté du 7 juin 1870); en *Nouvelle-Calédonie*, où les charges ne sont pas vénales (décret du 6 janvier 1873 et arrêté local du 27 août 1875); à *Papeete* (décret du 9 juillet 1890).

A la *Guyane*, un décret du 23 mars 1910 a complètement réorganisé le notariat. Il maintient dans leurs fonctions les notaires en exercice, à la condition de justifier, dans le délai d'un an, du versement du cautionnement imposé par son article 37, et qui est fixé pour les notaires de Cayenne à 15.000 francs en immeubles ou à 9.000 francs en argent. Les dispositions du décret sont consacrées aux notaires et aux actes notariés, au régime du notariat, aux notaires actuels et à la comptabilité notariale.

Dans les colonies où le notariat n'a pas encore été organisé, ce sont les greffiers ou des officiers et fonctionnaires désignés par le chef de la colonie qui remplissent le rôle de notaire. Il en est ainsi notamment à *Madagascar* (article 34 du décret du 9 juin 1896), à *Mayotte* (art. 25 du décret du 25 octobre 1906), à la *Côte des Somalis* (décret du 4 février 1904), dans l'*Afrique occidentale* en dehors des localités où le notariat a été établi, en *Indo-Chine* aux lieux où les notaires n'existent pas, à la *Nouvelle-Calédonie* en dehors de Nouméa, etc. Mais la tendance actuelle est de séparer le plus possible le notariat du greffe et de créer des charges de notaires partout où cette création paraîtra possible. Et les décrets récents portent une disposition autorisant le gouverneur général à prononcer la séparation du greffe et du notariat, quand il jugera la mesure utile et réalisable. Pour l'*Afrique équatoriale*, l'article 35 du décret du 12 mai 1910, qui y a réorganisé le service de la justice, déclare que les questions concernant l'exercice du notariat sont réglées par des arrêtés du gouverneur général, pris sur la proposition du chef du service judiciaire en conseil du gouvernement ou en commission permanente.

ARTICLE XV

La procédure

§ I. — *Procédure civile*

Nous avons dit, au chapitre Ier de cette seconde partie relatif au *Régime législatif colonial*, que le code de procédure civile avait été promulgué avec plus ou moins de modifications dans l'ensemble des colonies. Là où les avoués existaient : à *la Réunion*, aux *Antilles* et en *Guyane*, on a pu appliquer ce code dans sa presque totalité et la procédure y est à peu près la même qu'en France. Ailleurs, à raison de l'absence des avoués, on a dû la simplifier et voici les dispositions principales qui ont été adoptées.

Dans l'*Inde*, on se conforme au code de procédure civile; mais certaines de ses dispositions ont été modifiées ou écartées par des arrêtés locaux qu'a nécessités l'état particulier de ces possessions.

Dans l'*Indo-Chine* (Cochinchine, Cambodge, Tonkin, Annam, Laos), en vertu des décrets des 17 mai 1895, article 52, 15 septembre 1896, article 10, 6 mai 1898, article 4 et 1er décembre 1902, article 5, on suit la procédure simple et sommaire établie en France pour les tribunaux de commerce et les tribunaux civils jugeant commercialement, procédure tracée par les articles 414 et suivants du code de procédure civile français. La même procédure est pratiquée à *Madagascar*, en vertu du décret du 9 juin 1896. Il en est de même à *Saint Pierre et Miquelon*, aux termes de l'ordonnance du 26 juillet 1833, pour les tribunaux civils. Quant à l'opposition aux jugements de ces tribunaux, on y suit les règles tracées par les articles 156, 158 et 159 du code de procédure civile pour les jugements de défaut faute de constituer avoué. L'ordonnance précitée veut que, devant le conseil d'appel, on observe la procédure d'appel tracée par les articles 443 et s. du même code.

Au *Sénégal*, un arrêté local du 5 juin 1823 a établi un code de procédure civile en 59 articles qui est un résumé du code français. Suivant l'article 35 du décret du 10 novembre 1903 réorganisant la justice dans l'*Afrique occidentale*, les dispositions de ce code sont maintenues devant la cour d'appel et les tribunaux de première instance; devant les autres juridictions, on suit la procédure usitée pour les justices de paix de France. On pratique aussi la procédure des justices de paix soit au *Congo* en vertu du décret du 17 mars 1903, soit à la *Côte des Somalis* conformément au décret du 4 février 1904. L'article 19 du décret du 22 mai 1910, réorganisant la justice française dans l'*Afrique équatoriale*, statue que des arrêtés du gouverneur général déterminent la procédure à suivre devant la cour d'appel et les justices de paix.

En *Nouvelle-Calédonie*, la procédure a été fixée par un décret du 28 novembre 1866; elle ressemble beaucoup à celle de la métropole; elle a été déclarée applicable à nos *Possessions de l'Océanie* par des décrets des 18 août 1868 et 17 septembre 1897.

La procédure coloniale, ainsi que nous l'avons dit au chapitre Ier précité consacré au *Régime législatif colonial*, comporte une voie de recours spéciale contre les décisions judiciaires rendues en dernier ressort et qui, pour les affaires peu importantes, tient lieu du pourvoi en cassation; c'est le *recours en annulation* introduit d'abord aux *Antilles*, à la *Réunion* et à la *Guyane*, puis peu à peu étendu à l'ensemble de nos colonies. Dans certaines, il est admis contre les jugements en dernier ressort des justices de paix ordinaires et à compétence étendue en matière civile ou de police. Il en est ainsi pour la *Guyane*, l'*Inde*, la *Nouvelle-Calédonie*, *Madagascar*, *Saint Pierre* et *Miquelon* et la *Côte des Somalis*. Dans d'autres, il est reçu, en outre, contre les jugements rendus par les tribunaux de première instance, notamment à la *Réunion*, aux *Antilles*, en *Indo-Chine*, dans les *Etablissements* de *l'Océanie*, à *Mayotte*, aux *Comores* et dans l'*Afrique occidentale*. On consultera, quant aux détails, les textes divers qui organisent la justice aux colonies et dans l'examen desquels nous ne pouvons entrer ici. Tenant lieu de pourvoi en cassation, le recours en annulation n'est pas lui-même susceptible d'être déféré à la cour de cassation (cassation, 7 août 1900; D. P. 1901, I. 473).

Le recours en annulation est porté devant la cour d'appel dans les colonies où cette cour existe; il est jugé en audience solennelle. Dans les colonies qui n'ont pas de cour d'appel, il est soumis tantôt au tribunal supérieur comme en *Océanie*, tantôt au conseil d'appel comme à la *Côte des Somalis* et à *Saint Pierre* et *Miquelon*, tantôt à la cour de *Madagascar* comme à *Mayotte* et aux *Comores*.

Les divers décrets constitutifs de l'organisation judiciaire aux colonies déterminent dans quels cas l'*appel* et le *pourvoi en cassation* sont admis relativement aux diverses décisions judiciaires; nous renvoyons donc à cet égard à l'étude de leurs dispositions quant aux formes et aux délais, ainsi qu'aux explications données ci-dessus à propos de l'organisation des diverses juridictions d'appel et du taux de la compétence en premier et dernier ressort des juridictions supérieures. En principe, le *pourvoi en cassation* est recevable contre les décisions des juridictions d'appel, suivant les dispositions de la législation métropolitaine. Voir spécialement l'article 37 du décret du 10 novembre 1903 pour l'*Afrique occidentale*, et l'article 31 du décret du 22 mai 1910 pour l'*Afrique équatoriale*.

L'intérêt des indigents qui a fait admettre *l'assistance judiciaire* dans la métropole, devait nécessairement aussi la faire étendre aux colonies. Introduite aux *Antilles* par un décret du 16 janvier 1854, elle a été ensuite appliquée aux autres établissements coloniaux par des arrêtés locaux qui reproduisent dans leurs grandes lignes les dispositions du décret de 1854. Suivant le décret du 12 mai 1910, l'assistance judiciaire est, en *Afrique équatoriale*, réglée par des arrêtés du gouverneur général.

Le dernier document sur la matière est le décret du 7 avril 1911 relatif à l'*Indo-Chine*; nous en transcrivons ci-après le titre Ier relatif aux matières civiles, pour indiquer quelles sont actuellement les tendances du législateur colonial à ce sujet.

Art. 1er. — L'assistance judiciaire peut être accordée en Indo-Chine, en tout état de cause, à toutes personnes, ainsi qu'à tous établissements publics ou d'utilité publique et aux associations privées ayant pour objet une œuvre d'assistance et jouissant de la personnalité civile, lorsqu'à raison de l'insuffisance de leurs ressources ces personnes, établissements ou associations se trouvent dans l'impossibilité d'exercer leurs droits en justice soit en demandant, soit en défendant. Elle est applicable : 1o à tous les litiges portés devant les tribunaux civils, les juges des référés, la chambre du conseil, les tribunaux de commerce, les juges de paix, la cour d'appel, les conseils du contentieux administratif et aux parties civiles devant les juridictions de répression et d'instruction; 2o en dehors de tout litige, aux actes de juridiction gracieuse et aux actes conservatoires.

Suivant l'article 2, l'assistance s'étend de plein droit aux actes et procédures d'exécution à opérer en vertu des décisions en vue desquelles elle a été accordée. Elle peut, en outre, être accordée pour tous actes même conventionnels si les ressources de la partie sont insuffisantes, sauf au bureau à délimiter, suivant l'article 9, quels sont ces actes et procédures d'exécutions.

Art. 3. — L'admission à l'assistance judiciaire est prononcée :

1o Pour les instances qui doivent être portées devant les justices de paix, les tribunaux de simple police, les tribunaux civils et correctionnels, les tribunaux de commerce, les conseils du contentieux administratif, les cours criminelles, par deux bureaux établis à Saïgon et à Hanoï et composés du procureur de la République ou de son substitut, président; d'un délégué du lieutenant gouverneur ou du résident supérieur; d'un délégué du chef du service de l'enregistrement, de deux habitants notables nommés chaque année par le chef du service judiciaire, membres.

2o Pour les instances qui doivent être portées devant la cour d'appel : d'un avocat général ou substitut du procureur général désigné par le chef du service judiciaire, président; d'un délégué du lieutenant-gouverneur ou du résident supérieur; du chef de service de l'enregistrement ou de son délégué; et de deux habitants notables nommés chaque année par le chef du service judiciaire, membres.

Art. 4. — Les fonctions de secrétaire sont remplies par le greffier en chef de la cour ou du tribunal de première instance près lequel le bureau est établi ou par un de leurs commis assermentés.

Art. 5. — Lorsque l'assistance judiciaire est réclamée par un indigène, un asiatique ou un étranger, les habitants notables appelés à composer les bureaux d'assistance judiciaire devront être de la nationalité du requérant. Ces habitants notables sont désignés ainsi qu'il est spécifié à l'article 3.

Art. 6. — Chaque bureau ne peut délibérer qu'autant que trois de ses membres sont présents, non compris le secrétaire qui n'a pas voix délibérative. Les décisions sont prises à la majorité; en cas de partage, la voix du président est prépondérante. Toutefois, dans le cas d'extrême urgence, l'admission provisoire pourra être accordée par le bureau, quel que soit le nombre des membres présents, le président ayant seul voix prépondérante, et même par le président seul. Lorsque l'admission n'aura été que provisoire, le bureau statuera à bref délai sur le maintien ou le refus de l'assistance demandée.

Art. 7. — Les membres de chaque bureau autres que les délégués de l'administration sont soumis au renouvellement chaque année dans la première quinzaine de janvier. Les membres sortants pourront être renommés.

Art. 8. — Le ressort des bureaux de Saïgon comprend celui des 1re et 2e chambres de la cour d'appel de l'Indo-Chine. Le ressort des bureaux de Hanoï comprend celui des 3e et 4e chambres de la cour d'appel de l'Indo-Chine.

Art. 10. — Toute personne qui réclame l'assistance judiciaire adresse sa demande écrite sur papier libre, ou verbale, au procureur de la République ou au juge de paix à compétence étendue de son domicile; elle y joint les pièces justificatives.

Le magistrat qui reçoit ces pièces recueille des renseignements tant sur l'insuffisance des ressources du réclamant que sur le fond de l'affaire; il peut entendre les parties. Si elles ne se sont pas accordées, il transmet la demande, le résultat de ses informations et les pièces au président du bureau compétent.

Art. 11. — Si la juridiction devant laquelle l'assistance judiciaire a été admise se déclare incompétente et que, par suite de cette décision, l'affaire soit portée devant une autre juridiction de même nature et de même ordre, le bénéfice de l'assistance subsiste devant cette dernière juridiction.

Celui qui a été admis à l'assistance judiciaire devant une première juridiction continue à en jouir sur l'appel interjeté contre lui, dans le cas même où ils se rendrait incidemment appelant.

Lorsque c'est l'assisté qui émet un appel principal, il ne peut, sur cet appel, jouir de l'assistance judiciaire qu'autant qu'il y est admis par une décision nouvelle. Pour y parvenir, il doit adresser sa demande accompagnée de la copie signifiée ou d'une expédition délivrée avec le bénéfice de l'assistance judiciaire, de la décision contre laquelle il entend former appel, savoir : s'il s'agit d'un appel à porter devant le tribunal civil, au procureur de la République de Saïgon ou de Hanoï; s'il s'agit d'un appel à porter devant la cour d'appel, à l'avocat général délégué près cette cour à Saïgon ou à Hanoï.

Le magistrat auquel la demande est adressée en fait la remise au bureau compétent.

Art. 12. — Quiconque demande à être admis à l'assistance judiciaire doit fournir :

1° Un extrait du rôle de ses contributions ou un certificat du percepteur de son domicile constatant qu'il n'est pas imposé;

2° Une déclaration attestant qu'il est, à cause de l'insuffisance de ses ressources, dans l'impossibilité d'exercer ses droits en justice et contenant l'énumération détaillée de ses moyens d'existence, quels qu'ils soient. Le réclamant européen ou assimilé affirme la sincérité de sa déclaration devant le maire de la commune de son domicile et, dans les centres où il n'existe pas de commune, devant l'administrateur chef de province; le réclamant indigène ou asiatique étranger fait la même déclaration devant les notables du village de son domicile, ou de sa résidence, ou le chef de sa congrégation et la soumet au visa du chef de la province. Ces différentes autorités donnent acte, au bas de la déclaration, de l'accomplissement de ces formalités.

Art. 13. — Le bureau prend toutes les informations nécessaires pour s'éclairer sur l'insuffisance des ressources du demandeur, si les documents qui lui sont présentés ne lui fournissent pas à cet égard des éléments suffisants d'appréciation.

Il donne avis à la partie adverse qu'elle peut se présenter devant lui, soit pour contester l'insuffisance des ressources, soit pour fournir des explications sur le fond.

Si elle comparaît, le bureau emploie ses bons offices pour opérer un arrangement amiable.

Art. 14. — Les décisions du bureau contiennent l'exposé sommaire des faits et moyens et la déclaration que l'assistance est accordée ou refusée, sans expression de motifs dans le premier cas; mais, si le bénéfice de l'assistance judiciaire est refusé, le bureau doit faire connaître les causes du refus.

Les décisions du bureau ne sont susceptibles d'aucun recours de la part des parties.

Néanmoins, le procureur général, après avoir pris communication de la décision d'un des bureaux établis à Saïgon et à Hanoï et des pièces à l'appui, peut, sans retard de l'instruction ou du jugement, déférer cette décision aux bureaux établis près la cour d'appel pour y être réformé s'il y a lieu.

Le procureur général, chef du service judiciaire, peut aussi se faire renvoyer les décisions de ces bureaux d'assistance si ces bureaux en font la demande.

Hors les cas prévus par les deux paragraphes précédents, les décisions des bureaux ne peuvent être communiquées qu'à la personne qui a demandé l'assistance judiciaire et à ses conseils, le tout sans déplacement.

Elles ne peuvent être produites ni discutées en justice, si ce n'est devant le tribunal correctionnel dans le cas prévu par l'article 27 du présent décret.

Art. 15. — Dans les trois jours de l'admission à l'assistance judiciaire, le président du bureau envoie au président de la juridiction compétente ou au juge compétent un extrait de la décision portant seulement que l'assistance est accordée; il y joint les pièces de l'affaire.

Si la cause est portée devant la cour, un tribunal civil ou de commerce, un juge de paix ou un conseil du contentieux administratif, le président de la cour d'appel à Saïgon, le vice-président de la 3e chambre de la cour d'appel à Hanoï, le président du tribunal, le juge de paix où le président du conseil du contentieux désigne l'huissier qui prêtera son ministère à l'assisté.

S'il s'agit d'actes et procédures d'exécution, les pièces sont transmises au président du tribunal civil ou au juge de paix à compétence étendue du lieu où l'exécution doit se poursuivre; ce magistrat désigne l'huissier qui prêtera son ministère à l'assisté.

Un avocat-défenseur pourra être désigné dans la même forme à l'assisté non domicilié au siège de la juridiction ou que le bureau aura déclaré être dans l'impossibilité de se présenter ou de plaider ou postuler par lui-même ou par une des personnes indiquées à l'article 1er du décret du 5 novembre 1888.

Ces désignations doivent être faites dans le plus bref délai. S'il n'existe pas d'avocat-défenseur, le juge qui préside la juridiction devant laquelle la cause doit être portée opérera le dépôt des pièces au greffe du tribunal et prescrira au greffier de faire, conformément à l'article 55 du décret du 17 mai 1895, toutes notifications et assignations qui seront nécessaires pour mettre la cause en état.

Dans le délai de trois jours déterminé au paragraphe 1er qui précède, le secrétaire du bureau envoie un extrait de la décision au receveur de l'enregistrement du bureau compétent.

Art. 16. — L'assisté est dispensé provisoirement du payement des sommes dues au trésor local pour droit de timbre, d'enregistrement et de greffe, ainsi que de toute consignation d'amende.

Il est aussi dispensé provisoirement du payement des sommes dues au greffier, aux officiers ministériels, aux avocats-défenseurs et aux interprètes commissionnés pour droits, émoluments et honoraires.

Les actes de la procédure faite à la requête de l'assisté sont visés pour timbre et enregistrés en débet.

Le visa pour timbre est donné sur l'original au moment de son enregistrement.

Les actes et titres produits par l'assisté, pour justifier de ses droits et qualités, sont pareillement visés pour timbre et enregistrés en débet..

Les frais de transport des juges, des officiers ministériels, des avocats-défenseurs des interprètes commissionnés et des experts; les honoraires de ces derniers et ceux des interprètes non commissionnés; les taxes des témoins dont l'audition a été autorisée par le tribunal juge, et, en général, tous les frais dus à des tiers non officiers ministériels ou non interprètes commissionnés sont avancés par le trésor local.

Le paragraphe 6 du présent article s'applique au recouvrement de ces avances.

Art. 17. — Les notaires, greffiers-notaires, interprètes et tous autres dépositaires publics ne sont tenus à la délivrance ou à la traduction gratuite des actes et expéditions réclamés par l'assisté que sur une ordonnance du juge ou à la requête du parquet.

Art. 18. — En cas de condamnation aux dépens prononcée contre l'adversaire de l'assisté, la taxe comprend tous les droits, frais de toute nature, honoraires et émoluments auxquels l'assisté aurait été tenu s'il n'y avait pas eu l'assistance judiciaire.

Art. 19. — Dans le cas prévu par l'article précédent, la condamnation est prononcée et l'exécutoire est délivré au nom de l'administration de l'enregistrement, qui en poursuit le recouvrement en matière d'enregistrement, sauf le droit pour l'assisté de recourir aux actes de poursuite conjointement avec l'administration, lorsque cela est utile pour exécuter les décisions rendues et en conserver les effets.

Les frais, faits sous le bénéfice de l'assistance judiciaire, des procédures d'exécution et des instances relatives à cette exécution entre l'assisté et la partie poursuivie qui auraient été discontinuées ou suspendues pendant plus d'une année, sont réputés dus par la partie poursuivie, sauf justifications ou décisions contraires. L'exécutoire est délivré conformément au paragraphe 1er qui précède.

Il est délivré un exécutoire séparé au nom de ladite administration pour les droits qui, ne devant pas être compris dans l'exécutoire délivré contre la partie adverse, restent dus par l'assisté au trésor local conformément au sixième paragraphe de l'article 16.

L'administration de l'enregistrement fait immédiatement aux divers ayants-droit la distribution des sommes recouvrées.

La créance du trésor, pour les avances qu'il a faites, ainsi que pour tous droits de greffe, d'enregistrement et de timbre et pour le coût des actes de l'huissier, a la préférence sur celles des autres ayants-droit.

Art. 20. — En cas de condamnation aux dépens prononcée contre l'assisté, il est procédé, conformément aux règles tracées par l'article précédent, au recouvrement des sommes dues au trésor local, en vertu des paragraphes 6 et 9 de l'article 16.

Art. 21. — Les greffiers seront tenus, dans le mois du jugement contenant liquidation des dépens ou de la taxe des frais par le juge, de transmettre au receveur de l'enregistrement l'extrait du jugement ou l'exécutoire sous peine de 10 francs d'amende pour chaque extrait de jugement ou chaque exécutoire non transmis dans ledit délai.

Art. 22. — Le bénéfice de l'assistance judiciaire peut être retiré en tout état de cause, devant toutes les juridictions, même après la fin des instances et procédures pour lesquelles elle a été accordée :

1o S'il survient à l'assisté des ressources reconnues suffisantes;

2o S'il a surpris la décision du bureau par une déclaration frauduleuse.

Art. 23. — Le retrait de l'assistance judiciaire peut être demandé soit par le ministère public, soit par la partie adverse. Il peut aussi être prononcé d'office par le bureau. Dans tous les cas, il doit être motivé.

Art. 24. — L'assistance judiciaire ne peut être retirée qu'après que l'assisté a été entendu et mis en demeure de s'expliquer.

Art. 25. — Le retrait de l'assistance judiciaire a pour effet de rendre immédiatement exigibles les droits, honoraires, émoluments et avances de toute nature dont l'assisté avait été dispensé.

Dans tous les cas où l'assistance judiciaire est retirée, le secrétaire du bureau est tenu d'en informer immédiatement le receveur de l'enregistrement, qui procédera au recouvrement et à la répartition, suivant les règles tracées en l'article 19 ci-dessus.

Art. 26. — L'action tendant au recouvrement de l'exécutoire délivré au service de l'enregistrement, soit contre l'assisté, soit contre la partie adverse, se prescrit par dix ans.

La prescription de l'action de l'adversaire de l'assisté contre celui-ci pour les dépens auxquels il a été condamné envers lui, reste soumise au droit commun.

Art. 27. — Si le retrait de l'assistance judiciaire a pour cause une déclaration frauduleuse de l'assisté relativement à son indigence, celui-ci peut, sur l'avis du bureau, être traduit devant le tribunal de police correctionnelle et condamné, indépendamment des droits et frais de toute nature dont il avait été dispensé, à une amende égale au montant total de ces droits et frais, sans que cette amende puisse être au-dessous de 100 francs, et à un emprisonnement de huit jours au moins et six mois au plus.

L'article 463 du code pénal est applicable.

§ II. — *Procédure criminelle*

Elle est essentiellement variable avec les diverses organisations coloniales, ainsi qu'on a pu s'en rendre compte par l'examen des divers décrets qui règlent ces organisations. Il a fallu, en effet, tenir nécessairement compte des mœurs et du degré plus ou moins avancé de la colonisation.

Aux *Antilles et à la Réunion*, où la législation en général se rapproche le plus de la législation française, où fonctionne le jury suivant la loi du 27 juillet 1880, le code d'instruction criminelle n'est même pas entièrement suivi et a dû subir certaines modifications. Notamment, alors que l'article 235 de ce code autorise les cours d'appel à ordonner d'office des poursuites, dans les colonies précitées elles doivent attendre les réquisitions du procureur général. La loi du 8 décembre 1897 modifiant certaines règles de l'instruction préalable en matière de crimes et délits a été déclarée applicable aux trois colonies par son article 14.

A *Saint Pierre et Miquelon*, l'instruction des affaires correctionnelles, suivant l'ordonnance du 25 juillet 1833, a lieu d'après les règles tracées par les articles 179 et suivants de notre code d'instruction criminelle. Elle se poursuit, conformément au décret du 21 mai 1896, soit après une plainte déposée, soit d'office par le procureur de la République. Ces affaires sont portées devant le tribunal de première instance de Saint Pierre qui statue en premier ressort; l'appel, s'il a lieu, est soumis au conseil d'appel. Les affaires criminelles sont instruites par le juge-président du même tribunal et jugées par le susdit conseil d'appel. Dans cette colonie, s'applique sans modification l'article 235 de notre code d'instruction criminelle.

A la *Guyane*, le code d'instruction criminelle est suivi avec diverses modifications. Depuis le décret du 16 décembre 1896, cette colonie possède une chambre des mises en accusation et une cour d'assises, mais qui fonctionne sans jury. Un décret du 13 mai 1902 a étendu à la Guyane la loi du 8 juin 1895 relative à la revision des procès correctionnels ou criminels et aux indemnités à payer à ceux qui ont été victimes d'erreurs judiciaires.

A *Mayotte*, notre procédure correctionnelle est appliquée devant la cour criminelle, conformément au décret du 5 novembre 1904.

A la *Côte des Somalis*, soit devant la justice de paix à compétence étendue, soit devant la cour criminelle, on se conforme à notre procédure correctionnelle, le tout aux termes du décret du 4 février 1904 (art. 7, 15 et s.).

Dans nos possessions de l'*Inde*, le code d'instruction criminelle est appliqué an vertu du décret du 12 juin 1883, mais avec les modifications portées dans l'article 3 de ce décret.

En *Cochinchine* et au *Cambodge*, conformément au décret du 17 mai 1895, on suit, pour les affaires de police et correctionnelles, la procédure prescrite en ces matières par notre code d'instruction criminelle. Quant aux affaires criminelles, la chambre des mises en accusation se conforme aux articles 221 à 234 et 246 à 250 du même code; et les cours criminelles suivent les formes tracées pour nos cours d'assises.

Au *Tonkin*, en *Annam* et dans le *Laos*, on applique les procédures tracées par le décret du 1er décembre 1902.

Dans la *Nouvelle-Calédonie*, le décret du 28 novembre 1866 applique le code d'instruction criminelle en matière correctionnelle et de police; et même on observe dans les affaires criminelles notre procédure correctionnelle, sauf textes contraires. Le décret du 5 août 1908 a substitué à la cour criminelle une cour d'assises, mais sans jury.

Dans nos possessions de l'*Océanie*, une procédure analogue à celle de la Nouvelle-Calédonie est tracée par les décrets des 18 août 1868, 1er juillet 1880 et 17 septembre 1897.

A *Madagascar*, on se conforme, pour les affaires de simple police, à la procédure tracée en cette matière par le code d'instruction criminelle; et, pour les affaires soit correctionnelles, soit criminelles, à celle édictée par le même code pour les tribunaux correctionnels, le tout conformément à l'article 26 du décret du 9 juin 1896. Au *Sénégal*, l'ordonnance du 14 février 1838 a prescrit l'application des dispositions du code d'instruction criminelle modifié pour la colonie. Et le décret du 10 novembre 1903 statue de même pour l'*Afrique occidentale;* il y a, dans cette colonie, des cours d'assises, mais sans jury. Au *Congo*, la procédure est réglée par le décret du 17 mars 1903, dont l'article 17 renvoie à la procédure criminelle du Sénégal; les dispositions du décret de 1903 ont été complétées par celui du 22 mai 1910 organisant la justice en *Afrique équatoriale*. Pour les affaires de simple police, la procédure est la même qu'en France. Pour les affaires correctionnelles, l'instruction commencée par le procureur de la République est terminée à l'audience; pour les affaires criminelles, on suit la procédure correctionnelle de la métropole. Les juges de paix à compétence étendue exercent les fonctions de juge d'instruction et de procureur de la République. Ils se saisissent d'office quand une affaire les concerne et font donner avis à l'inculpé. Ils peuvent être saisis par réquisition du chef du service judiciaire et, la procédure terminée, ils procèdent, sans attendre les réquisitions du ministère public, conformément aux prescriptions du chapitre IX, livre 1er, du code d'instruction criminelle. Un décret du 13 mars 1911 a prescrit l'application dans toutes les colonies de l'article 11 de la loi du 8 décembre 1897 sur la mise en liberté provisoire des accusés, en cas de renvoi à une autre session de la cour d'assises, texte qui avait été restreint par la loi précitée aux Antilles et à la Réunion et étendu par des dispositions postérieures à l'Indo-Chine et à Madagascar.

Il convient, en ce qui concerne l'*appel* et le *pourvoi en cassation*, de renvoyer à ce qui a été dit ci-dessus, à propos des matières civiles.

En matière correctionnelle, le président désigne au prévenu indigent un défenseur d'office. En matière criminelle, on applique, relativement à la défense des accusés, les dispositions de l'article 294 du code d'instruction criminelle. Voici quelles sont à ce sujet les dispositions contenues dans le titre II du décret du 7 avril 1911 dont nous avons déjà transcrit ci-dessus le titre 1er à propos de *l'assistance judiciaire* en matière civile en *Indo-Chine.*

Art. 28. — Il sera pourvu à la défense des accusés devant les cours criminelles, conformément aux dispositions combinées des articles 294 du code d'instruction criminelle et 74 du décret du 17 mai 1875, réorganisant l'administration judiciaire de la Cochinchine et du Cambodge.

Art. 29. — Les présidents des tribunaux correctionnels ou les juges qui président ces juridictions désigneront un défenseur d'office aux prévenus poursuivis à la requête du ministère public ou détenus préventivement, lorsqu'ils en feront la demande et que leur indigence sera constatée soit par les pièces désignées dans l'article 12, soit par tous autres documents.

Art. 30. — Les présidents des cours criminelles, les présidents des tribunaux correctionnels et les juges qui président les juridictions correctionnelles pourront, même avant le jour fixé pour l'audience, ordonner l'assignation des témoins qui leur seront indiqués par l'accusé ou le prévenu indigent dans le cas où la déclaration de ces témoins serait jugée utile pour la découverte de la vérité.

Pourront également être ordonnées d'office toutes productions et vérifications de pièces.

Les mesures ainsi prescrites seront exécutées à la requête du ministère public.

SECTION II

L'ORGANISATION JUDICIAIRE INDIGÈNE

TITRE PREMIER

Algérie

Après la conquête de l'Algérie, la France, dans la capitulation d'Alger du 6 juillet 1830, prit l'engagement de respecter la religion mahométane basée sur le Coran; or, chez les musulmans, la religion, le droit et la justice se trouvent intimement liés; il fallait donc, puisqu'on devait respecter leur religion, respecter aussi leurs lois et leurs juges et leur laisser par suite leur législation et leurs tribunaux. L'observation de l'engagement pris se comprend facilement pour le droit civil des musulmans, car pour lui aucun inconvénient ne saurait se présenter. On pouvait même agir comme l'ont fait les Hollandais à Java et les Anglais dans l'Inde, c'est-à-dire ne se préoccuper nullement des intérêts civils des indigènes et laisser à ces derniers leurs lois, leurs coutumes et leurs juges. Mais la France n'a pas ainsi compris sa mission civilisatrice. Tout en respectant les coutumes indigènes, la Cour d'Alger, depuis 1830, s'est ingéniée à créer une sorte de droit prétorien musulman dont elle poursuit « l'humanisation » suivant une formule heureuse. Dans son œuvre essentiellement moralisatrice et à laquelle on ne saurait trop rendre hommage, elle s'est attachée, sans violer les lois fondamentales religieuses, à les moderniser et à diminuer l'antagonisme existant totalement entre une législation immuable comme basée sur une origine divine et le mouvement constamment progressif de la législation française. Quoi qu'il en soit, les indigènes seront donc jugés dans les procès civils suivant leur rite religieux et, dès lors, il importera de savoir dans chaque litige quel est le rite des plaideurs. Or, à ce point de vue, deux rites principaux dirigent les indigènes algériens : le rite *malékite* dont la doctrine est contenue dans le *Précis* ayant caractère officiel dû, à Sidi Khalil qui professait au VIIIe siècle de l'hégire, et le rite *hanéfite* ou rite turc. Les neuf dixièmes des indigènes appartiennent au premier de ces rites. Il est un autre rite hétérodoxe, le rite *ibadite* qui, on le verra, a donné lieu à la constitution ou plutôt au maintien d'une juridiction indigène spéciale. S'il n'y avait aucune difficulté à maintenir aux musulmans l'application de leurs lois locales principalement en ce qui concerne le statut personnel et les successions dans les procès civils, il y aurait eu, au contraire, un inconvénient fort grave à leur conserver ces lois au point de vue répressif, spécialement celles de police et de sûreté. Comme les Anglais aux Indes et les Hollandais à Java, nous avons dû imposer aux indigènes nos lois pénales, sauf à en confier l'application à des tribunaux comprenant un élément indigène. Il faut, donc, au début de ces explications, poser les deux règles suivantes relativement à la justice musulmane en Algérie : 1° en matière pénale, c'est la loi française qui est appliquée aux indigènes par des juges en principe français; 2° en matière civile, c'est la loi musulmane qui, sauf certaines exceptions, leur est appliquée par des tribunaux musulmans. Toutefois, en matière civile, en vertu des décrets des 10 septembre 1886 et 17 avril 1889, l'indigène musulman peut opter pour la législation française et même, renonçant à son juge, le cadi, porter son procès devant le juge de paix qui constitue le juge de droit commun. L'étude de la justice musulmane doit donc être faite distinctement au point de vue de la justice civile et de la justice répressive.

ARTICLE PREMIER

Justice civile

La justice civile indigène a passé, en Algérie, par des vicissitudes diverses qui ont abouti à la création d'un régime tripartite par lequel la colonie est actuellement régie ; les institutions judiciaires y diffèrent, en effet, suivant qu'il s'agit du territoire civil, du territoire militaire ou de la Kabylie.

§ I. — *La justice civile en territoire civil*

Quatre organes coopèrent à l'œuvre de la justice civile en territoire civil ; ce sont : le cadi et le juge de paix pour le premier ressort, puis, au-dessus, le tribunal d'arrondissement juge d'appel et la cour d'appel d'Alger connaissant des pourvois en revision ou annulation dirigés contre les sentences des tribunaux inférieurs.

A. — Le cadi.

Sous l'Empire, avait prévalu la pensée de développer autant que possible la compétence des juridictions locales, afin de mieux s'attacher les indigènes ; l'expérience ne fut pas heureuse et ceux-ci protestèrent eux-mêmes contre ces juridictions vénales et corrompues. Aussi la troisième République a-t-elle inauguré un système différent.

Le Cadi qui autrefois était le juge de droit commun chez les musulmans, a perdu aujourd'hui beaucoup de son importance ; et a vu sa compétence bien restreinte depuis la loi du 26 juillet 1873 et les décrets des 10 septembre 1886, 17 avril 1889 et 25 mai 1892, décrets qui constituent les textes organiques de l'organisation actuelle. Les tribunaux des cadis appelés *mahakmas* (chambres) sont, dans le territoire civil de l'Algérie, au nombre de soixante-dix-huit. Le décret du 17 avril 1889 qui les régit en contient le tableau; et l'article 8 de ce décret dispose que les mahakmas sont instituées ou supprimées par décret; mais, d'après les usages, c'est le gouverneur général qui, par un arrêté, les institue ou les supprime. Le nombre de ces tribunaux est donc essentiellement variable suivant les nécessités pratiques. Les indigènes algériens appartenant, comme il a été dit ci-dessus, aux rites malékite et hanéfite, il y a, dans certaines circonscriptions, deux mahakmas, une de chaque rite (décret du 13 décembre 1866, art. 10.)

D'après l'article 8 du décret précité du 17 avril 1889, la composition du personnel de chaque mahakma est fixée par arrêté du garde des sceaux, sur la proposition du président de la cour et du procureur général. La mahakma comprend le cadi et un ou plusieurs suppléants appelés *bachadels*; elle a, en outre, près d'elle, un ou pluiseurs greffiers désignés sous le nom *d'adels*; près d'elle aussi sont des *âouns* ou huissiers et des *oukils* ou défenseurs. Cette composition est celle de la mahakma principale, car les mahakmas se divisent en principales et annexes; celles-ci n'ont à leur tête qu'un *bachadel* ou suppléant remplissant les fonctions de cadi et sont soumises à l'inspection de la mahakma principale à laquelle elles se rattachent. Les cadis tiennent leurs audiences au siège de la mahakma; mais ils peuvent être autorisés à se transporter sur les marchés de leur circonscription et, dans ces audiences foraines, leur compétence, nous allons le voir, est plus étendue.

Les cadis ne peuvent être saisis que des litiges entre musulmans non naturalisés; et encore, quant à ces derniers, ils ne doivent statuer que sur les affaires intéressant leur statut personnel et leurs successions. Ils connaissent des contestations concernant les successions, en dernier ressort lorsque la valeur est inférieure à 500 francs en principal, et en premier ressort au-dessus de cette somme, ainsi que des questions concernant le statut personnel. Toutefois, dans les audiences foraines qu'ils peuvent tenir dans les marchés, audiences prévues par les décrets de 1889, article 17, et du 25 mai 1892, les cadis jugent, entre musulmans, les contestations personnelles et mobilières dont la valeur ne dépasse pas 200 francs en principal; dans ce cas, les jugements sont toujours en dernier ressort.

La procédure devant le cadi est simple, peu coûteuse et expéditive. La demande est introduite par la comparution volontaire des parties ou par celle du seul demandeur. Dans ce dernier cas, le cadi fait donner, par l'âoun, avis au défendeur de comparaître au jour indiqué; s'il ne comparaît pas, le cadi annonce publiquement à l'audience le jour où il prononcera son jugement et en fait informer le défaillant par l'âoun. Les parties peuvent se défendre elles-mêmes ou se faire représenter par des parents ou des oukils. Si le défendeur ne se présente pas au jour indiqué, le jugement est rendu et il n'y a pas d'opposition (art. 20 du décret de 1899). Toutefois, d'après l'article 21 du même décret, si un musulman est absent de l'Algérie pour faits de guerre au service de la France et s'il n'est pas régulièrement représenté, aucun jugement ne peut être prononcé contre lui avant l'expiration de trois mois après la fin de la campagne. Les décisions en premier ressort peuvent être attaquées par la voie de l'appel dans les formes et délais fixés pour les jugements des juges de paix en matière musulmane dont il va être question ci-après (article 37 du décret de 1892). Egalement contre les décisions en dernier ressort est recevable le pourvoi en annulation devant la cour d'appel d'Alger prévu au chapitre IV *bis* ajouté au décret de 1889 par celui du 25 mai 1892 (art. 52 et s.). D'autre part, les jugements définitifs peuvent être entrepris par la voie de la tierce-opposition ou de la requête civile dans les conditions prévues par le code de procédure civile.

Ils ne sont susceptibles du pourvoi en cassation que pour excès de pouvoir (art. 50 du décret du 17 avril 1889).

Des explications qui précèdent il résulte que la juridiction du cadi est une juridiction d'exception qui ne s'exerce que dans les cas limitativement prévus par les textes. Le juge de droit commun c'est le juge de paix qui connaît de toutes les affaires non déférées au cadi et, par exemple, des litiges concernant les immeubles même soumis à la loi musulmane, auxquels il devra appliquer cette loi. Et d'ailleurs les musulmans peuvent, suivant l'article 7, § 3, du décret du 17 avril 1889, renoncer à la juridiction du cadi pour accepter celle du juge de paix.

Le cadi exécute lui-même sa sentence suivant les formes du droit musulman et fait vendre les meubles d'abord, les immeubles ensuite en cas d'inexécution volontaire. Si le condamné ne possède que des immeubles régis par la loi française, il y a lieu de recourir aux voies d'exécution prévues par cette loi; mais il faut, en ce cas, une ordonnance d'*exequatur* du président du tribunal civil (art. 22 de l'ordonnance du 16 avril 1843). Le cadi pouvait employer la contrainte par corps pour l'exécution de ses sentences avant la loi du 22 juillet 1867. Depuis cette loi dont les termes abrogatifs sont absolument généraux, il faut admettre que cette faculté n'existe plus.

Il convient de mentionner à propos de la justice du cadi, la curieuse institution des *medjelès*. Ce sont des conseils consultatifs institués au chef-lieu de chaque circonscription judiciaire et composés du cadi qui a rendu le jugement, de trois membres désignés annuellement par le gouverneur général parmi les cadis, muphtis et ulémas de la circonscription, du bachadel et de l'adel du chef-lieu. Toute partie a le droit, dans les trois jours de la sentence, de réclamer l'avis du medjelès qui le donne après communication du dossier. Ensuite le cadi juge à nouveau, sans être lié par l'avis émis (art. 19 du décret du 13 décembre 1866).

Nous venons de tracer les attributions du cadi comme juge; mais il n'est pas juge seulement, et le décret du 17 avril 1889 lui attribue, en outre, d'autres fonctions, notamment celles de notaire concuremment avec ces officiers ministériels, les parties ayant le choix entre eux. En effet, d'après ce décret : les actes publics entre musulmans sont reçus, suivant le choix des parties, par les cadis ou par les notaires (article 65). Le décret indique, dans ses articles 65 et 66, 73 et suivants et le tarif annexé, la forme des actes, les tarifs et les registres que doivent tenir les cadis en leur qualité de notaires. Le même décret dispose que, dans les circonscriptions où ne réside pas un cadi-juge, le garde des sceaux peut instituer un cadi-notaire pour remplir les fonctions de notaire (art. 67). Les cadis sont investis encore d'autres attributions extra-judiciaires énumérées aux articles 59 et suivants du décret ; ainsi ils sont chargés des liquidations et partages des successions musulmanes mobilières, de la réception de dépôts, d'actes de divorce, d'échange d'immeubles, des procurations, interdictions, émancipations, révocations de donations etc. (Voir à ce sujet le détail du tarif annexé au décret de 1889). En un mot, ils interviennent dans la plupart des actes de la vie ordinaire des musulmans indigènes. Et, pour ce motif, on a entouré leur nomination de certaines garanties ; suivant le décret de 1889, article 9, ils sont institués, ainsi que les bachadels, par arrêté du garde des sceaux ; mais, en fait, leur nomination est laissée au gouverneur général. Les cadis doivent avoir 25 ans révolus et être porteurs d'un diplôme d'études dans une mederça, plus d'un certificat d'études juridiques du second degré délivré par une commission d'examen qui, d'après le décret, se réunit chaque année au chef-lieu de chaque département. Avant d'entrer en fonctions, ils prêtent serment devant le tribunal de première instance de leur ressort. Ils sont soumis au pouvoir disciplinaire du gouverneur, délégué du garde des sceaux, qui peut les réprimander, les susprendre, les déplacer ou les révoquer. Les cadis touchent un traitement annuel de 1.500 francs, que le garde des sceaux fixe par arrêté. (Voir décret du 17 avril 1889, article 11 et arrêté du 5 janvier 1890). Ils ont, en outre, les droits et honoraires prévus au tarif annexé au décret de 1889. Les bachadels et les adels n'ont pas de traitement ; mais ils perçoivent une part sur les droits et honoraires payés pour les actes de la mahakma. L'adel, nommé par arrêté du gouverneur général, doit avoir 22 ans et posséder le certificat d'études de la mederça et le certificat d'études juridiques du premier degré.

Après avoir parlé de l'institution des cadis en général, il convient de dire quelques mots des *cadis des Mozabites*. Les *Mozabites*, établis dans toute l'Algérie et surtout dans les villes, appartiennent à une secte religieuse dissidente, la secte *ibadite*, qui prétend ramener l'islamisme à sa pureté primitive. Les Ibadites sont les protestants de l'Islam ; leurs doctrines sont fort incertaines parce qu'ils admettent le libre examen. La source du droit ibadite est contenue dans une sorte d'abrégé appelé le *Nil*, ayant pour la secte une autorité officielle. Le *M'Zab* fut rattaché à nos possessions algériennes en 1882; avant cette annexion, ses habitants étaient regardés plutôt comme nos tributaires que comme nos sujets. Aujourd'hui, depuis le décret du 29 décembre 1890, ils possèdent, dans le territoire civil, les mêmes tribunaux ou mahakmas qu'ont les autres musulmans; et ces mahakmas, composées de la même manière, ont des caïds, des bachadels ou suppléants, des adels ou greffiers, des âouns ou huissiers. En vertu du décret précité et de l'arrêté du gouverneur général en date du 26 février 1891, huit mahakmas ont été établies, dont trois principales et cinq annexes.

Le décret de 1890 précité donne seulement compétence aux cadis ibadites pour connaître, en territoire civil, des contestations qui s'élèvent entre mozabites, au sujet de leur statut personnel et de leurs droits successoraux. Leur compétence est donc la même que celle des autres cadis musulmans; et le juge de paix qui peut être en tout cas saisi par les parties de préférence aux cadis, demeure le juge de droit commun pour les affaires qui ne sont pas déférées à ces derniers par le décret de 1890. Devant les mahakmas ibadites la procédure est, d'ailleurs, la même que devant les autres mahakmas musulmanes, d'après l'article 3 dudit décret. A la différence des autres cadis musulmans, les cadis ibadites ne reçoivent aucun traitement fixe, suivant l'article 2 du même décret. Précisons qu'en dehors du territoire civil, le décret, dans son article 1er, leur accorde compétence pour connaître des difficultés qui s'élèvent à propos du statut personnel et des successions, lorsque les parties ou même l'une d'elles demandent à recourir à eux.

B. — Les juges de paix juges musulmans.

Nous avons dit ci-dessus que les décrets de 1886, 1889 et 1892 avaient singulièrement restreint la compétence du cadi; les musulmans n'ont plus en lui leur juge ordinaire, et, en dehors des matières spéciales que nous avons indiquées, ils doivent s'adresser au juge de paix. En effet, d'après l'article 26 du décret du 17 avril 1889, ce magistrat est seul compétent, en matière musulmane, pour juger toutes les demandes mobilières, civiles ou commerciales, et toutes les demandes immobilières concernant les immeubles soumis à la loi musulmane. Mais le juge de paix ne peut être saisi et statuer comme juge musulman, qu'autant que le différend s'agite entre musulmans seuls habitant l'Algérie et qu'il s'agit d'appliquer la loi musulmane; en dehors de ces conditions, il devient juge français et, comme tel, il n'a plus que sa compétence ordinaire. En résumé, en dehors des affaires réservées au cadi, le juge de paix est le juge ordinaire des musulmans pour les affaires musulmanes; il peut même, comme on l'a vu, juger les affaires réservées au cadi, lorsque les parties donnent leur consentement.

Le décret de 1889 trace, dans ses articles 29 et suivants, les règles à suivre pour intenter l'action musulmane devant le juge de paix, pour la trancher, pour rédiger et exécuter la décision. Il prévoit la création d'âouns placés sous l'autorité directe du procureur général partout où le service l'exige. Si le défendeur ne comparaît pas volontairement, il reçoit un avertissement au nom du demandeur contenant l'exposé de la demande et l'indication du jour de l'audience. Les parties doivent comparaître en personne; mais si elles sont absolument empêchées, elles peuvent se faire représenter par un parent ou un notable muni de leur mandat. Le jugement rendu par défaut après nouvel avertissement n'est pas susceptible d'opposition. Les jugements sont rédigés comme en France; ils sont exécutés conformément à la loi musulmane par les soins des cadis, des cadis-notaires et des bachadels, et, à défaut, par un agent d'exécution désigné dans chaque affaire par décision spéciale du juge.

Les jugements rendus par les juges de paix comme juges musulmans sont susceptibles d'appel lorsqu'ils sont en premier ressort, c'est-à-dire lorsque la demande excédait 500 francs. Ils peuvent aussi être l'objet d'un pourvoi en annulation de la part du procureur général devant la cour d'appel d'Alger, ou attaqués par la voie de la tierce opposition et de la requête civile. Ils ne sont suceptibles du recours en cassation que pour excès de pouvoir (art. 50 du décret du 17 avril 1889.)

C. — Les tribunaux d'arrondissement juges des appels dirigés contre les jugements rendus en premier ressort par les cadis et les juges de paix juges musulmans.

Aux termes de l'article 37 du décret du 17 avril 1889 modifié par le décret du 25 mai 1892, les appels des jugements rendus en premier ressort par les juges de paix et les cadis sont portés devant le tribunal civil de l'arrondissement. L'appel des jugements contradictoires et en premier ressort doit être formé dans les trente jours de la connaissance qui en est donnée par l'avertissement adressé aux intéressés. Pour les jugements par défaut, l'article précité ne fait courir le délai qu'à partir du premier acte d'exécution. L'article 42 indique les formes de l'appel qui sont des plus simples : il est interjeté par une déclaration faite à l'adel du cadi ou au greffier de la justice de paix et consignée sur un registre spécial ; il est délivré récépissé de cette déclaration à l'appelant par l'adel ou le greffier et copie en est remise par l'âoun à chacun des intéressés. Quant à la procédure suivie devant le trinunal d'appel, elle est déterminée par les articles 43 et 44 dudit décret de 1889 modifié par celui précité de 1892. Le jugement sur appel est exécuté par un agent spécial désigné, s'il y a lieu, par la cour ; et les seules voies d'exécution sont celles prévues par la loi musulmane (art. 58). L'article 43 contient une disposition extrêmement remarquable et tout à fait dérogatoire au droit commun. Il institue une sorte de tentative de conciliation avant l'appel ; à cet effet, les parties se présentent devant le magistrat rapporteur, sans publicité, sans ministère d'avocats ou d'avoués, le ministère public étant seul présent ; elles comparaissent en personne et, si elles font défaut, elles sont, sauf le cas d'impossibilité dûment constatée, condamnées à une amende de 5 francs. Lorsque le rapporteur ne peut les concilier, il dresse acte des prétentions respectives dans un rapport écrit. L'appelant qui succombe est condamné à une amende de 5 francs, qui a dû être consignée à l'adel du cadi ou au greffier, soit de la justice de paix, soit de la juridiction d'appel.

D. — Pourvoi en annulation devant la cour d'Alger.

Aux termes de l'article 52 du décret du 25 mai 1892 complétant sur ce point le décret du 17 avril 1889 : si le procureur général près la cour d'Alger est informé qu'il a été rendu en dernier ressort un jugement contraire aux principes du droit et des coutumes qui régissent les indigènes musulmans en ce qui concerne leur statut personnel, leurs successions et ceux de leurs immeubles dont la propriété n'est pas établie conformément à la loi du 26 juillet 1873, ou par un titre français administratif, notarié ou judiciaire, il peut déférer ledit jugement à la cour d'appel dans le délai de deux mois à dater de sa prononciation.

Le pourvoi en revision ou annulation n'est donc permis qu'au procureur général et uniquement pour les matières prévues au texte ci-dessus, c'est-à-dire celles qui, d'après le décret de 1889, sont soumises au droit musulman, lorsque ce droit a été violé. Suivant l'article 52, le pourvoi du procureur général est formé par une déclaration, signée de lui, au greffe de la cour d'appel. L'arrêt rendu à la suite du pourvoi n'cst susceptible d'aucun recours; il ne peut pas même être déféré à la cour de cassation. Bien que le pourvoi n'appartienne qu'au procureur général, les parties ont cependant le droit de se prévaloir de l'arrêt rendu; elles peuvent intervenir dans l'instance ou s'abstenir, quitte, comme il a été dit, à profiter en tout cas de l'arrêt qui doit leur être notifié par les soins du procureur général. Le pourvoi est suspensif. La cour, quand elle annule le jugement, ne renvoie pas devant une autre juridiction; elle évoque l'affaire et statue suivant les principes du droit musulman.

§ II. — *La justice civile en territoire militaire*

L'organisation de la justice civile en territoire de commandement a pour base les décrets des 13 décembre 1866 et 8 janvier 1870. D'autre part, le décret du 6 mars 1891 a étendu le décret de 1870 à toutes les circonscriptions judiciaires de la région tellienne sises en territoire de commandement. Dans les régions soumises au commandement, le cadi demeure le juge ordinaire, le juge de droit commun des musulmans. L'article 5 du décret de 1870 détermine ainsi la compétence des cadis. Les cadis connaissent en premier ressort de toutes les affaires civiles et commerciales, ainsi que des questions d'état. Ils statuent, en dernier ressort, sur les actions personnelles et mobilières jusqu'à 200 francs de principal et sur les actions immobilières jusqu'à 20 francs de revenu déterminé soit par contrat, soit par la déclaration des parties. Toutefois, d'après le même décret, les tribunaux français peuvent statuer sur les contestations entre musulmans si ceux-ci les leur soumettent; et, dans ce cas, ils appliquent la loi française. Les jugements en premier ressort des cadis sont susceptibles d'appel, suivant l'article 8 du décret de 1870; la partie qui veut interjeter l'appel, doit, à peine de déchéance, en faire la déclaration dans les trente jours à l'adel du cadi qui a rendu le jugement. L'appel est porté devant le tribunal d'arrondissement, conformément au décret du 25 mai 1892 modifiant l'article 37 de celui du 17 avril 1889; ses formes et ses règles, ses conditions et ses effets, ainsi que la manière de l'évacuer, sont déterminés par les articles 8, 6 ,9 et 11 du décret de 1870 précité. L'article 8 déclare que la décision rendue par la juridiction d'appel ne peut être l'objet d'aucun recours; toutefois, ainsi que nous l'avons vu ci-dessus, elle peut être attaquée par un pourvoi en annulation devant la cour d'Alger ouvert seulement au procureur général pour violation du droit musulman.

L'institution des *medjelès* constitue en territoire militaire une sorte de degré d'appel; si les parties renoncent à leur intervention, l'affaire est directement portée devant la juridiction supérieure. Si elles la réclament, le conseil consultatif donne son avis; et, lorsque la contestation ne porte pas sur une question d'état, ni sur plus de 2.000 francs de capital ou 200 francs de rente et que l'avis du medjelès est conforme à celui du cadi, il n'y a plus d'appel possible et le jugement est définitif. Si toutes ces conditions ne sont pas réunies, l'appel est admis; et une nouvelle déclaration doit intervenir dans les quarante jours (art. 8 et suivants du décret du 8 janvier 1870).

§ III. — *La justice civile en Kabylie*

On laissa d'abord à la Kabylie sa propre organisation judiciaire ; la justice y était rendue par la *djemaâ* constituée par l'assemblée de tous les hommes valides, chargée de faire les lois, d'administrer et de juger les litiges ; mais les djemaâs ne tardèrent pas à disparaître et le décret du 29 août 1874 substitua notre organisation judiciaire à celle des kabyles. Ce décret qui régit aujourd'hui la justice chez ces derniers, a été étendu à tout le territoire civil de la Kabylie, par le décret du 21 septembre 1886 ensuite modifié par divers autres, notamment par ceux des 13 décembre 1879, 8 avril 1882, 17 avril 1889 et 25 mai 1892. Ainsi, à la différence du reste de l'Algérie, la Kabylie n'a aucune juridiction indigène, car celle du cadi n'y est pas connue et le juge de paix est le juge ordinaire en matière musulmane, mais juge du premier degré et sauf appel dans les cas prévus ; d'autre part, c'est le droit musulman ou kabyle qui y est appliqué par les juridictions françaises. L'extension de notre justice à la Kabylie a été facilitée par une double circonstance. D'une part, à traver les âges, les Kabyles, très jaloux de leur indépendance, ont conservé quelques vestiges de la législation romaine à l'état de préceptes juridiques coutumiers. D'autre part, ils ont, tout en subissant l'influence du Coran, gardé le respect de leurs *kanouns* ou coutumes, qui n'ont pas l'immobilité de l'Islam officiel et qui sont revisables par le suffrage des assemblées générales. Le juge de paix français est donc le juge ordinaire des procès entre Kabyles ; et, aux termes de l'article 3 du décret du 13 décembre 1879, qui a modifié sur ce point celui du 29 août 1874, il statue, entre indigènes arabes ou kabyles ou musulmans étrangers, sur toutes les affaires personnelles et mobilières, civiles ou commerciales, et sur toutes les actions immobilières ; et il juge en dernier ressort les unes jusqu'à la valeur de 200 francs, les autres jusqu'à 20 france de revenu déterminé en rente ou par prix de bail. Mais il ne juge qu'en premier ressort, les premières, si leur valeur excède 200 francs et les secondes de 20 à 60 francs de revenu ; et lorsque celles-ci excèdent ce revenu, elles doivent être portées devant les tribunaux de Bougie et Tizi-Ouzou.

Devant les juges de paix de la Kabylie, pour la procédure, la comparution, les formes et les délais de l'appel, on suit les règles tracées à l'égard des tribunaux musulmans. Conformément à l'article 83 du décret du 17 avril 1889, le juge de paix peut, en matière de statut personnel, se faire assister, soit d'office soit à la demande des parties en cause, du cadi-notaire ou de son suppléant et, en cas d'empêchement, d'un notable indigène désigné par le procureur général, notable qui est arabe ou kabyle suivant que la contestation s'élève entre arabes ou kabyles. Si elle existe entre un arabe et un kabyle, deux notables sont désignés, l'un arabe et l'autre kabyle. L'exécution des jugements a lieu dans les formes musulmanes par le ministère du cadi-notaire qui est investi des attributions extra-judiciaires du cadi en territoire civil.

Au-dessus des juges de paix, nous trouvons, en Kabylie, les tribunaux de Bougie et de Tizi-Ouzou jugeant soit comme tribunaux du premier degré, soit comme tribunaux d'appel. Juges du premier degré, ils connaissent des actions immobilières d'une valeur supérieure à 60 francs de revenu qui, nous l'avons vu, échappent au juge de paix; juges d'appel, ils connaissent des appels contre les jugements rendus par celui-ci.

Les jugements rendus par les juges de paix et les tribunaux appliquant le droit musulman ne sont pas susceptibles de recours en cassation (art. 10 du décret de 1874); mais il peut être formé, par le procureur général, un recours en annulation devant la cour d'Alger, conformément au chapitre IV *bis* ajouté par le décret du 25 mai 1892 à celui de 1889, recours dont il a été déjà question ci-dessus.

ARTICLE II

Justice répressive

§ I. — *Infractions spéciales aux indigènes*

A. — POUVOIRS RÉPRESSIFS DU GOUVERNEUR GÉNÉRAL.

Dans le but de réprimer rapidement et énergiquement certaines infractions commises par les indigènes, le gouverneur général est investi du droit de prononcer des pénalités inconnues en France. Il peut, en premier lieu, après avoir pris l'avis d'une commission spéciale, faire interner un indigène musulman pendant un délai indéterminé, pour faits mettant en danger l'ordre public, ou infractions ne constituant pas un délit proprement dit. Ce droit du gouverneur général est établi par une décision du ministre de l'Algérie et des colonies en date du 27 décembre 1878 et par une dépêche du ministre de l'intérieur du 27 décembre 1897. En second lieu, il a le droit, en vertu de la loi du 17 juillet 1874, dont l'article 6 a été confirmé par l'article 130 de la loi du 27 février 1903 remplaçant celle de 1874, de mettre sous séquestre les biens des indigènes au moyen d'un arrêté motivé pris en conseil de gouvernement, en présence d'actes d'insurrection. Le séquestre se trouve réglementé par l'ordonnance du 31 octobre 1845 et par les lois précitées de 1874 et de 1903 qui précisent les cas dans lesquels il peut être ordonné. La mainlevée du séquestre peut être demandée, soit parce que l'indigène a été autorisé à se racheter, soit parce que les biens n'appartiennent pas à la personne qui en a été frappée, soit enfin parce qu'il a été ordonné en dehors des causes pouvant le motiver, le tout en vertu de l'ordonnance précitée de 1845. Après deux ans, à défaut de mainlevée, les biens séquestrés deviennent la propriété de l'État; mais ils peuvent êtres rendus à l'ancien propriétaire ou à ses héritiers par décision gracieuse du chef de l'État.

En troisième lieu, le gouverneur peut prononcer des amendes collectives contre les tribus et les douars ou fractions; ce droit est consacré par les articles 5 et 130 des lois de 1874 et de 1903 qui disposent que : les amendes collectives sont prononcées par le gouverneur général, en conseil de gouvernement, sur le vu des procès-verbaux, rapports et propositions de l'autorité administrative locale, les chefs de tribus ou douars préalablement entendus. Ces lois ne visent qu'un seul cas donnant lieu à l'amende collective, celui d'incendie de forêts; les autres au nombre de deux sont indiqués en l'article 10 de l'ordonnance précitée du 31 octobre 1845; ce sont : 1° le fait d'avoir commis des actes d'hostilité contre la France ou des tribus amies, ou d'avoir prêté assistance à l'ennemi ou entretenu des intelligences avec lui ; 2° celui d'avoir abandonné, pour passer à l'ennemi, des propriétés ou territoires.

Les pénalités dont nous venons de parler sont fort arbitraires. L'internement n'est basé sur aucun texte et, s'il doit être maintenu, il faudrait tout au moins indiquer ses limites, ainsi que les conditions de son application. Quant à l'amende collective, on ne l'applique plus guère aujourd'hui que dans l'hypothèse d'incendie de forêts prévue par les lois de 1874 et de 1903. Des auteurs ont demandé l'abandon de ces pénalités en opposition avec les principes généraux du droit pénal moderne; d'autres, au contraire, en ont réclamé le renforcement, en faisant remarquer que si elles froissent nos mœurs et nos idées, elles sont conformes à la mentalité des indigènes qui ne respectent que la force et pour lesquels elles constituent un très salutaire exemple. En tout cas, si on les maintient encore dans l'intérêt de la sécurité de notre occupation, il convient de n'y avoir recours qu'avec modération, dans des circonstances exceptionnelles, en s'entourant de toutes les garanties de justice, de façon que l'indigène ne puisse croire qu'il y a là un acte d'hostilité. Du reste, ces mesures tomberont d'elles-mêmes, le jour où, la domination française se trouvant solidement établie, on pourra considérer les pénalités du droit commun comme suffisantes pour assurer le maintien de la paix et du bon ordre.

B. — Les juridictions répressives.

L'ordonnance du 26 septembre 1842 avait soumis les indigènes musulmans aux juridictions françaises pour la répression des faits punissables. Ils étaient jugés par les cours d'assises pour les crimes, par les tribunaux correctiondels pour les délits et par les tribunaux de simple police pour les contraventions. L'insuffisance de ce système apparut au fur et à mesure que s'étendait le territoire civil; les tribunaux français étaient absolument encombrés et incapables de suffire à une prompte expédition de la justice. D'autre part, certains faits devaient être frappés plutôt de peines disciplinaires que de pénalités proprement dites; et il fallait infliger ces peines disciplinaires rapidement, afin de faire les exemples voulus et de maintenir les indigènes dans l'obéissance et le respect de la domination française. De plus, certains actes qui n'étaient pas punissables vis-à-vis des Français et européens, pouvaient constituer, au contraire, des infractions qu'il était indispensable de réprimer chez les indigènes. Il y avait, en un mot, des infractions spéciales à ces derniers; et ce sont elles qui ont donné naissance au régime de l'*indigénat*, qu'on peut définir : le régime de la répression par voie administrative ou disciplinaire des infractions spéciales à l'indigène. Ce régime froisse les idées de justice absolue; mais il se justifie par une incontestable utilité pratique; et l'on peut même dire qu'il est imposé par les nécesssités de l'occupation et la sécurité de l'occupant qui est la loi de salut public.

Les lois pénales ne se comportent point, en effet, dans les colonies de la même façon qu'en France. Dans la métropole, l'égalité devant la loi répressive est un principe immuable; les peines ne sont prononcées qu'en vertu de textes législatifs formels, par les juridictions à ce compétentes et exécutées toujours suivant les modes invariables fixés par la loi. Dans les colonies, il faut tenir compte de la révolte toujours possible de l'indigène qu'il convient de réprimer sûrement et rapidement, pour assurer la domination de l'occupant menacée par des menées soit latentes, soit ostensibles. Il faut, par des mesures appropriées, maintenir énergiquement l'autorité des administrateurs qui ne sont respectés que s'ils ont le droit de sévir, la répression étant le principal insigne du pouvoir pour les populations primitives. Et souvent une punition arbitrairement, mais opportunément infligée, dispensera de recourir à des mesures plus sévères, qui s'imposeraient ultérieurement peut-être.

Au début de la conquête algérienne, alors qu'on en était encore dans la période de l'occupation militaire, les conseils de guerre jugeaient tout naturellement, comme en tout pays militairement occupé, les attentats commis par les indigènes contre les Français; c'est ce que vint décider d'une manière générale un arrêté du général en chef, du 15 octobre 1830. Et cette compétence fut maintenue après la création des tribunaux répressifs civils pour le territoire militaire, par ordonnances des 10 août 1834, 28 février 1841 et 26 septembre 1842. Mais, au fur et à mesure que l'occupation s'étendait, il devenait fort difficile aux chefs militaires de traduire devant les conseils de guerre tous les indigènes délinquants; ils prirent, en conséquence, l'habitude de les frapper de peines disciplinaires, comme les soldats, et leur infligèrent des amendes et de la prison. Cette pratique imitée par les chefs indigènes souleva des plaintes motivées par l'arbitraire qui l'inspirait; et, pour y apporter quelque tempérament, le maréchal Bugeaud, par une circulaire du 12 février 1844, codifia la matière de l'indigénat, en fixant soit la nature des infractions que les chefs indigènes pouvaient réprimer suivant leur situation, soit le maximum des amendes qu'ils étaient autorisés à prononcer. Par décision du 25 février 1855, le ministre de la guerre détermina, à son tour, le maximum de l'emprisonnement à infliger par les officiers, sans indiquer pour quels faits il était possible, en sorte que l'indigène était livré au caprice des chefs militaires et n'avait aucun recours contre les mesures les plus injustes. Le prince Jérôme Napoléon, nommé ministre de l'Algérie, voulut supprimer cette pratique, et l'opposition qu'il rencontra dans cet ordre d'idées fut l'une des causes de sa démission. Néanmoins l'institution des commissions disciplinaires qu'il avait organisées par un arrêté du 21 septembre 1858, lui a survécu comme on va le voir ci-après. Au fur et à mesure que s'est étendu le territoire civil, on a senti le besoin, dans l'intérêt de la sécurité de la domination française, d'appliquer à ce territoire les règles de l'indigénat; d'où les pouvoirs conférés en cette matière au juge de paix dans les communes de plein exercice, à l'image de ceux attribués à l'administrateur en commune mixte. Le décret du 11 septembre 1874 a étendu à toute l'Algérie l'article 17 du décret du 29 août de la même année, qui, spécial à la Kabylie, permettait de condamner les indigènes, en territoire civil, à des peines de simple police, pour infractions spéciales à l'indigénat non prévues par la loi française et déterminées dans des arrêtés préfectoraux. En dehors des délits propres à l'indigénat, les contraventions de droit commun sont jugées par les administrateurs dans les communes mixtes et par les juges de paix dans celles de plein exercice. Les délits sont justiciables des tribunaux répressifs indigènes que préside le juge de paix; et les crimes sont punis par des cours criminelles substituées aux cours d'assises par une loi du 30 décembre 1902. Examinons en premier lieu le régime de l'indigénat; nous nous occuperons ensuite des infractions de droit commun avec le § II ci-après.

L'INDIGÉNAT comporte les diverses juridictions suivantes.

a) *Juridiction des commandants militaires et des chefs indigènes.* — Un arrêté du gouverneur général en date du 14 novembre 1874 a consacré, dans ses articles 25 et 26, les pouvoirs qui leur sont dévolus, de la manière suivante. Les indigènes musulmans non naturalisés français et résidant sur les territoires militaires peuvent être punis directement par les commandants militaires ou leurs délégués : 1° pour contraventions de police conformément aux règlements existants, 2° pour fautes commises dans le service militaire ou administratif, 3° pour des méfaits et des délits dont l'importance ne dépasse pas une valeur de 50 francs. L'article 26 fixe ensuite les peines graduées qui peuvent être infligées par les divers commandants militaires : le commandant de la division a le droit de condamner à deux mois de prison et à trois cents francs d'amende; le commandant de la subdivision, à un mois de prison et à cent francs d'amende; les commandants de cercle, à quinze jours de prison et à cinquante francs d'amende. Dans son article 27, le même arrêté de 1874 a restitué, en partie seulement, aux chefs indigènes le droit de répression que leur avait enlevé un précédent arrêté du 26 février 1872. Mais le texte précité ne les autorise qu'à infliger une amende de 20 francs au maximum, qui ne peut être recouvrée qu'après approbation des autorités compétentes. Ils punissent les contraventions de police et les manquements de minime importance.

b) *Commissions disciplinaires.* — Elles ont été réorganisées par un arrêté du général Chanzy, gouverneur général de l'Algérie, en date du 14 novembre 1874, sur les bases duquel elles fonctionnent encore aujourd'hui. Suivant l'article 1er de l'arrêté, une commission disciplinaire est instituée à Alger auprès du gouverneur général et dans chaque chef-lieu de subdivision, de cercle ou d'annexe.

D'après l'article 2 de l'arrêté, la *Commission disciplinaire d'Alger* prend le nom de commission disciplinaire supérieure des indigènes non naturalisés citoyens français; elle est présidée par le gouverneur général et comprend les membres suivants : 1° le secrétaire général du gouvernement, vice-président, 2° le chef du parquet de la cour d'appel, 3° le chef d'état-major général, 4° l'amiral commandant de la marine, 5° le général commandant du génie. Cette commission n'a jamais fonctionné, et, dans la pratique, c'est le conseil de gouvernement qui la remplace.

D'après l'article 6 de l'arrêté, les *Commissions disciplinaires de subdivision* sont composées du commandant de la subdivision président, d'un membre du parquet ou du juge de paix et de deux officiers supérieurs de la garnison désignés par le commandant de la subdivision. Quant aux *Commissions disciplinaires de cercle ou d'annexe*, elles sont, d'après les articles 7 et 8 du même arrêté, formées par le chef du cercle ou d'annexe président, par le juge de paix et deux officiers de la garnison dont l'un a au moins le grade de capitaine.

Enfin les articles 11 et 12 de l'arrêté placent près de

chaque commission un greffier qui est soit un officier, soit un sous-officier, soit un secrétaire des communes mixtes ou indigènes; et le président désigne un interprète pour chacune.

La compétence de ces diverses commissions est fixée par l'article 13 de l'arrêté, de la manière suivante : elles connaissent des actes d'hostilité, crimes et délits commis en territoire militaire par des indigènes de ces mêmes territoires non naturalisés citoyens français et qu'il est impossible de déférer aux tribunaux civils ou militaires; et le même texte ajoute : les commissions ne peuvent connaître des affaires où un citoyen français, un européen, un israélite ou un indigène résidant en territoire civil se trouve partie.

Les commissions disciplinaires de subdivision et celles de cercle ou d'annexe peuvent infliger, suivant les articles 15 et 16, les premières, jusqu'à un an de prison et mille francs d'amende et les secondes, jusqu'à deux mois de prison et deux cents francs d'amende. En réalité, les commissions ne rendent pas de véritables décisions judiciaires; elles ne constituent pas des tribunaux et n'infligent que des punitions disciplinaires. D'où il suit que leurs condamnations n'étant pas des jugements pouvant acquérir l'autorité de la chose jugée, n'entraînent aucune incapacité et ne figurent pas au casier judiciaire. Et, d'après une circulaire du gouverneur général en date du 6 mai 1881, quant aux dommages accordés, la partie qui les obtient ne trouve en elles qu'un titre qu'elle peut faire valoir devant le juge compétent, lequel est libre d'augmenter ou de diminuer la somme accordée.

c) *Juridictions disciplinaires des administrateurs et des juges de paix.* — Au fur et à mesure que s'est étendu le territoire civil, on a senti le besoin de lui appliquer, dans l'intérêt de la sécurité des Français, le régime de l'indigénat. Après plusieurs tâtonnements, le système aujourd'hui usité est le suivant. Dans les *communes de plein exercice*, le juge de paix applique les peines de l'indigénat; et la liste des infractions punissables est dressée par arrêté préfectoral. En *commune mixte*, c'est l'administrateur qui est juge; et les infractions sont indiquées dans un tableau annexé à la loi du 24 décembre 1904. L'article 1er de cette loi renouvelle pour sept ans les pouvoirs de répression par voie disciplinaire des infractions à l'indigénat, qui avaient déjà été l'objet de plusieurs renouvellements antérieurs. Les infractions prévues au tableau annexé ou dans l'arrêté préfectoral sont punies, suivant l'article 3, des peines de simple police; mais l'amende de 1 à 15 francs et l'emprisonnement de 1 à 5 jours peuvent être remplacés par des prestations en nature. Ce remplacement peut aussi avoir lieu, suivant l'article 3 de la loi de 1904, pour les communes de plein exercice, relativement aux sentences du juge de paix. L'article 2 de la même loi soustrait au système de l'indigénat certains indigènes qui présentent des garanties spéciales, tels que ceux décorés de la médaille militaire, membres de la Légion d'honneur ou qui ont été juges titulaires ou suppléants dans les tribunaux répressifs ; également les anciens officiers ou sous-officiers retraités, les assesseurs musulmans près les tribunaux et les conseils généraux, les conseillers municipaux indigènes; et généralement tous les indigènes investis de fonctions électives, les fonctionnaires et agents de la colonie, des départements et communes, les magistrats et auxiliaires de la justice, les professeurs et instituteurs publics, etc. Cette liste peut être augmentée par des arrêtés des gouverneurs généraux.

Suivant l'article 1er de la loi de 1904, les individus soumis au régime de l'indigénat sont les indigènes musulmans non naturalisés et les musulmans originaires de la Tunisie et du Maroc; on a adopté cette formule restrictive, à raison des engagements résultant pour la France des traités qui ne permettaient pas de généraliser l'indigénat à tous les musulmans étrangers.

D'après un arrêté du gouverneur général du 28 juin 1890, l'administrateur prononce la condamnation en public et devant la partie elle-même. L'indigène condamné, si la condamnation qui le frappe est supérieure à 5 francs d'amende ou à 24 heures de prison, a le droit de faire appel devant le préfet pour l'arrondissement du chef-lieu et devant le sous-préfet pour les autres arrondissements, comme le déclare l'article 4 de la loi précitée du 21 décembre 1897; le délai de l'appel est de trois jours. Conformément à l'arrêté précité du gouverneur général en date du 28 juin 1890, l'indigène qui veut relever appel, le déclare à l'administrateur; celui-ci indique le jour où il sera statué à nouveau et adresse au préfet ou au sous-préfet un bulletin portant le nom et le domicile du condamné, les motifs de la condamnation et l'indication du jour assigné pour la décision sur l'appel. Il est statué au jour fixé, car les préfets et sous-préfets doivent tenir chaque semaine une audience destinée à juger les appels faits par les indigènes. La décision prononcée par le juge de paix est toujours sans appel.

Les faits compris au tableau annexé à la loi de 1904 sont tout à fait spéciaux au milieu indigène musulman. On y relève des refus et inexécutions de services militaires et abandons de poste, des refus de déférer aux réquisitions, des retards injustifiés dans le paiement des impôts, l'asile donné à des vagabonds, le défaut de passeport, permis de voyage, carte de sûreté ou livret d'ouvrier, les actes de désordre sur les marchés et autres lieux de rassemblement, tels que sources et fontaines publiques, les refus de comparaître devant l'officier de police judiciaire, la négligence à envoyer les enfants à l'école primaire, les abatages d'arbres non autorisés, etc.

§ II. — *Les infractions de droit commun*

A. — Territoire Civil.

a) *Contraventions. — Juridictions des juges de paix et des administrateurs.* — Les contraventions sont jugées par le juge de paix dans les communes de plein exercice et par l'administrateur en commune mixte, suivant l'article 28 du décret du 9 août 1903 reproduisant celui du 29 mars 1902. Le texte dispose que l'administrateur se conforme aux règles usitées pour la répression des infractions à l'indigénat. Toutefois, l'administrateur, ici, devient un véritable juge et doit, par suite, observer strictement les dispositions de loi qui régissent, quant au quantum de la pénalité, les diverses contraventions; son jugement a l'autorité de la chose jugée et toute peine d'emprisonnement même ne dépassant pas 24 heures donne lieu à appel; pour les amendes, l'appel est possible si elles excèdent cinq francs. Il n'y a pas d'amende de fol appel; le pourvoi en cassation est recevable. La peine ne peut être convertie en prestations en nature.

b) *Délits. — Tribunaux répressifs indigènes.* — Cette matière était régie par deux décrets des 29 mars et 28 mai 1902, dont la légalité avait été vivement contestée et leur l'application a donné lieu à des difficultés considérables; ils ont été remplacés par un nouveau décret du 9 août 1903 abrogeant les dispositions antérieures et dont voici l'économie générale. Suivant l'article 1er, les délits exclusivement imputables aux indigènes musulmans non naturalisés ou aux étrangers musulmans, dans l'étendue du territoire civil de l'Algérie, sont déférés, dans chaque canton, à la juridiction des tribunaux répressifs indigènes qui se composent, d'après l'article 2, du juge de paix et de deux juges âgés de 25 ans, choisis l'un parmi les fonctionnaires ou notables citoyens français, l'autre parmi les fonctionnaires ou notables indigènes musulmans capables de comprendre la langue française. Les deux juges sont nommés par arrêté du gouverneur général, qui peut aussi désigner des suppléants selon les besoins du service. Il fait porter son choix sur les présentations des chefs de la cour qui proposent un nombre de candidats représentant au moins le double des postes à pourvoir. Un décret du 1er février 1911 permet l'institution d'un ou de plusieurs tribunaux répressifs autres que celui existant de droit dont nous venons de parler, afin d'assurer plus facilement la répression et de diminuer les frais. Le décret qui institue les juridictions supplémentaires en délimite les circonscriptions. Le tribunal répressif indigène est présidé par le juge de paix et, en cas d'empêchement, par un de ses suppléants. Le greffier de la justice de paix remplit les fonctions de greffier auprès du tribunal indigène. Dans les villes où siège un tribunal de première instance, le procureur de la République assure le service auprès du tribunal répressif, dans les mêmes conditions que devant le tribunal correctionnel. Dans les autres localités, l'officier du ministère public et son suppléant sont nommés chaque année par le gouverneur général sur la proposition du procureur général. L'officier du ministère public recherche les délits, rassemble les preuves et poursuit la répression; il a le droit de citation directe à l'audience. En cas de flagrant délit, il peut procéder conformément à la loi du 20 mai 1863; mais s'il n'y a audience ni le lendemain ni le surlendemain de l'arrestation, le mandat de dépôt par lui décerné ne tient qu'à la condition d'être confirmé le troisième jour par une décision du président du tribunal répressif; à défaut, la mise en liberté est de droit le quatrième jour. Si l'officier du ministère public estime qu'une instruction préalable est nécessaire, il y procède lui-même avec tous les pourvoirs que le Code d'instruction criminelle confère au juge d'instruction, en constatant qu'il agit en cette qualité. L'article 10 dispose que l'inculpé a le droit de se faire assister par un conseil qui peut être un avocat ou un avoué, et, dans les lieux où il n'en existerait pas, par un oukil. L'instruction terminée, l'officier du ministère public décide s'il y a lieu ou non à suivre. L'inculpé qui cité personnellement ne comparaît pas, ne peut former opposition au jugement qu'autant qu'il établit qu'il s'est trouvé dans l'impossibilité de comparaître. S'il n'a pas été cité personnellement, il a les droits d'opposition déterminés par le Code d'instruction criminelle. L'affaire est jugée, suivant les cas, selon les règles établies par la loi du 20 mai 1863 ou d'après les prescriptions du code d'instruction criminelle. Les jugements par défaut sont immédiatement exécutoires même sans signification; ils deviennent définitifs par l'exécution volontaire ou faute par le condamné d'avoir fait opposition dans le délai de cinq jours à partir du premier acte d'exécution dont il aura eu connaissance (art. 11 et suivants). L'appel est ouvert, dans les deux jours du jugement, au condamné, à l'officier du ministère public et à la partie civile. Le procureur de la République a un délai d'un mois. L'appel est porté devant le tribunal correctionnel qui doit être saisi dans les dix jours; il n'est pas suspensif (art. 21 et suivants). L'article 26 établit le pourvoi en cassation, suivant les règles générales du Code d'instruction criminelle.

La loi du 31 mars 1904 modifiant celle du 27 mai 1885 sur les récidivistes, a consacré législativement l'existence des tribunaux répressifs indigènes, dont la légalité avait été contestée, en statuant, dans son article 2, § 2, que les cours et tribunaux pouvaient tenir compte, pour ordonner la relégation, des condamnations prononcées par les tribunaux institués en Algérie par le décret du 9 août 1903.

c) *Crimes. — Cours criminelles.* — La loi du 30 décembre 1902 établit, dans son article 2, des cours criminelles substituées aux anciennes cours d'assises autrefois compétentes. Celles-ci étaient encombrées par une trop grande quantité d'affaires ; et les fonctions de juré étaient une véritable charge pour les colons ainsi fréquemment enlevés à leurs occupations ordinaires. D'autre part, le jury qui constitue une garantie sérieuse pour l'européen jugé par ses pairs, était plutôt défavorable à l'indigène convaincu que le colon le sacrifiait souvent à ses haines et à ses préjugés.

Suivant l'article 2 précité, la cour criminelle siégeant au chef-lieu judiciaire de chaque arrondissement algérien, comprend, à Alger, un conseiller président et deux assesseurs conseillers remplacés en cas d'empêchement par des juges de première instance. Dans les autres arrondissements, elle se compose d'un conseiller président remplacé, en cas d'empêchement, par le président du tribunal et de deux juges de ce tribunal. La Cour est complétée par deux assesseurs jurés citoyens français et deux assesseurs jurés indigènes musulmans. Tous ensemble, magistrats et jurés, délibèrent sur la culpabilité et l'application de la peine. Un magistrat du parquet de la Cour d'appel désigné par le procureur général à Alger, et ailleurs le procureur de la République ou son substitut remplissent les fonctions de ministère public ; les fonctions de greffier sont exercées à Alger par le greffier en chef de la cour ou un commis et ailleurs par le greffier du tribunal ou un commis.

Les assesseurs jurés français sont choisis dans la liste des jurés de l'arrondissement, suivant les prescriptions des lois du 21 novembre 1872 et 30 juillet 1881 déclarées applicables à l'Algérie. Les assesseurs jurés musulmans seront pris dans une liste dressée en la même forme que la liste du jury et qui comprendra dix noms au moins et vingt au plus pour chaque arrondissement. Les assesseurs musulmans devront être majeurs suivant la loi musulmane, âgés de 25 ans au moins, et comprendre le français. Une session est tenue tous les trois mois ; sur la liste de session figurent quatre français et quatre musulmans, parmi lesquels sont tirés au sort les jurés de chaque affaire ; le ministère public et les accusés ont concurremment le droit de récusation qui s'arrête lorsqu'il ne reste dans l'urne que les noms de deux assesseurs français et de deux assesseurs musulmans. La cour criminelle prononce à la majorité des voix, au scrutin secret, dans les formes prévues par l'article 345 du Code d'instruction criminelle. On recueille d'abord les voix des assesseurs jurés dans l'ordre où ils auront été appelés à siéger par le tirage au sort. La décision est rendue en dernier ressort. Les dispositions du Code d'instruction criminelle non contraires à la loi de 1902 sont applicables au renvoi et à la procédure devant les cours criminelles, ainsi qu'au pourvoi en cassation.

B. — Territoire militaire. — Conseils de guerre

Ces conseils constituent la juridiction pénale ordinaire pour la répression des crimes et délits commis en territoire de commandement, quand il s'agit des indigènes musulmans, ainsi que cela résulte du décret du 15 mars 1860 qui, déférant aux cours d'assises et aux tribunaux correctionnels les crimes et délits commis par les européens et les israélites seulement, a maintenu ainsi, par *a contrario*, pour les indigènes musulmans, la compétence des conseils de guerre. Cette compétence saisit tous les indigènes musulmans non naturalisés et aussi les musulmans étrangers, tunisiens et marocains. Il suffit que le crime ou délit ait été commis en territoire militaire, bien que l'indigène réside en territoire civil ou soit originaire de ce territoire. En cas de pluralité de délinquants, si l'un d'eux est européen ou israélite, tous vont devant la Cour d'assises ou devant le tribunal correctionnel (art. 76 du Code de justice militaire). Les conseils de guerre d'Algérie sont au nombre de quatre : un à Alger, deux à Oran et un à Constantine. Leur composition est à peu près la même qu'en France et la procédure y est aussi à peu près semblable. Ils appliquent aux musulmans, non point le Code de justice militaire, mais le Code pénal de la métropole. Toutefois, ils n'ont pas le droit d'accorder le sursis conditionnel à l'exécution de leurs peines conformément à la loi du 26 mars 1891, car l'article 7 de cette loi dispose spécialement que les tribunaux militaires ne peuvent prononcer le sursis à l'exécution de la peine. Les recours en revision contre les décisions des conseils de guerre sont portés devant la Cour de Cassation, suivant l'article 44 de la loi de finances du 17 avril 1906.

TITRE II

Tunisie

Les juridictions indigènes y sont demeurées compétentes à l'égard des tunisiens, des ottomans appartenant à la religion musulmane et des marocains. Mais il y existe deux législations : la législation religieuse non codifiée et la législation séculière codifiée en partie, ainsi que nous l'avons exposé au chapitre Ier de cette 2e partie relative au *Régime législatif colonial*, législation spéciale au pays et adaptée à ses nécessités. A ces deux législations, il fallait deux juridictions différentes, l'une religieuse et l'autre laïque, que nous allons successivement examiner. Nous dirons ensuite quelques mots du tribunal mixte chargé de prononcer sur les requêtes en immatriculation d'immeubles.

ARTICLE PREMIER

La juridiction religieuse

Les tribunaux religieux sont au nombre de deux, savoir : le *Chara* pour les musulmans et le *Tribunal rabbinique* pour les israélites.

§ I. — *Le Chara.*

La juridiction du *Chara* organisée à Tunis par le décret beylical du 14 novembre 1856, a été ensuite complétée par les décrets des 6 avril 1874, 22 décembre de la même année et 8 février 1876; et un dernier décret en date du 15 décembre 1896 a réglé son fonctionnement dans les provinces. Le tribunal du *Chara* se compose, en principe, d'un seul juge, le *cadi*, lequel a, à ses côtés, des *muphtis* chargés d'interpréter la loi et de donner des consultations. Le *Chara* et autres tribunaux religieux de la Tunisie connaissent seuls à l'exclusion des tribunaux français, des contestations concernant le statut personnel des tunisiens, leurs successions et leurs immeubles non immatriculés ; à cet égard, l'incompétence de la juridiction française est absolue et d'ordre public. Les jugements du *Chara* sont en dernier ressort ; toutefois, lorsque les parties en font la demande et que, vu la gravité des questions, le cadi préfère ne pas juger seul, le litige est porté devant le *medjelès* composé du cadi et des muphtis. Si tous les juges sont du même avis, le cadi prononce en ce sens ; s'il y a des avis différents, le medjelès de Tunis soumet l'affaire au gouvernement et ceux de province la soumettent au medjelès de Tunis ; le cadi prononce ensuite dans le sens indiqué par l'autorité supérieure. Dans chaque affaire, le défendeur indique, au début de l'instance, d'après quel rite il entend être jugé, rite malékite, qui est celui de la majeure partie de la population, ou rite hanéfite, celui de la minorité, bien que la famille régnante le pratique. Suivant la demande faite, les cadis et medjelès du rite malékite ou hanéfite ont compétence. Tout jugement rendu doit, avant toute exécution, être revêtu du sceau du *Chara*.

Le *Chara de Tunis* est considéré comme la juridiction prédominante ; les parties peuvent le saisir avant que ceux de province aient jugé l'affaire, ou relever appel devant lui des décisions de ces juridictions provinciales qui ont été instituées où elles étaient nécessaires. Ces tribunaux provinciaux sont limités à leur district et composés soit du seul cadi, soit du cadi assisté de muphtis.

La procédure devant le chara est tout à fait sommaire et il n'y a pas de défaut possible, en sorte que l'absence d'une des parties n'empêche pas le jugement ; l'exécution des jugements se fait par les soins du cadi.

§ II. — *Tribunal rabbinique*

Le tribunal rabbinique a été établi pour toute la Tunisie, par un décret beylical du 3 septembre 1872, et spécialement réorganisé à Tunis par un autre décret du 28 novembre 1898. Dans cette ville, le tribunal rabbinique comprend le grand rabbin, président honoraire, un rabbin vice-président, deux autres rabbins juges et deux autres juges suppléants; tous sont nommés par le Bey sur la proposition du premier ministre; il a aussi son greffier. Les membres du tribunal ne peuvent exercer aucune profession, ni occuper un emploi quelconque. Pour être nommés, ils doivent être âgés de 35 ans au moins et de 70 ans au plus, présenter des garanties de capacité et résider à Tunis. Ce tribunal rabbinique connaît des contestations intéressant le statut personnel des israélites tunisiens non protégés et leurs successions; il nomme l'administrateur de ces successions, lorsque les héritiers sont absents ou inconnus ou ont renoncé ou que la succession est litigieuse.

Les jugements du tribunal rabbinique sont définitifs et sans recours; cependant, d'après le décret de 1898, ils peuvent être cassés par le Bey. Ils sont rendus en langue hébraïque.

ARTICLE II

Les tribunaux laïques ou séculiers

Les tribunaux laïques indigènes connaissent, en Tunisie, de toutes les matières ne rentrant pas dans la compétence des tribunaux religieux; mais, à la différence de ces derniers, leur juridiction est à la fois civile et pénale. Les tribunaux laïques sont assez nombreux dans la Régence; en première ligne vient celui de l'*Ouzara* siégeant à Tunis; on rencontre ensuite les tribunaux régionaux des *caïds*, de la *Driba* et le tribunal de l'*Orf* jugeant les affaires commerciales.

§ I. — *Le tribunal de l'Ouzara*

Le tribunal de l'Ouzara qui siège à Tunis, est une sorte de juridiction administrative ayant, en outre, des attributions civiles et répressives. Il est seul compétent en matière administrative et connaît, dans l'usage, de toutes les affaires civiles non déférées au chara. Il comprend deux sections :

la section des affaires civiles et la section des affaires pénales. Suivant le décret beylical du 3 juin 1908, la première section statue en matière civile sur les demandes mobilières dépassant 5.000 francs. Les affaires immobilières qui sont de la compétence du chara lui échappent; toutefois elle est compétente pour la possession et pour les actions concernant les biens *habous* (décret du 11 août 1886). Elle connaît aussi des affaires de contrebande, des réclamations en matière d'impôts et, en général, de toutes les actions intentées contre l'État. La seconde section se divise en deux bureaux : le premier s'occupe des affaires criminelles et le second des affaires correctionnelles (décret du 4 avril 1884).

Le tribunal de l'*Ouzara* est, en outre, une juridiction d'appel; à ce titre, il juge les appels dirigés contre les jugements rendus en premier ressort par les tribunaux régionaux et celui de la *Driba*, dont nous allons parler. Suivant le décret du 18 mars 1896, le premier ministre peut déférer à l'Ouzara toutes affaires en cours d'instance et tous jugements des tribunaux inférieurs, même définitifs et exécutés, pour abus de pouvoir, incompétence, erreur évidente et violation ou fausse application de la loi.

Voici comment le décret du 14 février 1885 règle le fonctionnement pratique de l'*Ouzara*. Un secrétaire de la section civile ou de la section pénale reçoit les réclamations des intéressés adressées par écrit au premier ministre ou verbalement, suivant que les affaires relèvent de la section civile ou pénale; la réclamation est transmise au chef de section qui nomme un rapporteur pour instruire l'affaire. Le rapporteur cite les parties, les entend et au besoin les oblige à comparaître par la force publique. Il rédige ensuite un *mahroud* ou rapport contenant un résumé succinct de l'affaire et le soumet au chef de section qui prépare un projet de décision présenté au premier ministre ou au ministre de la plume, sous réserve de l'approbation du Bey. Un arrêté du premier ministre du 28 janvier 1888 a spécialement organisé le service de l'instruction pour la section pénale, instruction qui est dirigée par un cheik instructeur et des cheiks auxiliaires chargés de rechercher les faits punissables et de remplir les formalités nécessaires pour arriver au jugement.

Un décret du 6 décembre 1884 a organisé le greffe du tribunal; et un autre du 10 juillet 1906 a créé un emploi de commissaire du gouvernement agissant par délégation de la direction des services judiciaires instituée par décret du 13 janvier 1896. Le commissaire est nommé et révoqué par décret; il a pour mission de veiller à la bonne administration de la justice et signale au directeur des services judiciaires tout ce qui lui paraît contraire à cette bonne administration. Il a la surveillance des affaires civiles, de l'action criminelle et des informations et peut poursuivre d'office suivant les instructions du directeur des affaires judiciaires. Pour être nommé commissaire du gouvernement, il faut être français, âgé de plus de 25 ans, jouir de ses droits civils et politiques et avoir été reçu à un concours dont les conditions et le programme ont été fixés par arrêtés du premier ministre des 11 juillet et 18 décembre 1906.

Le tribunal de l'Ouzara joue, a-t-on dit, dans la Régence, le rôle que jouait autrefois à Rome la juridiction du prêteur; il se prête d'une façon très souple à toutes les transformations dans la législation primitive, que la civilisation et le contact du protectorat suggèrent peu à peu. Modernisé par l'institution du commissariat du gouvernement dont nous venons de parler, il tend à devenir la juridiction de droit commun indigène, au préjudice du Chara qui ne fait aucun progrès et reste figé dans l'immobilité même de la secte religieuse qu'il représente. Il tient des audiences publiques, bien que ce soit toujours, en dernière analyse, le Bey qui prononce sur le rapport des secrétaires et du ministre; et, depuis la création des tribunaux régionaux, il tend à devenir principalement une grande juridiction supérieure d'appel en matière civile et criminelle.

§ II. — *Les tribunaux régionaux*

Ils ont été établis à Sfax, à Gabès et à Gafsa par le décret beylical du 18 mars 1896; un second décret en date du 25 février 1897 en a créé à Sousse et à Kairouan et un troisième, du 17 mai 1898, au Kef. Aux termes du décret beylical du 3 juin 1908, ils jugent, en matière civile, toutes les affaires personnelles et mobilières, en dernier ressort jusqu'à 200 francs et en premier jusqu'à 5.000 francs; ils statuent également au possessoire. En matière pénale, divers décrets beylicaux ont déterminé leur compétence; ils connaissent des délits de pêche, de chasse en temps prohibé; des ventes prohibées d'armes; des délits en matière de douane, de monopoles; des infractions aux lois sur la médecine et la pharmacie; des délits concernant la tenue des jeux de hasard en récidive, les falsifications de denrées, les rixes sur la voie et dans les lieux publics, les usurpations ou empiètements sur le domaine public, etc. Sur tous ces points et autres indiqués, la décision est sans appel; elle intervient, à charge d'appel, pour les coups et blessures volontaires, abus de confiance simple, délits contre l'État et la sûreté publique etc. D'une façon générale, les tribunaux provinciaux statuent, en dernier ressort, jusqu'à 100 francs d'amende et 3 mois de prison; et, en premier ressort, ils prononcent toutes condamnations à une amende supérieure et à un emprisonnement d'une durée de deux ans au plus. Les tribunaux régionaux se composent d'un président, de deux juges, d'un juge suppléant et d'un greffier; le décret beylical du 1er février 1909 détermine les conditions exigées pour devenir membre de ces tribunaux. Devant cette juridiction les parties comparaissent et plaident elles-mêmes. Toutefois, elles peuvent se faire représenter par un avocat ou un défenseur porteur d'un décret d'autorisation. La procédure est aussi sommaire que possible et ne comporte pas de défaut, et par suite, d'opposition (circulaire du premier ministre, aux caïds en date du 3 mai 1896).

Le ressort de chaque tribunal de province est déterminé et ils sont incompétents en dehors de leurs limites; en matière personnelle mobilière, on va devant le tribunal du domicile du défendeur; au possessoire, devant celui de la situation de l'immeuble; et, en matière pénale, indistinctement devant le juge du lieu du délit, du domicile du prévenu ou du lieu où il a été trouvé; le juge saisi le premier statue. Une circulaire du premier ministre aux caïds, en date du 3 mai 1896, trace les grandes lignes de la procédure et de l'exécution des jugements. Le décret du 10 juillet 1906 qui a créé des emplois de commissaire du gouvernement près les tribunaux tunisiens, s'applique aux tribunaux régionaux; ils remplissent auprès de ces tribunaux le même rôle que celui institué auprès de l'ouzara. Il faut donc renvoyer à cet égard à tout ce qui a été dit, au sujet de cette dernière juridiction, quant aux fonctions des commissaires et aux conditions exigées d'eux pour la bonne administration de la justice.

§ III. — *Les tribunaux des caïds*

L'étendue de la juridiction des caïds a été déterminée par un décret beylical du 23 mai 1900; cette juridiction s'exerce en matière civile et en matière pénale. En matière civile, le caïd connaît des actions personnelles et mobilières, quand leur importance ne dépasse pas 30 francs. En matière pénale, il est compétent pour les affaires ne devant pas donner lieu à une condamnation dépassant quinze jours de prison et une amende de 20 francs. Toutefois, cette compétence n'est pas attribuée au caïd qui réside dans une des villes ou siège un tribunal régional ci-dessus indiquées; dans ces villes, le caïd est simple juge de police. Dans les affaires dont la valeur excède 30 francs ou qui doivent motiver une condamnation supérieure à quinze jours de prison et 20 francs d'amende, le rôle du caïd, d'après le décret beylical du 12 mars 1902, se borne à transmettre ces affaires à l'autorité judiciaire compétente. En vertu du décret précité de 1900, article 12, le premier ministre peut déléguer les pouvoirs judiciaires des caïds aux khalifas résidant dans les localités autres que le chef-lieu du caïdat.

§ IV. — *La Driba*

La *Driba* est régie par le décret beylical précité du 23 mai 1900. Elle siège à Tunis et constitue une sorte de tribunal de police auquel sont soumises les infractions aux arrêtés municipaux et aux contrats de travail, ainsi que les demandes d'incarcération formées par les créanciers contre leurs débiteurs. La peine d'emprisonnement qu'elle prononce ne peut pas dépasser six mois, (décret du 4 avril 1884). D'autre part, la *Driba* juge en matière civile et suit, en principe, les prescriptions régissant les tribunaux de province pour les affaires dépassant la compétence du caïd et non réservées au tribunal de l'*Ouzara*. En dehors de Tunis, où elle siège, la circonscription de la *Driba* comprend les caïdats de la banlieue, de Tébourba, Béjà, Zaghouan, Bizerte, Soliman, Mateur, Nabeul, Medjez-el-Bab (arrêté du premier ministre du 25 mai 1900).

§ V. — *Tribunal commercial de l'Orf*

Le tribunal de l'*Orf* est une sorte de juridiction commerciale régie par le décret beylical du 12 mars 1884. Il a son siège à Tunis et se compose de l'*amin* du commerce et de dix assesseurs. Il juge toutes les affaires commerciales; d'autre part, entre ouvriers et patrons, il remplit l'office des conseils de prud'hommes de France. Enfin, il donne son avis sur les questions commerciales aux tribunaux de droit commun.

§ VI. — *Les tribunaux mixtes chargés de statuer sur les demandes d'immatriculation d'immeubles*

Nous aurons à envisager, au chapitre suivant consacré au *Régime des terres*, le mécanisme de la loi foncière du 12 mai 1885 relative à l'immatriculation des immeubles situés dans la Régence, et à préciser les effets de cette immatriculation quant à la condition de la propriété. Or cette immatriculation est du ressort d'un tribunal spécial appelé tribunal mixte, parce qu'il contient à la fois des membres français et indigènes. Nous allons ici nous borner à donner succinctement les règles générales qui président à l'organisation du tribunal, renvoyant pour le fond, c'est-à-dire pour sa compétence, au chapitre suivant.

Le tribunal mixte a été organisé, tel qu'il existe actuellement, par le décret beylical du 30 avril 1903 modifié par celui du 4 avril 1906; sa composition varie avec les localités. A Tunis, il comprend six magistrats français, l'un président, deux juges rapporteurs, trois juges; les juges musulmans sont au nombre de trois; il a, en outre, un greffier, un commis-greffier et deux interprètes traducteurs assermentés. A Sousse, il se compose d'un juge rapporteur français, de deux juges musulmans, d'un greffier, d'un commis-greffier et d'un interprète traducteur assermenté. Le Bey nomme les magistrats français et les magistrats musulmans du tribunal mixte, les premiers sur la proposition du résident général de France à Tunis, les seconds sur la proposition du Chara de Tunis ou du premier ministre. C'est encore le Bey qui nomme le greffier et les commis-greffiers du tribunal mixte. Ce tribunal se transporte au moins une fois par mois à Sousse, pour y juger les affaires concernant les immeubles situés dans l'arrondissement du tribunal français de cette ville. D'après le décret du 12 février 1905, les magistrats français du tribunal portent à l'audience le costume des magistrats des tribunaux de première instance français.

Le tribunal mixte constitue une véritable juridiction appelée à statuer sur les litiges soulevés par l'exécution de la loi foncière d'immatriculation. Cette immatriculation se présente donc en Tunisie avec le caractère *judiciaire*, ce qui la différencie profondément du système de l'*Act Torrens* australien. En effet, suivant le *Real property act*, c'est un fonctionnaire *administratif*, le *registrar général*, qui est seul juge des litiges précités, sous la responsabilité pécuniaire de l'administration, le cas échéant, vis-à-vis des tiers victimes d'erreurs commises dans l'immatriculation et la délivrance des titres. Ce registrar, véritable juge, ne ressemble donc pas au conservateur français des hypothèques, dont le rôle se borne à transcrire et à inscrire sur la réquisition des parties, sans avoir à apprécier la validité des titres. L'institution du tribunal mixte donne, dès lors, aux parties un avantage considérable sur le système Torrens.

ARTICLE III

Les auxiliaires de la justice indigène

§ I. — *Oukils*

Les *Oukils* représentent les parties devant les diverses juridictions tunisiennes; leur institution et les règlements qui les concernent ont été maintenus après notre protectorat; mais le tout a été réfondu par le décret beylical du 9 mai 1897. Aux termes de ce décret (articles 1 et 3), pour être nommé oukil il faut être âgé de 25 ans, d'une moralité reconnue et avoir subi un examen devant une commission spéciale composée du ministre de la plume, qui la préside, du directeur du service judiciaire et de deux membres choisis chaque année par le premier ministre. L'article 6 du décret dispense de cet examen les avocats inscrits aux barreaux des tribunaux français de Tunisie et les défenseurs exerçant près ces tribunaux. D'après l'article 7, l'oukil muni d'un décret d'autorisation peut représenter les parties et faire pour elles toutes productions, procédures et plaidoiries devant toutes les juridictions tunisiennes. Suivant les articles 8 et 9, l'oukil porteur des pièces de son client est présumé avoir mandat de le représenter en justice pour l'affaire à laquelle ces pièces ont trait; dès qu'il s'est constitué pour sa partie, c'est à lui que toutes les significations doivent être faites. Les honoraires des oukils sont fixés amiablement entre eux et leurs clients; en cas de difficulté, c'est le ministre de la plume qui la tranche, après avoir pris l'avis des chefs de la juridiction devant laquelle l'oukil avait instrumenté (articles 11 et 12).

L'oukil ne peut occuper aucun autre emploi; toute infraction aux règles et devoirs de sa profession peut, suivant la gravité, être passible de l'avertissement, de la réprimande, de la suspension et enfin de la révocation.

§ II. — *Dellahs*

Les *Dellahs* sont des crieurs publics indigènes ayant des attributions spéciales en matière de vente publique des objets appartenant aux indigènes. Le décret du 20 février 1889 qui a établi le monopole des commissaires-priseurs en Tunisie, a réservé, au profit des Dellahs, le droit de procéder seuls à la vente publique des objets appartenant à des tunisiens.

§ III. — *Notaires*

Le notariat, en Tunisie, ne correspond nullement au notariat de la France, au point de vue de ses attributions et de son fonctionnement. Tandis que le notaire français est un officier ministériel chargé de donner l'authenticité et la force exécutoire aux actes qu'il retient, le notaire tunisien n'est qu'une sorte de témoin officiel, qualité qui lui donne des attributions multiples. Le notariat tunisien a été établi par décret beylical du 8 janvier 1875; il comprend des notaires musulmans et des notaires israélites.

Les notaires musulmans ne peuvent être nommés que s'ils justifient d'une moralité irréprochable et de connaissances suffisantes pour l'exercice de leurs fonctions; ils doivent être tunisiens; ils ne peuvent exercer que dans la circonscription pour laquelle ils ont été désignés. Ils sont placés sous la surveillance des cadis chargés de vérifier les registres sur lesquels ils inscrivent leurs actes.

Les notaires israélites sont régis par les décrets des 12 septembre 1887 et 27 août 1901. D'après ces décrets, pour être nommé notaire israélite, il faut subir un examen professionnel devant une commission composée du grand rabbin, du vice-président du tribunal rabbinique, du greffier de ce tribunal et d'un notaire israélite.

Les notaires ont capacité pour dresser tous actes sur la réquisition des parties et ne peuvent refuser leur ministère qu'en dehors des cas expressément prévus par la loi. Il est toutefois des hypothèses dans lesquelles l'assentiment du caïd ou du rabbin est nécessaire pour dresser un acte (décrets des 12 septembre 1887, 4 octobre 1888); il en est ainsi notamment pour les actes de commune renommée, de décès, de mariage et, en général, pour tous ceux relatifs au statut personnel. Les actes dressés par les notaires indigènes tunisiens doivent être rédigés sur papier timbré beylical et ont le caractère d'écritures authentiques. Mais ils ne peuvent pas faire foi contre les européens lorsqu'ils ne sont pas revêtus de leur signature. Au contraire, suivant les lois et coutumes de la Régence, la signature des indigènes n'est pas nécessaire pour la validité des actes notariés les concernant.

TITRE III

La justice indigène dans les possessions françaises autres que l'Algérie et la Tunisie.

ARTICLE PREMIER

Afrique occidentale française.

La justice indigène y a été établie et réglementée par le décret du 10 novembre 1903, complété par ceux des 22 mai et 14 juin 1905. Les juridictions chargées de l'appliquer comprennent des *tribunaux de village*, des *tribunaux de province* et des *tribunaux de cercle*. Mais ces juridictions n'ont d'autorité, suivant l'article 46 du décret de 1903, que dans les territoires non compris dans le ressort des tribunaux de première instance et de la justice de paix de Kayes, car, ainsi que nous l'avons précisé plus haut à propos du fonctionnement de la justice française en Afrique occidentale, dans les circonscriptions de ces tribunaux et de cette justice de paix, les indigènes sont justiciables, en matière civile et pénale, de la justice française, à la condition, pour les juges français, de s'adjoindre un assesseur indigène ou le cadi, suivant que l'indigène est ou non musulman, assesseur ayant voix consultative dans les questions concernant l'état civil, le mariage, les successions et les testaments.

Les *Tribunaux de village* sont des juridictions de famille constituées par le chef de la localité et chargées soit de concilier les parties dans leurs procès civils, soit de juger les contraventions de simple police (art. 47 du décret de 1903). Les *Tribunaux de province* ont un rôle plus important : ils connaissent, en effet, de toutes les demandes civiles et commerciales et de tous les délits; ils comprennent le chef de la province ou des cantons et deux notables désignés par le gouverneur général sur la proposition du procureur général (art. 49 du décret). Au dessus de ces deux juridictions, vient le *Tribunal de cercle* présidé par l'administrateur du cercle, assisté également de deux notables nommés par le chef de la colonie sur la proposition du procureur général (art. 56 du décret). Quand des musulmans sont en cause, l'un des notables est le cadi du lieu, et, à défaut, un notable musulman; il en est de même pour les tribunaux de province. Au tribunal de cercle sont soumis les appels formés contre les décisions rendues en premier ressort par les tribunaux de province; ce même tribunal juge aussi tous les crimes; mais, comme il va être dit ci-après, les condamnations qu'il prononce sont soumises à l'homologation de la chambre spéciale de la cour de Dakar, lorsqu'elles sont supérieures à cinq années de prison.

En matière civile, le délai pour interjeter appel des décisions des tribunaux de province est de deux mois à partir du prononcé du jugement; l'appel est formé par simple déclaration faite au chef de la province qui en donne avis à l'intéressé. Aucun appel ne peut être admis après le délai d'un an à partir du jugement. En cas de défaut, le délai d'appel court du jour de la signification faite par le chef de la province; l'appelant qui succombe peut être condamné à une amende n'excédant pas 100 francs. En matière correctionnelle, la déclaration d'appel peut être faite séance tenante à l'audience, sur l'interpellation du chef de la province qui est tenu de demander au condamné s'il compte ou non se pourvoir en appel. Si l'appel n'est pas interjeté à l'audience, il peut encore être fait par déclaration au chef de la province dans les dix jours suivants.

L'homologation des jugements des tribunaux de cercle prononçant des peines supérieures à cinq ans d'emprisonnement, est soumise à une chambre spéciale de la cour d'appel de Dakar composée, suivant l'article 62 du décret de 1903 modifié par celui de 1905, de trois conseillers dont le plus ancien exercera les fonctions de président, de deux fonctionnaires désignés par le gouverneur général après avis du procureur général et de deux assesseurs indigènes parlant français, choisis par le président de la chambre sur une liste de douze notables dressée annuellement par le gouverneur général. Les fonctions de ministère public sont exercées par le procureur général ou l'un des membres de son parquet, et celles de greffier par le greffier de la cour ou un commis-greffier. Les assesseurs indigènes n'ont que voix consultative. Quand la chambre, saisie par le procureur général, annule, elle renvoie l'affaire devant le tribunal qui en a connu, en indiquant par arrêt motivé les points insuffisamment établis ou reconnus erronés sur lesquels devra porter le nouvel examen des juges indigènes. Lorsque le tribunal de cercle a rendu sa nouvelle décision, la chambre saisie à nouveau peut soit homologuer, soit annuler encore, et, dans ce cas, évoquer l'affaire et statuer au fond. Si le tribunal de cercle a manifestement excédé sa compétence en se saisissant d'une affaire relevant des tribunaux français, la chambre peut annuler dès le premier examen et renvoyer au parquet qui saisit la juridiction compétente.

Les jugements indigènes, en matière civile et pénale, sont motivés, transcrits sur un registre spécial à leur date et exécutoires, après visa de l'administrateur pour exécution, dans toute l'étendue des territoires ressortissant à la juridiction indigène et soumis à l'autorité française. Si l'exécution doit avoir lieu dans le ressort des tribunaux de première instance, de la justice de paix de Kayes ou des autres justices de paix, il conviendra d'obtenir une ordonnance du juge du lieu. La justice indigène appliquera aux musulmans la loi coranique compliquée de coutumes locales; les coutumes sont également suivies au regard des populations fétichistes, en tant qu'elles ne sont pas en opposition avec la civilisation française. Dans le cas où des châtiments corporels seraient prévus, on leur substituera l'emprisonnement. L'exécution des jugements des tribunaux indigènes sera suspendue pendant toute la durée de la procédure d'homologation.

La justice indigène a été organisée en *Mauritanie* par un décret du 5 juin 1906 sur les bases suivantes. Les attributions du chef de village, telles qu'elles sont prévues par les articles 47 et 48 du décret du 10 novembre 1903, appartiennent au cadi ordinaire de tribu nommé par le commissaire du gouvernement général en Mauritanie. Toutefois les collectivités de race noire installées sur la rive droite du Sénégal sont administrées, au point de vue de la police, par les tribunaux de village prévus par les articles 47 et 48 du décret précité. Les tribunaux de province sont remplacés par des tribunaux institués au chef-lieu de chaque résidence et composés du résident président assisté d'un cadi ordinaire, d'un notable d'une tribu maraboutique et d'un chef de tribu guerrière, nommés au commencement de chaque année par le commissaire du gouvernement général en Mauritanie, après agrément du procureur général. Les tribunaux de cercle sont composés du commandant de cercle président, assisté du cadi supérieur, d'un chef de tribu maraboutique et d'un chef de tribu guerrière nommés chaque année comme il a été dit ci-dessus. Les membres indigènes des tribunaux de résidence et de cercle ont voix consultative.

Un décret du 20 décembre 1907 a créé, pour le *territoire militaire du Niger*, des tribunaux de cercle et de province, présidés par un fonctionnaire européen qui est le résident dans les chefs-lieux de résidence et l'adjoint au commandant de cercle dans les chefs-lieux de cercle. Ces tribunaux comprennent, en outre, deux assesseurs choisis sur une liste de quatre notables désignés annuellement par le lieutenant gouverneur du Haut-Sénégal et Niger avec l'agrément du procureur général.

Il est des matières auxquelles les indigènes musulmans du Sénégal attachent une importance particulière; aussi un décret du 20 mai 1857 leur avait-il concédé le privilège de soumettre à leur *cadi* les différends concernant ces matières, lesquelles, suivant le décret, comprenaient : l'état civil, le mariage, les successions, les donations et les testaments. Mais le décret de 1903 précité organisant la justice indigène avait supprimé cette faculté qu'est venu rétablir un décret du 22 mai 1905. En conséquence, pour les matières dont s'agit, ce dernier décret a créé des *tribunaux musulmans* à Dakar, Saint-Louis et Kayes; et un autre a été établi à Rufisque par un dernier décret du 29 janvier 1907. Ces trinunaux sont composés d'un cadi et d'un assesseur qui suppléera le cadi en cas d'empêchement; auprès de chacun de ces tribunaux se trouve un greffier. Dans les ressorts des tribunaux de première instance français et de la cour de Dakar, ce sont ces tribunaux et la cour qui statuent sur les mêmes matières, avec l'assistance d'un assesseur indigène ayant seulement voix consultative quand il s'agit de procès concernant les individus non musulmans ayant conservé le statut indigène. Des arrêtés du gouverneur général déterminent le ressort des tribunaux musulmans et pourvoient à la nomination des cadis, assesseurs et greffiers.

La cour connaît de l'appel contre les décisions des tribunaux musulmans; elle statue d'après la loi musulmane en vigueur dans le ressort du tribunal. Les arrêts de la cour ne sont susceptibles de cassation que pour incompétence ou excès de pouvoir.

ARTICLE II

Afrique équatoriale française

La justice indigène y est organisée par le titre II du décret du 22 mai 1910 (art. 39 et suivants). Elle est rendue par des *Tribunaux indigènes* institués au chef-lieu de chaque circonscription administrative, présidés par l'administrateur, l'officier ou le fonctionnaire commandant la criconscription, assisté de deux assesseurs dont un européen citoyen français et l'autre indigène; à défaut d'européen, les deux assesseurs sont indigènes; ils sont choisis annuellement par le lieutenant gouverneur de la colonie. Ils n'ont que voix consultative et sont obligatoirement consultés. Il n'y a ni ministère public, ni greffier auprès des tribunaux indigènes; mais le président peut se faire assister par un secrétaire de son choix. Ces tribunaux appliquent les coutumes locales en tant que non contraires à la civilisation française. Ils connaissent, en matière civile et commerciale, de tous les litiges dont ils sont saisis par les non justiciables des tribunaux français; et il convient de rappeler, à ce point de vue, que les indigènes sont maîtres de soumettre leurs litiges d'un commun accord à la justice française qui applique alors les coutumes locales. La juridiction indigène est donc toujours facultative. En matière répressive, les tribunaux indigènes connaissent de tous les faits punissables commis par des individus non justiciables des tribunaux français ; ils peuvent infliger la mort, l'emprisonnement et l'amende. Si la peine prononcée est supérieure à deux années d'emprisonnement, il y a lieu à homologation; au-dessous, la décision est définitive, sauf demande en annulation à la cour faite par le procureur général. Les jugements sont toujours motivés, rendus en audience publique et transcrits sur un registre à ce destiné.

L'homologation des jugements dans la mesure qui vient d'être indiquée ci-dessus, est portée devant une chambre spéciale instituée à Brazzaville composée des membres de la cour d'appel et de deux fonctionnaires annuellement désignés par le gouverneur général, sur la proposition du chef du service judiciaire qui saisit la cour et exerce auprès d'elle les fonctions de ministère public. Quand la chambre annule, les choses se passent comme il a été dit ci-dessus à propos de l'Afrique occidentale.

Les jugements des tribunaux indigènes en toute matière sont exécutoires dans tout le gouvernement général, après avoir reçu le visa de l'administrateur; toute exécution est suspendue pendant la durée de la procédure d'homologation; la peine n'est jamais prescrite.

ARTICLE III

Madagascar, Mayotte et les Comores.

§ I. — *Madagascar*

Un premier décret du 24 novembre 1898 avait organisé la justice indigène à Madagascar; il a été remplacé par un long décret en 119 articles formant un véritable code de la matière qui porte la date du 9 mai 1909 et dont voici les dispositions principales.

A. — *Organisation générale.* — La justice, en matière indigène, est rendue par des *tribunaux indigènes* du 1er et du 2e degré, la *cour d'appel* et une *chambre d'homologation*; sont indigènes, dans le sens du présent décret, et justiciables des juridictions indigènes, les individus originaires de Madagascar et dépendances ou autres possessions françaises, ne possédant pas la qualité de citoyens français ou une nationalité étrangère reconnue.

Il est institué au chef-lieu de chaque district ou secteur un *Tribunal indigène du 1er degré*, composé du chef du district ou secteur, président, assisté de deux notables indigènes désignés par le gouverneur général. Un *Tribunal indigène du 2e degré* se trouve au chef-lieu de chaque province ou cercle; il est composé du chef de la province ou du commandant du cercle président, assisté, comme dans celui du 1er degré, de deux notables indigènes désignés par le gouverneur général. En cas d'absence ou d'empêchement du président du 1er degré ou des assesseurs du 1er ou du 2e degré, le chef de la province, délégué à cet effet par le gouverneur général, désigne le fonctionnaire ou les assesseurs qui doivent les remplacer. Le gouverneur général désigne l'administrateur qui doit remplacer le président du tribunal du 2e degré en cas d'absence ou d'empêchement. Lorsque le tribunal du 2e degré juge comme tribunal d'appel, il est toujours présidé par le chef de la province ou du cercle, et, à défaut, et dans les cas urgents seulement, par l'administrateur le plus élevé en grade après lui.

La *Cour d'appel* statuant en matière indigène est présidée par un conseiller désigné au commencement de l'année par le président de la cour, après avis du procureur général. Il est assisté d'un second conseiller ou du conseiller auditeur, d'un administrateur et de deux notables indigènes; l'administrateur et les assesseurs indigènes sont désignés par le gouverneur général. Deux assesseurs suppléants sont également désignés pour remplacer les premiers en cas d'absence ou d'empêchement. Le président de la cour peut présider la Cour d'appel statuant en matière indigène; la présence du ministère public n'est pas obligatoire. Les assesseurs près les tribunaux indigènes et la cour d'appel n'ont que voix consultative; ils sont obligatoirement consultés et mention en est faite dans le jugement ou l'arrêt.

Les fonctions de greffier n'existent pas auprès des tribunaux indigènes. Les présidents peuvent se faire assister, pour la rédaction matérielle des jugements, la tenue des registres nécessaires et des notes d'audience, et la délivrance des expéditions, d'un secrétaire de leur choix parmi les fonctionnaires européens ou indigènes placés sous leurs ordres. A la cour, les fonctions de secrétaire sont remplies par un commis-greffier. Les minutes sont déposées au greffe de la cour (art. 1 à 12).

B. – *Juridiction civile.* – Les tribunaux indigènes et la Cour d'appel statuant en matière indigène connaissent de toutes les contestations dans lesquelles des indigènes seuls sont en cause. La compétence territoriale est fixée par le lieu du domicile du défendeur. La fixation du domicile est laissée à l'appréciation souveraine du tribunal saisi de la requête. En cas de conflit négatif sur cette fixation entre deux juridictions de même nature, le conflit sera réglé par le tribunal du 2e degré ou par la Cour d'appel, suivant la procédure prévue en cas d'appel.

Le tribunal du 1er degré connaît en premier et en dernier ressort de toutes les actions d'une valeur inférieure à 300 francs; en premier ressort seulement et à charge d'appel devant le tribunal du 2e degré : 1° de toutes les actions d'une valeur supérieure à 300 francs et n'excédant pas 1.500 francs; 2° de toutes les actions dont la valeur ne peut être fixée en argent, notamment de toutes les affaires de divorce.

Le tribunal du 2e degré connaît : 1° de l'appel des jugements rendus en premier ressort par le tribunal du 1er degré; 2° en premier et dernier ressort, de toutes les actions de quelque nature qu'elles soient dont la valeur, supérieure à 1.500 francs, n'excède pas 3.000 francs; 3° en premier ressort seulement et à charge d'appel devant la cour, de toutes les actions d'une valeur supérieure à 3.000 francs. Les limites de la compétence sont exclusivement fixées par la valeur du litige. Les amendes et les pénalités prévues par la loi qui pourraient être encourues ou prononcées, sont sans effet sur le taux du ressort.

La Cour d'appel connaît de l'appel des jugements rendus en premier ressort par les tribunaux du 2e degré et de l'annulation des jugements rendus en dernier ressort par les tribunaux des 1er et 2e degré (art. 13 à 18).

La compétence étant ainsi déterminée, le décret trace la procédure à suivre. L'instance, déclare l'article 19, est exclusivement introduite par une requête adressée oralement ou par écrit, soit au président du tribunal, soit au tribunal en audience publique. L'article 20 ajoute que cette requête doit être présentée par le demandeur en personne ou, s'il se trouve dans l'un des cas d'empêchement prévus, par un parent rapproché et à défaut par un mandataire indigène. S'il est mineur ou incapable, le président lui désigne d'office un mandataire choisi parmi les plus proches parents. La requête introductive d'instance reçue fixe irrévocablement l'instance quant aux parties en cause, à l'objet du litige et à la valeur de la réclamation (art. 24). Une tentative de conciliation est obligatoire dans chaque affaire. Les parties sont obligées de se présenter en personne, sauf dans les cas prévus à l'article 20. Si le défendeur est mineur ou incapable, il lui est désigné un mandataire d'office, conformément au même article 20. Le procès-verbal de conciliation a valeur authentique et, pour les obligations qui peuvent y être contenues, force exécutoire. A défaut de conciliation, le demandeur est obligé d'acquitter certains droits de justice déterminés par le tribunal; faute par lui d'opérer ce versement, il est déchu de sa demande. En cas d'indigence, le tribunal peut le dispenser d'acquitter ces droits. Si l'affaire ne comporte aucune instruction, elle est jugée séance tenante ou à une audience ultérieure fixée par le tribunal. Si elle comporte une instruction, les parties sont renvoyées devant les assesseurs chargés d'y procéder (art. 25 et suiv.).

Les *voies de recours* contre les jugements rendus par les tribunaux du 1er et du 2e degré sont prévues par le décret dans ses articles 28 et suivants; elles sont au nombre de deux : l'appel et l'annulation.

L'*appel* des jugements interlocutoires ou préparatoires n'est recevable qu'avec l'appel sur le fond; l'appel du jugement définitif implique, au surplus, l'appel de tous jugements rendus dans l'affaire. L'appel est formé par une simple déclaration verbale ou écrite adressée au président du tribunal d'où émane la décision; elle est faite par la partie intéressée ou son représentant autorisé. Mention de la déclaration d'appel est inscrite à la suite ou en marge du jugement. Le délai pour interjeter appel est de quinze jours à compter de la remise de la copie du jugement aux parties ou à leur représentant ou au gouverneur *madinika*. Le jour de la remise n'est pas compris dans ce délai. La déclaration du *pourvoi en annulation* est faite dans la même forme que la déclaration d'appel. Le délai pour le pourvoi en annulation est de trente jours à compter de la remise de la copie du jugement, non compris le jour de la remise.

Il doit être consigné une amende de 50 francs, sauf en cas d'indigence. Le pourvoi en annulation est suspensif. Les avocats défenseurs peuvent seuls assister les parties ou déposer des conclusions en leur nom devant la cour. Les parties peuvent d'ailleurs se défendre et conclure elles-mêmes. Le recours en annulation n'est ouvert que pour incompétence, composition irrégulière du tribunal, défaut de publicité des audiences et des jugements, défaut de consultation des assesseurs, absence de requête introductive d'instance, nullité de l'appel, défaut de versement de l'amende ou des droits, violation des lois et coutumes locales.

C. — *Juridiction pénale.* — Le décret s'occupe de la justice répressive dans les articles 55 et suivants. Les tribunaux du 1er degré connaissent, aux termes de l'article 55 : 1° en premier et dernier ressort, de toutes les contraventions, de quelque nature qu'elles soient, commises par les indigènes; 2° en premier ressort seulement et à charge d'appel devant les tribunaux du 2e degré, de tous les délits commis par les indigènes, à l'exception : *a*) de ceux qui auront été commis au préjudice d'européens ou assimilés; *b*) de ceux qui auront été commis de complicité avec un européen ou assimilé. La distinction entre les délits et les crimes est faite d'après la loi française.

D'après l'article 57, les délits commis par les indigènes contre l'ordre public proprement dit sont de la compétence des tribunaux du 1er degré. Il en est de même des délits commis par des indigènes contre l'État, la colonie ou une administration publique. Les tribunaux répressifs ne connaissent pas des faits qui, quoique punis par la loi malgache d'amende ou d'emprisonnement, n'ont que le caractère d'une inexécution d'obligation civile. (art. 58).

Les tribunaux du 2e degré connaissent : 1° de l'appel des jugements rendus par les tribunaux du 1er degré dans les cas prévus par l'article 55, paragraphe 2; 2° de tous les crimes commis par les indigènes, sous les mêmes exceptions et réserves qu'aux articles 55 et 57. Les tribunaux indigènes connaissent, en outre, des délits ou crimes commis par les militaires indigènes de complicité avec d'autres indigènes non militaires. Lorsque les tribunaux du 2e degré siègent en matière criminelle, il leur est adjoint deux fonctionnaires désignés par le gouverneur général et ayant voix délibérative; ils prêtent serment en audience publique devant le président du tribunal du 2e degré (art. 61).

Les articles 63 et suivants règlent la procédure à suivre en matière répressive. D'après ces textes, les présidents des tribunaux indigènes exercent seuls l'action publique en matière indigène, sous le contrôle et la surveillance du procureur général. Il n'existe pas de partie civile en matière indigène. Les tribunaux statuent d'office sur les restitutions. L'action publique en matière indigène se prescrit, sauf interruption, par trois mois, cinq ans et dix ans, suivant qu'il s'agit de contraventions, de délits ou de crimes.

Les présidents des tribunaux indigènes sont chargés des informations et instructions. Ils décernent seuls les mandats de justice. Les débats sont publics; le prévenu doit être interrogé et entendu dans ses explications ou sa défense; il peut se faire assister d'un défenseur européen ou indigène agréé par le président; un défenseur d'office est désigné à tout indigène accusé d'un crime. Les témoins ne prêtent pas serment.

L'article 463 du Code pénal sur les circonstances atténuantes est applicable aux indigènes; la loi de sursis ne leur est appliquée que devant les tribunaux français. Les lois sur la récidive et l'aggravation des peines ne trouvent d'application que dans les cas où la loi française elle-même est applicable.

Tout condamné en matière correctionnelle et criminelle doit recevoir, aussitôt après l'audience, un écrit en langue indigène signé du président et faisant connaître les motifs et la nature de la condamnation, les voies de recours et le délai pour en user, la procédure à suivre. Mention de l'accomplissement de cette formalité doit être faite à la suite du jugement.

Les *voies de recours* sont fixées par les articles 81 à 92 comme suit. Les jugements rendus par défaut sont susceptibles d'opposition .Les jugements contradictoires sont seuls susceptibles d'appel. Un jugement est réputé contradictoire lorsque le prévenu a comparu. Il n'a pas la faculté de déclarer qu'il entend faire défaut.

En matière correctionnelle, le président du tribunal du 1er degré, aussitôt après le prononcé du jugement, est tenu de demander au condamné présent s'il entend interjeter appel. Celui-ci peut faire séance tenante sa déclaration d'appel, qui est consignée à la suite ou en marge du jugement. Si l'appel n'est pas interjeté à l'audience, il peut être fait par déclaration écrite ou verbale au président du tribunal du 1er degré dans les dix jours qui suivent. La déclaration est inscrite comme il a été dit pour l'appel fait séance tenante. L'appelant qui succombera pourra être condamné à une amende de 150 francs.

En vertu des articles 93 et 94 du décret, il est institué au chef-lieu de la cour d'appel une *Chambre d'homologation*, chargée de statuer sur l'homologation des jugements rendus en matière criminelle par les tribunaux du 2e degré, et sur l'annulation, dans l'intérêt de la loi seulement, des jugements définitifs rendus en matière correctionnelle et de simple police par les tribunaux indigènes, qui lui sont dénoncés par le procureur général. Cette chambre se compose : 1° de trois magistrats de la cour désignés au commencement de l'année par le président, après avis du procureur général; 2° de deux fonctionnaires désignés à la même époque par le gouverneur général; 3° de deux assesseurs indigènes désignés par le gouverneur général et n'ayant que voix consultative. Deux autres assesseurs sont appelés à les remplacer en cas d'absence ou d'empêchement. Elle est présidée par le magistrat désigné à cet effet, au commencement de l'année, par le président de la cour, après avis du procureur général. Le président de la cour peut la présider lui-même. La présence du ministère public n'est pas obligatoire; les fonctions en sont exercées, le cas échéant, par le procureur général, l'avocat général ou le conseiller auditeur. Les fonctions de secrétaire sont remplies par un commis-greffier. Suivant l'article 97, la chambre d'homologation est saisie par le procureur général dans la quinzaine de la réception du dossier qui aura été transmis à ce magistrat par le président du tribunal du 2e degré. Ce dossier devra comprendre, outre les pièces de la procédure, une copie du jugement et être accompagné d'un rapport dans lequel le président du tribunal du 2e degré relatera les faits du procès, les incidents qui ont pu se produire à l'audience et toutes les circonstances propres à éclairer la religion de la chambre. La chambre d'homologation, conformément à l'article 98, statue dans le mois sur le rapport d'un de ses membres, le ministère public entendu lorsqu'il est représenté.

Quand la chambre annule, elle renvoie l'affaire devant le tribunal qui en aura connu ou un tribunal voisin du lieu du crime, en indiquant par arrêt motivé les points insuffisamment établis ou reconnus erronés sur lesquels devra porter le nouvel examen des juges. Les tribunaux saisis après arrêt de la chambre sont tenus de se conformer, sur les points de droit, aux indications de l'arrêt. Lorsque le tribunal du 2e degré, après de nouveaux débats, aura rendu son jugement, le dossier sera envoyé à la chambre, qui peut soit homologuer, soit annuler à nouveau et, dans ce dernier cas, évoquer l'affaire et statuer au fond. Dans le cas où le tribunal du 2e degré a manifestement excédé sa compétence en connaissant d'une affaire relevant des tribunaux français, la chambre peut annuler dès le premier examen des pièces et renvoyer l'affaire devant la juridiction compétente. L'exécution des jugements des tribunaux indigènes est suspendue pendant la durée de la procédure d'homologation.

D'après l'article 108, la peine n'est jamais prescrite; cette disposition est également applicable aux indigènes condamnés par les tribunaux français. En vertu de l'article 110, à la peine des fers prévue par les lois et les coutumes indigènes est substituée la peine d'emprisonnement si la condamnation est inférieure ou égale à cinq ans, la peine de la réclusion si la condamnation est de plus de cinq ans, la peine des travaux forcés si la condamnation est de plus de dix ans. L'article 111 déclare que les condamnations au paiement d'un certain nombre de bœufs prévues par la loi indigène sont supprimées; il leur est substitué une amende de même valeur; le prix des bœufs sera, à cet effet, fixé pour chaque province par arrêté de gouverneur général.

D. — *Législation appliquée.* — Aux termes de l'article

116, les tribunaux indigènes appliquent, en matière répressive : 1° les lois et coutumes indigènes en tout ce qu'elles n'ont pas de contraire aux principes de la civilisation française; 2° la loi française en tout ce qui n'est pas prévu par la loi malgache et dans le cas où celle-ci serait contraire aux principes de la civilisation française. En matière civile, ils appliquent les lois et coutumes locales et, s'il y a lieu, les lois et coutumes propres à la qualité des parties.

§ II. — *Mayotte et Comores*

Le décret du 25 octobre 1906 organise la justice indigène dans ses articles 15 et suivants. Il maintient les tribunaux indigènes actuellement existants pour le jugement des affaires civiles et commerciales intéressant exclusivement les indigènes et assimilés. Pour le jugement des contraventions et délits qui ne sont pas réprimés par la voie administrative, il est institué au chef-lieu de chaque île un *tribunal répressif* spécial aux indigènes et assimilés. Ce tribunal est présidé à la Grande-Comore, à Anjouan et à Mohéli par l'administrateur; à Mayotte, par un fonctionnaire désigné par le gouverneur. Il comprend, en outre, deux assesseurs indigènes choisis de préférence parmi les indigènes parlant le français ; ces assesseurs n'ont que voix consultative. Les fonctions de greffier sont remplies par un français et, à défaut, par un indigène parlant le français. Les jugements du tribunal pourront être attaqués par la voie de l'appel, quand ils prononceront un emprisonnement supérieur à six mois et une amende de plus de 300 francs. L'appel sera suspensif, porté devant le tribunal correctionnel de Mayotte et interjeté dans les dix jours de la signification de la sentence. Suivant l'article 20, un arrêté du gouverneur détermine, en conseil d'administration et sur la proposition du chef de service judiciaire, la procédure à suivre devant les tribunaux répressifs indigènes. Le tribunal civil de Mayotte connaît en appel des décisions rendues en matière indigène par les juges indigènes. Les crimes commis par les indigènes sont déférés à la cour criminelle de Mayotte.

ARTICLE IV

Côte des Somalis.

Dans cette colonie, les articles 30 et suivants du décret du 4 février 1904 ont établi des *Tribunaux indigènes du premier et du second degré*; celui du premier degré établi à Djibouti est représenté par un fonctionnaire choisi par le gouverneur; celui du second degré, par le gouverneur lui-même; l'un et l'autre peuvent s'adjoindre des assesseurs indigènes qui ont seulement voix consultative. Ces tribunaux statuent seulement entre indigènes ou assimilés; toutefois, aux termes de l'article 30 du décret précité, les européens et assimilés et les indigènes et assimilés peuvent, d'un commun accord, leur soumettre leurs conflits. Le tribunal du premier degré connaît, en dernier ressort, de toutes les demandes civiles et commerciales jusqu'à 150 francs de capital et, en matière immobilière, jusqu'à 15 francs de revenu déterminé en rente ou par le prix du bail; au delà il est compétent d'une manière illimitée à charge d'appel; il connaît aussi des contraventions et délits des indigènes ou assimilés, sauf appel pour les délits. Au tribunal du second degré sont déférés les crimes et les appels dirigés contre les jugements du tribunal du premier degré. Les juges de ces juridictions appliquent la loi et les coutumes indigènes, dans tout ce qui n'est pas contraire à notre loi; il leur est défendu de prononcer des peines et châtiments corporels. La procédure et l'exécution des jugements sont régies par les usages locaux.

Entre indigènes et assimilés musulmans, d'après l'article 33 du décret de 1904, c'est le cadi musulman qui prononce; ses décisions sont susceptibles d'appel devant le tribunal du second degré quand elles intéressent le mariage, le divorce, les successions, la paternité, la filiation et la prestation solennelle de serment. La cadi est nommé par décision du gouverneur.

ARTICLE V

Indo-Chine

§ I. — *Indigènes de la Cochinchine*

Depuis le décret du 25 mai 1881, ce sont les tribunaux français qui connaissent des litiges entre indigènes et asiatiques, en se conformant à la loi annamite expressément maintenue par le décret du 25 juillet 1864, dont l'article 11 dispose que cette loi règle toutes les conventions et toutes les contestations civiles ou commerciales entre indigènes et asiatiques; c'est ce que confirme, d'ailleurs, dans son article 18, le décret du 17 mai 1895. Un arrêté du 23 août 1871 indique quelles personnes il faut comprendre parmi les asiatiques visés par le décret de 1864. Les asiatiques, y est-il dit, qui, aux termes de ce décret sont soumis à la loi annamite, sont : les Chinois, les Cambodgiens, les Minh-huongs, les Siamois, les Moïs, les Chams, les Stiengs, les Sang-mêlés, Malais de Chaudoc. Tous les autres individus, à quelque race qu'ils appartiennent, sont soumis à la loi française. Les décisions en dernier ressort des tribunaux français de simple police ou de première instance appliquant aux indigènes la loi annamite, peuvent être l'objet d'un recours en annulation porté devant la Cour d'appel, conformément à l'article 18 du décret du 17 mai 1895. Les indigènes jouissant du droit d'être jugés suivant la loi annamite, peuvent, aux termes de l'article 18 précité, déclarer, dans un acte, qu'ils renoncent au bénéfice de cette loi; ils sont alors soumis à la loi française. A cet égard, l'article 18 du décret de 1895 ne fait que confirmer la disposition de l'article 11 du décret du 25 juillet 1864. En outre, l'article 19 du décret du 17 mai 1895 soumet à la loi française les litiges provoqués par les conventions et différends de toute nature entre les européens et les indigènes.

En matière criminelle, les tribunaux français sont compétents pour juger les faits punissables commis par les indigènes; ils appliquent le Code pénal mitigé et, pour les cas non prévus par lui, la loi ou coutume annamite, ainsi qu'il a été dit ci-dessus au chapitre 1er de cette 2e partie consacré au *Régime législatif colonial.* Ils suivent les formes prévues par les articles 56 et suivants du décret du 17 mai 1895.

§ II. — *Indigènes de l'Annam, du Tonkin, du Laos et du Cambodge.*

A la différence de ce qui s'est passé en Cochinchine, les juridictions indigènes ont été maintenues en *Annam* et au *Tonkin*, car le traité de protectorat nous obligeait à les respecter par son article 7; et nous n'avions à leur égard qu'un droit de contrôle et de surveillance. Mais la généralisation des tribunaux français en 1881 vint sensiblement restreindre la compétence des juridictions indigènes, dont les attributions passèrent alors en grande partie aux magistrats français; et la mainmise de ces derniers fut encore accentuée par les décrets des 15 septembre 1896 et 1er décembre 1902. Rappelons les dispositions principales de ces textes, dont nous avons déjà donné le commentaire en traitant ci-dessus de la juridiction française en Indo-Chine, afin de bien déterminer ce qui reste de compétence aux tribunaux indigènes.

Aux termes de l'article 1er du décret de 1902, pour les affaires soit civiles soit commerciales, ce sont les tribunaux français qui demeurent seuls compétents dans l'*Annam*, le *Tonkin* et le *Laos*, toutes les fois, dit le texte, qu'un européen, un sujet français ou un étranger quelconque sera partie en cause, formule large qui comprend les chinois et les annamites originaires de Cochinchine considérés comme étrangers. Suivant l'article 8 du même décret, quelle que soit la nationalité et l'origine des parties en cause, ce sont encore les tribunaux français qui sont compétents dans les territoires urbains de Hanoï, de Haïphong, de Tourane et de Nam-Dinh, pour toutes affaires civiles et commerciales. Ils connaissent également, suivant le même texte, de tous délits et contraventions commis dans les mêmes limites, quelles que soient la nationalité et l'origine des prévenus. Le texte ajoute enfin : dans le reste de leur ressort, ils connaîtront de tous délits et contraventions commis par les européens, les étrangers ou assimilés et par les indigènes originaires de la Cochinchine. Ils connaîtront aussi des mêmes infractions, lorsqu'elles auront été commises par des sujets annamites au préjudice soit d'européens ou assimilés, soit d'étrangers ou de complicité avec ceux-ci. L'article 14 du décret de 1902 indique la législation et l'instruction criminelle applicables, quand les inculpés sont des annamites ou asiatiques assimilés.

Dans les limites ci-dessus précisées où la juridiction française n'est pas compétente, fonctionnent les juridictions indigènes. Le décret du 1er novembre 1901 les maintient en son article 4; et il en est de même de celui du 31 août 1905 qui dit en son article 10 : l'organisation des tribunaux indigènes ou mixtes, ainsi que les lois, ordonnances, décrets et coutumes annamites actuellement en vigueur au Tonkin, sont formellement et expressément maintenus. Ces dispositions s'appliquent à l'Annam et au Laos aussi bien qu'au Tonkin, comme cela résulte de l'article 17 du décret du 1er décembre 1902, aux termes duquel il n'est rien innové aux dispositions concernant les juridictions instituées au Tonkin et en Annam, en dehors des territoires urbains des tribunaux de Hanoï, Haïphong, etc., pour le jugement des affaires civiles, commerciales et criminelles intéressant exclusivement les sujets annamites. Et le texte ajoute : il en est de même au Laos pour les tribunaux indigènes.

Les tribunaux indigènes maintenus sont tout d'abord ceux des *Autorités judiciaires* (*Quan-an* ou *An-sat*) compétents en matière civile, commerciale et pénale, devant lesquels les indigènes peuvent porter toutes leurs contestations; seulement il est nécessaire qu'avant l'exécution le texte du jugement ait été, avec sa traduction, soumis au visa du résident de la province. Suivant les articles 2 et 3 du décret de 1901 et l'article 10 de celui de 1905, ces tribunaux appliquent la législation annamite en vigueur en matière civile et pénale. Toutefois ces textes interdisent les châtiments corporels et les remplacent par l'emprisonnement qui ne peut excéder cinq ans et dix ans en cas de récidive. D'autre part, les supplices autrefois usités pour donner la mort sont remplacés par la décapitation pure et simple; les peines de l'esclavage, de la servitude militaire et de l'exil sont commuées en celle du travail pénible; celles du *truong*, du rotin, de la cangue, de la marque et autres peines corporelles, en un emprisonnement simple de un jour au moins à cinq ans au plus. Toutes les autres peines n'emportant pas châtiment corporel sont maintenues. Les tribunaux annamites ne peuvent jamais augmenter le quantum des peines en dehors des cas d'aggravation expressément prévus; mais ils sont autorisés à l'abaisser d'un à trois degrés, s'il y a des circonstances atténuantes.

Viennent en second lieu les *Tribunaux mixtes* qui connaissent de tous les faits de rébellion ou complicité de rébellion des indigènes; ils se composent aujourd'hui du résident, du chef indigène de la province, de l'*An-sat*; il faut leur appliquer ce qui a été dit ci-dessus au point de vue pénal relativement aux tribunaux indigènes.

L'*appel* des affaires indigènes fut, après la suppression du représentant du roi d'Annam au Tonkin, soumis au résident supérieur héritier du pouvoir du *Kinh-Luoc*; puis le décret précité du 1er novembre 1901 avait transporté les pouvoirs du résident à une commission d'appel des affaires indigènes. Mais celle-ci a été supprimée par le décret précité du 31 août 1901 créant à Hanoï une quatrième chambre à la Cour d'appel de l'Indo-Chine exclusivement chargée de connaître des appels des affaires indigènes. Elle juge avec l'assistance obligatoire de deux mandarins ayant voix délibérative et nommés par arrêté du gouverneur général rendu sur la proposition du résident général du Tonkin et du procureur général de l'Indo-Chine. La faculté de faire appel appartient aux parties et au procureur général; les parties ont trois jours francs après le prononcé du jugement pour user de cette faculté. Les décisions de la cour sont exécutoires à la requête du procureur général, suivant les us et coutumes indigènes; et l'autorité administrative prête son concours pour l'exécution. Les décisions rendues sont définitives et ne donnent lieu à un recours qu'en cas de conflit d'attribution ou de juridiction.

Au *Cambodge*, une ordonnance royale du 31 décembre 1891 avait institué des *Tribunaux mixtes* pour statuer sur les affaires à la fois des indigènes et des européens; ils ont été supprimés comme n'offrant pas des garanties suffisantes pour ces derniers; et, depuis 1897, les tribunaux français, comme dans le reste de l'Indo-Chine, sont compétents dès qu'un Français ou un sujet européen est en cause, même si son adversaire est un cambodgien (ordonnance royale du 11 juillet 1897 et décret du 6 mai 1898). Suivant le même texte, les crimes commis au Cambodge par les cambodgiens, au préjudice d'un étranger, à quelque nationalité qu'il appartienne, et par des étrangers quelconques autres que les français et assimilés, au préjudice de cambodgiens ou d'annamites ou asiatiques assimilés, sont jugés par la cour criminelle siégeant à Pnom-Penh, qui se conforme pour le jugement à la législation en vigueur en Cochinchine.

Les juridictions indigènes n'ont donc conservé, suivant l'article 3 du décret de 1898, que le jugement des affaires civiles, commerciales et criminelles intéressant uniquement des cambodgiens. La question de savoir qui il faut entendre par cambodgiens a donné lieu à une controverse que la Cour de Cassation a tranchée dans le sens du système d'après lequel on doit considérer comme tels non pas, d'une manière générale, tous les individus de race cambodgienne, mais exclusivement les sujets du roi du Cambodge (cass. 22 juillet 1905, dans le *Recueil de législation, doctrine et jurisprudence coloniales*, 1905, 3e partie, p. 111).

ARTICLE VI

Possessions de l'Inde

Dans les débuts de l'occupation française, un tribunal spécial dit de la *Chaudrie* présidé par un officier de justice statuait entre Malabars et Indiens, quand il n'y avait pas d'européen en cause et appliquait les lois et coutumes indigènes. Les ordonnances des 7, 16, 23 décembre 1827 supprimèrent ce tribunal et soumirent tous les habitants à la justice française. Aujourd'hui toutes les affaires concernant les indigènes ressortissent donc à la juridiction française qui applique, en matière civile, les lois, usages et coutumes de la caste à laquelle appartiennent les plaideurs (arrêté du gouverneur en date du 6 janvier 1819). Toutefois les intéressés peuvent renoncer à leur statut personnel suivant les formes et conditions prescrites par le décret du 21 septembre 1881 ; dans ce cas, ils sont régis par les lois civiles et politiques applicables aux français dans la colonie, ainsi que leurs femmes et leurs enfants mineurs. Mais la loi indigène ne peut pas être invoquée par les non renonçants en matière criminelle où la loi française est toujours appliquée, en conformité de l'article 17 du règlement du 30 décembre 1769.

Par contre, en matière civile, les tribunaux français ne connaissent pas des affaires de caste dont la définition à donné lieu à des controverses insolubles, car l'idée de caste est liée d'une façon plus ou moins étroite à la vie privée, publique ou religieuse des Hindous. Voici quelle est, à cet égard, la prescription contenue en l'article 6 de l'arrêté du 26 mai 1827 du gouverneur de l'Inde encore en vigueur. Les discussions particulières, autres que celles d'intérêt et contentieuses, qui surviennent dans les familles des Indiens ou dans une même caste, au sujet des cérémonies, mariages, enterrements ou autres affaires dites de caste, sont portées par-devant le juge de police et renvoyées soit à la chambre de consultation, soit à l'assemblée de la caste ou de la parenté, pour y être examinées et décidées conformément à l'usage, et pour la décision à intervenir être ensuite homologuée par le juge en tout ou en partie, s'il y a lieu, sauf le droit pour le gouverneur d'évoquer l'affaire. A l'égard des contestations *majeures* qui peuvent s'élever entre une ou plusieurs castes au sujet de leurs cultes, coutumes ou privilèges, le gouverneur statue souverainement, par arrêté d'administration ou de police, parce que ces affaires pourraient, dans certaines circonstances déterminées, présenter des dangers pour l'ordre et la tranquillité publique, à raison des sentiments passionnés qu'elles éveillent chez les Hindous (arrêté du 2 novembre 1841 et décret du 18 septembre 1877, art. 2).

ARTICLE VII

Établissements de l'Océanie

Dans ces établissements, le décret du 18 août 1868 a réglé l'organisation judiciaire indigène. D'après l'article 4, les tribunaux français sont seuls compétents à l'égard de tous les habitants, quelles que soient leur origine et leur nationalité. Dans cette disposition, le texte n'a fait que se conformer à l'ordonnance de la reine Pomaré, en date du 14 décembre 1865, qui déclarait que les procès civils des Tahitiens, ainsi que les contraventions, délits, et crimes commis par eux, seraient jugés par les tribunaux français. Cependant, aux termes de l'article 5 du décret précité, les juridictions françaises doivent s'adjoindre un assesseur tahitien ayant voix consultative, lorsque dans la cause figure un indigène, soit en qualité de demandeur, soit en qualité de défendeur.

En consentant à accepter les juridictions françaises à la place de celles de son pays, la reine spécifia que celles-ci continueraient à fonctionner pour vider les contestations s'élevant entre ses sujets, à propos de la propriété des terres; et le décret de 1868 les maintint à son tour, avec cette destination, dans le § 2 de l'article 4. Mais on doit les supprimer dès que le motif qui les a fait maintenir aura disparu. Aussi une convention passée avec le roi Pomaré V, le 29 décembre 1887, et ratifiée par une loi du 10 mars 1891, décide-t-elle que les tribunaux indigènes seront supprimés le jour où les opérations relatives à la délimitation des propriétés seront achevées et où les contestations auxquelles elles donnent lieu auront été vidées. Déjà, en exécution de cette convention, la cour de cassation tahitienne a été supprimée par un décret du 27 février 1892, qui a déféré ses attributions au tribunal supérieur de Papeete.

Dans nos autres possessions de l'Océanie, la juridiction et les lois françaises se substituent peu à peu également aux juridictions et aux coutumes indigènes. On avait promulgué, le 23 février 1881, aux *îles Gambier*, un code dit *mangarévien*, auquel la loi française a été substituée depuis le 28 janvier 1887. Aux *îles sous le Vent*, le décret du 17 septembre 1897 porte les dispositions suivantes dans ses articles 11 et 12. Toutes les contestations en matière civile ou commerciale entre indigènes continueront à être jugées comme par le passé. Les jugements définitifs d'après la loi indigène devront, préalablement à toute exécution, être soumis au visa de l'administrateur; en cas de refus de visa, le gouverneur de la colonie statue. En matière criminelle, correctionnelle et de simple police, les affaires entre indigènes continueront à être jugées d'après les lois indigènes par les juges indigènes nommés par le gouverneur. Les tribunaux français sont compétents si toutes parties intéressées déclarent au juge de première instance qu'elles entendent se soumettre à la loi française. Les lois indigènes reconnues par le gouvernement et dont le texte est déposé chez l'administrateur, ne peuvent subir aucune modification sans l'assentiment du gouverneur à qui il appartiendra, par arrêtés, de les rendre sensiblement plus conformes à la législation française.

ARTICLE VIII

L'Indigénat

De l'Algérie où il avait pris naissance, le système de l'indigénat est passé dans les autres colonies françaises. Le gouverneur est autorisé à prendre contre les indigènes des arrêtés qu'il peut sanctionner par des peines de 15 jours de prison et 100 francs d'amende, sans avoir besoin de les faire convertir en décret, alors que cette conversion est la règle quand la pénalité dépasse 5 jours de prison et 15 francs d'amende. Il peut également, le cas échéant, faire interner les indigènes et mettre leur biens sous séquestre; mais son arrêté portant ces mesures doit être approuvé par le ministre. A leur tour, les administrateurs des colonies statuent disciplinairement sur les infractions aux arrêtés commises par les indigènes non citoyens; et ces derniers ont contre la décision qui les frappe, un recours devant le gouverneur en conseil privé. Le régime de l'indigénat a fonctionné d'abord en Cochinchine, en vertu du décret du 25 mai 1881; il y a été maintenu par d'autres décrets des 31 mai 1892, 3 septembre 1893 et 6 mai 1898 rendus applicables au Cambodge; mais il y a été supprimé par un dernier décret du 6 janvier 1903. Dans cette colonie, le pouvoir disciplinaire des administrateurs ne consiste plus guère qu'à prononcer des peines d'emprisonnement et d'amende contre les indigènes pour retard non justifié dans le paiement de l'impôt. Ce dernier décret a permis aussi au gouverneur de prendre des arrêtés pour punir des peines de simple police certaines infractions spéciales aux indigènes qui ont été limitativement déterminées par un arrêté du 24 février 1903. Le décret de 1903 attribue les pouvoirs de juges de police, à l'égard de ces infractions, aux administrateurs dans les provinces où il n'y a pas de tribunaux ordinaires. En Annam et au Tonkin, un décret du 11 octobre 1904 a tempéré dans une large mesure les pénalités de l'indigénat; l'internement des indigènes et le séquestre de leurs biens ne pourront en aucun cas excéder dix années et auront lieu seulement pour faits d'insurrection contre l'autorité française, troubles graves, manœuvres susceptibles de compromettre la sécurité publique et ne tombant pas sous le coup des lois pénales ordinaires. Les villages et collectivités peuvent être frappés de contributions spéciales destinées à assurer à l'administration les moyens de réprimer les désordres et d'en éviter le retour. Les mesures qui précèdent feront l'objet d'arrêtés du gouverneur général pris en commission du conseil supérieur, sur la proposition du résident compétent, après avis du procureur général chef du service judiciaire, et communiqués au ministre des colonies. Un arrêté du gouverneur général de l'Indo-Chine du 28 août 1909 a donné aux tribunaux ordinaires la connaissance des infractions spéciales commises par les indigènes et asiatiques sur le territoire des villes de Hanoï et de Haïphong.

Les adoucissements au régime de l'indigénat introduits dans l'Annam et au Tonkin par le décret du 11 octobre 1904, ont été étendus à l'Afrique occidentale et à l'Afrique équatoriale par décrets des 21 novembre 1904 et 31 mai

1910, dont les dispositions sont inspirées dans une large mesure de celles du décret du 11 octobre.

Au Sénégal, le décret du 30 septembre 1887 attribue aux administrateurs coloniaux le droit de statuer sur les infractions aux arrêtés du gouverneur commises par les indigènes et sanctionne ses dispositions par des peines de 15 jours de prison et 100 francs d'amende au maximum. L'énumération des infractions spéciales et leur répression avaient été fixées dans un arrêté du gouverneur du Sénégal du 12 octobre 1888; cet arrêté a été remplacé par un autre du 14 septembre 1907 contenant un nouveau tableau des infractions spéciales. Un décret du 31 mai 1910 porte règlement général de l'indigènat dans toute l'Afrique équatoriale : les infractions spéciales commises par les indigènes non justiciables des tribunaux français sont punies par les administrateurs coloniaux ou les fonctionnaires civils et militaires commandant les circonscriptions et subdivisions administratives. Il peut être fait appel de leurs décisions devant les lieutenants gouverneurs en conseil d'administration. Les arrêtés déterminant les infractions à l'indigénat seront pris par le gouverneur général et pourront être sanctionnés par des pénalités allant au maximum jusqu'à 15 jours de prison et 100 francs d'amende. L'internement des indigènes et le séquestre de leurs biens ne pourront être prononcés pour plus de 10 ans. Le décret prévoit ensuite les faits pouvant donner lieu à ces mesures, ainsi que les contributions spéciales à imposer aux villages, dans les conditions déjà indiquées, pour l'Annam-Tonkin et l'Afrique occidentale, par les décrets précités des 11 octobre et 21 novembre 1904.

A Madagascar, un arrêté du gouverneur général, du 13 novembre 1899, a introduit le régime de l'indigénat régularisé par le décret du 7 juillet 1901, qui a appliqué à la colonie le décret du 30 septembre 1887 concernant le Sénégal. A la suite de divers arrêtés du gouverneur général, dont le dernier est du 22 juin 1908, le décret du 22 février 1909 a confirmé, pour Madagascar, Mayotte et dépendances, le décret précité de 1887 et autorisé le gouverneur général à apporter des adoucissements aux pouvoirs des gouverneurs en matière d'indigénat; il a le droit de remplacer l'internement par une obligation de résidence ou une interdiction de séjour ne pouvant excéder cinq années. A Mayotte, le décret du 30 septembre 1887 a été appliqué par un autre du 7 juillet 1901; et la réglementation du droit de répression par voie disciplinaire des infractions à l'indigénat a été faite par arrêtés locaux des 8 avril 1906 et 1er février 1909.

En Nouvelle-Calédonie, le régime de l'indigénat a été organisé pour dix ans, par le décret du 18 juillet 1887; il a été renouvelé pour des périodes décennales par divers décrets, dont le dernier est du 23 mars 1907. Aux îles sous le Vent de Tahiti, le décret du 27 juin 1907 spécifie, en ses articles 2 et suivants, les droits de l'administrateur et de ses délégués en matière disciplinaire ; les sanctions peuvent aller jusqu'à 15 jours de prison et 100 francs d'amende au maximum. Le gouverneur, en conseil privé, peut ordonner l'internement des indigènes et assimilés, sous réserve de l'approbation du ministre des colonies.

Le régime de l'indigénat vise un certain nombre de délits quasi politiques spéciaux à la population indigène, en dehors des infractions prévues par un code pénal ordinaire et punies par des tribunaux réguliers. Le gouvernement colonial doit être mis à même de punir ces délits spéciaux par la voie extra-judiciaire dans des pays où les européens sont en minorité, menacés par des populations hostiles, et où il faut recourir à des mesures rapides et quelquefois arbitraires pour rétablir la paix et le bon ordre. On peut comparer, à ce point de vue, la colonie à une ville assiégée ou à une contrée en état d'occupation guerrière, dans laquelle les condamnations indispensables doivent être prononcées, pour faire les exemples nécessaires, par voie d'autorité et non par voie de jugement ordinaire. Les pénalités infligées sont en général de trois catégories : internement, séquestre des biens et amendes collectives. On peut, au surplus, ne point interner l'indigène et se borner à l'éloigner d'un pays où son influence est dangereuse, en lui imposant une interdiction de séjour qui lui sera souvent aussi pénible que la prison. Le régime de l'indigénat se lie d'autre part à la question de *l'administrateur-juge*; là où la justice véritable n'a pu être établie et est encore impossible, il faut bien déférer le droit de punir aux officiers et fonctionnaires qui ne peuvent rester désarmés et qui nécessairement useront d'une justice sommaire et sans formalité.

Pour tous les motifs qui précèdent, l'indigénat, qui fonctionne dans certaines colonies étrangères et notamment dans l'Inde anglaise et les Indes néerlandaises, semble indispensable dans notre système colonial actuel, bien qu'il soit en opposition évidente avec les régles de l'organisation générale de la justice prescrivant la séparation des autorités administratives et judiciaires. Mais s'il faut l'accepter comme un mal nécessaire, il importe de le limiter par tous les moyens possibles, à la fois dans l'intérêt de l'indigène et dans celui de la métropole, que des abus d'autorité trop considérables pourraient exposer à des rébellions redoutables. Ainsi le régime de l'indigénat, pour éviter l'arbitraire des administrateurs, devrait être partout soumis à une réglementation régulière résultant des décrets ou tout au moins d'arrêtés des gouverneurs. Les dispositions les plus tolérantes devraient également y figurer, telles que la conversion de l'amende en journées de travail, corvées, prestations en nature, à la demande des indigènes, suivant un tarif déterminé qui, du reste, existe déjà dans certaines colonies. Les peines corporelles doivent être bannies comme inhumaines et dégradantes; ou, tout au moins, ainsi que le propose M. Girault, il convient de donner le choix à l'agent punissable entre l'internement ou l'amende et les coups de rotin ou de corde qu'il préfèrera souvent (*Rapports et procès-verbaux du Congrès de sociologie coloniale*, I, p. 76). En résumé, le régime de l'indigénat apparaît comme une institution transitoire, nécessaire au début quand la domination est encore incertaine et discutée, et qui doit cesser lorsque les populations soumises acceptent désormais sans réserve la suprématie européenne. Alors les mesures exceptionnelles du début, considérées comme un véritable anachronisme, céderont la place au fonctionnement normal de la justice régulière.

CHAPITRE VII

Le régime des terres, des mines et de la main-d'œuvre

SECTION PREMIÈRE

L'ALGÉRIE

TITRE PREMIER

Le Domaine

Avant la loi du 19 décembre 1900, par laquelle elle a été dotée de la personnalité civile, l'Algérie n'avait sûrement aucun domaine public ou privé. Cette loi lui a donné la capacité de posséder des biens, ce qu'elle dit, du reste, expressément dans son article 1er. On s'est donc demandé si la disposition nouvelle n'avait pas fait passer dans le patrimoine de la colonie tout ou partie des biens du domaine appartenant à l'État. Les auteurs algériens les plus autorisés, notamment nos collègues Larcher (*op. cit.*, II, *n*o 926) et Thomas (*Revue du droit public et de la science politique*, 1902, pp. 22 et s., nos 13 et s.), se sont prononcés avec raison, croyons-nous, pour la thèse contraire, car, de ce qu'une personne peut avoir des biens, il ne résulte pas qu'elle en ait. L'Algérie n'aurait pu voir passer dans son patrimoine le domaine public ou privé étatique, que si la loi qui créait sa personnalité le lui avait attribué formellement; elle n'a donc, cette loi étant absolument muette sur ce point, qu'un simple droit de jouissance sur les biens du domaine public ou privé dont la propriété est restée à l'État. M. le conseiller d'État Laurent, chargé de suppléer le gouverneur général dans la direction des travaux des Délégations financières, a dit en séance plénière que la France a abandonné à sa colonie le *domaine utile* pour se réserver le *domaine éminent* (*Procès-verbaux* de la session de juin 1901, séance du 24 juin, pp. 14, 34). Ces expressions qui ont été critiquées au point de vue doctrinal (voir article Thomas, *loc. cit.*, pp. 26 et s. nº 15), rendent plutôt l'état de fait que l'état de droit. En réalité, la colonie a la jouissance du domaine et non la propriété, ce qui est insuffisant; et les Délégations ont, à la séance du 7 juin 1901 (*Procès-verbaux* précités, 1901, p. 719), émis le vœu que tout au moins, faute de mieux, le Parlement attribue à l'Algérie la propriété des forêts, ainsi qu'une part à déterminer dans les autres parties du domaine.

L'article 2 de la loi du 16 juin 1851 donne l'énumération du *domaine public de l'État* en Algérie; on va voir que ce domaine est beaucoup plus étendu dans la colonie que dans la métropole. Tout d'abord, comme en France, l'article 2 indique les biens de toute nature que le Code civil et les lois générales de la France déclarent non susceptibles de propriété privée. Ainsi le domaine algérien comprend les chemins, routes et rues à la charge de l'État, notamment les routes nationales, les rivages de la mer, les ports, rades et hâvres et généralement toutes les parties du territoire qui ne sont pas susceptibles de propriété privée (art. 538 c. civ.); les ports, murs, fossés, remparts des places de guerre et des forteresses (art. 540 *ibid*); les chemins de fer (loi du 15 juillet 1845, art. 1; décret du 14 juillet 1862). Le domaine public spécial à l'Algérie englobe aussi, suivant les paragraphes 2 et 3 de l'article 2 de la loi de 1851 : les canaux d'irrigation, de navigation et de dessèchement exécutés par l'État ou pour son compte dans un but d'utilité publique et les dépendances de ces canaux, les aqueducs et les puits à l'usage du public, les lacs salés, les cours d'eau de toutes sortes et les sources. Le texte ajoute : néanmoins sont reconnus et maintenus tels qu'ils existent les droits privés de propriété, d'usufruit ou d'usage légalement acquis antérieurement à la promulgation de la présente loi sur les lacs salés, les cours d'eau et les sources; et les tribunaux ordinaires restent seuls juges des contestations qui peuvent s'élever sur ces droits. On ne distingue pas en Algérie les cours d'eau navigables et flottables; et, vu leur importance au point de vue de l'intérêt public, tous, comme dans les autres colonies, font partie du domaine de l'État qui a ainsi la haute main sur leur distribution. Des concessions temporaires administratives en accordent l'usage aux particuliers (arrêté du gouvernement général du 22 décembre 1899). L'article 3 de la loi de 1855 déclarait que l'exploitation et la jouissance des eaux seraient l'objet d'un règlement d'administration publique; ce règlement n'est pas intervenu, et l'on s'est borné à réglementer le régime applicable aux sources d'eaux minérales et aux lacs salés (décrets des 21 décembre 1864 et 22 avril 1865).

On vient de voir que la loi de 1851 réservait les droits acquis. Ces droits sont tout d'abord ceux résultant du droit musulman, tels que le *chefel* et le *chirb*. Le premier permet de prendre l'eau destinée à la boisson de l'homme et des animaux (droit à la soif); le second, d'employer l'eau pour d'autres usages, par exemple, pour l'irrigation. Les usages locaux déterminent dans quelles conditions sont exercées ces prérogatives. Le texte respecte également les droits acquis par les propriétaires européens conformément aux lois françaises. Les infractions aux règlements sur la police et la conservation des eaux sont considérées par une jurisprudence constante comme des contraventions de grande voirie de la compétence des conseils de préfecture et punies par la loi du 23 mars 1842.

Suivant l'article 4 de la loi de 1851, le *domaine privé de l'État* se compose : 1° des biens qui, en France, sont dévolus à l'État soit par les articles 539, 541, 713, 723 du Code civil et par la législation sur les épaves, soit par suite de déshérence en vertu de l'art. 768 du même code, en ce qui concerne les français et les étrangers et, en vertu du droit musulman, en ce qui concerne les indigènes; 2° des biens et droits mobiliers et immobiliers provenant du beylick et de tous autres réunis au domaine par des arrêtés ou ordonnances rendus antérieurement à la promulgation de la présente loi; 3° des biens séquestrés qui auront été réunis au domaine de l'État dans les cas et suivant les formes prévus par l'ordonnance du 31 octobre 1845; 4° des bois et forêts, sous la réserve des droits de propriété et d'usage régulièrement acquis avant la promulgation de la présente loi.

Des règlements d'administration publique détermineront le mode d'exercice des droits d'usage. A cette énumération il faut joindre les lais et relais de la mer, les édifices affectés à des services publics et le mobilier de ces services, les biens provenant des dons et legs.

Les biens du beylick réunis au domaine en vertu de la conquête comprennent les biens du dey, des beys, ainsi que les immeubles qui avaient comme destination un service public. Egalement l'État s'est emparé des biens ruraux, des fermes que le beylick faisait exploiter pour son compte et des *azels* dont nous avons parlé ci-dessus. Et ainsi l'État a fini par avoir en Algérie un domaine privé fort important, si l'on ajoute aux propriétés du beylik les biens habous appartenant aux mosquées et aux villes saintes réunis au domaine par des arrêtés du général en chef des 8 septembre et du 7 décembre 1830, les terres mortes adjointes en vertu du sénatus-consulte de 1863, les biens séquestrés et les bois et forêts d'une étendue considérable; si l'on tient enfin compte de cette circonstance que les successions en déshérence sont plus importantes que dans la métropole, fait qui, du reste, se produit dans toutes les colonies.

Le *domaine départemental* de l'Algérie rappelle celui de la métropole; il est public et privé; la répartition, le régime de gestion et de concession sont pareils.

Le *domaine public communal* comprend les rues, places, chemins vicinaux et ruraux, etc. Dans le *domaine privé*, figurent les immeubles servant à un usage public : mairies, justices de paix, écoles, etc., ainsi que les immeubles donnant lieu à une perception de droits communaux : abattoirs, marchés, caravansérails, etc. On y range enfin les communaux dont les habitants ont la jouissance en nature. A ce dernier point de vue, il convient de mentionner spécialement les *mechmels* de la Kabylie constitués par les dons et legs adressés aux villages dans une intention de charité pieuse; aujourd'hui ces biens sont gérés, comme les autres communaux, au profit de la commune. Les *douars*, envisagés comme unités administratives analogues aux sections de communes, ont un domaine assez important dans lequel figurent principalement les terres de parcours, sur lesquelles tout indigène peut envoyer paître ses bestiaux, en se conformant aux règles établies par la *Djemaâ*. L'aliénation n'en peut avoir lieu qu'avec le consentement et l'initiative de cette dernière et après approbation de l'autorité administrative. Les nomades des grandes étendues sahariennes et des hauts plateaux sont considérés par la jurisprudence comme investis d'une jouissance traditionnelle permanente sur les terres de parcours de la région, contrairement à une circulaire du gouverneur général du 31 janvier 1893 qui décidait que ces terres, envisagées comme biens vacants et sans maître, appartenaient à l'État.

TITRE II

Les concessions territoriales

La colonisation revêt un aspect double : elle est ou officielle, c'est-à-dire fondée et développée par les pouvoirs publics, ou due à l'initiative privée et résulte alors de contrats d'acquisition de la terre librement consentis entre les européens et les indigènes.

Les premiers essais de colonisation officielle remontent à 1832, lors de la création des premiers villages coloniaux dans la banlieue d'Alger; puis eurent lieu les concessions des grandes entreprises de culture durant la période de l'occupation militaire; et, parmi elles, la plus importante fut celle relative à la création de la ferme modèle de la *Mitidja* accordée à une société d'exploitation, à titre de bail, par arrêté du général en chef du 30 octobre 1830. L'ordonnance du 21 août 1839 sur l'organisation du système financier en Algérie subordonna à l'approbation ministérielle l'aliénation des immeubles consentis par le domaine. Le régime de 1848 conçut le singulier projet de créer des colonies agricoles avec des colons empruntés à l'élément parisien (loi du 19 septembre 1848). Cet essai fut malheureux et coûta fort cher; également ne réussirent point diverses autres tentatives du même genre, et la colonisation resta dans un état à peu près stationnaire jusqu'au second Empire qui attribua de grandes concessions de terres à des sociétés pourvues de capitaux considérables. Mais ces concessions ne réussirent point et les sociétés concessionnaires durent ou changer de main ou liquider. Le système de la vente domaniale s'est, depuis le décret du 31 décembre 1864, exclusivement substitué à celui de la concession gratuite.

La troisième République s'est préoccupée de développer la petite colonisation à laquelle l'Empire s'était plutôt montré indifférent ou hostile. Elle est revenue, d'autre part, à la colonisation gratuite et a mis les opérations de colonisation dans les attributions du gouvernement général (décrets de rattachement et de délégation du 26 août 1881). A la fin de 1873, s'est introduite, dans la pratique administrative, l'institution des programmes annuels de colonisation. Un arrêté du gouverneur général du 21 décembre 1881, accompagné d'une circulaire du même jour, a institué, au siège de chaque arrondissement, une commission dite commission des centres qui a pour mission de contrôler les propositions des administrateurs et des indigènes, et de fixer, dans un rapport général et motivé, l'ordre d'urgence des créations admises par elle dans l'arrondissement. Les rapports des diverses commissions sont transmis au préfet du département qui soumet les propositions au conseil général chargé de donner son avis; et, sur ces bases, le gouverneur général arrête chaque année les programmes de colonisation des trois départements, lesquels sont publiés en France et en Algérie. En même temps, ces programmes sont adressés aux préfets qui les notifient aux divers services devant en assurer l'exécution et qui sont: le domaine chargé de procurer la disponibilité des terres; les ponts et chaussées pour les projets définitifs d'installation; la topographie pour les travaux d'établissement des plans, triangulation et lotissement; les forêts, s'il y a des terrains soumis au régime forestier, et les autorités administratives locales pour les mesures d'ordre à prendre.

Le premier décret de la troisième République relatif à la concession des terres est celui du 16 octobre 1871, qui est revenu au système de la concession gratuite pratiqué dans la période antérieure à 1860. Le titre Ier vise les Alsaciens-Lorrains auxquels une loi du 21 juin 1871 avait alloué une concession de 100.000 hectares en Algérie. Les immigrants devinrent immédiatement propriétaires et l'État les installa dans la colonie; cette colonisation, bien qu'ayant accru la population française dans l'Afrique du nord, n'a pas donné tous les résultats escomptés. Le titre II créait le bail de colonisation, droit d'une nature spéciale qui donna lieu à une foule de difficultés et fut supprimé par le décret du 30 septembre 1879, suivant lequel le concessionnaire ne devient propriétaire définitif qu'au bout d'une période de cinq ans durant laquelle il est tenu de résider sur son lot. Ce délai est réduit à trois ans en faveur du concessionnaire qui a fait des dépenses d'amélioration de 1.000 francs à l'hectare en moyenne.

La situation actuelle est régie par le décret du 13 septembre 1904 qui, dans ses six titres, établit les dispositions suivantes.

Titre premier. — *Dispositions générales.* — Article 1er. — Les immeubles domaniaux situés en Algérie, autres que les bois et forêts et les immeubles nécessaires à des services publics, sont affectés au développement de la colonisation. Cette disposition s'applique en particulier aux terrains vagues et à l'état de broussailles clairsemées, situés en plaine, appartenant à l'État, qui ne sont point actuellement soumis au régime forestier ou qui seraient ultérieurement déclassés. Il peut être disposé de ces immeubles en vue du développement de la colonisation, conformément aux règles ci-après. — Article 2. — Les terres destinées à être livrées au peuplement par voie d'aliénations sont alloties sur les bases arrêtées par le gouverneur général. — Article 3. — L'aliénation a lieu suivant décision du gouverneur général, après avis du conseil de gouvernement, par vente à prix fixe ou vente aux enchères et, exceptionnellement, de gré à gré. Quand l'intérêt de la colonisation l'exige, il peut être procédé par voie de concessions gratuites dans les conditions prévues par les articles 2 et suivants. Les deux tiers au moins des lots à vendre à prix fixe ou à concéder sont réservés aux immigrants. — Article 4. — Ne peuvent être admis comme acquéreurs, soit à titre onéreux, soit à titre gratuit, que les français d'origine européenne et les européens naturalisés français jouissant de leurs droits civils et qui n'ont jamais été acquéreurs, concessionnaires ou cessionnaires à quelque titre que ce soit des terres de colonisation, sous réserve de l'exception prévue à l'article 11. Préalablement à l'adjudication, à la signature de la vente ou à la concession, le soumissionnaire, l'acquéreur ou le demandeur en concession doit signer une déclaration portant qu'il remplit les conditions ci-dessus. Aucune personne ne peut d'ailleurs acquérir deux lots dans une même vente à prix fixe ou aux enchères.

Titre II. — *Aliénation par voie de vente à prix fixe ou aux enchères.* — Article 5. — Un arrêté du gouverneur général pris en

Conseil de gouvernement et publié par voie d'affiches et d'insertion dans les journaux détermine : 1° la date de l'ouverture et celle de la clôture des opérations de vente à prix fixe, ainsi que les conditions de ces ventes; 2° la date et le cahier des charges des ventes par adjudication. — Article 6. — La vente à prix fixe à lieu à bureau ouvert, au bureau des domaines du chef-lieu du département. L'acte de vente établi par le receveur des domaines est signé séance tenante par l'acquéreur ou son mandataire. Si deux ou plusieurs personnes se présentent simultanément pour acquérir le même lot, des enchères sont ouvertes entre elles et le lot est adjugé au plus offrant qui signe immédiatement le procés-verbal d'adjudication établi par le receveur des domaines. — Article 7. — Dans le cas de vente aux enchères, l'adjudication a lieu, suivant les territoires, devant le préfet ou devant le général ou leur délégué, assisté d'un représentant du service des domaines. — Article 8. — La vente à prix fixe ou aux enchères est soumise à l'approbation du gouverneur général. La décision du gouverneur doit intervenir dans le délai de deux mois à partir de la signature de la vente ou du procès-verbal d'adjudication. Passé ce délai, l'acquéreur entre en possession et la vente produit son plein et entier effet. L'approbation ne peut être refusée que pour vice de forme ou violation des dispositions de l'article 4. — Article 9. — L'arrêté du gouverneur général prévu à l'article 5 fixe la date et les conditions des paiements qui sont effectués en un ou plusieurs termes, ainsi que les remises qui peuvent être accordées à l'acquéreur. Les contrats stipulent qu'il n'est pas perçu d'intérêt si les termes sont payés exactement, à l'échéance et qu'en cas de retards, chaque terme échu porte intérêt à 5 % à partir du jour de son exigibilité. — Article 10. — L'acquéreur à prix fixe ou l'adjudicataire est tenu, sous peine de déchéance : 1° de payer le prix d'achat de sa terre, comme il est dit à l'article 9; 2° de transporter son domicile sur la terre acquise dans les six mois du jour de l'achat; 3° d'y résider avec sa famille d'une façon effective et permanente et de l'exploiter personnellement pendant les dix années qui suivront sa mise en possession ou de se substituer une famille remplissant les mêmes conditions d'origine; 4° de se conformer aux conditions spécifiées dans le cahier des charges. Dans le cas où l'acquéreur réside personnellement, la durée de l'obligation de résidence est réduite à cinq années s'il justifie avoir construit des bâtiments d'habitation et d'exploitation et fait sur son lot des améliorations utiles et permanentes d'une valeur importante. La valeur minimum à l'hectare des améliorations à accomplir pour bénéficier de cette disposition est fixée par l'arrêté du gouverneur général prévu à l'article 5. Il est statué par arrêté du préfet ou du général à qui sont fournies les justifications, sauf recours au Conseil d'État statuant au contentieux.

Titre III — *Aliénation par la voie de la concession gratuite* — Article 11. — Les concessions gratuites sont accordées par décret rendu sur les rapports des ministres des finances et de l'intérieur, après avis du gouverneur général, quand elles portent sur une étendue de plus de 200 hectares et lorsque même ayant une moindre étendue elles portent à plus de 200 hectares la totalité de la superficie concédée au même colon. Les autres concessions gratuites sont accordées directement par le gouverneur général qui peut déléguer ce droit au préfet ou au général commandant la division, suivant le territoire. Il est délivré au concessionnaire un titre lui conférant la propriété de l'immeuble, sous réserve des restrictions et cas de déchéance ou de résolution prévus par les articles suivants. — Article 12. — Le concessionnaire est tenu, sous peine de déchéance : 1° de transporter son domicile sur la terre concédée dans les six mois à compter de la notification par la voie administrative de l'attribution de la concession; 2° d'y résider avec sa famille d'une façon effective et permanente et de l'exploiter personnellement pendant les dix années qui suivront sa mise en possession; 3° de se conformer aux obligations spéciales déterminées par le décret ou l'arrêté de concession. L'acte de concession doit contenir notamment l'obligation pour le concessionnaire de construire sur son lot des bâtiments d'habitation et d'exploitation, d'y installer le bétail et l'outillage en rapport avec l'étendue de la concession et le mode de culture. Le concessionnaire qui ayant rempli toutes les obligations ci-dessus, a, en outre, fait sur son lot des améliorations utiles et permanentes et bâti des constructions d'une valeur importante peut, après cinq ans, être affranchi de la condition de résidence, à charge de rester personnellement responsable de la bonne exploitation des terres concédées pour le délai restant à courir. La valeur minimum à l'hectare des améliorations à accomplir et des constructions à édifier pour bénéficier de la réduction de résidence est fixée par l'acte de concession. Il est statué par un arrêté du préfet ou du général auquel sont fournies les justifications, sauf recours au Conseil d'État statuant au contentieux.

Titre IV. — *Dispositions communes aux aliénations par voie de vente ou par voie de concession.* — Article 13. — Indépendamment des conditions fixées par le présent décret, les cahiers des charges déterminent les clauses spéciales de chaque vente à prix fixe ou aux enchères et de chaque concession. — Article 14. — L'acquéreur à prix fixe, l'adjudicataire ou le concessionnaire qui a satisfait pendant trois ans au moins aux obligations des articles 10 et 12, peut céder ses terrains à toute personne réunissant les conditions exigées à l'article 4. L'acte de cession est soumis à l'approbation de l'autorité qui a approuvé la vente ou la concession. Le concessionnaire se trouve substitué au cédant pour l'accomplissement des clauses et charges du contrat et des conditions des articles 10 et 12. — Article 15. — A défaut d'accomplissement des conditions déterminées par les articles 10 et 12, la déchéance est prononcée après mise en demeure régulière, par décret pour les concessions accordées en cette forme, par arrêté du gouverneur général dans tous les autres cas, sous réserve du recours au Conseil d'État statuant au contentieux. — Article 16. — Les cahiers des charges des ventes et des concessions contiennent une clause aux termes de laquelle l'État, soit en cas de déchéance prononcée, soit en cas de vente poursuivie à la requête des créanciers, renonce à se prévaloir de tout privilège ou action résolutoire vis-à-vis des personnes qui auront consenti à l'acquéreur des prêts hypothécaires destinés : 1° aux travaux de construction ou de reconstruction, de réparation ou d'agrandissement des bâtiments d'habitation ou d'exploitation; 2° à des travaux agricoles constituant des améliorations utiles et permanentes. L'acquéreur doit faire dresser un acte de prêt constatant la destination des fonds. L'emploi en est établi par quittance et autres documents probants produits au préfet ou au général, Un arrêté du préfet ou du général, statuant à cet égard, fixe, sauf recours au Conseil d'État, le montant des fonds dont l'emploi est reconnu justifié. — Article 17. — Si la déchéance est prononcée contre un acquéreur, l'immeuble est, dans tous les cas, mis en vente. Si la déchéance est prononcée contre un concessionnaire, la mise en vente est ordonnée : 1° quand le montant des améliorations fixé par l'acte prononçant la déchéance est égal ou supérieur à 15 francs par hectare; 2° quand il y a des créanciers se trouvant dans les conditions déterminées par l'article 16; sauf ces exceptions, les améliorations demeurent acquises à l'État à titre de dommages-intérêts. L'acquéreur ou le concessionnaire déchu reste en possession jusqu'au jour de la vente. — Article 18. — L'acte de déchéance est notifié par la voie administrative à l'acquéreur, au concessionnaire ou à ses ayants droit connus, ainsi qu'aux créanciers inscrits au domicile élu dans les inscriptions. La vente est effectuée par les soins de l'administration des domaines et par la voie des enchères publiques. Ne sont admises à concourir que les personnes remplissant les conditions exigées par l'article 4. L'acquéreur ou le concessionnaire déchu ne peut y prendre part. — Article 19. — Le prix de l'adjudication est versé dans le délai d'un mois à la caisse du receveur des domaines. Il est retenu par l'État, déduction faite des sommes nécessaires au paiement des créances mentionnées à l'article 16, jusqu'à concurrence des sommes restant dûes au domaine sur le prix de la vente résolue ou, s'il s'agit d'une concession, jusqu'à concurrence de la somme qui reste disponible après prélèvement du montant des améliorations. La partie du prix non retenue est consignée au compte de tous ayants droit. — Article 20. — Avant l'expiration d'un délai de dix ans à dater du jour où il a été satisfait aux conditions de résidence et d'exploitation déterminées par les articles 10 et 12, l'immeuble aliéné par la vente à prix fixe, par la vente aux enchères ou par concession, ne peut être transmis, par voie de cession à titre gratuit ou onéreux, à d'autres personnes que celles remplissant les conditions de l'article 4. Toute transmission de propriété effectuée contrairement aux dispositions ci-dessus entraîne l'annulation de la vente ou de la concession. L'immeuble revient à l'État, sous réserve des droits réels régulièrement constitués. Cette annulation est prononcée par décret ou par arrêté du gouverneur général suivant les distinctions établies à l'article 15; la décision doit, à peine de nullité, être notifiée au cédant ou au concessionnaire un mois au plus tard après l'expiration du délai de dix ans fixé ci-dessus. Elle peut être déférée au Conseil d'État statuant au contentieux. — Article 21. — Avant l'expiration du délai de dix ans fixé par les articles 10 et 12, les terrains vendus ou concédés ne peuvent, sous les sanctions prévues à l'article précédent, être loués à des indigènes. — Article 22. — En cas de décès de l'acquéreur ou du concessionnaire, la condition de résidence peut être remplie par les héritiers ou par l'un d'eux seulement. — Article 23. — Les arrêtés de déchéance pris en exécution du présent décret sont mentionnés, à la diligence du directeur des domaines, en marge de la transcription de l'acte de vente ou du titre de concession, dans le mois à partir du jour où ils sont devenus définitifs. — Article 24. — Les titres de concession, les arrêtés prévus par les articles 5, 8, 10, 11, 12 et 16 du présent décret, les actes de cession et d'adjudication dans les cas prévus par les articles 14 et 17 sont publiés au *Bulletin officiel* de la préfecture et transcrits ou mentionnés sur les registres hypothécaires.

Titre V. — *Aliénations de gré à gré.* — Article 25. — Les terres de colonisation qui, ayant été mises en vente à prix fixe ou aux enchères, n'ont pas trouvé acquéreur, peuvent, à la suite de cette première tentative, être vendues de gré à gré à toute personne réunissant les conditions de l'article 4. La vente est soumise à l'approbation du gouverneur général. — Article 26. — Des ventes peuvent en outre être consenties de gré à gré à tout acquéreur jouissant de ses droits civils, après avis du Conseil de gouvernement, aux conditions fixées par le gouverneur général : 1° pour les lots à affecter à des établissements industriels; 2° pour les immeubles ruraux situés en territoire de commune mixte ou indigène dans les régions non encore colonisées. La vente a lieu en conformité des dispositions des articles 18 et 19 du décret du 25 juillet 1860. — Article 27. — Des échanges peuvent être réalisés sans distinction de personnes dans les cas et aux conditions déterminés par le décret du 25 juillet 1860. Si les immeubles à céder par voie d'échange ont une valeur inférieure à 2.000 francs et si l'expert de l'État est d'accord avec celui de l'échangiste pour la fixation de cette valeur, il n'y a pas lieu à nomination d'un tiers expert. — Article 28. — Les terres de colonisation peuvent être mises, pour la création de villages, à la disposition des sociétés françaises ou de particuliers de nationalité française qui prendraient l'engagement : 1° de peupler ces villages en y installant des personnes réunissant les conditions exigées à l'article 4; 2° de transmettre gratuitement lesdites terres à ces personnnes dans le délai de deux ans aux conditions prescrites par l'article 12, sans que ces sociétés ou particuliers puissent jamais devenir propriétaires des terres qui leur ont été remises à charge de transmission. Les conventions à intervenir entre l'État et les sociétés ou particuliers sont approuvées par le gouverneur général, le Conseil de gouvernement entendu. Le peuplement doit être composé, pour deux tiers au moins, de français immigrants et, pour le surplus, de français d'origine européenne ou d'européens naturalisés déjà établis en Algérie. Par exception et en vue de favoriser l'établissement d'industries spécialement utiles, le gouverneur général peut, le Conseil de gouvernement entendu, autoriser la substitution d'immigrants étrangers aux immigrants français. — Article 29. — Les actes de transmission réalisés par les entreprises de peuplement, en exécution des conventions passées entre elles et l'État, sont notifiés, suivant le territoire, au préfet ou au général commandant la division qui les vise après s'être assuré de l'accomplissement des clauses imposées par lesdites conventions. Ces actes tiennent lieu, pour les bénéficiaires, des titres de concession directement délivrés par l'État à l'article 2. — Article 30. — Si la transmission des terres n'est pas effectuée dans le délai de deux ans à partir du jour où la remise en a été faite aux intéressés, l'État reprend possession des lots non transmis.

Titre VI. — *Dispositions diverses.* — Article 31. — Il n'est rien innové aux dispositions contenues dans le décret du 28 décembre 1900, en ce qui concerne les concessions d'immeubles domaniaux au profit des communes. — Article 32. — Des concessions gratuites, dont l'étendue ne peut excéder 200 hectares, peuvent être accordées aux indigènes sous condition de résidence à titre de récompense pour services exceptionnels. Ces concessions sont accordées par le gouvernement général, le Conseil de gouvernement entendu.

Le décret de 1904 semble ne pas avoir donné de mauvais résultats pour la colonisation algérienne. Dans son intéressant *rapport sur le bugdet général de l'Algérie* pour l'exercice 1908, pp. 44 et suivantes, M. Chailley, qui s'est spécialement occupé de cette colonisation, fournit les indications suivantes. Les lots mis aux mains des colons deviennent de plus en plus considérables ; de 10 à 20 hectares, le lot a passé à 30 et 40 et passera bientôt à 50 et 60. En 1906, l'administration a accordé 281 concessions se répartissant ainsi : 95 dans le département d'Alger; 100 dans celui d'Oran et 86 dans celui de Constantine. En 1907, le total des concessions a été de 139, dont 113 réservées à des immigrants et 26 à des Algériens. Les familles immigrantes se composaient de 628 personnes et possédaient un capital de 675.294 francs et un cheptel évalué à 58.830 francs. M. Chailley fait ensuite observer que les superficies disponibles vont être bientôt épuisées et que la préoccupation de s'en procurer de nouvelles va s'imposer. Les idées modernes qui repoussent la confiscation et le cantonnement, s'orientent donc du côté de l'achat de gré à gré. L'État achète ainsi et revend par adjudication et surtout à bureau ouvert.

A côté de la colonisation officielle s'est installée la colonisation libre qui est la conception de l'avenir ; les indigènes ont cédé de gré à gré des territoires importants. Sans doute, l'administration, de longtemps encore, ne pourra pas se désintéresser de ces transactions qu'elle doit surveiller, car elle a la direction et la responsabilité de la politique indigène dans laquelle la question des terres tient une si large part. Mais plus la conquête s'affermira et plus cette tutelle disparaîtra, laissant les transactions immobilières sous le régime de liberté naturelle qui seul leur convient en principe. Les indigènes achètent à leur tour les terres de leurs compatriotes et celles des colons qui n'ont pas réussi et arrivent à constituer des domaines considérables ayant, suivant les renseignements de M. Chailley (*loc. cit*, *p.* 41), jusqu'à 200 et 300 hectares, munis des instruments aratoires nécessaires. Et le prix du terrain monte avec cette double concurrence; il est de 1.000 francs l'hectare dans la Mitidja; de 250 à 500 francs dans la région de Sidi-bel-Abbès; et de 40 à 150 francs dans les centres nouveaux.

TITRE III

L'Organisation de la propriété foncière

Le régime de la condition des terres en Algérie n'est pas facile à déterminer et la lecture des auteurs sur cette matière ne laisse guère qu'incertitude et confusion. D'autre part, dit M. Larcher dans son *Traité élémentaire de législation algérienne*, II, numéro 712: « une longue série d'ordondonnances, de lois, accompagnées de pratiques administratives plus ou moins régulières, ont abouti à la création d'un régime foncier qui n'a aucun caractère définitif; il ne contente personne. Les européens se plaignent de n'avoir pas obtenu la sécurité sur laquelle ils auraient voulu compter dans leurs transactions avec les indigènes; et ceux-ci se lamentent, se disant dépouillés de leurs terres, soit que l'administration les ait prises pour y créer des centres de colonisation, soit que des spéculateurs peu scrupuleux aient mis à profit certaines dispositions de nos lois françaises pour provoquer des licitations ruineuses, spoliant des tribus entières et les réduisant à l'état de khammès ». Donnons donc simplement les idées générales et tâchons de démêler ce qu'il peut y avoir de clair dans ce chaos.

La terre en Algérie est dite terre *melk* ou *arch*. Il n'y a aucun doute au sujet de la première; elle constitue la propriété foncière individuelle, telle que nous la pratiquons, et est usitée dans l'ensemble du territoire algérien. La terre *melk* comprend la majeure partie de ce territoire. Il convient de mentionner, en ce qui concerne cette forme de la propriété, une différence entre la Kabylie et le reste de l'Algérie. En Kabylie, le partage est la règle à la mort du *de cujus* et l'indivision est un fait très rare. Au contraire, dans le reste du pays, l'indivision est fréquente entre les héritiers qui continuent à jouir en commun; en sorte que, les indivisions se greffant les unes sur les autres, le régime de la propriété devient souvent inextricable; et il est à peu près impossible d'établir les droits des divers intéressés. Théoriquement chacun garde son droit privatif et individuel; pratiquement une grande communauté de fait les englobe tous. A la terre *melk* s'oppose la terre dénommée *arch* par l'administration française dans les provinces d'Alger et de Constantine et *sabega* dans celle d'Oran. L'incertitude la plus complète règne au sujet de cette tenure foncière, dans laquelle certains ont vu une création purement théorique de l'administration française. D'autres ont pensé plus exactement, semble-t-il, que la terre *arch* serait celle dont le fonds était réputé appartenir au souverain, tandis que la jouissance en était laissée à la tribu qui la mettait en valeur et lui donnait la destination la mieux adaptée à ses besoins. L'indivision ordinaire des terres *melk* ne s'applique pas aux terres *arch*, car les collatéraux étaient exclus de la succession les concernant, ainsi que les femmes. La terre *arch* dont le sol était réputé appartenir au souverain, était à ce titre absolument inaliénable par les occupants.

Les terres algériennes comportent certaines institutions spéciales qui viennent encore compliquer leur condition au point de vue juridique; nous signalerons seulement le droit de *chefaa* et le *habous*. Le premier consiste dans une sorte de retrait permettant soit au copropriétaire, soit même au voisin d'après le rite hanéfite, de prendre à son compte, moyennant le paiement du prix, l'acquisition faite par un étranger de tout ou partie du fonds voisin. Le *Habous* est une institution fort curieuse qui se lie d'une façon très étroite aux sentiments religieux des musulmans. Il a pour effet de rendre inaliénable et imprescriptible, dans une intention pieuse, en l'enlevant au commerce et à la dévolution successorale coranique, un bien dont on a la propriété melk.

Ainsi la propriété étant en quelque sorte réservée indéfiniment et grevée de substitution, l'usufruit en est attribué à une ou plusieurs personnes désignées à l'acte de constitution dans l'ordre fixé, avec charge de conserver et de rendre, en sorte que, sinon immédiatement, tout au moins en dernier lieu, le bien revienne en usufruit à une personnalité morale religieuse qui le consacrera à des usages pieux. Le *Habous* est donc, en principe, une fondation pieuse; mais, en pratique, il servira souvent à éluder la loi successorale en écartant les femmes, les ascendants, les conjoints et en permettant de faire certains avantages à des héritiers déterminés; c'est ce qui explique que les docteurs musulmans aient essayé de le restreindre le plus possible. Quoi qu'il en soit, le habous jouissait, lors de la conquête, d'une grande popularité, au point que M. Zeys a pu affirmer qu'à cette époque les cinq dixièmes du sol lui étaient soumis (*Droit musulman*, II, p. 181).

On connaissait encore en Algérie, au moment de la conquête, les terres *maghzen* et les terres du *beylic*. Les premières étaient des colonies militaires; le dey concédait à des chefs de douar stipulant au nom de leurs soldats des domaines plus ou moins considérables suivant le nombre des personnes intéressées. Les colons ainsi établis étaient à la fois agriculteurs et soldats. Ils devaient, en effet, le service militaire dès qu'ils étaient convoqués par l'autorité. Ils étaient également tenus d'une redevance minime. Les terres *maghzen* n'étaient concédées qu'à titre de jouissance précaire et révocable arbitrairement par le dey, par exemple pour cause de félonie.

Les terres du *beylic* étaient les terres domaniales fort considérables qui lui appartenaient à titre de propriété privative. C'étaient principalement les *azels* provenant de confiscations sur les tribus révoltées et de prélèvements sur les terres *arch*.

D'autre part, le dey possédait sur l'ensemble des terres algériennes, par suite de circonstances diverses, des droits suffisamment étendus pour qu'on ait pu lui attribuer la propriété de la majeure partie du sol algérien. Nous avons vu qu'il ne concédait que la jouissance précaire des terres *maghzen*. D'autre part, en terre *arch*, il était, nous l'avons vu aussi, réputé propriétaire du sol dont les occupants n'avaient que la jouissance. Il possédait encore ce qu'on appelait les *terres mortes*, terres ne produisant rien ou n'étant la propriété de personne. Ces terres en friche et sans utilité actuelle étaient principalement des forêts et broussailles. Le souverain pouvait soit les adjoindre à ses biens propres, soit les concéder à des particuliers qui en devenaient propriétaires par le fait de la mise en valeur. Sur les terres mortes, les tribus exerçaient souvent des droits en commun, notamment les droits de pacage. Ces terres étaient inaliénables en pays *arch* et, en pays *melk*, ne pouvaient être aliénées qu'avec le consentement de la communauté.

C'est en cet état que les français trouvèrent l'Algérie lors de la conquête. Un arrêté du général en chef, du 8 septembre 1830, prescrivit la réunion au domaine de tous les biens du beylic, des biens séquestrés sur les ennemis et des biens habous. C'est alors que la spéculation vint s'abattre sur les terrains algériens; elle se produisit surtout sous forme de rente perpétuelle ou bail à *ana*; et elle donna lieu à une quantité de fraudes de la part soit des indigènes qui vendaient le plus souvent ce qu'ils n'avaient pas, soit des européens qui achetaient à tout prix, avec ou sans capitaux, pour gagner à la revente. Après divers arrêtés interdisant ou réglementant les transactions entre européens et indigènes, intervinrent les ordonnances du 1er octobre 1844 et du 21 juillet 1846. Elles régularisèrent, dans la mesure du possible, les ventes entachées de nullité; supprimèrent les contrats de rente qui auraient fini par grever toute la propriété algérienne de rentes perpétuelles rendant les transmissions à peu près impossibles; et firent cesser l'inaliénabilité des habous, dont les vendeurs ne faisaient pas connaître la condition opposée ensuite, après paiement du prix, aux acheteurs de bonne foi. Les ordonnances établirent également la pratique très contestable de l'expropriation pour cause d'inculture, dans le but de fournir des terres à la colonisation. Elles procuraient aux propriétaires fonciers des titres définitifs, purgés des charges et vices antérieurs, et leur permettant désormais de traiter avec une complète sécurité. Enfin elles réunissaient au domaine les terres pour lesquelles les détenteurs ne pouvaient établir un droit de propriété, menace perpétuelle pour les terres *arch*.

Le régime des ordonnances ne s'appliquait qu'au territoire civil alors peu étendu; et la première loi foncière concernant toute la colonie fut celle des 9, 25 avril, 16 juin 1851. Cette loi consacre définitivement l'inviolabilité de la propriété, tant française qu'indigène; ainsi sont reconnus les droits de propriété ou de jouissance appartenant aux particuliers, aux tribus et aux fractions de tribus, tels qu'ils existaient au jour de la conquête ou qu'ils ont été maintenus, réglés ou constitués par le gouvernement français. La loi de 1851 condamnait dès lors la théorie des ordonnances au sujet de l'expropriation pour cause d'inculture et admettait le droit de jouissance sur la terre *arch*, à côté de la propriété privative *melk*. La loi se borne à établir le principe des droits et s'en rapporte aux tribunaux du soin d'apprécier les espèces. Il n'est établi qu'une seule exception à l'inviolabilité de la propriété, c'est celle du *séquestre* nécessité par la sécurité de l'occupant et pour lequel renvoi est fait à l'ordonnance du 31 octobre 1845.

Suivant la loi de 1851, aucun droit de propriété ou de jouissance portant sur le sol du territoire d'une tribu ne pourra être aliéné au profit de personnes étrangères à la tribu; seul l'État peut acquérir ces droits dans l'intérêt des services publics ou de la colonisation et les rendre en tout ou en partie à la circulation. Les transmissions sont régies entre musulmans par la loi musulmane et, entre toutes autres personnes, par le Code civil. Donc c'est seulement dans les transactions entre indigènes que la loi musulmane est appliquée; entre indigènes et européens, on applique la loi française, sous réserve du retour à la loi musulmane pour toutes les questions de capacité indigène. La loi de 1851 ne s'était pas préoccupée des biens *arch* qui attirèrent nécessairement l'attention dans les années suivantes, quand les terres de colonisation vinrent à manquer. On fit alors remarquer que l'indigène n'avait en terre *arch* qu'une jouissance plus ou moins privative et délimitée et que l'État devait être considéré comme ayant succédé à l'ancien domaine éminent du beylik. De là vint l'idée du *cantonnement* semblable à celui qui se pratique en matière forestière où le droit de l'usager se transforme en un droit de propriété portant sur une partie du sol affectée à l'usage. Le cantonnement fut ainsi pratiqué à titre d'essai chez quelques tribus et on allait probablement l'appliquer en grand, quand intervint le sénatus-consulte du 22 avril 1843. Cet acte, application des idées personnelles de Napoléon III, a eu un double but : transformer les droits de jouissance des indigènes en un droit de propriété collective au profit des douars, en vue d'une nouvelle transformation de cette propriété; ordonner la délimitation du territoire des tribus et sa division en douars, en attendant la constitution de la propriété individuelle au profit des membres du douar; alors les colons s'entendraient avec les indigènes pour l'achat des terres de colonisation. Ainsi le droit de jouissance des indigènes est transformé en propriété collective désormais reconnue, et l'État abandonne son droit de domaine éminent sur les terres *arch*, *sabega* et *maghzen*, laissant de côté les terres *melk*. On se mit avec ardeur à la délimitation des propriétés des tribus et douars et l'on était arrivé à délimiter 6.883.811. hectares englobant 372 tribus et 667 douars, lorsque le gouvernement de la troisième Républiqui qui avait des vues toutes différentes, vint arrêter les opérations (circulaire du commissaire extraordinaire de la République du 19 décembre 1870 notifiant la décision du gouvernement de la défense nationale).

Si la politique impériale avait été peut-être trop favorable à l'indigène, celle de la troisième République lui fut plutôt hostile. On voulut constituer immédiatement la propriété indigène, afin de permettre aux colons de l'acquérir facilement; et, d'autre part, on décréta la *francisation* de la terre, c'est-à-dire l'impossibilité pour elle de revenir à la loi de l'Islam dès qu'elle avait été placée sous la loi métropolitaine. Autant que possible, cette dernière loi régit toute la législation foncière quant au régime des biens et aux contrats qui peuvent intervenir. Après des formalités voulues et une enquête dirigée par un commissaire enquêteur désigné par le gouverneur général, assisté d'un géomètre et d'un interprète, des titres de propriété sont délivrés aux indigènes, titres qui francisent la propriété; ensuite la transcription de ces titres fait disparaître tous droits réels antérieurs, en sorte que l'européen pourra désormais traiter avec sécurité. Pour faire cesser, d'autre part, l'indivision qui rend l'achat immobilier à peu près impossible au colon, on constatera, on fixera la propriété dans les territoires où existe déjà la propriété privée et les contestations seront jugées par l'autorité judiciaire; on la créera dans ceux de propriété collective et les réclamations seront solutionnées par l'administration elle-même. Dans les deux territoires, on procédera à des enquêtes générales concernant soit les particuliers, soit toute la collectivité, douar ou tribu. Enfin, avant que ces enquêtes générales à tout le territoire, portant sur les terres *melk* aussi bien que sur les terres *arch*, aient pu s'effectuer, les européens pourront obtenir un titre définitif de propriété par la voie de l'enquête partielle organisant une purge spéciale de tous les droits antérieurs et attribuant propriété définitive. Telles sont les dispositions de la loi du 26 juillet 1873; son résultat le plus remarquable fut de créer la francisation du domaine, grâce à laquelle les preuves furent désormais celles admises par le Code civil en matière de constatation de propriété; les notaires succédèrent aux cadis pour les actes authentiques et la transcription devint obligatoire. Les droits réels admis par la loi musulmane disparurent en tant que contraires aux principes généraux de la loi métropolitaine; le *chefaa* ne put plus être exercé que comme retrait successoral, suivant l'article 841 du Code civil. Le bien *habous*, désormais aliénable, rentra dans le commerce comme les autres biens, et sa constitution n'eut plus d'effet qu'en ce qui concernait la modification de la succession telle que l'établit la loi musulmane.

Il semble, suivant ce qui a été dit plus haut, qu'on n'avait qu'à constater la propriété individuelle en terre *melk* et à la constituer en terre *arch*, comme l'avait fait judicieusement le sénatus-consulte de 1863. Or, par une méprise singulière, le législateur de 1873, peu au courant de la situation de la propriété en Algérie, supprima l'expression dualiste consacrée et ne parla plus que de propriété soit individuelle soit collective, sans distinguer suivant le territoire où elle se trouvait, en sorte qu'il put y avoir une propriété *melk* collective! La propriété individuelle fut celle possédée par une personne ou une même famille ; et la propriété collective, celle appartenant exclusivement à des individus n'étant pas de la même famille.

La loi de 1873 fut corrigée en certains points par celle du 28 avril 1887. Tout d'abord, elle prescrivit de procéder aux opérations de délimitation et de classement ordonnées par le sénatus-consulte de 1863, qui avaient été sans raison arrêtées, on l'a vu, par la défense nationale et qui étaient indispensables pour l'application de la loi de 1873. Un décret du 22 septembre 1887 et une instruction du gouverneur général du 1er février 1888 ont, à nouveau, réglementé les opérations prévues qui prirent en pratique le nom d'opérations du nouveau sénatus-consulte. La loi de 1887 simplifiait encore les formalités de l'enquête partielle produisant la purge spéciale dont nous avons parlé ci-dessus. Il était permis aux européens et également aux israélites indigènes d'acquérir des immeubles en terre *arch*, avant l'accomplissement de la procédure générale relative à la constitution de la propriété individuelle ; on procédait, en ce cas, à des formalités spéciales édictées par les articles 7 à 10 de la loi. Les cessions, licitations et partages de droits successifs afférents à des biens soumis au régime de la loi de 1873, devaient avoir lieu suivant l'économie de la loi française.

Les lois de 1873 et de 1887 manquèrent totalement leur but ; elles ne furent pas comprises par les arabes, car elles méconnaissaient, comme on l'a vu, la distinction fondamentale des terres *melk* et *arch*, et faisaient trancher par l'administration les difficultés intéressant des propriétaires *melk*. D'ailleurs, le titre délivré par l'administration perdait toute valeur, en présence de la jurisprudence de la Cour de Cassation admettant que, malgré l'accomplissement des formalités prévues par la loi de 1873 pour les enquêtes par elle prescrites, les titulaires de droits réels pouvant invoquer un titre français notarié, judiciaire, ou administratif non produit au commissaire enquêteur dans les trois mois impartis par la loi, n'encourraient aucune déchéance. Comp. cassation 13 novembre 1888 et Alger, 20 novembre 1894 (*Revue alg.* 1889, 2. 1. et 1895, 2. 41). D'autre part, les lois de 1873 et 1887, sans donner la sécurité voulue à l'acquéreur, mécontentèrent les indigènes en fractionnant à l'infini les patrimoines qui n'étaient suffisants pour leurs besoins qu'avec le régime de l'indivision auquel ils sont profondément attachés. Elles les ruinèrent en facilitant leur expropriation par les spéculateurs et les gens d'affaires qui, dans la licitation par eux provoquée, acquéraient une part infime de l'immeuble et se faisaient ensuite céder le reste à vil prix. Enfin toutes les procédures de la loi de 1873 étaient fort coûteuses et en disproportion absolue avec la valeur des fonds.

En présence de l'insuccès complet des lois de 1873 et de 1887, on arrêta leur application à partir de 1890 et on se borna à achever la délimitation des territoires des tribus et des douars et la reconnaissance de la nature de leurs terres. Un régime nouveau fut constitué par la loi du 16 février 1897, complétée par le décret du 15 novembre 1897 et les instructions du gouverneur général des 14 juin 1897 et 7 mars 1898.

Par les dispositions de la loi de 1897, sont supprimées les procédures d'ensemble et partielles relatives à la constatation de la propriété individuelle et à sa constitution dans les centres de propriété collective, que les articles 5 et 8 de la loi remplacent par une procédure unique basée sur les données de l'expérience, procédure plus rapide, plus simple et moins coûteuse. A la suite de cette procédure, des titres sont délivrés par l'administration des domaines, titres assurant, suivant l'article 2, à l'égard de tous, la propriété aux mains des bénéficiaires. Tous les droits réels non légalement maintenus à suite de la procédure effectuée, sont définitivement abolis, quelles que soient la nature et la date de l'acte constatant ces droits. D'après l'article 3, à compter de la délivrance de ces titres, les immeubles auxquels ils se réfèrent resteront, quels que soient leurs propriétaires, soumis à toutes les prescriptions de la loi française, sauf les exceptions prévues aux articles 16, 17 et 18.

Suivant l'article 16, les transactions entre indigènes concernant des immeubles dont la propriété est établie en vertu des dispositions des lois de 1873, 1887 et 1897, pourront, dans les territoires déterminés par arrêté du gouverneur général, tant que ces immeubles demeureront aux mains des indigènes, avoir lieu par actes du ministère des cadis, ministère bien moins onéreux que celui des officiers ministériels français ou des agents d'affaires. Cette disposition est restée lettre morte. D'après l'article 18, les dispositions des articles 11 et suivants de la loi du 28 avril 1887, relatives aux licitations ou partages où figurent des indigènes, continueront à être appliquées. Ces textes édictent certaines précautions ayant pour but de protéger les indigènes contre les dangers et les frais des licitations ou partages souvent ruineux pour eux. Enfin l'article 17, dans le but d'empêcher les spéculations des agents d'affaires provoquant la licitation des immeubles indivis qu'ils acquéraient ensuite à vil prix en consommant ainsi la ruine des tribus, établit une sorte de retrait rappelant l'ancien *chefaà* d'après les dispositions suivantes. Lorsque le partage ou la licitation d'un immeuble rural, dont la moitié au moins appartient à des indigènes musulmans, sera demandé soit par un copropriétaire, soit par le tuteur, curateur ou créancier de l'un des copropriétaires, le tribunal attribuera, si faire se peut, en nature, au demandeur, une part de l'immeuble représentant ses droits ; si l'immeuble n'est pas commodément partageable, l'article 827 du Code civil ne sera pas applicable. Dans ce cas, le partage sera fait entre familles; et un ou plusieurs copropriétaires de la part affectée à la famille dont fait partie le demandeur auront le choix ou d'accepter la licitation ou de lui payer une somme d'argent représentant la valeur de ses droits sur l'immeuble. A défaut d'entente amiable entre les copropriétaires de la part revenant à une même famille, la somme dûe sera arbitrée par le tribunal dont le jugement, insusceptible d'opposition ou d'appel, contiendra condamnation solidaire des défendeurs au paiement de ladite somme avec les intérêts et les frais.

Telle est l'économie générale de la loi de 1897 ; examinons quelle situation elle fait actuellement à la propriété en Algérie. Les terres se divisent en terres francisées, auxquelles s'appliquent en principe et sauf exceptions prévues par les textes, les lois et la juridiction françaises, et en terres non francisées que régissent le droit musulman et les coutumes locales. Les terres francisées sont soumises aux lois françaises, quel que soit le statut personnel du possesseur ou du propriétaire (art. 2 et 3 de la loi de 1873 non abrogés). Quant aux terres non francisées, le droit musulman ou les coûtumes ne s'appliquent que lorsqu'il s'agit d'indigènes; si un européen est partie à l'acte, la loi applicable est la loi française; c'est le statut mixte. Le système de la francisation n'est suivi qu'au Tell; en région saharienne, persiste le statut mixte prévu par l'article 16 de la loi de 1851. Suivant les articles 2 et 3 de la loi de 1873, complétés par les autres textes sur la propriété foncière ci-dessus analysés, les titres de francisation sont ceux délivrés en vertu soit de l'ordonnance de 1846 et du sénatus-consulte de 1863, soit en exécution des opérations de cantonnement, soit à la suite des enquêtes et purges d'ensemble ou partielles des lois de 1873 et de 1887 et de la procédure unique de celle de 1897. Tous ces titres francisent les immeubles et en même temps les purgent des droits réels antérieurs. En effet, les titulaires ont été, par des formalités de publicité préalable, mis en demeure de faire valoir ces droits réels, en sorte que la propriété est franche et entière aux mains des tiers, si ces titulaires n'ont pas opéré les justifications voulues dans le délai imparti par les textes. Au contraire, les titres administratifs ou notariés, ainsi que les titres judiciaires, francisent bien l'immeuble, mais ne le purgent pas des droits réels préexistants, car il n'y a eu aucune publicité, aucune mise en demeure de faire valoir ces droits, lesquels par suite continuent à être opposables en conformité des législations française et musulmane, suivant les cas, à condition, s'il s'agit de droits établis par la législation musulmane, qu'ils ne soient pas contraires à la loi française. Ainsi on reconnaîtra le *thimersiouth en temourth* sorte d'hypothèque kabyle, ou la *rahnia* analogue à notre antichrèse; et on n'admettra, comme on l'a vu, le *chefaà* que suivant l'article 841 du Code civil ou l'article 17 de la loi de 1897. Sur les terres non francisées, entre indigènes, s'applique le droit musulman ou kabyle; par exemple, on pourra y pratiquer le *chefaà* musulman. Toutefois, il faut remarquer que ce droit ainsi applicable aux musulmans sur les immeubles leur appartenant, n'est pas le droit musulman pur d'avant la conquête, car il a été modifié en beaucoup de points par l'influence française; de même le droit applicable aux immeubles françisés n'est pas absolument le droit français pur, attendu qu'il a été altéré en certaines de ses parties par le contact de l'élément musulman. Enfin relativement aux actions en justice, les litiges immobiliers, quand il s'agit des immeubles francisés ou des actions mixtes, sont tranchés par les tribunaux français, suivant les règles métropolitaines de compétence; quant aux biens non francisés, entre indigènes sont usitées les règles de compétence et de juridiction concernant les indigènes dont il a été question au chapitre précédent consacré à l'*Organisation judiciaire algérienne*.

Nous avons dit ci-dessus que les lois de 1873 et de 1887 avaient écarté la distinction des terres *melk* et *arch* telle qu'elle avait été établie par les usages antérieurs et acceptée par le sénatus-consulte de 1863. Or, revenant à une plus saine appréciation des choses, la loi de 1897 a, dans son article 13, rétabli, en des termes détournés, la distinction primitive. Mais l'impôt qui grevait autrefois les terres *arch* au profit du souverain n'existe plus que dans la province de Constantine, sous le nom de *hokkor*. Ces terres sont restées inaliénables en principe comme anciennement; toutefois la loi de 1897 permet d'arriver à l'aliénation grâce à la procédure de l'enquête et de la purge qu'elle établit. Les indigènes possesseurs de la terre *arch* ont le droit de provoquer cette procédure; et l'administration a admis, après avoir décidé le contraire, que l'acquéreur porteur d'une promesse de vente concernant un immeuble sis en terre *arch*, avait le même droit que son vendeur indigène, (avis du conseil d'État du 13 mars 1902). Conf. instruction du gouverneur général des 17 mai 1902 et circulaire du procureur général du 9 mai de la même année. Quoi qu'il en soit, en principe, la terre *arch* reste inaliénable et cette inaliénabilité entraîne imprescriptibilité et insaisissabilité. Quant aux litiges relatifs à la terre dont s'agit, ils sont de la compétence exclusive de l'autorité administrative, tant que dure la procédure d'enquête partielle. L'article 13 de la loi de 1897 dit, en effet, que, au cas où cette enquête est demandée, le plan parcellaire sera homologué par arrêté pris par le gouverneur général en Conseil de gouvernement. Jusque là, par suite, l'autorité administrative est restée compétente. Le texte ajoute que : à dater de cet arrrêté, les occupants maintenus en possession seront considérés comme propriétaires à titre privé des terres dont ils auront été reconnus possesseurs. A partir de la publication de l'arrêté d'homologation du gouverneur général dans le *Journal officiel* de l'Algérie, les contestations relatives à la propriété de ces territoires seront de la compétence des tribunaux judiciaires. Ainsi, la procédure de purge et d'enquête partielle de la loi de 1897 permet à tout détenteur de la terre *arch* d'arriver à se faire délivrer un titre de propriété privée. C'est là le seul moyen de faire passer actuellement cette terre sous le régime de la propriété privée.

La loi de 1897 n'est, dans la pensée de ses auteurs, qu'une loi transitoire destinée à pallier les inconvénients du régime antérieur jusqu'à l'établissement d'un état de choses définitif, dans lequel le vieux système foncier français, dont les inconvénients sont bien connus, serait remplacé par des dispositions plus protectrices des intérêts des parties, spécialement des indigènes et des tiers. Dans cet ordre d'idées, M. Franck-Chauveau, dans son rapport déposé au nom de la commission sénatoriale d'études des questions algériennes (*Journal officiel, documents parlementaires*, séance du 29 mars 1893, annexe n° 121 p. 262), proposait l'établissement en Algérie du système des livres fonciers et de l'immatriculation facultative qui fonctionne en Tunisie, on le verra ci-après, et dans un certain nombre d'autres possessions françaises. Sur ce premier point, on ne peut que se rallier aux conclusions du rapport; mais beaucoup plus douteuse est la portée de la réforme qui consisterait à établir la mobilisation du sol par les cédules hypothécaires, car elle pourrait avoir pour résultat de favoriser l'agiotage et de faciliter la dissipation du patrimoine aux mains des imprévoyants. Il est vrai que la commission a pris des précautions louables pour éviter ce double danger, autant que possible. M. Larcher, dans une étude très fouillée consacrée à cette proposition déclare le système des livres fonciers excellent pour l'européen, mais non pour les indigènes, pour lesquels il réclame le maintien d'une purge partielle analogue à celle de la loi de 1897, mais moins onéreuse (*op, cit.* n° 974). On a également proposé d'appliquer à l'Algérie, pour la conservation du patrimoine des indigènes, le système du *homestead* qui consacre l'insaisissabilité du bien de famille. établie en France par la loi du 12 juillet 1909 et qui n'a pas été étendue à l'Algérie. Excellente pour les indigènes qu'elle sauverait souvent de la ruine causée par les aliénations trop faciles du patrimoine familial, l'institution se justifie vis-à-vis des européens par les raisons qui l'ont fait adopter en France. Toutefois, ce dernier point n'est qu'une partie peu importante de la question de la propriété en Algérie; la réforme capitale trop ajournée consiste dans l'adaptation à la colonie, comme en Tunisie, du système des livres fonciers, avec les restrictions qui pourraient apparaître comme nécessaires à l'égard des indigènes. Il est temps que les pouvoirs publics se préoccupent d'une réforme que les publicistes et l'opinion publique réclament inpérieusement. Consulter, sur les questions qui précèdent, le *Rapport sur l'application du système Torrens en Tunisie et en Algérie* présenté par M. Pouyanne, à la commission constituée au gouvernement général, en vue de préparer une nouvelle législation foncière, 1er volume, Alger, 1903.

TITRE IV

La réglementation minière

Une loi du 16 juin 1851 avait déclaré, dans son article 5, que les mines et minières seraient régies en Algérie par la législation générale de la France. Ainsi disparaissait l'arrêté du 9 octobre 1848 qui avait établi un régime minier d'exception; mais un décret du 6 février 1852 remit en vigueur cet arrêté jusqu'au jour où le décret du 23 juin 1866 déclara applicable à l'Algérie la loi du 9 mai 1866 modifiant celle du 21 avril 1810 et abrogeant le système de l'arrêté de 1848. On a donc établi dans la colonie la division tripartite métropolitaine entre les *mines*, *minières* et *carrières*; c'est par les propriétaires du sol et, s'ils refusent, par le chef de l'État que peuvent être concédés les permis de recherches.

Cette législation était totalement insuffisante pour la réglementation des *phosphates* qui constituent la grande richesse minière algérienne et qui sont aujourd'hui régis par le décret du 25 mars 1898. D'après ces dispositions, les gîtes phosphatiers ont le caractère de carrières et appartiennent au propriétaire du sol. En terre *francisée* ou en terre *melk*, le propriétaire seul peut exploiter, suivant la loi métropolitaine qui est maintenue, ou concéder l'exploitation à un tiers, à la charge par celui-ci de se conformer aux règlements sur l'exploitation des carrières. En terres *domaniales*, terres de *parcours* et terres *arch*, l'État seul peut concéder le droit d'exploitation sous la seule forme de l'amodiation temporaire d'une durée de cinquante ans au plus, à suite d'adjudication publique au plus offrant, moyennant une redevance proportionnelle aux tonnes de phosphates expédiées. L'inventeur reçoit pendant trente ans le dixième des sommes versées à titre de redevance; il est ensuite prélevé un second dixième pour frais de surveillance administrative. Quant aux huit dixièmes restant, ils vont au propriétaire qui est l'État, si le sol est domanial. Si le sol est départemental ou communal, l'État partage avec le département ou la commune. Pour les terrains de parcours, l'État garde sa moitié et l'autre alimente un fonds commun de subventions aux douars algériens. Si le sol est *arch*, la redevance se partage entre les occupants dans la mesure de leur droit de jouissance respective. Sur chaque tonne de phosphate extraite de toute carrière et non employée en Algérie, il est perçu un droit de 50 centimes.

TITRE V

La main-d'œuvre

La question de la main-d'œuvre qui, on le verra, a fait tant de difficultés dans les autres colonies françaises, ne s'est point posée avec autant d'acuité en Algérie. Tout d'abord, le français pourrait y travailler de ses propres mains; mais, s'il en était réduit là, le plus souvent il ne quitterait pas la France, car, s'il émigre, c'est pour avoir des exploitations plus vastes que celles auxquelles il suffirait dans la métropole. La race indigène a fourni au colon algérien la main-d'œuvre nécessaire en Kabylie où habite une population sédentaire et industrieuse. Mais, dans les autres parties de la colonie, l'arabe se montre réfractaire à un travail régulier et continu; il ne travaille guère, comme le noir aux Antilles, que contraint et forcé et se repose dès qu'il a ce qu'il lui faut pour satisfaire ses besoins. Il a donc fallu recourir aux marocains et aux espagnols. Ces derniers ont procédé principalement aux défrichements devant lesquels reculent les autres européens et les algériens; ils s'en sont fait une sorte de spécialité. Ils reçoivent même assez souvent les terres qui sont attribuées aux indigènes, en compensation des opérations de colonisation; et ces terres qu'ils défrichent leur sont abandonnées pour une durée qui est habituellement de 5 ans. Avec le temps, les arabes se sont habitués aux travaux de culture dont les marocains leur donnaient l'exemple; et aujourd'hui sur les hauts plateaux ils sont les aides habituels du colon, à l'école duquel ils font leur apprentissage agricole et qui les initie à la culture pour le jour où ils deviendront propriétaires eux-mêmes. Dans son rapport précité (p. 40), M. Chailley dit que les salaires sont, au début, de 2 francs par jour, plus tard de 2 francs 50 et 3 francs, avec un kilogramme de pain.

SECTION II

LA TUNISIE

TITRE PREMIER

Le Domaine

Le domaine public inaliénable et imprescriptible a été organisé en Tunisie par les décrets des 24 septembre 1885 et 26 septembre 1887. Il englobe le rivage de la mer et les lacs jusqu'à la limite des plus hautes eaux, les lacs salés (*sebkas*), les rades, ports et dépendances, les phares, feux, balises et en général tous ouvrages destinés au balisage et à l'éclairage des côtes. Il comprend encore les cours d'eau de toute espèce, sans distinction entre ceux navigables et flottables ou non, et les francs bords, les terrains contenant des ouvrages pour les passages d'eau et les bacs affectés à un service public, les sources, aqueducs, puits, abreuvoirs et dépendances servant à l'usage public, les canaux de navigation, d'irrigation ou de dessèchement exécutés dans un but d'utilité publique, avec les terrains compris dans les francs bords et autres dépendances, les routes, rues, chemins de fer, tramways publics et leurs dépendances, et, en général, toutes les parties du territoire et tous les ouvrages qui ne sont pas susceptibles de propriété privée. L'article 2 maintient, tels qu'ils existaient, les droits privés de propriété, d'usufruit et d'usage légalement acquis sur les cours d'eau, sources, abreuvoirs ou puits, antérieurement à la promulgation du décret.

Un décret du 18 octobre 1906 indique les choses faisant partie du domaine public militaire : fortifications, chemins et voies ferrées stratégiques, arsenaux, sémaphores, magasins à poudre et explosifs, etc. Le décret du 2 septembre 1886 a remis ce domaine aux départements français de la guerre et de la marine.

Le domaine privé, réglementé par les décrets des 13 janvier 1896 et 25 avril 1898, comprend les biens vacants et sans maître, les mines, les terres vaines et vagues, les montagnes incultivables et généralement toutes les terres mortes, les édifices et les meubles des établissements publics, les navires, les bois et forêts, sous réserve des droits de propriété et d'usage régulièrement acquis (décret du 4 avril 1890). Un décret du 22 juillet 1903 a ordonné la délimitation du domaine forestier qui est fort important et a une superficie d'environ 5.000 kilomètres carrés. Le domaine privé comprend enfin les terres dites *sialines* situées dans un périmètre d'environ 80 kilomètres autour de Sfax, appartenant anciennement à la famille Siala et ayant fait retour en 1871 à l'état tunisien.

Le domaine privé du bey et le domaine de la couronne

sont gérés par un administrateur français nommé par le bey (décret du 11 juin 1902). Les immeubles du domaine privé comprennent les biens indiqués au tableau annexé au décret précité; la dotation mobilière englobe les meubles meublants, objets d'art, etc., se trouvant dans les immeubles de la couronne. Les meubles et immeubles précités sont inaliénables et imprescriptibles; les meubles inventoriés avec estimation peuvent toutefois être aliénés à charge de remplacement. L'administrateur du domaine privé fait les actes d'administration et d'aliénation, perçoit les revenus et représente le domaine en justice.

TITRE II

L'immigration et les concessions territoriales

Un décret du 3 mars 1906 a constitué à Paris un *Office de renseignements du gouvernement tunisien*, dans l'intention de susciter et de provoquer l'immigration française en Tunisie. On essaye ainsi de développer autant que possible la colonisation française, en présence de la colonisation italienne qui s'est, dans les dernières années, étendue d'une façon considérable et presque inquiétante pour notre influence. Le protectorat accorde aux français immigrants dans la Régence des avantages considérables, notamment le transport à prix réduit des colons, ouvriers ou employés n'ayant jamais résidé en Tunisie ou de toutes autres personnes disposant d'un capital d'au moins mille francs. Dans le même ordre d'idées, un arrêté du résident général du 26 juin 1904 a institué un office spécial rattaché à la direction de l'agriculture, du commerce et de la colonisation, appelé *Office central du peuplement français*, dont la mission est de recevoir les demandes d'emploi et d'installation des émigrants français, de faciliter leur placement rapide et, dans ce but, de mettre ses services à la disposition permanente et commune de toutes associations françaises autorisées s'occupant de placement et de mutualité. Son intermédiaire est essentiellement gratuit.

A leur arrivée en Tunisie, les émigrants français obtiennent des lots de terres d'une contenance variable; la vente est le mode unique d'aliénation des terres domaniales; quant aux conditions du paiement des lots urbains et ruraux, elles sont déterminées par un décret du 16 décembre 1903 et un arrêté organique du directeur de l'agriculture du 21 août 1907. On préfère, pour l'attribution des lots, 1° le demandeur justifiant du diplôme de l'école d'agriculture de Tunis obtenu depuis moins de cinq ans; 2° le père de famille cultivateur de profession, ayant au moins quatre enfants habitant avec lui. Des dispositions de faveur peuvent être accordées à des émigrants cultivateurs chargés de nombreux enfants, à des sous-officiers et soldats de Tunisie et d'Algérie quittant l'armée avec une retraite pour se consacrer à l'agriculture, à des fonctionnaires ayant rendu à la Régence des services exceptionnels dûment constatés, à des sociétés philanthropiques à charge par elles de se substituer des acquéreurs particuliers.

L'acquéreur d'un fonds rural peut, suivant l'arrêté de 1907, ou payer comptant ou stipuler la division du prix; il est obligé de construire ou d'habiter d'une façon permanente ou d'installer à sa place une famille française, le tout dans le délai d'un an à partir de la prise de possession.

Les divers lots livrés à la colonisation forment des centres qui comprennent, outre les lots eux-mêmes, des terrains de parcours et ceux nécessaires à la création de villages. La réalisation continue et méthodique de ce programme se poursuit par les soins d'un *Comité de colonisation* qui comprend, outre des fonctionnaires, des agriculteurs français désignés par la chambre d'agriculture. Les créations de centres donnent lieu à des enquêtes précédant l'arrêté du directeur de l'agriculture qui établit les conditions du lotissement; à cet arrêté est annexé un plan-notice contenant toutes les indications nécessaires, et le tout est porté à la connaissance du public par des insertions dans les journaux et l'affichage. Un décret du 1er septembre 1897, remplacé par un autre du 25 septembre 1900, a créé une *caisse de colonisation*, dans laquelle on verse le prix de la vente des terres domaniales concédées, prix servant à l'administration pour acheter de nouvelles terres et les revendre aux colons.

En dehors des terres dont nous venons de parler qui sont destinées à la petite et à la moyenne colonisation, un décret du 8 février 1892, modifié par un autre du 30 avril 1905, a prévu l'aliénation des terres *sialines* dont il a été question ci-dessus, moyennant un prix de 10 francs l'hectare et à la charge de complanter en olivettes, dans un délai de quatre ans, la moitié de la surface. Jusqu'à concurrence d'un cinquième, il est permis de remplacer cette plantation par celle d'essences forestières et de cactus et par des travaux de recherche et d'aménagement des eaux, ainsi que par des constructions d'abri pour le bétail. Suivant un décret du 13 novembre 1898, l'administration des *habous* est autorisée à fournir à la direction de l'agriculture, pour favoriser la colonisation, certaines contenances agricoles d'au moins 2.000 hectares, dont la liste est approuvée par arrêté beylical. L'échange en argent des terrains habous doit être fait par l'administration dans un délai maximum de dix-huit mois. Enfin, le directeur de l'agriculture fait périodiquement connaître aux immigrants la liste des propriétés particulières qui pourraient être susceptibles de vente ou de location.

TITRE III

L'organisation de la propriété foncière

Depuis le pacte fondamental du 10 septembre 1857 confirmé par de nombreuses conventions internationales, les étrangers ont obtenu le droit d'être propriétaires dans la Régence, au même titre que les indigènes. Les terres y présentent à peu près le même aspect qu'en Algérie. Il y a, en effet, des terres *melk*, propriété privative, restant souvent sous le régime de l'indivision, non à raison de leur nature, mais par la volonté des parties qui considèrent cette situation comme conforme à l'organisation de la famille. On trouve ensuite des terres qui ressemblent aux terres *arch* et qui, sous des noms divers, appartiennent en propriété à l'État et en jouissance collective aux tribus. Un décret du 14 janvier 1901, disposant que ces territoires sur lesquels les tribus n'ont qu'un droit de jouissance, sont inaliénables, a réglementé les conditions de leur délimitation effectuée par des comités locaux.

On oppose à la propriété *melk*, libre et aliénable, les *habous* consacrés, comme en Algérie, à des fondations pieuses. On distingue les *habous publics* affectés en pleine propriété à la destination prévue et les *habous privés* dans lesquels la fondation pieuse ne reçoit que la nue propriété, la jouissance étant réservée aux héritiers du fondateur. Les habous, à la différence de ce qui s'est passé en Algérie, sont restés inaliénables et constituent par suite une grande gêne pour les transactions (décret beylical du 26 avril 1861 consacré par une jurisprudence ultérieure constante). Toutefois, bien qu'inaliénables, les habous sont, suivant la coutume, soumis à la prescription de 33 ans. Ils sont même aliénables à charge de remploi; ils peuvent être échangés, soit en nature, soit pour une somme d'argent, aux enchères publiques et après publicité (décret du 31 janvier 1898). De même, les habous peuvent être l'objet du contrat d'*enzel* qui consiste à aliéner la jouissance du bien contre une redevance perpétuelle constituée par voie d'enchères, après une publicité de cinq semaines (décrets des 22 juin 1888, 7 mars 1900 et 22 janvier 1905, ce dernier relatif au rachat de l'enzel). Le contrat d'enzel a rendu de grands services à la colonisation en Tunisie, en permettant à l'acheteur de ne payer que l'intérêt et d'employer le capital à la constitution et à la mise en valeur du domaine.

Les habous peuvent enfin être l'objet de locations à long terme réglementées par un décret du 31 janvier 1898, suivant lequel elles doivent avoir lieu aux enchères publiques, à époques fixes, et avec publicité. Les baux sont faits pour des périodes décennales, renouvelables jusqu'à une durée de trente ans au bout de laquelle la terre est louée aux conditions ordinaires. A l'expiration du bail, pourvu qu'elles ne soient pas supérieures à une somme représentant cinq années de location, le preneur peut obtenir le remboursement des impenses utiles.

Sur les données fondamentables constitutives de la propriété foncière en Tunisie, est venue se greffer une nouvelle manière d'être des terres qui est aujourd'hui passée au premier plan et constitue la division par excellence du domaine privé. Les immeubles, en effet, ou bien sont restés sous la condition ancienne, et alors ils sont toujours régis par le droit musulman; ou bien ils ont été placés sous le régime de l'immatriculation réglé par le décret ou loi foncière du 12 juillet 1885, auquel cas on leur applique la loi et la juridiction françaises.

ARTICLE PREMIER

Les immeubles non immatriculés

Ils sont régis par la loi musulmane basée sur le Coran mitigé par la coutume, codifié et corrigé par la législation beylicale et civilisé par l'influence du protectorat et la jurisprudence de nos tribunaux. La législation locale admet le droit de propriété privative, ainsi qu'il a été dit ci-dessus, avec diverses institutions indigènes fort curieuses, telles que l'*enzel* dont il a été parlé à propos des biens habous.

Il convient encore de mentionner les droits de *chefaà* et de *khoulou*. Le *chefaà* est une sorte de droit de retrait ou de préemption qui permet de reprendre la chose en remboursant le prix. Le *khoulou* consiste en un droit réel de jouissance perpétuelle constitué sur un immeuble, moyennant le paiement d'une redevance annuelle et la contribution aux grosses réparations.

La coutume tunisienne admet, comme nous, les droits d'usufruit, d'usage, d'habitation, et d'antichrèse. Elle autorise également la vente à réméré, grâce à laquelle les indigènes échappent à la prohibition du prêt à intérêt édictée par la loi religieuse. C'est une sorte de prêt hypothécaire dans lequel le créancier touche, au lieu d'intérêts, les fruits de la chose engagée remise entre ses mains et qu'il rendra en cas de paiement à l'échéance, sans aucun déplacement de propriété. Quant aux autres droits pouvant être concédés sur les immeubles d'après la loi locale, nous renvoyons à ce qui a déjà été dit à propos de la Tunisie, au chapitre Ier consacré au *Régime législatif colonial*.

ARTICLE II

Les immeubles immatriculés

De par la loi foncière du 12 juillet 1885 modifiée par des décrets postérieurs, notamment des 16 mai 1886, 6 novembre 1888 et 15 mars 1892, la Régence a été dotée du système de l'immatriculation qui, on l'a vu, vainement réclamé par l'Algérie, a été, au contraire, appliqué à nos grandes colonies africaines et fait spécialement l'objet du récent décret du 4 février 1911 concernant Madagascar, dont il sera question ci-après. Le régime nouveau offre aux acquéreurs la sécurité la plus complète, sécurité qu'ils n'avaient nullement avec l'état de choses ancien où la constitution et la transmission de la propriété et des droits réels étaient occultes et facilitaient ainsi les fraudes. La loi de 1885 n'est nullement obligatoire et le propriétaire français ou indigène demeure libre de placer son immeuble sous la garantie de l'immatriculation, dont l'effet est indiqué comme suit en l'article 19 : tous lesdroits réels existant sur l'immeuble au moment de l'immatriculation sont inscrits sur un titre de propriété qui forme leur point de départ unique, à l'exclusion de tous droits antérieurs. Les immeubles immatriculés sont absolument placés sous la loi française et sous la juridiction des tribunaux français; et l'immatriculation donne, dès lors, à celui qui l'obtient un titre de propriété incommutable grevé des seuls droits réels qui y figurent. Ce titre est enregistré à la conservation de la propriété foncière de la Régence instituée à Tunis, par les soins d'un fonctionnaire spécial appelé conservateur de la propriété foncière, chargé de l'immatriculation des immeubles, de la constitution des titres de propriété, de la conservation des actes relatifs aux immeubles immatriculés et de l'inscription des droits et charges sur ces immeubles.

L'immatriculation a cet effet considérable de purger tous les droits réels et charges occultes qui ne se sont pas manifestés dans le délai imparti et qui n'ont pas été inscrits sur le registre de propriété. Ainsi disparaissent les purges des hypothèques inscrites et non inscrites, dont le Code civil prévoit les formalités et les effets aux articles 2181 et suivants, purges coûteuses, compliquées, défectueuses et ne donnant point aux acquéreurs la sécurité complète de l'immatriculation. Pour produire un effet aussi radical, l'immatriculation doit nécessairement être entourée de garanties protectrices des intérêts de tous; et, spécialement ici, la loi tunisienne prend des précautions extrêmement minutieuses. Les intéressés sont prévenus de la demande d'immatriculation par une publicité extrêmement large, consistant en publications dans les journaux et les marchés indigènes; il est procédé au bornage de l'immeuble, opération qui avertit les tiers, les voisins et le public en général de la prise de possession et des limites données au bien immatriculé. Les protestations surgissent alors s'il en doit apparaître, et la fixation exacte des bornes immobilières fait disparaître pour l'avenir une cause importante de litiges. Toutes ces opérations sont consignées sur un plan annexé au titre du propriétaire, et ainsi l'étendue de la propriété est irrémédiablement fixée. Pour statuer sur les litiges entre présents et maîtres de leurs droits, et, d'autre part, dans le but d'assurer la conservation des droits des incapables et des absents, a été institué le tribunal mixte dont nous avons déjà parlé ci-dessus au chapitre précédent consacré au *Régime judiciaire*. Ce tribunal connaît de toutes les oppositions des intéressés au projet d'immatriculation, de toutes leurs revendications sur le bien dont s'agit; il juge souverainement; ses décisions fixent d'une façon définitive le droit des parties et c'est sur sa sentence que le conservateur basera sa rédaction du titre de propriété. Le tribunal mixte assure les droits des absents et des incapables, en prenant discrétionnairement les mesures qui lui paraissent nécessaires.

L'immatriculation peut être demandée par le propriétaire, l'enzeliste (débi-rentier), l'usufruitier, l'antichrésiste, le créancier hypothécaire, l'emphytéote, le superficiaire; ces cinq derniers doivent avoir le consentement du propriétaire ou de l'enzeliste pour les immeubles tenus à enzel. Nous reviendrons tout à l'heure sur ces diverses qualifications.

Après que le tribunal a statué sur les difficultés diverses qui ont pu être soulevées par l'immatriculation, le conservateur de la propriété foncière établit un titre en langue française comportant la description de l'immeuble, avec ses tenants et aboutissants, sa contenance, les plantations et constructions qui s'y trouvent, les droits réels immobiliers et les charges qui le grèvent. Le plan et le procès-verbal de bornage y restent annexés; chaque titre de propriété porte un numéro d'ordre. Ce titre reste déposé dans les archives de la conservation de la propriété foncière. Quand un immeuble est divisé par suite de démembrement ou de partage, il est procédé au bornage de chacun des lots par un géomètre assermenté qui rapporte cette opération sur une expédition du plan.

Il est établi un titre et un plan distincts pour chacune des divisions de l'immeuble. Les inscriptions conservent le droit qu'elles relatent, tant qu'elles n'ont pas été rayées ou modifiées. Tout propriétaire ou enzeliste, à l'exclusion de tous autres, aura droit à une copie exacte et complète du titre de propriété; cette copie sera nominative et le conservateur en certifiera l'authenticité en y apposant sa signature et le timbre de la conservation. Les autres intéressés n'auront droit qu'à la délivrance de certificats d'inscription.

Ainsi, à partir de la délivrance du titre, l'origine de la propriété, son point de départ et les charges qui la grèvent sont fixés et toutes autres charges disparaissaient; la propriété et les droits réels ne se conservent donc vis-à-vis de tous intéressés que par l'inscription; et il en est de même pour les baux de plus d'un an. Étant données les préoccupations qui précèdent, le système de la publicité devait, dès lors, être étendu à toutes les mutations soit entre vifs ou à cause de mort, soit à titre gratuit ou à titre onéreux. Et ainsi la loi tunisienne fait application, en l'espèce, des dispositions de la loi du 23 mars 1855 aux mutations après décès et du principe posé pour les donations étendu aux libéralités testamentaires. Voir les articles 939 et suivants du code civil. Une nouvelle exception remarquable aux principes de la législation métropolitaine se trouve dans la disparition des hypothèques générales et occultes qui, depuis longtemps, sont condamnées dans les projets de réforme du système hypothécaire et ont été supprimées par un certain nombre de législations positives. Désormais, toute hypothèque sera spécialisée et publique et l'inscription aura la même durée qu'elle, contrairement à l'article 2154 du Code civil. Les privilèges sur les immeubles nuisibles au crédit sont supprimés. Pour sauvegarder les intérêts des incapables, sont instituées les hypothèques forcées, prises en vertu d'une décision de justice, sans le consentement du débiteur, en faveur : 1° des mineurs et interdits sur les immeubles des tuteurs et de leurs cautions, 2° de la femme sur les immeubles du mari pour ses reprises, 3° du vendeur sur l'immeuble vendu, quand il n'a pas été réservé d'hypothèque conventionnelle pour le paiement du prix. La loi prévoit ensuite l'hypothèque conventionnelle concédée par acte authentique ou sous seing privé, contrairement encore au Code civil, et l'hypothèque testamentaire établie, pour un chiffre déterminé, par le testateur, sur un ou plusieurs immeubles désignés au testament, pour garantie des legs. Toutes ces hypothèques sont spéciales et soumises à la publicité. L'hypothèque judiciaire funeste au crédit et supprimée par un certain nombre de législations positives, a également disparu de la Régence. Les actes soumis à la publicité ne sont plus transcrits intégralement sur les registres; la transcription métropolitaine est donc remplacée, en tout cas, par l'inscription indiquant les mentions essentielles de l'acte sur l'original et sur la copie du titre; mais, pour faciliter les recherches, les actes sont déposés à la conservation où l'on dresse un dossier de chaque immeuble.

La loi foncière a ainsi organisé un état civil de l'immeuble indépendant de son propriétaire; dans les pays neufs, comme en Australie, *l'act Torrens*, en présence d'un plan cadastral d'ensemble, a pu indiquer chaque immeuble par le numéro qui lui est assigné dans ce plan. En Tunisie où cette pratique est impossible en l'absence du plan général, on désigne le bien par le nom connu qui lui est assigné; et des tables alphabétiques très exactement rédigées permettent de faire rapidement les recherches nécessaires.

S'inspirant de l'*act Torrens*, le décret de 1885 prévoit un système de constatation de la propriété aux mains de l'ayant droit qui est de nature à faciliter les transactions et la mobilisation du sol. Le propriétaire de l'immeuble immatriculé reçoit, comme nous l'avons dit, une copie du titre absolument conforme à l'original resté à la conservation; toute mutation, toute inscription sur le titre figurent sur la copie, les deux restant en concordance parfaite. A l'imitation du système australien, le décret de 1885 avait, dans son article 38, institué un fonds d'assurance destiné à faire face aux réclamations éventuelles des tiers lésés par l'immatriculation. L'expérience a démontré que cette garantie était aléatoire et insuffisante; elle a, en conséquence, été supprimée par le décret du 15 mars 1892. Il n'y a plus dès lors de recours pour dommage causé, si ce n'est, en cas de dol, contre l'auteur du dol.

L'exécution de la législation foncière a été mise entre les mains du service de la conservation de la propriété foncière (décrets de 1885, article 21, et du 14 juin 1886 modifié par celui du 16 mars 1892) et du service topographique (décret du 18 décembre 1899). Un corps d'interprètes assermentés fonctionne auprès des deux comme service auxiliaire. Le décret du 16 mars 1892 établit la procédure à suivre au sujet de l'immatriculation des immeubles qui font l'objet d'une vente poursuivie devant les tribunaux français.

Les immatriculations sont nombreuses et, à l'expérience, le système donne les résultats les plus satisfaisants; depuis le décret de 1885 jusqu'à la fin de 1908, les immatriculations françaises ont été de 3.481; les étrangères, de 2.909 et les tunisiennes, de 4.821. (Voir le détail par année dans Béquet, *Réperloire*, v° Tunisie, page 493).

Après le titre 1er qui établit les dispositions que nous venons d'indiquer au sujet de l'immatriculation et de ses effets, le décret du 12 juillet 1885 se préoccupe, dans les titres suivants, des règles qui régissent la propriété immobilière, en s'inspirant à peu près des principes du Code civil. Ces titres (sauf le titre III consacré à l'enzel) reproduisent ainsi dans leurs grandes lignes les dispositions de notre législation métropolitaine (usufruit, usage, habitation, emphytéose, servitudes, antichrèse, privilèges, hypothèques, etc.). Le titre XIII, relatif à la prescription, a été abrogé par le décret du 15 mars 1892, pour les immeubles immatriculés, car il ne saurait y avoir perte du droit du propriétaire par un laps de temps quelconque, tant que ce droit continue à figurer sur le registre foncier.

TITRE IV

La réglementation minière

Le régime minier tunisien est aujourd'hui régi par un décret du 10 mai 1893, suivi du règlement du 21 mai 1906 relatif à l'exécution de ce décret, règlement approuvé par un autre décret du 26 mai 1906. Les *mines*, nous l'avons dit ci-dessus, font, en Tunisie, partie du domaine; l'administration a donc seule qualité pour concéder un permis de recherches donnant à son titulaire le droit exclusif de rechercher, sur les terrains compris dans son périmètre, les mines dont l'arrêté d'autorisation fixe la nature. Dans un but de sécurité, les travaux de recherches sont soumis au contrôle de l'administration . Le permis est accordé pour deux ans et peut faire l'objet d'une prolongation; il peut être cédé à un tiers avec l'autorisation administrative.

Le droit de recherche se présentait primitivement avec un caractère de précarité excessive, de nature à décourager les meilleures volontés; heureusement la pratique administrative a corrigé ce vice; et il a été admis en fait, à partir de 1902, que l'explorateur ne serait jamais dépossédé, sauf cas de force majeure, et qu'on lui attribuerait soit la concession en pleine propriété des exploitations par lui découvertes, soit tout au moins un droit d'exploitation temporaire pouvant, par la suite, être transformé en concession.

Les gîtes non classés comme mines sont considérés comme *carrières* et appartiennent aux propriétaires du sol : ardoises, grès, marbres, granits, balsates, laves, pierres à bâtir, à chaux, à plâtre, etc. Le propriétaire qui veut exploiter directement sa carrière, doit en faire la déclaration à l'administration qui exerce à son égard un droit de surveillance.

Les *phosphates* peuvent être exploités sans concession aucune par le propriétaire du sol; le gouvernement s'est seulement préoccupé de réglementer leur recherche et leur exploitation dans les terres domaniales ou habous. (Voir à ce sujet les décrets des 1er décembre 1898 et 22 août 1900 et les arrêtés du directeur général des travaux publics des 2 décembre 1898 et 2 mars 1907).

TITRE V

La main-d'œuvre

Le colon trouve plus facilement la main-d'œuvre dans la Régence qu'en Algérie et surtout que dans les autres possessions françaises. Le taux du salaire y est peu élevé jusqu'ici et il varie de 1 franc à 1 fr. 50. Mais il est à prévoir que les revendications des ouvriers feront augmenter ce taux dans une mesure plus ou moins sensible. Les auteurs signalent deux contrats fort intéressants principalement usités entre le colon et l'indigène. Ce sont les contrats de *m'rarsa* et de *khammessa.*

Le premier est pratiqué dans les terres sialines dont il a été ci-dessus question; par lui, l'indigène s'engage à complanter en oliviers le terrain du concessionnaire et, quand les oliviers sont en rapport, une moitié du terrain lui est attribuée par la voie du sort et l'autre est la propriété du concessionnaire. En attendant, l'indigène vit des cultures auxquelles il procède dans les intervalles des plantations et des avances remboursables que lui fait le colon.

Le contrat de *khammessa* est le bail à colonat partiaire réglementé par un décret du 13 avril 1874. Le maître fait les avances nécessaires pour que l'indigène puisse vivre et fournit les semences, les animaux et les instruments aratoires; le *khammès* exécute les travaux de culture et pour la moisson est aidé par des journaliers; il a droit à un cinquième seulement de la récolte ou à la moitié du produit net, selon les produits et la coutume des lieux. S'il a le temps, il est autorisé à aller louer ses services chez un autre propriétaire pour ramasser quelque argent. Le nouveau code tunisien du 15 décembre 1906 a réglementé le colonat partiaire dans ses articles 1369 et suivants.

Un décret du 30 décembre 1907 a institué, à la direction

de l'agriculture, du commerce et de la colonisation, un *office du travail* qui a pour rôle de recueillir et coordonner tous les renseignements concernant le travail, notamment eu égard à l'état et au développement de la production, l'organisation et la rémunération du travail, ses rapports avec le capital et la condition de l'ouvrier. Bien qu'il doive s'occuper surtout des ouvriers de l'industrie et du commerce, cet office pourra réaliser aussi des innovations salutaires dans la condition des ouvriers agricoles qui est assez dure si l'on s'en réfère au contrat de *khammessa* ci-dessus analysé, le plus usité en Tunisie pour la main-d'œuvre indigène.

SECTION III

LES POSSESSIONS FRANÇAISES AUTRES QUE L'ALGÉRIE ET LA TUNISIE

TITRE PREMIER

Le Domaine

La distinction métropolitaine du domaine en domaine public et domaine privé, le premier inaliénable et imprescriptible, le second semblable aux biens que renferme le domaine d'un particulier, fut, dans l'ancien droit, absolument inconnue aux colonies. Les terres situées dans les possessions d'outre-mer devinrent d'abord la propriété complète et absolue des compagnies qui pouvaient les aliéner, sous la seule réserve de ne pas les céder à l'étranger. Et, quand la couronne succède aux compagnies, la situation ne change pas; le roi, en définitive, dispose des colonies à son gré et sans aucune espèce de contrôle.

Lorsque la Restauration procéda à la réorganisation de notre domaine colonial, les colonies n'avaient pas de budget particulier; la métropole y percevait toutes les recettes et supportait toutes les dépenses. Il n'y avait dans la colonie qu'un seul domaine, celui de l'État. Pour décharger la métropole d'une partie du fardeau des dépenses coloniales, la loi de finances du 13 juin 1825 vint décider que, sauf pour les frais de la guerre et de la marine, les colonies ne figureraient plus au budget et supporteraient les charges de leur administration intérieure; par compensation, il leur était fait abandon des revenus locaux. Par application de cette idée générale, intervinrent les ordonnances de 1825, celle du 26 janvier pour les Antilles et la Réunion et celle du 17 août pour les autres colonies que nous possédions alors (Guyane, Sénégal, Inde). Il était spécifié en l'article 3 de l'ordonnance du 17 août que les établissements publics de toute nature et les propriétés domaniales existant dans nos diverses colonies leur seraient remis *en toute propriété*, à la charge de les réparer et entretenir et de n'en disposer qu'avec l'autorisation du gouvernement. On remettait également aux colonies les noirs et les objets mobiliers attachés aux différentes branches du service. Et l'article 4 ajoutait : ne sont pas compris dans les établissements dont il est question à l'article précédent les bâtiments militaires (à l'exception des hôpitaux), les fortifications, les batteries, forts et autres ouvrages, lesquels restent propriété de l'État.

Sur ce texte qui paraît cependant bien net, s'est élevé une vive controverse. Pendant longtemps la doctrine et la pratique ont unanimement admis que, sous la seule réserve de l'article 4, l'État aurait perdu tout droit sur les biens du domaine aux colonies où il n'y avait plus qu'un seul domaine colonial ou local. Mais, à partir de 1884, un autre système est soutenu par MM. Leveillé, professeur à la Faculté de droit de Paris, député et président de la commission des colonies, et Dislère, conseiller d'État, ancien directeur des colonies, président du comité du contentieux du département des colonies, notamment à propos de la création en Nouvelle-Calédonie d'un domaine important pour les besoins de la transportation (Voir Dislère, *op. cit.* I, §§ 883 et suivants). Suivant ces auteurs, l'État a gardé aux colonies le domaine public intégral, spécialement les terres vacantes et les biens sans maître et il n'a abandonné que les propriétés domaniales en rapport, c'est-à-dire les exploitations agricoles et les habitations, avec les noirs et les objets mobiliers y attachés. L'État, ajoutent-ils, a si peu abandonné tout son domaine, qu'il a affecté, par divers décrets, une partie de la Nouvelle-Calédonie et de la Guyane aux services pénitentiaires et à la transportation, et qu'il a fait au Sénégal des concessions aux particuliers, agissant par sa volonté propre. On dit, au surplus, que, si les ordonnances avaient la portée qu'on veut leur attibuer, elles seraient illégales, car, à raison de la loi domaniale des 8-10 mai 1790, une loi aurait été nécessaire pour abandonner les biens domaniaux des colonies considérées comme territoire français.

Quoi qu'il en soit, c'est le premier système qui a été appliqué en principe et qui paraît conforme au texte formel de l'ordonnance du 17 août 1825. Toutefois, l'État a cherché et cherche encore à mettre la main sur tout ou partie des biens qui, dans la métropole, constituent son domaine; et ses visées se heurtent naturellement aux prétentions contraires des colonies qui, habituées à considérer le domaine comme leur appartenant, opposent les résistances les plus vives. La querelle s'est surtout produite au sujet de la *Nouvelle-Calédonie* où, après des fluctuations diverses, le décret du 16 août 1884 a attribué à l'administration pénitentiaire une bonne partie des terres de l'île, décidant, en outre, que les terres occupées par les indigènes feraient retour à l'État si elles étaient abandonnées par eux. Un décret du 10 avril 1897 a affirmé à nouveau les droits de l'État sur le domaine, tout en en attribuant les revenus au budget local pour parer aux dépenses de colonisation obligatoires. Le reliquat devait être versé, s'il en existait, à une caisse de réserve spéciale de la colonie. Il n'a pas paru que cette affectation rompant l'unité du budget ait produit de bons résultats. En conséquence, un décret du 17 janvier 1908 a affirmé encore, dans son article 1er, les droits de l'État sur les terres vacantes et sans maître et attribué les produits du domaine au budget local, en compensation des dépenses de gestion, de conservation du domaine et de colonisation (article 2). Suivant l'article 3, le gouvernement a la charge de la gestion, de la conservation et de la surveillance du domaine.

Pour s'emparer du domaine, le gouvernement invoquait, en *Nouvelle-Calédonie*, la prise de possession effectuée par le gouverneur des établissements français de l'Océanie au nom de l'État, le 20 janvier 1855, et le droit de souveraineté qui en résultait pour la métropole. En *Guyane* où une situation pareille a été créée par le décret du 15 novembre 1898, modifié par celui du 24 février 1904, le rapport annexé au décret s'est basé sur l'intétêt général du pays; le décret prenait ici à peu près les mêmes mesures que le décret néo-calédonien et affectait également les produits domaniaux, grâce à un compte spécial, aux besoins de la colonisation, système qui n'a pas donné non plus de bons résultats. En conséquence, un décret du 11 décembre 1908 décide, en son article 1er, que les terres vacantes font partie du domaine de l'État; mais celui-ci laisse à la colonie l'exploitation de ce domaine et attribue au budget local, en compensation des dépenses de gestion, de conservation du domaine et de colonisation, la totalité des revenus (article 2). Le gouverneur a la charge de la gestion, de la conservation et de la surveillance du domaine (article 3).

Aux *Antilles* et à *La Réunion*, on est resté au système des ordonnances de 1825, et le domaine de l'État ne comprend guère que les bâtiments militaires (hôpitaux exceptés), les fortifications, batteries et ouvrages de défense en général, plus une partie du rivage de la mer appelée les *cinquante pas géométriques*, qui, du reste, se retrouve aussi dans la plupart des autres colonies et dont nous parlerons ci-après. A *Saint Pierre et Miquelon*, suivant l'article 11 de l'ordonnance du 20 juillet 1832, le domaine est propriétaire des terrains sur lesquels il n'existe aucun établissement. L'application intéressante de cette idée se produit surtout à propos de l'usage des grèves dont le mode d'utilisation est prévu par un décret du 7 novembre 1861. En principe, ces grèves sont affectées d'une façon exclusive à la préparation et au séchage des produits de la pêche. Toutefois des concessions précaires peuvent être accordées jusqu'à concurrence du quart de la superficie totale; il ne peut être construit aucun établissement dans les lais et relais qui sont inaliénables. L'ordonnance du 18 septembre 1844 a réservé les cinquante pas géométriques, comme dans les colonies ci-dessus indiquées.

En *Afrique occidentale*, le domaine public avait été réglementé au *Sénégal* par l'ordonnance du 7 septembre

1840, qui ne parlait pas des cinquante pas géométriques. Depuis, étaient intervenus, pour le Sénégal et les diverses autres possessions, des décrets divers qui ont été modifiés par celui du 23 octobre 1904 portant organisation du domaine dans toute l'*Afrique occidentale*. Le décret indique les diverses portions du domaine public et spécifie que les terres vacantes et sans maître appartiennent à l'État.

Au *Congo*, un décret du 8 février 1899 a indiqué ce qui constitue le domaine public et quelles sont les servitudes d'utilité publique (articles 2 à 5). Les détenteurs de parcelles comprises dans ce domaine peuvent être dépossédés pour cause d'utilité publique, mais avec juste et préalable indemnité. L'article 1er désigne les diverses portions du domaine; parmi elles figurent le rivage de la mer jusqu'à la plus haute marée, et une zone de 100 mètres à partir de cette limite, ainsi que les cours d'eau navigables et flottables, avec une zone de passage de 25 mètres au delà de l'élévation des plus hautes eaux, et également les cours d'eau non navigables ni flottables. Un décret du 24 juillet 1911 interdit d'établir un ouvrage quelconque au-dessus d'un cours d'eau ou le joignant, modifiant ou non son régime, sans une autorisation préalable à obtenir dans les conditions fixées par le décret. En cas de doute ou de contestation sur l'étendue du domaine et la fixation des servitudes, il est statué par décision de l'administrateur chef de la région, rendue après avis de l'agent local des travaux publics. Un décret déclasse les portions du domaine devenues inutiles pour les services publics. L'article 1er du second décret du 28 février 1899 dispose que les terres vacantes et sans maître font partie du domaine privé de l'État. Et, suivant l'article 2, les produits domaniaux sont attribués au budget local de la colonie à titre de subvention pour les dépenses de colonisation.

A *Madagascar*, le domaine public est aujourd'hui régi par un décret du 26 septembre 1902. L'article 1er dispose que ce domaine comprend les choses qui, par leur nature, ne sont pas susceptibles de propriété privée ou qui, par leur destination, sont affectées à l'usage de tous ou à un service public; il est inaliénable et imprescriptible. Le texte entre ensuite dans l'énumération des diverses parties du domaine public et indique les servitudes d'utilité publique. En cas de doute ou de contestation, il est statué par décisions de l'administrateur, chef de province, rendues après avis de l'agent local des travaux publics. Et le gouverneur général décide en cas de protestation, sauf recours au conseil du contentieux administratif. Le gouverneur général peut accorder, en conseil d'administration, des autorisations d'occuper des parcelles du domaine public ou de déroger à la servitude de passage que doivent les riverains des cours d'eau non navigables ni flottables. Ces autorisations sont toujours révocables sans indemnité. Un arrêté du gouverneur pris en conseil d'administration déclasse les portions inutiles du domaine public, sauf approbation du ministre des colonies. La police, la conservation, l'utilisation du domaine public et l'exercice des servitudes font l'objet de règlements généraux du gouverneur général approuvés par le ministre. Les détenteurs actuels des terrains compris dans le domaine public qui les possèdent en vertu de titres réguliers et définitifs, ne peuvent être expropriés, si l'intérêt général l'exige, que moyennant le paiement ou la consignation d'une juste et préalable indemnité. Suivant l'article 1er d'un autre décret du 3 juillet 1904, les terres vacantes et sans maître font partie du domaine privé de l'État; et l'article 2 décide que les produits domaniaux sont attribués au budget local à titre de subvention pour les dépenses de la colonisation.

A *Mayotte et dépendances*, la domanialité publique est réglée par le décret du 14 avril 1905 reproduisant les dispositions du décret de 1902 concernant Madagascar.

En *Indo-Chine*, la législation domaniale variait suivant qu'il s'agissait des pays de protectorat où existe le domaine du souverain et ceux d'administration directe; aujourd'hui, cette législation est unique et résulte d'un arrêté du gouverneur général en date du 15 janvier 1903. Il y a un *domaine d'État* possédant les arsenaux, casernes, hôpitaux, magasins, champs de manœuvre et de tir, établissements militaires, etc. En second lieu, l'arrêté prévoit un *domaine colonial privé* de l'Indo-Chine qui comprend les immeubles occupés par le gouvernement général et les services généraux, les biens des sucessions vacantes, les objets et valeurs confisqués par les tribunaux, etc. Vient, en troisième lieu, le *domaine local* de chaque colonie auquel sont attribués les immeubles occupés par les services locaux, les terrains vacants et sans maîtres, les lais et relais de la mer, etc. Toutes ces dispositions sont incohérentes et n'ont aucune force obligatoire, car nul décret ne les a approuvées et elles dépassent sûrement les pouvoirs du gouverneur général.

Dans les *Établissements de l'Océanie*, la domanialité n'est régie par aucune règle précise; l'État français semble avoir hérité des terres qui appartenaient au dernier roi.

Dans l'*Inde*, il n'y avait pas de propriété individuelle lors de la conquête; l'État français était donc devenu propriétaire du sol, comme l'étaient les souverains indigènes. L'ordonnance du 7 juin 1828 et le décret du 16 janvier 1854 transformèrent en propriétaires les détenteurs précaires du sol, à condition d'acquitter l'impôt. La réserve des cinquante pas géométriques est établie, comme pour les Antilles, par l'ordonnance du 23 juillet 1840.

De cette rapide revision des dispositions concernant le domaine dans nos diverses possessions coloniales autres que l'Algérie et la Tunisie, il résulte que la *notion de la domanialité publique*, inconnue dans nos anciennes colonies sous le régime des ordonnances, a fini par y pénétrer, grâce aux efforts faits par la métropole pour reconquérir ce domaine que lesdites ordonnances avaient abandonné d'une façon peut-être illégale, en tout cas fort imprudente. L'État peut et doit surveiller le domaine public, qu'on l'en considère comme simple gardien ou comme propriétaire, et le protéger contre les actes abusifs des pouvoirs locaux; il a le droit de légiférer en ce qui le concerne, en vertu de la prérogative que lui donne le § 9 de l'article 6 du sénatus-consulte du 3 mai 1854 rangeant les matières domaniales dans le régime du décret. Et ainsi se trouvera diminué le danger que peut courir ce domaine dans la colonie gérée par des assemblées locales, que préoccupe souvent fort peu le souci des intérêts généraux. La conservation et le bon usage des choses comprises dans le domaine public doivent, comme dans la métropole, incomber à l'administration centrale gardienne naturelle des objets correspondant à un service public et à l'utilité générale. Dans les colonies neuves, on n'était pas gêné par les textes des ordonnances; l'État propriétaire a donc pu y organiser le domaine public suivant les données rationnelles. En somme, dans les vieilles comme dans les neuves, l'État, quel que soit le nom qu'on veuille attribuer à son droit d'organisation et de contrôle, a constitué aujourd'hui une domanialité publique qui obéit aux principes suivis dans la métropole, sous la seule réserve de quelques particularités spéciales à la situation coloniale, notamment de celle des *cinquante pas géométriques*. On appelait autrefois *cinquante pas du roi* (ce qui est devenu aujourd'hui les cinquante pas géométriques) une sorte de ceinture intérieure faisant le tour de l'île le long de la mer, d'une largeur de cinquante pas ou 81 mètres environ à partir du point que le flot n'atteint pas. Cette bande de terrain avait été et est encore attribuée au pouvoir central dans des buts divers : établissement d'ouvrages de défense, possibilité de circulation, accès de la mer aux habitants et aux marchandises, concessions aux particuliers mais pour la jouissance seulement.

Des empiètements s'étant produits, un arrêté du général Decaen du 5 mai 1807 déclara, à la *Réunion*, la réserve des cinquante pas inaliénable comme faisant partie du domaine public avec ses annexes : étangs, lacs, marais salants, îlots, bancs, embouchures des rivières, etc. Ce caractère de domanialité fut reconnu, aux *Antilles* et à *La Réunion*, par les ordonnances de 1825 et 1827. Toutefois des décrets des 5 août 1839 pour la Réunion, 21 mars 1882, 4 juin 1887, et 15 septembre 1901 pour les Antilles, ont apporté de graves dérogations à la domanialité primitive, en autorisant des établissements soit précaires comme dans la première colonie, soit même définitifs et incommutables, dont le produit, si l'opération est faite à titre onéreux, sera versé au trésor métropolitain. Un arrêté du 11 mai 1880 sur le domaine consacre les cinquante pas à la *Nouvelle-Calédonie*.

Dans les réglementations récentes des colonies, les cinquante pas ont été maintenus en principe, avec des mesures plus ou moins variables : 100 mètres dans le décret du 8 février 1899 pour le *Congo;* 200 mètres pour l'*Afrique occidentale* (décret du 23 octobre 1904) ; 50 pas à *Madagascar* (décret du 26 septembre 1902), à *Mayotte et dépendances* (décret du 14 avril 1905), aux îles *Marquises* (décret du 31 mai 1902), et en *Indo-Chine* (arrêté du gouverneur général du 15 janvier 1903). On a fait remarquer que la réserve des pas géométriques paraissait singulière dans des pays comme la *Guyane* et la *Cochinchine*, où la côte est inondée par les hautes eaux sur des quantités considérables, à tel point qu'il est souvent difficile d'indiquer où commence la mer et où finit la terre ferme. Il faut bien pourtant laisser la liberté d'accès à la mer pour la navigation et le commerce et, pour cela, prévoir une zone que les particuliers ne pourront pas envahir. Cette zone est tracée le long de toutes les côtes, sans distinction des lieux accessibles ou non, car elle est nécessairement continue comme l'est la mer territoriale qui, en certaines parties, est inutilisable. Et, quand elle est ainsi tracée, les intéressés l'utilisent dans la mesure du possible, sans que ceux par qui elle a été établie aient à se préoccuper de son utilité plus ou moins grande.

Une autre particularité du domaine aux colonies concerne les *eaux*. Dans la métropole, font seuls partie du domaine public les cours d'eau navigables et flottables ; ceux qui n'ont point ce caractère n'y sont pas compris ; à plus forte raison en est-il ainsi des eaux de source. Aux colonies, au contraire, tous les cours d'eau font partie du domaine public, parce qu'on ne les envisage pas seulement au point de vue de la navigation, comme dans la métropole, mais aussi comme servant à l'irrigation qui est d'une importance capitale pour le développement de la colonisation. On y joint une zone de passage sur chaque rive dont la dimension est variable (25 mètres pour les cours d'eau navigables et flottables et 10 pour les autres). Voir notamment les décrets précités concernant l'Afrique occidentale, le Congo, Mayotte, Madagascar. Dans cette dernière possession et à Mayotte, les décrets des 26 septembre 1902 et 14 avril 1905 ajoutent : les chutes d'eau ou rapides susceptibles de production de force motrice, les sources, puits, digues ayant un caractère d'utilité générale et leurs dépendances (article 2). En Afrique occidentale, les sources sont également jointes à l'énumération (article 1er du décret de 1904). Toutefois, en Indo-Chine, l'arrêté précité du gouverneur général du 15 janvier 1908 range, dans le domaine public seulement les rivières navigables et flottables, avec les lacs et étangs communiquant. La zone de passage le long des fleuves, rivières et canaux est de dix mètres.

Figurent également dans le domaine public, suivant la majorité des décrets précités, les rivages de la mer jusqu'à la limite des plus hautes marées, les lacs, étangs, lagunes dans les limites déterminées par le niveau des plus hautes eaux avant débordement, avec zone de passage de 25 mètres; les canaux de navigation avec leur chemin de halage, d'irrigation et d'assèchement et les aqueducs exécutés dans un but d'utilité publique; les chemins de fer, routes et voies de communication! les ports, rades, digues maritimes ou fluviales, sémaphores, ouvrages d'éclairage et de balisage; les lignes télégraphiques et téléphoniques et leurs dépendances; les ouvrages exécutés dans un but d'utilité publique pour l'utilisation des forces hydrauliques et le transport de l'énergie électrique; les ouvrages de fortification des places de guerre ou des postes militaires avec une zone de 250 mètres autour; et généralement tous les biens que le Code civil et les lois françaises déclarent non susceptibles de propriété privée. On a vu, dans l'examen séparé des dispositions visant les diverses colonies, que les décrets prévoient également des servitudes d'utilité publique, principalement de passage pour la navigation, l'implantation l'appui, et la circulation pour l'établissement, l'exploitation, l'entretien des divers ouvrages d'utilité publique : lignes télégraphiques, téléphoniques, lignes d'énergie électrique, etc.

Tous les objets dont il vient d'être question figurent dans le domaine public de l'État; comme dans la métropole et pour les mêmes motifs, en raison de leur destination d'utilité publique, ils sont inaliénables et imprescriptibles (sauf les dérogations ci-dessus indiquées en quelques colonies pour les cinquante pas géométriques). De là il résulte que les autorisations d'occupation accordées par le gouverneur sont toujours révocables sans indemnité, et que les particuliers n'y peuvent acquérir des droits de propriété ou autres qu'à suite de déclassement résultant, après constatation d'inutilité, d'arrêtés locaux approuvés soit par décret, soit par arrêté ministériel, suivant les colonies. Dans la plupart des colonies, les décrets organisant le domaine ont rangé les biens vacants et sans maître dans le domaine privé de l'État, lequel est aliénable et prescriptible. (Voir les décrets des 31 mai 1902 pour les îles Marquises, article 1er; du 23 octobre 1904, article 10, pour l'Afrique occidentale; du 3 juillet 1904, article 1er, pour Madagascar; du 10 avril 1897 pour la Nouvelle-Calédonie et du 15 novembre 1898 pour la Guyane). Même dans les colonies où la règle n'a pas été expressément édictée, on peut la tenir pour constante; c'est sur ces biens vacants et sans maître appartenant à l'État que pourront se produire les prises de possession par les particuliers d'où résultera la propriété individuelle dont nous allons maintenant nous occuper.

TITRE II

Les concessions territoriales

C'est par la concession des terres au colon que l'État peut arriver à une mise en valeur fructueuse de son domaine privé comprenant les biens vacants et sans maître. Pour mettre en culture les immenses étendues de terre insuffisamment exploitées par les indigènes ou délaissées par eux, pour faire donner au sol ce qu'il est susceptible de rapporter grâce à une action méthodique et continue, il est nécessaire que l'initiative individuelle soit mise à contribution par l'État qui est dans l'impossibilité d'exploiter lui-même. Il devra donc faire appel à cette initiative, l'encourager, la mettre en mesure de s'exercer dans toute son étendue, en lui concédant les terrains vacants, suivant des procédés divers appropriés aux milieux coloniaux. « Après l'exécution des travaux préparatoires, a dit avec raison M. Paul Leroy-Beaulieu, ce qui importe le plus à la prospérité d'une colonie naissante c'est un bon régime d'appropriation des terres. Toute l'histoire coloniale prouve surabondamment l'influence décisive que le régime des terres a sur l'avenir d'une jeune colonie» (*De la colonisation chez les peuples modernes*, II, p. 574). Quel est donc le système qui devra être suivi pour la concession des terres? On a le choix entre ceux de la *vente* et de la *concession gratuite*. La *concession gratuite* paraît, au premier abord, le procédé préférable. Elle permet d'attirer des émigrants nombreux, qui dans la mère patrie emploient leur activité à la mise en valeur du domaine d'autrui; leurs efforts seront décuplés par la perspective de travailler sur leur propre bien et de récolter sans avoir rien à payer à un autre propriétaire. D'autre part, les terres étant concédées gratuitement, le contrôle de l'État et les charges qu'il imposera seront beaucoup plus facilement acceptés, notamment quant à la nécessité de la mise en valeur de la concession dans un délai déterminé sous peine de retrait. Et le colon, s'il a quelques avances, pourra les employer à son installation, à ses premiers frais, à l'achat du matériel agricole. Enfin il n'est pas logique de faire payer des terres actuellement sans valeur.

Mais le système de la gratuité prête le flanc à de nombreux reproches. Le principal, celui qu'il faut surtout retenir parce qu'il est basé sur une longue expérience, c'est que l'homme, aux colonies comme dans la métropole, ne s'attache en général qu'à ce qui nécessite une dépense et ne prise guère ce qu'il a obtenu sans rien débourser. En second lieu, la concession gratuite provoque, comme il a été dit, l'intervention souvent tracassière de l'administration qui écarte le colon actif, travailleur, ordinairement très jaloux de son indépendance, et ne supportant guère d'immixtion dans ses travaux, surtout d'immixtion administrative. Enfin, le colon a besoin, pour réussir, de quelques capitaux, car la terre nue, sans l'outillage et sans les avances nécessaires pour parer aux premiers frais en attendant la récolte, est plutôt un fardeau qu'un bienfait. Or la concession gratuite attire surtout le colon indigent, qui bientôt se décourage faute des ressources nécessaires, et devient une vraie charge pour la colonie obligée de le nourrir ou de le rapatrier gratuitement.

Le *procédé de la vente des terres* reste donc seul possible, si l'on veut que la concession réussisse, à la condition pourtant que le prix n'en soit pas trop élevé comme cela a lieu aux États-Unis, car, différemment, le colon disposant de quelques ressources seulement ne pourrait y prétendre; ou bien serait obligé soit de prendre des engagements de nature à paralyser son énergie, soit de rester, une fois la terre payée, sans aucune de ces avances indispensables dont nous avons parlé. Voilà pourquoi nous sommes absolument opposé au système dit de *Wakefield* qui tend à exiger du colon acheteur un prix suffisant pour que son versement au fonds d'émigration permette à la colonie de payer le passage d'un nouvel émigrant venant se substituer à celui qui est devenu désormais propriétaire. Ce système a encore cet inconvénient grave de fixer un prix invariable pour l'acquisition de la terre, alors que ce prix doit subir, comme dans la métropole, les variations nécessaires résultant de la concurrence des acheteurs ou de leur pénurie, de la bonté plus ou moins grande des terres, de leur facilité plus ou moins considérable d'accès, des données économiques de temps, de lieu, de climat, etc. Toutefois nous sommes d'avis aussi que le même régime ne doit pas être appliqué à toutes les colonies indistinctement. Si le bas prix est indispensable pour les colonies purement agricoles et ne produisant guère que des substances vivrières, au contraire il pourra être plus élevé dans celles où se font les cultures riches ou les exploitations industrielles à gros revenus, telles que l'Australie, où la production très rémunératrice de la laine a fait monter sensiblement le taux des terrains.

Tout en vendant les terres à un prix peu élevé, on pourra accorder au colon acquéreur des délais assez longs pour s'acquitter sans difficulté, ni gêne, après avoir exigé de lui un premier versement; ainsi il garderait en mains une somme suffisante pour se procurer l'outillage nécessaire et parer aux premières avances. On pourrait même, comme on l'a judicieusement proposé, lui faire remise de quelques annuités d'amortissement, lorsqu'il aurait suffisamment amélioré la terre et rendu ainsi à la colonie un service dont il devrait être récompensé. Quant à la question de savoir si la vente doit avoir lieu à prix fixe, à bureau ouvert, ou par voie d'adjudication aux enchères, point qui divise les auteurs, nous estimons qu'il n'y a pas de règle unique à poser et que tel procédé qui conviendra parfaitement dans un milieu et en un temps déterminés, risquerait de produire de mauvais résultats en d'autres temps et d'autres lieux. Il faut donc s'en remettre ici à la sagesse des autorités coloniales qui seront mieux que personne en état de choisir la solution la meilleure.

Enfin, au lieu de vendre les terres, l'administration peut les louer par *bail emphytéotique.* Par ce procédé, le colon, après avoir fait les bénéfices voulus, rend ensuite à la colonie le bien à lui concédé et par lui mis en valeur, bien qui peut faire l'objet soit d'un nouveau bail, soit d'une vente; et celle-ci sera plus rémunératrice à raison de l'accroissement de valeur procuré au sol par les améliorations du colon primitif.

Le problème de l'occupation et de la concession des terres ne se pose point dans nos *anciennes colonies* où il n'y a plus guère de terres disponibles, sauf en *Guyane* et en *Nouvelle-Calédonie.* Dans ces deux colonies, d'ailleurs, les colons n'affluaient point. En *Guyane*, la présence des déportés était une cause d'éloignement, car on redoutait les dangers d'un pareil voisinage; et l'agriculture, d'autre part, ne s'y était que très peu développée. L'exploitation des mines aurait pu être fructueuse; mais elle ne tentait pas les colons à raison de ses aléas et des dépenses considérables qu'elle nécessitait. Quant à la *Nouvelle-Calédonie*, malgré son climat salubre et la fertilité connue de son sol, une sorte de discrédit planait sur elle, à raison des insuccès retentissants des tentatives de colonisation qui y avaient été effectuées, insuccès qui tenaient principalement à la rareté et à la cherté de la main-d'œuvre. Quoi qu'il en soit, on a fait, depuis 1895, les efforts les plus louables pour y développer la petite colonisation agricole, la rendre pratique, dans l'île, où il est difficile de trouver les grandes étendues de terrain convenant aux vastes exploitations. La situation était réglée par le décret du 10 avril 1897, article 7, qui a été remplacé por le décret du 17 janvier 1908, dont l'article 4 dispose que : les terrains domaniaux sont aliénés par voie d'adjudication publique, sans que les lots puissent dépasser une étendue de 500 hectares; toutefois des concessions gratuites de biens ruraux de 25 hectares au plus peuvent être accordées par le gouverneur ayant aussi le droit, à titre onéreux, soit par vente directe, soit par location avec promesse de vente, de concéder une superficie, qui, ajoutée à la concession gratuite, ne doit pas dépasser 200 hectares. Des arrêtés du gouverneur approuvés par le ministre détermineront les règles suivant lesquelles les concessions seront accordées. Le texte ajoute que des concessions domaniales sans condition d'étendue pourront être faites, après avis du conseil général, aux compagnies ou aux particuliers qui se chargeront de l'exécution de travaux coloniaux, tels que routes, chemins de fer, quais, etc. Ces concessions ne deviendront définitives qu'après approbation par décret rendu en forme de règlement d'administration publique.

Il convient de faire remarquer que, suivant les principes par nous posés dans la 1re partie de cet ouvrage (titre II, section IV, chapitre III), on a respecté les droits des populations indigènes, soit en traitant avec les chefs pour la cession d'une partie des territoires de leurs tribus, soit en constituant des réserves à raison de 3 hectares au moins par personne. D'après l'article 5, les ventes de gré à gré peuvent être consenties dans le cas d'enclave, d'indivision, de préemption légale ou d'occupation de bonne foi. Le texte prévoit également des échanges, dans l'intérêt du domaine ou de la colonisation, qui, ainsi que les aliénations de gré à gré, ne seront définitifs qu'après approbation du ministre des colonies, quand ils porteront sur des terrains domaniaux d'une superficie supérieure à 500 hectares. La location des terrains domaniaux a lieu aux enchères par voie d'adjudication publique. Toutefois, si elle n'est que d'une durée de six ans ou au-dessous, et si elle n'est demandée que par une seule personne, elle peut être faite à l'amiable (article 6).

Le décret du 11 décembre 1908 reproduit textuellement pour la *Guyane* les dispositions du décret du 17 janvier 1908 que nous venons d'analyser. Mais, suivant l'article 4, les lots aliénés par adjudication publique peuvent avoir une contenance de 1.000 hectares; et l'approbation du ministre prévue en l'article 5 n'est nécessaire que pour les aliénations supérieures à cette contenance. L'article 4 contient, d'autre part, un paragraphe final qui ne figure pas dans le décret du 17 janvier et qui est ainsi conçu : des permis d'exploitation de certains produits des terrains domaniaux, tels que bois, graines oléagineuses, résine, caoutchouc et produits similaires pourront être délivrés à titre onéreux, tant pour l'ensemble de ces produits que pour l'un d'eux seulement. Des arrêtés du gouverneur en conseil privé détermineront, dans ce cas, l'étendue des concessions, leur objet et le prix ou les redevances.

Remarquons que le système admis en Nouvelle-Calédonie et en Guyane a eu pour résultat d'enlever aux conseils généraux le droit de disposer des terres du domaine, droit véritablement abusif et dont la fausse application pouvait faire péricliter sérieusement les intérêts généraux. Les ordonnances, tout en attribuant aux colonies la propriété du domaine, avaient inséré cette sage réserve que son aliénation ne pouvait avoir lieu sans l'autorisation royale; le sénatus-consulte du 4 juillet 1866 omit cette restriction prudente et conféra au conseil général un droit absolu en matière domaniale. Ce droit a aujourd'hui disparu et c'est le pouvoir central qui s'est ressaisi d'une attribution absolument essentielle et qu'il n'aurait jamais dû perdre.

Le régime des concessions territoriales a pu s'étendre d'une façon beaucoup plus ample dans nos *possessions africaines:* à *Madagascar*, en *Afrique occidentale* et surtout en *Afrique équatoriale*; c'est pour ces colonies et spécialement pour la dernière qu'on a essayé de faire revivre l'institution des grandes compagnies modernisées et adaptées aux besoins et coutumes de la colonisation actuelle, ainsi qu'il a été dit ci-dessus dans la 1re partie de cet ouvrage (chapitre III, section IV, titre I). Sur l'initiative du groupe colonial, le gouvernement, à la séance du 19 juillet 1891, saisit le Sénat d'un projet de loi ainsi conçu. — Article 1. — Des compagnies privilégiées formées en vue de coloniser et de mettre en valeur les territoires situés dans les possessions françaises ou placées sous l'influence de la France, peuvent être constituées par des décrets rendus en la forme des règlements d'administration publique. — Article 2. — Ces décrets détermineront, pour chaque cas particulier, la durée de la concession, les causes de déchéance ou de résiliation, le territoire concédé à la compagnie, les avantages et privilèges qui lui seront accordés et les obligations qui lui seront imposées, notamment, s'il y a lieu, en ce qui concerne l'exécution des travaux publics. — Le Conseil supérieur des colonies qui avait été consulté sur la question, était d'avis que le gouvernement avait le droit de créer ces compagnies sans loi et par simple décret. Il se basait sur l'article 18 du sénatus-consulte de 1854, suivant lequel : « les colonies, autres que la Martinique, la Guadeloupe et la Réunion, sont régies par décrets de l'Empereur jusqu'à ce qu'il ait été statué à leur égard par un sénatus-consulte ». Cette interprétation ne semble pas exacte, car, les principes constitutionnels de 1852 ayant disparu, le chef de l'État n'a plus de pouvoirs personnels, suivant la constitution républicaine de 1875. Aussi le gouvernement a-t-il sagement agi en présentant un projet de loi. Ce projet fut combattu en partant de ce principe que la concession de souveraineté, possible dans les États monarchiques, ne l'était pas sous un régime républicain. Nous avons déjà repoussé (1re partie, *loc cit.*) cette manière de voir qui se heurte, du reste, à un texte formel, celui de l'article 8 de la loi constitutionnelle du 16 juillet 1875 permettant de consentir au moyen d'une loi des pertes de territoire. Si le Parlement peut autoriser la perte de la souveraineté en perdant le territoire, il peut évidemment aussi autoriser la même perte en le conservant. Il a été répondu que l'État pouvait bien céder une partie du territoire; mais que, sur le territoire conservé, il était tenu de garder la souveraineté intacte, car toute aliénation des droits de souverainté est interdite au même titre que l'abdication des droits essentiels de l'individu. Cette assimilation ne semble pas exacte; dans la sphère internationale il faudrait prouver, pour qu'elle fût juste, qu'un État ne peut jamais abdiquer tout ou partie de sa souveraineté. Or un État est libre d'accepter un protectorat, une suzeraineté; de se placer sous le régime des capitulations ou de la garantie internationale, toutes situations qui enlèvent la souveraineté ou la diminuent sensiblement. Donc, tandis que la personnalité humaine ne saurait abdiquer ses droits essentiels, l'État peut laisser disparaître ou diminuer ses prérogatives dans la mesure où l'intérêt public l'exige. Et l'article 8 de la loi de 1875, qui autorise la perte du territoire avec l'assentiment des chambres, autorise à plus forte raison la cession de la souveraineté sur le territoire conservé.

Dans un mémoire adressé, en 1890, à la commission chargée d'élaborer le projet de loi relatif aux compagnies de colonisation dont nous venons de parler, notre collègue de la Faculté de droit de Paris, M. Leveillé, tout en se déclarant opposé au rétablissement des compagnies, disait que, suivant lui, l'État doit seulement autoriser des sociétés privées auxquelles on concéderait l'exécution des routes de terre, des voies d'eau et principalement des grandes voies ferrées de pénétration qui deviendraient le véritable instrument de colonisation des pays inconnus. La compagnie aurait la mission de transporter les produits du sol et de créer le trafic; dans ce but, elle recevrait la concession d'une bande considérable de terrain des deux côtés du chemin de fer. Cette bande elle la peuplerait grâce à des colons auxquels seraient attribués des lots avec obligation d'y faire venir des produits destinés à l'exportation, suivant la nature du terrain; et le pays serait ainsi occupé et colonisé pas à pas par la voie ferrée assurant à la fois et la production locale et le transport des produits écoulés. Les populations se trouveraient placées sous le régime du protectorat et l'État gouvernerait seul en maître, en réduisant au strict nécessaire le nombre et les attributions de ses représentants.

Nous avons déjà dit ci-dessus que c'est surtout en matière de concession de travaux publics et spécialement de chemins de fer, que les compagnies modernes nous sembleraient appelées à rendre des services. Donc nous sommes tout à fait d'accord avec M. Leveillé relativement à l'utilité de la multiplication des voies ferrées. Mais, si l'on veut que la compagnie puisse mener son œuvre à bien, il est indispensable de lui fournir les moyens de la défendre; si l'on souhaite que les capitaux aillent à elle, il faut que les capitalistes se sentent garantis. Or le minimum de droits souverains à concéder à la compagnie, que nous avons indiqué ci-dessus, nous paraît indispensable pour lui permettre d'atteindre en toute sécurité le but poursuivi. Ces droits sont tellement restreints qu'ils ne portent ombrage à personne; et les compagnies anglaises sont organisées d'une manière autrement forte. Mais, tels que nous les proposons, ils assureront la réussite des entreprises utiles à la colonie, en leur donnant la sécurité à laquelle ont droit ceux qui exposent leurs capitaux aux chances des expéditions lointaines.

En présence de l'échec du projet de loi déposé par le gouvernement, on se demanda un moment comment on allait procéder relativement à la mise en valeur des immenses territoires de certaines de nos colonies, spécialement de ceux du *Congo* français. Pour l'Indo-Chine et l'Afrique occidentale française, la question avait moins d'importance à raison de la densité de la population dans la première colonie, et, dans la seconde, des établissements déjà réalisés par les négociants français isolés, ainsi que des missions subventionnées par les chambres de commerce et des droits sur le sol reconnus en vertu des traités aux chefs indigènes. Relativement au *Congo*, en 1895, M. Lavertujon, dans son rapport au Sénat, à propos de sa proposition de loi concernant les grandes compagnies (*J. off.*, *doc. parl.* Sénat, sess. ord. 1895, pp. 325 et s. et 1896, pp. 42 et s.), faisait remarquer qu'il restait des quantités d'hectares qui, ne pouvant être mis en valeur ni par l'État ni par l'initiative privée, devaient nécessairement échoir aux grandes compagnies, image et prolongement de l'État. « L'option, disait le rapporteur, se pose en ces termes : Si ces compagnies sont possibles, il ne faut pas seulement les souhaiter, il faut les susciter, leur faire un pont d'or. Si elles sont impossibles, soit que l'esprit d'entreprise et d'aventure nous manque, soit que notre droit public s'y oppose, il faut subir honnêtement cette pénible nécessité; refréner vigoureusement notre orgueil et loyalement nous démettre en tant que grand propriétaire africain, nous contentant d'un jardinet à cultiver sur le rivage. Cela est le fond du fond de la question coloniale ».

Ne pouvant créer de compagnies de colonisation, le gouvernement se résigna à procéder par *grandes concessions* de plusieurs millions d'hectares. Un décret du 21 octobre 1893 attribua à M. Verdier, auquel succéda la compagnie de Kong, le monopole de l'exploitation des forêts sur une partie de la Côte d'Ivoire, avec la propriété des terres mises en valeur. Par un autre décret du 17 novembre de la même année, M. Daumas, remplacé ensuite par la société du Haut-Ogooué, obtenait la concession de onze millions d'hectares au Congo français, avec faculté d'exploitation exclusive durant trente ans. Cette concession fut suivie de beaucoup d'autres et bientôt la presque totalité des terrains disponibles fut aux mains d'une quarantaine de sociétés concessionnaires, dont le capital montait à 50 ou 60 millions. On suivait ainsi l'exemple des Belges qui avaient créé dans le Congo leur appartenant de grandes sociétés fort prospères. C'était, en somme, le retour aux compagnies de colonisation, moins le nom et surtout moins les garanties nécessaires à la sécurité des capitaux; d'autre part, les concessionnaires se trouvaient grevés d'obligations extrêmement onéreuses et l'administration était investie de droits presque draconiens, tels que ceux de réquisitionner les navires des sociétés pour le service de l'État ou de la colonie et de faire prononcer à sa guise le changement des agents de ces sociétés dans la colonie. Quoi qu'il en soit, les controverses recommencèrent; on allégua que les sociétés nouvelles allaient retomber dans les abus, les corruptions, le désordre et l'anarchie financière des compagnies anciennes. Au point de vue international, on prétendait que les concessions étaient en opposition avec l'article 5 de l'acte général de Berlin de 1885, qui interdit de la part des puissances signataires la concession de tout « monopole ou privilège d'aucune espèce en matière commerciale ». A cela il fut répondu, avec raison, que l'on ne saurait, sous prétexte de liberté de commerce, enlever les avantages résultant du droit de propriété ; que l'État a le droit fondamental de concéder les terres vacantes — sans quoi il n'y aurait pas de colonisation possible — et que ceux à qui il les concède en ont la propriété avec toutes ses conséquences privatives que personne n'a le droit de leur enlever. Voir, sur ces points, les rapports soumis au congrès colonial français de 1908. *Compte rendu*, pp. 250 et s.

Ém–u par la campagne menée contre les grands concessionnaires, le gouvernement eut la faiblesse, contrairement à toutes les règles du droit, de revenir sur ses engagements; des arrêtés ministériels des 4 septembre 1895 et 26 février 1896 annulèrent les concessions de 1893. D'autre part, un décret du 29 août 1904 a supprimé une concession de 95.000 hectares dans le bas Dahomey et de 200.000 dans le haut pays qui résultait d'un décret du 7 juin 1901. Mais le conseil d'État, par un arrêt du 5 mars 1897 (*Lebon*, 97, pp. 194 et s.), annula à son tour les arrêtés ministériels de 1895 et 1896 et une transaction intervint ensuite entre l'État et les intéressés. Pour prévenir le retour de faits semblables, un décret du 6 juillet 1898 a institué une commission des concessions coloniales et une législation spéciale a été élaborée quant à ces concessions. Voyons donc quel est actuellement l'état de la question dans nos possessions de l'*Indo-Chine*, de *Madagascar* et de l'*Afrique occidentale et équatoriale*.

En *Indo-Chine*, les grandes concessions de terrain n'étaient guère possibles, à raison de la densité de la population; elles y sont soumises à une législation qui a varié suivant que l'on se trouvait en pays annexé ou de protectorat; mais actuellement la tendance à l'unification s'accentue de plus en plus, ainsi qu'on va le voir. En *Cochinchine*, on procède à la vente pour les terrains urbains et à la concession gratuite pour les terres rurales. Quant à ces dernières, elles sont concédées sans distinction entre les français, les étrangers et les indigènes. La concession émane du gouverneur général au-dessus de 500 hectares; du conseil colonial, au-dessous; et des administrateurs pour 10 hectares; le concessionnaire est soumis à l'impôt foncier. Voir, pour les détails, les arrêtés des gouverneurs généraux des 22 août 1882, 9 juin 1886, 15 octobre 1890, 6 novembre 1891, 23 mars 1897, 13 février 1899 et 15 janvier 1903. Au *Tonkin*, la distinction est la même entre les terrains urbains de Hanoï et Haïphong qui ne peuvent être concédés qu'à titre onéreux, et les terrains ruraux dont la concession gratuite peut être faite aux indigènes et asiatiques étrangers et aux français (arrêtés des 23 février 1889 et 18 décembre 1896). En ce qui concerne les asiatiques, les concessions sont au plus de 5 hectares et la mise en valeur du terrain doit avoir lieu dans l'année; au bout de deux ans, l'État peut reprendre ce qui n'est pas cultivé; après 3 ans, l'indigène peut aliéner son lot et est soumis à l'impôt foncier (arrêté du 5 juillet 1888). Quant aux français, suivant l'arrêté du 18 août 1896, ils obtiennent des concessions provisoires qui se transforment en concessions définitives d'au moins 10 hectares, au fur et à mesure que la mise en valeur du terrain est constatée par une commission d'inspection. Au bout de deux ans, la déchéance peut être prononcée pour la partie non cultivée, si le cinquième du périmètre concédé n'a pas été mis en valeur. Durant cinq ans, le concessionnaire ne paye pas l'impôt foncier, et, après ce temps, il obtient un titre de concession définitif pour les parties de concession cultivées, les autres revenant au domaine.

Avant 1897, les français ne pouvaient être propriétaires en *Annam* et au *Cambodge*, sauf à Tourane et dans les ports ouverts (traité du 6 juin 1884, art. 13); des ordonnances royales des 11 juillet et 27 septembre 1897 leur reconnurent le droit de propriété; et, depuis cette époque, les règles sur l'acquisition de la propriété en vigueur au Tonkin que nous venons d'exposer ci-dessus, ont été étendues à l'Annam et au Cambodge par les arrêtés des 28 avril et 26 août 1899.

A *Madagascar*, les concessions de terres sont réglementées par le décret du 3 juillet 1904 qui décide, en son article 4, que la concession de terre est donnée : 1° lorsque la superficie concédée ne dépasse pas 10.000 hectares, suivant les conditions de l'arrêté local du 10 février 1899 approuvé par le ministre des colonies, ou toutes autres conditions qui pourront faire l'objet de réglementations ultérieures après approbation du même ministre; 2° lorsque la superficie dépasse 10.000 hectares, par un décret avec cahier des charges, après avis du gouverneur général et de la commission des concessions coloniales instituée par le décret du 16 juillet 1898, dont nous parlerons ci-après à propos des concessions au Congo, et sur le rapport du ministre des colonies. Nous allons analyser maintenant les dispositions de l'arrêté local du 10 février 1899 qui intervient pour les concessions ne dépassant pas 10.000 hectares. Cet arrêté prévoit la vente à prix fixe ou la remise gratuite, ainsi que la location des parcelles du domaine n'excédant pas les 10.000 hectares. Les concessions gratuites attribuées seulement à des citoyens français ne peuvent excéder 100 hectares, sont d'un seul tenant; et la même personne n'en peut recevoir plus d'une (article 3). La location qui se produit en dehors du périmètre de la colonisation a lieu par baux renouvelables de 15 ans au maximum, pour des prix variant suivant les régions, payables annuellement d'avance, sous peine, après un retard de six mois dans le paiement, de retrait et d'annulation du bail (art. 10 et 11).

Un arrêté du gouverneur général du 6 août 1903 a organisé le régime des concessions dans le territoire de *Ouang-Tchéou-Wan*. L'administrateur en chef peut attribuer des concessions rurales de terres domaniales de 300 hectares au maximum; un arrêté du 14 février 1901 fixe les conditions de vente des terrains urbains. Les concessions rurales, d'abord provisoires, deviennent définitives par arrêté du gouverneur général au bout de cinq ans, pourvu que le concessionnaire remplisse les conditions voulues.

C'est la vente qui est naturellement le mode normal de la concession; les conditions en varient suivant qu'elle est effectuée avec ou sans condition de mise en valeur et d'installation. Dans le premier cas, le prix minimum de l'hectare est de 100 francs dans l'ouest et le nord et de 150 francs dans l'est et le centre, avec obligation de payer les frais d'immatriculation obligatoire pour les contenances d'au moins 50 hectares. Dans le second cas, le prix est de 2 francs l'hectare dans l'ouest et le nord et de 5 francs dans l'est et le haut pays. Le prix doit être consigné lors de la demande; toutefois les français acquéreurs peuvent le verser moitié au moment de la délivrance du titre provisoire et moitié lorsqu'ils reçoivent le titre définitif (art. 1 et s.). Aux termes des articles 5 et suivants, le concessionnaire reçoit le titre provisoire après enquête et le titre définitif lorsqu'il a justifié d'une installation suffisante, de la mise en valeur et de l'immatriculation. Un décret du 9 juillet 1898 établit dans quelles conditions peuvent être convertis en titres de vente définitifs les baux emphytéotiques consentis par le gouvernement.

Les concessions de terrains faites à *Madagascar* ont quelquefois revêtu un caractère transactionnel et servi de paiement à des créances prétendues contre l'État français, pour des causes diverses. Le cas dernier en date et le plus intéressant est celui du décret du 13 décembre 1909 prévoyant l'attribution d'une concession de 100.000 hectares aux héritiers de feu Poissonnier des Ferrières, qui prétendaient être créanciers du chef de ce dernier pour avances par lui faites aux armées de la première République. Bien que la créance fût prescrite en droit, la commission de la Chambre saisie d'une pétition des intéressés a émis un avis favorable et l'exécutif a rendu le décret de concession.

Un effort considérable a été tenté à Madagascar dans le but de développer la petite colonisation qui s'est dirigée surtout vers la côte est; elle y a bien réussi, tandis que la grande colonisation supérieure à 10.000 hectares n'a pas donné les mêmes résultats, soit que les capitaux engagés n'aient pas été suffisants, soit que les quantités de terrains à concéder ne soient pas assez vastes pour les grandes entreprises. Il semble que Madagascar n'est pas appelé, au moins pour le moment, à dépasser la colonisation moyenne et doit s'abstenir des projets grandioses qui avaient été caressés à la légère. Certains grands concessionnaires n'ont pu trouver les capitaux nécessaires; d'autres ont été déclarés déchus pour inexécution des charges ; quelques-uns ont spontanément renoncé à leurs droits en présence d'un insuccès à peu près assuré.

La législation applicable à l'*Afrique occidentale*, au point de vue des concessions domaniales, est contenue dans le titre II du décret du 23 octobre 1904. L'article 10 se préoccupe d'abord des droits des indigènes et décide que les terres formant leur propriété collective ou que leurs chefs détiennent comme représentants des collectivités, ne peuvent être cédées à des particuliers par voie de vente ou de location, qu'après approbation par arrêté du lieutenant gouverneur en conseil d'administration. L'occupation de la partie de ces terres, ajoute le texte, qui serait nécessaire pour la création de centres urbains, pour des constructions où travaux d'utilité publique, est prononcée par le lieutenant gouverneur en conseil d'administration qui statue sur les compensations que peut comporter cette occupation. Le décret répond ici aux préoccupations que soulève la question de la propriété indigène que l'occupant doit soigneusement protéger et garantir, ainsi que nous l'avons indiqué dans la 1re partie de cet ouvrage (titre II, section IV chap. III).

En ce qui concerne l'aliénation des terres domaniales, l'article 11 porte les dispositions suivantes : 1° les lots de terrains urbains compris dans un plan de lotissement arrêté par le lieutenant gouverneur en conseil d'administration et les concessions de moins de 200 hectares sont accordés par le lieutenant-gouverneur en conseil d'administration, aux conditions déterminées dans chaque cas par l'acte de concession lui-même, suivant le lieu, la nature du sol et l'exploitation à entreprendre; 2° les concessions portant sur une étendue comprise entre 200 et 2.000 hectares sont accordées par le gouverneur général, sur la proposition du lieutenant-gouverneur, après avis du conseil d'administration; 3° les concessions portant sur une étendue supérieure à 2.000 hectares sont accordées par décret rendu sur la proposition du gouverneur général, après avis de la commission des concessions coloniales et rapport du ministre des colonies. Dans ces deux derniers cas, les conditions de la concession sont stipulées dans un cahier des charges annexé à l'acte de concession qui fixe également le taux des redevances. D'après l'article 12, l'octroi de toute concession devra être précédé d'une publicité suffisante pour que tous les intérêts en cause puissent se produire et être examinés utilement avant l'acte de concession. L'acte de concession devra faire mention des conditions de cette publicité et être inséré au *Journal officiel* de la colonie.

Arrivons maintenant à la législation applicable à l'*Afrique équatoriale*, où le *Congo* se prête merveilleusement, avec ses immenses étendues, aux grandes concessions territoriales. La législation congolaise résulte en cette matière des dispositions des décrets des 28 mars 1899, 19 juin 1904 et 7 octobre 1907. Suivant l'article 4 du décret de 1899, les terres domaniales du Congo français peuvent être aliénées :

1° par adjudication publique; 2° de gré à gré par lots de moins de 1.000 hectares, à titre gratuit et à titre onéreux, suivant les conditions résultant des règlements arrêtés par le gouvernement local et approuvés par le ministre; 3° à titre gratuit au profit de l'exploitant d'une concession de jouissance temporaire, en ce qui concerne les parcelles qu'il aura mises en valeur dans les conditions spécifiées par l'acte de concession. D'après le décret du 19 juin 1904 modifié par celui du 7 octobre 1907, pour toute concession de jouissance temporaire n'excédant pas 200 hectares, c'est le lieutenant gouverneur du Gabon ou de l'Oubangui-Chari-Tchad et l'administrateur en chef chargé du gouvernement du Moyen-Congo qui statuent après avis du conseil d'administration. Si la superficie est de 200 à 10.000 hectares, la décision appartient au gouverneur général en commission permanente du conseil de gouvernement (arrêté local du 14 avril 1900). Voir les conditions de détail du régime des concessions urbaines et rurales dans un arrêté du gouverneur général du 6 octobre 1910. Si la superficie est supérieure, intervient un décret contenant cahier des charges, rendu sur avis de la commission des concessions coloniales près le ministère des colonies instituée par le décret du 16 juillet 1898. Cette commission est chargée de donner son avis sur toutes demandes de concessions coloniales et sur toutes conventions ou traités à passer par le ministre des colonies, que, vu leur importance, le ministre lui renvoie pour examen. Les membres en sont nommés par arrêté ministériel et elle comprend, suivant le décret constitutif modifié par un autre du 13 novembre 1898, des conseillers d'État et des fonctionnaires des finances et des colonies. Cette commission a élaboré un modèle de décret-type en 19 articles avec un cahier des charges-type en 35 articles, dont les dispositions seront appliquées suivant les circonstances aux divers concessionnaires. En voici les lignes principales. La concession est donnée sous réserve des droits des tiers, des indigènes et des obligations de l'acte de Berlin. Spécialement sont réservés les droits des indigènes sur leurs villages et leurs terrains de culture. Le commerce des armes et munitions est défendu, sauf autorisation spéciale de l'administration et sous son contrôle.

Une société anonyme constituée suivant la loi française doit se substituer au bénéficiaire de la concession ; un cautionnement est obligatoire ; et la société doit verser une redevance annuelle qui va en augmentant jusqu'à la onzième année, plus une part de 15 % des bénéfices. Le président, le vice-président et les trois quarts des membres du conseil d'administration doivent être français et le directeur est agréé par le ministre. Le rachat est possible à toute époque. Le cahier des charges impose des obligations diverses concernant l'exploitation et la mise en valeur, le respect des indigènes et les réserves relatives à leurs terrains, les servitudes de coupe de bois, de passage, de plantations de caoutchouc à effectuer, l'installation de services de navigation à vapeur et de factoreries, l'établissement de postes de douanes. Une autorisation ministérielle est nécessaire pour affermer ou rétrocéder soit la concession, soit tout ou partie des avantages y attachés. Les conditions du retrait, du rachat et de la déchéance des concessions sont expressément prévues. Un décret du 8 septembre 1908 a réorganisé le service du contrôle local auprès des compagnies concessionnaires qui avait été prévu par l'article 13 du décret du 11 février 1906. Les fonctionnaires du contrôle ont le titre d'inspecteurs et sont officiers de police judiciaire ; ils sont placés sous l'autorité directe du gouverneur général, tout en étant obligés de communiquer aux lieutenants gouverneurs les instructions émanant du chef de la colonie.

Il y a actuellement au Congo français un certain nombre de sociétés parmi lesquelles on peut citer les suivantes : la société coloniale du Baniembé ; la société bretonne du Congo ; la compagnie française du Congo ; la société de l'Ekela-Kadéi-Sangha ; la société de la Haute-Sangha ; la société de l'Ibenga ; la compagnie commerciale et coloniale de la Kadéi-Sangha ; la compagnie des caoutchoucs et produits de la Lobay ; la société M'Poko ; la compagnie de la Sangha ; la société des produits de la Sangha-Lipa-Ouesso ; la société de la N'Goko-Sangha. Un certain nombre de ces sociétés se sont réunies et ont formé un *consortium* qui a pris le nom de *Compagnie forestière*. A une date plus récente se sont fondées les sociétés du Littoral Bavili et de Setté-Cama, ainsi que les compagnies du Congo occidental et colonial de

Fernan-Vaz. Il s'est également établi d'autres sociétés concessionnaires au Gabon.

Quel a été le résultat de l'action de ces sociétés concessionnaires? Si nous prenons des documents récents, nous voyons que, dans son *rapport* à la Chambre pour l'exercice 1911, sur les *budgets locaux des colonies*, M. Viollette député expose que les sociétés gabonaises, dans une situation fort précaire, ont fait abandon à la colonie de leur concession de 4.760.000 hectares et ont été dégagées de toutes les obligations et charges résultant des décrets de concession. Elles ont gardé la propriété de 150.000 hectares à choisir dans la concession primitive et peuvent affermer ou concéder l'exploitation forestière, sous réserve de l'agrément du ministre des colonies. Quant aux onze premières sociétés congolaises indiquées ci-dessus, des décrets du 20 juin 1910 approuvant des conventions du 13 du même mois, ont substitué à la concession territoriale trentenaire portant sur tous les produits du sol le régime d'une sorte de bail à ferme limitant la société fermière à l'exploitation du caoutchouc, les tiers pouvant recueillir tous les autres produits. Tandis que les anciens contrats devaient produire effet jusque vers 1930, les nouveaux finiront en 1920, les sociétés n'ayant plus à cette époque l'affermage du caoutchouc que pour une superficie plus restreinte, dix fois égale aux surfaces aménagées en exploitations régulières et plantations. Les droits des indigènes sont maintenus et mieux précisés. Les sociétés congolaises continuent à être astreintes aux charges financières à elles imposées consistant en redevances et versement de 15 % des bénéfices ; mais elle sont autorisées, pour diminuer les frais généraux, à se fusionner en une seule si elles le jugent convenable. Un dernier décret du 26 février 1911 a approuvé un nouvel avenant du 31 janvier 1911 annexé aux conventions du 13 juin 1910. De cet avenant, il résulte que la convention pourra être résiliée de plein droit en tout ou en partie pour motif d'ordre public, après avis de la commission des concessions coloniales, l'amodiataire entendu, à charge par la colonie de payer à la société une indemnité dans les conditions fixées par l'article 30 du cahier des charges annexé au décret de concession de la compagnie de la

Kadéi-Sangha, du 31 mars 1899. La colonie reprendra, dans ce cas, la libre disposition de toutes les terres visées dans le décret de résiliation, à l'exception de celles qui seront devenues à ce moment la propriété de la société, ou à la propriété desquelles la société aurait à faire valoir des droits résultant de la convention.

L'avenant impose de plus ferme le respect des mœurs, coutumes, religion et organisation des populations indigènes; il stipule que la convention pourra être résiliée aux torts de la société et sans indemnité par décret rendu après avis de la commission des concessions coloniales, la société entendue. Le recours au Conseil d'État est permis dans l'un des cas suivants : 1° si des agents de la société se sont rendus coupables vis-à-vis des indigènes d'actes dolosifs ou de sévices affectant un réel caractère de fréquence ou de gravité et si ces pratiques ont persisté, faute par le siège social saisi d'avoir pris les mesures nécessaires pour y mettre fin; 2° si des agents coupables de crimes n'ont pas été révoqués aussitôt après que le siège social a eu connaissance de ces faits. La résiliation prononcée, la société ne conservera que les terres sur lesquelles elle pourra prétendre à un droit de propriété; et sera déchue de tous autres droits et avantages résultant de la convention. Les décrets du 27 février 1911 approuvant les dernières sociétés congolaises indiquées ci-dessus ne diffèrent que sur des points de détail de ceux du 20 juin 1910 dont il a été question plus haut

Le bilan primitif des sociétés congolaises n'a pas été extrêmement brillant, comme on a pu s'en rendre compte par les explications précédentes. Toutefois, la Compagnie forestière, groupement des sociétés antérieures, est dans un état fort prospère; elle exploite 17 millions d'hectares et a réalisé, en 1910, des gains de près de quatre millions. En tout cas, on ne peut nier que, dans le passé, l'action des compagnies congolaises n'ait été des plus utiles; elles ont contribué à la mise en valeur de la colonie, qui, sans elles, eût été à peu près impossible; elles ont fait sensiblement monter les importations et augmenter les recettes douanières. Dans l'avenir, mieux comprises par l'opinion publique et encouragées par elle, moins gênées par la réglementation de l'administration, elles peuvent encore réaliser une œuvre féconde à la fois pour la métropole et pour la colonie, dans ces pays aux espaces immenses, où la main-d'œuvre est difficile et où l'initiative individuelle risque de n'aboutir qu'à des échecs. D'autant plus que leurs similaires du Congo belge ont parfaitement réussi. La *compagnie du Congo pour le commerce et l'industrie*, fondée en 1886 par le capitaine d'état-major Thys, a donné naissance à d'autres sociétés nombreuses, telles que la *Société anonyme belge pour le commerce du Haut-Congo* de 1888, la *compagnie des produits du Congo* de 1889, le *syndicat commercial du Katanga* de 1891, remplacé par la *compagnie du Lourani*, etc. L'État, à son tour, a recours à des compagnies pour exploiter son vaste territoire. Citons : *l'union minière du Katanga* de 1906, la *société internationale forestière et minière du Congo* et la *Société pour le développement des territoires du bassin du lac Léopold II* (1906 et 1907). Toutes ces sociétés ont donné un essor considérable à la colonisation du Congo belge et il serait vraiment déplorable que nous ne puissions utilement acclimater chez nous ce qui réussit si bien chez nos voisins.

Mentionnons en terminant que, pour éviter à l'avenir les critiques auxquelles avaient donné lieu certaines concessions et permettre au public, grâce à une large publicité, de juger le bien ou le mal fondé des décisions à intervenir dans cet ordre d'idées, il a été décidé, par l'article 127, B, paragraphe 3, de la loi de finances du 13 juillet 1911, que les actes attribuant la propriété ou la concession de superficies supérieures à 2.000 hectares doivent être publiés au *Journal officiel* de la République. Pour les superficies inférieures à ce chiffre, l'acte de concession sera publié seulement au *Journal officiel* de la colonie intéressée.

TITRE III

L'organisation de la propriété foncière

La propriété foncière n'est stable et n'offre la sécurité voulue à l'acquéreur que si nulle contestation ne peut surgir, en ce qui la concerne, du chef de son vendeur ou des tiers qui pourraient prétendre à des droits sur l'immeuble. C'est de ces deux points que s'est inquiété le gouvernement français en édictant, pour répondre à la double préoccupation dont nous venons de parler, les mesures suivantes que nous allons examiner dans leurs grandes lignes.

ARTICLE PREMIER

Les rapports entre le vendeur et l'acheteur

Si l'acheteur traite directement avec l'administration et obtient d'elle la concession gratuite ou à titre onéreux d'un domaine, il ne saurait éprouver aucune difficulté; la délivrance de son titre définitif le met à l'abri de toutes réclamations, pourvu qu'il se conforme aux conditions prescrites dans sa concession.

Mais on peut supposer qu'il traite directement avec l'indigène propriétaire; en ce cas, dans la métropole, on laisserait les parties agir comme elles l'entendraient, sauf à elles à déférer ensuite à la justice le différend qui viendrait à se produire. Dans la colonie, pareille conduite serait imprudente à plusieurs points de vue. L'indigène, tout d'abord, pourrait, de bonne ou de mauvaise foi, vendre ce dont il ne serait pas propriétaire; et l'acquéreur serait facilement induit en erreur dans des pays où la constatation de la propriété est absolument rudimentaire, insuffisante et souvent même fait complètement défaut. L'acquéreur lui-même s'exposerait à traiter sans s'être rendu un compte exact du droit de l'indigène, en présence d'une législation le plus souvent coutumière, imprécise, qu'il connaît à peine ou qui même lui est totalement inconnue. Enfin les spéculations pourraient se donner libre carrière chez des acheteurs ou des vendeurs peu scrupuleux; et ces spéculations créeraient une hausse ou une baisse factice des terrains et provoqueraient des troubles économiques dans les transactions immobilières, troubles fort dangereux en tout temps et principalement dans les débuts de la colonisation. Il était donc nécessaire que la métropole prît des précautions pour empêcher tous ces inconvénients.

Un premier moyen absolument radical consiste à réserver à l'administration le droit d'acquérir les terres des indigènes. Il a été usité seulement en *Nouvelle-Calédonie* par le décret du 20 janvier 1855, dans le but alors poursuivi de faire de l'île une colonie exclusivement pénale. Ce procédé excessif n'a pas été suivi dans les autres colonies où l'on s'est borné, quand on a cru la mesure nécessaire, à interdire à l'indigène de disposer de son bien sans l'approbation de l'administration. Nous citerons, en ce sens, l'article 16 du décret du 31 mai 1902 pour les îles *Marquises* et l'article 10, paragraphe 2, du décret du 23 octobre 1904 pour l'*Afrique occidentale*. Un autre procédé soumet les personnes invoquant un droit de propriété à la nécessité d'une réclamation dans un délai déterminé, sous peine de forclusion. Aux *Marquises*, le décret précité du 31 mai 1902, modifié par celui du 20 novembre 1903, décide que toute personne prétendant à des droits sur les immeubles est tenue de se pourvoir en reconnaissance de ces droits, suivant une procédure que fixe le décret ; une commission examine les prétendus titres et si elle les rejette ou si la réclamation n'a pas eu lieu dans le délai d'un an, les immeubles sont acquis à l'État, et tous droits antérieurs sont frappés de déchéance. A *Madagascar*, où la loi malgache de 1881 défendait aux indigènes de vendre ou d'hypothéquer leurs terres aux européens, ceux-ci s'étaient fait consentir, à défaut de vente du domaine, des baux emphytéotiques. Nous avons dit ci-dessus qu'un décret du 9 juillet 1898 avait permis de transformer ces baux en ventes définitives. Aujourd'hui l'accès de la propriété est permis aux européens. Voir également, pour les *Établissements de l'Océanie*, l'arrêté du gouverneur du 14 janvier 1903 modifiant les articles 1 et 2 des lois codifiées des Iles sous-le-Vent.

Des difficultés analogues avaient surgi en *Indo-Chine*, à raison du droit éminent du souverain qui ne laissait aux indigènes que la jouissance; les français qui avaient acquis le domaine de ces derniers dans l'ignorance où ils étaient de la situation exacte, étaient exposés à être dépossédés. On a obtenu, pour l'*Annam* et le *Tonkin*, la renonciation du roi à son domaine éminent (ordonnances royales des 27 septembre 1887 et 3 octobre 1888). Le propriétaire doit seulement se pourvoir en réclamation d'un titre français définitif, et, pour cela, faire enregistrer son acte d'acquisition par la chancellerie (arrêté du gouverneur général du 28 septembre 1889 et ordonnance royale du 11 juillet 1897 pour le *Cambodge*). Pour écarter les recours possibles du protectorat et des communes dont les immeubles auraient pu être vendus par un propriétaire apparent à des acquéreurs français, il a été enjoint à tous acquéreurs d'immeubles en *Annam* et au *Tonkin* de déposer leurs titres à la résidence, afin qu'ils puissent être vérifiés par une commission instituée par un arrêté du 19 août 1886, dans le but de constater la régularité des acquisitions.

ARTICLE II

Les rapports des acquéreurs et des tiers

Ainsi que nous l'avons indiqué au chapitre 1er de cette IIe partie consacré au *Régime législatif colonial*, le Code civil est en vigueur dans la plupart de nos colonies, en sorte que la vieille législation foncière française et le régime hypothécaire avec toutes ses imperfections avaient été implantés au-delà des mers. Mais peu à peu un régime nouveau s'est substitué aux anciens errements dans les colonies neuves. Son point de départ a été l'application à la propriété immobilière du système dit *Torrens* du nom de son inventeur, sir Robert Torrens, *registrar général* dans l'Australie du Sud, député au Parlement de cette colonie, qui, se constituant l'apôtre du système portant son nom, le fit accepter par l'Australie entière et dans d'autres colonies anglaises. En 1888, le sous-secrétaire d'État des colonies estima que l'on pourrait faire bénéficier de l'organisation nouvelle certaines de nos possessions, principalement la *Nouvelle-Calédonie*, voisine de l'Australie. M. Noël Pardon, gouverneur de la Nouvelle-Calédonie, rédigea, sur ces bases, un rapport portant la date du 29 août 1881, rapport qui fut accepté, avec quelques modifications de détail, par le congrès international de la propriété foncière tenu à Paris en octobre 1892, comme base d'une réforme générale du système foncier colonial. A la suite du projet Pardon inspiré par l'act Torrens, un certain nombre de décrets ont inauguré dans les colonies qui en ont été l'objet, un système nouveau basé sur l'immatriculation ou inscription des immeubles sur un registre foncier, assurant à celui qui l'a requise un titre définitif et incommutable de propriété, en faisant disparaître tous droits réels antérieurs, au moyen d'une procédure destinée à garantir les intérêts des titulaires de ces droits. Une fois enregistré au nom de son propriétaire, l'immeuble ne peut plus être l'objet d'une aliénation, transaction ou constitution de droits réels, sans que ces opérations figurent sur le registre foncier et sur le titre du nouveau propriétaire ou ayant droit. Et ainsi, sans formalités coûteuses, longues ou gênantes, sans autre obligation que la mention des opérations le concernant sur le registre et le titre délivré à l'intéressé, l'immeuble peut circuler de main en main ou être grevé de droits réels de toute espèce.

Le dernier décret rendu sur la matière concerne *Madagascar;* il porte la date du 4 février 1911. C'est par cette colonie que l'expérience avait commencé avec un décret du 16 juillet 1897 très imparfait, qui souleva beaucoup de critiques et de difficultés, que la jurisprudence de la cour d'appel de Tananarive n'avait pas toujours pu résoudre. Le rapport du ministre des colonies précédant le décret de 1911 indique les principales améliorations et simplifications réalisées. Voici le passage principal.

« Je me suis préoccupé, notamment, dit le ministre, d'éviter les conflits journaliers que ne pourrait manquer de susciter, entre les justiciables et les conservateurs, l'examen, par ces derniers, des actes présentés à la formalité de l'inscription et de rendre, en un mot, l'application du principe de légalité possible et pratique; j'ai, dans ce but, déterminé avec précision les justifications légales dont la production par les parties doit suffire pour permettre, dans tous les cas, l'exécution des formalités requises et couvrir, en même temps, la responsabilité des préposés. C'est ainsi encore que, pour réduire au strict minimum les changements à apporter dans les habitudes ou usages de la population indigène, j'ai prévu le maintien, à son égard, du statut personnel en matière de donations; allant même plus loin encore, j'ai proposé d'admettre, pour la constitution, la transmission ou l'extinction des droits réels immobiliers sur les immeubles immatriculés, entre contractants de statut indigène, la validité des actes passés selon les règles du droit coutumier local ».

Nous transcrivons *in extenso* le texte du décret du 4 février 1911, car il constitue le document le plus neuf en la matière et reproduit les dispositions contenues dans les textes relatifs aux autres colonies, avec les changements et les adjonctions suggérés par la pratique des affaires et l'expérience, changements et adjonctions qui seront probablement appliqués ensuite à tout le domaine colonial, sauf les variantes qui pourront être imposées par la différence des milieux.

TITRE Ier

Du régime foncier dit de l'immatriculation et de la législation de ce régime

CHAPITRE Ier. — DU RÉGIME FONCIER DE L'IMMATRICULATION

§ I. — *Du but de l'institution*

Art. 1er. — Le régime foncier, créé par le présent décret, dit régime de l'immatriculation, a pour but d'assurer aux titulaires la garantie des droits réels qu'ils possèdent sur les immeubles préalablement immatriculés.

L'immatriculation a lieu en suite d'une procédure tendant à révéler tous droits réels déjà constitués.

La garantie des droits réels est obtenue au moyen de la publication sur des livres fonciers, à un compte particulier ouvert pour chaque immeuble, de tous les droits réels qui s'y rapportent, ainsi que des modifications de ces mêmes droits, ladite publication étant précédée de la vérification des justifications produites et faisant foi à l'égard des tiers, dans les limites et conformément aux dispositions ci-après formulées.

Art. 2. — Le régime foncier de l'immatriculation est autorisé quel que soit l'état ou le statut des propriétaires ou détenteurs.

Il ne peut cependant être invoqué par les fokon'olona qu'aux fins de faire reconnaître les droits d'usage qui leur sont reconnus par le décret du 9 mars 1902 sur des terres, marais, etc., appartenant au domaine. Les conditions et formes dans lesquelles les fokon'olona pourront requérir et exercer ces droits seront réglementées par des arrêtés du gouverneur général pris en conseil d'administration et soumis à l'approbation du ministre des colonies. Ces arrêtés fixeront également dans quelles conditions les droits ainsi reconnus pourront être retirés ou convertis en droits de propriété individuelle, complète et absolue, afférents à chaque membre du fokon'olona.

Art. 3. — Ce régime est facultatif, sous réserve des dispositions du décret du 18 mai 1904.

Exceptionnellement il est obligatoire :

1° Dans le cas d'aliénation ou de concession de terrains domaniaux;

2° Dans le cas où des européens ou assimilés se rendent acquéreurs de biens appartenant à des indigènes;

3° Dans les centres urbains, lorsqu'il en aura été ainsi décidé par un arrêté du gouverneur général, pris en conseil d'administration.

Dans les deux premiers cas, la formalité de l'immatriculation doit précéder soit la délivrance du titre de concession définitive, soit la signature de l'acte d'aliénation consacrant le droit du nouveau possesseur.

Les officiers ministériels ne peuvent dresser aucun acte en violation de la présente disposition, à peine, outre tous dommages et intérêts s'il y a lieu, d'une amende de cinquante francs pour chaque contravention relevée par les agents des domaines, comme en matière de timbre.

Art. 4. — Le régime foncier de l'immatriculation s'applique aux fonds de terre de toute nature, bâtis ou non bâtis, ainsi qu'aux périmètres miniers, dans les conditions prévues ,en ce qui concerne ces derniers, par l'article 21 du décret du 23 mai 1907.

Les tombeaux contenant des sépultures peuvent être immatriculés; mais même après l'immatriculation, ils restent soumis, notamment lorsqu'ils appartiennent à des indigènes, aux régies spéciales de propriété les concernant.

Si des portions du domaine public sont englobées dans un immeuble immatriculé, elles restent régies par le décret du 20 septembre 1902, indépendamment de toute inscription et de toute réserve.

Art. 5. — Ce régime ne saisit l'immeuble que pour l'avenir, mais en respectant tout ce qui a été fait antérieurement, selon la loi de l'immeuble, à la condition, pour les intéressés, d'observer les formalités prescrites pour la conservation par l'inscription des droits réels antérieurs.

Art. 6. — L'admission des immeubles au régime de l'immatriculation est définitive. Aucun immeuble immatriculé ne peut être soustrait au régime une fois adopté.

Art. 7. — Toutes les actions réelles, dérivant de droits réels ou assimilés à des droits réels intéressant des immeubles immatriculés, sont soumises aux juridictions ordinaires. La compétence de ces juridictions, en la matière, est fixée par la législation locale et notamment par le décret du 9 juin 1896. Toutefois, par dérogation à l'alinéa 2 de l'article 7 de ce décret, les administrateurs investis des fonctions de juge de paix connaîtront, dans l'étendue de leur juridiction, de toutes les demandes immobilières concernant des propriétés immatriculées, mais toujours à charge d'appel devant la cour de Tananarive.

En cas de contestation sur les limites ou les servitudes d'immeubles contigus, lorsque l'un d'eux sera immatriculé et que l'autre ne le sera pas, la juridiction ordinaire sera seule compétente et il sera fait application du présent décret.

§ 2. — *Organisation générale*

Art. 8. — Indépendamment des anciens bureaux établis pour l'application du décret du 16 juillet 1897, lesquels sont maintenus, de nouveaux bureaux de la conservation de la propriété et des droits fonciers pourront être créés au siège des tribunaux de première instance et des justices de paix à compétence étendue par des arrêtés du gouverneur général en conseil d'administration, qui détermineront leur ressort.

Art. 9. — Les préposés de ces bureaux, qui prennent le titre de conservateurs de la propriété foncière, sont nommés par le gouverneur général et placés sous l'autorité et la direction effective du chef du service des domaines et de la propriété foncière.

Art. 10. — Ces agents sont chargés :

1° De la suite à donner aux demandes d'immatriculation et de la formalité de l'immatriculation sur les livres fonciers des immeubles placés sous ce régime;

2° De l'établissement et de la délivrance, dans les conditions déterminées par l'article 21 du décret du 23 mai 1907, des titres de propriété minière;

3° De l'inscription sur les livres fonciers des droits réels et charges constitués sur les immeubles immatriculés;

4° De la conservation des actes et plans relatifs aux immeubles immatriculés et de la communication au public des renseignements contenus en leurs archives et relatifs aux propriétés immatriculées.

Art. 11. — Les titres fonciers et titres de propriété minière sont établis sur des registres dits livres fonciers, dont la forme sera réglée par l'administration.

Art. 12. — A chaque titre foncier ou titre de propriété minière correspond, dans les archives de la conservation, un dossier comprenant :

1° Les pièces de la procédure d'immatriculation;

2° Le plan définitif de l'immeuble;

3° Les actes et pièces déposés.

Art. 13. — Outre les livres fonciers, les conservateurs de la propriété foncière tiennent encore :

1° Un registre d'ordre des formalités préalables à l'immatriculation;

2° Un registre des oppositions;

3° Un registre des dépôts des actes et documents à inscrire;

4° Un registre d'ordre des morcellements et fusions;

5° Une table alphabétique des titulaires des droits réels et des baux inscrits;

6° Une table alphabétique des titres de propriété.

Art. 14. — Le registre des dépôts est tenu en double exemplaire et l'un d'eux est, dans les trente jours qui suivront sa clôture, transmis au dépôt des archives coloniales à Paris.

Ce registre est arrêté chaque jour par le conservateur.

Art. 15. — Les registres tenus par les conservateurs sont cotés et paraphés par le président du tribunal ou le juge de paix à compétence étendue du ressort.

Art. 16. — Le procureur général, les procureurs de la République, le président de la cour, les présidents des tribunaux de 1re instance et juges de paix à compétence étendue peuvent, chacun dans leur ressort, demander personnellement la communication, sans déplacement, des registres des conservateurs de la propriété foncière, à l'occasion des litiges dont les tribunaux sont saisis.

CHAPITRE II. — DE LA LÉGISLATION APPLICABLE AU RÉGIME FONCIER DE L'IMMATRICULATION

Art. 17. — Les dispositions du Code civil et des lois françaises sont en principe applicables, d'une manière générale, aux immeubles immatriculés et aux droits réels qui s'y rapportent. Toutefois cette règle souffre diverses exceptions énoncées au présent décret; en outre, lorsqu'il s'agit d'immeubles et de droits réels en la possession d'indigènes malgaches, les règles de droit malgache, soit écrit, soit coutumier, relatives à l'état des personnes, au mariage, aux donations et à la dévolution des successions doivent être observées.

Art. 18. — Tout droit réel immobilier ou charge n'existe, à l'égard des tiers, qu'autant qu'il a été rendu public dans les formes, conditions et limites réglées au présent décret, sans préjudice des droits et actions réciproques des parties pour l'exécution de leurs conventions.

Art. 19. — Sont immeubles par l'objet auquel ils s'appliquent :

a)Les droits réels immobiliers, savoir : 1° la propriété des biens immeubles; 2° l'usufruit des mêmes biens; 3° les droits d'usage et d'habitation; 4° l'emphytéose; 5° le droit de superficie; 6° les servitudes et services fonciers; 7° l'antichrèse; 8° les privilèges et hypothèques.

b) Les actions qui tendent à revendiquer un immeuble.

Art. 20. — L'emphytéose est soumise, pour tout ce qui concerne sa constitution, son usage et les droits réciproques des parties, aux dispositions de la loi du 25 juin 1902, qui est déclarée applicable à Madagascar et dépendances.

Art. 21. — Le droit de superficie consiste à avoir des bâtiments, ouvrages et plantations, sur un fonds appartenant à autrui. Le superficiaire peut aliéner son droit et l'hypothéquer; il peut aussi grever de servitudes le bien qui fait l'objet de ce droit, mais dans la limite qui lui est imposée par l'exercice dudit droit.

Art. 22. — Par dérogation au principe posé en l'article 18, les servitudes dérivant de la situation naturelle des lieux et des obligations imposées par la loi sont dispensées de publicité. Toutefois, l'assiette de la servitude de passage pour cause d'enclave peut, sur la demande du propriétaire du fonds grevé, être exactement déterminée.

Art. 23. — La préemption est le droit reconnu à tout copropriétaire indivis d'un même immeuble, à tout cohéritier sur les immeubles de la succession, à tout copropriétaire divis d'une maison d'habitation, au superficiaire, pour l'acquisition du sol, et au propriétaire du sol, pour l'acquisition de la superficie, d'acquérir la portion vendue à un tiers en se substituant à cet acquéreur, moyennant le remboursement du montant du prix de vente, y compris les loyaux coûts du contrat, et, s'il y a lieu, des dépenses engagées pour améliorations.

Art. 24. — Le droit de préemption sur un même immeuble s'exercera par voie de préférence, dans l'ordre suivant :

1° Le propriétaire du sol vis-à-vis du superficiaire et réciproquement;

2° Les cohéritiers;

3° Les copropriétaires divis ou indivis.

Pour ces deux dernières catégories, celui qui a la part la plus considérable sur l'immeuble sera préféré à celui qui a une part moindre.

En cas d'égalité, le sort décidera entre ceux qui veulent bénéficier de la préemption.

Art. 25. — S'il y a contestation sur l'importance respective des parts, le président du tribunal ou le juge de paix à compétence étendue, statuant par voie d'ordonnance sur requête de la partie la plus diligente, les fera déterminer par un expert.

Le tirage au sort, en cas d'égalité, se fera devant le greffier du tribunal qui en dressera procès-verbal.

Art. 26. — Le cohéritier, le copropriétaire, le propriétaire du sol ou le superficiaire qui voudra exercer la préemption devra en faire la notification à l'acquéreur de l'immeuble, dans le délai de huitaine, augmenté du délai des distances, sans que ce délai puisse jamais être supérieur à deux mois, à partir du jour où il aura eu connaissance de la vente, avec offres réelles de rembourser à l'acquéreur son prix d'acquisition, ainsi que le prix des améliorations et tous les loyaux coûts accessoires.

Passé ce délai, la préemption ne pourra plus être exercée.

Art. 27. — L'acquéreur, après inscription de son droit, pourra notifier son contrat d'acquisition à toutes personnes qualifiées pour exercer la préemption, moyennant quoi le délai fixé en l'article précédent à deux mois, ne sera plus que de huitaine franche à compter de la notification.

Art. 28. — Le droit de préemption se prescrit, dans tous les cas, par six mois à partir du jour de la vente.

Art. 29. — Le privilège du vendeur ou du bailleur de fonds sur l'immeuble vendu, pour le payement du prix, et celui des cohéritiers sur les immeubles de la succession, pour la garantie des partages faits entre eux et des soultes ou retours des lots, sont remplacés par une hypothèque forcée.

Art. 30. — Les privilèges généraux sur les immeubles énumérés à l'article 2101 et 2103 du Code civil sont supprimés, à l'exception toutefois du privilège des frais de justice faits pour la réalisation de l'immeuble et la distribution du prix et du privilège des droits du trésor. Par dérogation au principe posé en l'article 180, les deux privilèges maintenus sont dispensés de toute publication.

Art. 31. — L'hypothèque est forcée ou conventionnelle. Les

hypothèques légale et judiciaire ne sont pas applicables aux immeubles soumis au régime de l'immatriculation.

Art. 32. — Sont seuls susceptibles d'hypothèque : 1° les fonds de terre bâtis ou non bâtis qui sont dans le commerce et, avec eux, leurs accessoires réputés immeubles; 2° l'usufruit des mêmes biens, pendant le temps de sa durée; 3° l'emphytéose, pendant le temps de sa durée; 4° la superficie.

Art. 33. — L'hypothèque forcée est celle acquise en vertu d'une décision de justice, sans le consentement du débiteur, et seulement dans les cas ci-après déterminés : 1° aux mineurs et aux interdits sur les biens de leur tuteur et de la caution de ce dernier; 2° à la femme, sur les immeubles de son mari, pour sa dot, ses droits matrimoniaux, l'indemnité des obligations du mari dont elle est tenue et le remploi du prix des biens aliénés; 3° au vendeur, à l'échangiste ou aux copartageants, sur l'immeuble vendu, échangé ou partagé, quand il n'a pas été réservé d'hypothèque conventionnelle pour le payement du prix ou de la soulte d'échange ou de partage.

Art. 34. — L'hypothèque forcée des mineurs et interdits est déterminée, quant aux sommes garanties et aux immeubles hypothéqués, par une délibération du conseil de famille prise à la requête du tuteur, du subrogé-tuteur, des parents, alliés ou créanciers des mineurs ou interdits, ou du procureur de la République ou officier du ministère public.

Art. 35. — Dans le cas où les garanties données aux mineurs ou interdits sont reconnues insuffisantes, elles peuvent être étendues par délibération du conseil de famille réuni à la requête des mêmes personnes.

Si elles sont reconnues excessives, la réduction peut en être accordée dans les mêmes formes, à la requête du tuteur.

Art. 36. — Dans ces différents cas, à défaut du consentement du tuteur, la délibération du conseil est soumise à l'homologation du tribunal et le droit à l'hypothèque résulte du jugement d'homologation.

Art. 37. — L'hypothèque forcée de la femme mariée est déterminée, quant aux sommes garanties et aux immeubles hypothéqués, soit par une disposition expresse du contrat de mariage, soit, postérieurement au contrat ou s'il n'y a pas eu de contrat et à défaut du consentement du mari, par un jugement du tribunal rendu en chambre du conseil, sur la requête de la femme, de ses parents, alliés, créanciers, ou du procureur de la République ou officier du ministère public.

Art. 38. — Dans le cas où les garanties hypothécaires données à la femme sont reconnues insuffisantes, elles peuvent être étendues, à la requête des personnes énumérées à l'article précédent, par jugement du tribunal rendu en chambre du conseil, le ministère public entendu.

Si ces garanties sont reconnues excessives, la réduction peut en être ordonnée dans les mêmes formes, à la requête du mari.

Art. 39. — Les maris et tuteurs peuvent toujours être dispensés de l'hypothèque, en constituant un gage mobilier ou une caution, moyennant que cette substitution soit approuvée et les conditions de la constitution du gage fixées par un jugement du tribunal rendu en chambre du conseil, le ministère public entendu.

Art. 40. — Le vendeur, l'échangiste ou le copartageant des biens immeubles peuvent, dans le contrat de vente, d'échange ou de partage, stipuler de leur acheteur, coéchangiste ou copartageant, une hypothèque sur les immeubles vendus, échangés ou cédés, pour garantie du payement total du prix ou de la soulte d'échange ou de partage, A défaut de stipulation d'hypothèque conventionnelle, le vendeur, l'échangiste ou le copartageant peuvent, en vertu d'un jugement du tribunal, obtenir l'hypothèque forcée sur lesdits immeubles.

L'action en résolution de l'acte de vente, d'échange ou de partage pour défaut de payement du prix ou de la soulte, peut être également réservée au contrat, au profit du vendeur, de l'échangiste ou du copartageant; à défaut de stipulation à l'acte, la conservation de cette action en résolution peut être aussi accordée par jugement du tribunal.

Art. 41. — Dans les divers cas d'hypothèques forcées, le président du tribunal ou le juge de paix à compétence étendue peut, en cas d'urgence, ordonner, sur requête, toutes inscriptions conservatoires ou prénotations, lesquelles n'auront d'effet que jusqu'au jugement définitif qui devra être inscrit. Si le jugement définitif maintient tout ou partie de l'inscription, ce qui aura été conservé prendra rang à la date de l'inscription prise conservatoirement.

Art. 42. — L'hypothèque conventionnelle peut être consentie, au gré des parties, soit par acte authentique, soit par acte sous signatures privées. La transmission et la mainlevée de l'hypothèque ont lieu dans les mêmes formes, sauf cependant dans le cas de cession de l'hypothèque forcée de la femme mariée ou de renonciation par elle à cette même hypothèque, lesdites cession et renonciation ne pouvant avoir lieu autrement que par acte authentique.

Les contrats passés en pays étranger peuvent contenir stipulation valable d'hypothèque sur les immeubles situés à Madagascar et dépendances, à la condition d'être conformes aux dispositions du présent décret.

Art. 43. — L'hypothèque régulièrement publiée conserve son rang et sa validité sans formalité nouvelle jusqu'à la publication dans les mêmes formes de l'acte libératoire.

Art. 44. — La publication de l'hypothèque conventionnelle peut, dans les cas de prêt à court terme, être différée pendant un délai maximum de quatre-vingt-dix jours, sans que le créancier soit exposé à perdre le rang qui lui est et demeure acquis, à la condition par lui de se conformer aux dispositions de l'article 155 du présent décret.

Art. 45. — L'hypothèque consentie pour sûreté d'un crédit ouvert à concurrence d'une somme déterminée qu'on s'oblige à fournir, est valable et peut, en conséquence, être inscrite; elle prend rang à la date de son inscription, sans égard aux époques successives de la délivrance des fonds.

Art. 46. — Toutes actions tendant à la revendication d'immeubles basées sur des causes non susceptibles d'énonciation aux contrats d'aliénation, notamment sur l'inobservation des conditions essentielles à la validité des contrats (c. civ., art. 1108 et s.), l'atteinte portée aux droits des créanciers (c. civ, art. 1167) ou à ceux des mineurs (c. civ., art. 1305), l'incapacité absolue ou relative de disposer ou de recevoir par testament ou donation (c. civ., art. 901, 903 à 911), l'interdiction légale d'acheter ou de vendre frappant certaines personnes (c. civ., art. 1595 à 1597) ou s'appliquant à certains objets (c. civ., art. 1598 à 1600), le retrait d'indivision (c. civ., art. 1408), la nullité des actes constitutifs de droits réels souscrits par le failli après la cessation de ses paiements ou dans les dix jours précédents (c. com., art. 446) sont sans effet à l'égard des tiers de bonne foi ayant contracté avant la publication de l'acte introductif d'instance.

Art. 47. — Les actions en nullité pour défaut de forme (c. civ., art. 931), en résiliation pour éviction partielle (c. civ., art. 1636), existence de servitudes non apparentes (c. civ., art. 1638), lésion du quart (c. civ., art. 1079) ou des sept douzièmes (c. civ., art. 1674) sont irrecevables sur les immeubles immatriculés.

Art. 48. — Les actions tendant à la revendication d'immeubles basée sur l'une des causes ci-après : rapport en nature de biens donnés (C. civ., art. 859); réduction des donations pour atteinte à la réserve (C. civ., art. 929 et 930); droit de retour des biens donnés en cas de prédécès du donataire seul ou du donataire et de ses descendants (c. civ., art. 951); révocation d'une donation pour inexécution des conditions, ingratitude du donataire ou survenance d'enfants (c. civ., art. 953); révocation des donations faites entre époux pendant le mariage (c. civ., art. 1184); exécution du pacte de réméré (c. civ., art. 1659) ne peuvent être exercées qu'autant que ces droits auront été réservés expressément aux contrats d'aliénation et ne produisent effet à l'égard des tiers qu'à dater du jour où ces réserves auront été rendues publiques dans les formes réglées par le présent décret .Toutefois le rapport des biens donnés peut être exigé en nature, même en l'absence d'une réserve expresse dans l'acte de donation, tant que l'immeuble n'a pas été aliéné ou grevé de droits par le donataire; sinon il ne peut avoir lieu qu'en moins prenant.

De même, la réduction des donations pour atteinte à la réserve peut encore s'exercer sur les immeubles, même en l'absence de toute stipulation y relative dans l'acte de donation, tant que lesdits immeubles n'ont pas été aliénés ou grevés de droits réels par le donataire; dans ce dernier cas, la réduction a lieu en équipollent.

Art. 49. — La procédure instituée pour purger les immeubles des hypothèques et autres droits réels qui le grèvent, est supprimée. (c. civ., art. 2181 et s.).

Art. 50. — En cas d'expropriation pour cause d'utilité publique, les détenteurs de droits réels inscrits ne peuvent cependant exercer ces droits que sur l'indemnité d'expropriation, telle qu'elle est réglée par la loi locale du 27 avril 1896.

L'inscription de la décision prononçant définitivement l'expropriation, conformément aux dispositions de la loi locale précitée, purgera d'office l'immeuble de tous les droits réels inscrits.

Art. 51. — Le créancier nanti d'un certificat d'inscription délivré par le conservateur de la propriété foncière dans les conditions prévues à l'article 125 du présent décret, ou d'un titre exécutoire peut, à défaut de payement à l'échéance, poursuivre la vente par expropriation forcée des immeubles immatriculés de son débiteur.

Cette poursuite ne pourra s'exercer, pour les créanciers nantis d'un certificat d'inscription, que sur les immeubles affectés.

Art. 52. — En cas d'affectation de plusieurs immeubles à une même créance, l'exécution ne peut être poursuivie simultanément sur chacun d'eux qu'après l'autorisation délivrée, en forme d'ordonnance sur requête, par le président du tribunal ou le juge de paix à compétence étendue. Ladite ordonnance devra désigner le ou les immeubles qui doivent faire l'objet de la poursuite. Cette ordonnance doit être obtenue avant le dépôt du cahier des charges. Il en sera de même lorsqu'un commandement à fin de saisie, signifié en vertu d'un titre exécutoire non inscrit ne portant pas affectation, aura été inscrit sur plusieurs immeubles.

Art. 52. — Pour parvenir à la vente forcée d'un immeuble immatriculé, le créancier fera signifier au débiteur un commandement à personne ou à domicile. En tête de cet acte, il sera donné copie entière du titre ou du certificat d'inscription en vertu duquel il est fait. I contiendra élection de domicile dans le lieu où siège le tribunal ou la justice de paix à compétence étendue dans le ressort duquel est situé l'immeuble et qui doit connaître de la saisie et de la vente sur saisie, si toutefois le créancier n'a pas dans ce lieu son domicile réel. Il énoncera que, faute de payement dans les vingt jours à dater du jour de sa signification et y compris ce jour, la vente de l'immeuble sera poursuivie.

L'huissier ne se fera pas assister de témoins; mais, si le commandement est signifié à un indigène, il devra porter en tête, en langue malgache, l'objet de la signification.

L'huissier devra, dans les trois jours y compris le jour de la signification, faire viser l'original du commandement par l'administrateur chef de la province ou le commandant de cercle ou, en l'absence de ces derniers, par le fonctionnaire adjoint au chef de province ou l'adjoint au commandant de cercle du lieu où cet acte sera signifié. Si ce lieu est situé dans un district ou un secteur autre que celui dans lequel se trouve le chef-lieu de la province ou cercle, le visa sera donné dans les mêmes délais par le chef de district ou de secteur.

L'huissier mentionnera obligatoirement sur le commandement le nom, le numéro du titre et la situation des immeubles dont la vente sera poursuivie en cas de non payement.

Toutes les prescriptions ci-dessus formulées seront observées à peine de nullité absolue du commandement.

Art. 54. — L'original du commandement sera visé, à peine de nullité absolue, à la requête du poursuivant et aux fins de prévenir les tiers de son existence et de les mettre en garde contre toute transaction concernant l'immeuble et pouvant léser les droits du poursuivant, dans un délai maximum de vingt jours, à dater du jour de sa signification et y compris ce jour, par le conservateur de la situation de l'immeuble et inscrit sommairement sur le titre de propriété sans aucune mention de somme. Une copie en sera déposée à cet effet à la conservation. S'il y a eu un précédent commandement inscrit, le conservateur inscrira néanmoins sommairement ce nouveau commandement; mais en le visant, il y mentionnera la date de cette première inscription, ainsi que les noms du poursuivant et du poursuivi. Les poursuites seront jointes, s'il y a lieu, à la requête de la partie la plus diligente ou d'office par le tribunal ou la justice de paix à compétence étendue.

Art. 55. — En cas de payement dans le délai fixé à l'article 53, l'inscription du commandement sera radiée par le conservateur sur une mainlevée donnée par le créancier poursuivant, en la forme authentique ou sous-seing privé. Dans le cas de mainlevée sous seing privé, la signature du créancier sera légalisée par l'autorité du lieu de son domicile. Le débiteur et toute autre personne intéressée pourront également, dans ce cas, provoquer la radiation de l'inscription du commandement,mais, en justifiant, par un titre dûment libératoire, auprès du président du tribunal ou du juge de paix à compétence étendue du lieu de l'immeuble, du payement effectué. Le magistrat sera saisi par une requête motivée dans laquelle, obligatoirement, élection de domicile sera faite dans le lieu où siège le tribunal et à laquelle seront jointes toutes pièces justificatives; sur cette requête, il rendra une ordonnance ordonnant la radiation ou rejetant la demande de radiation. Cette ordonnance devra être rendue dans les trois jours qui suivront le jour de la remise de la requête au greffe : la date de cette remise sera constatée par le greffier par une annotation mise au bas de la requête. Aussitôt rendue, l'ordonnance sera notifiée par le greffier au requérant, à domicile élu, par extrait. L'ordonnance rendue est, dans tous les cas, définitive et immédiatement exécutoire.

Art. 56. — En cas de non payement dans le délai fixé à l'article 55, le commandement inscrit vaudra saisie. L'immeuble et ses revenus seront immobilisés dans les conditions prévues aux articles 682 et 685 du Code de procédure civile. Le débiteur ne pourra aliéner l'immeuble ni le grever d'aucun droit réel ou charge jusqu'à la fin de l'instance. Le conservateur refusera d'opérer toute nouvelle inscription requise dans ce but. L'inscription du procès-verbal d'adjudication définitive entraînera la radiation du commandement. Tous actes inscrits postérieurement à la date où le commandement aura été inscrit sur le titre foncier, conformément à l'article 54 ci-dessus, seront nuls de plein droit vis-à-vis des tiers.

Art. 57. — Dans un délai maximum de trente jours à compter de l'expiration du délai fixé à l'article 53, il sera procédé, à peine de nullité absolue des poursuites, au dépôt au greffe du tribunal ou de la justice de paix à compétence étendue dans le ressort duquel se trouve l'immeuble saisi, du cahier des charges en vue de la vente, dont la date sera fixée dans l'acte de dépôt en observant les délais ci-dessous énoncés. Si le trentième jour est un dimanche ou jour férié, le dépôt du cahier des charges aura lieu au premier jour non férié qui suivra le trentième.

Art. 58. — A peine de nullité absolue des poursuites, le dépôt au greffe du cahier des charges sera suivi, trente jours au moins avant le jour fixé pour la vente, le jour de l'apposition n'étant pas compris, de l'apposition de placards écrits en français et en malgache dans les lieux suivants : 1° un placard dans l'auditoire du tribunal où la vente doit être effectuée; 2° un placard à la porte de ce tribunal, sur le côté extérieur; 3° un placard à la porte de la mairie ou de la résidence du représentant de l'administration du lieu où les biens sont situés; 4° si ce lieu est dans un district ou secteur autre que celui du chef-lieu de la province ou cercle, un placard sera posé et à la porte de la résidence du représentant de l'administ ation dans le chef-lieu de la province ou cercle et à la porte de la résidence du représentant de l'administration au chef-lieu du district ou secteur; 5° un placard sur l'immeuble, s'il s'agit d'un immeuble bâti; 6° un placard au domicile du saisi; 7° un placard au lieu du marché le plus voisin; 8° quatre placards dans les rues ou places du lieu de l'immeuble et, si l'immeuble est en pleine campagne, dans les rues ou places du lieu le plus voisin.

Art. 59. — Les placards contiendront l'énonciation très sommaire du titre en vertu duquel la vente est poursuivie, les noms et domicile du poursuivant et du saisi, la date du commandement et de son visa, la désignation de l'immeuble (comprenant le nom et le numéro du titre, sa situation, province, cercle, district, secteur, ville, village, rue, quartier), sa superficie approximative, sa consistance, la date et le lieu du dépôt du cahier des charges, la mise à prix, le jour, l'heure et le lieu de la vente. Le coût des placards sera tarifé par un arrêté du gouverneur général pris en conseil d'administration.

Art. 60. — Le procès-verbal d'apposition des placards sera dénoncé, à peine de nullité absolue des poursuites, au débiteur et aux créanciers inscrits, s'il en existe, au domicile par eux élu dans l'inscription. Dans le même acte, il leur sera fait sommation de prendre connaissance du cahier des charges et d'assister à la vente. Cette dénonciation devra être signifiée, à peine de nullité absolue des poursuites, trente jours au moins, le jour de la signification n'étant pas compris, avant le jour fixé pour la vente.

Cette dénonciation devra être faite, à peine également de nullité absolue des poursuites, en français et en malgache, si elle concerne un indigène. Toutefois, la mention du « parlant à » pourra n'être écrite qu'en français.

Art. 61. — La vente ne pourra, à peine de nullité absolue des poursuites, être fixée au delà d'un délai maximum de quatre-vingt-dix jours à compter et non compris le jour du dépôt au greffe du cahier des charges. Si le quatre-vingt-dixième jour tombe un dimanche ou jour férié, la vente pourra être fixée au quatre-vingt-onzième jour.

Art. 62. — La vente aux enchères a lieu en présence du débiteur ou lui dûment appelé. Elle a lieu devant le tribunal ou la justice de paix à compétence étendue de la situation des biens ou de la situation de la plus grande partie des biens.

Art. 63. — Le commandement, le cahier des charges, un exemplaire des placards apposés, les procès-verbaux d'apposition de placards, la sommation de prendre connaissance du cahier des charges et d'assister à la vente sont annexés au procès-verbal d'adjudication.

Une expédition du procès-verbal d'adjudication et de ses annexes sera déposée au bureau de la conservation à fin d'inscription.

Cette inscription purgera tous les privilèges et hypothèques et les créanciers n'auront plus d'action que sur le prix.

Le conservateur devra, au moment de l'inscription de l'adjudication, prendre d'office, au profit de tous ayants droit généralement quelconques, une hypothèque pour sûreté du payement de ce prix d'adjudication, s'il n'est pas justifié ou du payement de ce prix, ou de sa consignation régulière ou encore d'une compensation ou d'une confusion.

Si le duplicata du titre de propriété n'est pas déposé par le porteur, un nouveau duplicata pourra être délivré à l'adjudicataire au vu d'un jugement, rendu sur requête, l'ordonnant. L'ancien duplicata sera, dans ce cas, frappé de déchéance légale. Un avis sommaire informant le public de cette déchéance sera publié au *Journal officiel* par les soins du conservateur et inscrit sur le titre.

Art. 64. — Les dires et observations de toute nature, et, à toutes fins, les oppositions, les demandes en nullité de poursuites, basées tant sur des moyens de forme que sur des moyens de fond, doivent être consignés sur le cahier des charges cinq jours au moins avant le jour fixé pour la vente, le jour de la consignation étant compris dans ce délai. Ils contiendront élection de domicile dans le lieu où siège le tribunal ou la justice de paix à compétence étendue devant lequel la vente doit avoir lieu.

Le tribunal est saisi par une requête motivée spécifiant clairement, à peine de rejet, les moyens invoqués. Cette requête doit être déposée au greffe trois jours au moins avant le jour fixé pour la vente, le jour du dépôt au greffe étant compris dans ce délai. Elle est immédiatement transmise par le greffier au président de la juridiction. Le greffier doit aussi immédiatement en notifier une copie, par l'intermédiaire du parquet, au poursuivant, à domicile élu.

Le tribunal, après avoir entendu, à l'audience même à laquelle doit avoir lieu la vente, le requérant, si du moins il est présent par lui-même ou par mandataire, dans ses observations purement orales et qui ne peuvent viser que les moyens spécifiés dans la requête, et, dans les mêmes conditions, le poursuivant, et après avoir recueilli les conclusions du ministère public, statue à cette audience même.

Si les poursuites sont annulées, mainlevée du commandement doit être donnée dans la décision.

Si l'irrégularité d'une formule est constatée, sans que cette irrégularité entraîne l'annulation des poursuites, la décision doit indiquer, si du moins elle ordonne de nouveaux actes de procédure, la date à laquelle la vente aura lieu, date qui ne pourra en principe et en règle générale excéder quinze jours. La décision spécifiera les conditions dans lesquelles le poursuivant devra remplir à nouveau les formalités déclarées irrégulières.

Aucun nouveau dire ni observation ne pourra ensuite être présenté.

Art. 65. — Les décisions rendues en cette matière par le tribunal sont, dans tous les cas, rendues en dernier ressort.

Art. 66. — Toutefois, à tout moment des poursuites et même après la signification du commandement, mais en dehors du délai extrême de cinq jours fixé à l'article 64, la nullité du commandement pourra être invoquée. Elle sera demandée au tribunal de première instance ou à la justice de paix à compétence étendue du lieu de l'immeuble, par requête motivée, dans laquelle le requérant fera obligatoirement élection de domicile dans le lieu de la juridiction. Cette requête spécifiera clairement, à peine de rejet, les moyens invoqués. Elle sera déposée au greffe et immédiatement transmise par le greffier au président de la juridiction. Le président de la juridiction fixera, au bas de la requête, l'audience à laquelle l'affaire sera appelée; cette audience devra avoir lieu dans un délai maximum de huit jours à compter du jour du dépôt au greffe de la requête. Cette fixation d'audience sera notifiée, avec une copie de la requête, au moins trois jours avant la date fixée, par le greffier, par l'intermédiaire du parquet, au poursuivant, à domicile élu. Cette fixation d'audience sera également notifiée, dans le même délai et de la même façon, au requérant, à domicile élu. Le tribunal, au jour fixé pour les débats sans qu'aucun renvoi puisse être accordé, entendra le requérant, si du moins il est présent ou représenté, dans ses observations purement orales et qui ne pourront viser que les moyens indiqués dans la requête, et, dans les mêmes conditions, le poursuivant, et recueillera les conclusions du ministère public.

Le tribunal statuera dans un délai maximum de vingt jours à compter du jour de l'audience à laquelle l'affaire a été appelée.

Pendant le cours de l'instance et à compter du jour de la réception de la notification faite au poursuivant de la requête, les formalités tendant à la saisie et à la vente seront suspendues, sauf la formalité du visa prévu à l'article 54 qui devra toujours avoir lieu.

Si le commandement est annulé, mainlevée en sera donnée. Si la continuation des poursuites est ordonnée, la décision précisera la procédure qui devra être faite à ces fins, en tenant compte des prescriptions et délais énoncés aux articles 55 et suivants.

La décision rendue par le tribunal en la matière le sera, dans tous les cas, en dernier ressort.

Art. 67. — Dans le cas où il ne serait pas donné suite au commandement, ou dans le cas où l'adjuidcation prévue par le cahier des charges ou fixée par décision judiciaire n'aurait pas lieu, le saisi pourra, toujours, par requête motivée, demander, en référé, la mainlevée du commandement. Cette requête sera adressée au président de la juridiction devant laquelle devait avoir lieu la vente. Copie de cette requête sera notifiée au poursuivant, à domicile élu, par l'intermédiaire du parquet, par le greffier, trois jours au moins avant la date du référé, date qui sera fixée par le président au bas de la requête. L'ordonnance rendue sera, dans tous les cas, définitive et immédiatement exécutoire.

Art. 68. — La surenchère a lieu, conformément aux articles 708 et suivants du code de procédure civile.

Art. 69. — Lorsqu'il y a lieu à folle enchère, il est procédé suivant le mode indiqué aux articles 55 et suivants.

Art. 70. — Il est loisible aux parties, pour éviter de recourir à la procédure qui vient d'être décrite, de convenir dans l'acte constitutif de l'hypothèque ou dans un acte postérieur, mais à la condition que cet acte soit inscrit, que, à défaut de payement à l'échéance, le créancier pourra faire vendre l'immeuble hypothéqué par devant un notaire du lieu où les biens sont situés. Dans ce cas, la vente a lieu aux enchères publiques, devant un notaire commis par simple ordonnance rendue sur requête du président du tribunal ou du juge de paix à compétence étendue, après accomplissement des formalités prévues aux articles 53 et suivants.

Art. 71. — En cas de licitation, partage, ou de vente de biens de mineurs, il est fait application pour la vente des dispositions des articles 53 et suivants ci-dessus.

Art. 72. — La prescription ne peut, en aucun cas, constituer un mode d'acquisition de droits réels ou charges sur des immeubles immatriculés ou de libération des droits réels ou charges grevant les mêmes immeubles.

TITRE II

Fonctionnement du régime foncier

CHAPITRE Ier. — IMMATRICULATION DES IMMEUBLES

Section I. — De la procédure d'immatriculation

§ I. — *Procédure ordinaire*

Art. 73. — Peuvent requérir l'immatriculation des immeubles sur les livres fonciers; 1° le propriétaire, alors même que sa capacité est restreinte aux seuls actes d'administration; 2° le co-propriétaire muni du consentement des autres ayants droit; 3° le titulaire d'un des droits réels énumérés en l'article 19, autres que la propriété, avec le consentement du propriétaire; 4° le tuteur, administrateur ou curateur d'un incapable, ayant l'une des qualités ci-dessus.

Dans tous les cas, les frai de la procédure sont, sauf convention contraire, supportés par le requérant.

Art. 74. — La même demande d'immatriculation ne devra viser qu'un immeuble composé d'une seule parcelle ou de parcelles formant corps.

Art. 75. — Tout requérant de l'immatriculation doit remettre au conservateur de la propriété foncière, qui lui en donne récépissé, une déclaration établie en langue française ou en langue malgache, signée de lui ou d'un mandataire spécial et contenant : 1° ses nom, prénoms, qualités et domicile, son état-civil, et s'il est marié, le nom de l'époux et l'indication du régime matrimonial; 2° une élection de domicile, le cas échéant, au siège du tribunal ou de la justice de paix à compétence étendue, dans la circonscription judiciaire ou l'immeuble est situé, et en outre, si cette localité n'est pas en même temps le siège du bureau de la conservation foncière, dans la localité où est établi le bureau; 3° la description de l'immeuble, ainsi que des constructions et plantations qui s'y trouvent, avec indication de sa situation, de sa contenance, de ses limites, tenants et aboutissants et, s'il y a lieu, du nom sous lequel il est connu; 4° le nom sous lequel cet immeuble devra être immatriculé; 5° l'estimation de sa valeur vénale; 6° le détail des droits réels et charges et des baux de plus de trois ans afférents à l'immeuble, avec mention des noms, prénoms et domicile des ayants droit et, le cas échéant, de ceux du subrogé tuteur des mineurs ou interdits dont il peut avoir la tutelle; 7° réquisition de procéder à l'immatriculation de l'immeuble décrit.

Si le requérant ne peut ou ne sait signer, le conservateur certifie le fait au bas de la déclaration qu'il signe en ses lieu et place. Dans le cas où cette déclaration est établie en malgache, elle doit être traduite par un interprète assermenté qui certifie conforme cette traduction.

A l'appui de la déclaration, qui prend le nom de réquisition, le requérant dépose tous les contrats et actes publics ou privés constitutifs des différents droits énumérés dans ladite pièce. Ceux de ces actes et contrats qui seraient rédigés en une langue étrangère devront être traduits par un interprète assermenté.

Art. 76. — Le conservateur doit s'assurer que la réquisition a été régulièrement établie en la forme, et peut, en outre, exiger toutes justifications qu'il juge nécessaires sur l'identité et les qualités du requérant.

Si un ou plusieurs des actes invoqués par le requérant se trouvent en la possession de tiers, le conservateur, sur l'avis qui lui en est donné, fait sommation aux détenteurs, sous les sanctions prononcées à l'article 178 ci-après et sous réserve de tous dommages-intérêts à leur encontre, d'en opérer le dépôt, contre récépissé, à la conservation, dans le délai de huitaine.

Le requérant dépose, en même temps que sa réquisition, une provision égale au montant présumé des frais de la procédure arbitré par le conservateur.

Art. 77. — Dans le plus bref délai possible après le dépôt de la réquisition, un extrait en est inséré, à la diligence du conservateur, en français et en malgache, au *Journal Officiel* de la colonie. Un placard reproduisant cette insertion est adressé par le conservateur au greffier du tribunal de première instance ou de la justice de paix à compétence étendue du lieu de la situation de l'immeuble, pour être, par ses soins, affiché en l'auditoire; constatation est faite de l'accomplissement de cette formalité par l'établissement immédiat d'un certificat rédigé par le greffier et transmis aussitôt au conservateur. L'affichage en l'auditoire est maintenu pendant une période de vingt jours. D'autres placards identiques sont, à la diligence du conservateur, adressés contre récépissé : 1° au procureur de la République ou à l'officier du ministère public; 2° à l'administrateur-maire ou chef de province ou au commandant de cercle dans le ressort duquel se trouve l'immeuble (en double exemplaire), et notifiés à chacun des titulaires de droits réels et charges mentionnés dans la réquisition. Ces notifications sont faites à personne ou à domicile.

Les accusés de réception et les minutes des notifications sont annexés par le conservateur au dossier de la procédure.

Art. 78. — L'administrateur-maire ou chef de province ou le commandant de cercle fait procéder sans retard, par l'intermédiaire des agents placés sous ses ordres, à la publication de la demande dans les marchés de la région. Un placard est, en outre, affiché : 1° à la porte de la résidence du représentant de l'autorité, administrateur-maire ou chef de province ou commandant de cercle, chef de district ou de secteur de qui relève immédiatement la région où est situé l'immeuble dont l'immatriculation est requise; 2° sur l'immeuble à immatriculer.

L'exécution de toutes ces mesures est affirmée par un certificat transmis sans délai, au conservateur par l'administrateur-maire ou chef de province ou le commandant de cercle.

Art. 79. — Dans le plus bref délai possible après l'insertion au *Journal Officiel* de l'extrait de la réquisition, il est procédé par un agent commissionné à cet effet et assermenté, au bornage de l'immeuble à immatriculer. La date fixée pour cette opération doit être portée à la connaissance du public vingt jours au moins à l'avance, au moyen : 1° de deux avis transmis aux fins de publication dans les marchés de la région où se trouve situé l'immeuble, et d'affichage : *a*) à la porte de la résidence de l'autorité, chef de province ou commandant de cercle, chef de district ou commandant de secteur; *b*) sur l'immeuble à borner; 2° d'une invitation adressée au représentant de l'autorité d'avoir à assister ou à se faire représenter, s'il le juge à propos, au bornage; 3° d'une invitation adressée, par l'intermédiaire de l'administration, au gouverneur madinika et au mpiadidy ou aux fonctionnaires en tenant lieu d'avoir à assister au bornage; 4° d'invitations personnelles transmises directement ou par la voie administrative : 1° au requérant l'immatriculation; 2° au propriétaire, si l'immatriculation n'est pas requise par lui; 3° à chacun des propriétaires limitrophes nommés en la réquisition, de s'y trouver également présents ou de s'y faire représenter par un mandataire régulier.

Les pièces justificatives de l'accomplissement de ces diverses formalités restent annexées au dossier de la procédure.

Art. 80. — Le bornage est effectué, à la date fixée, par l'agent désigné à cet effet, en la présence du requérant, du propriétaire, si ce n'est pas lui qui a requis l'immatriculation, du représentant de l'administration, s'il a jugé utile d'assister au bornage ou de s'y faire représenter, et autant que possible des chefs indigènes et des propriétaires riverains, dûment convoqués comme il a été dit.

Cette opération comporte expressément la reconnaissance et la fixation des limites par bornes ou par limites naturelles.

Si des contestations s'élèvent entre le requérant et l'un des propriétaires riverains ou d'autres personnes, l'agent chargé du bornage enregistre les déclarations des réclamants et les répliques faites par les intéressés; la parcelle litigieuse est délimitée et bornée et indiquée sur le plan, à toutes fins utiles.

Art. 81. — L'agent chargé du bornage dresse un procès-verbal faisant connaître : 1° les jour et heure de l'opération; 2° ses nom, prénoms et qualités, avec rappel de sa prestation de serment; 3° les noms, prénoms, qualités et domiciles des assistants; 4° la description des limites reconnues, avec mention de la longueur des côtes, chacun des sommets du polygone formé par l'immeuble étant désigné par un numéro d'ordre; 5° l'énonciation sommaire de la nature et de la consistance de l'immeuble; 6° la description des parcelles spécialement délimitées, à raison d'une contestation, ou la déclaration qu'il ne s'est produit aucune contestation

Ce procès-verbal, après clôture, est signé par l'agent opérateur.

Art. 82. — Dès l'achèvement du bornage, il est dressé un plan de l'immeuble à l'échelle réglementaire et il est procédé aux opérations nécessaires en vue du rattachement du plan aux points de triangulation les plus voisins ou à des points fixes convenablement choisis, susceptibles eux-mêmes d'être rattachés à cette triangulation.

Art. 83. — Lorsqu'un bornage a été fixé, les opérations doivent avoir lieu à la date qui a été choisie. Toutefois si, pour une raison de force majeure ou pour toute cause impérative, il ne peut y être procédé le jour indiqué, il incombe au conservateur ou à l'agent chargé du bornage de le faire connaître, au moins la veille de ce jour, par des avis individuels adressés à temps à toutes les personnes indiquées à l'article 79. Ces avis préviennent les intéréssés de la date à laquelle l'opération du bornage a été reportée. Toutes les fois que le renvoi du bornage ne peut être notifié au moins la veille du jour fixé pour ce bornage, la date des nouvelles opérations doit être éloignée vingt jours au moins du jour qui avait d'abord été choisi et portée à la connaissance du public au moins vingt jours à l'avance.

Art. 84. — Lorsque le bornage d'un immeuble n'a pu être effectué par la faute du requérant dans un délai maximum d'un an, la réquisition est annulée par le conservateur, après une sommation sans frais par lui adressée audit requérant à domicile ou à domicile élu, et restée sans effet dans les trente jours qui suivent sa notification. Cette annulation est prononcée sans recours possible.

Elle est notifiée par le conservateur à tous les intéressés et notamment aux opposants, s'il en existe. Il en est de même lorsque le requérant renonce, en cours de procédure, à poursuivre l'immatriculation qu'il avait requise.

Art. 85. — Le procès-verbal de bornage et le plan de l'immeuble sont remis, aussitôt que possible, par l'agent chargé des opérations topographiques au conservateur, qui relève au registre des oppositions, pour valoir comme telles, les mentions relatives aux contestations élevées sur le terrain. Une copie conforme de ces documents est adressée en même temps au chef du service des domaines et de la propriété foncière.

L'avis de clôture du bornage est ensuite publié au *Journal officiel* de la colonie par les soins de ce chef de service.

Art. 86. — Si des différences notables existent entre la description de la propriété faite au procès-verbal de bornage et celle résultant de la réquisition d'immatriculation déposée par les parties, le conservateur fait publier d'office un avis rectificatif indiquant la superficie et les limites réelles de l'immeuble délimité. Cet avis doit être publié avant l'avis de clôture de bornage, et à défaut, un second avis de clôture est inséré au *Journal officiel*.

Art. 87. — A partir du jour de l'insertion au *Journal officiel* de l'extrait de la réquisition d'immatriculation prescrite par l'article 80 jusqu'à l'expiration d'un délai de deux mois à dater de l'insertion au *Journal officiel* de l'avis de clôture de bornage, toutes personnes intéressées peuvent intervenir en la procédure, savoir :

1° Par opposition, en cas de contestation sur l'existence ou l'étendue du droit de propriété du requérant ou sur les limites de l'immeuble;

2° Par demande d'inscription, en cas de prétentions élevées à l'exercice d'un droit réel ou d'une charge susceptible de figurer au titre à établir.

Ces oppositions ou demandes d'inscription sont faites, soit par voie de déclarations orales reçues par le conservateur de la propriété foncière et par lui consignées sur un registre spécial, soit par lettres missives recommandées, adressées audit conservateur et transcrites par ses soins sur le même registre, soit par déclarations faites au moment du procès-verbal de bornage et rapportées également sur ce registre.

Les déclarations et les lettres souscrites doivent contenir l'indication des noms, prénoms, domiciles des intervenants, avec élection de domicile au siège du tribunal, s'il y a lieu, les causes de l'intervention et l'énoncé des actes, titres ou pièces sur lesquels elle est appuyée.

Art. 88. — Postérieurement à la réquisition d'immatriculation, toutes contestations intéressant directement l'immeuble, toutes constitutions de droits réels ou charges ne peuvent être introduites ou invoquées que par voie d'opposition ou de demande d'inscription comme il est dit ci-dessus.

Art. 89. — Aucune opposition ou demande d'inscription n'est recevable après l'expiration du délai de deux mois qui suit l'insertion au *Journal officiel* de l'avis de clôture du bornage.

Par exception toutefois, et dans l'intérêt des personnes non présentes dans la colonie, ce délai peut être prorogé par ordonnance du président du tribunal ou du juge de paix à compétence étendue, rendue avant l'expiration du deuxième mois, soit d'office, soit sur la requête des parents, alliés ou amis des absents, du curateur aux biens vacants ou du procureur de la République ou officier du ministère public.

Avis est donné de cette prorogation au conservateur de la propriété foncière chargé de recevoir les oppositions.

Art. 90. — Le conservateur notifie, toujours sans retard, au requérant, à domicile ou à domicile élu, toutes les mentions inscrites au registre des oppositions. Le requérant peut, jusqu'à l'expiration du délai prévu pour la réception des oppositions et huit jours après, soit rapporter au conservateur mainlevée formelle des oppositions et demandes d'inscription, soit lui déclarer y acquiescer, soit lui faire connaître son refus d'acquiescement et l'impossibilité pour lui d'obtenir mainlevée.

Art. 91. — A l'expiration de ce dernier délai, le conservateur transmet au greffe du tribunal ou de la justice de paix à compétence étendue tout le dossier relatif à la demande en immatriculation.

Art. 92. — S'il n'existe ni opposition ni demande d'inscription, ou si mainlevée en a été donnée, ou si encore le requérant y a acquiescé, le greffier soumet le dossier aussitôt reçu au président du tribunal ou au juge de paix à compétence étendue. Ce magistrat examine si la demande est régulière, si toutes les formalités ont été remplies, si, au fond, la demande est fondée. Il rend une ordonnance par laquelle il ordonne l'immatriculation de l'immeuble en constatant, s'il y a lieu, soit la mainlevée donnée, soit l'acquiescement apporté aux oppositions et demandes d'inscriptions faites. Il précise, en outre, la nature et l'étendue des divers droits réels et des charges dont l'immeuble est grevé et en ordonne l'inscription sur le titre foncier. Le pouvoir du juge pour apprécier le bien ou le mal fondé de la demande faite est discrétionnaire. Il peut la rejeter en totalité ou en partie; toutefois, toute ordonnance de rejet doit être motivée et énoncer les faits sur lesquels ce rejet est basé. Il peut aussi ordonner l'exécution de formalités complémentaires ou demander de plus amples justifications; dans ce dernier cas, l'ordonnance, toujours motivée, spécifie nettement les conditions dans lesquelles seront remplies ces formalités et les renseignements précis à fournir. Le dossier est retourné, à toutes fins utiles et sans délai, au conservateur; toutefois, s'il s'agit d'une ordonnance de rejet, le dossier ne lui est retourné qu'après l'expiration des délais d'appel ci-dessous prévus; dans ce dernier cas, une expédition de l'ordonnance rendue, visée par le juge, est jointe au dossier, ainsi qu'un certificat de non-appel. Dans tous les cas, il est statué, en principe, dans le mois du jour de la transmission du dossier au juge par le greffier.

Art. 93. — Une expédition de l'ordonnance prononçant l'immatriculation est transmise d'urgence au conservateur avec le dossier. Elle doit être visée par le président de la juridiction. Sur le vu de l'ordonnance admettant la demande d'immatriculation, le conservateur procède à l'établissement du titre foncier en se conformant strictement aux dispositions de cette ordonnance. Le titre n'est pourtant établi qu'après rectification du bornage et du plan, s'il y a lieu.

Art. 94. — Les ordonnances de rejet où celles prescrivant l'exécution de formalités complémentaires ou la production de plus amples renseignements sont notifiées par le greffier au requérant à domicile ou à domicile élu. Le requérant peut, dans les quinze jours qui suivent le jour de la réception de la notification, faire appel de l'ordonnance de rejet par une déclaration au greffe du tribunal ou de la justice de paix à compétence étendue. Cette déclaration est notifiée sans délai par le greffier au conservateur et est transmise par lui, sans délai également, par l'intermédiaire du parquet, avec tout le dossier de la procédure, au greffier de la cour d'appel, qui est tenu de remettre immédiatement le tout au président de la cour chargé de statuer sur le recours. Le président de la cour est autorisé à déléguer un conseiller pour le remplacer : cette délégation peut être donnée au commencement de chaque année judiciaire pour toutes les affaires de cette nature. L'appel est jugé exclusivement sur le vu du dossier, sans débat, et non en audience publique. Toutefois, le requérant est admis à fournir des explications écrites. L'appel, est, en principe, obligatoirement vidé dans les trente jours qui suivent le jour de la remise, faite par le greffier de la cour au président, du dossier. Notification de l'ordonnance statuant sur l'appel est faite par l'intermédiaire du parquet, dans les huit jours de son prononcé, par le greffier de la cour, au requérant, à domicile ou à domicile élu, au greffier du tribunal qui a rendu l'ordonnance attaquée, lequel greffier inscrira en marge de cette ordonnance un extrait de la décision d'appel, et enfin au conservateur du lieu de l'immeuble, auquel une expédition de l'ordonnance sera adressée avec le dossier de l'affaire. Celui-ci établira, s'il y a lieu, le titre de propriété d'après les mentions de l'ordonnance d'appel ou poursuivra l'exécution des mesures ou formalités prescrites par cette décision judiciaire.

Atr. 95. — S'il existe des oppositions ou des demandes d'inscription dont mainlevée n'a pas été donnée ou auxquelles le requérant refuse d'acquiescer, toutes les demandes sont portées devant le tribunal ou la justice de paix à compétence étendue.

Le greffier informe sans retard le président de la juridiction de la réception du dossier et le lui remet. Ce magistrat met, dans un délai maximum de huit jours, les intervenants en demeure de lui faire parvenir leur requête introductive d'instance dans un délai de vingt jours. Si, dans ce délai, la requête introductive d'instance n'est pas produite, le tribunal doit déclarer la réclamation non avenue.

La requête introductive d'instance doit contenir obligatoirement, indépendamment d'une élection de domicile au lieu où siège le tribunal ou la justice de paix à compétence étendue, s'il y a lieu, tous les moyens invoqués par l'intervenant et être accompagnée des titres et pièces sur lesquels ils sont fondés. Le juge invite le requérant l'immatriculation à prendre connaissance de la requête, au greffe et sans déplacement, et à y répondre par un mémoire, s'il le juge à propos, dans un délai de quinze jours. Ce délai expiré, l'affaire est inscrite au rôle, d'office, par le greffier.

Les parties sont avisées, par lettre du greffier, à domicile ou à domicile élu, deux semaines au moins à l'avance, du jour où l'affaire doit être appelée en audience publique. Elles peuvent présenter au tribunal soit par elles-mêmes, soit par mandataire, leurs observations orales ou écrites, mais seulement sur les points développés dans les requête et mémoire en réponse. En aucun cas, elle ne peucent solliciter le renvoi de l'affaire, qui est mise en délibéré, après conclusions du ministère public, malgré l'absence des parties. Le tribunal doit, en principe, obligatoirement, rendre sa décision dans les trente jours qui suivent la première audience à laquelle l'affaire a été appelée.

Art. 96. — Les tribunaux de première instance ou juges de paix à compétence étendue statuent au fond dans les formes réglées par la législation locale; ils prononcent l'admission en tout ou en partie de l'immatriculation et ordonnent l'inscription des droits réels et des charges dont ils ont reconnu l'existence; ils font rectifier le bornage et le plan, s'il y a lieu.

Art. 97. — Les tribunaux de première instance et les justices de paix à compétence étendue ne statuent, en cette matière, que sous réserve d'appel.

Art. 98. — Aussitôt le jugement rendu, et au plus tard dans le délai de huitaine, il est notifié, par extrait, au requérant, à toutes les parties, à domicile ou à domicile élu, et au conservateur de la propriété foncière par les soins du greffier du tribunal. Cette notification porte qu'un délai de deux mois à compter du prononcé du jugement est imparti à toute partie pour faire appel par déclaration au greffe.

Toute partie, peut, dans le délai de deux mois à compter du prononcé du jugement interjeter appel par une déclaration au greffe du tribunal. Aussitôt après, le greffier notifie, à domicile ou à domicile élu, la déclaration d'appel à toutes les parties en cause et au conservateur. Il transmet tout le dossier de la procédure, par l'intermédiaire du parquet, au greffe de la cour. Ce dossier doit obligatoirement comprendre une expédition du jugement critiqué, établie par le greffier et visée par le président de la juridiction.

Art. 99. — Si le jugement n'est pas frappé d'appel, le dossier de l'affaire est retourné au conservateur par le greffier, à l'expiration des délais d'appel, avec une expédition du jugement visée par le président de la juridiction, et un certificat de non-appel. Le conservateur se conforme à ce jugement, pour établir, s'il y a lieu, le titre foncier, après rectification, en cas de besoin, du bornage et du plan.

Art. 100. — Dès la réception du dossier, le greffier de la cour enrôle l'affaire d'office et prévient les parties en cause, à domicile ou à domicile élu, du jour où elle sera appelée, deux semaines avant la date de l'audience.

L'appel est jugé contradictoirement sur le vu du dossier, en l'absence comme en la présence de l'appelant et des autres parties, et les débats sont strictement limités aux points développés devant le premier juge.

L'appelant est toutefois autorisé, comme toute autre partie en cause, à produire tous mémoires et même à fournir, soit par lui-même soit par mandataire, toutes observations orales qu'il croira utiles.

L'appel doit, en principe, être vidé dans les trente jours qui suivent la première audience à laquelle il a été appelé.

La décision d'appel doit être notifiée, dans les huit jours de son prononcé, par l'intermédiaire du parquet, par le greffier de la cour : 1° à toutes les parties en cause, à domicile ou au domicile élu; 2° au greffier du tribunal qui a rendu la décision attaquée et qui inscrira, en marge de cette décision, un extrait de la décision d'appel; 3° au conservateur du lieu de l'immeuble auquel une expédition de l'arrêt visé par le président de la cour sera transmise avec le dossier.

Art. 101. — Au vu de cet arrêt, le conservateur procède, s'il y a lieu, à l'établissement du titre foncier, après rectification, en cas de besoin, du bornage et du plan.

Art. 102. — Les jugements ou arrêts avant dire droit, spécialement ceux ordonnant un transport sur les lieux ou une enquête, doivent être exécutés, en principe, dans un délai d'un mois. Il est toutefois statué sur les enquêtes ou transports dans un nouveau délai d'un mois.

Art. 103. — Les notifications à faire aux parties intéressées par les magistrats, fonctionnaires et officiers ministériels en matière d'immatriculation, sont faites administrativement, par l'intermédiaire des parquets et des administrateurs, par les agents européens et indigènes, qui en retirent un récépissé et l'adressent, par la même voie, à l'auteur de la notification. La minute de la notification et l'accusé de réception sont joints au dossier de la procédure.

Les notifications à faire au conservateur peuvent lui être faites directement.

Les notifications à faire par les parties aux magistrats, fonctionnaires et officiers ministériels, peuvent être faites par lettres recommandées.

Celles que les parties peuvent avoir à se faire entre elles, en cas d'instance, sont remises aux greffiers qui procèdent administrativement par les intermédiaires désignés ci-dessus.

Les frais des notifications, significatives, assignations, etc., faites par le ministère des huissiers restent toujours à la charge de la partie qui les a engagés.

Les avocats défenseurs ne sont considérés que comme simples mandataires et n'ont droit à aucuns dépens liquidés.

Art. 104. — Dans tous les cas où une demande d'immatriculation ne peut être accueillie, quelle que soit la cause de l'empêchement et à quelque moment de la procédure qu'il se produise, le conservateur doit inviter les parties à retirer, contre remise du récépissé, les titres par elles déposés.

Art. 105. — Les décisions rendues en matière d'immatriculation sont susceptibles de recours en cassation, mais exclusivement sur pourvoi du ministère public, pour violation de la loi. Le recours n'est pas suspensif.

Art. 106. — Tout requérant, opposant ou intervenant doit obligatoirement faire élection de domicile dans la ville où siège la juridiction qui devra connaître de la demande d'immatriculation, s'il n'a pas son domicile réel dans l'arrondissement judiciaire où est situé l'immeuble à immatriculer. A défaut ,toutes les significations et notifications lui sont valablement faites au parquet du procureur de la République.

Les délais prévus au présent chapitre sont francs et ne sont jamais augmentés des délais de distance.

§ 2. — *Des réquisitions conjointes*

Art. 107. — Lorsque plusieurs propriétaires conviennent, dans un but d'économie, de provoquer l'immatriculation simultanée de leurs immeubles contigus ou simplement séparés par des portions du domaine public, les réquisitions sont établies dans la forme ordinaire et font connaître, pour chacun des requérants ou groupes de requérants indivis, ainsi que pour chacun des immeubles intéressés, tous les renseignements dont la production est exigée à l'article 78 du présent décret.

Elles sont ensuite déposées toutes ensemble au bureau de la conservation, accompagnées d'une demande distincte, unique, signée de tous les requérants en état de le faire, et tendant à ce que les procédures soient suivies conjointement.

Art. 108. — Le conservateur saisi de cette demande donne aux réquisitions conjointes la suite ordinaire, en ayant soin, toutefois, de les maintenir rigoureusement au même point d'avancement ; les avis de demande, d'une part, et avis de bornage, de l'autre, doivent être publiés respectivement dans un même numéro du *Journal officiel* ; les opérations de bornage doivent être fixées à une même date et confiées à un même agent, qui y procédera en autant de séances consécutives qu'il sera nécessaire, mais au cours d'un même transport; enfin les avis de clôture de bornage doivent être également publiés en un même numéro du *Journal officiel.*

Art. 109. — Le conservateur doit également adresser au greffe du tribunal de première instance ou de la justice de paix à compétence étendue, en un même envoi, les dossiers des réquisitions conjointes, en les classant cependant en deux groupes distincts : 1° immeubles sur lesquels aucune opposition ou revendication n'a été formulée et dont l'immatriculation est prononcée par ordonnance; 2° immeubles ayant donné lieu à des oppositions ou revendications et pour lesquels l'immatriculation ne peut être prononcée que par un jugement. Toutes les difficultés concernant le second groupe d'immeubles doivent être solutionnées, autant que possible, en même temps, mais obligatoirement en un seul transport sur le terrain.

§ 3. — *De l'immatriculation dans les périmètres déclarés « soumis à l'immatriculation obligatoire ».*

Art. 110. — L'arrêté pris par le gouverneur général conformément à l'article 3, 3°, du présent décret est publié au *Journal officiel* trois mois avant l'ouverture des opérations d'immatriculation. Passé ce délai, il est procédé, dans le périmètre soumis à l'immatriculation obligatoire, et pour chacune des propriétés particulières qui y sera comprise, aux opérations d'immatriculation, suivant la procédure spéciale qui sera réglée par arrêtés du gouverneur général pris en conformité des dispositions essentielles du présent décret.

Section II. — Des livres fonciers

§ I. — *De l'établissement du titre foncier*

Art. 111. — Chaque immatriculation donne lieu à l'établissement, par le conservateur de la propriété foncière d'un titre foncier en langue française, comportant la description de l'immeuble, avec indication de ses consistance, contenance, situation et abornements, la désignation du propriétaire et l'inscription des droits réels immobiliers existant sur l'immeuble et des charges qui le grèvent. Chaque titre porte un numéro d'ordre et un nom particulier. Le plan de l'immeuble y reste annexé.

Art. 112. — Toute nouvelle immatriculation peut être cependant, sur réquisition de la partie intéressée, portée à sa date sur un titre déjà existant, pour ne former qu'un seul et même titre. Plusieurs nouvelles immatriculations peuvent encore ne donner lieu, dans la mesure du possible, qu'à l'établissement d'un seul titre, sous réserve des dispositions des articles 116 et 117 ci-dessous.

Art. 113. — Le conservateur annule et annexe à ses archives les titres de propriété produits à l'appui de la réquisition d'immatriculation. Toutefois, si ces titres concernent, outre la propriété immatriculée, un immeuble distinct de cette propriété, le conservateur remet aux parties une copie authentique du titre commun, avec une mention d'annulation relative à l'immeuble immatriculé.

Art. 114. — Des titres spéciaux peuvent être établis, sur réquisition des intéressés, après immatriculation de l'immeuble, au nom de l'usufruitier, de l'emphytéote ou du superficiaire, en vue de l'inscription régulière des droits réels et charges pouvant grever l'emphytéose ou la superficie. Toutes références utiles sont mentionnées, dans ce cas, sur le titre foncier de l'immeuble établi au nom du propriétaire.

Art. 115. — Lorsqu'un titre foncier est établi au nom d'un mineur ou de tout autre incapable, l'âge du mineur, et la nature de l'incapacité sont indiqués sur le titre.

Art. 116. — Chaque immeuble donnant lieu à l'établissement d'un titre foncier ne peut être composé que d'une seule parcelle ou de parcelles formant corps.

Art. 117. — Tout titre foncier ne peut aussi s'appliquer qu'à un immeuble, détenu à titre de propriétaire par une seule personne ou par plusieurs personnes; mais, dans ce dernier cas, celles-ci doivent avoir les droits indivis indistinctement sur toutes les parties.

Toute portion d'immeuble sur laquelle une ou plusieurs personnes auraient des droits de propriété, à l'exclusion des autres inscrites au titre, donne toujours lieu à l'établissement d'un titre distinct.

Art. 118. — Le titre foncier est définitif et inattaquable; il constitue devant les juridictions françaises le point de départ unique des droits réels et charges foncières existant sur l'immeuble, au moment de l'immatriculation, à l'exclusion de tous les autres droits non inscrits. Toute action tendant à la revendication d'un droit réel non révélé en cours de procédure est irrecevable.

Art. 119. — Toute personne dont les droits ont été lésés par suite d'une immatriculation n'a jamais de recours sur l'immeuble, mais seulement, en cas de dol, une action personnelle en dommages-intérêts contre l'auteur du dol. Cette action est, dans tous les cas, soumise au tribunal ou à la justice de paix à compétence étendue devant lequel a été portée la demande d'immatriculation.

Elle est jugée dans les formes prévues au décret du 9 juin 1896 et sujette à appel suivant les dispositions de ce décret.

§ 2. — *Des modifications du titre foncier par suite des faits survenus après l'immatriculation*

Art. 120. — Le conservateur peut, sur dépôt de tous documents et réquisitions rédigées dans ce sens, opérer toutes corrections, modifications, mutations, créations, annulations de titres, par suite de cessions, démembrements, fusions d'immeubles immatriculés ou tous autres faits survenus après l'immatriculation, autant que la consistance matérielle et la situation juridique de l'immeuble le permettent et sous réserve des dispositions des articles 116 et 117 ci-dessus.

Les plans sont modifiés en conséquence pour se trouver toujours scrupuleusement en concordance avec les titres fonciers correspondants.

Art. 121. — En cas de mutation totale, le nouveau propriétaire peut obtenir l'établissement d'un nouveau titre sur lequel ne sont mentionnés, au vu d'une réquisition détaillée spécifiant les mentions à supprimer, que les seuls droits réels immobiliers ou charges subsistant réellement sur l'immeuble. L'ancien titre est nécessairement annulé par le conservateur. La réquisition déposée à cet effet, est soumise à l'appréciation du conservateur, qui peut soit y faire droit en totalité ou en partie, soit la rejeter. En cas de rejet total, ou partiel, le requérant peut obtenir une décision de justice, comme il est dit à l'article 164 ci-dessous.

Art. 122. — Lorsqu'un immeuble est divisé, soit par suite de démembrement, soit par suite de partage, il est procédé au bornage de chacun des lots par un agent commissionné à cet effet et assermenté, qui rapporte cette opération sur le plan. Un titre et un plan distincts sont établis pour chacune des portions de l'immeuble démembré.

Toutefois, en cas de mutations partielles, il n'est pas nécessaire d'établir un nouveau titre pour la partie de l'immeuble qui, ne faisant pas l'objet d'une transmission, reste en possession du propriétaire. Le titre déjà délivré et le plan joint peuvent être conservés après avoir été revêtus des mentions utiles.

Art. 123. — Sur réquisition des intéressés déposée à la conservation, la portion distraite d'un immeuble peut également, au lieu de faire l'objet d'un nouveau titre, être réunie au titre et au plan d'un autre immeuble immatriculé.

Divers immeubles contigus ou limitrophes, faisant l'objet de titres distincts et appartenant à un même propriétaire, peuvent être réunis et faire l'objet d'un titre et d'un plan uniques.

Il en est de même pour des parcelles distraites en même temps de différents immeubles et qui peuvent, comme il est dit ci-dessus, être réunies au plan et au titre d'un autre immeuble immatriculé appartenant au même propriétaire.

Dans tous ces cas, un nouveau titre est constitué ou bien un des titres et plans est conservé pour y rattacher simplement les immeubles ou portions d'immeubles qui composent la nouvelle propriété, le tout sous réserve des dispositions des articles 116 et 117.

Art. 124. — Les droits réels et charges existant sur les immeubles et portions d'immeubles morcelés ou fusionnés sont, le cas échéant mentionnés sur les nouveaux titres constitués.

Lorsque le conservateur établit un nouveau titre de propriété, il annule le précédent, en apposant une griffe d'annulation et le timbre de la conservation sur toutes les pages. Il annule de la même façon le duplicata et le plan y annexé et les conserve dans ses archives.

§ 3. — *Des duplicata de titres fonciers*

Art. 125. — Le propriétaire, à l'exclusion de toute autre personne, a droit à un duplicata authentique, exact et complet du titre de propriété et du plan y annexé. Ce duplicata unique du titre foncier est nominatif et le conservateur en certifie l'authenticité en y apposant sa signature et le timbre de la conservation.

Tout usufruitier, emphytéote ou superficiaire, a également droit à un duplicata authentique, exact et complet, du titre spécial dont il a pu requérir l'établissement. Les autres titulaires de droits réels et charges foncières n'ont droit qu'à la délivrance de certificats d'inscription nominatifs, portant copie littérale des mentions relatives aux droits réels ou charges inscrits.

Art. 126. — Lorsque deux ou plusieurs personnes sont propriétaires indivis d'un immeuble, le duplicata du titre foncier et du plan y annexé est délivré au copropriétaire désigné nominativement dans la réquisition.

Les autres copropriétaires n'ont droit qu'à des copies des livres fonciers délivrées sur réquisition, comme il est dit à l'article 167 ci-dessous.

Les noms des porteurs successifs de duplicata d'un titre foncier sont mentionnés sommairement sur le titre et son duplicata, lors des mutations, de l'immeuble ou de droits réels ayant donné lieu à l'établissement d'un titre spécial.

Art. 127. — En cas de perte du duplicata d'un titre foncier, le conservateur ne peut en délivrer un nouveau que sur le vu d'un jugement l'ordonnant. Ce jugement sera rendu sur requête déposée exclusivement par le porteur de ce duplicata ou ses ayants-droit. Toutes justifications utiles de la perte sont fournies et rappelées au jugement.

Ce jugement déclare nul et sans valeur, entre les mains de tous détenteurs, le duplicata perdu. Un avis est publié, dans ce sens, au *Journal officiel* de la colonie, à la diligence du conservateur. En cas de fausse déclaration de perte, l'auteur de cette fausse déclaration sera responsable du préjudice causé.

CHAPITRE II. — PUBLICATION OU INCRIPTION DES DROITS RÉELS ET CHARGES

Section I. — Du dépôt des actes et de la formalité de l'inscription

Art. 128. — La publication aux livres fonciers des droits réels constitués sur les immeubles postérieurement à leur immatriculation prévue par l'article 1er, et exigée par l'article 18 pour la validité desdits droits, à l'égard des tiers, est assurée, comme il suit, par la formalité de l'inscription.

Art. 129. — Tous faits, actions ou conventions ayant pour effet, de constituer, transmettre, déclarer, modifier ou éteindre un droit réel immobilier, d'en changer le titulaire ou de modifier toute condition de son inscription, tous baux d'immeubles excédant trois années, toute quittance de cession d'une somme équivalente à plus de trois années de loyer ou fermage non échues, seront constatés par écrit dans les formes suivantes.

Art. 130. — Les écrits devront contenir, pour être inscrits, outre les éléments essentiels des contrats, les noms et prénoms des parties contractantes, l'indication de leur capacité juridique, leur état civil, avec le nom de l'époux, la date du mariage, le régime adopté, la date du contrat, les nom et résidence de l'officier public qui l'a reçu, enfin les noms et la situation des immeubles objet desdits écrits, ainsi que les numéros des titres.

Les signatures des parties apposées au bas des écrits autres que les actes authentiques ou judiciaires seront, avant le dépôt, légalisées par le représentant de l'autorité qualifié à cet effet, lequel certifiera, indépendamment de l'authenticité de leur signature, leur identité et la liberté de leur consentement.

Si les parties contractantes sont toutes du statut indigène, elles pourront, pour la constatation écrite de leurs accords, recourir soit aux modes institués par la loi française (acte authentique ou acte sous signatures privées), soit au procédé consacré par la coutume et les règlements locaux (acte enregistré chez le gouverneur indigène).

La signature du gouverneur indigène sera, en ce cas, certifiée, sur les copies par lui délivrées aux parties, par l'administrateur-maire ou chef de province, ou le chef de district dont relève ce fonctionnaire.

Art. 131. — Ces écrits, ainsi que toutes décisions judiciaires ayant les mêmes effets et contenant, d'ailleurs obligatoirement, les mêmes renseignements, seront déposés, soit en original, soit en expédition, soit en copie authentique, au bureau de la conservation de la propriété foncière. Ils seront conservés dans les archives; et des copies authentiques, faisant foi de leur contenu même en justice, et de la date certaine de leur dépôt dans le sens de l'article 1328 du code civil, pourront être délivrées à toutes réquisitions, par les conservateurs, soit aux parties contractantes, soit aux tiers.

Art. 132. — Avant de procéder à l'inscription, le conservateur vérifie les pièces déposées et s'assure :

1° De l'identité des parties;

2° De leur capacité;

3° De l'inscription au titre foncier du droit du disposant;

4° De la disponibilité de l'immeuble;

5° De la régularité de l'acte au point de vue de sa forme extérieure.

Art. 133. — L'identité des parties est garantie :

a) Pour les actes publics et ceux enregistrés chez les gouverneurs indigènes, par l'intervention du magistrat, du fonctionnaire ou de l'officier ministériel rédacteur.

b) Pour les actes sous signatures privées, par la formule de légalisation à inscrire à la suite desdits actes, en exécution de l'article 130.

Art. 134. — La capacité des parties est établie :

1° Par les déclarations à insérer dans les actes, en exécution de l'article 130;

2° Par la production des justifications relatives aux autorisations légales nécessaires dans certains cas déterminés.

Art. 135. — L'inscription au titre foncier du droit du disposant ne doit être infirmée par aucune inscription ultérieure, alors même que cette dernière ne figurerait pas encore sur le duplicata délivré au propriétaire

Art. 136. — L'immeuble est tenu pour disponible s'il n'existe au titre foncier aucune inscription de nature à le mettre, d'une manière absolue ou relative temporairement ou définitivement, hors du commerce.

Art. 137. — La régularité des actes consiste dans l'observation rigoureuse, en ce qui concerne leur forme extérieure, des dispositions tant du code civil que des textes en vigueur dans la colonie et du présent décret, à l'exclusion de celles qui se rapportent à la valeur intrinsèque de la convention.

Art. 138. — A défaut d'exécution des prescriptions contenues en l'article 130, le conservateur refusera l'inscription.

Si plusieurs originaux, expéditions ou copies authentiques de l'écrit lui sont remises, le conservateur n'en conservera qu'une et remettra les autres aux intéressés après y avoir mentionné que l'inscription a été effectuée.

Art. 139. — Des formules imprimées concernant les actes les plus usuels pourront être mises à la disposition des parties par le service de la propriété foncière.

Art. 140. — Les actes passés entre indigènes concernant des immeubles immatriculée pourront être déposés, dans les localités où il n'existe pas de bureau de conservation, entre les mains des fonctionnaires indigènes commis par les règlements en vigueur aux fins de recevoir les contrats indigènes. Ces actes seront transmis aussitôt, administrativement, au conservateur de la propriété foncière, pour toutes suites utiles, s'il y a lieu, par l'intermédiaire des chefs de district ou de province. Les duplicata de titres devront être joints à l'envoi.

Les chefs de district ou de province pourront également accepter les documents intéressant les immeubles immatriculés qui leur seront déposés pour être transmis, administrativement, au conservateur de la propriété foncière.

Ces transmissions n'engageront, dans aucun cas, la responsabilité de l'administration.

Art. 141. — Dans tous les cas où des écrits déposés à la conservation aux fins d'inscription nécessiteront une opération topographique préalable, ils pourront néanmoins être inscrits sur les livres fonciers avant l'exécution de cette opération, soit sur la réquisition écrite des parties, soit d'office par le conservateur, si celui-ci est saisi d'une nouvelle demande régulière d'inscription intéressant l'immeuble.

Dans ces deux cas, toutes les mentions utiles portées sur les titres fonciers seront faites avec réserve des opérations topographiques à effectuer. Celles-ci seront ultérieurement mentionnées, à la date courante, en marge ou à la suite des premières inscriptions.

Les duplicata de titres déposés ou établis seront conservés obligatoirement par le conservateur jusqu'à l'accomplissement de toutes les formalités réglementaires.

Art. 142. — Le conservateur donnera au déposant, s'il le demande, pour chaque document déposé, une reconnaissance qui reproduira la mention du registre des dépôts et rappelera le numéro d'ordre sous lequel cette mention a été portée.

Cette reconnaissance est restituée lors de la remise des duplicata de titres ou certificats d'inscription.

Art. 143. — Toute personne au nom de laquelle une inscription est prise doit faire élection de domicile dans la circonscription judiciaire où est situé l'immeuble en cause, si elle n'a pas son domicile réel dans ce ressort. A défaut, toutes les significations ou notifications lui seront valablement faites au parquet du procureur de la République.

Art. 144. — Toute personne intéressée pourra, en produisant les écrits réguliers constitutifs des droits à inscrire et autres pièces dont le dépôt est prescrit par le présent décret, requérir du conservateur l'inscription, la radiation ou la rectification de l'inscription d'un droit réel immobilier ou d'une charge. Cependant, sur la demande du conservateur, les parties seront tenues de préciser, par une réquisition spéciale, datée et signée, la nature, l'objet, le fondement, l'étendue et la valeur du droit à inscrire.

Art. 145. — Pour être inscrit, un droit doit être tenu directement du titulaire de l'inscription précédemment prise. En conséquence dans les cas où un droit réel immobilier aura fait l'objet de plusieurs mutations ou conventions successives, la dernière mutation ou convention ne pourra être inscrite avant les précédentes.

Le conservateur devra donc refuser toutes inscriptions même forcées, avant la production des écrits établissant la série ininterrompue de toutes mutations ou conventions antérieures.

Art. 146. — L'inscription des droits des mineurs et des interdits sera faite à la requête des tuteurs ou subrogés tuteurs et, à défaut, à la requête des membres du conseil de famille, du procureur de la République, des présidents des tribunaux de première instance ou juges de paix à compétence étendue, des parents, des amis des incapables et des incapables eux-mêmes.

Art. 147. — L'inscription des droits de la femme mariée se fait à la requête du mari, ou, à défaut, à la requête de la femme, de ses parents ou alliés, du procureur de la République, des présidents de tribunaux de première instances ou juges de paix à compétence étendue.

Art. 148. — Les inscriptions à faire sur les biens d'une personne décédée pourront être faites sous la simple désignation du défunt, après inscription de l'acte de décès.

Art. 149. — En cas de décès du détenteur d'un droit réel immobilier non inscrit, l'inscription pourra, avant la liquidation ou partage, être prise au nom de la succession, sur la seule production de l'acte de décès; et cette inscription sera modifiée après partage, en conformité de l'acte de partage qui sera produit.

Art. 150. — Pour obtenir l'inscription nominative de droits réels immobiliers, résultant de l'ouverture d'une succession, les requérants produiront, outre l'acte de décès :

S'il s'agit d'une succession *ab intestat*, un certificat constatant leur état civil et leurs droits exclusifs à l'hérédité; ce certificat devra être établi par acte authentique notarié ou judiciaire, en ce qui concerne les successions réglées par la loi française, et par acte enregistré chez les gouverneurs indigènes, en ce qui concerne les transmissions réglées par la coutume locale; les certificats établis hors de Madagascar seront, dans tous les cas, passés en la forme authentique.

S'il s'agit d'une succession testamentaire, les mêmes pièces et, de plus, une expédition de l'acte testamentaire accompagnée, s'il y a lieu, de l'acte constatant le consentement des héritiers ou des légataires universels ou de la décision du tribunal autorisant l'envoi en possession.

Art. 151. — Les inscriptions ou mentions de droits réels immobiliers et des baux indiquent obligatoirement :

Pour la propriété immobilière, le propriétaire ;

Pour l'usufruit des immeubles, l'usage et l'habitation, l'emphytéose et la superficie, le propriétaire et l'usufruitier, l'usager, l'emphytéote et le superficiaire;

Pour les servitudes foncières, le fonds servant, sur le titre de propriété du fonds dominant, et réciproquement;

Pour l'antichrèse et l'hypothèque, le propriétaire, le créancier et le montant de la créance;

Pour les baux, le locataire et le prix annuel du bail.

Art. 152. — Le droit concédé au locataire ou à l'emphytéote d'acheter le fonds ou de renouveler le bail, la durée du bail et les anticipations de payement du loyer devront être mentionnés dans l'inscription pour être opposables aux tiers.

Art. 153. — Le titre de propriété et les inscriptions conservent le droit qu'ils relatent tant qu'ils n'ont pas été annulés, rayés ou modifiés et font preuve à l'égard des tiers que la personne qui y est dénommée est réellement investie des droits qui y sont spécifiés. Les annulations ou modifications ultérieures ne peuvent être opposées aux tiers inscrits de bonne foi.

Art. 154. — Si l'inscription d'une hypothèque garantissant un prêt à court terme est différée par application de l'article 44, l'acte constitutif de cette hypothèque n'en doit pas moins être rédigé dans les formes ordinaires et un original ou une expédition, suivant le cas, en est remis, avec la copie du titre foncier, au créancier hypothécaire; celui-ci effectue le dépôt à la conservation en faisant défense par écrit au conservateur de déférer à aucune réquisition d'inscription au préjudice de son droit, dans un délai qui ne peut être supérieur à quatre-vingt-dix jours.

Ce dépôt, valable pour ledit délai comme opposition, est inscrit à sa date au registre des dépôts et mention provisoire en est faite sur le titre foncier dans le cadre réservé à cet effet. Exceptionnellement, cette mention n'est pas reproduite sur la copie du titre foncier.

Si, dans le cours du délai de validité de l'opposition, une nouvelle inscription vient à être requise, le conservateur procède préalablement à l'inscription de l'hypothèque différée, qui prend rang du jour du dépôt pour opposition.

Dans le cas contraire, à l'expiration du délai de quatre-vingt-dix jours, le créancier est tenu de retirer les pièces ou de requérir l'inscription régulière de son droit, qui a cessé d'être garanti par le dépôt pour opposition.

Art. 155. — Les frais de toutes inscriptions sont acquittés par le requérant, sauf règlement ultérieur entre les parties. Le chiffre de la provision à déposer est fixé par le conservateur au cas où il juge opportun d'en exiger une.

Section II. — De la conformité du titre de propriété et du duplicata

Art. 156. — Toutes les fois qu'une inscription sera portée sur un titre foncier, elle devra l'être, en même temps, sur le duplicata du titre que le conservateur aura délivré.

Toute partie intéressée à requérir une inscription régulière sur un titre et son duplicata pourra, après une sommation faite sans résultat au porteur de ce duplicata, obtenir un jugement ordonnant le dépôt de ce duplicata à la conservation, à peine d'une indemnité fixe par jour de retard, le tout sous condition de présenter les écrits constitutifs réguliers de ses droits.

Art. 157. — A défaut de production du duplicata du titre, le conservateur refusera toute inscription.

Au cas seulement de saisie immobilière ou d'inscriptions forcées prévues au présent décret ou de prénotations conformément à l'article 158, le conservateur pourra procéder à l'inscription, d'office, sur le titre seulement; mais, en même temps, il notifiera ladite inscription, en la forme prévue à l'article 102 du présent décret, au porteur du duplicata non présenté, avec sommation d'avoir à le déposer au bureau de la conservation. Jusqu'à ce que la concordance entre le titre et son duplicata ait été rétablie, il refusera toute nouvelle inscription nécessitant le consentement du porteur et profitera, du reste, de toutes circonstances qui lui seront offertes pour rétablir d'office cette concordance.

Dès le jour de la sommation, le duplicata non déposé sera frappé de déchéance légale entre les mains du porteur jusqu'à ce que la concordance entre le titre et le duplicata ait été rétablie.

Cette déchéance momentanée d'un duplicata sera portée à la connaissance du public par un avis sommaire que le conservateur fera paraître au *Journal officiel* et qui sera affiché, sous forme de placard, au bureau de la conservation.

Section III. — Des inscriptions conservatoires ou prénotations

Art. 158. — Toute demande portée devant les tribunaux, tendant à faire prononcer l'annulation ou la modification des droits réels immobiliers ou charges inscrits, pourra être mentionnée sommairement sur le titre. Cette inscription devra être autorisée par ordonnance du président du tribunal ou du juge de paix à compétence étendue, rendue sur requête, à charge de lui en référer. Elle sera portée en regard du droit qui fait l'objet du litige.

La validité des inscriptions ultérieures restera subordonnée à la décision judiciaire.

Si la demande n'a pas été inscrite, le jugement n'aura d'effet, à l'égard des tiers, qu'à dater du jour de son inscription et, dans tous les cas, ne pourra être opposé aux tiers inscrits de bonne foi.

Section IV. — Des obligations du conservateur

Art. 159. — Toutes inscriptions utiles, opérées conformément aux dispositions du présent décret, sur les livres fonciers, sont portées, radiées, réduites ou rectifiées par le conservateur de la propriété foncière, au moyen de mentions sommaires faites sur les titres fonciers et les duplicata délivrés. Ces mentions devront être nettement spéciales à l'immeuble sur le titre duquel elles seront portées.

Art. 160. — Toutes inscriptions, radiations, réductions ou modifications d'inscriptions mentionnent, à peine de nullité, la date à laquelle elles ont été effectuées.

Art. 161. — Hors les cas prévus par le présent décret, le conservateur ne peut ni refuser ni retarder une inscription, une radiation, réduction ou modification d'inscription régulièrement demandée, la délivrance du duplicata d'un titre foncier ou d'un certificat d'inscription aux personnes qui y ont droit, et, à toute personne, les certificats de non-inscription ou les copies certifiées conformes des livres fonciers, sous peine de dommages et intérêts à raison du préjudice subi.

Art. 162. — La non-observation des prescriptions du présent décret pourra au contraire entraîner le refus ou le retard d'une inscription.

Le conservateur pourra exiger des intéressés, dans les limites déterminées par les articles 132 à 136, la rectification des écrits ou la production des justifications complémentaires et refuser, s'il y a lieu, de procéder à l'inscription requise.

Art. 163. — Cependant, sur réquisition écrite du requérant, qui devra être alors soit une des parties, soit un mandataire régulier, le conservateur devra procéder à une inscription provisoire très sommaire ou prénotation qui restera valable pendant un délai de vingt jours seulement. Cette prénotation ne pourra être prise dans le cas où une disposition du présent décret interdit formellement l'inscription requise. Le duplicata du titre sera conservé par le conservateur s'il a été présenté.

Pendant ce délai de vingt jours, aucune autre inscription ne pourra être requise du consentement des parties sauf mainlevée de la prénotation, et les rectifications ou justifications demandées devront être apportées et acceptées.

A défaut, la prénotation sera annulée d'office par le conservateur.

Art. 164. — Une demande en référé pourra, en tout état de cause, être formulée devant le président du tribunal ou le juge de paix à compétence étendue, avec élection de domicile au chef-lieu du ressort.

La demande de référé sera formulée par simple requête et une ordonnance définitive motivée sera rendue, sans frais, sur mémoires adressés au magistrat avec les documents à l'appui. Elle devra intervenir et être déposée à la conservation, pour toutes suites utiles, avant l'expiration du délai de vingt jours ci-dessus, à peine de nullité des prénotations qui auraient pu être prises.

L'inscription définitive faite, dans les délais, par le conservateur, après rectifications ou justifications conformes ou après décision judiciaire, prendra rang du jour de la prénotation, si celle-ci a conservé toute sa valeur.

Art. 165. — Lorsque des omissions ou des erreurs auront été commises dans le titre de propriété ou dans les inscriptions, les parties intéressées pourront en demander la rectification.

Le conservateur pourra, en outre, rectifier d'office, sous sa responsabilité, les irrégularités provenant de son chef ou du chef d'un de ses prédécesseurs, ou celles qui proviendraient d'irrégularités constatées, contenues dans des documents ayant servi à l'établissement du titre ou à toutes inscriptions subséquentes.

A défaut de production du duplicata d'un titre par le détenteur, les rectifications pourront, dans ce cas, être mentionnées sur le titre et le conservateur les notifiera au porteur du duplicata dans les conditions de l'article 103.

Dans tous les cas, les premières inscriptions devront être laissées intactes et les corrections seront inscrites à la date courante.

Art. 166. — Tous les actes de procédure intéressant les contestations qui pourront survenir entre le conservateur et les parties seront signifiés ainsi qu'il est dit à l'article 103 du présent décret. L'assistance des officiers ministériels et avocats défenseurs ne sera jamais obligatoire et tous frais faits de ce chef resteront à la charge de ceux qui les auront engagés.

Section V. — Consultation des livres fonciers

Art. 167. — Le conservateur est tenu de délivrer à tous requérants soit un certificat établissant la conformité du duplicata d'un titre foncier avec le même titre, soit une copie conforme d'un titre foncier ou des seules mentions qui seront spécialement désignées dans la réquisition des parties, soit un certificat qu'il n'existe aucune inscription sur un titre foncier.

Pour faciliter à tous requérants l'établissement de leur réquisition, communication pourra leur être donnée, le cas échéant, des livres fonciers qu'ils désigneront, mais toujours en présence du conservateur ou d'un de ses agents.

Art. 168. — Au cas où l'immeuble visé dans une réquisition se trouve grevé d'une hypothèque à inscription différée dans les conditions des articles 44 et 154 du présent décret, mention doit en être faite à la suite de l'état ou du certificat requis avec l'indication de la durée de validité de l'opposition, si toutefois la nature du renseignement demandé exige cette révélation.

Art. 169. — A titre de simple renseignement, n'engageant nullement sa responsabilité, le conservateur indiquera également les noms, les numéros de titres et la situation sommaire des immeubles appartenant à un même propriétaire, nominativement désigné avec ses nom, prénoms et état civil, ou sur lesquels une même personne aurait des droits réels immobiliers.

Art. 170. — Toute réquisition sera écrite, datée et signée. Si le requérant qui se présente à la conservation ne sait ou ne peut écrire ou signer, la réquisition sera remplie par le conservateur et signée de lui.

Dans tous les cas, elle devra être reproduite en tête des états ou certificats.

TITRE III

Sanctions

CHAPITRE 1er — DE LA RESPONSABILITÉ DU CONSERVATEUR

Art. 171. — Le conservateur est responsable du préjudice résultant :

1o De l'omission sur les registres des inscriptions régulièrement requises en ses bureaux.

2o De l'omission sur le duplicata des inscriptions portées sur le titre, sauf les hypothèses prévues aux articles 157 et 165.

3o Du défaut de mention, savoir : *a*) sur les titres de propriété, des inscriptions affectant directement la propriété : *b*) dans les copies de mentions ou dans les certificats d'une ou plusieurs inscriptions existantes, à moins qu'il ne se soit exactement conformé aux réquisitions des parties ou que le défaut de mention ne provienne de désignations insuffisantes qui ne pourraient lui être imputées.

Art. 172. — L'immeuble à l'égard duquel le conservateur aurait omis, dans le duplicata du titre de propriété, un ou plusieurs des droits inscrits qui devraient y figurer légalement, en demeure affranchi dans les mains du nouveau possesseur, sauf la responsabilité du conservateur, s'il y a lieu.

Néanmoins, cette disposition ne préjudicie pas aux droits des créanciers hypothécaires de se faire colloquer, suivant l'ordre qui leur appartient, tant que le prix n'a pas été payé par l'acquéreur ou tant que l'ordre ouvert entre les créanciers n'est pas devenu définitif.

Art. 173. — Les erreurs ou omissions engagent la responsabilité du conservateur qui les a commises dans la mesure du préjudice qu'elles ont pu causer aux intéressés.

Art. 174. — Le conservateur est tenu de se conformer, dans l'exercice de ses fonctions, à toutes les dispositions du présent décret, à peine d'une amende de 100 à 2.000 francs pour la première contravention.

En cas de récidive, l'amende sera doublée, sans préjudice de dommages-intérêts envers les parties, lesquels seront payés avant l'amende.

Art. 175. — Le payement des sommes dues tant aux parties qu'au trésor public est garanti par un cautionnement que les conservateurs de la propriété foncière sont tenus de fournir et dont l'affectation est maintenue dix années après la cessation de leurs fonctions.

CHAPITRE II. — PÉNALITÉS DIVERSES

Art. 176. — Le stellionat est passible des peines portées par l'article 405 du code pénal, sans préjudice des pénalités de droit commun, en cas de faux, et de dommages-intérêts, s'il y a lieu.

Art. 177. — Est réputé stellionataire :

1° Quiconque fait immatriculer en son nom un immeuble dont il sait ne pas être propriétaire;

2° Quiconque fait inscrire un droit réel sur un titre qu'il sait ne pas lui appartenir;

3° Quiconque fait immatriculer un immeuble en omettant, sciemment, de faire inscrire les hypothèques, droits réels ou charges dont cet immeuble est grevé;

4° Quiconque, frappé ou non d'incapacité, contracte avec une tierce personne, à l'aide d'une déclaration mensongère.

Les officiers ministériels ayant participé à la rédaction des actes entachés de stellionat peuvent être poursuivis comme complices.

Art. 178. — Le refus de déférer aux sommations du conservateur dans les cas prévus au présent décret peut être passible des peines portées à l'article 475 du code pénal, sans préjudice des dommages-intérêts envers la partie lésée, s'il y a lieu.

Art. 179. — Tout greffier qui omet de procéder, dans le délai imparti, à l'exécution d'une formalité dont il a la charge, est passible d'une amende de 10 francs dont le recouvrement est poursuivi dans la forme réglée pour les amendes de timbre, sans préjudice des dommages-intérêts envers la partie lésée, s'il y a lieu.

Art. 180. — L'altération des titres fonciers, des duplicata de ces titres, des plans y annexés ou des certificats d'inscription, dans les conditions déterminées par l'article 147 du code pénal, est passible des peines prévues par le même texte.

Art. 181. — La destruction, la dégradation, le déplacement de signaux géodésiques ou topographiques et des bornes d'immatriculation sont passibles des peines édictées par l'article 456 du code pénal, sans préjudice du remboursement des frais et des dépenses faites pour le rétablissement des bornes et signaux. Il en est de même pour les jalons, bornes et repères placés temporairement par les agents de la propriété foncière ou autres agents, pour l'exécution des travaux topographiques.

Art. 182. — Les contraventions peuvent être constatées par des procès-verbaux dressés par les agents assermentés du service de la propriété foncière, les officiers de police judiciaire et tous agents de la force publique ou assermentés.

Art. 183. — Il est interdit aux particuliers d'établir sur les propriétés privées des signaux ou bornes affectant la forme de ceux employés réglementairement par l'administration. La démolition de ces signaux sera poursuivie devant les tribunaux compétents; elle sera faite aux frais de leur auteur et cela sans préjudice des indemnités qui pourront être réclamées par l'État pour réparation des dommages résultant des confusions ou pertes de temps dans les opérations topographiques que lesdites bornes auront pu amener.

TITRE IV

Immatriculation des immeubles vendus à la barre des tribunaux

CHAPITRE Ier

Art. 184. — Il est procédé conformément aux prescriptions ci-après pour parvenir à l'immatriculation de tout immeuble qui fait l'objet d'une vente poursuivie devant les tribunaux français.

CHAPITRE II. — DE L'IMMATRICULATION PRÉALABLE

Art. 185. — L'immatriculation préalable à l'adjudication est obligatoirement requise, savoir :

En matière de saisie, par le créancier poursuivant ;

En matière de licitation, par l'un des colicitants;

Pour les biens des mineurs, par les tuteurs ou subrogés tuteurs avec l'autorisation du conseil de famille.

Les frais de l'immatriculation sont avancés par le requérant et leur montant est compris parmi les dépenses à supporter par l'adjudication en sus du prix principal.

Art. 186. — Le tribunal devra d'office, s'il y a lieu, subordonner la vente à l'immatriculation préalable, à peine de nullité.

Art. 187. — En matière de saisie, la réquisition d'immatriculation sera établie au nom du saisi par le poursuivant ou son défenseur, qui y joindra une copie conforme du commandement à fin de saisie immobilière.

Ce commandement sera établi dans les formes prévues au présent décret. Il sera visé par le conservateur sans être inscrit sur ses registres; ce visa et le dépôt de la réquisition devront être obligatoirement effectués, en même temps, dans les vingt jours de la date du commandement, à peine de nullité.

Le dépôt de la réquisition et du commandement au bureau de la conservation aura pour effet d'immobiliser les fruits.

Art. 188. — Tous titres ou documents quelconques de nature à faire connaître des droits réels et charges existant sur l'immeuble et qui pourraient se trouver entre les mains du poursuivant doivent être déposés à l'appui de la réquisition.

Le propriétaire sera sommé par le conservateur d'avoir à déposer ses titres de propriété et pourra y être contraint par le tribunal, lorsque celui-ci sera saisi du dossier.

Art. 189. — La procédure d'immatriculation se poursuivra conformément aux dispositions du présent décret.

Après l'expiration du délai imparti pour la production des oppositions, le poursuivant déposera au greffe son cahier des charges et la procédure de saisie-immobilière suivra son cours jusqu'à l'adjudication exclusivement suivant les formes prescrites au présent décret.

Art. 190. — L'adjudication ne pourra avoir lieu qu'après décision définitive sur l'immatriculation.

Au cas où la décision modifierait la consistance ou la situation juridique de l'immeuble, telles qu'elles sont définies par le cahier des charges, le poursuivant serait tenu de faire publier un dire rectificatif pour arriver à l'adjudication.

Art. 191. — Le duplicata du titre de propriété établi en vertu de la décision du tribunal ordonnant l'immatriculation restera entre les mains du conservateur de la propriété foncière, jusqu'au moment où la mutation de propriété au nom de l'adjudicataire pourra être effectuée régulièrement.

Toutefois, lorsque l'immatriculation aura été prononcée sur la réquisition d'un saisissant, le duplicata du titre établi au nom du saisi pourra être livré à celui-ci, s'il est fourni mainlevée conventionnelle ou judiciaire de la saisie immobilière pratiquée contre lui.

Art. 192. — En matière de licitation et pour les ventes des biens des mineurs, il sera procédé, pour le dépôt de la réquisition d'immatriculation, conformément aux dispositions du présent décret.

TITRE V

Dispositions transitoires

Art. 193. — Toutes les immatriculations, toutes les formalités accomplies sous l'empire du décret du 16 juillet 1897, antérieurement à la promulgation du présent décret, conserveront toute leur force et valeur pour tout ce qui aura été fait.

A partir du jour de sa promulgation, le présent décret régira toutes les opérations à venir concernant les biens immatriculés, en cours d'immatriculation ou à immatriculer.

Art. 194. — Cependant les copies de titres fonciers délivrés aux divers copropriétaires d'un même immeuble, en vertu des dispositions du décret du 16 juillet 1897, seront annulées d'office par les conservateurs, dans un délai d'une année à dater de la promulgation du présent décret.

Ces derniers adresseront à cet effet toutes sommations utiles aux porteurs de ces copies, conformément aux dispositions de l'article 103.

Une seule copie, qui deviendra le duplicata du titre foncier prévu par l'article 125, sera laissée entre les mains d'un des copropriétaires nominativement désigné.

Dispositions générales

Art. 195. — Tous les détails de la réglementation particulière à intervenir pour l'exécution du présent décret seront fixés par arrêté du gouverneur général en conseil d'administration.

Art. 196. — Sont abrogés le décret susvisé du 16 juillet 1897 et toutes dispositions contraires au présent décret.

Le principe de l'immatriculation avec ses conséquences a été appliqué par les décrets organiques qui régissent les autres colonies. Citons les suivants : 28 mars 1899 pour le *Congo*; 18 mai 1904 pour *Nosy-Bé* et *Diégo-Suarez*; 24 juillet 1906 pour l'*Afrique occidentale*; 1er mars 1909 pour la *Côte des Somalis*. D'autre part, on l'a vu, en *Tunisie*, l'immatriculation fonctionne en vertu de la loi foncière du 12 juillet 1885 modifiée par des textes postérieurs. Le décret sur *Madagascar* venu en dernier lieu a pu tenir compte des données de l'expérience et réaliser les réformes qu'elle suscitait. C'est donc probablement sur ce texte que se modèleront les actes ultérieurs qui reviseront le système de la propriété foncière aux colonies. Nous allons nous borner à présenter les observations principales, en renvoyant à ce qui a déjà été dit pour les points similaires, à propos de la Tunisie, où, on l'a vu, fonctionne également le régime de l'immatriculation.

L'immatriculation a pour but, comme en Tunisie, d'assurer aux titulaires la garantie des droits réels qu'ils possèdent sur les immeubles préalablement immatriculés ; et, dans ce but, elle a lieu à la suite d'une procédure tendant à révéler tous droits réels déjà constitués. La garantie des droits réels est obtenue par la publication sur les livres fonciers, à un compte particulier ouvert sur chaque immeuble, de tous ces droits qui s'y rapportent, ainsi que des modifications de ces mêmes droits. Bien entendu, vérification est faite des justifications produites à l'appui des droits réels prétendus, de façon à sauvegarder l'intérêt des tiers. Tel est le principe fondamental de l'immatriculation : ou le droit est inscrit sur l'immeuble, auquel cas il s'oppose à tous ; ou il ne l'est pas et il n'est alors opposable à personne. De là la suppression des formalités de la purge qui n'est plus nécessaire pour faire disparaître les droits réels (article 49). De là aussi la disparition de la prescription acquisitive ou libératoire des droits réels ou charges sur les immeubles (article 72), système suivi d'ailleurs dans les pays où l'immatriculation sur les livres fonciers est pratiquée.

Le régime de l'immatriculation est facultatif en principe (article 3), sauf exceptions ci-après indiquées et s'applique à tous fonds de terre bâtis ou non bâtis; une fois adopté, il est définitif; en règle générale, on applique les dispositions du code civil. Les droits réels reconnus sont la propriété, l'usufruit, l'usage, l'habitation, l'emphytéose, le droit de superficie, les servitudes, les privilèges et hypothèques, les actions qui tendent à revendiquer un immeuble. L'article 19 range, par une terminologie singulière, la propriété des immeubles dans la catégorie des immeubles par l'objet auquel ils s'appliquent. L'article 23 consacre une sorte de retrait au profit de tous cohéritiers ou propriétaires d'une chose indivise (maison, superficie, etc.), c'est-à-dire le droit de se substituer à l'acquéreur d'une portion de cette chose moyennant le remboursement du prix de vente et autres débours de cet acquéreur. Par là sont évitées les licitations provoquées par un acquéreur d'une portion infime du bien, contre lesquelles on a dû prendre des précautions dans les pays exotiques livrés aux spéculations qui ruinent l'indigène.

Les privilèges généraux si nuisibles au crédit ont disparu, sauf ceux des frais de justice et du trésor public; ces deux privilèges sont maintenus sans publication (art. 30). Le privilège du vendeur ou du bailleur de fonds sur l'immeuble vendu est remplacé par une hypothèque forcée (article 29). Les biens susceptibles d'hypothèques sont la propriété immobilière et ses accessoires, l'usufruit des mêmes biens, l'emphytéose et la superficie. L'hypothèque est conventionnelle ou forcée; il n'y a ni hypothèques légales ni hypothèques judiciaires, solution admise déjà par un certain nombre de législations foncières et qui est réclamée en France par beaucoup d'auteurs au nom du crédit et de la sécurité des transactions (article 31). L'hypothèque forcée, en dehors de celles indiquées déjà du vendeur et du bailleur, est attribuée, par autorité de justice et sans le consentement du débiteur, aux mineurs et interdits ainsi qu'à la femme mariée. Elle appartient également à l'échangiste et aux copartageants. Les hypothèques forcées suivent le principe général de la spécialité quant aux créances et aux biens qu'elles frappent (articles 34 et suivants).

D'après l'article 42, l'hypothèque conventionnelle est consentie par acte authentique ou sous seing privé; la transmission et la mainlevée de l'hypothèque ont lieu en la même forme, sauf quant aux cessions et renonciations relatives à l'hypothèque légale, lesquelles, vu la gravité des intérêts en jeu, ne peuvent avoir lieu que par acte authentique. Aux termes du même article 42, les contrats passés en pays étranger peuvent contenir hypothèque sur les biens situés à Madagascar, contrairement à l'article 2128 du code civil. Un délai de quatre-vingt-dix jours est accordé pour la publication de l'hypothèque conventionnelle, au cas de prêt à court terme. Les tiers de bonne foi ayant contracté avant la publication de l'acte introductif d'instance, ne peuvent se voir opposer les diverses causes de revendication d'immeubles basées sur des faits non susceptibles d'énonciation aux contrats d'aliénation, que l'article 46 énumère. Quant aux causes susceptibles d'énumération dont s'occupe l'article 48, il faut qu'elles aient été réservées expressément aux contrats d'aliénation; et elles ne produisent d'effet à l'égard des tiers que du jour où ces réserves ont reçu la publicité voulue.

Les articles 51 et suivants règlent la procédure d'expropriation forcée; la surenchère et la folle enchère sont prévues par les articles 68 et 69.

Le titre II du décret vise le fonctionnement du régime foncier. L'immatriculation peut être requise, suivant l'article 73, par le propriétaire, le copropriétaire avec le consentement des autres ayants droits, par le titulaire d'un des droits réels ci-dessus indiqués autres que la propriété avec le consentement du propriétaire, par les tuteurs, administrateurs ou curateurs des incapables. Les articles 75 et suivants indiquent les pièces à fournir au conservateur de la propriété foncière chargé de la tenue des registres; il est procédé au bornage de l'immeuble immatriculé par un agent commissionné à cet effet et assermenté. A partir du jour de l'insertion au *Journal officiel* de la réquisition d'immatriculation jusqu'à l'expiration d'un délai de deux mois à dater de l'insertion au même journal de l'avis de clôture du bornage, peuvent se produire les oppositions ayant en vue de contester l'existence ou l'étendue du droit de propriété et les limites de l'immeuble ou d'affirmer des prétentions à l'exercice d'un droit réel ou d'une charge devant figurer au titre à établir.

Si aucune opposition ou demande d'inscription n'a été produite dans le délai prescrit, le président du tribunal ou le juge de paix à compétence étendue rend une ordonnance prononçant l'immatriculation de l'immeuble. S'il y a des oppositions ou demandes d'inscription, elles sont portées devant le tribunal ou la justice de paix à compétence étendue qui statue sur les prétentions émises à charge d'appel (articles 92 et suivants).

Sur les bases qui précèdent, il est procédé à l'immatriculation qui, suivant l'article 111, donne lieu à l'établissement, par le conservateur de la propriété foncière, d'un titre foncier en langue française comportant la description de l'immeuble, avec indication de ses consistance, contenance, situation et abornements, la désignation du propriétaire et l'inscription des droits réels immobiliers existant sur le bien et des charges qui le grèvent. Chaque titre porte un numéro d'ordre et un nom particulier; le plan de l'immeuble y reste annexé. Chaque immeuble donnant lieu à l'établissement d'un titre foncier ne peut être composé que d'une seule parcelle ou de parcelles formant corps. Il peut y avoir lieu à l'immatriculation de titres spéciaux au profit des usufruitiers, emphytéotes, superficiaires, en vue de l'inscription régulière des droits et charges pouvant grever l'usufruit, l'emphytéose ou la superficie. Le titre foncier est définitif, inattaquable et constitue, devant les juridictions françaises, le point de départ unique des droits et charges grevant l'immeuble au jour de l'immatriculation, à l'exclusion de tous autres droits non inscrits. Et si un tiers a été lésé par l'immatriculation, il n'a aucun recours sur l'immeuble et seulement, en cas de dol, une action personnelle en dommages-intérêts contre l'auteur de ce dol.

Le conservateur porte sur le titre les mutations diverses qui se sont produites quant à l'immeuble après l'immatriculation; et les plans sont modifiés en conséquence. En cas de mutation totale, il est dressé un titre nouveau; en cas de division de l'immeuble, on établit un titre et un plan distincts pour chacune des portions du bien démembré (article 120 et suivants). Il est donné un duplicata authentique de leur titre au propriétaire, à l'usufruitier, au superficiaire et à l'emphytéote. En cas de perte d'un duplicata, il n'en peut être délivré un autre que par jugement rendu sur le vu des justifications nécessaires (article 127).

Le conservateur (articles 128 et suivants) inscrit aux registres, sur production des justifications requises, les droits réels constitués sur les immeubles après l'immatriculation; faute de cette inscription, l'immeuble est tenu pour absolument libre. Il y inscrit aussi les baux d'immeubles de plus de trois ans et les quittances et cessions de sommes équivalant à plus de 3 ans de loyers ou fermages non échus (conf. article 2, § 5, de la loi du 23 mars 1855). Les livres fonciers peuvent être consultés par les intéressés en présence du conservateur ou d'un de ses agents, en vue de l'établissement de réquisitions soit de copies des titres fonciers, soit de certificats de conformité des titres et des duplicata ou de la constatation d'absence d'inscriptions. Le conservateur est responsable vis-à-vis des parties des erreurs ou omissions par lui commises (articles 171 et suivants). Le titre IV du décret (articles 184 et suivants) règle les formalités des immatriculations des immeubles vendus à la barre des tribunaux français. Cette immatriculation est obligatoire. Est également obligatoire l'immatriculation en cas d'aliénation ou de concession des terrains domaniaux, d'acquisition des biens d'indigènes par des européens ou assimilés, et enfin, dans les centres urbains, quand il en aura été ainsi décidé par un arrêté du gouverneur général pris en conseil d'administration (articles 3 et 110).

TITRE IV

La réglementation minière

Le régime minier des colonies ne peut pas être nécessairement pareil à celui de la métropole, étant donné qu'elles renferment des richesses minières bien différentes, variant avec chacune d'elles. D'autre part, dans les pays neufs, la recherche des mines doit être facilitée et encouragée; et pour cela il convient de la laisser aussi libre que possible et d'attribuer la propriété de la mine à celui qui l'a découverte. Voilà pourquoi les concessions de terres dans les colonies contiennent en général, spécialement au Congo, une réserve expresse en ce qui concerne les mines; on donne seulement une indemnité au propriétaire de la surface. Les mines d'or, d'ailleurs, ont toujours été soumises à un régime tout particulier et qui ne rappelle en rien celui des mines en général dans la métropole. Ces observations générales vont permettre de comprendre la législation spéciale minière des colonies, que nous allons examiner dans les décrets principaux qui ont été portés en ce qui la concerne.

A la *Nouvelle-Calédonie* et en *Guyane*, deux décrets du 10 mars 1906 réglementent le régime des mines. Suivant l'article 1er, on distingue entre les mines, placers et carrières; la concession d'une mine constitue une propriété distincte de la propriété de la surface; elle est perpétuelle, immobilière, disponible et transmissible; toutes personnes ou sociétés constituées suivant la loi française peuvent se livrer aux diverses opérations de recherche et d'exploitation des mines et placers, sauf les fonctionnaires. L'exploration des mines a lieu moyennant un permis personnel d'un an, renouvelable après versement d'une taxe fixe dont le taux est déterminé d'après les règles des taxes locales (50 francs par an). Sur les terres du domaine, l'autorisation de l'administration est seule requise. Si la propriété sur laquelle on veut explorer est propriété particulière ou soumise à une jouissance privée, il faut l'autorisation du propriétaire, locataire, etc., et, à défaut, de l'administration. L'explorant, si ses opérations ont réussi, peut solliciter ensuite un permis de recherches; en cas de concours de demandes, on se décide par la priorité. Préalablement il doit être élevé un poteau signal, avec écriteau portant en langue française la date de l'érection et le rayon du périmètre. Le permis donnant l'autorisation de faire des recherches dans le périmètre du poteau est valable pour un an, cessible et renouvelable deux fois en Guyane et trois en Nouvelle-Calédonie. L'intéressé peut enfin former une demande de concession de la mine qui constitue la propriété individuelle et privative dont il a été question ci-dessus et qui est accordée après examen par le gouverneur en conseil privé. Le décret prévoit les causes de déchéance et l'adjudication de la concession frappée de déchéance.

Le permis d'exploitation des placers est accordé à la priorité pour une période de dix ans; des poteaux indicateurs placés aux quatre angles annoncent le périmètre du placer. La concession est renouvelable par périodes décennales et donne lieu au paiement d'un droit particulier. L'or extrait subit un droit de circulation de 226 francs par kilogramme d'or brut et de 238 francs par kilogramme d'or en lingot.

A *Madagascar*, la réglementation des mines autres que celles des métaux précieux résulte d'un décret du 20 juillet 1897. Des permis de recherches peuvent être accordés pour les combustibles minéraux (pétroles, bitume et asphaltes), les mines de sel gemme et sels associés, les phosphates et toutes autres substances minérales. Ces permis visent les indigènes et les sociétés constituées suivant la loi française; ils sont valables pour un an, renouvelables et soumis à une redevance de 25 francs par an; la prospection de la mine est indiquée par des poteaux qui fixent le périmètre des recherches. Si celles-ci aboutissent, le prospecteur demande une concession qui est accordée par l'administration, laquelle juge sommairement les oppositions pouvant se produire. Les concessions sont perpétuelles et peuvent être frappées de déchéance faute de paiement du prix dans un délai déterminé; elles sont cessibles.

Pour la recherche des métaux précieux, de l'or et des pierres précieuses, est intervenu le décret du 23 mai 1907, modifiant le décret du 20 février 1902 et les dispositions subséquentes. L'acte de 1907 établit les mêmes règles en principe que pour les permis miniers du décret de 1897; la redevance annuelle est de 100 francs et augmente avec les prorogations. Le permis de recherches peut se transformer en permis d'exploitation d'une durée indéfinie; le titulaire peut l'abandonner. Le texte prévoit les causes de nullité du permis et celles de déchéance, auquel cas il y a lieu à mise en adjudication. Le permis d'exploitation peut être signifié au conservateur de la propriété foncière qui le transcrit sur les registres fonciers et délivre un titre de propriété minière régi par les dispositions du décret en vigueur dans la colonie sur la propriété foncière (articles 21 du décret de 1907). Une taxe trimestrielle de 7 % *ad valorem* frappe les minerais ou pierres extraits; elle est au moins de 150 francs pour les gisements alluvionnaires et de 1.000 francs pour les gisements filoniens.

En *Afrique occidentale et équatoriale*, à la *Côte des Somalis*, et, d'une manière générale, dans les colonies ou pays de protectorat de l'*Afrique continentale* autres que l'Algérie et la Tunisie, le régime minier résulte des décrets des 6 juillet 1899, 4 août 1901, 19 mars 1905 et 22 août 1906. Le décret de 1899 distingue, dans son article 2, les mines et les carrières; les *carrières* ne sont pas séparées de la propriété et de l'exploitation de la surface; elles en suivent les conditions, ainsi que les tourbières. Les *mines* sont les gîtes de toutes substances minérales susceptibles d'une utilisation industrielle et qui ne sont pas classées dans les carrières, lesquelles comprennent les matériaux de construction et les amendements pour la culture des terres, à l'exception des nitrates, sels associés et phosphates. L'article 6 dispose qu'on peut acquérir sur les mines, dans un périmètre déterminé, le droit exclusif d'explorer, de rechercher et d'exploiter. A ces trois opérations correspondent trois permis accordés à des conditions, pour des délais et moyennant le paiement de droits que fixe le décret.

Suivant le décret du 4 août 1901, la recherche et l'exploitation de l'or et des métaux précieux dans le lit des rivières sont soumises, avec certaines modifications, aux règles tracées par le décret de 1899.

Un décret du 9 juin 1911 a décidé, dans son article 1er, que, par dérogation aux dispositions de l'article 23 du décret du 6 juillet 1899 et de l'article 2 du décret du 22 août 1906, les permis de recherches s'appliquant à des périmètres situés dans les colonies et territoires de l'Afrique occidentale française ayant déjà fait l'objet d'un ou deux renouvellements, et dont la date d'expiration définitive tomberait entre le 1er juillet 1910 et le 1er juillet 1911, pourront, à la demande des titulaires, mais sous réserve expresse des droits des tiers, être renouvelés gratuitement pour une nouvelle période de deux ans à compter de leur date d'expiration.

Ce décret est intervenu, suivant le rapport qui le précède, afin de favoriser les nombreuses entreprises qui se sont constituées pendant ces dernières années en vue de la recherche des richesses minières que paraissent recéler nos possessions de l'Afrique occidentale. Jusqu'ici, ces recherches, sans être demeurées complètement infructueuses, n'ont cependant pas été pleinement couronnées de succès; et, à la veille de voir expirer leurs titres, les détenteurs de permis miniers, malgré les importants travaux qu'ils ont effectués et les sommes considérables qu'ils ont dépensées, en sont encore à la période des difficultés et des tâtonnements.

A raison de leurs méritoires efforts, eu égard également aux services qu'ils ont rendus à l'Afrique occidentale française, en lui apportant avec leurs capitaux des éléments de prospérité économique certains, le gouvernement a pensé, sur la proposition du gouverneur général, qu'il serait équitable de leur permettre de poursuivre leurs expériences et de leur donner ainsi le moyen de recueillir le fruit de leurs coûteuses tentatives.

En *Annam* et au *Tonkin*, le régime minier est contenu dans un décret du 25 février 1897 qui classe en trois catégories les gîtes naturels de substances minérales ou fossiles : combustibles et substances subordonnées telles que houille, minerai de fer, carbonate, argile réfractaire; filons et couches de toutes autres substances minérales; alluvions contenant de l'or, de l'étain, des gemmes et autres substances métalliques précieuses. La recherche des mines est libre dans les terrains domainaux; dans les autres, il faut l'assentiment du propriétaire et, à défaut, une autorisation qui n'est accordée qu'après que ce dernier a été entendu et désintéressé pour l'occupation de son terrain. L'article 19 du décret précité dispose que le droit d'exploiter une mine s'acquiert par voie de prise de possession et d'adjudication publique dans les terres affectées à ces adjudications. Dans un périmètre déterminé, l'explorateur a le droit de faire des recherches exclusives pendant trois ans; si ces recherches réussissent, il lui est délivré, après enquête, un titre de propriété par le résident supérieur; si elles ne réussissent pas, il est déchu. Les terrains affectés aux adjudications publiques sont divisés en lots et les adjudications ont lieu devant le gouverneur général ou son délégué; en fait, ce sont surtout les terrains producteurs de houille qui sont compris dans les adjudications. La propriété d'une mine forme, suivant l'article 43, une propriété distincte de la surface immobilière, disponible et transmissible comme le reste du patrimoine et soumise, sauf exception, aux règles qui régissent les immeubles. Tout propriétaire de mines verse une redevance annuelle doublée de la 5e à la 10e année, triplée à partir de la 10e et demeurant alors invariable. L'exploitation des mines est soumise à la surveillance de l'administration.

Pour éviter les critiques auxquelles avaient donné lieu certaines concessions et créer en la matière une large publicité conservatoire des intérêts de tous, l'article 127, B, § III, de la loi de finances du 13 juillet 1911 dispose que : les permis d'exploitation et les actes portant concession de mines ou de minières seront publiés au *Journal officiel* de la République. Quant aux permis de recherches, ils continuent à être régis par les règlements en vigueur.

TITRE V

La main-d'œuvre

La question de la main-d'œuvre coloniale se lie intimement au régime des terres, car il ne suffit pas de concéder ces dernières pour qu'elles soient par là même mises en valeur. Cette mise en valeur ne peut se produire que si l'on trouve des bras pour les travailler et ce n'est pas chose facile. Nous avons vu que la crise actuelle dans laquelle se débattent nos vieilles colonies, principalement les Antilles et la Réunion, provient de l'absence de main-d'œuvre. Autrefois, par l'esclavage, tout embarras était supprimé; depuis le décret du 27 avril 1848 qui l'a aboli, le nègre de culture ne travaille plus guère que pour la satisfaction de ses besoins immédiats qui sont peu considérables. Dès lors, le planteur a dû chercher des travailleurs un peu partout, spécialement en Asie où il a fait appel aux coolies hindous et en Afrique où il s'est adressé aux nègres engagés; il a eu recours aussi aux Chinois et aux Japonais. Mais les nègres se sont plaints de la concurrence; tout en ne voulant pas travailler, ils ont trouvé mauvais qu'on fît travailler à leur place; en sorte que les remplaçants ont été peu à peu évincés. Nous avons insisté sur tous ces points dans la Ire partie de cet ouvrage, en étudiant, à la section II du chapitre II, la *condition actuelle de nos colonies au point de vue économique*, et nous renvoyons aux détails donnés à cette occasion. Nous allons donc nous borner, dans les explications qui vont suivre, à indiquer d'abord les conditions faites dans nos colonies aux travailleurs étrangers qu'on appelle les immigrants, conditions dont les unes sont fort sages et les autres tellement assujettissantes et vexatoires qu'on se demande si elles n'ont pas plutôt pour effet de décourager la main-d'œuvre étrangère. Nous examinerons ensuite le contrat de travail, tel qu'il a été réglementé dans nos colonies par une série de dispositions inspirées par les diverses considérations économiques qui les concernent.

ARTICLE PREMIER

L'immigration

Venant de la métropole, l'immigration n'est soumise à aucune restriction particulière, quand elle se dirige vers la colonie; elle est régie par la loi générale du 18 juillet 1860 et les décrets postérieurs. Un arrêté du ministre de l'Algérie et des colonies du 23 mars 1849 a institué dans les divers ports une commission chargée de procéder à l'inspection des navires destinés à l'immigration dans les colonies françaises. On accorde des passages gratuits vers les possessions susceptibles d'acquérir un certain développement; ces passages sont délivrés par l'entremise de l'office colonial. En fait, aucune entreprise d'immigration sérieuse venant de la métropole n'a été dirigée vers nos colonies, qui, pour remédier à l'insuffisance de la main-d'œuvre, ont fait plutôt appel, comme il a été dit ci-dessus, à l'immigration des races africaine et asiatique. Ce fut l'Afrique qui fournit d'abord un débouché sérieux; malheureusement les entrepreneurs d'immigration se livrèrent à des actes qui rappelaient plus ou moins l'ancienne traite; et le trafic fut supprimé par une décision du ministre des colonies du 6 janvier 1859.

Depuis cette suppression, on s'est tourné du côté de la Chine et de l'Hindoustan. Du côté chinois, l'expérience ne fut pas heureuse; mais elle réussissait dans l'Inde anglaise vers laquelle s'était portée l'activité des trafiquants, lorsque l'Angleterre, soit pour protéger réellement ses sujets hindous, soit pour les empêcher, par des raisons plus ou moins fondées, de quitter leur lieu d'origine, édicta une série de mesures au moyen desquelles elle a, d'une façon complète, fait cesser leur immigration dans nos colonies. Par deux conventions des 18-23 août 1860 et 1er juillet 1861, les agents français d'émigration étaient autorisés en droit à pratiquer l'embauchement des Hindous, mais avec des précautions telles qu'en fait toute action leur était fermée ou ouverte suivant le bon plaisir de la Grande-Bretagne; qui se réservait ainsi de suspendre l'immigration à sa guise. Dans les années postérieures, l'immigration fut interdite à la Guyane et aux Antilles sous des prétextes plus ou moins plausibles. Voir notamment pour les Antilles une décision du 1er novembre 1888.

Aux *Antilles*, les assemblées locales ont elles-mêmes pris les mesures les plus propres à faire disparaître l'immigration; à la Martinique, une délibération du conseil général du 18 décembre 1884 a aboli le travail réglementé et supprimé les primes de rengagement accordées aux colons; les mêmes tendances ont prévalu à la Guadeloupe; et ainsi l'immigration a aujourd'hui en fait disparu des îles. La *Réunion* a essayé de s'entendre, en 1889, avec le gouvernement portugais pour recruter des travailleurs sur la côte du Mozambique et avec le gouvernement anglais, en 1897, pour la reprise de l'immigration indienne; mais ces tentatives n'ont pas abouti, pas plus que celles postérieures pour trouver des travailleurs à Java, à Madagascar et en Indo-Chine. La *Guyane* a également essayé, sans grand succès, de provoquer un courant d'immigration ouvrière d'Afrique et d'Asie. La *Nouvelle-Calédonie*, à son tour, s'est adressée aux Indes et aux Nouvelles-Hébrides, à Java, et aux îles Loyalty. A *Madagascar*, on a importé des coolies chinois et des naturels du Mozambique; cette importation n'a donné que de médiocres résultats.

L'immigration a été réglementée aux diverses colonies dans le but, soit d'accorder aux immigrants des avantages de nature à les attirer, soit d'exercer à leur égard une surveillance indispensable, mais qui malheureusement est devenue souvant tyrannique. Cette réglementation résultait d'abord d'arrêtés locaux : 2 juin 1874 pour la Cochinchine; 27 mai 1884 pour la Nouvelle-Calédonie; 5 juin, 5 décembre 1884 pour la Guyane; 6 novembre 1885 pour Tahiti. Le pouvoir central avait édicté également, vis-à-vis de l'immigration, des prescriptions générales contenues dans un décret du 27 mars 1852 relatif à l'immigration d'Europe et hors d'Europe à destination des colonies françaises. Ce décret contenait des dispositions très précises concernant l'enrôlement des émigrants, l'âge requis, l'état nominatif, la police et la surveillance des opération d'émigration et de transport à bord des navires, l'approvisionnement et les rations à attribuer aux passagers. Pour les mesures de protection à prendre dans l'intérêt des immigrés dans la colonie, le paiement de leurs salaires, leurs difficultés avec les maîtres et leur rapatriement, le décret s'en rapportait aux arrêtés locaux. Aujourd'hui, ces points sont réglés par de grands décrets conçus sur les mêmes bases et qui sont intervenus aux dates suivantes : pour *Mayotte* et *Nosy-Bé*, 2 octobre 1885, 13 juillet 1896 et 14 décembre 1906; pour la *Guyane*, 13 juin 1887; pour la *Réunion*, 27 août 1887; pour la *Guadeloupe*, 30 juin 1890 et 13 octobre 1907; pour *Madagascar*, 6 mai 1903 (deux décrets du même jour). Conf., pour l'Indo-Chine, arrêté du gouverneur général du 14 août 1909.

Par les textes précités, des avantages sont accordés en certaines colonies aux immigrés, avantages consistant principalement en : concessions de terrains, gratuites ou à prix très réduit à Mayotte, en Guyane et en Cochinchine; subventions aux colons, planteurs industriels en Cochinchine; primes aux émigrants et aux familles en Guyane; passages gratuits ou remboursement des frais de passage en Cochinchine et en Nouvelle-Calédonie. Une caisse agricole facilite à Tahiti l'installation des colons par la revente à prix coûtant des terrains propres à la culture et payables par semestre en dix années.

La surveillance des immigrés, les mesures de protection à prendre à leur égard, leurs obligations et les contrats d'engagement font l'objet de dispositions minutieuses que nous allons sommairement analyser avec le décret dernier en date du 6 mai 1903 pour *Madagascar*, en rappelant que les autres textes sont conçus à peu près dans le même sens. Comparer également les dispositions de l'arrêté précité du gouverneur général de l'Indo-Chine du 14 août 1909.

Dans chaque colonie fonctionne un service spécial, à la tête duquel est placé un agent appelé commissaire de l'immigration à Madagascar et à Mayotte et protecteur des immigrants dans les autres colonies. Il est assisté de syndics de l'immigration choisis parmi les fonctionnaires ou officiers en service dans la subdivision et nommés par arrêtés de l'administrateur. On considère comme immigrants les travailleurs d'origine africaine ou asiatique, recrutés et introduits dans la colonie avec l'autorisation du gouverneur. Les travailleurs d'autre origine ou nationalité peuvent se placer sous le régime du présent décret par engagements spéciaux. L'immigrant engagé est celui qui a loué son travail, pour un temps et sous les conditions déterminés, par un contrat librement consenti passé dans son pays d'origine ou dans la colonie, l'engagiste est celui avec qui l'immigrant est engagé. Les commissaires de l'immigration et les syndics sont chargés de contrôler l'introduction des immigrants, de recevoir les contrats d'engagement et de rengagement, de vérifier la situation des immigrants, de leur bien expliquer les termes des contrats et de provoquer les mesures nécessaires pour leur rapatriement. Ils constatent, par leurs procès-verbaux, les délits et contraventions relatifs à l'immigration; dirigent les émigrants dans les litiges occasionnés par le contrat de travail, les guident dans l'emploi de leurs économies et les envois aux familles; veillent à l'exécution des obligations conclues entre engagistes et engagés; visitent les locaux, établissements, camps, constructions à l'usage des immigrés; vérifient la qualité des denrées, l'exactitude des poids et mesures servant aux distributions; contrôlent les états de salaires, livrets et, en général, tous les documents relatifs à la comptabilité spéciale des engagés.

La personne qui veut se livrer à une entreprise de recrutement, doit adresser au gouverneur général une demande contenant toutes les indications nécessaires pour bien préciser la nature et les détails de l'opération; un cautionnement est déposé aux mains du syndic et remboursé après la rupture du contrat, s'il a été satisfait aux obligations prévues par le décret. L'engagiste s'oblige, pour le cas où il ne pourrait recevoir les immigrés, à payer les frais de passage à l'aller et au retour, de nourriture, d'entretien et de rapatriement au lieu de recrutement. Les navires de transport et les convois sont l'objet de précautions de toute espèce; à leur arrivée, une commission, composée du commissaire ou du syndic, du médecin sanitaire et du lieutenant ou maître du port, vérifie l'état des engagés, leur identité, les naissances ou décès survenus en cours de route et prend note des plaintes formulées. Toutes ces précautions, peut-être exagérées, sont prises pour tenir compte des prescriptions des conventions internationales fixant les conditions auxquelles les puissances étrangères consentent à l'engagement de leurs sujets indigènes, spécialement de celles du traité franco-anglais du 1er juillet 1861 concernant les indigènes de l'Inde dont il a été parlé ci-dessus.

A leur débarquement, les engagés sont soumis à une

quarantaine de cinq jours; et si leur état sanitaire n'inspire aucune crainte, ils sont répartis entre les divers engagistes pour le compte desquels a été faite l'opération, sous la surveillance du commissaire de l'immigration. Ils sont auparavant immatriculés sur un registre spécial, avec toutes les indications nécessaires pour assurer leur identité; on leur délivre ensuite une carte d'identité ou d'immatriculation qui leur sert de passeport à l'intérieur et qui doit être présentée à toute réquisition légale.

Les articles 25 et suivants du décret réglementent soigneusement la réception, le renouvellement, le transfert et la résiliation des contrats d'engagement; l'engagement est obligatoire, sauf cas exceptionnels limitativement indiqués par le décret; il ne peut excéder la durée de cinq années et est reçu par un agent du service de l'immigration. A son expiration l'engagé est mis, par cet agent, en demeure de déclarer s'il opte pour un nouvel engagement ou pour le rapatriement; le syndic dresse acte de sa déclaration dans le second cas et, dans le premier, le met au service des travaux publics jusqu'à ce qu'il ait trouvé un nouvel engagiste. Le rapatriement d'office des immigrants dangereux est ordonné par l'administration. Les articles 46 et suivants s'occupent du logement, des salaires, de l'hospitalisation, des rations, des vêtements, des retenues, de la durée du travail, des corvées, des jours de repos et des salaires supplémentaires. Le travail s'exécute soit à la journée, soit à la tâche, selon les besoins de l'exploitation; la durée du travail ne peut excéder neuf heures et demie par jour, avec deux heures de repos vers le milieu de la journée, au moment de la plus forte chaleur. Les engagés chôment les dimanches et jours de fête. Les soins médicaux sont dus par l'engagiste qui doit avoir une infirmerie sur une exploitation où il a plus de trente engagés à Madagascar et vingt ailleurs. Quand l'engagiste a été condamné pour infraction aux dispositions réglementaires du décret, le gouverneur général peut soit lui défendre de passer de nouveaux contrats d'engagement, soit lui retirer les engagés déjà occupés par lui. La durée de l'interdiction est fixée par le gouverneur; elle ne doit pas excéder trois ans et peut être restreinte. Le veto ou le retrait ne s'exerce que si l'engagiste a subi, dans le cours des deux années précédentes, une condamnation pour mauvais traitements envers ses engagés, ou commis un manquement grave aux obligations du contrat ou le délit d'engagement fictif prévu par l'article 107 du décret.

Les articles 72 et suivants prévoient les situations irrégulières dans lesquelles peut se trouver l'immigrant. Ils visent d'abord l'absence légale autorisée par le maître ou résultant d'un cas de force majeure, tel que maladie, citation judiciaire, etc.; ils s'occupent ensuite de l'absence illégale se produisant sans aucune excuse légitime, et enfin de la désertion résultant d'une absence non justifiée de plus de trois jours. Au bout d'un mois, la désertion, jusque-là simple contravention, constitue le délit de vagabondage. On considère, en outre, comme vagabond et l'on punit comme tel tout immigré qui n'a pas d'engagement régulier ou dont l'identité ne peut être établie. Toute journée d'absence illégale entraîne perte du salaire et de la ration et obligation de remplacer les journées perdues par des journées supplémentaires à la fin de l'engagement.

Les articles 82 et suivants règlent les formalités de l'état civil des immigrants et les mesures à prendre par le syndic au sujet de la constatation et de l'attribution de leurs successions. A l'expiration de son engagement, l'immigré a droit au rapatriement gratuit pour lui-même et sa famille. Il peut, sans nouvel engagement, obtenir un permis de séjour avec sa femme et ses enfants mineurs; mais, en ce cas, il est déchu du droit de rapatriement ultérieur et est assimilé à l'étranger domicilié suivant l'article 13 du code civil. Le permis est révocable pendant cinq ans; mais, après ce délai, il devient définitif. Les articles 100 et suivants édictent les dispositions relatives à la poursuite des délits et contraventions spéciales à l'immigration, aux juridictions appelées à en connaître et à la possibilité de la conversion des amendes et frais de justice en journées de travail.

La question de l'immigration a donné lieu à des appréciations divergentes. Certains ont dit que les immigrants apportent dans la colonie un élément assez *indésirable* et qui appartient plutôt aux bas-fonds sociaux du pays d'où ils viennent; qu'ils transportent dans le pays nouveau leurs tares héréditaires, leurs mœurs dissolues, leurs penchants au vice et au crime; qu'ils restent en marge de la société coloniale avec laquelle ils ne fusionnent guère, soit parce qu'elle les méprise, soit parce qu'ils demeurent obstinément attachés à leurs traditions. D'autre part, chez eux la mortalité est considérable ; et ils coûtent cher à la colonie à raison des frais d'arrivée et de rapatriement; à leur départ, ils emportent avec eux leurs économies et occasionnent de fréquentes crises monétaires en enlevant le capital en circulation. De plus, traités durement soit par les planteurs méfiants, soit par l'administration tyrannique et tracassière, ils deviennent plutôt les ennemis des institutions politiques et sociales du milieu dans lequel ils ont été versés, et constituent un danger perpétuel, un contingent tout prêt pour les révoltes et les soulèvements populaires. Enfin, le pays auquel ils appartiennent, en tarissant l'immigration, est maître de ruiner à sa guise la colonie qui vit ainsi dans une crainte perpétuelle du lendemain peu favorable pour l'industrie et le commerce.

Tous ces griefs invoqués contre l'immigration coloniale sont parfaitement fondés et certes si l'on pouvait choisir entre elle et la main-d'œuvre locale, c'est sûrement à cette dernière que la préférence serait donnée. Mais il ne faut pas oublier que cette main-d'œuvre fait défaut dans beaucoup de colonies, qui, pour ne pas laisser la terre inculte, sont réduites à la chercher dans l'élément étranger, si mauvais soit-il. C'est l'immigration qui jusqu'ici a sauvé de la ruine nos plantations sucrières; et l'on ne peut envisager sans la plus vive appréhension, comme nous l'avons fait ci-dessus dans la première partie de cet ouvrage, le moment où les Antilles et surtout la Réunion et la Guyane, chez lesquelles la main-d'œuvre indigène manque plus ou moins, se trouveront également privées de l'appoint de l'immigration.

Du reste, les pays où le recrutement pourrait se faire, ferment de plus en plus leurs portes dans leur propre intérêt, car ils préfèrent garder pour eux-mêmes une main-d'œuvre nécessaire que de permettre son exportation. L'Angleterre, par exemple, qui voit l'île Maurice prospérer grâce à l'immigration hindoue, ne voudra pas laisser dériver cette immigration sur la Réunion. Et il est même à remarquer que nos propres colonies ne se soucient nullement de s'expédier les unes aux autres des travailleurs qui leur feraient ensuite défaut. A Madagascar, un décret du 6 mai 1903 décide que tout indigène ou assimilé se proposant de quitter la colonie pour se rendre dans une autre colonie française, aussi bien que dans la métropole ou en pays étranger, doit, au préalable, obtenir l'autorisation du gouverneur général constatée par un bulletin ou permis d'embarquement délivré gratuitement et signé de ce dernier ou de son délégué. Et le même décret prend les précautions les plus minutieuses vis-à-vis des compagnies ou agences de recrutement qui doivent se conformer à des obligations strictes garanties par un cautionnement. Aucun capitaine ou armateur de navire ne doit recevoir à son bord un ou plusieurs indigènes à destination d'une autre possession française ou d'un pays étranger, sans s'être fait représenter le bulletin d'autorisation précité; et il devra, en cours de route, s'assurer que les indigènes qui débarquent descendent bien au lieu fixé par ledit bulletin. Au Congo, un arrêté du gouverneur général du 28 juin 1904 a défendu purement et simplement toute émigration indigène jusqu'à nouvel ordre. En d'autres colonies, on n'est pas allé aussi loin et l'on s'est borné à surveiller l'émigration et à la placer sous l'autorité directe et immédiate du gouverneur. Voir notamment décrets des 17 juin 1895 et 12 janvier 1897 pour le Sénégal; du 25 octobre 1901 pour la Côte-d'Ivoire; du 1er février 1902 pour Mayotte et les Comores; du 14 octobre 1902 pour le Dahomey.

ARTICLE II

Le contrat de travail.

L'esclavage offrait autrefois une main-d'œuvre toute naturelle pour l'exploitation des colonies. Il a disparu des possessions françaises par une série de dispositions qui prohibent soit la traite, soit l'esclavage domestique. En Indo-Chine, l'article 11 de l'ordonnance royale cambodgienne du 11 juillet 1897 a fait disparaître ce qui restait de l'esclavage très amoindri depuis l'établissement du protectorat. Un arrêté du gouverneur général de *Madagascar*, pris au lendemain même de l'annexion (2 septembre 1896), a radicalement supprimé l'esclavage, qui, en Afrique occidentale et équatoriale, a donné lieu au décret du 12 décembre 1905. Ce décret frappe d'un emprisonnement de deux à cinq ans et d'une amende de 500 à 5.000 francs le fait soit de conclure une convention ayant pour but d'aliéner à titre gratuit ou onéreux la liberté d'une tierce personne, soit d'introduire dans l'Afrique occidentale et le Congo ou d'en faire sortir des individus destinés à devenir l'objet d'une semblable convention.

De l'esclavage supprimé il convient de rapprocher la *corvée* qui constitue un travail forcé que le gouvernement peut requérir des individus libres, dans le but de faire exécuter certains travaux, principalement ceux considérés comme d'utilité publique. Force est bien, au début de l'occupation, de recourir, faute de mieux, à ce procédé simple et facile, sans lequel l'exécution des services publics risquerait d'être absolument impossible. Du reste, la corvée n'est, en somme, que l'une des formes de la réquisition qui est couramment pratiquée dans les occupations militaires. A Madagascar, le résident général Laroche qui avait supprimé l'esclavage par son arrêté précité du 2 septembre 1896, rétablit l'ancienne corvée sous forme de prestation, par des arrêtés des 26 octobre 1896, 19 janvier et 8 novembre 1897. C'est le général Gallieni qui, par arrêté du 31 décembre 1900, supprima, en la remplaçant par une majoration de la taxe personnelle, la corvée devenue absolument impopulaire et qui avait donné lieu aux abus les plus criants.

En *Indo-Chine*, à la suite des mêmes abus, la corvée a fini par disparaître d'une façon complète et a été également remplacée par une majoration de la taxe personnelle; on n'a maintenu que les prestations concernant les travaux d'intérêt local. On peut dont établir en principe que la corvée n'est plus imposée dans les colonies françaises, si l'on fait exception pour la pratique du *portage*, auquel on a encore recours en quelques-unes, spécialement en Afrique occidentale et équatoriale, et dont on doit s'abstenir le plus possible, car il a un effet absolument nocif sur la race. La suppression de la corvée en général est légitimée par des raisons d'humanité et l'intérêt même de l'occupant. Grâce à elle, les cultivateurs sont enlevés, pour un temps plus ou moins long, à leurs familles qu'ils ne peuvent plus protéger et à leurs terres qui restent en friche. Mal nourris, en proie aux maladies épidémiques provoquées par le manque complet des précautions hygiéniques les plus élémentaires, anémiés, exténués par des travaux pénibles et souvent opérés dans des milieux pestilentiels (opérations d'assainissement, de drainage, d'irrigation, creusement de canaux, digues, etc.), les indigènes soumis à la corvée s'enfuient dès qu'ils le peuvent ou se révoltent; en tous cas se désaffectionnent totalement de l'occupant. La corvée épuise ainsi la race, la diminue et est la cause de troubles; on a donc eu raison d'y renoncer à peu près complètement, car elle constitue au fond une des formes de l'esclavage lui-même.

En ce qui concerne ce dernier, il ne faut pas cependant verser dans une philanthropie excessive que ne comprendraient pas les indigènes. La conférence africaine de Berlin, dans l'article 6 de son acte général du 26 février 1885, et aussi l'Institut de droit international, dans l'article 8 de son projet de déclaration internationale adopté le 7 septembre 1888 à la session de Lausanne, engagent les puissances à prendre les mesures nécessaires pour arriver à la suppression de l'esclavage. Mais l'Institut tolère pourtant l'achat et l'emploi d'esclaves par les indigènes, car, sous ce nom impropre d'esclavage, existe, en réalité, une sorte d'engagement, de contrat de location sans délai fixe, avec possibilité pour l'engagé de réclamer sa liberté en tout temps. Les prétendus esclaves travaillent très volontiers pour le maître qui les nourrit et sans lequel ils deviendraient bientôt des vagabonds dangereux, un véritable élément dissolvant pour les autres noirs. Il faut donc se montrer extrêmement prudent en la matière; proscrire énergiquement l'esclavage forcé surtout réalisé par la traite; et, pour le surplus, respecter les us et coutumes indigènes en tant qu'elles n'ont rien de contraire à la civilisation, et à l'ordre public. Voir à ce sujet notre *Traité* précité de *Droit public international*, II, pages 463 et suivantes.

Examinons maintenant quelles sont les règles qui régissent le *contrat de travail* devenu le mode normal d'entente entre le propriétaire et les travailleurs. Le législateur doit ici se préoccuper à la fois de garantir le premier contre la ruse et la paresse des seconds, et de protéger ces derniers contre l'oppression, les excès de toute sorte et la mauvaise foi dont le blanc ne donne que trop souvent l'exemple à l'indigène. Dans ce but, sont intervenus divers décrets réglementant les rapports de l'employeur et de l'employé, qui tendent beaucoup, on va le voir, à se rapprocher de la législation métropolitaine, puisque l'un d'entre eux a introduit aux colonies le système de l'inspection du travail.

A *Madagascar*, des arrêtés locaux des 31 décembre 1900 et 7 mars 1901 avaient institué une réglementation rigoureuse du contrat de travail, qui a été abolie par l'arrêté du 1er janvier 1905 décidant qu'à l'avenir les voies et moyens du droit commun sanctionneraient les contrats de louage. Donc, en cas de difficulté, patrons et employés devaient se pourvoir devant la juridiction ordinaire dont l'intervention entraînait des frais et des lenteurs.

Pour répondre aux desiderata des colons et des indigènes, un décret du 22 octobre 1906, modifié par d'autres des 19 novembre 1909 et 20 juin 1910, a créé dans la colonie des *conseils d'arbitrage du travail indigène*, connaissant des contestations individuelles ou collectives entre les ouvriers ou employés indigènes et leurs employeurs relatives aux conventions intervenues entre eux, que ces conventions soient contenues dans un écrit ou résultent d'un engagement verbal ou de l'usage des lieux. La procédure est gratuite et d'une simplicité extrême; le jugement est exécutoire, sauf appel, quarante-huit heures après sa lecture en audience publique, dès qu'une expédition en a été délivrée aux parties. Les jugements des conseils d'arbitrage sont définitifs, lorsque le chiffre de la demande n'excède pas 500 francs de capital; au-dessus, l'appel est possible devant la justice de paix à compétence étendue ou le tribunal de première instance du ressort. Le conseil se compose du chef de province commandant de cercle ou du chef du district président, d'un colon français élu et d'un indigène nommé par le gouverneur général, assesseurs, de deux assesseurs suppléants, d'un fonctionnaire désigné par le président comme secrétaire. L'élection des assesseurs français a lieu suivant le mode prescrit par l'article 4 du décret de 1906 modifié par celui de 1909. L'exécution des sentences est poursuivie à la requête du secrétaire du conseil; en cas de non-exécution, l'indigène est contraignable par corps pour une durée fixée par le jugement et qui, en aucun cas, n'excédera un mois.

A *Mayotte* et aux *Comores*, un décret du 22 octobre 1906 a soumis les contrats de travail au régime du droit commun. Le décret du 28 mai 1907 proclame la liberté du travail et dispose que les indigènes peuvent s'employer à leur gré comme ouvriers permanents ou journaliers. Ce décret établit un inspecteur du travail chargé de viser mensuellement les livrets individuels d'identité, personnels et gratuits, dont doivent être munis tous les indigènes masculins de 15 à 60 ans, et sur lesquels l'inspecteur inscrit les sommes à eux payées en sa présence. Cet inspecteur qui est un fonctionnaire des affaires indigènes assermenté, surveille l'exécution des dispositions du décret qui fixe la ration des travailleurs, prévoit un minimum de salaire déterminé chaque année par arrêté du gouverneur, impose le repos dominical et des fêtes légales ou musulmanes, oblige l'employeur à tenir un registre, à fournir gratuitement les soins médicaux et les vivres en cas de maladies ou d'accidents survenus à l'occasion du travail. Le montant des retenues opérées pour avances par l'employeur ne peut dépasser un quart des sommes dues pour salaires. Ces salaires sont payables tous les mois, en présence de l'inspecteur ou de son délégué, aux délais fixés par ce fonctionnaire. Les journaliers, domestiques, porteurs et autres travailleurs non attachés à une exploitation industrielle ou agricole pourront être payés à la journée, par semaine, par mois ou trimestre, en dehors de la présence de l'inspecteur du travail. Les ouvriers sont permanents ou travaillent à la journée; les premiers concluent avec l'employeur un louage de services d'une durée d'un mois au moins et d'un an au plus, suivant les dispositions du code civil. Le contrat de travail est enregistré et passible d'un droit fixe de 1 franc à la charge de l'employeur. Les indigènes peuvent aussi, s'ils le préfèrent, travailler comme journaliers en vertu d'une simple convention verbable résiliable à la volonté d'une des parties. Un décret du 10 février 1910 a proclamé à nouveau la liberté du travail et étendu à la colonie et à ses dépendances les décrets des 22 octobre 1906 et 19 novembre 1909 concernant les conseils d'arbitrage du travail indigène établis à Madagascar.

Pour l'*Afrique équatoriale* était intervenu un décret du 28 mai 1907 portant réglementation des contrats de travail au *Congo*. Les dispositions de ce décret rappelaient celles que nous venons d'analyser à propos de Mayotte; toutefois, il n'y avait pas d'inspecteur du travail; l'engagement du travailleur indigène permanent pouvait aller jusqu'à deux ans. Les conditions du contrat de travail étaient portées sur un livret établi par l'administration et délivré à l'engagé contre versement par l'engagiste d'une somme de 1 franc au profit du budget local. Un décret du 29 décembre 1909 complétait celui de 1907 et précisait, en cas de réclamation entre engagistes et engagés, la compétence du juge de paix ou de l'administrateur en faisant fonction dans le ressort duquel se produisait la contestation. Les administrateurs, commandants de cercles et chefs de poste remplaçaient les inspecteurs du travail et devaient, dans leurs tournées, inspecter les chantiers, ateliers et plantations et recevoir les réclamations des intéressés. L'absence du travailleur était illégitime quand elle n'avait pas pour cause la permission du maître, la maladie ou le cas de force majeure; elle donnait lieu à une amende égale au tiers du salaire. Au bout de trente jours d'absence, le travailleur était réputé déserteur et le contrat se trouvait rompu. Les amendes infligées au travailleur, totalisées, allaient en bloc à une caisse spéciale, dite caisse du travail, dont les produits étaient affectés à une œuvre d'assistance indigène ou aux secours des familles nécessiteuses.

Le 7 avril 1911, est intervenu un dernier décret qui tient compte des expériences du passé et organise, sur des bases nouvelles en certains points, la situation des travailleurs dans l'*Afrique équatoriale*. Voici quelles sont les considérations principales qu'indique le ministre à l'appui des modifications proposées, dans son rapport au président de la République : « Un premier essai de législation intervint, le 11 mai 1903, par un décret dont l'expérience révéla les imperfections et qui fut remplacé par celui actuellement en vigueur du 28 mai 1907. Mais, à son tour, ce dernier acte se trouve n'être plus, dans nombre de ses dispositions, en harmonie avec la situation de la colonie. » Et le ministre expose que le projet nouveau s'est inspiré de la double pensée de faciliter à nos nationaux le recrutement d'une main-d'œuvre stable et régulière et d'assurer aux travailleurs indigènes le maximum des garanties qu'ils sont fondés à exiger. Le rapport ajoute : « La distinction entre l'ouvrier journalier et l'ouvrier permanent a été maintenue et celui-ci seulement bénéficiera des dispositions édictées et des garanties qui en sont la conséquence. La visite médicale obligatoire empêchera l'engagement d'indigènes trop faibles ou trop jeunes. Les salaires seront payés en totalité en argent; cette mesure aura pour but d'aider à la diffusion du numéraire et mettra fin aux difficultés pouvant résulter du payement en marchandises. L'impôt ne sera plus acquitté par l'engagiste, mais par l'engagé lui-même qui acquerra ainsi, peu à peu, une notion exacte de son individualité et également des charges qui lui incombent ».

Les prescriptions relatives au rapatriement des engagés, aux soins à leur donner, à leur situation en cas de maladie, aux indemnités auxquelles ils peuvent prétendre pour accidents à l'occasion du travail, ont reçu d'importantes modifications. D'autre part, les garanties qu'il importe de donner aux engagistes ont été renforcées du fait, entre autres dispositions, qu'ils profiteront désormais des retenues de salaire en cas d'absence illégitime ou de désertion de la part des engagés.

Voici le texte du décret.

Art. 1er. — Le travail est libre dans tout le territoire de l'Afrique équatoriale française. Les indigènes peuvent s'engager à leur gré, soit comme journaliers, soit comme ouvriers permanents.

Art. 2. — Tout indigène qui loue ses services et est payé au mois, est un ouvrier permanent.

Tout engagement d'une durée de plus de trois mois donne obligatoirement lieu à l'établissement d'un contrat de travail tel qu'il est défini ci-dessous.

La durée de ce contrat ne pourra, en aucun cas, excéder deux ans.

Art. 3. — La journée de travail ne peut excéder dix heures et le repos hebdomadaire est obligatoire.

Il sera donné le dimanche et devra avoir une durée de vingt-quatre heures consécutives.

Si, en cas d'urgence, le jour prévu pour le repos hebdomadaire est consacré au travail, une autre journée de la semaine sera rendue libre en compensation.

Art. 4. — Les conditions du contrat de travail permanent sont portées sur un livret établi et délivré par l'administration et remis à l'engagé contre versement par l'engagiste d'une somme de 1 franc au profit du budget local de la colonie où s'effectue le recrutement. Ce document indique obligatoirement : 1° les noms, prénoms et surnoms de l'engagé; 2° son âge approximatif; 3° le nom de son village; 4° le nom du chef de terre et du chef de village desquels il dépend; 5° les renseignements signalétiques propres à le faire reconnaître; 6° la nature du travail à fournir, portage, terrassements, travaux agricoles, travaux domestiques, etc.; 7° la durée de l'engagement; 8° la date à partir de laquelle l'engagement aura son effet; 9° les régions dans lesquelles le travail sera exécuté, et s'il est possible, les lieux ou les chantiers sur lesquels l'engagé pourra être employé; 10° le taux du salaire, l'époque des payements; 11° les avances faites au moment de l'engagement; 12° la ration journalière spécifiée en nature et en quantité; 13° les clauses de résiliation et de rapatriement prévues.

Art. 5. — L'engagiste peut se faire représenter par un fondé de pouvoirs; mais l'engagé doit être présent en personne. L'agent de l'administration s'assure de l'identité de celui-ci et de sa volonté libre de contracter.

Art. 6. — Le contrat est soumis à l'adhésion de l'engagé au moment même où le recrutement de celui-ci a lieu et est, autant que possible, signé par lui. Il est ensuite revêtu de la signature de l'engagiste ou de son mandataire et du représentant de l'administration qui consigne si l'engagé ne sait ou ne peut signer.

Art. 7. — La visite médicale est obligatoire au lieu du recrutement, et, à défaut de médecin en ce lieu, au lieu de débarquement, ou au lieu du travail. Le médecin constatera si l'engagé est adulte et physiquement apte ou non à fournir le travail qui lui est demandé et consignera ses observations sur le livret qu'il visera. A défaut de médecin, l'agent de l'administraton s'assurera, au moment du recrutement, si l'engagé est adulte, s'il paraît en bon état de santé et capable de travailler.

Art. 8. — Le contrat doit être inscrit à sa date sur un registre spécial qui est tenu par l'administrateur du lieu de recrutement. Une seule transcription du contrat suffit pour tout un groupe de travailleurs engagés par le même patron; mais chaque engagé est nominativement désigné et, à la suite de son nom, doivent figurer le numéro de son livret ainsi que les renseignements individuels énumérés à l'article 4.

Lorsque les engagés doivent être employés hors de la circonscription où le contrat a été passé, une copie des renseignements portés, pour chaque travailleur ou groupe de travailleurs, sur le registre susvisé, sera adressée au chef de la circonscription dans laquelle se rendent les engagés.

Art. 9. — En cas de renouvellement d'engagement, le second contrat est soumis aux mêmes formalités que le premier.

Art. 10. — Les salaires sont payés en totalité en argent.

Les avances sur les salaires ne seront, le cas échéant, consenties qu'au moment de la passation du contrat de travail; elles ne pourront excéder le salaire d'un mois et devront faire l'objet de remboursements mensuels par quarts.

Les administrateurs ou leurs délégués pourront, toutes les fois qu'ils le jugeront utile, assister au payement des salaires.

Art. 11. — Les travailleurs indigènes ont droit, en outre de leur salaire, à une ration journalière de vivres. Elle est composée de viande ou poisson et de légumes ou fruits, selon les ressources du pays.

Les quantités fournies doivent être suffisantes pour l'alimentation normale d'un adulte.

Cependant, dans les régions régulièrement ravitaillées en produits sus désignés, la ration journalière de vivres peut être remplacée par une indemnité pécuniaire fixée à un taux suffisamment élevé pour permettre à l'engagé de pourvoir à sa subsistance dans des conditions normales. Cette indemnité ne peut, sous aucun prétexte, être l'objet de retenues et doit être payée hebdomadairement. Le montant en est spécifié sur le livret.

Art. 12. — Les engagés doivent être convenablement logés et couchés selon la mode indigène.

Art. 13. — En cas de rupture ou de résiliation du contrat en cours d'engagement, les frais de rapatriement incombent à l'engagiste, sauf quand le contrat a été rompu par la faute de l'engagé.

Art. 14. — Le rapatriement au lieu de recrutement est dû à l'engagé en fin d'engagement, et par le dernier engagiste si plusieurs contrats successifs ont été passés.

Cette obligation subsistera à la charge de l'engagiste pendant le délai d'un mois après la fin de l'engagement.

Art. 15. — En cas de décès d'un engagé, avis du décès sera donné, sans délai, par l'engagiste, à l'agent de l'administration le plus voisin. Ce dernier prendra les dispositions nécessaires en ce qui concerne la remise à qui de droit des effets du défunt et des salaires acquis au jour du décès.

Art. 16. — S'il a été convenu que le payement aurait lieu en fin d'engagement, l'engagé aura néanmoins le droit de réclamer des acomptes à concurrence des deux tiers des salaires acquis par lui, l'autre tiers demeurant comme caution.

Art. 17. — Les administrateurs, chefs de circonscription et de subdivision ou leurs délégués doivent, dans leurs tournées, inspecter les chantiers, ateliers ou plantations et recevoir les réclamations respectives, des parties qu'ils s'attacheront, le cas échéant, à concilier. Si le désaccord persiste, ils renverront les parties à se pourvoir devant le juge compétent.

Art. 18. — Toute plainte de l'engagiste ou de l'engagé relative à l'inexécution des clauses et conditions des contrats de travail est soumise au juge de paix du lieu où la contestation est née. Ce magistrat procède sans frais et sur simple avertissement.

Art. 19. — Toute condamnation devenue définitive et emportant allocation de dommages-intérêts au profit de l'une ou de l'autre partie sera inscrite sur le livret par les soins du greffier.

Sur le vu de cette mention, l'engagiste sera autorisé à opérer à son profit, sur les salaires de l'engagé, des retenues de valeur correspondante.

Le montant des dommages-intérêts alloués à l'engagé s'ajoutera sur le livret de celui-ci au montant des salaires acquis. Les retenues seront effectuées par prélèvements mensuels et par quarts, sans toutefois que chaque prélèvement mensuel puisse excéder la moitié du salaire mensuel.

Art. 20. — Les livrets prévus à l'article 4 du présent décret sont rigoureusement personnels et doivent être présentés à toute demande des administrateurs ou de leurs délégués et des magistrats désignés aux articles 17 et 18. Tout indigène, convaincu de s'être sciemment servi d'un livret ne lui appartenant pas, est passible d'une amende de 15 à 50 francs et de cinq à quinze jours de prison, ou de l'une de ces deux peines seulement; en cas de récidive, d'un emprisonnement de quinze jours à trois mois.

Art. 21. — Toute entrave apportée par l'engagiste à l'exercice du contrôle de l'administration et toute infraction aux prescriptions de l'article 2 seront passibles d'une amende de 1 à 16 francs et, dans le cas de récidive, d'une amende de 16 à 500 francs.

Art. 22. — Quiconque, à l'aide de menaces, violences ou manœuvres frauduleuses, a exploité la bonne foi des indigènes ou entravé l'exercice de leur libre volonté soit pour les amener à s'engager, soit au contraire pour les détourner de contracter des engagements de travail, est passible d'un emprisonnement de six jours à deux mois et d'une amende de 16 à 100 francs, ou de l'une de ces deux peines seulement, sans préjudice des autres peines de droit commun qui pourraient être encourues de ce chef. En cas de récidive, les coupables sont passibles d'un emprisonnement de deux mois à un an et d'une amende de 300 à 1.000 francs ou de l'une de ces deux peines seulement.

Art. 23. — Quiconque, à l'aide de menaces, violences, dons, promesses ou manœuvres frauduleuses, a déterminé ou excité les travailleurs engagés à abandonner, pendant le cours de leur engagement, l'exploitation ou l'atelier auquel ils étaient attachés, est passible d'un emprisonnement d'un mois à six mois et d'une amende de 16 francs à 500 francs, ou de l'une de ces deux peines seulement.

Art. 24. — L'article 463 du code pénal est applicable dans tous les cas prévus au présent décret.

Art. 25. — L'absence de l'engagé est légitime dans les cas suivants :

1° Quand elle se produit pour cause de maladie ou d'indisponibilité due à un accident de travail;

2º En cas de force majeure.

Art. 26. — Les livrets doivent porter le nombre des journées d'absence au travail.

Si l'absence est due à la maladie ou à une indisponibilité provenant d'un accident de travail, l'engagé a droit aux soins médicaux, à la nourriture, au logement, et, pendant un mois au maximum, au tiers de son salaire.

Lorsque la maladie ou l'indisponibilité durera moins d'un mois, l'engagiste pourra exiger, à l'expiration du contrat, que l'engagé fournisse un nombre de journées de travail égal à celui pendant lequel il a été malade ou indisponible. Dans ce cas, l'engagé aura droit à son salaire habituel.

Lorsque la maladie ou l'indisponibilité durera plus d'un mois sans interruption, la résiliation du contrat pourra être demandée par l'engagiste, sous les réserves indiquées à l'article 13 en ce qui concerne le rapatriement et d'une équitable indemnité à fixer par le juge de paix au cas où la responsabilité de l'accident de travail ayant provoqué l'indisponibilité n'est pas imputable à l'engagé.

Lorsque, dans une période consécutive de trois mois, le nombre des journées d'absence de travail, pour cause de maladie ou d'indisponibilité, aura dépassé un mois au total, la résiliation du contrat pourra également être demandée par l'engagiste, sous les mêmes réserves que ci-dessus.

Art. 27. — Si l'absence résulte de la seule volonté du travailleur, elle est illégitime et donne lieu, en faveur de l'engagiste, à une retenue de salaire double du temps d'absence, sans que le montant de cette retenue puisse, toutefois, dépasser le salaire d'un mois.

En cas de récidive, ou si l'absence dure plus de trente jours, la résiliation du contrat est prononcée de plein droit au profit de l'engagiste qui n'est plus tenu au rapatriement de l'engagé et bénéficie à titre de dommages-intérêts de la moitié des salaires restant acquis à l'engagé après prélèvement des sommes nécessaires au payement de l'impôt et à la récupération des débours de toute nature effectués par l'engagiste.

En *Indo-Chine*, des arrêtés du gouverneur général des 13 avril, 14 août et 12 octobre 1909 ont réglé dans ses moindres détails la question de l'emploi de la main-d'œuvre indigène et étrangère dans les centres agricoles et miniers. Au *Tonkin*, un arrêté du 26 août 1899 avait réglementé les rapports des patrons européens et des travailleurs asiatiques; cette réglementation a été appliquée au territoire de *Ouang-Tchéou-Wan* par un arrêté du gouverneur général de l'Indo-Chine du 20 juin 1909.

CHAPITRE VIII

Le régime militaire

Le système de la défense coloniale a subi des péripéties diverses au cours de notre histoire. Depuis le gouvernement de juillet jusqu'en 1900, la marine a été chargée de la défense des colonies, en vertu de l'idée qui faisait de celles-ci une dépendance du ministère de la marine, jusqu'à la création du sous-secrétariat d'État des colonies et surtout du ministère des colonies dont nous avons parlé ci-dessus au chapitre III de cette 2e partie consacré au *Régime administratif colonial*. Nous allons voir en premier lieu quelles sont les règles qui s'appliquent aujourd'hui à la défense coloniale ; nous examinerons ensuite les critiques qui ont été dirigées contre le régime actuel et les réformes dont il serait susceptible.

SECTION PREMIÈRE

ORGANISATION ACTUELLE DE LA DÉFENSE COLONIALE

TITRE PREMIER

La Défense terrestre

ARTICLE PREMIER

Les forces coloniales

Un premier pas dans la spécialisation des forces coloniales a été fait grâce à la création de l'infanterie et de l'artillerie de marine. L'infanterie, instituée par l'ordonnance du 14 mai 1831, fut ensuite augmentée par le décret du 31 août 1854 et portée finalement, par celui du 1er mars 1890, à huit régiments chargés d'effectuer la relève des garnisons coloniales. L'artillerie, créée en 1795, fut constituée en 1814 et a été dotée de deux régiments par le décret du 8 juillet 1893.

Les forces coloniales sont aujourd'hui régies dans leur ensemble par la loi du 7 juillet 1900, intervenue après de vifs débats dans la presse et le parlement. D'après les articles 1 et 2 de cette loi, les troupes coloniales sont rattachées au ministère de la guerre et sont, en principe, destinées aux colonies. Elles comprennent l'ensemble des forces organisées spécialement en vue de l'occupation et de la défense des colonies et pays de protectorat. Ces forces coopèrent, le cas échéant, à la défense des colonies ou prennent part aux expéditions militaires hors du territoire français; elles peuvent être placées sur un point quelconque du territoire de la République ou de ses dépendances. Les troupes coloniales conservent leur autonomie et restent sous le commandement de leurs officiers; elles sont distinctes des troupes de l'armée métropolitaine. Elles ont leur régime propre et un budget distinct divisé en deux parties. L'une forme une section spéciale du budget du ministère de la guerre et réunit toutes les dépenses relatives aux troupes coloniales stationnées en France, en Algérie et en Tunisie. L'autre constitue une section spéciale du budget des colonies et comprend toutes les dépenses à la charge soit du budget métropolitain, soit des budgets locaux afférents aux unités stationnées dans les colonies ou pays de protectorat autres que l'Algérie et la Tunisie et aux ouvrages de défense desdites colonies ou pays de protectorat, que ces unités appartiennent aux troupes coloniales ou leur soient temporairement adjointes par le ministère de la guerre pour faire le même service.

Pour assurer la dualité d'organisation des troupes coloniales, deux directions ont été instituées, l'une au ministère de la guerre et l'autre à celui des colonies. A la Guerre, la direction créée, en vertu de l'article 2, § 3, de la loi de 1900, par les décrets des 21 janvier et 11 juin 1901, est composée de quatre bureaux ; aux Colonies, la direction établie en vertu de l'article 60 de la loi de finances du 26 décembre 1908 est divisée en trois bureaux investis d'attributions d'ordre administratif et financier.

Les troupes, au point de vue militaire, ne dépendent que de la Guerre et seul le corps de l'inspection des colonies relève exclusivement des Colonies. La direction de la guerre est chargée de tout ce qui concerne le personnel, l'instruction et le commandement de l'ensemble des troupes coloniales, ainsi que de l'administration et de l'emploi de la partie de ces troupes entretenues sur le budget de la guerre. Dans chaque colonie, le gouverneur a sous sa haute autorité le commandant supérieur des troupes qui est responsable vis-à-vis de lui de la préparation des opérations militaires, de leur conduite et de tout ce qui est relatif à la défense de la colonie (décret du 9 novembre 1901). Le commandant supérieur des troupes correspond avec le ministre de la guerre par l'intermédiaire du gouverneur et du ministre des colonies (art. 3 de la loi); il centralise tout ce qui concerne la défense du groupe et est assisté d'un conseil de défense (décrets des 31 octobre 1902 et 26 mai 1903). Ce conseil examine en premier lieu et sur place les questions militaires intéressant la colonie; il donne un avis sur les points qui lui sont soumis pour avis par le ministère, ou sur lesquels le gouverneur requiert son conseil à propos des mesures à prendre.

Les troupes coloniales comprennent : 1° un état-major général; 2° un service d'état-major; 3° des troupes recrutées à l'aide d'éléments français et des contingents fournis par les colonies soumises aux lois du recrutement; 4° des troupes recrutées au moyen d'éléments indigènes dans les diverses colonies et les pays de protectorat; 5° des états-majors particuliers de l'infanterie et de l'artillerie coloniale; 6° un service du recrutement colonial; 7° un service de la justice militaire; 8° des services administratifs et de santé (art. 4 de la loi du 7 juillet 1900).

La partie des troupes coloniales stationnée en France, en Algérie et en Tunisie, se compose de régiments d'infanterie, de régiments d'artillerie et de compagnies d'ouvriers d'artillerie ou d'artificiers. La partie stationnée aux colonies comprend des régiments ou unités d'infanterie et d'artillerie, des compagnies d'ouvriers d'artillerie ou d'artificiers, des régiments ou unités recrutés à l'aide d'éléments indigènes, et un corps disciplinaire. Le nombre de ces régiments ou unités est fixé par décret suivant les besoins du service et les crédits budgétaires. Chacun des régiments d'infanterie a un cadre complémentaire. La composition en hommes et en cadres des corps de troupes sus-mentionnés, ainsi que celle des états-majors particuliers, sont déterminées par décretrendu sur le rapport du ministre de la guerre, après entente avec le ministre des colonies. Le personnel européen des troupes autres que l'infanterie et l'artillerie et des divers services qu'il peut y avoir lieu de détacher dans les colonies et pays de protectorat, est fourni par l'armée métropolitaine. Le personnel ainsi détaché est placé hors cadres. Des indigènes recrutés sur place (officiers, sous-officiers et soldats) pourront être incorporés dans les unités qui seraient formées. Le ministre de la guerre ne pourra faire appel, pour le personnel militaire des missions et explorations, qu'aux officiers des troupes coloniales. Les troupes coloniales formées à l'aide d'éléments indigènes sont réparties en corps spéciaux dont le nombre, la composition et la dénomination sont fixés par décret, selon les besoins du service et les crédits budgétaires. Les cadres français de ces corps sont fournis par les troupes et les états-majors particuliers prévus à l'article 4 (art. 5 à 7 de la loi organique).

Le ministre de la guerre peut recourir à la légion étrangère, aux bataillons d'infanterie légère d'Afrique et aux régiments de tirailleurs algériens, pour les faire coopérer au service colonial. Des unités de ces corps peuvent être employées en tout temps dans les colonies, sous la réserve qu'elles seront alors en sus du minimum prévu par la loi du 13 mars 1875). Voir plus spécialement pour l'organisation de la légion étrangère en Indo-Chine, le décret du 24 mars 1905). De même, les compagnies de discipline peuvent être utilisées en tout temps aux colonies. L'état-major général des troupes coloniales comprend des généraux de division et de brigade, dont le nombre sera fixé par une loi. Le ministre de la guerre pourvoit aux emplois et commandements des troupes coloniales en France et aux colonies, après entente, en ce qui concerne ces dernières, avec le ministre des colonies. Les officiers généraux qui composent l'état-major des troupes coloniales, ne sont pas spécialisés dans leur arme d'origine. Ils peuvent être pourvus d'emplois et de commandements dans l'armée métropolitaine suivant une proportion déterminée par le ministre de la guerre. Les officiers généraux de l'armée métropolitaine peuvent, dans des circonstances exceptionnelles et en raison de leurs services antérieurs en Algérie, en Tunisie ou aux colonies, être pourvus d'emplois ou de commandements dans les troupes coloniales, après entente avec le ministre des colonies. L'exercice de cette faculté est limité au quart du nombre fixé pour chacun des grades de général de division et de général de brigade dans les troupes coloniales. Le service d'état-major comprend des officiers de l'infanterie et de l'artillerie coloniales (brevetés et en cas d'insuffisance non brevetés), mis hors cadres pour être affectés à des fonctions d'état-major (art. 8 à 10 de la loi).

Deux décrets du 28 décembre 1900 ont organisé, en exécution de l'art. 5 de la loi organique, l'infanterie et l'artillerie coloniales. Ces décrets parurent insuffisants bientôt après leur apparition et ils furent remplacés par deux autres du 19 septembre 1903, modifiés eux-mêmes en certaines de leurs dispositions par les actes suivants : décret du 9 septembre 1905 ; quatre décrets du 29 mai 1906 relatifs à l'Afrique occidentale ; décrets du 11 novembre 1909 concernant la même colonie, des 1er septembre 1909 et 12 janvier 1910 (recrutement des officiers), du 22 février 1910 (durée du séjour dans les possessions africaines). Les décrets de 1903 sont conformes à un avis du comité consultatif de la défense des colonies de la même année. Cet avis avait recommandé d'utiliser autant que possible les éléments coloniaux pour la défense de chaque colonie, en réduisant ainsi d'autant les effectifs métropolitains ; et de concentrer l'effort de la défense sur les colonies les plus importantes, tout en fournissant aux autres les moyens de se défendre contre des agressions, avec leurs ressources propres ; de réunir les colonies voisines en groupes au point de vue de la défense ; enfin de rassembler les groupements militaires fractionnés dans toute l'étendue des possessions coloniales en fortes unités bien commandées, bien encadrées, pourvues du matériel et des services nécessaires et capables de résister à des armées européennes ou organisées à l'européenne. Sur ces bases, nos colonies ont été divisées en six groupes : *Indo-Chine*; *Afrique occidentale*; *Afrique orientale* comprenant Madagascar, la Réunion et les Comores; *Antilles et Guyane*; *Pacifique*. Un décret du 17 février 1909 a fait du *Congo* un sixième groupe. Les corps de troupes d'infanterie coloniale sont stationnés en France et aux colonies, suivant les divisions indiquées par les décrets précités auxquels nous renvoyons. Il en est de même pour l'artillerie coloniale. L'infanterie comprend un état-major particulier, des corps de troupes françaises et indigènes et un corps de discipline. L'organisation de ce dernier corps a été modifiée par un décret du 20 juillet 1905. L'artillerie a un état-major particulier et des corps de troupes, ainsi qu'un personnel d'officiers d'administration, d'ouvriers spéciaux et de conducteurs de travaux dont un décret du 6 juillet 1905 a fixé les effectifs. — Voir l'indication des troupes d'infanterie aux tableaux 8 et 9 annexés au décret du 19 septembre 1903 pour l'infanterie et celle des troupes d'artillerie aux tableaux 5, 6, 7 et 8 du décret du 19 septembre 1903 sur l'artillerie.

Suivant l'article 12 de la loi du 7 juillet 1900, les conditions dans lesquelles s'effectuera la relève entre les troupes stationnées dans les diverses colonies et celles séjournant dans la métropole, sont déterminées par décret rendu sur le rapport des ministre de la guerre et des colonies. En exécution de ces dispositions, avait été rendu le décret du 28 décembre 1900 remplacé aujourd'hui par celui du 30 décembre 1903. La Guerre s'occupe des mutations des hommes de troupe, des sous-officiers et des officiers. Mais le ministre des colonies intervient pour exercer son contrôle sur les cadres mis à sa disposition. D'après l'article 1er du décret de 1903, il doit y avoir entente entre la Guerre et les Colonies pour le choix des commandants de troupes et de places fortes, des directeurs des services administratifs et des officiers employés à des services spéciaux ou occupant des situations soit politiques, soit administratives. Le contrôle général s'exerce pour chaque colonie séparée, car, aux termes de l'article 3 de la loi de 1900, le commandant supérieur des troupes placé sous l'autorité du gouverneur correspond avec la Guerre par l'intermédiaire de ce gouverneur et du ministre des colonies.

Les articles 2 et 3 du décret de 1903 déclarent que l'ordre dans lequel des officiers doivent se rendre aux colonies est fixé d'après des listes de tour de service publiées au *Journal officiel*. La durée du séjour réglementaire varie pour les officiers et les hommes de troupe suivant l'éloignement et le climat plus ou moins favorable. Des listes de tour de service sont également dressées pour les sous-officiers et la troupe, avec durée de séjour en général plus longue que pour les officiers. Des congés de six mois peuvent être accordés aux officiers qui désirent revenir dans la même colonie. On ne peut inscrire sur les listes de départ que les hommes ayant au moins 21 ans révolus et six mois de présence sous les drapeaux. Quant aux officiers, la relève est automatique; au terme de son séjour aux colonies ou en cas de rapatriement par anticipation ou de radiation des effectifs ou pour toute autre cause, l'officier, sans demande spéciale, est remplacé par un autre; la relève est individuelle et s'opère à tous les moments de l'année. Au contraire, pour les hommes, la relève est numérique; tous les mois, des états des commandants supérieurs signalent à la Guerre la situation et les mouvements des effectifs et c'est sur ces bases que le ministre établit les remplacements à faire. La mise en route des détachements a lieu à des périodes déterminées qui cadrent avec la bonne saison des colonies à pourvoir.

Nous avons dit plus haut que la loi de 1900 prévoyait la formation de corps spéciaux d'indigènes dont le nombre et la composition devaient être déterminés par décret. On trouve dans les troupes indigènes les corps suivants : en Indo-Chine, des tirailleurs tonkinois, annamites, cambodgiens et des tirailleurs de frontière; en Afrique occidentale et équatoriale, des tirailleurs sénégalais et malgaches; un régiment d'infanterie au Congo et au Tchad (décret du 19 septembre 1903 sur l'infanterie, article 4, § 2, et tableaux annexés 10 et 11).

L'artillerie comprend des batteries mixtes (européennes et indigènes) dans les régiments stationnés aux colonies et des compagnies d'ouvriers mixtes (décret du 19 septembre 1903). On trouve dans le corps du génie des compagnies et sections dont les cadres émanent de l'armée métropolitaine, avec un personnel indigène recruté sur place (décrets des 5 novembre 1904 et 29 mai 1906 pour l'Indo-Chine et l'Afrique occidentale).

La cavalerie compte un escadron de spahis sénégalais (décrets des 15 août 1902 et 26 mai 1906); un escadron de cavalerie indigène du Congo (décret du 6 décembre 1903); un escadron de cavalerie indigène et un peloton de remonte en Indo-Chine (décret du 10 décembre 1903).

Le décret du 19 septembre 1903 prévoit que les corps de troupes français et indigènes seront groupés dans les diverses colonies, suivant leur importance, en brigades, divisions ou corps d'armée; un décret du 11 juin 1901 a réuni les troupes coloniales stationnées en France en un seul corps d'armée, appelé corps d'armée des troupes coloniales.

Indépendamment des troupes dont nous venons de parler, on trouve aux colonies certains corps spéciaux qui sont ou envoyés de la métropole ou recrutés sur place. Ce sont : la gendarmerie coloniale, le corps de discipline des troupes coloniales, et les milices indigènes.

La *gendarmerie coloniale* est organisée aux colonies comme la gendarmerie française (décrets des 20 mars 1903 et 2 septembre 1906). Le corps n'est pas généralisé à toutes les colonies et ne fonctionne que dans celles où les libertés locales sont quelque peu développées. Il y a, du reste, une tendance à diminuer actuellement les effectifs de ce corps; c'est ainsi qu'un décret du 13 janvier 1904 a supprimé la compagnie de Madagascar qui avait été créée en 1902. D'autre part, la compagnie de la Réunion a été convertie en détachement par décret du 25 juin 1906; et des réductions d'effectifs ont été opérées dans les détachements de Tahiti et de Saint Pierre et Miquelon par décrets des 5 avril et 28 septembre 1906. La gendarmerie coloniale est placée sous l'autorité du ministre des colonies, mais pratiquement dirigée par la Guerre qui fixe le cadre des établissements d'outre-mer, prononce les désignations, mutations et avancements du personnel. Un décret du 15 mai 1905 a accordé aux officiers de la gendarmerie coloniale le bénéfice du décret du 29 décembre 1903 sur la solde. Des auxiliaires indigènes ont été adjoints à la gendarmerie coloniale en Indo-Chine et au Sénégal (décrets des 11 mai 1903 et 5 mai 1904). Des décrets des 23 décembre 1909, 7 février et 28 juin 1910 ont modifié les conditions de composition, de répartition et de commandement des détachements de gendarmerie à la Réunion, à la Guadeloupe et à la Martinique.

Le *corps de discipline* des troupes coloniales est actuellement organisé par un décret du 20 juillet 1905. Une section spéciale de discipline est formée au Tonkin, en Cochinchine et à Madagascar, dans les régiments d'infanterie coloniale, section qui reçoit les soldats de l'infanterie et de l'artillerie. En outre, les compagnies de discipline des troupes métropolitaines d'Algérie et de Tunisie reçoivent les militaires coloniaux dont les corps sont en garnison aux Antilles, en Guyane, en Nouvelle-Calédonie et dans l'Afrique occidentale. Il faut également faire état des sections pénales d'*exclus coloniaux* (article 21 de la loi organique et décret du 28 décembre 1900).

L'article 19 de la loi du 7 juillet 1900 prévoit la création de *milices indigènes* soldées par les budgets locaux et organisées par décrets rendus sur le rapport du ministre des colonies, après avis du ministre de la guerre. Les gouverneurs ne pourront utiliser ces troupes en dehors des opérations de police intérieure. Ces milices ont été organisées au Congo par des arrêtés locaux des 1er et 2 décembre 1902; à Madagascar par des décrets des 23 juillet 1902, 8 juillet 1906 et 18 février 1908 et, en Indo-Chine, par un décret du 13 décembre 1904. Voir pour Mayotte l'arrêté du gouverneur du 15 octobre 1908 qui est conforme aux décrets concernant Madagascar. Des décrets des 22 mai et 11 octobre 1908 ont transformé en force de police locale le contingent indigène des cipahis des Établissements français de l'Inde qui avait été organisé par un décret du 11 mai 1901.

L'*Algérie* est défendue par des troupes formant le 19e corps d'armée relevant du ministère de la guerre et régi par les mêmes règlements que ceux en vigueur dans la métropole. Il comprend trois divisions : Alger, Oran, Constantine, subdivisées en subdivisions (décret du 9 décembre 1894). Il y a en *Tunisie* une division d'occupation distincte formée d'éléments pareils à ceux stationnés en Algérie. Aux forces algériennes il convient de rattacher la gendarmerie et les compagnies sahariennes organisées pour maintenir la sécurité dans l'extrême-sud (décrets des 1er août 1905 et 14 janvier 1908). Les compagnies sahariennes comprennent une infanterie en partie montée, de l'artillerie et des cavaliers et méharistes, ces derniers incomparables pour donner la chasse aux pillards du désert et organiser les services d'exploration, de guide et de police. Il y a également des sections méharistes à *Zinder* et l'on prévoit la création prochaine en Afrique occidentale de groupes méharistes auxiliaires recrutés chez les nomades Touareg et Toubbous.

On trouve en *Tunisie* une compagnie de gendarmerie française et une gendarmerie indigène appelée *oudjak* dont nous avons déjà parlé au chapitre III relatif au *Régime administratif colonial.*

Le 7 décembre 1910, dans une de ses dernières séances, la commission de l'armée a adopté un vœu où il était dit que le recrutement des troupes noires devrait se développer sans interruption, de façon à poursuivre l'expérience décidée par la Chambre lors de la discussion du précédent budget. Cette expérience consistait dans le recrutement en Afrique occidentale d'un certain nombre de noirs destinés à des bataillons sénégalais dont la relève devait être assurée par d'autres unités maintenues en Afrique occidentale. Un premier bataillon a été envoyé en garnison en 1911 à Colomb-Béchar et à Béni-Ounif. Le choix de ces deux localités était très fâcheux, à raison du froid et du manque d'eau du sud-oranais; d'autre part, ce recrutement hâtif avait donné des sujets qui ne présentaient pas les conditions de résistance voulues. Au cours de la discussion du budget de 1911, le ministre de la guerre ayant pris l'engagement de poursuivre en Algérie l'expérience des troupes noires, il a été prévu au budget de 1912 un crédit permettant de créer durant le second semestre un second bataillon qui sera stationné en Algérie, mais avec un choix meilleur des éléments qui le composeront et des lieux où il sera envoyé. On le cantonnera dans une région du Tell dont le climat leur conviendra, présentant les ressources en eau voulues et de suffisantes facilités de vie.

Un décret du 11 juin 1901 avait constitué un corps du *commissariat colonial* chargé des attributions administratives de l'intendance militaire et, en outre, de l'ordonnancement et de la vérification des dépenses des services de l'artillerie et de santé. L'expérience ne fut point favorable à cette combinaison, et l'on décida de rendre aussi uniformes que possible les services administratifs coloniaux et métropolitains. Dans ce but, en exécution d'une loi du 14 avril 1906, sont intervenus trois décrets du 21 juin de la même année, dont le premier s'inspire des principes métropolitains de la loi du 16 mars 1882 sur l'administration de l'armée. Le décret établit la séparation entre la direction du service, la gestion et le contrôle. Il distingue ensuite suivant que les troupes coloniales sont stationnées aux colonies ou en France, en Algérie et en Tunisie. Aux colonies, on trouve des services spéciaux de l'artillerie de l'intendance et de santé ; les directeurs placés à la tête de ces services exercent les mêmes attributions que leurs collègues métropolitains ; le directeur de l'intendance est, en outre, chargé de l'ordonnancement de toutes les dépenses militaires ; le directeur de l'artillerie est en plus directeur du génie ; et le corps de l'inspection des colonies est préposé au contrôle. En France, l'artillerie et le génie des troupes coloniales sont englobés dans les services métropolitains correspondants ; seuls le service de l'intendance et celui de santé sont gérés par le personnel colonial. Quant au contrôle, c'est le corps du contrôle de l'administration de l'armée qui est compétent. Exceptionnellement le corps de l'inspection des colonies assure le contrôle dans certains établissements et services spéciaux placés sous l'autorité directe du ministre des colonies (service colonial des ports de commerce). Le commandant supérieur des troupes aux colonies placé sous l'autorité du gouverneur est responsable dans son commandement de l'administration militaire et a sous ses ordres immédiats les divers chefs de services.

Le second décret du 21 juin 1906, rendu en exécution de la loi du 14 avril 1906 autorisant la transformation du commissariat colonial en intendance militaire coloniale, a créé l'intendance des troupes coloniales. Le corps a une hiérarchie propre comprenant, comme dans la métropole, des adjoints, des sous-intendants de 3e, 2e et 1re classe, des intendants et des intendants généraux correspondant aux grades de capitaine à général de division. Dans l'ancien corps du commissariat, on a transformé en intendants les commissaires principaux et en adjoints les commissaires de 1re classe. Les anciens commissaires de 2e et 3e classe, en attendant leur passage au grade d'adjoint, ont été transitoirement maintenus avec le titre d'attachés à l'intendance de 1re et de 2e classe. Les fonctionnaires de l'intendance coloniale jouissent du bénéfice de la loi du 19 mai 1834 sur l'état des officiers. Le service est assuré par un personnel d'officiers d'administration qui jouit également du bénéfice de la loi de 1834 et est divisé en deux catégories : bureaux et magasins. Les travaux d'écriture et d'exploitation sont effectués par une section de commis et ouvriers militaires d'administration (décret du 16 janvier 1907).

Le *corps de santé* est réglementé par le troisième décret de 1906. Il comprend des médecins et pharmaciens ayant une hiérarchie propre qui va du titre de médecin ou pharmacien aide-major de 2e classe ayant grade de sous-lieutenant, jusqu'à celui de médecin inspecteur général (général de division). Les médecins et pharmaciens coloniaux se recrutent parmi les docteurs en médecine et pharmaciens admis au concours et les élèves des écoles militaires du service de santé ayant obtenu le diplôme de docteur en médecine ou celui de pharmacien à la sortie des écoles. Le service est assuré par la constitution d'un personnel d'officiers d'administration du service de santé des troupes coloniales, dont la répartition entre la France et les colonies est faite après entente des ministres de la guerre et des colonies. Le décret prévoit aussi une section d'infirmiers militaires des troupes coloniales divisée en commis aux écritures, infirmiers de visite et infirmiers d'exploitation du service général. Les élèves des écoles indigènes de médecine qui ont satisfait aux examens de sortie, peuvent être employés, à titre de médecins auxiliaires, dans les corps indigènes où servent des militaires de leur race et dans les formations sanitaires de la colonie dont ils sont originaires. Ils ont rang de sous-officiers. Une circulaire du sous-secrétaire d'État aux colonies du 1er juin 1893 a reconnu aux médecins militaires servant aux colonies le droit qui leur avait été contesté par leurs confrères civils, d'exercer la médecine civile, à la condition de payer patente. La solution est dictée plutôt par les intérêts de l'humanité que par ceux du corps médical colonial, car, étant donné qu'en beaucoup de colonies les médecins civils sont en nombre insuffisant, il eût été inhumain de priver la population civile des soins des médecins militaires en garnison dans la localité.

La solde des troupes coloniales payées sur le budget général de la guerre est la même que celle des troupes métropolitaines. La solde des troupes métropolitaines et coloniales à la charge du département des colonies est fixée par un décret du 29 décembre 1903. Suivant ce décret, la solde coloniale des officiers et employés militaires ayant rang d'officiers, ou traités comme tels, est double de la solde sur le pied d'Europe (art. 12); et l'indemnité de départ colonial est égale à un mois de solde nette d'Europe pour le même personnel (art. 15, no 13). Toute modification dans les tarifs de solde des troupes en service en France entraîne, par suite, un changement correspondant dans les tarifs de solde du même personnel en service outre-mer. Les tarifs de solde en vigueur au département de la guerre ayant été modifiés par un décret du 6 octobre 1911, il a fallu apporter au décret du 29 décembre 1903 les modifications correspondantes. Elles ont été réalisées par un décret du 14 octobre 1911, qui se borne à rendre applicables en France ou en cours de traversée aux militaires relevant du département des colonies les dispositions adoptées par la Guerre, et, d'autre part, à apporter aux tarifs de solde coloniale les modifications en rapport avec celles des tarifs de solde métropolitaine. C'est sur ces bases qu'a été modifié, à partir du 1er octobre 1911, le tableau annexé à l'article 12 du décret du 29 décembre 1903. Deux décrets du 3 août 1904 règlent le service de la remonte aux colonies. Des décrets des 28 octobre 1904 et 11 décembre 1906 avaient créé pour les troupes stationnées aux colonies une masse d'alimentation et de ravitaillement qu'a supprimée un décret du 3 novembre 1910, conférant au ministre des colonies la mission de déterminer, par une instruction, le fonctionnement du service de l'alimentation dans les corps de troupes; une masse du casernement fait l'objet du décret du 17 janvier 1907. L'article 20 de la loi du 7 juillet 1907 prévoit qu'il sera statué, par un décret en forme de règlement d'administration publique, sur les conditions d'obtention des pensions par les militaires indigènes des troupes coloniales, sur le tarif de ces pensions et sur leur imputation. En exécution de ces dispositions, est intervenu le décret du 25 septembre 1905. Les pensions liquidées par l'autorité métropolitaine sont imputées sur le budget métropolitain; mais la colonie d'origine de l'indigène en doit le remboursement pour le temps de service accompli sur son territoire, le reste étant mis définitivement à la charge de la métropole. Quant aux officiers des troupes coloniales, l'article 22, §§ 3 et 4, dispose comme suit : tous les droits acquis sont réservés. Le bénéfice d'une pension de retraite au bout de vingt-cinq ans de services, dont six sur mer ou dans les colonies et pays de protectorat, à l'exception de l'Algérie et de la Tunisie, actuellement attribué aux officiers des divers corps militaires de la marine et des colonies, est maintenu à ceux des troupes coloniales sans distinction d'origine.

ARTICLE II

Le recrutement des forces coloniales

Pendant longtemps les obligations du service militaire ne furent pas appliquées en Algérie et dans les autres colonies. La loi du 15 juillet 1889 posa le principe de l'obligation des créoles au service militaire et l'article 14 de la loi du 7 juin 1900 ajouta, dans son article 14, § 2, que le recrutement des troupes coloniales est assuré, en ce qui concerne les éléments français, par l'application, aux hommes des contingents des diverses colonies, de la loi du 15 juillet 1889 et des lois relatives à l'application du service militaire dans les colonies. Les dispositions de la loi de 1889 sont longtemps restées lettre morte; et c'est seulement à partir de 1895 et de 1899 qu'elles furent appliquées à la Réunion et aux Antilles. La loi actuelle du 21 mars 1905 sur le recrutement de l'armée dispose, dans son article 13 *in fine*, que les jeunes gens résidant soit en Algérie, soit aux colonies, soit dans les pays de protectorat, sont inscrits sur les tableaux de recensement du lieu de leur résidence. Sur la justification de cette inscription, ils sont, dans ce cas, rayés des tableaux de recensement où ils auraient été portés en France, par application des dispositions du présent article. L'article 16 prévoit le fonctionnement des conseils de révision dans les colonies et attribue les fonctions remplies par le préfet, les conseillers de préfecture et les conseillers d'arrondissement aux gouverneurs ou à leurs délégués, aux conseillers privés et aux conseillers généraux. Des décrets règlent la composition des conseils de révision dans les colonies où il n'existe ni conseil privé ni conseils généraux. — Voir, sur la composition des conseils de révision en Afrique occidentale, à Madagascar et en Indo-Chine, les décrets des 1er octobre 1909, 1er février et 2 mai 1910. — Enfin, le titre VI de la loi est relatif au recrutement en Algérie et aux colonies et dispose comme suit dans ses articles 89 et suivants. — Article 89. — Les dispositions de la présente loi sont applicables en Algérie et en Tunisie. Elles le sont également dans les colonies de la Guadeloupe, de la Martinique, de la Guyane et de la Réunion. — Article 90. — Elles sont également applicables dans les autres colonies et pays de protectorat sous les réserves suivantes : en dehors d'exceptions motivées et dont il serait fait mention dans le compte rendu prévu par l'article 95 ci-après (l'art. 95 décide que, chaque année avant le 30 juin, il sera rendu compte aux Chambres par le ministre de la guerre de l'exécution des dispositions contenues dans la présente loi pendant l'année précédente) les français et naturalisés français résidant dans l'une de ces colonies ou pays de protectorat sont incorporés dans les corps les plus voisins et, après une année de présence effective sous les drapeaux au maximum, ils sont envoyés en congé s'ils ont satisfait aux conditions de conduite et d'instruction militaire déterminées par le ministre de la guerre. S'il ne se trouve pas de corps stationnés dans un rayon fixé par arrêté ministériel, ces jeunes gens sont dispensés de la présence effective sous les drapeaux. Dans le cas où cette situation viendrait à se modifier avant qu'ils aient atteint l'âge de trente ans révolus, ils seraient appelés dans le corps le plus voisin pour y recevoir l'instruction militaire pendant un temps qui ne pourrait dépasser une année.

Ainsi les articles 89 et 90 distribuent en trois catégories les appelés coloniaux : 1° Algérie, Tunisie, Antilles, Guyane et Réunion où l'on applique les dispositions de l'article 32 de la loi sur le service métropolitain; 2° Indo-Chine, Nouvelle-Calédonie, Madagascar, Sénégal où il n'est exigé qu'une année de présence effective au maximum; 3° Saint Pierre et Miquelon, Haut-Sénégal et Niger, Côte-d'Ivoire, Dahomey, Guinée, Côte des Somalis, Congo, Inde, Mayotte, et dépendances, Établissements de l'Océanie, Nouvelles-Hébrides, colonies dans lesquelles il n'est fait aucun service militaire (arrêté du ministre de la guerre du 26 décembre 1906).

Le texte de l'article 90 ajoute qu'en cas de mobilisation générale les hommes valides qui ont terminé leurs vingt-cinq ans de services, sont réincorporés avec la réserve de l'armée territoriale, sans cependant pouvoir être appelés à servir hors du territoire de la colonie où ils résident. Si un français ou naturalisé français ayant bénéficié des dispositions du paragraphe 2 du présent article, transportait son établissement en France avant l'âge de trente ans accomplis, il devrait compléter dans un corps de la métropole le temps de service dans l'armée active prescrit par l'article 32 de la présente loi, sans toutefois pouvoir être retenu sous les drapeaux au delà de l'âge de trente ans.

Aux termes de l'article 91, les jeunes gens inscrits sur les listes de recrutement de la métropole ou d'une colonie où il doit être fait deux ans ou moins de service, peuvent être dispensés de tout service sur l'avis du gouverneur, s'ils vont se fixer dans une colonie où n'existe pas de stationnement de troupes. Voir l'arrêté des ministres de la guerre et des colonies du 9 février 1910, sur les conditions d'application dans les colonies de la loi du 21 mars 1905.

Une pratique qui a duré fort longtemps consistait à

envoyer dans l'armée coloniale, en dehors des jeunes gens ayant demandé à y servir et des contingents coloniaux provenant des colonies autres que les Antilles, la Guyane et la Réunion, ce que l'on appelait les *mauvais numéros*, c'est-à-dire qui suivaient immédiatement ceux des hommes affectés à l'armée de mer. Quand le service militaire fut réduit de cinq ans à trois ans, les mauvais numéros augmentèrent, ce qui provoqua un vif mouvement de réprobation dans l'opinion publique. La loi du 30 juillet 1893 vint alors poser ce principe : l'armée coloniale, en ce qui concerne l'élément français, se recrute exclusivement par des volontaires. Et la loi prévoyait des engagements et des rengagements auxquels elle offrait des facilités et des avantages de nature, espérait-on, à faire affluer les volontaires. Mais, malgré ces bénéfices, les engagements ne se produisirent qu'en nombre très insuffisant; et la loi de 1900, tout en maintenant dans son article 15 les dispositions de celle de 1893, permit d'incorporer les hommes du contingent métropolitain dans l'armée coloniale, à condition de ne pas les faire servir aux colonies. Par là on allégeait évidemment les charges de ce contingent eu égard au service militaire à effectuer en France; mais on ne faisait rien pour la relève, ce qui eût été cependant le point important. En cet état de choses, l'article 37 de la loi du 21 mars 1905 a affecté aux troupes coloniales: 1° les jeunes gens provenant des contingents des colonies de la Guadeloupe, de la Martinique, de la Guyane et de la Réunion et les français astreints au service militaire dans les colonies et pays de protectorat visés à l'article 90; 2° les engagés et rengagés dans les troupes coloniales suivant les conditions prévues aux articles 50 à 56; 3° les jeunes gens qui, au moment du conseil de révision, ont demandé à entrer dans le contingent colonial et ont été reconnus propres à ce service; 4° les omis visés à l'avant-dernier alinéa de l'article 16 (ce texte concerne les jeunes recrues condamnées par les tribunaux en vertu de l'article 79 de la loi, lequel vise certaines fraudes ou manœuvres par suite desquelles un jeune homme a été omis sur les tableaux de recensement). Enfin le dernier paragraphe de l'article 37 fait état, à défaut d'un nombre suffisant d'hommes compris dans les catégories précédentes, des jeunes gens affectés par le recrutement aux troupes coloniales, mais sans que ces derniers puissent être envoyés aux colonies en dehors de leur consentement,

Mais le nouveau service de deux ans a encore augmenté la pénurie des troupes coloniales, sans que le système des engagements et rengagements ait remplacé les manquants du contingent colonial. Un décret du 25 août 1905, modifié par celui du 21 juin 1906, a cependant créé des combinaisons diverses, telles que les engagements et rengagements résiliables, engagements pour le service général des troupes coloniales où à titre spécial pour une colonie déterminée ou un groupe de colonies. L'article 39 du décret de 1905 prévoit des hautes payes journalières et des primes d'engagement et de rengagement à déterminer par décision ministérielle suivant l'article 60 de la loi sur le recrutement. Et, d'après l'article 62 de la même loi, la solde spéciale accordée aux sous-officiers comptant plus de cinq ans de service sera fixée par décret. (Voir, sur les hautes payes et primes d'engagement et de rengagement, le décret du 28 janvier 1908). En dépit de tous ces avantages, le recrutement colonial n'a point donné ce que l'on en espérait; et il ne faut pas se dissimuler que cette lacune apparaît comme grave au point de vue militaire et de nature à appeler une sérieuse réforme.

Aux termes de l'article 16 de la loi du 7 juillet 1900, le recrutement des troupes coloniales indigènes continue à être assuré d'après les règles en vigueur pour chacune d'elles. Ces règles pourront être modifiées par décret rendu sur les rapports des ministres de la guerre et des colonies. Spécialement le décret du 28 août 1908, quant à la Cochinchine, prévoit que le recrutement s'opère par voie d'appel après désignation par le sort et subsidiairement par engagements et rengagements. Les appelés passent deux ans dans l'active, treize ans dans la réserve et cinq ans dans le service sédentaire des provinces. Les opérations du recrutement sont annuelles. — Consulter le décret du 19 mai 1908 sur le recrutement des troupes coloniales à Madagascar.

En ce qui concerne les *réserves de l'armée coloniale,*

l'article 17 de la loi du 7 juillet 1900 dispose que l'on versera dans les divers corps de l'armée métropolitaine les réservistes qui excéderaient les besoins des contingents coloniaux. Réciproquement on verse dans les corps coloniaux les excédents des services métropolitains, sans que les hommes soient astreints à servir aux colonies. En cas de mobilisation, les inscrits maritimes et les réservistes des équipages de la flotte, rappelés par la marine et non utilisés par elle, sont mis à la disposition du ministre de la guerre, après avoir été organisés en unités constituées, placées autant que possible sous les ordres d'officiers de vaisseau démissionnaires ou en retraite.

Suivant l'article 18, le ministre de la guerre, en s'inspirant des circonstances locales particulières à chaque colonie, pourra, sur l'avis du ministre des colonies et après entente avec lui, procéder à l'organisation des réserves indigènes. La constitution de ces réserves et leur fonctionnement seront, pour chaque colonie, déterminés par décret. Ces réserves ont été instituées à Madagascar (décret du 24 septembre 1903), en Afrique occidentale (décrets des 14 novembre 1904, 21 juin 1906 et 27 mars 1907), en Indo-Chine (décret du 1er novembre 1904 modifié par celui du 21 juin 1906). Voir également pour la Cochinchine le décret précité du 28 août 1908.

Les indigènes *algériens* ne sont pas soumis à la loi du recrutement; mais ils peuvent contracter dans l'armée française des engagements d'une durée de quatre ans suivis de deux rengagements de quatre ans et d'un dernier de trois ans. Ces engagements sont régis par les décrets des 21 avril 1866, 22 septembre 1898, 13 novembre 1899 et 7 avril 1903, qui indiquent aussi les corps dans lesquels ils peuvent se produire.

En *Tunisie*, les indigènes doivent le service militaire dans l'armée beylicale, en vertu du décret du 12 janvier 1892. Suivant le décret du 23 mars 1899, les territoires tunisiens sont divisés en territoires de maghzen et territoires de recrutement. Dans les premiers, les indigènes fournissent des cavaliers pour la défense de la frontière. Dans le reste du pays, on procède à un tirage au sort devant établir le contingent annuel entre les jeunes gens de 18 à 21 ans. Le remplacement est autorisé moyennant le versement d'une somme annuellement fixée par décret; le montant des sommes obtenues alimente une caisse de remplacement militaire dont les fonds servent à payer des primes d'engagement et de rengagement aux remplaçants.

Un décret beylical du 2 avril 1904 a créé des réserves indigènes; les sept dernières classes libérées antérieurement sont rappelées sous les drapeaux en cas de mobilisation.

TITRE II

La défense maritime

On appelle *points d'appui de la flotte* des situations stratégiques permettant aux navires de guerre de se ravitailler, et, le cas échéant, de trouver un refuge contre l'ennemi. Dans les ports servant de point d'appui, la flotte se reconstitue et retrouve la liberté d'action qui lui permet de reprendre la lutte avec avantage. En Tunisie, *Bizerte* possède un lac, immense rade creusée, entourée de défenses mobiles formidables où peut s'abriter et se défendre une flotte entière. La France y a fait des dépenses considérables qui, dans le plan général de la défense coloniale, doivent transformer cette position en un nouveau *Toulon africain.* Un rôle stratégique non moins important dans ce même plan général est réservé à *Dakar*, dont nous avons indiqué les ressources importantes dans la première partie de cet ouvrage, en examinant, à la section II du chapitre II, la *condition géographique et économique de l'Afrique occidentale française*, « Dakar, dit avec raison M. Demorgny (Béquet, *Répertoire de droit administratif*, V° *Troupes coloniales*, n° 3), qui commande les routes maritimes allant d'Europe en Amérique et en Afrique du Sud, présente, pour la métropole plus encore que pour la colonie même, une importance de premier ordre. Ce port de guerre et de commerce, à la fois colonial et européen, ce point d'appui de la flotte, aurait, dans toute guerre maritime ayant l'Atlantique pour théâtre d'opérations, un rôle stratégique considérable. Dakar est aussi important que Bizerte et plus important que Saïgon, car rien n'est plus problématique, en cas de guerre, que l'envoi d'une force navale en Extrême-Orient. » Suivant le décret du 3 novembre 1905, en dehors des précédents, les points d'appui de la flotte sont *Saïgon*, *Cap Saint-Jacques* en Cochinchine, *Diégo-Suarez* à Madagascar et *Fort-de-France* à la Martinique. Ce dernier point d'appui est d'ordre stratégique secondaire et sera peut-être abandonné, comme l'a été celui de *Nouméa* en Nouvelle-Calédonie, que prévoyait le décret de 1905, et qui a été déclassé par un autre du 17 juillet 1908. Du reste, la détermination des points d'appui de la flotte n'a rien d'irrévocable et peut changer suivant les temps, les circonstances et les péripéties de la vie internationale générale. Un mauvais point d'appui est plutôt une faiblesse qu'une force et il faut s'empresser de l'abandonner dès que son inutilité évidente a été constatée.

La répartition des services des points d'appui de la flotte entre la marine et les colonies a été faite par deux décrets du 3 novembre 1905. L'officier général ou supérieur, commandant de la place coloniale chef-lieu de point d'appui de la flotte, prend le titre de commandant de la défense et assure la préparation de cette défense pour le cas de guerre; il est nommé par décret du président de la République, sur proposition des ministres de la guerre et des colonies. Il relève du commandant supérieur des troupes. Au commandant de la défense est adjoint un officier de marine nommé par le ministre de la marine; il exerce le commandement en temps de guerre, sous les ordres du commandant de la défense. Le commandant de la marine demeure, jusqu'à la mobilisation, sous les ordres du commandant de la défense; il met ce dernier au courant des mutations du personnel et de toute modification survenue dans l'état ou la composition des moyens de défense maritime et lui fournit toutes informations concernant la place. Tous deux se concertent pour utiliser au mieux les moyens de défense dont cette dernière dispose. Le commandant de la marine exerce en tout temps, sous les réserves indiquées ci-dessus, une autorité absolue sur le personnel et le matériel affectés à la défense de la place. Il relève exclusivement du ministre de la marine et correspond directement avec lui pour tout ce qui concerne le personnel, les approvisionnements et le matériel, ainsi que pour l'aide qu'il pourrait être appelé à fournir aux forces navales opérant dans la région et la préparation des unités devant coopérer avec ces dernières. Pour tout ce qui a trait à la défense de la colonie et la préparation de cette défense, le commandant de la marine relève du gouverneur et doit le tenir au courant des décisions prises.

Sur la proposition du ministre de la marine, un décret nomme un officier général ou supérieur commandant de la marine, dans les colonies où le besoin s'en fait sentir en raison de l'importance de l'action maritime et des moyens prévus pour le ravitaillement ou les réparations des forces navales.

Les français *algériens* ont été soumis à l'*inscription maritime* métropolitaine par le décret du 12 juillet 1880 remplacé par la loi du 24 décembre 1896. En vertu de cette loi, d'autre part, les dispositions qui régissent l'inscription maritime dans la métropole sont applicables à la Martinique, la Guadeloupe, Saint Pierre et Miquelon, ainsi qu'à la Réunon et en Guyane. Dans les autres colonies, le régime de l'inscription maritime est, lorsqu'il y a lieu, institué et réglé par des décrets contresignés par les ministres de la marine et des colonies. En fait, la levée permanente n'a pas lieu aux colonies et spécialement les marins créoles ne sont que des engagés volontaires.

En *Algérie* et en *Tunisie*, une loi du 13 juillet 1903 a institué un corps de marins indigènes appelé *baharia*. Les inscrits musulmans sujets français et tunisiens s'engagent, moyennant certains avantages, à servir pendant trois ans au moins sur les bâtiments de la flotte et à rester jusqu'à l'âge de quarante-cinq ans à la disposition du ministre de la marine. En plus des inscrits, le cadre dont nous venons de parler, contient des engagés volontaires pour trois à six ans et des indigènes tunisiens qui ont été appelés en vertu de la loi beylicale. — Voir pour l'exécution de la loi en *Algérie* les décrets des 18 janvier 1905 et 10 mars 1906 et en *Tunisie* le décret du 9 juillet 1906.

SECTION II

CRITIQUE DU SYSTÈME ACTUEL DE DÉFENSE DES COLONIES ET PROJETS DE RÉFORME

TITRE PREMIER

La réorganisation militaire générale

Depuis 1907, époque où les troupes coloniales ont fait l'objet d'un rapport spécial au Parlement, tous les rapporteurs, échos des publicistes et de l'opinion publique, bien que différant sur les moyens à adopter, se sont accordés à critiquer l'organisation actuelle de ces troupes et à proclamer la nécessité d'une réforme. Dans son rapport de 1900, M. Humbert demandait la suppression de l'autonomie des troupes coloniales, leur fusion avec les troupes métropolitaines et le rattachement à la guerre de tout le système de défense colonial. En 1909, M. Le Hérissé se déclarait, au contraire, partisan du maintien de l'autonomie, et du rattachement au ministère des colonies de l'armée coloniale renforcée par des troupes indigènes d'Algérie et la légion étrangère. En 1911, M. Augagneur réclamait énergiquement la fusion immédiate et complète des troupes coloniales et des troupes métropolitaines, comme indispensable soit dans l'intérêt des premières, soit dans celui du budget et de la défense nationale. Il concluait, en outre, à la réduction des cadres coloniaux en surnombre. Enfin, en 1911, M. Raiberti s'est prononcé pour le rattachement à l'armée métropolitaine des troupes coloniales spécialisées et distinctes des autres corps de troupes. Après une discussion très vive, le gouvernement et la commission du budget qui avaient accepté l'incorporation dans la loi de finances de sept articles consacrant la proposition Raiberti, se sont ralliés à la disposition approuvée par l'unanimité de la Chambre. Et un projet de résolution a été voté suivant lequel il doit être statué dans le délai de deux ans par une loi sur la réorganisation des troupes coloniales. La question reste donc pendante et il convient de l'examiner d'une façon approfondie, car elle est vitale, on s'en rend compte, pour les destinées de l'armée coloniale et, par suite, pour celles de la colonisation française.— Voir le *rapport* de M. Raiberti sur *les troupes coloniales*; budget général de l'exercice 1912 et la discussion à la Chambre, 2e séance du 5 décembre 1911; *Officiel* du 6 décembre.

Longtemps, nous l'avons dit, les troupes coloniales furent placées sous l'autorité du ministère de la marine; mais les expéditions d'Indo-Chine et de Madagascar firent comprendre l'insuffisance de leurs éléments et la nécessité de les placer sous le commandement du ministère de la guerre qui pouvait, quand la nécessité s'en faisait sentir, augmenter le nombre de ces troupes, et d'autre part, les faire collaborer avec l'élément métropolitain. C'est en 1881 que, pour la première fois, le cabinet Ferry déposa le 8rojet de loi rattachant à la guerre les troupes coloniales, projet qui ne devait être définitivement voté, on l'a vu, qu'en 1900.

La disjonction définitive d'avec la marine se justifiait par cette idée qu'il ne s'agissait plus de conquérir des terres par des expéditions maritimes et de pourvoir à la sécurité de ports installés sur un littoral plus ou moins étendu. Notre empire colonial embrassait de véritables continents qui devaient nécessiter des dépenses terrestres comme celles de la métropole. Et les troupes destinées aux colonies n'ayant plus que des contacts éloignés avec la marine, devaient être régies par les méthodes d'instruction, d'entraînement et d'administration de l'élément terrestre métropolitain.

Ainsi les colonies faisant partie du territoire national un et indivisible, la même direction s'imposait vis-à-vis de toutes les fractions de l'armée nationale comprenant les troupes coloniales ; si, en effet, ces troupes sont, en principe, préposées à la garde des colonies, ce n'est pas d'une façon absolue ; et la loi du 7 juillet 1900 a pris soin de bien préciser, dans son article Ier, qu'elles coopéreraient, le cas échéant, à la défense métropolitaine. D'autre part, une guerre coloniale ne serait probablement pas une guerre isolée ; elle amènerait presque sûrement des complications européennes, en sorte qu'une direction unique serait seule possible ; et c'est pourquoi nul ne songerait plus aujourd'hui à remettre les troupes coloniales dans les attributions de la marine. Ces motifs parurent suffisants pour décider le rattachement de l'élément colonial au ministère de la guerre; mais on ne voulut pas aller jusqu'à le fondre complètement dans l'armée métropolitaine.

Cette organisation est donc restée autonome et cette autonomie s'affirme, on l'a vu, par le maintien du commandement aux officiers spéciaux des troupes coloniales; par l'existence d'un budget propre; par la création d'une direction des troupes coloniales au ministère de la guerre et d'une direction correspondante au ministère des colonies; par l'institution du comité consultatif de la défense des colonies au ministère de ce nom, comité où se trouvent les officiers supérieurs les plus qualifiés des troupes coloniales et les directeurs des troupes coloniales à la Guerre et des services militaires au ministère des colonies.

Cette autonomie du service des troupes coloniales passée dans les faits peut se justifier par des considérations théoriques très fortes. Les troupes coloniales ont leurs traditions glorieuses, leur esprit particulier, leur entraînement qu'il faut bien se garder de faire disparaître et qui disparaîtraient nécessairement par une fusion absolue avec l'armée ordinaire. Les officiers des troupes coloniales sont, sans doute, des combattants; mais ils sont encore des explorateurs, des organisateurs; la science de la colonisation doit leur être familière; ils doivent être des administrateurs autant et plus que des conquérants. Si donc on les laisse rattachés à la Guerre, il faut que ce soit avec une situation indépendante indispensable pour l'accomplissement de leur mission.

Les considérations qui précèdent ont paru tellement puissantes à certains auteurs, qu'elles les ont conduits à faire un pas de plus et à se déclarer partisans du rattachement pur et simple de l'armée coloniale au ministère des colonies. Notre collègue, M. Girault, a brillamment soutenu cette thèse et voici quels arguments il fait valoir en sa faveur, dans son ouvrage déjà cité, I, n° 169. (Voir également : *L'armée coloniale au ministère des colonies*, dans la *Revue polit. et parlem.*, n° de décembre 1903). Suivant lui, le ministère des colonies doit devenir un troisième ministère militaire ayant son armée à lui, l'armée coloniale stationnée tout entière aux colonies et sans aucune attache en France. Dès lors, la Guerre aura seule le souci de la défense métropolitaine; et l'armée coloniale sera chargée de garder les colonies en temps de paix, et de les défendre en temps de guerre. Il doit en être ainsi, d'après M. Girault, parce que le ministère des colonies « est le seul qui soit résolu à faire le nécessaire pour la défense de nos possessions d'outre-mer. C'est le seul qui soit susceptible d'apprécier à leur juste valeur les services rendus par les troupes coloniales, et qui soit disposé à faire aux officiers qui les commandent, la situation morale et matérielle qu'ils méritent. Au ministère de la guerre, comme à celui de la marine, la défense des colonies sera toujours considérée comme secondaire et l'armée coloniale sera inévitablement sacrifiée... La Guerre, d'ailleurs, a toujours traité avec un certain dédain les guerres coloniales considérées par elle comme moins sérieuses et moins savantes que les guerres européennes... » D'autre part, M. Girault estime que le ministère des colonies, seul responsable de la garde des colonies, doit disposer seul des moyens d'action nécessaires pour arriver à ce résultat. Ce ministère est également seul capable d'apprécier et d'encourager les services rendus à la colonisation par les officiers coloniaux, parce que ces derniers, en dehors de leur rôle militaire, ont à remplir une tâche plus large, étant donné qu'il leur appartient « d'étudier le pays, de faire l'éducation de ses habitants, de collaborer à l'œuvre civilisatrice que notre pays a entreprise ». Or, un ministère exclusivement militaire se refusera toujours à tenir compte de ces considérations. Enfin, le recrutement de l'armée coloniale serait, pense M. Girault, rendu plus facile par le rattachement aux colonies, car ce département possède des moyens d'attraction variés sous forme de faveurs diverses, dont les plus apparents sont, pour les officiers, l'espoir de s'élever dans l'échelle administrative coloniale et, pour les hommes, les concessions de terres qui réaliseront pour eux la nouvelle incarnation du soldat laboureur. Au surplus, si l'on se décidait à séparer nettement les troupes coloniales du contingent de la Guerre, il en faudrait beaucoup moins pour la défense coloniale à laquelle les engagements et rengagements volontaires pourraient suffire; l'armée coloniale, en effet, dégagée de tout service dans les ports n'aurait plus qu'à accomplir une mission en somme assez restreinte. M. de Lanessan, dans son ouvrage intitulé : *L'expansion coloniale*, pp. 1004 et s., expose qu'on pourrait constituer quatre ou cinq groupes de colonies (Amérique, Afrique occidentale, Océan Indien, Indo-Chine et Océanie), qui suffiraient à leur propre défense avec des groupes similaires de contingents coloniaux réunis aux ressources de l'armée de mer.

Aux raisons données en faveur du rattachement absolu des troupes coloniales au ministère des colonies et de la transformation de ce dernier en ministère militaire, s'opposent des arguments d'une réfutation bien difficile. Il est indispensable d'avoir, pour les troupes de toutes armes, une direction unique soit en temps de paix, soit en temps de guerre. Il faut que la préparation, la direction et l'utilisation des divers éléments de l'armée nationale soient unes comme l'armée elle-même ; les méthodes d'instruction, d'entraînement et de combat ne changent point avec les uniformes. Sans doute, des spécialisations sont nécessaires et elles existent dans l'armée métropolitaine elle-même avec les diverses armes; mais, au-dessus, dans l'éducation d'ensemble, dans la coopération commune au même objectif qui est la défense du pays, l'unité reprend ses droits et le commandement s'exerce par un même chef. De même que, dans les corps humains, les membres ont leurs fonctions diverses et obéissent pourtant à une impulsion unique, de même, dans l'armée, unique aussi doit être l'impulsion donnée et l'on ne concevrait pas la division en deux parties des forces nationales suivant qu'elles sont métropolitaines ou coloniales. Rien ne justifie cette division au point de vue absolu et elle serait aujourd'hui peut-être plus dangereuse que dans le passé, car, à notre époque, on le sait, les questions coloniales tendent de plus en plus à devenir européennes. On a vu tout récemment la querelle marocaine diviser quatre grandes puissances et celle de la Tripolitaine amener un conflit armé entre deux autres. Le différend colonial est donc actuellement un différend qui se généralise, compliquant la guerre coloniale d'une guerre européenne. Comment, dans ces conditions, pourrait-on songer à tronçonner des forces qui, pour réaliser leur but, doivent rester intimement unies? Peut-on admettre que le département de la guerre ne se préoccupe que de la défense métropolitaine et celui des colonies de la défense coloniale, alors que cette défense est nécessairement indivisible? Sans doute, en cas de conflit européen, il ne faudrait pas compter outre mesure sur des troupes venues des extrémités de notre empire d'outre-mer, qui, vu la rapidité des opérations guerrières, risqueraient d'arriver après la fin du conflit. Et, d'autre part, l'exode des troupes coloniales pourrait créer un danger sérieux pour la sécurité des colonies, car leur seule présence y tient l'indigène en respect et empêche les insurrections toujours à redouter sitôt leur départ constaté. Ces considérations sont fort exactes; aussi le fait de leur rattachement à la Guerre n'implique pas nécessairement que les troupes coloniales devront quitter leurs colonies respectives et s'acheminer sans délai vers le théâtre des hostilités européennes. Pourtant, il est permis de prévoir la coopération des troupes coloniales et des troupes métropolitaines; on peut supposer une armée française allant au secours des colonies de l'Indo-Chine ou du Pacifique, en cas de conflit avec le Japon ou avec les États-Unis de l'Amérique du Nord. On peut supposer encore que les grandes puissances ayant des colonies en Afrique chercheront, en cas de conflit, à s'emparer des nôtres dans ce pays, y débarqueront des troupes dans ce but, et que nous agirons de même pour notre défense, ce qui mettrait aux prises, en Afrique, à la fois des troupes coloniales et des troupes métropolitaines. Or, dans toutes ces hypothèses, il convient qu'une volonté unique, un commandement uniforme décident de l'action combinée du double élément de la défense nationale, prononcent sur le point de savoir si les forces coloniales quitteront ou non leurs centres respectifs, continueront à garder les possessions à elles confiées ou se mêleront à la lutte avec les contingents européens. En ces circonstances dont l'expansion coloniale actuelle de plus en plus considérable montre les probabilités grandissantes, la création d'un troisième ministère militaire serait une cause d'embarras et de conflits. Et quand on voit combien sont fréquentes les rivalités entre chefs, tous issus pourtant de la même origine ; quand on songe à ce que ces rivalités nous ont coûté dans le passé, il est sage, semble-t-il, de se garder pour l'avenir de nouvelles imprévoyances et d'assurer, autant que possible, l'initiative et l'unité de commandement au ministère dont l'attribution naturelle est de commander et qui, dans tous les cas, y est autrement préparé que celui des colonies.

Le rattachement complet à la guerre, même avec la suppression de l'autonomie, semblerait la conséquence naturelle des idées qui viennent d'être développées. L'on a vu que telle était la portée de la proposition Raiberti adoptée avec quelques modifications par le gouvernement et la commission du budget, proposition suivant laquelle les troupes coloniales feraient partie de l'armée métropolitaine, sous cette réserve que les corps et services de ces troupes resteraient distincts des autres corps. C'est le rattachement intégral avec conservation toutefois du principe des spécialités. Le projet indique les effectifs des troupes coloniales stationnées en France, en Algérie-Tunisie et aux colonies, devant comprendre : 24 bataillons d'infanterie pouvant être groupés en régiments ; 36 batteries réparties en régiments ou en groupes autonomes ; des compagnies d'ouvriers d'artillerie, ainsi que des troupes d'administration dont le nombre et la composition seront fixés par décret ; des formations indigènes ou mixtes de toutes armes également à organiser par décret. Les 4 régiments de zouaves actuellement existants seraient constitués à 3 bataillons de 3 ou 4 compagnies ; sur les 6 régiments de chasseurs d'Afrique actuels, 2 seraient supprimés et remplacés par des escadrons de spahis algériens ou tunisiens ; et un décret indiquerait ceux des groupes autonomes d'artillerie stationnés en Algérie dont la disparition serait nécessaire. Le projet statue que les officiers des corps de troupe et des services des troupes coloniales (infanterie, artillerie, intendance, service de santé) prendront rang sur les tableaux d'ancienneté de chaque arme et de chaque grade de l'armée métropolitaine, d'après leur ancienneté dans le grade. Mais il détermine en même temps les mesures transitoires destinées à sauvegarder les droits acquis soit quant à l'avancement, soit quant aux décorations. C'est seulement sur leur demande que les officiers et sous-officiers seront appelés à servir aux colonies ; la préférence sera accordée, en cas de concours, aux officiers provenant des anciens cadres coloniaux. Le projet édicte enfin des mesures particulières au sujet des conditions et de la durée des engagements dans les contingents coloniaux. La retraite serait acquise à tout officier ayant servi durant 6 ans à la mer, aux colonies et dans les postes d'Algérie-Tunisie assimilés aux colonies, à partir de 25 ans de services effectifs.

Voici comment l'exposé des motifs du projet de loi consacrant le principe de la proposition Raiberti explique et justifie cette proposition. « Les troupes coloniales, y est-il dit, sont surtout formées de soldats de carrière ; mais on y a versé jusqu'ici un certain nombre d'hommes du contingent ; cette pratique ne se justifie par aucune considération, puisqu'il est admis que ces jeunes soldats ne devront pas être envoyés aux colonies. D'autre part, un réel manque de cohésion, provenant plutôt d'un défaut d'organisation que du fait des individus, s'est manifesté et a apparu nettement chez les troupes d'infanterie coloniale débarquées au Maroc au cours de cette année. Ces considérations ont conduit à rechercher une conception rationnelle de nos troupes d'outre-mer en général, où l'on comprendrait les troupes blanches et indigènes d'Algérie-Tunisie.

Dans cette armée d'outre-mer, les hommes du contingent français doivent figurer en nombre aussi réduit que possible. En Algérie-Tunisie, en particulier, les indigènes forment des troupes, soit d'infanterie, soit de cavalerie, beaucoup plus susceptibles d'utilisation dans ces contrées que les hommes du contingent français. La réduction des unités de chasseurs d'Afrique et de zouaves accompagnera donc le développement de l'utilisation des indigènes. Les troupes blanches d'outre-mer comprendraient en résumé : pour l'infanterie, les zouaves ramenés à un effectif moindre, les bataillons d'infanterie légère d'Afrique, la légion étrangère, les régiments d'infanterie coloniale ramenés à un effectif de 24.000 hommes et uniquement composés de soldats de carrière, et pour la cavalerie : 4 régiments de chasseurs d'Afrique au lieu de 6. Ces diverses troupes seraient stationnées, d'une part, aux colonies, d'autre part, en Algérie-Tunisie ou dans le Midi de la France. La constitution de cadre de ces troupes soulève des questions du plus haut intérêt. La loi de 1900, posant le principe de l'autonomie, a séparé d'une façon absolue du cadre métropolitain le cadre des officiers des troupes coloniales. Il en est résulté deux inconvénients principaux. En premier lieu, pour réaliser une péréquation de grades qui procure aux officiers coloniaux un avancement suffisant, on a été amené à créer des postes d'officiers supérieurs en nombre assez considérable qui ne correspondent à aucun emploi. En second lieu, la constitution progressive de nombreux corps indigènes a créé une situation réellement sans issue. Les officiers d'infanterie coloniale, en effet, encadrent non seulement les troupes blanches stationnées tant en France qu'aux colonies, mais aussi les troupes indigènes; après chaque campagne coloniale, ceux qui servent dans ces dernières formations font en France un séjour qui est au moins de deux années. Or, nous avons aujourd'hui 45.000 hommes de troupes indigènes et ce chiffre doit augmenter encore dans de fortes proportions; il est impossible dans ces conditions de trouver, dans les douze régiments français stationnés en France, un nombre suffisant de postes pour tous les officiers qui encadrent, aux colonies, 45.000 indigènes. On a ainsi été amené à entretenir en France plusieurs centaines d'officiers sans emplois. C'est principalement cette considération qui a conduit à envisager la constitution d'un cadre unique, dont les officiers seraient détachés pour le service dans les troupes coloniales, comme ils sont aujourd'hui détachés du cadre métropolitain pour servir à la légion étrangère ou aux corps indigènes d'Algérie-Tunisie. Il est, en effet, singulier d'entretenir en France 300 officiers sans emploi, alors que l'aviation, d'une part, les besoins du service des renseignements et de notre mission militaire au Maroc, d'autre part, ont précisément distrait des cadres métropolitains plusieurs centaines d'officiers qu'il serait indispensable d'y remplacer par des créations nouvelles. D'autres motifs rendent désirable cette mesure. Les officiers coloniaux, versés à leur sortie des écoles dans des troupes de métier et passant une grande partie de leur carrière aux colonies, perdent tout contact avec l'armée métropolitaine et l'on peut craindre qu'ils ne deviennent trop rapidement étrangers au service de France, comme aux connaissances tactiques les plus nécessaires. En outre, passant toute leur carrière aux colonies, où ils doivent obligatoirement retourner à tout âge, ils s'usent vite; beaucoup d'entre eux, qu'une dernière campagne fatigue, pourraient rendre encore en France d'excellents services.

Il est bien entendu, d'ailleurs, que des mesures transitoires seront prises, propres à sauvegarder tous les intérêts : les officiers du cadre colonial actuel notamment conserveront leur statut et jouiront d'une préférence pour les tours de départ. De l'organisation qui vient d'être exposée et du seul fait d'une meilleure utilisation des forces, sans qu'il soit porté atteinte à la spécialisation de troupes de métier, qui doivent nous être précieuses, résulte une économie annuelle qui n'atteint pas moins de trois millions. Il semble que, dans ces conditions, les mesures qui font l'objet des articles de loi ci-joints n'offrent à tous points de vue que de réels avantages et que leur adoption est éminemment désirable. »

La plus originale des dispositions du projet nouveau consiste dans la constitution à l'effectif de guerre des unités des troupes coloniales, ce qui entraîne le remplacement de la relève individuelle par la relève collective et la création d'une réserve coloniale expéditionnaire constamment sur le pied de guerre et prête à s'embarquer au premier avertissement. En ce qui concerne la relève, M. Raiberti fait observer que, jusqu'ici, on a appliqué la relève individuelle aux officiers, sous-officiers et soldats des éléments européens envoyés aux colonies. Suivant lui, les troupes coloniales européennes stationnées aux colonies, comme celles se trouvant dans la métropole, devront être à l'avenir à effectif complet de guerre, ce qui fera qu'elles deviendront interchangeables et que la relève, au lieu d'être individuelle, pourra se faire collectivement par unité. Chaque unité ne quittera la colonie où elle stationne qu'après avoir été relevée dans ses garnisons par l'unité qui lui succédera. Et voici comment, à la page 26 de son rapport, M. Raiberti expose les avantages de la relève collective.

« 1° Les unités qui vivent aux colonies pourront être considérées comme des troupes en campagne, détachées de leur corps. Elles n'auront, donc, comme les troupes en campagne, ni section hors rang, ni ateliers, ni magasins. Leur administration sera plus économique et plus simple, d'où une réduction des frais généraux. Elles ne seront plus encombrées et ralenties par leurs services ; elles seront plus mobiles, et leurs effectifs gagneront en combattants tous les hommes que laissera disponibles la suppression de ces services. — 2° La composition des unités, en cadres et en hommes, sera constante. Cadres et hommes partiront ensemble pour les colonies ; ils y vivront ensemble, ils en reviendront ensemble, et, après les congés de fin de campagne, ils se retrouveront ensemble dans la métropole, jusqu'au jour où ils retourneront encore ensemble aux colonies. Les unités de l'infanterie coloniale deviendront ainsi permanentes, et pourront, grâce à leur permanence, développer tous les avantages de leur mode de recrutement. — 3° On fera, enfin, une économie de cadres, surtout des cadres supérieurs, qui trouvent moins facilement que les cadres inférieurs un emploi de leur activité aux colonies. Le commandement gagnera en vigueur tout ce qu'il perdra en dispersion. Le rendement des cadres, pour un même effectif, sera donc meilleur. »

Si la relève des troupes européennes stationnées aux colonies doit être collective, au contraire, la relève des cadres européens des troupes indigènes doit être individuelle. Le principe d'autonomie amène à cette solution que, puisque les troupes de l'infanterie coloniale sont placées en dehors de l'armée métropolitaine, il faut ou garder ces cadres sans emploi en France ou bien constituer de nouvelles unités. C'est à cette dernière solution que s'est arrêté le décret de 1903 qui a porté de 8 à 12 le nombre des régiments d'infanterie coloniale. De plus, il a fallu créer un cadre d'officiers sans emploi à la suite, et ce cadre est devenu véritablement excessif. Le rapporteur ajoute qu'un procédé d'organisation qui conduit à de pareilles conséquences est faux et que ce n'est pas à l'autonomie des troupes coloniales qu'il convient de s'attacher, mais à leur *spécialisation*. « Il eût été, dit-il, nécessaire d'organiser des troupes spéciales par leur recrutement et par leur mission, sur le modèle de la légion étrangère ou des tirailleurs algériens, qui sont de véritables troupes coloniales et employées comme telles. Il eût fallu, en outre, créer la spécialisation de leurs cadres, pour les préparer à la mission particulière qu'ils auraient à remplir. Mais les cadres devaient être tirés de l'armée métropolitaine et continuer à en faire partie, malgré leur spécialisation, comme en font partie les cadres de la légion étrangère et des tirailleurs algériens. Dès lors, l'armée métropolitaine aurait constitué un vaste réservoir, où les troupes coloniales n'auraient eu qu'à puiser les éléments dont elles auraient eu besoin, pour relever les cadres européens de leurs formations indigènes. »

Le second but du projet Raiberti est de doter la métropole d'une réserve générale prête à tout moment à être transportée là où sa présence sera nécessaire; grâce à elle, on pourra réduire l'importance des troupes à entretenir aux colonies, spécialement des troupes européennes et, d'autre part, posséder l'instrument nécessaire d'une politique coloniale. Cette réserve actuellement n'existe pas, parce que la loi de 1900 s'est préoccupée exclusivement d'assurer la relève ; aussi, dans toutes les expéditions coloniales, a-t-on dû faire appel aux troupes d'Algérie-Tunisie et même aux troupes métropolitaines, ce qui n'a pas eu lieu sans difficultés de toute sorte. L'élément principal de cette réserve serait l'infanterie, car la cavalerie est ici à peu près inutile et se remplace, d'ailleurs, avantageusement par de l'infanterie montée avec les éléments du pays. Il faudrait lui joindre de l'artillerie de montagne en petite quantité et un cadre du génie utilisant les ressources indigènes. Il en serait de même pour la constitution des moyens de transport et pour les services. La proportion des troupes indigènes dans les corps expéditionnaires doit être plus forte que celle des troupes européennes, si l'on veut éviter les déchets résultant des fatigues et des maladies. On devra donc, en certaines colonies, organiser des réserves expéditionnaires indigènes qui viendraient, le cas échéant, renforcer et soulager la réserve blanche. La réserve des troupes européennes devra être prête à partir au premier signal et, à cet effet, se trouver pourvue, dès le temps de paix, de tout le matériel nécessaire pour les expéditions. Il importe, en outre, que les troupes soient établies dans des ports d'embarquement ou à proximité et exercées sur des bateaux aux embarquements et débarquements. Mais il faut surtout qu'elles soient constamment à l'effectif de guerre, comme les troupes européennes stationnées aux colonies.

Grâce à la diminution opérée dans l'effectif des troupes actuellement stationnées en France, l'auteur du projet que nous étudions fait entrevoir des économies qui, réparties sur cinq annuités, ne monteraient pas à moins de dix millions. Il est vrai que ces économies devraient être affectées à bref délai à des augmentations des réserves coloniales et à la création d'une réserve noire qui viendraient s'ajouter à la réserve blanche et à la réserve arabe existant déjà. On réaliserait donc ces innovations avec les économies procurées par la diminution indiquée ci-dessus.

M. Raiberti s'occupe enfin du transfert des troupes coloniales en Algérie-Tunisie. Bien que la loi de 1900 décide, en son article 2, que ces troupes pourraient stationner en France, en Algérie et en Tunisie, cependant, jusqu'ici elles sont restées exclusivement en France. A plusieurs reprises, la proposition de les faire stationner en Algérie a été faite sans succès, car les motifs donnés à l'appui de leur stationnement en France, motifs que M. Raiberti expose aux pages 36 et suivantes de son *rapport*, l'ont toujours emporté. Après avoir montré que ces motifs sont plus apparents que réels, le rapporteur expose qu'avec le transfert proposé on obtiendrait les résultats suivants : 1° possiblité de restituer aux troupes métropolitaines, anémiées par la baisse des contingents, les forces empruntées par l'Algérie-Tunisie; 2° groupement de tous les éléments coloniaux de l'armée sous un même commandement; 3° constitution d'une réserve expéditionnaire toujours prête, composée de toutes armes et services et aussi forte que les événements l'exigent.

Les troupes coloniales transportées en Algérie pourront demander au 19e corps d'armée les réserves qui leur manquent dans la métropole en cavalerie, génie et services. Constituées sur le pied de guerre et stationnées à proximité des ports, elles s'embarqueront à la première alerte. Des économies seront, d'autre part, réalisées grâce à ce système et on les emploiera utilement à l'organisation des réserves expéditionnaires fournies par le recrutement arabe et le recrutement noir. En Tunisie, fonctionne déjà le recrutement arabe qui donne un régiment de tirailleurs algériens à huit bataillons, dont on pourrait former deux régiments à quatre bataillons. En Algérie, on trouve trois régiments de tirailleurs à six bataillons recrutés parmi les engagés et les rengagés. Or il paraît possible d'appliquer ici le recrutement par appel qui fonctionne en Tunisie, selon la proposition de M. Messimy, rapporteur du budget de la guerre pour 1908. La commission d'enquête chargée de faire un rapport sur ce point a conclu à un recrutement limité à un faible tant pour cent prélevé sur le contingent par voie de tirage au sort, avec des dispenses de soutiens de famille et éventuellement des primes en argent aux appelés. On admettrait les remplacements administratifs comme en Tunisie et l'âge d'appel serait fixé à 19 ans, avec service de 3 ans dans l'active et de 7 ans dans la réserve.

La proposition de fusion complète entre l'armée métropolitaine et l'armée coloniale a vivement ému les officiers appartenant à cette dernière; et leurs réclamations ont été portées à la tribune de la Chambre, à la séance du 5 décembre 1911, par M. Le Hérissé qui, on l'a vu, en 1909, avait, dans son rapport sur le budget des troupes coloniales, conclu au maintien de l'autonomie. Il a reproché au projet Raiberti de sacrifier les intérêts des officiers du contingent colonial au point de vue de l'avancement et des distinctions honorifiques; de poursuivre la péréquation des grades entre les officiers de l'armée métropolitaine et ceux de l'armée coloniale, en faisant table rase des services rendus par ces derniers. Il a ajouté qu'on ne trouverait pas d'officiers de l'armée métropolitaine qui consentiraient de leur plein gré à aller aux colonies; enfin, il a contesté la réalité des économies résultant de la mise en pratique de la fusion entre les deux cadres. Suivant lui, la loi de 1900 permet parfaitement, si on le veut, la constitution de la réserve coloniale nécessaire; et, d'autre part, la cause principale du malaise qui existe dans l'armée coloniale provient de ce que, depuis le moment où cette armée est passée à la Guerre, on n'a cessé de préconiser la fusion, en affirmant que l'autonomie concédée en 1900 était purement transitoire. En partant de cette idée, les bureaux auraient opposé une force d'inertie absolue à tous les projets d'amélioration, empêchant les permutations de se produire et forçant les officiers coloniaux qui voulaient entrer dans l'armée métropolitaine, à abandonner les droits acquis par leur ancienneté de façon à ne pas nuire à leurs camarades métropolitains. De là, dans l'armée coloniale, une crise de recrutement, d'avancement et d'organisation provenant de ce fait que la loi de 1900 a été faussée dans sa lettre et son esprit par le ministère de la guerre, qui ne l'a appliquée qu'à son corps défendant et en a entravé le fonctionnement par tous les moyens possibles. Bref, tandis que, pour les uns, la loi de 1900 ne constitue qu'un régime transitoire et devant céder la place à celui de la fusion, au contraire, pour d'autres, elle a été votée comme un régime définitif seul de nature à donner à l'armée coloniale les satisfactions, les garanties et la protection auxquelles elle a droit à raison des sacrifices considérables qu'elle s'impose tous les jours dans l'intérêt du pays.

La thèse du rattachement complet se présente avec une force singulière; comme le disait M. Raiberti, à la même séance du 5 décembre 1911, l'autonomie met obstacle au développement normal des troupes coloniales et détruit une partie de la spécialisation qui constitue leur raison d'être, car, pour faire face aux nécessités croissantes de l'encadrement des troupes indigènes tous les jours de plus en plus nombreuses, il faudrait créer des cadres nouveaux. Or, cette création se heurte, d'abord, à l'impossibilité d'accroître indéfiniment les crédits budgétaires et ensuite à ce fait qu'il y a déjà en France un nombre considérable d'officiers sans emploi déterminé faisant partie du cadre complémentaire ou du cadre à la suite des troupes coloniales; en augmentant encore leur nombre, on risquerait de constituer une armée d'officiers qui n'aurait pas de soldats. Mais la thèse du rattachement se heurte elle-même à cette objection grave que la fusion pourrait porter une atteinte imméritée aux droits des officiers de l'armée coloniale qui, privés de leurs avanfages, mis sur la même ligne que leurs camarades métropolitains, se décourageraient, se retireraient et finalement n'auraient point de continuateurs de leur œuvre, les officiers se refusant systématiquement alors à demander leur envoi aux colonies ou n'y allant qu'à contre-cœur si on le leur imposait. Déjà on le voit, l'autonomie comprise comme elle l'a été depuis dix ans, n'a point donné statisfaction, tant s'en faut, à l'élément colonial ; mais combien à plus forte raison la situation actuelle empirerait-elle avec la fusion. On risquerait ainsi de tarir, dans sa source, cet admirable recrutement colonial qui a permis de constituer notre magnifique domaine d'outre-mer, et de trouver des hommes capables de garder nos colonies et de les défendre, aussi bien que d'y accomplir l'œuvre de pacification, d'organisation et de mise en valeur qui n'est pas la moindre tâche de l'officier colonial.

En résumé, les deux thèses méritent d'être attentivement étudiées et méditées; et c'est avec raison que la Chambre a ordonné le renvoi de la proposition Raiberti à la commission de l'armée qui devra élaborer un projet complet de reconstitution de l'armée coloniale. Si dans la discussion approfondie qui aura lieu à ce sujet, on croit indispensable de maintenir l'autonomie, il faudra alors que cette autonomie soit appliquée sans arrière-pensée comme mesure stable et définitive et non comme un pis-aller, une manière d'être transitoire préparant la fusion complète. Il conviendra, d'autre part, que, tout en respectant les droits des officiers coloniaux, cette autonomie ne fasse point perdre de vue les nécessités de la défense nationale qui exigent impérieusement l'unité de préparation et de commandement, l'organisation de la relève sur des bases logiques et acceptables, ainsi que l'établissement des réserves expéditionnaires. Le Parlement a pris l'engagement de donner dans deux ans au pays la loi des cadres coloniaux qui lui fait défaut; il est à souhaiter que toutes les bonnes volontés réunies puissent enfin arriver à trouver la formule qui, en respectant les intérêts légitimes des officiers coloniaux, assurera en même temps ceux bien autrement essentiels de la défense nationale.

TITRE II

La Force noire

Nous arrivons maintenant au problème le plus délicat peut-être de l'organisation et de l'utilisation de l'armée coloniale; c'est celui qui concerne les contingents indigènes et principalement les contingents noirs, et soulève cette fameuse question de l'*Armée noire*, cause de tant de polémiques. Il a été amorcé par un livre d'un homme profondément compétent en la matière, puisqu'il a fait presque toute sa carrière militaire en Afrique. En 1911, le colonel Mangin a écrit : *La Force noire*, ouvrage dans lequel est étudiée la question de l'utilisation des troupes indigènes de nos possessions africaines au profit de la défense nationale. L'auteur, envisageant la dépopulation de plus en plus grande de la France, constate qu'en abaissant à 43 % la proportion des incorporations des naissances masculines (ce qui lui paraît indspensable pour éviter l'augmentation de la mortalité), nous aurons perdu, en 1928, quatre-vingt-six mille hommes sur l'effectif appelé sous les drapeaux en 1908. Et il trouve le remède dans l'utilisation de ce réservoir d'hommes inépuisable que contiennent nos possessions africaines. Il s'exprime comme suit au début du chapitre II du livre IV : « Le corps de 20.000 tirailleurs sénégalais dont la création a été commencée par la loi de finances pour 1910, doit être stationné pour moitié en Afrique occidentale et septentrionale. En Afrique septentrionale, il permet la constitution de 4 régiments à 3 compagnies de 800 hommes, un par province algérienne et un en Tunisie. Déjà un bataillon est stationné en Algérie depuis le mois de mai 1910; 1.650 tirailleurs ont été levés en Afrique occidentale où ils s'instruisent, afin de pouvoir former en 1911 deux nouveaux bataillons qui iront rejoindre le premier et constituer avec lui un régiment. Ces 1.650 hommes amorcent la constitution du *réservoir* qu'il faut créer en Afrique occidentale pour pouvoir y puiser, au fur et à mesure de nos besoins, des hommes instruits qui iront tenir garnison en Afrique septentrionale et permettront le retour en France des contingents d'origine française servant en Algérie-Tunisie; et d'autre part, une augmentation de nos tirailleurs sénégalais par voie d'appel ».

Et le colonel Mangin conclut, à la fin du même chapitre, que l'armée africaine formera quatre corps d'armée dans nos troupes de première ligne, plus deux divisions sénégalaises, soit quarante mille noirs et environ cent mille arabes. Avec les réserves, en cas de mobilisation, le chiffre des noirs pourrait être porté à cent vingt mille au moins, sans y comprendre les cent mille arabes dont il vient d'être parlé. « Nous disposons donc, ajoute M. Mangin, de réserves pour ainsi dire indéfinies, dont la source est hors de la portée de l'ennemi. Tant que nous garderions un port et la maîtrise de la mer, il ne faudrait pas désespérer du succès. Dans l'état actuel de l'Europe, la *Force Noire* fait de nous le plus redoutable des adversaires. »

Il a été fait au projet du colonel Mangin des objections de nature diverse. Ainsi, on a prétendu que la force noire ne peut intervenir sans des inconvénients extrêmes dans les troubles sur le sol français, comme les troupes ordinaires; que la France serait en état de grande déchéance si elle faisait appel à des races autres que celles de son territoire continental, à des « peuples vaincus », à des « mercenaires »; et qu'elle tomberait bien bas si elle ne pouvait être sauvée que « par ses nègres ». On a ajouté que les troupes noires pourraient se livrer à des excès que réprouveraient les lois actuelles de la guerre et principalement les récentes codifications de La Haye; qu'elles ne peuvent point, dès lors, être opposées à des civilisés qui protesteraient avec raison contre leur emploi. On a dit encore qu'il valait mieux employer les sommes que nous coûteraient les troupes noires à l'amélioration de l'armée blanche, de façon à regagner en qualité ce que nous perdrions en quantité. On a objecté enfin que les nègres sont exposés à des maladies diverses fort graves : fièvre jaune, maladie du sommeil, paludisme, etc., qui attaquent plus spécialement les habitants de l'Afrique tropicale et qui pourraient être importées dans les populations blanches mises imprudemment en contact avec l'élément noir.

La plupart des arguments mis en avant contre la force noire n'ont pas une portée bien sérieuse. Il est évident qu'on ne songera même pas, vu son éloignement, à la mêler à la répression de nos mouvements populaires. Quant aux maladies spéciales auxquelles elle est sujette, elles peuvent être prévenues pour la plupart grâce à des mesures hygiéniques bien comprises qui ont été déjà prises dans les autres pays et que l'administration française néglige trop souvent par une incurie contre laquelle des spécialistes ont protesté. Il faudrait, d'autre part, au moment du recrutement, faire un triage médical sérieux, comme cela se pratique dans la métropole elle-même. L'accusation de sauvagerie portée contre les troupes noires rappelle le reproche intéressé que les Allemands firent déjà aux troupes d'Afrique en 1870-71, troupes qui les déconcertaient par une allure guerrière à laquelle n'étaient point habituées les armées teutoniques. L'histoire a fait justice de ce grief et les nouvelles troupes noires ne sauraient davantage subir de ce chef une exclusion imméritée. D'autant plus que le colonel Mangin, expert tout à fait qualifié et narrateur loyal de ce qu'il a vu et apprécié, déclare que chez les troupes noires on trouve toutes les qualités que réclame la guerre moderne : rusticité, endurance, tenacité, instinct du combat, absence de nervosité et incomparable puissance de choc. Leur arrivée sur le champ de bataille, ajoute-t-il, produira sur l'adversaire un effet moral considérable, on peut même dire une grande surprise; mais il n'y a là aucune raison de les écarter, bien au contraire. Et, du reste, les inventions nouvelles de la guerre ne produisent-elles pas sur les combattants un effet mille fois plus troublant, sans que pour cela on renonce à leur emploi ! Le temps précipite les solutions dans le domaine de la guerre comme ailleurs. Depuis le conflit russo-japonais, les jaunes ont droit de cité dans les armées mondiales; les noirs à leur tour y entreront dans un conflit peut-être plus rapproché qu'on ne le pense communément. Enfin, ce serait un véritable don quichottisme que de refuser l'aide de l'élément noir par fierté nationale; les nations, pour leur salut qui est la loi supérieure, font appel à tout ce qui peut les sauver; et, tandis que tous les peuples coloniaux : Anglais, Russes et Hollandais, se servent de leurs troupes indigènes pour la garde de leurs possessions, ne serait-ce pas une duperie véritable que d'y renoncer en France, alors que notre diminution de population nous fait un devoir impérieux de les utiliser !

Il n'y a donc aucun obstacle de principe contre l'emploi des troupes noires; tout au contraire l'encourage; reste maintenant à savoir quand et comment on devra y recourir. On a vu que le colonel Mangin semble ne vouloir les employer que pour permettre l'utilisation des contingents métropolitains dans la mère patrie. Dès le temps de paix, écrit-il dans sa conclusion, environ trente mille soldats français actuellement en Algérie peuvent être ramenés en France. Mais on est allé plus loin et on a proposé, en cas de guerre, d'adjoindre les troupes noires à l'armée coloniale, dont elles augmenteraient sensiblement les effectifs. Or, c'est ici que la question paraît devoir être serrée de très près. Dans un rapport présenté en avril 1911 à l'« Association professionnelle des écrivains et publicistes militaires maritimes et coloniaux », M. Cloarec, ancien officier de marine et ancien directeur de la ligue maritime française, se déclare absolument opposé à l'idée de confier la défense de l'Algérie à un corps noir remplaçant en tout ou en partie le XIXe corps actuel, car, dit-il, la pacification et la conquête morale des arabes ne sont pas assez avancées pour que nous mettions leur loyalisme à une telle épreuve. Les colons algériens estimeraient peut-être, non sans raison, que de tels défenseurs ne les défendraient que très mal et feraient la plus mauvaise impression sur l'indigène qui ne respecte le blanc que parce qu'il a la conviction qu'il est capable de se défendre lui-même. M. Cloarec ajoute que tous les climats, même dans les colonies, ne seraient pas avantageux pour le nègre dont la résistance physique n'est pas très grande, et qu'enfin sa présence dans certains milieux, en Indo-Chine par exemple, pourrait être aussi mal vue qu'en Algérie par la population locale.

Ces arguments ont une portée incontestable; mais ils ne suffisent pas pour faire repousser l'idée excellente en elle-même de l'utilisation de la force noire. Et il semble que l'examen des diverses opinions que nous venons de passer en revue (1) amène aux conclusions suivantes.

1° La jonction de l'armée noire à l'armée blanche pour la défense du territoire métropolitain paraît, pour le moment tout au moins, constituer une impossibilité pratique. Pour la mobiliser et la transporter en temps utile, il faudrait construire le transsaharien qui n'existera pas de longtemps encore, et avoir sous la main les transports nécessaires qui ne sauraient être réunis sans de sérieuses difficultés. Pour les utiliser, d'autre part, à supposer leur transport réalisable, les contingents noirs devraient recevoir une autre instruction que celle qui leur est donnée aujourd'hui; il faudrait changer de fond en comble le plan général de mobilisation, sans être sûr de les avoir au moment voulu. A leur arrivée en France, il y aurait lieu de procéder à leur égard à une véritable seconde mobilisation; de les doter d'états-majors et de services d'artillerie, d'intendance, de santé, etc. On devrait supprimer leurs *smalas*, sans lesquelles pourtant ils ne marcheraient peut-être pas; et, dans tous les cas, leur présence au milieu des populations blanches serait souvent une cause de difficultés et d'excès sur lesquels il est inutile d'insister. Nous ne parlons pas de l'acclimatement dont on n'aurait peut-être pas à se préoccuper, car les opérations des guerres actuelles sont généralement rapides. Et cependant que de vides se produiraient dans ces troupes noires après quelques mois d'hiver, de privations, de fatigues et de luttes !

2° En Algérie, les garnisons noires pourraient fort bien être utilisées, à la condition de les encadrer dans des effectifs européens, ce qui permettrait la rentrée en France des deux tiers environ du corps d'armée africain. Dans les colonies autres que l'Algérie et la Tunisie, la création de l'armée noire ne pourra produire que d'excellents résultats, si elle est commandée et encadrée par des effectifs européens en petit nombre. En Afrique spécialement, elle peut suffire amplement à la défense de nos colonies; et son organisation,

---

(1) Consulter à ce sujet la très intéressante brochure intitulée : *Les Troupes Noires* publiée en mai 1911 par le journal : *L'Armée Coloniale*.

par suite, doit être activement poursuivie conformément à la décision prise par la Chambre.

En tout cas, quelque opinion qu'on adopte au sujet des troupes noires, il importe que le Parlement comprenne dans la loi des cadres coloniaux dont il a été question ci-dessus, au titre 1er, les règles qui leur seront applicables et qui établiront les bases sur lesquelles le ministère de la guerre en poursuivra l'organisation. On a fait remarquer, non sans raison, que des événements tels que la dernière expédition marocaine pouvaient gravement compromettre la mobilisation du XIXe corps, alors qu'avec des troupes noires déjà organisées on aurait pu tenter cet effort sans danger pour la défense nationale. Il faut espérer que cette leçon de choses sera plus probante que tous les raisonnements.

CHAPITRE IX

Le régime pénitentiaire

Le régime pénitentiaire colonial soulève plusieurs problèmes fort délicats qui sont loin d'être résolus. L'idée première est que la métropole a le droit de se débarrasser sur la colonie, considérée comme possession inférieure, des malfaiteurs qui sont un danger pour elle. Du reste, la transportation des criminels au delà des mers n'est pas une mesure nouvelle et elle a été plus ou moins pratiquée par la majorité des peuples depuis la *relegatio in insulam* des Romains. En France, ainsi qu'on l'a vu dans les explications théoriques de la *première partie*, la Royauté autorisait ou faisait elle-même aux colonies des envois fréquents de condamnés, vagabonds, gens sans aveu de toute espèce, filles de joie, etc. La Convention, à son tour, envoya indistinctement à la Guyane les prêtres insermentés, les condamnés pour incivisme, les montagnards. Les vaincus de fructidor allèrent peupler Sinnamari, et Bonaparte expédia les chouans aux Seychelles. En 1852 et 1871, la Guyane, l'Algérie et la Nouvelle-Calédonie ont reçu des déportés politiques. En dehors des colonies dont il vient d'être question, on avait encore désigné Obock et le Gabon pour les condamnés africains, hindous et asiatiques (décrets de 1886 et 1887). Un décret du 11 août 1895 a supprimé les pénitenciers d'Obock; et on a renoncé à l'utilisation du Gabon, après que les convois eurent été décimés par une grande mortalité. En 1897, avait été déposé un projet de loi établissant un centre de transportation aux îles Kerguelen; mais il n'a pas été donné suite à ce projet. Pratiquement donc la *Guyane* et la *Nouvelle-Calédonie* sont nos seules possessions pénitentiaires actuelles.

Les autres peuples ont, au cours de leur histoire coloniale, agi comme la France et certains même ont mieux réussi qu'elle. C'est ainsi que le premier noyau de la colonisation australienne a été composé de *convicts*, en sorte que c'est l'élément criminel qui est, en somme, à la base de l'une des plus belles possessions britanniques.

Mais, s'il en est ainsi sans trop de difficulté tant que la colonie est jeune, peu peuplée, et ne peut discuter en rien les ordres de la métropole, la situation change lorsqu'elle devient adulte et prend conscience de sa force. Comme chez nous la Guyane et la Nouvelle-Calédonie, elle demande la suppression d'un état de choses qui constitue pour elle un danger permanent, une cause d'infériorité, un exemple dégradant. Et peu à peu, ainsi qu'il l'a fait en Nouvelle-Calédonie, le gouvernement métropolitain est bien obligé de tenir compte des réclamations à lui adressées et de chercher un nouveau déversoir pour son trop plein pénal.

Il est vrai qu'on colore de plusieurs prétextes le système de l'envoi aux colonies. On dit que l'élément pénal constitue une force dont on tirera le meilleur parti; qu'il nécessite beaucoup moins de frais que la main-d'œuvre libre pour l'accomplissement des travaux pénibles, dangereux, souvent mortels qui s'exécutent dans les pays neufs. Et le transporté apparaît alors comme une sorte de héros donnant sa vie pour le bien public et payant ainsi d'une façon admirable sa dette à la société. Il se régénère lui-même, se retrempe dans le milieu nouveau où il oublie toutes les haines d'antan, tous les mauvais exemples qu'il a donnés ou reçus. Il recommence son existence sous l'égide bienveillante des pouvoirs publics coloniaux et devient, grâce aux concessions de terre, un citoyen estimé des nouvelles républiques d'au delà des mers. Malheureusement l'expérience a donné trop souvent un ironique démenti à ces prédictions idylliques; le forçat a coûté beaucoup plus cher que le travailleur libre; il ne s'est pas moralisé et la colonie n'a retiré de sa présence aucun bénéfice moral ou matériel. Elle a donc continué à protester contre ce qu'elle considère comme un véritable fléau.

De son côté, la métropole n'a pas voulu renoncer à cette façon commode de se débarrasser de ses résidus pénitentiaires; elle a même corsé le système dans les derniers temps, en instituant la peine nouvelle de la relégation qui transporte en bloc dans la colonie tout ce que notre race contient de plus vil et de plus dangereux.

On le voit par l'aperçu général qui précède, les intérêts de la colonie sont, quoi qu'on ait pu dire à ce sujet, en opposition directe avec ceux de la métropole et l'opposition ira en grandissant avec les progrès de la colonisation. Il convient alors d'examiner, en premier lieu, le système pénitentiaire existant actuellement et les procédés par lesquels on a tâché soit de le rendre le moins mauvais possible, soit de relever la situation matérielle et morale des condamnés et d'obtenir que leur présence soit utile à la colonie. Nous envisagerons, en second lieu, les critiques dirigées contre l'état de choses actuel et les améliorations dont il serait susceptible. Nous exposerons préalablement, d'une façon très sommaire, l'organisation générale de l'administration pénitentiaire coloniale.

SECTION PREMIÈRE

L'ADMINISTRATION PÉNITENTIAIRE

La question de l'organisation pénitentiaire indigène est laissée à l'initiative des pouvoirs locaux; les textes se bornent sur ce point à donner quelques indications générales. Nous citerons simplement le plus récent d'entre eux, l'article 68 du décret du 22 mai 1910 portant réorganisation du service de la justice dans l'Afrique équatoriale, qui décide que l'emprisonnement, en matière indigène, est subi soit dans un pénitencier indigène, soit dans des locaux disciplinaires, soit sur des chantiers de travaux d'utilité publique. Nous laissons de côté ces points spéciaux et d'intérêt purement local pour envisager l'administration pénitentiaire dans ses grandes lignes. Elle est régie par des décrets des 16 janvier 1878, 20 décembre 1892 et 3 avril 1896, qui ont établi, dans les colonies intéressées, l'administration pénitentiaire comme service dépendant directement du gouverneur. Dans chaque colonie, on trouve un directeur chef de l'administration pénitentiaire nommé par décret, dont les attributions, pour la *Guyane*, sont prévues par le décret du 16 février modifié par celui du 20 novembre 1882 et, pour *La Nouvelle-Calédonie*, par celui du 12 décembre 1874. Le directeur est, en cas d'empêchement, remplacé par un sous-directeur nommé par le ministre et investi de la surveillance et du contrôle général. Ce n'est donc plus aujourd'hui à la marine, mais aux colonies que sont rattachés les services pénitentiaires. Au ministère des colonies, fonctionne un service pénitentiaire général duquel dépendent les services locaux.

Sous les ordres du directeur est placé un personnel spécial des bureaux, de la caisse et des services administratifs des établissements pénitentiaires. Il y a, en outre, des commandants supérieurs, des commandants de pénitenciers, des commis et des surveillants militaires, ainsi qu'un personnel de police, d'interprètes, de surveillants spéciaux pour les femmes détenues, de comptables des colonies assurant le service des magasins, de directrices d'internat, d'instituteurs et d'institutrices, d'infirmières, concierges, plantons, etc. Le service de santé s'occupe du service sanitaire des pénitenciers, sur les propositions du gouverneur. Le crédit des services pénitentiaires voté pour 1910 a été de 7.467.000 francs et celui de l'exercice 1911 de 7.407.900 francs.

SECTION II

LES PEINES SUBIES AUX COLONIES ET LES DIVERS PROCÉDÉS USITÉS POLR LEUR ACCOMPLISSEMENT DANS L'INTÉRÊT DES COLONS ET DES CONDAMNÉS.

Les peines subies aux colonies sont au nombre de trois : la *déportation*, la *transportation*, la *relégation*.

TITRE PREMIER

La déportation

Suivant l'article 17 du code pénal, la déportation est une peine afflictive et infamante qui consiste à être transporté et à demeurer à perpétuité dans un lieu déterminé par la loi, hors du territoire continental. Cette peine politique fut créée par le décret de la Convention du 7 février 1793; elle fut remplacée par la déportation dans une enceinte fortifiée, quand la guerre générale eut coupé les communications avec les colonies. Elle fut rétablie par la loi du 8 juin 1850, qui remplaça, par la déportation dans une enceinte fortifiée, la peine de mort supprimée en matière politique par l'article 5 de la constitution de 1848. La déportation comporte deux degrés : la déportation simple et la déportation dans une enceinte fortifiée. Suivant les lois des 22 avril et 8 juin 1850, 23 mars 1872, article 3, 25 mars 1873, 9 février 1895, la déportation simple est subie dans l'île des Pins, et au besoin dans l'île Maré, en Nouvelle-Calédonie, et la déportation dans une enceinte fortifiée à la presqu'île Ducos en Nouvelle-Calédonie et aux îles du Salut en Guyane. Comme il a été reconnu que l'île Maré était suffisante pour assurer l'exécution de la déportation simple, la loi du 24 novembre 1911 a désaffecté l'île des Pins. Les condamnés à la *déportation simple* ne sont astreints à aucun travail; ils peuvent obtenir des concessions de terres, faire venir leur famille et jouissent de toute la liberté compatible avec les règlements (voir règlement d'administration publique du 10 mars 1877). Les condamnés à la *déportation dans une enceinte fortifiée* ne sont pas davantage astreints au travail et jouissent également de la liberté la plus grande, sous réserve des mesures destinées à empêcher les évasions et à maintenir l'ordre (voir règlement d'administration publique du 25 mai 1872). La curatelle d'office concernant la gestion des successions et biens vacants des déportés en cours de peine est attribuée à l'administration pénitentiaire par le décret du 4 mars 1879. Un décret du 27 juillet 1897 prend les précautions les plus minutieuses pour éviter toutes les communications entre la mer et les îles du Salut. Les déportés sont justiciables des conseils de guerre et passibles des peines prévues par le code de justice militaire pour l'armée de mer.

TITRE II

La transportation

La transportation est une peine de droit commun dont le principe fut établi par la loi du 25 septembre 1791, titre I, article 1er. Cette loi, confirmée par des décrets des 24 vendémiaire et 11 brumaire an II, resta lettre morte, parce que les Anglais maîtres de la mer n'avaient point laissé passer les vaisseaux chargés du transport des condamnés; et, jusqu'au second Empire, la peine des travaux forcés fut subie dans les bagnes métropolitains. Le gouvernement impérial réalisa la réforme impérieusement demandée par l'opinion publique, dans le décret-loi du 8 décembre 1851 qui autorisa la transportation, pour une durée de cinq à six ans, par mesure de sûreté générale, dans une colonie pénitentiaire (Cayenne ou l'Algérie), de tous individus placés sous la surveillance de la haute police, ayant rompu leur ban et des personnes convaincues d'affiliation à une société secrète. C'est ainsi qu'on transporta pêle-mêle à la Guyane des condamnés politiques et des repris de justice. Un autre décret, du 27 mars 1852, détermina les conditions dans lesquelles les forçats qui opteraient pour la transportation, subiraient la nouvelle pénalité substituée à l'emprisonnement dans les bagnes métropolitains. Deux autres décrets de la même année statuèrent sur le transport à Cayenne, dans des cas déterminés, des transportés de 1848 et 1852 internés à Lambessa et des africains et asiatiques des deux sexes condamnés aux travaux forcés ou à la réclusion par les juridictions des Antilles, de la Guyane et de la Réunion.

Pour régulariser ces diverses mesures, intervint la loi du 30 mai 1854, dont l'art. 1er s'exprime comme suit: La peine des travaux forcés sera subie à l'avenir dans des établissements créés par décret de l'empereur sur le territoire d'une ou plusieurs possessions françaises autres que l'Algérie... Les condamnés du sexe masculin âgés de moins de soixante ans sont tous envoyés aux colonies, à moins d'impossibilité, auquel cas la peine est subie provisoirement en France jusqu'à ce que l'empêchement ait cessé. On faisait exception pour les femmes dont la transportation était facultative, et aussi on vient de le voir, pour les individus âgés de plus de soixante ans accomplis au moment du jugement.

La loi de 1854 n'ayant pas indiqué quelle était celle de nos colonies qui devait, à l'exception de l'Algérie, recevoir les forçats, le gouvernement les dirigea vers la Guyane d'abord et vers la Nouvelle-Calédonie ensuite (décret du 2 septembre 1863). Dès 1867, on envoya dans celle-ci les forçats européens, réservant pour la Guyane les condamnés arabes, noirs et asiatiques. Bientôt envahis par les forçats, comme nous l'avons dit ci-dessus (section II du chapitre II de la *première partie*, titre IV, article 1er), les colons protestèrent contre l'envoi systématique dans leur île de tous les malfaiteurs de la métropole qui avaient dépassé en 1889 le chiffre respectable de sept mille. Le gouvernement australien avait, de son côté, élevé des protestations contre ce dangereux voisinage. La métropole comprit qu'elle allait inutilement sacrifier l'avenir de l'une de nos plus belles possessions coloniales ; et une décision ministérielle du 15 avril 1887 vint décider qu'à l'avenir on transporterait en Guyane les individus condamnés à huit ans et plus de travaux forcés. A cette solution, le décret du 16 novembre 1889 en avait substitué une autre d'après laquelle le ministre des colonies devait à l'avenir faire la répartition des forçats entre les deux colonies, après avis de la commission permanente du régime pénitentiaire. A partir de 1897, on s'est décidé à donner satisfaction à la Nouvelle-Calédonie, en suspendant tout envoi de forçats chez elle. Au recensement de 1911, l'élément pénal y était de 5.671 unités, dont 3.227 libérés, 844 relégués individuels, 491 relégués collectifs et 1.109 condamnés en cours de peine. Il a donc baissé de 2.243 unités en cinq ans, car il était de 7.914 en 1906.

Par contre, au fur et à mesure qu'on débarrassait la Nouvelle-Calédonie, on encombrait la Guyane qui est devenue le centre normal de la transportation et reçoit tous les ans de 800 à 900 forçats ; elle constitue une colonie pénitentiaire d'environ 6.000 individus.

Les établissements pénitentiaires de la *Guyane* sont aujourd'hui au nombre de cinq. Le premier est celui des *îles du Salut* qui servent de dépôt pour les nouveaux arrivés, les malades et les convalescents; on les répartit ensuite entre les autres pénitenciers. On y détient également les condamnés les plus dangereux, tels que les anarchistes, car la surveillance y est plus facile. Les condamnés y sont employés à la fabrication des objets devant servir soit aux besoins du pénitencier, soit à leurs propres besoins.

Vient ensuite le pénitencier de *Cayenne* dont l'importance autrefois considérable a beaucoup baissé. On y emploie les condamnés à des corvées de balayage, de propreté, de nettoyage et d'entretien des rues, à des travaux de port, de voirie, de canalisation, etc.

On trouve encore les pénitenciers du *Kourou* et de la *Montagne d'argent*, centres agricoles où les forçats sont employés aux travaux concernant la canne à sucre, le cacao, le café, l'élevage.

Le pénitencier le plus important est celui du *Maroni* dirigé par un commandant supérieur, dont un décret du 16 mars 1880 a érigé les établissements en commune spéciale appelée commune pénitentiaire du Maroni. L'effectif des forçats y est fort considérable et dépasse largement 2.000, chiffre qui s'explique par la grande quantité de concessionnaires; on y cultive surtout la canne à sucre. La commune rattachée au service pénitentiaire, à raison de sa population, comprend le territoire du Maroni tel que l'a délimité le décret du 30 mai 1860 (voir le décret du 24 mars 1887, art. 3). Elle jouit de la personnalité civile et des droits des communes de plein exercice; elle est administrée par une commission municipale composée de fonctionnaires. L'administration pénitentiaire y a fondé une distillerie de rhum et une usine à sucre.

En *Nouvelle-Calédonie* existent le pénitencier dépôt de l'île de *Nou* et les établissements de la presqu'île *Ducos* et de *Bourail*. Étant donné le projet indiqué ci-dessus de renoncer désormais à utiliser cette colonie aux fins pénitentiaires, l'administration s'est limitée à ces établissements et s'efforce de faire produire par les forçats les objets nécessaires à leur entretien. Bourail a des usines à sucre et une école professionnelle. Il y a des institutrices à l'île Nou, à la presqu'île Ducos, au Camp-Est et à Boghen-Bourail.

A la tête de chacun des pénitenciers se trouve, suivant leurs proportions respectives, un commandant supérieur ou un commandant placé sous les ordres du directeur de l'administration pénitentiaire et secondé par un surveillant dans les pénitenciers-dépôts et les camps, et par un agent de colonisation ou un chef des travaux industriels dans les centres industriels ou agricoles. Ces agents ont sous leurs ordres tout un personnel de surveillance et d'exécution.

Les forçats avaient été, au début, soumis à un régime assez rude; puis leur condition s'adoucit beaucoup trop, au point que de nombreux condamnés souhaitaient leur transport à la *Nouvelle*, sous un climat excellent, avec la vie en plein air bien préférable à l'internement dans la métropole. La loi de 1854 avait annoncé un règlement qui ne vint pas et en l'absence duquel l'arbitraire des gouverneurs, directeurs pénitentiaires et surveillants se donna nécessairement libre carrière. On avait notamment recours fréquemment aux châtiments corporels. Ensuite intervint le décret du 18 juin 1880, qui, par une réaction exagérée contre la situation antérieure, rendit absolument illusoire la peine des travaux forcés et amena à son tour un changement réalisé par le décret du 4 septembre 1891, lequel a établi trois classes de forçats. Ceux de la première, bien notés, peuvent obtenir une concession, travailler chez l'habitant, bénéficier de remises et réductions de peine et de la libération conditionnelle. Ceux de la seconde classe sont employés à des travaux de colonisation et d'utilité publique pour le compte de l'État, de la colonie, des municipalités et des particuliers. Enfin ceux de la troisième effectuent les travaux les plus particulièrement pénibles et sont entièrement séparés des condamnés des deux autres classes. Les conditions du passage d'une classe à l'autre, telles que les établissait le décret de 1891, étaient beaucoup trop difficiles et longues. Il en résultait un grand découragement peu favorable à l'amélioration morale du coupable. Elles ont été modifiées par un décret du 26 février 1907, suivant lequel il faut avoir accompli, sauf circonstances exceptionnelles, deux ans de peine au moins pour être proposé pour la première classe; le délai est de quatre ans pour le condamné à plus de dix ans et de cinq pour le condamné à vingt ans ou à perpétuité. Pour passer de la troisième à la seconde classe, le décret de 1891 exige un délai de deux ans au moins. Suivant l'article 12 du même document, le condamné valide qui n'effectue pas le travail réglementaire, est mis au pain et à l'eau ; pour toucher la ration de viande, il doit présenter des bons de travail délivrés après accomplissement de sa tâche. Une commission disciplinaire prononce, le cas échéant, des peines qui sont la prison de nuit, la cellule et le cachot. Les condamnés de la troisième classe reconnus incorrigibles sont placés, pour six mois au moins ou un espace plus long, dans des camps disciplinaires spéciaux où le régime est fort dur et où notamment la salle de discipline d'un mois au plus est substituée à la prison de nuit. Cette peine consiste dans la marche ininterrompue à la file, en silence et au pas, depuis le lever jusqu'au coucher du soleil, marche coupée seulement par des repos d'un quart d'heure, toutes les demi-heures.

La métropole poursuit, dans la colonie où ils subissent leur peine, le relèvement des forçats par le travail réalisé en principe dans les établissements pénitentiaires et exceptionnellement chez les particuliers. C'est l'application de la *main-d'œuvre pénale* réglée par les décrets des 15 septembre 1891, 13 décembre 1894, 30 août 1898 et 19 mars 1901, dont voici les grandes lignes. Les condamnés peuvent, tout d'abord, être utilisés dans les chantiers et ateliers du service pénitentiaire. On peut encore les faire servir à des travaux de colonisation reconnus d'utilité publique et intéressant les services de l'État, les services locaux ou les municipalités. En ces divers cas, il est dû, pour leur emploi, une redevance versée au Trésor sous la rubrique : produit du travail des condamnés et dont le quantum, après avoir beaucoup varié, est actuellement de 75 centimes par homme et par jour, avec faculté pour le ministre de le réduire à 50 centimes. Quand les chantiers sont éloignés du pénitencier, il y a lieu de rembourser les frais de transport du personnel, des vivres et du matériel et de pourvoir au logement des travailleurs condamnés ou libres. Les condamnés peuvent aussi être constitués en sections mobiles chargées d'accomplir des travaux pour le compte de l'État ou des budgets locaux, dans les colonies autres que la Guyane et la Nouvelle-Calédonie. Un décret indique la colonie bénéficiaire du travail et le travail lui-même. Le budget local de cette colonie supporte tous les frais du transport, quand les travaux doivent être effectués pour son compte.

Les textes prévoient la possibilité de mettre les forçats directement à la disposition des entrepreneurs de travaux d'utilité publique ou de colonisation pour le compte de l'État, des colonies ou des communes. Le nombre des forçats ainsi prêtés à des particuliers ne peut excéder deux cents; ils sont surveillés et entretenus par l'administration dans les locaux nécessaires fournis par l'entreprise; le délai de cette entreprise ne peut dépasser cinq ans, à moins d'un décret spécial. Le concessionnaire est astreint à un cautionnement de 25 francs par homme et à un paiement de 75 centimes aussi pas homme et par jour. L'administration peut également faire exécuter des travaux temporaires pour le compte des particuliers qui doivent payer une redevance de 2 francs par homme et par jour.

Enfin, intervient l'assignation individuelle accordée seulement aux forçats présentant toutes les garanties, c'est-à-dire à ceux de la première classe. Il ne peut pas y avoir plus de cinquante condamnés à la fois chez le même particulier; et l'engagement ne peut dépasser un an, sauf renouvellement. Le particulier loge, nourrit et surveille les forçats à qui il fixe leur tâche. Il doit être versé par lui un cautionnement de 25 francs par homme et une paye mensuelle d'après un tarif local (10 francs par mois). Le budget prend les deux cinquièmes de la somme; deux autres cinquièmes sont destinés au pécule et le dernier va directement au condamné.

La loi de 1854 avait prévu des tribunaux maritimes spéciaux pour connaître des infractions commises par les forçats contre la loi pénale et des faits d'évasion. Ces tribunaux ont été institués seulement par un décret du 4 octobre 1889. Composés d'officiers et sous-officiers, de magistrats et de membres de l'administration pénitentiaire, ils jugent les crimes et délits des forçats ou des libérés et les évasions (loi de 1854, art. 7 et 8). Ils appliquent, suivant le décret de 1889, les peines de mort, de réclusion cellulaire et d'emprisonnement. Les voies de fait contre un surveillant ou fonctionnaire de l'administration comportent la peine de mort; et la réclusion cellulaire punit le refus de travail après sommation. La double chaîne a été remplacée par la réclusion cellulaire, en cas d'évasion, par un décret du 13 octobre 1906. Le recours en révision contre les décisions du tribunal maritime est porté devant le tribunal de révision de la marine de Brest. Le pourvoi en cassation n'est ouvert que dans l'intérêt de la loi ou pour cause d'incompétence (décret du 11 mai 1904).

En vue de faciliter les unions des transportés vis-à-vis desquels la création d'une famille semblait devoir constituer un procédé efficace d'amélioration, un décret du 24 mars 1866 a soustrait leurs mariages aux obligations imposées par les articles 151, 152 et 153 du code civil et limité les publications à celles effectuées dans la colonie même, si les parties n'y avaient pas les six mois de résidence de l'article 167. Pour favoriser, en outre, l'amélioration des condamnés, l'administration a institué, par décret du 4 janvier 1878, une *caisse d'épargne pénitentiaire en Nouvelle-Calédonie* qui reçoit de l'État une subvention annuelle fixée par la loi de finances. Les dépôts des fonds de pécules des condamnés faits à cette caisse comportent un intérêt de nature à exciter au travail et à l'épargne. En principe, la caisse d'épargne pénitentiaire est soumise aux règles d'administration des caisses d'épargne métropolitaines.

Le décret du 30 avril 1889 interdit, d'une façon absolue, dans un but facile à comprendre, sur tout le territoire des colonies pénitentiaires, la vente aux transportés et relégués du vin et des spiritueux.

Le décret du 4 septembre 1879 (celui-ci relatif également aux déportés) donne à l'administration pénitentiaire la *curatelle d'office* pour la gestion des successions et des biens vacants. Le curateur pénitentiaire, suivant les règles spéciales qui sont déterminées par arrêté du ministre des colonies et, d'une manière générale, d'après les prescriptions du code civil, du code de procédure civile et des décrets sur la matière, gère les curatelles, administre les successions vacantes, pourvoit aux ventes, poursuites, paiement des dettes, etc.

La loi du 30 mai 1854 dispose, dans son article 6, que le condamné à moins de huit ans de travaux forcés doit rester ensuite dans la colonie un temps égal à la durée de la condamnation; le condamné au delà est astreint à y résider toute sa vie. En aucun cas, on ne l'autorisera à rentrer en France; et, s'il est gracié, il ne sera dispensé de l'obligation de résidence qu'en vertu d'une déclaration formelle des lettres de grâce. Cette disposition a ainsi créé la catégorie nouvelle des *libérés* sur lesquels on comptait beaucoup pour l'œuvre de la colonisation. On partait de ce point de vue que, ayant payé sa dette à la société, jouissant d'une liberté à peu près complète, le libéré s'intéresserait à l'œuvre coloniale, ferait dans la colonie un établissement qui l'y fixerait d'une façon définitive, même s'il avait été condamné à moins de huit ans. Or, suivant la constatation des faits, les libérés n'ont point réalisé, tant s'en faut, les espérances qu'on fondait sur eux. Échappant à tout contrôle en dehors de leur soumission, pour faits punissables, aux conseils de guerre, ils se répandirent dans la colonie, rôdant et volant partout, menaçant les colons pour lesquels ils devinrent un fléau redoutable. Un décret du 13 janvier 1888 les soumit à une surveillance effective, en les obligeant à répondre à deux appels annuels, sous peine d'emprisonnement, afin de faire constater leur présence dans la colonie. Un autre décret du 29 septembre 1890, complétant le précédent, exige que chaque libéré possède un livret individuel destiné à l'inscription des appels et au contrôle des moyens d'existence. Ces moyens doivent consister dans la possession légitime de biens suffisants, la mise en valeur et l'exploitation effective d'une concession régulière, ou dans l'exercice d'une profession ou d'un négoce non défendu aux libérés, ou enfin dans un engagement de travail d'un mois ou moins constaté sur le livret. Faute de ces justifications, le libéré est traité comme vagabond et passible de l'article 271 du code pénal. S'il change de localité, il est astreint à une déclaration au départ et à l'arrivée. D'autre part, le décret du 13 janvier 1888 a enlevé la connaissance des délits commis par les libérés aux conseils de guerre, pour les attribuer aux tribunaux ordinaires, à l'exception des évasions prévues par l'article 8 de la loi du 30 mai 1854, qui sont justiciables des tribunaux maritimes spéciaux établis par le décret du 4 octobre 1889. Grâce à cette disposition, il fut possible d'appliquer aux libérés la relégation qui ne peut être prononcée que par les tribunaux ordinaires (loi du 27 mai 1885, art. 2).

Pour préserver la population libre du contact des libérés et des dangers qui en peuvent résulter, on avait, en 1901, déposé à la Chambre une proposition de loi en vue de les obliger à résider en territoire pénitentiaire. Cette proposition n'a point eu de suite, à cause des frais qu'aurait entraînés sa réalisation, car il est probable que la plupart des libérés seraient retombés à la charge de l'administration. Cependant la loi du 10 juillet 1901 a ajouté à l'article 20 de la loi du 27 mai 1885 sur les récidivistes une disposition en vertu de laquelle le gouvernement aura la faculté, par mesure administrative, d'interdire le séjour du chef-lieu de la colonie et de ses quartiers, dans un périmètre déterminé par un règlement d'administration publique, à tous les transportés soumis à l'obligation de résidence, sans distinction. Deux décrets portant règlement d'administration publique, du 28 novembre 1906, ont déterminé les lieux interdits, à la Guyane et à la Nouvelle-Calédonie, aux libérés astreints à la résidence. Le gouverneur peut leur défendre le séjour de Cayenne et de Nouméa et du territoire adjacent dans un rayon fixé par décisions à eux notifiées en la forme administrative.

On a vu plus haut que le libéré peut indiquer, parmi les moyens d'existence prévus par la loi, un engagement de travail, ainsi que la mise en valeur et l'exploitation d'une concession régulière. C'est qu'en effet, aux termes de l'article 11 de la loi du 30 mai 1854, les condamnés des deux sexes qui se seront rendus dignes d'indulgence par leur bonne conduite, leur travail et leur repentir, pourront obtenir : 1° l'autorisation de travailler, aux conditions déterminées par l'administration, soit pour les habitants de la colonie, soit pour les administrations locales ; 2° une concession de terrain et la faculté de cultiver pour leur propre compte, concession qui ne deviendra définitive qu'après libération. L'article 13 ajoute que des concessions provisoires ou définitives de terrains pourront être faites aux individus qui ont subi leur peine et qui restent dans la colonie. Il y a donc un double moyen d'utiliser l'activité du libéré; et l'on peut indistinctement ou l'occuper à certains travaux pour le compte des particuliers et des collectivités, ou lui octroyer une concession qui le transforme en colon.

Le premier moyen est double : le travail peut être sollicité et obtenu soit des particuliers, soit de l'administration. Quant aux particuliers, ils hésitent généralement — et on ne saurait leur donner tort — à embaucher les forçats. Les condamnés, au moment de leur libération, n'ont généralement pas atteint le degré d'amendement suffisant; souvent même ils ont, en sortant du bagne, une mentalité pire que celle qu'ils avaient en y entrant; ils sont surtout impatients de vivre en liberté et ils se laissent reprendre facilement par leurs anciennes habitudes de vagabondage. S'ils cherchent sérieusement du travail, ils trouvent difficilement des chefs d'industrie et de commerce ou des propriétaires soucieux de recueillir ces épaves humaines. Aucune société de patronage n'a été créée à leur intention, comme il en existe en Angleterre et en Hollande. Mais plus nombreux encore seraient ceux qui refuseraient l'occupation qu'on pourrait leur offrir. Donc, ne trouvant point de travail ou le refusant, le libéré commence une vie de méfaits et de rapines qui est un perpétuel danger pour le colon; et celui-ci demande instamment que la colonie organise des ateliers généraux destinés à donner des débouchés à la main-d'œuvre redoutable et redoutée des libérés.

Le procédé d'amendement des transportés soit en cours de peine, soit libérés, sur lequel l'administration avait fondé le plus grand espoir, consiste dans l'attribution de concessions de terre. On avait compté que, transformé en propriétaire du sol, intéressé par suite à le bien cultiver et à augmenter son rendement, le condamné ou bien ferait venir sa famille de France ou bien en constituerait une nouvelle et deviendrait ainsi un élément appréciable de la colonisation. Le régime de ces concessions, fixé une première fois par le règlement d'administration publique du 31 août 1878, est déterminé aujourd'hui par le décret du 18 janvier 1895. Voici l'économie générale de ce document. Le gouverneur peut accorder des concessions de terres aux condamnés en cours de peine parvenus à la 1re classe et qui ont constitué un pécule suffisant, ainsi qu'aux libérés ayant versé à la caisse d'épargne de l'administration pénitentiaire ou, à défaut, à la caisse des dépôts et consignations, un dépôt de garantie qui ne peut être inférieur à cent francs. Les concessions sont accordées à titre provisoire et deviennent définitives seulement à l'expiration d'un délai de cinq années et après libération du condamné. Les concessionnaires ou leurs ayants droit sont soumis au paiement d'une rente annuelle et perpétuelle proportionnée aux terrains concédés et fixée par l'arrêté de concession. Les concessions sont livrées défrichées et pourvues d'une maison construite dans les conditions fixées par l'administration. Ces concessions peuvent être rurales et leur superficie est réglée en égard à la qualité des terres et au nombre de personnes composant la famille du concessionnaire transporté ou libéré et habitant avec lui. Elles peuvent être urbaines pour l'exercice d'un commerce, d'une industrie ou d'un métier jugés nécessaires aux besoins des concessions agricoles et compris dans une nomenclature limitative établie par le gouverneur en conseil privé et approuvée par le ministre. Il est attribué par l'État au concessionnaire rural, pendant six mois, la ration de vivres ou une indemnité représentative; la même faveur est accordée pendant trois mois au concessionnaire urbain. Durant ces périodes, le concessionnaire marié a droit, en outre, à la ration de vivres ou à une indemnité représentative pour sa femme et à une demi-ration pour chacun de ses enfants âgés de plus de trois ans. Pendant un an, les soins médicaux sont donnés gratuitement au concessionnaire et à sa famille. Il est remis, de plus, à chaque concessionnaire, à titre remboursable, des outils aratoires, des effets de couchage et d'habillement. Tant que la concession est provisoire, le concessionnaire doit résider, jouir par lui-même et mettre le terrain en rapport pour la moitié durant la première année et pour la totalité pendant la seconde. Il ne peut ni hypothéquer, ni aliéner, ni donner à ferme. La concession est retirée de plein droit en cas de crime, d'évasion ou tentative d'évasion, de défaut de paiement de la rente dans le délai de six mois à l'échéance de chaque terme, sauf obtention d'un délai nouveau de six mois au maximum s'il y a force majeure. Elle peut encore être retirée pour fait entraînant des peines correctionnelles, pour inconduite, indiscipline, défaut de culture ou de résidence et généralement pour infraction aux dispositions soit du décret, soit de la décision d'envoi en concession. En cas de dépossession ou de décès d'un concessionnaire provisoire, les biens concédés font purement et simplement retour au domaine pénitentiaire. Toutefois, la femme ou les enfants peuvent obtenir, s'ils résident dans la colonie, la concession de l'époux ou du père, sous versement d'un nouveau capital de garantie, à la condition de se soumettre à toutes les obligations du cahier des charges. La décision fixe en ce cas le délai après lequel la concession devient définitive, délai qui ne peut être inférieur à trois ans, ni supérieur à cinq.

Le concessionnaire définitif a droit au remboursement du capital de garantie et peut, en versant le capital, se libérer du paiement de la rente. Il est établi un titre de propriété de la concession définitive, titre dressé par le directeur de l'administration pénitentiaire ou son délégué, approuvé par le gouverneur, enregistré et transcrit. Le défaut de paiement de la rente entraîne, nous venons de le dire, déchéance de la concession, qui fait retour à l'État, sans indemnité. Le décret de 1895 réserve expressément le droit successoral de la femme qui prend la totalité de la succession s'il n'y a pas de descendants dans la colonie, et a droit à l'usufruit de moitié au cas contraire.

TITRE III

La relégation

La Relégation est une peine créée par la loi du 7 mai 1885, dans le but de débarrasser la France du fléau des récidivistes incorrigibles, véritable danger social de plus en plus grandissant. Elle constitue une peine accessoire de droit commun, applicable aux matières criminelles et correctionnelles, obligatoire pour le juge et prononcée contre les individus qui, dans l'espace de 10 ans non compris la durée de toute peine subie, auront encouru les condamnations prévues en l'article 4. Suivant les lois du 18 décembre 1893 modifiant l'article 266 du code pénal sur les associations de malfaiteurs et du 23 juillet 1894 ayant pour objet de réprimer les menées anarchistes, on peut également la prononcer contre les agents punissables dont ces lois se préoccupent; mais en ce cas, elle est facultative. En aucun cas, la relégation (loi du 19 juillet 1907) n'est applicable aux femmes et aux individus de moins de 21 ans et de plus de 60. La peine consiste dans l'internement perpétuel, sur le territoire des colonies et possessions françaises, des condamnés que l'on veut éloigner de France. La loi de 1885 s'est complètement déchargée sur l'exécutif du soin de son application; elle dispose en conséquence que des décrets en la forme de règlements d'administration publique détermineront les lieux de relégation, les mesures d'ordre et de surveillance à établir dans l'intérêt de la sécurité publique, et les conditions dans lesquelles il sera pourvu à la subsistance des relégués, avec l'obligation du travail à défaut de moyens d'existence dûment constatés. Le règlement d'administration publique rendu en exécution de la loi porte la date du 26 novembre 1885. Il distingue deux modes de relégation : la relégation *individuelle*, mesure exceptionnelle, et la relégation *collective* qui constitue la régle générale.

La relégation *individuelle* est appliquée, après examen de leur conduite, à ceux qui justifient de moyens honorables d'existence, par exemple, un métier, une profession, et à ceux qui sont reconnus aptes à recevoir des concessions de terre, ou autorisés à contracter des engagements de travail pour le compte de l'État ou des particuliers. Ces relégués sont soumis, dans la colonie, au régime du droit commun et aux juridictions ordinaires. La relégation individuelle est donc un régime de faveur et d'exception, qui ne sera maintenu qu'autant que le bénéficiaire en restera digne et qu'il fera preuve d'une bonne conduite persistante. Pour connaître les colonies devant servir à la relégation individuelle, le ministre, le 2 avril 1886, adressa une circulaire à tous les gouverneurs. Seule Mayotte répondit qu'elle recevrait huit relégués; puis elles s'opposa à leur envoi. On désigna alors la Guyane et, en cas d'insuffisance, la Nouvelle-Calédonie. Le relégué *collectif* est assujetti au travail dans les établissements pénitentiaires. N'ayant pas de moyens propres d'existence, il vit aux frais de l'État; mais, en compensation, on l'emploie à des travaux d'utilité publique de colonisation.

La relégation n'est pas une peine perpétuelle. En effet, l'article 16 de la loi de 1885 autorise le relégué, à partir de la sixième année de sa libération, à introduire devant le tribunal de sa localité une demande de relèvement de sa peine, en justifiant de sa bonne conduite et de services rendus à la colonisation, ainsi que de moyens d'existence. D'autre part, la peine de la relégation ne s'applique qu'à l'expiration de la peine principale; c'est seulement quand il a subi cette dernière, que le relégué est transporté dans la colonie. Ces deux dispositions ont été l'objet de critiques méritées, sur lesquelles nous reviendrons ci-après à la section III du présent chapitre.

A son entrée dans la colonie, le relégué collectif est astreint à un stage dans les dépôts d'arrivée et de préparation organisés par le décret du 5 septembre 1887; on essaye là de le préparer le mieux possible à l'exercice de la vie coloniale. On l'utilise ensuite à des travaux d'ordre divers dans les ateliers, chantiers de travaux publics, exploitations forestières, agricoles, minières, ainsi que dans les exploitations de domaines particuliers assimilés aux précédents, avec autorisation du gouverneur. La répartition se fait après, suivant les aptitudes, l'âge et l'état de santé des condamnés.

Si les relégués collectifs se conduisent bien, en attendant la faveur de la relégation individuelle, ils obtiennent quelques adoucissements consistant en une concession de terre, ou la permission d'un engagement chez les particuliers. Le relégué collectif touche un salaire proportionné à son travail, et de ce salaire il est fait trois parts. Tout d'abord, on opère une retenue au profit de l'État, en compensation des dépenses nécessitées par l'entretien du relégué; elle ne peut dépasser un tiers du salaire. Le reste constitue le pécule qui se subdivise en deux parts : 1° Le pécule disponible remis immédiatement au relégué; 2° Le pécule réservé qui n'est rendu que lorsque le condamné quitte la relégation collective (décret du 5 septembre 1887).

Quelques relégués reconnus plus dignes et plus aptes sont désignés pour faire partie de groupes, détachements ou sections mobiles pouvant être mis à la disposition des services publics ou des particuliers, en dehors des lieux et même des colonies affectés à la relégation. Des décrets des 12 février 1889 et 12 février 1897 ont crée des sections mobiles des territoires du Haut-Maroni à la Guyane et du domaine de l'Ouamenie et à la baie de Prony en Nouvelle-Calédonie. Pour le relégué collectif, l'admission dans les sections mobiles est un acheminement vers la relégation individuelle. Le régime disciplinaire de celle-ci est beaucoup plus doux et les bénéficiaires de ce choix sont des sujets d'excellente conduite. Tandis que le relégué individuel n'est assujetti à aucun régime pénal spécial, le relégué collectif est régi par les décrets des 22 août 1887 et 6 janvier 1899 qui le soumettent à une organisation disciplinaire dans laquelle sont prévues des punitions particulières prononcées par une commission disciplinaire. Les peines sont le cachot, la prison de nuit, la privation d'une partie du salaire, l'interdiction de supplément de nourriture à la cantine. Un quartier de punition où les châtiments sont aggravés est prévu pour les incorrigibles, sans que toutefois les peines corporelles soient tolérées (décret du 26 novembre 1885, article 38).

Les relégués collectifs sont placés sous la surveillance d'agents spéciaux constituant une section du corps militaire des surveillants des établissements pénitentiaires, section organisée par le décret du 24 mars 1887.

Les crimes et délits des relégués collectifs devaient être jugés par une juridiction spéciale instituée par le décret du 26 novembre 1885 qui n'a pas été organisée. Ils sont justiciables actuellement des juridictions de droit commun, suivant ce qui a été dit à propos de l'*organisation judiciaire* au chapitre VI ci-dessus, relativement à la Guyane et à la Nouvelle-Calédonie.

Les relégués collectifs sont exclus de l'armée; toutefois, on les met à la disposition du ministre de la marine, pour être affectés à un service non armé dans les sections d'exclus, soit durant leur service, soit en cas de mobilisation. Les hommes ainsi incorporés sont justiciables des conseils de guerre (loi du 24 mars 1897 et décrets des 15 juillet 1889 et 11 janvier 1892).

On a étendu aux relégués les facilités quant au *mariage* qui avaient été accordées aux transportés (décret du 11 novembre 1887), ainsi que les dispositions du décret du 4 septembre 1879 concernant le *curatelle* d'office des successions et biens vacants. Ces dispositions et celles relatives aux exclus s'appliquent, du reste, aussi bien aux relégués collectifs dont nous venons de parler, qu'aux relégués individuels auxquels nous arrivons.

Le relégué individuel, ayant des moyens de subsistance et laissé en principe libre dans la colonie, sauf dans les localités exceptionnellement interdites, est, suivant le décret du 25 novembre 1887, muni d'un livret spécial qui doit être visé deux fois par an; s'il se déplace, il doit prévenir l'autorité. Au cas où il se trouve momentanément sans ressources, il peut obtenir, dans les établissements de relégation collective, un travail qu'il abondonnera revenu à meilleure fortune. Durant le temps où il est valide, il est astreint à se créer un fonds de réserve qui sera mis à profit en cas d'invalidité.

Le bénéfice de la relégation individuelle est accordé d'office dans les formes précisées par les articles 6, 7 et 8 du décret du 26 novembre 1885, formes qui varient suivant que la peine a été subie en France ou dans une colonie. Ce bénéfice peut également être accordé par le ministre des colonies au condamné qui le demande, quand il justifie de moyens honorables d'existence. Il semblerait plus logique de donner ici le pouvoir de décision au gouverneur qui est naturellement bien mieux au courant des faits que le ministre. Le bénéfice de la relégation individuelle peut être retiré quand le relégué a cessé de s'en montrer digne (art. 10 du décret de 1885). Les personnes individuellement reléguées avant la loi du 19 juillet 1907 sont placées dans des établissements d'assistance et de travail jusqu'au jour où elles auront trouvé un engagement remplissant les conditions voulues de sûreté et de moralité.

D'après l'article 4 du décret du 26 novembre 1885, la relégation individuelle peut être subie dans les diverses colonies ou possessions françaises, tandis que la rélégation collective doit s'exécuter en Guyane et, si les besoins l'exigent, dans les parties de la Nouvelle-Calédonie et de ses dépendances qui seront déterminées et délimitées, par décret. En Nouvelle-Calédonie, un décret du 20 août 1886 avait désigné l'île des Pins pour recevoir un certain nombre de relégués collectifs. La suspension, depuis 1897, de l'envoi en Nouvelle-Calédonie des condamnés aux travaux forcés et des relégués, y a fait largement diminuer la population pénale, et a permis le vote de la loi du 24 novembre 1911, dont il a été parlé ci-dessus, désaffectant l'île des Pins. On a transporté à l'île Nou les réclusionnaires, les prisonniers et les hospitalisés de la presqu'île Ducos ; et un décret du 22 avril 1909 a pu utiliser ainsi cette dernière localité comme centre de relégation collective. A l'ilôt Brun, a été installé le pénitencier de la relégation collective des femmes envoyées aux colonies pénitentiaires avant la loi de 1907. En aucun cas, les lieux désignés pour la relégation collective ne doivent être utilisés concurremment pour la transportation. Le chiffre des relégués de la *Nouvelle-Calédonie* était de 1570 en 1907, et, en *Guyane*, de 2.137. Dans cette dernière colonie, le décret du 24 mars 1887 a affecté à la relégation, par son article 2, la partie sud du territoire pénitentiaire du Maroni qui a pour centre Saint-Jean et dont la superficie peut monter à 150.000 hectares.

SECTION III

LES CRITIQUES DIRIGÉES CONTRE LE SYSTÈME PÉNITENTIAIRE ACTUEL ET LES PROJETS DE RÉFORME

TITRE PREMIER

Critique du principe même des peines subies aux Colonies

ARTICLE PREMIER

La déportation

Nous n'avons pas à apprécier ici cette peine au point de vue répressif général, mais seulement au point de vue colonial. A cet égard, on a fait remarquer avec raison qu'elle ne saurait produire de bons résultats, car le déporté ne peut s'améliorer par le travail, étant donné qu'il en est dispensé et que le gouvernement doit pourvoir à sa subsistance, s'il n'y pourvoit lui-même. Du reste, appartenant souvent aux classes élevées de la société métropolitaine, transformé en vaincu par les hasards de la politique, le déporté ne peut s'accommoder en général des travaux qui conviennent aux transportés et aux relégués. D'autre part, il ne s'attache pas à la colonie, attendu qu'il espère toujours rentrer en France à la suite d'une amnistie ou d'un coup d'État qui ramènera son parti au pouvoir. On ne peut donc guère faire fond sur lui au point de vue colonial; toutefois, comme nous verrons qu'on ne peut pas plus à cet égard compter sur les autres espèces de condamnés, nous ne sortons pas de la règle générale. Mais nous constatons cependant que le déporté est loin d'offrir les dangers que présentent les gens sans aveu parmi lesquels se recrutent les forçats et les relégués. Il n'y a donc pas grand inconvénient à faire subir la déportation aux colonies; seulement, comme il n'y a aucun avantage, on pourrait fort bien éviter les frais de transport des déportés, en les enfermant dans des prisons et des forteresses, soit sur le territoire continental même, soit dans les îles avoisinantes.

ARTICLE II

La transportation

La transportation a eu ses adversaires et ses défenseurs déclarés; les congrès pénitentiaires de 1872 (Londres) et de 1878 (Stockholm) se sont prononcés contre elle, tandis qu'elle a été acceptée par les plus récents de 1895 et de 1897 tenus à Paris et à Lisbonne. C'est qu'en effet, elle soulève une question singulièrement complexe. En sa faveur, on fait remarquer qu'elle débarrasse la métropole d'un élément fort dangereux et peut, d'autre part, rendre à la colonisation de réels services en mettant à sa disposition des bras qui, ailleurs, demeureront fatalement inutilisés. Grâce aux transportés, on tentera les grandes entreprises coloniales qui nécessitent le sacrifice de beaucoup de vies humaines et ne ressemblent nullement à celles de l'Europe, telles que celles d'irrigation, d'assainissement, de construction de voies ferrées, ports et œuvres d'art en général. En se sacrifiant pour le bien général, à la place du travailleur ordinaire qui, le plus souvent, se récuserait, le condamné paye sa dette à la société qui l'absout, s'il succombe. Et, s'il triomphe, régénéré par le travail, il recommence au delà des mers une vie nouvelle qui fera de lui un homme tout à fait différent de l'ancien. Nous avons déjà exposé ce point de vue un peu plus haut; donc nous n'y insistons pas et nous nous bornons à retenir que les partisans de la transportation considèrent qu'elle est favorable à la fois au relèvement moral et matériel du condamné et aux œuvres de colonisation. A l'objection que l'expérience a donné souvent un démenti à ces belles prédictions, ils répondent que les choses ont été maladroitement conduites, les forçats mal dirigés, les besoins de la colonie méconnus, etc. En somme, font-ils remarquer, les grandes colonies étrangères, notamment l'Australie, ont été fondées et exploitées par la main-d'œuvre pénale; et elles ont réalisé ce triple but : 1° débarrasser la métropole ; 2° peupler la colonie, la mettre en valeur, faire face aux grandes entreprises que la colonisation réclame et que la main-d'œuvre ordinaire serait le plus souvent incapable d'accomplir; 3° reclasser et transformer le condamné.

Les adversaires de la transportation font observer qu'elle peut avoir eu des avantages au début de la colonisation, alors qu'il fallait trouver des colons et la main-d'œuvre à tout prix; mais qu'elle ne cadre plus avec les intérêts de la colonie adulte. L'Angleterre, après en avoir fait grand usage, l'a supprimée en 1868 sur les réclamations pressantes de ses sujets coloniaux. Et, ajoute-t-on, les arguments en faveur de la suppression de la transportation abondent. Le forçat en cours de peine et surtout le forçat libéré constituent le danger le plus redoutable pour le colon, danger que B. Franklin a pu comparer à celui que présente le serpent à sonnettes. Le transporté ne s'amende ni avant ni après sa libération;

il reprend rapidement ses anciennes habitudes de vice, de paresse et de vagabondage; il forme avec ses compagnons une association occulte dangereuse et exerce en Nouvelle-Calédonie spécialement une influence désastreuse sur les indigènes, avec lesquels il fait un commerce clandestin d'alcool. Les libérés ne travaillant pas, comptent sur les subsides de l'administration. Et les partisans les plus déterminés de la transportation en sont arrivés eux-mêmes à conclure que l'obligation du séjour soit à perpétuité soit à temps, une fois la peine subie, ne se conçoit pas et qu'elle compromet, au contraire, les chances de relèvement du transporté. Mais, avec le renvoi du libéré dans son pays, s'évanouissent tous les espoirs de réhabilitation morale et matérielle principalement basés sur les concessions de terre. Et cependant, c'est au libéré seul que devraient logiquement être délivrées ces concessions, car leur attribution en cours de peine au transporté qui n'a pas encore payé la dette sociale, est une véritable anomalie; et rien n'est plus juste que la formule devenue classique : « peine d'abord, colonisation ensuite ». Avant d'être mis en voie de régénération et placé sur la même ligne que le cultivateur honnête de la métropole, il faut que le condamné ait reconquis sa liberté. Pratiquement, du reste, c'est la solution qui tend à prévaloir de plus en plus, spécialement en Nouvelle-Calédonie. La concession doit donc être réservée au libéré, sous peine de ne produire que des injustices et des mécomptes, si tant est qu'on le conserve dans la colonie une fois la peine subie.

Les tentatives de reconstitution de la famille n'ont pas donné de meilleurs résultats; on a songé à mettre à la disposition des forçats des femmes tirées des maisons centrales qui consentaient à être transportées pour se marier dans la colonie. Ces mariages, d'abord, ont été assez rares et, sauf très peu qui ont réussi, la plupart n'ont fait que créer un nouveau genre de prostitution et l'exploitation de la femme par le mari devenu son souteneur légal. L'Administration pénitentiaire elle-même a si bien compris que le résultat ne correspondait pas à l'idéal entrevu, qu'elle a enlevé à la famille l'enfant qui pouvait pourtant être pour elle le principal élément de régénération morale. Pour épargner à ce dernier la contagion inévitable, on a créé en Nouvelle-Calédonie des établissements servant d'internats (à *Némérara* école professionnelle et agricole de garçons et à La *Foa-Fouvhary* école agricole et ménagère de filles).

Les faits qui précèdent font bien revenir des illusions du début Au point de vue du principe, la colonisation par le forçat a fait faillite; elle empêche la colonie honnête de se développer; elle entrave la colonisation libre qui se détourne d'un milieu réservé au pire élément métropolitain et qui a partout la réputation la plus détestable. Les forçats ont, par leur conduite, bien mal répondu, du reste, aux mesures beaucoup trop douces qu'un humanitarisme déplacé avait fait adopter à leur égard et qui avaient transformé *La Nouvelle* en une sorte de paradis exotique où l'on essayait de se faire envoyer par tous les moyens, même par des crimes. C'est au point que, comme il a été dit ci-dessus, on a dû revenir à une réglementation beaucoup plus rigoureuse et voter des dispositions spéciales pour déjouer le calcul des prisonniers désireux d'aller apporter aux colonies leur peu enviable concours (loi du 25 décembre 1880).

Les frais de transportation et d'entretien des forçats sont très considérables et bien en disproportion avec les services que rendent ces derniers. Sans doute, ils ont fait des travaux profitables; mais on aurait pu avoir la main-d'œuvre libre avec ce qu'on a dépensé et souvent avec moins.

Nous nous bornons aux appréciations qui précèdent, car nous n'avons pas ici à envisager la transportation au point de vue pénal, bien que, là encore, elle prête à des critiques fort justifiées. En effet, elle frappe tous les coupables de même façon, sans tenir compte de leur degré de culpabilité et de leur plus ou moins grande déchéance morale; aussi est-elle repoussée par un grand nombre de publicistes et de criminalistes, et elle n'a point trouvé place dans le code pénal hollandais de 1881. Sur le terrain colonial, le seul que nous avions à aborder, la transportation n'offre qu'un unique avantage : débarrasser la métropole de sujets gênants et dangereux et remplacer les bagnes métropolitains absolument condamnés par l'opinion publique. Qu'on examine bien la question sur toutes ses faces et l'on se rendra compte que, de toutes les raisons données en faveur de la transportation coloniale, la seule réelle est celle tirée de l'intérêt métropolitain.

ARTICLE III

La relégation

La relégation n'a pas donné, au point de vue colonial, de meilleurs résultats que la transportation. Le condamné, au moment où il est transporté, n'est nullement préparé à la vie coloniale et, quand il arrive dans la colonie, il est généralement trop âgé pour s'acclimater. Pour faire un bon colon,il ne faut pas avoir dépassé la trentaine et même il ne faut pas en être trop rapproché; or, la plupart des relégués ont plus que cet âge, alors surtout que, par suite d'une pratique défectueuse et qui a été déjà ci-dessus signalée, le départ pour la colonie n'a lieu qu'à l'expiration de la peine et non, comme la logique l'exigerait, dès que le sujet a été reconnu passible de la relégation. Le séjour dans les prisons métropolitaines a, du reste, irrémédiablement gâté le condamné au moment où il parvient dans la colonie. Les relégués, d'autre part, coûtent beaucoup au budget pour leur transport et leur entretien, car le travail des collectifs est très peu rémunérateur. La main-d'œuvre fournie par les individuels est également très inférieure et l'on n'a recours à eux qu'à défaut d'autres travailleurs. Bref, le relégué, qui appartient à l'élément le plus vil et le plus taré de la société métropolitaine, n'offre aucun avantage pour la coloniastion. Sa présence est, au contraire, un danger constant pour le colon honnête; elle donne un mauvais renom à la colonie et ne peut, comme celle des transportés, se justifier que par l'intérêt de la métropole qui se débarrasse de malfaiteurs endurcis. La loi de 1885 a pu être une loi de salut national; personne ne soutiendra jamais sérieusement qu'elle soit une loi de salut colonial !

TITRE II

Critique des points de détail

On reproche à l'administration pénitentiaire de se montrer beaucoup trop douce vis-à-vis des transportés et relégués collectifs et de ne point avoir à leur égard la fermeté grâce à laquelle elle les tiendrait plus en main. Ce grief est fondé; toutefois, il faut reconnaître que les prescriptions nouvelles indiquées dans les développements qui précèdent, ont accentué les mesures répressives et mieux armé l'administration. Il conviendrait que cette dernière se rendît nettement compte que sa mission ne consiste pas à faire de la philanthropie, mais à faire subir des peines largement méritées par les pires éléments de la métropole. Comme il a été dit ci-dessus, la peine doit primer la colonisation; et il ne faudrait pas retomber dans les errements qui avaient fait considérer comme un bienfait inappréciable le transport à *La Nouvelle*.

On a également reproché à l'administration ses tendances à se rendre omnipotente, à se soustraire entièrement à tout contrôle, à se suffire à elle-même en faisant fabriquer chez elle tout ce qui lui est nécessaire, créant ainsi une fâcheuse concurrence à l'industrie privée. Contre ces tendances ont protesté les publicistes et les assemblées locales. Les premiers, se plaçant à un point de vue élevé, font remarquer que la main-d'œuvre pénale ne doit pas faire concurrence à la main-d'œuvre libre, devant laquelle elle doit, au contraire, s'effacer; qu'il est singulier que les bagnes coloniaux puissent, à un moment donné, lutter sur le terrain de la production avec le colon, et qu'il faut que la main-d'œuvre pénale soit limitée aux travaux d'utilité publique, comme le prescrit, du reste, formellement l'article 2 de la loi de 1854. Les assemblées locales ont élevé les mêmes objections, mais en se plaçant naturellement au point de vue de l'intérêt de leur colonie respective. Elles entendent mettre la main sur la production pénale, diriger et contrôler l'administration, afin d'éviter une concurrence illicite et désastreuse pour leurs colons.

Contre ces prétentions l'administration proteste, car, d'après elle, les assemblées locales se laissent trop souvent guider par des considérations politiques et étroites plutôt que par les intérêts généraux. Elle insiste pour garder surtout la possibilité, soit de faire faire des travaux en régie lorsqu'ils lui paraissent justifiés par l'utilité publique, soit de louer la main-d'œuvre pénale aux colons quand ceux-ci la réclament; elle se heurte, dans ce dernier cas, aux protestations des criminalistes se refusant à admettre qu'une peine aussi grave que celle des travaux forcés puisse être subie sous la direction et le commandement des partculiers.

On conçoit combien il est difficile de prendre parti dans de telles controverses où chacun, comme le dit excellemment notre collègue M. Girault, suit : « la tournure de son esprit et la nature de sa profession » (*op. cit.*, t. II, nº 360 *in fine*). Il semble impossible d'enlever à l'administration pénitentiaire une autonomie que les circonstances imposent fréquemment d'une manière absolue. On ne peut la diriger de la métropole; et les assemblées coloniales essentiellement changeantes, guidées par l'intérêt personnel et politique, le plus souvent incompétentes, ne sauraient assumer la tâche de la direction et du contrôle. L'administration chargée de conserver le bon ordre vis-à-vis des colons, ayant le mandat redoutable de maintenir la discipline et de prévenir les rébellions dans les milieux essentiellement dangereux des forçats et relégués, doit être autonome, car la responsabilité implique le commandement. Qu'on lui donne des conseils, qu'on lui recommande de s'inspirer de telles ou telles méthodes, en les adaptant aux milieux et aux circonstances, rien de plus légitime; mais aller au delà serait rendre sa tâche absolument irréalisable et livrer peut-être la la colonie aux pires catastrophes.

Nous avons indiqué ci-dessus incidemment les divers autres griefs adressés au système de la transportation et de la relégation; et nous nous bornons, par suite, à les rappeler. Il faudrait ne donner des concessions de terre (et on y arrive) qu'aux libérés. Il conviendrait de ne pas maintenir le forçat à l'état de libéré dans la colonie et de supprimer, par suite, l'article 6 de la loi du 30 avril 1854 obligeant à la résidence après l'expiration de la peine, soit temporairement, soit à perpétuité. Il conviendrait également de faire partir immédiatement l'agent punissable, sans attendre qu'il ait purgé sa condamnation dans la métropole et, d'autre part, de supprimer l'article 16 de la loi de 1885 qui autorise le tribunal à relever de la relégation six ans après la libération.

TITRE III

Les projets de réforme

Des explications qui précèdent il résulte (et on ne saurait trop insister sur ce point car il est absolument fondamental) que les peines de la transportation et de la relégation constituent tout simplement un moyen commode pour la métropole de se débarrasser tous les ans d'un trop plein criminel encombrant et dangereux. Tous les motifs allégués pour prouver l'intérêt qu'y trouve la colonie, n'ont qu'une vaine apparence; en réalité, elle n'en retire rien de bon; elle sent qu'elle sert de déversoir à la mère patrie et elle proteste. La Guyane et la Nouvelle-Calédonie disent avec raison : si la présence de l'élément pénal est avantageuse, que n'en fait-on profiter les autres colonies? Mais celles-ci consultées se refusent obstinément à accepter ce dangereux cadeau. L'expérience est donc faite; la colonie a pu, au début, retirer un certain profit de la main-d'œuvre pénale pour des travaux de premier établissement, à l'époque où le colon libre était l'exception; actuellement elle n'en veut plus, parce qu'elle se rend compte — et tous les gens désintéressés pensent comme elle — que l'élément pénal est détestable, ne s'améliore par aucun procédé et constitue un péril constant.

Reste donc l'intérêt de la métropole; est-il suffisant et celle-ci est-elle dans tous les cas autorisée à user de sa colonie comme exécutoire de l'élément pénal qui la gêne? Constatons, tout d'abord, que le procès est aujourd'hui gagné par la Nouvelle-Calédonie, qui sera probablement débarrassée dans un avenir prochain de la présence des condamnés de toute espèce d'une façon définitive et que la question se pose seulement vis-à-vis de la Guyane. A notre avis, il y a un intérêt d'ordre public à expédier au-delà des mers soit les forçats, ce qui a permis la suppression des bagnes, soit les récidivistes ou anarchistes, dont la présence est un danger constant pour la population; et nous estimons que la métropole ne doit pas hésiter devant cet intérêt supérieur, bien qu'une colonie ait à souffrir de la mesure. Il convient seulement de prendre les précautions nécessaires pour que le dommage soit le moins considérable possible.

Dans cet ordre d'idées, a été proposée la formation d'*équipes volantes*, analogues aux sections mobiles prévues par le décret du 13 décembre 1894 et susceptibles d'être envoyées temporairement dans les colonies non pénitentiaires quand le besoin l'exigerait. M. Girault a fait adopter en ce sens un vœu par le congrès colonial international de 1900, sur un rapport dans lequel sont parfaitement mis en lumière les avantages du système. Il consiste à organiser une véritable *armée pénale des travaux publics* qui serait dirigée sur les colonies où il y aurait des travaux à exécuter. Au lieu de concentrer en un ou deux points les éléments mauvais venus de la métropole, on les disséminerait momentanément un peu partout au milieu de la population libre. L'administration n'aurait plus de ces installations coûteuses et définitives sans intérêt au point de vue de la colonisation; aucune colonie ne serait souillée ou deshonorée et les condamnés ne feraient que passer en ne laissant d'autre trace que celle de leur travail. On enverrait en un mot les forçats n'importe où, à la condition de ne les laisser nulle part.

La proposition est séduisante, mais se heurte à des difficultés économiques et pratiques considérables. Au point de vue économique, il faut changer complètement le système actuel de la transportation qui suppose un établissement fixe dans le pays, de façon à faire au condamné une existence nouvelle à l'expiration de sa peine. Ce qui regarde les concessions de terre notamment n'a plus aucune application. D'autre part, il faut sacrifier totalement les installations considérables existant déjà en Guyane qui ont coûté des millions. Mais ces objections n'auraient pas pour nous grande valeur, car, nous l'avons dit, nous n'avons qu'une médiocre confiance dans les divers procédés d'amélioration des condamnés qui ont été usités jusqu'ici. Seulement, pratiquement, les équipes volantes proposées atteindront-elles le but voulu? Théoriquement elles font bonne figure; voyons-en le fonctionnement dans les faits.

Il faut supposer, d'abord, que ces équipes pourront passer sans danger d'un climat à l'autre, de l'Afrique à l'Asie et de l'Amérique à l'Océanie. Or les européens s'acclimatent assez mal à la Guyane; on les met, au début, dans des postes d'acclimatation et on ne les verse que plus tard dans les pénitenciers et les camps de l'intérieur. Fatigués par leurs voyages perpétuels, les condamnés arriveront avec le minimum de résistance et les équipes disparaîtront avec une rapidité surprenante. D'autre part, les frais d'hospitalisation des malades et ceux de transport (ces derniers surtout) deviendraient excessifs; et la main-d'œuvre pénale, déjà si chère en l'état actuel, montera à des taux invraisemblables. De plus, les travaux à exécuter dans une colonie pourront durer assez longtemps pour rendre insuffisants, surtout durant la mauvaise saison, des camps et des abris provisoires. Il faudra donc recourir à de nouvelles installations qui seront fort coûteuses et demeureront sans valeur, une fois l'équipe partie. Les mesures de surveillance seront, d'ailleurs, bien difficiles dans des pays que les gardiens ne connaîtront pas et où ils n'auront pas leurs facilités habituelles de garde et de précaution. Et les habitants du pays redouteront sans cesse des évasions et les dangers qu'elles entraînent pour la vie et la propriété. Bref, au lieu d'infester une ou plusieurs colonies, le fléau les gagnera toutes et l'on aura bien véritablement alors une armée du vice évoluant dans tout le domaine colonial.

Les considérations qui précèdent nous amènent aux conclusions suivantes. La métropole, nous le répétons, a le droit, en vertu des nécessités d'ordre public, d'envoyer dans ses possessions d'outre-mer ceux qui constituent pour elle, en territoire européen, un danger évident. Mais, s'il faut faire la part du feu, qu'elle soit aussi petite que possible;

la Nouvelle-Calédonie a reçu la promesse formelle de la disparition de l'élément pénal; cette promesse il faut la tenir. Reste donc la Guyane; incontestablement il conviendrait de la débarrasser, elle aussi, de cet élément, si on le pouvait; mais, comme ce n'est pas possible, il faut se résigner. Du reste, l'inconvénient sera bien atténué si l'on prend les précautions voulues. Il faudrait, d'après nous, parquer les forçats et relégués collectifs dans un périmètre déterminé, d'où ils ne pourraient sortir en principe et où ils seraient astreints au travail, quitte à les détacher par équipes dans les lieux de la colonie où il y aurait à exécuter des travaux publics de colonisation. A la Guyane, le domaine pénitentiaire du Maroni est parfaitement adapté à la réception des condamnés qui peuvent s'y suffire. Il contient des bâtiments, fermes, constructions, et une grande étendue de territoire où l'on pourrait établir même des concessions. Mais de concessions il ne serait plus question, puisque les libérés quitteraient la colonie et que les concessions, nous l'avons dit, ne doivent pas être attribuées à ceux qui n'ont pas accompli leur peine. La Guyane, d'ailleurs, est, par tradition, habituée aux forçats et leur main-d'œuvre est appréciée à Cayenne par les colons libres. C'est, il faut le reconnaître, celle de nos colonies où la présence de l'élément pénal offre le moins d'inconvénient, car elle attire bien moins le colon que les autres (que la Nouvelle-Calédonie par exemple), à raison de son renom d'insalubrité trop mérité, qui lui a fait décerner le triste surnom de tombeau des européens. (Voir les détails donnés à ce sujet dans la *première partie* de cet ouvrage, article 3, titre III, section II, chapitre II). Les chercheurs d'or y affluent principalement; mais n'y font que des installations provisoires et l'élément noir et mulâtre a complètement débordé les blancs.

Une décision ministérielle du 6 juillet 1909 a institué une conférence interministérielle en vue de l'étude des divers projets présentés au sujet de la transportation et de la relégation.

CONCLUSION

contenant l'exposé et l'examen critique de la convention franco-allemande du 4 novembre 1911 relative au Maroc et au Congo

Nous nous sommes efforcé, dans les explications qui précèdent, de mettre en relief, conformément au plan indiqué dans notre *Introduction*, les principes généraux qui dominent la législation et l'économie coloniales, soit en général, soit plus spécialement au point de vue français. Nous n'avons pas, dès lors, la prétention d'avoir épuisé le sujet; bien au contraire, nous avons voulu délibérément nous en tenir aux grandes lignes, renvoyant pour les innombrables détails aux ouvrages généraux plus étendus et aux publications concernant les diverses colonies. Nous avons dû souvent, au cours de nos explications, relever les défectuosités de fond et de forme malheureusement trop nombreuses que renferme notre organisation coloniale. Quant à la forme, les textes applicables aux colonies constituent un véritable chaos dans lequel il est extrêmement difficile même aux initiés de se retrouver. Ces textes sont pour la plupart des décrets relatifs à telle ou telle colonie déterminée, rendus sans ordre, chevauchant les uns sur les autres, se contredisant en mainte occurrence. Ce sont encore des articles mis à la fin d'une loi et indiquant qu'elle est applicable soit à l'ensemble des colonies, soit à un groupe, soit à une seulement. Ce sont enfin des décisions figurant aux lois annuelles de finances, dans lesquelles le législateur a pris la mauvaise habitude de légiférer sur toutes les matières du droit public et privé. Quant aux lois visant spécialement les colonies, faites exprès pour elles, elle constituent malheureusement l'exception, alors qu'elles devraient être la règle générale.

C'est à ce point de vue que trouve sa place le grief principal de fond contre la législation coloniale actuelle. Au lieu d'avoir leurs lois particulières auxquelles elles ont droit comme la métropole, nos colonies sont soumises au néfaste régime du décret contre lequel on s'est tant élevé, dont la suppression est réclamée par tout le monde et qui pourtant continue à subsister, comme tant de choses en France, en vertu de la vitesse acquise. Nous avons indiqué également combien la pratique de l'assimilation douanière était mauvaise à la fois pour la métropole et pour les colonies, au point que les plus florissantes parmi ces dernières sont précisément celles qui ont pu, pour des raisons diverses, échapper à cette assimilation. Nous avons exposé, d'autre part, les résultats déplorables de certaines habitudes en quelque sorte consacrées en matière judiciaire et administrative. C'est ainsi que l'on fait voyager d'une colonie à l'autre, sans souci de leur compétence, des administrateurs et des magistrats qui devraient, au contraire, comme en Angleterre, être stabilisés dans un établissement déterminé où, par leur connaissance de la langue, des habitudes, des mœurs et des traditions des indigènes, ils pourraient facilement acquérir l'autorité que de continuels déplacements leur enlèvent sur les populations. A ces diverses causes d'insuccès colonial, il convient d'ajouter les gaspillages commis dans les budgets coloniaux à raison de la trop grande quantité de fonctionnaires (en Indo-Chine principalement), du défaut de suite dans les entreprises et de la mauvaise utilisation des productions du pays. Il serait temps que l'exploitation vraiment méthodique des ressources de chaque colonie se produisît d'après un plan d'ensemble préparé par de sérieuses études préalables et exécuté par des fonctionnaires compétents. Il serait temps aussi que la politique coloniale cessât d'être à la merci de caprices personnels, de secousses brusques, de changements intempestifs, qui, tout en nuisant à la colonisation, ne nous mettent pas non plus en trop bonne posture dans l'esprit des indigènes.

D'autant plus que nous possédons un empire colonial vraiment merveilleux, étendu sur le monde entier et bien supérieur à celui pourtant magnifique qui nous appartenait sous l'ancien régime. Mais, en vertu de l'éternelle loi du rajeunissement, il se trouve que les plus florissantes des colonies françaises sont les nouvelles; nous devons donc favoriser leur essor, tout en nous préoccupant du sort des anciennes qui n'est pas précisément très brillant, ainsi que nous l'avons indiqué dans les notions générales économiques de la première partie de ce travail. Tandis que l'Algérie, la Tunisie, l'Indo-Chine, l'Afrique occidentale et équatoriale, Madagascar, la côte des Somalis, les Etablissements de l'Inde donnent à l'heure actuelle des résultats fort satisfaisants et de belles espérances pour l'avenir, au contraire, les Antilles, la Guyane et la Nouvelle-Calédonie traversent une phase critique qui ne semble pas près de finir, car les causes qui l'ont amenée menacent de se perpétuer. C'est donc du côté du relèvement de ses possessions primitives, les aînées dans l'œuvre de la colonisation, que la France doit porter son attention.

Quoi qu'il en soit, l'ensemble du mouvement commercial des colonies françaises donne les plus légitimes satisfactions et prouve combien avaient raison ceux qui ne reculaient pas devant les entreprises coloniales pourtant si décriées par certains publicistes. Des chiffres très consolants figurent dans les statistiques du commerce des colonies françaises publiées par le ministère des colonies et dont nous avons donné les détails à propos de chaque colonie déterminée. En 1908, si nous citons maintenant les chiffres globaux, le mouvement général du commerce s'est élevé pour les importations et exportations à une somme de 1.027.475.079 francs, en diminution de 16.133.767 francs sur l'année précédente et en augmentation de 131.026.642 francs sur la moyenne quinquennale 1903-1907. En 1909, le commerce global a été de 1.090.400.866 francs, en augmentation de plus de 63 millions sur l'année précédente. Et nous avons vu qu'en certaines colonies l'année 1910 avait donné encore des résultats meilleurs. A ces chiffres il faut joindre ceux du commerce de l'Algérie et de la Tunisie qui ont été pour l'Algérie de 780.124.000 francs en 1909 et de 1.001.089.000 francs en 1910, et, pour la Tunisie, de 223.612.603 francs.

L'essor grandissant de la colonisation française montre mieux que tous les raisonnements que nous sommes un peuple colonisateur, en dépit de ce qui a été obligé contre cette idée. M. Messimy a pu écrire avec raison dans son ouvrage intitulé : *Notre œuvre coloniale*, pages 2 et 3. « Le domaine sur lequel s'étend l'influence de notre pays est immense; il comprend les territoires les plus difficilement accessibles et les plus ingrats; il est habité par des peuples très divers... De ces solitudes il faut faire des pays; de ces agglomérations disparates de demi-civilisés ou de barbares il faut faire des nations; il faut organiser des États nouveaux; leur donner des traditions, des mœurs, une organisation politique et sociale; y créer la vie, la richesse, l'activité économique; y susciter le vouloir et la pensée : œuvre prodigieuse qui exige de la part du peuple colonisateur la puissance matérielle et la puissance morale, la haute conscience des devoirs d'humanité, l'énergie et la souplesse, l'intelligence expérimentale alliée à l'esprit de méthode. Tout cela, la France le possède à un haut degré; elle peut réussir; elle doit réussir... ». Et, de fait, notre domaine colonial se présente aujourd'hui sous l'aspect le plus rassurant pour la réalisation de notre œuvre. L'Afrique du Nord forme un tout compact et solide qui se soude à l'Afrique occidentale et équatoriale; notre domination s'y implante fortement aussi bien qu'à Madagascar où s'efface peu à peu le souvenir des luttes anciennes. Nous avons pacifié tous ces pays ravagés et razziés par les grands tueurs d'hommes et les grands faiseurs d'esclaves; les quatre gouvernements généraux africains et la résidence générale tunisienne apparaissent comme les représentants d'une puissance à la fois formidable et pacifique, dont le respect s'impose à tous. La petite colonie de la côte des Somalis ajoute à cet ensemble sa note particulièrement utilitaire; son chemin de fer drainera un jour les richesses de l'Empire du Négus. En Indo-Chine, une habile politique, inaugurée par le fondateur de l'union indo-chinoise et continuée par ses successeurs, a mis sous notre domination absolue les populations paisibles du pays et leurs monarques indolents qui ont perdu le souvenir des résistances ancestrales. Le coq gaulois a trouvé sur son chemin autre chose que le sable prédit et, sur ce sable même, aux lieux où il l'a rencontré, il a su faire germer la moisson toujours plus féconde. S'il n'a pu arriver encore à galvaniser les possessions anciennes incontestablement très en retard sur les nouvelles, il a devant lui l'avenir duquel on peut tout attendre, en voyant ce qu'à produit un passé tout récent. La Nouvelle-Calédonie, cette terre merveilleuse, notre unique colonie de peuplement, dont le sous-sol recèle d'incalculables richesses, se relèvera le jour où on lui aura définitivement enlevé les transportés et les relégués, dont la présence a été pour beaucoup dans sa chute. Pour les autres, évidemment, la situation est moins favorable. On peut espérer toutefois que les Antilles trouveront leur salut dans une production plus considérable des cultures secondaires; et que les travailleurs qui les habitent consentiront davantage à y rester au service des colons, étant donné qu'à Panama, où ils allaient volontiers, la situation de l'étranger est assez précaire, et qu'en Guyane la recherche de l'or a subi un temps d'arrêt. En tout cas, ce qui complique beaucoup la situation aux Antilles, en Guyane, à la Réunion et en Nouvelle-Calédonie, c'est la difficulté de la main-d'œuvre causée par la suppression de l'esclavage et qui n'existe nulle part à l'état aussi aigu que dans les possessions que nous venons de citer. Les mesures maladroites prises par les pouvoirs locaux pour enrayer l'immigration qui serait si utile, l'opposition des puissances, spécialement de l'Angleterre, à cette immigration, ont créé une crise de la main-d'œuvre qui va tous les jours en s'aggravant, sans qu'on sache bien exactement comment on en sortira.

En résumé, l'aspect général des colonies françaises apparaît comme fort satisfaisant et de nature à stimuler les efforts qui restent encore à faire. Mais, dans l'accomplissement de la tâche future, il convient de se garder de certains procédés extrêmes dont deux doivent être particulièrement évités. En premier lieu, tout en surveillant de très près, comme c'est son devoir, les méthodes employées aux colonies, les budgets, la reddition des comptes, les grandes concessions domaniales et minières, les grands travaux d'utilité publique, il ne faut pas que le Parlement empiète sur les attributions de l'exécutif et fasse preuve d'une suspicion maladroite et imméritée qui découragerait les énergies des agents de l'État et des colons et compromettrait l'œuvre d'ensemble. Le temps n'est plus où l'on colonisait avec les pires éléments de la métropole; fonctionnaires et colons sont recrutés aujourd'hui dans la partie honorable et intelligente de la population. On doit donc leur faire crédit et réserver les foudres parlementaires uniquement pour les procédés véreux et les entreprises douteuses qui, quoi qu'on en ait dit, sont encore heureusement l'exception dans la colonisation française.

Il faut, en second lieu, se garder de l'uniformité absolue dans les méthodes de colonisation. Comme le faisait très exactement remarquer M. Chailley, avec sa compétence bien connue des questions coloniales, il n'y a pas de *bloc colonial*. La théorie du bloc est fausse; elle n'existe qu'en France et les auteurs étrangers s'étonnent de cette confusion de langage, source de nos erreurs de conduite (*Dix ans de politique coloniale*, p. 11.). La vérité, comme nous l'avons dit et répété maintes fois au cours de cet ouvrage, c'est que les colonies prises séparément ou tout au moins les groupements coloniaux ne comportent pas la même politique, les mêmes pratiques; que ce qui est bon pour l'Afrique ne l'est pas pour l'Asie et que ce qui convient à l'Indo-Chine serait mauvais pour les grands gouvernements d'Algérie, de l'Afrique occidentale ou équatoriale ou pour la Tunisie.

« Notre manie de l'uniformité, du symétrique nous entraîne à des erreurs colossales, disait excellemment M. Caillaux, aujourd'hui président du conseil, dans une conférence sur la « *Politique économique aux colonies* » faite le 20 juin 1906 au *Congrès colonial francais*. Il ajoutait: « Il faut apporter un prompt remède à une telle situation et faire de la décentralisation économique, car on ne doit pas oublier que les colonies sont autant de nations en voie de formation.... A l'autoritarisme tyrannique et intransigeant qui conçoit la société comme une organisation factice de l'esprit humain et qui se rapproche des utopies du collectivisme, il faut opposer le libéralisme économique qui s'inspire des faits et consacre les évolutions sociales, sans avoir la prétention de les guider et de les diriger ». (*compte rendu* du Congrès de 1906, p. 71). Pendant longtemps, nos colonies ont été conduites d'après cette méthode énergique et centralisatrice contre laquelle on réagit aujourd'hui avec raison, comme en témoigne la dernière et récente organisation du ministère des colonies qui a fini, après tant d'hésitations et de tâtonnement, par donner satisfaction aux vœux des spécialistes et de l'opinion publique.

Il reste à continuer dans la voie nouvellement ouverte; Il faut donner à chaque groupement colonial sa charte spéciale, ses institutions particulières dirigées cependant par une politique unique absolument indispensable. Il convient, d'autre part, de développer aux colonies les œuvres d'assistance sociale, d'éducation, de solidarité qui nous attacheront indissolublement les populations indigènes. Il faut multiplier les voies de communication et spécialement les voies ferrées, les entreprises d'assainissement et d'irrigation et autres similaires. Il faut persévérer dans la *politique d'association* qui a déjà fait une large part aux indigènes dans les affaires publiques et qu'on peut développer, tout en réservant, en dernière analyse, comme le fait l'Angleterre, le contrôle métropolitain. Il faut enfin demander aux troupes exotiques le contingent qu'elles peuvent raisonnablement nous donner et qui sera grandement utile, sans trop rêver d'en faire actuellement une seconde armée métropolitaine venant, en cas de guerre européenne, doubler, sur le continent, nos effectifs généraux.

Ainsi conduite avec énergie et prudence, la colonisation doit donner à notre pays les résultats effectifs sur lesquels il est en droit de compter après tant d'efforts et de sacrifices. Mais les questions coloniales ne doivent pas nous faire oublier ce qui se passe près de nous; il ne faut pas que les entreprises exotiques compromettent la défense continentale qui doit rester notre objectif principal. S'il est bon d'être un colonial convaincu, il ne serait pas prudent de devenir un colonial excessif, au point d'oublier que la défaite en Europe aurait pour conséquence inévitable l'amoindrissement et peut-être la perte du domaine colonial. Comme nous l'avons déjà exposé dans nos explications antérieures et comme le disait avec raison M. Deschanel dans son discours à la Chambre des députés du 16 décembre 1911, ce n'est pas en Afrique que peuvent se jouer les destinées de nos colonies; c'est en Europe, sur le vieux théâtre; le passé, à ce point de vue, doit instruire l'avenir. L'Angleterre, dans les guerres antérieures à la Révolution française ou qui l'accompagnèrent et dans celles du premier Empire, nous enleva la presque totalité des colonies acquises sous l'ancien régime. Aujourd'hui nous avons changé d'adversaire, et c'est l'Allemagne qui menace le nouveau domaine colonial français reconstitué par la troisième République. Après une vive tension diplomatique et des négociations difficiles, l'accord du 4 novembre 1911 a rétabli pour le moment l'entente entre les cabinets de Paris et de Berlin, grâce à des sacrifices territoriaux consentis par la France au Congo, en échange de la concession du protectorat marocain. Cet accord étant intervenu au cours de la publication de cet ouvrage, nous ne pouvons l'analyser que dans cette Conclusion. Et encore cette analyse sera-t-elle nécessairement sommaire, car c'est seulement dans quelques années que l'organisation nouvelle créée par la France formera un tout susceptible d'une étude détaillée. Nous allons donc nous borner, dans les explications qui vont suivre et par lesquelles se clôturera cette Conclusion, après avoir donné quelques notions générales sur la condition politique et économique de l'Empire chérifien, à indiquer les circonstances dans lesquelles s'est produit l'accord franco-allemand, sa teneur et ses conséquences probables dans les rapports des contractants entre eux et avec les tiers. De ces tiers, le principal intéressé est l'Espagne, avec laquelle avaient été conclus des accords restés secrets et qui, divulgués après la conclusion de la convention franco-allemande, ont obligé à des négociations nouvelles auxquelles a été mêlée l'Angleterre cosignataire de ces accords.

Le Maroc (*Maghreb*, *El Maghrib*, c'est-à-dire le couchant, l'occident pour les Arabes) est limité au nord par la Méditerranée ; à l'ouest par l'Océan Atlantique ; à l'est par l'Algérie et n'a pas au sud, vers le Sahara, de frontière bien définie. Du côté de l'Algérie, la frontière n'a pas été établie comme elle aurait dû l'être ; le traité du 18 mars 1845 acceptant l'ancienne délimitation turque avait eu le tort de laisser en dehors de notre domination le grand marché d'Oudja et l'oasis de Figuig. Le protectorat marocain réparera cette erreur et nous évitera de nouveaux incidents de frontière. La superficie du Maroc a été évaluée à 800.000 kilomètres carrés environ, soit 450.000 kilomètres carrés à peu près en dehors du Sahara marocain. La population peut monter à sept ou huit millions d'habitants approximativement en l'absence de recensement régulier. En 1910, il y avait dans le pays : 19.243 étrangers, dont 6.478 Français et Algériens, 10.441 Espagnols, 1.124 Anglais, et 250 Allemands. Le Maroc se divise en quatre régions principales : le Rif, l'Atlas, les hauts plateaux à l'est, et, à l'ouest, les plaines subatlantiques. L'intérieur est partagé en deux grands versants par les montagnes du grand Atlas qui sont d'un puissant relief. Parallèlement et plus au sud, on trouve l'Anti-Atlas de hauteur moyenne, puis le Bani, simple arête de rochers. Sur son versant septentrional, le grand Atlas s'abaisse vers le nord et le nord-ouest en plan incliné; le versant méridional est occupé par des vallées longitudinales et parallèles où coulent les oued Souss, Moûn, Draa. Ces cours d'eau, ainsi que les autres du pays : Lucos, Sebou, Tensift, Ghir, Moulouia, etc, ne sont pas navigables, car ou bien ils sont à sec ou bien ils se transforment en torrents dévastateurs, suivant les saisons. Ils débouchent soit à l'Océan, soit à la mer; et leur embouchure est souvent obstruée par les sables. Sur le littoral et dans les montagnes, le climat est sain et agréable, bien que froid sur les hauteurs; sur le versant méridional, la chaleur est torride et les pluies tombent torrentielles. Les villes principales sont : Fez, Tanger, Merrakech, Méquinez, Taroudant, Rabat, Casablanca, Tetouan et Mogador. Fez a une population diversement appréciée et qui peut s'élever à 88.000 habitants ; celles de Merrakech et de Tanger montent à 60.000 et celles de Tetouan, Rabat Casablanca et Mogador arrivent à 20.000. Les principaux ports sont ceux de Mogador, Safy, Casablanca et Rabat sur l'Atlantique, de Tanger sur le détroit de Gibraltar et de Tétouan sur la Méditerranée.

Des forêts importantes occupent les pentes de l'Atlas; les fruits de l'Europe septentrionale se rencontrent en certaines régions, tandis que d'autres donnent les produits tropicaux. Le blé, l'orge, le maïs, le millet, le safran, les fèves, les pois chiches, le lin viennent en grande abondance dans les plaines subatlantiques oû se trouvent des terres noires merveilleusement fertiles. Mais l'agriculture est à l'état primitif et une très petite partie du sol est en culture. Les animaux domestiques (cheval, âne, mulet) sont considérables ; et fort nombreux aussi sont les troupeaux de bœufs, moutons, chèvres et chameaux qui forment la fortune principale de beaucoup de tribus. Le lion et la panthère se trouvent dans l'Atlas, et, dans la plaine, le sanglier, le chacal et l'hyène.

La population se divise en berbères, maures, arabes, juifs et nègres. Les berbères aborigènes vivent sur l'Atlas ; ils sont guerriers, chasseurs, agriculteurs et se livrent peu à l'élevage qui est, au contraire, très pratiqué par les arabes habitant sous la tente et descendant des conquérants mahométans. Les maures proviennent surtout des musulmans chassés d'Espagne ; ils habitent les villes, se livrent au négoce, occupent les fonctions publiques. Les juifs habitent aussi les villes et sont généralement riches. Les nègres ont été importés, par suite de la pratique de l'esclavage, de l'Afrique occidentale, Les marocains mahométans, parlant l'arabe ou le berbère, sont, en général, farouches, sanguinaires et absolument épris de leur indépendance. Aussi la puissance du souverain n'est-elle sur eux que nominale ; l'unité politique du pays est une simple illusion. Le sultan n'a sur les tribus qu'une autorité purement religieuse ; et, en dehors des plaines subatlantiques soumises à son pouvoir direct, il ne peut maintenir sa domination sur le reste du pays que par des expéditions militaires à la tête desquelles ils va prélever le tribut annuel.

Le Maroc possède des richesses naturelles considérables, spécialement des minerais de fer, qui sont peu exploités par suite de la difficulté des communications, de l'insécurité du pays sans cesse parcouru par des bandes de pillards et des exactions des fonctionnaires. Parmi les produits les plus remarquables, on peut citer les tissus de laine et de soie, les tapis et peluches, les armes et les ouvrages en or et en argent, les maroquins. On exporte des bœufs, des peaux, du maïs, des dattes, des fèves, de la gomme. Il existe un assez grand mouvement commercial vers l'Orient, qui se fait au moyen des caravanes. Dans ce mouvement la France obtient une proportion de 45 %, comme dans les colonies où l'expansion française a son plus grand développement. Viennent ensuite la Grande-Bretagne, l'Allemagne et l'Espagne.

Entre l'Algérie et le Maroc il n'y a pas de séparation naturelle , car les pays barbaresques forment un tout indivisible, les vallées et les hauteurs se prolongeant des deux côtés de la frontière. Les races sont les mêmes et ont une même organisation religieuse et domestique. La France fait avec l'Empire chérifien un commerce qui a sensiblement augmenté dans les dernières années; elle importe dans le pays des marchandises et lui emprunte ses produits et sa main-d'œuvre. Les Français installés au Maroc sont de petits commerçants qui ont tout intérêt au rétablissement de l'ordre pour gagner leur vie; et l'anarchie, si elle se perpétuait, leur serait extrêmement préjudiciable, en dehors des dangers qu'elle aurait pour leur sécurité personnelle. D'ailleurs, à raison du voisinage de l'Algérie, la France ne peut pas se désintéresser de la police d'un pays que les révoltés algériens, depuis Abd-el-Kader jusqu'à Bou-Amama, ont toujours pris comme base d'opération.

Les accords franco-anglais de 1904 avaient fait du Maroc un protectorat français; si le nom n'avait pas été prononcé, personne cependant ne le mettait en doute. Voici, à ce sujet, les renseignements par nous fournis dans le tome I du *Traité de droit public international*, pages 374 et suivantes : « Après avoir paru accepter cet état de choses, l'Allemagne s'émut; et, se basant sur une convention du 3 juillet 1880 relative à l'exercice du droit de protection sur les ressortissants des diverses puissances, elle prétendit que le statut du Maroc, déjà réglé par un accord international, ne pouvait être modifié que par une nouvelle réunion des puissances. Cette conférence s'est réunie à Algérisas en 1906; et les représentants de l'Allemagne, de l'Autriche-Hongrie, de la Belgique, de l'Espagne, des Etats-Unis de l'Amérique du Nord, de la France, de la Grande-Bretagne, de l'Italie, du Maroc, des Pays-Bas, du Portugal, de la Russie et de la Suède ont, à la date du 7 avril, signé un acte général contenant les six documents suivants : 1° une déclaration relative à l'organisation de la police; 2° un règlement organisant la surveillance et la répression de la contrebande des armes; 3° un acte de concession d'une banque d'État marocaine; 4°

une déclaration concernant un meilleur rendement des impôts et la création de nouveaux revenus; 5° un règlement sur les douanes de l'Empire et la répression de la fraude et de la contrebande; 6° une déclaration relative aux services et aux travaux publics.

Ces divers règlements avaient un triple but : 1° ramener l'ordre, la sécurité et, si possible, la prospérité dans les possessions chérifiennes en proie à une anarchie complète; 2° tout en tenant compte des droits incontestables de la France et de l'Espagne dans ces régions, assurer l'exécution des réformes nécessaires grâce à un contrôle international; 3° sauvegarder à la fois la souveraineté et l'indépendance du sultan, en assurant une liberté économique égale à tous les contractants et, en général, à tous les peuples intéressés au Maroc à des titres divers ». Voir également, sur ces points, le tome II du *Traité* précité, pages 46 et 47.

L'acte d'Algésiras ne donna nullement les résultats qu'on en attendait. L'Allemagne continua à apporter dans les affaires marocaines l'esprit d'hostilité dont elle avait déjà fait preuve, avant la Conférence, vis-à-vis de la France; et une tension assez vive se produisit une première fois dans les rapports franco-allemands, à la suite de l'incident de Casablanca qui fut solutionné par une décision de la Cour arbitrale de La Haye du 22 mai 1909. Cette sentence sembla un moment ramener l'harmonie. Elle avait été précédée d'une déclaration franco-allemande, du 9 février de la même année, qui avait établi une entente entre les deux États, sur la base du respect mutuel des droits de leurs ressortissants et de la reconnaissance des intérêts politiques particuliers de la France au Maroc, que l'Allemagne s'engageait à ne point entraver.

Puis les événements se précipitèrent : la France, menacée par les tribus révoltées du côté de l'Algérie, organisa l'expédition de la Chaouïa, suivie de l'occupation d'Oudja. Ensuite éclata la grande rébellion contre le sultan Moulay-Hafid, provoquée soit par ses rapports avec les européens qui le rendaient suspect à ses sujets, soit par les exactions de ses ministres qui pressuraient les populations d'une façon intolérable. Il fallut organiser, en 1911, une nouvelle expédition pour délivrer Fez, où les européens assiégés réclamaient un secours immédiat. Cette expédition, après avoir débloqué Fez et poussé jusqu'à Méquinez, se disposait à pacifier le pays en châtiant et en réduisant les tribus rebelles, lorsque se produisit un fait retentissant. Sans protestation aucune, sans avoir demandé aucune explication, l'Allemagne, le 2 juillet 1911, envoya dans le port d'Agadir, situé à l'extrême sud de la côte marocaine de l'Atlantique, la canonnière *Panther* chargée de protéger les intérêts allemands plus que problématiques dans le *Sous*, et créa ainsi, par ce coup de force, une situation nouvelle basée sur une violation évidente de l'acte d'Algésiras. De leur côté, les Espagnols avaient assez peu respecté cet acte en débarquant, le 8 juin, des troupes à Larache et en occupant El-Ksar, distant de 35 kilomètres. La présence au Maroc de forces espagnoles considérables réunies à Ceuta, Mellila, Larache et El-Ksar, dépassait évidemment de beaucoup les nécessités de la protection des intérêts que l'Espagne peut avoir dans ces régions, bien qu'elle puisse, on le verra, s'appuyer sur des arrangements internationaux divulgués depuis.

Ainsi les trois puissances avaient manifestement excédé l'acte d'Algésiras; seulement l'Espagne allait alléguer plus tard les accords auxquels nous venons de faire allusion, et la France se retranchait derrière ce fait que son intervention, sollicitée par le sultan, était largement justifiée par le triste état dans lequel ses troupes avaient trouvé Fez. Et, en effet, le rapport de M. Gaillard, consul de France dans cette ville, publié en décembre 1911 dans le *Bulletin du comité de l'Afrique française*, expose que, du 28 février au 21 mai 1811, le péril couru par les colonies européennes de Fez avait été considérable; que la ville, bloquée et privée de toute communication avec l'intérieur, faillit être prise d'assaut le 11 mai, en sorte que, sans l'intervention du général Moinier, elle eût été pillée par les rebelles qui auraient massacré tous les européens. D'autre part, on pouvait également invoquer, à l'appui de l'expédition française, la convention conclue le 4 mars 1910, entre les ambassadeurs marocains et le gouvernement français, au sujet de l'occupation de la Chaouïa, du régime de la région frontière et de la question financière. L'Allemagne, au contraire, n'avait à baser sur aucune justification le coup d'Agadir. Bien plus, à raison de l'accord du 9 février précité reconnaissant que « la France a un intérêt politique particulier à la consolidation de l'ordre et de la paix intérieure dans l'empire chérifien », elle aurait dû, si elle avait eu des craintes sérieuses pour ses nationaux, nous demander de les protéger ou régler avec nous les conditions et la durée de son intervention, qui, ainsi présentée et limitée, aurait probablement été acceptée. Une déclaration des ministres anglais, qui a trouvé son expression précise dans les paroles prononcées par M. Asquith, le 7 juillet, à la Chambre des communes, avait encore compliqué la question. Il y était dit que la Grande-Bretagne ne se désintéresserait pas de l'affaire d'Agadir, parce qu'elle avait « créé une situation nouvelle de nature à affecter les intérêts anglais ». Le cabinet de Londres montrait par là que, même si on était disposé, à Paris, à certains sacrifices, il ne tolérerait pas ceux qu'il considérerait comme de nature à compromettre les intérêts britanniques en Afrique.

En cet état de choses, des négociations difficiles se sont établies entre l'ambassadeur de France à Berlin, M. Cambon, et le ministre des affaires étrangères allemand, M. de Kiderlen-Wœchter. Les deux gouvernements gardèrent à ce sujet le secret le plus strict; ce qui fit que l'opinion publique, désemparée et tenue dans une ignorance complète, passait du pessimisme le plus absolu au plus entier optimisme, sans la moindre raison. On savait seulement qu'en compensation de son abandon à la France des droits plus ou moins fondés résultant pour elle de l'acte d'Algérisas, l'Allemagne avait demandé la cession de portions plus ou moins considérables du Congo français. Enfin est intervenue la convention du 4 novembre 1911 qui se compose d'un préambule et de deux parties; la première en 15 articles est relative au Maroc, et la seconde en 17 articles concerne le Congo, où la France a donné à l'Allemagne des compensations territoriales en raison de la reconnaissance par celle-ci de nos droits supérieurs sur le Maroc.

L'accord commence, dans son préambule, par déclarer que les contractants veulent poursuivre au Maroc l'œuvre de pacification et de progrès prévue par l'acte d'Algésiras et compléter l'accord franco-allemand du 9 février 1909. Le rappel de l'acte d'Algésiras qui a donné de si mauvais résultats, paraissait au moins inutile; et il aurait été plus rationnel de partir de ce point de vue qu'une liberté d'action politique absolue était reconnue à la France. Il est probable que les négociateurs français ont essayé d'obtenir la formelle reconnaissance de cette liberté et qu'ils n'ont pu y parvenir. Cela est regrettable, car certaines formules ambiguës employées dans les textes concernant le Maroc pourront peut-être dans l'avenir soulever de nouvelles et redoutables difficultés.

Voici le texte des articles concernant le **Maroc.**

Art. 1er. — Le gouvernement impérial allemand déclare que, ne poursuivant au Maroc que des intérêts économiques, il n'entravera pas l'action de la France en vue de prêter son assistance au gouvernement marocain pour l'introduction de toutes les réformes administratives, judiciaires, économiques, financières et militaires dont il a besoin pour le bon gouvernement de l'empire, comme aussi pour tous les règlements nouveaux et les modifications aux règlements existants que ces réformes comportent.

En conséquence, il donne son adhésion aux mesures de réorganisation, de contrôle et de garantie financière que, après accord avec le gouvernement marocain, le gouvernement français croira devoir prendre à cet effet, sous la réserve que l'action de la France sauvegardera au Maroc l'égalité économique entre les deux nations.

Art. 2. — Au cas où la France serait amenée à préciser et à étendre son contrôle et sa protection, le gouvernement impérial allemand, reconnaissant pleine liberté d'action à la France et sous la réserve que la liberté commerciale prévue par les traités antérieurs sera maintenue, n'y apportera aucun obstacle.

Il est entendu qu'il ne sera porté aucune entrave aux droits et aux actions de la banque d'État du Maroc, tels qu'ils sont définis par l'Acte d'Algésiras.

Art. 3. — Dans cet ordre d'idées, il est entendu que le gouvernement impérial ne fera pas obstacle à ce que la France, après accord avec le gouvernement marocain, procède aux occupations militaires du territoire marocain qu'elle jugerait nécessaires au maintien de l'ordre et à la sécurité des transactions commerciales, et à ce qu'elle exerce toute action de police sur terre et dans les eaux marocaines.

Art. 4. — Dès à présent, si Sa Majesté le sultan du Maroc venait à confier aux agents diplomatiques et consulaires de la France la représentation et la protection des sujets et des intérêts marocains à l'étranger, le gouvernement impérial déclare qu'il n'y fera pas d'objection.

Si, d'autre part, Sa Majesté le sultan du Maroc confiait au représentant de la France près du gouvernement marocain le soin d'être son intermédiaire auprès des représentants étrangers, le gouvernement allemand n'y ferait pas d'objection.

Art. 5. — Le gouvernement français déclare que, fermement attaché au principe de la liberté commerciale au Maroc, il ne se prêtera à aucune inégalité, pas plus dans l'établissement des droits de douane, des impôts et des autres taxes, que dans l'établissement des tarifs de transport par voie ferrée, voie de navigation fluviale ou toute autre voie, et notamment dans toutes les questions de transit.

Le gouvernement français s'emploiera également auprès du gouvernement marocain afin d'empêcher tout traitement différentiel entre les ressortissants des différentes puissances; il s'opposera notamment à toute mesure, par exemple à la promulgation d'ordonnances administratives sur les poids et mesures, le jaugeage, le poinçonnage, etc., qui pourrait mettre en état d'infériorité les marchandises d'une puissance.

Le gouvernement français s'engage à user de son influence sur la banque d'État pour que celle-ci confère à tour de rôle aux membres de sa direction à Tanger les postes de délégué dont elle dispose à la commission des valeurs douanières et au comité permanent des douanes.

Art. 6. — Le gouvernement français veillera à ce qu'il ne soit perçu au Maroc aucun droit d'exportation sur le minerai de fer exporté des ports marocains. Les exploitations de minerai de fer ne subiront, sur leur production ou sur leurs moyens de travail, aucun impôt spécial. Elles ne supporteront en dehors des impôts généraux qu'une redevance fixe calculée par hectare et par an, et une redevance proportionnée au produit brut de l'extraction. Ces redevances qui seront assises conformément aux articles 35 et 49 du projet de règlement minier annexé au protocole du 7 juin 1910 de la conférence de Paris, seront également supportées par toutes les entreprises minières.

Le gouvernement français veillera à ce que les taxes minières soient régulièrement perçues, sans que des remises individuelles du total ou d'une partie de ces taxes puissent être consenties sous quelque prétexte que ce soit.

Art. 7. — Le gouvernement de la République française s'engage à veiller à ce que les travaux et fournitures nécessités par les constructions éventuelles de routes, chemins de fer, ports, télégraphes, etc., soient octroyés par le gouvernement marocain suivant les règles de l'adjudication.

Il s'engage également à veiller à ce que les conditions des adjudications, particulièrement en ce qui concerne les fournitures de matériel et les délais impartis pour soumissionner, ne placent les ressortissants d'aucune puissance dans une situation d'infériorité.

L'exploitation des grandes entreprises mentionnées ci-dessus sera réservée à l'État marocain ou librement concédée par lui à des tiers qui pourront être chargés de fournir les fonds nécessaires à cet effet. Le gouvernement français veillera à ce que, dans l'exploitation des chemins de fer et des autres moyens de transport, comme dans l'application des règlements destinés à assurer celle-ci, aucune différence de traitement ne soit faite entre les ressortissants des diverses puissances qui useraient de ces moyens de transport.

Le gouvernement de la République usera de son influence sur la banque d'État afin que celle-ci confère à tour de rôle aux membres de sa direction à Tanger le poste dont elle dispose de délégué à la commission générale des adjudications et marchés.

De même le gouvernement français s'emploiera auprès du gouvernement marocain pour que, durant la période où restera en vigueur l'article 60 de l'acte d'Algésiras, il confie à un ressortissant d'une des puissances représentées au Maroc un des trois postes de délégué chérifien au comité spécial des travaux publics.

Art. 8. — Le gouvernement français s'emploiera auprès du gouvernement marocain pour que les propriétaires de mines et d'autres exploitations industrielles ou agricoles,sans distinction de nationalité et en conformité des règlements qui seront édictés en s'inspirant de la législation française sur la matière, puissent être autorisés à créer des chemins de fer d'exploitation destinés à relier leurs centres de production aux lignes d'intérêt général et aux ports.

Art. 9. — Il sera présenté tous les ans un rapport sur l'exploitation des chemins de fer au Maroc, qui sera établi dans les mêmes formes et conditions que les rapports présentés aux assemblées d'actionnaires des sociétés de chemins de fer françaises.

Le gouvernement de la République chargera un des administrateurs de la banque d'État de l'établissement de ce rapport qui sera, avec les éléments qui en seront la base, communiqué aux censeurs, puis rendu public avec, s'il y a lieu, les observations que ces derniers croiront devoir y joindre d'après leurs propres renseignements.

Art. 10. — Pour éviter autant que possible les réclamations diplomatiques, le gouvernement français s'emploiera auprès du gouvernement marocain afin que celui-ci défère à un arbitre désigné *ad hoc*, pour chaque affaire, d'un commun accord par le consul de France et par celui de la puissance intéressée ou à leur défaut par les deux gouvernements de ces consuls, les plaintes portées par des ressortissants étrangers contre les autorités marocaines ou les agents agissant en tant qu'autorités marocaines, et qui n'auraient pu être réglées par l'intermédiaire du consul français et du consul du gouvernement intéressé.

Cette procédure restera en vigueur jusqu'au jour où aura été institué un régime judiciaire inspiré des règles judiciaires de législation des puissances intéressées et destiné à remplacer, après entente avec elles, les tribunaux consulaires.

Art. 11. — Le gouvernement français veillera à ce que les ressortissants étrangers continuent à jouir du droit de pêche dans les eaux et ports marocains.

Art. 12. — Le gouvernement français s'emploiera auprès du gouvernement marocain pour que celui-ci ouvre au commerce étranger de nouveaux ports au fur et à mesure des besoins de ce commerce.

Art. 13. — Pour répondre à une demande du gouvernement marocain, les deux gouvernements s'engagent à provoquer la révision, d'accord avec les autres puissances, et sur la base de la convention de Madrid, des listes et de la situation des protégés étrangers et des associés agricoles au Maroc dont parlent les articles 8 et 16 de cette convention. Ils conviennent également de poursuivre auprès des puissances signataires toutes modifications de la convention de Madrid, que comporterait, le moment venu, le changement du régime des protégés et associés agricoles.

Art. 14. — Toutes les clauses d'accord, convention, traité ou règlement qui seraient contraires aux présentes stipulations sont et demeurent abrogées.

Art. 15. — Le présent accord sera communiqué aux autres puissances signataires de l'acte d'Algésiras, près desquelles les deux gouvernements s'engagent à se prêter mutuellement appui pour obtenir leur adhésion.

L'accord congolais est, suivant son préambule, une suite et un complément de la convention marocaine; il expose que les puissances signataires sont convenues, en raison des droits de protection reconnus à la France sur l'empire chérifien, de procéder à des échanges territoriaux dans leurs possessions de l'Afrique équatoriale.

Suit le texte de l'accord relatif au **Congo**.

Art. 1er. — La France cède à l'Allemagne les territoires dont la limite est fixée comme il suit: la frontière partira du côté de l'Atlantique d'un point à fixer sur la rive orientale de la baie de Monda, vers l'embouchure de la Massolié; se dirigeant vers le nord-est, la frontière obliquera vers l'angle sud-est de la Guinée espagnole; elle coupera la rivière Ivondo à son confluent avec la Djoua, suivra cette rivière jusqu'à Madjingo (qui restera français) et de ce point se dirigera vers l'est, pour aboutir au confluent de la N'Goko et de la Sangha au nord d'Ouesso; la frontière partira ensuite de la rivière Sangha à un point situé au sud du centre d'Ouesso (qui reste français) à une distance de six kilomètres au moins et de douze kilomètres au plus de cette localité suivant la disposition géographique des lieux. Elle obliquera vers le sud-ouest pour rejoindre la vallée de la Kandeko jusqu'à son confluent avec la Bokiba. Elle descendra celle-ci et la Likouala jusqu'à la rive droite du fleuve Congo. Elle suivra le fleuve Congo jusqu'à l'embouchure de la Sangha, et de façon à occuper sur la rive du Congo une étendue de six à douze kilomètres qui sera fixée suivant les conditions géographiques. Elle remontera la Sangha jusqu'à la Likouala-aux-Herbes qu'elle suivra ensuite jusqu'à Botungo. Elle continuera ensuite du sud au nord selon une direction à peu près droite jusqu'à Bera N'Goko. Elle s'infléchira ensuite dans la direction du confluent de la Bodingué et de la Lobay et descendra le cours de la Lobay jusqu'à l'Oubangui au nord de Mongoumba. Sur la rive droite de l'Oubangui et suivant la disposition géographique des lieux, le territoire allemand sera déterminé de façon à s'étendre sur un espace de six kilomètres au moins et de douze kilomètres au plus; la frontière remontera ensuite obliquement vers le nord-ouest, de façon à gagner la rivière Pama en un point à déterminer à l'ouest de son confluent avec le Mbi, remontera la vallée de la Pama puis rejoindra le Logone oriental à peu près à l'endroit où cette rivière rencontre le 8e parallèle à la hauteur de Goré. Elle suivra ensuite le cours du Logone vers le nord, jusqu'à son confluent avec le Chari.

Art. 2. — L'Allemagne cède à la France les territoires situés au nord de la limite actuelle des possessions françaises dans les territoires du Tchad et compris entre le Chari à l'est et le Logone à l'ouest.

Art. 3. — Dans le délai de six mois à compter de l'échange des ratifications de la présente convention, une commisssion technique dont les membres seront nommés en nombre égal par les deux gouvernements français et allemand déterminera le tracé de la frontière dont l'indication générale résulte du texte des articles 1 et 2.

Dans le délai de dix-huit mois à compter de la signature du procès-verbal des travaux de la commission technique, il sera procédé, d'un commun accord et le plus rapidement possible, à l'abornement des frontières conformément audit procès-verbal, ainsi qu'à la désignation et à l'abornement des terrains loués à bail au gouvernement français, comme il est dit à l'article 8 ci-après.

Art. 4. — La commission technique et les agents chargés de l'abornement dont il est parlé dans l'article précédent pourront tenir compte d'un commun accord de la configuration du terrain et des circonstances locales, telles que, par exemple, la facilité de la surveillance de la frontière ou la communauté de race de la population. Ils devront autant que possible faire suivre à la frontière les limites naturelles indiquées par les cours d'eau, et, dans le cas où la frontière couperait la direction des rivières, lui faire suivre la ligne du partage des eaux.

Les procès-verbaux de la commission technique et ceux des agents d'abornement ne seront définitifs qu'après ratification des deux gouvernements.

Art. 5. — Les présents échanges de territoires sont faits dans les conditions où ces territoires se comportent au moment de la conclusion du présent accord, c'est-à-dire à charge par les deux gouvernements de respecter les concessions publiques et particulières qui ont pu être consenties par chacun d'eux. Les deux gouvernements se communiqueront le texte des actes par lesquels ces concessions ont été accordées.

Le gouvernement allemand est substitué au gouvernement de la République française dans tous les avantages, droits et obligations résultant des actes dont il est parlé ci-dessus au regard des sociétés concessionnaires qui passeront sous la souveraineté, l'autorité et la juridiction de l'État allemand. Une convention spéciale règlera l'application des dispositions ci-dessus.

Il en sera de même pour l'État français au regard des concessions qui seraient situées dans les territoires qui passeront sous sa souveraineté son autorité et sa juridiction.

Art. 6. — Le gouvernement allemand n'apportera aucun obstacle à l'exploitation, à l'entretien et aux travaux de réparation et de réfection de la ligne télégraphique française existant actuellement le long de l'Oubangui, et qui restera française sur son parcours au travers du territoire allemand. Les autorités allemandes pourront transmettre leurs communications par cette ligne dans des conditions qui seront réglées ultérieurement.

Art. 7. — Si le gouvernement français désire continuer au travers du territoire allemand un chemin de fer entre le Gabon et le Moyen-Congo et entre cette dernière colonie et l'Oubangui-Chari, le gouvernement allemand n'y mettra pas obstacle. Les études ainsi que les travaux se poursuivront suivant les arrangements qui seront faits le moment venu entre les deux gouvernements, le gouvernement allemand se réservant de faire connaître s'il voudrait prendre une part dans l'exécution de ces travaux sur son territoire.

Si le gouvernement allemand désire continuer sur les territoires français un chemin de fer établi au Cameroun, le gouvernement français n'y mettra pas obstacle. Les études ainsi que les travaux se poursuivront suivant les arrangements qui seront faits le moment venu entre les deux gouvernements, le gouvernement français se réservant de faire connaître s'il voudrait prendre une part dans l'exécution de ces travaux sur son territoire.

Art. 8. — Le gouvernement impérial cédera à bail au gouvernement français, dans des conditions à déterminer dans un acte spécial, et en bordure sur la Bénoué, le Mayo-Kébi et en deçà dans la direction du Logone, des terrains à choisir en vue de l'établissement des postes de ravitaillement et de magasins destinés à constituer une route d'étapes.

Chacun de ces terrains, dont la longueur, sur le fleuve aux hautes eaux, devra être au plus de 500 mètres, aura une superficie qui ne pourra pas dépasser 50 hectares. L'emplacement de ces terrains sera fixé suivant la disposition des lieux.

Si, dans l'avenir, le gouvernement français voulait établir entre la Bénoué et le Logone, au-dessus ou au-dessous du Mayo-Kébi, une route ou une voie ferrée, le gouvernement impérial n'y ferait pas obstacle. Le gouvernement français et le gouvernement allemand s'entendront sur les conditions dans lesquelles ce travail pourrait être accompli.

Art. 9. — La France et l'Allemagne, désirant affirmer leurs bons rapports, dans leurs possessions de l'Afrique centrale, s'engagent à n'élever aucun ouvrage fortifié le long des cours d'eau qui doivent servir à la navigation commune. Cette prescription ne s'appliquera pas aux ouvrages de simple sûreté destinés à abriter les postes contre les incursions des indigènes.

Art. 10. — Les gouvernements français et allemand s'entendront pour les travaux à exécuter en vue de faciliter la circulation des bateaux et embarcations sur les cours d'eau dont la navigation leur sera commune.

Art. 11. — En cas d'arrêt de la navigation sur le Congo ou l'Oubangui, la liberté de passage sera assurée à la France et à l'Allemagne sur les territoires appartenant à l'autre nation aux points où ceux-ci toucheront ces fleuves.

Art. 12. — Les deux gouvernements de France et d'Allemagne renouvellent les déclarations contenues dans l'acte de Berlin du 26 février 1885 et assurant la liberté commerciale et la liberté de navigation sur le Congo et les affluents de ce fleuve, ainsi que sur ceux du Niger. En conséquence, les marchandises allemandes, transitant au travers du territoire français situé à l'ouest de l'Oubangui et les marchandises françaises transitant à travers les territoires cédés à l'Allemagne ou suivant les routes indiquées à l'article 8, seront affranchies de tout droit.

Un accord conclu entre les deux gouvernements déterminera les conditions de ce transit et les points de pénétration.

Art. 13. — Le gouvernement allemand n'apportera aucune entrave au passage des troupes françaises, de leurs armes ou munitions, ainsi que de leur matériel de ravitaillement par le Congo, l'Oubangui, la Bénoué, le Mayo-Kébi, ainsi que par le chemin de fer à construire éventuellement dans le nord du Cameroun.

Le gouvernement français n'apportera aucune entrave au passage des troupes allemandes, de leurs armes et munitions, ainsi que de leur matériel de ravitaillement par le Congo, l'Oubangui, la Bénoué, le Mayo-Kébi et le chemin de fer à construire éventuellement de la côte à Brazzaville. Dans l'un et l'autre cas, les troupes, si elles sont purement indigènes, devront toujours être accompagnées par un gradé européen, et le gouvernement, sur le territoire duquel les troupes passeront, prendra toutes les mesures nécessaires pour éviter qu'aucune difficulté soit opposée à leur passage et pourra, au besoin, déléguer un agent pour les accompagner. Les autorités locales règleront les conditions dans lesquelles les passages de troupes se feront.

Art. 14. — L'égalité de traitement pour le transport des personnes et des marchandises sera assurée aux ressortissants des deux nations sur les chemins de fer de leurs possessions du Congo ou du Cameroun.

Art. 15. — Le gouvernement français et le gouvernement allemand cesseront, à partir du jour de la cession réciproque des territoires concédés à l'Allemagne par la France et à la France par l'Allemagne, d'exercer aucune sorte de protection et d'autorité sur les indigènes des territoires respectivement cédés par eux.

Art. 16. — Dans le cas où le statut territorial du bassin conventionnel du Congo, tel qu'il est défini par l'acte de Berlin, du 26 février 1885, viendrait à être modifié du fait de l'une ou de l'autre des parties contractantes, celles-ci devraient en conférer entre elles, comme aussi avec les autres puissances signataires dudit acte de Berlin.

Aux deux accords qui précèdent sont jointes deux lettres explicatives, une pour chacun des deux accords, et une dation à bail de 99 ans par l'Allemagne et la France d'une route d'étapes à travers le nord du Cameroun jusqu'à la Bénoué.

Il est fâcheux que le mot de *protectorat* qui se trouve dans la lettre explicative annexée au traité concernant le Maroc, n'ait pas figuré expressément dans le texte même de l'article 1er de ce traité, puisque les contractants étaient d'accord sur ce point. Nous avons déjà dit, au chapitre II de la 1re partie de cet ouvrage, que le mot n'était pas non plus prononcé dans le traité du Bardo du 12 mai 1881 en ce qui concerne la Tunisie ; cette lacune occasionna une foule de difficultés et nous contraignit à une nouvelle expédition militaire qui aboutit au traité de La Marsa du 8 juin 1883 où le protectorat était formellement stipulé. En cas de conflit au Maroc, nous n'aurions pas sur l'Allemagne l'action que nous avons pu exercer sur le Bey, ou que nous pourrions exercer, le cas échéant, sur le sultan; il aurait donc mieux valu s'expliquer nettement. Toutefois l'Allemagne s'engage, d'après l'article 1er, à ne pas *entraver l'action de la France en vue de prêter son assistance au gouvernement marocain pour toutes les réformes administratives, judiciaires, économiques, financières et militaires dont il aura besoin pour le gouvernement de l'Empire*; à donner son adhésion *aux mesures de réorganisation, de contrôle et de garantie financière jugées utiles*; à reconnaître notre *liberté d'action* au cas où nous serions amenés à *préciser et à étendre notre contrôle et notre protection*. Et, suivant une lettre du ministre allemand des affaires étrangères, l'article s'applique naturellement à toutes les questions donnant matière à réglementation et visées dans l'acte d'Algésiras : police, contrebande des armes, impôts et douanes, monopole des tabacs, travaux publics etc., sous les restrictions des textes postérieurs. L'article 2 nous permet d'opérer toutes les occupations *militaires* du territoire marocain jugées nécessaires et d'effectuer les *opérations de police* voulues sur terre et dans les eaux marocaines. Enfin l'article 3 nous institue *représentants du Maroc dans ses rapports avec les puissances étrangères au point de vue diplomatique et consulaire*, et *protecteurs des sujets et des intérêts marocains à l'étranger*. Ces textes, en somme, contiennent bien la substance du protectorat et ont une analogie marquée avec ceux concernant le protectorat tunisien. Il est seulement étrange qu'on stipule que nous devrons nous être mis préalablement d'accord avec le gouvernement marocain. Le propre du protectorat c'est précisément de faire prévaloir la volonté de la puissance protectrice en cas d'opposition de la part du protégé; et nous aurions une singulière attitude au Maroc, s'il nous fallait en toute hypothèse obtenir l'assentiment formel du sultan. On dit que cette réserve est purement de style et qu'elle serait détruite par une déclaration formelle contenue dans une des lettres explicatives annexées à la convention. Mais, s'il en est ainsi, il eût été préférable de ne point l'insérer, car sur elle pourrait peut-être s'appuyer, pour nous chercher des difficultés dans l'avenir, un sultan opposé à notre influence.

Les droits de l'État chérifien guidé par la France sont nettement maintenus en ce qui concerne les services publics et les grandes entreprises d'intérêt général, attendu qu'aux termes de l'article 6 le gouvernement marocain s'en réserve l'exploitation ou la concession à des tiers. Le droit de souveraineté du protégé et, par suite, du protecteur reste ainsi intact. La même observation s'applique à la disposition de l'article 9 suivant lequel l'Allemagne accepte les juridictions qui seront instituées par la France au Maroc, renonçant soit à la justice consulaire, soit aux tribunaux mixtes analogues à ceux d'Egypte, dont il avait été question dans les négociations. Ici, encore, la souveraineté franco-marocaine est sauvegardée; et l'on a renoncé à nous imposer une organisation dont l'Angleterre se débarrassera probablement en Egypte dans un temps plus ou moins long. Quant au droit de protection dont l'abus était devenu vraiment excessif, il sera limité, dans une mesure raisonnable, par la révision de la convention de Madrid prévue par l'article 9, révision que les deux gouvernements s'engagent à provoquer d'accord avec les autres puissances signataires. La seule solution admissible consistera dans la suppression absolue de la protection que le contrôle français rendra inutile; et il est probable que cette solution s'imposera dans un avenir prochain.

L'égalité économique est établie de la façon la plus minutieuse dans les articles 4, 5, 6, 7, 8, 9, 10 et 11; on y voit notamment stipulé le principe de l'adjudication des travaux publics et fournitures; et l'on prend toutes les précautions possibles pour que ce principe, introduit par l'acte d'Algésiras, devienne la règle immuable. Ainsi le gouvernement français n'aura pas la faculté de réserver l'accès des adjudications à ses nationaux et aux entrepreneurs français, et d'insérer dans ses cahiers des charges la clause du matériel marocain ou français. D'autre part, dans l'exploitation des chemins de fer et autres moyens de transport, aucune différence ne doit être faite entre les ressortissants des diverses puissances. Cette règle est assez dure et limite singulièrement les droits du souverain local;

mais on savait, dès le début des négociations, que l'Allemagne l'imposerait d'une manière inflexible. Eu égard encore à la liberté économique, le gouvernement français s'est porté caution de l'État marocain a d'autres points de vue concernant les douanes, les impôts et autres taxes, l'établissement des tarifs de transport par voies ferrées, fluviales ou autres, notamment quant au transit. Il garantit qu'il empêchera tout traitement différentiel entre les sujets des diverses puissances,spécialement en ce qui a trait aux poids et mesures, au jaugeage, au poinçonnage, etc. Les minerais de fer ne seront frappés d'aucun droit d'exportation ni d'aucune charge spéciale; ils supporteront seulement les impôts généraux et les redevances prévues par le règlement minier indiqué en l'article 5. Sur ce point,ont été écartées les prétentions excessives qu'avait émises le gouvernement allemand dans l'intérêt de certains de ses sujets; il sera ainsi facile d'arriver à la promulgation et à l'application d'un tarif minier raisonnable. Il ne s'agit, du reste, que du minerai de fer; pour les autres substances minières, la France conserve sa liberté d'action, sous la réserve générale de l'égalité du traitement entre les ressortissants de toutes les puissances et du respect des obligations dérivant des traités ou des contrats particuliers.

L'accord maintient certains organes de contrôle qui avaient été créés par l'acte d'Algésiras, notamment la banque d'État chargée de recueillir les produits et revenus et dans les assemblées de laquelle les délégués des puissances siégeront à tour de rôle, y maintenant, par suite, un élément non français. Et, chaque année, un administrateur de la banque sera désigné par le gouvernement français pour faire un rapport sur l'exploitation des chemins de fer. Toutefois la banque n'a pas le droit de s'immiscer dans l'administration intérieure et la majorité de ses membres sera acquise à la France. Egalement sont maintenus la commission des valeurs douanières, les comités permanents des travaux publics et des douanes et la commission des adjudications et marchés. Ces institutions sont gênantes, sans doute; mais les Anglais se sont bien accommodés, en Égypte, de la caisse de la dette et ils ont, en plus, les tribunaux mixtes que nous avons pu écarter.

En résumé, la France a consenti à l'Allemagne des concessions d'ordre purement économique plus fortes sûrement que le pays ne l'aurait voulu ; en revanche, elle a obtenu des garanties d'ordre *international* (relations avec les puissances étrangères, conclusion des traités, protection des sujets marocains à l'étranger); d'ordre *militaire* (occupation des parties du territoire marocain, le cas échéant); et d'ordre *administratif* (résidence générale, analogue à celle de Tunis, servant d'intermédiaire pour les relations entre la France et le Maroc. Le résident général sera, en fait, le premier ministre du sultan et on instituera des contrôleurs français auprès des grandes administrations locales. Nous obtenons encore des garanties d'ordre *juridique* (suppression des juridictions consulaires le jour où existeront au Maroc les juridictions instituées par la France, et abrogation dans l'avenir du droit devenu abusif de protection); des garanties d'ordre *financier* (contrôle des finances marocaines et consolidation de la dette sous la garantie de la France; direction et contrôle des grands travaux publics et d'intérêt général, tels que : chemins de fer, routes, canaux, irrigations, ports, postes, télégraphes, etc). Par contre, la France accorde au commerce international et, dès lors, à l'Allemagne mise sur le pied des autres États, le principe de la *liberté* et de l'*égalité économiques*, la *liberté des exploitations minières*, spécialement sans aucune taxe d'exportation sur le minerai de fer. C'est, en somme, le protectorat intégral de fait, que reconnaît, du reste, formellement, on l'a vu, une des lettres explicatives annexée au traité marocain. L'autre renferme une série d'indications concernant les différends qui pourraient se produire entre les deux contractants dans l'exécution des clauses du traité, et contient notamment l'engagement précieux pour le maintien de la paix, souscrit par les deux pays, de soumettre tous ces différends à l'arbitrage de la cour de La Haye, en conformité des dispositions des conventions internationales qui régissent la matière.

L'accord congolais abandonne à l'Allemagne des territoires considérables, d'une superficie de 250.000 à 275.000 kilomètres carrés, ayant une population de 1.500.000 habitants environ, rapportant de deux millions à deux millions et demi représentés par les revenus des impôts, douanes et domaines et les redevances des sociétés concessionnaires. Ces territoires, où se fait un commerce de dix à douze millions d'importation et d'exportation, sont situés dans trois régions différentes, de valeur inégale au point de vue économique. La première va depuis la côte jusqu'à Ouesso et, au nord d'Ouesso, jusqu'à la Lobay. Elle est formée par un triangle partant du cap Corisco, dont l'une des pointes est à Ouesso et l'autre va jusqu'au fleuve Congo. Elle se trouve dans la forêt équatoriale, riche en caoutchouc et palmiers à huile. Les sociétés qui s'y sont établies sont à peu près les plus importantes de la colonie; la *compagnie forestière* commence, on l'a vu, à réaliser des gains fort satisfaisants; les sociétés françaises y sont fort concurrencées par les sociétés allemandes. Les occupants se heurtent aux Pahouins, race belliqueuse et fétichiste, dont la France n'a pu encore venir à bout.

La seconde zone cédée part d'Ouesso et s'étend vers le sud jusqu'à Bango. C'est le pentagone Koundé-Mongoumba-rivière Lobay-Bango et Ouesso. Le pays est marécageux et nu, en bordure sur le Congo et l'Oubangui. Les territoires situés au nord du 2° degré latitude sud sont concédés en entier à la compagnie forestière dont il a été déjà question, substituée à la compagnie de la Sangha qui avait fait de mauvaises affaires. En certains points, le pays est inhabité; en d'autres, la population est peu dense. La maladie du sommeil y exerce ses ravages et l'on a évalué à 18 % le nombre des individus atteints par ce mal épouvantable, auquel on n'a pu jusqu'ici trouver de remède. Mais l'Allemagne obtient désormais ce qu'elle souhaitait : un accès au Congo; et, grâce au chemin de fer déjà entrepris au Cameroun, la route allemande ira de la côte du Cameroun au Congo.

Enfin la troisième zone est comprise dans la région qui se rapproche du Tchad et forme le quadrilatère Koundé-Mongoumba. Jusqu'à hauteur de Koundé, le pays est riche en caoutchouc exploité par la compagnie forestière qui y a fait d'excellentes affaires; les populations bayas qui s'y rencontrent sont soumises et travailleuses. Les plaines s'étendant au nord de Koundé, dans la bassin du Logone, sont fertiles, habitées par les lakkas à population très dense, cultivant le manioc et le mil et se livrant à l'élevage. La compagnie concessionnaire de l'Ouame et Nana qui occupe la partie méridionale de cette dernière région, est actuellement florissante ; le pays contient de grandes quantités d'éléphants, buffles, rhinocéros, antilopes etc.

L'inconvénient le plus grave de l'accord congolais consiste en ce que nous avons consenti deux coupures dont les pointes atteignent six et douze kilomètres, coupures qui séparent d'une façon anormale et dangereuse les territoires de l'Afrique équatoriale conservés par nous. Par la première coupure, les territoires de l'Oubangui seront séparés du Gabon, à la hauteur de Bangui, par un triangle dont l'angle aigu est situé à Mongoumba sur l'Oubangui, et dont le côté sud est formé par le cours de la Lobay. La seconde coupure, plus considérable que la première, aboutit en pointe à l'embouchure de la Likouala et de la Sangha ; elle englobe le territoire compris entre la Likouala à l'ouest et la Likouala-aux-herbes à l'est. Le gouvernement allemand réclamait tout le territoire entre la Likouala et la Lobay, ce qui lui aurait donné une frontière commune avec le Congo belge de plusieurs centaines de kilomètres. Mais, devant l'opposition de l'opinion publique, le gouvernement français refusa de céder sur ce point. A l'exception des pointes des deux triangles dont nous venons de parler, la continuité des communication sest conservée dans l'Afrique équatoriale.

Au début des négociations, quand l'Allemagne espérait prendre tout le Congo occidental, de l'Atlantique à la Sangha, on nous avait offert la « *tête de canard* » du Cameroun, c'est-à-dire la partie de cette colonie située entre la Nigéria anglaise, le Tchad, le Chari et la Bénoué ; et on avait aussi parlé de la cession du Togo. Finalement nous n'obtenons que la pointe du « *bec de canard* », c'est-à-dire une bande de territoire marécageux située entre Fort-Lamy au nord, le Chari à l'est, le Logone à l'ouest, et une ligne légèrement incurvée au sud allant du Chari à l'intersection du Logone avec le territoire français. La partie cédée n'a aucune valeur au point de vue de l'exploitation ; mais elle redresse en notre faveur la frontière illogique autrefois exigée par l'Allemagne.

La nouvelle frontière descendra en ligne presque droite de Fort Lamy jusqu'à l'embouchure de la Sangha, à l'exception de la coupure de la Lobay, les concessions à nous faites pouvant comprendre environ 16.000 kilomètres carrés. On aurait pu obtenir « *la tête de canard* » en entier, en faisant le sacrifice de la rive droite de l'Oubangui entre Mongoumba et l'embouchure de la Sangha; et, au point de vue technique, la combinaison eut été moins mauvaise. Mais on a préféré, peut-être avec raison, l'autre solution, pour éviter le contact entre le Cameroun et le Congo belge, car les deux « *piqûres* » allemandes à l'embouchure de la Sangha et de la Lobay sont de simples points d'accès au Congo et à l'Oubangui et ne donnent pas une frontière commune avec les Belges.

Or, on connaît les aspirations allemandes sur le Congo belge; et la crainte d'un dangereux voisinage qui aurait été créé par l'accord franco-allemand, a soulevé en Belgique une émotion dont le gouvernement français a sagement tenu compte, en sauvegardant, du reste, ses propres intérêts éventuels du côté du Congo belge. Il est toutefois à considérer que le contact entre la colonie belge et l'est africain allemand existe déjà sur une ligne bien plus longue que les 7 ou 8 kilomètres figurant dans le nouvel accord. Sans entrer dans des explications qui seraient actuellement inopportunes, le cabinet de Paris a obtenu que l'on insérât simplement cette prudente formule que, si le statut international se trouve modifié du fait de la France ou de l'Allemagne dans le bassin du Congo prévu par l'acte de Berlin de 1885, les deux puissances en conféreront entre elles et les puissances signataires dudit acte. On n'ouvre ainsi aucun droit spécial à l'Allemagne; mais, ce qui est déjà beaucoup, on subordonne l'exercice de notre droit de préemption à des négociations non prévues en 1885.

En définitive, nous cédons à l'Allemagne des territoires d'une grande fertilité, déjà très productifs en certaines régions et très utiles comme voies de communications en d'autres; et l'on ne peut considérer comme compensation sérieuse la cession de la pointe du « *bec de canard* » où il n'y a que déserts et marécages et qui n'offre d'autre avantage que d'opérer un redressement de frontière. Après cet aspect général de la convention, il faut ajouter que les *pointes* qui pénètrent les territoires par nous conservés et mutilent l'Afrique équatoriale française, seront évidemment fort gênantes, car on ne vit jamais de frontière plus sinueuse et plus compliquée. Cette situation singulière est de nature à amener des conflits qui ne pourront être évités que par une grande bonne volonté mutuelle dans cette mitoyenneté continue. A la « *tête du bec de canard* », l'Allemagne aurait pu ajouter la rectification par nous demandée sur la frontière Togo-Dahomey; elle ne l'a point fait et il faudra encore de ce chef procéder à de nouvelles et difficiles négociations.

Nous obtenons quelques avantages de nature à pallier dans une certaine mesure les inconvénients de la pénétration allemande. Le premier concerne les voies de communication; les routes qui permettent d'atteindre le territoire militaire du Tchad et la colonie de l'Oubangui-Chari sont celles de l'Oubangui et de la Bénoué. Le libre parcours par la voie de la Bénoué nous est attribué par le traité, à travers les territoires concédés, pour nos troupes et nos marchandises; mais nos commerçants, s'ils l'employaient, seraient quelque peu livrés à la merci des fonctionnaires allemands qui ne seront peut-être pas aussi courtois qu'il conviendrait. Cette voie sera donc probablement abandonnée pour la route de l'Oubangui, qui reste libre et qui sera bientôt améliorée et raccourcie. On nous permet de faire passer, à travers le territoire allemand, des chemins de fer devant relier le Gabon, le Moyen Congo et l'Oubangui-Chari, avec participation éventuelle de l'Allemagne; et la même permission est donnée à celle-ci, dans les mêmes conditions, pour la continuation en territoire français du chemin de fer du Cameroun. La ligne télégraphique entre Brazzaville et Bangui chef-lieu de l'Oubangui-Chari-Tchad restera française. Enfin, on nous cède à bail la route d'étapes dont nous avons parlé ci-dessus. Cette route ne sera pas fortifiée, suivant la règle qui interdit toute fortification le long des cours d'eau devant servir à la navigation commune; elle nous permettra d'établir sur la Bénoué, le Mayo-Kebi et, en deçà, dans la direction du Logone, des postes de ravitaillement et de magasins, dont les limites exactes seront indiquées ultérieurement, mais qui auront, en bordure de ces fleuves, un développement de 500 mètres et formeront un tènement d'une superficie de cinquante hectares au plus. Le bail aura une durée de 99 ans moyennant un loyer annuel de un franc (accord du 14 novembre 1911).

Quelque mutilée qu'elle sorte de l'accord franco-allemand, notre colonie de l'Afrique équatoriale conserve encore une réelle valeur : la région du Haut Oubangui a des savanes fort productives; le Gabon offre des ressources variées dont les principales sont le commerce du bois et l'exploitation des mines; d'autre part, le caoutchouc ainsi que le cacao sont destinés à s'y développer très fructueusement. Toutefois, il ne faut pas se dissimuler que l'équilibre financier du gouvernement général qui commençait à être fort satisfaisant, puisque le budget de 1910 s'était soldé par un excédent, sera fort atteint dans la combinaison nouvelle; et que le budget général subira une perte d'au moins trois millions qu'il faudra réparer dans l'avenir par un redoublement d'activité dans l'exploitation et la production. En dehors de la diminution de l'impôt de capitation et des recettes douanières, nous perdrons les redevances fixes et les parts de bénéfices que les sociétés concessionnaires versaient à la colonie. A ce dernier point de vue, on constatera avec satisfaction que l'article 5 du traité, suivant les règles du droit public international, décide que les deux gouvernements se substituent l'un à l'autre quant aux droits et obligations résultant des concessions publiques et privées que chacun d'eux avait pu consentir, en sorte que les sociétés françaises passent, en pays cédé, sous la juridiction de l'État allemand avec les mêmes droits et obligations qu'elles avaient vis-à-vis de la France. Nous échappons ainsi aux charges d'un rachat qui aurait pu devenir fort onéreux et favoriser des spéculations dangereuses pour nos finances. Toutefois, la France n'abandonnera pas ses nationaux et l'article 5 prévoit, à ce sujet, une convention spéciale où on tâchera de leur assurer la situation la plus favorable sous la nouvelle souveraineté.

En envisageant maintenant dans ses grandes lignes l'accord franco-allemand, on voit qu'il se traduit pour la France par une importante perte territoriale dans l'Afrique équatoriale, en compensation du protectorat du Maroc. Devant ce résultat, si l'on pense, avec la plupart des hommes d'État, publicistes et spécialistes des questions coloniales qui ont eu à envisager le problème, que nos inértêts dans l'Afrique du Nord nous interdisaient d'abandonner le protectorat marocain à n'importe quelle puissance, on concluera qu'en somme on nous donne satisfaction et que le sacrifice congolais, si dur soit-il, est justifié par le résultat obtenu. « De même, a pu dire M. Caillaux, dans son discours de Saint-Calais du 5 novembre 1911, que la loi du développement historique commandait à la France, devenue maîtresse de l'Algérie, d'étendre son empire à la Tunisie, de même elle lui ordonnait, sous peine de déchoir, d'organiser un jour le Maroc, d'asseoir définitivement dans l'Afrique du Nord, en éliminant toutes entreprises rivales, son hégémonie de grande puissance musulmane ».

Toutefois, si la nécessité du protectorat français paraît s'imposer d'une façon indiscutable, on ne saurait se dissimuler que ce protectorat ne ressemble pas à ceux qui nous appartiennent déjà sur la Tunisie, l'Annam et le Cambodge. Nous n'avons pas au Maroc la liberté d'allures qui caractérise ces derniers; nous sommes enserrés par des dispositions restrictives et gênantes, de façon que, si nous échappons au contrôle international de l'acte d'Algésiras, nous subissons une surveillance allemande qui peut-être dans l'avenir causera plus d'une difficulté.

La situation marocaine telle que l'a dénouée la convention franco-allemande dans les rapports des deux contractants, s'est compliquée des prétentions de l'Espagne. Ce dernier pays s'était entendu avec la France au sujet du Maroc par un accord resté secret, ayant fait l'objet d'une déclaration du 7 octobre 1904. Cette déclaration énonçait l'adhésion de l'Espagne à la déclaration franco-anglaise du 8 avril 1904 et contenait l'affirmation de la communauté entière de vues des cabinets de Paris et de Madrid, relativement à l'intégrité des possessions marocaines sous la souveraineté du sultan. Le traité secret du 3 octobre 1904 qui a été récemment publié, reconnaît à l'Espagne, en raison de son adhésion à la déclaration franco-anglaise, deux zones d'influence au Maroc. La première, la plus importante, suit la Méditerranée depuis l'embouchure de la Moulouya pour atteindre l'Atlantique au-dessus de la lagune d'Ez-Terga, au-dessous de Larache. Elle comprend, sauf Tanger qui doit être soumis à un régime spécial, le territoire situé entre la côte maritime ainsi spécifiée et des lignes de faîte successives correspondant approximativement à une ligne horizontale partant un peu au-dessous d'El-Ksar pour rejoindre la Moulouya près des hauteurs les plus rapprochées de la rive gauche de l'oued Defla. Elle englobe Larache et El-Ksar, laissant de côté Ouezzan et la vallée de Taza (article 2, dernier alinéa).

La sphère d'influence sud, suivant les articles 4 et 5, comprend d'abord l'enclave d'Ifni, reconnue possession espagnole par le traité hispano-marocain du 26 avril 1860. Elle renferme ensuite le territoire situé entre le cap Bojador, c'est-à-dire la limite septentrionale de la possession espagnole du rio de Oro, l'océan Atlantique, le thalweg entre l'oued Dra et l'oued Sous et le dixième et le onzième degrés de longitude ouest de Paris. C'est en somme toute la pointe sud du Maroc au sud de la vallée du Sous, soit une face atlantique considérable s'étendant assez loin en profondeur.

Aux termes de l'article 2, l'Espagne s'engage à n'exercer d'action dans ses sphères d'influence que d'accord avec la France jusqu'en 1919, tandis que la France est autorisée à agir dans la sienne après avoir simplement prévenu le gouvernement espagnol. D'après l'article 3, l'Espagne a le droit d'exercer librement son action, dans la zone spécifiée à l'article 2, pour le cas où l'état politique du Maroc et le gouvernement chérifien ne pourraient plus subsister, ou si, par la faiblesse de ce gouvernement et par son impuissance persistante à assurer la sécurité et l'ordre public, le maintien du *statu quo* devenait impossible. Suivant l'article 7, l'Espagne s'engage à n'aliéner ni céder sous aucune forme tout ou partie des territoires prévus dans la convention.

Le gouvernement français a reproché à l'Espagne d'avoir violé l'article 2 en occupant Larache et El-Ksar; mais le gouvernement espagnol s'est retranché derrière l'article 3, prétendant que le fait de l'expédition de Fez et les raisons alléguées pour la justifier légitimaient pleinement son action et qu'il est allé à Larache et à El-Ksar absolument pour des motifs identiques à ceux qui nous ont conduits à Fez. Et effectivement, dès le 6 avril, le cabinet de Paris était prévenu que si les troupes françaises entraient à Fez, l'Espagne occuperait un port et une partie de sa zone d'influence sur la côte septentrionale du Maroc et pas du côté du Rif. La France conteste à son tour qu'il y ait eu modification du statu quo et déclare qu'elle a simplement répondu à l'appel du sultan, dans son expédition. Tel est le traité du 3 octobre; il ajoute, en son article 9, que Tanger gardera le caractère spécial que lui donnent la présence du corps diplomatique et ses institutions municipales et sanitaires. Les autres textes prévoient des points de détail : entreprises de travaux publics, chemins de fer, routes, canaux, mines écoles, monnaie, droits de navigation et de pêche.

Le gouvernement français a cru devoir faire des réserves à la veille et au lendemain de l'occupation de Larache. Il est évident qu'une coupure entre Tanger et la Chaouïa qui attribuerait presque toute la côte de l'Atlantique à l'Espagne, serait absolument préjudiciable aux intérêts français, comme le faisait énergiquement remarquer, dans une protestation de novembre 1911, la colonie française de Tanger. L'opinion publique, en France, estimait donc nécessaire de négocier avec l'Espagne dans le sens de l'abandon de Larache et El-Ksar contre des compensations dans la région du Rif et sur la côte méditerranéenne, quand s'est produite la divulgation d'un document important qui va directement contre nos prétentions. C'est une déclaration franco-anglaise du 9 avril 1904 relative à l'Egypte et au Maroc, signée au lendemain même de l'accord du 8 avril et visée par la déclaration franco-espagnole du 7 octobre. Il est dit en l'article 3 de cet instrument diplomatique que : « les deux gouvernements conviennent qu'une certaine quantité de territoire marocain, adjacente à Mélilla, Ceuta et autres *présides*, doit, le jour où le sultan cesserait d'exercer sur elle son autorité, tomber dans la sphère d'influence espagnole et que l'administration de la côte, depuis Mellila jusqu'aux hauteurs de la rive droite du Sebou exclusivement, sera confiée à l'Espagne».

Plus tard, en vue de la Conférence d'Algésiras projetée, intervint entre l'Espagne et la France un second traité du 1er septembre 1905, par lequel les deux gouvernements se mettaient d'accord au sujet de la police des ports, de la surveillance et de la répression de la contrebande des armes, ainsi que sur leurs intérêts économiques et financiers. Ce traité, qui confirmait la convention de 1904, se terminait par la proposition suivante : « L'Espagne étant fermement décidée à marcher complètement d'accord avec la France au cours des délibérations de la Conférence projetée, et la France se proposant d'agir de même avec l'Espagne, il demeure convenu entre les deux gouvernements qu'ils s'aideront mutuellement et procéderont d'un commun accord, dans lesdites délibérations, *en ce qui concerne les stipulations de la convention du 3 octobre 1904, dans son interprétation la plus large et la plus amicale, comme en ce qui concerne les différents objets du présent accord.* Ils s'engagent enfin à se prêter réciproquement le concours pacifique le plus entier sur toutes les questions d'ordre général concernant le Maroc, ainsi que le comporte la cordiale et amicale entente qui existe entre eux par rapport aux affaires de l'empire chérifien. »

Voilà donc une charge de plus ajoutée à celles qui grèvent déjà notre protectorat marocain. S'appuyant sur les traités dont il vient d'être question, l'Espagne répugne à toute concession à l'égard de la France; et pourtant, celle-ci, suivant le système des compensations suivi vis-à-vis de l'Allemagne, aurait droit à des dédommagements pour les pertes qu'elle a consenties au Congo et qui ont libéré le Maroc du régime de l'internalisation, aussi bien au profit des Espagnols qu'au profit des Français. Des pourparlers ont lieu actuellement entre les cabinets de Paris et de Madrid; et il est probable qu'on arrivera à une entente, si la bonne volonté de l'Espagne correspond à celle de la France. Il ne faut pas se dissimuler toutefois que, en dehors des compensations réclamées par notre pays, fort délicate sera la question de l'organisation du protectorat français, en présence des droits que les traités ont créés à l'Espagne. Certes bien préférable aurait été un arrangement limitant cette dernière à sa zone méditerranéenne suffisamment agrandie pour contenter ses légitimes ambitions et dont elle serait devenue seule propriétaire. Cette solution raisonnable n'a pas prévalu; et la combinaison du protectorat marocain à deux ne marchera peut-être pas sans difficultés, surtout si on la complique de ce qui a été conservé de l'acte d'Algésiras, de l'internationalisation de Fez résultant d'engagements formels et de celle de certaines voies ferrées, particulièrement de la ligne Tanger-Fez comportant des droits spéciaux de construction et de contrôle prétendus par l'Espagne sur la partie allant de Tanger à El-Ksar. Et cependant, malgré toutes les restrictions qui précèdent, le sentiment qui doit l'emporter dans l'opinion publique c'est qu'en somme la France acquiert au Maroc une suprématie indispensable pour la sécurité de son Afrique du Nord et la continuation de son expansion civilisatrice. Évidemment, mieux aurait valu le Maroc libre de servitudes; mais nous devons encore être fort satisfaits de l'avoir même tel que nous l'obtenons. En effet, le temps n'est plus aux conquêtes unilatérales et privatives; partout la concurrence économique oblige à des concessions que le passé n'a point connues. Comme le faisait très exactement observer, dans son magistral discours à la Chambre, le 16 décembre 1911, M. Deschanel, président de la commission des Affaires extérieures, la doctrine moderne des conquêtes est devenue avant tout économique; ce n'est plus seulement en Europe, c'est dans le monde entier que l'Allemagne, forte depuis 1871 de 24 millions d'habitants de plus, forte d'un commerce porté en 10 ans de 13 à 20 milliards, tard venue à la colonisation, cherche des débouchés nouveaux, hier en Amérique, en Perse, en Chine, au Levant, aujourd'hui au Congo ». Il faut bien que les peuples colonisateurs s'accommodent de cet esprit nouveau. La France saura s'y plier comme les autres ; au Maroc, comme ailleurs, en dépit de toutes les entraves, elle réalisera son œuvre; et le temps affirmera et consolidera, peu à peu, la récente conquête africaine de la troisième République.

TABLE DES MATIÈRES

Pages.

INTRODUCTION V

PARTIE GÉNÉRALE. — Notions d'ensemble 1

Chapitre premier. — Exposé historique du développement de la colonisation en général et spécialement de la colonisation française 3

SECTION PREMIÈRE. — La colonisation chez les peuples étrangers 3

Titre premier. — Les Portugais et les Espagnols 3

Titre II. — Les Hollandais 6

Titre III. — Les Anglais 7

SECTION II. — La colonisation française 11

Titre premier. — L'Ancien Régime 11

Article premier. — Le développement progressif de la colonisation 11

§ I. — Domaines coloniaux de l'Inde et de l'Océan Indien ... 14

A. — Établissements de l'Inde 14

B. — Madagascar et les Mascareignes 15

a) Madagascar 15

b) Les Mascareignes 16

§ II. — Domaines coloniaux africains 16

§ III. — Domaines coloniaux américains 16

A. — Amérique du Nord 16

a) Canada.--Terre-Neuve.-- Saint Pierre et Miquelon. 16

b) Louisiane 19

c) Acadie 20

B. — Antilles 20

C. — Amérique du Sud 21

Article II. — L'organisation coloniale française sous l'Ancien Régime 22

§ I. — Procédé d'organisation et d'exploitation des colonies. — Les compagnies de colonisation 22

§ II. — Régime politique, législatif, administratif, judiciaire, financier, monétaire, commercial des colonies. — Condition des personnes et des terres 35

A. — Régime politique 35

B. — Régime législatif 36

C. — Régime administratif et judiciaire 37
a) Administration centrale 37
b) Administration et justices locales 37
D. — Régime financier 39
E. — Régime monétaire 40
F. — Régime commercial 41
G. — Condition des personnes 44
H. — Condition des terres 47
TITRE II. — La Révolution. — Le Consulat et l'Empire 49
Article premier. — La Révolution 49
Article II. — Le Consulat et l'Empire 53

Chapitre II.—Étude du relèvement progressif et de la reconstitution du domaine colonial français depuis 1815.—Examen de la condition actuelle des colonies françaises envisagée principalement au point de vue goégraphique et économique 56

SECTION PREMIÈRE. —Étude du relèvement progressif et de la reconstitution du domaine colonial français depuis 1815 56
TITRE PREMIER. — La Restauration et le Gouvernement de juillet 57
Article premier. — La Restauration 57
Article II. — Le Gouvernement de juillet 58
TITRE II. — Le second Empire 62
§ I. — Côte occidentale d'Afrique 63
§ II. — Indo-Chine 64
TITRE III. — La Troisième République 65
Article premier. — Colonies africaines 65
§ I. — Algérie..................................... 65
§ II. — Pénétration saharienne 68
§ III. — Afrique occidentale française 69
§ IV. — Afrique équatoriale française 74
§ V. — Tunisie 78
§ VI. — Côte française des Somalis.................. 80
§ VII. — Madagascar et dépendances 81
Article II. — Colonies indo-chinoises 83
Article III. — Colonies américaines 89
Article IV. — Colonies océaniennes 91

SECTION II. — Examen de la condition actuelle des colonies françaises envisagée principalement au point de vue géographique et économique 94
TITRE PREMIER. — Colonies africaines 94
Article premier. — Algérie 94
Article II. — Tunisie 102
Article III. — Afrique occidentale française 110
Article IV. — Afrique équatoriale française 127
Article V. — Côte française des Somalis............. 133

Article VI. Madagascar et dépendances 135
§ I. — Madagascar 135
§ II. — Dépendances de Madagascar 143
A. — Sainte-Marie et Nosy-Bé 143
B. — Mayotte et les Comores 143
Article VII. — La Réunion 145
TITRE II. — Colonies asiatiques 148
Article premier. — Indo-Chine française 148
Article II. — Établissements français de l'Inde 163
TITRE III. — Colonies américaines 166
Article premier. — Antilles françaises 166
Article II. — Saint Pierre et Miquelon 173
Article III. — Guyane française 176
TITRE IV. — Colonies océaniennes 181
Article premier. — Nouvelle-Calédonie 181
Article II. — Nouvelles-Hébrides et îles Wallis et Horn 185
Article III. — Établissements français de l'Océanie 186

Chapitre III. — Principes généraux dominant soit la colonisation dans son ensemble, soit la colonisation françaises en particulier 190
SECTION PREMIERE. — De l'utilité et des inconvénients de la colonisation 190
SECTION II. — Le but et le caractère de la colonie. — Distinction entre la colonie et le protectorat. — Les diverses espèces de colonies 204
TITRE PREMIER. — Le but et le caractère de la colonie. — Distinction entre la colonie et le protectorat 204
§ I. — Le but de la colonie 204
§ II. — Le caractère de la colonie 206
§ III. — Distinction entre la colonie et le protectorat 208
TITRE II. — Les diverses espèces de colonies 211
SECTION III. — Les divers procédés de colonisation et leurs conséquences 217
SECTION IV. — Les sujets actifs et passifs de la colonisation 230
TITRE PREMIER. — Les sujets actifs de la colonisation. — Les compagnies de colonisation modernes et les concessions territoriales 230
TITRE II. — Les sujets passifs de la colonisation et les conditions de l'occupation coloniale 242

PARTIE SPÉCIALE. — Étude détaillée du régime colonial français 249

Chapitre premier. — Le régime législatif 251
SECTION PREMIÈRE. — Le législateur colonial 251
TITRE PREMIER. — La charte du 14 juin 1814 251
TITRE II. — La charte de 1830 252
TITRE III. — La seconde République 254

TITRE IV. — Le second Empire 254
TITRE V. — La troisième République 256
§ I. — Antilles et Réunion 257
A. — Lois 257
B. — Décrets d'administration publique 258
C. — Décrets simples 258
D. — Arrêtés locaux 259
§ II. — Colonies autres que les Antilles et la Réunion 259
A. — Les Chambres ont le droit de statuer par une loi sur des points intéressant les colonies soumises au régime du décret 260
B. — Les questions intéressant la souveraineté nationale et les rapports internationaux échappent au régime du décret 264
C. — Le décret ne s'applique pas lorsque la mesure concernant les colonies est susceptible d'intéresser les finances de l'État 264
D. — Les pays de protectorat ne sont pas soumis au régime du décret 265
E. — En matière financière, le droit de l'exécutif est, en quelques points, limité par la nécessité d'une loi ou de l'intervention du Conseil d'État 265
F. — L'exécutif limite quelquefois lui-même ses pouvoirs en exigeant l'intervention du Conseil d'État ... 266
§ III. — Algérie et Tunisie 266
A. — Algérie 266
B. — Tunisie 271
§ IV. — Nouvelles-Hébrides 272

SECTION II. — La promulgation des lois et décrets aux colonies 272

SECTION III. — La législation applicable aux colonies 274
TITRE PREMIER. — Les dispositions législatives applicables de plein droit 274
TITRE II. — Les dispositions législatives applicables aux colonies en vertu de la promulgation spéciale 278
Article premier. — Législation civile 278
§ I. — Dispositions concernant l'état des personnes 279
A. — Naturalisation 279
B. — Mariage 283
C. — Minorité et tutelle 284
D. — Successions et testaments 284
a) Successions 284
b) Testaments 286
E. — Propriété immobilière 286
Article II. — Législation commerciale 289
Article III. — Législation criminelle 291
§ I. — Instruction criminelle 291

§ II. — Lois pénales 292
Article IV. — Législation forestière. — Législation de la chasse et de la pêche 294
§ I. — Législation forestière 294
§ II. — Législation de la chasse et de la pêche 296
A. — Chasse 296
B. — Pêche 300
TITRE III. — Les lois et coutumes indigènes 302
Article premier. — Possessions africaines 303
§ I. — Algérie et Tunisie 303
§ II. — Madagascar 307
Article II. — Colonies de l'Inde 309
Article III. — Colonies de l'Indo-Chine 313
§ I. — Annamites 313
§ II. — Cambodgiens 317
SECTION IV. — Appréciation critique du régime législatif colonial et projets de réforme 317

Chapitre II. — Le régime politique 327
SECTION PREMIÈRE. — Le régime politique individuel .. 327
SECTION II. — Les corps locaux représentatifs des intérêts coloniaux 334
TITRE PREMIER. — Les municipalités 334
Article premier. — Algérie 334
§ I. — Communes de plein exercice 334
§ II. — Communes mixtes 337
§ III. — Communes indigènes 338
Article II. — Tunisie 339
Article III. — Antilles et Réunion 340
Article IV. — Saint Pierre et Miquelon — Guyane — Sénégal — Nouvelle-Calédonie — Établissements de l'Océanie et de l'Inde 342
Article V. — Indo-Chine 345
Article VI. — Madagascar 347
Article VII. — Afrique équatoriale 348
Article VIII. — Nouvelles-Hébrides 350
TITRE II. — Les assemblées locales représentatives des intérêts coloniaux 351
Article premier. — Algérie 531
§ I. — Conseils généraux 351
§ II. — Délégations financières 352
§ III. — Chambres d'agriculture 354
Article II. — Tunisie 356
§ I. — Chambres de commerce et d'agriculture 356
§ II. — Conférence consultative 356
Article III. — Afrique occidentale française 359
Article IV. — Indo-Chine 360
§ I. — Cochinchine 360

§ II. — Cambodge 361
§ III. — Tonkin 361
Article V. — Antilles et Réunion 362
Article VI. — Guyane. — Inde. — Sénégal. — Nouvelle-Calédonie. 365
SECTION III. — La représentation des intérêts coloniaux dans la métropole 367
TITRE PREMIER. — Le conseil supérieur des colonies 367
TITRE II. — La représentation des colonies au parlement métropolitain 368

Chapitre III. — Le régime administratif 375
SECTION PREMIERE. — Administration centrale des colonies 375
SECTION II. — Les administrations locales 384
TITRE PREMIER. — Étude séparée des diverses administrations coloniales 384
Article premier. — Les gouvernements coloniaux ordinaires . 384
§ I. — Réunion et Antilles 384
§ II. — Établissements de l'Inde, de la Guyane et de Saint Pierre et Miquelon 392
A. — Établissements de l'Inde 392
B. — Guyane 393
C. — Saint Pierre et Miquelon 393
§ III. — Nouvelle-Calédonie. — Nouvelles-Hébrides et îles Wallis 395
§ IV. — Établissements français de l'Océanie 396
§ V. — Côte française des Somalis 397
Article II. — Les gouvernements généraux et la résidence générale de la Tunisie 398
§ I. — Algérie 398
§ II. — Tunisie 413
§ III. — Afrique occidentale française 419
§ IV. — Afrique équatoriale française 423
§ V. — Madagascar et dépendances 427
§ VI. — Indo Chine 429
TITRE II. — Notions communes aux diverses colonies 440
Article premier. — Les fonctionnaires 440
§ I. — Gouverneurs — Résidents — Lieutenants gouverneurs. — Secrétaires généraux. — Personnel des Secrétariats généraux 440
§ II. — Administrateurs coloniaux 442
§ III. — Inspection coloniale 443
Article II. — Le recrutement des fonctionnaires 446
Article III. — La solde et les retraites 447
§ I. — La solde 447
§ II. — Les retraites 451

Chapitre IV. — Le régime financier 457
SECTION PREMIÈRE. — Les budgets et emprunts 457
TITRE PREMIER. — Le budget métropolitain colonial 459

TITRE II. — Les budgets et emprunts locaux 466
Article premier. — Colonies à conseil général 466
Article II. — Colonies à conseil d'administration 471
Article III. — Exécution et contrôle des budgets. — Fonds de réserve 473
Article IV. — Colonies à gouvernement général 475
§ I. — Algérie 475
§ II. — Afrique occidentale française 486
§ III. — Afrique équatoriale française 490
§ IV. — Madagascar 492
§ V. — Indo-Chine 495
§ VI. — Mesures spéciales applicables aux §§ II à V 498
Article V. — Tunisie 499
TITRE III. — Les budgets et emprunts communaux 507
SECTION II. — Les impôts 512
TITRE PREMIER. — Les impôts empruntés à la métropole 513
Article premier. — Contributions directes et taxes assimilées 513
§ I. — Impôt foncier et impôt personnel 513
§ II. — Patentes 515
§ III. — Prestations. — Taxe spéciale sur les étrangers. — Taxe sur le revenu des valeurs mobilières. — Taxes diverses. 516
Article II. — Impôts indirects 517
§ I. — Droits sur les spiritueux 517
§ II. — Tabac. — Sel. — Opium. — Poudres à feu. — Allumettes. — Cartes à jouer. — Pétroles 518
A. — Tabac 518
B. — Sel 519
C. — Opium 519
D. — Poudres à feu, cartes à jouer, allumettes 519
§ III. — Droits de sortie sur les produits du sol 519
§ IV. — Licences. — Droits de navigation 520
§ V. — Enregistrement. — Timbre. — Droits d'hypothèque et de greffe 520
A. — Enregistrement 520
B. — Timbre 522
C. — Droits d'hypothèque 522
D. — Droits de greffe 523
TITRE II. — Les impôts spéciaux aux diverses colonies 523
Article premier. — Indo-Chine 524
Article II. — Algérie 528
Article III. — Tunisie 529
TITRE III. — Le vote et la perception de l'impôt 530
SECTION III. — Le crédit et la monnaie 536
TITRE PREMIER. — Le crédit 536
Article premier. — Les banques 536
§ I. — Banques de la Martinique, de la Guadeloupe, de la Réunion et de la Guyane 536
§ II. — Banque de l'Indo-Chine 541

§ III. — Banque de l'Afrique occidentale française 542
§ IV — Banque d'Algérie 543
Article II. — Le crédit foncier et agricole 546
Article III. — La monnaie 552

Chapitre V. — Le régime commercial 556
SECTION PREMIÈRE. — Le régime commercial général .. 556
SECTION II. — Le régime commercial de l'Algérie et de la Tunisie 577
TITRE PREMIER. — Algérie 577
TITRE II. — Tunisie 580

Chapitre VI. — Le régime judiciaire 583
SECTION PREMIÈRE. — L'organisation judiciaire française 584
TITRE PREMIER. — L'Algérie 584
Article premier. — Juridictions 584
§ I. — Organisation et composition 584
§ II. — Compétence 586
§ III. — Procédure 589
Article II. — Les magistrats algériens et les auxiliaires de la justice 595
§ I. — Les magistrats algériens 595
§ II. — Les auxiliaires de la justice 598
A. — Greffiers et commis-greffiers 598
B. — Avoués-Avocats 600
C. — Huissiers 600
D. — Notaires 601
E. — Greffiers-Notaires 603
F. — Interprètes 605
G. — Commissaires-priseurs 605
H. — Curateurs aux successions vacantes 606
I. — Comparaison de la situation des officiers ministériels métropolitains et algériens. — Projets de réforme 607
TITRE II. — La Tunisie 610
Article premier. — Les juridictions et les magistrats 610
§ I. — Justice civile 612
A. — Tribunaux de première instance 612
B. — Justices de paix 615
§ II. — Justice répressive 616
A. — Tribunaux de simple police 617
B. — Tribunaux correctionnels 618
C. — Tribunal criminel 619
Article II. — Les auxiliaires de la justice 620
§ I. — Greffiers 620
§ II. — Avocats-Défenseurs 620
§ III. — Avocats 621
§ IV. — Huissiers 622

§ V. — Notaires 622
§ VI. — Commissaires-priseurs 622
§ VII. — Interprètes 623
§ VIII. — Assistance judiciaire 623
TITRE III. — La justice française dans les possessions françaises autres que l'Algérie et la Tunisie 623
Article premier. — Afrique occidentale française 623
Article II. — Afrique équatoriale française 627
Article III. — Madagascar et dépendances 629
Article IV. — Côte française des Somalis 633
Article V. — Indo-Chine 634
Article VI. — Établissements de l'Inde 640
Article VII. — Antilles et Réunion 641
Article VIII. — Saint Pierre et Miquelon 644
Article IX. — Guyane 645
Article X. — Nouvelle-Calédonie 647
Article XI. — Établissements de l'Océanie 648
Article XII. — Nouvelles-Hébrides 650
Article XIII. — Les magistrats coloniaux. — Leur situation actuelle. — Projets de réforme 653
§ I. — La situation actuelle des magistrats coloniaux 654
A. — Conditions requises pour exercer les fonctions de magistrat colonial 654
a) Age 654
b) Diplôme de licencié en droit et stage 655
e) Connaissance de la langue indigène 656
B. — Nomination. — Avancement. — Révocation. — Hiérarchie. — Amovibilité. — Traitement. — Serment ... 656
§ II. — Les critiques et les projets de réforme 658
Article XIV. — Les auxiliaires de la justice 664
§ I. — Greffiers 664
§ II. — Avoués 665
§ III. — Avocats. — Conseils commissionnés. — Avocats-— Défenseurs 666
§ IV. — Huissiers 669
§ V. — Commissaires-priseurs 669
§ VI. — Notaires 670
Article XV. — La procédure 672
§ I. — Procédure civile 672
§ II. — Procédure criminelle 680
SECTION II. — L'organisation judiciaire indigène 683
TITRE PREMIER. — Algérie 683
Article premier. — Justice civile 685
§ I. — La justice civile en territoire civil 685
A. — Le cadi 685
B. — Les juges de paix juges musulmans 690
C. — Les tribunaux d'arrondissement juges des appels

dirigés contre les jugements rendus en premier ressort par les cadis et les juges de paix juges musulmans 692
D. — Pourvoi en annulation devant la cour d'Alger 693
§ II. — La justice civile en territoire militaire 693
§ III. — La justice civile en Kabylie 695
Article II. — Justice répressive 697
§ I. — Infractions spéciales aux indigènes................ 697
A. — Pouvoirs répressifs du gouverneur général 697
B. — Les juridictions répressives 699
a) Juridiction des commandants militaires et des chefs indigènes 701
b) Commissions disciplinaires 702
c) Juridictions disciplinaires des administrateurs et des juges de paix 703
§ II. — Les infractions de droit commun 705
A. — Territoire civil 705
a) Contraventions. — Juridictions des juges de paix et des administrateurs 705
b) Délits. — Tribunaux répressifs indigènes 706
c) Crimes. — Cours criminelles 708
B. — Territoire militaire. — Conseils de guerre 709
TITRE II. — Tunisie 710
Article premier. — La juridiction religieuse 710
§ I. — Le Chara 710
§ II. — Tribunal rabbinique 711
Article II. — Les tribunaux laïques ou séculiers 712
§ I. — Le tribunal de l'Ouzara 712
§ II. — Les tribunaux régionaux 714
§ III. — Les tribunaux des Caïds 716
§ IV. — La Driba 716
§ V. — Tribunal commercial de l'Orf 717
§ VI. — Les tribunaux mixtes chargés de statuer sur les demandes d'immatriculation d'immeubles 717
Article III. — Les auxiliaires de la justice indigène 718
§ I. — Oukils... 718
§ II. — Dellahs 719
§ III. — Notaires 719
TITRE III. — La justice indigène dans les possessions françaises autres que l'Algérie et la Tunisie................. 721
Article premier. — Afrique occidentale française 721
Article II. — Afrique équatoriale française 725
Article III. — Madagascar, Mayotte et les Comores 726
§ I. — Madagascar 726
A. — Organisation générale 726
B. — Juridiction civile 727
C. — Juridiction pénale 730
D. — Législation appliquée 733
§ II. — Mayotte et Comores 734

Article IV. — Côte des Somalis 735
Article V. — Indo-Chine 736
§ I. — Indigènes de la Cochinchine........................ 736
§ II. — Indigènes de l'Annam, du Tonkin, du Laos et du Cambodge 737
Article VI. — Possessions de l'Inde 740
Article VII. — Établissements de l'Océanie 742
Article VIII. — L'indigénat 743

Chapitre VII. — Le régime des terres, des mines et de la main-d'œuvre 748

SECTION PREMIÈRE. — L'Algérie 748
TITRE PREMIER. — Le domaine 748
TITRE II. — Les concessions territoriales 752
TITRE III. — L'organisation de la propriété foncière 760
TITRE IV. — La réglementation minière 773
TITRE V. — La main-d'œuvre 774

SECTION II. — La Tunisie 775
TITRE PREMIER. — Le domaine 775
TITRE II. — L'immigration et les concessions territoriales ... 777
TITRE III. — L'organisation de la propriété foncière 779
Article premier. — Les immeubles non immatriculés 781
Article II. — Les immeubles immatriculés 782
TITRE IV. — La réglementation minière 787
TITRE V. — La main-d'œuvre 788

SECTION III. — Les possessions françaises autres que l'Algérie et la Tunisie 789
TITRE PREMIER. — Le Domaine 789
TITRE II. — Les concessions territoriales 799
TITRE III. — L'organisation de la propriété foncière 818
Article premier. — Les rapports entre le vendeur et l'acheteur 819
Article II. — Les rapports des acquéreurs et des tiers 821
TITRE IV. — La réglementation minière 864
TITRE V. — La main-d'œuvre 868
Article premier. — L'immigration 869
Article II. — Le contrat de travail 877

Chapitre VIII. — Le régime militaire 888

SECTION PREMIÈRE. — Organisation actuelle de la défense coloniale 888
TITRE PREMIER. — La défense terrestre 888
Article premier. — Les forces coloniales 888
Article II. — Le recrutement des forces coloniales 901
TITRE II. — La défense maritime 907

SECTION II. — Critique du système actuel de défense des colonies et projets de réforme 910

TITRE PREMIER. — La réorganisation militaire générale 910
TITRE II. — La force noire 926

Chapitre IX. — Le régime pénitentiaire 932
SECTION PREMIÈRE. — L'administration pénitentiaire . 934
SECTION II. — Les peines subies aux colonies et les divers procédés usités pour leur accomplissement dans l'intérêt des colons et des condamnés 935
TITRE PREMIER. — La déportation 935
TITRE II. — La transportation 937
TITRE III. — La relégation 948
SECTION III. — Les critiques dirigées contre le système pénitentiaire actuel et les projets de réforme 953
TITRE PREMIER. — Critique du principe même des peines subies aux colonies 953
Article premier. — La déportation 953
Article II. — La transportation 954
Article III. — La relégation 958
TITRE II. — Critique des points de détail 959
TITRE III. — Les projets de réforme 961

CONCLUSION contenant l'exposé et l'examen critique de la convention franco-allemande du 4 novembre 1911 relative au Maroc et au Congo 965

TABLE DES MATIÈRES 1001